마하반야바라밀다경 2

摩訶般若波羅蜜多經 2

마하반야바라밀다경 2
摩訶般若波羅蜜多經 2

三藏法師 玄奘 漢譯 | 釋 普雲 國譯

혜안

역자의 말

보운

    사문으로서의 수행과 실천을 한 생(生)의 가운데에서 어떻게 지어가야 하는가의 물음에 대한 대답은 다양하게 이루어지고 있으나, 한 유정으로서 존재의 의미를 추구하는 삶의 현실에서 세존의 가르침을 어떻게 이해해야 하고, 스스로가 가치관을 정립하고 수습(修習)하면서 불성을 성취하였던 사문들은 많이 찾아보기 어렵다. 수행자는 존재의 이치를 설하는 성자(聖者)이고 세간에 모범적인 표상으로 투영시켜야 하는 의무를 지녔으므로 내면을 향하여 끊임없는 사유와 물음을 통하여 사문이 지녀야 할 자성(自性)을 이루어야 한다.

    사문으로 지내왔던 시간 속에서 스스로에게 던졌던 불교의 교학에 대한 물음과 남방 불교의 선사들이 마주하며 나에게 던졌던 물음에 대한 난제(難題)들의 가운데에서 품어왔던 의문들이 『대품반야경』을 번역하면서 많은 부분이 이해되고 있다. 이러한 난제에 대한 해결은 경장(經藏)의 중요성을 다시 일깨우는 기회로 다가오고 있고, 또한 율장의 번역과는 다른 사유를 일으킨다.

    『대품반야경』의 구법과 역경을 돌이켜본다면, 많은 인연과 고난 등이 서로 얽혀왔던 역사가 쌓여서 지금의 우리에게 전해진 것에 각 시대의 역경사(譯經師)들께 귀의하며 찬탄을 보낸다. 이러한 역사의 한 단면을 현장 삼장의 인도를 향하여 떠나가던 구법의 길을 당(唐) 고종(高宗)의 칙명으로 656년의 3월에 완성한 비문을 통하여 살펴본다면 "성문 밖의

6

산서(散緒)에서는 설령(雪嶺)의 바람에 얇은 옷이 찢어지고, 광야(曠野)의 낮은 수레바퀴에서는 사막의 햇볕에 피부가 벗겨져서 흘렸으며, 달빛에 먼 길을 다니던 때에는 그림자가 밤을 마주하여 잠시 하나가 되었으며, 멀리 위험한 봉우리를 넘어서 아침에 이르면 항상 초췌하였다."라고 서술하고 있다.

짧은 구절에 함축한 언어로 표현되고 있으나, 많은 시간에 걸쳐 있는 구법의 길에서 처절한 죽음과의 투쟁을 거치면서 중국에 전하고자 하였던 반야의 지혜에 대한 경전을 현재의 사부대중들이 행하고 있는 번역과 연구보다는 더욱더 고통스럽고 애절(哀切)하였던 과정이었을 것이다. 또한 현장법사가 정립한 번역의 원칙인 오종불번(五種不翻)의 사례를 통하여 이전의 삼장께 머리 숙여 예배드리며, 남겨진 『대품반야경』에서 어휘와 문장의 이해도가 증가하고 있으나, 남겨진 산스크리트어본의 분량이 매우 적어서 대조가 어려운 점은 아쉬운 부분이다.

또한 삼장(三藏)의 결집이 가능하게 하였고 번역을 통하여 세존의 법을 전하였던 언어는 생명을 지닌 존재로 각각의 시대를 쫓아서 변하고 있는데, 본 번역에서의 개별적인 한자의 의미가 많이 변한 것을 살펴볼 수 있으므로, 한 글자와 한 글자, 한 문장과 한 문장을 통하여 충실한 번역을 완성하고자 노력하는 것이 후학이 짊어질 의무일 것이다. 스스로가 의무를 자각하고 번역의 길을 이어가면서 남은 번역의 길이 순탄하기를 발원드린다.

『대품반야경』의 역경의 불사(佛事)에는 많은 신심과 원력이 담겨있으나, 번역과 출판을 위하여 동참하신 사부대중들은 현세에서 스스로가 기원하는 소원에서 무한한 이익을 얻고, 세간에서 생겨나는 삼재팔난의 장애를 벗어나기를 발원드리며, 이미 생(生)의 인연을 마치신 영가들께서는 아미타불의 극락정토에 왕생하시기를 발원드린다. 현재까지의 역경과 출판을 위하여 항상 후원과 격려를 보내주시는 은사이신 세영 스님과 죽림불교문화연구원의 사부대중들께 감사드리면서, 이 불사에 동참하신

분들께 불보살들의 가호(加護)가 항상 가득하기를 발원하면서 감사의
글을 마친다.

불기 2568년(2024) 2월 장야(長夜)에
서봉산 자락의 죽림불교문화연구원에서
사문 보운이 삼가 적다

8

출판에 도움을 주신 분들

홍순학   최재희   홍지혜   홍기표   유길분   홍순남
홍순희   최은주   진용만   최성원   최영숙

홍재명靈駕   김상옥靈駕   홍종협靈駕   남기정靈駕   홍종석靈駕   홍정기靈駕
홍순창靈駕   홍순진靈駕   김천수靈駕   남봉학靈駕   이경삼靈駕   최상은靈駕
이춘희靈駕   최문현靈駕   김종순靈駕   최세훈靈駕   김흥원靈駕   김천봉靈駕

차 례

10

일러두기

1. 이 책의 저본(底本)은 고려대장경(高麗大藏經) 1권부터 결집된 『대반야바라밀다경(大般若波羅蜜多經)』이다.

2. 원문은 600권으로 구성되어 있으나 이 책에서는 각 권수를 표시하되 30권을 한 권의 책으로 편집하여 번역하였다.

3. 번역의 정밀함을 기하기 위해 여러 시대와 왕조에서 각각 결집된 여러 한역대장경을 대조하고 비교하며 번역하였다.

4. 원문은 현장 삼장의 번역을 충실하게 따랐으나, 반복되는 용어를 생략하였던 용어에서는 번역자가 생략 이전의 본래의 용어로 통일하여 번역하였다.

5. 원문에 나오는 '필추(苾芻)', '필추니(苾芻尼)' 등의 용어는 음사(音寫)이므로 현재에 사용하는 '비구(比丘)', '비구니(比丘尼)'라고 번역하였다.

6. 원문에서의 이전의 번역과는 다른 용어가 사용되고 있으므로 원문을 존중하여 저본의 용어로 번역하였다.
   예)   보시·지계·인욕·정진·선정·지혜바라밀다 → 보시(布施)·정계(淨戒)·안인(安忍)·정진(精進)·정려(靜慮)·반야바라밀다(般若波羅蜜多),   축생 → 방생(傍生), 아귀→ 귀계(鬼界)

7. 원문에서 사용되고 있으나, 현재의 용어와 많이 다른 경우는 현재 용어로 번역하였고, 생략되거나, 어휘가 변화된 용어도 현재의 용어를 사용하여 번역하였다.
   예) 루(漏) → 번뇌, 악취(惡趣) → 악한 세계, 여래(如來)·응(應)·정등각(正等覺) → 여래·응공·정등각, 수량(壽量) → 수명, 성판(成辦) → 성취

8. 원문에서 사용한 용어 중에 현재와 음가(音價)가 다르게 변형된 사례가 많이 발견된다. 원문의 뜻을 최대한 살려 번역하였으나 현저하게 의미가 달라진 용어의 경우 현재 사용하는 용어로 바꾸어 번역하였다.

    예) 우파색가(鄔波索迦)→ 우바색가, 나유다(那庾多)→ 나유타(那庾多)

9. 앞에서와 같이 동일한 문장이 계속하여 반복되는 경우에는 원문에서 내지(乃至)라는 용어가 사용되고 있는데, 현재의 의미로 해석하여 '…… 나아가 ……' 또는 '나아가'의 형태로 바꾸어 번역하였다.

해제(解題)

1. 성립과 한역

이 경전의 범명(梵名)은 Mahāprajñāpāramitā Sūtra이다. 모두 600권으로 결집되었고, 여러 반야부의 경전들을 집대성하고 있다. 선행연구에서 대략 AD.1~200년경에 성립되었다고 연구되고 있으며, 인도의 쿠샨 왕조 시대에 남인도에서 널리 사용되었다고 추정되고, 뒤에 북인도에서 대중화 되었으며, 산스크리트어로 많은 부분이 남아있다.

본 번역의 저본은 고려대장경에 수록된『대반야바라밀다경(大般若波羅蜜多經)』으로 당(唐)의 현장(玄奘)이 방주(方州)의 옥화궁사(玉華宮寺)에서 659년 또는 660년에 번역을 시작하여 663년에 번역한 경전이고, 당시까지 번역된 경전과 현장이 새롭게 번역한 경전들을 모두 함께 수록하고 있다.

중국에서 반야경의 유통은 동한(東漢)의 지루가참(支婁迦讖)이 역출(譯出)한『도행반야경(道行般若經)』10권을 번역하였던 것이 확인할 수 있는 최초의 사례이다. 이후에 삼국시대의 오(吳)나라 지겸(支謙)은『대명도무극경(大明度無極經)』6권으로 중역(重譯)하여 완성하였으며, 축법호(竺法護)는『광찬반야바라밀경(光贊般若波羅蜜經)』10권을 번역하였고, 조위(曹魏)의 사문 주사행(朱士行)이 감로(甘露) 5년(260)에 우전국(于闐國)에서 이만송대품반야범본(二萬頌大品般若梵本)을 구하여 무라차(無羅叉)와 함

16

께『방광반야바라밀경(放光般若波羅蜜經)』20권으로 번역하였으며, 요진(姚秦)의 구마라집(鳩摩羅什)은 홍시(弘始) 6년(404)에 대품이만송(大品二萬頌)의『마하반야바라밀경(摩訶般若波羅蜜經)』을 중역하였고, 홍시(弘始) 10년(408)에『마하반야바라밀경(摩訶般若波羅蜜經)』과『금강반야경(金剛般若經)』등을 역출(譯出)하였으며, 북위(北魏) 영평(永平) 2년(509)에 보리유지(菩提流支)는『금강반야경(金剛般若經)』 1권을 역출하였다.

용수보살이 주석한 대지도론에서는 "또 삼장(三藏)에는 올바른 30만의 게송(偈)이 있고, 아울러 960만의 설(言)이 있으나, 마하연은 너무 많아서 무량하고 무한하다. 이와 같아서 「반야바라밀품(般若波羅密品)」에는 2만2천의 게송이 있고, 「대반야품(大般若品)」에는 10만의 게송이 있다."라고 전하고 있고, 세친(世親)이 저술하고 보리유지가 번역한『금강선론(金剛仙論)』에서는 "8부(八部)의 반야가 있는데, 분별한다면『대반야경초(大般若經初)』는 10만의 게송이고,『대품반야경(大品般若經)』은 2만 5천의 게송이며,『대반야경제삼회(大般若經第三會)』는 1만 8천의 게송이고,『소품반야경(小品般若經)』은 8천의 게송이며,『대반야경제오회(大般若經第五會)』는 4천의 게송이고,『승천왕반야경(勝天王般若經)』은 2천 5백의 게송이며,『문수반야경(文殊般若經)』은 6백의 게송이고,『금강경(金剛經)』은 3백의 게송이다."라고 주석하고 있다.

본 경전의 다른 명칭으로는『대반야경(大般若經)』,『대품반야경(大品般若經)』, 또는 6백부반야(六百部般若)라고 불린다. 6백권의 390품이고 약 4백6십만의 한자로 결집되어 있으므로 현재 전하는 경장과 율장 및 논장의 가운데에서 가장 방대한 분량이다.

반야경의 한역본을 살펴보면 중복되는 명칭이 경전을 제외하더라도 여러 소경(小經)의 형태로 번역되었던 것을 살펴볼 수 있다. 그 사례를 살펴보면『방광반야경(放光般若經)』(20卷),『광찬경(光讚經)』(10卷),『마하반야바라밀경(摩訶般若波羅蜜經)』(27卷),『도행반야경(道行般若經)』(10卷),『대명도경(大明度經)』(6卷),『마하반야초경(摩訶般若鈔經)』(5卷),『소품반야바라밀경(小品般若波羅蜜經)』(10卷),『불설불모출생삼법장반야바라밀다경(佛說佛母出生三法藏般若波羅蜜多經)』(25卷), 『불설불모보덕장반야바라밀경(佛說佛母寶德藏般若波羅蜜經)』(3卷), 『성팔천송반야바라밀다일백팔명진실원의다라니경(聖八千頌般若波羅蜜多一百八名眞實圓義陀羅尼經)』, 『승천왕반야바라밀경(勝天王般若波羅蜜經)』(7卷), 『문수사리소설마하반야바라밀경(文殊師利所說摩訶般若波羅蜜經)』(2卷), 『문수사리소설반야바라밀경(文殊師利所說般若波羅蜜經)』, 『불설유수보살무상청정분위경(佛說濡首菩薩無上淸淨分衛經)』(2卷), 『금강반야바라밀경(金剛般若波羅密經)』, 『금강능단반야바라밀경(金剛能斷般若波羅蜜經)』, 『불설능단금강반야바라밀다경(佛說能斷金剛般若波羅蜜多經)』, 『실상반야바라밀경(實相般若波羅蜜經)』, 『금강정유가이취반야경(金剛頂瑜伽理趣般若經)』, 『불설변조반야바라밀경(佛說遍照般若波羅蜜經)』, 『대락금강불공진실삼마야경(大樂金剛不空眞實三麼耶經)』, 『불설최상근본대락금강불공삼매대교왕경(佛說最上根本大樂金剛不空三昧大敎王經)』(7卷), 『불설인왕반야바라밀경(佛說仁王般若波羅蜜經)』(2卷), 『인왕호국반야바라밀다경(仁王護國般若波羅蜜多經)』(2卷), 『불설요의반야바라밀다경(佛說了義般若波羅蜜多經)』, 『불설오십송성반야바라밀경(佛說五十頌聖般若波羅蜜經)』, 『불설제석반야바라밀다심경(佛說帝釋般若波羅蜜多心經)』, 『마하반야바라밀대명주경(摩訶般若波羅蜜大明呪經)』, 『반야바라밀다심경(般若波羅蜜多心經)』, 『보편지장반야바라밀다심경(普遍智藏般若波羅蜜多心經)』, 『당범번대자음반야바라밀다심경(唐梵飜對字音般若波羅蜜多心經)』, 『불설성불모반야바라밀다경(佛說聖佛母般若波羅蜜多經)』, 『불설성불모소자반야바라밀다경(佛說聖佛母小字般若波羅蜜多經)』, 『불설관상불모반야바라밀다보살경(佛說觀想佛母般若波羅蜜多菩薩經)』, 『불설개각자성반야바라밀다경(佛說開覺自性般若波羅蜜多經)』(4卷), 『대승이취육바라밀다경(大乘理趣六波羅蜜多經)』(10卷) 등의 독립된 경전으로 다양하게 번역되었다.

2. 설처(說處)와 결집(結集)

　　마하반야바라밀다경의 결집은 4처(處) 16회(會)로 구성되어 있는데, 제1회에서 제6회까지와 제15회는 왕사성의 영취산에서, 제7회에서 제9회까지와 제11회에서 제14회까지는 사위성의 기원정사에서, 제10회는 타화자재천 왕궁에서, 제16회는 왕사성의 죽림정사에서 이루어졌으며, 표로 구성한다면 아래와 같다.

九部般若	四處	『大般若經』의 卷數	특기사항(別稱)
上品般若	鷲峰山	初會79品(1~400卷)	十萬頌般若
中品般若		第二會85品(401~478卷)	二萬五千頌般若, 大品般若經
		第三會31品(479~537卷)	一萬八千頌般若
下品般若		第四會29品(538~555卷)	八千頌般若, 小品般若經
		第五會24品(556~565卷)	四千頌般若
天王般若		第六會17品(566~573卷)	勝天王般若經
文殊般若	給孤獨園	第七會(574~575卷, 曼殊室利分)	七百頌般若, 文殊說般若經
那伽室利般若		第八會(576卷, 那伽室利分)	濡首菩薩經
金剛般若		第九會(577卷, 能斷金剛分)	三百頌般若, 金剛經
理趣般若	他化自在天	第十會(578卷, 般若理趣分)	理趣百五十頌, 理趣般若經
六分般若	給孤獨園	第十一會(579卷~583卷, 布施波羅蜜多分)	五波羅蜜多經
		第十二會(584卷~588卷, 戒波羅蜜多分)	
		第十三會(589卷, 安忍波羅蜜多分)	
		第十四會(590卷, 精進波羅蜜多分)	
	鷲峰山	第十五會(591~592卷, 靜慮波羅蜜多分)	
	竹林精舍	第十六會(593~600卷, 般若波羅蜜多分)	善勇猛般若經

　　제1회는 범어로는 Śatasāhasrikāprajñāpāramitāsūtra이고, 제1권~제400권의 10만송으로 결집되고 있으며, 79품으로 이루어져 있고, 전체의

3분의 2에 해당하는 분량이다. 현장에 의해 처음으로 번역되었으므로 이역본이 없다.

제2회는 범어로는 Pañcaviṁśatisāhasrikāprajñāpāramitā sūtra이고, 제401권~제478권의 2만5천송(大品般若)으로 결집되고 있으며, 85품으로 이루어져 있고, 제1회와 비교하여 「상제보살품(常啼菩薩品)」과 「법용보살품(法涌菩薩品)」의 두 품이 생략되어 있다. 이역본으로 『방광반야바라밀경(放光般若波羅蜜經)』, 『마하반야바라밀경(摩訶般若波羅蜜經)』, 『광찬경(光讚經)』 등이 있다.

제3회는 범어로는 Aṣṭādaśasāhasrikāprajñāpāramitā sūtra이고, 제479권~제537권의 1만8천송으로 결집되고 있으며, 31품으로 이루어져 있고, 제2회와 같이 「상제보살품」과 「법용보살품」이 생략되어 있다.

제4회는 범어로 Aṣṭasāhasrikāsūtra이고, 제538권~제555권의 8천송(小品般若)으로 결집되고 있으며, 29품으로 이루어져 있다.

제5회는 범어로 Aṣṭasāhasrikāprajñāpāramitā sūtra이고, 제556권~제565권의 8천송(小品般若)으로 결집되고 있으며, 24품으로 이루어져 있다. 반야경은 큰 위력이 있어서 그 자체가 신비한 주문이라고 설하면서 수지하고 독송하는 것을 강조하였다. 이역본으로는 『마하반야초경(摩訶般若鈔經)』, 『도행반야경(道行般若經)』, 『대명도경(大明度經)』, 『마하반야바라밀경(小品般若)』, 시호 역의 『불모출생삼장반야바라밀다경』, 법현 역의 『불모보덕반야바라밀다경』, 시호 역의 『성팔천송반야바라밀다일백팔명진실원의다라니경』 등이 있다.

제6회는 범어로 Devarājapravaraprajñāpāramitā sūtra이고, 제566권~제573권으로 결집되고 있으며, 17품으로 이루어져 있다. 이역본으로 『승천왕반야바라밀경(勝天王般若波羅蜜經)』이 있다.

제7회는 범어로는 Saptaśatikāprajñāpāramitā sūtra이고, 제574~제575권으로 결집되고 있으며, 7백송이다. 만수실리분(曼殊室利分)이라고도 부르는데, 만수실리는 문수사리를 가리킨다. 이역본으로 『문수사리소설마하반야바라밀경(文殊師利所說摩訶般若波羅蜜經)』, 『문수사리소설반야바라밀경(文殊師利所說般若波羅蜜經)』이 있다.

제8회는 범어로는 Nāgaśrīparipṛcchā sūtra이고, 제576권으로 결집되고 있으며, 5백송이다. 이역본으로『불설유수보살무상청정분위경(佛說濡首菩薩無上淸淨分衛經)』이 있다.

제9회는 범어로 Vajracchedikāprajñāpāramitā sūtra이고, 제577권으로 결집되고 있으며, 능단금강분(能斷金剛分)이라 한다. 이역본으로 구마라집·보리유지·진제가 각각 번역한『금강반야바라밀경』과 현장이 번역한『능단금강반야바라밀다경』, 의정(義淨)이 번역한『불설능단금강반야바라밀다경』이 있다.

제10회는 1백50송이며, 범어로는 Adhyardhaśatikāprajñāpāramitā sūtra이고, 제578권으로 결집되고 있으며, 1백50송이고, 반야이취분(般若理趣分)이라고 부른다. 이역본으로『실상반야바라밀경(實相般若波羅蜜經)』,『금강정유가이취반야경(金剛頂瑜伽理趣般若經)』,『변조반야바라밀경(遍照般若波羅蜜經)』,『최상근본금강불공삼매대교왕경(最上根本金剛不空三昧大敎王經)』 등이 있다.

제11회부터 제15회까지는 범어로는 Pañcapāramitānirdeśa이고 1천8백송이다. 제16회는 범어로 Suvikrāntavikramiparipṛcchāprajñāpāramitā sūtra이고, 2천1백송이다. 구체적으로 살펴보면, 제11회는 제579권~제583권의 보시바라밀다분이고, 제12회는 제584권~제588권의 정계바라밀다분이며, 제13회는 제589권의 안인바라밀다분이고, 제14회는 제590권의 정진바라밀다분이며, 제15회는 제591권~제592권의 정려바라밀다분이고, 제16회는 제593권~제600권의 반야바라밀다분으로 결집되어 있다.

3. 각 품(品)의 권수와 구성

『마하반야바라밀다경』의 결집은 4처(處) 16회(會)로 구성되어 있으나,

설법(說法)에 따른 분량에서 매우 많은 차이를 보여주고 있다. 이러한 차이는 각 법문의 내용과 대상에 따른 차이를 반영하고 있는데, 표를 통하여 600권에 수록된 각각의 품(品)과 분(分)을 살펴보면 다음과 같다.

법회(法會)	구분(區分)	설법의 분류	수록권수(收錄卷數)	특기사항
初會	緣起品	第1-1~2	1~2권	서문 수록
	學觀品	第2-1~2	3~4권	
	相應品	第3-1~4	4~7권	
	轉生品	第4-1~3	7~9권	
	贊勝德品	第5	10권	
	現舌相品	第6	10권	
	教誡教授品	第7-1~26	11~36권	
	勸學品	第8	36권	
	無住品	第9-1~2	36~37권	
	般若行相品	第10-1~4	38~41권	
	譬喩品	第11-1~4	42~45권	
	菩薩品	第12-1~2	45~46권	
	摩訶薩品	第13-1~3	47~49권	
	大乘鎧品	第14-1~3	49~51권	
	辨大乘品	第15-1~6	51~56권	
	贊大乘品	第16-1~6	56~61권	
	隨順品	第17	61권	
	無所得品	第18-1~10	61~70권	
	觀行品	第19-1~5	70~74권	
	無生品	第20-1~2	74~75권	
	淨道品	第21-1~2	75~76권	
	天帝品	第22-1~5	77~81권	
	諸天子品	第23-1~2	81~82권	
	受教品	第24-1~3	82~83권	
	散花品	第25	84권	
	學般若品	第26-1~5	85~89권	
	求般若品	第27-1~10	89~98권	
	嘆衆德品	第28-1~2	98~99권	
	攝受品	第29-1~5	99~103권	
	校量功德品	第30-1~66	103~169권	
	隨喜迴向品	第31-1~5	169~172권	
	贊般若品	第32-1~10	172~181권	
	謗般若品	第33	181권	

難信解品	第34-1~103	182~284권	
贊清淨品	第35-1~3	285~287권	
着不着相品	第36-1~6	287~292권	
說般若相品	第37-1~5	292~296권	
波羅蜜多品	第38-1~2	296~297권	
難聞功德品	第39-1~6	297~304권	
魔事品	第40-1~2	304~305권	
佛母品	第41-1~4	305~308권	
不思議等品	第42-1~3	308~310권	
辦事品	第43-1~2	310~311권	
衆喩品	第44-1~3	311~313권	
眞善友品	第45-1~4	313~316권	
趣智品	第46-1~3	316~318권	
眞如品	第47-1~7	318~324권	
菩薩住品	第48-1~2	324~325권	
不退轉品	第49-1~3	326~328권	
巧方便品	第50-1~3	328~330권	
願行品	第51-1~2	330~331권	
殑伽天品	第52	331권	
善學品	第53-1~5	331~335권	
斷分別品	第54-1~2	335~336권	
巧便學品	第55-1~5	337~341권	
願喩品	第56-1~2	341~342권	
堅等贊品	第57-1~5	342~346권	
囑累品	第58-1~2	346~347권	
無盡品	第59-1~2	347~348권	
相引攝品	第60-1~2	349~350권	
多問不二品	第61-1~13	350~363권	
實說品	第62-1~3	363~365권	
巧便行品	第63-1~2	365~366권	
遍學道品	第64-1~7	366~372권	
三漸次品	第65-1~2	372~373권	
無相無得品	第66-1~6	373~378권	
無雜法義品	第67-1~2	378~379권	
諸功德相品	第68-1~5	379~383권	
諸法平等品	第69-1~4	383~386권	
不可動品	第70-1~5	386~390권	
成熟有情品	第71-1~4	390~393권	
嚴淨佛土品	第72-1~2	393~394권	
淨土方便品	第73-1~2	394~395권	

	無性自性品	第74-1~2	395~396권	
	勝義瑜伽品	第75-1~2	396~397권	
	無動法性品	第76	397권	
	常啼菩薩品	第77-1~2	398~399권	
	法湧菩薩品	第78-1~2	399~400권	
	結勸品	第79	400권	
二會	緣起品	第1	401권	서문 수록
	歡喜品	第2	402권	
	觀照品	第3-1~4	402~405권	
	無等等品	第4	405권	
	舌根相品	第5	405권	
	善現品	第6-1~3	406~408권	
	入離生品	第7	408권	
	勝軍品	第8-1~2	408~409권	
	行相品	第9-1~2	409~410권	
	幻喻品	第10	410권	
	譬喻品	第11	411권	
	斷諸見品	第12	411권	
	六到彼岸品	第13-1~2	411~412권	
	乘大乘品	第14	412권	
	無縛解品	第15	413권	
	三摩地品	第16-1~2	413~414권	
	念住等品	第17-1~2	414~415권	
	修治地品	第18-1~2	415~416권	
	出住品	第19-1~2	416~417권	
	超勝品	第20-1~2	417~418권	
	無所有品	第21-1~3	418~420권	
	隨順品	第22	420권	
	無邊際品	第23-1~4	420~423권	
	遠離品	第24-1~2	423~424권	
	帝釋品	第25-1~2	425~426권	
	信受品	第26	426권	
	散花品	第27-1~2	426~427권	
	授記品	第28	427권	
	攝受品	第29-1~2	427~428권	
	窣堵波品	第30	428권	
	福生品	第31	429권	
	功德品	第32	429권	
	外道品	第33	429권	
	天來品	第34-1~2	429~430권	

設利羅品	第35	430권	
經文品	第36-1~2	431~432권	
隨喜迴向品	第37-1~2	432~433권	
大師品	第38	434권	
地獄品	第39-1~2	434~435권	
清淨品	第40	436권	
無摽幟品	第41-1~2	436~437권	
不可得品	第42	437권	
東北方品	第43-1~3	438~440권	
魔事品	第44	440권	
不和合品	第45-1~2	440~441권	
佛母品	第46-1~2	441~442권	
示相品	第47-1~2	442~443권	
成辦品	第48	444권	
船等喩品	第49-1~2	444~445권	
初業品	第50-1~2	445~446권	
調伏貪等品	第51	446권	
眞如品	第52-1~3	446~448권	
不退轉品	第53	448권	
轉不退轉品	第54	449권	
甚深義品	第55-1~2	449~450권	
夢行品	第56	451권	
願行品	第57	451권	
殑伽天品	第58	451권	
習近品	第59	452권	
增上慢品	第60-1~3	452~454권	
同學品	第61-1~2	454~455권	
同性品	第62-1~2	455~456권	
無分別品	第63	456권	
堅非堅品	第64-1~2	456~457권	
實語品	第65-1~2	457~458권	
無盡品	第66	458권	
相攝品	第67	459권	
巧便品	第68-1~4	459~463권	
樹喩品	第69	463권	
菩薩行品	第70	464권	
親近品	第71	464권	
遍學品	第72-1~2	464~465권	
漸次品	第73-1~2	465~466권	
無相品	第74-1~2	466~467권	

	無雜品	第75-1~2	467~468권	
	衆德相品	第76-1~4	468~471권	
	善達品	第77-1~3	471~473권	
	實際品	第78-1~2	473~474권	
	無闕品	第79-1~2	474~475권	
	道士品	第80	476권	
	正定品	第81	477권	
	佛法品	第82	477권	
	無事品	第83	478권	
	實說品	第84	478권	
	空性品	第85	478권	
第三會	緣起品	第1	479권	서문 수록
	舍利子品	第2-1~4	479~482권	
	善現品	第3-1~17	482~498권	
	天帝品	第4-1~3	498~500권	
	現窣堵波品	第5-1~3	500~502권	
	稱揚功德品	第6-1~2	502~503권	
	佛設利羅品	第7	503권	
	福聚品	第8-1~2	503~504권	
	隨喜迴向品	第9-1~2	504~505권	
	地獄品	第10-1~2	505~506권	
	嘆淨品	第11-1~2	506~507권	
	贊德品	第12	507권	
	陀羅尼品	第13-1~2	508~509권	
	魔事品	第14	509권	
	現世間品	第15	510권	
	不思議等品	第16	511권	
	譬喩品	第17	511권	
	善友品	第18	512권	
	眞如品	第19-1~2	513~514권	
	不退相品	第20-1~2	514~515권	
	空相品	第21-1~3	515~517권	
	殑伽天品	第22	517권	
	巧便品	第23-1~4	517~520권	
	學時品	第24	520권	
	見不動品	第25-1~2	521~522권	
	方便善巧品	第26-1~4	523~526권	
	慧到彼岸品	第27	527권	
	妙相品	第28-1~5	528~532권	
	施等品	第29-1~4	532~535권	

	佛國品	第30-1~2	535~536권	
	宣化品	第31-1~2	536~537권	
第四會	妙行品	第1-1~2	538~539권	서문 수록
	帝釋品	第2	539권	
	供養窣堵波品	第3-1~3	539~541권	
	稱揚功德品	第4	541권	
	福門品	第5-1~2	541~542권	
	隨喜迴向品	第6-1~2	543~544권	
	地獄品	第7	544권	
	淸淨品	第8	545권	
	讚歎品	第9	545권	
	總持品	第10-1~2	545~546권	
	魔事品	第11-1~2	546~547권	
	現世間品	第12	547권	
	不思議等品	第13	547권	
	譬喩品	第14	548권	
	天贊品	第15	548권	
	眞如品	第16-1~2	548~549권	
	不退相品	第17	549권	
	空相品	第18-1~2	549~550권	
	深功德品	第19	550권	
	殑伽天品	第20	550권	
	覺魔事品	第21-1~2	551권	
	善友品	第22-1~2	551~552권	
	天主品	第23	552권	
	無雜無異品	第24	552권	
	迅速品	第25-1~2	552~553권	
	幻喩品	第26	553권	
	堅固品	第27-1~2	553~554권	
	散花品	第28	554권	
	隨順品	第29	555권	
第五會	善現品	第1	556권	서문 수록
	天帝品	第2	556권	
	窣堵波品	第3	557권	
	神呪品	第4	557권	
	設利羅品	第5	558권	
	經典品	第6	558권	
	迴向品	第7	558권	
	地獄品	第8	559권	
	淸淨品	第9	559권	

	不思議品	第10-1~2	559~560권	
	魔事品	第11	560권	
	眞如品	第12	560권	
	甚深相品	第13	560~561권	
	船等喩品	第14	561권	
	如來品	第15-1~2	561~562권	
	不退品	第16	562권	
	貪行品	第17-1~2	562~563권	
	姉妹品	第18	563권	
	夢行品	第19	563권	
	勝意樂品	第20	564권	
	修學品	第21	564권	
	根栽品	第22-1~2	564~565권	
	付囑品	第23	565권	
	見不動佛品	第24	565권	
第六會	緣起品	第1	566권	서문 수록
	通達品	第2	566권	
	顯相品	第3	567권	
	法界品	第4-1~2	567~568권	
	念住品	第5	568권	
	法性品	第6	569권	
	平等品	第7	570권	
	現相品	第8	570권	
	無所得品	第9	571권	
	證勸品	第10	571권	
	顯德品	第11	572권	
	現化品	第12	572권	
	陀羅尼品	第13	572권	
	勸誡品	第14-1~2	572~573권	
	二行品	第15	573권	
	讚歎品	第16	573권	
	付囑品	第17	573권	
第七會	曼殊室利分	第1~2	574~575권	서문 수록
第八會	那伽室利分	第1	576권	서문 수록
第九會	能斷金剛分	第1	577권	서문 수록
第十會	般若理趣分	第1	578권	서문 수록
第十一會	施波羅蜜多分	第1~5	579~583권	서문 수록
第十二會	淨戒波羅蜜多分	第1~5	584~588권	서문 수록
第十三會	忍波羅蜜多分	第1	589권	서문 수록
第十四會	精進波羅蜜多分	第1	590권	서문 수록

第十五會	靜慮波羅蜜多分	第1~2	591~592권	서문 수록
第十六會	般若波羅蜜多分	第1~8	593~600권	서문 수록

　따라서 마하반야바라밀다경은 설법의 내용을 따라서 각각 다른 결집의 형태를 보여주고 있으며, 매우 방대하였던 까닭으로 반야계통의 경전인 『소품반야경』, 『금강반야경』, 『반야심경』 등에 비교하여 많이 연구되지 않고 있다. 그러나 『고려대장경』의 처음에 『마하반야바라밀다경』을 배치하고 있는 것은 한국불교에서는 『마하반야바라밀다경』의 사상적인 위치가 매우 중요하였다고 추정할 수 있다.

초분
初分

마하반야바라밀다경 제31권

7. 교계교수품(敎誡敎授品)(21)

"선현이여. 그대는 다시 무슨 뜻으로 관찰하여 곧 8해탈(八解脫)이 만약 청정하거나, 만약 부정하다는 증어(增語)는 곧 보살마하살이 아니고, 곧 8승처(八勝處)·9차제정(九次第定)·10변처(十遍處)가 만약 청정하거나, 만약 부정하다는 증어는 곧 보살마하살이 아니라고 말하는가?"

"세존이시여. 8해탈이 만약 청정(淸淨)하거나, 부정(不淨)하며, 8승처·9차제정·10변처가 만약 청정하거나, 부정하더라도 오히려 결국에는 얻을 수 없습니다. 자성(自性)이 있지 않은 까닭인데, 하물며 8해탈이 청정하거나, 부정하다는 증어와 8승처·9차제정·10변처가 청정하거나, 부정하다는 증어가 있겠습니까? 이러한 증어는 이미 있지 않은데, 어찌 곧 8해탈이 만약 청정하거나, 만약 부정하다는 증어가 보살마하살이라고 말할 수 있겠으며, 곧 8승처·9차제정·10변처가 만약 청정하거나, 만약 부정하다는 증어가 보살마하살이라고 말할 수 있겠습니까?"

"선현이여. 그대는 다시 무슨 뜻으로 관찰하여 곧 8해탈이 만약 공하거나, 만약 공하지 않다는 증어는 곧 보살마하살이 아니고, 곧 8승처·9차제정·10변처가 만약 공하거나, 만약 공하지 않다는 증어는 곧 보살마하살이 아니라고 말하는가?"

"세존이시여. 8해탈이 만약 공(空)하거나, 공하지 않으며, 8승처·9차제정·10변처가 만약 공하거나 공하지 않더라도 오히려 결국에는 얻을 수 없습니다. 자성이 있지 않은 까닭인데, 하물며 8해탈이 공하거나, 공하지

않다는 증어와 8승처·9차제정·10변처가 공하거나, 공하지 않다는 증어가
있겠습니까? 이러한 증어는 이미 있지 않은데, 어찌 곧 8해탈이 만약
공하거나, 만약 공하지 않다는 증어가 보살마하살이라고 말할 수 있겠으
며, 곧 8승처·9차제정·10변처가 만약 공하거나, 만약 공하지 않다는 증어
가 보살마하살이라고 말할 수 있겠습니까?"

"선현이여. 그대는 다시 무슨 뜻으로 관찰하여 곧 8해탈이 만약 유상이
거나, 만약 무상이라는 증어는 곧 보살마하살이 아니고, 곧 8승처·9차제정
·10변처가 만약 유상이거나, 만약 무상이라는 증어는 곧 보살마하살이
아니라고 말하는가?"

"세존이시여. 8해탈이 만약 유상(有相)이거나, 무상(無相)이며, 8승처·9
차제정·10변처가 만약 유상이거나, 무상이더라도 오히려 결국에는 얻을
수 없습니다. 자성이 있지 않은 까닭인데, 하물며 8해탈이 유상이거나,
무상이라는 증어와 8승처·9차제정·10변처가 유상이거나, 무상이라는
증어가 있겠습니까? 이러한 증어는 이미 있지 않은데, 어찌 곧 8해탈이
만약 유상이거나, 만약 무상이라는 증어가 보살마하살이라고 말할 수
있겠으며, 곧 8승처·9차제정·10변처가 만약 유상이거나, 만약 무상이라
는 증어가 보살마하살이라고 말할 수 있겠습니까?"

"선현이여. 그대는 다시 무슨 뜻으로 관찰하여 곧 8해탈이 만약 유원(有
願)이거나, 만약 무원(無願)이라는 증어는 곧 보살마하살이 아니고, 곧
8승처·9차제정·10변처가 만약 유원이거나, 만약 무원이라는 증어는 곧
보살마하살이 아니라고 말하는가?"

"세존이시여. 8해탈이 만약 유원이거나, 무원이며, 8승처·9차제정·10
변처가 만약 유원이거나, 무원이더라도 오히려 결국에는 얻을 수 없습니
다. 자성이 있지 않은 까닭인데, 하물며 8해탈이 유원이거나, 무원이라는
증어와 8승처·9차제정·10변처가 유원이거나, 무원이라는 증어가 있겠습
니까? 이러한 증어는 이미 있지 않은데, 어찌 곧 8해탈이 만약 유원이거나,
만약 무원이라는 증어가 보살마하살이라고 말할 수 있겠으며, 곧 8승처·9
차제정·10변처가 만약 유원이거나, 만약 무원이라는 증어가 보살마하살

이라고 말할 수 있겠습니까?”

“선현이여. 그대는 다시 무슨 뜻으로 관찰하여 곧 8해탈이 만약 적정(寂靜)하거나, 만약 적정하지 않다는 증어는 곧 보살마하살이 아니고, 곧 8승처·9차제정·10변처가 만약 적정하거나, 만약 적정하지 않다는 증어는 곧 보살마하살이 아니라고 말하는가?”

“세존이시여. 8해탈이 만약 적정하거나, 적정하지 않으며, 8승처·9차제정·10변처가 만약 적정하거나, 적정하지 않더라도 오히려 결국에는 얻을 수 없습니다. 자성이 있지 않은 까닭인데, 하물며 8해탈이 적정하거나, 적정하지 않다는 증어와 8승처·9차제정·10변처가 적정하거나, 적정하지 않다는 증어가 있겠습니까? 이러한 증어는 이미 있지 않은데, 어찌 곧 8해탈이 만약 적정하거나, 만약 적정하지 않다는 증어가 보살마하살이라고 말할 수 있겠으며, 곧 8승처·9차제정·10변처가 만약 적정하거나, 만약 적정하지 않다는 증어가 보살마하살이라고 말할 수 있겠습니까?”

“선현이여. 그대는 다시 무슨 뜻으로 관찰하여 곧 8해탈이 만약 멀리 벗어나거나, 만약 멀리 벗어나지 않는다는 증어는 곧 보살마하살이 아니고, 곧 8승처·9차제정·10변처가 만약 멀리 벗어나거나, 만약 멀리 벗어나지 않는다는 증어는 곧 보살마하살이 아니라고 말하는가?”

“세존이시여. 8해탈이 만약 멀리 벗어나거나, 멀리 벗어나지 않으며, 만약 8승처·9차제정·10변처가 만약 멀리 벗어나거나, 멀리 벗어나지 않더라도 오히려 결국에는 얻을 수 없습니다. 자성이 있지 않은 까닭인데, 하물며 8해탈이 만약 멀리 벗어나거나, 멀리 벗어나지 않는다는 증어와 8승처·9차제정·10변처가 만약 멀리 벗어나거나, 멀리 벗어나지 않는다는 증어가 있겠습니까? 이러한 증어는 이미 있지 않은데, 어찌 곧 8해탈이 만약 멀리 벗어나거나, 만약 멀리 벗어나지 않는다는 증어가 보살마하살이라고 말할 수 있겠으며, 곧 8승처·9차제정·10변처가 만약 멀리 벗어나거나, 만약 멀리 벗어나지 않는다는 증어가 보살마하살이라고 말할 수 있겠습니까?”

“선현이여. 그대는 다시 무슨 뜻으로 관찰하여 곧 8해탈이 만약 유위(有

爲)이거나, 만약 무위(無爲)라는 증어는 곧 보살마하살이 아니고, 곧 8승처·9차제정·10변처가 만약 유위이거나, 만약 무위라는 증어는 곧 보살마하살이 아니라고 말하는가?"

"세존이시여. 8해탈이 만약 유위이거나, 무위이며, 8승처·9차제정·10변처가 만약 유위이거나, 무위이더라도 오히려 결국에는 얻을 수 없습니다. 자성이 있지 않은 까닭인데, 하물며 8해탈이 유위이거나, 무위라는 증어와 8승처·9차제정·10변처가 유위이거나, 무위라는 증어가 있겠습니까? 이러한 증어는 이미 있지 않은데, 어찌 곧 8해탈이 만약 유위이거나, 만약 무위라는 증어가 보살마하살이라고 말할 수 있겠으며, 곧 8승처·9차제정·10변처가 만약 유위이거나, 만약 무위라는 증어가 보살마하살이라고 말할 수 있겠습니까?"

"선현이여. 그대는 다시 무슨 뜻으로 관찰하여 곧 8해탈이 만약 유루이거나, 만약 무루라는 증어는 곧 보살마하살이 아니고, 곧 8승처·9차제정·10변처가 만약 유루이거나, 만약 무루라는 증어는 곧 보살마하살이 아니라고 말하는가?"

"세존이시여. 8해탈이 만약 유루(有漏)이거나 무루(無漏)이며, 8승처·9차제정·10변처가 만약 유루이거나, 무루이더라도 오히려 결국에는 얻을 수 없습니다. 자성이 있지 않은 까닭인데, 하물며 8해탈이 유루이거나, 무루라는 증어와 8승처·9차제정·10변처가 유루이거나, 무루라는 증어가 있겠습니까? 이러한 증어는 이미 있지 않은데, 어찌 곧 8해탈이 만약 유루이거나, 만약 무루라는 증어가 보살마하살이라고 말할 수 있겠으며, 곧 8승처·9차제정·10변처가 만약 유루이거나, 만약 무루라는 증어가 보살마하살이라고 말할 수 있겠습니까?"

"선현이여. 그대는 다시 무슨 뜻으로 관찰하여 곧 8해탈이 만약 생겨나거나, 만약 소멸한다는 증어는 곧 보살마하살이 아니고, 곧 8승처·9차제정·10변처가 만약 생겨나거나, 만약 소멸한다는 증어는 곧 보살마하살이 아니라고 말하는가?"

"세존이시여. 8해탈이 만약 생겨나거나, 소멸하며, 8승처·9차제정·10

변처가 만약 생겨나거나, 소멸하더라도 오히려 결국에는 얻을 수 없습니다. 자성이 있지 않은 까닭인데, 하물며 8해탈이 생겨나거나, 소멸한다는 증어와 8승처·9차제정·10변처가 만약 생겨나거나, 소멸한다는 증어가 있겠습니까? 이러한 증어는 이미 있지 않은데, 어찌 곧 8해탈이 만약 생겨나거나, 만약 소멸한다는 증어가 보살마하살이라고 말할 수 있겠으며, 곧 8승처·9차제정·10변처가 만약 생겨나거나, 만약 소멸한다는 증어가 보살마하살이라고 말할 수 있겠습니까?"

"선현이여. 그대는 다시 무슨 뜻으로 관찰하여 곧 8해탈이 만약 선(善)하거나, 만약 선하지 않다는 증어는 곧 보살마하살이 아니고, 곧 8승처·9차제정·10변처가 만약 선하거나, 만약 선하지 않다는 증어는 곧 보살마하살이 아니라고 말하는가?"

"세존이시여. 8해탈이 만약 선하거나, 선하지 않으며, 8승처·9차제정·10변처가 만약 선하거나, 만약 선하지 않더라도 오히려 결국에는 얻을 수 없습니다. 자성이 있지 않은 까닭인데, 하물며 8해탈이 선하거나, 선하지 않다는 증어와 8승처·9차제정·10변처가 선하거나, 선하지 않다는 증어가 있겠습니까? 이러한 증어는 이미 있지 않은데, 어찌 곧 8해탈이 만약 선하거나, 만약 선하지 않다는 증어가 보살마하살이라고 말할 수 있겠으며, 곧 8승처·9차제정·10변처가 만약 선하거나, 만약 선하지 않다는 증어가 보살마하살이라고 말할 수 있겠습니까?"

"선현이여. 그대는 다시 무슨 뜻으로 관찰하여 곧 8해탈이 만약 유죄(有罪)이거나, 만약 무죄(無罪)라는 증어는 곧 보살마하살이 아니고, 곧 8승처·9차제정·10변처가 만약 유죄이거나, 만약 무죄라는 증어는 곧 보살마하살이 아니라고 말하는가?"

"세존이시여. 8해탈이 만약 유죄이거나, 무죄이며, 만약 8승처·9차제정·10변처가 만약 유죄이거나, 무죄이더라도 오히려 결국에는 얻을 수 없습니다. 자성이 있지 않은 까닭인데, 하물며 8해탈이 유죄이거나, 무죄라는 증어와 8승처·9차제정·10변처가 만약 유죄이거나 무죄라는 증어가 있겠습니까? 이러한 증어는 이미 있지 않은데, 어찌 곧 8해탈이 유죄이거나, 만약 무죄라는 증어가 보살마하살이라고 말할 수 있겠으며, 곧 8승처·9차제정·10변처가 만약 유죄이거나, 만약 무죄라는 증어가 보살마하살이라고 말할 수 있겠습니까?"

"선현이여. 그대는 다시 무슨 뜻으로 관찰하여 곧 8해탈이 만약 번뇌가 있거나, 만약 번뇌가 없다는 증어는 곧 보살마하살이 아니고, 곧 8승처·9차제정·10변처가 만약 번뇌가 있거나, 만약 번뇌가 없다는 증어는 곧 보살마하살이 아니라고 말하는가?"

"세존이시여. 8해탈이 만약 번뇌가 있거나, 번뇌가 없으며, 8승처·9차제정·10변처가 만약 번뇌가 있거나, 번뇌가 없더라도 오히려 결국에는 얻을 수 없습니다. 자성이 있지 않은 까닭인데, 하물며 8해탈이 번뇌가 있거나, 번뇌가 없다는 증어와 8승처·9차제정·10변처가 번뇌가 있거나, 번뇌가 없다는 증어가 있겠습니까? 이러한 증어는 이미 있지 않은데, 어찌 곧 8해탈이 만약 번뇌가 있거나, 만약 번뇌가 없다는 증어가 보살마하살이라고 말할 수 있겠으며, 곧 8승처·9차제정·10변처가 만약 번뇌가 있거나, 만약 번뇌가 없다는 증어가 보살마하살이라고 말할 수 있겠습니까?"

"선현이여. 그대는 다시 무슨 뜻으로 관찰하여 곧 8해탈이 만약 세간(世間)이거나, 만약 출세간(出世間)이라는 증어는 곧 보살마하살이 아니고, 곧 8승처·9차제정·10변처가 만약 세간이거나, 만약 출세간이라는 증어는 곧 보살마하살이 아니라고 말하는가?"

"세존이시여. 8해탈이 만약 세간이거나, 출세간이며, 8승처·9차제정·10변처가 만약 세간이거나, 출세간이더라도 오히려 결국에는 얻을 수 없습니다. 자성이 있지 않은 까닭인데, 하물며 8해탈이 세간이거나, 출세간이라는 증어와 8승처·9차제정·10변처가 세간이거나, 출세간이라는 증어가 있겠습니까? 이러한 증어는 이미 있지 않은데, 어찌 곧 8해탈이 만약 세간이거나, 만약 출세간이라는 증어가 보살마하살이라고 말할 수 있겠으며, 곧 8승처·9차제정·10변처가 만약 세간이거나, 만약 출세간이라는 증어가 보살마하살이라고 말할 수 있겠습니까?"

"선현이여. 그대는 다시 무슨 뜻으로 관찰하여 곧 8해탈이 만약 잡염(雜染)이거나, 만약 청정(淸淨)하다는 증어는 곧 보살마하살이 아니고, 곧 8승처·9차제정·10변처가 만약 잡염이거나, 만약 청정하다는 증어는 곧 보살마하살이 아니라고 말하는가?"

"세존이시여. 8해탈이 만약 잡염이거나, 청정하며, 8승처·9차제정·10변처가 만약 잡염이거나, 청정하더라도 오히려 결국에는 얻을 수 없습니다. 자성이 있지 않은 까닭인데, 하물며 곧 8해탈이 잡염이거나, 청정하다는 증어와 8승처·9차제정·10변처가 잡염이거나, 청정하다는 증어가 있겠습니까? 이러한 증어는 이미 있지 않은데, 어찌 곧 8해탈이 만약 잡염이거나, 만약 청정하다는 증어가 보살마하살이라고 말할 수 있겠으며, 곧 8승처·9차제정·10변처가 만약 잡염이거나, 만약 청정하다는 증어가 보살마하살이라고 말할 수 있겠습니까?"

"선현이여. 그대는 다시 무슨 뜻으로 관찰하여 곧 8해탈이 만약 생사(生死)에 속하거나, 만약 열반에 속한다는 증어는 곧 보살마하살이 아니고, 곧 8승처·9차제정·10변처가 만약 생사에 속하거나, 만약 열반에 속한다는 증어는 곧 보살마하살이 아니라고 말하는가?"

"세존이시여. 8해탈이 만약 생사에 속하거나, 열반에 속하며, 8승처·9차제정·10변처가 만약 생사에 속하거나, 열반에 속하더라도 오히려 결국에는 얻을 수 없습니다. 자성이 있지 않은 까닭인데, 하물며 8해탈이 생사에 속하거나, 열반에 속하며, 8승처·9차제정·10변처가 생사에 속하거나, 열반에 속한다는 증어가 있겠습니까? 이러한 증어는 이미 있지 않은데, 어찌 곧 8해탈이 만약 생사에 속하거나, 만약 열반에 속한다는 증어가 보살마하살이라고 말할 수 있겠으며, 곧 8승처·9차제정·10변처가 만약 생사에 속하거나, 만약 열반에 속한다는 증어가 보살마하살이라고 말할 수 있겠습니까?"

"선현이여. 그대는 다시 무슨 뜻으로 관찰하여 곧 8해탈이 만약 내신(內身)에 있거나, 만약 외신(外身)에 있거나, 만약 두 가지의 가운데에 있다는 증어는 곧 보살마하살이 아니고, 곧 8승처·9차제정·10변처가 만약 내신에 있거나, 만약 외신에 있거나, 만약 두 가지의 가운데에 있다는 증어는 곧 보살마하살이 아니라고 말하는가?"

"세존이시여. 8해탈이 만약 내신에 있거나, 외신에 있거나, 두 가지의 가운데에 있으며, 8승처·9차제정·10변처가 만약 내신에 있거나, 외신에 있거나, 두 가지의 가운데에 있더라도 오히려 결국에는 얻을 수 없습니다. 자성이 있지 않은 까닭인데, 하물며 8해탈이 내신에 있거나, 외신에 있거나, 두 가지의 가운데에 있다는 증어와 8승처·9차제정·10변처가 내신에 있거나, 외신에 있거나, 두 가지의 가운데에 있다는 증어가 있겠습니까? 이러한 증어는 이미 있지 않은데, 어찌 곧 8해탈이 만약 내신에 있거나, 만약 외신에 있거나, 만약 두 가지의 가운데에 있다는 증어가 보살마하살이라고 말할 수 있겠으며, 곧 8승처·9차제정·10변처가 만약 내신에 있거나, 만약 외신에 있거나, 만약 두 가지의 가운데에 있다는 증어가 보살마하살이라고 말할 수 있겠습니까?"

"선현이여. 그대는 다시 무슨 뜻으로 관찰하여 곧 8해탈이 만약 얻을 수 있거나, 만약 얻을 수 없다는 증어는 곧 보살마하살이 아니고, 곧 8승처·9차제정·10변처가 만약 얻을 수 있거나, 만약 얻을 수 없다는 증어는 곧 보살마하살이 아니라고 말하는가?"

"세존이시여. 8해탈이 만약 얻을 수 있거나, 얻을 수 없으며, 8승처·9차제정·10변처가 만약 얻을 수 있거나, 얻을 수 없더라도 오히려 결국에는 얻을 수 없습니다. 자성이 있지 않은 까닭인데, 하물며 8해탈이 얻을 수 있거나, 얻을 수 없다는 증어와 8승처·9차제정·10변처가 얻을 수 있거나, 만약 얻을 수 없다는 증어가 있겠습니까? 이러한 증어는 이미 있지 않은데, 어찌 곧 8해탈이 만약 얻을 수 있거나, 만약 얻을 수 없다는 증어가 보살마하살이라고 말할 수 있겠으며, 곧 8승처·9차제정·10변처가 만약 얻을 수 있거나, 만약 얻을 수 없다는 증어가 보살마하살이라고 말할 수 있겠습니까?"

"다시 다음으로 선현이여. 그대는 무슨 뜻으로 관찰하여 곧 공해탈(空解

脫)의 증어는 곧 보살마하살이 아니고, 무상(無相)·무원해탈문(無願解脫
門)의 증어는 곧 보살마하살이 아니라고 말하는가?"

구수 선현이 대답하여 말하였다.

"세존이시여. 만약 공해탈이거나, 만약 무상·무원해탈문이라도 오히려
결국에는 얻을 수 없습니다. 자성이 있지 않은 까닭인데, 하물며 곧
공해탈의 증어와 무상·무원해탈문의 증어가 있겠습니까? 이러한 증어는
이미 있지 않은데, 어찌 곧 공해탈의 증어가 보살마하살이라고 말할
수 있겠으며, 곧 무상·무원해탈문의 증어가 보살마하살이라고 말할 수
있겠습니까?"

"선현이여. 그대는 다시 무슨 뜻으로 관찰하여 곧 공해탈이 만약 항상하
거나, 만약 무상하다는 증어는 곧 보살마하살이 아니고, 무상·무원해탈문
이 만약 항상하거나, 만약 무상하다는 증어는 곧 보살마하살이 아니라고
말하는가?"

"세존이시여. 공해탈이 만약 항상하거나 무상하며, 무상·무원해탈문이
만약 항상하거나 무상하더라도 오히려 결국에는 얻을 수 없습니다.
자성이 있지 않은 까닭인데, 하물며 공해탈이 항상하거나 무상하며,
무상·무원해탈문이 항상하거나 무상하다는 증어가 있겠습니까? 이러
한 증어는 이미 있지 않은데, 어찌 곧 공해탈이 만약 항상하거나, 만약
무상하다는 증어가 보살마하살이라고 말할 수 있겠으며, 곧 무상·무원해
탈문이 만약 항상하거나, 만약 무상하다는 증어가 보살마하살이라고
말할 수 있겠습니까?"

"선현이여. 그대는 다시 무슨 뜻으로 관찰하여 곧 공해탈이 만약 즐겁거나,
만약 괴롭다는 증어는 곧 보살마하살이 아니고, 곧 무상·무원해탈문이 만약
즐겁거나, 만약 괴롭다는 증어는 곧 보살마하살이 아니라고 말하는가?"

"세존이시여. 공해탈이 만약 즐겁거나, 괴로우며, 무상·무원해탈문이
만약 즐겁거나, 괴롭더라도 오히려 결국 얻을 수 없습니다. 자성이 있지
않은 까닭인데, 하물며 공해탈이 즐겁거나, 괴롭다는 증어와 무상·무원해
탈문이 즐겁거나, 괴롭다는 증어가 있겠습니까? 이러한 증어는 이미

있지 않은데, 어찌 곧 공해탈이 만약 즐겁거나, 만약 괴롭다는 증어가 보살마하살이라고 말할 수 있겠으며, 곧 무상·무원해탈문이 만약 즐겁거나, 만약 괴롭다는 것의 증어가 보살마하살이라고 말할 수 있겠습니까?"

"선현이여. 그대는 다시 무슨 뜻으로 관찰하여 곧 공해탈이 만약 나이거나, 만약 무아라는 증어는 곧 보살마하살이 아니고, 곧 무상·무원해탈문이 나이거나, 만약 무아라는 증어는 곧 보살마하살이 아니라고 말하는가?"

"세존이시여. 공해탈이 만약 나이거나, 무아이며, 무상·무원해탈문이 만약 나이거나, 무아이더라도 오히려 결국에는 얻을 수 없습니다. 자성이 있지 않은 까닭인데, 하물며 공해탈이 나이거나, 무아라는 증어와 무상·무원해탈문이 나이거나, 무아라는 증어가 있겠습니까? 이러한 증어는 이미 있지 않은데, 어찌 곧 공해탈이 만약 나이거나, 만약 무아라는 증어가 보살마하살이라고 말할 수 있겠으며, 곧 무상·무원해탈문이 만약 나이거나, 만약 무아라는 증어가 보살마하살이라고 말할 수 있겠습니까?"

"선현이여. 그대는 다시 무슨 뜻으로 관찰하여 곧 공해탈이 만약 청정하거나, 만약 부정하다는 증어는 곧 보살마하살이 아니고, 곧 무상·무원해탈문이 만약 청정하거나, 만약 부정하다는 증어는 곧 보살마하살이 아니라고 말하는가?"

"세존이시여. 공해탈이 만약 청정하거나, 부정하며, 무상·무원해탈문이 만약 청정하거나, 부정하더라도 오히려 결국에는 얻을 수 없습니다. 자성이 있지 않은 까닭인데, 하물며 공해탈이 청정하거나, 부정하다는 증어와 무상·무원해탈문이 청정하거나, 부정하다는 증어가 있겠습니까? 이러한 증어는 이미 있지 않은데, 어찌 곧 공해탈이 만약 청정하거나, 만약 부정하다는 증어가 보살마하살이라고 말할 수 있겠으며, 곧 무상·무원해탈문이 만약 청정하거나, 만약 부정하다는 증어가 보살마하살이라고 말할 수 있겠습니까?"

"선현이여. 그대는 다시 무슨 뜻으로 관찰하여 곧 공해탈이 만약 공하거나, 만약 공하지 않다는 증어는 곧 보살마하살이 아니고, 곧 무상·무원해탈문이 만약 공하거나, 만약 공하지 않다는 증어는 곧 보살마하살이 아니라고 말하는가?”

“세존이시여. 공해탈이 만약 공하거나, 공하지 않으며, 무상·무원해탈
문이 만약 공하거나, 공하지 않더라도 오히려 결국에는 얻을 수 없습니다.
자성이 있지 않은 까닭인데, 하물며 공해탈이 공하거나, 공하지 않다는
증어와 무상·무원해탈문이 공하거나, 공하지 않다는 증어가 있겠습니까?
이러한 증어는 이미 있지 않은데, 어찌 곧 공해탈이 만약 공하거나,
만약 공하지 않다는 증어가 보살마하살이라고 말할 수 있겠으며, 곧
무상·무원해탈문이 만약 공하거나, 만약 공하지 않다는 증어가 보살마하
살이라고 말할 수 있겠습니까?”

“선현이여. 그대는 다시 무슨 뜻으로 관찰하여 곧 공해탈이 만약 유상이
거나, 만약 무상이라는 증어는 곧 보살마하살이 아니고, 곧 무상·무원해탈
문이 만약 유상이거나, 만약 무상이라는 증어는 곧 보살마하살이 아니라
고 말하는가?”

“세존이시여. 공해탈이 만약 유상이거나, 무상이며, 무상·무원해탈문
이 만약 유상이거나, 무상이더라도 오히려 결국에는 얻을 수 없습니다.
자성이 있지 않은 까닭인데, 하물며 공해탈이 유상이거나, 무상이라는
증어와 무상·무원해탈문이 유상이거나, 무상이라는 증어가 있겠습니까?
이러한 증어는 이미 있지 않은데, 어찌 곧 공해탈이 만약 유상이거나,
만약 무상이라는 증어가 보살마하살이라고 말할 수 있겠으며, 곧 무상·무
원해탈문이 만약 유상이거나, 만약 무상이라는 증어가 보살마하살이라고
말할 수 있겠습니까?”

“선현이여. 그대는 다시 무슨 뜻으로 관찰하여 곧 공해탈이 만약 유원이
거나, 만약 무원이라는 증어는 곧 보살마하살이 아니고, 곧 무상·무원해탈
문이 만약 유원이거나, 만약 무원이라는 증어는 곧 보살마하살이 아니라
고 말하는가?”

“세존이시여. 공해탈이 만약 유원이거나, 무원이며, 무상·무원해탈문
이 만약 유원이거나, 무원이더라도 오히려 결국에는 얻을 수 없습니다.
자성이 있지 않은 까닭인데, 하물며 공해탈이 유원이거나, 무원이라는

증어와 무상·무원해탈문이 유원이거나, 무원이라는 증어가 있겠습니까?
이러한 증어는 이미 있지 않은데, 어찌 곧 공해탈이 만약 유원이거나,
만약 무원이라는 증어가 보살마하살이라고 말할 수 있겠으며, 곧 무상·무
원해탈문이 만약 유원이거나, 만약 무원이라는 증어가 보살마하살이라고
말할 수 있겠습니까?"

"선현이여. 그대는 다시 무슨 뜻으로 관찰하여 곧 공해탈이 만약 적정하
거나, 만약 적정하지 않다는 증어는 곧 보살마하살이 아니고, 곧 무상·무원
해탈문이 만약 적정하거나, 만약 적정하지 않다는 증어는 곧 보살마하살
이 아니라고 말하는가?"

"세존이시여. 공해탈이 만약 적정하거나, 적정하지 않으며, 무상·무원
해탈문이 만약 적정하거나, 적정하지 않더라도 오히려 결국에는 얻을
수 없습니다. 자성이 있지 않은 까닭인데, 하물며 공해탈이 적정하거나,
적정하지 않다는 증어와 무상·무원해탈문이 적정하거나, 적정하지 않다
는 증어가 있겠습니까? 이러한 증어는 이미 있지 않은데, 어찌 곧 공해탈이
만약 적정하거나, 만약 적정하지 않다는 증어가 보살마하살이라고 말할
수 있겠으며, 곧 무상·무원해탈문이 만약 적정하거나, 만약 적정하지
않다는 증어가 보살마하살이라고 말할 수 있겠습니까?"

"선현이여. 그대는 다시 무슨 뜻으로 관찰하여 곧 공해탈이 만약 멀리
벗어나거나, 만약 멀리 벗어나지 않는다는 증어는 곧 보살마하살이 아니
고, 곧 무상·무원해탈문이 만약 멀리 벗어나거나, 만약 멀리 벗어나지
않는다는 증어는 곧 보살마하살이 아니라고 말하는가?"

"세존이시여. 공해탈이 만약 멀리 벗어나거나, 멀리 벗어나지 않으며,
만약 무상·무원해탈문이 만약 멀리 벗어나거나, 멀리 벗어나지 않더라도
오히려 결국에는 얻을 수 없습니다. 자성이 있지 않은 까닭인데, 하물며
공해탈이 만약 멀리 벗어나거나, 멀리 벗어나지 않는다는 증어와 무상·무
원해탈문이 만약 멀리 벗어나거나, 멀리 벗어나지 않는다는 증어가 있겠
습니까? 이러한 증어는 이미 있지 않은데, 어찌 곧 공해탈이 만약 멀리
벗어나거나, 만약 멀리 벗어나지 않는다는 증어가 보살마하살이라고

말할 수 있겠으며, 곧 무상·무원해탈문이 만약 멀리 벗어나거나, 만약 멀리 벗어나지 않는다는 증어가 보살마하살이라고 말할 수 있겠습니까?"

"선현이여. 그대는 다시 무슨 뜻으로 관찰하여 곧 공해탈이 만약 유위이거나, 만약 무위라는 증어는 곧 보살마하살이 아니고, 곧 무상·무원해탈문이 만약 유위이거나, 만약 무위라는 증어는 곧 보살마하살이 아니라고 말하는가?"

"세존이시여. 공해탈이 만약 유위이거나, 무위이며, 무상·무원해탈문이 만약 유위이거나, 무위이더라도 오히려 결국에는 얻을 수 없습니다. 자성이 있지 않은 까닭인데, 하물며 공해탈이 유위이거나, 무위라는 증어와 무상·무원해탈문이 유원이거나, 무위라는 증어가 있겠습니까? 이러한 증어는 이미 있지 않은데, 어찌 곧 공해탈이 만약 유위이거나, 만약 무위라는 증어가 보살마하살이라고 말할 수 있겠으며, 곧 무상·무원해탈문이 만약 유위이거나, 만약 무위라는 증어가 보살마하살이라고 말할 수 있겠습니까?"

"선현이여. 그대는 다시 무슨 뜻으로 관찰하여 곧 공해탈이 만약 유루이거나, 만약 무루라는 증어는 곧 보살마하살이 아니고, 곧 무상·무원해탈문이 만약 유루이거나, 만약 무루라는 증어는 곧 보살마하살이 아니라고 말하는가?"

"세존이시여. 공해탈이 만약 유루이거나 무루이며, 무상·무원해탈문이 만약 유루이거나, 무루이더라도 오히려 결국에는 얻을 수 없습니다. 자성이 있지 않은 까닭인데, 하물며 공해탈이 유루이거나, 무루라는 증어와 무상·무원해탈문이 유루이거나, 무루라는 증어가 있겠습니까? 이러한 증어는 이미 있지 않은데, 어찌 곧 공해탈이 만약 유루이거나, 만약 무루라는 증어가 보살마하살이라고 말할 수 있겠으며, 곧 무상·무원해탈문이 만약 유루이거나, 만약 무루라는 증어가 보살마하살이라고 말할 수 있겠습니까?"

"선현이여. 그대는 다시 무슨 뜻으로 관찰하여 곧 공해탈이 만약 생겨나거나, 만약 소멸한다는 증어는 곧 보살마하살이 아니고, 곧 무상·무원해탈문이 만약 생겨나거나, 만약 소멸한다는 증어는 곧 보살마하살이 아니라고 말하는가?"

"세존이시여. 공해탈이 만약 생겨나거나, 소멸하며, 무상·무원해탈문이 만약 생겨나거나, 소멸하더라도 오히려 결국에는 얻을 수 없습니다. 자성이 있지 않은 까닭인데, 하물며 공해탈이 생겨나거나, 소멸한다는 증어와 무상·무원해탈문이 만약 생겨나거나, 소멸한다는 증어가 있겠습니까? 이러한 증어는 이미 있지 않은데, 어찌 곧 공해탈이 만약 생겨나거나, 만약 소멸한다는 증어가 보살마하살이라고 말할 수 있겠으며, 곧 무상·무원해탈문이 만약 생겨나거나, 만약 소멸한다는 증어가 보살마하살이라고 말할 수 있겠습니까?"

"선현이여. 그대는 다시 무슨 뜻으로 관찰하여 곧 공해탈이 만약 선하거나, 만약 선하지 않다는 증어는 곧 보살마하살이 아니고, 곧 무상·무원해탈문이 만약 선하거나, 만약 선하지 않다는 증어는 곧 보살마하살이 아니라고 말하는가?"

"세존이시여. 공해탈이 만약 선하거나, 선하지 않으며, 무상·무원해탈문이 만약 선하거나, 만약 선하지 않더라도 오히려 결국에는 얻을 수 없습니다. 자성이 있지 않은 까닭인데, 하물며 공해탈이 선하거나, 선하지 않다는 증어와 무상·무원해탈문이 선하거나, 선하지 않다는 증어가 있겠습니까? 이러한 증어는 이미 있지 않은데, 어찌 곧 공해탈이 만약 선하거나, 만약 선하지 않다는 증어가 보살마하살이라고 말할 수 있겠으며, 곧 무상·무원해탈문이 만약 선하거나, 만약 선하지 않다는 증어가 보살마하살이라고 말할 수 있겠습니까?"

"선현이여. 그대는 다시 무슨 뜻으로 관찰하여 곧 공해탈이 만약 유죄이거나, 만약 무죄라는 증어는 곧 보살마하살이 아니고, 곧 무상·무원해탈문이 만약 유죄이거나, 만약 무죄라는 증어는 곧 보살마하살이 아니라고 말하는가?"

"세존이시여. 공해탈이 만약 유죄이거나, 무죄이며, 만약 무상·무원해탈문이 만약 유죄이거나, 무죄이더라도 오히려 결국에는 얻을 수 없습니다. 자성이 있지 않은 까닭인데, 하물며 공해탈이 유죄이거나, 무죄라는 증어와 무상·무원해탈문이 만약 유죄이거나 무죄라는 증어가 있겠습니까? 이러한 증어는 이미 있지 않은데, 어찌 곧 공해탈이 유죄이거나, 만약 무죄라는 증어가 보살마하살이라고 말할 수 있겠으며, 곧 무상·무원해탈문이 만약 유죄이거나, 만약 무죄라는 증어가 보살마하살이라고 말할 수 있겠습니까?"

"선현이여. 그대는 다시 무슨 뜻으로 관찰하여 곧 공해탈이 만약 번뇌가 있거나, 만약 번뇌가 없다는 증어는 곧 보살마하살이 아니고, 곧 무상·무원해탈문이 만약 번뇌가 있거나, 만약 번뇌가 없다는 증어는 곧 보살마하살이 아니라고 말하는가?"

"세존이시여. 공해탈이 만약 번뇌가 있거나, 번뇌가 없으며, 무상·무원해탈문이 만약 번뇌가 있거나, 번뇌가 없더라도 오히려 결국에는 얻을 수 없습니다. 자성이 있지 않은 까닭인데, 하물며 공해탈이 번뇌가 있거나, 번뇌가 없다는 증어와 무상·무원해탈문이 번뇌가 있거나, 번뇌가 없다는 증어가 있겠습니까? 이러한 증어는 이미 있지 않은데, 어찌 곧 공해탈이 만약 번뇌가 있거나, 만약 번뇌가 없다는 증어가 보살마하살이라고 말할 수 있겠으며, 곧 무상·무원해탈문이 만약 번뇌가 있거나, 만약 번뇌가 없다는 증어가 보살마하살이라고 말할 수 있겠습니까?"

"선현이여. 그대는 다시 무슨 뜻으로 관찰하여 곧 공해탈이 만약 세간이거나, 만약 출세간이라는 증어는 곧 보살마하살이 아니고, 곧 무상·무원해탈문이 만약 세간이거나, 만약 출세간이라는 증어는 곧 보살마하살이 아니라고 말하는가?"

"세존이시여. 공해탈이 만약 세간이거나, 출세간이며, 무상·무원해탈문이 만약 세간이거나, 출세간이더라도 오히려 결국에는 얻을 수 없습니다. 자성이 있지 않은 까닭인데, 하물며 공해탈이 세간이거나, 출세간이라는 증어와 무상·무원해탈문이 세간이거나, 출세간이라는 증어가 있겠습니까? 이러한 증어는 이미 있지 않은데, 어찌 곧 공해탈이 만약 세간이거나, 만약 출세간이라는 증어가 보살마하살이라고 말할 수 있겠으며, 곧

무상·무원해탈문이 만약 세간이거나, 만약 출세간이라는 증어가 보살마
하살이라고 말할 수 있겠습니까?"

"선현이여. 그대는 다시 무슨 뜻으로 관찰하여 곧 공해탈이 만약 잡염이
거나, 만약 청정하다는 증어는 곧 보살마하살이 아니고, 곧 무상·무원해탈
문이 만약 잡염이거나, 만약 청정하다는 증어는 곧 보살마하살이 아니라
고 말하는가?"

"세존이시여. 공해탈이 만약 잡염이거나, 청정하며, 무상·무원해탈문
이 만약 잡염이거나, 청정하더라도 오히려 결국에는 얻을 수 없습니다.
자성이 있지 않은 까닭인데, 하물며 곧 공해탈이 잡염이거나, 청정하다는
증어와 무상·무원해탈문이 잡염이거나, 청정하다는 증어가 있겠습니까?
이러한 증어는 이미 있지 않은데, 어찌 곧 공해탈이 만약 잡염이거나,
만약 청정하다는 증어가 보살마하살이라고 말할 수 있겠으며, 곧 무상·무
원해탈문이 만약 잡염이거나, 만약 청정하다는 증어가 보살마하살이라고
말할 수 있겠습니까?"

"선현이여. 그대는 다시 무슨 뜻으로 관찰하여 곧 공해탈이 만약 생사에
속하거나, 만약 열반에 속한다는 증어는 곧 보살마하살이 아니고, 곧
무상·무원해탈문이 만약 생사에 속하거나, 만약 열반에 속한다는 증어는
곧 보살마하살이 아니라고 말하는가?"

"세존이시여. 공해탈이 만약 생사에 속하거나, 열반에 속하며, 무상·무
원해탈문이 만약 생사에 속하거나, 열반에 속하더라도 오히려 결국에는
얻을 수 없습니다. 자성이 있지 않은 까닭인데, 하물며 공해탈이 생사에
속하거나, 열반에 속하며, 무상·무원해탈문이 생사에 속하거나, 열반에
속한다는 증어가 있겠습니까? 이러한 증어는 이미 있지 않은데, 어찌
곧 공해탈이 만약 생사에 속하거나, 만약 열반에 속한다는 증어가 보살마
하살이라고 말할 수 있겠으며, 곧 무상·무원해탈문이 만약 생사에 속하거
나, 만약 열반에 속한다는 증어가 보살마하살이라고 말할 수 있겠습니까?"

"선현이여. 그대는 다시 무슨 뜻으로 관찰하여 곧 공해탈이 만약 내신에
있거나, 만약 외신에 있거나, 만약 두 가지의 가운데에 있다는 증어는

곧 보살마하살이 아니고, 곧 무상·무원해탈문이 만약 내신에 있거나, 만약 외신에 있거나, 만약 두 가지의 가운데에 있다는 증어는 곧 보살마하살이 아니라고 말하는가?"

"세존이시여. 공해탈이 만약 내신(內身)에 있거나, 외신(外身)에 있거나, 두 가지의 가운데에 있으며, 무상·무원해탈문이 만약 내신에 있거나, 외신에 있거나, 두 가지의 가운데에 있더라도 오히려 결국에는 얻을 수 없습니다. 자성이 있지 않은 까닭인데, 하물며 공해탈이 내신에 있거나, 외신에 있거나, 두 가지의 가운데에 있다는 증어와 무상·무원해탈문이 내신에 있거나, 외신에 있거나, 두 가지의 가운데에 있다는 증어가 있겠습니까? 이러한 증어는 이미 있지 않은데, 어찌 곧 공해탈이 만약 내신에 있거나, 만약 외신에 있거나, 만약 두 가지의 가운데에 있다는 증어가 보살마하살이라고 말할 수 있겠으며, 곧 무상·무원해탈문이 만약 내신에 있거나, 만약 외신에 있거나, 만약 두 가지의 가운데에 있다는 증어가 보살마하살이라고 말할 수 있겠습니까?"

"선현이여. 그대는 다시 무슨 뜻으로 관찰하여 곧 공해탈이 만약 얻을 수 있거나, 만약 얻을 수 없다는 증어는 곧 보살마하살이 아니고, 곧 무상·무원해탈문이 만약 얻을 수 있거나, 만약 얻을 수 없다는 증어는 곧 보살마하살이 아니라고 말하는가?"

"세존이시여. 공해탈이 만약 얻을 수 있거나, 얻을 수 없으며, 무상·무원해탈문이 만약 얻을 수 있거나, 얻을 수 없더라도 오히려 결국에는 얻을 수 없습니다. 자성이 있지 않은 까닭인데, 하물며 공해탈이 얻을 수 있거나, 얻을 수 없다는 증어와 무상·무원해탈문이 얻을 수 있거나, 만약 얻을 수 없다는 증어가 있겠습니까? 이러한 증어는 이미 있지 않은데, 어찌 곧 공해탈이 만약 얻을 수 있거나, 만약 얻을 수 없다는 증어가 보살마하살이라고 말할 수 있겠으며, 곧 무상·무원해탈문이 만약 얻을 수 있거나, 만약 얻을 수 없다는 증어가 보살마하살이라고 말할 수 있겠습니까?"

"다시 다음으로 선현이여. 그대는 무슨 뜻으로 관찰하여 곧 다라니문(陀羅尼門)의 증어는 곧 보살마하살이 아니고, 삼마지문(三摩地門)의 증어는 곧 보살마하살이 아니라고 말하는가?"

구수 선현이 대답하여 말하였다.

"세존이시여. 만약 다라니문이거나, 만약 삼마지문이라도 오히려 결국에는 얻을 수 없습니다. 자성이 있지 않은 까닭인데, 하물며 곧 다라니문의 증어와 삼마지문의 증어가 있겠습니까? 이러한 증어는 이미 있지 않은데, 어찌 곧 다라니문의 증어가 보살마하살이라고 말할 수 있겠으며, 곧 삼마지문의 증어가 보살마하살이라고 말할 수 있겠습니까?"

"선현이여. 그대는 다시 무슨 뜻으로 관찰하여 곧 다라니문이 만약 항상하거나, 만약 무상하다는 증어는 곧 보살마하살이 아니고, 삼마지문이 만약 항상하거나, 만약 무상하다는 증어는 곧 보살마하살이 아니라고 말하는가?"

"세존이시여. 다라니문이 만약 항상하거나, 무상하며, 삼마지문이 만약 항상하거나 무상하더라도 오히려 결국에는 얻을 수 없습니다. 자성이 있지 않은 까닭인데, 하물며 다라니문이 항상하거나, 무상하며, 삼마지문이 항상하거나, 무상하다는 증어가 있겠습니까? 이러한 증어는 이미 있지 않은데, 어찌 곧 다라니문이 만약 항상하거나, 만약 무상하다는 증어가 보살마하살이라고 말할 수 있겠으며, 곧 삼마지문이 만약 항상하거나, 만약 무상하다는 증어가 보살마하살이라고 말할 수 있겠습니까?"

"선현이여. 그대는 다시 무슨 뜻으로 관찰하여 곧 다라니문이 만약 즐겁거나, 만약 괴롭다는 증어는 곧 보살마하살이 아니고, 곧 삼마지문이 만약 즐겁거나, 만약 괴롭다는 증어는 곧 보살마하살이 아니라고 말하는가?"

"세존이시여. 다라니문이 만약 즐겁거나, 괴로우며, 삼마지문이 만약 즐겁거나, 괴롭더라도 오히려 결국 얻을 수 없습니다. 자성이 있지 않은 까닭인데, 하물며 다라니문이 즐겁거나, 괴롭다는 증어와 삼마지문이 즐겁거나, 괴롭다는 증어가 있겠습니까? 이러한 증어는 이미 있지 않은데,

어찌 곧 다라니문이 만약 즐겁거나, 만약 괴롭다는 증어가 보살마하살이라고 말할 수 있겠으며, 곧 삼마지문이 만약 즐겁거나, 만약 괴롭다는 증어가 보살마하살이라고 말할 수 있겠습니까?"

"선현이여. 그대는 다시 무슨 뜻으로 관찰하여 곧 다라니문이 만약 나이거나, 만약 무아라는 증어는 곧 보살마하살이 아니고, 곧 삼마지문이 나이거나, 만약 무아라는 증어는 곧 보살마하살이 아니라고 말하는가?"

"세존이시여. 다라니문이 만약 나이거나, 무아이며, 삼마지문이 만약 나이거나, 무아이더라도 오히려 결국에는 얻을 수 없습니다. 자성이 있지 않은 까닭인데, 하물며 다라니문이 나이거나, 무아라는 증어와 삼마지문이 나이거나, 무아라는 증어가 있겠습니까? 이러한 증어는 이미 있지 않은데, 어찌 곧 다라니문이 만약 나이거나, 만약 무아라는 증어가 보살마하살이라고 말할 수 있겠으며, 곧 삼마지문이 만약 나이거나, 만약 무아라는 증어가 보살마하살이라고 말할 수 있겠습니까?"

"선현이여. 그대는 다시 무슨 뜻으로 관찰하여 곧 다라니문이 만약 청정하거나, 만약 부정하다는 증어는 곧 보살마하살이 아니고, 곧 삼마지문이 만약 청정하거나 만약 부정하다는 증어는 곧 보살마하살이 아니라고 말하는가?"

"세존이시여. 다라니문이 만약 청정하거나, 부정하며, 삼마지문이 만약 청정하거나, 부정하더라도 오히려 결국에는 얻을 수 없습니다. 자성이 있지 않은 까닭인데, 하물며 다라니문이 청정하거나, 부정하다는 증어와 삼마지문이 청정하거나, 부정하다는 증어가 있겠습니까? 이러한 증어는 이미 있지 않은데, 어찌 곧 다라니문이 만약 청정하거나, 만약 부정하다는 증어가 보살마하살이라고 말할 수 있겠으며, 곧 삼마지문이 만약 청정하거나, 만약 부정하다는 증어가 보살마하살이라고 말할 수 있겠습니까?"

"선현이여. 그대는 다시 무슨 뜻으로 관찰하여 곧 다라니문이 만약 공하거나, 만약 공하지 않다는 증어는 곧 보살마하살이 아니고, 곧 삼마지문이 만약 공하거나, 만약 공하지 않다는 증어는 곧 보살마하살이 아니라고 말하는가?"

"세존이시여. 다라니문이 만약 공하거나, 공하지 않으며, 삼마지문이 만약 공하거나, 공하지 않더라도 오히려 결국에는 얻을 수 없습니다. 자성이 있지 않은 까닭인데, 하물며 다라니문이 공하거나, 공하지 않다는 증어와 삼마지문이 공하거나, 공하지 않다는 증어가 있겠습니까? 이러한 증어는 이미 있지 않은데, 어찌 곧 다라니문이 만약 공하거나, 만약 공하지 않다는 증어가 보살마하살이라고 말할 수 있겠으며, 곧 삼마지문이 만약 공하거나, 만약 공하지 않다는 증어가 보살마하살이라고 말할 수 있겠습니까?"

"선현이여. 그대는 다시 무슨 뜻으로 관찰하여 곧 다라니문이 만약 유상이거나, 만약 무상이라는 증어는 곧 보살마하살이 아니고, 곧 삼마지문이 만약 유상이거나, 만약 무상이라는 증어는 곧 보살마하살이 아니라고 말하는가?"

"세존이시여. 다라니문이 만약 유상이거나, 무상이며, 삼마지문이 만약 유상이거나, 무상이더라도 오히려 결국에는 얻을 수 없습니다. 자성이 있지 않은 까닭인데, 하물며 다라니문이 유상이거나, 무상이라는 증어와 삼마지문이 유상이거나, 무상이라는 증어가 있겠습니까? 이러한 증어는 이미 있지 않은데, 어찌 곧 다라니문이 만약 유상이거나, 만약 무상이라는 증어가 보살마하살이라고 말할 수 있겠으며, 곧 삼마지문이 만약 유상이거나, 만약 무상이라는 증어가 보살마하살이라고 말할 수 있겠습니까?"

"선현이여. 그대는 다시 무슨 뜻으로 관찰하여 곧 다라니문이 만약 유원이거나, 만약 무원이라는 증어는 곧 보살마하살이 아니고, 곧 삼마지문이 만약 유원이거나, 만약 무원이라는 증어는 곧 보살마하살이 아니라고 말하는가?"

"세존이시여. 다라니문이 만약 유원이거나, 무원이며, 삼마지문이 만약 유원이거나, 무원이더라도 오히려 결국에는 얻을 수 없습니다. 자성이 있지 않은 까닭인데, 하물며 다라니문이 유원이거나, 무원이라는 증어와 삼마지문이 유원이거나, 무원이라는 증어가 있겠습니까? 이러한 증어는 이미 있지 않은데, 어찌 곧 다라니문이 만약 유원이거나, 만약 무원이라는 증어가 보살마하살이라고 말할 수 있겠으며, 곧 삼마지문이 만약 유원이거나, 만약 무원이라는 증어가 보살마하살이라고 말할 수 있겠습니까?"

"선현이여. 그대는 다시 무슨 뜻으로 관찰하여 곧 다라니문이 만약 적정하거나, 만약 적정하지 않다는 증어는 곧 보살마하살이 아니고, 곧 삼마지문이 만약 적정하거나, 만약 적정하지 않다는 증어는 곧 보살마하살이 아니라고 말하는가?"

"세존이시여. 다라니문이 만약 적정하거나, 적정하지 않으며, 삼마지문이 만약 적정하거나, 적정하지 않더라도 오히려 결국에는 얻을 수 없습니다. 자성이 있지 않은 까닭인데, 하물며 다라니문이 적정하거나, 적정하지 않다는 증어와 삼마지문이 적정하거나, 적정하지 않다는 증어가 있겠습니까? 이러한 증어는 이미 있지 않은데, 어찌 곧 다라니문이 만약 적정하거나, 만약 적정하지 않다는 증어가 보살마하살이라고 말할 수 있겠으며, 곧 삼마지문이 만약 적정하거나, 만약 적정하지 않다는 증어가 보살마하살이라고 말할 수 있겠습니까?"

"선현이여. 그대는 다시 무슨 뜻으로 관찰하여 곧 다라니문이 만약 멀리 벗어나거나, 만약 멀리 벗어나지 않는다는 증어는 곧 보살마하살이 아니고, 곧 삼마지문이 만약 멀리 벗어나거나, 만약 멀리 벗어나지 않는다는 증어는 곧 보살마하살이 아니라고 말하는가?"

"세존이시여. 다라니문이 만약 멀리 벗어나거나, 멀리 벗어나지 않으며, 만약 삼마지문이 만약 멀리 벗어나거나, 멀리 벗어나지 않더라도 오히려 결국에는 얻을 수 없습니다. 자성이 있지 않은 까닭인데, 하물며 다라니문이 만약 멀리 벗어나거나, 멀리 벗어나지 않는다는 증어와 삼마지문이 만약 멀리 벗어나거나, 멀리 벗어나지 않는다는 증어가 있겠습니까? 이러한 증어는 이미 있지 않은데, 어찌 곧 다라니문이 만약 멀리 벗어나거나, 만약 멀리 벗어나지 않는다는 증어가 보살마하살이라고 말할 수 있겠으며, 곧 삼마지문이 만약 멀리 벗어나거나, 만약 멀리 벗어나지 않는다는 증어가 보살마하살이라고 말할 수 있겠습니까?"

"선현이여. 그대는 다시 무슨 뜻으로 관찰하여 곧 다라니문이 만약 유위이거나, 만약 무위라는 증어는 곧 보살마하살이 아니고, 곧 삼마지문이 만약 유위이거나, 만약 무위라는 증어는 곧 보살마하살이 아니라고 말하는가?"

"세존이시여. 다라니문이 만약 유위이거나, 무위이며, 삼마지문이 만약 유위이거나, 무위이더라도 오히려 결국에는 얻을 수 없습니다. 자성이 있지 않은 까닭인데, 하물며 다라니문이 유위이거나, 무위라는 증어와 삼마지문이 유원이거나, 무위라는 증어가 있겠습니까? 이러한 증어는 이미 있지 않은데, 어찌 곧 다라니문이 만약 유위이거나, 만약 무위라는 증어가 보살마하살이라고 말할 수 있겠으며, 곧 삼마지문이 만약 유위이거나, 만약 무위라는 증어가 보살마하살이라고 말할 수 있겠습니까?"

"선현이여. 그대는 다시 무슨 뜻으로 관찰하여 곧 다라니문이 만약 유루이거나, 만약 무루라는 증어는 곧 보살마하살이 아니고, 곧 삼마지문이 만약 유루이거나, 만약 무루라는 증어는 곧 보살마하살이 아니라고 말하는가?"

"세존이시여. 다라니문이 만약 유루이거나, 무루이며, 삼마지문이 만약 유루이거나, 무루이더라도 오히려 결국에는 얻을 수 없습니다. 자성이 있지 않은 까닭인데, 하물며 다라니문이 유루이거나, 무루라는 증어와 삼마지문이 유루이거나, 무루라는 증어가 있겠습니까? 이러한 증어는 이미 있지 않은데, 어찌 곧 다라니문이 만약 유루이거나, 만약 무루라는 증어가 보살마하살이라고 말할 수 있겠으며, 곧 삼마지문이 만약 유루이거나, 만약 무루라는 증어가 보살마하살이라고 말할 수 있겠습니까?"

"선현이여. 그대는 다시 무슨 뜻으로 관찰하여 곧 다라니문이 만약 생겨나거나, 만약 소멸한다는 증어는 곧 보살마하살이 아니고, 곧 삼마지문이 만약 생겨나거나, 만약 소멸한다는 증어는 곧 보살마하살이 아니라고 말하는가?"

"세존이시여. 다라니문이 만약 생겨나거나, 소멸하며, 삼마지문이 만약 생겨나거나, 소멸하더라도 오히려 결국에는 얻을 수 없습니다. 자성이 있지 않은 까닭인데, 하물며 다라니문이 생겨나거나, 소멸한다는 증어와 무삼마지문이 만약 생겨나거나, 소멸한다는 증어가 있겠습니까? 이러한 증어는 이미 있지 않은데, 어찌 곧 다라니문이 만약 생겨나거나, 만약 소멸한다는 증어가 보살마하살이라고 말할 수 있겠으며, 곧 삼마지문이 만약 생겨나거나, 만약 소멸한다는 증어가 보살마하살이라고 말할 수 있겠습니까?"

"선현이여. 그대는 다시 무슨 뜻으로 관찰하여 곧 다라니문이 만약 선하거나, 만약 선하지 않다는 증어는 곧 보살마하살이 아니고, 곧 삼마지문이 만약 선하거나, 만약 선하지 않다는 증어는 곧 보살마하살이 아니라고 말하는가?"

"세존이시여. 다라니문이 만약 선하거나, 선하지 않으며, 삼마지문이 만약 선하거나, 만약 선하지 않더라도 오히려 결국에는 얻을 수 없습니다. 자성이 있지 않은 까닭인데, 하물며 다라니문이 선하거나, 선하지 않다는 증어와 삼마지문이 선하거나, 선하지 않다는 증어가 있겠습니까? 이러한 증어는 이미 있지 않은데, 어찌 곧 다라니문이 만약 선하거나, 만약 선하지 않다는 증어가 보살마하살이라고 말할 수 있겠으며, 곧 삼마지문이 만약 선하거나, 만약 선하지 않다는 증어가 보살마하살이라고 말할 수 있겠습니까?"

"선현이여. 그대는 다시 무슨 뜻으로 관찰하여 곧 다라니문이 만약 유죄이거나, 만약 무죄라는 증어는 곧 보살마하살이 아니고, 곧 삼마지문이 만약 유죄이거나, 만약 무죄라는 증어는 곧 보살마하살이 아니라고 말하는가?"

"세존이시여. 다라니문이 만약 유죄이거나, 무죄이며, 만약 삼마지문이 만약 유죄이거나, 무죄이더라도 오히려 결국에는 얻을 수 없습니다. 자성이 있지 않은 까닭인데, 하물며 다라니문이 유죄이거나, 무죄라는 증어와 삼마지문이 만약 유죄이거나 무죄라는 증어가 있겠습니까? 이러한 증어는 이미 있지 않은데, 어찌 곧 다라니문이 유죄이거나, 만약 무죄라는 증어가 보살마하살이라고 말할 수 있겠으며, 곧 삼마지문이 만약 유죄이거나, 만약 무죄라는 증어가 보살마하살이라고 말할 수 있겠습니까?"

마하반야바라밀다경 제32권

7. 교계교수품(教誡教授品)(22)

"선현이여. 그대는 다시 무슨 뜻으로 관찰하여 곧 다라니문이 만약 번뇌가 있거나, 만약 번뇌가 없다는 증어는 곧 보살마하살이 아니고, 곧 삼마지문이 만약 번뇌가 있거나, 만약 번뇌가 없다는 증어는 곧 보살마하살이 아니라고 말하는가?"

"세존이시여. 다라니문이 만약 번뇌가 있거나, 번뇌가 없으며, 삼마지문이 만약 번뇌가 있거나, 번뇌가 없더라도 오히려 결국에는 얻을 수 없습니다. 자성이 있지 않은 까닭인데, 하물며 다라니문이 번뇌가 있거나, 번뇌가 없다는 증어와 삼마지문이 번뇌가 있거나, 번뇌가 없다는 증어가 있겠습니까? 이러한 증어는 이미 있지 않은데, 어찌 곧 다라니문이 만약 번뇌가 있거나, 만약 번뇌가 없다는 증어가 보살마하살이라고 말할 수 있겠으며, 곧 삼마지문이 만약 번뇌가 있거나, 만약 번뇌가 없다는 증어가 보살마하살이라고 말할 수 있겠습니까?"

"선현이여. 그대는 다시 무슨 뜻으로 관찰하여 곧 다라니문이 만약 세간이거나, 만약 출세간이라는 증어는 곧 보살마하살이 아니고, 곧 삼마지문이 만약 세간이거나, 만약 출세간이라는 증어는 곧 보살마하살이 아니라고 말하는가?"

"세존이시여. 다라니문이 만약 세간이거나, 출세간이며, 삼마지문이 만약 세간이거나, 출세간이더라도 오히려 결국에는 얻을 수 없습니다. 자성이 있지 않은 까닭인데, 하물며 다라니문이 세간이거나, 출세간이라는 증어와 삼마지문이 세간이거나, 출세간이라는 증어가 있겠습니까? 이러한 증어는 이미 있지 않은데, 어찌 곧 다라니문이 만약 세간이거나, 만약 출세간이라는 증어가 보살마하살이라고 말할 수 있겠으며, 곧 삼마지문이 만약 세간이거나, 만약 출세간이라는 증어가 보살마하살이라고 말할 수 있겠습니까?"

"선현이여. 그대는 다시 무슨 뜻으로 관찰하여 곧 다라니문이 만약 잡염이거나, 만약 청정하다는 증어는 곧 보살마하살이 아니고, 곧 삼마지문이 만약 잡염이거나, 만약 청정하다는 증어는 곧 보살마하살이 아니라고 말하는가?"

"세존이시여. 다라니문이 만약 잡염이거나, 청정하며, 삼마지문이 만약 잡염이거나, 청정하더라도 오히려 결국에는 얻을 수 없습니다. 자성이 있지 않은 까닭인데, 하물며 곧 다라니문이 잡염이거나, 청정하다는 증어와 삼마지문이 잡염이거나, 청정하다는 증어가 있겠습니까? 이러한 증어는 이미 있지 않은데, 어찌 곧 다라니문이 만약 잡염이거나, 만약 청정하다는 증어가 보살마하살이라고 말할 수 있겠으며, 곧 삼마지문이 만약 잡염이거나, 만약 청정하다는 증어가 보살마하살이라고 말할 수 있겠습니까?"

"선현이여. 그대는 다시 무슨 뜻으로 관찰하여 곧 다라니문이 만약 생사에 속하거나, 만약 열반에 속한다는 증어는 곧 보살마하살이 아니고, 곧 삼마지문이 만약 생사에 속하거나, 만약 열반에 속한다는 증어는 곧 보살마하살이 아니라고 말하는가?"

"세존이시여. 다라니문이 만약 생사에 속하거나, 열반에 속하며, 삼마지문이 만약 생사에 속하거나, 열반에 속하더라도 오히려 결국에는 얻을 수 없습니다. 자성이 있지 않은 까닭인데, 하물며 다라니문이 생사에 속하거나, 열반에 속하며, 삼마지문이 생사에 속하거나, 열반에 속한다는 증어가 있겠습니까? 이러한 증어는 이미 있지 않은데, 어찌 곧 다라니문이 만약 생사에 속하거나, 만약 열반에 속한다는 증어가 보살마하살이라고 말할 수 있겠으며, 곧 삼마지문이 만약 생사에 속하거나, 만약 열반에 속한다는 증어가 보살마하살이라고 말할 수 있겠습니까?"

"선현이여. 그대는 다시 무슨 뜻으로 관찰하여 곧 다라니문이 만약 내신에 있거나, 만약 외신에 있거나, 만약 두 가지의 가운데에 있다는 증어는 곧 보살마하살이 아니고, 곧 삼마지문이 만약 내신에 있거나, 만약 외신에 있거나, 만약 두 가지의 가운데에 있다는 증어는 곧 보살마하살이 아니라고 말하는가?"

"세존이시여. 다라니문이 만약 내신에 있거나, 외신에 있거나, 두 가지의 가운데에 있으며, 삼마지문이 만약 내신에 있거나, 외신에 있거나, 두 가지의 가운데에 있더라도 오히려 결국에는 얻을 수 없습니다. 자성이 있지 않은 까닭인데, 하물며 다라니문이 내신에 있거나, 외신에 있거나, 두 가지의 가운데에 있다는 증어와 삼마지문이 내신에 있거나, 외신에 있거나, 두 가지의 가운데에 있다는 증어가 있겠습니까? 이러한 증어는 이미 있지 않은데, 어찌 곧 다라니문이 만약 내신에 있거나, 만약 외신에 있거나, 만약 두 가지의 가운데에 있다는 증어가 보살마하살이라고 말할 수 있겠으며, 곧 삼마지문이 만약 내신에 있거나, 만약 외신에 있거나, 만약 두 가지의 가운데에 있다는 증어가 보살마하살이라고 말할 수 있겠습니까?"

"선현이여. 그대는 다시 무슨 뜻으로 관찰하여 곧 다라니문이 만약 얻을 수 있거나, 만약 얻을 수 없다는 증어는 곧 보살마하살이 아니고, 곧 삼마지문이 만약 얻을 수 있거나, 만약 얻을 수 없다는 증어는 곧 보살마하살이 아니라고 말하는가?"

"세존이시여. 다라니문이 만약 얻을 수 있거나, 얻을 수 없으며, 삼마지문이 만약 얻을 수 있거나, 얻을 수 없더라도 오히려 결국에는 얻을 수 없습니다. 자성이 있지 않은 까닭인데, 하물며 다라니문이 얻을 수 있거나, 얻을 수 없다는 증어와 삼마지문이 얻을 수 있거나, 만약 얻을 수 없다는 증어가 있겠습니까? 이러한 증어는 이미 있지 않은데, 어찌 곧 다라니문이 만약 얻을 수 있거나, 만약 얻을 수 없다는 증어가 보살마하살이라고 말할 수 있겠으며, 곧 삼마지문이 만약 얻을 수 있거나, 만약 얻을 수 없다는 증어가 보살마하살이라고 말할 수 있겠습니까?"

"다시 다음으로 선현이여. 그대는 무슨 뜻으로 관찰하여 곧 극희지(極喜地)의 증어는 곧 보살마하살이 아니고, 이구지(離垢地)·발광지(發光地)·염혜지(焰慧地)·극난승지(極難勝地)·현전지(現前地)·원행지(遠行地)·부동지(不動地)·선혜지(善慧地)·법운지(法雲地)의 증어는 곧 보살마하살이 아니라고 말하는가?"

구수 선현이 대답하여 말하였다.

"세존이시여. 만약 극희지이거나, 만약 이구지, 나아가 법운지라도 오히려 결국에는 얻을 수 없습니다. 자성이 있지 않은 까닭인데, 하물며 곧 극희지의 증어와 이구지, 나아가 법운지의 증어가 있겠습니까? 이러한 증어는 이미 있지 않은데, 어찌 곧 극희지의 증어가 보살마하살이라고 말할 수 있겠으며, 곧 이구지, 나아가 법운지의 증어가 보살마하살이라고 말할 수 있겠습니까?"

"선현이여. 그대는 다시 무슨 뜻으로 관찰하여 곧 극희지가 만약 항상하거나, 만약 무상하다는 증어는 곧 보살마하살이 아니고, 이구지, 나아가 법운지가 만약 항상하거나, 만약 무상하다는 증어는 곧 보살마하살이 아니라고 말하는가?"

"세존이시여. 극희지가 만약 항상하거나 무상하며, 이구지, 나아가 법운지가 만약 항상하거나 무상하더라도 오히려 결국에는 얻을 수 없습니다. 자성이 있지 않은 까닭인데, 하물며 극희지가 항상하거나, 무상하며 이구지, 나아가 법운지가 항상하거나, 무상하다는 증어가 있겠습니까? 이러한 증어는 이미 있지 않은데, 어찌 곧 극희지가 만약 항상하거나, 만약 무상하다는 증어가 보살마하살이라고 말할 수 있겠으며, 곧 이구지, 나아가 법운지가 만약 항상하거나, 만약 무상하다는 증어가 보살마하살이라고 말할 수 있겠습니까?"

"선현이여. 그대는 다시 무슨 뜻으로 관찰하여 곧 극희지가 만약 즐겁거나, 만약 괴롭다는 증어는 곧 보살마하살이 아니고, 곧 이구지, 나아가 법운지가 만약 즐겁거나, 만약 괴롭다는 증어는 곧 보살마하살이 아니라고 말하는가?"

  "세존이시여. 극희지가 만약 즐겁거나, 괴로우며, 이구지, 나아가 법운지가 만약 즐겁거나, 괴롭더라도 오히려 결국 얻을 수 없습니다. 자성이 있지 않은 까닭인데, 하물며 극희지가 즐겁거나, 괴롭다는 증어와 이구지, 나아가 법운지가 즐겁거나, 괴롭다는 것의 증어가 있겠습니까? 이러한 증어는 이미 있지 않은데, 어찌 곧 극희지가 만약 즐겁거나, 만약 괴롭다는 증어가 보살마하살이라고 말할 수 있겠으며, 곧 이구지, 나아가 법운지가 만약 즐겁거나, 만약 괴롭다는 증어가 보살마하살이라고 말할 수 있겠습니까?"

  "선현이여. 그대는 다시 무슨 뜻으로 관찰하여 곧 극희지가 만약 나이거나, 만약 무아라는 증어는 곧 보살마하살이 아니고, 곧 이구지, 나아가 법운지가 만약 나이거나, 만약 무아라는 증어는 곧 보살마하살이 아니라고 말하는가?"

  "세존이시여. 극희지가 만약 나이거나, 무아이며, 이구지, 나아가 법운지가 만약 나이거나, 무아이더라도 오히려 결국에는 얻을 수 없습니다. 자성이 있지 않은 까닭인데, 하물며 극희지가 나이거나, 무아라는 증어와 이구지, 나아가 법운지가 나이거나, 무아라는 증어가 있겠습니까? 이러한 증어는 이미 있지 않은데, 어찌 곧 극희지가 만약 나이거나, 만약 무아라는 증어가 보살마하살이라고 말할 수 있겠으며, 곧 이구지, 나아가 법운지가 만약 나이거나, 만약 무아라는 증어가 보살마하살이라고 말할 수 있겠습니까?"

  "선현이여. 그대는 다시 무슨 뜻으로 관찰하여 곧 극희지가 만약 청정하거나, 만약 부정하다는 증어는 곧 보살마하살이 아니고, 곧 이구지, 나아가 법운지가 만약 청정하거나, 만약 부정하다는 증어는 곧 보살마하살이 아니라고 말하는가?"

  "세존이시여. 극희지가 만약 청정하거나, 부정하며, 이구지, 나아가 법운지가 만약 청정하거나, 부정하더라도 오히려 결국에는 얻을 수 없습니다. 자성이 있지 않은 까닭인데, 하물며 극희지가 청정하거나, 부정하다는 증어와 이구지, 나아가 법운지가 청정하거나, 부정하다는 증어가 있겠습니까? 이러한 증어는 이미 있지 않은데, 어찌 곧 극희지가 만약 청정하거나, 만약 부정하다는 증어가 보살마하살이라고 말할 수 있겠으며, 곧 이구지, 나아가 법운지가 만약 청정하거나, 만약 부정하다는 증어가 보살마하살이라고 말할 수 있겠습니까?"

"선현이여. 그대는 다시 무슨 뜻으로 관찰하여 곧 극희지가 만약 공하거나, 만약 공하지 않다는 증어는 곧 보살마하살이 아니고, 곧 이구지, 나아가 법운지가 만약 공하거나, 만약 공하지 않다는 증어는 곧 보살마하살이 아니라고 말하는가?"

"세존이시여. 극희지가 만약 공하거나, 공하지 않으며, 이구지, 나아가 법운지가 만약 공하거나, 공하지 않더라도 오히려 결국에는 얻을 수 없습니다. 자성이 있지 않은 까닭인데, 하물며 극희지가 공하거나, 공하지 않다는 증어와 이구지, 나아가 법운지가 공하거나, 공하지 않다는 증어가 있겠습니까? 이러한 증어는 이미 있지 않은데, 어찌 곧 극희지가 만약 공하거나, 만약 공하지 않다는 증어가 보살마하살이라고 말할 수 있겠으며, 곧 이구지, 나아가 법운지가 만약 공하거나, 만약 공하지 않다는 증어가 보살마하살이라고 말할 수 있겠습니까?"

"선현이여. 그대는 다시 무슨 뜻으로 관찰하여 곧 극희지가 만약 유상이거나, 만약 무상이라는 증어는 곧 보살마하살이 아니고, 곧 이구지, 나아가 법운지가 만약 유상이거나, 만약 무상이라는 증어는 곧 보살마하살이 아니라고 말하는가?"

"세존이시여. 극희지가 만약 유상이거나, 무상이며, 이구지, 나아가 법운지가 만약 유상이거나, 무상이더라도 오히려 결국에는 얻을 수 없습니다. 자성이 있지 않은 까닭인데, 하물며 극희지가 유상이거나, 무상이라는 증어와 이구지, 나아가 법운지가 유상이거나, 무상이라는 증어가 있겠습니까? 이러한 증어는 이미 있지 않은데, 어찌 곧 극희지가 만약 유상이거나, 만약 무상이라는 증어가 보살마하살이라고 말할 수 있겠으며, 곧 이구지, 나아가 법운지가 만약 유상이거나, 만약 무상이라는 증어가 보살마하살이라고 말할 수 있겠습니까?"

"선현이여. 그대는 다시 무슨 뜻으로 관찰하여 곧 극희지가 만약 유원이거나, 만약 무원이라는 증어는 곧 보살마하살이 아니고, 곧 이구지, 나아가 법운지가 만약 유원이거나, 만약 무원이라는 증어는 곧 보살마하살이 아니라고 말하는가?"

"세존이시여. 극희지가 만약 유원이거나, 무원이며, 이구지, 나아가 법운지가 만약 유원이거나, 무원이더라도 오히려 결국에는 얻을 수 없습니다. 자성이 있지 않은 까닭인데, 하물며 극희지가 유원이거나, 무원이라는 증어와 이구지, 나아가 법운지가 유원이거나, 무원이라는 증어가 있겠습니까? 이러한 증어는 이미 있지 않은데, 어찌 곧 극희지가 만약 유원이거나, 만약 무원이라는 증어가 보살마하살이라고 말할 수 있겠으며, 곧 이구지, 나아가 법운지가 만약 유원이거나, 만약 무원이라는 증어가 보살마하살이라고 말할 수 있겠습니까?"

"선현이여. 그대는 다시 무슨 뜻으로 관찰하여 곧 극희지가 만약 적정하거나, 만약 적정하지 않다는 증어는 곧 보살마하살이 아니고, 곧 이구지, 나아가 법운지가 만약 적정하거나, 만약 적정하지 않다는 증어는 곧 보살마하살이 아니라고 말하는가?"

"세존이시여. 극희지가 만약 적정하거나, 적정하지 않으며, 이구지, 나아가 법운지가 만약 적정하거나, 적정하지 않더라도 오히려 결국에는 얻을 수 없습니다. 자성이 있지 않은 까닭인데, 하물며 극희지가 적정하거나, 적정하지 않다는 증어와 이구지, 나아가 법운지가 적정하거나, 적정하지 않다는 증어가 있겠습니까? 이러한 증어는 이미 있지 않은데, 어찌 곧 극희지가 만약 적정하거나, 만약 적정하지 않다는 증어가 보살마하살이라고 말할 수 있겠으며, 곧 이구지, 나아가 법운지가 만약 적정하거나, 만약 적정하지 않다는 증어가 보살마하살이라고 말할 수 있겠습니까?"

"선현이여. 그대는 다시 무슨 뜻으로 관찰하여 곧 극희지가 만약 멀리 벗어나거나, 만약 멀리 벗어나지 않는다는 증어는 곧 보살마하살이 아니고, 곧 이구지, 나아가 법운지가 만약 멀리 벗어나거나, 만약 멀리 벗어나지 않는다는 증어는 곧 보살마하살이 아니라고 말하는가?"

"세존이시여. 극희지가 만약 멀리 벗어나거나, 멀리 벗어나지 않으며, 만약 이구지, 나아가 법운지가 만약 멀리 벗어나거나, 멀리 벗어나지 않더라도 오히려 결국에는 얻을 수 없습니다. 자성이 있지 않은 까닭인데, 하물며 극희지가 만약 멀리 벗어나거나, 멀리 벗어나지 않는다는 증어와 이구지, 나아가 법운지가 만약 멀리 벗어나거나, 멀리 벗어나지 않는다는 증어가 있겠습니까? 이러한 증어는 이미 있지 않은데, 어찌 곧 극희지가 만약 멀리 벗어나거나, 만약 멀리 벗어나지 않는다는 증어가 보살마하살이라고 말할 수 있겠으며, 곧 이구지, 나아가 법운지가 만약 멀리 벗어나거나, 만약 멀리 벗어나지 않는다는 증어가 보살마하살이라고 말할 수 있겠습니까?"

"선현이여. 그대는 다시 무슨 뜻으로 관찰하여 곧 극희지가 만약 유위이거나, 만약 무위라는 증어는 곧 보살마하살이 아니고, 곧 이구지, 나아가 법운지가 만약 유위이거나, 만약 무위라는 증어는 곧 보살마하살이 아니라고 말하는가?"

"세존이시여. 극희지가 만약 유위이거나, 무위이며, 이구지, 나아가 법운지가 만약 유위이거나, 무위이더라도 오히려 결국에는 얻을 수 없습니다. 자성이 있지 않은 까닭인데, 하물며 극희지가 유위이거나, 무위라는 증어와 이구지, 나아가 법운지가 유원이거나, 무위라는 증어가 있겠습니까? 이러한 증어는 이미 있지 않은데, 어찌 곧 극희지가 만약 유위이거나, 만약 무위라는 증어가 보살마하살이라고 말할 수 있겠으며, 곧 이구지, 나아가 법운지가 만약 유위이거나, 만약 무위라는 증어가 보살마하살이라고 말할 수 있겠습니까?"

"선현이여. 그대는 다시 무슨 뜻으로 관찰하여 곧 극희지가 만약 유루이거나, 만약 무루라는 증어는 곧 보살마하살이 아니고, 곧 이구지, 나아가 법운지가 만약 유루이거나, 만약 무루라는 증어는 곧 보살마하살이 아니라고 말하는가?"

"세존이시여. 극희지가 만약 유루이거나 무루이며, 이구지, 나아가 법운지가 만약 유루이거나, 무루이더라도 오히려 결국에는 얻을 수 없습

니다. 자성이 있지 않은 까닭인데, 하물며 극희지가 유루이거나 무루라는
증어와 이구지, 나아가 법운지가 유루이거나, 무루라는 증어가 있겠습니
까? 이러한 증어는 이미 있지 않은데, 어찌 곧 극희지가 만약 유루이거나,
만약 무루라는 증어가 보살마하살이라고 말할 수 있겠으며, 곧 이구지,
나아가 법운지가 만약 유루이거나, 만약 무루라는 증어가 보살마하살이라
고 말할 수 있겠습니까?”

“선현이여. 그대는 다시 무슨 뜻으로 관찰하여 곧 극희지가 만약 생겨나
거나, 만약 소멸한다는 증어는 곧 보살마하살이 아니고, 곧 이구지, 나아가
법운지가 만약 생겨나거나, 만약 소멸한다는 증어는 곧 보살마하살이
아니라고 말하는가?”

“세존이시여. 극희지가 만약 생겨나거나, 소멸하며, 이구지, 나아가
법운지가 만약 생겨나거나, 소멸하더라도 오히려 결국에는 얻을 수 없습
니다. 자성이 있지 않은 까닭인데, 하물며 극희지가 생겨나거나, 소멸한다
는 증어와 이구지, 나아가 법운지가 만약 생겨나거나, 소멸한다는 증어가
있겠습니까? 이러한 증어는 이미 있지 않은데, 어찌 곧 극희지가 만약
생겨나거나, 만약 소멸한다는 증어가 보살마하살이라고 말할 수 있겠으
며, 곧 이구지, 나아가 법운지가 만약 생겨나거나, 만약 소멸한다는 증어가
보살마하살이라고 말할 수 있겠습니까?”

“선현이여. 그대는 다시 무슨 뜻으로 관찰하여 곧 극희지가 만약 선하거
나, 만약 선하지 않다는 증어는 곧 보살마하살이 아니고, 곧 이구지,
나아가 법운지가 만약 선하거나, 만약 선하지 않다는 증어는 곧 보살마하
살이 아니라고 말하는가?”

“세존이시여. 극희지가 만약 선하거나, 선하지 않으며, 이구지, 나아가
법운지가 만약 선하거나, 만약 선하지 않더라도 오히려 결국에는 얻을
수 없습니다. 자성이 있지 않은 까닭인데, 하물며 극희지가 선하거나,
선하지 않다는 증어와 이구지, 나아가 법운지가 선하거나, 선하지 않다는
증어가 있겠습니까? 이러한 증어는 이미 있지 않은데, 어찌 곧 극희지가
만약 선하거나, 만약 선하지 않다는 증어가 보살마하살이라고 말할 수

있겠으며, 곧 이구지, 나아가 법운지가 만약 선하거나, 만약 선하지 않다는 증어가 보살마하살이라고 말할 수 있겠습니까?”

“선현이여. 그대는 다시 무슨 뜻으로 관찰하여 곧 극희지가 만약 유죄이거나, 만약 무죄라는 증어는 곧 보살마하살이 아니고, 곧 이구지, 나아가 법운지가 만약 유죄이거나, 만약 무죄라는 증어는 곧 보살마하살이 아니라고 말하는가?”

“세존이시여. 극희지가 만약 유죄이거나, 무죄이며, 만약 이구지, 나아가 법운지가 만약 유죄이거나, 무죄이더라도 오히려 결국에는 얻을 수 없습니다. 자성이 있지 않은 까닭인데, 하물며 극희지가 유죄이거나, 무죄라는 증어와 이구지, 나아가 법운지가 만약 유죄이거나, 무죄라는 증어가 있겠습니까? 이러한 증어는 이미 있지 않은데, 어찌 곧 극희지가 유죄이거나, 만약 무죄라는 증어가 보살마하살이라고 말할 수 있겠으며, 곧 이구지, 나아가 법운지가 만약 유죄이거나, 만약 무죄라는 증어가 보살마하살이라고 말할 수 있겠습니까?”

“선현이여. 그대는 다시 무슨 뜻으로 관찰하여 곧 극희지가 만약 번뇌가 있거나, 만약 번뇌가 없다는 증어는 곧 보살마하살이 아니고, 곧 이구지, 나아가 법운지가 만약 번뇌가 있거나, 만약 번뇌가 없다는 증어는 곧 보살마하살이 아니라고 말하는가?”

“세존이시여. 극희지가 만약 번뇌가 있거나, 번뇌가 없으며, 이구지, 나아가 법운지가 만약 번뇌가 있거나, 번뇌가 없더라도 오히려 결국에는 얻을 수 없습니다. 자성이 있지 않은 까닭인데, 하물며 극희지가 번뇌가 있거나, 번뇌가 없다는 증어와 이구지, 나아가 법운지가 번뇌가 있거나, 번뇌가 없다는 증어가 있겠습니까? 이러한 증어는 이미 있지 않은데, 어찌 곧 극희지가 만약 번뇌가 있거나, 만약 번뇌가 없다는 증어가 보살마하살이라고 말할 수 있겠으며, 곧 이구지, 나아가 법운지가 만약 번뇌가 있거나, 만약 번뇌가 없다는 증어가 보살마하살이라고 말할 수 있겠습니까?”

“선현이여. 그대는 다시 무슨 뜻으로 관찰하여 곧 극희지가 만약 세간이거나, 만약 출세간이라는 증어는 곧 보살마하살이 아니고, 곧 이구지,

나아가 법운지가 만약 세간이거나, 만약 출세간이라는 증어는 곧 보살마
하살이 아니라고 말하는가?"

"세존이시여. 극희지가 만약 세간이거나, 출세간이며, 이구지, 나아가
법운지가 만약 세간이거나, 출세간이더라도 오히려 결국에는 얻을 수
없습니다. 자성이 있지 않은 까닭인데, 하물며 극희지가 세간이거나,
출세간이라는 증어와 이구지, 나아가 법운지가 세간이거나, 출세간이라
는 증어가 있겠습니까? 이러한 증어는 이미 있지 않은데, 어찌 곧 극희지가
만약 세간이거나, 만약 출세간이라는 증어가 보살마하살이라고 말할
수 있겠으며, 곧 이구지, 나아가 법운지가 만약 세간이거나, 만약 출세간이
라는 증어가 보살마하살이라고 말할 수 있겠습니까?"

"선현이여. 그대는 다시 무슨 뜻으로 관찰하여 곧 극희지가 만약 잡염이
거나, 만약 청정하다는 증어는 곧 보살마하살이 아니고, 곧 이구지, 나아가
법운지가 만약 잡염이거나, 만약 청정하다는 증어는 곧 보살마하살이
아니라고 말하는가?"

"세존이시여. 극희지가 만약 잡염이거나, 청정하며, 이구지, 나아가
법운지가 만약 잡염이거나, 청정하더라도 오히려 결국에는 얻을 수 없습
니다. 자성이 있지 않은 까닭인데, 하물며 곧 극희지가 잡염이거나, 청정하
다는 증어와 이구지, 나아가 법운지가 잡염이거나, 청정하다는 증어가
있겠습니까? 이러한 증어는 이미 있지 않은데, 어찌 곧 극희지가 만약
잡염이거나, 만약 청정하다는 증어가 보살마하살이라고 말할 수 있겠으
며, 곧 이구지, 나아가 법운지가 만약 잡염이거나, 만약 청정하다는 증어가
보살마하살이라고 말할 수 있겠습니까?"

"선현이여. 그대는 다시 무슨 뜻으로 관찰하여 곧 극희지가 만약 생사에
속하거나, 만약 열반에 속한다는 증어는 곧 보살마하살이 아니고, 곧
이구지, 나아가 법운지가 만약 생사에 속하거나, 만약 열반에 속한다는
증어는 곧 보살마하살이 아니라고 말하는가?"

"세존이시여. 극희지가 만약 생사에 속하거나, 열반에 속하며, 이구지,
나아가 법운지가 만약 생사에 속하거나, 열반에 속하더라도 오히려 결국

에는 얻을 수 없습니다. 자성이 있지 않은 까닭인데, 하물며 극희지가 생사에 속하거나, 열반에 속하며, 이구지, 나아가 법운지가 생사에 속하거나, 열반에 속한다는 증어가 있겠습니까? 이러한 증어는 이미 있지 않은데, 어찌 곧 극희지가 만약 생사에 속하거나, 만약 열반에 속한다는 증어가 보살마하살이라고 말할 수 있겠으며, 곧 이구지, 나아가 법운지가 만약 생사에 속하거나, 만약 열반에 속한다는 증어가 보살마하살이라고 말할 수 있겠습니까?"

"선현이여. 그대는 다시 무슨 뜻으로 관찰하여 곧 극희지가 만약 내신에 있거나, 만약 외신에 있거나, 만약 두 가지의 가운데에 있다는 증어는 곧 보살마하살이 아니고, 곧 이구지, 나아가 법운지가 만약 내신에 있거나, 만약 외신에 있거나, 만약 두 가지의 가운데에 있다는 증어는 곧 보살마하살이 아니라고 말하는가?"

"세존이시여. 극희지가 만약 내신에 있거나, 외신에 있거나, 두 가지의 가운데에 있으며, 이구지, 나아가 법운지가 만약 내신에 있거나, 외신에 있거나, 두 가지의 가운데에 있더라도 오히려 결국에는 얻을 수 없습니다. 자성이 있지 않은 까닭인데, 하물며 극희지가 내신에 있거나, 외신에 있거나, 두 가지의 가운데에 있다는 증어와 이구지, 나아가 법운지가 내신에 있거나, 외신에 있거나, 두 가지의 가운데에 있다는 증어가 있겠습니까? 이러한 증어는 이미 있지 않은데, 어찌 곧 극희지가 만약 내신에 있거나, 만약 외신에 있거나, 만약 두 가지의 가운데에 있다는 증어가 보살마하살이라고 말할 수 있겠으며, 곧 이구지, 나아가 법운지가 만약 내신에 있거나, 만약 외신에 있거나, 만약 두 가지의 가운데에 있다는 증어가 보살마하살이라고 말할 수 있겠습니까?"

"선현이여. 그대는 다시 무슨 뜻으로 관찰하여 곧 극희지가 만약 얻을 수 있거나, 만약 얻을 수 없다는 증어는 곧 보살마하살이 아니고, 곧 이구지, 나아가 법운지가 만약 얻을 수 있거나, 만약 얻을 수 없다는 증어는 곧 보살마하살이 아니라고 말하는가?"

"세존이시여. 극희지가 만약 얻을 수 있거나, 얻을 수 없으며, 이구지,

나아가 법운지가 만약 얻을 수 있거나, 얻을 수 없더라도 오히려 결국에는 얻을 수 없습니다. 자성이 있지 않은 까닭인데, 하물며 극희지가 얻을 수 있거나, 얻을 수 없다는 증어와 이구지, 나아가 법운지가 얻을 수 있거나, 만약 얻을 수 없다는 증어가 있겠습니까? 이러한 증어는 이미 있지 않은데, 어찌 곧 극희지가 만약 얻을 수 있거나, 얻을 수 없다는 증어가 보살마하살이라고 말할 수 있겠으며, 곧 이구지, 나아가 법운지가 만약 얻을 수 있거나, 만약 얻을 수 없다는 증어가 보살마하살이라고 말할 수 있겠습니까?"

"다시 다음으로 선현이여. 그대는 무슨 뜻으로 관찰하여 곧 5안(五眼)의 증어는 곧 보살마하살이 아니고, 6신통(六神通)의 증어는 곧 보살마하살이 아니라고 말하는가?"
구수 선현이 대답하여 말하였다.
"세존이시여. 만약 5안이거나, 만약 6신통이라도 오히려 결국에는 얻을 수 없습니다. 자성이 있지 않은 까닭인데, 하물며 곧 5안의 증어와 6신통의 증어가 있겠습니까? 이러한 증어는 이미 있지 않은데, 어찌 곧 5안의 증어가 보살마하살이라고 말할 수 있겠으며, 곧 6신통의 증어가 보살마하살이라고 말할 수 있겠습니까?"
"선현이여. 그대는 다시 무슨 뜻으로 관찰하여 곧 5안이 만약 항상하거나, 만약 무상하다는 증어는 곧 보살마하살이 아니고, 6신통이 만약 항상하거나, 만약 무상하다는 증어는 곧 보살마하살이 아니라고 말하는가?"
"세존이시여. 5안이 만약 항상하거나 무상하며, 6신통이 만약 항상하거나 무상하더라도 오히려 결국에는 얻을 수 없습니다. 자성이 있지 않은 까닭인데, 하물며 5안이 항상하거나, 무상하며, 6신통이 항상하거나, 무상하다는 증어가 있겠습니까? 이러한 증어는 이미 있지 않은데, 어찌 곧 5안이 만약 항상하거나, 만약 무상하다는 증어가 보살마하살이라고 말할 수 있겠으며, 곧 6신통이 만약 항상하거나, 만약 무상하다는 증어가 보살마하살이라고 말할 수 있겠습니까?"

"선현이여. 그대는 다시 무슨 뜻으로 관찰하여 곧 5안이 만약 즐겁거나, 만약 괴롭다는 증어는 곧 보살마하살이 아니고, 곧 6신통이 만약 즐겁거나, 만약 괴롭다는 증어는 곧 보살마하살이 아니라고 말하는가?"

"세존이시여. 5안이 만약 즐겁거나, 괴로우며, 6신통이 만약 즐겁거나, 괴롭더라도 오히려 결국 얻을 수 없습니다. 자성이 있지 않은 까닭인데, 하물며 5안이 즐겁거나, 괴롭다는 증어와 6신통이 즐겁거나, 괴롭다는 증어가 있겠습니까? 이러한 증어는 이미 있지 않은데, 어찌 곧 5안이 만약 즐겁거나, 만약 괴롭다는 증어가 보살마하살이라고 말할 수 있겠으며, 곧 6신통이 만약 즐겁거나, 만약 괴롭다는 증어가 보살마하살이라고 말할 수 있겠습니까?"

"선현이여. 그대는 다시 무슨 뜻으로 관찰하여 곧 5안이 만약 나이거나, 만약 무아라는 증어는 곧 보살마하살이 아니고, 곧 6신통이 나이거나, 만약 무아라는 증어는 곧 보살마하살이 아니라고 말하는가?"

"세존이시여. 5안이 만약 나이거나, 무아이며, 6신통이 만약 나이거나, 무아이더라도 오히려 결국에는 얻을 수 없습니다. 자성이 있지 않은 까닭인데, 하물며 5안이 나이거나, 무아라는 증어와 6신통이 나이거나, 무아라는 증어가 있겠습니까? 이러한 증어는 이미 있지 않은데, 어찌 곧 5안이 만약 나이거나, 만약 무아라는 증어가 보살마하살이라고 말할 수 있겠으며, 곧 6신통이 만약 나이거나, 만약 무아라는 증어가 보살마하살이라고 말할 수 있겠습니까?"

"선현이여. 그대는 다시 무슨 뜻으로 관찰하여 곧 5안이 만약 청정하거나, 만약 부정하다는 증어는 곧 보살마하살이 아니고, 곧 6신통이 만약 청정하거나, 만약 부정하다는 증어는 곧 보살마하살이 아니라고 말하는가?"

"세존이시여. 5안이 만약 청정하거나, 부정하며, 6신통이 만약 청정하거나, 부정하더라도 오히려 결국에는 얻을 수 없습니다. 자성이 있지 않은 까닭인데, 하물며 5안이 청정하거나, 부정하다는 증어와 6신통이 청정하거나, 부정하다는 증어가 있겠습니까? 이러한 증어는 이미 있지 않은데, 어찌 곧 5안이 만약 청정하거나, 만약 부정하다는 증어가 보살마하살이라고 말할 수 있겠으며, 곧 6신통이 만약 청정하거나, 만약 부정하다는 증어가 보살마하살이라고 말할 수 있겠습니까?"

"선현이여. 그대는 다시 무슨 뜻으로 관찰하여 곧 5안이 만약 공하거나, 만약 공하지 않다는 증어는 곧 보살마하살이 아니고, 곧 6신통이 만약 공하거나, 만약 공하지 않다는 증어는 곧 보살마하살이 아니라고 말하는가?"

"세존이시여. 5안이 만약 공하거나, 공하지 않으며, 6신통이 만약 공하거나, 공하지 않더라도 오히려 결국에는 얻을 수 없습니다. 자성이 있지 않은 까닭인데, 하물며 5안이 공하거나, 공하지 않다는 증어와 6신통이 공하거나, 공하지 않다는 증어가 있겠습니까? 이러한 증어는 이미 있지 않은데, 어찌 곧 5안이 만약 공하거나, 만약 공하지 않다는 증어가 보살마하살이라고 말할 수 있겠으며, 곧 6신통이 만약 공하거나, 만약 공하지 않다는 증어가 보살마하살이라고 말할 수 있겠습니까?"

"선현이여. 그대는 다시 무슨 뜻으로 관찰하여 곧 5안이 만약 유상이거나, 만약 무상이라는 증어는 곧 보살마하살이 아니고, 곧 6신통이 만약 유상이거나, 만약 무상이라는 증어는 곧 보살마하살이 아니라고 말하는가?"

"세존이시여. 5안이 만약 유상이거나, 무상이며, 6신통이 만약 유상이거나, 무상이더라도 오히려 결국에는 얻을 수 없습니다. 자성이 있지 않은 까닭인데, 하물며 5안이 유상이거나, 무상이라는 증어와 6신통이 유상이거나, 무상이라는 증어가 있겠습니까? 이러한 증어는 이미 있지 않은데, 어찌 곧 5안이 만약 유상이거나, 만약 무상이라는 증어가 보살마하살이라고 말할 수 있겠으며, 곧 6신통이 만약 유상이거나, 만약 무상이라는 증어가 보살마하살이라고 말할 수 있겠습니까?"

"선현이여. 그대는 다시 무슨 뜻으로 관찰하여 곧 5안이 만약 유원이거나, 만약 무원이라는 증어는 곧 보살마하살이 아니고, 곧 6신통이 만약 유원이거나, 만약 무원이라는 증어는 곧 보살마하살이 아니라고 말하는가?"

"세존이시여. 5안이 만약 유원이거나, 무원이며, 6신통이 만약 유원이거나, 무원이더라도 오히려 결국에는 얻을 수 없습니다. 자성이 있지 않은 까닭인데, 하물며 5안이 유원이거나, 무원이라는 증어와 6신통이 유원이거나, 무원이라는 증어가 있겠습니까? 이러한 증어는 이미 있지 않은데, 어찌 곧 5안이 만약 유원이거나, 만약 무원이라는 증어가 보살마하살이라고 말할 수 있겠으며, 곧 6신통이 만약 유원이거나, 만약 무원이라는 증어가 보살마하살이라고 말할 수 있겠습니까?"

"선현이여. 그대는 다시 무슨 뜻으로 관찰하여 곧 5안이 만약 적정하거나, 만약 적정하지 않다는 증어는 곧 보살마하살이 아니고, 곧 6신통이 만약 적정하거나, 만약 적정하지 않다는 증어는 곧 보살마하살이 아니라고 말하는가?"

"세존이시여. 5안이 만약 적정하거나, 적정하지 않으며, 6신통이 만약 적정하거나, 적정하지 않더라도 오히려 결국에는 얻을 수 없습니다. 자성이 있지 않은 까닭인데, 하물며 5안이 적정하거나, 적정하지 않다는 증어와 6신통이 적정하거나, 적정하지 않다는 증어가 있겠습니까? 이러한 증어는 이미 있지 않은데, 어찌 곧 5안이 만약 적정하거나, 만약 적정하지 않다는 증어가 보살마하살이라고 말할 수 있겠으며, 곧 6신통이 만약 적정하거나, 만약 적정하지 않다는 증어가 보살마하살이라고 말할 수 있겠습니까?"

"선현이여. 그대는 다시 무슨 뜻으로 관찰하여 곧 5안이 만약 멀리 벗어나거나, 만약 멀리 벗어나지 않는다는 증어는 곧 보살마하살이 아니고, 곧 6신통이 만약 멀리 벗어나거나, 만약 멀리 벗어나지 않는다는 증어는 곧 보살마하살이 아니라고 말하는가?"

"세존이시여. 5안이 만약 멀리 벗어나거나, 멀리 벗어나지 않으며, 만약 6신통이 만약 멀리 벗어나거나, 멀리 벗어나지 않더라도 오히려 결국에는 얻을 수 없습니다. 자성이 있지 않은 까닭인데, 하물며 5안이 만약 멀리 벗어나거나, 멀리 벗어나지 않는다는 증어와 6신통이 만약 멀리 벗어나거나, 멀리 벗어나지 않는다는 증어가 있겠습니까? 이러한 증어는 이미 있지 않은데, 어찌 곧 5안이 만약 멀리 벗어나거나, 만약 멀리 벗어나지 않는다는 증어가 보살마하살이라고 말할 수 있겠으며, 곧 6신통이 만약 멀리 벗어나거나, 만약 멀리 벗어나지 않는다는 증어가 보살마하살이라고 말할 수 있겠습니까?"

"선현이여. 그대는 다시 무슨 뜻으로 관찰하여 곧 5안이 만약 유위이거나, 만약 무위라는 증어는 곧 보살마하살이 아니고, 곧 6신통이 만약 유위이거나, 만약 무위라는 증어는 곧 보살마하살이 아니라고 말하는가?"

"세존이시여. 5안이 만약 유위이거나, 무위이며, 6신통이 만약 유위이거나, 무위이더라도 오히려 결국에는 얻을 수 없습니다. 자성이 있지 않은 까닭인데, 하물며 5안이 유위이거나, 무위라는 증어와 6신통이 유원이거나, 무위라는 증어가 있겠습니까? 이러한 증어는 이미 있지 않은데, 어찌 곧 5안이 만약 유위이거나, 만약 무위라는 증어가 보살마하살이라고 말할 수 있겠으며, 곧 6신통이 만약 유위이거나, 만약 무위라는 증어가 보살마하살이라고 말할 수 있겠습니까?"

"선현이여. 그대는 다시 무슨 뜻으로 관찰하여 곧 5안이 만약 유루이거나, 만약 무루라는 증어는 곧 보살마하살이 아니고, 곧 6신통이 만약 유루이거나, 만약 무루라는 증어는 곧 보살마하살이 아니라고 말하는가?"

"세존이시여. 5안이 만약 유루이거나 무루이며, 6신통이 만약 유루이거나, 무루이더라도 오히려 결국에는 얻을 수 없습니다. 자성이 있지 않은 까닭인데, 하물며 5안이 유루이거나, 무루라는 증어와 6신통이 유루이거나, 무루라는 증어가 있겠습니까? 이러한 증어는 이미 있지 않은데, 어찌 곧 5안이 만약 유루이거나, 만약 무루라는 증어가 보살마하살이라고 말할 수 있겠으며, 곧 6신통이 만약 유루이거나, 만약 무루라는 증어가 보살마하살이라고 말할 수 있겠습니까?"

"선현이여. 그대는 다시 무슨 뜻으로 관찰하여 곧 5안이 만약 생겨나거나, 만약 소멸한다는 증어는 곧 보살마하살이 아니고, 곧 6신통이 만약 생겨나거나, 만약 소멸한다는 증어는 곧 보살마하살이 아니라고 말하는가?"

"세존이시여. 5안이 만약 생겨나거나, 소멸하며, 6신통이 만약 생겨나거나, 소멸하더라도 오히려 결국에는 얻을 수 없습니다. 자성이 있지 않은 까닭인데, 하물며 5안이 생겨나거나, 소멸한다는 증어와 6신통이 만약 생겨나거나, 소멸한다는 증어가 있겠습니까? 이러한 증어는 이미 있지 않은데, 어찌 곧 5안이 만약 생겨나거나, 만약 소멸한다는 증어가 보살마하살이라고 말할 수 있겠으며, 곧 6신통이 만약 생겨나거나, 만약 소멸한다는 증어가 보살마하살이라고 말할 수 있겠습니까?"

"선현이여. 그대는 다시 무슨 뜻으로 관찰하여 곧 5안이 만약 선하거나, 만약 선하지 않다는 증어는 곧 보살마하살이 아니고, 곧 6신통이 만약 선하거나, 만약 선하지 않다는 증어는 곧 보살마하살이 아니라고 말하는가?"

"세존이시여. 5안이 만약 선하거나, 선하지 않으며, 6신통이 만약 선하거나, 만약 선하지 않더라도 오히려 결국에는 얻을 수 없습니다. 자성이 있지 않은 까닭인데, 하물며 5안이 선하거나, 선하지 않다는 증어와 6신통이 선하거나, 선하지 않다는 증어가 있겠습니까? 이러한 증어는 이미 있지 않은데, 어찌 곧 5안이 만약 선하거나, 만약 선하지 않다는 증어가 보살마하살이라고 말할 수 있겠으며, 곧 6신통이 만약 선하거나, 만약 선하지 않다는 증어가 보살마하살이라고 말할 수 있겠습니까?"

"선현이여. 그대는 다시 무슨 뜻으로 관찰하여 곧 5안이 만약 유죄이거나, 만약 무죄라는 증어는 곧 보살마하살이 아니고, 곧 6신통이 만약 유죄이거나, 만약 무죄라는 증어는 곧 보살마하살이 아니라고 말하는가?"

"세존이시여. 5안이 만약 유죄이거나, 무죄이며, 만약 6신통이 만약 유죄이거나, 무죄이더라도 오히려 결국에는 얻을 수 없습니다. 자성이 있지 않은 까닭인데, 하물며 5안이 유죄이거나, 무죄라는 증어와 6신통이 만약 유죄이거나 무죄라는 증어가 있겠습니까? 이러한 증어는 이미 있지 않은데, 어찌 곧 5안이 만약 유죄이거나, 만약 무죄라는 증어가 보살마하살이라고 말할 수 있겠으며, 곧 6신통이 만약 유죄이거나, 만약 무죄라는 증어가 보살마하살이라고 말할 수 있겠습니까?"

"선현이여. 그대는 다시 무슨 뜻으로 관찰하여 곧 5안이 만약 번뇌가 있거나, 만약 번뇌가 없다는 증어는 곧 보살마하살이 아니고, 곧 6신통이 만약 번뇌가 있거나, 만약 번뇌가 없다는 증어는 곧 보살마하살이 아니라고 말하는가?"

"세존이시여. 5안이 만약 번뇌가 있거나, 번뇌가 없으며, 6신통이 만약 번뇌가 있거나, 번뇌가 없더라도 오히려 결국에는 얻을 수 없습니다. 자성이 있지 않은 까닭인데, 하물며 5안이 번뇌가 있거나, 번뇌가 없다는 증어와 6신통이 번뇌가 있거나, 번뇌가 없다는 증어가 있겠습니까? 이러한 증어는 이미 있지 않은데, 어찌 곧 5안이 만약 번뇌가 있거나, 만약 번뇌가 없다는 증어가 보살마하살이라고 말할 수 있겠으며, 곧 6신통이 만약 번뇌가 있거나, 만약 번뇌가 없다는 증어가 보살마하살이라고 말할 수 있겠습니까?"

"선현이여. 그대는 다시 무슨 뜻으로 관찰하여 곧 5안이 만약 세간이거나, 만약 출세간이라는 증어는 곧 보살마하살이 아니고, 곧 6신통이 만약 세간이거나 만약 출세간이라는 증어는 곧 보살마하살이 아니라고 말하는가?"

"세존이시여. 5안이 만약 세간이거나, 출세간이며, 6신통이 만약 세간이거나, 출세간이더라도 오히려 결국에는 얻을 수 없습니다. 자성이 있지 않은 까닭인데, 하물며 5안이 세간이거나, 출세간이라는 증어와 6신통이 세간이거나, 출세간이라는 증어가 있겠습니까? 이러한 증어는 이미 있지 않은데, 어찌 곧 5안이 만약 세간이거나, 만약 출세간이라는 증어가 보살마하살이라고 말할 수 있겠으며, 곧 6신통이 만약 세간이거나, 만약 출세간이라는 증어가 보살마하살이라고 말할 수 있겠습니까?"

"선현이여. 그대는 다시 무슨 뜻으로 관찰하여 곧 5안이 만약 잡염이거나, 만약 청정하다는 증어는 곧 보살마하살이 아니고, 곧 6신통이 만약 잡염이거나, 만약 청정하다는 증어는 곧 보살마하살이 아니라고 말하는가?"

"세존이시여. 5안이 만약 잡염이거나, 청정하며, 6신통이 만약 잡염이거나, 청정하더라도 오히려 결국에는 얻을 수 없습니다. 자성이 있지 않은 까닭인데, 하물며 곧 5안이 잡염이거나, 청정하다는 증어와 6신통이 잡염이거나, 청정하다는 증어가 있겠습니까? 이러한 증어는 이미 있지 않은데, 어찌 곧 5안이 만약 잡염이거나, 만약 청정하다는 증어가 보살마하살이라고 말할 수 있겠으며, 곧 6신통이 만약 잡염이거나, 만약 청정하다는 증어가 보살마하살이라고 말할 수 있겠습니까?"

"선현이여. 그대는 다시 무슨 뜻으로 관찰하여 곧 5안이 만약 생사에 속하거나, 만약 열반에 속한다는 증어는 곧 보살마하살이 아니고, 곧 6신통이 만약 생사에 속하거나, 만약 열반에 속한다는 증어는 곧 보살마하살이 아니라고 말하는가?"

"세존이시여. 5안이 만약 생사에 속하거나, 열반에 속하며, 6신통이 만약 생사에 속하거나, 열반에 속하더라도 오히려 결국에는 얻을 수 없습니다. 자성이 있지 않은 까닭인데, 하물며 5안이 생사에 속하거나, 열반에 속하며, 6신통이 생사에 속하거나, 열반에 속한다는 증어가 있겠습니까? 이러한 증어는 이미 있지 않은데, 어찌 곧 5안이 만약 생사에 속하거나, 만약 열반에 속한다는 증어가 보살마하살이라고 말할 수 있겠으며, 곧 6신통이 만약 생사에 속하거나, 만약 열반에 속한다는 증어가 보살마하살이라고 말할 수 있겠습니까?"

"선현이여. 그대는 다시 무슨 뜻으로 관찰하여 곧 5안이 만약 내신에 있거나, 만약 외신에 있거나, 만약 두 가지의 가운데에 있다는 증어는 곧 보살마하살이 아니고, 곧 6신통이 만약 내신에 있거나, 만약 외신에 있거나, 만약 두 가지의 가운데에 있다는 증어는 곧 보살마하살이 아니라고 말하는가?"

"세존이시여. 5안이 만약 내신에 있거나, 외신에 있거나, 두 가지의 가운데에 있으며, 6신통이 만약 내신에 있거나, 외신에 있거나, 두 가지의 가운데에 있더라도 오히려 결국에는 얻을 수 없습니다. 자성이 있지 않은 까닭인데, 하물며 5안이 내신에 있거나, 외신에 있거나, 두 가지의 가운데에 있다는 증어와 6신통이 내신에 있거나, 외신에 있거나, 두 가지의 가운데에 있다는 증어가 있겠습니까? 이러한 증어는 이미 있지 않은데, 어찌 곧 5안이 만약 내신에 있거나, 만약 외신에 있거나, 만약 두 가지의 가운데에 있다는 증어가 보살마하살이라고 말할 수 있겠으며, 곧 6신통이 만약 내신에 있거나, 만약 외신에 있거나, 만약 두 가지의 가운데에 있다는 증어가 보살마하살이라고 말할 수 있겠습니까?"

"선현이여. 그대는 다시 무슨 뜻으로 관찰하여 곧 5안이 만약 얻을

수 있거나, 만약 얻을 수 없다는 증어는 곧 보살마하살이 아니고, 곧
6신통이 만약 얻을 수 있거나, 만약 얻을 수 없다는 증어는 곧 보살마하살이
아니라고 말하는가?"

"세존이시여. 5안이 만약 얻을 수 있거나, 얻을 수 없으며, 6신통이
만약 얻을 수 있거나, 얻을 수 없더라도 오히려 결국에는 얻을 수 없습니다.
자성이 있지 않은 까닭인데, 하물며 5안이 얻을 수 있거나, 얻을 수
없다는 증어와 6신통이 얻을 수 있거나, 얻을 수 없다는 증어가 있겠습니
까? 이러한 증어는 이미 있지 않은데, 어찌 곧 5안이 만약 얻을 수 있거나,
만약 얻을 수 없다는 증어가 보살마하살이라고 말할 수 있겠으며, 곧
6신통이 만약 얻을 수 있거나, 만약 얻을 수 없다는 증어가 보살마하살이라
고 말할 수 있겠습니까?"

"다시 다음으로 선현이여. 그대는 무슨 뜻으로 관찰하여 곧 여래 10력
(力)의 증어는 곧 보살마하살이 아니고, 4무소외(四無所畏)·4무애해(四無
礙解)·대자(大慈)·대비(大悲)·대희(大喜)·대사(大捨)·18불불공법(十八佛
不共法)의 증어는 곧 보살마하살이 아니라고 말하는가?"

구수 선현이 대답하여 말하였다.

"세존이시여. 만약 여래의 10력이거나, 만약 4무소외, 나아가 18불불공
법이라도 오히려 결국에는 얻을 수 없습니다. 자성이 있지 않은 까닭인데,
하물며 곧 여래 10력의 증어와 4무소외, 나아가 18불불공법의 증어가
있겠습니까? 이러한 증어는 이미 있지 않은데, 어찌 곧 여래의 10력의
증어가 보살마하살이라고 말할 수 있겠으며, 곧 4무소외, 나아가 18불불공
법의 증어가 보살마하살이라고 말할 수 있겠습니까?"

"선현이여. 그대는 다시 무슨 뜻으로 관찰하여 곧 여래의 10력이 만약
항상하거나, 만약 무상하다는 증어는 곧 보살마하살이 아니고, 4무소외,
나아가 18불불공법이 만약 항상하거나, 만약 무상하다는 증어는 곧 보살
마하살이 아니라고 말하는가?"

"세존이시여. 여래의 10력이 만약 항상하거나 무상하며, 4무소외, 나아

가 18불불공법이 만약 항상하거나 무상하더라도 오히려 결국에는 얻을 수 없습니다. 자성이 있지 않은 까닭인데, 하물며 여래의 10력이 항상하거나, 무상하며, 4무소외, 나아가 18불불공법이 항상하거나, 무상하다는 증어가 있겠습니까? 이러한 증어는 이미 있지 않은데, 어찌 곧 여래의 10력이 만약 항상하거나, 만약 무상하다는 증어가 보살마하살이라고 말할 수 있겠으며, 곧 4무소외, 나아가 18불불공법이 만약 항상하거나, 만약 무상하다는 증어가 보살마하살이라고 말할 수 있겠습니까?"

"선현이여. 그대는 다시 무슨 뜻으로 관찰하여 곧 여래의 10력이 만약 즐겁거나, 만약 괴롭다는 증어는 곧 보살마하살이 아니고, 곧 이구지, 나아가 법운지가 만약 즐겁거나, 만약 괴롭다는 증어는 곧 보살마하살이 아니라고 말하는가?"

"세존이시여. 여래의 10력이 만약 즐겁거나, 괴로우며, 4무소외, 나아가 18불불공법이 만약 즐겁거나, 괴롭더라도 오히려 결국 얻을 수 없습니다. 자성이 있지 않은 까닭인데, 하물며 여래의 10력이 즐겁거나, 괴롭다는 증어와 4무소외, 나아가 18불불공법이 즐겁거나, 괴롭다는 증어가 있겠습니까? 이러한 증어는 이미 있지 않은데, 어찌 곧 여래의 10력이 만약 즐겁거나, 만약 괴롭다는 증어가 보살마하살이라고 말할 수 있겠으며, 곧 4무소외, 나아가 18불불공법이 만약 즐겁거나, 만약 괴롭다는 증어가 보살마하살이라고 말할 수 있겠습니까?"

"선현이여. 그대는 다시 무슨 뜻으로 관찰하여 곧 여래의 10력이 만약 나이거나, 만약 무아라는 증어는 곧 보살마하살이 아니고, 곧 4무소외, 나아가 18불불공법이 만약 나이거나, 만약 무아라는 증어는 곧 보살마하살이 아니라고 말하는가?"

"세존이시여. 여래의 10력이 만약 나이거나, 무아이며, 4무소외, 나아가 18불불공법이 만약 나이거나, 무아이더라도 오히려 결국에는 얻을 수 없습니다. 자성이 있지 않은 까닭인데, 하물며 여래의 10력이 나이거나, 무아라는 증어와 4무소외, 나아가 18불불공법이 나이거나, 무아라는 증어가 있겠습니까? 이러한 증어는 이미 있지 않은데, 어찌 곧 여래의

10력이 만약 나이거나, 만약 무아라는 증어가 보살마하살이라고 말할 수 있겠으며, 곧 4무소외, 나아가 18불불공법이 만약 나이거나, 만약 무아라는 증어가 보살마하살이라고 말할 수 있겠습니까?"

"선현이여. 그대는 다시 무슨 뜻으로 관찰하여 곧 여래의 10력이 만약 청정하거나, 만약 부정하다는 증어는 곧 보살마하살이 아니고, 곧 4무소외, 나아가 18불불공법이 만약 청정하거나, 만약 부정하다는 증어는 곧 보살마하살이 아니라고 말하는가?"

"세존이시여. 여래의 10력이 만약 청정하거나, 부정하며, 4무소외, 나아가 18불불공법이 만약 청정하거나, 부정하더라도 오히려 결국에는 얻을 수 없습니다. 자성이 있지 않은 까닭인데, 하물며 여래의 10력이 청정하거나, 부정하다는 증어와 4무소외, 나아가 18불불공법이 청정하거나, 부정하다는 증어가 있겠습니까? 이러한 증어는 이미 있지 않은데, 어찌 곧 여래의 10력이 만약 청정하거나, 만약 부정하다는 증어가 보살마하살이라고 말할 수 있겠으며, 곧 4무소외, 나아가 18불불공법이 만약 청정하거나, 만약 부정하다는 증어가 보살마하살이라고 말할 수 있겠습니까?"

"선현이여. 그대는 다시 무슨 뜻으로 관찰하여 곧 여래의 10력이 만약 공하거나, 만약 공하지 않다는 증어는 곧 보살마하살이 아니고, 곧 4무소외, 나아가 18불불공법이 만약 공하거나, 만약 공하지 않다는 증어는 곧 보살마하살이 아니라고 말하는가?"

"세존이시여. 여래의 10력이 만약 공하거나, 공하지 않으며, 4무소외, 나아가 18불불공법이 만약 공하거나, 공하지 않더라도 오히려 결국에는 얻을 수 없습니다. 자성이 있지 않은 까닭인데, 하물며 여래의 10력이 공하거나, 공하지 않다는 증어와 4무소외, 나아가 18불불공법이 공하거나 공하지 않다는 증어가 있겠습니까? 이러한 증어는 이미 있지 않은데, 어찌 곧 여래의 10력이 만약 공하거나, 만약 공하지 않다는 증어가 보살마하살이라고 말할 수 있겠으며, 곧 4무소외, 나아가 18불불공법이 만약 공하거나, 만약 공하지 않다는 증어가 보살마하살이라고 말할 수 있겠습니까?"

"선현이여. 그대는 다시 무슨 뜻으로 관찰하여 곧 여래의 10력이 만약 유상이거나, 만약 무상이라는 증어는 곧 보살마하살이 아니고, 곧 4무소외, 나아가 18불불공법이 만약 유상이거나, 만약 무상이라는 증어는 곧 보살마하살이 아니라고 말하는가?"

"세존이시여. 여래의 10력이 만약 유상이거나, 무상이며, 4무소외, 나아가 18불불공법이 만약 유상이거나, 무상이더라도 오히려 결국에는 얻을 수 없습니다. 자성이 있지 않은 까닭인데, 하물며 여래의 10력이 유상이거나, 무상이라는 증어와 4무소외, 나아가 18불불공법이 유상이거나, 무상이라는 증어가 있겠습니까? 이러한 증어는 이미 있지 않은데, 어찌 곧 여래의 10력이 만약 유상이거나, 만약 무상이라는 증어가 보살마하살이라고 말할 수 있겠으며, 4무소외, 나아가 18불불공법이 만약 유상이거나, 만약 무상이라는 증어가 보살마하살이라고 말할 수 있겠습니까?"

마하반야바라밀다경 제33권

7. 교계교수품(敎誡敎授品)(23)

"선현이여. 그대는 다시 무슨 뜻으로 관찰하여 곧 여래의 10력이 만약 유원이거나, 만약 무원이라는 증어는 곧 보살마하살이 아니고, 곧 4무소외, 나아가 18불불공법이 만약 유원이거나, 만약 무원이라는 증어는 곧 보살마하살이 아니라고 말하는가?"

"세존이시여. 여래의 10력이 만약 유원이거나, 무원이며, 4무소외, 나아가 18불불공법이 만약 유원이거나, 무원이더라도 오히려 결국에는 얻을 수 없습니다. 자성이 있지 않은 까닭인데, 하물며 여래의 10력이 유원이거나, 무원이라는 증어와 4무소외, 나아가 18불불공법이 유원이거나, 무원이라는 증어가 있겠습니까? 이러한 증어는 이미 있지 않은데, 어찌 곧 여래의 10력이 만약 유원이거나, 만약 무원이라는 증어가 보살마하살이라고 말할 수 있겠으며, 곧 4무소외, 나아가 18불불공법이 만약 유원이거나, 만약 무원이라는 증어가 보살마하살이라고 말할 수 있겠습니까?"

"선현이여. 그대는 다시 무슨 뜻으로 관찰하여 곧 여래의 10력이 만약 적정하거나, 만약 적정하지 않다는 증어는 곧 보살마하살이 아니고, 곧 4무소외, 나아가 18불불공법이 만약 적정하거나, 만약 적정하지 않다는 증어는 곧 보살마하살이 아니라고 말하는가?"

"세존이시여. 여래의 10력이 만약 적정하거나, 적정하지 않으며, 4무소외, 나아가 18불불공법이 만약 적정하거나, 적정하지 않더라도 오히려 결국에는 얻을 수 없습니다. 자성이 있지 않은 까닭인데, 하물며 여래의

10력이 적정하거나, 적정하지 않다는 증어와 4무소외, 나아가 18불불공법이 적정하거나, 적정하지 않다는 증어가 있겠습니까? 이러한 증어는 이미 있지 않은데, 어찌 곧 여래의 10력이 만약 적정하거나, 만약 적정하지 않다는 증어가 보살마하살이라고 말할 수 있겠으며, 곧 4무소외, 나아가 18불불공법이 만약 적정하거나, 만약 적정하지 않다는 증어가 보살마하살이라고 말할 수 있겠습니까?"

"선현이여. 그대는 다시 무슨 뜻으로 관찰하여 곧 여래의 10력이 만약 멀리 벗어나거나, 만약 멀리 벗어나지 않는다는 증어는 곧 보살마하살이 아니고, 곧 4무소외, 나아가 18불불공법이 만약 멀리 벗어나거나, 만약 멀리 벗어나지 않는다는 증어는 곧 보살마하살이 아니라고 말하는가?"

"세존이시여. 여래의 10력이 만약 멀리 벗어나거나, 멀리 벗어나지 않으며, 만약 4무소외, 나아가 18불불공법이 만약 멀리 벗어나거나, 멀리 벗어나지 않더라도 오히려 결국에는 얻을 수 없습니다. 자성이 있지 않은 까닭인데, 하물며 여래의 10력이 만약 멀리 벗어나거나, 멀리 벗어나지 않는다는 증어와 4무소외, 나아가 18불불공법이 만약 멀리 벗어나거나, 멀리 벗어나지 않는다는 증어가 있겠습니까? 이러한 증어는 이미 있지 않은데, 어찌 곧 여래의 10력이 만약 멀리 벗어나거나, 만약 멀리 벗어나지 않는다는 증어가 보살마하살이라고 말할 수 있겠으며, 곧 4무소외, 나아가 18불불공법이 만약 멀리 벗어나거나, 만약 멀리 벗어나지 않는다는 증어가 보살마하살이라고 말할 수 있겠습니까?"

"선현이여. 그대는 다시 무슨 뜻으로 관찰하여 곧 여래의 10력이 만약 유위이거나, 만약 무위라는 증어는 곧 보살마하살이 아니고, 곧 4무소외, 나아가 18불불공법이 만약 유위이거나, 만약 무위라는 증어는 곧 보살마하살이 아니라고 말하는가?"

"세존이시여. 여래의 10력이 만약 유위이거나, 무위이며, 4무소외, 나아가 18불불공법이 만약 유위이거나, 무위이더라도 오히려 결국에는 얻을 수 없습니다. 자성이 있지 않은 까닭인데, 하물며 여래의 10력이 유위이거나, 무위라는 증어와 4무소외, 나아가 18불불공법이 유위이거나,

무위라는 증어가 있겠습니까? 이러한 증어는 이미 있지 않은데, 어찌 곧 여래의 10력이 만약 유위이거나, 만약 무위라는 증어가 보살마하살이라고 말할 수 있겠으며, 곧 4무소외, 나아가 18불불공법이 만약 유위이거나, 만약 무위라는 증어가 보살마하살이라고 말할 수 있겠습니까?"

"선현이여. 그대는 다시 무슨 뜻으로 관찰하여 곧 여래의 10력이 만약 유루이거나, 만약 무루라는 증어는 곧 보살마하살이 아니고, 곧 4무소외, 나아가 18불불공법이 만약 유루이거나, 만약 무루라는 증어는 곧 보살마하살이 아니라고 말하는가?"

"세존이시여. 여래의 10력이 만약 유루이거나 무루이며, 4무소외, 나아가 18불불공법이 만약 유루이거나, 무루이더라도 오히려 결국에는 얻을 수 없습니다. 자성이 있지 않은 까닭인데, 하물며 여래의 10력이 유루이거나 무루라는 증어와 4무소외, 나아가 18불불공법이 유루이거나, 무루라는 증어가 있겠습니까? 이러한 증어는 이미 있지 않은데, 어찌 곧 여래의 10력이 만약 유루이거나, 만약 무루라는 증어가 보살마하살이라고 말할 수 있겠으며, 곧 4무소외, 나아가 18불불공법이 만약 유루이거나, 만약 무루라는 증어가 보살마하살이라고 말할 수 있겠습니까?"

"선현이여. 그대는 다시 무슨 뜻으로 관찰하여 곧 여래의 10력이 만약 생겨나거나, 만약 소멸한다는 증어는 곧 보살마하살이 아니고, 곧 4무소외, 나아가 18불불공법이 만약 생겨나거나, 만약 소멸한다는 증어는 곧 보살마하살이 아니라고 말하는가?"

"세존이시여. 여래의 10력이 만약 생겨나거나, 소멸하며, 4무소외, 나아가 18불불공법이 만약 생겨나거나, 소멸하더라도 오히려 결국에는 얻을 수 없습니다. 자성이 있지 않은 까닭인데, 하물며 여래의 10력이 생겨나거나, 소멸한다는 증어와 4무소외, 나아가 18불불공법이 만약 생겨나거나, 소멸한다는 증어가 있겠습니까? 이러한 증어는 이미 있지 않은데, 어찌 곧 여래의 10력이 만약 생겨나거나, 만약 소멸한다는 증어가 보살마하살이라고 말할 수 있겠으며, 곧 4무소외, 나아가 18불불공법이 만약 생겨나거나, 만약 소멸한다는 증어가 보살마하살이라고 말할 수 있겠습니까?"

"선현이여. 그대는 다시 무슨 뜻으로 관찰하여 곧 여래의 10력이 만약 선하거나, 만약 선하지 않다는 증어는 곧 보살마하살이 아니고, 곧 4무소외, 나아가 18불불공법이 만약 선하거나, 만약 선하지 않다는 증어는 곧 보살마하살이 아니라고 말하는가?"

"세존이시여. 여래의 10력이 만약 선하거나, 선하지 않으며, 4무소외, 나아가 18불불공법이 만약 선하거나, 만약 선하지 않더라도 오히려 결국에는 얻을 수 없습니다. 자성이 있지 않은 까닭인데, 하물며 여래의 10력이 선하거나, 선하지 않다는 증어와 4무소외, 나아가 18불불공법이 선하거나, 선하지 않다는 증어가 있겠습니까? 이러한 증어는 이미 있지 않은데, 어찌 곧 여래의 10력이 만약 선하거나, 만약 선하지 않다는 증어가 보살마하살이라고 말할 수 있겠으며, 곧 4무소외, 나아가 18불불공법이 만약 선하거나, 만약 선하지 않다는 증어가 보살마하살이라고 말할 수 있겠습니까?"

"선현이여. 그대는 다시 무슨 뜻으로 관찰하여 곧 여래의 10력이 만약 유죄이거나, 만약 무죄라는 증어는 곧 보살마하살이 아니고, 곧 4무소외, 나아가 18불불공법이 만약 유죄이거나, 만약 무죄라는 증어는 곧 보살마하살이 아니라고 말하는가?"

"세존이시여. 여래의 10력이 만약 유죄이거나, 무죄이며, 만약 4무소외, 나아가 18불불공법이 만약 유죄이거나, 무죄이더라도 오히려 결국에는 얻을 수 없습니다. 자성이 있지 않은 까닭인데, 하물며 여래의 10력이 유죄이거나, 무죄라는 증어와 4무소외, 나아가 18불불공법이 만약 유죄이거나 무죄라는 증어가 있겠습니까? 이러한 증어는 이미 있지 않은데, 어찌 곧 여래의 10력이 유죄이거나, 만약 무죄라는 증어가 보살마하살이라고 말할 수 있겠으며, 곧 4무소외, 나아가 18불불공법이 만약 유죄이거나, 만약 무죄라는 증어가 보살마하살이라고 말할 수 있겠습니까?"

"선현이여. 그대는 다시 무슨 뜻으로 관찰하여 곧 여래의 10력이 만약 번뇌가 있거나, 만약 번뇌가 없다는 증어는 곧 보살마하살이 아니고,

곧 4무소외, 나아가 18불불공법이 만약 번뇌가 있거나, 만약 번뇌가 없다는 증어는 곧 보살마하살이 아니라고 말하는가?"

"세존이시여. 여래의 10력이 만약 번뇌가 있거나, 번뇌가 없으며, 4무소외, 나아가 18불불공법이 만약 번뇌가 있거나, 번뇌가 없더라도 오히려 결국에는 얻을 수 없습니다. 자성이 있지 않은 까닭인데, 하물며 여래의 10력이 번뇌가 있거나, 번뇌가 없다는 증어와 4무소외, 나아가 18불불공법이 번뇌가 있거나, 번뇌가 없다는 증어가 있겠습니까? 이러한 증어는 이미 있지 않은데, 어찌 곧 여래의 10력이 만약 번뇌가 있거나, 만약 번뇌가 없다는 증어가 보살마하살이라고 말할 수 있겠으며, 곧 4무소외, 나아가 18불불공법이 만약 번뇌가 있거나, 만약 번뇌가 없다는 증어가 보살마하살이라고 말할 수 있겠습니까?"

"선현이여. 그대는 다시 무슨 뜻으로 관찰하여 곧 여래의 10력이 만약 세간이거나, 만약 출세간이라는 증어는 곧 보살마하살이 아니고, 곧 4무소외, 나아가 18불불공법이 만약 세간이거나, 만약 출세간이라는 증어는 곧 보살마하살이 아니라고 말하는가?"

"세존이시여. 여래의 10력이 만약 세간이거나, 출세간이며, 4무소외, 나아가 18불불공법이 만약 세간이거나, 출세간이더라도 오히려 결국에는 얻을 수 없습니다. 자성이 있지 않은 까닭인데, 하물며 여래의 10력이 세간이거나, 출세간이라는 증어와 4무소외, 나아가 18불불공법이 세간이거나, 출세간이라는 증어가 있겠습니까? 이러한 증어는 이미 있지 않은데, 어찌 곧 여래의 10력이 만약 세간이거나, 만약 출세간이라는 증어가 보살마하살이라고 말할 수 있겠으며, 곧 4무소외, 나아가 18불불공법이 만약 세간이거나, 만약 출세간이라는 증어가 보살마하살이라고 말할 수 있겠습니까?"

"선현이여. 그대는 다시 무슨 뜻으로 관찰하여 곧 여래의 10력이 만약 잡염이거나, 만약 청정하다는 증어는 곧 보살마하살이 아니고, 곧 4무소외, 나아가 18불불공법이 만약 잡염이거나, 만약 청정하다는 증어는 곧 보살마하살이 아니라고 말하는가?"

"세존이시여. 여래의 10력이 만약 잡염이거나, 청정하며, 4무소외, 나아가 18불불공법이 만약 잡염이거나, 청정하더라도 오히려 결국에는 얻을 수 없습니다. 자성이 있지 않은 까닭인데, 하물며 곧 여래의 10력이 잡염이거나, 청정하다는 증어와 4무소외, 나아가 18불불공법이 잡염이거나, 청정하다는 증어가 있겠습니까? 이러한 증어는 이미 있지 않은데, 어찌 곧 여래의 10력이 만약 잡염이거나, 만약 청정하다는 증어가 보살마하살이라고 말할 수 있겠으며, 곧 4무소외, 나아가 18불불공법이 만약 잡염이거나, 만약 청정하다는 증어가 보살마하살이라고 말할 수 있겠습니까?"

"선현이여. 그대는 다시 무슨 뜻으로 관찰하여 곧 여래의 10력이 만약 생사에 속하거나, 만약 열반에 속한다는 증어는 곧 보살마하살이 아니고, 곧 4무소외, 나아가 18불불공법이 만약 생사에 속하거나, 만약 열반에 속한다는 증어는 곧 보살마하살이 아니라고 말하는가?"

"세존이시여. 여래의 10력이 만약 생사에 속하거나, 열반에 속하며, 4무소외, 나아가 18불불공법이 만약 생사에 속하거나, 열반에 속하더라도 오히려 결국에는 얻을 수 없습니다. 자성이 있지 않은 까닭인데, 하물며 여래의 10력이 생사에 속하거나, 열반에 속하며, 4무소외, 나아가 18불공법이 생사에 속하거나, 열반에 속한다는 증어가 있겠습니까? 이러한 증어는 이미 있지 않은데, 어찌 곧 여래의 10력이 만약 생사에 속하거나, 만약 열반에 속한다는 증어가 보살마하살이라고 말할 수 있겠으며, 곧 4무소외, 나아가 18불불공법이 만약 생사에 속하거나, 만약 열반에 속한다는 증어가 보살마하살이라고 말할 수 있겠습니까?"

"선현이여. 그대는 다시 무슨 뜻으로 관찰하여 곧 여래의 10력이 만약 내신에 있거나, 만약 외신에 있거나, 만약 두 가지의 가운데에 있다는 증어는 곧 보살마하살이 아니고, 곧 4무소외, 나아가 18불불공법이 만약 내신에 있거나, 만약 외신에 있거나, 만약 두 가지의 가운데에 있다는 증어는 곧 보살마하살이 아니라고 말하는가?"

"세존이시여. 여래의 10력이 만약 내신에 있거나, 외신에 있거나, 두 가지의 가운데에 있으며, 4무소외, 나아가 18불불공법이 만약 내신에 있거나, 외신에 있거나, 두 가지의 가운데에 있더라도 오히려 결국에는 얻을 수 없습니다. 자성이 있지 않은 까닭인데, 하물며 여래의 10력이 내신에 있거나, 외신에 있거나, 두 가지의 가운데에 있다는 증어와 4무소외, 나아가 18불불공법이 내신에 있거나, 외신에 있거나, 두 가지의 가운데에 있다는 증어가 있겠습니까? 이러한 증어는 이미 있지 않은데, 어찌 곧 여래의 10력이 만약 내신에 있거나, 만약 외신에 있거나, 만약 두 가지의 가운데에 있다는 증어가 보살마하살이라고 말할 수 있겠으며, 곧 4무소외, 나아가 18불불공법이 만약 내신에 있거나, 만약 외신에 있거나, 만약 두 가지의 가운데에 있다는 증어가 보살마하살이라고 말할 수 있겠습니까?"

"선현이여. 그대는 다시 무슨 뜻으로 관찰하여 곧 여래의 10력이 만약 얻을 수 있거나, 만약 얻을 수 없다는 증어는 곧 보살마하살이 아니고, 곧 4무소외, 나아가 18불불공법이 만약 얻을 수 있거나 만약 얻을 수 없다는 증어는 곧 보살마하살이 아니라고 말하는가?"

"세존이시여. 여래의 10력이 만약 얻을 수 있거나, 얻을 수 없으며, 4무소외, 나아가 18불불공법이 만약 얻을 수 있거나, 얻을 수 없더라도 오히려 결국에는 얻을 수 없습니다. 자성이 있지 않은 까닭인데, 하물며 여래의 10력이 얻을 수 있거나, 얻을 수 없다는 증어와 4무소외, 나아가 18불불공법이 얻을 수 있거나, 만약 얻을 수 없다는 증어가 있겠습니까? 이러한 증어는 이미 있지 않은데, 어찌 곧 여래의 10력이 만약 얻을 수 있거나, 만약 얻을 수 없다는 증어가 보살마하살이라고 말할 수 있겠으며, 곧 4무소외, 나아가 18불불공법이 만약 얻을 수 있거나, 만약 얻을 수 없다는 증어가 보살마하살이라고 말할 수 있겠습니까?"

"다시 다음으로 선현이여. 그대는 무슨 뜻으로 관찰하여 곧 대자(大慈)의 증어는 곧 보살마하살이 아니고, 대비(大悲)·대희(大喜)·대사(大捨)의 증어는 곧 보살마하살이 아니라고 말하는가?"

구수 선현이 대답하여 말하였다.

"세존이시여. 만약 대자이거나, 만약 대비·대희·대사라도 오히려 결국
에는 얻을 수 없습니다. 자성이 있지 않은 까닭인데, 하물며 곧 대자의
증어와 대비·대희·대사의 증어가 있겠습니까? 이러한 증어는 이미 있지
않은데, 어찌 곧 대자의 증어가 보살마하살이라고 말할 수 있겠으며,
곧 대비·대희·대사의 증어가 보살마하살이라고 말할 수 있겠습니까?"

"선현이여. 그대는 다시 무슨 뜻으로 관찰하여 곧 대자가 만약 항상하거
나, 만약 무상하다는 증어는 곧 보살마하살이 아니고, 대비·대희·대사가
만약 항상하거나, 만약 무상하다는 증어는 곧 보살마하살이 아니라고
말하는가?"

"세존이시여. 대자가 만약 항상하거나 무상하며, 대비·대희·대사가
만약 항상하거나 무상하더라도 오히려 결국에는 얻을 수 없습니다. 자성
이 있지 않은 까닭인데, 하물며 대자가 항상하거나, 무상하며, 대비·대희·
대사가 항상하거나, 무상하다는 증어가 있겠습니까? 이러한 증어는 이미
있지 않은데, 어찌 곧 대자가 만약 항상하거나, 만약 무상하다는 증어가
보살마하살이라고 말할 수 있겠으며, 곧 대비·대희·대사가 만약 항상하거
나, 만약 무상하다는 증어가 보살마하살이라고 말할 수 있겠습니까?"

"선현이여. 그대는 다시 무슨 뜻으로 관찰하여 곧 대자가 만약 즐겁거나,
만약 괴롭다는 증어는 곧 보살마하살이 아니고, 곧 대비·대희·대사가 만약
즐겁거나, 만약 괴롭다는 증어는 곧 보살마하살이 아니라고 말하는가?"

"세존이시여. 대자가 만약 즐겁거나, 괴로우며, 대비·대희·대사가 만약
즐겁거나, 괴롭더라도 오히려 결국 얻을 수 없습니다. 자성이 있지 않은
까닭인데, 하물며 대자가 즐겁거나, 괴롭다는 증어와 대비·대희·대사가
즐겁거나, 괴롭다는 증어가 있겠습니까? 이러한 증어는 이미 있지 않은데,
어찌 곧 대자가 만약 즐겁거나, 만약 괴롭다는 증어가 보살마하살이라고
말할 수 있겠으며, 곧 대비·대희·대사가 만약 즐겁거나, 만약 괴롭다는
증어가 보살마하살이라고 말할 수 있겠습니까?"

"선현이여. 그대는 다시 무슨 뜻으로 관찰하여 곧 대자가 만약 나이거나,
만약 무아라는 증어는 곧 보살마하살이 아니고, 곧 대비·대희·대사가

나이거나, 만약 무아라는 증어는 곧 보살마하살이 아니라고 말하는가?"

"세존이시여. 대자가 만약 나이거나, 무아이며, 대비·대희·대사가 만약 나이거나, 무아이더라도 오히려 결국에는 얻을 수 없습니다. 자성이 있지 않은 까닭인데, 하물며 대자가 나이거나, 무아라는 증어와 대비·대희·대사가 나이거나, 무아라는 증어가 있겠습니까? 이러한 증어는 이미 있지 않은데, 어찌 곧 대자가 만약 나이거나, 만약 무아라는 증어가 보살마하살이라고 말할 수 있겠으며, 곧 대비·대희·대사가 만약 나이거나, 만약 무아라는 증어가 보살마하살이라고 말할 수 있겠습니까?"

"선현이여. 그대는 다시 무슨 뜻으로 관찰하여 곧 대자가 만약 청정하거나, 만약 부정하다는 증어는 곧 보살마하살이 아니고, 곧 대비·대희·대사가 만약 청정하거나, 만약 부정하다는 증어는 곧 보살마하살이 아니라고 말하는가?"

"세존이시여. 대자가 만약 청정하거나, 부정하며, 대비·대희·대사가 만약 청정하거나, 부정하더라도 오히려 결국에는 얻을 수 없습니다. 자성이 있지 않은 까닭인데, 하물며 대자가 청정하거나, 부정하다는 증어와 대비·대희·대사가 청정하거나, 부정하다는 증어가 있겠습니까? 이러한 증어는 이미 있지 않은데, 어찌 곧 대자가 만약 청정하거나, 만약 부정하다는 증어가 보살마하살이라고 말할 수 있겠으며, 곧 대비·대희·대사가 만약 청정하거나, 만약 부정하다는 증어가 보살마하살이라고 말할 수 있겠습니까?"

"선현이여. 그대는 다시 무슨 뜻으로 관찰하여 곧 대자가 만약 공하거나, 만약 공하지 않다는 증어는 곧 보살마하살이 아니고, 곧 대비·대희·대사가 만약 공하거나, 만약 공하지 않다는 증어는 곧 보살마하살이 아니라고 말하는가?"

"세존이시여. 대자가 만약 공하거나, 공하지 않으며, 대비·대희·대사가 만약 공하거나, 공하지 않더라도 오히려 결국에는 얻을 수 없습니다. 자성이 있지 않은 까닭인데, 하물며 대자가 공하거나, 공하지 않다는 증어와 대비·대희·대사가 공하거나, 공하지 않다는 증어가 있겠습니까?

이러한 증어는 이미 있지 않은데, 어찌 곧 대자가 만약 공하거나, 만약 공하지 않다는 증어가 보살마하살이라고 말할 수 있겠으며, 곧 대비·대희·대사가 만약 공하거나, 만약 공하지 않다는 증어가 보살마하살이라고 말할 수 있겠습니까?"

"선현이여. 그대는 다시 무슨 뜻으로 관찰하여 곧 대자가 만약 유상이거나, 만약 무상이라는 증어는 곧 보살마하살이 아니고, 곧 대비·대희·대사가 만약 유상이거나, 만약 무상이라는 증어는 곧 보살마하살이 아니라고 말하는가?"

"세존이시여. 대자가 만약 유상이거나, 무상이며, 대비·대희·대사가 만약 유상이거나, 무상이더라도 오히려 결국에는 얻을 수 없습니다. 자성이 있지 않은 까닭인데, 하물며 대자가 유상이거나, 무상이라는 증어와 대비·대희·대사가 유상이거나, 무상이라는 증어가 있겠습니까? 이러한 증어는 이미 있지 않은데, 어찌 곧 대자가 만약 유상이거나, 만약 무상이라는 증어가 보살마하살이라고 말할 수 있겠으며, 곧 대비·대희·대사가 만약 유상이거나, 만약 무상이라는 증어가 보살마하살이라고 말할 수 있겠습니까?"

"선현이여. 그대는 다시 무슨 뜻으로 관찰하여 곧 대자가 만약 유원이거나, 만약 무원이라는 증어는 곧 보살마하살이 아니고, 곧 대비·대희·대사가 만약 유원이거나, 만약 무원이라는 증어는 곧 보살마하살이 아니라고 말하는가?"

"세존이시여. 대자가 만약 유원이거나, 무원이며, 대비·대희·대사가 만약 유원이거나, 무원이더라도 오히려 결국에는 얻을 수 없습니다. 자성이 있지 않은 까닭인데, 하물며 대자가 유원이거나, 무원이라는 증어와 대비·대희·대사가 유원이거나, 무원이라는 증어가 있겠습니까? 이러한 증어는 이미 있지 않은데, 어찌 곧 대자가 만약 유원이거나, 만약 무원이라는 증어가 보살마하살이라고 말할 수 있겠으며, 곧 대비·대희·대사가 만약 유원이거나, 만약 무원이라는 증어가 보살마하살이라고 말할 수 있겠습니까?"

"선현이여. 그대는 다시 무슨 뜻으로 관찰하여 곧 대자가 만약 적정하거나, 만약 적정하지 않다는 증어는 곧 보살마하살이 아니고, 곧 대비·대희·대사가 만약 적정하거나, 만약 적정하지 않다는 증어는 곧 보살마하살이 아니라고 말하는가?"

"세존이시여. 대자가 만약 적정하거나, 적정하지 않으며, 대비·대희·대사가 만약 적정하거나, 적정하지 않더라도 오히려 결국에는 얻을 수 없습니다. 자성이 있지 않은 까닭인데, 하물며 대자가 적정하거나, 적정하지 않다는 증어와 대비·대희·대사가 적정하거나, 적정하지 않다는 증어가 있겠습니까? 이러한 증어는 이미 있지 않은데, 어찌 곧 대자가 만약 적정하거나, 만약 적정하지 않다는 증어가 보살마하살이라고 말할 수 있겠으며, 곧 대비·대희·대사가 만약 적정하거나, 만약 적정하지 않다는 증어가 보살마하살이라고 말할 수 있겠습니까?"

"선현이여. 그대는 다시 무슨 뜻으로 관찰하여 곧 대자가 만약 멀리 벗어나거나, 만약 멀리 벗어나지 않는다는 증어는 곧 보살마하살이 아니고, 곧 대비·대희·대사가 만약 멀리 벗어나거나, 만약 멀리 벗어나지 않는다는 증어는 곧 보살마하살이 아니라고 말하는가?"

"세존이시여. 대자가 만약 멀리 벗어나거나, 멀리 벗어나지 않으며, 만약 대비·대희·대사가 만약 멀리 벗어나거나, 멀리 벗어나지 않더라도 오히려 결국에는 얻을 수 없습니다. 자성이 있지 않은 까닭인데, 하물며 대자가 만약 멀리 벗어나거나, 멀리 벗어나지 않는다는 증어와 대비·대희·대사가 만약 멀리 벗어나거나, 멀리 벗어나지 않는다는 증어가 있겠습니까? 이러한 증어는 이미 있지 않은데, 어찌 곧 대자가 만약 멀리 벗어나거나, 만약 멀리 벗어나지 않는다는 증어가 보살마하살이라고 말할 수 있겠으며, 곧 대비·대희·대사가 만약 멀리 벗어나거나, 만약 멀리 벗어나지 않는다는 증어가 보살마하살이라고 말할 수 있겠습니까?"

"선현이여. 그대는 다시 무슨 뜻으로 관찰하여 곧 대자가 만약 유위이거나, 만약 무위라는 증어는 곧 보살마하살이 아니고, 곧 대비·대희·대사가 만약 유위이거나, 만약 무위라는 증어는 곧 보살마하살이 아니라고 말하는가?"

"세존이시여. 대자가 만약 유위이거나, 무위이며, 대비·대희·대사가 만약 유위이거나, 무위이더라도 오히려 결국에는 얻을 수 없습니다. 자성이 있지 않은 까닭인데, 하물며 대자가 유위이거나, 무위라는 증어와 대비·대희·대사가 유위이거나, 무위라는 증어가 있겠습니까? 이러한 증어는 이미 있지 않은데, 어찌 곧 대자가 만약 유위이거나, 만약 무위라는 증어가 보살마하살이라고 말할 수 있겠으며, 곧 대비·대희·대사가 만약 유위이거나, 만약 무위라는 증어가 보살마하살이라고 말할 수 있겠습니까?"

"선현이여. 그대는 다시 무슨 뜻으로 관찰하여 곧 대자가 만약 유루이거나, 만약 무루라는 증어는 곧 보살마하살이 아니고, 곧 대비·대희·대사가 만약 유루이거나, 만약 무루라는 증어는 곧 보살마하살이 아니라고 말하는가?"

"세존이시여. 대자가 만약 유루이거나 무루이며, 대비·대희·대사가 만약 유루이거나, 무루이더라도 오히려 결국에는 얻을 수 없습니다. 자성이 있지 않은 까닭인데, 하물며 대자가 유루이거나, 무루라는 증어와 대비·대희·대사가 유루이거나, 무루라는 증어가 있겠습니까? 이러한 증어는 이미 있지 않은데, 어찌 곧 대자가 만약 유루이거나, 만약 무루라는 증어가 보살마하살이라고 말할 수 있겠으며, 곧 대비·대희·대사가 만약 유루이거나, 만약 무루라는 증어가 보살마하살이라고 말할 수 있겠습니까?"

"선현이여. 그대는 다시 무슨 뜻으로 관찰하여 곧 대자가 만약 생겨나거나, 만약 소멸한다는 증어는 곧 보살마하살이 아니고, 곧 대비·대희·대사가 만약 생겨나거나, 만약 소멸한다는 증어는 곧 보살마하살이 아니라고 말하는가?"

"세존이시여. 대자가 만약 생겨나거나, 소멸하며, 대비·대희·대사가 만약 생겨나거나, 소멸하더라도 오히려 결국에는 얻을 수 없습니다. 자성이 있지 않은 까닭인데, 하물며 대자가 생겨나거나, 소멸한다는 증어와 대비·대희·대사가 만약 생겨나거나, 소멸한다는 증어가 있겠습니까?

이러한 증어는 이미 있지 않은데, 어찌 곧 대자가 만약 생겨나거나, 만약 소멸한다는 증어가 보살마하살이라고 말할 수 있겠으며, 곧 대비·대희·대사가 만약 생겨나거나, 만약 소멸한다는 증어가 보살마하살이라고 말할 수 있겠습니까?"

"선현이여. 그대는 다시 무슨 뜻으로 관찰하여 곧 대자가 만약 선하거나, 만약 선하지 않다는 증어는 곧 보살마하살이 아니고, 곧 대비·대희·대사가 만약 선하거나, 만약 선하지 않다는 증어는 곧 보살마하살이 아니라고 말하는가?"

"세존이시여. 대자가 만약 선하거나, 선하지 않으며, 대비·대희·대사가 만약 선하거나, 만약 선하지 않더라도 오히려 결국에는 얻을 수 없습니다. 자성이 있지 않은 까닭인데, 하물며 대자가 선하거나, 선하지 않다는 증어와 대비·대희·대사가 선하거나, 선하지 않다는 증어가 있겠습니까? 이러한 증어는 이미 있지 않은데, 어찌 곧 대자가 만약 선하거나, 만약 선하지 않다는 증어가 보살마하살이라고 말할 수 있겠으며, 곧 대비·대희·대사가 만약 선하거나, 만약 선하지 않다는 증어가 보살마하살이라고 말할 수 있겠습니까?"

"선현이여. 그대는 다시 무슨 뜻으로 관찰하여 곧 대자가 만약 유죄이거나, 만약 무죄라는 증어는 곧 보살마하살이 아니고, 곧 대비·대희·대사가 만약 유죄이거나, 만약 무죄라는 증어는 곧 보살마하살이 아니라고 말하는가?"

"세존이시여. 대자가 만약 유죄이거나, 무죄이며, 만약 대비·대희·대사가 만약 유죄이거나, 무죄이더라도 오히려 결국에는 얻을 수 없습니다. 자성이 있지 않은 까닭인데, 하물며 대자가 유죄이거나, 무죄라는 증어와 대비·대희·대사가 만약 유죄이거나 무죄라는 증어가 있겠습니까? 이러한 증어는 이미 있지 않은데, 어찌 곧 대자가 유죄이거나, 만약 무죄라는 증어가 보살마하살이라고 말할 수 있겠으며, 곧 대비·대희·대사가 만약 유죄이거나, 만약 무죄라는 증어가 보살마하살이라고 말할 수 있겠습니까?"

"선현이여. 그대는 다시 무슨 뜻으로 관찰하여 곧 대자가 만약 번뇌가 있거나, 만약 번뇌가 없다는 증어는 곧 보살마하살이 아니고, 곧 대비·대희·대사가 만약 번뇌가 있거나, 만약 번뇌가 없다는 증어는 곧 보살마하살이 아니라고 말하는가?"

"세존이시여. 대자가 만약 번뇌가 있거나, 번뇌가 없으며, 대비·대희·대사가 만약 번뇌가 있거나, 번뇌가 없더라도 오히려 결국에는 얻을 수 없습니다. 자성이 있지 않은 까닭인데, 하물며 대자가 번뇌가 있거나, 번뇌가 없다는 증어와 대비·대희·대사가 번뇌가 있거나, 번뇌가 없다는 증어가 있겠습니까? 이러한 증어는 이미 있지 않은데, 어찌 곧 대자가 만약 번뇌가 있거나, 만약 번뇌가 없다는 증어가 보살마하살이라고 말할 수 있겠으며, 곧 대비·대희·대사가 만약 번뇌가 있거나, 만약 번뇌가 없다는 증어가 보살마하살이라고 말할 수 있겠습니까?"

"선현이여. 그대는 다시 무슨 뜻으로 관찰하여 곧 대자가 만약 세간이거나, 만약 출세간이라는 증어는 곧 보살마하살이 아니고, 곧 대비·대희·대사가 만약 세간이거나 만약 출세간이라는 증어는 곧 보살마하살이 아니라고 말하는가?"

"세존이시여. 대자가 만약 세간이거나, 출세간이며, 대비·대희·대사가 만약 세간이거나, 출세간이더라도 오히려 결국에는 얻을 수 없습니다. 자성이 있지 않은 까닭인데, 하물며 대자가 세간이거나, 출세간이라는 증어와 대비·대희·대사가 세간이거나, 출세간이라는 증어가 있겠습니까? 이러한 증어는 이미 있지 않은데, 어찌 곧 대자가 만약 세간이거나, 만약 출세간이라는 증어가 보살마하살이라고 말할 수 있겠으며, 곧 대비·대희·대사가 만약 세간이거나, 만약 출세간이라는 증어가 보살마하살이라고 말할 수 있겠습니까?"

"선현이여. 그대는 다시 무슨 뜻으로 관찰하여 곧 대자가 만약 잡염이거나, 만약 청정하다는 증어는 곧 보살마하살이 아니고, 곧 대비·대희·대사가 만약 잡염이거나, 만약 청정하다는 증어는 곧 보살마하살이 아니라고 말하는가?"

"세존이시여. 대자가 만약 잡염이거나, 청정하며, 대비·대희·대사가 만약 잡염이거나, 청정하더라도 오히려 결국에는 얻을 수 없습니다. 자성이 있지 않은 까닭인데, 하물며 곧 대자가 잡염이거나, 청정하다는 증어와 대비·대희·대사가 잡염이거나, 청정하다는 증어가 있겠습니까? 이러한 증어는 이미 있지 않은데, 어찌 곧 대자가 만약 잡염이거나, 만약 청정하다는 증어가 보살마하살이라고 말할 수 있겠으며, 곧 대비·대희·대사가 만약 잡염이거나, 만약 청정하다는 증어가 보살마하살이라고 말할 수 있겠습니까?"

"선현이여. 그대는 다시 무슨 뜻으로 관찰하여 곧 대자가 만약 생사에 속하거나, 만약 열반에 속한다는 증어는 곧 보살마하살이 아니고, 곧 대비·대희·대사가 만약 생사에 속하거나, 만약 열반에 속한다는 증어는 곧 보살마하살이 아니라고 말하는가?"

"세존이시여. 대자가 만약 생사에 속하거나, 열반에 속하며, 대비·대희·대사가 만약 생사에 속하거나, 열반에 속하더라도 오히려 결국에는 얻을 수 없습니다. 자성이 있지 않은 까닭인데, 하물며 대자가 생사에 속하거나, 열반에 속하며, 대비·대희·대사가 생사에 속하거나, 열반에 속한다는 증어가 있겠습니까? 이러한 증어는 이미 있지 않은데, 어찌 곧 대자가 만약 생사에 속하거나, 만약 열반에 속한다는 증어가 보살마하살이라고 말할 수 있겠으며, 곧 대비·대희·대사가 만약 생사에 속하거나, 만약 열반에 속한다는 증어가 보살마하살이라고 말할 수 있겠습니까?"

"선현이여. 그대는 다시 무슨 뜻으로 관찰하여 곧 대자가 만약 내신에 있거나, 만약 외신에 있거나, 만약 두 가지의 가운데에 있다는 증어는 곧 보살마하살이 아니고, 곧 대비·대희·대사가 만약 내신에 있거나, 만약 외신에 있거나, 만약 두 가지의 가운데에 있다는 증어는 곧 보살마하살이 아니라고 말하는가?"

"세존이시여. 대자가 만약 내신에 있거나, 외신에 있거나, 두 가지의 가운데에 있으며, 대비·대희·대사가 만약 내신에 있거나, 외신에 있거나, 두 가지의 가운데에 있더라도 오히려 결국에는 얻을 수 없습니다. 자성이 있지 않은 까닭인데, 하물며 대자가 내신에 있거나, 외신에 있거나, 두 가지의 가운데에 있다는 증어와 대비·대희·대사가 내신에 있거나, 외신에 있거나, 두 가지의 가운데에 있다는 증어가 있겠습니까? 이러한 증어는 이미 있지 않은데, 어찌 곧 대자가 만약 내신에 있거나, 만약 외신에 있거나, 만약 두 가지의 가운데에 있다는 증어가 보살마하살이라고 말할 수 있겠으며, 곧 대비·대희·대사가 만약 내신에 있거나, 만약 외신에 있거나, 만약 두 가지의 가운데에 있다는 증어가 보살마하살이라고 말할 수 있겠습니까?"

"선현이여. 그대는 다시 무슨 뜻으로 관찰하여 곧 대자가 만약 얻을 수 있거나, 만약 얻을 수 없다는 증어는 곧 보살마하살이 아니고, 곧 대비·대희·대사가 만약 얻을 수 있거나 만약 얻을 수 없다는 증어는 곧 보살마하살이 아니라고 말하는가?"

"세존이시여. 대자가 만약 얻을 수 있거나, 얻을 수 없으며, 대비·대희·대사가 만약 얻을 수 있거나, 얻을 수 없더라도 오히려 결국에는 얻을 수 없습니다. 자성이 있지 않은 까닭인데, 하물며 대자가 얻을 수 있거나, 얻을 수 없다는 증어와 대비·대희·대사가 얻을 수 있거나, 만약 얻을 수 없다는 증어가 있겠습니까? 이러한 증어는 이미 있지 않은데, 어찌 곧 대자가 만약 얻을 수 있거나, 만약 얻을 수 없다는 증어가 보살마하살이라고 말할 수 있겠으며, 곧 대비·대희·대사가 만약 얻을 수 있거나, 만약 얻을 수 없다는 증어가 보살마하살이라고 말할 수 있겠습니까?"

"다시 다음으로 선현이여. 그대는 무슨 뜻으로 관찰하여 곧 32대사상(三十二大士相)의 증어는 곧 보살마하살이 아니고, 80수호(八十隨好)의 증어는 곧 보살마하살이 아니라고 말하는가?"

구수 선현이 대답하여 말하였다.

"세존이시여. 만약 32대사상이거나, 만약 80수호라도 오히려 결국에는 얻을 수 없습니다. 자성이 있지 않은 까닭인데, 하물며 곧 32대사상의 증어와 80수호의 증어가 있겠습니까? 이러한 증어는 이미 있지 않은데, 어찌 곧 32대사상의 증어가 보살마하살이라고 말할 수 있겠으며, 곧

80수호의 증어가 보살마하살이라고 말할 수 있겠습니까?"

"선현이여. 그대는 다시 무슨 뜻으로 관찰하여 곧 32대사상이 만약 항상하거나, 만약 무상하다는 증어는 곧 보살마하살이 아니고, 80수호가 만약 항상하거나, 만약 무상하다는 증어는 곧 보살마하살이 아니라고 말하는가?"

"세존이시여. 32대사상이 만약 항상하거나 무상하며, 80수호가 만약 항상하거나 무상하더라도 오히려 결국에는 얻을 수 없습니다. 자성이 있지 않은 까닭인데, 하물며 32대사상이 항상하거나, 무상하며, 80수호가 항상하거나, 무상하다는 증어가 있겠습니까? 이러한 증어는 이미 있지 않은데, 어찌 곧 32대사상이 만약 항상하거나, 만약 무상하다는 증어가 보살마하살이라고 말할 수 있겠으며, 곧 80수호가 만약 항상하거나, 만약 무상하다는 증어가 보살마하살이라고 말할 수 있겠습니까?"

"선현이여. 그대는 다시 무슨 뜻으로 관찰하여 곧 32대사상이 만약 즐겁거나, 만약 괴롭다는 증어는 곧 보살마하살이 아니고, 곧 80수호가 만약 즐겁거나, 만약 괴롭다는 증어는 곧 보살마하살이 아니라고 말하는가?"

"세존이시여. 32대사상이 만약 즐겁거나, 괴로우며, 80수호가 만약 즐겁거나, 괴롭더라도 오히려 결국 얻을 수 없습니다. 자성이 있지 않은 까닭인데, 하물며 32대사상이 즐겁거나, 괴롭다는 증어와 80수호가 즐겁거나, 괴롭다는 것의 증어가 있겠습니까? 이러한 증어는 이미 있지 않은데, 어찌 곧 32대사상이 만약 즐겁거나, 만약 괴롭다는 증어가 보살마하살이라고 말할 수 있겠으며, 곧 80수호가 만약 즐겁거나, 만약 괴롭다는 증어가 보살마하살이라고 말할 수 있겠습니까?"

"선현이여. 그대는 다시 무슨 뜻으로 관찰하여 곧 32대사상이 만약 나이거나, 만약 무아라는 증어는 곧 보살마하살이 아니고, 곧 80수호가 나이거나, 만약 무아라는 증어는 곧 보살마하살이 아니라고 말하는가?"

"세존이시여. 32대사상이 만약 나이거나, 무아이며, 80수호가 만약 나이거나, 무아이더라도 오히려 결국에는 얻을 수 없습니다. 자성이 있지 않은 까닭인데, 하물며 32대사상이 나이거나, 무아라는 증어와

80수호가 나이거나, 무아라는 증어가 있겠습니까? 이러한 증어는 이미 있지 않은데, 어찌 곧 32대사상이 만약 나이거나, 만약 무아라는 증어가 보살마하살이라고 말할 수 있겠으며, 곧 80수호가 만약 나이거나, 만약 무아라는 증어가 보살마하살이라고 말할 수 있겠습니까?"

"선현이여. 그대는 다시 무슨 뜻으로 관찰하여 곧 32대사상이 만약 청정하거나, 만약 부정하다는 증어는 곧 보살마하살이 아니고, 곧 80수호가 만약 청정하거나, 만약 부정하다는 증어는 곧 보살마하살이 아니라고 말하는가?"

"세존이시여. 32대사상이 만약 청정하거나, 부정하며, 80수호가 만약 청정하거나, 부정하더라도 오히려 결국에는 얻을 수 없습니다. 자성이 있지 않은 까닭인데, 하물며 32대사상이 청정하거나, 부정하다는 증어와 80수호가 청정하거나, 부정하다는 증어가 있겠습니까? 이러한 증어는 이미 있지 않은데, 어찌 곧 32대사상이 만약 청정하거나, 만약 부정하다는 증어가 보살마하살이라고 말할 수 있겠으며, 곧 80수호가 만약 청정하거나, 만약 부정하다는 증어가 보살마하살이라고 말할 수 있겠습니까?"

"선현이여. 그대는 다시 무슨 뜻으로 관찰하여 곧 32대사상이 만약 공하거나, 만약 공하지 않다는 증어는 곧 보살마하살이 아니고, 곧 80수호가 만약 공하거나, 만약 공하지 않다는 증어는 곧 보살마하살이 아니라고 말하는가?"

"세존이시여. 32대사상이 만약 공하거나, 공하지 않으며, 80수호가 만약 공하거나, 공하지 않더라도 오히려 결국에는 얻을 수 없습니다. 자성이 있지 않은 까닭인데, 하물며 32대사상이 공하거나, 공하지 않다는 증어와 80수호가 공하거나, 공하지 않다는 증어가 있겠습니까? 이러한 증어는 이미 있지 않은데, 어찌 곧 32대사상이 만약 공하거나, 만약 공하지 않다는 증어가 보살마하살이라고 말할 수 있겠으며, 곧 80수호가 만약 공하거나, 만약 공하지 않다는 증어가 보살마하살이라고 말할 수 있겠습니까?"

"선현이여. 그대는 다시 무슨 뜻으로 관찰하여 곧 32대사상이 만약

유상이거나, 만약 무상이라는 증어는 곧 보살마하살이 아니고, 곧 80수호
가 만약 유상이거나, 만약 무상이라는 증어는 곧 보살마하살이 아니라고
말하는가?”

“세존이시여. 32대사상이 만약 유상이거나, 무상이며, 80수호가 만약
유상이거나, 무상이더라도 오히려 결국에는 얻을 수 없습니다. 자성이
있지 않은 까닭인데, 하물며 32대사상이 유상이거나, 무상이라는 증어와
80수호가 유상이거나, 무상이라는 증어가 있겠습니까? 이러한 증어는
이미 있지 않은데, 어찌 곧 32대사상이 만약 유상이거나, 만약 무상이라는
증어가 보살마하살이라고 말할 수 있겠으며, 곧 80수호가 만약 유상이거
나, 만약 무상이라는 증어가 보살마하살이라고 말할 수 있겠습니까?”

“선현이여. 그대는 다시 무슨 뜻으로 관찰하여 곧 32대사상이 만약
유원이거나, 만약 무원이라는 증어는 곧 보살마하살이 아니고, 곧 80수호
가 만약 유원이거나, 만약 무원이라는 증어는 곧 보살마하살이 아니라고
말하는가?”

“세존이시여. 32대사상이 만약 유원이거나, 무원이며, 80수호가 만약
유원이거나, 무원이더라도 오히려 결국에는 얻을 수 없습니다. 자성이
있지 않은 까닭인데, 하물며 32대사상이 유원이거나, 무원이라는 증어와
80수호가 유원이거나, 무원이라는 증어가 있겠습니까? 이러한 증어는
이미 있지 않은데, 어찌 곧 32대사상이 만약 유원이거나, 만약 무원이라는
증어가 보살마하살이라고 말할 수 있겠으며, 곧 80수호가 만약 유원이거
나, 만약 무원이라는 증어가 보살마하살이라고 말할 수 있겠습니까?”

“선현이여. 그대는 다시 무슨 뜻으로 관찰하여 곧 32대사상이 만약
적정하거나, 만약 적정하지 않다는 증어는 곧 보살마하살이 아니고, 곧
80수호가 만약 적정하거나, 만약 적정하지 않다는 증어는 곧 보살마하살
이 아니라고 말하는가?”

“세존이시여. 32대사상이 만약 적정하거나, 적정하지 않으며, 80수호가
만약 적정하거나, 적정하지 않더라도 오히려 결국에는 얻을 수 없습니다.
자성이 있지 않은 까닭인데, 하물며 32대사상이 적정하거나, 적정하지

않다는 증어와 80수호가 적정하거나, 적정하지 않다는 증어가 있겠습니까? 이러한 증어는 이미 있지 않은데, 어찌 곧 32대사상이 만약 적정하거나, 만약 적정하지 않다는 증어가 보살마하살이라고 말할 수 있겠으며, 곧 80수호가 만약 적정하거나, 만약 적정하지 않다는 증어가 보살마하살이라고 말할 수 있겠습니까?"

"선현이여. 그대는 다시 무슨 뜻으로 관찰하여 곧 32대사상이 만약 멀리 벗어나거나, 만약 멀리 벗어나지 않는다는 증어는 곧 보살마하살이 아니고, 곧 80수호가 만약 멀리 벗어나거나, 만약 멀리 벗어나지 않는다는 증어는 곧 보살마하살이 아니라고 말하는가?"

"세존이시여. 32대사상이 만약 멀리 벗어나거나, 멀리 벗어나지 않으며, 만약 80수호가 만약 멀리 벗어나거나, 멀리 벗어나지 않더라도 오히려 결국에는 얻을 수 없습니다. 자성이 있지 않은 까닭인데, 하물며 32대사상이 만약 멀리 벗어나거나, 멀리 벗어나지 않는다는 증어와 80수호가 만약 멀리 벗어나거나, 멀리 벗어나지 않는다는 증어가 있겠습니까? 이러한 증어는 이미 있지 않은데, 어찌 곧 32대사상이 만약 멀리 벗어나거나, 만약 멀리 벗어나지 않는다는 증어가 보살마하살이라고 말할 수 있겠으며, 곧 80수호가 만약 멀리 벗어나거나, 만약 멀리 벗어나지 않는다는 증어가 보살마하살이라고 말할 수 있겠습니까?"

"선현이여. 그대는 다시 무슨 뜻으로 관찰하여 곧 32대사상이 만약 유위이거나, 만약 무위라는 증어는 곧 보살마하살이 아니고, 곧 80수호가 만약 유위이거나, 만약 무위라는 증어는 곧 보살마하살이 아니라고 말하는가?"

"세존이시여. 32대사상이 만약 유위이거나, 무위이며, 80수호가 만약 유위이거나, 무위이더라도 오히려 결국에는 얻을 수 없습니다. 자성이 있지 않은 까닭인데, 하물며 32대사상이 유위이거나, 무위라는 증어와 80수호가 유위이거나, 무위라는 증어가 있겠습니까? 이러한 증어는 이미 있지 않은데, 어찌 곧 32대사상이 만약 유위이거나, 만약 무위라는 증어가 보살마하살이라고 말할 수 있겠으며, 곧 80수호가 만약 유위이거나,

만약 무위라는 증어가 보살마하살이라고 말할 수 있겠습니까?"

"선현이여. 그대는 다시 무슨 뜻으로 관찰하여 곧 32대사상이 만약 유루이거나, 만약 무루라는 증어는 곧 보살마하살이 아니고, 곧 80수호가 만약 유루이거나, 만약 무루라는 증어는 곧 보살마하살이 아니라고 말하는가?"

"세존이시여. 32대사상이 만약 유루이거나, 무루이며, 80수호가 만약 유루이거나, 무루이더라도 오히려 결국에는 얻을 수 없습니다. 자성이 있지 않은 까닭인데, 하물며 32대사상이 유루이거나, 무루라는 증어와 80수호가 유루이거나, 무루라는 증어가 있겠습니까? 이러한 증어는 이미 있지 않은데, 어찌 곧 32대사상이 만약 유루이거나, 만약 무루라는 증어가 보살마하살이라고 말할 수 있겠으며, 곧 80수호가 만약 유루이거나, 만약 무루라는 증어가 보살마하살이라고 말할 수 있겠습니까?"

"선현이여. 그대는 다시 무슨 뜻으로 관찰하여 곧 32대사상이 만약 생겨나거나, 만약 소멸한다는 증어는 곧 보살마하살이 아니고, 곧 80수호가 만약 생겨나거나, 만약 소멸한다는 증어는 곧 보살마하살이 아니라고 말하는가?"

"세존이시여. 32대사상이 만약 생겨나거나, 소멸하며, 80수호가 만약 생겨나거나, 소멸하더라도 오히려 결국에는 얻을 수 없습니다. 자성이 있지 않은 까닭인데, 하물며 32대사상이 생겨나거나, 소멸한다는 증어와 80수호가 만약 생겨나거나, 소멸한다는 증어가 있겠습니까? 이러한 증어는 이미 있지 않은데, 어찌 곧 32대사상이 만약 생겨나거나, 만약 소멸한다는 증어가 보살마하살이라고 말할 수 있겠으며, 곧 80수호가 만약 생겨나거나, 만약 소멸한다는 증어가 보살마하살이라고 말할 수 있겠습니까?"

"선현이여. 그대는 다시 무슨 뜻으로 관찰하여 곧 32대사상이 만약 선하거나, 만약 선하지 않다는 증어는 곧 보살마하살이 아니고, 곧 80수호가 만약 선하거나, 만약 선하지 않다는 증어는 곧 보살마하살이 아니라고 말하는가?"

"세존이시여. 32대사상이 만약 선하거나, 선하지 않으며, 80수호가 만약 선하거나, 만약 선하지 않더라도 오히려 결국에는 얻을 수 없습니다. 자성이 있지 않은 까닭인데, 하물며 32대사상이 선하거나, 선하지 않다는 증어와 80수호가 선하거나, 선하지 않다는 증어가 있겠습니까? 이러한 증어는 이미 있지 않은데, 어찌 곧 32대사상이 만약 선하거나, 만약 선하지 않다는 증어가 보살마하살이라고 말할 수 있겠으며, 곧 80수호가 만약 선하거나, 만약 선하지 않다는 증어가 보살마하살이라고 말할 수 있겠습니까?"

"선현이여. 그대는 다시 무슨 뜻으로 관찰하여 곧 32대사상이 만약 유죄이거나, 만약 무죄라는 증어는 곧 보살마하살이 아니고, 곧 80수호가 만약 유죄이거나, 만약 무죄라는 증어는 곧 보살마하살이 아니라고 말하는가?"

"세존이시여. 32대사상이 만약 유죄이거나, 무죄이며, 만약 80수호가 만약 유죄이거나, 무죄이더라도 오히려 결국에는 얻을 수 없습니다. 자성이 있지 않은 까닭인데, 하물며 32대사상이 유죄이거나, 무죄라는 증어와 80수호가 만약 유죄이거나 무죄라는 증어가 있겠습니까? 이러한 증어는 이미 있지 않은데, 어찌 곧 32대사상이 유죄이거나, 만약 무죄라는 증어가 보살마하살이라고 말할 수 있겠으며, 곧 80수호가 만약 유죄이거나, 만약 무죄라는 증어가 보살마하살이라고 말할 수 있겠습니까?"

마하반야바라밀다경 제34권

7. 교계교수품(敎誡敎授品)(24)

"선현이여. 그대는 다시 무슨 뜻으로 관찰하여 곧 32대사상이 만약 번뇌가 있거나, 만약 번뇌가 없다는 증어는 곧 보살마하살이 아니고, 곧 80수호가 만약 번뇌가 있거나, 만약 번뇌가 없다는 증어는 곧 보살마하살이 아니라고 말하는가?"

"세존이시여. 32대사상이 만약 번뇌가 있거나, 번뇌가 없으며, 80수호가 만약 번뇌가 있거나, 번뇌가 없더라도 오히려 결국에는 얻을 수 없습니다. 자성이 있지 않은 까닭인데, 하물며 32대사상이 번뇌가 있거나, 번뇌가 없다는 증어와 80수호가 번뇌가 있거나, 번뇌가 없다는 증어가 있겠습니까? 이러한 증어는 이미 있지 않은데, 어찌 곧 32대사상이 만약 번뇌가 있거나, 만약 번뇌가 없다는 증어가 보살마하살이라고 말할 수 있겠으며, 곧 80수호가 만약 번뇌가 있거나, 만약 번뇌가 없다는 증어가 보살마하살이라고 말할 수 있겠습니까?"

"선현이여. 그대는 다시 무슨 뜻으로 관찰하여 곧 32대사상이 만약 세간이거나, 만약 출세간이라는 증어는 곧 보살마하살이 아니고, 곧 80수호가 만약 세간이거나, 만약 출세간이라는 증어는 곧 보살마하살이 아니라고 말하는가?"

"세존이시여. 32대사상이 만약 세간이거나, 출세간이며, 80수호가 만약 세간이거나, 출세간이더라도 오히려 결국에는 얻을 수 없습니다. 자성이 있지 않은 까닭인데, 하물며 32대사상이 세간이거나, 출세간이라는 증어와 80수호가 세간이거나, 출세간이라는 증어가 있겠습니까? 이러한 증어는 이미 있지 않은데, 어찌 곧 32대사상이 만약 세간이거나, 만약 출세간이라는 증어가 보살마하살이라고 말할 수 있겠으며, 곧 80수호가 만약 세간이거나, 만약 출세간이라는 증어가 보살마하살이라고 말할 수 있겠습니까?"

"선현이여. 그대는 다시 무슨 뜻으로 관찰하여 곧 32대사상이 만약 잡염이거나, 만약 청정하다는 증어는 곧 보살마하살이 아니고, 곧 80수호가 만약 잡염이거나, 만약 청정하다는 증어는 곧 보살마하살이 아니라고 말하는가?"

"세존이시여. 32대사상이 만약 잡염이거나, 청정하며, 80수호가 만약 잡염이거나, 청정하더라도 오히려 결국에는 얻을 수 없습니다. 자성이 있지 않은 까닭인데, 하물며 곧 32대사상이 잡염이거나, 청정하다는 증어와 80수호가 잡염이거나, 청정하다는 증어가 있겠습니까? 이러한 증어는 이미 있지 않은데, 어찌 곧 32대사상이 만약 잡염이거나, 만약 청정하다는 증어가 보살마하살이라고 말할 수 있겠으며, 곧 80수호가 만약 잡염이거나, 만약 청정하다는 증어가 보살마하살이라고 말할 수 있겠습니까?"

"선현이여. 그대는 다시 무슨 뜻으로 관찰하여 곧 32대사상이 만약 생사에 속하거나, 만약 열반에 속한다는 증어는 곧 보살마하살이 아니고, 곧 80수호가 만약 생사에 속하거나, 만약 열반에 속한다는 증어는 곧 보살마하살이 아니라고 말하는가?"

"세존이시여. 32대사상이 만약 생사에 속하거나, 열반에 속하며, 80수호가 만약 생사에 속하거나, 열반에 속하더라도 오히려 결국에는 얻을 수 없습니다. 자성이 있지 않은 까닭인데, 하물며 32대사상이 생사에 속하거나, 열반에 속하며, 80수호가 생사에 속하거나, 열반에 속한다는 증어가 있겠습니까? 이러한 증어는 이미 있지 않은데, 어찌 곧 32대사상이 만약 생사에 속하거나, 만약 열반에 속한다는 증어가 보살마하살이라고 말할 수 있겠으며, 곧 80수호가 만약 생사에 속하거나, 만약 열반에 속한다는 증어가 보살마하살이라고 말할 수 있겠습니까?”

“선현이여. 그대는 다시 무슨 뜻으로 관찰하여 곧 32대사상이 만약 내신에 있거나, 만약 외신에 있거나, 만약 두 가지의 가운데에 있다는 증어는 곧 보살마하살이 아니고, 곧 80수호가 만약 내신에 있거나, 만약 외신에 있거나, 만약 두 가지의 가운데에 있다는 증어는 곧 보살마하살이 아니라고 말하는가?”

“세존이시여. 32대사상이 만약 내신에 있거나, 외신에 있거나, 두 가지의 가운데에 있으며, 80수호가 만약 내신에 있거나, 외신에 있거나, 두 가지의 가운데에 있더라도 오히려 결국에는 얻을 수 없습니다. 자성이 있지 않은 까닭인데, 하물며 32대사상이 내신에 있거나, 외신에 있거나, 두 가지의 가운데에 있다는 증어와 80수호가 내신에 있거나, 외신에 있거나, 두 가지의 가운데에 있다는 증어가 있겠습니까? 이러한 증어는 이미 있지 않은데, 어찌 곧 32대사상이 만약 내신에 있거나, 만약 외신에 있거나, 만약 두 가지의 가운데에 있다는 증어가 보살마하살이라고 말할 수 있겠으며, 곧 80수호가 만약 내신에 있거나, 만약 외신에 있거나, 만약 두 가지의 가운데에 있다는 증어가 보살마하살이라고 말할 수 있겠습니까?”

“선현이여. 그대는 다시 무슨 뜻으로 관찰하여 곧 32대사상이 만약 얻을 수 있거나, 만약 얻을 수 없다는 증어는 곧 보살마하살이 아니고, 곧 80수호가 만약 얻을 수 있거나, 만약 얻을 수 없다는 증어는 곧 보살마하살이 아니라고 말하는가?”

“세존이시여. 32대사상이 만약 얻을 수 있거나, 얻을 수 없으며, 80수호가 만약 얻을 수 있거나, 얻을 수 없더라도 오히려 결국에는 얻을 수 없습니다. 자성이 있지 않은 까닭인데, 하물며 32대사상이 얻을 수 있거나, 얻을 수 없다는 증어와 80수호가 얻을 수 있거나, 만약 얻을 수 없다는 증어가 있겠습니까? 이러한 증어는 이미 있지 않은데, 어찌 곧 32대사상이 만약 얻을 수 있거나, 만약 얻을 수 없다는 증어가 보살마하살이라고 말할 수 있겠으며, 곧 80수호가 만약 얻을 수 있거나, 만약 얻을 수 없다는 증어가 보살마하살이라고 말할 수 있겠습니까?"

　"다시 다음으로 선현이여. 그대는 무슨 뜻으로 관찰하여 곧 무망실법(無忘失法)의 증어는 곧 보살마하살이 아니고, 항주사성(恒住捨性)의 증어는 곧 보살마하살이 아니라고 말하는가?"
　구수 선현이 대답하여 말하였다.
　"세존이시여. 만약 무망실법이거나, 만약 항주사성이라도 오히려 결국에는 얻을 수 없습니다. 자성이 있지 않은 까닭인데, 하물며 곧 무망실법의 증어와 항주사성의 증어가 있겠습니까? 이러한 증어는 이미 있지 않은데, 어찌 곧 무망실법의 증어가 보살마하살이라고 말할 수 있겠으며, 곧 항주사성의 증어가 보살마하살이라고 말할 수 있겠습니까?"
　"선현이여. 그대는 다시 무슨 뜻으로 관찰하여 곧 무망실법이 만약 항상하거나, 만약 무상하다는 증어는 곧 보살마하살이 아니고, 항주사성이 만약 항상하거나, 만약 무상하다는 증어는 곧 보살마하살이 아니라고 말하는가?"
　"세존이시여. 무망실법이 만약 항상하거나 무상하며, 항주사성이 만약 항상하거나 무상하더라도 오히려 결국에는 얻을 수 없습니다. 자성이 있지 않은 까닭인데, 하물며 무망실법이 항상하거나, 무상하거나, 항주사성이 항상하거나, 무상하다는 증어가 있겠습니까? 이러한 증어는 이미 있지 않은데, 어찌 곧 무망실법이 만약 항상하거나, 만약 무상하다는 증어가 보살마하살이라고 말할 수 있겠으며, 곧 항주사성이 만약 항상하거나, 만약 무상하다는 증어가 보살마하살이라고 말할 수 있겠습니까?"
　"선현이여. 그대는 다시 무슨 뜻으로 관찰하여 곧 무망실법이 만약 즐겁거나, 만약 괴롭다는 증어는 곧 보살마하살이 아니고, 곧 항주사성이 만약 즐겁거나, 만약 괴롭다는 증어는 곧 보살마하살이 아니라고 말하는가?"
　"세존이시여. 무망실법이 만약 즐겁거나, 괴로우며, 항주사성이 만약 즐겁거나, 괴롭더라도 오히려 결국 얻을 수 없습니다. 자성이 있지 않은 까닭인데, 하물며 무망실법이 즐겁거나, 괴롭다는 증어와 항주사성이 즐겁거나, 괴롭다는 증어가 있겠습니까? 이러한 증어는 이미 있지 않은데, 어찌 곧 무망실법이 만약 즐겁거나, 만약 괴롭다는 증어가 보살마하살이라고 말할 수 있겠으며, 곧 항주사성이 만약 즐겁거나, 만약 괴롭다는 증어가 보살마하살이라고 말할 수 있겠습니까?"

"선현이여. 그대는 다시 무슨 뜻으로 관찰하여 곧 무망실법이 만약 나이거나, 만약 무아라는 증어는 곧 보살마하살이 아니고, 곧 항주사성이 나이거나, 만약 무아라는 증어는 곧 보살마하살이 아니라고 말하는가?"

"세존이시여. 무망실법이 만약 나이거나, 무아이며, 항주사성이 만약 나이거나, 무아이더라도 오히려 결국에는 얻을 수 없습니다. 자성이 있지 않은 까닭인데, 하물며 무망실법이 나이거나, 무아라는 증어와 항주사성이 나이거나, 무아라는 증어가 있겠습니까? 이러한 증어는 이미 있지 않은데, 어찌 곧 무망실법이 만약 나이거나, 만약 무아라는 증어가 보살마하살이라고 말할 수 있겠으며, 곧 항주사성이 만약 나이거나, 만약 무아라는 증어가 보살마하살이라고 말할 수 있겠습니까?"

"선현이여. 그대는 다시 무슨 뜻으로 관찰하여 곧 무망실법이 만약 청정하거나, 만약 부정하다는 증어는 곧 보살마하살이 아니고, 곧 항주사성이 만약 청정하거나 만약 부정하다는 증어는 곧 보살마하살이 아니라고 말하는가?"

"세존이시여. 무망실법이 만약 청정하거나, 부정하며, 항주사성이 만약 청정하거나, 부정하더라도 오히려 결국에는 얻을 수 없습니다. 자성이 있지 않은 까닭인데, 하물며 무망실법이 청정하거나, 부정하다는 증어와 항주사성이 청정하거나, 부정하다는 증어가 있겠습니까? 이러한 증어는 이미 있지 않은데, 어찌 곧 무망실법이 만약 청정하거나, 만약 부정하다는 증어가 보살마하살이라고 말할 수 있겠으며, 곧 항주사성이 만약 청정하거나, 만약 부정하다는 증어가 보살마하살이라고 말할 수 있겠습니까?"

"선현이여. 그대는 다시 무슨 뜻으로 관찰하여 곧 무망실법이 만약 공하거나, 만약 공하지 않다는 증어는 곧 보살마하살이 아니고, 곧 항주사성이 만약 공하거나, 만약 공하지 않다는 증어는 곧 보살마하살이 아니라고 말하는가?"

"세존이시여. 무망실법이 만약 공하거나, 공하지 않으며, 항주사성이 만약 공하거나, 공하지 않더라도 오히려 결국에는 얻을 수 없습니다. 자성이 있지 않은 까닭인데, 하물며 무망실법이 공하거나, 공하지 않다는 증어와 항주사성이 공하거나, 공하지 않다는 증어가 있겠습니까? 이러한 증어는 이미 있지 않은데, 어찌 곧 무망실법이 만약 공하거나, 만약 공하지 않다는 증어가 보살마하살이라고 말할 수 있겠으며, 곧 항주사성이 만약 공하거나, 만약 공하지 않다는 증어가 보살마하살이라고 말할 수 있겠습니까?"

"선현이여. 그대는 다시 무슨 뜻으로 관찰하여 곧 무망실법이 만약 유상이거나, 만약 무상이라는 증어는 곧 보살마하살이 아니고, 곧 항주사성이 만약 유상이거나, 만약 무상이라는 증어는 곧 보살마하살이 아니라고 말하는가?"

"세존이시여. 무망실법이 만약 유상이거나, 무상이며, 항주사성이 만약 유상이거나, 무상이더라도 오히려 결국에는 얻을 수 없습니다. 자성이 있지 않은 까닭인데, 하물며 무망실법이 유상이거나, 무상이라는 증어와 항주사성이 유상이거나, 무상이라는 증어가 있겠습니까? 이러한 증어는 이미 있지 않은데, 어찌 곧 무망실법이 만약 유상이거나, 만약 무상이라는 증어가 보살마하살이라고 말할 수 있겠으며, 곧 항주사성이 만약 유상이거나, 만약 무상이라는 증어가 보살마하살이라고 말할 수 있겠습니까?"

"선현이여. 그대는 다시 무슨 뜻으로 관찰하여 곧 무망실법이 만약 유원이거나, 만약 무원이라는 증어는 곧 보살마하살이 아니고, 곧 항주사성이 만약 유원이거나, 만약 무원이라는 증어는 곧 보살마하살이 아니라고 말하는가?"

"세존이시여. 무망실법이 만약 유원이거나, 무원이며, 항주사성이 만약 유원이거나, 무원이더라도 오히려 결국에는 얻을 수 없습니다. 자성이 있지 않은 까닭인데, 하물며 무망실법이 유원이거나, 무원이라는 증어와 항주사성이 유원이거나, 무원이라는 증어가 있겠습니까? 이러한 증어는 이미 있지 않은데, 어찌 곧 무망실법이 만약 유원이거나, 만약 무원이라는 증어가 보살마하살이라고 말할 수 있겠으며, 곧 항주사성이 만약 유원이거나, 만약 무원이라는 증어가 보살마하살이라고 말할 수 있겠습니까?"

"선현이여. 그대는 다시 무슨 뜻으로 관찰하여 곧 무망실법이 만약 적정하거나, 만약 적정하지 않다는 증어는 곧 보살마하살이 아니고, 곧 항주사성이 만약 적정하거나, 만약 적정하지 않다는 증어는 곧 보살마하살이 아니라고 말하는가?"

"세존이시여. 무망실법이 만약 적정하거나, 적정하지 않으며, 항주사성이 만약 적정하거나, 적정하지 않더라도 오히려 결국에는 얻을 수 없습니다. 자성이 있지 않은 까닭인데, 하물며 무망실법이 적정하거나, 적정하지 않다는 증어와 항주사성이 적정하거나, 적정하지 않다는 증어가 있겠습니까? 이러한 증어는 이미 있지 않은데, 어찌 곧 무망실법이 만약 적정하거나, 만약 적정하지 않다는 증어가 보살마하살이라고 말할 수 있겠으며, 곧 항주사성이 만약 적정하거나, 만약 적정하지 않다는 증어가 보살마하살이라고 말할 수 있겠습니까?"

"선현이여. 그대는 다시 무슨 뜻으로 관찰하여 곧 무망실법이 만약 멀리 벗어나거나, 만약 멀리 벗어나지 않는다는 증어는 곧 보살마하살이 아니고, 곧 항주사성이 만약 멀리 벗어나거나, 만약 멀리 벗어나지 않는다는 증어는 곧 보살마하살이 아니라고 말하는가?"

"세존이시여. 무망실법이 만약 멀리 벗어나거나, 멀리 벗어나지 않으며, 만약 항주사성이 만약 멀리 벗어나거나, 멀리 벗어나지 않더라도 오히려 결국에는 얻을 수 없습니다. 자성이 있지 않은 까닭인데, 하물며 무망실법이 만약 멀리 벗어나거나, 멀리 벗어나지 않는다는 증어와 항주사성이 만약 멀리 벗어나거나, 멀리 벗어나지 않는다는 증어가 있겠습니까? 이러한 증어는 이미 있지 않은데, 어찌 곧 무망실법이 만약 멀리 벗어나거나, 만약 멀리 벗어나지 않는다는 증어가 보살마하살이라고 말할 수 있겠으며, 곧 항주사성이 만약 멀리 벗어나거나, 만약 멀리 벗어나지 않는다는 증어가 보살마하살이라고 말할 수 있겠습니까?"

"선현이여. 그대는 다시 무슨 뜻으로 관찰하여 곧 무망실법이 만약 유위이거나, 만약 무위라는 증어는 곧 보살마하살이 아니고, 곧 항주사성이 만약 유위이거나, 만약 무위라는 증어는 곧 보살마하살이 아니라고 말하는가?"

"세존이시여. 무망실법이 만약 유위이거나, 무위이며, 항주사성이 만약 유위이거나, 무위이더라도 오히려 결국에는 얻을 수 없습니다. 자성이 있지 않은 까닭인데, 하물며 무망실법이 유위이거나, 무위라는 증어와 항주사성이 유원이거나, 무위라는 증어가 있겠습니까? 이러한 증어는 이미 있지 않은데, 어찌 곧 무망실법이 만약 유위이거나, 만약 무위라는 증어가 보살마하살이라고 말할 수 있겠으며, 곧 항주사성이 만약 유위이거나, 만약 무위라는 증어가 보살마하살이라고 말할 수 있겠습니까?"

"선현이여. 그대는 다시 무슨 뜻으로 관찰하여 곧 무망실법이 만약 유루이거나, 만약 무루라는 증어는 곧 보살마하살이 아니고, 곧 항주사성이 만약 유루이거나, 만약 무루라는 증어는 곧 보살마하살이 아니라고 말하는가?"

"세존이시여. 무망실법이 만약 유루이거나, 무루이며, 항주사성이 만약 유루이거나, 무루이더라도 오히려 결국에는 얻을 수 없습니다. 자성이 있지 않은 까닭인데, 하물며 무망실법이 유루이거나, 무루라는 증어와 항주사성이 유루이거나, 무루라는 증어가 있겠습니까? 이러한 증어는 이미 있지 않은데, 어찌 곧 무망실법이 만약 유루이거나, 만약 무루라는 증어가 보살마하살이라고 말할 수 있겠으며, 곧 항주사성이 만약 유루이거나, 만약 무루라는 증어가 보살마하살이라고 말할 수 있겠습니까?"

"선현이여. 그대는 다시 무슨 뜻으로 관찰하여 곧 무망실법이 만약 생겨나거나, 만약 소멸한다는 증어는 곧 보살마하살이 아니고, 곧 항주사성이 만약 생겨나거나, 만약 소멸한다는 증어는 곧 보살마하살이 아니라고 말하는가?"

"세존이시여. 무망실법이 만약 생겨나거나, 소멸하며, 항주사성이 만약 생겨나거나, 소멸하더라도 오히려 결국에는 얻을 수 없습니다. 자성이 있지 않은 까닭인데, 하물며 무망실법이 생겨나거나, 소멸한다는 증어와 항주사성이 만약 생겨나거나, 소멸한다는 증어가 있겠습니까? 이러한 증어는 이미 있지 않은데, 어찌 곧 무망실법이 만약 생겨나거나, 만약 소멸한다는 증어가 보살마하살이라고 말할 수 있겠으며, 곧 항주사성이 만약 생겨나거나, 만약 소멸한다는 증어가 보살마하살이라고 말할 수 있겠습니까?"

"선현이여. 그대는 다시 무슨 뜻으로 관찰하여 곧 무망실법이 만약 선하거나, 만약 선하지 않다는 증어는 곧 보살마하살이 아니고, 곧 항주사성이 만약 선하거나, 만약 선하지 않다는 증어는 곧 보살마하살이 아니라고 말하는가?"

"세존이시여. 무망실법이 만약 선하거나, 선하지 않으며, 항주사성이 만약 선하거나, 만약 선하지 않더라도 오히려 결국에는 얻을 수 없습니다. 자성이 있지 않은 까닭인데, 하물며 무망실법이 선하거나, 선하지 않다는 증어와 항주사성이 선하거나, 선하지 않다는 증어가 있겠습니까? 이러한 증어는 이미 있지 않은데, 어찌 곧 무망실법이 만약 선하거나, 만약 선하지 않다는 증어가 보살마하살이라고 말할 수 있겠으며, 곧 항주사성이 만약 선하거나, 만약 선하지 않다는 증어가 보살마하살이라고 말할 수 있겠습니까?"

"선현이여. 그대는 다시 무슨 뜻으로 관찰하여 곧 무망실법이 만약 유죄이거나, 만약 무죄라는 증어는 곧 보살마하살이 아니고, 곧 항주사성이 만약 유죄이거나, 만약 무죄라는 증어는 곧 보살마하살이 아니라고 말하는가?"

"세존이시여. 무망실법이 만약 유죄이거나, 무죄이며, 만약 항주사성이 만약 유죄이거나, 무죄이더라도 오히려 결국에는 얻을 수 없습니다. 자성이 있지 않은 까닭인데, 하물며 무망실법이 유죄이거나, 무죄라는 증어와 항주사성이 만약 유죄이거나 무죄라는 증어가 있겠습니까? 이러한 증어는 이미 있지 않은데, 어찌 곧 무망실법이 유죄이거나, 만약 무죄라는 증어가 보살마하살이라고 말할 수 있겠으며, 곧 항주사성이 만약 유죄이거나, 만약 무죄라는 증어가 보살마하살이라고 말할 수 있겠습니까?"

"선현이여. 그대는 다시 무슨 뜻으로 관찰하여 곧 무망실법이 만약 번뇌가 있거나, 만약 번뇌가 없다는 증어는 곧 보살마하살이 아니고, 곧 6신통이 만약 번뇌가 있거나, 만약 번뇌가 없다는 증어는 곧 보살마하살이 아니라고 말하는가?"

"세존이시여. 무망실법이 만약 번뇌가 있거나, 번뇌가 없으며, 항주사성이 만약 번뇌가 있거나, 번뇌가 없더라도 오히려 결국에는 얻을 수 없습니다. 자성이 있지 않은 까닭인데, 하물며 무망실법이 번뇌가 있거나, 번뇌가 없다는 증어와 항주사성이 번뇌가 있거나, 번뇌가 없다는 증어가 있겠습니까? 이러한 증어는 이미 있지 않은데, 어찌 곧 무망실법이 만약 번뇌가 있거나, 만약 번뇌가 없다는 증어가 보살마하살이라고 말할 수 있겠으며, 곧 항주사성이 만약 번뇌가 있거나, 만약 번뇌가 없다는 증어가 보살마하살이라고 말할 수 있겠습니까?"

"선현이여. 그대는 다시 무슨 뜻으로 관찰하여 곧 무망실법이 만약 세간이거나, 만약 출세간이라는 증어는 곧 보살마하살이 아니고, 곧 항주사성이 만약 세간이거나, 만약 출세간이라는 증어는 곧 보살마하살이 아니라고 말하는가?"

"세존이시여. 무망실법이 만약 세간이거나, 출세간이며, 항주사성이 만약 세간이거나, 출세간이더라도 오히려 결국에는 얻을 수 없습니다. 자성이 있지 않은 까닭인데, 하물며 무망실법이 세간이거나, 출세간이라는 증어와 항주사성이 세간이거나, 출세간이라는 증어가 있겠습니까? 이러한 증어는 이미 있지 않은데, 어찌 곧 무망실법이 만약 세간이거나, 만약 출세간이라는 증어가 보살마하살이라고 말할 수 있겠으며, 곧 항주사성이 만약 세간이거나, 만약 출세간이라는 증어가 보살마하살이라고 말할 수 있겠습니까?"

"선현이여. 그대는 다시 무슨 뜻으로 관찰하여 곧 무망실법이 만약 잡염이거나, 만약 청정하다는 증어는 곧 보살마하살이 아니고, 곧 항주사성이 만약 잡염이거나, 만약 청정하다는 증어는 곧 보살마하살이 아니라고 말하는가?"

"세존이시여. 무망실법이 만약 잡염이거나, 청정하며, 항주사성이 만약 잡염이거나, 청정하더라도 오히려 결국에는 얻을 수 없습니다. 자성이 있지 않은 까닭인데, 하물며 곧 무망실법이 잡염이거나, 청정하다는 증어와 항주사성이 잡염이거나, 청정하다는 증어가 있겠습니까? 이러한 증어는 이미 있지 않은데, 어찌 곧 무망실법이 만약 잡염이거나, 만약 청정하다는 증어가 보살마하살이라고 말할 수 있겠으며, 곧 항주사성이 만약 잡염이거나, 만약 청정하다는 증어가 보살마하살이라고 말할 수 있겠습니까?"

"선현이여. 그대는 다시 무슨 뜻으로 관찰하여 곧 무망실법이 만약 생사에 속하거나, 만약 열반에 속한다는 증어는 곧 보살마하살이 아니고, 곧 항주사성이 만약 생사에 속하거나, 만약 열반에 속한다는 증어는 곧 보살마하살이 아니라고 말하는가?"

"세존이시여. 무망실법이 만약 생사에 속하거나, 열반에 속하며, 항주사성이 만약 생사에 속하거나, 열반에 속하더라도 오히려 결국에는 얻을 수 없습니다. 자성이 있지 않은 까닭인데, 하물며 무망실법이 생사에 속하거나, 열반에 속하며, 항주사성이 생사에 속하거나, 열반에 속한다는 증어가 있겠습니까? 이러한 증어는 이미 있지 않은데, 어찌 곧 무망실법이 만약 생사에 속하거나, 만약 열반에 속한다는 증어가 보살마하살이라고 말할 수 있겠으며, 곧 항주사성이 만약 생사에 속하거나, 만약 열반에 속한다는 증어가 보살마하살이라고 말할 수 있겠습니까?"

"선현이여. 그대는 다시 무슨 뜻으로 관찰하여 곧 무망실법이 만약 내신에 있거나, 만약 외신에 있거나, 만약 두 가지의 가운데에 있다는 증어는 곧 보살마하살이 아니고, 곧 항주사성이 만약 내신에 있거나, 만약 외신에 있거나, 만약 두 가지의 가운데에 있다는 증어는 곧 보살마하살이 아니라고 말하는가?"

"세존이시여. 무망실법이 만약 내신에 있거나, 외신에 있거나, 두 가지의 가운데에 있으며, 항주사성이 만약 내신에 있거나, 외신에 있거나,

두 가지의 가운데에 있더라도 오히려 결국에는 얻을 수 없습니다. 자성이 있지 않은 까닭인데, 하물며 무망실법이 내신에 있거나, 외신에 있거나, 두 가지의 가운데에 있다는 증어와 항주사성이 내신에 있거나, 외신에 있거나, 두 가지의 가운데에 있다는 증어가 있겠습니까? 이러한 증어는 이미 있지 않은데, 어찌 곧 무망실법이 만약 내신에 있거나, 만약 외신에 있거나, 만약 두 가지의 가운데에 있다는 증어가 보살마하살이라고 말할 수 있겠으며, 곧 항주사성이 만약 내신에 있거나, 만약 외신에 있거나, 만약 두 가지의 가운데에 있다는 증어가 보살마하살이라고 말할 수 있겠습니까?"

"선현이여. 그대는 다시 무슨 뜻으로 관찰하여 곧 무망실법이 만약 얻을 수 있거나, 만약 얻을 수 없다는 증어는 곧 보살마하살이 아니고, 곧 항주사성이 만약 얻을 수 있거나, 만약 얻을 수 없다는 증어는 곧 보살마하살이 아니라고 말하는가?"

"세존이시여. 무망실법이 만약 얻을 수 있거나, 얻을 수 없으며, 항주사성이 만약 얻을 수 있거나, 얻을 수 없더라도 오히려 결국에는 얻을 수 없습니다. 자성이 있지 않은 까닭인데, 하물며 무망실법이 얻을 수 있거나, 얻을 수 없다는 증어와 항주사성이 얻을 수 있거나, 만약 얻을 수 없다는 증어가 있겠습니까? 이러한 증어는 이미 있지 않은데, 어찌 곧 무망실법이 만약 얻을 수 있거나, 만약 얻을 수 없다는 증어가 보살마하살이라고 말할 수 있겠으며, 곧 항주사성이 만약 얻을 수 있거나, 만약 얻을 수 없다는 증어가 보살마하살이라고 말할 수 있겠습니까?"

"다시 다음으로 선현이여. 그대는 무슨 뜻으로 관찰하여 곧 일체지(一切智)의 증어는 곧 보살마하살이 아니고, 도상지(道相智)·일체상지(一切相智)의 증어는 곧 보살마하살이 아니라고 말하는가?"

구수 선현이 대답하여 말하였다.

"세존이시여. 만약 일체지이거나, 만약 도상지·일체상지라도 오히려 결국에는 얻을 수 없습니다. 자성이 있지 않은 까닭인데, 하물며 곧 일체지의 증어와 도상지·일체상지의 증어가 있겠습니까? 이러한 증어는 이미 있지 않은데, 어찌 곧 일체지의 증어가 보살마하살이라고 말할 수 있겠으며, 곧 도상지·일체상지의 증어가 보살마하살이라고 말할 수 있겠습니까?"

"선현이여. 그대는 다시 무슨 뜻으로 관찰하여 곧 일체지가 만약 항상하거나, 만약 무상하다는 증어는 곧 보살마하살이 아니고, 도상지·일체상지가 만약 항상하거나, 만약 무상하다는 증어는 곧 보살마하살이 아니라고 말하는가?"

"세존이시여. 일체지가 만약 항상하거나, 무상하며, 도상지·일체상지가 만약 항상하거나, 무상하더라도 오히려 결국에는 얻을 수 없습니다. 자성이 있지 않은 까닭인데, 하물며 일체지가 항상하거나, 무상하며, 도상지·일체상지가 항상하거나, 무상하다는 증어가 있겠습니까? 이러한 증어는 이미 있지 않은데, 어찌 곧 일체지가 만약 항상하거나, 만약 무상하다는 증어가 보살마하살이라고 말할 수 있겠으며, 곧 도상지·일체상지가 만약 항상하거나, 만약 무상하다는 증어가 보살마하살이라고 말할 수 있겠습니까?"

"선현이여. 그대는 다시 무슨 뜻으로 관찰하여 곧 일체지가 만약 즐겁거나, 만약 괴롭다는 증어는 곧 보살마하살이 아니고, 곧 도상지·일체상지가 만약 즐겁거나, 만약 괴롭다는 증어는 곧 보살마하살이 아니라고 말하는가?"

"세존이시여. 일체지가 만약 즐겁거나, 괴로우며, 도상지·일체상지가 만약 즐겁거나, 괴롭더라도 오히려 결국 얻을 수 없습니다. 자성이 있지 않은 까닭인데, 하물며 일체지가 즐겁거나, 괴롭다는 증어와 도상지·일체상지가 즐겁거나, 괴롭다는 증어가 있겠습니까? 이러한 증어는 이미 있지 않은데, 어찌 곧 일체지가 만약 즐겁거나, 만약 괴롭다는 증어가 보살마하살이라고 말할 수 있겠으며, 곧 도상지·일체상지가 만약 즐겁거나, 만약 괴롭다는 증어가 보살마하살이라고 말할 수 있겠습니까?"

"선현이여. 그대는 다시 무슨 뜻으로 관찰하여 곧 일체지가 만약 나이거나, 만약 무아라는 증어는 곧 보살마하살이 아니고, 곧 도상지·일체상지가 나이거나, 만약 무아라는 증어는 곧 보살마하살이 아니라고 말하는가?"

"세존이시여. 일체지가 만약 나이거나, 무아이며, 도상지·일체상지가 만약 나이거나, 무아이더라도 오히려 결국에는 얻을 수 없습니다. 자성이 있지 않은 까닭인데, 하물며 일체지가 나이거나, 무아라는 증어와 도상지·일체상지가 나이거나, 무아라는 증어가 있겠습니까? 이러한 증어는 이미 있지 않은데, 어찌 곧 일체지가 만약 나이거나, 만약 무아라는 증어가 보살마하살이라고 말할 수 있겠으며, 곧 도상지·일체상지가 만약 나이거나, 만약 무아라는 증어가 보살마하살이라고 말할 수 있겠습니까?"

"선현이여. 그대는 다시 무슨 뜻으로 관찰하여 곧 일체지가 만약 청정하거나, 만약 부정하다는 증어는 곧 보살마하살이 아니고, 곧 도상지·일체상지가 만약 청정하거나 만약 부정하다는 증어는 곧 보살마하살이 아니라고 말하는가?"

"세존이시여. 일체지가 만약 청정하거나, 부정하며, 도상지·일체상지가 만약 청정하거나, 부정하더라도 오히려 결국에는 얻을 수 없습니다. 자성이 있지 않은 까닭인데, 하물며 일체지가 청정하거나, 부정하다는 증어와 도상지·일체상지가 청정하거나, 부정하다는 증어가 있겠습니까? 이러한 증어는 이미 있지 않은데, 어찌 곧 일체지가 만약 청정하거나, 만약 부정하다는 증어가 보살마하살이라고 말할 수 있겠으며, 곧 도상지·일체상지가 만약 청정하거나, 만약 부정하다는 증어가 보살마하살이라고 말할 수 있겠습니까?"

"선현이여. 그대는 다시 무슨 뜻으로 관찰하여 곧 일체지가 만약 공하거나, 만약 공하지 않다는 증어는 곧 보살마하살이 아니고, 곧 도상지·일체상지가 만약 공하거나, 만약 공하지 않다는 증어는 곧 보살마하살이 아니라고 말하는가?"

"세존이시여. 일체지가 만약 공하거나, 공하지 않으며, 도상지·일체상지가 만약 공하거나, 공하지 않더라도 오히려 결국에는 얻을 수 없습니다. 자성이 있지 않은 까닭인데, 하물며 일체지가 공하거나, 공하지 않다는 증어와 도상지·일체상지가 공하거나, 공하지 않다는 증어가 있겠습니까?

이러한 증어는 이미 있지 않은데, 어찌 곧 일체지가 만약 공하거나, 만약 공하지 않다는 증어가 보살마하살이라고 말할 수 있겠으며, 곧 도상지·일체상지가 만약 공하거나, 만약 공하지 않다는 증어가 보살마하살이라고 말할 수 있겠습니까?"

"선현이여. 그대는 다시 무슨 뜻으로 관찰하여 곧 일체지가 만약 유상이거나, 만약 무상이라는 증어는 곧 보살마하살이 아니고, 곧 도상지·일체상지가 만약 유상이거나, 만약 무상이라는 증어는 곧 보살마하살이 아니라고 말하는가?"

"세존이시여. 일체지가 만약 유상이거나, 무상이며, 도상지·일체상지가 만약 유상이거나, 무상이더라도 오히려 결국에는 얻을 수 없습니다. 자성이 있지 않은 까닭인데, 하물며 일체지가 유상이거나, 무상이라는 증어와 도상지·일체상지가 유상이거나, 무상이라는 증어가 있겠습니까? 이러한 증어는 이미 있지 않은데, 어찌 곧 일체지가 만약 유상이거나, 만약 무상이라는 증어가 보살마하살이라고 말할 수 있겠으며, 곧 도상지·일체상지가 만약 유상이거나, 만약 무상이라는 증어가 보살마하살이라고 말할 수 있겠습니까?"

"선현이여. 그대는 다시 무슨 뜻으로 관찰하여 곧 일체지가 만약 유원이거나, 만약 무원이라는 증어는 곧 보살마하살이 아니고, 곧 도상지·일체상지가 만약 유원이거나, 만약 무원이라는 증어는 곧 보살마하살이 아니라고 말하는가?"

"세존이시여. 일체지가 만약 유원이거나, 무원이며, 도상지·일체상지가 만약 유원이거나, 무원이더라도 오히려 결국에는 얻을 수 없습니다. 자성이 있지 않은 까닭인데, 하물며 일체지가 유원이거나, 무원이라는 증어와 도상지·일체상지가 유원이거나, 무원이라는 증어가 있겠습니까? 이러한 증어는 이미 있지 않은데, 어찌 곧 일체지가 만약 유원이거나, 만약 무원이라는 증어가 보살마하살이라고 말할 수 있겠으며, 곧 도상지·일체상지가 만약 유원이거나, 만약 무원이라는 증어가 보살마하살이라고 말할 수 있겠습니까?"

"선현이여. 그대는 다시 무슨 뜻으로 관찰하여 곧 일체지가 만약 적정하거나, 만약 적정하지 않다는 증어는 곧 보살마하살이 아니고, 곧 도상지·일체상지가 만약 적정하거나, 만약 적정하지 않다는 증어는 곧 보살마하살이 아니라고 말하는가?"

"세존이시여. 일체지가 만약 적정하거나, 적정하지 않으며, 도상지·일체상지가 만약 적정하거나, 적정하지 않더라도 오히려 결국에는 얻을 수 없습니다. 자성이 있지 않은 까닭인데, 하물며 일체지가 적정하거나, 적정하지 않다는 증어와 도상지·일체상지가 적정하거나, 적정하지 않다는 증어가 있겠습니까? 이러한 증어는 이미 있지 않은데, 어찌 곧 일체지가 만약 적정하거나, 만약 적정하지 않다는 증어가 보살마하살이라고 말할 수 있겠으며, 곧 도상지·일체상지가 만약 적정하거나, 만약 적정하지 않다는 증어가 보살마하살이라고 말할 수 있겠습니까?"

"선현이여. 그대는 다시 무슨 뜻으로 관찰하여 곧 일체지가 만약 멀리 벗어나거나, 만약 멀리 벗어나지 않는다는 증어는 곧 보살마하살이 아니고, 곧 도상지·일체상지가 만약 멀리 벗어나거나, 만약 멀리 벗어나지 않는다는 증어는 곧 보살마하살이 아니라고 말하는가?"

"세존이시여. 일체지가 만약 멀리 벗어나거나, 멀리 벗어나지 않으며, 만약 도상지·일체상지가 만약 멀리 벗어나거나, 멀리 벗어나지 않더라도 오히려 결국에는 얻을 수 없습니다. 자성이 있지 않은 까닭인데, 하물며 일체지가 만약 멀리 벗어나거나, 멀리 벗어나지 않는다는 증어와 도상지·일체상지가 만약 멀리 벗어나거나, 멀리 벗어나지 않는다는 증어가 있겠습니까? 이러한 증어는 이미 있지 않은데, 어찌 곧 일체지가 만약 멀리 벗어나거나, 만약 멀리 벗어나지 않는다는 증어가 보살마하살이라고 말할 수 있겠으며, 곧 도상지·일체상지가 만약 멀리 벗어나거나, 만약 멀리 벗어나지 않는다는 증어가 보살마하살이라고 말할 수 있겠습니까?"

"선현이여. 그대는 다시 무슨 뜻으로 관찰하여 곧 일체지가 만약 유위이거나, 만약 무위라는 증어는 곧 보살마하살이 아니고, 곧 도상지·일체상지가 만약 유위이거나, 만약 무위라는 증어는 곧 보살마하살이 아니라고 말하는가?”

“세존이시여. 일체지가 만약 유위이거나, 무위이며, 도상지·일체상지가 만약 유위이거나, 무위이더라도 오히려 결국에는 얻을 수 없습니다. 자성이 있지 않은 까닭인데, 하물며 일체지가 유위이거나, 무위라는 증어와 도상지·일체상지가 유원이거나, 무위라는 증어가 있겠습니까? 이러한 증어는 이미 있지 않은데, 어찌 곧 일체지가 만약 유위이거나, 만약 무위라는 증어가 보살마하살이라고 말할 수 있겠으며, 곧 도상지·일체상지가 만약 유위이거나, 만약 무위라는 증어가 보살마하살이라고 말할 수 있겠습니까?”

“선현이여. 그대는 다시 무슨 뜻으로 관찰하여 곧 일체지가 만약 유루이거나, 만약 무루라는 증어는 곧 보살마하살이 아니고, 곧 도상지·일체상지가 만약 유루이거나, 만약 무루라는 증어는 곧 보살마하살이 아니라고 말하는가?”

“세존이시여. 일체지가 만약 유루이거나 무루이며, 도상지·일체상지가 만약 유루이거나, 무루이더라도 오히려 결국에는 얻을 수 없습니다. 자성이 있지 않은 까닭인데, 하물며 일체지가 유루이거나, 무위라는 증어와 도상지·일체상지가 유루이거나, 무루라는 증어가 있겠습니까? 이러한 증어는 이미 있지 않은데, 어찌 곧 일체지가 만약 유루이거나, 만약 무루라는 증어가 보살마하살이라고 말할 수 있겠으며, 곧 도상지·일체상지가 만약 유루이거나, 만약 무루라는 증어가 보살마하살이라고 말할 수 있겠습니까?”

“선현이여. 그대는 다시 무슨 뜻으로 관찰하여 곧 일체지가 만약 생겨나거나, 만약 소멸한다는 증어는 곧 보살마하살이 아니고, 곧 도상지·일체상지가 만약 생겨나거나, 만약 소멸한다는 증어는 곧 보살마하살이 아니라고 말하는가?”

“세존이시여. 일체지가 만약 생겨나거나, 소멸하며, 도상지·일체상지가 만약 생겨나거나, 소멸하더라도 오히려 결국에는 얻을 수 없습니다. 자성이 있지 않은 까닭인데, 하물며 일체지가 생겨나거나, 소멸한다는 증어와 도상지·일체상지가 만약 생겨나거나, 소멸한다는 증어가 있겠습니까? 이러한 증어는 이미 있지 않은데, 어찌 곧 일체지가 만약 생겨나거나, 만약 소멸한다는 증어가 보살마하살이라고 말할 수 있겠으며, 곧 도상지·일체상지가 만약 생겨나거나, 만약 소멸한다는 증어가 보살마하살이라고 말할 수 있겠습니까?"

"선현이여. 그대는 다시 무슨 뜻으로 관찰하여 곧 일체지가 만약 선하거나, 만약 선하지 않다는 증어는 곧 보살마하살이 아니고, 곧 도상지·일체상지가 만약 선하거나, 만약 선하지 않다는 증어는 곧 보살마하살이 아니라고 말하는가?"

"세존이시여. 일체지가 만약 선하거나, 선하지 않으며, 도상지·일체상지가 만약 선하거나, 만약 선하지 않더라도 오히려 결국에는 얻을 수 없습니다. 자성이 있지 않은 까닭인데, 하물며 일체지가 선하거나, 선하지 않다는 증어와 도상지·일체상지가 선하거나, 선하지 않다는 증어가 있겠습니까? 이러한 증어는 이미 있지 않은데, 어찌 곧 일체지가 만약 선하거나, 만약 선하지 않다는 증어가 보살마하살이라고 말할 수 있겠으며, 곧 도상지·일체상지가 만약 선하거나, 만약 선하지 않다는 증어가 보살마하살이라고 말할 수 있겠습니까?"

"선현이여. 그대는 다시 무슨 뜻으로 관찰하여 곧 일체지가 만약 유죄이거나, 만약 무죄라는 증어는 곧 보살마하살이 아니고, 곧 도상지·일체상지가 만약 유죄이거나, 만약 무죄라는 증어는 곧 보살마하살이 아니라고 말하는가?"

"세존이시여. 일체지가 만약 유죄이거나, 무죄이며, 만약 도상지·일체상지가 만약 유죄이거나, 무죄이더라도 오히려 결국에는 얻을 수 없습니다. 자성이 있지 않은 까닭인데, 하물며 일체지가 유죄이거나, 무죄라는 증어와 도상지·일체상지가 유죄이거나, 무죄라는 증어가 있겠습니까? 이러한 증어는 이미 있지 않은데, 어찌 곧 일체지가 만약 유죄이거나, 만약 무죄라는 증어가 보살마하살이라고 말할 수 있겠으며, 곧 도상지·일체상지가 만약 유죄이거나, 만약 무죄라는 증어가 보살마하살이라고 말할 수 있겠습니까?"

"선현이여. 그대는 다시 무슨 뜻으로 관찰하여 곧 일체지가 만약 번뇌가 있거나, 만약 번뇌가 없다는 증어는 곧 보살마하살이 아니고, 곧 도상지·일체상지가 만약 번뇌가 있거나, 만약 번뇌가 없다는 증어는 곧 보살마하살이 아니라고 말하는가?"

"세존이시여. 일체지가 만약 번뇌가 있거나, 번뇌가 없으며, 도상지·일체상지가 만약 번뇌가 있거나, 번뇌가 없더라도 오히려 결국에는 얻을 수 없습니다. 자성이 있지 않은 까닭인데, 하물며 일체지가 번뇌가 있거나, 번뇌가 없다는 증어와 도상지·일체상지가 번뇌가 있거나, 번뇌가 없다는 증어가 있겠습니까? 이러한 증어는 이미 있지 않은데, 어찌 곧 일체지가 만약 번뇌가 있거나, 만약 번뇌가 없다는 증어가 보살마하살이라고 말할 수 있겠으며, 곧 도상지·일체상지가 만약 번뇌가 있거나, 만약 번뇌가 없다는 증어가 보살마하살이라고 말할 수 있겠습니까?"

"선현이여. 그대는 다시 무슨 뜻으로 관찰하여 곧 일체지가 만약 세간이거나, 만약 출세간이라는 증어는 곧 보살마하살이 아니고, 곧 도상지·일체상지가 만약 세간이거나, 만약 출세간이라는 증어는 곧 보살마하살이 아니라고 말하는가?"

"세존이시여. 일체지가 만약 세간이거나, 출세간이며, 도상지·일체상지가 만약 세간이거나, 출세간이더라도 오히려 결국에는 얻을 수 없습니다. 자성이 있지 않은 까닭인데, 하물며 일체지가 세간이거나, 출세간이라는 증어와 도상지·일체상지가 세간이거나, 출세간이라는 증어가 있겠습니까? 이러한 증어는 이미 있지 않은데, 어찌 곧 일체지가 만약 세간이거나, 만약 출세간이라는 증어가 보살마하살이라고 말할 수 있겠으며, 곧 도상지·일체상지가 만약 세간이거나, 만약 출세간이라는 증어가 보살마하살이라고 말할 수 있겠습니까?"

"선현이여. 그대는 다시 무슨 뜻으로 관찰하여 곧 일체지가 만약 잡염이거나, 만약 청정하다는 증어는 곧 보살마하살이 아니고, 곧 도상지·일체상지가 만약 잡염이거나, 만약 청정하다는 증어는 곧 보살마하살이 아니라고 말하는가?"

"세존이시여. 일체지가 만약 잡염이거나, 청정하며, 도상지·일체상지
가 만약 잡염이거나, 청정하더라도 오히려 결국에는 얻을 수 없습니다.
자성이 있지 않은 까닭인데, 하물며 곧 일체지가 잡염이거나, 청정하다는
증어와 도상지·일체상지가 잡염이거나, 청정하다는 증어가 있겠습니까?
이러한 증어는 이미 있지 않은데, 어찌 곧 일체지가 만약 잡염이거나,
만약 청정하다는 증어가 보살마하살이라고 말할 수 있겠으며, 곧 도상지·
일체상지가 만약 잡염이거나, 만약 청정하다는 증어가 보살마하살이라고
말할 수 있겠습니까?"

"선현이여. 그대는 다시 무슨 뜻으로 관찰하여 곧 일체지가 만약 생사에
속하거나, 만약 열반에 속한다는 증어는 곧 보살마하살이 아니고, 곧
도상지·일체상지가 만약 생사에 속하거나, 만약 열반에 속한다는 증어는
곧 보살마하살이 아니라고 말하는가?"

"세존이시여. 일체지가 만약 생사에 속하거나, 열반에 속하며, 도상지·
일체상지가 만약 생사에 속하거나, 열반에 속하더라도 오히려 결국에는
얻을 수 없습니다. 자성이 있지 않은 까닭인데, 하물며 일체지가 생사에
속하거나, 열반에 속하며, 도상지·일체상지가 생사에 속하거나, 열반에
속한다는 증어가 있겠습니까? 이러한 증어는 이미 있지 않은데, 어찌
곧 일체지가 만약 생사에 속하거나, 만약 열반에 속한다는 증어가 보살마
하살이라고 말할 수 있겠으며, 곧 도상지·일체상지가 만약 생사에 속하거
나, 만약 열반에 속한다는 증어가 보살마하살이라고 말할 수 있겠습니까?"

"선현이여. 그대는 다시 무슨 뜻으로 관찰하여 곧 일체지가 만약 내신에
있거나, 만약 외신에 있거나, 만약 두 가지의 가운데에 있다는 증어는
곧 보살마하살이 아니고, 곧 도상지·일체상지가 만약 내신에 있거나,
만약 외신에 있거나, 만약 두 가지의 가운데에 있다는 증어는 곧 보살마하
살이 아니라고 말하는가?"

"세존이시여. 일체지가 만약 내신에 있거나, 외신에 있거나, 두 가지의
가운데에 있으며, 도상지·일체상지가 만약 내신에 있거나, 외신에 있거나,

두 가지의 가운데에 있더라도 오히려 결국에는 얻을 수 없습니다. 자성이 있지 않은 까닭인데, 하물며 일체지가 내신에 있거나, 외신에 있거나, 두 가지의 가운데에 있다는 증어와 도상지·일체상지가 내신에 있거나, 외신에 있거나, 두 가지의 가운데에 있다는 증어가 있겠습니까? 이러한 증어는 이미 있지 않은데, 어찌 곧 일체지가 만약 내신에 있거나, 만약 외신에 있거나, 만약 두 가지의 가운데에 있다는 증어가 보살마하살이라고 말할 수 있겠으며, 곧 도상지·일체상지가 만약 내신에 있거나, 만약 외신에 있거나, 만약 두 가지의 가운데에 있다는 증어가 보살마하살이라고 말할 수 있겠습니까?"

"선현이여. 그대는 다시 무슨 뜻으로 관찰하여 곧 일체지가 만약 얻을 수 있거나, 만약 얻을 수 없다는 증어는 곧 보살마하살이 아니고, 곧 도상지·일체상지가 만약 얻을 수 있거나, 만약 얻을 수 없다는 증어는 곧 보살마하살이 아니라고 말하는가?"

"세존이시여. 일체지가 만약 얻을 수 있거나, 얻을 수 없으며, 도상지·일체상지가 만약 얻을 수 있거나, 얻을 수 없더라도 오히려 결국에는 얻을 수 없습니다. 자성이 있지 않은 까닭인데, 하물며 일체지가 얻을 수 있거나, 얻을 수 없다는 증어와 도상지·일체상지가 얻을 수 있거나, 만약 얻을 수 없다는 증어가 있겠습니까? 이러한 증어는 이미 있지 않은데, 어찌 곧 일체지가 만약 얻을 수 있거나, 만약 얻을 수 없다는 증어가 보살마하살이라고 말할 수 있겠으며, 곧 도상지·일체상지가 만약 얻을 수 있거나, 만약 얻을 수 없다는 증어가 보살마하살이라고 말할 수 있겠습니까?"

"다시 다음으로 선현이여. 그대는 무슨 뜻으로 관찰하여 곧 예류과(預流果)의 증어는 곧 보살마하살이 아니고, 일래(一來)·불환(不還)·아라한과(阿羅漢果)의 증어는 곧 보살마하살이 아니라고 말하는가?"

구수 선현이 대답하여 말하였다.

"세존이시여. 만약 예류과이거나, 만약 일래·불환·아라한과라도 오히려 결국에는 얻을 수 없습니다. 자성이 있지 않은 까닭인데, 하물며 곧 예류과의 증어와 일래·불환·아라한과의 증어가 있겠습니까? 이러한 증어는 이미 있지 않은데, 어찌 곧 예류과의 증어가 보살마하살이라고 말할 수 있겠으며, 곧 일래·불환·아라한과의 증어가 보살마하살이라고 말할 수 있겠습니까?"

"선현이여. 그대는 다시 무슨 뜻으로 관찰하여 곧 예류과가 만약 항상하거나, 만약 무상하다는 증어는 곧 보살마하살이 아니고, 일래·불환·아라한과가 만약 항상하거나, 만약 무상하다는 증어는 곧 보살마하살이 아니라고 말하는가?"

"세존이시여. 예류과가 만약 항상하거나 무상하며, 일래·불환·아라한과가 만약 항상하거나 무상하더라도 오히려 결국에는 얻을 수 없습니다. 자성이 있지 않은 까닭인데, 하물며 예류과가 항상하거나, 무상하며, 일래·불환·아라한과가 항상하거나, 무상하다는 증어가 있겠습니까? 이러한 증어는 이미 있지 않은데, 어찌 곧 예류과가 만약 항상하거나, 만약 무상하다는 증어가 보살마하살이라고 말할 수 있겠으며, 곧 일래·불환·아라한과가 만약 항상하거나, 만약 무상하다는 증어가 보살마하살이라고 말할 수 있겠습니까?"

"선현이여. 그대는 다시 무슨 뜻으로 관찰하여 곧 예류과가 만약 즐겁거나, 만약 괴롭다는 증어는 곧 보살마하살이 아니고, 곧 일래·불환·아라한과가 만약 즐겁거나, 만약 괴롭다는 증어는 곧 보살마하살이 아니라고 말하는가?"

"세존이시여. 예류과가 만약 즐겁거나, 괴로우며, 일래·불환·아라한과가 만약 즐겁거나, 괴롭더라도 오히려 결국 얻을 수 없습니다. 자성이 있지 않은 까닭인데, 하물며 예류과가 즐겁거나, 괴롭다는 증어와 일래·불환·아라한과가 즐겁거나, 괴롭다는 증어가 있겠습니까? 이러한 증어는 이미 있지 않은데, 어찌 곧 예류과가 만약 즐겁거나, 만약 괴롭다는 증어가 보살마하살이라고 말할 수 있겠으며, 곧 일래·불환·아라한과가 만약 즐겁거나, 만약 괴롭다는 증어가 보살마하살이라고 말할 수 있겠습니까?"

"선현이여. 그대는 다시 무슨 뜻으로 관찰하여 곧 예류과가 만약 나이거나, 만약 무아라는 증어는 곧 보살마하살이 아니고, 곧 일래·불환·아라한과가 나이거나, 만약 무아라는 증어는 곧 보살마하살이 아니라고 말하는가?"

"세존이시여. 예류과가 만약 나이거나, 무아이며, 일래·불환·아라한과가 만약 나이거나, 무아이더라도 오히려 결국에는 얻을 수 없습니다. 자성이 있지 않은 까닭인데, 하물며 예류과가 나이거나, 무아라는 증어와 일래·불환·아라한과가 나이거나, 무아라는 증어가 있겠습니까? 이러한 증어는 이미 있지 않은데, 어찌 곧 예류과가 만약 나이거나, 만약 무아라는 증어가 보살마하살이라고 말할 수 있겠으며, 곧 일래·불환·아라한과가 만약 나이거나, 만약 무아라는 증어가 보살마하살이라고 말할 수 있겠습니까?"

마하반야바라밀다경 제35권

7. 교계교수품(敎誡敎授品)(25)

"선현이여. 그대는 다시 무슨 뜻으로 관찰하여 곧 예류과가 만약 청정하거나, 만약 부정하다는 증어는 곧 보살마하살이 아니고, 곧 일래·불환·아라한과가 만약 청정하거나, 만약 부정하다는 증어는 곧 보살마하살이 아니라고 말하는가?"

"세존이시여. 예류과가 만약 청정하거나, 부정하며, 일래·불환·아라한과가 만약 청정하거나, 부정하더라도 오히려 결국에는 얻을 수 없습니다. 자성이 있지 않은 까닭인데, 하물며 예류과가 청정하거나, 부정하다는 증어와 일래·불환·아라한과가 청정하거나, 부정하다는 증어가 있겠습니까? 이러한 증어는 이미 있지 않은데, 어찌 곧 예류과가 만약 청정하거나, 만약 부정하다는 증어가 보살마하살이라고 말할 수 있겠으며, 곧 일래·불환·아라한과가 만약 청정하거나, 만약 부정하다는 증어가 보살마하살이라고 말할 수 있겠습니까?"

"선현이여. 그대는 다시 무슨 뜻으로 관찰하여 곧 예류과가 만약 공하거나, 만약 공하지 않다는 증어는 곧 보살마하살이 아니고, 곧 일래·불환·아라한과가 만약 공하거나, 만약 공하지 않다는 증어는 곧 보살마하살이 아니라고 말하는가?"

"세존이시여. 예류과가 만약 공하거나, 공하지 않으며, 일래·불환·아라한과가 만약 공하거나 공하지 않더라도 오히려 결국에는 얻을 수 없습니다. 자성이 있지 않은 까닭인데, 하물며 예류과가 공하거나, 공하지 않다는 증어와 일래·불환·아라한과가 공하거나, 공하지 않다는 증어가 있겠습니까? 이러한 증어는 이미 있지 않은데, 어찌 곧 예류과가 만약 공하거나, 만약 공하지 않다는 증어가 보살마하살이라고 말할 수 있겠으며, 곧 일래·불환·아라한과가 만약 공하거나, 만약 공하지 않다는 증어가 보살마하살이라고 말할 수 있겠습니까?"

"선현이여. 그대는 다시 무슨 뜻으로 관찰하여 곧 예류과가 만약 유상이거나, 만약 무상이라는 증어는 곧 보살마하살이 아니고, 곧 일래·불환·아라한과가 만약 유상이거나, 만약 무상이라는 증어는 곧 보살마하살이 아니라고 말하는가?"

"세존이시여. 예류과가 만약 유상이거나, 무상이며, 일래·불환·아라한과가 만약 유상이거나, 무상이더라도 오히려 결국에는 얻을 수 없습니다. 자성이 있지 않은 까닭인데, 하물며 예류과가 유상이거나, 무상이라는 증어와 일래·불환·아라한과가 유상이거나, 무상이라는 증어가 있겠습니까? 이러한 증어는 이미 있지 않은데, 어찌 곧 예류과가 만약 유상이거나, 만약 무상이라는 증어가 보살마하살이라고 말할 수 있겠으며, 곧 일래·불환·아라한과가 만약 유상이거나, 만약 무상이라는 증어가 보살마하살이라고 말할 수 있겠습니까?"

"선현이여. 그대는 다시 무슨 뜻으로 관찰하여 곧 예류과가 만약 유원이거나, 만약 무원이라는 증어는 곧 보살마하살이 아니고, 곧 일래·불환·아라한과가 만약 유원이거나, 만약 무원이라는 증어는 곧 보살마하살이 아니라고 말하는가?"

"세존이시여. 예류과가 만약 유원이거나, 무원이며, 일래·불환·아라한과가 만약 유원이거나, 무원이더라도 오히려 결국에는 얻을 수 없습니다. 자성이 있지 않은 까닭인데, 하물며 예류과가 유원이거나, 무원이라는 증어와 일래·불환·아라한과가 유원이거나, 무원이라는 증어가 있겠습니까? 이러한 증어는 이미 있지 않은데, 어찌 곧 예류과가 만약 유원이거나, 만약 무원이라는 증어가 보살마하살이라고 말할 수 있겠으며, 곧 일래·불환·아라한과가 만약 유원이거나, 만약 무원이라는 증어가 보살마하살이라고 말할 수 있겠습니까?"

"선현이여. 그대는 다시 무슨 뜻으로 관찰하여 곧 예류과가 만약 적정하
거나, 만약 적정하지 않다는 증어는 곧 보살마하살이 아니고, 곧 일래·불환
·아라한과가 만약 적정하거나, 만약 적정하지 않다는 증어는 곧 보살마하
살이 아니라고 말하는가?"

"세존이시여. 예류과가 만약 적정하거나, 적정하지 않으며, 일래·불환·
아라한과가 만약 적정하거나, 적정하지 않더라도 오히려 결국에는 얻을
수 없습니다. 자성이 있지 않은 까닭인데, 하물며 예류과가 적정하거나,
적정하지 않다는 증어와 일래·불환·아라한과가 적정하거나, 적정하지
않다는 증어가 있겠습니까? 이러한 증어는 이미 있지 않은데, 어찌 곧
예류과가 만약 적정하거나, 만약 적정하지 않다는 증어가 보살마하살이라
고 말할 수 있겠으며, 곧 일래·불환·아라한과가 만약 적정하거나, 만약
적정하지 않다는 증어가 보살마하살이라고 말할 수 있겠습니까?"

"선현이여. 그대는 다시 무슨 뜻으로 관찰하여 곧 예류과가 만약 멀리
벗어나거나, 만약 멀리 벗어나지 않는다는 증어는 곧 보살마하살이 아니
고, 곧 일래·불환·아라한과가 만약 멀리 벗어나거나, 만약 멀리 벗어나지
않는다는 증어는 곧 보살마하살이 아니라고 말하는가?"

"세존이시여. 예류과가 만약 멀리 벗어나거나, 멀리 벗어나지 않으며,
만약 일래·불환·아라한과가 만약 멀리 벗어나거나, 멀리 벗어나지 않더라
도 오히려 결국에는 얻을 수 없습니다. 자성이 있지 않은 까닭인데,
하물며 예류과가 만약 멀리 벗어나거나, 멀리 벗어나지 않는다는 증어와
일래·불환·아라한과가 만약 멀리 벗어나거나, 멀리 벗어나지 않는다는
증어가 있겠습니까? 이러한 증어는 이미 있지 않은데, 어찌 곧 예류과가
만약 멀리 벗어나거나, 만약 멀리 벗어나지 않는다는 증어가 보살마하살
이라고 말할 수 있겠으며, 곧 일래·불환·아라한과가 만약 멀리 벗어나거
나, 만약 멀리 벗어나지 않는다는 증어가 보살마하살이라고 말할 수
있겠습니까?"

"선현이여. 그대는 다시 무슨 뜻으로 관찰하여 곧 예류과가 만약 유위이

거나, 만약 무위라는 증어는 곧 보살마하살이 아니고, 곧 일래·불환·아라
한과가 만약 유위이거나, 만약 무위라는 증어는 곧 보살마하살이 아니라
고 말하는가?"

"세존이시여. 예류과가 만약 유위이거나, 무위이며, 일래·불환·아라한
과가 만약 유위이거나, 무위이더라도 오히려 결국에는 얻을 수 없습니다.
자성이 있지 않은 까닭인데, 하물며 예류과가 유위이거나, 무위라는 증어
와 일래·불환·아라한과가 유위이거나, 무위라는 증어가 있겠습니까?
이러한 증어는 이미 있지 않은데, 어찌 곧 예류과가 만약 유위이거나,
만약 무위라는 증어가 보살마하살이라고 말할 수 있겠으며, 곧 일래·불환·
아라한과가 만약 유위이거나, 만약 무위라는 증어가 보살마하살이라고
말할 수 있겠습니까?"

"선현이여. 그대는 다시 무슨 뜻으로 관찰하여 곧 예류과가 만약 유루이
거나, 만약 무루라는 증어는 곧 보살마하살이 아니고, 곧 일래·불환·아라
한과가 만약 유루이거나, 만약 무루라는 증어는 곧 보살마하살이 아니라
고 말하는가?"

"세존이시여. 예류과가 만약 유루이거나 무루이며, 일래·불환·아라한
과가 만약 유루이거나, 무루이더라도 오히려 결국에는 얻을 수 없습니다.
자성이 있지 않은 까닭인데, 하물며 예류과가 유루이거나, 무루라는 증어
와 일래·불환·아라한과가 유루이거나, 무루라는 증어가 있겠습니까?
이러한 증어는 이미 있지 않은데, 어찌 곧 예류과가 만약 유루이거나,
만약 무루라는 증어가 보살마하살이라고 말할 수 있겠으며, 곧 일래·불환·
아라한과가 만약 유루이거나, 만약 무루라는 증어가 보살마하살이라고
말할 수 있겠습니까?"

"선현이여. 그대는 다시 무슨 뜻으로 관찰하여 곧 예류과가 만약 생겨나
거나, 만약 소멸한다는 증어는 곧 보살마하살이 아니고, 곧 일래·불환·아
라한과가 만약 생겨나거나, 만약 소멸한다는 증어는 곧 보살마하살이
아니라고 말하는가?"

"세존이시여. 예류과가 만약 생겨나거나, 소멸하며, 일래·불환·아라한

과가 만약 생겨나거나, 소멸하더라도 오히려 결국에는 얻을 수 없습니다. 자성이 있지 않은 까닭인데, 하물며 예류과가 생겨나거나, 소멸한다는 증어와 일래·불환·아라한과가 만약 생겨나거나, 소멸한다는 증어가 있겠습니까? 이러한 증어는 이미 있지 않은데, 어찌 곧 예류과가 만약 생겨나거나, 만약 소멸한다는 증어가 보살마하살이라고 말할 수 있겠으며, 곧 일래·불환·아라한과가 만약 생겨나거나, 만약 소멸한다는 증어가 보살마하살이라고 말할 수 있겠습니까?"

"선현이여. 그대는 다시 무슨 뜻으로 관찰하여 곧 예류과가 만약 선하거나, 만약 선하지 않다는 증어는 곧 보살마하살이 아니고, 곧 일래·불환·아라한과가 만약 선하거나, 만약 선하지 않다는 증어는 곧 보살마하살이 아니라고 말하는가?"

"세존이시여. 예류과가 만약 선하거나, 선하지 않으며, 일래·불환·아라한과가 만약 선하거나, 만약 선하지 않더라도 오히려 결국에는 얻을 수 없습니다. 자성이 있지 않은 까닭인데, 하물며 예류과가 선하거나, 선하지 않다는 증어와 일래·불환·아라한과가 선하거나, 선하지 않다는 증어가 있겠습니까? 이러한 증어는 이미 있지 않은데, 어찌 곧 예류과가 만약 선하거나, 만약 선하지 않다는 증어가 보살마하살이라고 말할 수 있겠으며, 곧 일래·불환·아라한과가 만약 선하거나, 만약 선하지 않다는 증어가 보살마하살이라고 말할 수 있겠습니까?"

"선현이여. 그대는 다시 무슨 뜻으로 관찰하여 곧 예류과가 만약 유죄이거나, 만약 무죄라는 증어는 곧 보살마하살이 아니고, 곧 일래·불환·아라한과가 만약 유죄이거나, 만약 무죄라는 증어는 곧 보살마하살이 아니라고 말하는가?"

"세존이시여. 예류과가 만약 유죄이거나, 무죄이며, 만약 일래·불환·아라한과가 만약 유죄이거나, 무죄이더라도 오히려 결국에는 얻을 수 없습니다. 자성이 있지 않은 까닭인데, 하물며 예류과가 유죄이거나, 무죄라는 증어와 일래·불환·아라한과가 만약 유죄이거나 무죄라는 증어가 있겠습니까? 이러한 증어는 이미 있지 않은데, 어찌 곧 예류과가 유죄이거나,

만약 무죄라는 증어가 보살마하살이라고 말할 수 있겠으며, 곧 일래·불환·
아라한과가 만약 유죄이거나, 만약 무죄라는 증어가 보살마하살이라고
말할 수 있겠습니까?"

"선현이여. 그대는 다시 무슨 뜻으로 관찰하여 곧 예류과가 만약 번뇌가
있거나, 만약 번뇌가 없다는 증어는 곧 보살마하살이 아니고, 곧 일래·불환
·아라한과가 만약 번뇌가 있거나, 만약 번뇌가 없다는 증어는 곧 보살마하
살이 아니라고 말하는가?"

"세존이시여. 예류과가 만약 번뇌가 있거나, 번뇌가 없으며, 일래·불환·
아라한과가 만약 번뇌가 있거나, 번뇌가 없더라도 오히려 결국에는 얻을
수 없습니다. 자성이 있지 않은 까닭인데, 하물며 예류과가 번뇌가 있거나,
번뇌가 없다는 증어와 일래·불환·아라한과가 번뇌가 있거나, 번뇌가
없다는 증어가 있겠습니까? 이러한 증어는 이미 있지 않은데, 어찌 곧
예류과가 만약 번뇌가 있거나, 만약 번뇌가 없다는 증어가 보살마하살이
라고 말할 수 있겠으며, 곧 일래·불환·아라한과가 만약 번뇌가 있거나,
만약 번뇌가 없다는 증어가 보살마하살이라고 말할 수 있겠습니까?"

"선현이여. 그대는 다시 무슨 뜻으로 관찰하여 곧 예류과가 만약 세간이
거나, 만약 출세간이라는 증어는 곧 보살마하살이 아니고, 곧 일래·불환·
아라한과가 만약 세간이거나, 만약 출세간이라는 증어는 곧 보살마하살이
아니라고 말하는가?"

"세존이시여. 예류과가 만약 세간이거나, 출세간이며, 일래·불환·아라
한과가 만약 세간이거나, 출세간이더라도 오히려 결국에는 얻을 수 없습
니다. 자성이 있지 않은 까닭인데, 하물며 예류과가 세간이거나, 출세간이
라는 증어와 일래·불환·아라한과가 세간이거나, 출세간이라는 증어가
있겠습니까? 이러한 증어는 이미 있지 않은데, 어찌 곧 예류과가 만약
세간이거나, 만약 출세간이라는 증어가 보살마하살이라고 말할 수 있겠으
며, 곧 일래·불환·아라한과가 만약 세간이거나, 만약 출세간이라는 증어
가 보살마하살이라고 말할 수 있겠습니까?"

"선현이여. 그대는 다시 무슨 뜻으로 관찰하여 곧 예류과가 만약 잡염이

거나, 만약 청정하다는 증어는 곧 보살마하살이 아니고, 곧 일래·불환·아라한과가 만약 잡염이거나, 만약 청정하다는 증어는 곧 보살마하살이 아니라고 말하는가?"

"세존이시여. 예류과가 만약 잡염이거나, 청정하며, 일래·불환·아라한과가 만약 잡염이거나, 청정하더라도 오히려 결국에는 얻을 수 없습니다. 자성이 있지 않은 까닭인데, 하물며 곧 예류과가 잡염이거나, 청정하다는 증어와 일래·불환·아라한과가 잡염이거나, 청정하다는 증어가 있겠습니까? 이러한 증어는 이미 있지 않은데, 어찌 곧 예류과가 만약 잡염이거나, 만약 청정하다는 증어가 보살마하살이라고 말할 수 있겠으며, 곧 일래·불환·아라한과가 만약 잡염이거나, 만약 청정하다는 증어가 보살마하살이라고 말할 수 있겠습니까?"

"선현이여. 그대는 다시 무슨 뜻으로 관찰하여 곧 예류과가 만약 생사에 속하거나, 만약 열반에 속한다는 증어는 곧 보살마하살이 아니고, 곧 일래·불환·아라한과가 만약 생사에 속하거나, 만약 열반에 속한다는 증어는 곧 보살마하살이 아니라고 말하는가?"

"세존이시여. 예류과가 만약 생사에 속하거나, 열반에 속하며, 일래·불환·아라한과가 만약 생사에 속하거나, 열반에 속하더라도 오히려 결국에는 얻을 수 없습니다. 자성이 있지 않은 까닭인데, 하물며 예류과가 생사에 속하거나, 열반에 속하며, 일래·불환·아라한과가 생사에 속하거나, 열반에 속한다는 증어가 있겠습니까? 이러한 증어는 이미 있지 않은데, 어찌 곧 예류과가 만약 생사에 속하거나, 만약 열반에 속한다는 증어가 보살마하살이라고 말할 수 있겠으며, 곧 일래·불환·아라한과가 만약 생사에 속하거나, 만약 열반에 속한다는 증어가 보살마하살이라고 말할 수 있겠습니까?"

"선현이여. 그대는 다시 무슨 뜻으로 관찰하여 곧 예류과가 만약 내신에 있거나, 만약 외신에 있거나, 만약 두 가지의 가운데에 있다는 증어는 곧 보살마하살이 아니고, 곧 일래·불환·아라한과가 만약 내신에 있거나, 만약 외신에 있거나, 만약 두 가지의 가운데에 있다는 증어는 곧 보살마하살이 아니라고 말하는가?"

"세존이시여. 예류과가 만약 내신에 있거나, 외신에 있거나, 두 가지의
가운데에 있으며, 일래·불환·아라한과가 만약 내신에 있거나, 외신에
있거나, 두 가지의 가운데에 있더라도 오히려 결국에는 얻을 수 없습니다.
자성이 있지 않은 까닭인데, 하물며 예류과가 내신에 있거나, 외신에
있거나, 두 가지의 가운데에 있다는 증어와 일래·불환·아라한과가 내신에
있거나, 외신에 있거나, 두 가지의 가운데에 있다는 증어가 있겠습니까?
이러한 증어는 이미 있지 않은데, 어찌 곧 예류과가 만약 내신에 있거나,
만약 외신에 있거나, 만약 두 가지의 가운데에 있다는 증어가 보살마하살
이라고 말할 수 있겠으며, 곧 일래·불환·아라한과가 만약 내신에 있거나,
만약 외신에 있거나, 만약 두 가지의 가운데에 있다는 증어가 보살마하살
이라고 말할 수 있겠습니까?"

"선현이여. 그대는 다시 무슨 뜻으로 관찰하여 곧 5안이 만약 얻을
수 있거나, 만약 얻을 수 없다는 증어는 곧 보살마하살이 아니고, 곧
일래·불환·아라한과가 만약 얻을 수 있거나, 만약 얻을 수 없다는 증어는
곧 보살마하살이 아니라고 말하는가?"

"세존이시여. 예류과가 만약 얻을 수 있거나, 얻을 수 없으며, 일래·불환
·아라한과가 만약 얻을 수 있거나, 얻을 수 없더라도 오히려 결국에는
얻을 수 없습니다. 자성이 있지 않은 까닭인데, 하물며 예류과가 얻을
수 있거나, 얻을 수 없다는 증어와 일래·불환·아라한과가 얻을 수 있거나,
만약 얻을 수 없다는 증어가 있겠습니까? 이러한 증어는 이미 있지
않은데, 어찌 곧 5안이 만약 얻을 수 있거나, 만약 얻을 수 없다는 증어가
보살마하살이라고 말할 수 있겠으며, 곧 일래·불환·아라한과가 만약
얻을 수 있거나, 만약 얻을 수 없다는 증어가 보살마하살이라고 말할
수 있겠습니까?"

"다시 다음으로 선현이여. 그대는 무슨 뜻으로 관찰하여 곧 독각(獨覺)
의 보리(菩提)의 증어는 곧 보살마하살이 아니라고 말하는가?"

구수 선현이 대답하여 말하였다.

"세존이시여. 만약 독각의 보리라도 오히려 결국에는 얻을 수 없습니다. 자성이 있지 않은 까닭인데, 하물며 곧 독각의 보리의 증어가 있겠습니까? 이러한 증어는 이미 있지 않은데, 어찌 곧 독각의 보리의 증어가 보살마하살이라고 말할 수 있겠습니까?"

"선현이여. 그대는 다시 무슨 뜻으로 관찰하여 곧 독각의 보리가 만약 항상하거나, 만약 무상하다는 증어는 곧 보살마하살이 아니라고 말하는가?"

"세존이시여. 독각의 보리가 만약 항상하거나 무상하더라도 오히려 결국에는 얻을 수 없습니다. 자성이 있지 않은 까닭인데, 하물며 독각의 보리가 항상하거나, 무상하다는 증어가 있겠습니까? 이러한 증어는 이미 있지 않은데, 어찌 곧 독각의 보리가 만약 항상하거나, 만약 무상하다는 증어가 보살마하살이라고 말할 수 있겠습니까?"

"선현이여. 그대는 다시 무슨 뜻으로 관찰하여 곧 독각의 보리가 만약 즐겁거나, 만약 괴롭다는 증어는 곧 보살마하살이 아니라고 말하는가?"

"세존이시여. 독각의 보리가 만약 즐겁거나, 괴롭더라도 오히려 결국 얻을 수 없습니다. 자성이 있지 않은 까닭인데, 하물며 독각의 보리가 즐겁거나, 괴롭다는 증어가 있겠습니까? 이러한 증어는 이미 있지 않은데, 어찌 곧 독각의 보리가 만약 즐겁거나, 만약 괴롭다는 증어가 보살마하살이라고 말할 수 있겠습니까?"

"선현이여. 그대는 다시 무슨 뜻으로 관찰하여 곧 독각의 보리가 만약 나이거나, 만약 무아라는 증어는 곧 보살마하살이 아니라고 말하는가?"

"세존이시여. 독각의 보리가 만약 나이거나, 무아이더라도 오히려 결국에는 얻을 수 없습니다. 자성이 있지 않은 까닭인데, 하물며 독각의 보리가 나이거나, 무아라는 증어가 있겠습니까? 이러한 증어는 이미 있지 않은데, 어찌 곧 독각의 보리가 만약 나이거나, 만약 무아라는 증어가 보살마하살이라고 말할 수 있겠습니까?"

"선현이여. 그대는 다시 무슨 뜻으로 관찰하여 곧 독각의 보리가 만약 청정하거나, 만약 부정하다는 증어는 곧 보살마하살이 아니라고 말하는가?"

"세존이시여. 독각의 보리가 만약 청정하거나, 부정하더라도 오히려 결국에는 얻을 수 없습니다. 자성이 있지 않은 까닭인데, 하물며 독각의 보리가 청정하거나, 부정하다는 증어가 있겠습니까? 이러한 증어는 이미 있지 않은데, 어찌 곧 독각의 보리가 만약 청정하거나, 만약 부정하다는 증어가 보살마하살이라고 말할 수 있겠습니까?"

"선현이여. 그대는 다시 무슨 뜻으로 관찰하여 곧 독각의 보리가 만약 공하거나, 만약 공하지 않다는 증어는 곧 보살마하살이 아니라고 말하는가?"

"세존이시여. 독각의 보리가 만약 공하거나, 공하지 않더라도 오히려 결국에는 얻을 수 없습니다. 자성이 있지 않은 까닭인데, 하물며 독각의 보리가 공하거나, 공하지 않다는 증어가 있겠습니까? 이러한 증어는 이미 있지 않은데, 어찌 곧 독각의 보리가 만약 공하거나, 만약 공하지 않다는 증어가 보살마하살이라고 말할 수 있겠습니까?"

"선현이여. 그대는 다시 무슨 뜻으로 관찰하여 곧 독각의 보리가 만약 유상이거나, 만약 무상이라는 증어는 곧 보살마하살이 아니라고 말하는가?"

"세존이시여. 독각의 보리가 만약 유상이거나, 무상이더라도 오히려 결국에는 얻을 수 없습니다. 자성이 있지 않은 까닭인데, 하물며 독각의 보리가 유상이거나, 무상이라는 증어가 있겠습니까? 이러한 증어는 이미 있지 않은데, 어찌 곧 독각의 보리가 만약 유상이거나, 만약 무상하다는 증어가 보살마하살이라고 말할 수 있겠습니까?"

"선현이여. 그대는 다시 무슨 뜻으로 관찰하여 곧 독각의 보리가 만약 유원이거나, 만약 무원이라는 증어는 곧 보살마하살이 아니라고 말하는가?"

"세존이시여. 독각의 보리가 만약 유원이거나, 무원이더라도 오히려 결국에는 얻을 수 없습니다. 자성이 있지 않은 까닭인데, 하물며 독각의 보리가 유원이거나, 무원이라는 증어가 있겠습니까? 이러한 증어는 이미 있지 않은데, 어찌 곧 독각의 보리가 만약 유원이거나, 만약 무원이라는 증어가 보살마하살이라고 말할 수 있겠습니까?"

"선현이여. 그대는 다시 무슨 뜻으로 관찰하여 곧 독각의 보리가 만약 적정하거나, 만약 적정하지 않다는 증어는 곧 보살마하살이 아니라고 말하는가?"

"세존이시여. 독각의 보리가 만약 적정하거나, 적정하지 않더라도 오히려 결국에는 얻을 수 없습니다. 자성이 있지 않은 까닭인데, 하물며 독각의 보리가 적정하거나, 적정하지 않다는 증어가 있겠습니까? 이러한 증어는 이미 있지 않은데, 어찌 곧 독각의 보리가 만약 적정하거나, 만약 적정하지 않다는 증어가 보살마하살이라고 말할 수 있겠습니까?"

"선현이여. 그대는 다시 무슨 뜻으로 관찰하여 곧 독각의 보리가 만약 멀리 벗어나거나, 만약 멀리 벗어나지 않는다는 증어는 곧 보살마하살이 아니라고 말하는가?"

"세존이시여. 독각의 보리가 만약 멀리 벗어나거나, 멀리 벗어나지 않더라도 오히려 결국에는 얻을 수 없습니다. 자성이 있지 않은 까닭인데, 하물며 독각의 보리가 만약 멀리 벗어나거나, 멀리 벗어나지 않는다는 증어가 있겠습니까? 이러한 증어는 이미 있지 않은데, 어찌 곧 독각의 보리가 만약 멀리 벗어나거나, 만약 멀리 벗어나지 않는다는 증어가 보살마하살이라고 말할 수 있겠습니까?"

"선현이여. 그대는 다시 무슨 뜻으로 관찰하여 곧 독각의 보리가 만약 유위이거나, 만약 무위라는 증어는 곧 보살마하살이 아니라고 말하는가?"

"세존이시여. 독각의 보리가 만약 유위이거나, 무위이더라도 오히려 결국에는 얻을 수 없습니다. 자성이 있지 않은 까닭인데, 하물며 독각의 보리가 유위이거나, 무위라는 증어가 있겠습니까? 이러한 증어는 이미 있지 않은데, 어찌 곧 독각의 보리가 만약 유위이거나, 만약 무위라는 증어가 보살마하살이라고 말할 수 있겠습니까?"

"선현이여. 그대는 다시 무슨 뜻으로 관찰하여 곧 독각의 보리가 만약 유루이거나, 만약 무루라는 증어는 곧 보살마하살이 아니라고 말하는가?"

"세존이시여. 독각의 보리가 만약 유루이거나 무루이더라도 오히려 결국에는 얻을 수 없습니다. 자성이 있지 않은 까닭인데, 하물며 독각의 보리가 유루이거나 무루라는 증어가 있겠습니까? 이러한 증어는 이미 있지 않은데, 어찌 곧 독각의 보리가 만약 유루이거나, 만약 무루라는 증어가 보살마하살이라고 말할 수 있겠습니까?"

"선현이여. 그대는 다시 무슨 뜻으로 관찰하여 곧 독각의 보리가 만약 생겨나거나, 만약 소멸한다는 증어는 곧 보살마하살이 아니라고 말하는가?"

"세존이시여. 독각의 보리가 만약 생겨나거나, 소멸하더라도 오히려 결국에는 얻을 수 없습니다. 자성이 있지 않은 까닭인데, 하물며 독각의 보리가 생겨나거나, 소멸한다는 증어가 있겠습니까? 이러한 증어는 이미 있지 않은데, 어찌 곧 독각의 보리가 만약 생겨나거나, 만약 소멸한다는 증어가 보살마하살이라고 말할 수 있겠습니까?"

"선현이여. 그대는 다시 무슨 뜻으로 관찰하여 곧 독각의 보리가 만약 선하거나, 만약 선하지 않다는 증어는 곧 보살마하살이 아니라고 말하는가?"

"세존이시여. 독각의 보리가 만약 선하거나, 만약 선하지 않더라도 오히려 결국에는 얻을 수 없습니다. 자성이 있지 않은 까닭인데, 하물며 독각의 보리가 선하거나, 선하지 않다는 증어가 있겠습니까? 이러한 증어는 이미 있지 않은데, 어찌 곧 독각의 보리가 만약 선하거나, 만약 선하지 않다는 증어가 보살마하살이라고 말할 수 있겠습니까?"

"선현이여. 그대는 다시 무슨 뜻으로 관찰하여 곧 독각의 보리가 만약 유죄이거나, 만약 무죄라는 증어는 곧 보살마하살이 아니라고 말하는가?"

"세존이시여. 독각의 보리가 만약 유죄이거나, 무죄이더라도 오히려 결국에는 얻을 수 없습니다. 자성이 있지 않은 까닭인데, 하물며 독각의 보리가 유죄이거나, 무죄라는 증어가 있겠습니까? 이러한 증어는 이미 있지 않은데, 어찌 곧 독각의 보리가 유죄이거나, 만약 무죄라는 증어가 보살마하살이라고 말할 수 있겠습니까?"

"선현이여. 그대는 다시 무슨 뜻으로 관찰하여 곧 독각의 보리가 만약 번뇌가 있거나, 만약 번뇌가 없다는 증어는 곧 보살마하살이 아니라고 말하는가?"

"세존이시여. 독각의 보리가 만약 번뇌가 있거나, 번뇌가 없더라도 오히려 결국에는 얻을 수 없습니다. 자성이 있지 않은 까닭인데, 하물며 독각의 보리가 번뇌가 있거나, 번뇌가 없다는 증어가 있겠습니까? 이러한 증어는 이미 있지 않은데, 어찌 곧 독각의 보리가 만약 번뇌가 있거나, 만약 번뇌가 없다는 증어가 보살마하살이라고 말할 수 있겠습니까?"

"선현이여. 그대는 다시 무슨 뜻으로 관찰하여 곧 독각의 보리가 만약 세간이거나, 만약 출세간이라는 증어는 곧 보살마하살이 아니라고 말하는가?"

"세존이시여. 독각의 보리가 만약 세간이거나, 출세간이더라도 오히려 결국에는 얻을 수 없습니다. 자성이 있지 않은 까닭인데, 하물며 독각의 보리가 세간이거나, 출세간이라는 증어가 있겠습니까? 이러한 증어는 이미 있지 않은데, 어찌 곧 독각의 보리가 만약 세간이거나, 만약 출세간이라는 증어가 보살마하살이라고 말할 수 있겠습니까?"

"선현이여. 그대는 다시 무슨 뜻으로 관찰하여 곧 독각의 보리가 만약 잡염이거나, 만약 청정하다는 증어는 곧 보살마하살이 아니라고 말하는가?"

"세존이시여. 독각의 보리가 만약 잡염이거나, 청정하더라도 오히려 결국에는 얻을 수 없습니다. 자성이 있지 않은 까닭인데, 하물며 곧 독각의 보리가 잡염이거나, 청정하다는 증어가 있겠습니까? 이러한 증어는 이미 있지 않은데, 어찌 곧 독각의 보리가 만약 잡염이거나, 만약 청정하다는 증어가 보살마하살이라고 말할 수 있겠습니까?"

"선현이여. 그대는 다시 무슨 뜻으로 관찰하여 곧 독각의 보리가 만약 생사에 속하거나, 만약 열반에 속한다는 증어는 곧 보살마하살이 아니라고 말하는가?"

"세존이시여. 독각의 보리가 만약 생사에 속하거나, 열반에 속하더라도 오히려 결국에는 얻을 수 없습니다. 자성이 있지 않은 까닭인데, 하물며 독각의 보리가 생사에 속하거나, 열반에 속한다는 증어가 있겠습니까? 이러한 증어는 이미 있지 않은데, 어찌 곧 독각의 보리가 만약 생사에 속하거나, 만약 열반에 속한다는 증어가 보살마하살이라고 말할 수 있겠습니까?"

"선현이여. 그대는 다시 무슨 뜻으로 관찰하여 곧 독각의 보리가 만약 내신에 있거나, 만약 외신에 있거나, 만약 두 가지의 가운데에 있다는 증어는 곧 보살마하살이 아니라고 말하는가?"

"세존이시여. 독각의 보리가 만약 내신에 있거나, 외신에 있거나, 두 가지의 가운데에 있더라도 오히려 결국에는 얻을 수 없습니다. 자성이 있지 않은 까닭인데, 하물며 독각의 보리가 내신에 있거나, 외신에 있거나, 두 가지의 가운데에 있다는 증어가 있겠습니까? 이러한 증어는 이미 있지 않은데, 어찌 곧 독각의 보리가 만약 내신에 있거나, 만약 외신에 있거나, 만약 두 가지의 가운데에 있다는 증어가 보살마하살이라고 말할 수 있겠습니까?"

"선현이여. 그대는 다시 무슨 뜻으로 관찰하여 곧 독각의 보리가 만약 얻을 수 있거나, 만약 얻을 수 없다는 증어는 곧 보살마하살이 아니라고 말하는가?"

"세존이시여. 독각의 보리가 만약 얻을 수 있거나, 얻을 수 없더라도 오히려 결국에는 얻을 수 없습니다. 자성이 있지 않은 까닭인데, 하물며 독각의 보리가 얻을 수 있거나, 얻을 수 없다는 증어가 있겠습니까? 이러한 증어는 이미 있지 않은데, 어찌 곧 독각의 보리가 만약 얻을 수 있거나, 만약 얻을 수 없다는 증어가 보살마하살이라고 말할 수 있겠습니까?"

"다시 다음으로 선현이여. 그대는 무슨 뜻으로 관찰하여 곧 일체 보살마하살의 행(行)의 증어는 곧 보살마하살이 아니라고 말하는가?"

구수 선현이 대답하여 말하였다.

"세존이시여. 만약 일체 보살마하살의 행이라도 오히려 결국에는 얻을 수 없습니다. 자성이 있지 않은 까닭인데, 하물며 곧 일체 보살마하살의 행의 증어가 있겠습니까? 이러한 증어는 이미 있지 않은데, 어찌 곧 일체 보살마하살의 행이 보살마하살이라고 말할 수 있겠습니까?"

"선현이여. 그대는 다시 무슨 뜻으로 관찰하여 곧 일체 보살마하살의 행이 만약 항상하거나, 만약 무상하다는 증어는 곧 보살마하살이 아니라고 말하는가?"

"세존이시여. 일체 보살마하살의 행이 만약 항상하거나 무상하더라도 오히려 결국에는 얻을 수 없습니다. 자성이 있지 않은 까닭인데, 하물며 일체 보살마하살의 행이 항상하거나, 무상하다는 증어가 있겠습니까? 이러한 증어는 이미 있지 않은데, 어찌 곧 일체 보살마하살의 행이 만약 항상하거나, 만약 무상하다는 증어가 보살마하살이라고 말할 수 있겠습니까?"

"선현이여. 그대는 다시 무슨 뜻으로 관찰하여 곧 일체 보살마하살의 행이 만약 즐겁거나, 만약 괴롭다는 증어는 곧 보살마하살이 아니라고 말하는가?"

"세존이시여. 일체 보살마하살의 행이 만약 즐겁거나, 괴롭더라도 오히려 결국 얻을 수 없습니다. 자성이 있지 않은 까닭인데, 하물며 일체 보살마하살의 행이 즐겁거나, 괴롭다는 증어가 있겠습니까? 이러한 증어는 이미 있지 않은데, 어찌 곧 일체 보살마하살의 행이 만약 즐겁거나, 만약 괴롭다는 증어가 보살마하살이라고 말할 수 있겠습니까?"

"선현이여. 그대는 다시 무슨 뜻으로 관찰하여 곧 일체 보살마하살의 행이 만약 나이거나, 만약 무아라는 증어는 곧 보살마하살이 아니라고 말하는가?"

"세존이시여. 일체 보살마하살의 행이 만약 나이거나, 무아이더라도 오히려 결국에는 얻을 수 없습니다. 자성이 있지 않은 까닭인데, 하물며 일체 보살마하살의 행이 나이거나, 무아라는 증어가 있겠습니까? 이러한 증어는 이미 있지 않은데, 어찌 곧 일체 보살마하살의 행이 만약 나이거나, 만약 무아라는 증어가 보살마하살이라고 말할 수 있겠습니까?"

"선현이여. 그대는 다시 무슨 뜻으로 관찰하여 곧 일체 보살마하살의 행이 만약 청정하거나, 만약 부정하다는 증어는 곧 보살마하살이 아니라고 말하는가?"

"세존이시여. 일체 보살마하살의 행이 만약 청정하거나, 부정하더라도 오히려 결국에는 얻을 수 없습니다. 자성이 있지 않은 까닭인데, 하물며 일체 보살마하살의 행이 청정하거나, 부정하다는 증어가 있겠습니까? 이러한 증어는 이미 있지 않은데, 어찌 곧 일체 보살마하살의 행이 만약 청정하거나, 만약 부정하다는 증어가 보살마하살이라고 말할 수 있겠습니까?"

"선현이여. 그대는 다시 무슨 뜻으로 관찰하여 곧 일체 보살마하살의 행이 만약 공하거나, 만약 공하지 않다는 증어는 곧 보살마하살이 아니라고 말하는가?"

"세존이시여. 일체 보살마하살의 행이 만약 공하거나, 공하지 않더라도 오히려 결국에는 얻을 수 없습니다. 자성이 있지 않은 까닭인데, 하물며 일체 보살마하살의 행이 공하거나, 공하지 않다는 증어가 있겠습니까? 이러한 증어는 이미 있지 않은데, 어찌 곧 일체 보살마하살의 행이 만약 공하거나, 만약 공하지 않다는 증어가 보살마하살이라고 말할 수 있겠습니까?"

"선현이여. 그대는 다시 무슨 뜻으로 관찰하여 곧 일체 보살마하살의 행이 만약 유상이거나, 만약 무상이라는 증어는 곧 보살마하살이 아니라고 말하는가?"

"세존이시여. 일체 보살마하살의 행이 만약 유상이거나, 무상이더라도 오히려 결국에는 얻을 수 없습니다. 자성이 있지 않은 까닭인데, 하물며 일체 보살마하살의 행이 유상이거나, 무상이라는 증어가 있겠습니까? 이러한 증어는 이미 있지 않은데, 어찌 곧 일체 보살마하살의 행이 만약 유상이거나, 만약 무상하다는 증어가 보살마하살이라고 말할 수 있겠습니까?"

"선현이여. 그대는 다시 무슨 뜻으로 관찰하여 곧 일체 보살마하살의 행이 만약 유원이거나, 만약 무원이라는 증어는 곧 보살마하살이 아니라고 말하는가?"

"세존이시여. 일체 보살마하살의 행이 만약 유원이거나, 무원이더라도 오히려 결국에는 얻을 수 없습니다. 자성이 있지 않은 까닭인데, 하물며 일체 보살마하살의 행이 유원이거나, 무원이라는 증어가 있겠습니까? 이러한 증어는 이미 있지 않은데, 어찌 곧 일체 보살마하살의 행이 만약 유원이거나, 만약 무원이라는 증어가 보살마하살이라고 말할 수 있겠습니까?"

"선현이여. 그대는 다시 무슨 뜻으로 관찰하여 곧 일체 보살마하살의 행이 만약 적정하거나, 만약 적정하지 않다는 증어는 곧 보살마하살이 아니라고 말하는가?"

"세존이시여. 일체 보살마하살의 행이 만약 적정하거나, 적정하지 않더라도 오히려 결국에는 얻을 수 없습니다. 자성이 있지 않은 까닭인데, 하물며 일체 보살마하살의 행이 적정하거나, 적정하지 않다는 증어가 있겠습니까? 이러한 증어는 이미 있지 않은데, 어찌 곧 일체 보살마하살의 행이 만약 적정하거나, 만약 적정하지 않다는 증어가 보살마하살이라고 말할 수 있겠습니까?"

"선현이여. 그대는 다시 무슨 뜻으로 관찰하여 곧 일체 보살마하살의 행이 만약 멀리 벗어나거나, 만약 멀리 벗어나지 않는다는 증어는 곧 보살마하살이 아니라고 말하는가?"

"세존이시여. 일체 보살마하살의 행이 만약 멀리 벗어나거나, 멀리 벗어나지 않더라도 오히려 결국에는 얻을 수 없습니다. 자성이 있지 않은 까닭인데, 하물며 일체 보살마하살의 행이 만약 멀리 벗어나거나, 멀리 벗어나지 않는다는 증어가 있겠습니까? 이러한 증어는 이미 있지 않은데, 어찌 곧 일체 보살마하살의 행이 만약 멀리 벗어나거나, 만약 멀리 벗어나지 않는다는 증어가 보살마하살이라고 말할 수 있겠습니까?"

"선현이여. 그대는 다시 무슨 뜻으로 관찰하여 곧 일체 보살마하살의 행이 만약 유위이거나, 만약 무위라는 증어는 곧 보살마하살이 아니라고 말하는가?"

"세존이시여. 일체 보살마하살의 행이 만약 유위이거나, 무위이더라도 오히려 결국에는 얻을 수 없습니다. 자성이 있지 않은 까닭인데, 하물며 일체 보살마하살의 행이 유위이거나, 무위라는 증어가 있겠습니까? 이러한 증어는 이미 있지 않은데, 어찌 곧 일체 보살마하살의 행이 만약 유위이거나, 만약 무위라는 증어가 보살마하살이라고 말할 수 있겠습니까?"

"선현이여. 그대는 다시 무슨 뜻으로 관찰하여 곧 일체 보살마하살의 행이 만약 유루이거나, 만약 무루라는 증어는 곧 보살마하살이 아니라고 말하는가?"

"세존이시여. 일체 보살마하살의 행이 만약 유루이거나 무루이더라도 오히려 결국에는 얻을 수 없습니다. 자성이 있지 않은 까닭인데, 하물며 일체 보살마하살의 행이 유루이거나, 무루라는 증어가 있겠습니까? 이러한 증어는 이미 있지 않은데, 어찌 곧 일체 보살마하살의 행이 만약 유루이거나, 만약 무루라는 증어가 보살마하살이라고 말할 수 있겠습니까?"

"선현이여. 그대는 다시 무슨 뜻으로 관찰하여 곧 일체 보살마하살의 행이 만약 생겨나거나, 만약 소멸한다는 증어는 곧 보살마하살이 아니라고 말하는가?"

"세존이시여. 일체 보살마하살의 행이 만약 생겨나거나, 소멸하더라도 오히려 결국에는 얻을 수 없습니다. 자성이 있지 않은 까닭인데, 하물며 일체 보살마하살의 행이 생겨나거나, 소멸한다는 증어가 있겠습니까? 이러한 증어는 이미 있지 않은데, 어찌 일체 보살마하살의 행이 만약 생겨나거나, 만약 소멸한다는 증어가 보살마하살이라고 말할 수 있겠습니까?"

"선현이여. 그대는 다시 무슨 뜻으로 관찰하여 곧 일체 보살마하살의 행이 만약 선하거나, 만약 선하지 않다는 증어는 곧 보살마하살이 아니라고 말하는가?"

"세존이시여. 일체 보살마하살의 행이 만약 선하거나, 만약 선하지 않더라도 오히려 결국에는 얻을 수 없습니다. 자성이 있지 않은 까닭인데, 하물며 일체 보살마하살의 행이 선하거나, 선하지 않다는 증어가 있겠습니까? 이러한 증어는 이미 있지 않은데, 어찌 곧 일체 보살마하살의 행이 만약 선하거나, 만약 선하지 않다는 증어가 보살마하살이라고 말할 수 있겠습니까?"

"선현이여. 그대는 다시 무슨 뜻으로 관찰하여 곧 일체 보살마하살의 행이 만약 유죄이거나, 만약 무죄라는 증어는 곧 보살마하살이 아니라고 말하는가?"

"세존이시여. 일체 보살마하살의 행이 만약 유죄이거나, 무죄이더라도 오히려 결국에는 얻을 수 없습니다. 자성이 있지 않은 까닭인데, 하물며 일체 보살마하살의 행이 유죄이거나, 무죄라는 증어가 있겠습니까? 이러한 증어는 이미 있지 않은데, 어찌 곧 일체 보살마하살의 행이 유죄이거나, 만약 무죄라는 증어가 보살마하살이라고 말할 수 있겠습니까?"

"선현이여. 그대는 다시 무슨 뜻으로 관찰하여 곧 일체 보살마하살의 행이 만약 번뇌가 있거나, 만약 번뇌가 없다는 증어는 곧 보살마하살이 아니라고 말하는가?"

"세존이시여. 일체 보살마하살의 행이 만약 번뇌가 있거나, 번뇌가 없더라도 오히려 결국에는 얻을 수 없습니다. 자성이 있지 않은 까닭인데, 하물며 일체 보살마하살의 행이 번뇌가 있거나, 번뇌가 없다는 증어가 있겠습니까? 이러한 증어는 이미 있지 않은데, 어찌 곧 일체 보살마하살의 행이 만약 번뇌가 있거나, 만약 번뇌가 없다는 증어가 보살마하살이라고 말할 수 있겠습니까?"

"선현이여. 그대는 다시 무슨 뜻으로 관찰하여 곧 일체 보살마하살의 행이 만약 세간이거나, 만약 출세간이라는 증어는 곧 보살마하살이 아니라고 말하는가?"

"세존이시여. 일체 보살마하살의 행이 만약 세간이거나, 출세간이더라도 오히려 결국에는 얻을 수 없습니다. 자성이 있지 않은 까닭인데, 하물며 일체 보살마하살의 행이 세간이거나, 출세간이라는 증어가 있겠습니까? 이러한 증어는 이미 있지 않은데, 어찌 곧 일체 보살마하살의 행이 만약 세간이거나, 만약 출세간이라는 증어가 보살마하살이라고 말할 수 있겠습니까?"

"선현이여. 그대는 다시 무슨 뜻으로 관찰하여 곧 일체 보살마하살의 행이 만약 잡염이거나, 만약 청정하다는 증어는 곧 보살마하살이 아니라고 말하는가?"

"세존이시여. 일체 보살마하살의 행이 만약 잡염이거나, 청정하더라도 오히려 결국에는 얻을 수 없습니다. 자성이 있지 않은 까닭인데, 하물며 곧 일체 보살마하살의 행이 잡염이거나, 청정하다는 증어가 있겠습니까? 이러한 증어는 이미 있지 않은데, 어찌 곧 일체 보살마하살의 행이 만약 잡염이거나, 만약 청정하다는 증어가 보살마하살이라고 말할 수 있겠습니까?"

"선현이여. 그대는 다시 무슨 뜻으로 관찰하여 곧 일체 보살마하살의

행이 만약 생사에 속하거나, 만약 열반에 속한다는 증어는 곧 보살마하살
이 아니라고 말하는가?”

“세존이시여. 일체 보살마하살의 행이 만약 생사에 속하거나, 열반에
속하더라도 오히려 결국에는 얻을 수 없습니다. 자성이 있지 않은 까닭인
데, 하물며 일체 보살마하살의 행이 생사에 속하거나, 열반에 속한다는
증어가 있겠습니까? 이러한 증어는 이미 있지 않은데, 어찌 곧 일체
보살마하살의 행이 만약 생사에 속하거나, 만약 열반에 속한다는 증어가
보살마하살이라고 말할 수 있겠습니까?”

“선현이여. 그대는 다시 무슨 뜻으로 관찰하여 곧 일체 보살마하살의
행이 만약 내신에 있거나, 만약 외신에 있거나, 만약 두 가지의 가운데에
있다는 증어는 곧 보살마하살이 아니라고 말하는가?”

“세존이시여. 일체 보살마하살의 행이 만약 내신에 있거나, 외신에
있거나, 두 가지의 가운데에 있더라도 오히려 결국에는 얻을 수 없습니다.
자성이 있지 않은 까닭인데, 하물며 일체 보살마하살의 행이 내신에
있거나, 외신에 있거나, 두 가지의 가운데에 있다는 증어가 있겠습니까?
이러한 증어는 이미 있지 않은데, 어찌 곧 일체 보살마하살의 행이 만약
내신에 있거나, 만약 외신에 있거나, 만약 두 가지의 가운데에 있다는
증어가 보살마하살이라고 말할 수 있겠습니까?”

“선현이여. 그대는 다시 무슨 뜻으로 관찰하여 곧 일체 보살마하살의
행이 만약 얻을 수 있거나, 만약 얻을 수 없다는 증어는 곧 보살마하살이
아니라고 말하는가?”

“세존이시여. 일체 보살마하살의 행이 만약 얻을 수 있거나, 얻을
수 없더라도 오히려 결국에는 얻을 수 없습니다. 자성이 있지 않은 까닭인
데, 하물며 일체 보살마하살의 행이 얻을 수 있거나, 얻을 수 없다는
증어가 있겠습니까? 이러한 증어는 이미 있지 않은데, 어찌 곧 일체
보살마하살의 행이 만약 얻을 수 있거나, 만약 얻을 수 없다는 증어가
보살마하살이라고 말할 수 있겠습니까?”

"다시 다음으로 선현이여. 그대는 무슨 뜻으로 관찰하여 곧 제불(諸佛)의 무상정등보리(無上正等菩提)의 증어는 곧 보살마하살이 아니라고 말하는가?"

구수 선현이 대답하여 말하였다.

"세존이시여. 만약 제불의 무상정등보리일지라도 오히려 결국에는 얻을 수 없습니다. 자성이 있지 않은 까닭인데, 하물며 곧 일체 제불의 무상정등보리의 증어가 있겠습니까? 이러한 증어는 이미 있지 않은데, 어찌 곧 제불의 무상정등보리의 증어가 보살마하살이라고 말할 수 있겠습니까?"

"선현이여. 그대는 다시 무슨 뜻으로 관찰하여 곧 제불의 무상정등보리가 만약 항상하거나, 만약 무상하다는 증어는 곧 보살마하살이 아니라고 말하는가?"

"세존이시여. 제불의 무상정등보리가 만약 항상하거나 무상하더라도 오히려 결국에는 얻을 수 없습니다. 자성이 있지 않은 까닭인데, 하물며 제불의 무상정등보리가 항상하거나, 무상하다는 증어가 있겠습니까? 이러한 증어는 이미 있지 않은데, 어찌 곧 제불의 무상정등보리가 만약 항상하거나, 만약 무상하다는 증어가 보살마하살이라고 말할 수 있겠습니까?"

"선현이여. 그대는 다시 무슨 뜻으로 관찰하여 곧 제불의 무상정등보리가 만약 즐겁거나, 만약 괴롭다는 증어는 곧 보살마하살이 아니라고 말하는가?"

"세존이시여. 제불의 무상정등보리가 만약 즐겁거나, 괴롭더라도 오히려 결국 얻을 수 없습니다. 자성이 있지 않은 까닭인데, 하물며 일체 보살마하살의 행이 즐겁거나, 괴롭다는 증어가 있겠습니까? 이러한 증어는 이미 있지 않은데, 어찌 곧 제불의 무상정등보리가 만약 즐겁거나, 만약 괴롭다는 증어가 보살마하살이라고 말할 수 있겠습니까?"

"선현이여. 그대는 다시 무슨 뜻으로 관찰하여 곧 제불의 무상정등보리가 만약 나이거나, 만약 무아라는 증어는 곧 보살마하살이 아니라고 말하는가?”

　“세존이시여. 제불의 무상정등보리가 만약 나이거나, 무아이더라도 오히려 결국에는 얻을 수 없습니다. 자성이 있지 않은 까닭인데, 하물며 제불의 무상정등보리가 나이거나, 무아라는 증어가 있겠습니까? 이러한 증어는 이미 있지 않은데, 어찌 곧 제불의 무상정등보리가 만약 나이거나, 만약 무아라는 증어가 보살마하살이라고 말할 수 있겠습니까?”

　“선현이여. 그대는 다시 무슨 뜻으로 관찰하여 곧 제불의 무상정등보리가 만약 청정하거나, 만약 부정하다는 증어는 곧 보살마하살이 아니라고 말하는가?”

　“세존이시여. 제불의 무상정등보리가 만약 청정하거나, 부정하더라도 오히려 결국에는 얻을 수 없습니다. 자성이 있지 않은 까닭인데, 하물며 제불의 무상정등보리가 청정하거나, 부정하다는 증어가 있겠습니까? 이러한 증어는 이미 있지 않은데, 어찌 곧 제불의 무상정등보리가 만약 청정하거나, 만약 부정하다는 증어가 보살마하살이라고 말할 수 있겠습니까?”

　“선현이여. 그대는 다시 무슨 뜻으로 관찰하여 곧 제불의 무상정등보리가 만약 공하거나, 만약 공하지 않다는 증어는 곧 보살마하살이 아니라고 말하는가?”

　“세존이시여. 제불의 무상정등보리가 만약 공하거나, 공하지 않더라도 오히려 결국에는 얻을 수 없습니다. 자성이 있지 않은 까닭인데, 하물며 제불의 무상정등보리가 공하거나, 공하지 않다는 증어가 있겠습니까? 이러한 증어는 이미 있지 않은데, 어찌 곧 제불의 무상정등보리가 만약 공하거나, 만약 공하지 않다는 증어가 보살마하살이라고 말할 수 있겠습니까?”

　“선현이여. 그대는 다시 무슨 뜻으로 관찰하여 곧 제불의 무상정등보리가 만약 유상이거나, 만약 무상이라는 증어는 곧 보살마하살이 아니라고 말하는가?”

　“세존이시여. 제불의 무상정등보리가 만약 유상이거나, 무상이더라도 오히려 결국에는 얻을 수 없습니다. 자성이 있지 않은 까닭인데, 하물며 제불의 무상정등보리가 유상이거나, 무상이라는 증어가 있겠습니까? 이러한 증어는 이미 있지 않은데, 어찌 곧 제불의 무상정등보리가 만약 유상이거나, 만약 무상하다는 증어가 보살마하살이라고 말할 수 있겠습니까?"

"선현이여. 그대는 다시 무슨 뜻으로 관찰하여 곧 제불의 무상정등보리가 만약 유원이거나, 만약 무원이라는 증어는 곧 보살마하살이 아니라고 말하는가?"

"세존이시여. 제불의 무상정등보리가 만약 유원이거나, 무원이더라도 오히려 결국에는 얻을 수 없습니다. 자성이 있지 않은 까닭인데, 하물며 제불의 무상정등보리가 유원이거나, 무원이라는 증어가 있겠습니까? 이러한 증어는 이미 있지 않은데, 어찌 곧 제불의 무상정등보리가 만약 유원이거나, 만약 무원이라는 증어가 보살마하살이라고 말할 수 있겠습니까?"

"선현이여. 그대는 다시 무슨 뜻으로 관찰하여 곧 제불의 무상정등보리가 만약 적정하거나, 만약 적정하지 않다는 증어는 곧 보살마하살이 아니라고 말하는가?"

"세존이시여. 제불의 무상정등보리가 만약 적정하거나, 적정하지 않더라도 오히려 결국에는 얻을 수 없습니다. 자성이 있지 않은 까닭인데, 하물며 제불의 무상정등보리가 적정하거나, 적정하지 않다는 증어가 있겠습니까? 이러한 증어는 이미 있지 않은데, 어찌 곧 제불의 무상정등보리가 만약 적정하거나, 만약 적정하지 않다는 증어가 보살마하살이라고 말할 수 있겠습니까?"

"선현이여. 그대는 다시 무슨 뜻으로 관찰하여 곧 제불의 무상정등보리가 만약 멀리 벗어나거나, 만약 멀리 벗어나지 않는다는 증어는 곧 보살마하살이 아니라고 말하는가?"

"세존이시여. 제불의 무상정등보리가 만약 멀리 벗어나거나, 멀리 벗어나지 않더라도 오히려 결국에는 얻을 수 없습니다. 자성이 있지 않은 까닭인데, 하물며 제불의 무상정등보리가 만약 멀리 벗어나거나, 멀리 벗어나지 않는다는 증어가 있겠습니까? 이러한 증어는 이미 있지 않은데, 어찌 곧 제불의 무상정등보리가 만약 멀리 벗어나거나, 만약 멀리 벗어나지 않는다는 증어가 보살마하살이라고 말할 수 있겠습니까?"

마하반야바라밀다경 제36권

7. 교계교수품(教誡教授品)(26)

"선현이여. 그대는 다시 무슨 뜻으로 관찰하여 곧 제불(諸佛)의 무상정등보리(無上正等菩提)가 만약 유위이거나, 만약 무위라는 증어는 곧 보살마하살이 아니라고 말하는가?"

"세존이시여. 제불의 무상정등보리가 만약 유위이거나, 무위이더라도 오히려 결국에는 얻을 수 없습니다. 자성이 있지 않은 까닭인데, 하물며 제불의 무상정등보리가 유위이거나, 무위라는 증어가 있겠습니까? 이러한 증어는 이미 있지 않은데, 어찌 곧 제불의 무상정등보리가 만약 유위이거나, 만약 무위라는 증어가 보살마하살이라고 말할 수 있겠습니까?"

"선현이여. 그대는 다시 무슨 뜻으로 관찰하여 곧 제불의 무상정등보리가 만약 유루이거나, 만약 무루라는 증어는 곧 보살마하살이 아니라고 말하는가?"

"세존이시여. 제불의 무상정등보리가 만약 유루이거나 무루이더라도 오히려 결국에는 얻을 수 없습니다. 자성이 있지 않은 까닭인데, 하물며 제불의 무상정등보리가 유루이거나, 무루라는 증어가 있겠습니까? 이러한 증어는 이미 있지 않은데, 어찌 곧 제불의 무상정등보리가 만약 유루이거나, 만약 무루라는 증어가 보살마하살이라고 말할 수 있겠습니까?"

"선현이여. 그대는 다시 무슨 뜻으로 관찰하여 곧 제불의 무상정등보리가 만약 생겨나거나, 만약 소멸한다는 증어는 곧 보살마하살이 아니라고 말하는가?"

"세존이시여. 제불의 무상정등보리가 만약 생겨나거나, 소멸하더라도 오히려 결국에는 얻을 수 없습니다. 자성이 있지 않은 까닭인데, 하물며 제불의 무상정등보리가 생겨나거나, 소멸한다는 증어가 있겠습니까? 이러한 증어는 이미 있지 않은데, 어찌 제불의 무상정등보리가 만약 생겨나거나, 만약 소멸한다는 증어가 보살마하살이라고 말할 수 있겠습니까?"

"선현이여. 그대는 다시 무슨 뜻으로 관찰하여 곧 제불의 무상정등보리가 만약 선하거나, 만약 선하지 않다는 증어는 곧 보살마하살이 아니라고 말하는가?"

"세존이시여. 제불의 무상정등보리가 만약 선하거나, 만약 선하지 않더라도 오히려 결국에는 얻을 수 없습니다. 자성이 있지 않은 까닭인데, 하물며 제불의 무상정등보리가 선하거나, 선하지 않다는 증어가 있겠습니까? 이러한 증어는 이미 있지 않은데, 어찌 곧 제불의 무상정등보리가 만약 선하거나, 만약 선하지 않다는 증어가 보살마하살이라고 말할 수 있겠습니까?"

"선현이여. 그대는 다시 무슨 뜻으로 관찰하여 곧 제불의 무상정등보리가 만약 유죄이거나, 만약 무죄라는 증어는 곧 보살마하살이 아니라고 말하는가?"

"세존이시여. 제불의 무상정등보리가 행이 만약 유죄이거나, 무죄이더라도 오히려 결국에는 얻을 수 없습니다. 자성이 있지 않은 까닭인데, 하물며 제불의 무상정등보리가 유죄이거나, 무죄라는 증어가 있겠습니까? 이러한 증어는 이미 있지 않은데, 어찌 곧 제불의 무상정등보리가 만약 유죄이거나, 만약 무죄라는 증어가 보살마하살이라고 말할 수 있겠습니까?"

"선현이여. 그대는 다시 무슨 뜻으로 관찰하여 곧 제불의 무상정등보리가 만약 번뇌가 있거나, 만약 번뇌가 없다는 증어는 곧 보살마하살이 아니라고 말하는가?"

"세존이시여. 제불의 무상정등보리가 만약 번뇌가 있거나, 번뇌가 없더라도 오히려 결국에는 얻을 수 없습니다. 자성이 있지 않은 까닭인데,

하물며 제불의 무상정등보리가 번뇌가 있거나, 번뇌가 없다는 증어가 있겠습니까? 이러한 증어는 이미 있지 않은데, 어찌 곧 제불의 무상정등보리가 만약 번뇌가 있거나, 만약 번뇌가 없다는 증어가 보살마하살이라고 말할 수 있겠습니까?"

"선현이여. 그대는 다시 무슨 뜻으로 관찰하여 곧 제불의 무상정등보리가 만약 세간이거나, 만약 출세간이라는 증어는 곧 보살마하살이 아니라고 말하는가?"

"세존이시여. 제불의 무상정등보리가 만약 세간이거나, 출세간이더라도 오히려 결국에는 얻을 수 없습니다. 자성이 있지 않은 까닭인데, 하물며 제불의 무상정등보리가 세간이거나, 출세간이라는 증어가 있겠습니까? 이러한 증어는 이미 있지 않은데, 어찌 곧 제불의 무상정등보리가 만약 세간이거나, 만약 출세간이라는 증어가 보살마하살이라고 말할 수 있겠습니까?"

"선현이여. 그대는 다시 무슨 뜻으로 관찰하여 곧 제불의 무상정등보리가 만약 잡염이거나, 만약 청정하다는 증어는 곧 보살마하살이 아니라고 말하는가?"

"세존이시여. 제불의 무상정등보리가 만약 잡염이거나, 청정하더라도 오히려 결국에는 얻을 수 없습니다. 자성이 있지 않은 까닭인데, 하물며 곧 제불의 무상정등보리가 잡염이거나, 청정하다는 증어가 있겠습니까? 이러한 증어는 이미 있지 않은데, 어찌 곧 제불의 무상정등보리가 만약 잡염이거나, 만약 청정하다는 증어가 보살마하살이라고 말할 수 있겠습니까?"

"선현이여. 그대는 다시 무슨 뜻으로 관찰하여 곧 제불의 무상정등보리가 만약 생사에 속하거나, 만약 열반에 속한다는 증어는 곧 보살마하살이 아니라고 말하는가?"

"세존이시여. 제불의 무상정등보리가 만약 생사에 속하거나, 열반에 속하더라도 오히려 결국에는 얻을 수 없습니다. 자성이 있지 않은 까닭인데, 하물며 제불의 무상정등보리가 생사에 속하거나, 열반에 속한다는 증어가 있겠습니까? 이러한 증어는 이미 있지 않은데, 어찌 곧 제불의 무상정등보리가 만약 생사에 속하거나, 만약 열반에 속한다는 증어가 보살마하살이라고 말할 수 있겠습니까?”

“선현이여. 그대는 다시 무슨 뜻으로 관찰하여 곧 제불의 무상정등보리가 만약 내신에 있거나, 만약 외신에 있거나, 만약 두 가지의 가운데에 있다는 증어는 곧 보살마하살이 아니라고 말하는가?”

“세존이시여. 제불의 무상정등보리가 만약 내신에 있거나, 외신에 있거나, 두 가지의 가운데에 있더라도 오히려 결국에는 얻을 수 없습니다. 자성이 있지 않은 까닭인데, 하물며 제불의 무상정등보리가 내신에 있거나, 외신에 있거나, 두 가지의 가운데에 있다는 증어가 있겠습니까? 이러한 증어는 이미 있지 않은데, 어찌 곧 제불의 무상정등보리가 만약 내신에 있거나, 만약 외신에 있거나, 만약 두 가지의 가운데에 있다는 증어가 보살마하살이라고 말할 수 있겠습니까?”

“선현이여. 그대는 다시 무슨 뜻으로 관찰하여 곧 제불의 무상정등보리가 만약 얻을 수 있거나, 만약 얻을 수 없다는 증어는 곧 보살마하살이 아니라고 말하는가?”

“세존이시여. 제불의 무상정등보리가 만약 얻을 수 있거나, 얻을 수 없더라도 오히려 결국에는 얻을 수 없습니다. 자성이 있지 않은 까닭인데, 하물며 제불의 무상정등보리가 얻을 수 있거나, 얻을 수 없다는 증어가 있겠습니까? 이러한 증어는 이미 있지 않은데, 어찌 곧 제불의 무상정등보리가 만약 얻을 수 있거나, 만약 얻을 수 없다는 증어가 보살마하살이라고 말할 수 있겠습니까?”

세존께서 선현에게 알리셨다.

“옳도다(善哉). 옳도다. 그와 같으니라(如是). 그와 같으니라. 그대가 말하는 것과 같이 선현이여. 색 등의 법은 색 등이 항상하거나, 무상하다는 등의 법이라도 얻을 수 없는 까닭으로, 색 등의 증어는 색 등이 항상하거나, 무상하다는 등의 법과 증어를 역시 얻을 수 없느니라. 법과 증어를 얻을 수 없는 까닭으로 보살마하살을 역시 얻을 수 없으며, 보살마하살은 얻을 수 없는 까닭으로 행하는 반야바라밀다도 역시 얻을 수 없느니라. 선현이여. 제보살마하살은 반야바라밀다를 수행하는 때에 이와 같이 상응하여 수학해야 하느니라."

"다시 다음으로 선현이여. 그대가 이전에 '나는 보살마하살이라 이름할 수 있는 법이 있다고 보지 않는다.'라고 말하였는데, 이와 같고 이와 같으니라. 그대가 말하였던 것과 같이 제법(諸法)은 제법을 보지 못하고 제법은 법계(法界)를 보지 못하며, 법계는 제법을 보지 못하고 법계는 법계를 보지 못하느니라. 선현이여. 법계는 색계(色界)를 보지 못하고 색계는 법계를 보지 못하며, 법계는 수(受)·상(想)·행(行)·식계(識界)를 보지 못하고 수·상·행·식계는 색계를 보지 못하느니라. 선현이여. 법계는 안처계(眼處界)를 보지 못하고 안처계는 법계를 보지 못하며, 법계는 이(耳)·비(鼻)·설(舌)·신(身)·의처계(意處界)를 보지 못하고 이·비·설·신·의처계는 법계를 보지 못하며, 법계는 색처계(色處界)를 보지 못하고 색처계는 법계를 보지 못하며, 법계는 성(聲)·향(香)·미(味)·촉(觸)·법처계(法處界)를 보지 못하고 성·향·미·촉·법처계는 법계를 보지 못하느니라.

선현이여. 법계는 안계(眼界)·색계(色界)·안식계(眼識界)를 보지 못하고 안계·색계·안식계는 법계를 보지 못하며, 법계는 이계(耳界)·성계(聲界)·이식계(耳識界)를 보지 못하고 이계·성계·이식계는 법계를 보지 못하며, 법계는 비계(鼻界)·향계(香界)·비식계(鼻識界)를 보지 못하고 비계·향계·비식계는 법계를 보지 못하며, 법계는 설계(舌界)·미계(味界)·설식계(舌識界)를 보지 못하고 설계·미계·설식계는 법계를 보지 못하며, 법계는 신계(身界)·촉계(觸界)·신식계(身識界)를 보지 못하고 신계·촉계·신식계는 법계를 보지 못하며, 법계는 의계(意界)·법계(香界)·의식계(意識界)를 보지 못하고 의계·법계·의식계는 법계를 보지 못하느니라.

선현이여. 법계는 지계(地界)를 보지 못하고 지계는 법계를 보지 못하며, 법계는 수(水)·화(火)·풍(風)·공(空)·식계(識界)를 보지 못하고 수·화·풍·공·식계는 법계를 보지 못하느니라. 선현이여. 법계는 고성제계(苦聖諦

界)를 보지 못하고 고성제계는 법계를 보지 못하며, 법계는 집(集)·멸(滅)·도성제계(道聖諦界)를 보지 못하고 집·멸·도성제계는 법계를 보지 못하느니라. 선현이여. 법계는 무명계(無明界)를 보지 못하고 무명계는 법계를 보지 못하며, 법계는 행(行)·식(識)·명색(名色)·육처(六處)·촉(觸)·수(受)·애(愛)·취(取)·유(有)·생(生)·노사(老死)의 수탄고우뇌계(愁歎苦憂惱界)를 보지 못하고 행(行), 나아가 노사(老死)의 수탄고우뇌계는 법계를 보지 못하느니라. 선현이여. 법계는 욕계(欲界)를 보지 못하고 욕계는 법계를 보지 못하며, 법계는 색계(色界)·무색계(無色界)를 보지 못하고 색계·무색계는 법계를 보지 못하느니라.

선현이여. 유위계(有爲界)는 무위계(無爲界)를 보지 못하고 무위계는 유위를 보지 못하느니라. 왜 그러한가? 선현이여. 유위를 벗어나서 무위를 시설(施設)하지 않고 무위를 벗어나서 유위를 시설하지 않느니라.

선현이여. 이와 같이 보살마하살은 반야바라밀다를 수행하는 때에 일체법에서 모두 보는 것이 없느니라. 일체법에서 보는 것이 없는 때에는 그 마음은 놀라지도 않고 두려워하지도 않으며 겁내지도 않고, 일체법에서 마음이 침울하고 감추지도 않고 역시 근심하거나 후회하지 않느니라. 왜 그러한가? 이 보살마하살은 반야바라밀다를 수행하는 때에 색을 보지 않고 수·상·행·식을 보지 않으며, 안처(眼處)를 보지 않고 이(耳)·비(鼻)·설(舌)·신(身)·의처(意處)를 보지 않으며, 색처(色處)를 보지 않고 성(聲)·향(香)·미(味)·촉(觸)·법처(法處)를 보지 않으며, 안계·색계·안식계를 보지 않고, 이계·성계·이식계를 보지 않으며, 비계·향계·비식계를 보지 않고, 설계·미계·설식계를 보지 않으며, 신계·촉계·신식계를 보지 않고, 의계·법계·의식계를 보지 않으며, 지계를 보지 않고 수·화·풍·공·식계를 보지 않으며, 고성제를 보지 않고 집·멸·도성제를 보지 않으며, 무명을 보지 않고 행·식·명색·육처·촉·수·애·취·유·생·노사의 수탄고우뇌를 보지 않으며, 욕계를 보지 않고 색계·무색계를 보지 않으며, 유위를 보지 않고 무위를 보지 않으며, 탐(貪)·진(瞋)·치(癡)를 보지 않고 탐·진·치가 끊어지는 것을 보지 않으며, 나(我)를 보지 않고 유정(有情)·명자(命者)·생자(生者)·양자(養者)·사부(士夫)·보특가라(補特伽羅)·의생(意生)·유동(儒童)·작자(作者)·사작자(使作者)·기자(起者)·사기자(使起者)·수자(受者)·사수자(使受者)·지자(知者)·견자(見者)를 보지 않으며, 성문(聲聞)을 보지 않고 성문의 법을 보지 않으며, 독각(獨覺)을 보지 않고 독각의 법을 보지 않으며, 보살을 보지 않고 보살의 법을 보지 않으며, 여래(佛)를 보지 않고 여래의 법도 보지 않으며, 무상정등보리(無上正等菩提)를 보지 않느니라.

선현이여. 이와 같이 보살마하살은 일체법에서 모두 보는 것이 없고, 일체법에서 보는 것이 없는 때에는 그 마음은 놀라지도 않고 두려워하지도 않으며 겁내지도 않고, 일체법에서 마음이 침울하고 감추지도 않고, 역시 근심하거나 후회하지 않느니라."

구수 선현이 세존께 아뢰어 말하였다.

"세존이시여. 무슨 인연을 까닭으로 이 보살마하살은 일체법에서 마음이 침울하고 감추지도 않고, 역시 근심하거나 후회하지 않습니까?"

세존께서 말씀하셨다.

"선현이여. 이 보살마하살은 널리 일체의 심(心)·심소(心所)에서 얻지도 않고 보지도 않느니라. 이러한 인연을 이유로 이 보살마하살은 일체법에서 마음이 침울하고 감추지도 않으며, 역시 근심하거나 후회하지 않느니라."

구수 선현이 다시 세존께 아뢰어 말하였다.

"세존이시여. 어찌 이 보살마하살은 일체법에서 그 마음이 놀라지도 않고 두려워하지도 않으며 겁내지도 않습니까?"

세존께서 말씀하셨다.

"선현이여. 이 보살마하살은 일체의 의계(意界)와 의식계(意識界)에서 얻지도 않고 보지도 않느니라. 이와 같은 보살마하살은 일체법에서 그 마음이 놀라지도 않고 두려워하지도 않으며 겁내지도 않느니라. 선현이여. 제보살마하살이 일체법에서 모두 얻는 것이 없고자 한다면 반야바라밀다를 수행해야 하느니라. 선현이여. 제보살마하살이 반야바라밀다를 수행할 때에는 일체의 처소에서 반야바라밀다를 얻지 않고 반야바라밀다의 명자를 얻지도 않으며, 보살을 얻지 않고, 보살의 명자를 얻지도 않으며, 보살의 마음을 얻지 않느니라. 선현이여. 이와 같이 상응하여 제보살마하살을 교계(敎誡)하고 교수(敎授)하여 반야바라밀다에서 구경 (究竟)을 수학(修學)하게 할지니라."

8. 권학품(勸學品)

그때 세존께 아뢰어 말하였다.
"세존이시여. 보살마하살이 보시바라밀다(布施波羅密多)를 원만하게 하고자 한다면 마땅히 반야바라밀다를 수학해야 하고, 보살마하살이 정계(淨戒)·안인(安忍)·정진(精進)·정려(靜慮)·반야바라밀다(般若波羅密 多)를 원만하게 하고자 한다면 마땅히 반야바라밀다를 수학해야 합니다. 보살마하살이 색을 두루 알고자 한다면 반야바라밀다를 마땅히 수학해야 하고, 보살마하살이 수·상·행·식을 두루 알고자 한다면 마땅히 반야바라 밀다를 수학해야 하며, 보살마하살이 안처를 두루 알고자 한다면 마땅히 반야바라밀다를 수학해야 하고, 보살마하살이 이·비·설·신·의처를 두루 알고자 한다면 마땅히 반야바라밀다를 수학해야 하며, 보살마하살이 색처를 두루 알고자 한다면 마땅히 반야바라밀다를 수학해야 하고, 보살 마하살이 성·향·미·촉·법처를 두루 알고자 한다면 마땅히 반야바라밀다 를 수학해야 합니다.

보살마하살이 안계·색계·안식계와 안촉(眼觸)·안촉을 연(緣)으로 생겨 난 여러 수(受)를 두루 알고자 한다면 마땅히 반야바라밀다를 수학해야 하고, 보살마하살이 이계·성계·이식계와 이촉(耳觸)·이촉을 연으로 생겨 난 여러 수를 두루 알고자 한다면 마땅히 반야바라밀다를 수학해야 하며, 보살마하살이 비계·향계·비식계와 비촉(鼻觸)·비촉을 연으로 생겨난 여 러 수를 두루 알고자 한다면 마땅히 반야바라밀다를 수학해야 하고,

보살마하살이 설계·미계·설식계와 설촉(舌觸)·설촉을 연으로 생겨난 여러 수를 두루 알고자 한다면 마땅히 반야바라밀다를 수학해야 하며, 보살마하살이 신계·촉계·신식계와 신촉(身觸)·신촉을 연으로 생겨난 여러 수를 두루 알고자 한다면 마땅히 반야바라밀다를 수학해야 하고, 보살마하살이 의계·법계·의식계와 의촉(意觸)·의촉을 연으로 생겨난 여러 수를 두루 알고자 하면 반야바라밀다를 수학해야 합니다.

보살마하살이 지계를 두루 알고자 한다면 마땅히 반야바라밀다를 수학해야 하고, 보살마하살이 수·화·풍·공·식계를 두루 알고자 한다면 마땅히 반야바라밀다를 수학해야 하며, 보살마하살이 고성제를 두루 알고자 한다면 마땅히 반야바라밀다를 수학해야 하고, 보살마하살이 집·멸·도성제를 두루 알고자 한다면 마땅히 반야바라밀다를 수학해야 하며, 보살마하살이 무명을 두루 알고자 한다면 마땅히 반야바라밀다를 수학해야 하고, 보살마하살이 행·식·명색·육처·촉·수·애·취·유·생·노사의 수탄고우뇌를 두루 알고자 한다면 마땅히 반야바라밀다를 수학해야 합니다.

보살마하살이 탐·진·치를 영원히 끊고자 한다면 마땅히 반야바라밀다를 수학해야 하고, 보살마하살이 살가야견(薩迦耶見)[1]·계금취(戒禁取)[2]·의심(疑)과 욕계(欲界)의 탐·진·치를 영원히 끊고자 한다면 마땅히 반야바라밀다를 수학해야 하며, 보살마하살이 색계(色界)의 탐욕·무색계(無色界)의 탐욕·무명(無明)[3]·만(慢)·도거(掉擧)[4]를 영원히 끊고자 한다면 마땅히 반야바라밀다를 수학해야 하고, 보살마하살이 일체의 전결(纏結)[5]

---

1) 산스크리트어 satkāya-dṛṣṭi의 음사이고, 줄여서 '유신견(有身見)', '신견(身見)', '위신견(虛僞身見)', '위신견(僞身見)', '괴신견(壞身見)' 등으로 한역한다. 유신견(有身見)은 '소의신(所依身)', 즉 '5온(五蘊)의 화합체', 또는 '5취온(五取蘊)을 실유(實有)'라고 집착하는 견해이다.
2) 산스크리트어 śīla-vrata-parāmarśa의 번역이고, 그릇된 계율이나 금지 조항을 올바른 것으로 생각하여 그것에 집착하는 것이다.
3) 산스크리트어 Avidyā의 번역이고, 원만한 깨달음과 반대되는 개념이다.
4) 산스크리트어 auddhatya의 번역이고, 마음을 날뛰게 하여 안정하지 못하게 하는 마음작용이다.
5) 여러 번뇌를 의미하는데, 『대지도론(大智度論)』 제8권, 『대승의장(大乘義章)』 제6

과 수면(隨眠)6)을 영원히 끊고자 한다면 마땅히 반야바라밀다를 수학해야 하며, 보살마하살이 4식(四食)7)을 영원히 끊고자 한다면 마땅히 반야바라 밀다를 수학해야 하고, 보살마하살이 4폭류(四暴流)8)·액(軛)9)·취(取)10) 를 영원히 끊고자 한다면 마땅히 반야바라밀다를 수학해야 하며, 보살마하 살이 4신계(四身繫)11)·4전도(四顚倒)12)를 영원히 끊고자 한다면 마땅히 반야바라밀다를 수학해야 하고, 보살마하살이 3루(三漏)13)·3불선근(三不 善根)14)을 영원히 끊고자 한다면 마땅히 반야바라밀다를 수학해야 합니다.

권 등에서는 98결(九十八結)과 10전(十纏)으로 주석하고 있다.

6) 산스크리트어 anuśaya의 번역이고, 모든 번뇌를 마음을 따라 일어나는 근본번뇌와 근본번뇌를 따라 일어나는 수번뇌로 나눌 때의 근본번뇌를 가리키는 말이다.

7) 산스크리트어 catvāra āhārāḥ의 번역이고, 네 가지 음식이라는 뜻이다. 네 가지 음식은 단식(段食), 촉식(觸食), 의사식(意思食), 식식(識食)을 가리킨다.

8) 산스크리트어 ogha의 번역이고, 번뇌를 다르게 부르는 말이다. 4폭류는 욕폭류(欲 暴流), 유폭류(有暴流), 견폭류(見暴流), 무명폭류(無明暴流)를 가리킨다.

9) 산스크리트어 'yoga', 또는 'yuga'의 번역이고 본래의 의미는 소와 말 등의 가축에게 씌우는 멍에를 말하는데, '속박(束縛)', '기반(羈絆)', '굴레'의 뜻으로 의역하여 번뇌를 다르게 부르는 말이다. 액(軛)은 번뇌가 '3계에 속박된 상태를 떠나는 것'을 장애한다는 뜻이고, 또한 번뇌가 유정들에게 윤회의 괴로움[苦]을 받게 하고 그 괴로움과 화합하게 한다는 뜻이다. 일반적으로 액(軛)은 욕액(欲軛), 유액(有軛), 견액(見軛), 무명액(無明軛) 등이 있다.

10) 산스크리트어 upādāna의 번역이고, 번뇌의 다른 이름이다. 번뇌인 성품의 마음작 용인 애(愛)의 다른 이름이고, 근본번뇌 가운데의 탐(貪)·애착(愛着)·집착(執著) 또는 갈애(渴愛)를 가리킨다.

11) 산스크리트어 bandhana의 번역이고, 결박(結縛)을 뜻한다. 중생을 미혹된 상태에 결박시켜 생사의 고통을 벗어나 해탈하지 못하게 하는 것이고, 욕애신박(欲愛身縛), 진에신박(瞋恚身縛), 계도신박(戒盜身縛), 아견신박(我見身縛)을 가리킨다.

12) 산스크리트어 viparīta의 번역이고, 번뇌를 인연으로 그릇된 생각을 갖추거나, 실제의 사(事)와 이(理)에 대해 그릇되게 이해하는 것이다. 4전도에는 유위의 전도인 상전도(常顚倒), 낙전도(樂顚倒), 아전도(我顚倒), 정전도(淨顚倒) 등이 있고, 무위의 전도인 무상전도(無常顚倒), 무락전도(無樂顚倒), 무아전도(無我顚倒), 무정 전도(無淨顚倒) 등이 있다.

13) 산스크리트어 asrava의 번역이고, '3유루(三有漏)', '3류(三流)'로 한역하며 번뇌를 다르게 부르는 말이다. 6근에서 일어난 번뇌가 유정을 생사의 바다 중에 머물게 한다는 뜻이고 3루(三漏)는 욕루(欲漏), 유루(有漏), 무명루(無明漏)를 가리킨다.

보살마하살이 십불선업도(十不善業道)15)를 멀리 벗어나고자 한다면 마땅히 반야바라밀다를 수학해야 하고, 보살마하살이 십선업도(十善業道)16)를 익혀 행하고자 한다면 마땅히 반야바라밀다를 수학해야 하며, 보살마하살이 4정려(四靜慮)·4무량(四無量)·4무색정(四無色定)을 닦고자 한다면 마땅히 반야바라밀다를 수학해야 하고, 보살마하살이 4념주(四念住)를 한다면 마땅히 반야바라밀다를 수학해야 하며, 보살마하살이 4정단(四正斷)·4신족(四神足)·5근(五根)·5력(五力)·7등각지(七等覺支)·8성도지(八聖道支)를 한다면 마땅히 반야바라밀다를 수학해야 하고, 보살마하살이 여래(如來)의 10력(十力)을 얻고자 한다면 마땅히 반야바라밀다를 수학해야 하며, 보살마하살이 4무소외(四無所畏)·4무애해(四無礙解)·대자(大慈)·대비(大悲)·대사(大喜)·대희(大捨)·18불공법(十八佛不共法)·일체지(一切智)·도상지(道相智)·일체상지(一切相智)를 얻고자 한다면 마땅히 반야바라밀다를 수학해야 하고, 보살마하살이 6신통(六神通)을 얻어서 자재(自在)하고자 한다면 마땅히 반야바라밀다를 수학해야 하며, 보살마하살이 4정려(四靜慮)·4무색정(四無色定)·멸진정(滅盡定)을 차례로 초월하고 순역(順逆)에 자재하고자 한다면 마땅히 반야바라밀다를 수학해야 하고, 보살마하살이 일체의 다라니문(陀羅尼門)과 삼마지문(三摩地門)에서 모두 자재하고자 한다면 마땅히 반야바라밀다를 수학해야 합니다.

보살마하살이 구각지삼마지(具覺支三摩地)·사자유희(師子遊戲)삼마지·사자분신(師子奮迅)삼마지·사자빈신(師子頻伸)삼마지·사자흠거(師子欠呿)삼마지·건행(健行)삼마지·보인(寶印)삼마지·묘월(妙月)삼마지·

---

14) 산스크리트어 akuśala-mūla의 번역이고, 3독(三毒)을 다르게 부르는 말이며, 탐(貪)·진(瞋)·치(癡)를 가리킨다.

15) 십악업(十惡業)이라고도 말하고, 십불선업은 살생(殺生)·투도(偸盜)·사음(邪淫)·망어(妄語)·양설(兩舌)·악구(惡口)·기어(綺語)·탐(貪)·진(瞋)·치(癡)를 가리킨다.

16) 산스크리트어 Daśa-kuśala-karmāni의 번역이고, 십선행(十善行), 십선(十善) 등으로 번역한다. 십선업은 불살생(不殺生), 불투도(不偸盜), 불사음(不邪婬), 불망어(不妄語), 불양설(不兩舌), 불악구(不惡口), 불기어(不綺語), 불탐욕(不貪欲), 불진에(不瞋恚), 정견(正見)을 가리킨다.

월당상(月幢相)삼마지·일체법인(一切法印)삼마지·관정인(灌頂印)삼마지·법계결정(法界決定)삼마지·결정당상(決定幢相)삼마지·금강유(金剛喩)삼마지·입일체법인(入一體法印)삼마지·안주정왕(安住定王)삼마지·왕인(王印)삼마지·정진력(精進力)삼마지·등용(等湧)삼마지·입일체언사결정(入一切言詞決定)삼마지·입일체명자결정(入一切名字決定)삼마지·관방(觀方)삼마지·다라니인(陀羅尼印)삼마지·무망실(無妄失)삼마지·제법등취해인(諸法等趣海印)삼마지·편부허공(遍覆虛空)삼마지·삼륜청정(三輪淸淨)삼마지·취향불퇴전신통(趣向不退前神通)삼마지·기중용출(器中湧出)삼마지·최승당상(最勝幢相)삼마지·소제번뇌(燒諸煩惱)삼마지·항복사마(降服四魔)삼마지·대지혜거(大智慧炬)삼마지·출생십력(出生十力)삼마지 등의 이러한 한량없는 백천의 삼마지문을 얻고자 하면 반야바라밀다를 배워야 하옵니다.

보살마하살이 일체 유정들의 소원을 만족시키고자 한다면 마땅히 반야바라밀다를 수학해야 하고, 보살마하살이 이와 같이 수승한 선근(善根)을 만족하게 하며 이 선근을 이유로 영원히 악취(惡趣)에 떨어지지 않고 빈천한 집에 태어나지 않으며 성문과 독각의 경지에 떨어지지 않고 보살정(菩薩頂)에서 끝내 떨어지지 않고자 한다면 마땅히 반야바라밀다를 수학해야 합니다."

이때 사리자(舍利子)가 선현에게 물어 말하였다.
"무엇을 보살정(菩薩頂)에 떨어진다고 이름합니까?"
선현이 대답하여 말하였다.
"만약 제보살마하살이 방편선교가 없어도 6바라밀다를 행하고 방편선교가 없어도 3해탈문(三解脫門)[17]에 머무르면서 성문(聲聞)이나 독각지

---

17) 산스크리트어 trīni vimoksa-mukhāni의 번역이고, 또는 3삼매문(三三昧門)으로 한역한다. 삼계에서 고통의 원인인 번뇌에서 해탈하여 열반을 증득하는 방편(門)인 공해탈문(空解脫門), 무상해탈문(無相解脫門), 무원해탈문(無願解脫門)을 가리킨다.

(獨覺地)에 떨어져서 보살의 정성이생(正性離生)[18]에 들어가지 못하였고, 이와 같다면 보살정에 떨어진다고 이름하며, 곧 이러한 보살정에 떨어진다면 역시 태어남(生)이라고 이름합니다."

이때 사리자가 다시 물어 말하였다.

"무슨 인연으로 보살정에서 떨어진다면 태어난다고 이름합니까?"

선현이 대답하여 말하였다.

"태어남은 법애(法愛)를 말합니다. 만약 제보살이 법애에 수순(順道)한다면 태어난다고 설(說)하여 이름합니다."

사리자가 말하였다.

"무엇을 보살이 법애에 수순한다고 말합니까?"

선현이 대답하여 말하였다.

"만약 보살마하살이 반야바라밀다를 수행하는 때에 색(色)이 공(空)에 머무른다는 생각을 일으켜서 집착하고 수·상·행·식이 공에 머무른다는 생각을 일으켜서 집착하며, 색이 무상(無相)에 머무른다는 생각을 일으켜서 집착하고 수·상·행·식이 무상에 머무른다는 생각을 일으켜서 집착하며, 색이 무원(無願)에 머무른다는 생각을 일으켜서 집착하고 수·상·행·식이 무원에 머무른다는 생각을 일으켜서 집착하며, 색이 무상에 머무른다는 생각을 일으켜서 집착하고 수·상·행·식이 무상에 머무른다는 생각을 일으켜서 집착하며, 색이 괴로움(苦)에 머무른다는 생각을 일으켜서 집착하고 수·상·행·식이 괴로움에 머무른다는 생각을 일으켜서 집착하며, 색이 무아(無我)에 머무른다는 생각을 일으켜서 집착하고 수·상·행·식이 무아에 머무른다는 생각을 일으켜서 집착하며, 색이 부정(不淨)에 머무른다는 생각을 일으켜서 집착하고 수·상·행·식이 부정에 머무른다는 생각을 일으켜서 집착하며, 색이 적정(寂靜)에 머무른다는 생각을 일으켜서 집착하고 수·상·행·식이 적정에 머무른다는 생각을 일으켜서 집착하며, 색이 멀리 벗어남에 머무른다는 생각을 일으켜서 집착하고 수·상·행·식

---

18) 그릇된 견해를 끊고서 범부의 생존에서 벗어나는 견도위(見道位)를 말한다.

이 멀리 벗어남에 머무른다는 생각을 일으켜서 집착한다면, 이것을 보살이 법애에 수순하는 것입니다.

다시 다음으로 사리자여. 만약 보살마하살이 '이 색은 상응하여 끊어야 하고 이 수·상·행·식은 상응하여 끊어야 하며, 이것을 이유로 색은 끊어야 하고 이것을 이유로 수·상·행·식은 상응하여 끊어야 한다. 이 고성제를 상응하여 두루 알아야 하고 이것을 이유로 고성제를 상응하여 두루 알아야 하며, 이 집성제는 상응하여 영원히 끊어야 하고 이것을 이유로 집성제는 상응하여 영원히 끊어야 하며, 이 멸성제는 상응하여 증득해야 하고 이것을 이유로 멸성제를 상응하여 증득해야 하며 이 도성제는 상응하여 수습(修習)해야 하고 이것을 이유로 도성제는 상응하여 수습해야 한다. 이것은 잡염(雜染)이고 이것은 청정(淸淨)하며, 이것은 상응하여 친근(親近)해야 하고 이것은 상응하여 친근하지 않아야 한다. 이것은 상응하여 행해야 하고 이것은 상응하여 행하지 않아야 하며, 이것은 도(道)이고 이것은 도가 아니며, 이것은 상응하여 수학해야 하고 이것은 상응하여 수학하지 않아야 한다.

이것은 보시바라밀다이고 이것은 보시바라밀다가 아니며, 이것은 정계바라밀다이고 이것은 정계바라밀다가 아니며, 이것은 안인바라밀다이고 이것은 안인바라밀다가 아니며, 이것은 정진바라밀다이고 이것은 정진바라밀다가 아니며, 이것은 정려바라밀다이고, 이것은 정려바라밀다가 아니며, 이것은 반야바라밀다이고, 이것은 반야바라밀다가 아니다. 이것은 방편선교이고 이것은 방편선교가 아니며, 이것은 보살의 생(生)이고, 이것은 보살의 이생(離生)이다.'라고 이렇게 생각을 짓고서 말하였으며, 사리자여. 만약 보살마하살이 반야바라밀다를 수행하는 때에 이와 같은 법 등에 머무르면서 생각을 일으켜서 집착한다면 이것은 보살이 법애에 수순하는 것입니다. 이와 같은 법애를 태어남이라고 설하여 말하나니, 묵은 밥(宿食)과 같아서 능히 허물과 근심이 생겨나는 것입니다."

이때 사리자가 선현에게 물어 말하였다.

"무엇을 보살마하살이 정성이생에 들어간다고 이름합니까?"

선현이 대답하여 말하였다.

"만약 보살마하살이 반야바라밀다를 수행하는 때에 내공(內空)을 보지 않고 내공을 상대(相待)하여 외공(外空)을 관찰하지도 않으며, 외공을 보지 않고 외공을 상대하여 내공을 관찰하지도 않으며 외공을 상대하여 내외공(內外空)을 관찰하지도 않고, 내외공을 보지도 않고 내외공을 상대하여 외공을 관찰하지도 않으며 내외공을 상대하여 공공(空空)을 관찰하지도 않고, 공공을 보지도 않고 공공을 상대하여 내외공을 관찰하지도 않으며 공공을 상대하여 대공(大空)을 관찰하지도 않고, 대공을 보지도 않고 대공을 상대하여 공공을 관찰하지도 않으며 대공을 상대하여 승의공(勝義空)을 관찰하지도 않고, 승의공을 보지도 않고 승의공을 상대하여 대공을 관찰하지도 않으며 승의공을 상대하여 유위공(有爲空)을 관찰하지도 않고, 유위공을 보지도 않고 유위공을 상대하여 무위공(無爲空)을 관찰하지도 않으며 무위공을 상대하여 유위공을 관찰하지도 않고, 무위공을 보지도 않고 무위공을 상대하여 유위공을 관찰하지 않으며 무위공을 상대하여 필경공(畢竟空)을 관찰하지 않고, 필경공을 보지도 않고 필경공을 상대하여 무위공을 관찰하지도 않으며 필경공을 상대하여 무제공(無際空)을 관찰하지도 않고, 무제공을 보지도 않고 무제공을 상대하여 필경공을 관찰하지도 않으며 무제공을 상대하여 산공(散空)을 관찰하지도 않고, 산공을 보지도 않고 산공을 상대하여 무제공을 관찰하지도 않으며 산공을 상대하여 무변이공(無變異空)을 관찰하지도 않고, 무변이공을 보지도 않고 무변이공을 상대하여 산공을 관찰하지도 않으며 무변이공을 상대하여 본성공(本性空)을 관찰하지도 않고, 본성공을 보지도 않고 본성공을 상대하여 무변이공을 관찰하지도 않으며 본성공을 상대하여 자상공(自相空)을 관찰하지도 않고, 자상공을 보지도 않고 자상공을 상대하여 본성공을 관찰하지도 않으며 자상공을 상대하여 공상공(共相空)을 관찰하지도 않고, 공상공을 보지도 않고 공상공을 상대하여 자상공을 관찰하지도 않으며 공상공을 상대하여 일체법공(一切法空)을 관찰하지도 않고, 일체법공을 보지도 않고 일체법공을 상대하여 공상공을 관찰하지도 않으며 일체법공을 상대하여 불가득공(不可得空)을 관찰하지도 않고, 불가득공을 보지도 않고 불가득공을 상대하여 일체법공을 관찰하지도 않으며 불가득공을 상대하여 무성공(無性空)을 관찰하지도 않고, 무성공을 보지도 않고 무성공을 상대하여 불가득공을 관찰하지도 않으며 무성공을 상대하여 자성공(自性空)을 관찰하지도 않고, 자성공을 보지도 않고 자성공을 상대하여 무성공을 관찰하지도 않으며 자성공을 상대하여 무성자성공(無性自性空)을 관찰하지도 않고, 무성자성공을 보지도 않고 무성자성공을 상대하여 자성공을 관찰하지도 않는다면, 사리자여. 보살마하살이 반야바라밀다를 수행하는 때에 만약 이러한 관찰을 짓는다면 보살이 정성이생에 들어간다고 이름합니다.”

“다시 다음으로 사리자여. 제보살마하살이 반야바라밀다를 수행하는 때에 상응하여 이와 같이 수학해야 합니다. 색을 상응하여 알아야 하고 상응하여 집착하지 않아야 하며, 수·상·행·식을 상응하여 알아야 하고 상응하여 집착하지 않아야 하며, 색의 명자(色名)를 상응하여 알아야 하고 상응하여 집착하지 않아야 하며, 수·상·행·식의 명자(識名)를 상응하여 알아야 하고 상응하여 집착하지 않아야 하며, 안처의 명자(眼處名)를 상응하여 알아야 하고 상응하여 집착하지 않아야 하며, 비·설·신·의처의 명자(意處名)를 상응하여 알아야 하고 상응하여 집착하지 않아야 하며, 색처(色處)를 상응하여 알아야 하고 상응하여 집착하지 않아야 하며, 성·향·미·촉·법처(法處)를 상응하여 알아야 하고 상응하여 집착하지 않아야 합니다.

안계·색계·안식계를 상응하여 알아야 하고 상응하여 집착하지 않아야 하며, 안계·색계·안식계의 명자(眼識界名)를 상응하여 알아야 하고 상응하여 집착하지 않아야 하며, 이계·성계·이식계를 상응하여 알아야 하고 상응하여 집착하지 않아야 하며, 이계·성계·이식계의 명자(耳識界名)를 상응하여 알아야 하고 상응하여 집착하지 않아야 하며, 비계·향계·비식계를 상응하여 알아야 하고 상응하여 집착하지 않아야 하며, 비계·향계·비식계의 명자(鼻識界名)를 상응하여 알아야 하고 상응하여 집착하지 않아야 하며, 설계·미계·설식계를 상응하여 알아야 하고 상응하여 집착하지 않아야 하며, 설계·미계·설식계의 명자(舌識界名)를 상응하여 알아야 하고 상응하여 집착하지 않아야 하며, 신계·촉계·신식계를 상응하여 알아야 하고 상응하여 집착하지 않아야 하며, 신계·촉계·신식계의 명자(身識界名)를 상응하여 알아야 하고 상응하여 집착하지 않아야 하며, 의계·법계·의식계를 상응하여 알아야 하고 상응하여 집착하지 않아야 하고 의계·법계·의식계의 명자(意識界名)를 상응하여 알아야 하고 상응하여 집착하지 않아야 합니다.

지계를 상응하여 알아야 하고 상응하여 집착하지 않아야 하며, 수·화·풍·공·식계를 상응하여 알아야 하고 상응하여 집착하지 않아야 하며, 지계의 명자(地界名)를 상응하여 알아야 하고 상응하여 집착하지 않아야 하며, 수·화·풍계·공식계의 명자(空識界名)를 상응하여 알아야 하고 상응하여 집착하지 않아야 하며, 고성제를 상응하여 알아야 하고 상응하여 집착하지 않아야 하며, 집·멸·도성제를 상응하여 알아야 하고 상응하여 집착하지 않아야 하며, 고성제의 명자(苦聖諦名)를 상응하여 알아야 하고 상응하여 집착하지 않아야 하고 집·멸·도성제의 명자(道聖諦名)를 상응하여 알아야 하고 상응하여 집착하지 않아야 합니다.

무명을 상응하여 알아야 하고 상응하여 집착하지 않아야 하며, 행·식·명색·육처·촉·수·애·취·유·생·노사의 수탄고우뇌를 상응하여 알아야 하고 상응하여 집착하지 않아야 하며, 무명의 명자(無明名)를 상응하여 알아야 하고 상응하여 집착하지 않아야 하며, 행, 나아가 노사의 수탄고우뇌의 명자(愁歎苦憂惱名)를 상응하여 알아야 하고 상응하여 집착하지 않아야 하며, 4정려를 상응하여 알아야 하고 상응하여 집착하지 않아야 하며, 4무량·4무색정을 상응하여 알아야 하고 상응하여 집착하지 않아야 하며, 4정려의 명자(四靜慮名)를 상응하여 알아야 하고 상응하여 집착하지 않아야 하며, 4무량·4무색정의 명자(四無色定名)를 상응하여 알아야 하고 상응하여 집착하지 않아야 합니다.

5안을 상응하여 알아야 하고 상응하여 집착하지 않아야 하며, 6신통을 상응하여 알아야 하고 상응하여 집착하지 않아야 하며, 5안의 명자(五眼名)를 상응하여 알아야 하고 상응하여 집착하지 않아야 하며, 6신통의 명자(六神通名)를 상응하여 알아야 하고 상응하여 집착하지 않아야 하며, 보시바라밀다를 상응하여 알아야 하고 상응하여 집착하지 않아야 하며, 정계·안인·정진·정려·반야바라밀다를 상응하여 알아야 하고 상응하여 집착하지 않아야 하며, 보시바라밀다의 명자(布施波羅蜜多名)를 상응하여 알아야 하고 상응하여 집착하지 않아야 하며, 정계·안인·정진·정려·반야바라밀다의 명자(般若波羅蜜多名)를 상응하여 알아야 하고 상응하여 집착하지 않아야 합니다.

4념주를 상응하여 알아야 하고 상응하여 집착하지 않아야 하며, 4정단·4신족·5근·5력·7등각지·8성도지를 상응하여 알아야 하고 상응하여 집착하지 않아야 하며, 4념주의 명자(四念住名)를 상응하여 알아야 하고 상응하여 집착하지 않아야 하며, 4정단, 나아가 8성도지의 명자(八聖道支名)를 상응하여 알아야 하고 상응하여 집착하지 않아야 하며, 여래의 10력을 상응하여 알아야 하고 상응하여 집착하지 않아야 하며, 4무소외·4무애해·대자·대비·대희·대사·18불불공법·일체지·도상지·일체상지를 상응하여 알아야 하고 상응하여 집착하지 않아야 하며, 여래의 10력의 명자(十力名)를 상응하여 알아야 하고 상응하여 집착하지 않아야 하며, 4무소외, 나아가 일체상지의 명자(一切相智名)를 상응하여 알아야 하고 상응하여 집착하지 않아야 합니다.

다시 다음으로 사리자여. 제보살마하살이 반야바라밀다를 수행하는 때에 상응하여 이와 같이 수학해야 합니다. 보리심을 상응하여 알아야 하고 상응하여 집착하지 않아야 하며, 보리심의 명자(菩提心名)를 상응하여 알아야 하고 상응하여 집착하지 않아야 하며, 무등등심을 상응하여 알아야 하고 상응하여 집착하지 않아야 하며, 무등등심의 명자(無等等心名)를 상응하여 알아야 하고 상응하여 집착하지 않아야 하며, 광심을 상응하여 알아야 하고 상응하여 집착하지 않아야 하며, 광심의 명자(廣心

名)를 상응하여 알아야 하고 상응하여 집착하지 않아야 합니다. 왜 그러한
가? 이 마음은 마음이 아니고 본성(本性)이 청정한 까닭입니다."

이때 사리자가 선현에게 물어 말하였다.

"이 마음은 어찌하여 본성이 청정합니까?"

선현이 대답하여 말하였다.

"이 마음의 본성은 탐욕과 상응(相應)하지 않고 상응하지 않는 것도
아니며, 성냄하지 않고 상응하지 않는 것도 아니며, 어리석음과 상응하지
않고 상응하지 않는 것도 아니며, 여러 전결(纏結)·수면(隨眠)과 상응하지
않고 상응하지 않는 것도 아니며, 여러 견취(見趣)·누(漏)·폭류(暴流)·액
(軶)·취(取) 등과 상응하는 것도 아니고 상응하지 않은 것도 아니며, 여러
성문·독각의 마음 등과 상응하지 않고 상응하지 않는 것도 아닙니다.
사리자여. 이 마음은 이와 같이 본성이 청정합니다."

사리자가 말하였다.

"이 마음에는 마음이면서 마음이 아닌 자성이 있습니까?"

선현이 질문하여 말하였다.

"마음이 아닌 자성의 가운데에서 자성이 있고 자성이 없더라도 얻을
수 있겠습니까?"

사리자가 말하였다.

"아닙니다. 선현이여."

선현이 대답하여 말하였다.

"마음이 아닌 자성의 가운데에서 자성이 있고 자성이 없어서 이미
얻을 수 없다면, 어떻게 이 마음에는 '마음이면서 마음이 아닌 자성이
있는가?'라고 질문합니까?"

사리자가 말하였다.

"무엇 등을 마음이면서 마음이 아닌 자성이라고 이름합니까?"

선현이 대답하여 말하였다.

"일체법에서 변이(變異)가 없고 분별(分別)이 없다면, 이것을 마음이면

서 마음이 아닌 자성이라고 이름합니다.”

사리자가 말하였다.

“마음이 변이가 없고 분별이 없는 것과 같이, 색도 역시 변이가 없고 분별이 없습니까?”

대답하여 말하였다.

“그렇습니다.”

“마음이 변이가 없고 분별이 없는 것과 같이, 수·상·행·식도 역시 변이가 없고 분별이 없습니까?”

대답하여 말하였다.

“그렇습니다.”

“마음이 변이가 없고 분별이 없는 것과 같이, 안처도 역시 변이가 없고 분별이 없습니까?”

대답하여 말하였다.

“그렇습니다.”

“마음이 변이가 없고 분별이 없는 것과 같이, 이·비·설·신·의처도 역시 변이가 없고 분별이 없습니까?”

대답하여 말하였다.

“그렇습니다.”

“마음이 변이가 없고 분별이 없는 것과 같이, 색처도 역시 변이가 없고 분별이 없습니까?”

대답하여 말하였다.

“그렇습니다.”

“마음이 변이가 없고 분별이 없는 것과 같이, 성·향·미·촉·법처도 역시 변이가 없고 분별이 없습니까?”

대답하여 말하였다.

“그렇습니다.”

“마음이 변이가 없고 분별이 없는 것과 같이, 안계·색계·안식계도 역시 변이가 없고 분별이 없습니까?”

　　대답하여 말하였다.

　　"그렇습니다."

　　"마음이 변이가 없고 분별이 없는 것과 같이, 이계·성계·이식계도 역시 변이가 없고 분별이 없습니까?"

　　대답하여 말하였다.

　　"그렇습니다."

　　"마음이 변이가 없고 분별이 없는 것과 같이, 비계·향계·비식계도 역시 변이가 없고 분별이 없습니까?"

　　대답하여 말하였다.

　　"그렇습니다."

　　"마음이 변이가 없고 분별이 없는 것과 같이, 설계·미계·설식계도 역시 변이가 없고 분별이 없습니까?"

　　대답하여 말하였다.

　　"그렇습니다."

　　"마음이 변이가 없고 분별이 없는 것과 같이, 신계·촉계·신식계도 역시 변이가 없고 분별이 없습니까?"

　　대답하여 말하였다.

　　"그렇습니다."

　　"마음이 변이가 없고 분별이 없는 것과 같이, 의계·법계·의식계도 역시 변이가 없고 분별이 없습니까?"

　　대답하여 말하였다.

　　"그렇습니다."

　　"마음이 변이가 없고 분별이 없는 것과 같이, 지계도 역시 변이가 없고 분별이 없습니까?"

　　대답하여 말하였다.

　　"그렇습니다."

　　"마음이 변이가 없고 분별이 없는 것과 같이, 수·화·풍·공·식계도 역시 변이가 없고 분별이 없습니까?"

대답하여 말하였다.

"그렇습니다."

"마음이 변이가 없고 분별이 없는 것과 같이, 고성제도 역시 변이가 없고 분별이 없습니까?"

대답하여 말하였다.

"그렇습니다."

"마음이 변이가 없고 분별이 없는 것과 같이, 집·멸·도성제도 역시 변이가 없고 분별이 없습니까?"

대답하여 말하였다.

"그렇습니다."

"마음이 변이가 없고 분별이 없는 것과 같이, 무명도 역시 변이가 없고 분별이 없습니까?"

대답하여 말하였다.

"그렇습니다."

"마음이 변이가 없고 분별이 없는 것과 같이, 행·식·명색·육처·촉·수· 애·취·유·생·노사의 수탄고우뇌도 역시 변이가 없고 분별이 없습니까?"

대답하여 말하였다.

"그렇습니다."

"마음이 변이가 없고 분별이 없는 것과 같이, 4정려도 역시 변이가 없고 분별이 없습니까?"

대답하여 말하였다.

"그렇습니다."

"마음이 변이가 없고 분별이 없는 것과 같이, 4무량·4무색정도 역시 변이가 없고 분별이 없습니까?"

대답하여 말하였다.

"그렇습니다."

"마음이 변이가 없고 분별이 없는 것과 같이, 5안도 역시 변이가 없고 분별이 없습니까?"

　　대답하여 말하였다.

　　"그렇습니다."

　　"마음이 변이가 없고 분별이 없는 것과 같이, 6신통도 역시 변이가 없고 분별이 없습니까?"

　　대답하여 말하였다.

　　"그렇습니다."

　　"마음이 변이가 없고 분별이 없는 것과 같이, 보시바라밀다도 역시 변이가 없고 분별이 없습니까?"

　　대답하여 말하였다.

　　"그렇습니다."

　　"마음이 변이가 없고 분별이 없는 것과 같이, 정계·안인·정진·정려·반야바라밀다도 역시 변이가 없고 분별이 없습니까?"

　　대답하여 말하였다.

　　"그렇습니다."

　　"마음이 변이가 없고 분별이 없는 것과 같이, 4념주도 역시 변이가 없고 분별이 없습니까?"

　　대답하여 말하였다.

　　"그렇습니다."

　　"마음이 변이가 없고 분별이 없는 것과 같이, 4정단·4신족·5근·5력·7등각지·8성도지도 역시 변이가 없고 분별이 없습니까?"

　　대답하여 말하였다.

　　"그렇습니다."

　　"마음이 변이가 없고 분별이 없는 것과 같이, 여래의 10력도 역시 변이가 없고 분별이 없습니까?"

　　대답하여 말하였다.

　　"그렇습니다."

　　"마음이 변이가 없고 분별이 없는 것과 같이, 4무소외·4무애해·대자·대비·대희·대사·18불불공법·무상정등보리도 역시 변이가 없고 분별이 없습니까?"

대답하여 말하였다.

"그렇습니다."

이때에 사리자가 선현을 찬탄하여 말하였다.

"옳습니다.(善哉) 옳습니다. 진실로 말한 것과 같습니다. 그대는 진실한 불자(佛子)이니, 불심(佛心)을 쫓아서 태어났고 세존의 입(佛口)을 쫓아서 태어났으며 불법(佛法)을 쫓아서 태어났고 법의 교화(法化)를 쫓아서 태어났으며 불법의 몫(分)을 받았고 재물의 몫을 받지 않았습니다. 제법의 가운데에서 몸으로 스스로가 지으면서 증득하였고 혜안(慧眼)을 나타내어 보여주었으며 능히 설법을 일으켰습니다. 세존께서는 그대가 성문 대중의 가운데에서 무쟁정(無諍定)19)에 머무름이 최고로 제일(第一)이라고 말씀하셨는데, 세존께서 말씀하신 것과 같이, 진실이고 거짓이 아닙니다. 선현이여. 보살마하살은 반야바라밀다에서 상응하여 이와 같이 수학해야 합니다.

만약 보살마하살이 반야바라밀다에서 능히 이와 같이 수학한다면 이미 불퇴전지(不退轉地)에 머무르면서 반야바라밀다를 벗어나지 않는다는 것을 상응하여 알 것입니다. 선현이여. 성문지(聲聞地)를 수학하려고 한다면 마땅히 반야바라밀다에서 상응하여 부지런하게 듣고 수습하며 독송(讀誦)하고 수지(受持)하면서 이치와 같이 그 궁극적인 경계를 사유(思惟)해야 하며, 독각지(獨覺地)를 수학하려고 한다면 마땅히 반야바라밀다에서 상응하여 부지런히 듣고 수습하며 독송하고 수지하면서 이치와 같이 그 궁극적인 경계를 사유해야 하며, 보살지(菩薩地)를 수학하려고 한다면 마땅히 반야바라밀다에서 상응하여 부지런히 듣고 수습하며 독송하고 수지하면서 이치와 같이 그 궁극적인 경계를 사유해야 하며, 여래지(如來地)를 수학하려고 한다면 마땅히 반야바라밀다에서 상응하여 부지런히 듣고 수습하며 독송하고 수지하면서 이치와 같이 그 궁극적인 경계를

---

19) 산스트리트어 Araṇa Samādhi의 번역이고, 무쟁삼매(無諍三昧)를 다르게 부르는 말이다.

사유해야 합니다.

왜 그러한가? 이와 같은 반야바라밀다의 가운데에서 널리 3승법(三乘法)을 열어서 보여주면서 설하는 까닭입니다. 만약 보살마하살이 반야바라밀다를 수학한다면, 곧 3승을 두루 수학하는 것이고, 역시 3승법에서 모든 선교(善巧)를 얻을 것입니다."

9. 무주품(無住品)(1)

그때 구수 선현이 세존께 아뢰어 말하였다.

"세존이시여. 저는 보살마하살에서, 반야바라밀다에서 모두를 얻지 못하였고 보지 못하였는데, 어찌 저에게 반야바라밀다와 상응하는 법으로 제보살마하살을 교계(敎戒)하고 교수(敎授)하라고 말씀하십니까? 세존이시여. 저는 제법에서 만약 모이거나, 만약 흩어지는 것을 보지 못하였는데, 만약 이 법으로써 제보살마하살을 교계하고 교수한다면 혹은 마땅히 후회가 있을 것입니다.

세존이시여. 저는 제법에서 만약 모이거나, 만약 흩어지는 것을 보지 못하였는데, 어찌 '이것이 보살마하살이고, 이것이 반야바라밀다이다.'라고 말할 수 있겠습니까? 세존이시여. 이 보살마하살의 이름과 반야바라밀다의 명자(名)는 모두 머무르는 것이 없고, 역시 머무르지 않는 것도 없습니다. 왜 그러한가? 이러한 두 가지의 명자의 뜻은 이미 무소유(無所有)이었던 까닭으로, 이러한 두 가지의 명자도 모두 머무르는 것이 없고 또한 머무르지 않는 것도 없는 까닭입니다.

세존이시여. 저는 수·상·행·식에서 만약 모이거나, 만약 흩어지는 것을 보지 못하였는데, 어찌 '이것이 색이고, 나아가 이것이 식이다.'라고 말할 수 있겠습니까? 세존이시여. 이러한 색 등의 명자는 모두 머무르는 것이 없고, 역시 머무르지 않는 것도 없습니다. 왜 그러한가? 이러한

색 등의 명자의 뜻은 이미 무소유이었던 까닭으로, 이러한 색 등의 명자도 모두 머무르는 것이 없고 또한 머무르지 않는 것도 없는 까닭입니다.

세존이시여. 저는 안·이·비·설·신·의처에서 만약 모이거나, 만약 흩어지는 것을 보지 못하였는데, 어찌 '이것이 안처이고, 나아가 이것이 의처이다.'라고 말할 수 있겠습니까? 세존이시여. 이러한 안처 등의 명자는 모두 머무르는 것이 없고, 역시 머무르지 않는 것도 없습니다. 왜 그러한가? 이러한 안처 등의 명자의 뜻은 이미 무소유이었던 까닭으로, 이러한 안처 등의 명자도 모두 머무르는 것이 없고 또한 머무르지 않는 것도 없는 까닭입니다.

세존이시여. 저는 색·성·향·미·촉·법처에서 만약 모이거나, 만약 흩어지는 것을 보지 못하였는데, 어찌 '이것이 색처이고, 나아가 이것이 법처이다.'라고 말할 수 있겠습니까? 세존이시여. 이러한 색처 등의 명자는 모두 머무르는 것이 없고, 역시 머무르지 않는 것도 없습니다. 왜 그러한가? 이 안처 등의 명자의 뜻은 이미 무소유이었던 까닭으로, 이러한 색처 등의 명자도 모두 머무르는 것이 없고 또한 머무르지 않는 것도 없는 까닭입니다.

세존이시여. 저는 안계·색계·안식계, …… 나아가 …… 안계를 인연으로 생겨나는 여러 수에서 만약 모이거나, 만약 흩어지는 것을 보지 못하였는데, 어찌 '이것이 안계이고, 나아가 이것이 안계를 인연으로 생겨나는 여러 수이다.'라고 말할 수 있겠습니까? 세존이시여. 이러한 안계 등의 명자는 모두 머무르는 것이 없고, 역시 머무르지 않는 것도 없습니다. 왜 그러한가? 이 안계 등의 명자의 뜻은 이미 무소유이었던 까닭으로, 이 안계 등의 명자도 모두 머무르는 것이 없고 또한 머무르지 않는 것도 없는 까닭입니다.

세존이시여. 저는 이계·성계·이식계, …… 나아가 …… 이계를 인연으로 생겨나는 여러 수에서 만약 모이거나, 만약 흩어지는 것을 보지 못하였는데, 어찌 '이것이 안계이고, 나아가 이것이 이계를 인연으로 생겨나는 여러 수이다.'라고 말할 수 있겠습니까? 세존이시여. 이러한 이계 등의 명자는 모두 머무르는 것이 없고, 역시 머무르지 않는 것도 없습니다.
왜 그러한가? 이 이계 등의 명자의 뜻은 이미 무소유이었던 까닭으로,
이 이계 등의 명자도 모두 머무르는 것이 없고 또한 머무르지 않는 것도
없는 까닭입니다.

　세존이시여. 저는 비계·향계·비식계, …… 나아가 …… 비계를 인연으
로 생겨나는 여러 수에서 만약 모이거나, 만약 흩어지는 것을 보지 못하였
는데, 어찌 '이것이 안계이고, 나아가 이것이 비계를 인연으로 생겨나는
여러 수이다.'라고 말할 수 있겠습니까? 세존이시여. 이러한 비계 등의
명자는 모두 머무르는 것이 없고, 역시 머무르지 않는 것도 없습니다.
왜 그러한가? 이 안처 등의 명자의 뜻은 이미 무소유이었던 까닭으로,
이 비계 등의 명자도 모두 머무르는 것이 없고 또한 머무르지 않는 것도
없는 까닭입니다.

　세존이시여. 저는 설계·미계·설식계, …… 나아가 …… 설계를 인연으
로 생겨나는 여러 수에서 만약 모이거나, 만약 흩어지는 것을 보지 못하였
는데, 어찌 '이것이 안계이고, 나아가 이것이 설계를 인연으로 생겨나는
여러 수이다.'라고 말할 수 있겠습니까? 세존이시여. 이러한 설계 등의
명자는 모두 머무르는 것이 없고, 역시 머무르지 않는 것도 없습니다.
왜 그러한가? 이 안처 등의 명자의 뜻은 이미 무소유이었던 까닭으로,
이 설계 등의 명자도 모두 머무르는 것이 없고 또한 머무르지 않는 것도
없는 까닭입니다.

　세존이시여. 저는 신계·촉계·신식계, …… 나아가 …… 신계를 인연으
로 생겨나는 여러 수에서 만약 모이거나, 만약 흩어지는 것을 보지 못하였
는데, 어찌 '이것이 안계이고, 나아가 이것이 신계를 인연으로 생겨나는
여러 수이다.'라고 말할 수 있겠습니까? 세존이시여. 이러한 신계 등의
명자는 모두 머무르는 것이 없고, 역시 머무르지 않는 것도 없습니다.
왜 그러한가? 이 안처 등의 명자의 뜻은 이미 무소유이었던 까닭으로,
이 신계 등의 명자도 모두 머무르는 것이 없고 또한 머무르지 않는 것도
없는 까닭입니다.

세존이시여. 저는 의계·법계·의식계, …… 나아가 …… 의계를 인연으로 생겨나는 여러 수에서 만약 모이거나, 만약 흩어지는 것을 보지 못하였는데, 어찌 '이것이 안계이고, …… 나아가 …… 이것이 의계를 인연으로 생겨나는 여러 수이다.'라고 말할 수 있겠습니까? 세존이시여. 이러한 안계 등의 명자는 모두 머무르는 것이 없고, 역시 머무르지 않는 것도 없습니다. 왜 그러한가? 이 의계 등의 명자의 뜻은 이미 무소유이었던 까닭으로, 이 의계 등의 명자도 모두 머무르는 것이 없고 또한 머무르지 않는 것도 없는 까닭입니다.

세존이시여. 저는 지·수·화·풍·공·식계에서 만약 모이거나, 만약 흩어지는 것을 보지 못하였는데, 어찌 '이것이 지계이고, 나아가 이것이 공계이다.'라고 말할 수 있겠습니까? 세존이시여. 이러한 지계 등의 명자는 모두 머무르는 것이 없, 역시 머무르지 않는 것도 없습니다. 왜 그러한가? 이 지계 등의 명자의 뜻은 이미 무소유이었던 까닭으로, 이 지계 등의 명자도 모두 머무르는 것이 없고 또한 머무르지 않는 것도 없는 까닭입니다.

세존이시여. 저는 고·집·멸·도성제에서 만약 모이거나, 만약 흩어지는 것을 보지 못하였는데, 어찌 '이것이 고성제이고, 나아가 이것이 도성제이다.'라고 말할 수 있겠습니까? 세존이시여. 이러한 고성제 등의 명자는 모두 머무르는 것이 없고, 역시 머무르지 않는 것도 없습니다. 왜 그러한가? 이 고성제 등의 명자의 뜻은 이미 무소유이었던 까닭으로, 이 고성제 등의 명자도 모두 머무르는 것이 없고 또한 머무르지 않는 것도 없는 까닭입니다.

세존이시여. 저는 무명·행·식·명색·육처·촉·수·애·취·유·생·노사의 수탄고우뇌에서 만약 모이거나, 만약 흩어지는 것을 보지 못하였는데, 어찌 '이것이 무명이고, 나아가 이것이 노사의 수탄고우뇌이다.'라고 말할 수 있겠습니까? 세존이시여. 이러한 무명 등의 명자는 모두 머무르는 것이 없고, 역시 머무르지 않는 것도 없습니다. 왜 그러한가? 이 무명 등의 명자의 뜻은 이미 무소유이었던 까닭으로, 이 무명 등의 명자도 모두 머무르는 것이 없고 또한 머무르지 않는 것도 없는 까닭입니다.

　세존이시여. 저는 탐·진·치·일체의 전결·수면·견취(見趣)·불선근(不善根) 등에서 만약 모이거나, 만약 흩어지는 것을 보지 못하였는데, 어찌 '이것이 탐이고, 나아가 이것이 불선근이다.'라고 말할 수 있겠습니까? 세존이시여. 이러한 탐 등의 명자는 모두 머무르는 것이 없고, 역시 머무르지 않는 것도 없습니다. 왜 그러한가? 이 탐·진·치 등의 명자의 뜻은 이미 무소유이었던 까닭으로, 이 탐·진·치 등의 명자도 모두 머무르는 것이 없고 또한 머무르지 않는 것도 없는 까닭입니다.

　세존이시여. 저는 4정려·4무량·4무색정에서 만약 모이거나, 만약 흩어지는 것을 보지 못하였는데, 어찌 '이것이 4정려이고, 나아가 이것이 4무색정이다.'라고 말할 수 있겠습니까? 세존이시여. 이러한 4정려 등의 명자는 모두 머무르는 것이 없고, 역시 머무르지 않는 것도 없습니다. 왜 그러한가? 이 4정려 등의 명자의 뜻은 이미 무소유이었던 까닭으로, 이 4정려 등의 명자도 모두 머무르는 것이 없고 또한 머무르지 않는 것도 없는 까닭입니다."

마하반야바라밀다경 제37권

9. 무주품(無住品)(2)

"세존이시여. 저는 5안·6신통에서 만약 모이거나, 만약 흩어지는 것을 보지 못하였는데, 어찌 '이것이 5안이고, 이것이 6신통이다.'라고 말할 수 있겠습니까? 세존이시여. 이러한 5안 등의 명자는 모두 머무르는 것이 없고, 역시 머무르지 않는 것도 없습니다. 왜 그러한가? 이 5안 등의 명자의 뜻은 이미 무소유이었던 까닭으로, 이 5안 등의 명자도 모두 머무르는 것이 없고 또한 머무르지 않는 것도 없는 까닭입니다.

세존이시여. 저는 유정(有情), …… 나아가 …… 지자(知者)·견자(見者)에서 만약 모이거나, 만약 흩어지는 것을 얻지 못하였고 보지 못하였는데, 어찌 '이것이 유정이고, 나아가 이것이 지자·견자이다.'라고 말할 수 있겠습니까? 세존이시여. 이러한 유정 등의 명자는 모두 머무르는 것이 없고, 역시 머무르지 않는 것도 없습니다. 왜 그러한가? 이 유정 등의 명자의 뜻은 이미 무소유이었던 까닭으로, 이 유정 등의 명자도 모두 머무르는 것이 없고 또한 머무르지 않는 것도 없는 까닭입니다.

세존이시여. 저는 불수념(佛隨念)·법수념(法隨念)·승수념(僧隨念)·계수념(戒隨念)·사수념(捨隨念)·천수념(天隨念)·식수념(息隨念)·염수념(厭隨念)·사수념(死隨念)·신수념(身隨念)에서 만약 모이거나, 만약 흩어지는 것을 얻지 못하였고 보지 못하였는데, 어찌 '이것이 유정이고, 나아가 이것이 신수념이다.'라고 말할 수 있겠습니까? 세존이시여. 이러한 불수념 등의 명자는 모두 머무르는 것이 없고, 역시 머무르지 않는 것도 없습니다. 왜 그러한가? 이 불수념 등의 명자의 뜻은 이미 무소유이었던 까닭으로, 이 불수념 등의 명자도 모두 머무르는 것이 없고 또한 머무르지 않는 것도 없는 까닭입니다.

세존이시여. 저는 무상상(無常想)·고상(苦想)·무아상(無我想)·부정상(不淨想)·사상(死想)·일체세간불가락상(一切世間不可樂想)·염식상(厭食想)·단상(斷想)·이상(離想)·멸상(滅想)에서 만약 모이거나, 만약 흩어지는 것을 얻지 못하였고 보지 못하였는데, 어찌 '이것이 무상상이고, 나아가 이것이 멸상이다.'라고 말할 수 있겠습니까? 세존이시여. 이러한 무상상 등의 명자는 모두 머무르는 것이 없고, 역시 머무르지 않는 것도 없습니다. 왜 그러한가? 이 무상상 등의 명자의 뜻은 이미 무소유이었던 까닭으로, 이 무상상 등의 명자도 모두 머무르는 것이 없고 또한 머무르지 않는 것도 없는 까닭입니다.

세존이시여. 저는 공(空)·무상(無相)·무원(無願)에서 만약 모이거나, 만약 흩어지는 것을 얻지 못하였고 보지 못하였는데, 어찌 '이것이 공이고, 나아가 이것이 무원이다.'라고 말할 수 있겠습니까? 세존이시여. 이러한 공 등의 명자는 모두 머무르는 것이 없고, 역시 머무르지 않는 것도 없습니다. 왜 그러한가? 이 공 등의 명자의 뜻은 이미 무소유이었던 까닭으로, 이 공 등의 명자도 모두 머무르는 것이 없고 또한 머무르지 않는 것도 없는 까닭입니다.

세존이시여. 저는 보시·정계·안인·정진·정려·반야바라밀다에서 만약 모이거나, 만약 흩어지는 것을 얻지 못하였고 보지 못하였는데, 어찌 '이것이 보시바라밀다이고, 나아가 이것이 반야바라밀다이다.'라고 말할 수 있겠습니까? 세존이시여. 이러한 보시바라밀다 등의 명자는 모두 머무르는 것이 없고, 역시 머무르지 않는 것도 없습니다. 왜 그러한가? 이 보시바라밀다 등의 명자의 뜻은 이미 무소유이었던 까닭으로, 이 보시바라밀다 등의 명자도 모두 머무르는 것이 없고 또한 머무르지 않는 것도 없는 까닭입니다.

세존이시여. 저는 4념주·4정단·4신족·5근·5력·7등각지·8성도지에서 만약 모이거나, 만약 흩어지는 것을 얻지 못하였고 보지 못하였는데, 어찌 '이것이 4념주이고, 나아가 이것이 8성도지이다.'라고 말할 수 있겠습니까? 세존이시여. 이러한 4념주 등의 명자는 모두 머무르는 것이 없고, 역시 머무르지 않는 것도 없습니다. 왜 그러한가? 이 4념주 등의 명자의 뜻은 이미 무소유이었던 까닭으로, 이 4념주 등의 명자도 모두 머무르는 것이 없고 또한 머무르지 않는 것도 없는 까닭입니다.

세존이시여. 저는 여래의 10력·4무소외·4무애해·대자·대비·대희·대사·18불불공법·일체지·도상지·일체상지에서 만약 모이거나, 만약 흩어지는 것을 얻지 못하였고 보지 못하였는데, 어찌 '이것이 여래의 10력이고, 나아가 이것이 8성도지이다.'라고 말할 수 있겠습니까? 세존이시여. 이러한 여래의 10력 등의 명자는 모두 머무르는 것이 없고, 역시 머무르지 않는 것도 없습니다. 왜 그러한가? 이 여래의 10력 등의 이름의 뜻은 이미 무소유이었던 까닭으로, 이 여래의 10력 등의 명자도 모두 머무르는 것이 없고 또한 머무르지 않는 것도 없는 까닭입니다.

세존이시여. 저는 허깨비와 같고 꿈과 같으며 형상과 같고 메아리와 같으며 빛과 같고 그림자와 같으며 허공의 꽃과 같고 아지랑이와 같으며 심향성(尋香城)과 같고 변화한 일과 같은 것과 5취온(五取蘊) 등에서 만약 모이거나, 만약 흩어지는 것을 얻지 못하였고 보지 못하였는데, 어찌 '이것이 허깨비와 5취온 등과 같다.'라고 말할 수 있겠습니까? 세존이시여. 이러한 변화한 일과 같은 것과 5취온 등의 명자는 모두 머무르는 것이 없고, 역시 머무르지 않는 것도 없습니다. 왜 그러한가? 이러한 허깨비와 5취온 등과 같은 명자의 뜻은 이미 무소유이었던 까닭으로, 이 허깨비와 5취온 등과 같은 명자도 모두 머무르는 것이 없고 또한 머무르지 않는 것도 없는 까닭입니다.

세존이시여. 저는 적정(寂靜)·멀리 벗어나는 것·무생(無生)·무멸(無滅)·무염(無染)·무정(無淨)·무절(無絶)·제희론(諸戲論)·진여(眞如)·법계(法界)·법성(法性)·실제(實際)·평등성(平等性)·이생성(離生性)에서 만약 모이거나, 만약 흩어지는 것을 얻지 못하였고 보지 못하였는데, 어찌 '이것이

적정이고, 나아가 이것이 이생성이다.'라고 말할 수 있겠습니까? 세존이
시여. 이러한 적정 등의 명자는 모두 머무르는 것이 없고, 역시 머무르지
않는 것도 없습니다. 왜 그러한가? 이 적정 등의 명자의 뜻은 이미 무소유
이었던 까닭으로, 이 적정 등의 명자도 모두 머무르는 것이 없고 또한
머무르지 않는 것도 없는 까닭입니다.

세존이시여. 저는 만약 항상하거나 만약 무상하거나, 만약 즐겁거나
괴롭거나, 만약 나(我)이거나 만약 무아이거나, 만약 청정하거나 만약
부정하거나, 만약 공하거나 만약 공하지 않거나, 만약 유상이거나 만약
상상이거나, 만약 유원이거나 만약 무원이거나, 만약 적정하거나 적정하
지 않거나, 만약 멀리 벗어났거나 만약 멀리 벗어나지 않았거나, 만약
잡염이거나 만약 청정하거나, 만약 생겨났거나 만약 소멸하였거나, 만약
유위이거나 만약 무위이거나, 만약 유루이거나 만약 무루이거나, 만약
선하거나 만약 선하지 않거나, 만약 유죄이거나 만약 무죄이거나, 만약
세간이거나 만약 출세간이거나, 만약 생사에 속하거나 만약 열반에 속하
는 것 등에서 만약 모이거나, 만약 흩어지는 것을 얻지 못하였고 보지
못하였는데, 어찌 '이것이 항상하고, 나아가 이것이 열반에 속한다.'라고
말할 수 있겠습니까? 세존이시여. 이러한 항상한 것 등의 명자는 모두
머무르는 것이 없고, 역시 머무르지 않는 것도 없습니다. 왜 그러한가?
이 항상한 것 등의 명자의 뜻은 이미 무소유이었던 까닭으로, 이 항상한
것의 명자도 모두 머무르는 것이 없고 또한 머무르지 않는 것도 없는
까닭입니다.

세존이시여. 저는 만약 과거이거나 만약 미래이거나 만약 현재이거나,
만약 선하거나 만약 선하지 않거나 만약 무기(無記)이거나, 만약 욕계에
얽매였거나 만약 색계에 얽매였거나 무색계에 얽매였거나, 만약 유학이거
나 만약 무학이거나 만약 비학비무학(非學非無學)이거나, 만약 견도(見道)
에서 끊거나 만약 수도(修道)에서 끊거나 만약 끊을 것이 아니거나, 만약
내신에 있거나 만약 외신에 있거나 두 가지 가운데에 있는 법 등에서
만약 모이거나, 만약 흩어지는 것을 얻지 못하였고 보지 못하였는데,

어찌 '이것이 과거이고, 나아가 이것이 두 가지 가운데에 있는 법이다.'라고 말할 수 있겠습니까? 세존이시여. 이러한 과거 등의 명자는 모두 머무르는 것이 없고, 역시 머무르지 않는 것도 없습니다. 왜 그러한가? 이 과거 등의 명자의 뜻은 이미 무소유이었던 까닭으로, 이 과거 등의 명자도 모두 머무르는 것이 없고 또한 머무르지 않는 것도 없는 까닭입니다.

세존이시여. 저는 시방의 긍가사(殑伽沙) 등의 제불세계(諸佛世界)의 일체 여래·응공(應)·정등각(正等覺), 제보살(諸菩薩)·성문승(聲聞僧) 등에서 만약 모이거나, 만약 흩어지는 것을 얻지 못하였고 보지 못하였는데, 어찌 '이것이 시방세계 나아가 이것이 성문승 등이다.'라고 말할 수 있겠습니까? 세존이시여. 이러한 시방세계 등의 명자는 모두 머무르는 것이 없고, 역시 머무르지 않는 것도 없습니다. 왜 그러한가? 이러한 시방세계 등의 명자의 뜻은 이미 무소유이었던 까닭으로, 이러한 시방세계 등의 명자도 모두 머무르는 것이 없고 또한 머무르지 않는 것도 없는 까닭입니다.

세존이시여. 저는 앞에서 말한 것과 같은 제법에서 만약 모이거나, 만약 흩어지는 것을 얻지 못하였고 보지 못하였는데, 어찌 '이것이 보살마하살이고, 이것이 반야바라밀다이다.'라고 말할 수 있겠습니까? 세존이시여. 저는 이 보살마하살과 반야바라밀다에서 이미 얻지 못하였고 보지 못하였는데, 어찌 저에게 반야바라밀다와 상응한 법으로써 제보살마하살을 교계하고 교수하라고 하십니까? 이와 같은 까닭으로 만약 이 법으로써 제보살마하살을 교계하고 교수하도록 하신다면 반드시 마땅하게 후회가 있을 것입니다.

세존이시여. 제법은 인연(因緣)이 화합한다면 가명(假名)으로 보살마하살과 반야바라밀다라고 시설(施設)합니다. 이 두 가지의 가명은 5온(蘊)에서 설할 수 없고, 12처(十二處)·18계(十八界)·6계(六界)[1]·4성제(四聖諦)·12연기(十二緣起)에서 설할 수 없으며, 탐·진·치·일체의 전결·수면·견취·불선근 등에서 설할 수 없고, 4정려·4무량·4무색정에서 설할 수 없으며,

---

1) 지(地)·수(水)·화(火)·풍(風)·공(空)·식(識) 등이다.

5안·6신통에서 설할 수 없고, 아(我)·유정, 나아가 지자·견자에서 설할 수 없으며, 십수념(十隨念)·십상(十想)[2]에서 설할 수 없고, 공·무상·무원·6바라밀다에서 설할 수 없으며, 4념주, 나아가 8성도지에서 설할 수 없고, 세존의 10력, 나아가 일체상지에서 설할 수 없으며, 허깨비와 같은 것, 나아가 변화된 일 같은 것과 5취온 등에서 설할 수 없고, 적정·멀리 벗어나는 것·무생·무멸·무염·무정·무절·제희론·진여·법계·법성·실제·평등성·이생성에서 설할 수 없으며, 항상하거나 무상하고, 나아가 생사와 열반에 속한 법에서 설할 수 없고, 과거·미래·현재, 나아가 내신에 있거나 외신에 있거나 두 가지 가운데에 있는 법에서 설할 수 없으며, 시방의 긍가사 세계의 만약 여래(佛)이거나 보살이거나 성문 등에서 설할 수 없습니다. 왜 그러한가? 세존이시여. 앞에서 설한 것과 같이, 제법의 모이거나 흩어지는 것은 모두가 얻을 수 없고 볼 수 없는 까닭입니다.

세존이시여. 앞에서 설한 것과 같이, 5온 등의 명자는 설할 수 없는 것과 같고, 이와 같아서 보살마하살과 반야바라밀다의 명자도 역시 설할 것은 없으며, 계(戒)·정(定)·혜(慧)·해탈(解脫)·해탈지견(解脫知見)의 명자도 설할 수 없는 것과 같고, 이와 같아서 보살마하살과 반야바라밀다의 명자도 역시 설할 것은 없으며, 예류·일래·불환·아라한·독각·여래와 그 제법의 명자는 설할 수 없는 것과 같고, 이와 같아서 보살마하살과 반야바라밀다의 명자도 역시 설할 것은 없습니다.

세존이시여. 일체가 만약 명자가 있거나 만약 명자가 없더라도 모두 설할 수 없는 것과 같고, 이와 같아서 보살마하살과 반야바라밀다의 명자도 역시 설할 것은 없습니다. 그것은 무슨 까닭인가? 이와 같은 여러 명자는 모두 머무르는 것이 없고, 역시 머무르지 않는 것도 없습니다. 왜 그러한가? 이러한 여러 명자의 뜻은 이미 무소유이었던 까닭으로, 이러한 여러 명자도 모두 머무르는 것이 없고 또한 머무르지 않는 것도

---

2) 무상상(無常想)·고상(苦想)·무아상(無我想)·부정상(不淨想)·사상(死想)·일체세간불가락상(一切世間不可樂想)·염식상(厭食想)·단상(斷想)·이상(離想)·멸상(滅想) 등이다.

없는 까닭입니다.

　세존이시여. 저는 이러한 이치에 의지하여 제법에서 만약 모이거나, 만약 흩어지는 것을 얻지 못하였고 보지 못하였는데, 어찌 '이것이 보살마하살이고, 이것이 반야바라밀다이다.'라고 말할 수 있겠습니까? 세존이시여. 저는 이 두 가지의 만약 뜻이거나 만약 명자에서 이미 얻지 못하였고 보지 못하였는데, 어찌 저에게 반야바라밀다와 상응하는 법으로써 제보살마하살을 교계하고 교수하라고 하십니까? 이와 같은 까닭으로 만약 이 법으로써 제보살마하살을 교계하고 교수하도록 하신다면 반드시 마땅하게 후회가 있을 것입니다.

　세존이시여. 만약 보살마하살이 이러한 형상(相狀)으로 반야바라밀다를 설하는 것을 들었던 때라면 마음이 침울하고 감추지도 않고 근심하거나 후회하지 않으며, 그 마음이 놀라지도 않고 두려워하지도 않으며 겁내지도 않는다면, 마땅히 이 보살마하살은 결정적으로 이미 불퇴지(不退地)에 머무르고 있고, 머무르지 않는 방편으로써 머무르고 있다고 알 것입니다."

　그때 구수 선현이 다시 세존께 아뢰어 말하였다.

　"세존이시여. 반야바라밀다를 수행하는 제보살마하살은 색에 상응하여 머무르지 않아야 하고 수·상·행·식에도 상응하여 머무르지 않아야 합니다. 왜 그러한가? 세존이시여. 색은 색의 자성이 공하고, 수·상·행·식은 수·상·행·식의 자성이 공합니다. 세존이시여, 이 색은 색의 공이 아니고 이 색의 공은 색이 아니며, 색은 공을 벗어나지 않고 공은 색을 벗어나지 않으며, 색은 곧 공이고 공은 곧 색이며, 수·상·행·식도 역시 다시 이와 같습니다. 이러한 까닭으로 세존이시여. 반야바라밀다를 수행하는 제보살마하살은 색에 상응하여 머무르지 않아야 하고, 수·상·행·식에도 상응하여 머무르지 않아야 합니다.

　세존이시여. 반야바라밀다를 수행하는 제보살마하살은 안처에 상응하여 머무르지 않아야 하고 이·비·설·신·의처에 상응하여 머무르지 않아야 합니다. 왜 그러한가? 세존이시여. 안처는 안처의 자성이 공하고, 이·비·

설·신·의처는 이·비·설·신·의처의 자성이 공한 것입니다. 세존이시여. 이 안처는 안처의 공이 아니고 이 안처의 공은 안처가 아니며, 안처는 공을 벗어나지 않고 공은 안처를 벗어나지 않으며, 안처가 곧 공이고 공이 곧 안처이며, 이·비·설·신·의처도 역시 이와 같습니다. 이러한 까닭으로 세존이시여. 반야바라밀다를 수행하는 제보살마하살은 안처에 상응하여 머무르지 않아야 하고 이·비·설·신·의처에도 상응하여 머무르지 않아야 합니다.

세존이시여. 반야바라밀다를 수행하는 제보살마하살은 색처에 상응하여 머무르지 않아야 하고 성·향·미·촉·법처에 상응하여 머무르지 않아야 합니다. 왜 그러한가? 세존이시여. 색처는 색처의 자성이 공하고, 나아가 법처는 법처의 자성이 공한 것입니다. 세존이시여. 이 색처는 색처의 공이 아니고 이 색처의 공은 색처가 아니며, 색처는 공을 벗어나지 않고 공은 색처를 벗어나지 않으며, 색처가 곧 공이고 공이 곧 색처이며, 성·향·미·촉·법처도 역시 이와 같습니다. 이러한 까닭으로 세존이시여. 반야바라밀다를 수행하는 제보살마하살은 색처에 상응하여 머무르지 않아야 하고 나아가 법처에도 상응하여 머무르지 않아야 합니다.

세존이시여. 반야바라밀다를 수행하는 제보살마하살은 안계·색계·안식계, …… 나아가 …… 안촉·안촉을 인연으로 생겨나는 여러 수에 상응하여 머무르지 않아야 합니다. 왜 그러한가? 세존이시여. 안계는 안계의 자성이 공하고, 색계, 나아가 안촉을 인연으로 생겨나는 여러 수는 안촉을 인연으로 생겨나는 여러 수의 자성이 공한 것입니다. 세존이시여. 이 안계는 안계의 공이 아니고 이 안계의 공은 안계가 아니며, 안계는 공을 벗어나지 않고 공은 안계를 벗어나지 않으며, 안계가 곧 공이고 공이 곧 안계이며, 색계, 나아가 안촉을 인연으로 생겨나는 여러 수도 역시 이와 같습니다. 이러한 까닭으로 세존이시여. 반야바라밀다를 수행하는 제보살마하살은 안계에 상응하여 머무르지 않아야 하고, 색계, 나아가 안촉을 인연으로 생겨나는 여러 수도 상응하여 머무르지 않아야 합니다.

세존이시여. 반야바라밀다를 수행하는 제보살마하살은 이계·성계·이식계, …… 나아가 …… 이촉·이촉을 인연으로 생겨나는 여러 수에 상응하여 머무르지 않아야 합니다. 왜 그러한가? 세존이시여. 이계는 이계의 자성이 공하고, 성계, 나아가 이촉을 인연으로 생겨나는 여러 수는 이촉을 인연으로 생겨나는 여러 수의 자성이 공한 것입니다. 세존이시여. 이 이계는 이계의 공이 아니고 이 이계의 공은 이계가 아니며, 이계는 공을 벗어나지 않고 공은 이계를 벗어나지 않으며, 이계가 곧 공이고 공이 곧 이계이며, 성계, 나아가 이촉을 인연으로 생겨나는 여러 수도 역시 이와 같습니다. 이러한 까닭으로 세존이시여. 반야바라밀다를 수행하는 제보살마하살은 이계에 상응하여 머무르지 않아야 하고, 성계, 나아가 이촉을 인연으로 생겨나는 여러 수도 상응하여 머무르지 않아야 합니다.

세존이시여. 반야바라밀다를 수행하는 제보살마하살은 비계·향계·비식계, …… 나아가 …… 비촉·비촉을 인연으로 생겨나는 여러 수에 상응하여 머무르지 않아야 합니다. 왜 그러한가? 세존이시여. 비계는 비계의 자성이 공하고, 향계, 나아가 비촉을 인연으로 생겨나는 여러 수는 비촉을 인연으로 생겨나는 여러 수의 자성이 공한 것입니다. 세존이시여. 이 비계는 비계의 공이 아니고 이 비계의 공은 비계가 아니며, 비계는 공을 벗어나지 않고 공은 비계를 벗어나지 않으며, 비계가 곧 공이고 공이 곧 비계이며, 향계, 나아가 비촉을 인연으로 생겨나는 여러 수도 역시 이와 같습니다. 이러한 까닭으로 세존이시여. 반야바라밀다를 수행하는 제보살마하살은 비계에 상응하여 머무르지 않아야 하고, 비계, 나아가 비촉을 인연으로 생겨나는 여러 수도 상응하여 머무르지 않아야 합니다.

세존이시여, 반야바라밀다를 수행하는 제보살마하살은 설계·미계·설식계, …… 나아가 …… 설촉·설촉을 인연으로 생겨나는 여러 수에 상응하여 머무르지 않아야 합니다. 왜 그러한가? 세존이시여. 설계는 설계의 자성이 공하고, 미계, 나아가 설촉을 인연으로 생겨나는 여러 수는 설촉을 인연으로 생겨나는 여러 수의 자성이 공한 것입니다. 세존이시여. 이 설계는 설계의 공이 아니고 이 설계의 공은 설계가 아니며, 설계는 공을 벗어나지 않고 공은 설계를 벗어나지 않으며, 설계가 곧 공이고 공이

곧 설계이며, 미계, 나아가 설촉을 인연으로 생겨나는 여러 수도 역시
이와 같습니다. 이러한 까닭으로 세존이시여. 반야바라밀다를 수행하는
제보살마하살은 설계에 상응하여 머무르지 않아야 하고, 미계, 나아가
설촉을 인연으로 생겨나는 여러 수도 상응하여 머무르지 않아야 합니다.

세존이시여. 반야바라밀다를 수행하는 제보살마하살은 신계·촉계·신
식계, …… 나아가 …… 신계·신촉을 인연으로 생겨나는 여러 수에 상응하
여 머무르지 않아야 합니다. 왜 그러한가? 세존이시여. 신계는 설계의
자성이 공하고, 촉계, 나아가 신촉을 인연으로 생겨나는 여러 수는 신촉을
인연으로 생겨나는 여러 수의 자성이 공한 것입니다. 세존이시여. 이
신계는 신계의 공이 아니고 이 신계의 공은 신계가 아니며, 신계는 공을
벗어나지 않고 공은 신계를 벗어나지 않으며, 신계가 곧 공이고 공이
곧 신계이며, 촉계, 나아가 신촉을 인연으로 생겨나는 여러 수도 역시
이와 같습니다. 이러한 까닭으로 세존이시여. 반야바라밀다를 수행하는
제보살마하살은 신계에 상응하여 머무르지 않아야 하고, 촉계, 나아가
신촉을 인연으로 생겨나는 여러 수도 상응하여 머무르지 않아야 합니다.

세존이시여. 반야바라밀다를 수행하는 제보살마하살은 의계·법계·의
식계, …… 나아가 …… 의촉·의촉을 인연으로 생겨나는 여러 수에 상응하
여 머무르지 않아야 합니다. 왜 그러한가? 세존이시여. 의계는 의계의
자성이 공하고, 법계, 나아가 의촉을 인연으로 생겨나는 여러 수는 의촉을
인연으로 생겨나는 여러 수의 자성이 공한 것입니다. 세존이시여. 이
의계는 의계의 공이 아니고 이 의계의 공은 의계가 아니며, 의계는 공을
벗어나지 않고 공은 의계를 벗어나지 않으며, 의계가 곧 공이고 공이
곧 의계이며, 법계, 나아가 의촉을 인연으로 생겨나는 여러 수도 역시
이와 같습니다. 이러한 까닭으로 세존이시여. 반야바라밀다를 수행하는
제보살마하살은 의계에 상응하여 머무르지 않아야 하고, 법계, 나아가
의촉을 인연으로 생겨나는 여러 수도 상응하여 머무르지 않아야 합니다.

세존이시여. 반야바라밀다를 수행하는 제보살마하살은 지계에 상응하
여 머무르지 않아야 하고 수·화·풍·공·식계에 상응하여 머무르지 않아야

합니다. 왜 그러한가? 세존이시여. 지계는 지계의 자성이 공하고, 나아가 수·화·풍·공·식계는 수·화·풍·공·식계의 자성이 공한 것입니다. 세존이시여. 이 지계는 지계의 공이 아니고 이 지계의 공은 지계가 아니며, 지계는 공을 벗어나지 않고 공은 지계를 벗어나지 않으며, 지계가 곧 공이고 공이 곧 지계이며, 수·화·풍·공·식계도 역시 이와 같습니다. 이러한 까닭으로 세존이시여. 반야바라밀다를 수행하는 제보살마하살은 지계에 상응하여 머무르지 않아야 하고 수·화·풍·공·식계에도 상응하여 머무르지 않아야 합니다.

세존이시여. 반야바라밀다를 수행하는 제보살마하살은 고성제에 상응하여 머무르지 않아야 하고 집·멸·도성제에 상응하여 머무르지 않아야 합니다. 왜 그러한가? 세존이시여. 고성제는 고성제의 자성이 공하고, 나아가 수·화·풍·공·식계는 수·화·풍·공·식계의 자성이 공한 것입니다. 세존이시여. 이 고성제는 고성제의 공이 아니고 이 고성제의 공은 고성제가 아니며, 고성제는 공을 벗어나지 않고 공은 고성제를 벗어나지 않으며, 고성제가 곧 공이고 공이 곧 고성제이며, 집·멸·도성제도 역시 이와 같습니다. 이러한 까닭으로 세존이시여. 반야바라밀다를 수행하는 제보살마하살은 고성제에 상응하여 머무르지 않아야 하고 집·멸·도성제에도 상응하여 머무르지 않아야 합니다.

세존이시여. 반야바라밀다를 수행하는 제보살마하살은 무명에 상응하여 머무르지 않아야 하고 행·식·명색·육처·촉·수·애·취·유·생·노사의 수탄고우뇌에 상응하여 머무르지 않아야 합니다. 왜 그러한가? 세존이시여. 무명은 무명의 자성이 공하고, 나아가 행, 나아가 노사의 수탄고우뇌는 행, 나아가 노사의 수탄고우뇌의 자성이 공한 것입니다. 세존이시여. 이 무명은 무명의 공이 아니고 이 무명의 공은 무명이 아니며, 무명은 공을 벗어나지 않고 공은 무명을 벗어나지 않으며, 무명이 곧 공이고 공이 곧 무명이며, 행, 나아가 노사의 수탄고우뇌도 역시 이와 같습니다. 이러한 까닭으로 세존이시여. 반야바라밀다를 수행하는 제보살마하살은 무명에 상응하여 머무르지 않아야 하고 행, 나아가 노사의 수탄고우뇌에도 상응하여 머무르지 않아야 합니다.

세존이시여. 반야바라밀다를 수행하는 제보살마하살은 4정려에 상응하여 머무르지 않아야 하고 4무량심·4무색정에 상응하여 머무르지 않아야 합니다. 왜 그러한가? 세존이시여. 4정려는 4정려의 자성이 공하고, 4무량심·4무색정은 4무량심·4무색정의 자성이 공한 것입니다. 세존이시여. 이 4정려는 4정려의 공이 아니고 이 4정려의 공은 4정려가 아니며, 4정려는 공을 벗어나지 않고 공은 4정려를 벗어나지 않으며, 4정려가 곧 공이고 공이 곧 4정려이며, 4무량심·4무색정도 역시 이와 같습니다. 이러한 까닭으로 세존이시여. 반야바라밀다를 수행하는 제보살마하살은 4정려에 상응하여 머무르지 않아야 하고 4무량심·4무색정에도 상응하여 머무르지 않아야 합니다.

세존이시여. 반야바라밀다를 수행하는 제보살마하살은 5안에 상응하여 머무르지 않아야 하고 6신통에 상응하여 머무르지 않아야 합니다. 왜 그러한가? 세존이시여. 5안은 5안의 자성이 공하고, 6신통은 6신통의 자성이 공한 것입니다. 세존이시여. 이 5안은 5안의 공이 아니고 이 5안의 공은 5안이 아니며, 5안은 공을 벗어나지 않고 공은 5안을 벗어나지 않으며, 5안이 곧 공이고 공이 곧 5안이며, 6신통도 역시 이와 같습니다. 이러한 까닭으로 세존이시여. 반야바라밀다를 수행하는 제보살마하살은 5안에 상응하여 머무르지 않아야 하고 6신통에도 상응하여 머무르지 않아야 합니다.

세존이시여. 반야바라밀다를 수행하는 제보살마하살은 보시바라밀다에 상응하여 머무르지 않아야 하고 정계·안인·정진·정려·반야바라밀다에 상응하여 머무르지 않아야 합니다. 왜 그러한가? 세존이시여. 보시바라밀다는 보시바라밀다의 자성이 공하고, 정계·안인·정진·정려·반야바라밀다는 정계·안인·정진·정려·반야바라밀다의 자성이 공한 것입니다. 세존이시여. 이 보시바라밀다는 보시바라밀다의 공이 아니고 이 보시바라밀다의 공은 보시바라밀다가 아니며, 보시바라밀다는 공을 벗어나지 않고 공은 보시바라밀다를 벗어나지 않으며, 보시바라밀다가 곧 공이고 공이 곧 보시바라밀다이며, 정계·안인·정진·정려·반야바라밀다도 역시 이와 같습니다. 이러한 까닭으로 세존이시여. 반야바라밀다를 수행하는 제보살마하살은 보시바라밀다에 상응하여 머무르지 않아야 하고 정계·안인·정진·정려·반야바라밀다에도 상응하여 머무르지 않아야 합니다.

세존이시여. 반야바라밀다를 수행하는 제보살마하살은 4념주에 상응하여 머무르지 않아야 하고 4정단·4신족·5근·5력·7등각지·8성도지에 상응하여 머무르지 않아야 합니다. 왜 그러한가? 세존이시여. 4념주는 4념주의 자성이 공하고, 4정단·4신족·5근·5력·7등각지·8성도지는 4정단·4신족·5근·5력·7등각지·8성도지의 자성이 공한 것입니다. 세존이시여. 이 4념주는 4념주의 공이 아니고 이 4념주의 공은 4념주가 아니며, 4념주는 공을 벗어나지 않고 공은 4념주를 벗어나지 않으며, 4념주가 곧 공이고 공이 곧 4념주이며, 4정단·4신족·5근·5력·7등각지·8성도지도 역시 이와 같습니다. 이러한 까닭으로 세존이시여. 반야바라밀다를 수행하는 제보살마하살은 4념주에 상응하여 머무르지 않아야 하고 4정단·4신족·5근·5력·7등각지·8성도지에도 상응하여 머무르지 않아야 합니다.

세존이시여. 반야바라밀다를 수행하는 제보살마하살은 여래의 10력에 상응하여 머무르지 않아야 하고 4무소외·4무애해·대자·대비·대희·대사·18불불공법·일체지·도상지·일체상지에 상응하여 머무르지 않아야 합니다. 왜 그러한가? 세존이시여. 여래의 10력은 여래의 10력의 자성이 공하고, 4무소외, 나아가 일체상지는 4무소외, 나아가 일체상지의 자성이 공한 것입니다. 세존이시여. 이 여래의 10력은 여래의 10력의 공이 아니고 이 여래의 10력의 공은 여래의 10력이 아니며, 여래의 10력은 공을 벗어나지 않고 공은 여래의 10력을 벗어나지 않으며, 여래의 10력이 곧 공이고 공이 곧 여래의 10력이며, 4무소외, 나아가 일체상지도 역시 이와 같습니다. 이러한 까닭으로 세존이시여. 반야바라밀다를 수행하는 제보살마하살은 여래의 10력에 상응하여 머무르지 않아야 하고 4무소외, 나아가 일체상지에도 상응하여 머무르지 않아야 합니다.

세존이시여. 반야바라밀다를 수행하는 제보살마하살은 여러 문자(諸

字)에 상응하여 머무르지 않아야 하고 여러 문자를 인용(引用)하였던 것으로 만약 한 마디를 인용하였던 것이거나, 만약 두 마디를 인용하였던 것이거나, 만약 많은 마디를 인용하였던 것에 상응하여 머무르지 않아야 합니다. 왜 그러한가? 세존이시여. 여러 문자는 여러 문자의 자성이 공하고, 여러 문자를 인용하는 것은 여러 문자를 인용하는 것의 자성이 공한 것입니다. 세존이시여. 이 여러 문자는 여러 문자의 공이 아니고 이 여러 문자를 인용하는 것의 공은 여러 문자를 인용하는 것이 아니며, 여러 문자는 공을 벗어나지 않고 공은 여러 문자를 벗어나지 않으며, 여러 문자가 곧 공이고 공이 곧 여러 문자이며, 여러 문자를 인용하는 것도 역시 이와 같습니다. 이러한 까닭으로 세존이시여. 반야바라밀다를 수행하는 제보살마하살은 여러 문자에 상응하여 머무르지 않아야 하고 여러 문자를 인용하는 것에도 상응하여 머무르지 않아야 합니다.

세존이시여. 반야바라밀다를 수행하는 제보살마하살은 제법의 만약 항상하거나 만약 무상하다는 것에 상응하여 머무르지 않아야 하고, 제법의 만약 즐겁거나, 만약 괴롭다는 것, 만약 나이거나 만약 무아라는 것, 만약 청정하거나 만약 부정하다는 것, 만약 적정하거나 만약 적정하지 않다는 것, 만약 멀리 벗어났거나 만약 멀리 벗어나지 않다는 것에도 머무르지 않아야 합니다. 왜 그러한가? 세존이시여. 제법의 항상하거나 무상하다는 것은 항상하거나 무상하다는 것의 자성이 공하고, …… 나아가 …… 제법이 멀리 벗어났거나 멀리 벗어나지 않는다는 것은 멀리 벗어났거나 멀리 벗어나지 않는다는 것의 자성이 공한 것입니다. 세존이시여. 이 제법의 항상하거나 무상하다는 것은 제법의 항상하거나 무상하다는 것의 공이 아니고 이 제법의 항상하거나 무상하다는 것의 공은 제법의 항상하거나 무상하다는 것이 아니며, 제법의 항상하거나 무상하다는 것은 공을 벗어나지 않고 공은 제법의 항상하거나 무상하다는 것을 벗어나지 않으며, 제법의 항상하거나 무상하다는 것이 곧 공이고 공이 곧 제법의 항상하거나 무상하다는 것이며, …… 나아가 …… 제법이 멀리 벗어났거나 멀리 벗어나지 않는다는 것도 역시 이와 같습니다. 이러한 까닭으로

세존이시여. 반야바라밀다를 수행하는 제보살마하살은 제법의 항상하거
나 무상하다는 것에 상응하여 머무르지 않아야 하고, …… 나아가 ……
제법이 멀리 벗어났거나 멀리 벗어나지 않는다는 것에도 상응하여 머무르
지 않아야 합니다.

　세존이시여. 반야바라밀다를 수행하는 제보살마하살은 진여에 상응하
여 머무르지 않아야 하고 법계·법성·실제·평등성·이생성에 상응하여
머무르지 않아야 합니다. 왜 그러한가? 세존이시여. 진여는 진여의 자성
이 공하고, 법계·법성·실제·평등성·이생성은 법계·법성·실제·평등성·
이생성의 자성이 공한 것입니다. 세존이시여. 이 진여는 진여의 공이
아니고 이 진여의 공은 진여가 아니며, 진여는 공을 벗어나지 않고 공은
진여를 벗어나지 않으며, 진여가 곧 공이고 공이 곧 진여이며, 법계·법성·
실제·평등성·이생성도 역시 이와 같습니다. 이러한 까닭으로 세존이시
여. 반야바라밀다를 수행하는 제보살마하살은 진여에 상응하여 머무르지
않아야 하고 법계·법성·실제·평등성·이생성에도 상응하여 머무르지 않
아야 합니다.

　세존이시여. 반야바라밀다를 수행하는 제보살마하살은 일체의 다라니
문에 상응하여 머무르지 않아야 하고 일체의 삼마지문에 상응하여 머무르
지 않아야 합니다. 왜 그러한가? 세존이시여. 일체의 다라니문은 일체의
다라니문의 자성이 공하고, 일체의 삼마지문은 일체의 삼마지문의 자성이
공한 것입니다. 세존이시여. 이 일체의 다라니문은 일체의 다라니문의
공이 아니고 이 일체의 다라니문의 공은 일체의 다라니문이 아니며,
일체의 다라니문은 공을 벗어나지 않고 공은 일체의 다라니문을 벗어나지
않으며, 일체의 다라니문이 곧 공이고 공이 곧 일체의 다라니문이며,
일체의 삼마지문도 역시 이와 같습니다. 이러한 까닭으로 세존이시여.
반야바라밀다를 수행하는 제보살마하살은 일체의 다라니문에 상응하여
머무르지 않아야 하고 일체의 삼마지문에도 상응하여 머무르지 않아야
합니다.”

그때 구수 선현이 다시 세존께 아뢰어 말하였다.

"세존이시여. 만약 보살마하살이 방편선교(方便善巧)가 없는 반야바라밀다를 수행하는 때에는 나(我)와 아소(我所)라는 집착에 얽혀서 방해하는 까닭으로, 마음이 곧 색(色)에 머무르고 수·상·행·식에 머무릅니다. 이것에 머무르는 까닭으로 색에서 가행(加行)[3]을 짓고 수·상·행·식에 가행을 지으며, 이 가행을 까닭으로 능히 반야바라밀다를 섭수(攝受)[4]할 수 없고, 능히 반야바라밀다를 수행할 수 없으며, 능히 반야바라밀다가 원만(圓滿)하게 할 수 없고, 능히 일체상지(一切相智)를 성취(成辦)할 수 없습니다.

세존이시여. 만약 보살마하살이 방편선교가 없는 반야바라밀다를 수행하는 때에는 나(我)와 아소(我所)라는 집착에 얽혀서 방해하는 까닭으로, 마음이 곧 안계(眼界)에 머무르고 안식계·색계와 안촉을 인연으로 생겨나는 여러 수에 머무릅니다. 이것에 머무르는 까닭으로 안계에서 가행을 짓고, 나아가 안촉을 인연으로 생겨나는 여러 수에서 가행을 지으며, 이 가행을 까닭으로 능히 반야바라밀다를 섭수할 수 없고, 능히 반야바라밀다를 수행할 수 없으며, 능히 반야바라밀다가 원만하게 할 수 없고, 능히 일체상지를 성취할 수 없습니다.

세존이시여. 만약 보살마하살이 방편선교가 없는 반야바라밀다를 수행하는 때에는 나와 아소라는 집착에 얽혀서 방해하는 까닭으로, 마음이 곧 이계(耳界)에 머무르고 이식계·성계와 이촉을 인연으로 생겨나는 여러 수에 머무릅니다. 이것에 머무르는 까닭으로 이계에서 가행을 짓고, 나아가 이촉을 인연으로 생겨나는 여러 수에서 가행을 지으며, 이 가행을 까닭으로 능히 반야바라밀다를 섭수할 수 없고, 능히 반야바라밀다를 수행할 수 없으며, 능히 반야바라밀다가 원만하게 할 수 없고, 능히 일체상지를 성취할 수 없습니다.

세존이시여. 만약 보살마하살이 방편선교가 없는 반야바라밀다를 수행

---

3) 산스크리트어 prayoga의 번역이고, '예비적인 수행', '실천(行)'을 뜻하며, 방편(方便)이라고도 말한다. 이 문장에서는 견고하고 용감하게 방편을 일으키는 것이다.
4) 관대(寬大)한 마음으로 '받아들인다.'는 뜻이다.

하는 때에는 나와 아소라는 집착에 얽혀서 방해하는 까닭으로, 마음이
곧 비계(鼻界)에 머무르고 비식계·향계와 이촉을 인연으로 생겨나는 여러
수에 머무릅니다. 이것에 머무르는 까닭으로 이계에서 가행을 짓고,
나아가 비촉을 인연으로 생겨나는 여러 수에서 가행을 지으며, 이 가행을
까닭으로 능히 반야바라밀다를 섭수할 수 없고, 능히 반야바라밀다를
수행할 수 없으며, 능히 반야바라밀다가 원만하게 할 수 없고, 능히
일체상지를 성취할 수 없습니다.

　세존이시여. 만약 보살마하살이 방편선교가 없는 반야바라밀다를 수행
하는 때에는 나와 아소라는 집착에 얽혀서 방해하는 까닭으로, 마음이
곧 설계(舌界)에 머무르고 설식계·미계와 이촉을 인연으로 생겨나는 여러
수에 머무릅니다. 이것에 머무르는 까닭으로 이계에서 가행을 짓고,
나아가 설촉을 인연으로 생겨나는 여러 수에서 가행을 지으며, 이 가행을
까닭으로 능히 반야바라밀다를 섭수할 수 없고, 능히 반야바라밀다를
수행할 수 없으며, 능히 반야바라밀다가 원만하게 할 수 없고, 능히
일체상지를 성취할 수 없습니다.

　세존이시여. 만약 보살마하살이 방편선교가 없는 반야바라밀다를 수행
하는 때에는 나와 아소라는 집착에 얽혀서 방해하는 까닭으로, 마음이
곧 신계(身界)에 머무르고 신식계·촉계와 신촉을 인연으로 생겨나는 여러
수에 머무릅니다. 이것에 머무르는 까닭으로 이계에서 가행을 짓고,
나아가 신촉을 인연으로 생겨나는 여러 수에서 가행을 지으며, 이 가행을
까닭으로 능히 반야바라밀다를 섭수할 수 없고, 능히 반야바라밀다를
수행할 수 없으며, 능히 반야바라밀다가 원만하게 할 수 없고, 능히
일체상지를 성취할 수 없습니다.

　세존이시여. 만약 보살마하살이 방편선교가 없는 반야바라밀다를 수행
하는 때에는 나와 아소라는 집착에 얽혀서 방해하는 까닭으로, 마음이
곧 의계(意界)에 머무르고 의식계·법계와 의촉을 인연으로 생겨나는 여러
수에 머무릅니다. 이것에 머무르는 까닭으로 이계에서 가행을 짓고,
나아가 의촉을 인연으로 생겨나는 여러 수에서 가행을 지으며, 이 가행을

까닭으로 능히 반야바라밀다를 섭수할 수 없고, 능히 반야바라밀다를 수행할 수 없으며, 능히 반야바라밀다가 원만하게 할 수 없고, 능히 일체상지를 성취할 수 없습니다.

세존이시여. 만약 보살마하살이 방편선교가 없는 반야바라밀다를 수행하는 때에는 나와 아소라는 집착에 얽혀서 방해하는 까닭으로, 마음이 곧 지계(地界)에 머무르고 수·화·풍·공·식계(識界)에 머무릅니다. 이것에 머무르는 까닭으로 지계에서 가행을 짓고, 수·화·풍·공·식계에서 가행을 지으며, 이 가행을 까닭으로 능히 반야바라밀다를 섭수할 수 없고, 능히 반야바라밀다를 수행할 수 없으며, 능히 반야바라밀다가 원만하게 할 수 없고, 능히 일체상지를 성취할 수 없습니다.

세존이시여. 만약 보살마하살이 방편선교가 없는 반야바라밀다를 수행하는 때에는 나와 아소라는 집착에 얽혀서 방해하는 까닭으로, 마음이 곧 고성제에 머무르고 집·멸·도성제에 머무릅니다. 이것에 머무르는 까닭으로 고성제에서 가행을 짓고, 집·멸·도성제에서 가행을 지으며, 이 가행을 까닭으로 능히 반야바라밀다를 섭수할 수 없고, 능히 반야바라밀다를 수행할 수 없으며, 능히 반야바라밀다가 원만하게 할 수 없고, 능히 일체상지를 성취할 수 없습니다.

세존이시여. 만약 보살마하살이 방편선교가 없는 반야바라밀다를 수행하는 때에는 나와 아소라는 집착에 얽혀서 방해하는 까닭으로, 마음이 곧 무명에 머무르고 행·식·명색·육처·촉·수·애·취·유·생·노사의 수탄고우뇌에 머무릅니다. 이것에 머무르는 까닭으로 무명에서 가행을 짓고, 나아가 노사의 수탄고우뇌에서 가행을 지으며, 이 가행을 까닭으로 능히 반야바라밀다를 섭수할 수 없고, 능히 반야바라밀다를 수행할 수 없으며, 능히 반야바라밀다가 원만하게 할 수 없고, 능히 일체상지를 성취할 수 없습니다.

세존이시여. 만약 보살마하살이 방편선교가 없는 반야바라밀다를 수행하는 때에는 나와 아소라는 집착에 얽혀서 방해하는 까닭으로, 마음이 곧 4정려에 머무르고 4무량·4무색정에 머무릅니다. 이것에 머무르는 까닭으로 4정려에서 가행을 짓고, 4무량·4무색정에서 가행을 지으며, 이 가행을 까닭으로 능히 반야바라밀다를 섭수할 수 없고, 능히 반야바라밀다를 수행할 수 없으며, 능히 반야바라밀다가 원만하게 할 수 없고, 능히 일체상지를 성취할 수 없습니다.

세존이시여. 만약 보살마하살이 방편선교가 없는 반야바라밀다를 수행하는 때에는 나와 아소라는 집착에 얽혀서 방해하는 까닭으로, 마음이 곧 5안에 머무르고 6신통에 머무릅니다. 이것에 머무르는 까닭으로 5안에서 가행을 짓고, 6신통에서 가행을 지으며, 이 가행을 까닭으로 능히 반야바라밀다를 섭수할 수 없고, 능히 반야바라밀다를 수행할 수 없으며, 능히 반야바라밀다가 원만하게 할 수 없고, 능히 일체상지를 성취할 수 없습니다.

세존이시여. 만약 보살마하살이 방편선교가 없는 반야바라밀다를 수행하는 때에는 나와 아소라는 집착에 얽혀서 방해하는 까닭으로, 마음이 곧 보시바라밀다에 머무르고 정계·안인·정진·정려·반야바라밀다에 머무릅니다. 이것에 머무르는 까닭으로 보시바라밀다에서 가행을 짓고, 정계·안인·정진·정려·반야바라밀다에서 가행을 지으며, 이 가행을 까닭으로 능히 반야바라밀다를 섭수할 수 없고, 능히 반야바라밀다를 수행할 수 없으며, 능히 반야바라밀다가 원만하게 할 수 없고, 능히 일체상지를 성취할 수 없습니다.

세존이시여. 만약 보살마하살이 방편선교가 없는 반야바라밀다를 수행하는 때에는 나와 아소라는 집착에 얽혀서 방해하는 까닭으로, 마음이 곧 4념주에 머무르고 4정단·4신족·5근·5력·7등각지·8성도지에 머무릅니다. 이것에 머무르는 까닭으로 4념주에서 가행을 짓고, 4정단·4신족·5근·5력·7등각지·8성도지에서 가행을 지으며, 이 가행을 까닭으로 능히 반야바라밀다를 섭수할 수 없고, 능히 반야바라밀다를 수행할 수 없으며, 능히 반야바라밀다가 원만하게 할 수 없고, 능히 일체상지를 성취할 수 없습니다.

세존이시여. 만약 보살마하살이 방편선교가 없는 반야바라밀다를 수행하는 때에는 나와 아소라는 집착에 얽혀서 방해하는 까닭으로, 마음이 곧 여래의 10력에 머무르고 4무소외·4무애해·대자·대비·대희·대사·18 불불공법·일체지·도상지·일체상지에 머무릅니다. 이것에 머무르는 까닭으로 여래의 10력에서 가행을 짓고, 나아가 일체상지에서 가행을 지으며, 이 가행을 까닭으로 능히 반야바라밀다를 섭수할 수 없고, 능히 반야바라밀다를 수행할 수 없으며, 능히 반야바라밀다가 원만하게 할 수 없고, 능히 일체상지를 성취할 수 없습니다.

세존이시여. 만약 보살마하살이 방편선교가 없는 반야바라밀다를 수행하는 때에는 나와 아소라는 집착에 얽혀서 방해하는 까닭으로, 마음이 곧 여러 문자에 머무르고 여러 문자를 인용하였던 것으로 만약 한 마디를 인용하였던 것이거나, 만약 두 마디를 인용하였던 것이거나, 만약 많은 마디를 인용하였던 것에 머무릅니다. 이것에 머무르는 까닭으로 여러 문자에서 가행을 짓고, 여러 문자를 인용하였던 것으로 만약 한 마디를 인용하였던 것이거나, 만약 두 마디를 인용하였던 것이거나, 만약 많은 마디를 인용하였던 것에서 가행을 지으며, 이 가행을 까닭으로 능히 반야바라밀다를 섭수할 수 없고, 능히 반야바라밀다를 수행할 수 없으며, 능히 반야바라밀다가 원만하게 할 수 없고, 능히 일체상지를 성취할 수 없습니다.

세존이시여. 만약 보살마하살이 방편선교가 없는 반야바라밀다를 수행하는 때에는 나와 아소라는 집착에 얽혀서 방해하는 까닭으로, 마음이 곧 제법이 만약 항상하거나 무상하다는 것에 머무르고 제법이 만약 즐겁거나 만약 괴롭다는 것, 만약 나이거나 만약 무아라는 것, 만약 청정하거나 만약 부정하다는 것, 만약 적정하거나 만약 적정하지 않다는 것, 만약 멀리 벗어났거나 만약 멀리 벗어나지 않는다는 것에 머무릅니다. 이것에 머무르는 까닭으로 제법이 만약 항상하거나 무상하다는 것에서 가행을 짓고, 나아가 제법이 만약 멀리 벗어났거나 만약 멀리 벗어나지 않는다는 것에서 가행을 지으며, 이 가행을 까닭으로 능히 반야바라밀다를 섭수할 수 없고, 능히 반야바라밀다를 수행할 수 없으며, 능히 반야바라밀다가 원만하게 할 수 없고, 능히 일체상지를 성취할 수 없습니다.

세존이시여. 만약 보살마하살이 방편선교가 없는 반야바라밀다를 수행하는 때에는 나와 아소라는 집착에 얽혀서 방해하는 까닭으로, 마음이 곧 일체의 다라니문에 머무르고 일체의 삼마지문에 머무릅니다. 이것에 머무르는 까닭으로 일체의 다라니문에서 가행을 짓고, 일체의 삼마지문에서 가행을 지으며, 이 가행을 까닭으로 능히 반야바라밀다를 섭수할 수 없고, 능히 반야바라밀다를 수행할 수 없으며, 능히 반야바라밀다가 원만하게 할 수 없고, 능히 일체상지를 성취할 수 없습니다.

그 까닭은 무엇인가? 본성이 공한 까닭입니다. 그것을 섭수하여 원만하게 반야바라밀다를 수행해야 하고, 역시 이와 같은 반야바라밀다를 상응하여 섭수하지 않아야 하나니, 이미 반야바라밀다를 상응하여 섭수하지 않았다면 곧 반야바라밀다가 아닙니다. 그 까닭은 무엇인가? 본성이 공한 까닭입니다.

이와 같이 보살마하살이 방편선교가 없는 반야바라밀다를 수행하는 때에는 본성의 공으로써 일체법을 관찰해야 하나니, 이렇게 관찰을 짓는 때에 일체법에서 마음이 행하는 것이 없다면 이것을 보살마하살의 섭수하는 것이 없는 삼마지(三摩地)라고 이름합니다. 이 삼마지는 미묘(微妙)하고 수승(殊勝)하며 광대(廣大)하고 무량(無量)하여서, 능히 무변(無邊)하고 장애가 없는 작용(作用)을 모으므로, 일체의 성문·독각과는 함께할 수 없는 것입니다.

그 성취하는 일체상지도 역시 상응하여 섭수하지 않아야 하고, 이와 같은 일체상지는 이미 섭수하지 않았다면 곧 일체상지가 아닙니다. 그 까닭은 무엇인가? 내공(內空)인 까닭이고, 외공(外空)인 까닭이며, 내외공(內外空)인 까닭이고, 공공(空空)인 까닭이며, 대공(大空)인 까닭이고, 승의공(勝義空)인 까닭이며, 유위공(有爲空)인 까닭이고, 무위공(無爲空)인 까닭이며, 필경공(畢竟空)인 까닭이고, 무제공(無際空)인 까닭이며, 산공(散空)인 까닭이고, 무변이공(無變異空)인 까닭이며, 본성공(本性空)인 까닭이고, 자상공(自相空)인 까닭이며, 공상공(共相空)인 까닭이고, 일체법공

(一切法空)인 까닭이며, 불가득공(不可得空)인 까닭이고, 무성공(無性空)인 까닭이며, 자성공(自性空)인 까닭이고, 무성자성공(無性自性空)인 까닭입니다.

왜 그러한가? 세존이시여. 이 일체상지는 상(相)을 취하고 수행하여 얻는 것이 아닙니다. 그 까닭은 무엇인가? 여러 상을 취하는 것은 모두 번뇌(煩惱)입니다. 무엇 등이 상인가? 이를테면, 색은 상이고, 수·상·행·식도 상이며, 나아가 일체의 다라니문도 상이고, 일체의 삼마지문도 상이니, 이 여러 상에서 집착을 취(取)하는 것을 번뇌라고 이름합니다.

만약 상을 취하여 일체상지를 수행하여 얻었다면, 승군(勝軍)[5] 범지(梵志)[6]는 일체지지(一切智智)에서 상응하여 신해(信解)[7]하지 않았을 것입니다. 어느 것을 그것의 신해한 상이라고 이름하는가? 반야바라밀다에서 청정한 믿음이 깊이 생겨난 것을 말하며, 이 수승한 신해의 힘을 이유로 일체지지를 사유(思惟)하고 관찰하면서 상으로써 방편으로 삼지 아니하며 역시, 상이 아닌 것으로 방편으로 삼지도 않았는데, 상이거나 상이 아닌 것을 함께 취할 수 없는 까닭입니다.

이 승군 범지는 비록 신해의 힘을 이유로 불법(佛法)에 귀의하여 나아가서 수신행자(隨信行者)라고 이름하였고, 능히 본성의 공으로써 일체지지에 깨우쳐서 들어갔으며, 이미 깨우쳐서 들어갔으므로 색의 상을 취하지 않았고 수·상·행·식의 상도 취하지 않았으며, 나아가 일체의 다라니문의 상도 취하지 않았고 일체 삼마지문의 모양도 취하지 않았습니다. 왜 그러한가? 일체법은 스스로의 상이 모두 공하며, 능히 취하는 것과 취해야 할 것을 함께 얻을 수 없는 까닭입니다.

---

5) 산스크리트어 Seuika의 음사이고, 또한 서이가(西儞迦), 산니(霰尼) 등으로 음사하는 바라문의 외도를 가리킨다.

6) 바라문의 다른 이름으로, 바라문의 생활주기의 4기(期) 가운데에서 제1기를 가리킨다. 이 시기는 8세에서 16세까지, 혹은 11세에서 22세까지이고 여러 종류의 고행을 닦는다.

7) 불교 수행의 근본 방식인 '신·해·행·증(信解行證)'의 신해를 가리킨다. 신해는 법(法)을 믿는 것(信)과 그 법의 의미를 잘 요해하는(解) 것을 뜻한다.

이와 같이 범지는 내신(內身)에서 얻은 현관(現觀)8)으로써 일체지지를 관찰하지 않았고, 외신(外身)에서 얻은 현관으로써 일체지지를 관찰하지 않았으며, 내신·외신에서 얻은 현관으로써 일체지지를 관찰하지 않았고, 무지(無智)로 현관으로써 일체지지를 관찰하지 않았으며, 나머지의 얻은 현관으로써 일체지지를 관찰하지 않았고, 역시 얻지 못한 현관으로써 일체지지를 관찰하지도 않습니다. 그 까닭은 무엇인가? 이 승군 범지는 관찰할 것의 일체지지를 보지 않았고, 능히 관찰할 반야도 보지 않았으며, 관찰하는 것과 의지처의 관찰할 것도 보지 않았습니다.

이 승군 범지는 내신의 색에서 일체지지를 관찰하지 않았고, 내신의 수·상·행·식에서 일체지지를 관찰하지 않았으며, 외신의 색에서 일체지지를 관찰하지 않았고, 외신의 수·상·행·식에서 일체지지를 관찰하지 않았으며, 내신·외신의 색에서 일체지지를 관찰하지 않았고, 내신·외신의 수·상·행·식에서 일체지지를 관찰하지 않았으며, 색을 벗어나서 일체지지를 관찰하지 않았고 수·상·행·식을 벗어나서 일체지지를 관찰하지 않았으며, 나아가 내신의 일체 다라니문에서 일체지지를 관찰하지 않았고 내신의 삼마지문에서 일체지지를 관찰하지 않았으며, 외신의 일체 다라니문에서 일체지지를 관찰하지 않았고 외신의 일체 삼마지문에서 일체지지를 관찰하지 않았으며, 내신·외신의 일체 다라니문에서 일체지지를 관찰하지 않았고 내신·외신의 일체 삼마지문에서 일체지지를 관찰하지 않았으며, 일체의 다라니문을 벗어나서 일체지지를 관찰하지 않았고 일체의 삼마지문을 벗어나서 일체지지를 관찰하지 않았습니다.

왜 그러한가? 만약 내신이거나, 만약 외신이거나, 만약 내신·외신을 벗어나는 것의 모두를 얻을 수 없는 까닭입니다. 이 승군 범지는 이와 같이 여러 상의 문(相門)을 벗어난 것 등으로써 일체지지에서 깊은 신해가 생겨났으며, 이 신해를 이유로 일체법에서 모두 집착이 없었는데, 제법의

8) 산스크리트어 abhisamaya의 번역이고, 본래는 '서로에게 다가가다.', '합치다.', '합일하다.'를 뜻하므로, 지혜와 대상이 곧 만난다는 뜻이다. 따라서 현관(現觀)은 무루의 지혜로써 대상을 있는 그대로 명료하게 파악하는 것이다.

실상(實相)으로써 얻을 수 없는 까닭입니다. 이와 같이 범지는 상을 벗어난 문으로써 일체지지에서 신해를 얻었고, 일체법에서 모두 상을 취하지 않았으며, 역시 무상(無相)을 사유하지 않았는데, 제법은 상이거나 무상으로써 모두 얻을 수 없는 까닭입니다.

이와 같이 범지는 수승한 신해의 힘을 이유로 일체법에서 취하지도 않았고 버리지도 않았는데, 실상의 법의 가운데에서 취하거나 버릴 것이 없는 까닭입니다. 이때 그 범지는 스스로가 신해에서, 나아가 열반에서도 역시 집착하지 않았습니다. 그 까닭은 무엇인가? 일체법의 본성은 모두가 공하여 취할 수 없는 까닭입니다. 세존이시여. 보살마하살의 반야바라밀다도 역시 이와 같아서 일체법에 집착하는 것이 없는데, 능히 이 언덕에서 저 언덕에 이르는 까닭입니다.

만약 일체법에서 작은 집착이라도 있다면, 곧 저 언덕에 능히 이르지 못합니다. 이와 같은 까닭으로 보살마하살은 반야바라밀다를 수행하는 때에 일체의 색을 취하지 않고, 일체의 수·상·행·식을 취하지도 않는데, 일체법은 취할 것이 없는 까닭이며, 나아가 일체의 다라니문을 취하지 않고 일체의 삼마지문을 취하지도 않는 것도, 역시 일체법은 취할 수 없는 까닭입니다.

이 보살마하살은 비록 일체의 색에서, 일체의 수·상·행·식에서, 나아가 일체의 다라니문에서, 일체의 삼마지문에서 만약 모두이거나, 만약 별도이더라도 모두 취하지 않을지라도, 본원(本願)으로써 행하는 것인 4념주, 나아가 8성도지가 아직 원만하지 않은 까닭이고, 더불어 본원으로써 증득하는 것인 여래의 10력, 나아가 일체상지가 아직 성취되지 않은 까닭으로, 그 중간(中間)에서 결국 일체의 상을 취하지 않는 까닭으로써 반열반(般涅槃)9)을 하지 않습니다.

이 보살마하살은 비록 능히 4념주, 나아가 8성도지가 원만하고, 더불어 여래의 10력, 나아가 일체상지를 성취하였더라도, 4념주, 나아가 8성도지

---

9) 산스크리트어 paranirvāṇa의 번역이고, '적멸(寂滅)', '해탈(解脫)' 등을 뜻한다.

를 보지 않고, 또한 여래의 10력과 일체상지를 보지 않습니다. 왜 그러한가? 이 4념주는 곧 4념주가 아니고, 나아가 8성도지는 곧 8성도지가 아니며, 또한 여래의 10력은 곧 여래의 10력이 아니고, 나아가 일체상지는 곧 일체상지가 아니며, 일체법은 법도 아니고, 법 아닌 것도 아닌 까닭입니다. 이 보살마하살은 반야바라밀다를 수행하는 때에 일체법에서 비록 취하는 것이 없더라도 능히 일체의 사업을 성취합니다."

마하반야바라밀다경 제38권

10. 반야행상품(般若行相品)(1)

"다시 다음으로 세존이시여. 제보살마하살이 반야바라밀다를 수행할 때에는 상응하여 이렇게 관찰을 지어야 합니다.

'무엇이 반야바라밀다인가? 무엇을 까닭으로 반야바라밀다라고 말하는가? 누구의 반야바라밀다인가? 이 반야바라밀다는 무슨 소용(所用)이 있는가?'

이와 같이 보살마하살이 반야바라밀다를 수행하는 때에 자세하게 관찰하여 만약 법을 소유할 수 없고 얻을 수가 없다면 이것이 반야바라밀다입니다. 소유할 수 없고 얻을 수 없는 가운데에서 무엇의 증명을 희망하겠습니까?"

이때 사리자가 선현에게 물어 말하였다.

"이 가운데에서 무슨 법이 무소유(無所有)이고 얻을 수 없는 것으로 삼습니까?"

선현이 대답하여 말하였다.

"이를테면, 반야바라밀다의 법은 무소유이므로 얻을 수 없고 정려·정진·안인·정계·보시바라밀다의 법은 무소유이므로 얻을 수 없습니다. 그 까닭은 무엇인가? 내공인 까닭이고 외공인 까닭이며 내외공인 까닭이고 공공인 까닭이며 대공인 까닭이고 승의공인 까닭이며 유위공인 까닭이고 무위공인 까닭이며 필경공인 까닭이고 무제공인 까닭이며 산공인 까닭이고 무변이공인 까닭이며 본성공인 까닭이고 자상공인 까닭이며 공상공인 까닭이고 일체법공인 까닭이며 불가득공인 까닭이고 무성공인 까닭이며 자성공인 까닭이고 무성자성공인 까닭입니다.

사리자여. 색(色)의 법은 무소유이므로 얻을 수 없고 수(受)·상(想)·행(行)·식(識)의 법도 없는 것이므로 얻을 수 없습니다. 사리자여. 안처(眼處)의 법은 무소유이므로 얻을 수 없고 이(耳)·비(鼻)·설(舌)·신(身)·의처(意處)의 법은 무소유이므로 얻을 수 없으며, 색처(色處)의 무소유이므로 얻을 수 없고 성(聲)·향(香)·미(味)·촉(觸)·법처(法處)의 법은 무소유이므로 얻을 수 없습니다.

사리자여. 안계(眼界)의 법은 무소유이므로 얻을 수 없고 색계(色界)·안식계(眼識界)의 법은 무소유이므로 얻을 수 없으며, 나아가 안촉(眼觸)·안촉을 인연으로 생겨나는 여러 수의 법은 무소유이므로 얻을 수 없고, 이계(耳界)의 법은 무소유이므로 얻을 수 없으며 성계(聲界)·이식계(耳識界)의 법은 무소유이므로 얻을 수 없고, 나아가 이촉(耳觸)·이촉을 인연으로 생겨나는 여러 수의 법은 무소유이므로 얻을 수 없으며, 비계(鼻界)의 법은 무소유이므로 얻을 수 없고 향계(香界)·비식계(鼻識界)의 법은 무소유이므로 얻을 수 없으며, 나아가 비촉(鼻觸)·비촉을 인연으로 생겨나는 여러 수의 법은 무소유이므로 얻을 수 없고, 설계(舌界)의 법은 없는 것이므로 얻을 수 없으며 미계(味界)·설식계(舌識界)의 법은 무소유이므로 얻을 수 없고, 나아가 설촉(舌觸)·설촉을 인연으로 생겨나는 여러 수의 법은 무소유이므로 얻을 수 없으며, 신계(身界)의 법은 무소유이므로 얻을 수 없고 촉계(觸界)·신식계(身識界)의 법은 무소유이므로 얻을 수 없으며, 나아가 신촉(身觸)·신촉을 인연으로 생겨나는 여러 수의 법은 무소유이므로 얻을 수 없고, 의계(意界)의 법은 무소유이므로 얻을 수 없으며 법계(法界)·의식계(意識界)의 법은 무소유이므로 얻을 수 없고, 나아가 의촉(意觸)·의촉을 인연으로 생겨나는 여러 수의 법은 무소유이므로 얻을 수 없습니다.

사리자여. 지계(地界)의 법은 무소유이므로 얻을 수 없고, 수·화·풍·공·식계(識界)의 법은 무소유이므로 얻을 수 없습니다. 사리자여. 고성제(苦

聖諦)의 법은 무소유이므로 얻을 수 없고, 집·멸·도성제(道聖諦)의 법은 무소유이므로 얻을 수 없습니다. 사리자여. 무명(無明)의 법은 무소유이므로 얻을 수 없고, 행·식·명색·육처·촉·수·애·취·유·생·노사의 수탄고우뇌의 법은 무소유이므로 얻을 수 없습니다. 사리자여. 내공(內空)의 법은 무소유이므로 얻을 수 없고, 외공·내외공·공공·대공·승의공·유위공·무위공·필경공·무제공·산공·무변이공·본성공·자상공·공상공·일체법공·불가득공·무성공·자성공·무성자성공의 법은 무소유이므로 얻을 수 없습니다.

사리자여. 4정려의 법은 무소유이므로 얻을 수 없고, 4무량·4무색정의 법은 없는 것이어서 얻을 수 없습니다. 사리자여. 5안의 법은 무소유이므로 얻을 수 없고, 6신통의 법은 무소유이므로 얻을 수 없습니다. 사리자여. 4념주의 법은 무소유이므로 얻을 수 없고, 4정단·4신족·5근·5력·7등각지·8성도지의 법은 무소유이므로 얻을 수 없습니다. 사리자여. 여래 10력의 법은 무소유이므로 얻을 수 없으며, 4무소외·4무애해·대자·대비·대희·대사·18불불공법·일체지·도상지와 일체상지의 법은 무소유이므로 얻을 수 없습니다.

사리자여. 진여의 법은 무소유이므로 얻을 수 없고, 법계·법성·법주·법정·실제·평등성·이생성의 법은 무소유이므로 얻을 수 없습니다. 사리자여. 예류의 법은 무소유이므로 얻을 수 없고, 일래·불환·아라한·독각의 법은 무소유이므로 얻을 수 없습니다. 사리자여. 보살의 법은 무소유이므로 얻을 수 없으며, 여래의 법은 없는 것이므로 얻을 수 없습니다.

사리자여. 요약하여 말한다면, 만약 항상하거나 만약 무상하거나, 만약 즐겁거나 만약 괴롭거나, 만약 나이거나 만약 무아이거나, 만약 청정하거나 만약 부정하거나, 만약 공하거나 만약 공하지 않거나, 만약 무상이거나 만약 유상이거나, 만약 무원이거나 만약 유원이거나, 만약 적정하거나 만약 적정하지 않거나, 만약 멀리 벗어났거나, 만약 멀리 벗어나지 않았거나, 만약 잡염이거나 만약 청정하거나, 만약 생겨나거나 만약 소멸하거나, 만약 유위이거나 만약 무위이거나, 만약 유루이거나 만약 무루이거나,

만약 선하거나 만약 선하지 않거나, 만약 유죄이거나 만약 무죄이거나, 만약 세간이거나 만약 출세간이거나, 만약 생사에 속하거나 만약 열반에 속하거나, 만약 과거이거나 만약 미래이거나 만약 현재이거나, 만약 선하 거나 만약 선하지 않거나 만약 무기(無記)이거나, 만약 욕계에 얽매였거나 만약 색계에 얽매였거나 만약 무색계에 얽매였거나, 만약 유학이거나 만약 무학이거나, 만약 비학(非學)이거나 만약 비학이 아니거나, 만약 견도에서 끊거나 만약 수도에서 끊거나 만약 끊을 것이 아니거나, 만약 내신에 있거나 만약 외신에 있거나 만약 두 가지 가운데에 있거나, 이와 같은 제법은 모두 무소유이므로 얻을 수 없습니다.

그 까닭이 무엇인가? 내공인 까닭이고 외공인 까닭이며 내외공인 까닭이고 공공인 까닭이며 대공인 까닭이고 승의공인 까닭이며 유위공인 까닭이고 무위공인 까닭이며 필경공인 까닭이고 무제공인 까닭이며 산공 인 까닭이고 무변이공인 까닭이며 본성공인 까닭이고 자상공인 까닭이며 공상공인 까닭이고 일체법공인 까닭이며 불가득공인 까닭이고 무성공인 까닭이며 자성공인 까닭이고 무성자성공인 까닭입니다.

사리자여. 만약 보살마하살이 반야바라밀다를 수행하면서 이와 같이 일체법은 모두가 무소유이므로 얻을 수 없다고 자세하게 관찰하는 때에 마음은 침울하거나 감추지도 않고 역시 근심하거나 뉘우치지도 않으며 그 마음이 놀라지도 않고 두려워하지도 않으며 겁내지도 않나니, 마땅히 이 보살마하살은 능히 반야바라밀다에서 항상 떠나지 않는 것이라고 아십시오."

이때 사리자가 선현에게 물어 말하였다.
"무슨 인연을 까닭으로 이 반야바라밀다를 수행하는 제보살마하살은 능히 반야바라밀다에서 항상 떠나지 않는다고 알 수 있습니까?"
선현이 대답하여 말하였다.
"이것으로써 보살마하살은 반야바라밀다를 수행하는 때에 반야바라밀 다는 반야바라밀다의 자성(自性)이 벗어났다고 여실(如實)하게 알고, 정려

·정진·안인·정계·보시바라밀다는 정려, 나아가 보시바라밀다의 자성이 벗어났다고 여실하게 압니다. 사리자여. 이것을 까닭으로 반야바라밀다를 수행하는 제보살마하살이 반야바라밀다에서 항상 벗어나지 않았다고 아는 것입니다.

사리자여. 이것으로써 보살마하살은 반야바라밀다를 수행하는 때에 색은 색의 자성이 벗어났다고 여실하게 알고, 수·상·행·식은 수·상·행·식의 자성이 벗어났다고 여실하게 알며, 안처는 안처의 자성이 벗어났다고 여실하게 알고, 이·비·설·신·의처는 이·비·설·신·의처의 자성이 벗어났다고 여실하게 알며, 색처는 색처의 자성이 벗어났다고 여실하게 알고. 성·향·미·촉·법처는 성·향·미·촉·법처의 자성이 벗어났다고 여실하게 압니다.

안계는 안계의 자성이 벗어났다고 여실하게 알고, 색계·안식계와 안촉·안촉을 인연으로 생겨난 여러 수가 색계, …… 나아가 …… 안촉을 인연으로 생겨나는 여러 수의 자성이 벗어났다고 여실하게 알며, 이계는 이계의 자성이 벗어났다고 여실하게 알고, 성계·이식계와 이촉·이촉을 인연으로 생겨나는 여러 수가 성계, …… 나아가 …… 이촉을 인연으로 생겨난 여러 수의 자성이 벗어났다고 여실하게 알며, 비계는 비계의 자성이 벗어났다고 여실하게 알고, 향계·비식계와 비촉·비촉을 인연으로 생겨나는 여러 수가 향계, …… 나아가 …… 비촉을 인연으로 생겨난 여러 수의 자성이 벗어났다고 여실하게 알며, 설계는 설계의 자성이 벗어났다고 여실하게 알고, 미계·설식계와 설촉·설촉을 인연으로 생겨난 여러 수가 미계, …… 나아가 …… 설촉을 인연으로 생겨나는 여러 수의 자성이 벗어났다고 여실하게 알며, 신계는 신계의 자성이 벗어났다고 여실하게 알고, 촉계·신식계와 신촉·신촉을 인연으로 생겨나는 여러 수가 촉계, …… 나아가 …… 신촉을 인연으로 생겨난 여러 수의 자성이 벗어났다고 여실하게 알며, 의계는 의계의 자성이 벗어났다고 여실하게 알고, 법계·의식계와 의촉·의촉을 인연으로 생겨나는 여러 수가 법계, …… 나아가 …… 의촉을 인연으로 생겨난 여러 수의 자성이 벗어났다고 여실하게 압니다.

지계는 지계의 자성이 벗어났다고 여실하게 알고, 수·화·풍·공·식계는 수·화·풍·공·식계의 자성이 벗어났다고 여실하게 알며, 고성제는 고성제의 자성이 벗어났다고 여실하게 알고, 집·멸·도성제는 집·멸·도성제의 자성이 벗어났다고 여실하게 알며, 무명은 무명의 자성이 벗어났다고 여실하게 알고, 행·식·명색·육처·촉·수·애·취·유·생·노사의 수탄고우뇌는 행, 나아가 노사의 수탄고우뇌의 자성이 벗어났다고 여실하게 알며, 내공은 내공의 자성이 벗어났다고 여실하게 알고, 외공·내외공·공공·대공·승의공·유위공·무위공·필경공·무제공·산공·무변이공·본성공·자상공·공상공·일체법공·불가득공·무성공·자성공·무성자성공은 외공, 나아가 무성자성공의 자성이 벗어났다고 여실하게 압니다.

4정려는 4정려의 자성이 벗어났다고 여실하게 알고, 4무량·4무색정은 4무량·4무색정의 자성이 벗어났다고 여실하게 알며, 5안은 5안의 자성이 벗어났다고 여실하게 알고, 6신통은 6신통의 자성이 벗어났다고 여실하게 알며, 4념주는 4념주의 자성이 벗어났다고 여실하게 알고, 4정단·4신족·5근·5력·7등각지·8성도지는 4정단, 나아가 8성도지의 자성이 벗어났다고 여실하게 알며, 여래의 10력은 여래의 10력의 자성이 벗어났다고 여실하게 알고, 4무소외·4무애해·대자·대비·대희·대사·18불불공법·일체지·도상지·일체상지는 4무소외, 나아가 일체상지의 자성이 벗어났다고 여실하게 압니다.

진여는 진여의 자성이 벗어났다고 여실하게 알고, 법계·법성·법주·법정·실제·평등성·이생성은 법계, 나아가 이생성의 자성이 벗어났다고 여실하게 알며, 예류는 예류의 자성이 벗어났다고 여실하게 알고, 일래·불환·아라한·독각은 일래, 나아가 독각의 자성이 벗어났다고 여실하게 알며, 보살은 보살의 자성이 벗어났다고 여실하게 알고, 여래는 여래의 자성이 벗어났다고 여실하게 압니다.

항상하거나 무상하다는 법은 항상하거나 무상하다는 법의 자성이 벗어났다고 여실하게 알고, 즐겁거나 괴롭거나, 나이거나 무아이거나, 청정하

거나 부정하거나, 공하거나 공하지 않거나, 무상이거나 유상이거나, 무원
이거나 유원이거나, 적정하거나 적정하지 않거나, 멀리 벗어났거나, 멀리
벗어나지 않았거나, 잡염이거나 청정하거나, 생겨나거나 소멸하거나,
유위이거나 무위이거나, 유루이거나 무루이거나, 선하거나 선하지 않거
나, 유죄이거나 무죄이거나, 세간이거나 출세간이거나, 생사에 속하거나
열반에 속하거나, 과거이거나 미래이거나 현재이거나, 선하거나 선하지
않거나 무기이거나, 욕계에 얽매였거나 색계에 얽매였거나 무색계의
얽매였거나, 유학이거나 무학이거나, 비학(非學)이거나 만약 비학이 아니
거나, 견도에서 끊거나 수도에서 끊거나 끊을 것이 아니거나, 내신에
있거나 만약 외신에 있거나 만약 두 가지의 가운데에 있는 법의 자성이
벗어났다고 여실하게 압니다.

사리자여 이것을 까닭으로 이 반야바라밀다를 수행하는 제보살마하살
이 반야바라밀다에서 항상 벗어나지 않는다고 아는 것입니다."

이때 사리자가 선현에게 물어 말하였다.

"무엇이 반야바라밀다의 자성이고, 무엇이 정려·정진·안인·정계·보시
바라밀다의 자성이며, …… 나아가 …… 무엇이 내신에 있거나 외신에
있거나 두 가지 가운데에 있는 법의 자성입니까?"

선현이 대답하여 말하였다.

"무성(無性)이 반야바라밀다의 자성이고, 무성이 정려·정진·안인·정계
·보시바라밀다의 자성이며, 내지 무성이 안에 있거나 밖에 있거나 두
가지의 가운데에 있더라도 법의 자성입니다. 사리자여. 이러한 까닭으로
반야바라밀다는 반야바라밀다의 자성을 벗어났다고 알아야 하고, 정려·
정진·안인·정계·보시바라밀다는 정려 나아가 보시바라밀다의 자성을
벗어났다고 알아야 하며, …… 나아가 …… 내신에 있거나 외신에 있거나
두 가지 가운데에 있더라도 법의 자성을 벗어났다고 알아야 합니다.

사리자여. 반야바라밀다는 반야바라밀다의 상(相)을 벗어났다고 알아
야 하고, 정려·정진·안인·정계·보시바라밀다는 정려 나아가 보시바라밀
다의 자성을 벗어났다고 알아야 하며, …… 나아가 …… 내신에 있거나

외신에 있거나 두 가지 가운데에 있더라도 법의 상을 벗어났다고 알아야 합니다. 사리자여. 자성(自性)은 역시 자성을 벗어났고 상(相)은 역시 상을 벗어났으며, 자성은 역시 상을 벗어났고 상은 역시 자성을 벗어났으며, 자성의 상(自性相)은 역시 상의 자성(相自性)을 벗어났고 상의 자성은 역시 자성의 상을 벗어났습니다."

이때 사리자가 선현에게 말하였다.

"만약 보살마하살이 이 가운데서 수학한다면 곧 능히 일체상지를 성취할 수 있습니까?"

선현이 대답하여 말하였다.

"그와 같습니다. 그와 같습니다. 진실로 말한 것과 같습니다. 만약 보살마하살이 이 가운데서 수학한다면 곧 능히 일체상지를 성취할 수 있습니다. 왜 그러한가? 사리자여. 이 보살마하살은 일체법에서 생겨나지 않고 성취되지 않는다고 아는 까닭입니다."

사리자가 말하였다.

"무슨 인연을 까닭으로 일체법에서 생겨나지 않고 성취되지 않습니까?"

선현이 대답하여 말하였다.

"색은 공한 까닭으로 색이 생겨나거나 성취하는 것은 얻을 수 없고, 수·상·행·식은 공한 까닭으로 수·상·행·식이 생겨나거나 성취하는 것은 얻을 수 없으며, 안처는 공한 까닭으로 안처가 생겨나거나 성취하는 것은 얻을 수 없고, 이·비설·신·의처는 공한 까닭으로 이·비설·신·의처가 생겨나거나 성취하는 것을 얻을 수 없으며, 색처는 공한 까닭으로 색처가 생겨나고 성취하는 것은 얻을 수 없고, 성·향미·촉·법처는 공한 까닭으로 이·비설·신·의처가 생겨나거나 성취하는 것은 얻을 수 없습니다.

안계·색계·안식계, …… 나아가 …… 안촉·안촉을 인연으로 생겨나는 여러 수는 공한 까닭으로 안계, 나아가 안촉을 인연으로 생겨나는 여러 수가 생겨나거나 성취하는 것을 얻을 수 없고, 이계·성계·이식계, …… 나아가 …… 이촉·이촉을 인연으로 생겨나는 여러 수는 공한 까닭으로 이계, …… 나아가 …… 이촉을 인연으로 생겨나는 여러 수가 생겨나거나 성취하는 것을 얻을 수 없고, 비계·향계·비식계, …… 나아가 …… 비촉·비촉을 인연으로 생겨나는 여러 수는 공한 까닭으로 비계, 나아가 비촉을 인연으로 생겨나는 여러 수가 생겨나거나 성취하는 것을 얻을 수 없고, 설계·미계·설식계, …… 나아가 …… 설촉·설촉을 인연으로 생겨나는 여러 수는 공한 까닭으로 설계, 나아가 설촉을 인연으로 생겨나는 여러 수가 생겨나거나 성취하는 것을 얻을 수 없고, 신계·촉계·신식계, …… 나아가 …… 신촉·신촉을 인연으로 생겨나는 여러 수는 공한 까닭으로 신계, 나아가 신촉을 인연으로 생겨나는 여러 수가 생겨나거나 성취하는 것을 얻을 수 없고, 의계·법계·의식계, …… 나아가 …… 의촉·의촉을 인연으로 생겨나는 여러 수는 공한 까닭으로 의계, 나아가 의촉을 인연으로 생겨나는 여러 수가 생겨나거나 성취하는 것을 얻을 수 없습니다.

지계는 공한 까닭으로 지계가 생겨나거나 성취하는 것을 얻을 수 없고, 수·화·풍·공·식계는 공한 까닭으로 수·화·풍·공·식계가 생겨나거나 성취하는 것을 얻을 수 없으며, 고성제는 공한 까닭으로 고성제가 생겨나거나 성취하는 것은 얻을 수 없고, 집·멸·도성제는 공한 까닭으로 집·멸·도성제가 생겨나거나 성취하는 것을 얻을 수 없으며, 무명은 공한 까닭으로 무명이 생겨나거나 성취하는 것은 얻을 수 없고, 행·식·명색·육처·촉·수·애·취·유·생·노사의 수탄고우뇌는 공한 까닭으로 행, 나아가 노사의 수탄고우뇌가 생겨나거나 성취하는 것을 얻을 수 없으며, 내공은 공한 까닭으로 내공이 생겨나거나 성취하는 것은 얻을 수 없고, 외공·내외공·공공·대공·승의공·유위공·무위공·필경공·무제공·산공·무변이공·본성공·자상공·공상공·일체법공·불가득공·무성공·자성공·무성자성공은 공한 까닭으로 외공, 나아가 무성자성공이 생겨나거나 성취하는 것을 얻을 수 없습니다.

4정려는 공한 까닭으로 4정려가 생겨나거나 성취하는 것을 얻을 수 없고, 4무량·4무색정은 공한 까닭으로 4무량·4무색정은 생겨나거나 성취하는 것을 얻을 수 없으며, 5안은 공한 까닭으로 5안이 생겨나거나 성취하는 것을 얻을 수 없고, 6신통은 공한 까닭으로 6신통이 생겨나거나 성취하는 것을 얻을 수 없으며, 보시바라밀다는 공한 까닭으로 보시바라밀다가 생겨나거나 성취하는 것을 얻을 수 없고, 정계·안인·정진·정려·반야바라밀다는 공한 까닭으로 정계 나아가 반야바라밀다가 생겨나거나 성취하는 것을 얻을 수 없으며, 4념주는 공한 까닭으로 4념주가 생겨나거나 성취하는 것을 얻을 수 없고, 4정단 나아가 8성도지는 공한 까닭으로 4무량·4무색정은 생겨나거나 성취하는 것을 얻을 수 없습니다.

여래의 10력은 공한 까닭으로 여래의 10력이 생겨나거나 성취하는 것을 얻을 수 없고, 4무소외·4무애해·대자·대비·대희·대사·18불불공법·일체지·도상지·일체상지는 공한 까닭으로 4무소외 나아가 일체상지는 생겨나거나 성취하는 것을 얻을 수 없으며, 진여는 공한 까닭으로 진여가 생겨나거나 성취하는 것을 얻을 수 없고, 법계·법성·법주·법정·실제·평등성·이생성은 공한 까닭으로 법계 나아가 이생성은 생겨나거나 성취하는 것을 얻을 수 없으며, 예류는 공한 까닭으로 예류가 생겨나거나 성취하는 것을 얻을 수 없고, 일래·불환·아라한·독각은 공한 까닭으로 일래 나아가 독각은 생겨나거나 성취하는 것을 얻을 수 없으며, 보살은 공한 까닭으로 보살이 생겨나거나 성취하는 것을 얻을 수 없고, 여래는 공한 까닭으로 여래가 생겨나고 성취하는 것을 얻을 수 없습니다.

항상하거나 무상하다는 법은 공한 까닭으로 항상하거나 무상하다는 법의 생겨나거나 성취하는 것을 얻을 수 없고, 즐겁거나 괴롭거나, 나이거나 무아이거나, 청정하거나 부정하거나, 공하거나 공하지 않거나, 무상이거나 유상이거나, 무원이거나 유원이거나, 적정하거나 적정하지 않거나, 멀리 벗어났거나, 멀리 벗어나지 않았거나, 잡염이거나 청정하거나, 생겨나거나 소멸하거나, 유위이거나 무위이거나, 유루이거나 무루이거나, 선하거나 선하지 않거나, 유죄이거나 무죄이거나, 세간이거나 출세간이거나, 생사에 속하거나 열반에 속하는 법은 공한 까닭으로 생겨나거나 성취하는 것을 얻을 수 없습니다.

과거이거나 미래이거나 현재이거나, 선하거나 선하지 않거나 무기이거나, 욕계에 얽매였거나 색계에 얽매였거나 무색계에 얽매였거나, 유학이

거나 무학이거나, 비학이거나 만약 비학이 아니거나, 견도에서 끊거나
수도에서 끊거나 끊을 것이 아니거나, 내신에 있거나 만약 외신에 있거나
만약 두 가지 가운데에 있는 법은 공한 까닭으로 생겨나거나 성취하는
것을 얻을 수 없습니다.

사리자여. 만약 보살마하살이 이와 같은 반야바라밀다의 수학을 짓는
다면 곧 일체상지에 가까워집니다. 이 보살마하살이 여여(如如)하게 일체
상지에 가까워진다면, 이와 같고 이와 같은 몸의 청정(淸淨)을 얻고 말의
청정을 얻으며 뜻의 청정을 얻고 상(相)의 청정을 얻습니다. 이 보살마하살
이 여여하게 몸의 청정을 얻고 말의 청정을 얻으며 뜻의 청정을 얻고
상의 청정을 얻는다면, 이와 같고 이와 같은 욕망과 함께 행하는 마음이
생겨나지 않고, 성냄과 함께 행하는 마음이 생겨나지 않으며, 어리석음과
함께 행하는 마음이 생겨나지 않고, 게으름과 함께 행하는 마음이 생겨나
지 않으며, 아첨과 함께 행하는 마음이 생겨나지 않고, 간탐과 함께
행하는 마음이 생겨나지 않으며, 일체의 견취(見趣)[1]와 함께 행하는 마음
이 생겨나지 않습니다.

보살마하살이 욕망과 함께 행하는 마음이 생겨나지 않고, 나아가 일체
의 견취와 함께 행하는 마음이 생겨나지 않는다면, 결국 여인이 태중(胎中)
에 떨어지지 않고 항상 화생(化生)[2]의 몸을 받으며, 역시 유정(有情)[3]을
이익되게 하고 즐겁게 하기 위하는 인연을 제외하고는 영원히 여러 험악한
세상(趣)에 태어나지 않으며, 한 불국토로부터 한 불국토에 이르면서 제불·세
존께 공양하고 공경하며 존중하고 찬탄하며 유정을 성숙시키고 불국토를
청정하게 장엄하고, 나아가 아뇩다라삼먁삼보리(阿耨多羅三藐三菩提)[4]

---

1) 견해를 일으켜서 나아가는 것이다.
2) 산스크리트어 upa-pāduka의 번역이고, 유정이 태어나는 네 가지의 형태 가운데에
   서 하나이다. '아수라(阿修羅)', '천인(天人)' 등을 가리킨다.
3) 산스크리트어 sattva의 번역이고, 이전에는 중생(衆生)이라 한역하였으나, 당 현장
   (玄奘)은 유정이라 한역하였다.
4) 산스크리트어 anuttara-samyak-sambodhi의 음사이다. 'a'는 무(無)의 뜻이고,
   'nuttara'는 위(上)라는 뜻이므로 곧 무상(無上)의 뜻이며, 'samyak'은 정(正)의

를 증득하여 항상 여래(佛)를 벗어나지 않습니다. 사리자여. 보살마하살이 위에서와 같은 공덕과 수승한 이익을 얻고자 한다면 마땅히 반야바라밀다를 수학해야 하고 상응하면서 버리고 벗어나지 않아야 합니다."

그때 구수 선현이 세존께 아뢰어 말하였다.

"세존이시여. 만약 보살마하살이 방편선교가 없으나 반야바라밀다를 수행하는 때에, 만약 색(色)을 행(行)하거나 만약 색의 상(相)을 행한다면 반야바라밀다를 수행한 것은 아니고, 만약 수·상·행·식을 행하거나 만약 수·상·행·식의 상을 행한다면 반야바라밀다를 행한 것이 아니며, 만약 색의 항상하거나 무상하다는 것을 행하거나 만약 색의 항상하거나 무상하다는 상을 행한다면 반야바라밀다를 행한 것은 아니고, 만약 수·상·행·식의 항상하거나 무상하다는 것을 행하거나 만약 수·상·행·식의 항상하거나 무상하다는 상을 행한다면 반야바라밀다를 행한 것이 아니며, 만약 색의 즐겁거나 괴롭다는 것을 행하거나 만약 색의 즐겁거나 괴롭다는 상을 행한다면 반야바라밀다를 행한 것은 아니고, 만약 수·상·행·식의 즐겁거나 괴롭다는 것을 행하거나 만약 수·상·행·식의 즐겁거나 괴롭다는 상을 행한다면 반야바라밀다를 행한 것이 아니며, 만약 색의 나이거나 무아라는 것을 행하거나 만약 색의 나이거나 무아라는 상을 행한다면 반야바라밀다를 행한 것은 아니고, 만약 수·상·행·식의 나이거나 무아라는 것을 행하거나 만약 수·상·행·식의 나이거나 무아라는 상을 행한다면 반야바라밀다를 행한 것이 아닙니다.

만약 색의 청정하거나 부정하다는 것을 행하거나 만약 색의 청정하거나 부정하다는 상을 행한다면 반야바라밀다를 행한 것은 아니고, 만약 수·상·행·식의 청정하거나 부정하다는 것을 행하거나 만약 수·상·행·식의 청정하거나 부정하다는 상을 행한다면 반야바라밀다를 행한 것이 아니며,

---

뜻이고, 'sam'은 변(遍)의 뜻이며, 'bodhi'는 '지혜(智慧)를 뜻하므로 즉, '무상정변지(無上正遍智)'의 뜻이다. 또는 '무상정등각(無上正等覺)', '무상정등보리(無上正等菩提)'의 한역도 찾아볼 수 있다.

만약 색의 공하거나 공하지 않는다는 것을 행하거나 만약 색의 공하거나 공하지 않는다는 상을 행한다면 반야바라밀다를 행한 것이 아니고, 만약 수·상·행·식의 공하거나 공하지 않는다는 것을 행하거나 만약 수·상·행·식의 공하거나 공하지 않는다는 상을 행한다면 반야바라밀다를 행한 것이 아니며, 만약 색의 무상이거나 유상이라는 것을 행하거나 만약 색의 무상이거나 유상이라는 상을 행한다면 반야바라밀다를 행한 것은 아니고, 만약 수·상·행·식의 무상이거나 유상이라는 것을 행하거나 만약 수·상·행·식의 무상이거나 유상이라는 상을 행한다면 반야바라밀다를 행한 것이 아닙니다.

　만약 색의 무원이거나 유원이라는 것을 행하거나 만약 색의 무원이거나 유원이라는 상을 행한다면 반야바라밀다를 행한 것이 아니고, 만약 수·상·행·식의 무원이거나 유원이라는 것을 행하거나 만약 수·상·행·식의 무원이거나 유원이라는 상을 행한다면 반야바라밀다를 행한 것이 아니며, 만약 색의 적정하거나 적정하지 않다는 것을 행하거나 만약 색의 적정하거나 적정하지 않다는 상을 행한다면 반야바라밀다를 행한 것이 아니고, 만약 수·상·행·식의 적정하거나 적정하지 않다는 것을 행하거나 만약 수·상·행·식의 적정하거나 적정하지 않다는 상을 행한다면 반야바라밀다를 행한 것이 아니며, 만약 색의 멀리 벗어나거나 멀리 벗어나지 않는다는 것을 행하거나 만약 색의 멀리 벗어나거나 멀리 벗어나지 않는다는 상을 행한다면 반야바라밀다를 행한 것이 아니고, 만약 수·상·행·식의 멀리 벗어나거나 멀리 벗어나지 않는다는 것을 행하거나 만약 수·상·행·식의 멀리 벗어나거나 멀리 벗어나지 않는다는 상을 행한다면 반야바라밀다를 행한 것이 아니옵니다.

　세존이시여. 만약 보살마하살이 방편선교가 없으나 반야바라밀다를 수행하는 때에, 만약 안처(眼處)를 행하거나 만약 안처의 상(相)을 행한다면 반야바라밀다를 수행한 것은 아니고, 만약 이·비·설·신·의처를 행하거나 만약 이·비·설·신·의처의 상을 행한다면 반야바라밀다를 행한 것이 아니며, 만약 안처의 항상하거나 무상하다는 것을 행하거나 만약 안처의

항상하거나 무상하다는 상을 행한다면 반야바라밀다를 행한 것은 아니고,
만약 이·비·설·신·의처의 항상하거나 무상하다는 것을 행하거나 만약
이·비·설·신·의처의 항상하거나 무상하다는 상을 행한다면 반야바라밀
다를 행한 것이 아니며, 만약 안처의 즐겁거나 괴롭다는 것을 행하거나
만약 안처의 즐겁거나 괴롭다는 상을 행한다면 반야바라밀다를 행한
것은 아니고, 만약 이·비·설·신·의처의 즐겁거나 괴롭다는 것을 행하거나
만약 이·비·설·신·의처의 즐겁거나 괴롭다는 상을 행한다면 반야바라밀
다를 행한 것이 아니며, 만약 안처의 나이거나 무아라는 것을 행하거나
만약 안처의 나이거나 무아라는 상을 행한다면 반야바라밀다를 행한
것은 아니고, 만약 이·비·설·신·의처의 나이거나 무아라는 것을 행하거나
만약 이·비·설·신·의처의 나이거나 무아라는 상을 행한다면 반야바라밀
다를 행한 것이 아닙니다.

　만약 안처의 청정하거나 부정하다는 것을 행하거나 만약 안처의 청정하
거나 부정하다는 상을 행한다면 반야바라밀다를 행한 것은 아니고, 만약
이·비·설·신·의처의 청정하거나 부정하다는 것을 행하거나 만약 이·비·
설·신·의처의 청정하거나 부정하다는 상을 행한다면 반야바라밀다를
행한 것이 아니며, 만약 안처의 공하거나 공하지 않는다는 것을 행하거나
만약 안처의 공하거나 공하지 않는다는 상을 행한다면 반야바라밀다를
행한 것이 아니고, 만약 이·비·설·신·의처의 공하거나 공하지 않는다는
행하거나 만약 이·비·설·신·의처의 공하거나 공하지 않는다는 상을 행한
다면 반야바라밀다를 행한 것이 아니며, 만약 안처의 무상이거나 유상이
라는 것을 행하거나 만약 안처의 무상이거나 유상이라는 상을 행한다면
반야바라밀다를 행한 것은 아니고, 만약 이·비·설·신·의처의 무상이거나
유상이라는 것을 행하거나 만약 이·비·설·신·의처의 무상이거나 유상이
라는 상을 행한다면 반야바라밀다를 행한 것이 아닙니다.

　만약 안처의 무원이거나 유원이라는 것을 행하거나 만약 안처의 무원이
거나 유원이라는 상을 행한다면 반야바라밀다를 행한 것이 아니고, 만약
이·비·설·신·의처의 무원이거나 유원이라는 것을 행하거나 만약 이·비·

설·신·의처의 무원이거나 유원이라는 상을 행한다면 반야바라밀다를 행한 것이 아니며, 만약 안처의 적정하거나 적정하지 않다는 것을 행하거나 만약 안처의 적정하거나 적정하지 않다는 상을 행한다면 반야바라밀다를 행한 것이 아니고, 만약 이·비·설·신·의처의 적정하거나 적정하지 않다는 것을 행하거나 만약 이·비·설·신·의처의 적정하거나 적정하지 않다는 상을 행한다면 반야바라밀다를 행한 것이 아니며, 만약 안처의 멀리 벗어나거나 멀리 벗어나지 않는다는 것을 행하거나 만약 안처의 멀리 벗어나거나 멀리 벗어나지 않는다는 상을 행한다면 반야바라밀다를 행한 것이 아니고, 만약 이·비·설·신·의처의 멀리 벗어나거나 멀리 벗어나지 않는다는 것을 행하거나 만약 이·비·설·신·의처의 멀리 벗어나거나 멀리 벗어나지 않는다는 상을 행한다면 반야바라밀다를 행한 것이 아닙니다.

만약 색처(色處)를 행하거나 만약 색처의 상을 행한다면 반야바라밀다를 수행한 것은 아니고, 만약 성·향·미·촉·법처를 행하거나 만약 성·향·미·촉·법처의 상을 행한다면 반야바라밀다를 행한 것이 아니며, 만약 색처의 항상하거나 무상하다는 것을 행하거나 만약 색처의 항상하거나 무상하다는 상을 행한다면 반야바라밀다를 행한 것은 아니고, 만약 성·향·미·촉·법처의 항상하거나 무상하다는 것을 행하거나 만약 성·향·미·촉·법처의 항상하거나 무상하다는 상을 행한다면 반야바라밀다를 행한 것이 아니며, 만약 색처의 즐겁거나 괴롭다는 것을 행하거나 만약 색처의 즐겁거나 괴롭다는 상을 행한다면 반야바라밀다를 행한 것은 아니고, 만약 성·향·미·촉·법처의 즐겁거나 괴롭다는 것을 행하거나 만약 성·향·미·촉·법처의 즐겁거나 괴롭다는 상을 행한다면 반야바라밀다를 행한 것이 아니며, 만약 색처의 나이거나 무아라는 것을 행하거나 만약 색처의 나이거나 무아라는 상을 행한다면 반야바라밀다를 행한 것은 아니고, 만약 성·향·미·촉·법처의 나이거나 무아라는 것을 행하거나 만약 성·향·미·촉·법처의 나이거나 무아라는 상을 행한다면 반야바라밀다를 행한 것이 아닙니다.

만약 색처의 청정하거나 부정하다는 것을 행하거나 만약 색처의 청정하거나 부정하다는 상을 행한다면 반야바라밀다를 행한 것은 아니고, 만약 성·향·미·촉·법처의 청정하거나 부정하다는 것을 행하거나 만약 성·향·미·촉·법처의 청정하거나 부정하다는 상을 행한다면 반야바라밀다를 행한 것이 아니며, 만약 색처의 공하거나 공하지 않는다는 것을 행하거나 만약 색처의 공하거나 공하지 않는다는 상을 행한다면 반야바라밀다를 행한 것이 아니고, 만약 성·향·미·촉·법처의 공하거나 공하지 않는다는 것을 행하거나 만약 성·향·미·촉·법처의 공하거나 공하지 않는다는 상을 행한다면 반야바라밀다를 행한 것이 아니며, 만약 색처의 무상이거나 유상이라는 것을 행하거나 만약 색처의 무상이거나 유상이라는 상을 행한다면 반야바라밀다를 행한 것은 아니고, 만약 성·향·미·촉·법처의 무상이거나 유상이라는 것을 행하거나 만약 성·향·미·촉·법처의 무상이거나 유상이라는 상을 행한다면 반야바라밀다를 행한 것이 아닙니다.

만약 색처의 무원이거나 유원이라는 것을 행하거나 만약 색처의 무원이거나 유원이라는 상을 행한다면 반야바라밀다를 행한 것이 아니고, 만약 성·향·미·촉·법처의 무원이거나 유원이라는 것을 행하거나 만약 성·향·미·촉·법처의 무원이거나 유원이라는 상을 행한다면 반야바라밀다를 행한 것이 아니며, 만약 색처의 적정하거나 적정하지 않다는 것을 행하거나 만약 색처의 적정하거나 적정하지 않다는 상을 행한다면 반야바라밀다를 행한 것이 아니고, 만약 성·향·미·촉·법처의 적정하거나 적정하지 않다는 것을 행하거나 만약 성·향·미·촉·법처의 적정하거나 적정하지 않다는 상을 행한다면 반야바라밀다를 행한 것이 아니며, 만약 색처의 멀리 벗어나거나 멀리 벗어나지 않는다는 것을 행하거나 만약 색처의 멀리 벗어나거나 멀리 벗어나지 않는다는 상을 행한다면 반야바라밀다를 행한 것이 아니고, 만약 성·향·미·촉·법처의 멀리 벗어나거나 멀리 벗어나지 않는다는 것을 행하거나 만약 성·향·미·촉·법처의 멀리 벗어나거나 멀리 벗어나지 않는다는 상을 행한다면 반야바라밀다를 행한 것이 아닙니다.

세존이시여. 만약 보살마하살이 방편선교가 없으나 반야바라밀다를 수행하는 때에, 만약 안계, 나아가 안촉을 인연으로 생겨난 여러 수를 행하거나 만약 안계·색계·안식계, …… 나아가 …… 안촉·안촉을 인연으로 생겨난 여러 수의 상을 행한다면 반야바라밀다를 수행한 것은 아니고, 만약 안계·색계·안식계, …… 나아가 …… 안촉·안촉을 인연으로 생겨난 여러 수가 항상하거나 무상하다고 행하거나 만약 안계, 나아가 안촉을 인연으로 생겨난 여러 수의 상이 항상하거나 무상하다고 행한다면 반야바라밀다를 행한 것이 아니며, 만약 안계·색계·안식계, …… 나아가 …… 안촉·안촉을 인연으로 생겨난 여러 수의 즐겁거나 괴롭다는 것을 행하거나 만약 안계, 나아가 안촉을 인연으로 생겨난 여러 수의 즐겁거나 괴롭다는 상을 행한다면 반야바라밀다를 행한 것은 아니고, 만약 안계·색계·안식계, …… 나아가 …… 안촉·안촉을 인연으로 생겨난 여러 수의 나이거나 무아라는 것을 행하거나 만약 안계, 나아가 안촉을 인연으로 생겨난 여러 수의 나이거나 무아라는 상을 행한다면 반야바라밀다를 행한 것은 아닙니다.

만약 안계·색계·안식계, …… 나아가 …… 안촉·안촉을 인연으로 생겨난 여러 수의 청정하거나 부정하다는 것을 행하거나, 만약 안계, 나아가 안촉을 인연으로 생겨난 여러 수의 청정하거나 부정하다는 상을 행한다면 반야바라밀다를 행한 것은 아니고, 만약 안계·색계·안식계, …… 나아가 …… 안촉·안촉을 인연으로 생겨난 여러 수의 공하거나 공하지 않는다는 것을 행하거나 안계, 나아가 안촉을 인연으로 생겨난 여러 수의 공하거나 공하지 않는다는 상을 행한다면 반야바라밀다를 행한 것이 아니며, 만약 안계·색계·안식계, …… 나아가 …… 안촉·안촉을 인연으로 생겨난 여러 수의 무상이거나 유상이라는 것을 행하거나 만약 안계, 나아가 안촉을 인연으로 생겨난 여러 수의 무상이거나 유상이라는 상을 행한다면 반야바라밀다를 행한 것은 아니고, 만약 안계·색계·안식계, …… 나아가 …… 안촉·안촉을 인연으로 생겨난 여러 수의 무원이거나 유원이라는 것을 행하거나 만약 안계, 나아가 안촉을 인연으로 생겨난 여러 수의 무원이거나 유원이라는 상을 행한다면 반야바라밀다를 행한 것이 아닙니다.

만약 안계·색계·안식계, …… 나아가 …… 안촉·안촉을 인연으로 생겨난 여러 수의 적정하거나 적정하지 않다는 것을 행하거나 만약 안계,

나아가 안촉을 인연으로 생겨난 여러 수의 적정하거나 적정하지 않다는 상을 행한다면 반야바라밀다를 행한 것이 아니고, 만약 안계·색계·안식계, …… 나아가 …… 안촉·안촉을 인연으로 생겨난 여러 수의 멀리 벗어나거나 멀리 벗어나지 않는다는 것을 행하거나 만약 안계, 나아가 안촉을 인연으로 생겨난 여러 수의 멀리 벗어나거나 멀리 벗어나지 않는다는 상을 행한다면 반야바라밀다를 행한 것이 아닙니다.

만약 이계·성계·이식계, …… 나아가 …… 이촉·이촉을 인연으로 생겨난 여러 수를 행하거나 만약 이계, 나아가 이촉을 인연으로 생겨난 여러 수의 상을 행한다면 반야바라밀다를 수행한 것은 아니고, 만약 이계·성계·이식계, …… 나아가 …… 이촉·이촉을 인연으로 생겨난 여러 수가 항상하거나 무상하다고 행하거나 만약 이계·성계·이식계, …… 나아가 …… 이촉·이촉을 인연으로 생겨난 여러 수의 상이 항상하거나 무상하다고 행하거나 행한다면 반야바라밀다를 행한 것이 아니며, 만약 이계, 나아가 이촉을 인연으로 생겨난 여러 수의 즐겁거나 괴롭다는 것을 행하거나 만약 이계·성계·이식계, …… 나아가 …… 이촉·이촉을 인연으로 생겨난 여러 수의 즐겁거나 괴롭다는 상을 행한다면 반야바라밀다를 행한 것은 아니고, 만약 이계·성계·이식계, …… 나아가 …… 이촉·이촉을 인연으로 생겨난 여러 수의 나이거나 무아라는 것을 행하거나 만약 이계, 나아가 이촉을 인연으로 생겨난 여러 수의 나이거나 무아라는 상을 행한다면 반야바라밀다를 행한 것은 아닙니다.

만약 이계·성계·이식계, …… 나아가 …… 이촉·이촉을 인연으로 생겨난 여러 수의 청정하거나 부정하다는 것을 행하거나 만약 이계, 나아가 이촉을 인연으로 생겨난 여러 수의 청정하거나 부정하다는 상을 행한다면 반야바라밀다를 행한 것은 아니고, 만약 이계·성계·이식계, …… 나아가 …… 이촉·이촉을 인연으로 생겨난 여러 수의 공하거나 공하지 않는다는 것을 행하거나 만약 이계, 나아가 이촉을 인연으로 생겨난 여러 수의 공하거나 공하지 않는다는 상을 행한다면 반야바라밀다를 행한 것이 아니며, 만약 이계·성계·이식계, …… 나아가 …… 이촉·이촉을 인연으로 생겨난 여러 수의 무상이거나 유상이라는 것을 행하거나 만약 이계, 나아가 이촉을 인연으로 생겨난 여러 수의 무상이거나 유상이라는 상을 행한다면 반야바라밀다를 행한 것은 아니고, 만약 이계·성계·이식계, …… 나아가 …… 이촉·이촉을 인연으로 생겨난 여러 수의 무원이거나 유원이라는 것을 행하거나 만약 이계, 나아가 이촉을 인연으로 생겨난 여러 수의 무원이거나 유원이라는 상을 행한다면 반야바라밀다를 행한 것이 아닙니다.

만약 이계·성계·이식계, …… 나아가 …… 이촉·이촉을 인연으로 생겨난 여러 수의 적정하거나 적정하지 않다는 것을 행하거나 만약 이계, 나아가 이촉을 인연으로 생겨난 여러 수의 적정하거나 적정하지 않다는 상을 행한다면 반야바라밀다를 행한 것이 아니고, 만약 이계·성계·이식계, …… 나아가 …… 이촉·이촉을 인연으로 생겨난 여러 수의 멀리 벗어나거나 멀리 벗어나지 않는다는 것을 행하거나 만약 이계, 나아가 이촉을 인연으로 생겨난 여러 수의 멀리 벗어나거나 멀리 벗어나지 않는다는 상을 행한다면 반야바라밀다를 행한 것이 아닙니다.

만약 비계·향계·비식계, …… 나아가 …… 비촉·비촉을 인연으로 생겨난 여러 수를 행하거나 비계, 나아가 비촉을 인연으로 생겨난 여러 수의 상을 행한다면 반야바라밀다를 수행한 것은 아니고, 만약 비계·향계·비식계, …… 나아가 …… 비촉·비촉을 인연으로 생겨난 여러 수가 항상하거나 무상하다고 행하거나 만약 비계, 나아가 비촉을 인연으로 생겨난 여러 수의 상이 항상하거나 무상하다고 행하거나 반야바라밀다를 행한 것이 아니며, 만약 비계·향계·비식계, …… 나아가 …… 비촉·비촉을 인연으로 생겨난 여러 수의 즐겁거나 괴롭다는 것을 행하거나 만약 비계, 나아가 비촉을 인연으로 생겨난 여러 수의 즐겁거나 괴롭다는 상을 행한다면 반야바라밀다를 행한 것은 아니고, 만약 비계·향계·비식계, …… 나아가 …… 비촉·비촉을 인연으로 생겨난 여러 수의 나이거나 무아라는 것을 행하거나 비계, 나아가 비촉을 인연으로 생겨난 여러 수의 나이거나 무아라는 상을 행한다면 반야바라밀다를 행한 것은 아닙니다.

　만약 비계·향계·비식계, …… 나아가 …… 비촉·비촉을 인연으로 생겨
난 여러 수의 청정하거나 부정하다는 것을 행하거나 만약 비계, 나아가
비촉을 인연으로 생겨난 여러 수의 청정하거나 부정하다는 상을 행한다면
반야바라밀다를 행한 것은 아니고, 만약 비계·향계·비식계, …… 나아가
…… 비촉·비촉을 인연으로 생겨난 여러 수의 공하거나 공하지 않는다는
것을 행하거나 만약 비계, 나아가 비촉을 인연으로 생겨난 여러 수의
공하거나 공하지 않는다는 상을 행한다면 반야바라밀다를 행한 것이
아니며, 만약 비계·향계·비식계, …… 나아가 …… 비촉·비촉을 인연으로
생겨난 여러 수의 무상이거나 유상이라는 것을 행하거나 만약 비계,
나아가 비촉을 인연으로 생겨난 여러 수의 무상이거나 유상이라는 상을
행한다면 반야바라밀다를 행한 것은 아니고, 만약 비계·향계·비식계,
…… 나아가 …… 비촉·비촉을 인연으로 생겨난 여러 수의 무원이거나
유원이라는 것을 행하거나 만약 비계, 나아가 비촉을 인연으로 생겨난
여러 수의 무원이거나 유원이라는 상을 행한다면 반야바라밀다를 행한
것이 아닙니다.

　만약 비계·향계·비식계, …… 나아가 …… 비촉·비촉을 인연으로 생겨
난 여러 수의 적정하거나 적정하지 않다는 것을 행하거나 만약 비계,
나아가 비촉을 인연으로 생겨난 여러 수의 적정하거나 적정하지 않다는
상을 행한다면 반야바라밀다를 행한 것이 아니고, 만약 비계·향계·비식
계, …… 나아가 …… 비촉·비촉을 인연으로 생겨난 여러 수의 멀리 벗어나
거나 멀리 벗어나지 않는다는 것을 행하거나 만약 비계, 나아가 비촉을
인연으로 생겨난 여러 수의 멀리 벗어나거나 멀리 벗어나지 않는다는
상을 행한다면 반야바라밀다를 행한 것이 아닙니다.

　만약 설계·미계·설식계, …… 나아가 …… 설촉·설촉을 인연으로 생겨
난 여러 수를 행하거나 만약 설계, 나아가 설촉·설촉을 인연으로 생겨난
여러 수의 상을 행한다면 반야바라밀다를 수행한 것은 아니고, 만약
설계·미계·설식계, …… 나아가 …… 설촉·설촉을 인연으로 생겨난 여러
수가 항상하거나 무상하다고 행하거나 만약 설계, 나아가 설촉·설촉을

인연으로 생겨난 여러 수의 상이 항상하거나 무상하다고 행하거나 반야바라밀다를 행한 것이 아니며, 만약 설계·미계·설식계, …… 나아가 …… 설촉·설촉을 인연으로 생겨난 여러 수의 즐겁거나 괴롭다는 것을 행하거나 만약 설계, 나아가 설촉·설촉을 인연으로 생겨난 여러 수의 즐겁거나 괴롭다는 상을 행한다면 반야바라밀다를 행한 것은 아니고, 만약 설계·미계·설식계, …… 나아가 …… 설촉·설촉을 인연으로 생겨난 여러 수의 나이거나 무아라는 것을 행하거나 만약 설계, 나아가 설촉·설촉을 인연으로 생겨난 여러 수의 나이거나 무아라는 상을 행한다면 반야바라밀다를 행한 것은 아닙니다.

만약 설계·미계·설식계, …… 나아가 …… 설촉·설촉을 인연으로 생겨난 여러 수의 청정하거나 부정하다는 것을 행하거나 만약 설계, 나아가 설촉·설촉을 인연으로 생겨난 여러 수의 청정하거나 부정하다는 상을 행한다면 반야바라밀다를 행한 것은 아니고, 만약 설계·미계·설식계, …… 나아가 …… 설촉·설촉을 인연으로 생겨난 여러 수의 공하거나 공하지 않는다는 것을 행하거나 만약 설계, 나아가 설촉·설촉을 인연으로 생겨난 여러 수의 공하거나 공하지 않는다는 상을 행한다면 반야바라밀다를 행한 것이 아니며, 만약 설계·미계·설식계, …… 나아가 …… 설촉·설촉을 인연으로 생겨난 여러 수의 무상이거나 유상이라는 것을 행하거나 만약 설계, 나아가 설촉·설촉을 인연으로 생겨난 여러 수의 무상이거나 유상이라는 상을 행한다면 반야바라밀다를 행한 것은 아니고, 만약 설계·미계·설식계, …… 나아가 …… 설촉·설촉을 인연으로 생겨난 여러 수의 무원이거나 유원이라는 것을 행하거나 만약 설계, 나아가 설촉·설촉을 인연으로 생겨난 여러 수의 무원이거나 유원이라는 상을 행한다면 반야바라밀다를 행한 것이 아닙니다.

만약 설계·미계·설식계, …… 나아가 …… 설촉·설촉을 인연으로 생겨난 여러 수의 적정하거나 적정하지 않다는 것을 행하거나 만약 설계, 나아가 설촉·설촉을 인연으로 생겨난 여러 수의 적정하거나 적정하지 않다는 상을 행한다면 반야바라밀다를 행한 것이 아니고, 만약 설계·미계·

설식계, …… 나아가 …… 설촉·설촉을 인연으로 생겨난 여러 수의 멀리
벗어나거나 멀리 벗어나지 않는다는 것을 행하거나 만약 설계, 나아가
설촉·설촉을 인연으로 생겨난 여러 수의 멀리 벗어나거나 멀리 벗어나지
않는다는 상을 행한다면 반야바라밀다를 행한 것이 아닙니다.

　만약 신계·의계·신식계, …… 나아가 …… 신촉·신촉을 인연으로 생겨
난 여러 수를 행하거나 만약 신계, 나아가 신촉을 인연으로 생겨난 여러
수의 상을 행한다면 반야바라밀다를 수행한 것은 아니고, 만약 신계·의계·
신식계, …… 나아가 …… 신촉·신촉을 인연으로 생겨난 여러 수가 항상하
거나 무상하다고 행하거나 만약 신계, 나아가 신촉을 인연으로 생겨난
여러 수의 상이 항상하거나 무상하다고 행하거나 반야바라밀다를 행한
것이 아니며, 만약 신계·의계·신식계, …… 나아가 …… 신촉·신촉을
인연으로 생겨난 여러 수의 즐겁거나 괴롭다는 것을 행하거나 만약 신계,
나아가 신촉을 인연으로 생겨난 여러 수의 즐겁거나 괴롭다는 상을 행한다
면 반야바라밀다를 행한 것은 아니고, 만약 신계·의계·신식계, …… 나아
가 …… 신촉·신촉을 인연으로 생겨난 여러 수의 나이거나 무아라는
것을 행하거나 만약 신계, 나아가 신촉을 인연으로 생겨난 여러 수의
나이거나 무아라는 상을 행한다면 반야바라밀다를 행한 것은 아닙니다.

　만약 신계·의계·신식계, …… 나아가 …… 신촉·신촉을 인연으로 생겨
난 여러 수의 청정하거나 부정하다는 것을 행하거나 만약 신계, 나아가
신촉을 인연으로 생겨난 여러 수의 청정하거나 부정하다는 상을 행한다면
반야바라밀다를 행한 것은 아니고, 만약 신계·의계·신식계, …… 나아가
…… 신촉·신촉을 인연으로 생겨난 여러 수의 공하거나 공하지 않는다는
것을 행하거나 만약 신계, 나아가 신촉을 인연으로 생겨난 여러 수의
공하거나 공하지 않는다는 상을 행한다면 반야바라밀다를 행한 것이
아니며, 만약 신계·의계·신식계, …… 나아가 …… 신촉·신촉을 인연으로
생겨난 여러 수의 무상이거나 유상이라는 것을 행하거나 만약 신계,
나아가 신촉을 인연으로 생겨난 여러 수의 무상이거나 유상이라는 상을
행한다면 반야바라밀다를 행한 것은 아니고, 만약 신계·의계·신식계,

······ 나아가 ······ 신촉·신촉을 인연으로 생겨난 여러 수의 무원이거나 유원이라는 것을 행하거나 만약 신계, 나아가 신촉을 인연으로 생겨난 여러 수의 무원이거나 유원이라는 상을 행한다면 반야바라밀다를 행한 것이 아닙니다.

만약 신계·의계·신식계, ······ 나아가 ······ 신촉·신촉을 인연으로 생겨난 여러 수의 적정하거나 적정하지 않다는 것을 행하거나 만약 신계, 나아가 신촉을 인연으로 생겨난 여러 수의 적정하거나 적정하지 않다는 상을 행한다면 반야바라밀다를 행한 것이 아니고, 만약 신계·의계·신식계, ······ 나아가 ······ 신촉·신촉을 인연으로 생겨난 여러 수의 멀리 벗어나거나 멀리 벗어나지 않는다는 것을 행하거나 만약 신계, 나아가 신촉을 인연으로 생겨난 여러 수의 멀리 벗어나거나 멀리 벗어나지 않는다는 상을 행한다면 반야바라밀다를 행한 것이 아닙니다.

만약 의계·법계·의식계, ······ 나아가 ······ 의촉·의촉을 인연으로 생겨난 여러 수를 행하거나 만약 의계, 나아가 의촉을 인연으로 생겨난 여러 수의 상을 행한다면 반야바라밀다를 수행한 것은 아니고, 만약 의계·법계·의식계, ······ 나아가 ······ 의촉·의촉을 인연으로 생겨난 여러 수가 항상하거나 무상하다고 행하거나 만약 의계, 나아가 의촉을 인연으로 생겨난 여러 수의 상이 항상하거나 무상하다고 행하거나 반야바라밀다를 행한 것이 아니며, 만약 의계·법계·의식계, ······ 나아가 ······ 의촉·의촉을 인연으로 생겨난 여러 수의 즐겁거나 괴롭다는 것을 행하거나 만약 의계, 나아가 의촉을 인연으로 생겨난 여러 수의 즐겁거나 괴롭다는 상을 행한다면 반야바라밀다를 행한 것은 아니고, 만약 의계·법계·의식계, ······ 나아가 ······ 의촉·의촉을 인연으로 생겨난 여러 수의 나이거나 무아라는 것을 행하거나 만약 의계, 나아가 의촉을 인연으로 생겨난 여러 수의 나이거나 무아라는 상을 행한다면 반야바라밀다를 행한 것은 아닙니다.

만약 의계·법계·의식계, ······ 나아가 ······ 의촉·의촉을 인연으로 생겨난 여러 수의 청정하거나 부정하다는 것을 행하거나 만약 의계, 나아가 의촉을 인연으로 생겨난 여러 수의 청정하거나 부정하다는 상을 행한다면

반야바라밀다를 행한 것은 아니고, 만약 의계·법계·의식계, …… 나아가
…… 의촉·의촉을 인연으로 생겨난 여러 수의 공하거나 공하지 않는다는
것을 행하거나 만약 의계, 나아가 의촉을 인연으로 생겨난 여러 수의
공하거나 공하지 않는다는 상을 행한다면 반야바라밀다를 행한 것이
아니며, 만약 의계·법계·의식계, …… 나아가 …… 의촉·의촉을 인연으로
생겨난 여러 수의 무상이거나 유상이라는 것을 행하거나 만약 의계,
나아가 의촉을 인연으로 생겨난 여러 수의 무상이거나 유상이라는 상을
행한다면 반야바라밀다를 행한 것은 아니고, 만약 의계·법계·의식계,
…… 나아가 …… 의촉·의촉을 인연으로 생겨난 여러 수의 무원이거나
유원이라는 것을 행하거나 만약 의계, 나아가 의촉을 인연으로 생겨난
여러 수의 무원이거나 유원이라는 상을 행한다면 반야바라밀다를 행한
것이 아닙니다.

　만약 의계·법계·의식계, …… 나아가 …… 의촉·의촉을 인연으로 생겨
난 여러 수의 적정하거나 적정하지 않다는 것을 행하거나 만약 의계,
나아가 의촉을 인연으로 생겨난 여러 수의 적정하거나 적정하지 않다는
상을 행한다면 반야바라밀다를 행한 것이 아니고, 만약 의계·법계·의식
계, …… 나아가 …… 의촉·의촉을 인연으로 생겨난 여러 수의 멀리 벗어나
거나 멀리 벗어나지 않는다는 것을 행하거나 만약 의계, 나아가 의촉을
인연으로 생겨난 여러 수의 멀리 벗어나거나 멀리 벗어나지 않는다는
상을 행한다면 반야바라밀다를 행한 것이 아닙니다.

　세존이시여. 만약 보살마하살이 방편선교가 없으나 반야바라밀다를
수행하는 때에, 만약 지계를 행하거나 만약 지계의 상(相)을 행한다면
반야바라밀다를 수행한 것은 아니고, 만약 수·화·풍·공·식계를 행하거나
만약 수·화·풍·공·식계의 상을 행한다면 반야바라밀다를 행한 것이 아니
며, 만약 지계의 항상하거나 무상하다는 것을 행하거나 만약 지계의
항상하거나 무상하다는 상을 행한다면 반야바라밀다를 행한 것은 아니고,
만약 수·화·풍·공·식계의 항상하거나 무상하다는 것을 행하거나 만약
수·화·풍·공·식계의 항상하거나 무상하다는 상을 행한다면 반야바라밀

다를 행한 것이 아니며, 만약 지계의 즐겁거나 괴롭다는 것을 행하거나 만약 지계의 즐겁거나 괴롭다는 상을 행한다면 반야바라밀다를 행한 것은 아니고, 만약 수·화·풍·공·식계의 즐겁거나 괴롭다는 것을 행하거나 만약 수·화·풍·공·식계의 즐겁거나 괴롭다는 상을 행한다면 반야바라밀다를 행한 것이 아니며, 만약 지계의 나이거나 무아라는 것을 행하거나 만약 지계의 나이거나 무아라는 상을 행한다면 반야바라밀다를 행한 것은 아니고, 만약 수·화·풍·공·식계의 나이거나 무아라는 것을 행하거나 만약 수·화·풍·공·식계의 나이거나 무아라는 상을 행한다면 반야바라밀다를 행한 것이 아닙니다.

만약 지계의 청정하거나 부정하다는 것을 행하거나 만약 지계의 청정하거나 부정하다는 상을 행한다면 반야바라밀다를 행한 것은 아니고, 만약 수·화·풍·공·식계의 청정하거나 부정하다는 것을 행하거나 만약 수·화·풍·공·식계의 청정하거나 부정하다는 상을 행한다면 반야바라밀다를 행한 것이 아니며, 만약 지계의 공하거나 공하지 않는다는 것을 행하거나 만약 지계의 공하거나 공하지 않는다는 상을 행한다면 반야바라밀다를 행한 것이 아니고, 만약 수·화·풍·공·식계의 공하거나 공하지 않는다는 것을 행하거나 만약 수·화·풍·공·식계의 공하거나 공하지 않는다는 상을 행한다면 반야바라밀다를 행한 것이 아니며, 만약 지계의 무상이거나 유상이라는 것을 행하거나 만약 지계의 무상이거나 유상이라는 상을 행한다면 반야바라밀다를 행한 것은 아니고, 만약 수·화·풍·공·식계의 무상이거나 유상이라는 것을 행하거나 만약 수·화·풍·공·식계의 무상이거나 유상이라는 상을 행한다면 반야바라밀다를 행한 것이 아닙니다.

만약 지계의 무원이거나 유원이라는 것을 행하거나 만약 지계의 무원이거나 유원이라는 상을 행한다면 반야바라밀다를 행한 것이 아니고, 만약 수·화·풍·공·식계의 무원이거나 유원이라는 것을 행하거나 만약 수·화·풍·공·식계의 무원이거나 유원이라는 상을 행한다면 반야바라밀다를 행한 것이 아니며, 만약 지계의 적정하거나 적정하지 않다는 것을 행하거나 만약 지계의 적정하거나 적정하지 않다는 상을 행한다면 반야바라밀다

를 행한 것이 아니고, 만약 수·화·풍·공·식계의 적정하거나 적정하지
않다는 것을 행하거나 만약 수·화·풍·공·식계의 적정하거나 적정하지
않다는 상을 행한다면 반야바라밀다를 행한 것이 아니며, 만약 지계의
멀리 벗어나거나 멀리 벗어나지 않는다는 것을 행하거나 만약 지계의 멀리
벗어나거나 멀리 벗어나지 않는다는 상을 행한다면 반야바라밀다를 행한
것이 아니고, 만약 수·화·풍·공·식계의 멀리 벗어나거나 멀리 벗어나지
않는다는 것을 행하거나 만약 수·화·풍·공·식계의 멀리 벗어나거나 멀리
벗어나지 않는다는 상을 행한다면 반야바라밀다를 행한 것이 아닙니다.”

마하반야바라밀다경 제39권

10. 반야행상품(般若行相品)(2)

"세존이시여. 만약 보살마하살이 방편선교가 없으나 반야바라밀다를 수행하는 때에, 만약 고성제를 행하거나 만약 고성제의 상을 행한다면 반야바라밀다를 수행한 것은 아니고, 만약 집·멸·도성제를 행하거나 만약 집·멸·도성제의 상을 행한다면 반야바라밀다를 행한 것이 아니며, 만약 고성제의 항상하거나 무상하다는 것을 행하거나 만약 고성제의 항상하거나 무상하다는 상을 행한다면 반야바라밀다를 행한 것은 아니고, 만약 집·멸·도성제의 항상하거나 무상하다는 것을 행하거나 만약 집·멸·도성제의 항상하거나 무상하다는 상을 행한다면 반야바라밀다를 행한 것이 아니며, 만약 고성제의 즐겁거나 괴롭다는 것을 행하거나 만약 고성제의 즐겁거나 괴롭다는 상을 행한다면 반야바라밀다를 행한 것은 아니고, 만약 집·멸·도성제의 즐겁거나 괴롭다는 것을 행하거나 만약 집·멸·도성제의 즐겁거나 괴롭다는 상을 행한다면 반야바라밀다를 행한 것이 아니며, 만약 고성제의 나이거나 무아라는 것을 행하거나 만약 고성제의 나이거나 무아라는 상을 행한다면 반야바라밀다를 행한 것은 아니고, 만약 집·멸·도성제의 나이거나 무아라는 것을 행하거나 만약 집·멸·도성제의 나이거나 무아라는 상을 행한다면 반야바라밀다를 행한 것이 아닙니다.

만약 고성제의 청정하거나 부정하다는 것을 행하거나 만약 고성제의 청정하거나 부정하다는 상을 행한다면 반야바라밀다를 행한 것은 아니고,

만약 집·멸·도성제의 청정하거나 부정하다는 것을 행하거나 만약 집·멸·도성제의 청정하거나 부정하다는 상을 행한다면 반야바라밀다를 행한 것이 아니며, 만약 고성제의 공하거나 공하지 않는다는 것을 행하거나 만약 고성제의 공하거나 공하지 않는다는 상을 행한다면 반야바라밀다를 행한 것이 아니고, 만약 집·멸·도성제의 공하거나 공하지 않는다는 것을 행하거나 만약 집·멸·도성제의 공하거나 공하지 않는다는 상을 행한다면 반야바라밀다를 행한 것이 아니며, 만약 고성제의 무상이거나 유상이라는 것을 행하거나 만약 고성제의 무상이거나 유상이라는 상을 행한다면 반야바라밀다를 행한 것은 아니고, 만약 집·멸·도성제의 무상이거나 유상이라는 것을 행하거나 만약 집·멸·도성제의 무상이거나 유상이라는 상을 행한다면 반야바라밀다를 행한 것이 아닙니다.

만약 고성제의 무원이거나 유원이라는 것을 행하거나 만약 고성제의 무원이거나 유원이라는 상을 행한다면 반야바라밀다를 행한 것이 아니고, 만약 집·멸·도성제의 무원이거나 유원이라는 것을 행하거나 만약 집·멸·도성제의 무원이거나 유원이라는 상을 행한다면 반야바라밀다를 행한 것이 아니며, 만약 고성제의 적정하거나 적정하지 않다는 것을 행하거나 만약 고성제의 적정하거나 적정하지 않다는 상을 행한다면 반야바라밀다를 행한 것이 아니고, 만약 집·멸·도성제의 적정하거나 적정하지 않다는 것을 행하거나 만약 집·멸·도성제의 적정하거나 적정하지 않다는 상을 행한다면 반야바라밀다를 행한 것이 아니며, 만약 고성제의 멀리 벗어나거나 멀리 벗어나지 않는다는 것을 행하거나 만약 고성제의 멀리 벗어나거나 멀리 벗어나지 않는다는 상을 행한다면 반야바라밀다를 행한 것이 아니고, 만약 집·멸·도성제의 멀리 벗어나거나 멀리 벗어나지 않는다는 것을 행하거나 만약 집·멸·도성제의 멀리 벗어나거나 멀리 벗어나지 않는다는 상을 행한다면 반야바라밀다를 행한 것이 아닙니다.

세존이시여. 만약 보살마하살이 방편선교가 없으나 반야바라밀다를 수행하는 때에, 만약 무명을 행하거나 만약 무명의 상을 행한다면 반야바라밀다를 수행한 것은 아니고, 만약 행·식·명색·육처·촉·수·애·취·유·생

·노사의 수탄고우뇌를 행하거나 만약 행, 나아가 노사의 수탄고우뇌의
상을 행한다면 반야바라밀다를 행한 것이 아니며, 만약 무명의 항상하거
나 무상하다는 것을 행하거나 만약 무명의 항상하거나 무상하다는 상을
행한다면 반야바라밀다를 행한 것은 아니고, 만약 행·식·명색·육처·촉·
수·애·취·유·생·노사의 수탄고우뇌의 항상하거나 무상하다는 것을 행하
거나 만약 행, 나아가 노사의 수탄고우뇌의 항상하거나 무상하다는 상을
행한다면 반야바라밀다를 행한 것이 아니며, 만약 무명의 즐겁거나 괴롭
다는 것을 행하거나 만약 무명의 즐겁거나 괴롭다는 상을 행한다면 반야바
라밀다를 행한 것은 아니고, 만약 행·식·명색·육처·촉·수·애·취·유·생·
노사의 수탄고우뇌의 즐겁거나 괴롭다는 것을 행하거나 만약 행, 나아가
노사의 수탄고우뇌의 즐겁거나 괴롭다는 상을 행한다면 반야바라밀다를
행한 것이 아니며, 만약 무명의 나이거나 무아라는 것을 행하거나 만약
무명의 나이거나 무아라는 상을 행한다면 반야바라밀다를 행한 것은 아니
고, 만약 행·식·명색·육처·촉·수·애·취·유·생·노사의 수탄고우뇌의 나
이거나 무아라는 것을 행하거나 만약 행, 나아가 노사의 수탄고우뇌의
나이거나 무아라는 상을 행한다면 반야바라밀다를 행한 것이 아닙니다.

　만약 무명의 청정하거나 부정하다는 것을 행하거나 만약 무명의 청정하
거나 부정하다는 상을 행한다면 반야바라밀다를 행한 것은 아니고, 만약
행·식·명색·육처·촉·수·애·취·유·생·노사의 수탄고우뇌의 청정하거나
부정하다는 것을 행하거나 만약 행, 나아가 노사의 수탄고우뇌의 청정하
거나 부정하다는 상을 행한다면 반야바라밀다를 행한 것이 아니며, 만약
무명의 공하거나 공하지 않는다는 것을 행하거나 만약 무명의 공하거나
공하지 않는다는 상을 행한다면 반야바라밀다를 행한 것이 아니고, 만약
행·식·명색·육처·촉·수·애·취·유·생·노사의 수탄고우뇌의 공하거나 공
하지 않는다는 것을 행하거나 만약 행, 나아가 노사의 수탄고우뇌의
공하거나 공하지 않는다는 상을 행한다면 반야바라밀다를 행한 것이 아니며,
만약 무명의 무상이거나 유상이라는 것을 행하거나 만약 무명의 무상이거
나 유상이라는 상을 행한다면 반야바라밀다를 행한 것은 아니고, 만약

행·식·명색·육처·촉·수·애·취·유·생·노사의 수탄고우뇌의 무상이거나 유상이라는 것을 행하거나 만약 행, 나아가 노사의 수탄고우뇌의 무상이거나 유상이라는 상을 행한다면 반야바라밀다를 행한 것이 아닙니다.

만약 무명의 무원이거나 유원이라는 것을 행하거나 만약 무명의 무원이거나 유원이라는 상을 행한다면 반야바라밀다를 행한 것이 아니고, 만약 행·식·명색·육처·촉·수·애·취·유·생·노사의 수탄고우뇌의 무원이거나 유원이라는 것을 행하거나 만약 행, 나아가 노사의 수탄고우뇌의 무원이거나 유원이라는 상을 행한다면 반야바라밀다를 행한 것이 아니며, 만약 무명의 적정하거나 적정하지 않다는 것을 행하거나 만약 무명의 적정하거나 적정하지 않다는 상을 행한다면 반야바라밀다를 행한 것이 아니고, 만약 행·식·명색·육처·촉·수·애·취·유·생·노사의 수탄고우뇌의 적정하거나 적정하지 않다는 것을 행하거나 만약 행, 나아가 노사의 수탄고우뇌의 적정하거나 적정하지 않다는 상을 행한다면 반야바라밀다를 행한 것이 아니며, 만약 무명의 멀리 벗어나거나 멀리 벗어나지 않는다는 것을 행하거나 만약 무명의 멀리 벗어나거나 멀리 벗어나지 않는다는 상을 행한다면 반야바라밀다를 행한 것이 아니고, 만약 행·식·명색·육처·촉·수·애·취·유·생·노사의 수탄고우뇌의 멀리 벗어나거나 멀리 벗어나지 않는다는 것을 행하거나 만약 행, 나아가 노사의 수탄고우뇌의 멀리 벗어나거나 멀리 벗어나지 않는다는 상을 행한다면 반야바라밀다를 행한 것이 아닙니다.

세존이시여. 만약 보살마하살이 방편선교가 없으나 반야바라밀다를 수행하는 때에, 만약 4정려를 행하거나 만약 4정려의 상을 행한다면 반야바라밀다를 수행한 것은 아니고, 만약 4무량·4무색정을 행하거나 만약 4무량·4무색정의 상을 행한다면 반야바라밀다를 행한 것이 아니며, 만약 4정려의 항상하거나 무상하다는 것을 행하거나 만약 4정려의 항상하거나 무상하다는 상을 행한다면 반야바라밀다를 행한 것은 아니고, 만약 4무량·4무색정의 항상하거나 무상하다는 것을 행하거나 만약 4무량·4무색정의 항상하거나 무상하다는 상을 행한다면 반야바라밀다를 행한 것이

아니며, 만약 4정려의 즐겁거나 괴롭다는 것을 행하거나 만약 4정려의
즐겁거나 괴롭다는 상을 행한다면 반야바라밀다를 행한 것은 아니고,
만약 4무량·4무색정의 즐겁거나 괴롭다는 것을 행하거나 만약 4무량·4무
색정의 즐겁거나 괴롭다는 상을 행한다면 반야바라밀다를 행한 것이
아니며, 만약 4정려의 나이거나 무아라는 것을 행하거나 만약 4정려의
나이거나 무아라는 상을 행한다면 반야바라밀다를 행한 것은 아니고,
만약 4무량·4무색정의 나이거나 무아라는 것을 행하거나 만약 4무량·4무
색정의 나이거나 무아라는 상을 행한다면 반야바라밀다를 행한 것이
아닙니다.

만약 4정려의 청정하거나 부정하다는 것을 행하거나 만약 4정려의
청정하거나 부정하다는 상을 행한다면 반야바라밀다를 행한 것은 아니고,
만약 4무량·4무색정의 청정하거나 부정하다는 것을 행하거나 만약 4무량
·4무색정의 청정하거나 부정하다는 상을 행한다면 반야바라밀다를 행한
것이 아니며, 만약 4정려의 공하거나 공하지 않는다는 것을 행하거나
만약 4정려의 공하거나 공하지 않는다는 상을 행한다면 반야바라밀다를
행한 것이 아니고, 만약 4무량·4무색정의 공하거나 공하지 않는다는
것을 행하거나 만약 4무량·4무색정의 공하거나 공하지 않는다는 상을
행한다면 반야바라밀다를 행한 것이 아니며, 만약 4정려의 무상이거나
유상이라는 것을 행하거나 만약 4정려의 무상이거나 유상이라는 상을
행한다면 반야바라밀다를 행한 것은 아니고, 만약 4무량·4무색정의 무상
이거나 유상이라는 것을 행하거나 만약 4무량·4무색정의 무상이거나
유상이라는 상을 행한다면 반야바라밀다를 행한 것이 아닙니다.

만약 4정려의 무원이거나 유원이라는 것을 행하거나 만약 4정려의
무원이거나 유원이라는 상을 행한다면 반야바라밀다를 행한 것이 아니고,
만약 4무량·4무색정의 무원이거나 유원이라는 것을 행하거나 만약 행,
나아가 4무량·4무색정의 무원이거나 유원이라는 상을 행한다면 반야바
라밀다를 행한 것이 아니며, 만약 4정려의 적정하거나 적정하지 않다는
것을 행하거나 만약 4정려의 적정하거나 적정하지 않다는 상을 행한다면

반야바라밀다를 행한 것이 아니고, 만약 4무량·4무색정의 적정하거나 적정하지 않다는 것을 행하거나 만약 4무량·4무색정의 적정하거나 적정하지 않다는 상을 행한다면 반야바라밀다를 행한 것이 아니며, 만약 4정려의 멀리 벗어나거나 멀리 벗어나지 않는다는 것을 행하거나 만약 4정려의 멀리 벗어나거나 멀리 벗어나지 않는다는 상을 행한다면 반야바라밀다를 행한 것이 아니고, 만약 4무량·4무색정의 멀리 벗어나거나 멀리 벗어나지 않는다는 것을 행하거나 만약 4무량·4무색정의 멀리 벗어나거나 멀리 벗어나지 않는다는 상을 행한다면 반야바라밀다를 행한 것이 아닙니다.

세존이시여. 만약 보살마하살이 방편선교가 없으나 반야바라밀다를 수행하는 때에, 만약 4념주를 행하거나 만약 4념주의 상을 행한다면 반야바라밀다를 수행한 것은 아니고, 만약 4정단·4신족·5근·5력·7등각지·8성도지를 행하거나 만약 4정단, 나아가 8성도지의 상을 행한다면 반야바라밀다를 행한 것이 아니며, 만약 4념주의 항상하거나 무상하다는 것을 행하거나 만약 4념주의 항상하거나 무상하다는 상을 행한다면 반야바라밀다를 행한 것은 아니고, 만약 4정단·4신족·5근·5력·7등각지·8성도지의 항상하거나 무상하다는 것을 행하거나 만약 4정단, 나아가 8성도지의 항상하거나 무상하다는 상을 행한다면 반야바라밀다를 행한 것이 아니며, 만약 4념주의 즐겁거나 괴롭다는 것을 행하거나 만약 4념주의 즐겁거나 괴롭다는 상을 행한다면 반야바라밀다를 행한 것은 아니고, 만약 4정단·4신족·5근·5력·7등각지·8성도지의 즐겁거나 괴롭다는 것을 행하거나 만약 4정단, 나아가 8성도지의 즐겁거나 괴롭다는 상을 행한다면 반야바라밀다를 행한 것이 아니며, 만약 4념주의 나이거나 무아라는 것을 행하거나 만약 4념주의 나이거나 무아라는 상을 행한다면 반야바라밀다를 행한 것은 아니고, 만약 4정단·4신족·5근·5력·7등각지·8성도지의 나이거나 무아라는 것을 행하거나 만약 4정단, 나아가 8성도지의 나이거나 무아라는 상을 행한다면 반야바라밀다를 행한 것이 아닙니다.

만약 4념주의 청정하거나 부정하다는 것을 행하거나 만약 4념주의 청정하거나 부정하다는 상을 행한다면 반야바라밀다를 행한 것은 아니고, 만약 4정단·4신족·5근·5력·7등각지·8성도지의 청정하거나 부정하다는 것을 행하거나 만약 4정단, 나아가 8성도지의 청정하거나 부정하다는 상을 행한다면 반야바라밀다를 행한 것이 아니며, 만약 4념주의 공하거나 공하지 않는다는 것을 행하거나 만약 4념주의 공하거나 공하지 않는다는 상을 행한다면 반야바라밀다를 행한 것이 아니고, 만약 4정단·4신족·5근· 5력·7등각지·8성도지의 공하거나 공하지 않는다는 것을 행하거나 만약 4정단, 나아가 8성도지의 공하거나 공하지 않는다는 상을 행한다면 반야 바라밀다를 행한 것이 아니며, 만약 4념주의 무상이거나 유상이라는 것을 행하거나 만약 4념주의 무상이거나 유상이라는 상을 행한다면 반야 바라밀다를 행한 것은 아니고, 만약 4정단·4신족·5근·5력·7등각지·8성 도지의 무상이거나 유상이라는 것을 행하거나 만약 4정단, 나아가 8성도 지의 무상이거나 유상이라는 상을 행한다면 반야바라밀다를 행한 것이 아닙니다.

만약 4념주의 무원이거나 유원이라는 것을 행하거나 만약 4념주의 무원이거나 유원이라는 상을 행한다면 반야바라밀다를 행한 것이 아니고, 만약 4정단·4신족·5근·5력·7등각지·8성도지의 무원이거나 유원이라는 것을 행하거나 만약 4정단, 나아가 8성도지의 무원이거나 유원이라는 상을 행한다면 반야바라밀다를 행한 것이 아니며, 만약 4념주의 적정하거나 적정하지 않다는 것을 행하거나 만약 4념주의 적정하거나 적정하지 않다는 상을 행한다면 반야바라밀다를 행한 것이 아니고, 만약 4정단·4신족·5근·5력·7등각지·8성도지의 적정하거나 적정하지 않다는 것을 행하거나 만약 4정단, 나아가 8성도지의 적정하거나 적정하지 않다는 상을 행한다면 반야바라밀다를 행한 것이 아니며, 만약 4념주의 멀리 벗어나거나 멀리 벗어나지 않는다는 것을 행하거나 만약 4념주의 멀리 벗어나거나 멀리 벗어나지 않는다는 상을 행한다면 반야바라밀다를 행한 것이 아니고, 만약 4정단·4신족·5근·5력·7등각지·8성도지의 멀리 벗어나거나 멀리 벗어나지 않는다는 것을 행하거나 만약 4정단, 나아가 8성도지의 멀리 벗어나거나 멀리 벗어나지 않는다는 상을 행한다면 반야바라밀다를 행한 것이 아닙니다.

세존이시여. 만약 보살마하살이 방편선교가 없으나 반야바라밀다를 수행하는 때에, 만약 보시바라밀다를 행하거나 만약 보시바라밀다의 상을 행한다면 반야바라밀다를 수행한 것은 아니고, 만약 정계·안인·정진·정려·반야바라밀다를 행하거나 만약 정계·안인·정진·정려·반야바라밀다의 상을 행한다면 반야바라밀다를 행한 것이 아니며, 만약 보시바라밀다의 항상하거나 무상하다는 것을 행하거나 만약 보시바라밀다의 항상하거나 무상하다는 상을 행한다면 반야바라밀다를 행한 것은 아니고, 만약 정계·안인·정진·정려·반야바라밀다의 항상하거나 무상하다는 것을 행하거나 만약 정계·안인·정진·정려·반야바라밀다의 항상하거나 무상하다는 상을 행한다면 반야바라밀다를 행한 것이 아니며, 만약 보시바라밀다의 즐겁거나 괴롭다는 것을 행하거나 만약 보시바라밀다의 즐겁거나 괴롭다는 상을 행한다면 반야바라밀다를 행한 것은 아니고, 만약 정계·안인·정진·정려·반야바라밀다의 즐겁거나 괴롭다는 것을 행하거나 만약 정계·안인·정진·정려·반야바라밀다의 즐겁거나 괴롭다는 상을 행한다면 반야바라밀다를 행한 것이 아니며, 만약 보시바라밀다의 나이거나 무아라는 것을 행하거나 만약 보시바라밀다의 나이거나 무아라는 상을 행한다면 반야바라밀다를 행한 것은 아니고, 만약 정계·안인·정진·정려·반야바라밀다의 나이거나 무아라는 것을 행하거나 만약 정계·안인·정진·정려·반야바라밀다의 나이거나 무아라는 상을 행한다면 반야바라밀다를 행한 것이 아닙니다.

만약 보시바라밀다의 청정하거나 부정하다는 것을 행하거나 만약 보시바라밀다의 청정하거나 부정하다는 상을 행한다면 반야바라밀다를 행한 것은 아니고, 만약 정계·안인·정진·정려·반야바라밀다의 청정하거나 부정하다는 것을 행하거나 만약 정계·안인·정진·정려·반야바라밀다의 청정하거나 부정하다는 상을 행한다면 반야바라밀다를 행한 것이 아니며, 만약 보시바라밀다의 공하거나 공하지 않는다는 것을 행하거나 만약 보시바라밀다의 공하거나 공하지 않는다는 상을 행한다면 반야바라밀다를 행한 것이 아니고, 만약 정계·안인·정진·정려·반야바라밀다의 공하거나 공하지 않는다는 것을 행하거나 만약 정계·안인·정진·정려·반야바라밀다의 공하거나 공하지 않는다는 상을 행한다면 반야바라밀다를 행한 것이 아니며, 만약 보시바라밀다의 무상이거나 유상이라는 것을 행하거나 만약 보시바라밀다의 무상이거나 유상이라는 상을 행한다면 반야바라밀다를 행한 것은 아니고, 만약 정계·안인·정진·정려·반야바라밀다의 무상이거나 유상이라는 것을 행하거나 만약 정계·안인·정진·정려·반야바라밀다의 무상이거나 유상이라는 상을 행한다면 반야바라밀다를 행한 것이 아닙니다.

만약 보시바라밀다의 무원이거나 유원이라는 것을 행하거나 만약 보시바라밀다의 무원이거나 유원이라는 상을 행한다면 반야바라밀다를 행한 것이 아니고, 만약 정계·안인·정진·정려·반야바라밀다의 무원이거나 유원이라는 것을 행하거나 만약 정계·안인·정진·정려·반야바라밀다의 무원이거나 유원이라는 상을 행한다면 반야바라밀다를 행한 것이 아니며, 만약 보시바라밀다의 적정하거나 적정하지 않다는 것을 행하거나 만약 보시바라밀다의 적정하거나 적정하지 않다는 상을 행한다면 반야바라밀다를 행한 것이 아니고, 만약 정계·안인·정진·정려·반야바라밀다의 적정하거나 적정하지 않다는 것을 행하거나 만약 정계·안인·정진·정려·반야바라밀다의 적정하거나 적정하지 않다는 상을 행한다면 반야바라밀다를 행한 것이 아니며, 만약 보시바라밀다의 멀리 벗어나거나 멀리 벗어나지 않는다는 것을 행하거나 만약 보시바라밀다의 멀리 벗어나거나 멀리 벗어나지 않는다는 상을 행한다면 반야바라밀다를 행한 것이 아니고, 만약 정계·안인·정진·정려·반야바라밀다의 멀리 벗어나거나 멀리 벗어나지 않는다는 것을 행하거나 만약 정계·안인·정진·정려·반야바라밀다의 멀리 벗어나거나 멀리 벗어나지 않는다는 상을 행한다면 반야바라밀다를 행한 것이 아닙니다.

세존이시여. 만약 보살마하살이 방편선교가 없으나 5안을 수행하는 때에, 만약 5안을 행하거나 만약 5안의 상을 행한다면 반야바라밀다를 수행한 것은 아니고, 만약 6신통을 행하거나 만약 6신통의 상을 행한다면 반야바라밀다를 행한 것이 아니며, 만약 5안의 항상하거나 무상하다는 것을 행하거나 만약 5안의 항상하거나 무상하다는 상을 행한다면 반야바라밀다를 행한 것은 아니고, 만약 6신통의 항상하거나 무상하다는 것을 행하거나 만약 6신통의 항상하거나 무상하다는 상을 행한다면 반야바라밀다를 행한 것이 아니며, 만약 5안의 즐겁거나 괴롭다는 것을 행하거나 만약 5안의 즐겁거나 괴롭다는 상을 행한다면 반야바라밀다를 행한 것은 아니고, 만약 6신통의 즐겁거나 괴롭다는 것을 행하거나 만약 6신통의 즐겁거나 괴롭다는 상을 행한다면 반야바라밀다를 행한 것이 아니며, 만약 5안의 나이거나 무아라는 것을 행하거나 만약 5안의 나이거나 무아라는 상을 행한다면 반야바라밀다를 행한 것은 아니고, 만약 6신통의 나이거나 무아라는 것을 행하거나 만약 6신통의 나이거나 무아라는 상을 행한다면 반야바라밀다를 행한 것이 아닙니다.

만약 5안의 청정하거나 부정하다는 것을 행하거나 만약 5안의 청정하거나 부정하다는 상을 행한다면 반야바라밀다를 행한 것은 아니고, 만약 6신통의 청정하거나 부정하다는 것을 행하거나 만약 6신통의 청정하거나 부정하다는 상을 행한다면 반야바라밀다를 행한 것이 아니며, 만약 5안의 공하거나 공하지 않는다는 것을 행하거나 만약 5안의 공하거나 공하지 않는다는 상을 행한다면 반야바라밀다를 행한 것이 아니고, 만약 6신통의 공하거나 공하지 않는다는 것을 행하거나 만약 6신통의 공하거나 공하지 않는다는 상을 행한다면 반야바라밀다를 행한 것이 아니며, 만약 5안의 무상이거나 유상이라는 것을 행하거나 만약 5안의 무상이거나 유상이라는 상을 행한다면 반야바라밀다를 행한 것은 아니고, 만약 6신통의 무상이거나 유상이라는 것을 행하거나 만약 6신통의 무상이거나 유상이라는 상을 행한다면 반야바라밀다를 행한 것이 아닙니다.

만약 5안의 무원이거나 유원이라는 것을 행하거나 만약 5안의 무원이거나 유원이라는 상을 행한다면 반야바라밀다를 행한 것이 아니고, 만약

6신통의 무원이거나 유원이라는 것을 행하거나 만약 6신통의 무원이거나
유원이라는 상을 행한다면 반야바라밀다를 행한 것이 아니며, 만약 5안의
적정하거나 적정하지 않다는 것을 행하거나 만약 5안의 적정하거나 적정
하지 않다는 상을 행한다면 반야바라밀다를 행한 것이 아니고, 만약
6신통의 적정하거나 적정하지 않다는 것을 행하거나 만약 6신통의 적정하
거나 적정하지 않다는 상을 행한다면 반야바라밀다를 행한 것이 아니며,
만약 5안의 멀리 벗어나거나 멀리 벗어나지 않는다는 것을 행하거나
만약 5안의 멀리 벗어나거나 멀리 벗어나지 않는다는 상을 행한다면
반야바라밀다를 행한 것이 아니고, 만약 6신통의 멀리 벗어나거나 멀리
벗어나지 않는다는 것을 행하거나 만약 6신통의 멀리 벗어나거나 멀리
벗어나지 않는다는 상을 행한다면 반야바라밀다를 행한 것이 아닙니다.

　세존이시여. 만약 보살마하살이 방편선교가 없으나 여래의 10력을
수행하는 때에, 만약 보시바라밀다를 행하거나 만약 여래의 10력의 상을
행한다면 반야바라밀다를 수행한 것은 아니고, 만약 4무소외·4무애해·대
자·대비·대희·대사·18불불공법·일체지·도상지·일체상지를　행하거나
만약 4무소외, 나아가 일체상지의 상을 행한다면 반야바라밀다를 행한
것이 아니며, 만약 여래의 10력의 항상하거나 무상하다는 것을 행하거나
만약 여래의 10력의 항상하거나 무상하다는 상을 행한다면 반야바라밀다
를 행한 것은 아니고, 만약 4무소외·4무애해·대자·대비·대희·대사·18불
불공법·일체지·도상지·일체상지의 항상하거나 무상하다는 것을 행하거
나 만약 4무소외, 나아가 일체상지의 항상하거나 무상하다는 상을 행한다
면 반야바라밀다를 행한 것이 아니며, 만약 여래의 10력의 즐겁거나
괴롭다는 것을 행하거나 만약 여래의 10력의 즐겁거나 괴롭다는 상을
행한다면 반야바라밀다를 행한 것은 아니고, 만약 4무소외·4무애해·대자
·대비·대희·대사·18불불공법·일체지·도상지·일체상지의 즐겁거나 괴
롭다는 것을 행하거나 만약 4무소외, 나아가 일체상지의 즐겁거나 괴롭다
는 상을 행한다면 반야바라밀다를 행한 것이 아니며, 만약 여래의 10력의
나이거나 무아라는 것을 행하거나 만약 여래의 10력의 나이거나 무아라는

상을 행한다면 반야바라밀다를 행한 것은 아니고, 만약 4무소외·4무애해·
대자·대비·대희·대사·18불불공법·일체지·도상지·일체상지의 나이거나 무아라는 것을 행하거나 만약 4무소외, 나아가 일체상지의 나이거나 무아라는 상을 행한다면 반야바라밀다를 행한 것이 아닙니다.

만약 여래의 10력의 청정하거나 부정하다는 것을 행하거나 만약 여래의 10력의 청정하거나 부정하다는 상을 행한다면 반야바라밀다를 행한 것은 아니고, 만약 4무소외·4무애해·대자·대비·대희·대사·18불불공법·일체지·도상지·일체상지의 청정하거나 부정하다는 것을 행하거나 만약 4무소외, 나아가 일체상지의 청정하거나 부정하다는 상을 행한다면 반야바라밀다를 행한 것이 아니며, 만약 여래의 10력의 공하거나 공하지 않는다는 것을 행하거나 만약 여래의 10력의 공하거나 공하지 않는다는 상을 행한다면 반야바라밀다를 행한 것이 아니고, 만약 4무소외·4무애해·대자·대비·대희·대사·18불불공법·일체지·도상지·일체상지의 공하거나 공하지 않는다는 것을 행하거나 만약 4무소외, 나아가 일체상지의 공하거나 공하지 않는다는 상을 행한다면 반야바라밀다를 행한 것이 아니며, 만약 여래의 10력의 무상이거나 유상이라는 것을 행하거나 만약 여래의 10력의 무상이거나 유상이라는 상을 행한다면 반야바라밀다를 행한 것은 아니고, 만약 4무소외·4무애해·대자·대비·대희·대사·18불불공법·일체지·도상지·일체상지의 무상이거나 유상이라는 것을 행하거나 만약 4무소외, 나아가 일체상지의 무상이거나 유상이라는 상을 행한다면 반야바라밀다를 행한 것이 아닙니다.

만약 여래의 10력의 무원이거나 유원이라는 것을 행하거나 만약 여래의 10력의 무원이거나 유원이라는 상을 행한다면 반야바라밀다를 행한 것이 아니고, 만약 4무소외·4무애해·대자·대비·대희·대사·18불불공법·일체지·도상지·일체상지의 무원이거나 유원이라는 것을 행하거나 만약 4무소외, 나아가 일체상지의 무원이거나 유원이라는 상을 행한다면 반야바라밀다를 행한 것이 아니며, 만약 여래의 10력의 적정하거나 적정하지 않다는 것을 행하거나 만약 여래의 10력의 적정하거나 적정하지 않다는 상을 행한다면 반야바라밀다를 행한 것이 아니고, 만약 4무소외·4무애해·대자·대비·대희·대사·18불불공법·일체지·도상지·일체상지의 적정하거나 적정하지 않다는 것을 행하거나 만약 4무소외, 나아가 일체상지의 적정하거나 적정하지 않다는 상을 행한다면 반야바라밀다를 행한 것이 아니며, 만약 여래의 10력의 멀리 벗어나거나 멀리 벗어나지 않는다는 것을 행하거나 만약 여래의 10력의 멀리 벗어나거나 멀리 벗어나지 않는다는 상을 행한다면 반야바라밀다를 행한 것이 아니고, 만약 4무소외·4무애해·대자·대비·대희·대사·18불불공법·일체지·도상지·일체상지의 멀리 벗어나거나 멀리 벗어나지 않는다는 것을 행하거나 만약 4무소외, 나아가 일체상지의 멀리 벗어나거나 멀리 벗어나지 않는다는 상을 행한다면 반야바라밀다를 행한 것이 아닙니다.

세존이시여. 만약 보살마하살이 방편선교가 없으나 반야바라밀다를 수행하는 때에 만약 '나는 반야바라밀다를 행한다.'라고 이렇게 생각을 지었다면, 이것은 행상(行相)을 얻은 것이 있으므로 반야바라밀다를 행한 것이 아니고, 만약 '나는 보살마하살이다.'라고 이렇게 생각을 지었다면, 이것은 행상을 얻은 것이 있으므로 반야바라밀다를 행한 것이 아니며, 만약 '그는 반야바라밀다를 행한다.'라고 이렇게 생각을 지었다면, 이것은 행상을 얻은 것이 있으므로 반야바라밀다를 행한 것은 아니고, 만약 '그는 보살마하살이다.'라고 이렇게 생각을 지었다면, 이것은 행상을 얻은 것이 있으므로 반야바라밀다를 행한 것이 아니며, 만약 '이와 같이 반야바라밀다를 수행한다면 반야바라밀다를 수행한 것이다.'라고 이렇게 생각을 지었다면, 이것은 행상을 얻은 것이 있으므로 반야바라밀다를 행한 것이 아닙니다.

세존이시여. 만약 보살마하살이 이와 같은 것 등의 반야바라밀다를 수행한다면, 이것은 방편선교가 없으나 반야바라밀다를 수행하는 보살마하살이라고 이름한다고 마땅히 알아야 합니다."

그때 구수 선현이 사리자에게 말하였다.

"만약 보살마하살이 방편선교가 없으나 반야바라밀다를 수행하는 때에, 만약 색에 머무르면서 승해(勝解)[1]하였다고 생각한다면 곧 색에서 가행(加行)[2]을 짓고, 수·상·행·식에 머무르면서 승해하였다고 생각한다면 곧 수·상·행·식에서 가행을 짓나니, 이 가행을 까닭으로 능히 생(生)·노(老)·병(病)·사(死)에서 해탈하지 못하고, 또한 마땅히 내세(來世)에 고통스럽습니다.

만약 보살마하살이 방편선교가 없으나 반야바라밀다를 수행하는 때에, 만약 안처에 머무르면서 승해하였다고 생각한다면 곧 안처에서 가행을 짓고, 이·비·설·신·의처에 머무르면서 승해하였다고 생각한다면 곧 이·비·설·신·의처에서 가행을 짓나니, 이 가행을 까닭으로 능히 생·노·병·사에서 해탈하지 못하고, 또한 마땅히 내세에 고통스럽습니다.

만약 보살마하살이 방편선교가 없으나 반야바라밀다를 수행하는 때에, 만약 색처에 머무르면서 승해하였다고 생각한다면 곧 색처에서 가행을 짓고, 성·향·미·촉·법처에 머무르면서 승해하였다고 생각한다면 곧 성·향·미·촉·법처에서 가행을 짓나니, 이 가행을 까닭으로 능히 생·노·병·사에서 해탈하지 못하고, 또한 마땅히 내세에 고통스럽습니다.

만약 보살마하살이 방편선교가 없으나 반야바라밀다를 수행하는 때에, 만약 안계·색계·안식계, …… 나아가 …… 안촉·안촉을 인연으로 생겨난 여러 수의 상이 머무르면서 승해하였다고 생각한다면 곧 안계, 나아가 안촉을 인연으로 생겨난 여러 수에서 가행을 짓나니, 이 가행을 까닭으로 능히 생·노·병·사에서 해탈하지 못하고, 또한 마땅히 내세에 고통스럽습니다.

만약 보살마하살이 방편선교가 없으나 반야바라밀다를 수행하는 때에,

---

1) 산스크리트어 adhimokṣa의 번역이고, 설일체유부의 5위 75법에서 심소법(心所法)의 가운데에서 대지법(大地法)의 하나이다. 승해(勝解)는 '뛰어난 이해', '확실한 이해'의 뜻이고, 대상을 살펴서 요해(了解)하여 대상의 시(是)·비(非)와 사(邪)·정(正)을 인가(印可)하거나 결정(決定)하는 마음작용을 가리킨다.
2) 산스크리트어 prayoga의 번역이고, 정행(正行)의 이전의 단계에서 마음과 계행(戒行)을 닦는 일, 또는 정진하면서 견고하게 방편(方便)을 일으키는 것을 가리킨다.

만약 이계·성계·이식계, ······ 나아가 ······ 이촉·이촉을 인연으로 생겨난 여러 수의 상이 머무르면서 승해하였다고 생각한다면 곧 이계, 나아가 이촉을 인연으로 생겨난 여러 수에서 가행을 짓나니, 이 가행을 까닭으로 능히 생·노·병·사에서 해탈하지 못하고, 또한 마땅히 내세에 고통스럽습니다.

만약 보살마하살이 방편선교가 없으나 반야바라밀다를 수행하는 때에, 만약 비계·향계·비식계, ······ 나아가 ······ 비촉·비촉을 인연으로 생겨난 여러 수의 상이 머무르면서 승해하였다고 생각한다면 곧 비계, 나아가 비촉을 인연으로 생겨난 여러 수에서 가행을 짓나니, 이 가행을 까닭으로 능히 생·노·병·사에서 해탈하지 못하고, 또한 마땅히 내세에 고통스럽습니다.

만약 보살마하살이 방편선교가 없으나 반야바라밀다를 수행하는 때에, 만약 설계·미계·설식계, ······ 나아가 ······ 설촉·설촉을 인연으로 생겨난 여러 수의 상이 머무르면서 승해하였다고 생각한다면 곧 설계, 나아가 설촉을 인연으로 생겨난 여러 수에서 가행을 짓나니, 이 가행을 까닭으로 능히 생·노·병·사에서 해탈하지 못하고, 또한 마땅히 내세에 고통스럽습니다.

만약 보살마하살이 방편선교가 없으나 반야바라밀다를 수행하는 때에, 만약 신계·촉계·신식계, ······ 나아가 ······ 신촉·신촉을 인연으로 생겨난 여러 수의 상이 머무르면서 승해하였다고 생각한다면 곧 신계, 나아가 설촉을 인연으로 생겨난 여러 수에서 가행을 짓나니, 이 가행을 까닭으로 능히 생·노·병·사에서 해탈하지 못하고, 또한 마땅히 내세에 고통스럽습니다.

만약 보살마하살이 방편선교가 없으나 반야바라밀다를 수행하는 때에, 만약 의계·법계·의식계, ······ 나아가 ······ 의촉·의촉을 인연으로 생겨난 여러 수의 상이 머무르면서 승해하였다고 생각한다면 곧 의계, 나아가 의촉을 인연으로 생겨난 여러 수에서 가행을 짓나니, 이 가행을 까닭으로 능히 생·노·병·사에서 해탈하지 못하고, 또한 마땅히 내세에 고통스럽습니다.

만약 보살마하살이 방편선교가 없으나 반야바라밀다를 수행하는 때에, 만약 지계에 머무르면서 승해하였다고 생각한다면 곧 지계에서 가행을 짓고, 수·화·풍·공·식계에 머무르면서 승해하였다고 생각한다면 곧 수·화·풍·공·식계에서 가행을 짓나니, 이 가행을 까닭으로 능히 생·노·병·사에서 해탈하지 못하고, 또한 마땅히 내세에 고통스럽습니다.

만약 보살마하살이 방편선교가 없으나 반야바라밀다를 수행하는 때에, 만약 고성제에 머무르면서 승해하였다고 생각한다면 곧 고성제에서 가행을 짓고, 집·멸·도성제에 머무르면서 승해하였다고 생각한다면 곧 집·멸·도성제에서 가행을 짓나니, 이 가행을 까닭으로 능히 생·노·병·사에서 해탈하지 못하고, 또한 마땅히 내세에 고통스럽습니다.

만약 보살마하살이 방편선교가 없으나 반야바라밀다를 수행하는 때에, 만약 무명에 머무르면서 승해하였다고 생각한다면 곧 무명에서 가행을 짓고, 행·식·명색·육처·촉·수·애·취·유·생·노사의 수탄고우뇌에 머무르면서 승해하였다고 생각한다면 곧 행, 나아가 노사의 수탄고우뇌에서 가행을 짓나니, 이 가행을 까닭으로 능히 생·노·병·사에서 해탈하지 못하고, 또한 마땅히 내세에 고통스럽습니다.

만약 보살마하살이 방편선교가 없으나 반야바라밀다를 수행하는 때에, 만약 4정려에 머무르면서 승해하였다고 생각한다면 곧 4정려에서 가행을 짓고, 4무량·4무색정에 머무르면서 승해하였다고 생각한다면 곧 4무량·4무색정에서 가행을 짓나니, 이 가행을 까닭으로 능히 생·노·병·사에서 해탈하지 못하고, 또한 마땅히 내세에 고통스럽습니다.

만약 보살마하살이 방편선교가 없으나 반야바라밀다를 수행하는 때에, 만약 4념주에 머무르면서 승해하였다고 생각한다면 곧 4념주에서 가행을 짓고, 4정단·4신족·5근·5력·7등각지·8성도지에 머무르면서 승해하였다고 생각한다면 곧 4정단, 나아가 8성도지에서 가행을 짓나니, 이 가행을 까닭으로 능히 생·노·병·사에서 해탈하지 못하고, 또한 마땅히 내세에 고통스럽습니다.

만약 보살마하살이 방편선교가 없으나 반야바라밀다를 수행하는 때에, 만약 보시바라밀다에 머무르면서 승해하였다고 생각한다면 곧 보시바라밀다에서 가행을 짓고, 정계·안인·정진·정려·반야바라밀다에 머무르면서 승해하였다고 생각한다면 곧 정계·안인·정진·정려·반야바라밀다에서 가행을 짓나니, 이 가행을 까닭으로 능히 생·노·병·사에서 해탈하지 못하고, 또한 마땅히 내세에 고통스럽습니다.

만약 보살마하살이 방편선교가 없으나 반야바라밀다를 수행하는 때에, 만약 5안에 머무르면서 승해하였다고 생각한다면 곧 5안에서 가행을 짓고, 6신통에 머무르면서 승해하였다고 생각한다면 곧 6신통에서 가행을 짓나니, 이 가행을 까닭으로 능히 생·노·병·사에서 해탈하지 못하고, 또한 마땅히 내세에 고통스럽습니다.

만약 보살마하살이 방편선교가 없으나 반야바라밀다를 수행하는 때에, 만약 여래의 10력에 머무르면서 승해하였다고 생각한다면 곧 여래의 10력에서 가행을 짓고, 4무소외·4무애해·대자·대비·대희·대사·18불불공법·일체지·도상지·일체상지에 머무르면서 승해하였다고 생각한다면 곧 4무소외, 나아가 일체상지에서 가행을 짓나니, 이 가행을 까닭으로 능히 생·노·병·사에서 해탈하지 못하고, 또한 마땅히 내세에 고통스럽습니다.

만약 보살마하살이 방편선교가 없으나 반야바라밀다를 수행하는 때에, 만약 성문과 그것의 법에 머무르면서 승해하였다고 생각한다면 곧 성문과 그들의 법에서 가행을 짓고, 독각·보살·여래와 그것의 법에 머무르면서 승해하였다고 생각한다면 곧 독각·보살·여래와 그것의 법에서 가행을 짓나니, 이 가행을 까닭으로 능히 생·노·병·사에서 해탈하지 못하고, 또한 마땅히 내세에 고통스럽습니다.

사리자여. 이와 같은 보살마하살은 오히려 능히 성문·독각의 열반지(涅槃地)도 증득할 수 없는데, 만약 무상정등보리(無上正等菩提)를 증득한다는 이러한 처소는 없습니다. 사리자여. 만약 보살마하살이 이와 같은 것 등의 반야바라밀다를 수행한다면, 이것은 방편선교가 없으나 반야바라밀다를 수행하는 보살마하살이라고 이름한다고 마땅히 아십시오."

이때 사리자가 선현에게 물어 말하였다.
"무엇이 제보살마하살이 방편선교가 있으며, 반야바라밀다를 수행한다고 마땅히 알 수 있습니까?"
선현이 대답하여 말하였다.
"만약 보살마하살이 방편선교가 있으며 반야바라밀다를 수행하는 때에, 색을 행하지 않고 색의 상을 행하지 않는다면 반야바라밀다를 행하는 것이고, 수·상·행·식을 행하지 않고 수·상·행·식의 상을 행하지 않는다면, 이것은 반야바라밀다를 행하는 것입니다. 색이 항상하거나 무상하다고 행하지 않고 색이 항상하거나 무상하다는 상을 행하지 않는다면 반야바라밀다를 행하는 것이고, 수·상·행·식이 항상하거나 무상하다고 행하지 않고 수·상·행·식이 항상하거나 무상하다는 상을 행하지 않는다면 반야바라밀다를 행하는 것입니다.

색이 즐겁거나 괴롭다고 행하지 않고 색이 즐겁거나 괴롭다는 상을 행하지 않는다면 반야바라밀다를 행하는 것이고, 수·상·행·식이 즐겁거나 괴롭다고 행하지 않고 수·상·행·식이 즐겁거나 괴롭다는 상을 행하지 않는다면 반야바라밀다를 행하는 것입니다. 색이 나이거나 무아라고 행하지 않고 색이 나이거나 무아라는 상을 행하지 않는다면 반야바라밀다를 행하는 것이고, 수·상·행·식이 나이거나 무아라고 행하지 않고 수·상·행·식이 나이거나 무아라는 상을 행하지 않는다면 반야바라밀다를 행하는 것입니다.

색이 청정하거나 부정하다고 행하지 않고 색이 청정하거나 부정하다는 상을 행하지 않는다면 반야바라밀다를 행하는 것이고, 수·상·행·식이 청정하거나 부정하다고 행하지 않고 수·상·행·식이 청정하거나 부정하다는 상을 행하지 않는다면 반야바라밀다를 행하는 것입니다. 색이 공하거나 공하지 않다고 행하지 않고 색이 공하거나 공하지 않다는 상을 행하지 않는다면 반야바라밀다를 행하는 것이고, 수·상·행·식이 공하거나 공하지 않다고 행하지 않고 수·상·행·식이 공하거나 공하지 않다는 상을 행하지 않는다면 반야바라밀다를 행하는 것입니다.

색이 무상이거나 유상이라고 행하지 않고 색이 무상이거나 유상이라는 상을 행하지 않는다면 반야바라밀다를 행하는 것이고, 수·상·행·식이 무상이거나 유상이라고 행하지 않고 수·상·행·식이 무상이거나 유상이라는 상을 행하지 않는다면 반야바라밀다를 행하는 것입니다. 색이 무원이거나 유원이라고 행하지 않고 색이 무원이거나 유원이라는 상을 행하지 않는다면 반야바라밀다를 수행하는 것이고, 수·상·행·식이 무원이거나 유원이라고 행하지 않고 수·상·행·식이 무원이거나 유원이라는 상을 행하지 않는다면 반야바라밀다를 수행하는 것입니다.

색이 적정하거나 적정하지 않다고 행하지 않고 색이 적정하거나 적정하지 않다는 상을 행하지 않는다면 반야바라밀다를 수행하는 것이고, 수·상·행·식이 적정하거나 적정하지 않다고 행하지 않고 수·상·행·식이 적정하거나 적정하지 않다는 상을 행하지 않는다면 반야바라밀다를 수행하는 것입니다. 색이 멀리 벗어나거나 멀리 벗어나지 않는다고 행하지 않고 색이 멀리 벗어나거나 멀리 벗어나지 않는다는 상을 행하지 않는다면 반야바라밀다를 수행하는 것이고, 수·상·행·식이 멀리 벗어나거나 멀리 벗어나지 않는다고 행하지 않고 수·상·행·식이 멀리 벗어나거나 멀리 벗어나지 않는다는 상을 행하지 않는다면 반야바라밀다를 수행하는 것입니다.

사리자여. 이것을 보살마하살이 방편선교가 있으며, 반야바라밀다를 수행한다고 마땅히 아십시오. 왜 그러한가? 사리자여. 색은 색의 자성이 공하고 수·상·행·식은 수·상·행·식의 자성이 공합니다. 사리자여. 색은 색이 아니고, 공이 색이며, 공은 색이 아니고, 색은 공을 벗어나지 않으며, 공은 색을 벗어나지 않고, 색은 곧 공이고, 공은 곧 색이며, 수·상·행·식도 역시 다시 이와 같습니다.

만약 보살마하살이 방편선교가 있으며 반야바라밀다를 수행하는 때에, 안처를 행하지 않고 안처의 상을 행하지 않는다면 반야바라밀다를 행하는 것이고, 이·비·설·신·의처를 행하지 않고 이·비·설·신·의처의 상을 행하지 않는다면, 이것은 반야바라밀다를 행하는 것입니다. 안처가 항상하거나 무상하다는 것을 행하지 않고 안처가 항상하거나 무상하다는 상을 행하지 않는다면 반야바라밀다를 행하는 것이고, 이·비·설·신·의처가 항상하거나 무상하다는 것을 행하지 않고 이·비·설·신·의처가 항상하거나 무상하다는 상을 행하지 않는다면 반야바라밀다를 행하는 것입니다.

안처가 즐겁거나 괴롭다는 것을 행하지 않고 안처가 즐겁거나 괴롭다는 상을 행하지 않는다면 반야바라밀다를 행하는 것이고, 이·비·설·신·의처가 즐겁거나 괴롭다는 것을 행하지 않고 이·비·설·신·의처의 상이 즐겁거나 괴롭다는 상을 행하지 않는다면 반야바라밀다를 행하는 것입니다. 안처가 나이거나 무아라고 행하지 않고 안처가 나이거나 무아라는 상을 행하지 않는다면 반야바라밀다를 행하는 것이고, 이·비·설·신·의처가 나이거나 무아라고 행하지 않고 이·비·설·신·의처가 나이거나 무아라는 상을 행하지 않는다면 반야바라밀다를 행하는 것입니다.

안처가 청정하거나 부정하다는 것을 행하지 않고 안처가 청정하거나 부정하다는 상을 행하지 않는다면 반야바라밀다를 행하는 것이고, 이·비·설·신·의처가 청정하거나 부정하다고 행하지 않고 이·비·설·신·의처가 청정하거나 부정하다는 상을 행하지 않는다면 반야바라밀다를 행하는 것입니다. 안처가 공하거나 공하지 않다고 행하지 않고 안처가 공하거나 공하지 않다는 상을 행하지 않는다면 반야바라밀다를 행하는 것이고, 이·비·설·신·의처가 공하거나 공하지 않다고 행하지 않고 이·비·설·신·의처가 공하거나 공하지 않다는 상을 행하지 않는다면 반야바라밀다를 행하는 것입니다.

안처가 무상이거나 유상이라고 행하지 않고 안처가 무상이거나 유상이라는 상을 행하지 않는다면 반야바라밀다를 행하는 것이고, 이·비·설·신·의처가 무상이거나 유상이라고 행하지 않고 이·비·설·신·의처가 무상이거나 유상이라는 상을 행하지 않는다면 반야바라밀다를 행하는 것입니다. 안처가 무원이거나 유원이라고 행하지 않고 안처가 무원이거나 유원이라는 상을 행하지 않는다면 반야바라밀다를 수행하는 것이고, 이·비·설·신·의처가 무원이거나 유원이라고 행하지 않고 이·비·설·신·의처가 무원이거나 유원이라는 상을 행하지 않는다면 반야바라밀다를 수행하는 것입니다.

안처가 적정하거나 적정하지 않다고 행하지 않고 안처가 적정하거나 적정하지 않다는 상을 행하지 않는다면 반야바라밀다를 수행하는 것이고, 이·비·설·신·의처가 적정하거나 적정하지 않다고 행하지 않고 이·비·설·신·의처가 적정하거나 적정하지 않다는 상을 행하지 않는다면 반야바라밀다를 수행하는 것입니다. 안처가 멀리 벗어나거나 멀리 벗어나지 않는다고 행하지 않고 안처가 멀리 벗어나거나 멀리 벗어나지 않는다는 상을 행하지 않는다면 반야바라밀다를 수행하는 것이고, 이·비·설·신·의처가 멀리 벗어나거나 멀리 벗어나지 않는다고 행하지 않고 이·비·설·신·의처가 멀리 벗어나거나 멀리 벗어나지 않는다는 상을 행하지 않는다면 반야바라밀다를 수행하는 것입니다.

사리자여. 이것을 보살마하살이 방편선교가 있으며, 반야바라밀다를 수행한다고 마땅히 아십시오. 왜 그러한가? 사리자여. 안처는 안처의 자성이 공하고 이·비·설·신·의처는 이·비·설·신·의처의 자성이 공합니다. 사리자여. 안처는 안처가 아니고, 공이 안처이며, 공은 안처가 아니고, 안처는 공을 벗어나지 않으며, 공은 안처를 벗어나지 않고, 안처는 곧 공이고, 공은 곧 안처이며, 이·비·설·신·의처도 역시 다시 이와 같습니다.

만약 보살마하살이 방편선교가 있으며 반야바라밀다를 수행하는 때에, 색처를 행하지 않고 색처의 상을 행하지 않는다면 반야바라밀다를 행하는 것이고, 성·향·미·촉·법처를 행하지 않고 성·향·미·촉·법처의 상을 행하지 않는다면, 이것은 반야바라밀다를 행하는 것입니다. 색처가 항상하거나 무상하다고 행하지 않고 색처가 항상하거나 무상하다는 상을 행하지 않는다면 반야바라밀다를 행하는 것이고, 성·향·미·촉·법처가 항상하거나 무상하다고 행하지 않고 성·향·미·촉·법처가 항상하거나 무상하다는 상을 행하지 않는다면 반야바라밀다를 행하는 것입니다.

색처가 즐겁거나 괴롭다고 행하지 않고 색처가 즐겁거나 괴롭다는 상을 행하지 않는다면 반야바라밀다를 행하는 것이고, 성·향·미·촉·법처가 즐겁거나 괴롭다고 행하지 않고 성·향·미·촉·법처의 상이 즐겁거나 괴롭다는 상을 행하지 않는다면 반야바라밀다를 행하는 것입니다. 색처가 나이거나 무아라고 행하지 않고 색처가 나이거나 무아라는 상을 행하지 않는다면 반야바라밀다를 행하는 것이고, 성·향·미·촉·법처가 나이거나 무아라고 행하지 않고 성·향·미·촉·법처가 나이거나 무아라는 상을 행하지 않는다면 반야바라밀다를 행하는 것입니다.

색처가 청정하거나 부정하다고 행하지 않고 색처가 청정하거나 부정하다는 상을 행하지 않는다면 반야바라밀다를 행하는 것이고, 성·향·미·촉·법처가 청정하거나 부정하다고 행하지 않고 성·향·미·촉·법처가 청정하거나 부정하다는 상을 행하지 않는다면 반야바라밀다를 행하는 것입니다. 색처가 공하거나 공하지 않다고 행하지 않고 색처가 공하거나 공하지 않다는 상을 행하지 않는다면 반야바라밀다를 행하는 것이고, 성·향·미·촉·법처가 공하거나 공하지 않다고 행하지 않고 성·향·미·촉·법처가 공하거나 공하지 않다는 상을 행하지 않는다면 반야바라밀다를 행하는 것입니다.

색처가 무상이거나 유상이라고 행하지 않고 색처가 무상이거나 유상이라는 상을 행하지 않는다면 반야바라밀다를 행하는 것이고, 성·향·미·촉·법처가 무상이거나 유상이라고 행하지 않고 성·향·미·촉·법처가 무상이거나 유상이라는 상을 행하지 않는다면 반야바라밀다를 행하는 것입니다. 색처가 무원이거나 유원이라고 행하지 않고 색처가 무원이거나 유원이라는 상을 행하지 않는다면 반야바라밀다를 행하는 것이고, 성·향·미·촉·법처가 무원이거나 유원이라고 행하지 않고 성·향·미·촉·법처가 무원이거나 유원이라는 상을 행하지 않는다면 반야바라밀다를 행하는 것입니다.

색처가 적정하거나 적정하지 않다고 행하지 않고 색처가 적정하거나 적정하지 않다는 상을 행하지 않는다면 반야바라밀다를 행하는 것이고, 성·향·미·촉·법처가 적정하거나 적정하지 않다고 행하지 않고 성·향·미·촉·법처가 적정하거나 적정하지 않다는 상을 행하지 않는다면 반야바라밀다를 행하는 것입니다. 색처가 멀리 벗어나거나 멀리 벗어나지 않는다고 행하지 않고 색처가 멀리 벗어나거나 멀리 벗어나지 않는다는 상을 행하지 않는다면 반야바라밀다를 행하는 것이고, 성·향·미·촉·법처가 멀리 벗어나거나 멀리 벗어나지 않는다고 행하지 않고 성·향·미·촉·법처가 멀리 벗어나거나 멀리 벗어나지 않는다는 상을 행하지 않는다면 반야바라밀다를 행하는 것입니다.

　사리자여. 이것을 보살마하살이 방편선교가 있으며, 반야바라밀다를 수행한다고 마땅히 아십시오. 왜 그러한가? 사리자여. 색처는 색처의 자성이 공하고 성·향·미·촉·법처는 성·향·미·촉·법처의 자성이 공합니다. 사리자여. 색처는 색처가 아니고, 공이 색처이며, 공은 색처가 아니고, 색처는 공을 벗어나지 않으며, 공은 색처를 벗어나지 않고, 색처는 곧 공이고, 공은 곧 색처이며, 성·향·미·촉·법처도 역시 다시 이와 같습니다."

마하반야바라밀다경 제40권

10. 반야행상품(般若行相品)(3)

"만약 보살마하살이 방편선교가 있으며 반야바라밀다를 수행하는 때에, 안계·색계·안식계, …… 나아가 …… 안촉·안촉을 인연으로 생겨난 여러 수를 행하지 않고 안계, 나아가 안촉을 인연으로 생겨난 여러 수의 상을 행하지 않는다면 반야바라밀다를 행하는 것입니다. 안계·색계·안식계, 나아가 안촉·안촉을 인연으로 생겨난 여러 수가 항상하거나 무상하다는 것을 행하지 않고 안계, 나아가 안촉을 인연으로 생겨난 여러 수가 항상하거나 무상하다는 상을 행하지 않는다면 반야바라밀다를 행하는 것입니다.

안계·색계·안식계, 나아가 안촉·안촉을 인연으로 생겨난 여러 수가 즐겁거나 괴롭다는 것을 행하지 않고 안계, 나아가 안촉을 인연으로 생겨난 여러 수가 즐겁거나 괴롭다는 상을 행하지 않는다면 반야바라밀다를 행하는 것입니다. 안계·색계·안식계, 나아가 안촉·안촉을 인연으로 생겨난 여러 수가 나이거나 무아라는 것을 행하지 않고 안계, 나아가 안촉을 인연으로 생겨난 여러 수가 나이거나 무아라는 상을 행하지 않는다면 반야바라밀다를 행하는 것입니다.

안계·색계·안식계, 나아가 안촉·안촉을 인연으로 생겨난 여러 수가 청정하거나 부정하다는 것을 행하지 않고 안계, 나아가 안촉을 인연으로 생겨난 여러 수가 청정하거나 부정하다는 상을 행하지 않는다면 반야바라밀다를 행하는 것입니다. 안계·색계·안식계, 나아가 안촉·안촉을 인연으로 생겨난 여러 수가 공하거나 공하지 않다는 것을 행하지 않고 안계, 나아가 안촉을 인연으로 생겨난 여러 수가 공하거나 공하지 않다는 상을 행하지 않는다면 반야바라밀다를 행하는 것입니다.

안계·색계·안식계, 나아가 안촉·안촉을 인연으로 생겨난 여러 수가 무상이거나 유상이라는 것을 행하지 않고 안계, 나아가 안촉을 인연으로 생겨난 여러 수가 무상이거나 유상이라는 상을 행하지 않는다면 반야바라밀다를 행하는 것입니다. 안계·색계·안식계, 나아가 안촉·안촉을 인연으로 생겨난 여러 수가 무원이거나 유원이라는 것을 행하지 않고 안계, 나아가 안촉을 인연으로 생겨난 여러 수가 무원이거나 유원이라는 상을 행하지 않는다면 반야바라밀다를 행하는 것입니다.

안계·색계·안식계, 나아가 안촉·안촉을 인연으로 생겨난 여러 수가 적정하거나 적정하지 않다는 것을 행하지 않고 안계, 나아가 안촉을 인연으로 생겨난 여러 수가 적정하거나 적정하지 않다는 상을 행하지 않는다면 반야바라밀다를 행하는 것입니다. 안계·색계·안식계, 나아가 안촉·안촉을 인연으로 생겨난 여러 수가 멀리 벗어나거나 멀리 벗어나지 않는다는 것을 행하지 않고 안계, 나아가 안촉을 인연으로 생겨난 여러 수가 멀리 벗어나거나 멀리 벗어나지 않는다는 상을 행하지 않는다면 반야바라밀다를 행하는 것입니다.

사리자여. 이것을 보살마하살이 방편선교가 있으며, 반야바라밀다를 수행한다고 마땅히 아십시오. 왜 그러한가? 사리자여. 안계는 안계의 자성이 공하고 색계·안식계, 나아가 안촉·안촉을 인연으로 생겨난 여러 수는 색계, 나아가 안촉을 인연으로 생겨난 여러 수의 자성이 공합니다. 사리자여. 안계는 안계가 아니고, 공이 안계이며, 공은 안계가 아니고, 안계는 공을 벗어나지 않으며, 공은 안계를 벗어나지 않고, 안계는 곧 공이고, 공은 곧 안계이며, 색계·안식계, 나아가 안촉·안촉을 인연으로 생겨난 여러 수도 역시 다시 이와 같습니다.

만약 보살마하살이 방편선교가 있으며 반야바라밀다를 수행하는 때에, 이계·성계·이식계, …… 나아가 …… 이촉·이촉을 인연으로 생겨난 여러 수를 행하지 않고 이계, 나아가 이촉을 인연으로 생겨난 여러 수의 상을 행하지 않는다면 반야바라밀다를 행하는 것입니다. 이계·성계·이식계, 나아가 이촉·이촉을 인연으로 생겨난 여러 수가 항상하거나 무상하다는 것을 행하지 않고 이계·성계·이식계, …… 나아가 …… 이촉·이촉을 인연으로 생겨난 여러 수가 항상하거나 무상하다는 상을 행하지 않는다면 반야바라밀다를 행하는 것입니다.

이계·성계·이식계, 나아가 이촉·이촉을 인연으로 생겨난 여러 수가 즐겁거나 괴롭다는 것을 행하지 않고 이계, 나아가 이촉을 인연으로 생겨난 여러 수가 즐겁거나 괴롭다는 상을 행하지 않는다면 반야바라밀다를 행하는 것입니다. 이계·성계·이식계, 나아가 이촉·이촉을 인연으로 생겨난 여러 수가 나이거나 무아라는 것을 행하지 않고 이계, 나아가 이촉을 인연으로 생겨난 여러 수가 나이거나 무아라는 상을 행하지 않는다면 반야바라밀다를 행하는 것입니다.

이계·성계·이식계, 나아가 이촉·이촉을 인연으로 생겨난 여러 수가 청정하거나 부정하다는 것을 행하지 않고 이계, 나아가 이촉을 인연으로 생겨난 여러 수가 청정하거나 부정하다는 상을 행하지 않는다면 반야바라밀다를 행하는 것입니다. 이계·성계·이식계, 나아가 이촉·이촉을 인연으로 생겨난 여러 수가 공하거나 공하지 않다는 것을 행하지 않고 이계, 나아가 이촉을 인연으로 생겨난 여러 수가 공하거나 공하지 않다는 상을 행하지 않는다면 반야바라밀다를 행하는 것입니다.

이계·성계·이식계, 나아가 이촉·이촉을 인연으로 생겨난 여러 수가 무상이거나 유상이라는 것을 행하지 않고 이계, 나아가 이촉을 인연으로 생겨난 여러 수가 무상이거나 유상이라는 상을 행하지 않는다면 반야바라밀다를 행하는 것입니다. 이계·성계·이식계, 나아가 이촉·이촉을 인연으로 생겨난 여러 수가 무원이거나 유원이라는 것을 행하지 않고 이계, 나아가 이촉을 인연으로 생겨난 여러 수가 무원이거나 유원이라는 상을 행하지 않는다면 반야바라밀다를 행하는 것입니다.

이계·성계·이식계, 나아가 이촉·이촉을 인연으로 생겨난 여러 수가 적정하거나 적정하지 않다는 것을 행하지 않고 이계, 나아가 이촉이 적정하거나 적정하지 않다는 상을 행하지 않는다면 반야바라밀다를 행하는 것입니다. 이계·성계·이식계, 나아가 이촉·이촉을 인연으로 생겨난 여러 수가 멀리 벗어나거나 멀리 벗어나지 않는다는 것을 행하지 않고 이계, 나아가 이촉을 인연으로 생겨난 여러 수가 멀리 벗어나거나 멀리 벗어나지 않는다는 상을 행하지 않는다면 반야바라밀다를 행하는 것입니다.

사리자여. 이것을 보살마하살이 방편선교가 있으며, 반야바라밀다를 수행한다고 마땅히 아십시오. 왜 그러한가? 사리자여. 이계는 이계의 자성이 공하고 성계·이식계, 나아가 이촉·이촉을 인연으로 생겨난 여러 수는 성계, 나아가 이촉을 인연으로 생겨난 여러 수의 자성이 공합니다. 사리자여. 이계는 이계가 아니고, 공이 이계이며, 공은 이계가 아니고, 이계는 공을 벗어나지 않으며, 공은 이계를 벗어나지 않고, 이계는 곧 공이고, 공은 곧 이계이며, 성계·이식계, 나아가 이촉·이촉을 인연으로 생겨난 여러 수도 역시 다시 이와 같습니다.

만약 보살마하살이 방편선교가 있으며 반야바라밀다를 수행하는 때에, 비계·향계·비식계, …… 나아가 …… 비촉·비촉을 인연으로 생겨난 여러 수를 행하지 않고 비계, 나아가 비촉을 인연으로 생겨난 여러 수의 상을 행하지 않는다면 반야바라밀다를 행하는 것입니다. 비계·향계·비식계, 나아가 비촉·비촉을 인연으로 생겨난 여러 수가 항상하거나 무상하다는 것을 행하지 않고 비계, 나아가 비촉을 인연으로 생겨난 여러 수가 항상하거나 무상하다는 상을 행하지 않는다면 반야바라밀다를 행하는 것입니다.

비계·향계·비식계, 나아가 비촉·비촉을 인연으로 생겨난 여러 수가 즐겁거나 괴롭다는 것을 행하지 않고 비계, 나아가 비촉을 인연으로 생겨난 여러 수가 즐겁거나 괴롭다는 상을 행하지 않는다면 반야바라밀다를 행하는 것입니다. 비계·향계·비식계, 나아가 비촉·비촉을 인연으로 생겨난 여러 수가 나이거나 무아라는 것을 행하지 않고 비계, 나아가 비촉을 인연으로 생겨난 여러 수가 나이거나 무아라는 상을 행하지 않는다면 반야바라밀다를 행하는 것입니다.

비계·향계·비식계, 나아가 비촉·비촉을 인연으로 생겨난 여러 수가
청정하거나 부정하다는 것을 행하지 않고 비계, 나아가 비촉을 인연으로
생겨난 여러 수가 청정하거나 부정하다는 상을 행하지 않는다면 반야바라
밀다를 행하는 것입니다. 비계·향계·비식계, 나아가 비촉·비촉을 인연으
로 생겨난 여러 수가 공하거나 공하지 않다는 것을 행하지 않고 비계,
나아가 비촉을 인연으로 생겨난 여러 수가 공하거나 공하지 않다는 상을
행하지 않는다면 반야바라밀다를 행하는 것입니다.

비계·향계·비식계, 나아가 비촉·비촉을 인연으로 생겨난 여러 수가
무상이거나 유상이라는 것을 행하지 않고 비계, 나아가 비촉을 인연으로
생겨난 여러 수가 무상이거나 유상이라는 상을 행하지 않는다면 반야바라
밀다를 행하는 것입니다. 비계·향계·비식계, 나아가 비촉·비촉을 인연으
로 생겨난 여러 수가 무원이거나 유원이라는 것을 행하지 않고 비계,
나아가 비촉을 인연으로 생겨난 여러 수가 무원이거나 유원이라는 상을
행하지 않는다면 반야바라밀다를 행하는 것입니다.

비계·향계·비식계, 나아가 비촉·비촉을 인연으로 생겨난 여러 수가
적정하거나 적정하지 않다는 것을 행하지 않고 비계, 나아가 비촉이
적정하거나 적정하지 않다는 상을 행하지 않는다면 반야바라밀다를 행하
는 것입니다. 비계·향계·비식계, 나아가 비촉·비촉을 인연으로 생겨난
여러 수가 멀리 벗어나거나 멀리 벗어나지 않는다는 것을 행하지 않고
비계, 나아가 비촉을 인연으로 생겨난 여러 수가 멀리 벗어나거나 멀리
벗어나지 않는다는 상을 행하지 않는다면 반야바라밀다를 행하는 것입니다.

사리자여. 이것을 보살마하살이 방편선교가 있으며, 반야바라밀다를
수행한다고 마땅히 아십시오. 왜 그러한가? 사리자여. 비계는 비계의
자성이 공하고 향계·비식계, 나아가 비촉·비촉을 인연으로 생겨난 여러
수는 향계, 나아가 비촉을 인연으로 생겨난 여러 수의 자성이 공합니다.
사리자여. 비계는 비계가 아니고, 공이 비계이며, 공은 비계가 아니고,
비계는 공을 벗어나지 않으며, 공은 비계를 벗어나지 않고, 비계는 곧
공이고, 공은 곧 비계이며, 향계·비식계, 나아가 비촉·비촉을 인연으로

생겨난 여러 수도 역시 다시 이와 같습니다.

만약 보살마하살이 방편선교가 있으며 반야바라밀다를 수행하는 때에, 설계·미계·설식계, …… 나아가 …… 설촉·설촉을 인연으로 생겨난 여러 수를 행하지 않고 설계, 나아가 설촉을 인연으로 생겨난 여러 수의 상을 행하지 않는다면 반야바라밀다를 행하는 것입니다. 설계·미계·설식계, 나아가 설촉·설촉을 인연으로 생겨난 여러 수가 항상하거나 무상하다는 것을 행하지 않고 설계, 나아가 설촉을 인연으로 생겨난 여러 수가 항상하거나 무상하다는 상을 행하지 않는다면 반야바라밀다를 행하는 것입니다.

설계·미계·설식계, 나아가 설촉·설촉을 인연으로 생겨난 여러 수가 즐겁거나 괴롭다는 것을 행하지 않고 설계, 나아가 설촉을 인연으로 생겨난 여러 수가 즐겁거나 괴롭다는 상을 행하지 않는다면 반야바라밀다를 행하는 것입니다. 설계·미계·설식계, 나아가 설촉·설촉을 인연으로 생겨난 여러 수가 나이거나 무아라는 것을 행하지 않고 설계, 나아가 설촉을 인연으로 생겨난 여러 수가 나이거나 무아라는 상을 행하지 않는다면 반야바라밀다를 행하는 것입니다.

설계·미계·설식계, 나아가 설촉·설촉을 인연으로 생겨난 여러 수가 청정하거나 부정하다는 것을 행하지 않고 설계, 나아가 설촉을 인연으로 생겨난 여러 수가 청정하거나 부정하다는 상을 행하지 않는다면 반야바라밀다를 행하는 것입니다. 설계·미계·설식계, 나아가 설촉·설촉을 인연으로 생겨난 여러 수가 공하거나 공하지 않다는 것을 행하지 않고 설계, 나아가 설촉을 인연으로 생겨난 여러 수가 공하거나 공하지 않다는 상을 행하지 않는다면 반야바라밀다를 행하는 것입니다.

설계·미계·설식계, 나아가 설촉·설촉을 인연으로 생겨난 여러 수가 무상이거나 유상이라는 것을 행하지 않고 설계, 나아가 설촉을 인연으로 생겨난 여러 수가 무상이거나 유상이라는 상을 행하지 않는다면 반야바라밀다를 행하는 것입니다. 설계·미계·설식계, 나아가 설촉·설촉을 인연으로 생겨난 여러 수가 무원이거나 유원이라는 것을 행하지 않고 설계, 나아가 설촉을 인연으로 생겨난 여러 수가 무원이거나 유원이라는 상을 행하지 않는다면 반야바라밀다를 행하는 것입니다.

설계·미계·설식계, 나아가 설촉·설촉을 인연으로 생겨난 여러 수가 적정하거나 적정하지 않다는 것을 행하지 않고 설계, 나아가 설촉이 적정하거나 적정하지 않다는 상을 행하지 않는다면 반야바라밀다를 행하는 것입니다. 설계·미계·설식계, 나아가 설촉·설촉을 인연으로 생겨난 여러 수가 멀리 벗어나거나 멀리 벗어나지 않는다는 것을 행하지 않고 설계, 나아가 설촉을 인연으로 생겨난 여러 수가 멀리 벗어나거나 멀리 벗어나지 않는다는 상을 행하지 않는다면 반야바라밀다를 행하는 것입니다.

사리자여. 이것을 보살마하살이 방편선교가 있으며, 반야바라밀다를 수행한다고 마땅히 아십시오. 왜 그러한가? 사리자여. 설계는 설계의 자성이 공하고 미계·설식계, 나아가 설촉·설촉을 인연으로 생겨난 여러 수는 설계, 나아가 설촉을 인연으로 생겨난 여러 수의 자성이 공합니다. 사리자여. 설계는 설계가 아니고, 공이 설계이며, 공은 설계가 아니고, 설계는 공을 벗어나지 않으며, 공은 설계를 벗어나지 않고, 설계는 곧 공이고, 공은 곧 설계이며, 미계·설식계, 나아가 설촉·설촉을 인연으로 생겨난 여러 수도 역시 다시 이와 같습니다.

만약 보살마하살이 방편선교가 있으며 반야바라밀다를 수행하는 때에, 신계·촉계·신식계, …… 나아가 …… 신촉·신촉을 인연으로 생겨난 여러 수를 행하지 않고 신계, 나아가 신촉을 인연으로 생겨난 여러 수의 상을 행하지 않는다면 반야바라밀다를 행하는 것입니다. 신계·촉계·신식계, 나아가 신촉·신촉을 인연으로 생겨난 여러 수가 항상하거나 무상하다는 것을 행하지 않고 신계, 나아가 신촉을 인연으로 생겨난 여러 수가 항상하거나 무상하다는 상을 행하지 않는다면 반야바라밀다를 행하는 것입니다.

신계·촉계·신식계, 나아가 신촉·신촉을 인연으로 생겨난 여러 수가 즐겁거나 괴롭다는 것을 행하지 않고 신계, 나아가 신촉을 인연으로 생겨난 여러 수가 즐겁거나 괴롭다는 상을 행하지 않는다면 반야바라밀다를 행하는 것입니다. 신계·촉계·신식계, 나아가 신촉·신촉을 인연으로 생겨난 여러 수가 나이거나 무아라는 것을 행하지 않고 신계, 나아가 신촉을 인연으로 생겨난 여러 수가 나이거나 무아라는 상을 행하지 않는다면 반야바라밀다를 행하는 것입니다.

신계·촉계·신식계, 나아가 신촉·신촉을 인연으로 생겨난 여러 수가 청정하거나 부정하다는 것을 행하지 않고 신계, 나아가 신촉을 인연으로 생겨난 여러 수가 청정하거나 부정하다는 상을 행하지 않는다면 반야바라밀다를 행하는 것입니다. 신계·촉계·신식계, 나아가 신촉·신촉을 인연으로 생겨난 여러 수가 공하거나 공하지 않다는 것을 행하지 않고 신계, 나아가 신촉을 인연으로 생겨난 여러 수가 공하거나 공하지 않다는 상을 행하지 않는다면 반야바라밀다를 행하는 것입니다.

신계·촉계·신식계, 나아가 신촉·신촉을 인연으로 생겨난 여러 수가 무상이거나 유상이라는 것을 행하지 않고 신계, 나아가 신촉을 인연으로 생겨난 여러 수가 무상이거나 유상이라는 상을 행하지 않는다면 반야바라밀다를 행하는 것입니다. 신계·촉계·신식계, 나아가 신촉·신촉을 인연으로 생겨난 여러 수가 무원이거나 유원이라는 것을 행하지 않고 신계, 나아가 신촉을 인연으로 생겨난 여러 수가 무원이거나 유원이라는 상을 행하지 않는다면 반야바라밀다를 행하는 것입니다.

신계·촉계·신식계, 나아가 신촉·신촉을 인연으로 생겨난 여러 수가 적정하거나 적정하지 않다는 것을 행하지 않고 신계, 나아가 신촉이 적정하거나 적정하지 않다는 상을 행하지 않는다면 반야바라밀다를 행하는 것입니다. 신계·촉계·신식계, 나아가 신촉·신촉을 인연으로 생겨난 여러 수가 멀리 벗어나거나 멀리 벗어나지 않는다는 것을 행하지 않고 신계, 나아가 신촉을 인연으로 생겨난 여러 수가 멀리 벗어나거나 멀리 벗어나지 않는다는 상을 행하지 않는다면 반야바라밀다를 행하는 것입니다.

사리자여. 이것을 보살마하살이 방편선교가 있으며, 반야바라밀다를 수행한다고 마땅히 아십시오. 왜 그러한가? 사리자여. 신계는 신계의 자성이 공하고 촉계·신식계, 나아가 신촉·신촉을 인연으로 생겨난 여러 수는 촉계, 나아가 신촉을 인연으로 생겨난 여러 수의 자성이 공합니다. 사리자여. 신계는 신계가 아니고, 공이 신계이며, 공은 신계가 아니고,

신계는 공을 벗어나지 않으며, 공은 신계를 벗어나지 않고, 신계는 곧 공이고, 공은 곧 신계이며, 촉계·신식계, 나아가 신촉·신촉을 인연으로 생겨난 여러 수도 역시 다시 이와 같습니다.

만약 보살마하살이 방편선교가 있으며 반야바라밀다를 수행하는 때에, 의계·법계·의식계, …… 나아가 …… 의촉·의촉을 인연으로 생겨난 여러 수를 행하지 않고 의계, 나아가 의촉을 인연으로 생겨난 여러 수의 상을 행하지 않는다면 반야바라밀다를 행하는 것입니다. 의계·법계·의식계, 나아가 의촉·의촉을 인연으로 생겨난 여러 수가 항상하거나 무상하다는 것을 행하지 않고 의계, 나아가 의촉을 인연으로 생겨난 여러 수가 항상하거나 무상하다는 상을 행하지 않는다면 반야바라밀다를 행하는 것입니다.

의계·법계·의식계, 나아가 의촉·의촉을 인연으로 생겨난 여러 수가 즐겁거나 괴롭다는 것을 행하지 않고 의계, 나아가 의촉을 인연으로 생겨난 여러 수가 즐겁거나 괴롭다는 상을 행하지 않는다면 반야바라밀다를 행하는 것입니다. 의계·법계·의식계, 나아가 의촉·의촉을 인연으로 생겨난 여러 수가 나이거나 무아라는 것을 행하지 않고 의계, 나아가 의촉을 인연으로 생겨난 여러 수가 나이거나 무아라는 상을 행하지 않는다면 반야바라밀다를 행하는 것입니다.

의계·법계·의식계, 나아가 의촉·의촉을 인연으로 생겨난 여러 수가 청정하거나 부정하다는 것을 행하지 않고 의계, 나아가 의촉을 인연으로 생겨난 여러 수가 청정하거나 부정하다는 상을 행하지 않는다면 반야바라밀다를 행하는 것입니다. 의계·법계·의식계, 나아가 의촉·의촉을 인연으로 생겨난 여러 수가 공하거나 공하지 않다는 것을 행하지 않고 의계, 나아가 의촉을 인연으로 생겨난 여러 수가 공하거나 공하지 않다는 상을 행하지 않는다면 반야바라밀다를 행하는 것입니다.

의계·법계·의식계, 나아가 의촉·의촉을 인연으로 생겨난 여러 수가 무상이거나 유상이라는 것을 행하지 않고 의계, 나아가 의촉을 인연으로 생겨난 여러 수가 무상이거나 유상이라는 상을 행하지 않는다면 반야바라밀다를 행하는 것입니다. 의계·법계·의식계, 나아가 의촉·의촉을 인연으

로 생겨난 여러 수가 무원이거나 유원이라는 것을 행하지 않고 의계,
나아가 의촉을 인연으로 생겨난 여러 수가 무원이거나 유원이라는 상을
행하지 않는다면 반야바라밀다를 행하는 것입니다.

의계·법계·의식계, 나아가 의촉·의촉을 인연으로 생겨난 여러 수가
적정하거나 적정하지 않다는 것을 행하지 않고 의계, 나아가 의촉이
적정하거나 적정하지 않다는 상을 행하지 않는다면 반야바라밀다를 행하
는 것입니다. 의계·법계·의식계, 나아가 의촉·의촉을 인연으로 생겨난
여러 수가 멀리 벗어나거나 멀리 벗어나지 않는다는 것을 행하지 않고
의계, 나아가 의촉을 인연으로 생겨난 여러 수가 멀리 벗어나거나 멀리
벗어나지 않는다는 상을 행하지 않는다면 반야바라밀다를 행하는 것입니다.

사리자여. 이것을 보살마하살이 방편선교가 있으며, 반야바라밀다를
수행한다고 마땅히 아십시오. 왜 그러한가? 사리자여. 의계는 의계의
자성이 공하고 법계·의식계, 나아가 의촉·의촉을 인연으로 생겨난 여러
수는 법계·의식계, 나아가 의촉을 인연으로 생겨난 여러 수의 자성이
공합니다. 사리자여. 의계는 의계가 아니고, 공이 의계이며, 공은 의계가
아니고, 의계는 공을 벗어나지 않으며, 공은 의계를 벗어나지 않고, 의계는
곧 공이고, 공은 곧 의계이며, 법계·의식계, 나아가 의촉·의촉을 인연으로
생겨난 여러 수도 역시 다시 이와 같습니다.

만약 보살마하살이 방편선교가 있으며 반야바라밀다를 수행하는 때에,
지계를 행하지 않고 지계의 상을 행하지 않는다면 반야바라밀다를 행하는
것이고, 수·화·풍·공·식계를 행하지 않고 수·화·풍·공·식계의 상을 행하
지 않는다면, 이것은 반야바라밀다를 행하는 것입니다. 지계가 항상하거
나 무상하다는 것을 행하지 않고 지계가 항상하거나 무상하다는 상을
행하지 않는다면 반야바라밀다를 행하는 것이고, 수·화·풍·공·식계가
항상하거나 무상하다고 행하지 않고 수·화·풍·공·식계가 항상하거나
무상하다는 상을 행하지 않는다면 반야바라밀다를 행하는 것입니다.

지계가 즐겁거나 괴롭다고 행하지 않고 지계가 즐겁거나 괴롭다는
상을 행하지 않는다면 반야바라밀다를 행하는 것이고, 수·화·풍·공·식계

가 즐겁거나 괴롭다고 행하지 않고 수·화·풍·공·식계의 상이 즐겁거나 괴롭다는 상을 행하지 않는다면 반야바라밀다를 행하는 것입니다. 지계가 나이거나 무아라고 행하지 않고 지계가 나이거나 무아라는 상을 행하지 않는다면 반야바라밀다를 행하는 것이고, 수·화·풍·공·식계가 나이거나 무아라고 행하지 않고 수·화·풍·공·식계가 나이거나 무아라는 상을 행하지 않는다면 반야바라밀다를 행하는 것입니다.

지계가 청정하거나 부정하다고 행하지 않고 지계가 청정하거나 부정하다는 상을 행하지 않는다면 반야바라밀다를 행하는 것이고, 수·화·풍·공·식계가 청정하거나 부정하다고 행하지 않고 수·화·풍·공·식계가 청정하거나 부정하다는 상을 행하지 않는다면 반야바라밀다를 행하는 것입니다. 지계가 공하거나 공하지 않다고 행하지 않고 지계가 공하거나 공하지 않다는 상을 행하지 않는다면 반야바라밀다를 행하는 것이고, 수·화·풍·공·식계가 공하거나 공하지 않다고 행하지 않고 수·화·풍·공·식계가 공하거나 공하지 않다는 상을 행하지 않는다면 반야바라밀다를 행하는 것입니다.

지계가 무상이거나 유상이라고 행하지 않고 지계가 무상이거나 유상이라는 상을 행하지 않는다면 반야바라밀다를 행하는 것이고, 수·화·풍·공·식계가 무상이거나 유상이라고 행하지 않고 수·화·풍·공·식계가 무상이거나 유상이라는 상을 행하지 않는다면 반야바라밀다를 행하는 것입니다. 지계가 무원이거나 유원이라고 행하지 않고 지계가 무원이거나 유원이라는 상을 행하지 않는다면 반야바라밀다를 행하는 것이고, 수·화·풍·공·식계가 무원이거나 유원이라고 행하지 않고 수·화·풍·공·식계가 무원이거나 유원이라는 상을 행하지 않는다면 반야바라밀다를 행하는 것입니다.

지계가 적정하거나 적정하지 않다고 행하지 않고 지계가 적정하거나 적정하지 않다는 상을 행하지 않는다면 반야바라밀다를 행하는 것이고, 수·화·풍·공·식계가 적정하거나 적정하지 않다고 행하지 않고 수·화·풍·공·식계가 적정하거나 적정하지 않다는 상을 행하지 않는다면 반야바라밀다를 행하는 것입니다. 지계가 멀리 벗어나거나 멀리 벗어나지 않는다고 행하지 않고 지계가 멀리 벗어나거나 멀리 벗어나지 않는다는 상을 행하지 않는다면 반야바라밀다를 행하는 것이고, 수·화·풍·공·식계가 멀리 벗어나거나 멀리 벗어나지 않는다고 행하지 않고 수·화·풍·공·식계가 멀리 벗어나거나 멀리 벗어나지 않는다는 상을 행하지 않는다면 반야바라밀다를 행하는 것입니다.

사리자여. 이것을 보살마하살이 방편선교가 있으며, 반야바라밀다를 수행한다고 마땅히 아십시오. 왜 그러한가? 사리자여. 지계는 지계의 자성이 공하고 수·화·풍·공·식계는 성·향·미·촉·법처의 자성이 공합니다. 사리자여. 지계는 지계가 아니고, 공이 지계이며, 공은 지계가 아니고, 지계는 공을 벗어나지 않으며, 공은 지계를 벗어나지 않고, 지계는 곧 공이고, 공은 곧 지계이며, 수·화·풍·공·식계도 역시 다시 이와 같습니다.

만약 보살마하살이 방편선교가 있으며 반야바라밀다를 수행하는 때에, 고성제를 행하지 않고 고성제의 상을 행하지 않는다면 반야바라밀다를 행하는 것이고, 집·멸·도성제를 행하지 않고 집·멸·도성제의 상을 행하지 않는다면, 이것은 반야바라밀다를 행하는 것입니다. 고성제가 항상하거나 무상하다고 행하지 않고 고성제가 항상하거나 무상하다는 상을 행하지 않는다면 반야바라밀다를 행하는 것이고, 집·멸·도성제가 항상하거나 무상하다고 행하지 않고 집·멸·도성제가 항상하거나 무상하다는 상을 행하지 않는다면 반야바라밀다를 행하는 것입니다.

고성제가 즐겁거나 괴롭다고 행하지 않고 고성제가 즐겁거나 괴롭다는 상을 행하지 않는다면 반야바라밀다를 행하는 것이고, 집·멸·도성제가 즐겁거나 괴롭다고 행하지 않고 집·멸·도성제의 상이 즐겁거나 괴롭다는 상을 행하지 않는다면 반야바라밀다를 행하는 것입니다. 고성제가 나이거나 무아라고 행하지 않고 고성제가 나이거나 무아라는 상을 행하지 않는다면 반야바라밀다를 행하는 것이고, 집·멸·도성제가 나이거나 무아라고 행하지 않고 집·멸·도성제가 나이거나 무아라는 상을 행하지 않는다면 반야바라밀다를 행하는 것입니다.

고성제가 청정하거나 부정하다고 행하지 않고 고성제가 청정하거나

부정하다는 상을 행하지 않는다면 반야바라밀다를 행하는 것이고, 집·멸·
도성제가 청정하거나 부정하다고 행하지 않고 집·멸·도성제가 청정하거
나 부정하다는 상을 행하지 않는다면 반야바라밀다를 행하는 것입니다.
고성제가 공하거나 공하지 않다고 행하지 않고 고성제가 공하거나 공하지
않다는 상을 행하지 않는다면 반야바라밀다를 행하는 것이고, 집·멸·도성
제가 공하거나 공하지 않다고 행하지 않고 집·멸·도성제가 공하거나
공하지 않다는 상을 행하지 않는다면 반야바라밀다를 행하는 것입니다.

　고성제가 무상이거나 유상이라고 행하지 않고 고성제가 무상이거나
유상이라는 상을 행하지 않는다면 반야바라밀다를 행하는 것이고, 집·멸·
도성제가 무상이거나 유상이라고 행하지 않고 집·멸·도성제가 무상이거
나 유상이라는 상을 행하지 않는다면 반야바라밀다를 행하는 것입니다.
고성제가 무원이거나 유원이라고 행하지 않고 고성제가 무원이거나 유원
이라는 상을 행하지 않는다면 반야바라밀다를 행하는 것이고, 집·멸·도성
제가 무원이거나 유원이라고 행하지 않고 집·멸·도성제가 무원이거나
유원이라는 상을 행하지 않는다면 반야바라밀다를 행하는 것입니다.

　고성제가 적정하거나 적정하지 않다고 행하지 않고 고성제가 적정하거
나 적정하지 않다는 상을 행하지 않는다면 반야바라밀다를 행하는 것이고,
집·멸·도성제가 적정하거나 적정하지 않다고 행하지 않고 집·멸·도성제
가 적정하거나 적정하지 않다는 상을 행하지 않는다면 반야바라밀다를
행하는 것입니다. 고성제가 멀리 벗어나거나 멀리 벗어나지 않는다고
행하지 않고 고성제가 멀리 벗어나거나 멀리 벗어나지 않는다는 상을
행하지 않는다면 반야바라밀다를 행하는 것이고, 집·멸·도성제가 멀리
벗어나거나 멀리 벗어나지 않는다고 행하지 않고 집·멸·도성제가 멀리
벗어나거나 멀리 벗어나지 않는다는 상을 행하지 않는다면 반야바라밀다
를 행하는 것입니다.

　사리자여. 이것을 보살마하살이 방편선교가 있으며, 반야바라밀다를
수행한다고 마땅히 아십시오. 왜 그러한가? 사리자여. 고성제는 고성제의
자성이 공하고 집·멸·도성제는 집·멸·도성제의 자성이 공합니다. 사리자

여. 고성제는 고성제가 아니고, 공이 고성제이며, 공은 고성제가 아니고, 고성제는 공을 벗어나지 않으며, 공은 고성제를 벗어나지 않고, 고성제는 곧 공이고, 공은 곧 고성제이며, 집·멸·도성제도 역시 다시 이와 같습니다.

만약 보살마하살이 방편선교가 있으며 반야바라밀다를 수행하는 때에, 무명을 행하지 않고 무명의 상을 행하지 않는다면 반야바라밀다를 행하는 것이고, 행·식·명색·육처·촉·수·애·취·유·생·노사의 수탄고우뇌를 행하지 않고 행, 나아가 노사의 수탄고우뇌의 상을 행하지 않는다면, 이것은 반야바라밀다를 행하는 것입니다. 무명이 항상하거나 무상하다고 행하지 않고 무명이 항상하거나 무상하다는 상을 행하지 않는다면 반야바라밀다를 행하는 것이고, 행·식·명색·육처·촉·수·애·취·유·생·노사의 수탄고우뇌가 항상하거나 무상하다고 행하지 않고 행, 나아가 노사의 수탄고우뇌가 항상하거나 무상하다는 상을 행하지 않는다면 반야바라밀다를 행하는 것입니다.

무명이 즐겁거나 괴롭다고 행하지 않고 무명이 즐겁거나 괴롭다는 상을 행하지 않는다면 반야바라밀다를 행하는 것이고, 행·식·명색·육처·촉·수·애·취·유·생·노사의 수탄고우뇌가 즐겁거나 괴롭다고 행하지 않고 행, 나아가 노사의 수탄고우뇌가 즐겁거나 괴롭다는 상을 행하지 않는다면 반야바라밀다를 행하는 것입니다. 무명이 나이거나 무아라고 행하지 않고 무명이 나이거나 무아라는 상을 행하지 않는다면 반야바라밀다를 행하는 것이고, 행·식·명색·육처·촉·수·애·취·유·생·노사의 수탄고우뇌가 나이거나 무아라고 행하지 않고 행, 나아가 노사의 수탄고우뇌가 나이거나 무아라는 상을 행하지 않는다면 반야바라밀다를 행하는 것입니다.

무명이 청정하거나 부정하다고 행하지 않고 무명이 청정하거나 부정하다는 상을 행하지 않는다면 반야바라밀다를 행하는 것이고, 행·식·명색·육처·촉·수·애·취·유·생·노사의 수탄고우뇌가 청정하거나 부정하다고 행하지 않고 행, 나아가 노사의 수탄고우뇌가 청정하거나 부정하다는 상을 행하지 않는다면 반야바라밀다를 행하는 것입니다. 무명이 공하거나 공하지 않다고 행하지 않고 무명이 공하거나 공하지 않다는 상을 행하지 않는다면 반야바라밀다를 행하는 것이고, 행·식·명색·육처·촉·수·애·취·유·생·노사의 수탄고우뇌가 공하거나 공하지 않다고 행하지 않고 행, 나아가 노사의 수탄고우뇌가 공하거나 공하지 않다는 상을 행하지 않는다면 반야바라밀다를 행하는 것입니다.

무명이 무상이거나 유상이라고 행하지 않고 무명이 무상이거나 유상이라는 상을 행하지 않는다면 반야바라밀다를 행하는 것이고, 행·식·명색·육처·촉·수·애·취·유·생·노사의 수탄고우뇌가 무상이거나 유상이라고 행하지 않고 행, 나아가 노사의 수탄고우뇌가 무상이거나 유상이라는 상을 행하지 않는다면 반야바라밀다를 행하는 것입니다. 무명이 무원이거나 유원이라고 행하지 않고 무명이 무원이거나 유원이라는 상을 행하지 않는다면 반야바라밀다를 행하는 것이고, 행·식·명색·육처·촉·수·애·취·유·생·노사의 수탄고우뇌가 무원이거나 유원이라고 행하지 않고 행, 나아가 노사의 수탄고우뇌가 무원이거나 유원이라는 상을 행하지 않는다면 반야바라밀다를 행하는 것입니다.

무명이 적정하거나 적정하지 않다고 행하지 않고 무명이 적정하거나 적정하지 않다는 상을 행하지 않는다면 반야바라밀다를 행하는 것이고, 행·식·명색·육처·촉·수·애·취·유·생·노사의 수탄고우뇌가 적정하거나 적정하지 않다고 행하지 않고 행, 나아가 노사의 수탄고우뇌가 적정하거나 적정하지 않다는 상을 행하지 않는다면 반야바라밀다를 행하는 것입니다. 무명이 멀리 벗어나거나 멀리 벗어나지 않는다고 행하지 않고 무명이 멀리 벗어나거나 멀리 벗어나지 않는다는 상을 행하지 않는다면 반야바라밀다를 행하는 것이고, 행·식·명색·육처·촉·수·애·취·유·생·노사의 수탄고우뇌가 멀리 벗어나거나 멀리 벗어나지 않는다고 행하지 않고 행, 나아가 노사의 수탄고우뇌가 멀리 벗어나거나 멀리 벗어나지 않는다는 상을 행하지 않는다면 반야바라밀다를 행하는 것입니다.

사리자여. 이것을 보살마하살이 방편선교가 있으며, 반야바라밀다를 수행한다고 마땅히 아십시오. 왜 그러한가? 사리자여. 무명은 무명의 자성이 공하고 행·식·명색·육처·촉·수·애·취·유·생·노사의 수탄고우뇌는 행, 나아가 노사의 수탄고우뇌의 자성이 공합니다. 사리자여. 무명은 무명이 아니고, 공이 무명이며, 공은 무명이 아니고, 무명은 공을 벗어나지 않으며, 공은 무명을 벗어나지 않고, 무명은 곧 공이고, 공은 곧 무명이며, 행·식·명색·육처·촉·수·애·취·유·생·노사의 수탄고우뇌도 역시 다시 이와 같습니다.

만약 보살마하살이 방편선교가 있으며 반야바라밀다를 수행하는 때에, 4정려를 행하지 않고 4정려의 상을 행하지 않는다면 반야바라밀다를 행하는 것이고, 4무량·4무색정을 행하지 않고 4무량·4무색정의 상을 행하지 않는다면, 이것은 반야바라밀다를 행하는 것입니다. 4정려가 항상하거나 무상하다고 행하지 않고 4정려가 항상하거나 무상하다는 상을 행하지 않는다면 반야바라밀다를 행하는 것이고, 4무량·4무색정이 항상하거나 무상하다고 행하지 않고 4무량·4무색정이 항상하거나 무상하다는 상을 행하지 않는다면 반야바라밀다를 행하는 것입니다.

4정려가 즐겁거나 괴롭다고 행하지 않고 4정려가 즐겁거나 괴롭다는 상을 행하지 않는다면 반야바라밀다를 행하는 것이고, 4무량·4무색정이 즐겁거나 괴롭다고 행하지 않고 4무량·4무색정의 상이 즐겁거나 괴롭다는 상을 행하지 않는다면 반야바라밀다를 행하는 것입니다. 4정려가 나이거나 무아라고 행하지 않고 4정려가 나이거나 무아라는 상을 행하지 않는다면 반야바라밀다를 행하는 것이고, 4무량·4무색정이 나이거나 무아라고 행하지 않고 4무량·4무색정이 나이거나 무아라는 상을 행하지 않는다면 반야바라밀다를 행하는 것입니다.

4정려가 청정하거나 부정하다고 행하지 않고 4정려가 청정하거나 부정하다는 상을 행하지 않는다면 반야바라밀다를 행하는 것이고, 4무량·4무색정이 청정하거나 부정하다고 행하지 않고 4무량·4무색정이 청정하거나 부정하다는 상을 행하지 않는다면 반야바라밀다를 행하는 것입니다. 4정려가 공하거나 공하지 않다고 행하지 않고 4정려가 공하거나 공하지 않다는 상을 행하지 않는다면 반야바라밀다를 행하는 것이고, 4무량·4무색정이 공하거나 공하지 않다고 행하지 않고 4무량·4무색정이 공하거나 공하지 않다는 상을 행하지 않는다면 반야바라밀다를 행하는 것입니다.

4정려가 무상이거나 유상이라고 행하지 않고 4정려가 무상이거나 유상이라는 상을 행하지 않는다면 반야바라밀다를 행하는 것이고, 4무량·4무색정이 무상이거나 유상이라고 행하지 않고 4무량·4무색정이 무상이거나 유상이라는 상을 행하지 않는다면 반야바라밀다를 행하는 것입니다. 4정려가 무원이거나 유원이라고 행하지 않고 4정려가 무원이거나 유원이라는 상을 행하지 않는다면 반야바라밀다를 행하는 것이고, 4무량·4무색정이 무원이거나 유원이라고 행하지 않고 4무량·4무색정이 무원이거나 유원이라는 상을 행하지 않는다면 반야바라밀다를 행하는 것입니다.

4정려가 적정하거나 적정하지 않다고 행하지 않고 4정려가 적정하거나 적정하지 않다는 상을 행하지 않는다면 반야바라밀다를 행하는 것이고, 4무량·4무색정이 적정하거나 적정하지 않다고 행하지 않고 4무량·4무색정이 적정하거나 적정하지 않다는 상을 행하지 않는다면 반야바라밀다를 행하는 것입니다. 4정려가 멀리 벗어나거나 멀리 벗어나지 않는다고 행하지 않고 4정려가 멀리 벗어나거나 멀리 벗어나지 않는다는 상을 행하지 않는다면 반야바라밀다를 행하는 것이고, 4무량·4무색정이 멀리 벗어나거나 멀리 벗어나지 않는다고 행하지 않고 4무량·4무색정이 멀리 벗어나거나 멀리 벗어나지 않는다는 상을 행하지 않는다면 반야바라밀다를 행하는 것입니다.

사리자여. 이것을 보살마하살이 방편선교가 있으며, 반야바라밀다를 수행한다고 마땅히 아십시오. 왜 그러한가? 사리자여. 4정려는 4정려의 자성이 공하고 4무량·4무색정은 4무량·4무색정의 자성이 공합니다. 사리자여. 4정려는 4정려가 아니고, 공이 4정려이며, 공은 4정려가 아니고, 4정려는 공을 벗어나지 않으며, 공은 4정려를 벗어나지 않고, 4정려는 곧 공이고, 공은 곧 4정려이며, 4무량·4무색정도 역시 다시 이와 같습니다.

만약 보살마하살이 방편선교가 있으며 반야바라밀다를 수행하는 때에, 4념주를 행하지 않고 4념주의 상을 행하지 않는다면 반야바라밀다를 행하는 것이고, 4정단·4신족·5근·5력·7등각지·8성도지를 행하지 않고 4정단, 나아가 8성도지의 상을 행하지 않는다면, 이것은 반야바라밀다를 행하는 것입니다. 4념주가 항상하거나 무상하다고 행하지 않고 4념주가 항상하거나 무상하다는 상을 행하지 않는다면 반야바라밀다를 행하는 것이고, 4정단·4신족·5근·5력·7등각지·8성도지가 항상하거나 무상하다고 행하지 않고 4정단, 나아가 8성도지가 항상하거나 무상하다는 상을 행하지 않는다면 반야바라밀다를 행하는 것입니다.

4념주가 즐겁거나 괴롭다고 행하지 않고 4념주가 즐겁거나 괴롭다는 상을 행하지 않는다면 반야바라밀다를 행하는 것이고, 4정단·4신족·5근·5력·7등각지·8성도지가 즐겁거나 괴롭다고 행하지 않고 4정단, 나아가 8성도지의 상이 즐겁거나 괴롭다는 상을 행하지 않는다면 반야바라밀다를 행하는 것입니다. 4념주가 나이거나 무아라고 행하지 않고 4념주가 나이거나 무아라는 상을 행하지 않는다면 반야바라밀다를 행하는 것이고, 4정단·4신족·5근·5력·7등각지·8성도지가 나이거나 무아라고 행하지 않고 4정단, 나아가 8성도지가 나이거나 무아라는 상을 행하지 않는다면 반야바라밀다를 행하는 것입니다.

4념주가 청정하거나 부정하다고 행하지 않고 4념주가 청정하거나 부정하다는 상을 행하지 않는다면 반야바라밀다를 행하는 것이고, 4정단·4신족·5근·5력·7등각지·8성도지가 청정하거나 부정하다고 행하지 않고 4정단, 나아가 8성도지가 청정하거나 부정하다는 상을 행하지 않는다면 반야바라밀다를 행하는 것입니다. 4정려가 공하거나 공하지 않다고 행하지 않고 4념주가 공하거나 공하지 않다는 상을 행하지 않는다면 반야바라밀다를 행하는 것이고, 4정단·4신족·5근·5력·7등각지·8성도지가 공하거나 공하지 않다고 행하지 않고 4정단, 나아가 8성도지가 공하거나 공하지 않다는 상을 행하지 않는다면 반야바라밀다를 행하는 것입니다.

4념주가 무상이거나 유상이라고 행하지 않고 4념주가 무상이거나 유상이라는 상을 행하지 않는다면 반야바라밀다를 행하는 것이고, 4정단·4신족·5근·5력·7등각지·8성도지가 무상이거나 유상이라고 행하지 않고 4정단, 나아가 8성도지가 무상이거나 유상이라는 상을 행하지 않는다면 반야바라밀다를 행하는 것입니다. 4념주가 무원이거나 유원이라고 행하지 않고 4념주가 무원이거나 유원이라는 상을 행하지 않는다면 반야바라밀다를 행하는 것이고, 4정단·4신족·5근·5력·7등각지·8성도지가 무원이거나 유원이라고 행하지 않고 4정단, 나아가 8성도지가 무원이거나 유원이라는 상을 행하지 않는다면 반야바라밀다를 행하는 것입니다.

4념주가 적정하거나 적정하지 않다고 행하지 않고 4념주가 적정하거나 적정하지 않다는 상을 행하지 않는다면 반야바라밀다를 행하는 것이고, 4정단·4신족·5근·5력·7등각지·8성도지가 적정하거나 적정하지 않다고 행하지 않고 4정단, 나아가 8성도지가 적정하거나 적정하지 않다는 상을 행하지 않는다면 반야바라밀다를 행하는 것입니다. 4념주가 멀리 벗어나거나 멀리 벗어나지 않는다고 행하지 않고 4념주가 멀리 벗어나거나 멀리 벗어나지 않는다는 상을 행하지 않는다면 반야바라밀다를 행하는 것이고, 4정단·4신족·5근·5력·7등각지·8성도지가 멀리 벗어나거나 멀리 벗어나지 않는다고 행하지 않고 4정단, 나아가 8성도지가 멀리 벗어나거나 멀리 벗어나지 않는다는 상을 행하지 않는다면 반야바라밀다를 행하는 것입니다.

사리자여. 이것을 보살마하살이 방편선교가 있으며, 반야바라밀다를 수행한다고 마땅히 아십시오. 왜 그러한가? 사리자여. 4념주는 4념주의 자성이 공하고 4정단·4신족·5근·5력·7등각지·8성도지는 4정단, 나아가 8성도지의 자성이 공합니다. 사리자여. 4념주는 4념주가 아니고, 공이 4념주이며, 공은 4념주가 아니고, 4념주는 공을 벗어나지 않으며, 공은 4념주를 벗어나지 않고, 4념주는 곧 공이고, 공은 곧 4념주이며, 4정단·4신족·5근·5력·7등각지·8성도지도 역시 다시 이와 같습니다."

마하반야바라밀다경 제41권

10. 반야행상품(般若行相品)(4)

　"만약 보살마하살이 방편선교가 있으며 반야바라밀다를 수행하는 때에, 보시바라밀다를 행하지 않고 보시바라밀다의 상을 행하지 않는다면 반야바라밀다를 행하는 것이고, 정계·안인·정진·정려·반야바라밀다를 행하지 않고 정계·안인·정진·정려·반야바라밀다의 상을 행하지 않는다면, 이것은 반야바라밀다를 행하는 것입니다. 보시바라밀다가 항상하거나 무상하다고 행하지 않고 보시바라밀다가 항상하거나 무상하다는 상을 행하지 않는다면 반야바라밀다를 행하는 것이고, 정계·안인·정진·정려·반야바라밀다가 항상하거나 무상하다고 행하지 않고 정계·안인·정진·정려·반야바라밀다가 항상하거나 무상하다는 상을 행하지 않는다면 반야바라밀다를 행하는 것입니다.

　보시바라밀다가 즐겁거나 괴롭다고 행하지 않고 보시바라밀다가 즐겁거나 괴롭다는 상을 행하지 않는다면 반야바라밀다를 행하는 것이고, 정계·안인·정진·정려·반야바라밀다가 즐겁거나 괴롭다고 행하지 않고 정계·안인·정진·정려·반야바라밀다의 상이 즐겁거나 괴롭다는 상을 행하지 않는다면 반야바라밀다를 행하는 것입니다. 보시바라밀다가 나이거나 무아라고 행하지 않고 보시바라밀다가 나이거나 무아라는 상을 행하지 않는다면 반야바라밀다를 행하는 것이고, 정계·안인·정진·정려·반야바라밀다가 나이거나 무아라고 행하지 않고 정계·안인·정진·정려·반야바라밀다가 나이거나 무아라는 상을 행하지 않는다면 반야바라밀다를 행하는 것입니다.

보시바라밀다가 청정하거나 부정하다고 행하지 않고 보시바라밀다가
청정하거나 부정하다는 상을 행하지 않는다면 반야바라밀다를 행하는
것이고, 정계·안인·정진·정려·반야바라밀다가 청정하거나 부정하다고
행하지 않고 정계·안인·정진·정려·반야바라밀다가 청정하거나 부정하
다는 상을 행하지 않는다면 반야바라밀다를 행하는 것입니다. 보시바라
밀다가 공하거나 공하지 않다고 행하지 않고 보시바라밀다가 공하거나
공하지 않다는 상을 행하지 않는다면 반야바라밀다를 행하는 것이고,
정계·안인·정진·정려·반야바라밀다가 공하거나 공하지 않다고 행하지
않고 정계·안인·정진·정려·반야바라밀다가 공하거나 공하지 않다는 상
을 행하지 않는다면 반야바라밀다를 행하는 것입니다.

보시바라밀다가 무상이거나 유상이라고 행하지 않고 보시바라밀다가
무상이거나 유상이라는 상을 행하지 않는다면 반야바라밀다를 행하는
것이고, 정계·안인·정진·정려·반야바라밀다가 무상이거나 유상이라고
행하지 않고 정계·안인·정진·정려·반야바라밀다가 무상이거나 유상이
라는 상을 행하지 않는다면 반야바라밀다를 행하는 것입니다. 보시바라
밀다가 무원이거나 유원이라고 행하지 않고 보시바라밀다가 무원이거나
유원이라는 상을 행하지 않는다면 반야바라밀다를 행하는 것이고, 정계·
안인·정진·정려·반야바라밀다가 무원이거나 유원이라고 행하지 않고
정계·안인·정진·정려·반야바라밀다가 무원이거나 유원이라는 상을 행
하지 않는다면 반야바라밀다를 행하는 것입니다.

보시바라밀다가 적정하거나 적정하지 않다고 행하지 않고 보시바라밀
다가 적정하거나 적정하지 않다는 상을 행하지 않는다면 반야바라밀다를
행하는 것이고, 정계·안인·정진·정려·반야바라밀다가 적정하거나 적정
하지 않다고 행하지 않고 정계·안인·정진·정려·반야바라밀다가 적정하
거나 적정하지 않다는 상을 행하지 않는다면 반야바라밀다를 행하는
것입니다. 보시바라밀다가 멀리 벗어나거나 멀리 벗어나지 않는다고
행하지 않고 보시바라밀다가 멀리 벗어나거나 멀리 벗어나지 않는다는

상을 행하지 않는다면 반야바라밀다를 행하는 것이고, 정계·안인·정진·
정려·반야바라밀다가 멀리 벗어나거나 멀리 벗어나지 않는다고 행하지
않고 정계·안인·정진·정려·반야바라밀다가 멀리 벗어나거나 멀리 벗어
나지 않는다는 상을 행하지 않는다면 반야바라밀다를 행하는 것입니다.

사리자여. 이것을 보살마하살이 방편선교가 있으며, 반야바라밀다를
수행한다고 마땅히 아십시오. 왜 그러한가? 사리자여. 보시바라밀다는
보시바라밀다의 자성이 공하고 정계·안인·정진·정려·반야바라밀다은
정계·안인·정진·정려·반야바라밀다의 자성이 공합니다. 사리자여. 보시
바라밀다는 보시바라밀다가 아니고, 공이 보시바라밀다이며, 공은 보시
바라밀다가 아니고, 보시바라밀다는 공을 벗어나지 않으며, 공은 보시바
라밀다를 벗어나지 않고, 보시바라밀다는 곧 공이고, 공은 곧 보시바라밀
다이며, 정계·안인·정진·정려·반야바라밀다도 역시 다시 이와 같습니다.

만약 보살마하살이 방편선교가 있으며 반야바라밀다를 수행하는 때에,
5안을 행하지 않고 5안의 상을 행하지 않는다면 반야바라밀다를 행하는
것이고, 6신통을 행하지 않고 6신통의 상을 행하지 않는다면, 이것은
반야바라밀다를 행하는 것입니다. 5안이 항상하거나 무상하다고 행하지
않고 5안이 항상하거나 무상하다는 상을 행하지 않는다면 반야바라밀다
를 행하는 것이고, 6신통이 항상하거나 무상하다고 행하지 않고 6신통이
항상하거나 무상하다는 상을 행하지 않는다면 반야바라밀다를 행하는
것입니다.

5안이 즐겁거나 괴롭다고 행하지 않고 5안이 즐겁거나 괴롭다는 상을
행하지 않는다면 반야바라밀다를 행하는 것이고, 6신통이 즐겁거나 괴롭
다고 행하지 않고 6신통의 상이 즐겁거나 괴롭다는 상을 행하지 않는다면
반야바라밀다를 행하는 것입니다. 5안이 나이거나 무아라고 행하지 않고
5안이 나이거나 무아라는 상을 행하지 않는다면 반야바라밀다를 행하는
것이고, 6신통이 나이거나 무아라고 행하지 않고 6신통이 나이거나 무아
라는 상을 행하지 않는다면 반야바라밀다를 행하는 것입니다.

5안이 청정하거나 부정하다고 행하지 않고 5안이 청정하거나 부정하다

는 상을 행하지 않는다면 반야바라밀다를 행하는 것이고, 6신통이 청정하거나 부정하다고 행하지 않고 6신통이 청정하거나 부정하다는 상을 행하지 않는다면 반야바라밀다를 행하는 것입니다. 5안이 공하거나 공하지 않다고 행하지 않고 5안이 공하거나 공하지 않다는 상을 행하지 않는다면 반야바라밀다를 행하는 것이고, 6신통이 공하거나 공하지 않다고 행하지 않고 6신통이 공하거나 공하지 않다는 상을 행하지 않는다면 반야바라밀다를 행하는 것입니다.

5안이 무상이거나 유상이라고 행하지 않고 5안이 무상이거나 유상이라는 상을 행하지 않는다면 반야바라밀다를 행하는 것이고, 6신통이 무상이거나 유상이라고 행하지 않고 6신통이 무상이거나 유상이라는 상을 행하지 않는다면 반야바라밀다를 행하는 것입니다. 5안이 무원이거나 유원이라고 행하지 않고 5안이 무원이거나 유원이라는 상을 행하지 않는다면 반야바라밀다를 행하는 것이고, 6신통이 무원이거나 유원이라고 행하지 않고 6신통이 무원이거나 유원이라는 상을 행하지 않는다면 반야바라밀다를 행하는 것입니다.

5안이 적정하거나 적정하지 않다고 행하지 않고 5안이 적정하거나 적정하지 않다는 상을 행하지 않는다면 반야바라밀다를 행하는 것이고, 6신통이 적정하거나 적정하지 않다고 행하지 않고 6신통이 적정하거나 적정하지 않다는 상을 행하지 않는다면 반야바라밀다를 행하는 것입니다. 5안이 멀리 벗어나거나 멀리 벗어나지 않는다고 행하지 않고 5안이 멀리 벗어나거나 멀리 벗어나지 않는다는 상을 행하지 않는다면 반야바라밀다를 행하는 것이고, 6신통이 멀리 벗어나거나 멀리 벗어나지 않는다고 행하지 않고 6신통이 멀리 벗어나거나 멀리 벗어나지 않는다는 상을 행하지 않는다면 반야바라밀다를 행하는 것입니다.

사리자여. 이것을 보살마하살이 방편선교가 있으며, 반야바라밀다를 수행한다고 마땅히 아십시오. 왜 그러한가? 사리자여. 5안은 5안의 자성이 공하고 6신통은 6신통의 자성이 공합니다. 사리자여. 5안은 5안이 아니고, 공이 5안이며, 공은 5안이 아니고, 5안은 공을 벗어나지 않으며,

공은 5안을 벗어나지 않고, 5안은 곧 공이고, 공은 곧 5안이며, 6신통도 역시 다시 이와 같습니다.

만약 보살마하살이 방편선교가 있으며 반야바라밀다를 수행하는 때에, 여래의 10력을 행하지 않고 여래의 10력의 상을 행하지 않는다면 반야바라밀다를 행하는 것이고, 4무소외·4무애해·대자·대비·대희·대사·18불불공법·일체지·도상지·일체상지을 행하지 않고 4무소외, 나아가 일체상지의 상을 행하지 않는다면, 이것은 반야바라밀다를 행하는 것입니다. 여래의 10력이 항상하거나 무상하다고 행하지 않고 여래의 10력이 항상하거나 무상하다는 상을 행하지 않는다면 반야바라밀다를 행하는 것이고, 4무소외·4무애해·대자·대비·대희·대사·18불불공법·일체지·도상지·일체상지가 항상하거나 무상하다고 행하지 않고 4무소외, 나아가 일체상지가 항상하거나 무상하다는 상을 행하지 않는다면 반야바라밀다를 행하는 것입니다.

여래의 10력이 즐겁거나 괴롭다고 행하지 않고 여래의 10력이 즐겁거나 괴롭다는 상을 행하지 않는다면 반야바라밀다를 행하는 것이고, 4무소외·4무애해·대자·대비·대희·대사·18불불공법·일체지·도상지·일체상지가 즐겁거나 괴롭다고 행하지 않고 4무소외, 나아가 일체상지의 상이 즐겁거나 괴롭다는 상을 행하지 않는다면 반야바라밀다를 행하는 것입니다. 여래의 10력이 나이거나 무아라고 행하지 않고 여래의 10력이 나이거나 무아라는 상을 행하지 않는다면 반야바라밀다를 행하는 것이고, 4무소외·4무애해·대자·대비·대희·대사·18불불공법·일체지·도상지·일체상지가 나이거나 무아라고 행하지 않고 4무소외, 나아가 일체상지가 나이거나 무아라는 상을 행하지 않는다면 반야바라밀다를 행하는 것입니다.

여래의 10력이 청정하거나 부정하다고 행하지 않고 여래의 10력이 청정하거나 부정하다는 상을 행하지 않는다면 반야바라밀다를 행하는 것이고, 4무소외·4무애해·대자·대비·대희·대사·18불불공법·일체지·도상지·일체상지가 청정하거나 부정하다고 행하지 않고 4무소외, 나아가 일체상지가 청정하거나 부정하다는 상을 행하지 않는다면 반야바라밀다

를 행하는 것입니다. 여래의 10력이 공하거나 공하지 않다고 행하지
않고 여래의 10력이 공하거나 공하지 않다는 상을 행하지 않는다면 반야바
라밀다를 행하는 것이고, 4무소외·4무애해·대자·대비·대희·대사·18불
불공법·일체지·도상지·일체상지가 공하거나 공하지 않다고 행하지 않고
4무소외, 나아가 일체상지가 공하거나 공하지 않다는 상을 행하지 않는다
면 반야바라밀다를 행하는 것입니다.

　여래의 10력이 무상이거나 유상이라고 행하지 않고 여래의 10력이
무상이거나 유상이라는 상을 행하지 않는다면 반야바라밀다를 행하는
것이고, 　4무소외·4무애해·대자·대비·대희·대사·18불불공법·일체지·
도상지·일체상지가 무상이거나 유상이라고 행하지 않고 4무소외, 나아가
일체상지가 무상이거나 유상이라는 상을 행하지 않는다면 반야바라밀다
를 행하는 것입니다. 여래의 10력이 무원이거나 유원이라고 행하지 않고
여래의 10력이 무원이거나 유원이라는 상을 행하지 않는다면 반야바라밀
다를 행하는 것이고, 4무소외·4무애해·대자·대비·대희·대사·18불불공
법·일체지·도상지·일체상지가 무원이거나 유원이라고 행하지 않고 4무
소외, 나아가 일체상지가 무원이거나 유원이라는 상을 행하지 않는다면
반야바라밀다를 행하는 것입니다.

　여래의 10력이 적정하거나 적정하지 않다고 행하지 않고 여래의 10력이
적정하거나 적정하지 않다는 상을 행하지 않는다면 반야바라밀다를 행하
는 것이고, 4무소외·4무애해·대자·대비·대희·대사·18불불공법·일체지
·도상지·일체상지가 적정하거나 적정하지 않다고 행하지 않고 4무소외,
나아가 일체상지가 적정하거나 적정하지 않다는 상을 행하지 않는다면
반야바라밀다를 행하는 것입니다. 여래의 10력이 멀리 벗어나거나 멀리
벗어나지 않는다고 행하지 않고 여래의 10력이 멀리 벗어나거나 멀리
벗어나지 않는다는 상을 행하지 않는다면 반야바라밀다를 행하는 것이고,
4무소외·4무애해·대자·대비·대희·대사·18불불공법·일체지·도상지·
일체상지가 멀리 벗어나거나 멀리 벗어나지 않는다고 행하지 않고 4무소
외, 나아가 일체상지가 멀리 벗어나거나 멀리 벗어나지 않는다는 상을

행하지 않는다면 반야바라밀다를 행하는 것입니다.

　사리자여. 이것을 보살마하살이 방편선교가 있으며, 반야바라밀다를 수행한다고 마땅히 아십시오. 왜 그러한가? 사리자여. 여래의 10력은 여래의 10력의 자성이 공하고 4무소외·4무애해·대자·대비·대희·대사·18불불공법·일체지·도상지·일체상지는 4무소외, 나아가 일체상지의 자성이 공합니다. 사리자여. 여래의 10력은 여래의 10력이 아니고, 공이 여래의 10력이며, 공은 여래의 10력이 아니고, 여래의 10력은 공을 벗어나지 않으며, 공은 여래의 10력을 벗어나지 않고, 여래의 10력은 곧 공이고, 공은 곧 여래의 10력이며, 4무소외, 나아가 일체상지도 역시 다시 이와 같습니다.

　사리자여. 이와 같이 보살마하살이 방편선교가 있으며 반야바라밀다를 수행하면, 무상정등보리(無上正等菩提)를 얻을 수 있습니다. 사리자여. 보살마하살이 방편선교가 있으며 반야바라밀다를 수행하는 때에, 일체법에서 있는 것도 취(取)하지 않고, 있지 않은 것도 취하지 않으며, 역시 있고 역시 있지 않은 것도 취하지 않고, 있는 것도 아니고 있지 않은 것이 아닌 것도 취하지 않으며, 취하지 않을 것에서 역시 취하지 않습니다.”

　이때 사리자가 선현에게 물어 말하였다.

　“무슨 인연을 까닭으로 이 보살마하살은 반야바라밀다를 수행하는 때에, 일체법에서 모두 취하지 않습니까?”

　선현이 대답하여 말하였다.

　“오히려 일체법의 자성(自性)은 얻을 수 없습니다. 왜 그러한가? 일체법은 무성(無性)으로써 자성으로 삼는 까닭입니다. 이러한 인연을 까닭으로 만약 보살마하살이 반야바라밀다를 수행하는 때에, 일체법에서 만약 있는 것을 취하거나, 만약 있지 않은 것을 취하거나, 만약 역시 있거나 역시 있지 않은 것을 취하거나, 만약 있지 않거나 있지 않은 것이 아닌 것을 취하거나, 만약 취하지 않을 것을 취한다면 반야바라밀다를 행한 것이 아닙니다. 그 까닭은 무엇인가? 일체법은 모두 자성이 없어서 취할 수 없는 까닭입니다.

사리자여. 이 보살마하살이 반야바라밀다를 수행하는 때에, 반야바라밀다에서 행(行)하는 것도 취하지 않고, 행하지 않는 것도 취하지 않으며, 역시 행하거나 역시 행하지 않는 것도 취하지 않고, 행하지 않고 행하지 않는 것도 아닌 것을 취하지 않으며, 취하지 않을 것에서 역시 취하지 않습니다."

이때 사리자가 선현에게 물어 말하였다.

"무슨 인연을 까닭으로 이 보살마하살은 반야바라밀다를 수행하는 때에, 일체법에서 모두 취하지 않습니까?"

선현이 대답하여 말하였다.

"오히려 반야바라밀다의 자성은 얻을 수 없습니다. 왜 그러한가? 일체법은 무성으로써 자성으로 삼는 까닭입니다. 이러한 인연을 까닭으로 만약 보살마하살이 반야바라밀다를 수행하는 때에, 반야바라밀다에서 만약 행을 취하거나, 만약 행이 아닌 것을 취하거나, 만약 역시 행이거나 역시 행이 아닌 것을 취하거나, 만약 행이 아니거나 행이 아닌 것이 아닌 것을 취하거나, 만약 취하지 않을 것을 취한다면 반야바라밀다를 행한 것이 아닙니다. 그 까닭은 무엇인가? 반야바라밀다는 모두 자성이 없어서 취할 수 없는 까닭입니다.

사리자여. 이 보살마하살이 반야바라밀다를 수행하는 때에, 일체법과 반야바라밀다에서 모두 취하는 것이 없고 집착하는 것이 없습니다. 이것을 보살마하살이 일체법에서 취하거나 집착하는 것이 없는 삼마지(三摩地)라고 이름합니다. 이 삼마지는 미묘(微妙)하고 수승(殊勝)하며 광대(廣大)하고 무량(無量)하여, 능히 무변(無邊)하고 무애(無礙)하게 작용(作用)을 모을지라도, 일체의 성문·독각과 함께 하지 않습니다. 사리자여. 만약 보살마하살이 이 삼마지에 항상 머무르면서 버리지 않는다면 빠르게 무상정등보리를 증득합니다."

이때 사리자가 선현에게 물어 말하였다.

"제보살마하살이 다만 이 하나의 삼마지에 항상 머무르면서 버리지 않는다면 빠르게 무상정등보리를 증득합니까? 다시 나머지의 여러 삼마지가 있고 항상 머무르면서 버리지 않는다면, 역시 보살마하살이 빠르게 무상정등보리를 증득합니까?"

선현이 대답하여 말하였다.

"다만 이 하나의 삼마지가 아니고, 다시 나머지의 여러 삼마지가 있고 제 보살마하살이 항상 머무르면서 버리지 않는다면 빠르게 무상정등보리를 증득합니다."

사리자가 말하였다.

"무엇입니까?"

선현이 대답하여 말하였다.

"이를테면, 건행삼마지(建行三摩地)·보인(寶印)삼마지·사자유희(師子遊戱)삼마지·묘월(妙月)삼마지·월당상(月幢相)삼마지·일체법해(一切法海)삼마지·관정(灌頂)삼마지·법계결정(法界決定)삼마지·결정당상(決定幢相)삼마지·금강유(金剛喩)삼마지·입법인(入法印)삼마지·삼마지왕(三摩地王)삼마지·선안주(善安住)삼마지·선립정왕(善立定王)삼마지·방광(放光)삼마지·무망실(無忘失)삼마지·방광무망실(放光無忘失)삼마지·정진력(精進力)삼마지·장엄력(莊嚴力)삼마지·등용(等湧)삼마지·입일체언사결정(入一切言詞決定)삼마지·입일체명자결정(入一切名字決定)삼마지·관방(觀方)삼마지·총지인(總持印)삼마지·제법등취해인(諸法等趣海印)삼마지·왕인(王印)삼마지·편복허공(遍覆虛空)삼마지·금강륜(金剛輪)삼마지·삼륜청정(三輪淸淨)삼마지·무량광(無量光)삼마지·무착무장(無着無障)삼마지·단제법륜(斷諸法輪)삼마지·기사진보(棄捨珍寶)삼마지·편조(遍照)삼마지·불순(不眴)삼마지·무상주(無相住)삼마지·부사유(不思惟)삼마지·항복사마(降伏四魔)삼마지·무구등(無垢燈)삼마지·무변광(無邊光)삼마지·발광(發光)삼마지·보조(普照)삼마지·정견정(淨堅定)삼마지·사자분신(師子奮迅)삼마지·사자빈신(師子頻申)삼마지·사자흠거(師子欠呿)삼마지·무구광(無垢光)삼마지·묘락(妙樂)삼마지·전등(電燈)삼마지·무진(無盡)삼마지·최승당상(最勝幢相)삼마지·제상(帝相)삼마지·순명정류(順明正流)삼마지·구위광(具威光)삼마지·이진(離盡)삼마지·불가동전(不可動轉)삼마지·적정(寂靜)삼마지·무하극(無瑕隙)삼마지·일등(日燈)삼마지·월정(月淨)삼마지·정안(淨眼)삼마지·정광(淨光)삼마지·월등(月燈)삼마지·발명(發明)삼마지·응작불응작(應作不應作)삼마지·지상(智相)삼마지·금강만(金剛鬘)삼마지·주심(住心)삼마지·보명(普明)삼마지·묘안립(妙安立)삼마지·보적(寶積)삼마지·묘법인(妙法印)삼마지·일체법성평등(一切法性平等)삼마지·기사진애(棄捨塵愛)삼마지·법용원만(法湧圓滿)삼마지·입법정(入法頂)삼마지·보성(寶性)삼마지·사훤쟁(捨喧諍)삼마지·표산(飄散)삼마지·분별법구(分別法句)삼마지·결정(決定)삼마지·무구행(無垢行)삼마지·자평등상(字平等相)삼마지·이문자상(離文字相)삼마지·단소연(斷所緣)삼마지·무변이(無變異)삼마지·무종류(無種類)삼마지·입명상(入名相)삼마지·무소작(無所作)삼마지·입결정명(入決定名)삼마지·행무상(行無相)삼마지·이예암(離翳闇)삼마지·구행(具行)삼마지·불변동(不變動)삼마지·도경계(度境界)삼마지·집일체공덕(集一切功德)삼마지·무심주(無心住)삼마지·결정주(決定住)삼마지 정묘화(淨妙花)삼마지·구각지(具覺支)삼마지·무변변(無邊辯)삼마지·무변등(無邊燈)삼마지·무등등(無等等)삼마지·초일체법(超一切法)삼마지·결판제법(決判諸法)삼마지·산의(散疑)삼마지·무소주(無所住)삼마지·일상장엄(一相莊嚴)삼마지·인발행상(引發行相)삼마지·일행상(一行相)삼마지·이제행상(離諸行相)삼마지·묘행(妙行)삼마지·달제유저원리(達諸有底遠離)삼마지·입일체시설어언(入一切施設語言)삼마지·견고보(堅固寶)삼마지·어일체법무소취착(於一切法無所取著)삼마지·전염장엄(電焰莊嚴)삼마지·제견(除遣)삼마지·무승(無勝)삼마지·법거(法炬)삼마지·혜등(慧燈)삼마지·취향불퇴전신통(趣向不退轉神通)삼마지·해탈음성문자(解脫音聲文字)삼마지·거치연(炬熾然)삼마지·엄정상(嚴淨相)삼마지·무상(無相)삼마지·무탁인상(無濁忍相)삼마지·구일체묘상(具一切妙相)삼마지·구총지(具總持)삼마지·불희일체고락(不喜一切苦樂)삼마지·무진행상(無盡行相)삼마지·섭복일체정사성(攝伏一切正邪性)삼마지·단증애(斷憎愛)삼마지·이위순(離違順)

삼마지·무구명(無垢明)삼마지·극견고(極堅固)삼마지·만월정광(滿月淨
光)삼마지·대장엄(大莊嚴)삼마지·무집전광(無執電光)삼마지·능조일체
세간(能照一切世間)삼마지·능구일체세간(能救一切世間)삼마지·정평등
성(定平等性)삼마지·무진유진평등이취(無塵有塵平等理趣)삼마지·무쟁
유쟁평등이취(無諍有諍平等理趣)삼마지·무소혈무표치무애락(無巢穴無
標幟無愛樂)삼마지·결정안주진여(決定安住眞如)삼마지·기중용출(器中湧
出)삼마지소제번뇌(燒諸煩惱)삼마지·대지혜거(大智慧炬)삼마지·출생십
력(出生十力)삼마지 개천(開闡)삼마지·괴신악행(壞身惡行)삼마지·괴어악
행(壞語惡行)삼마지·괴의악행(壞意惡行)삼마지·선관찰(善觀察)삼마지·
여허공(如虛空)삼마지·무염착여허공(無染着如虛空)삼마지 등입니다.

　사리자여. 만약 보살마하살이 이와 같은 것 등의 여러 삼마지에 항상
머무르면서 버리지 않는다면 빠르게 무상정등보리를 증득합니다. 다시
나머지의 무량(無量)하고 무수(無數)한 삼마지문과 다라니문이 있으며,
만약 보살마하살이 능히 잘 수학(修學)한다면, 역시 빠르게 아뇩다라삼먁
삼보리를 증득합니다."

　이때 구수 선현은 세존의 신력을 올라타서 사리자에게 말하였다.

　"만약 보살마하살이 이와 같은 것 등의 삼마지에 머무르는 자는 이미
과거 제불께 수기(授記)[1]를 받았고, 역시 현재 시방의 제불(諸佛)에게
수기를 받았다고 마땅히 알아야 합니다. 사리자여. 이 보살마하살이
비록 이와 같은 여러 삼마지에 머무르더라도 이 여러 삼마지를 보지
않고, 역시 이 여러 삼마지에 집착하지 않으며, '나는 이미 이 여러 삼마지에
들어갔다. 나는 지금 이 여러 삼마지에 들어와 있다. 나는 마땅히 이
여러 삼마지에 들어갈 것이다. 오직 내가 들어갈 수 있고 다른 자는
능히 들어가지 못한다.'라고 생각하면서 말하지 않습니다. 그가 이와
같은 것 등을 심사(尋思)[2]하고 분별(分別)하더라도, 오히려 이 정려의

---

1) 산스크리트어 vykarana이고, 또한 '기별(記別)', '기설(記說)', '수결(受決)' 등으로
　한역한다. 사문에게 미래의 세상에서 무상정등각을 성취한다고 제불께서 예언하
　는 것이다.

힘(定力)으로 모두 행이 나타나지 않습니다."

이때 사리자가 선현에게 물어 말하였다.

"진실로 보살마하살이 이와 같은 것 등의 여러 삼마지에 머무르면서 과거와 현재의 제불의 처소에서 수기를 받는 것을 분별할 수 있습니까?"

선현이 대답하여 말하였다.

"아닙니다. 사리자여. 왜 그러한가? 사리자여. 반야바라밀다는 여러 삼마지와 다르지 않고 여러 삼마지는 반야바라밀다와 다르지 않으며, 보살마하살은 반야바라밀다·삼마지와 다르지 않고, 반야바라밀다·삼마지는 보살마하살과 다르지 않으며, 반야바라밀다가 곧 여러 삼마지이고, 여러 삼마지가 곧 반야바라밀다이며, 보살마하살이 곧 반야바라밀다·삼마지이고, 반야바라밀다·삼마지가 곧 보살마하살입니다. 그것은 무슨 까닭인가? 일체법의 자성은 평등한 것입니다."

사리자가 말하였다.

"만약 일체법의 자성이 평등한 것이라면 이 삼마지를 나타내어 보여줄 수 있습니까?"

선현이 대답하여 말하였다.

"나타내어 보여줄 수 없습니다."

사리자가 말하였다.

"이 보살마하살은 이 삼마지에서 상해(想解)3)가 있습니까?"

선현이 대답하여 말하였다.

"그 보살마하살은 상해가 없습니다."

사리자가 말하였다.

"그 보살마하살은 무슨 까닭으로 상해가 없습니까?"

선현이 대답하여 말하였다.

"그 보살마하살은 분별이 없는 까닭입니다."

---

2) 심사(尋思)는 마음을 가라앉혀 깊이 사색(思索)하는 것이다.
3) '생각으로 이해한다.'는 뜻이니, 곧 생각으로 '알음알이'를 일으키는 것이라고 의역할 수 있겠다.

"그 보살마하살은 무슨 까닭으로 분별이 없습니까?"

선현이 대답하여 말하였다.

"일체법의 자성은 모두 무소유인 까닭이고, 그는 정려(定)에서 분별을 일으키지 않습니다. 이러한 인연을 이유로 이 보살마하살은 일체법과 삼마지에서 모두 상해가 없습니다. 왜 그러한가? 일체법과 삼마지는 모두 무소유이고, 무소유의 가운데에서는 분별과 상해가 일어나지 않는 까닭입니다."

이때 박가범(薄伽梵)⁴)께서 선현을 찬탄하여 말씀하셨다.

"옳도다. 옳도다. 그대가 말한 것과 같으니라. 그러므로 나는 그대가 무쟁정(無諍定)⁵)에 머무르는 성문의 가운데에서 제일이라고 설하였고, 오히려 이것은 나의 뜻과 함께 상응한다고 설하느니라. 선현이여. 보살마하살이 반야바라밀다를 수학하고자 한다면 이와 같이 상응하여 수학해야 하고, 정려·정진·안인·정계·보시바라밀다를 수학하고자 한다면 이와 같이 상응하여 수학해야 하느니라. 선현이여. 보살마하살이 4정려를 수학하고자 한다면 이와 같이 상응하여 수학해야 하고, 4무량·4무색정을 수학하고자 한다면 이와 같이 상응하여 수학해야 하느니라.

선현이여. 보살마하살이 4념주를 수학하고자 한다면 이와 같이 상응하여 수학해야 하고, 4정단·4신족·5근·5력·7등각지·8성도지를 수학하고자 한다면 이와 같이 상응하여 수학해야 하느니라. 선현이여. 보살마하살이 5안을 수학하고자 한다면 이와 같이 상응하여 수학해야 하고, 6신통을 수학하고자 한다면 이와 같이 상응하여 수학해야 하느니라. 선현이여. 보살마하살이 여래의 10력을 수학하고자 한다면 이와 같이 상응하여 수학해야 하고, 4무소외·4무애해·대자·대비·대희·대사·18불불공법·일체지·도상지·일체상지를 수학하고자 한다면 이와 같이 상응하여 수학해야 하느니라."

---

4) 산스크리트어 Bhagavān의 음사이고, 또한 '바가범(婆伽梵)', '바가반(婆伽伴)' 등으로 음사하며, 여래 십호의 하나이다.
5) 무쟁삼매(無諍三昧)를 다르게 부르는 말이다.

이때 사리자가 세존께 아뢰어 말하였다.

"세존이시여. 보살마하살이 이와 같이 수학한다면 반야바라밀다를 바르게 수학하는 것이고, 나아가 일체상지를 바르게 수학하는 것입니까?"

세존께서 사리자에게 알리셨다.

"보살마하살이 이와 같이 수학한다면 반야바라밀다를 바르게 수학하는 것이니, 얻을 수 없는 것을 방편으로 삼는 까닭이고, 나아가 일체상지를 바르게 수학하는 것이니, 얻을 수 없는 것을 방편으로 삼는 까닭이니라."

이때 사리자가 다시 세존께 아뢰어 말하였다.

"세존이시여. 보살마하살이 얻을 수 없는 것으로써 방편으로 삼아서 반야바라밀다를 이와 같이 수학하고, 나아가 얻을 수 없는 것으로써 방편으로 삼아서 일체상지를 이와 같이 수학해야 합니까?"

세존께서 사리자에게 알리셨다.

"보살마하살은 얻을 수 없는 것으로써 방편으로 삼아서 반야바라밀다를 이와 같이 수학하고, 나아가 얻을 수 없는 것으로써 방편으로 삼아서 일체상지를 이와 같이 수학해야 하느니라."

사리자가 말하였다.

"얻을 수 없다는 것은 무엇 등의 법을 얻을 수 없습니까?"

세존께서 말씀하셨다.

"나(我)는 얻을 수 없나니 결국 청정한 까닭이고, 유정(有情)·명자(命者)·생자(生者)·양자(養者)·사부(士夫)·삭취취(數取趣)·의생(意生)·유동(儒童)·작자(作者)·사작자(使作者)·기자(起者)·사기자(使起者)·수자(受者)·사수자(使受者)·지자(知者)·견자(見者) 등은 얻을 수 없나니 결국 청정한 까닭이며, 색은 얻을 수 없나니 결국 청정한 까닭이고, 수·상·행·식도 얻을 수 없나니 결국 청정한 까닭이며, 안처는 얻을 수 없나니 결국 청정한 까닭이고, 이·비·설·신·의처도 얻을 수 없나니 결국 청정한 까닭이며, 색처는 얻을 수 없나니 결국 청정한 까닭이고, 성·향·미·촉·법처도 얻을 수 없나니 결국 청정한 까닭이니라.

안계·색계·안식계, …… 나아가 …… 안촉·안촉을 인연으로 생겨난 여러 수는 얻을 수 없나니 결국 청정한 까닭이고, 이계·성계·이식계, …… 나아가 …… 이촉·이촉을 인연으로 생겨난 여러 수도 얻을 수 없나니 결국 청정한 까닭이며, 비계·향계·비식계, …… 나아가 …… 비촉·비촉을 인연으로 생겨난 여러 수는 얻을 수 없나니 결국 청정한 까닭이고, 설계·미계·설식계, …… 나아가 …… 설촉·설촉을 인연으로 생겨난 여러 수도 얻을 수 없나니 결국 청정한 까닭이며, 신계·촉계·신식계, …… 나아가 …… 신촉·신촉을 인연으로 생겨난 여러 수는 얻을 수 없나니 결국 청정한 까닭이고, 의계·법계·의식계, …… 나아가 …… 의촉·의촉을 인연으로 생겨난 여러 수도 얻을 수 없나니 결국 청정한 까닭이니라.

  지계는 얻을 수 없나니 결국 청정한 까닭이고, 수·화·풍·공·식계도 얻을 수 없나니 결국 청정한 까닭이며, 고성제는 얻을 수 없나니 결국 청정한 까닭이고, 집·멸·도성제도 얻을 수 없나니 결국 청정한 까닭이며, 무명은 얻을 수 없나니 결국 청정한 까닭이고, 행·식·명색·육처·촉·수·애·취·유·생·노사의 수탄고우뇌도 얻을 수 없나니 결국 청정한 까닭이며, 4정려는 얻을 수 없나니 결국 청정한 까닭이고, 4무량·4무색정도 얻을 수 없나니 결국 청정한 까닭이며, 4념주는 얻을 수 없나니 결국 청정한 까닭이고, 4정단·4신족·5근·5력·7등각지·8성도지도 얻을 수 없나니 결국 청정한 까닭이며, 보시바라밀다는 얻을 수 없나니 결국 청정한 까닭이고, 정계·안인·정진·정려·반야바라밀다도 얻을 수 없나니 결국 청정한 까닭이니라.

  5안은 얻을 수 없나니 결국 청정한 까닭이고, 6신통도 얻을 수 없나니 결국 청정한 까닭이며, 여래의 10력은 얻을 수 없나니 결국 청정한 까닭이고, 4무소외·4무애해·대자·대비·대희·대사·18불불공법·일체지·도상지·일체상지도 얻을 수 없나니 결국 청정한 까닭이며, 예류과는 얻을 수 없나니 결국 청정한 까닭이고, 일래·불환·아라한도 얻을 수 없나니 결국 청정한 까닭이며, 독각은 얻을 수 없나니 결국 청정한 까닭이고, 보살도 얻을 수 없나니 결국 청정한 까닭이며, 여래도 얻을 수 없나니 결국 청정한 까닭이니라."

사리자가 말하였다.

"세존이시여. 말씀하신 결국 청정하다는 것은 무엇 등의 뜻입니까?"

세존께서 말씀하셨다.

"제법은 나타나지도 않고 생겨나지도 않으며, 사라지지(沒)도 않고 끝나지도 않으며, 염오도 없고 청정함도 없으며, 얻을 것도 없고 할 것도 없습니다. 이와 같다면 결국 청정한 뜻이라고 이름하느니라."

그때 사리자가 세존께 아뢰어 말하였다.

"세존이시여. 보살마하살이 이와 같이 수학하는 때에 무슨 법을 수학합니까?"

세존께서 사리자에게 알리셨다.

"보살마하살이 이와 같이 수학하는 때에 일체법에서 모두 수학할 것이 없느니라. 왜 그러한가? 일체법은 이와 같아서 여러 어리석은 범부와 이생(異生)⁶⁾들의 가운데에서 수학할 수 있는 것이 아니니라."

사리자가 말하였다.

"만약 그와 같다면, 제법은 어찌하여 있습니까?"

세존께서 말씀하셨다.

"제법은 무소유(無所有)와 같으나, 이와 같이 있느니라. 만약 이와 같이 무소유법에서 능히 요달(了達)⁷⁾하지 못한다면 무명(無明)이라고 이름하여 설(說)하느니라."

사리자가 말하였다.

"무엇 등의 법이 무소유이고, 만약 요달하지 못한다면 무명(無明)이라고 이름하여 설합니까?"

세존께서 말씀하셨다.

6) 산스크리트어 pṛthagjana의 번역이고, 성자와 다른 생류(生類)라는 뜻이다. 여러 가지의 견해와 번뇌에 의하여 여러 과(果)를 받고 여러 세계에 태어나는 중생을 가리킨다.
7) 해료통달(解了通達)의 준말이고, 깊은 선정(禪定)을 통해서 이치를 통달하는 것이다.

"색은 무소유이고 수·상·행·식도 무소유이나니, 내공(內空)인 까닭이
고, 외공(外空)인 까닭이며, 내외공(內外空)인 까닭이고, 공공(空空)인 까닭
이며, 승의공(勝義空)인 까닭이고, 유위공(有爲空)인 까닭이며, 무위공(無
爲空)인 까닭이고, 필경공(畢竟空)인 까닭이며, 무제공(無際空)인 까닭이
고, 산공(散空)인 까닭이며, 무변이공(無變異空)인 까닭이고, 본성공(本性
空)인 까닭이며, 자상공(自相空)인 까닭이고, 공상공(共相空)인 까닭이며,
일체법공(一切法空)인 까닭이고, 불가득공(不可得空)인 까닭이며, 무성공
(無性空)인 까닭이고, 자성공(自性空)인 까닭이며, 무성자성공(無性自性空)
인 까닭이니라.

사리자여. 안처는 무소유이고 이·비·설·신·의처도 무소유이나니, 내공
인 까닭이고, …… 나아가 …… 무성자성공인 까닭이며, 색처는 무소유이
고, 성·향·미·촉·법처도 무소유이나니 내공인 까닭이고, …… 나아가
…… 무성자성공인 까닭이니라.

사리자여. 안계·색계·안식계, …… 나아가 …… 안촉·안촉을 인연으로
생겨난 여러 수는 무소유이나니 내공인 까닭이고, …… 나아가 …… 무성자
성공인 까닭이며, 이계·성계·이식계, …… 나아가 …… 이촉·이촉을 인연
으로 생겨난 여러 수는 무소유이나니 내공인 까닭이고, …… 나아가
…… 무성자성공인 까닭이며, 비계·향계·비식계, …… 나아가 …… 비촉·
비촉을 인연으로 생겨난 여러 수는 무소유이나니 내공인 까닭이고, ……
나아가 …… 무성자성공인 까닭이며, 설계·미계·설식계, …… 나아가
…… 설촉·설촉을 인연으로 생겨난 여러 수는 무소유이나니 내공인 까닭
이고, …… 나아가 …… 무성자성공인 까닭이며, 신계·촉계·신식계, ……
나아가 …… 신촉·신촉을 인연으로 생겨난 여러 수는 무소유이나니 내공
인 까닭이고, …… 나아가 …… 무성자성공인 까닭이며, 의계·법계·의식
계, …… 나아가 …… 의촉·의촉을 인연으로 생겨난 여러 수는 무소유이나
니 내공인 까닭이고, …… 나아가 …… 무성자성공인 까닭이니라.

사리자여. 지계는 무소유이나니 수·화·풍·공·식계는 소유할 수 없나니
내공인 까닭이고, …… 나아가 …… 무성자성공인 까닭이니라. 사리자여.

욕계는 소유할 수 없고, 색계·무색계는 무소유이나니 내공인 까닭이고, …… 나아가 …… 무성자성공인 까닭이니라. 사리자여. 고성제는 소유할 수 없고, 집·멸·도성제는 무소유이나니 내공인 까닭이고, …… 나아가 …… 무성자성공인 까닭이니라. 사리자여. 무명은 무소유이고 행·식·명색·육처·촉·수·애·취·유·생·노사의 수탄고우뇌는 무소유이나니, 내공인 까닭이고, …… 나아가 …… 무성자성공인 까닭이니라. 사리자여. 탐·진·치는 무소유이고, 견취(見趣)는 무소유이나니 내공인 까닭이고, …… 나아가 …… 무성자성공인 까닭이니라.

사리자여. 4정려는 무소유이고 4무량·4무색정은 무소유이나니, 내공인 까닭이고, …… 나아가 …… 무성자성공인 까닭이니라. 사리자여. 4념주는 무소유이고 4정단·4신족·5근·5력·7등각지·8성도지는 무소유이나니 내공인 까닭이고, …… 나아가 …… 무성자성공인 까닭이니라. 사리자여. 보시바라밀다는 무소유이고 정계·안인·정진·정려·반야바라밀다는 무소유이나니 내공인 까닭이고, …… 나아가 …… 무성자성공인 까닭이니라. 사리자여. 5안은 무소유이고 6신통은 무소유이나니 내공인 까닭이고, …… 나아가 …… 무성자성공인 까닭이니라. 사리자여. 여래의 10력은 무소유이고 4무소외·4무애해·대자·대비·대희·대사·18불불공법·일체지·도상지·일체상지는 무소유이나니 내공인 까닭이고, …… 나아가 …… 무성자성공인 까닭이니라.

사리자여. 범부와 이생들이 만약 이와 같은 무소유의 법에서 요달하지 못한다면 무명이라고 하느니라. 그는 무명과 욕망(愛)의 세력을 이유로 단견(斷見)8)과 상견(常見)9)의 양변(兩邊)을 분별하고 집착하느니라. 이것을 이유로 제법의 무소유라는 자성을 알지 못하고 보지 못하며, 제법을

---

8) 산스크리트어 uccheda-drsti의 번역이고, 세계나 모든 존재는 무상(無常)한 것이어서 실재하지 않는 것과 같이, 인간도 죽으면 심신(心身)이 모두 없어진다고 고집하는 그릇된 견해이다.

9) 산스크리트어 sasvata-drsti의 번역이고, 세계나 모든 존재는 불변(不變)의 실재(實在)이며, 사람은 죽으나 자아(自我)는 없어지지 않으며, 5온(蘊)은 과거나 미래에 상주(常住)하여 영원히 존재한다는 그릇된 견해이다.

분별하고, 분별하는 이유로 곧 색·수·상·행·식에 집착하고, …… 나아가 …… 일체상지를 집착하며, 집착하는 까닭으로 제법의 무소유라는 자성을 분별하느니라. 이것을 이유로 법에서 알지도 못하고 보지도 못하느니라."

사리자가 말하였다.

"무엇 등의 법이 알지도 못하고 보지도 못하는 것입니까?"

세존께서 말씀하셨다.

"색에서 알지 못하고 보지 못하며, 수·상·행·식에서 알지 못하고 보지 못하며, …… 나아가 …… 일체상지를 알지 못하고 보지도 못하나니, 제법을 알지 못하고 보지 못하는 이유로 범부와 이생의 가운데에 자주 떨어져서 능히 출리(出離)10)하지 못하느니라."

사리자가 말하였다.

"그들은 어느 곳에서 출리하지 못합니까?"

세존께서 말씀하셨다.

"그들은 욕계(欲界)에서 출리하지 못하고 색계(色界)에서 출리하지 못하며 무색계(無色界)에서 출리하지 못하느니라. 출리하지 못하는 이유로 성문의 법을 능히 성취하지 못하고, 독각의 법을 성취하지 못하며, 보살의 법을 이룩하지 못하고, 여래의 법을 이룩하지 못하며, 성취하지 못하는 이유로 능히 믿고 받아들이지 못하느니라."

사리자가 말하였다.

"그들은 무슨 법에서 능히 믿고 받아들이지 못합니까?"

세존께서 말씀하셨다.

"그들은 색이 공한 것을 믿으면서 받아들이지 못하고, 수·상·행·식이 공한 것을 믿으면서 받아들이지 못하며, …… 나아가 …… 일체상지가 공한 것을 믿으면서 받아들이지 못하나니, 공한 것을 믿으면서 받아들이지 못하므로 능히 머무르지 못하느니라."

사리자가 말하였다.

---

10) 산스크리트어 Naiṣkāmya의 번역이고, 미혹의 세계인 생사를 벗어나서 해탈의 경지에 이르는 것을 뜻한다.

"그들은 무슨 법에서 능히 머무르지 못합니까?"

세존께서 말씀하셨다.

"이를테면, 능히 4념주에서 머무르지 못하고, 능히 4정단·4신족·5근·5력·7등각지·8성도지에서 머무르지 못하며, 능히 보시바라밀다에 머무르지 못하고 능히 정계·안인·정진·정려·반야바라밀다에 머무르지 못하며, 불퇴전지(不退轉地)에서 머무르지 못하고, 5안에서 머무르지 못하고 6신통에서 머무르지 못하며, 여래의 10력에서 머무르지 못하고 4무소외·4무애해·대자·대비·대희·대사·18불불공법·일체지·도상지·일체상지에서 머무르지 못하느니라. 이것을 까닭으로 어리석은 범부와 이생이라고 이름하는데, 제법에 자성이 있다고 집착하느니라."

사리자가 말하였다.

"그들은 무슨 법에서 자성이 있다고 집착합니까?"

세존께서 말씀하셨다.

"사리자여. 그들은 색에서 자성이 있다고 집착하고 수·상·행·식에 자성이 있다고 집착하느니라. 사리자여. 그들은 안처에서 자성이 있다고 집착하고 이·비·설·신·의처에 자성이 있다고 집착하며, 색처에서 자성이 있다고 집착하고 성·향·미·촉·법처에 자성이 있다고 집착하느니라.

사리자여. 그들은 안계·색계·안식계, …… 나아가 …… 안촉·안촉을 인연으로 생겨난 여러 수에서 자성이 있다고 집착하며, 이계·성계·이식계, …… 나아가 …… 이촉·이촉을 인연으로 생겨난 여러 수에서 자성이 있다고 집착하며, 비계·향계·비식계, …… 나아가 …… 비촉·비촉을 인연으로 생겨난 여러 수에서 자성이 있다고 집착하며, 설계·미계·설식계, …… 나아가 …… 설촉·설촉을 인연으로 생겨난 여러 수에서 자성이 있다고 집착하며, 신계·촉계·신식계, …… 나아가 …… 신촉·신촉을 인연으로 생겨난 여러 수에서 자성이 있다고 집착하며, 의계·법계·의식계, …… 나아가 …… 의촉·의촉을 인연으로 생겨난 여러 수에서 자성이 있다고 집착하느니라.

사리자여. 그들은 지계에서 자성이 있다고 집착하며, 수·화·풍·공·식계에서 자성이 있다고 집착하느니라. 사리자여. 그들은 욕계에서 자성이 있다고 집착하며, 색계·무색계에서 자성이 있다고 집착하느니라. 사리자여. 그들은 고성제에서 자성이 있다고 집착하고, 집·멸·도성제에서 자성이 있다고 집착하느니라. 사리자여. 그들은 무명에서 자성이 있다고 집착하며, 행·식·명색·육처·촉·수·애·취·유·생·노사의 수탄고우뇌에서 자성이 있다고 집착하느니라. 사리자여. 그들은 탐·진·치에서 자성이 있다고 집착하며, 모든 견취(見趣)에서 자성이 있다고 집착하느니라.

사리자여. 그들은 4정려에서 자성이 있다고 집착하며, 4무량·4무색정에서 자성이 있다고 집착하느니라. 사리자여. 그들은 4념주에서 자성이 있다고 집착하며, 4정단·4신족·5근·5력·7등각지·8성도지에서 자성이 있다고 집착하느니라. 사리자여. 그들은 보시바라밀다에 자성이 있다고 집착하며, 정계·안인·정진·정려·반야바라밀다에 자성이 있다고 집착하느니라. 사리자여. 그들은 5안에서 자성이 있다고 집착하며, 6신통에서 자성이 있다고 집착하느니라. 사리자여. 그들은 여래의 10력에서 자성이 있다고 집착하며, 4무소외·4무애해·대자·대비·대희·대사·18불불공법·일체지·도상지·일체상지에 자성이 있다고 집착하느니라.

사리자여. 어리석은 범부와 이생들은 제법에 자성이 있다고 집착하므로 제법이 공하다고 믿고 받아들이지 못하느니라. 믿지 않는 까닭으로 성문·독각·보살·여래가 소유한 성스러운 법을 능히 성취하지 못하고, 이것을 까닭으로 성스러운 법에서 능히 안주(安住)하지 못하느니라. 이러한 까닭으로 사리자여. 제보살마하살이 반야바라밀다를 수학하고자 하였고, 일체지와 도상지와 일체상지를 성취하고자 한다면, 마땅히 얻을 수 없는 것으로써 방편으로 삼아서 마땅히 상응하여 수학해야 하느니라."

그때 사리자가 세존께 아뢰어 말하였다.

"세존이시여. 어느 보살마하살이 이와 같이 수학하더라도 반야바라밀다를 수학하는 것이 아니라면, 능히 일체지지(一切智智)를 성취하지 못합니까?"

세존께서 사리자에게 말씀하셨다.

"어느 보살마하살은 이와 같이 수학하더라도 반야바라밀다를 수학하는 것이 아니었다면, 능히 일체지지를 성취하지 못하느니라."

사리자가 말하였다.

"세존이시여. 무슨 인연으로 어느 보살마하살은 이와 같이 수학하더라도 반야바라밀다를 수학하는 것이 아니라면, 능히 일체지지를 성취하지 못합니까?

세존께서 말씀하셨다.

"사리자여. 만약 보살마하살이 방편선교가 없으나, 반야바라밀다에서 분별하고 집착하며 정려·정진·안인·정계·보시바라밀다에서 분별하고 집착한다면, 이와 같은 보살마하살은 이와 같이 수학하더라도 반야바라밀다를 수학하는 것이 아니므로, 능히 일체지지를 성취하지 못하느니라. 사리자여. 만약 보살마하살이 방편선교가 없으나, 색에서 분별하고 집착하며 수·상·행·식에서 분별하고 집착한다면, 이와 같은 보살마하살은 이와 같이 수학하더라도 반야바라밀다를 수학하는 것이 아니므로, 능히 일체지지를 성취하지 못하느니라.

사리자여. 만약 보살마하살이 방편선교가 없으나, 안처에서 분별하고 집착하며 이·비·설·신·의처에서 분별하고 집착한다면, 이와 같은 보살마하살은 이와 같이 수학하더라도 반야바라밀다를 수학하는 것이 아니므로, 능히 일체지지를 성취하지 못하느니라. 사리자여. 만약 보살마하살이 방편선교가 없으나, 색처에서 분별하고 집착하며 성·향·미·촉·법처에서 분별하고 집착한다면, 이와 같은 보살마하살은 이와 같이 수학하더라도 반야바라밀다를 수학하는 것이 아니므로, 능히 일체지지를 성취하지 못하느니라.

사리자여. 만약 보살마하살이 방편선교가 없으나, 안계·색계·안식계, …… 나아가 …… 안촉·안촉을 인연으로 생겨난 여러 수에서 분별하고 집착한다면, 이와 같은 보살마하살은 이와 같이 수학하더라도 반야바라밀다를 수학하는 것이 아니므로, 능히 일체지지를 성취하지 못하느니라.

사리자여. 만약 보살마하살이 방편선교가 없으나, 이계·성계·이식계, ······ 나아가 ······ 이촉·이촉을 인연으로 생겨난 여러 수에서 분별하고 집착한다면, 이와 같은 보살마하살은 이와 같이 수학하더라도 반야바라밀다를 수학하는 것이 아니므로, 능히 일체지지를 성취하지 못하느니라.

사리자여. 만약 보살마하살이 방편선교가 없으나, 비계·향계·비식계, ······ 나아가 ······ 비촉·비촉을 인연으로 생겨난 여러 수에서 분별하고 집착한다면, 이와 같은 보살마하살은 이와 같이 수학하더라도 반야바라밀다를 수학하는 것이 아니므로, 능히 일체지지를 성취하지 못하느니라. 사리자여. 만약 보살마하살이 방편선교가 없으나, 설계·미계·설식계, ······ 나아가 ······ 설촉·설촉을 인연으로 생겨난 여러 수에서 분별하고 집착한다면, 이와 같은 보살마하살은 이와 같이 수학하더라도 반야바라밀다를 수학하는 것이 아니므로, 능히 일체지지를 성취하지 못하느니라.

사리자여. 만약 보살마하살이 방편선교가 없으나, 신계·촉계·신식계, ······ 나아가 ······ 신촉·신촉을 인연으로 생겨난 여러 수에서 분별하고 집착한다면, 이와 같은 보살마하살은 이와 같이 수학하더라도 반야바라밀다를 수학하는 것이 아니므로, 능히 일체지지를 성취하지 못하느니라. 사리자여. 만약 보살마하살이 방편선교가 없으나, 의계·법계·의식계, ······ 나아가 ······ 의촉·의촉을 인연으로 생겨난 여러 수에서 분별하고 집착한다면, 이와 같은 보살마하살은 이와 같이 수학하더라도 반야바라밀다를 수학하는 것이 아니므로, 능히 일체지지를 성취하지 못하느니라.

사리자여. 만약 보살마하살이 방편선교가 없으나, 지계에서 분별하고 집착하며 수·화·풍·공·식계에서 분별하고 집착한다면, 이와 같은 보살마하살은 이와 같이 수학하더라도 반야바라밀다를 수학하는 것이 아니므로, 능히 일체지지를 성취하지 못하느니라. 사리자여. 만약 보살마하살이 방편선교가 없으나, 고성제에서 분별하고 집착하며 집·멸·도성제에서 분별하고 집착한다면, 이와 같은 보살마하살은 이와 같이 수학하더라도 반야바라밀다를 수학하는 것이 아니므로, 능히 일체지지를 성취하지 못하느니라.

사리자여. 만약 보살마하살이 방편선교가 없으나, 무명에서 분별하고 집착하며 행·식·명색·육처·촉·수·애·취·유·생·노사의 수탄고우뇌에서 분별하고 집착한다면, 이와 같은 보살마하살은 이와 같이 수학하더라도 반야바라밀다를 수학하는 것이 아니므로, 능히 일체지지를 성취하지 못하느니라. 사리자여. 만약 보살마하살이 방편선교가 없으나, 4정려에서 분별하고 집착하며 4무량·4무색정에서 분별하고 집착한다면, 이와 같은 보살마하살은 이와 같이 수학하더라도 반야바라밀다를 수학하는 것이 아니므로, 능히 일체지지를 성취하지 못하느니라.

사리자여. 만약 보살마하살이 방편선교가 없으나, 4념주에서 분별하고 집착하며 4정단·4신족·5근·5력·7등각지·8성도지에서 분별하고 집착한다면, 이와 같은 보살마하살은 이와 같이 수학하더라도 반야바라밀다를 수학하는 것이 아니므로, 능히 일체지지를 성취하지 못하느니라. 사리자여. 만약 보살마하살이 방편선교가 없으나, 5안에서 분별하고 집착하며 6신통에서 분별하고 집착한다면, 이와 같은 보살마하살은 이와 같이 수학하더라도 반야바라밀다를 수학하는 것이 아니므로, 능히 일체지지를 성취하지 못하느니라.

사리자여. 만약 보살마하살이 방편선교가 없으나, 여래의 10력에서 분별하고 집착하며 4무소외·4무애해·대자·대비·대희·대사·18불불공법·일체지·도상지·일체상지에서 분별하고 집착한다면, 이와 같은 보살마하살은 이와 같이 수학하더라도 반야바라밀다를 수학하는 것이 아니므로, 능히 일체지지를 성취하지 못하느니라.

사리자여. 이러한 인연으로써 어느 보살마하살은 이와 같이 수학하더라도 반야바라밀다를 수학하는 것이 아니었으므로, 능히 일체지지를 성취하지 못하느니라."

사리자가 말하였다.

"이와 같은 보살마하살이 이와 같이 수학하더라도 반야바라밀다를 수학하는 것이 아니라면, 능히 일체지지를 성취하지 못합니까?"

세존께서 말씀하셨다.

"이와 같은 보살마하살은 이와 같이 수학하더라도 반야바라밀다를 수학하는 것이 아니므로, 능히 일체지지를 성취하지 못하느니라."

이때 사리자가 다시 세존께 아뢰어 말하였다.

"세존이시여. 어찌하여 보살마하살은 반야바라밀다를 수행하는 때에, 이렇게 반야바라밀다를 수학하더라도, 곧 능히 일체지지를 성취하지 못합니까?"

세존께서 사리자에게 말씀하셨다.

"만약 보살마하살이 반야바라밀다를 수행하는 때에 반야바라밀다를 보지 않고, …… 나아가 …… 일체상지를 보지 않는다면, 이것은 반야바라밀다를 수학하는 것이므로, 곧 능히 일체지지를 성취하느니라. 왜 그러한가? 얻을 수 없는 것으로써 방편으로 삼는 까닭이니라."

사리자가 말하였다.

"이 보살마하살은 무슨 법에서 얻을 수 없는 것을 방편으로 삼았습니까?"

세존께서 말씀하셨다.

"이 보살마하살은 보시바라밀다에서 얻을 수 없는 것을 방편으로 삼았고, 정계·안인·정진·정려·반야바라밀다에서 얻을 수 없는 것을 방편으로 삼았으며, …… 나아가 …… 여래의 10력에서 얻을 수 없는 것을 방편으로 삼았고, 4무소외·4무애해·대자·대비·대희·대사·18불불공법·일체지·도상지·일체상지에서 얻을 수 없는 것을 방편으로 삼았느니라."

사리자가 말하였다.

"이 보살마하살이 반야바라밀다를 수행하는 때에, 무슨 까닭으로 얻을 수 없는 것을 방편으로 삼았습니까?"

세존께서 말씀하셨다.

"이 보살마하살은 반야바라밀다를 수행하는 때에, 내공(內空)을 까닭으로 얻을 수 없는 것을 방편으로 삼았고, 내지 무성자성공(無性自性空)을 까닭으로 얻을 수 없는 것을 방편으로 삼았느니라. 사리자여. 이와 같은

보살마하살은 반야바라밀다를 수행하는 때에, 이것이 반야바라밀다를
수학하는 것이니, 곧 능히 일체지지를 성취할 수 있느니라.”

마하반야바라밀다경 제42권

11. 비유품(譬喩品)(1)

그때 구수 선현이 세존께 아뢰어 말하였다.

"세존이시여. 만약 누가 '마술사(幻士)가 반야바라밀다를 수학한다면 능히 일체지지를 성취할 수 있습니까? 마술사가 정려·안인·정진·정계·보시바라밀다를 수학한다면 능히 일체지지를 성취할 수 있습니까?'라고 물어 말하였다면, 저는 이러한 물음에 마땅히 어떻게 대답해야 합니까? 세존이시여. 만약 누구가 '마술사가 4정려를 수학한다면 능히 일체지지를 성취할 수 있습니까? 마술사가 4무량·4무색정을 수학한다면 능히 일체지지를 성취할 수 있습니까?'라고 물어 말하였다면, 저는 이러한 물음에 마땅히 어떻게 대답해야 합니까?

세존이시여. 만약 누가 '마술사가 4념주를 수학한다면 능히 일체지지를 성취할 수 있습니까? 마술사가 4정단·4신족·5근·5력·7등각지·8성도지를 수학한다면 능히 일체지지를 성취할 수 있습니까?'라고 물어 말하였다면, 저는 이러한 물음에 마땅히 어떻게 대답해야 합니까? 세존이시여. 만약 누가 '마술사가 공해탈문(空解脫門)을 수학한다면 능히 일체지지를 성취할 수 있습니까? 마술사가 무상(無相)·무원(舞願)의 해탈문을 수학한다면 능히 일체지지를 성취할 수 있습니까?'라고 물어 말하였다면, 저는 이러한 물음에 마땅히 어떻게 대답해야 합니까?

세존이시여. 만약 누가 '마술사가 5안을 수학한다면 능히 일체지지를 성취할 수 있습니까? 마술사가 6신통을 수학한다면 능히 일체지지를 성취할 수 있습니까?'라고 물어 말하였다면, 저는 이러한 물음에 마땅히 어떻게 대답해야 합니까? 세존이시여. 만약 누구가 '마술사가 여래의 10력을 수학한다면 능히 일체지지를 성취할 수 있습니까? 마술사가 4무소외·4무애해·대자·대비·대희·대사·18불불공법·일체지·도상지·일체상지를 수학한다면 능히 일체지지를 성취할 수 있습니까?'라고 물어 말하였다면, 저는 이러한 물음에 마땅히 어떻게 대답해야 합니까?"

세존께서 선현에게 말씀하셨다.

"내가 오히려 그에게 묻겠나니, 그대의 뜻을 따라서 대답하게. 선현이여. 그대의 뜻은 어떠한가? 색은 환영(幻)과 다른 것이 있는가? 수·상·행·식은 환영과 다른 것이 있는가?"

선현이 대답하여 말하였다.

"없습니다. 세존이시여. 왜 그러한가? 색은 환영과 다르지 않고 환영은 색과 다르지 않으며, 색이 곧 환영이고 환영이 곧 색이며, 수·상·행·식도 역시 다시 이와 같습니다."

"선현이여. 그대의 뜻은 어떠한가? 안처는 환영과 다른 것이 있는가? 이·비·설·신·의처는 환영과 다른 것이 있는가?"

선현이 대답하여 말하였다.

"없습니다. 세존이시여. 왜 그러한가? 안처는 환영과 다르지 않고 환영은 안처와 다르지 않으며, 안처가 곧 환영이고 환영이 곧 안처이며, 이·비·설·신·의처도 역시 다시 이와 같습니다."

"선현이여. 그대의 뜻은 어떠한가? 색처는 환영과 다른 것이 있는가? 성·향·미·촉·법처는 환영과 다른 것이 있는가?"

선현이 대답하여 말하였다.

"없습니다. 세존이시여. 왜 그러한가? 색처는 환영과 다르지 않고 환영은 색처와 다르지 않으며, 색처가 곧 환영이고 환영이 곧 색처이며, 성·향·미·촉·법처도 역시 다시 이와 같습니다."

"선현이여. 그대의 뜻은 어떠한가? 안계는 환영과 다른 것이 있는가? 색계·안식계, …… 나아가 …… 안촉·안촉을 인연으로 생겨난 여러 수는 환영과 다른 것이 있는가?"

선현이 대답하여 말하였다.

"없습니다. 세존이시여. 왜 그러한가? 안계는 환영과 다르지 않고 환영은 안계와 다르지 않으며, 안계가 곧 환영이고 환영이 곧 안계이며, 색계·안식계, 나아가 안촉·안촉을 인연으로 생겨난 여러 수도 역시 다시 이와 같습니다."

"선현이여. 그대의 뜻은 어떠한가? 이계는 환영과 다른 것이 있는가? 성계·이식계, …… 나아가 …… 이촉·이촉을 인연으로 생겨난 여러 수는 환영과 다른 것이 있는가?"

선현이 대답하여 말하였다.

"없습니다. 세존이시여. 왜 그러한가? 이계는 환영과 다르지 않고 환영은 이계와 다르지 않으며, 이계가 곧 환영이고 환영이 곧 이계이며, 성계·이식계, 나아가 이촉·이촉을 인연으로 생겨난 여러 수도 역시 다시 이와 같습니다."

"선현이여. 그대의 뜻은 어떠한가? 비계는 환영과 다른 것이 있는가? 향계·비식계, …… 나아가 …… 비촉·비촉을 인연으로 생겨난 여러 수는 환영과 다른 것이 있는가?"

선현이 대답하여 말하였다.

"없습니다. 세존이시여. 왜 그러한가? 비계는 환영과 다르지 않고 환영은 비계와 다르지 않으며, 비계가 곧 환영이고 환영이 곧 비계이며, 향계·비식계, 나아가 비촉·비촉을 인연으로 생겨난 여러 수도 역시 다시 이와 같습니다."

"선현이여. 그대의 뜻은 어떠한가? 설계는 환영과 다른 것이 있는가? 미계·설식계, …… 나아가 …… 설촉·설촉을 인연으로 생겨난 여러 수는 환영과 다른 것이 있는가?"

선현이 대답하여 말하였다.

"없습니다. 세존이시여. 왜 그러한가? 설계는 환영과 다르지 않고 환영은 설계와 다르지 않으며, 설계가 곧 환영이고 환영이 곧 설계이며,

미계·설식계, 나아가 설촉·설촉을 인연으로 생겨난 여러 수도 역시 다시 이와 같습니다.”

“선현이여. 그대의 뜻은 어떠한가? 신계는 환영과 다른 것이 있는가? 촉계·신식계, …… 나아가 …… 신촉·신촉을 인연으로 생겨난 여러 수는 환영과 다른 것이 있는가?”

선현이 대답하여 말하였다.

“없습니다. 세존이시여. 왜 그러한가? 신계는 환영과 다르지 않고 환영은 신계와 다르지 않으며, 신계가 곧 환영이고 환영이 곧 신계이며, 촉계·신식계, 나아가 신촉·신촉을 인연으로 생겨난 여러 수도 역시 다시 이와 같습니다.”

“선현이여. 그대의 뜻은 어떠한가? 의계는 환영과 다른 것이 있는가? 법계·의식계, …… 나아가 …… 의촉·의촉을 인연으로 생겨난 여러 수는 환영과 다른 것이 있는가?”

선현이 대답하여 말하였다.

“없습니다. 세존이시여. 왜 그러한가? 의계는 환영과 다르지 않고 환영은 의계와 다르지 않으며, 의계가 곧 환영이고 환영이 곧 의계이며, 법계·의식계, 나아가 의촉·의촉을 인연으로 생겨난 여러 수도 역시 다시 이와 같습니다.”

“선현이여. 그대의 뜻은 어떠한가? 지계는 환영과 다른 것이 있는가? 수·화·풍·공·식계는 환영과 다른 것이 있는가?”

선현이 대답하여 말하였다.

“없습니다. 세존이시여. 왜 그러한가? 지계는 환영과 다르지 않고 환영은 지계와 다르지 않으며, 지계는 곧 환영이고 환영이 곧 지계이며, 집·멸·도성제도 역시 다시 이와 같습니다.”

“선현이여. 그대의 뜻은 어떠한가? 고성제는 환영과 다른 것이 있는가? 수·화·풍·공·식계는 환영과 다른 것이 있는가?”

선현이 대답하여 말하였다.

“없습니다. 세존이시여. 왜 그러한가? 고성제는 환영과 다르지 않고 환영은 고성제와 다르지 않으며, 고성제는 곧 환영이고 환영이 곧 고성제이며, 집·멸·도성제도 역시 다시 이와 같습니다."

"선현이여. 그대의 뜻은 어떠한가? 무명은 환영과 다른 것이 있는가? 행·식·명색·육처·촉·수·애·취·유·생·노사의 수탄고우뇌는 환영과 다른 것이 있는가?"

선현이 대답하여 말하였다.

"없습니다. 세존이시여. 왜 그러한가? 무명은 환영과 다르지 않고 환영은 무명과 다르지 않으며, 무명은 곧 환영이고 환영이 곧 무명이며, 행, 나아가 노사의 수탄고우뇌도 역시 다시 이와 같습니다."

"선현이여. 그대의 뜻은 어떠한가? 4정려는 환영과 다른 것이 있는가? 4무량·4무색정은 환영과 다른 것이 있는가?"

선현이 대답하여 말하였다.

"없습니다. 세존이시여. 왜 그러한가? 4정려는 환영과 다르지 않고 환영은 4정려와 다르지 않으며, 4정려는 곧 환영이고 환영이 곧 4정려이며, 4무량·4무색정도 역시 다시 이와 같습니다."

"선현이여. 그대의 뜻은 어떠한가? 4념주는 환영과 다른 것이 있는가? 4정단·4신족·5근·5력·7등각지·8성도지는 환영과 다른 것이 있는가?"

선현이 대답하여 말하였다.

"없습니다. 세존이시여. 왜 그러한가? 4념주는 환영과 다르지 않고 환영은 4념주와 다르지 않으며, 4념주는 곧 환영이고 환영이 곧 4념주이며, 4정단, 나아가 8성도지도 역시 다시 이와 같습니다."

"선현이여. 그대의 뜻은 어떠한가? 공해탈문은 환영과 다른 것이 있는가? 무상·무원해탈문은 환상과 다른 것이 있는가?"

선현이 대답하여 말하였다.

"없습니다. 세존이시여. 왜 그러한가? 공해탈문은 환영과 다르지 않고 환영은 공해탈문과 다르지 않으며, 공해탈문은 곧 환영이고 환영이 곧 공해탈문이며, 무상·무원해탈문도 역시 다시 이와 같습니다."

"선현이여. 그대의 뜻은 어떠한가? 보시바라밀다는 환영과 다른 것이

있는가? 정계·안인·정진·정려·반야바라밀다는 환영과 다른 것이 있는
가?"

선현이 대답하여 말하였다.

"없습니다. 세존이시여. 왜 그러한가? 보시바라밀다는 환영과 다르지
않고 환영은 보시바라밀다와 다르지 않으며, 보시바라밀다는 곧 환영이고
환영이 곧 보시바라밀다이며, 정계·안인·정진·정려·반야바라밀다도 역
시 다시 이와 같습니다."

"선현이여. 그대의 뜻은 어떠한가? 5안은 환영과 다른 것이 있는가?
6신통은 환영과 다른 것이 있는가?"

선현이 대답하여 말하였다.

"없습니다. 세존이시여. 왜 그러한가? 5안은 환영과 다르지 않고 환영은
5안과 다르지 않으며, 5안은 곧 환영이고 환영이 곧 5안이며, 6신통도
역시 다시 이와 같습니다."

"선현이여. 그대의 뜻은 어떠한가? 여래의 10력은 환영과 다른 것이
있는가? 4무소외·4무애해·대자·대비·대희·대사·18불불공법·일체지·
도상지·일체상지는 환영과 다른 것이 있는가?"

선현이 대답하여 말하였다.

"없습니다. 세존이시여. 왜 그러한가? 여래의 10력은 환영과 다르지
않고 환영은 여래의 10력과 다르지 않으며, 여래의 10력은 곧 환영이고
환영이 곧 여래의 10력이며, 4무소외, 나아가 일체상지도 역시 다시
이와 같습니다."

"선현이여. 그대의 뜻은 어떠한가? 무상정등보리는 환영과 다른 것이
있는가?"

선현이 대답하여 말하였다.

"없습니다. 세존이시여. 왜 그러한가? 무상정등보리는 환영과 다르지
않고 환영은 무상정등보리와 다르지 않으며, 무상정등보리는 곧 환영이고
환영이 곧 무상정등보리입니다."

"선현이여. 그대의 뜻은 어떠한가? 환영에는 잡염이 있거나, 청정함이

있는가?"

선현이 대답하여 말하였다.

"없습니다. 세존이시여."

"선현이여. 그대의 뜻은 어떠한가? 환영에는 생겨나거나, 소멸하는
것이 있는가?"

선현이 대답하여 말하였다.

"없습니다. 세존이시여."

"선현이여. 그대의 뜻은 어떠한가? 만약 법에 잡염이 없고 청정함이
없으며 생겨나지 않고 소멸하지 않는다면 이 법으로 능히 반야바라밀다를
수학하여 일체지지를 성취할 수 있는가?"

선현이 대답하여 말하였다.

"없습니다. 세존이시여."

"선현이여. 그대의 뜻은 어떠한가? 만약 법에 잡염이 없고 청정함이
없으며 생겨나지 않고 소멸하지 않는다면 이 법으로 능히 정려·정진·안인
·정계·보시바라밀다를 수학하여 일체지지를 성취할 수 있는가?"

선현이 대답하여 말하였다.

"없습니다. 세존이시여."

"선현이여. 그대의 뜻은 어떠한가? 만약 법에 잡염이 없고 청정함이
없으며 생겨나지 않고 소멸하지 않는다면 이 법으로 능히 4정려를 수학하
여 일체지지를 성취할 수 있는가?"

선현이 대답하여 말하였다.

"없습니다. 세존이시여."

"선현이여. 그대의 뜻은 어떠한가? 만약 법에 잡염이 없고 청정함이
없으며 생겨나지 않고 소멸하지 않는다면 이 법으로 능히 4무량·4무색정
을 수학하여 일체지지를 성취할 수 있는가?"

선현이 대답하여 말하였다.

"없습니다. 세존이시여."

"선현이여. 그대의 뜻은 어떠한가? 만약 법에 잡염이 없고 청정함이

없으며 생겨나지 않고 소멸하지 않는다면 이 법으로 능히 4념주를 수학하여 일체지지를 성취할 수 있는가?"

선현이 대답하여 말하였다.

"없습니다. 세존이시여."

"선현이여. 그대의 뜻은 어떠한가? 만약 법에 잡염이 없고 청정함이 없으며 생겨나지 않고 소멸하지 않는다면 이 법으로 능히 4정단·4신족·5근·5력·7등각지·8성도지를 수학하여 일체지지를 성취할 수 있는가?"

선현이 대답하여 말하였다.

"없습니다. 세존이시여."

"선현이여. 그대의 뜻은 어떠한가? 만약 법에 잡염이 없고 청정함이 없으며 생겨나지 않고 소멸하지 않는다면 이 법으로 능히 공해탈문을 수학하여 일체지지를 성취할 수 있는가?"

선현이 대답하여 말하였다.

"없습니다. 세존이시여."

"선현이여. 그대의 뜻은 어떠한가? 만약 법에 잡염이 없고 청정함이 없으며 생겨나지 않고 소멸하지 않는다면 이 법으로 능히 무상·무원해탈문을 수학하여 일체지지를 성취할 수 있는가?"

선현이 대답하여 말하였다.

"없습니다. 세존이시여."

"선현이여. 그대의 뜻은 어떠한가? 만약 법에 잡염이 없고 청정함이 없으며 생겨나지 않고 소멸하지 않는다면 이 법으로 능히 5안을 수학하여 일체지지를 성취할 수 있는가?"

선현이 대답하여 말하였다.

"없습니다. 세존이시여."

"선현이여. 그대의 뜻은 어떠한가? 만약 법에 잡염이 없고 청정함이 없으며 생겨나지 않고 소멸하지 않는다면 이 법으로 능히 6신통을 수학하여 일체지지를 성취할 수 있는가?"

선현이 대답하여 말하였다.

"없습니다. 세존이시여."

"선현이여. 그대의 뜻은 어떠한가? 만약 법에 잡염이 없고 청정함이 없으며 생겨나지 않고 소멸하지 않는다면 이 법으로 능히 여래의 10력을 수학하여 일체지지를 성취할 수 있는가?"

선현이 대답하여 말하였다.

"없습니다. 세존이시여."

"선현이여. 그대의 뜻은 어떠한가? 만약 법에 잡염이 없고 청정함이 없으며 생겨나지 않고 소멸하지 않는다면 이 법으로 능히 4무소외·4무애해·대자·대비·대희·대사·18불불공법·일체지·도상지·일체상지를 수학하여 일체지지를 성취할 수 있는가?"

선현이 대답하여 말하였다.

"없습니다. 세존이시여."

"선현이여. 그대의 뜻은 어떠한가? 다른 5온(蘊) 등에서 법상(法想)·등상(等想)을 가립(假立)하여 언설(言說)한다면 보살마하살이 있다고 설할 수 있는가?"

선현이 대답하여 말하였다.

"없습니다. 세존이시여."

선현이여. 그대의 뜻은 어떠한가? 오직 5온 등에서 법상·등상을 가립하여 언설한다면 보살마하살이 되었다고 말할 수 있는가?"

선현이 대답하여 말하였다.

"그렇습니다. 세존이시여."

"선현이여. 그대의 뜻은 어떠한가? 오직 5온 등의 법상·등상을 가립하여 언설하는 것은 잡염이 있고 청정함이 있으며 생겨남이 있고 소멸함이 있겠는가?"

선현이 대답하여 말하였다.

"아닙니다. 세존이시여."

"선현이여. 그대의 뜻은 어떠한가? 만약 법무상(法無想)·무등상(無等想)·무가립(無假立)·무언설(無言說)·무명(無名)·무명가(無名假)·무신(無

身)·무신업(無身業)·무어(無語)·무어업(無語業)·무의(無意)·무의업(無意業)·무잡염(無雜染)·무청정(無淸淨)·무생(無生)·무멸(無滅) 등의 이러한 법으로 능히 반야바라밀다, 나아가 일체상지를 수학한다면, 일체지지를 성취할 수 있겠는가?”

선현이 대답하여 말하였다.

“아닙니다. 세존이시여.”

세존께서 선현에게 알리셨다.

“만약 보살마하살이 능히 이와 같은 얻을 수 없는 것을 방편으로 삼아서 반야바라밀다, 나아가 일체상지를 수학한다면, 이 보살은 능히 일체지지를 성취한다고 마땅히 알지니라.”

그때 구수 선현이 세존께 아뢰어 말하였다.

“세존이시여. 만약 보살마하살이 무상정등보리를 증득하고자 반야바라밀다를 수학하는 때에는 마땅히 마술사가 반야바라밀다를 수학하는 것과 같이 일체의 일에서 분별하는 것이 없어야 합니다. 왜 그러한가? 마술사는 곧 5온 등이라고 마땅히 알아야 하나니, 5온 등은 곧 마술사인 까닭입니다.”

세존께서 선현에게 알리셨다.

“선현이여. 그대의 뜻은 어떠한가? 환영과 같은 5온 등으로 능히 반야바라밀다를 수학하여 일체지지를 성취할 수 있겠는가?”

선현이 대답하여 말하였다.

“아닙니다. 세존이시여. 왜 그러한가? 이 환영과 같은 5온 등은 무성(無性)으로써 자성(自性)으로 삼는데, 무성과 자성은 얻을 수 없는 까닭입니다.”

“선현이여. 그대의 뜻은 어떠한가? 꿈과 같고 메아리와 같으며 빛의 그림자와 같고 형상(像)과 같으며 허공의 꽃과 같고 아지랑이와 같으며 심향성(尋香城)과 같고 변화(變化)와 같은 5온 등으로 능히 반야바라밀다를 수학하여 일체지지를 성취할 수 있겠는가?”

선현이 대답하여 말하였다.

“아닙니다. 세존이시여. 왜 그러한가? 이 꿈과 같은 5온 등과 나아가 변화한 5온 등은 무성으로써 자성으로 삼는데, 무성과 자성은 얻을 수 없는 까닭입니다."

"선현이여. 그대의 뜻은 어떠한가? 이 환영 등과 같은 5온 등은 각각 다른 것이 있는가?"

선현이 대답하여 말하였다.

"아닙니다. 세존이시여. 왜 그러한가? 이 환영 등과 같은 색·수·상·행·식 등은 곧 이 꿈 등과 같은 색·수·상·행·식 등이고, 이 환영 등과 같은 색·수·상·행·식 등은 곧 이 환영 등과 같은 6근(根) 등이며, 이 환영 등과 같은 색·수·상·행·식 등이며, 모두 내공(內空)인 이유이고 얻을 수 없는 까닭이며, 나아가 모두 무성이고 자성인 이유이며, 공(空)하므로 얻을 수 없는 까닭입니다."

그때 구수 선현이 다시 세존께 아뢰어 말하였다.

"세존이시여. 처음으로 대승(大乘)을 일으켜서 나아가는 보살마하살이 이와 같이 매우 깊게 반야바라밀다를 듣는다면 그 마음이 장차 놀람과 공포(恐怖)가 없겠습니까?"

세존께서 선현에게 알리셨다.

"처음으로 대승을 일으켜서 나아가는 보살마하살이 반야바라밀다를 수행하는 때에, 만약 방편선교가 없거나, 선한 벗의 처소에서 섭수되지 않았는데, 이와 같은 매우 깊은 반야바라밀다를 듣는다면 그 마음에는 놀람이 있고 공포가 있을 것이다."

그때 선현이 아뢰어 말하였다.

"세존이시여. 누구의 보살마하살은 반야바라밀다를 수행하는 때에 방편선교가 있으므로 이와 같은 매우 깊은 반야바라밀다를 설하는 것을 들었더라도 그 마음이 놀라지도 않고 공포스럽지도 않습니까?"

세존께서 선현에게 알리셨다.

"만약 보살마하살이 반야바라밀다를 수행하는 때에, 일체지지(一切智智)에 상응하는 마음으로써 색의 항상하거나 무상하다는 상(相)이라도 얻을 수 없다고 관찰하고 색·수·상·행·식의 항상하거나 무상하다는 상이

라도 얻을 수 없다고 관찰하며, 일체지지에 상응하는 마음으로써 색의
즐겁거나 괴롭다는 상이라도 얻을 수 없다고 관찰하고 색·수·상·행·식의
즐겁거나 괴롭다는 상은 얻을 수 없다고 관찰하며, 일체지지에 상응하는
마음으로써 색의 나이거나 무아라는 상은 얻을 수 없다고 관찰하고 색·수·
상·행·식의 나이거나 무아라는 상은 얻을 수 없다고 관찰하며, 일체지지에
상응하는 마음으로써 색의 청정하거나 부정하다는 상은 얻을 수 없다고
관찰하고 색·수·상·행·식의 청정하거나 부정하다는 상은 얻을 수 없다고
관찰하느니라.

또 일체지지에 상응하는 마음으로써 색의 공하거나 공하지 않은 상은
얻을 수 없다고 관찰하고 색·수·상·행·식의 공하거나 공하지 않은 상은
얻을 수 없다고 관찰하며, 일체지지에 상응하는 마음으로써 색의 무상이
거나 유상이라는 상은 얻을 수 없다고 관찰하고 색·수·상·행·식의 무상이
거나 유상이라는 상은 얻을 수 없다고 관찰하며, 일체지지에 상응하는
마음으로써 색의 무원이거나 유원이라는 상은 얻을 수 없다고 관찰하고
색·수·상·행·식의 무원이거나 유원이라는 상은 얻을 수 없다고 관찰하느
니라.

또 일체지지에 상응하는 마음으로써 색의 적정하거나 적정하지 않다는
상은 얻을 수 없다고 관찰하고 색·수·상·행·식의 적정하거나 적정하지
않다는 상은 얻을 수 없다고 관찰하며, 일체지지에 상응하는 마음으로써
색의 멀리 벗어나거나 멀리 벗어나지 않는다는 상은 얻을 수 없다고
관찰하고 색·수·상·행·식의 멀리 벗어나거나 멀리 벗어나지 않는 상은
얻을 수 없다고 관찰하느니라. 선현이여. 이와 같은 보살마하살은 반야바
라밀다를 수행하는 때에, 방편선교가 있는 까닭으로 이와 같은 매우
깊은 반야바라밀다를 설하는 것을 들었더라도 그 마음이 놀라지도 않고
공포스럽지도 않으니라.

선현이여. 만약 보살마하살이 반야바라밀다를 수행하는 때에, 일체지
지에 상응하는 마음으로써 안처의 항상하거나 무상하다는 상이라도 얻을
수 없다고 관찰하고 이·비·설·신·의처의 항상하거나 무상하다는 상이라

도 얻을 수 없다고 관찰하며, 일체지지에 상응하는 마음으로써 안처의
즐겁거나 괴롭다는 상이라도 얻을 수 없다고 관찰하고 이·비·설·신·의처
의 즐겁거나 괴롭다는 상은 얻을 수 없다고 관찰하며, 일체지지에 상응하
는 마음으로써 안처의 나이거나 무아라는 상은 얻을 수 없다고 관찰하고
이·비·설·신·의처의 나이거나 무아라는 상은 얻을 수 없다고 관찰하며,
일체지지에 상응하는 마음으로써 안처의 청정하거나 부정하다는 상은
얻을 수 없다고 관찰하고 이·비·설·신·의처의 청정하거나 부정하다는
상은 얻을 수 없다고 관찰하느니라.

또 일체지지에 상응하는 마음으로써 안처의 공하거나 공하지 않은
상은 얻을 수 없다고 관찰하고 이·비·설·신·의처의 공하거나 공하지
않은 상은 얻을 수 없다고 관찰하며, 일체지지에 상응하는 마음으로써
안처의 무상이거나 유상이라는 상은 얻을 수 없다고 관찰하고 이·비·설·
신·의처의 무상이거나 유상이라는 상은 얻을 수 없다고 관찰하며, 일체지
지에 상응하는 마음으로써 안처의 무원이거나 유원이라는 상은 얻을
수 없다고 관찰하고 이·비·설·신·의처의 무원이거나 유원이라는 상은
얻을 수 없다고 관찰하느니라.

또 일체지지에 상응하는 마음으로써 안처의 적정하거나 적정하지 않다
는 상은 얻을 수 없다고 관찰하고 이·비·설·신·의처의 적정하거나 적정하
지 않다는 상은 얻을 수 없다고 관찰하며, 일체지지에 상응하는 마음으로
써 안처의 멀리 벗어나거나 멀리 벗어나지 않는다는 상은 얻을 수 없다고
관찰하고 이·비·설·신·의처의 멀리 벗어나거나 멀리 벗어나지 않는 상은
얻을 수 없다고 관찰하느니라. 선현이여. 이와 같은 보살마하살은 반야바
라밀다를 수행하는 때에, 방편선교가 있는 까닭으로 이와 같은 매우
깊은 반야바라밀다를 설하는 것을 들었더라도 그 마음이 놀라지도 않고
공포스럽지도 않으니라.

선현이여. 만약 보살마하살이 반야바라밀다를 수행하는 때에, 일체지
지에 상응하는 마음으로써 색처의 항상하거나 무상하다는 상이라도 얻을
수 없다고 관찰하고 성·향·미·촉·법처의 항상하거나 무상하다는 상이라

도 얻을 수 없다고 관찰하며, 일체지지에 상응하는 마음으로써 색처의
즐겁거나 괴롭다는 상이라도 얻을 수 없다고 관찰하고 성·향·미·촉·법처
의 즐겁거나 괴롭다는 상은 얻을 수 없다고 관찰하며, 일체지지에 상응하
는 마음으로써 색처의 나이거나 무아라는 상은 얻을 수 없다고 관찰하고
성·향·미·촉·법처의 나이거나 무아라는 상은 얻을 수 없다고 관찰하며,
일체지지에 상응하는 마음으로써 안처의 청정하거나 부정하다는 상은
얻을 수 없다고 관찰하고 성·향·미·촉·법처의 청정하거나 부정하다는
상은 얻을 수 없다고 관찰하느니라.

또 일체지지에 상응하는 마음으로써 색처의 공하거나 공하지 않은
상은 얻을 수 없다고 관찰하고 성·향·미·촉·법처의 공하거나 공하지
않은 상은 얻을 수 없다고 관찰하며, 일체지지에 상응하는 마음으로써
색처의 무상이거나 유상이라는 상은 얻을 수 없다고 관찰하고 성·향·미·
촉·법처의 무상이거나 유상이라는 상은 얻을 수 없다고 관찰하며, 일체지
지에 상응하는 마음으로써 색처의 무원이거나 유원이라는 상은 얻을
수 없다고 관찰하고 성·향·미·촉·법처의 무원이거나 유원이라는 상은
얻을 수 없다고 관찰하느니라.

또 일체지지에 상응하는 마음으로써 색처의 적정하거나 적정하지 않다
는 상은 얻을 수 없다고 관찰하고 성·향·미·촉·법처의 적정하거나 적정하
지 않다는 상은 얻을 수 없다고 관찰하며, 일체지지에 상응하는 마음으로
써 색처의 멀리 벗어나거나 멀리 벗어나지 않는다는 상은 얻을 수 없다고
관찰하고 성·향·미·촉·법처의 멀리 벗어나거나 멀리 벗어나지 않는 상은
얻을 수 없다고 관찰하느니라. 선현이여. 이와 같은 보살마하살은 반야바
라밀다를 수행하는 때에, 방편선교가 있는 까닭으로 이와 같은 매우
깊은 반야바라밀다를 설하는 것을 들었더라도 그 마음이 놀라지도 않고
공포스럽지도 않으니라.

선현이여. 만약 보살마하살이 반야바라밀다를 수행하는 때에, 일체지
지에 상응하는 마음으로써 안계·색계·안식계, …… 나아가 …… 안촉·안
촉을 인연으로 생겨난 여러 수의 항상하거나 무상하다는 상이라도 얻을

수 없다고 관찰하고, 일체지지에 상응하는 마음으로써 안계·색계·안식계, 나아가 안촉·안촉을 인연으로 생겨난 여러 수의 즐겁거나 괴롭다는 상이라도 얻을 수 없다고 관찰하며, 일체지지에 상응하는 마음으로써 안계·색계·안식계, 나아가 안촉·안촉을 인연으로 생겨난 여러 수의 나이거나 무아라는 상은 얻을 수 없다고 관찰하고, 일체지지에 상응하는 마음으로써 안계·색계·안식계, 나아가 안촉·안촉을 인연으로 생겨난 여러 수의 청정하거나 부정하다는 상은 얻을 수 없다고 관찰하느니라.

또 일체지지에 상응하는 마음으로써 안계·색계·안식계, 나아가 안촉·안촉을 인연으로 생겨난 여러 수의 공하거나 공하지 않은 상은 얻을 수 없다고 관찰하고, 일체지지에 상응하는 마음으로써 안계·색계·안식계, 나아가 안촉·안촉을 인연으로 생겨난 여러 수의 무상이거나 유상이라는 상은 얻을 수 없다고 관찰하며, 일체지지에 상응하는 마음으로써 안계·색계·안식계, 나아가 안촉·안촉을 인연으로 생겨난 여러 수의 무원이거나 유원이라는 상은 얻을 수 없다고 관찰하느니라.

또 일체지지에 상응하는 마음으로써 안계·색계·안식계, 나아가 안촉·안촉을 인연으로 생겨난 여러 수의 적정하거나 적정하지 않다는 상은 얻을 수 없다고 관찰하고, 일체지지에 상응하는 마음으로써 안계·색계·안식계, 나아가 안촉·안촉을 인연으로 생겨난 여러 수의 멀리 벗어나거나 멀리 벗어나지 않는다는 상은 얻을 수 없다고 관찰하느니라. 선현이여. 이와 같은 보살마하살은 반야바라밀다를 수행하는 때에, 방편선교가 있는 까닭으로 이와 같은 매우 깊은 반야바라밀다를 설하는 것을 들었더라도 그 마음이 놀라지도 않고 공포스럽지도 않으니라.

선현이여. 만약 보살마하살이 반야바라밀다를 수행하는 때에, 일체지지에 상응하는 마음으로써 이계·성계·이식계, …… 나아가 …… 이촉·이촉을 인연으로 생겨난 여러 수의 항상하거나 무상하다는 상이라도 얻을 수 없다고 관찰하고, 일체지지에 상응하는 마음으로써 이계·성계·이식계, 나아가 이촉·이촉을 인연으로 생겨난 여러 수의 즐겁거나 괴롭다는 상이라도 얻을 수 없다고 관찰하며, 일체지지에 상응하는 마음으로써 이계·성계·이식계, 나아가 이촉·이촉을 인연으로 생겨난 여러 수의 나이거나 무아라는 상은 얻을 수 없다고 관찰하고, 일체지지에 상응하는 마음으로써 이계·성계·이식계, 나아가 이촉·이촉을 인연으로 생겨난 여러 수의 청정하거나 부정하다는 상은 얻을 수 없다고 관찰하느니라.

또 일체지지에 상응하는 마음으로써 이계·성계·이식계, 나아가 이촉· 이촉을 인연으로 생겨난 여러 수의 공하거나 공하지 않은 상은 얻을 수 없다고 관찰하고, 일체지지에 상응하는 마음으로써 이계·성계·이식계, 나아가 이촉·이촉을 인연으로 생겨난 여러 수의 무상이거나 유상이라는 상은 얻을 수 없다고 관찰하며, 일체지지에 상응하는 마음으로써 이계·성계·이식계, 나아가 이촉·이촉을 인연으로 생겨난 여러 수의 무원이거나 유원이라는 상은 얻을 수 없다고 관찰하느니라.

또 일체지지에 상응하는 마음으로써 이계·성계·이식계, 나아가 이촉· 이촉을 인연으로 생겨난 여러 수의 적정하거나 적정하지 않다는 상은 얻을 수 없다고 관찰하고, 일체지지에 상응하는 마음으로써 이계·성계·이식계, 나아가 이촉·이촉을 인연으로 생겨난 여러 수의 멀리 벗어나거나 멀리 벗어나지 않는다는 상은 얻을 수 없다고 관찰하느니라. 선현이여. 이와 같은 보살마하살은 반야바라밀다를 수행하는 때에, 방편선교가 있는 까닭으로 이와 같은 매우 깊은 반야바라밀다를 설하는 것을 들었더라도 그 마음이 놀라지도 않고 공포스럽지도 않으니라.

선현이여. 만약 보살마하살이 반야바라밀다를 수행하는 때에, 일체지지에 상응하는 마음으로써 비계·향계·비식계, …… 나아가 …… 비촉·비촉을 인연으로 생겨난 여러 수의 항상하거나 무상하다는 상이라도 얻을 수 없다고 관찰하고, 일체지지에 상응하는 마음으로써 비계·향계·비식계, 나아가 비촉·비촉을 인연으로 생겨난 여러 수의 즐겁거나 괴롭다는 상이라도 얻을 수 없다고 관찰하며, 일체지지에 상응하는 마음으로써 비계·향계·비식계, 나아가 비촉·비촉을 인연으로 생겨난 여러 수의 나이거나 무아라는 상은 얻을 수 없다고 관찰하고, 일체지지에 상응하는 마음으로써 비계·향계·비식계, 나아가 비촉·비촉을 인연으로 생겨난 여러 수의 청정하거나 부정하다는 상은 얻을 수 없다고 관찰하느니라.

또 일체지지에 상응하는 마음으로써 비계·향계·비식계, 나아가 비촉·비촉을 인연으로 생겨난 여러 수의 공하거나 공하지 않은 상은 얻을 수 없다고 관찰하고, 일체지지에 상응하는 마음으로써 비계·향계·비식계, 나아가 비촉·비촉을 인연으로 생겨난 여러 수의 무상이거나 유상이라는 상은 얻을 수 없다고 관찰하며, 일체지지에 상응하는 마음으로써 비계·향계·비식계, 나아가 비촉·비촉을 인연으로 생겨난 여러 수의 무원이거나 유원이라는 상은 얻을 수 없다고 관찰하느니라.

또 일체지지에 상응하는 마음으로써 비계·향계·비식계, 나아가 비촉·비촉을 인연으로 생겨난 여러 수의 적정하거나 적정하지 않다는 상은 얻을 수 없다고 관찰하고, 일체지지에 상응하는 마음으로써 비계·향계·비식계, 나아가 비촉·비촉을 인연으로 생겨난 여러 수의 멀리 벗어나거나 멀리 벗어나지 않는다는 상은 얻을 수 없다고 관찰하느니라. 선현이여. 이와 같은 보살마하살은 반야바라밀다를 수행하는 때에, 방편선교가 있는 까닭으로 이와 같은 매우 깊은 반야바라밀다를 설하는 것을 설하는 것을 들었더라도 그 마음이 놀라지도 않고 공포스럽지도 않으니라.

선현이여. 만약 보살마하살이 반야바라밀다를 수행하는 때에, 일체지지에 상응하는 마음으로써 설계·미계·설식계, …… 나아가 …… 설촉·설촉을 인연으로 생겨난 여러 수의 항상하거나 무상하다는 상이라도 얻을 수 없다고 관찰하고, 일체지지에 상응하는 마음으로써 설계·미계·설식계, 나아가 설촉·설촉을 인연으로 생겨난 여러 수의 즐겁거나 괴롭다는 상이라도 얻을 수 없다고 관찰하며, 일체지지에 상응하는 마음으로써 설계·미계·설식계, 나아가 설촉·설촉을 인연으로 생겨난 여러 수의 나이거나 무아라는 상은 얻을 수 없다고 관찰하고, 일체지지에 상응하는 마음으로써 설계·미계·설식계, 나아가 설촉·설촉을 인연으로 생겨난 여러 수의 청정하거나 부정하다는 상은 얻을 수 없다고 관찰하느니라.

또 일체지지에 상응하는 마음으로써 설계·미계·설식계, 나아가 설촉·설촉을 인연으로 생겨난 여러 수의 공하거나 공하지 않은 상은 얻을 수 없다고 관찰하고, 일체지지에 상응하는 마음으로써 설계·미계·설식계, 나아가 설촉·설촉을 인연으로 생겨난 여러 수의 무상이거나 유상이라는 상은 얻을 수 없다고 관찰하며, 일체지지에 상응하는 마음으로써 설계·미계·설식계, 나아가 설촉·설촉을 인연으로 생겨난 여러 수의 무원이거나 유원이라는 상은 얻을 수 없다고 관찰하느니라.

또 일체지지에 상응하는 마음으로써 설계·미계·설식계, 나아가 설촉·설촉을 인연으로 생겨난 여러 수의 적정하거나 적정하지 않다는 상은 얻을 수 없다고 관찰하고, 일체지지에 상응하는 마음으로써 설계·미계·설식계, 나아가 설촉·설촉을 인연으로 생겨난 여러 수의 멀리 벗어나거나 멀리 벗어나지 않는다는 상은 얻을 수 없다고 관찰하느니라. 선현이여. 이와 같은 보살마하살은 반야바라밀다를 수행하는 때에, 방편선교가 있는 까닭으로 이와 같은 매우 깊은 반야바라밀다를 설하는 것을 들었더라도 그 마음이 놀라지도 않고 공포스럽지도 않으니라.

선현이여. 만약 보살마하살이 반야바라밀다를 수행하는 때에, 일체지지에 상응하는 마음으로써 신계·촉계·신식계, …… 나아가 …… 신촉·신촉을 인연으로 생겨난 여러 수의 항상하거나 무상하다는 상이라도 얻을 수 없다고 관찰하고, 일체지지에 상응하는 마음으로써 신계·촉계·신식계, 나아가 신촉·신촉을 인연으로 생겨난 여러 수의 즐겁거나 괴롭다는 상이라도 얻을 수 없다고 관찰하며, 일체지지에 상응하는 마음으로써 신계·촉계·신식계, 나아가 신촉·신촉을 인연으로 생겨난 여러 수의 나이거나 무아라는 상은 얻을 수 없다고 관찰하고, 일체지지에 상응하는 마음으로써 신계·촉계·신식계, 나아가 신촉·신촉을 인연으로 생겨난 여러 수의 청정하거나 부정하다는 상은 얻을 수 없다고 관찰하느니라.

또 일체지지에 상응하는 마음으로써 신계·촉계·신식계, 나아가 신촉·신촉을 인연으로 생겨난 여러 수의 공하거나 공하지 않은 상은 얻을 수 없다고 관찰하고, 일체지지에 상응하는 마음으로써 신계·촉계·신식계, 나아가 신촉·신촉을 인연으로 생겨난 여러 수의 무상이거나 유상이라는 상은 얻을 수 없다고 관찰하며, 일체지지에 상응하는 마음으로써 신계·촉계·신식계, 나아가 신촉·신촉을 인연으로 생겨난 여러 수의 무원이거나 유원이라는 상은 얻을 수 없다고 관찰하느니라.

또 일체지지에 상응하는 마음으로써 신계·촉계·신식계, 나아가 신촉·신촉을 인연으로 생겨난 여러 수의 적정하거나 적정하지 않다는 상은 얻을 수 없다고 관찰하고, 일체지지에 상응하는 마음으로써 신계·촉계·신식계, 나아가 신촉·신촉을 인연으로 생겨난 여러 수의 멀리 벗어나거나 멀리 벗어나지 않는다는 상은 얻을 수 없다고 관찰하느니라. 선현이여. 이와 같은 보살마하살은 반야바라밀다를 수행하는 때에, 방편선교가 있는 까닭으로 이와 같은 매우 깊은 반야바라밀다를 설하는 것을 들었더라도 그 마음이 놀라지도 않고 공포스럽지도 않으니라.

선현이여. 만약 보살마하살이 반야바라밀다를 수행하는 때에, 일체지지에 상응하는 마음으로써 의계·법계·의식계, …… 나아가 …… 의촉·의촉을 인연으로 생겨난 여러 수의 항상하거나 무상하다는 상이라도 얻을 수 없다고 관찰하고, 일체지지에 상응하는 마음으로써 의계·법계·의식계, 나아가 의촉·의촉을 인연으로 생겨난 여러 수의 즐겁거나 괴롭다는 상이라도 얻을 수 없다고 관찰하며, 일체지지에 상응하는 마음으로써 의계·법계·의식계, 나아가 의촉·의촉을 인연으로 생겨난 여러 수의 나이거나 무아라는 상은 얻을 수 없다고 관찰하고, 일체지지에 상응하는 마음으로써 의계·법계·의식계, 나아가 의촉·의촉을 인연으로 생겨난 여러 수의 청정하거나 부정하다는 상은 얻을 수 없다고 관찰하느니라.

또 일체지지에 상응하는 마음으로써 의계·법계·의식계, 나아가 의촉·의촉을 인연으로 생겨난 여러 수의 공하거나 공하지 않은 상은 얻을 수 없다고 관찰하고, 일체지지에 상응하는 마음으로써 의계·법계·의식계, 나아가 의촉·의촉을 인연으로 생겨난 여러 수의 무상이거나 유상이라는 상은 얻을 수 없다고 관찰하며, 일체지지에 상응하는 마음으로써 의계·법계·의식계, 나아가 의촉·의촉을 인연으로 생겨난 여러 수의 무원이거나 유원이라는 상은 얻을 수 없다고 관찰하느니라.

또 일체지지에 상응하는 마음으로써 의계·법계·의식계, 나아가 의촉·

의촉을 인연으로 생겨난 여러 수의 적정하거나 적정하지 않다는 상은 얻을 수 없다고 관찰하고, 일체지지에 상응하는 마음으로써 의계·법계·의식계, 나아가 의촉·의촉을 인연으로 생겨난 여러 수의 멀리 벗어나거나 멀리 벗어나지 않는다는 상은 얻을 수 없다고 관찰하느니라. 선현이여. 이와 같은 보살마하살은 반야바라밀다를 수행하는 때에, 방편선교가 있는 까닭으로 이와 같은 매우 깊은 반야바라밀다를 설하는 것을 들었더라도 그 마음이 놀라지도 않고 공포스럽지도 않으니라.

선현이여. 만약 보살마하살이 반야바라밀다를 수행하는 때에, 일체지지에 상응하는 마음으로써 지계의 항상하거나 무상하다는 상이라도 얻을 수 없다고 관찰하고 수·화·풍·공·식계의 항상하거나 무상하다는 상이라도 얻을 수 없다고 관찰하며, 일체지지에 상응하는 마음으로써 지계의 즐겁거나 괴롭다는 상이라도 얻을 수 없다고 관찰하고 수·화·풍·공·식계의 즐겁거나 괴롭다는 상은 얻을 수 없다고 관찰하며, 일체지지에 상응하는 마음으로써 지계의 나이거나 무아라는 상은 얻을 수 없다고 관찰하고 수·화·풍·공·식계의 나이거나 무아라는 상은 얻을 수 없다고 관찰하며, 일체지지에 상응하는 마음으로써 지계의 청정하거나 부정하다는 상은 얻을 수 없다고 관찰하고 수·화·풍·공·식계의 청정하거나 부정하다는 상은 얻을 수 없다고 관찰하느니라.

또 일체지지에 상응하는 마음으로써 지계의 공하거나 공하지 않은 상은 얻을 수 없다고 관찰하고 수·화·풍·공·식계의 공하거나 공하지 않은 상은 얻을 수 없다고 관찰하며, 일체지지에 상응하는 마음으로써 지계의 무상이거나 유상이라는 상은 얻을 수 없다고 관찰하고 수·화·풍·공·식계의 무상이거나 유상이라는 상은 얻을 수 없다고 관찰하며, 일체지지에 상응하는 마음으로써 지계의 무원이거나 유원이라는 상은 얻을 수 없다고 관찰하고 수·화·풍·공·식계의 무원이거나 유원이라는 상은 얻을 수 없다고 관찰하느니라.

또 일체지지에 상응하는 마음으로써 지계의 적정하거나 적정하지 않다는 상은 얻을 수 없다고 관찰하고 수·화·풍·공·식계의 적정하거나 적정하지 않다는 상은 얻을 수 없다고 관찰하며, 일체지지에 상응하는 마음으로써 지계의 멀리 벗어나거나 멀리 벗어나지 않는다는 상은 얻을 수 없다고 관찰하고 수·화·풍·공·식계의 멀리 벗어나거나 멀리 벗어나지 않는 상은 얻을 수 없다고 관찰하느니라. 선현이여. 이와 같은 보살마하살은 반야바라밀다를 수행하는 때에, 방편선교가 있는 까닭으로 이와 같은 매우 깊은 반야바라밀다를 설하는 것을 들었더라도 그 마음이 놀라지도 않고 공포스럽지도 않으니라.

선현이여. 만약 보살마하살이 반야바라밀다를 수행하는 때에, 일체지지에 상응하는 마음으로써 고성제의 항상하거나 무상하다는 상이라도 얻을 수 없다고 관찰하고 집·멸·도성제의 항상하거나 무상하다는 상이라도 얻을 수 없다고 관찰하며, 일체지지에 상응하는 마음으로써 고성제의 즐겁거나 괴롭다는 상이라도 얻을 수 없다고 관찰하고 집·멸·도성제의 즐겁거나 괴롭다는 상은 얻을 수 없다고 관찰하며, 일체지지에 상응하는 마음으로써 고성제의 나이거나 무아라는 상은 얻을 수 없다고 관찰하고 집·멸·도성제의 나이거나 무아라는 상은 얻을 수 없다고 관찰하며, 일체지지에 상응하는 마음으로써 고성제의 청정하거나 부정하다는 상은 얻을 수 없다고 관찰하고 집·멸·도성제의 청정하거나 부정하다는 상은 얻을 수 없다고 관찰하느니라.

또 일체지지에 상응하는 마음으로써 고성제의 공하거나 공하지 않은 상은 얻을 수 없다고 관찰하고 집·멸·도성제의 공하거나 공하지 않은 상은 얻을 수 없다고 관찰하며, 일체지지에 상응하는 마음으로써 고성제의 무상이거나 유상이라는 상은 얻을 수 없다고 관찰하고 집·멸·도성제의 무상이거나 유상이라는 상은 얻을 수 없다고 관찰하며, 일체지지에 상응하는 마음으로써 고성제의 무원이거나 유원이라는 상은 얻을 수 없다고 관찰하고 집·멸·도성제의 무원이거나 유원이라는 상은 얻을 수 없다고 관찰하느니라.

또 일체지지에 상응하는 마음으로써 고성제의 적정하거나 적정하지 않다는 상은 얻을 수 없다고 관찰하고 집·멸·도성제의 적정하거나 적정하지 않다는 상은 얻을 수 없다고 관찰하며, 일체지지에 상응하는 마음으로써 고성제의 멀리 벗어나거나 멀리 벗어나지 않는다는 상은 얻을 수 없다고 관찰하고 집·멸·도성제의 멀리 벗어나거나 멀리 벗어나지 않는 상은 얻을 수 없다고 관찰하느니라. 선현이여. 이와 같은 보살마하살은 반야바라밀다를 수행하는 때에, 방편선교가 있는 까닭으로 이와 같은 매우 깊은 반야바라밀다를 설하는 것을 들었더라도 그 마음이 놀라지도 않고 공포스럽지도 않으니라.

선현이여. 만약 보살마하살이 반야바라밀다를 수행하는 때에, 일체지지에 상응하는 마음으로써 무명의 항상하거나 무상하다는 상이라도 얻을 수 없다고 관찰하고 행·식·명색·육처·촉·수·애·취·유·생·노사의 수탄고우뇌의 항상하거나 무상하다는 상이라도 얻을 수 없다고 관찰하며, 일체지지에 상응하는 마음으로써 무명의 즐겁거나 괴롭다는 상이라도 얻을 수 없다고 관찰하고 행, 나아가 노사의 수탄고우뇌의 즐겁거나 괴롭다는 상은 얻을 수 없다고 관찰하며, 일체지지에 상응하는 마음으로써 무명의 나이거나 무아라는 상은 얻을 수 없다고 관찰하고 행, 나아가 노사의 수탄고우뇌의 나이거나 무아라는 상은 얻을 수 없다고 관찰하며, 일체지지에 상응하는 마음으로써 무명의 청정하거나 부정하다는 상은 얻을 수 없다고 관찰하고 행, 나아가 노사의 수탄고우뇌의 청정하거나 부정하다는 상은 얻을 수 없다고 관찰하느니라.

또 일체지지에 상응하는 마음으로써 무명의 공하거나 공하지 않은 상은 얻을 수 없다고 관찰하고 행, 나아가 노사의 수탄고우뇌의 공하거나 공하지 않은 상은 얻을 수 없다고 관찰하며, 일체지지에 상응하는 마음으로써 무명의 무상이거나 유상이라는 상은 얻을 수 없다고 관찰하고 행, 나아가 노사의 수탄고우뇌의 무상이거나 유상이라는 상은 얻을 수 없다고 관찰하며, 일체지지에 상응하는 마음으로써 무명의 무원이거나 유원이라는 상은 얻을 수 없다고 관찰하고 행, 나아가 노사의 수탄고우뇌의 무원이거나 유원이라는 상은 얻을 수 없다고 관찰하느니라.

또 일체지지에 상응하는 마음으로써 무명의 적정하거나 적정하지 않다

는 상은 얻을 수 없다고 관찰하고 행, 나아가 노사의 수탄고우뇌의 적정하
거나 적정하지 않다는 상은 얻을 수 없다고 관찰하며, 일체지지에 상응하
는 마음으로써 무명의 멀리 벗어나거나 멀리 벗어나지 않는다는 상은
얻을 수 없다고 관찰하고 행, 나아가 노사의 수탄고우뇌의 멀리 벗어나거
나 멀리 벗어나지 않는 상은 얻을 수 없다고 관찰하느니라. 선현이여.
이와 같은 보살마하살은 반야바라밀다를 수행하는 때에, 방편선교가
있는 까닭으로 이와 같은 매우 깊은 반야바라밀다를 설하는 것을 들었더라
도 그 마음이 놀라지도 않고 공포스럽지도 않으니라.

　선현이여. 만약 보살마하살이 반야바라밀다를 수행하는 때에, 일체지
지에 상응하는 마음으로써 4정려의 항상하거나 무상하다는 상이라도
얻을 수 없다고 관찰하고 4무량·4무색정의 항상하거나 무상하다는 상이
라도 얻을 수 없다고 관찰하며, 일체지지에 상응하는 마음으로써 4정려의
즐겁거나 괴롭다는 상이라도 얻을 수 없다고 관찰하고 4무량·4무색정의
즐겁거나 괴롭다는 상은 얻을 수 없다고 관찰하며, 일체지지에 상응하는
마음으로써 4정려의 나이거나 무아라는 상은 얻을 수 없다고 관찰하고
4무량·4무색정의 나이거나 무아라는 상은 얻을 수 없다고 관찰하며,
일체지지에 상응하는 마음으로써 4정려의 청정하거나 부정하다는 상은
얻을 수 없다고 관찰하고 4무량·4무색정의 청정하거나 부정하다는 상은
얻을 수 없다고 관찰하느니라.

　또 일체지지에 상응하는 마음으로써 4정려의 공하거나 공하지 않은
상은 얻을 수 없다고 관찰하고 4무량·4무색정의 공하거나 공하지 않은
상은 얻을 수 없다고 관찰하며, 일체지지에 상응하는 마음으로써 4정려의
무상이거나 유상이라는 상은 얻을 수 없다고 관찰하고 4무량·4무색정의
무상이거나 유상이라는 상은 얻을 수 없다고 관찰하며, 일체지지에 상응
하는 마음으로써 4정려의 무원이거나 유원이라는 상은 얻을 수 없다고
관찰하고 4무량·4무색정의 무원이거나 유원이라는 상은 얻을 수 없다고
관찰하느니라.

　또 일체지지에 상응하는 마음으로써 4정려의 적정하거나 적정하지

않다는 상은 얻을 수 없다고 관찰하고 4무량·4무색정의 적정하거나 적정하지 않다는 상은 얻을 수 없다고 관찰하며, 일체지지에 상응하는 마음으로써 4정려의 멀리 벗어나거나 멀리 벗어나지 않는다는 상은 얻을 수 없다고 관찰하고 4무량·4무색정의 멀리 벗어나거나 멀리 벗어나지 않는 상은 얻을 수 없다고 관찰하느니라. 선현이여. 이와 같은 보살마하살은 반야바라밀다를 수행하는 때에, 방편선교가 있는 까닭으로 이와 같은 매우 깊은 반야바라밀다를 설하는 것을 들었더라도 그 마음이 놀라지도 않고 공포스럽지도 않으니라."

마하반야바라밀다경 제43권

11. 비유품(譬喩品)(2)

"선현이여. 만약 보살마하살이 반야바라밀다를 수행하는 때에, 일체지지에 상응하는 마음으로써 4념주의 항상하거나 무상하다는 상이라도 얻을 수 없다고 관찰하고 4정단·4신족·5근·5력·7등각지·8성도지의 항상하거나 무상하다는 상이라도 얻을 수 없다고 관찰하며, 일체지지에 상응하는 마음으로써 4념주의 즐겁거나 괴롭다는 상이라도 얻을 수 없다고 관찰하고 4정단, 나아가 8성도지의 즐겁거나 괴롭다는 상은 얻을 수 없다고 관찰하며, 일체지지에 상응하는 마음으로써 4념주의 나이거나 무아라는 상은 얻을 수 없다고 관찰하고 4정단, 나아가 8성도지의 나이거나 무아라는 상은 얻을 수 없다고 관찰하며, 일체지지에 상응하는 마음으로써 4념주의 청정하거나 부정하다는 상은 얻을 수 없다고 관찰하고 4정단, 나아가 8성도지의 청정하거나 부정하다는 상은 얻을 수 없다고 관찰하느니라.

또 일체지지에 상응하는 마음으로써 4념주의 공하거나 공하지 않은 상은 얻을 수 없다고 관찰하고 4정단, 나아가 8성도지의 공하거나 공하지 않은 상은 얻을 수 없다고 관찰하며, 일체지지에 상응하는 마음으로써 4념주의 무상이거나 유상이라는 상은 얻을 수 없다고 관찰하고 4정단, 나아가 8성도지의 무상이거나 유상이라는 상은 얻을 수 없다고 관찰하며, 일체지지에 상응하는 마음으로써 4념주의 무원이거나 유원이라는 상은 얻을 수 없다고 관찰하고 4정단, 나아가 8성도지의 무원이거나 유원이라는 상은 얻을 수 없다고 관찰하느니라.

또 일체지지에 상응하는 마음으로써 4념주의 적정하거나 적정하지 않다는 상은 얻을 수 없다고 관찰하고 4정단, 나아가 8성도지의 적정하거나 적정하지 않다는 상은 얻을 수 없다고 관찰하며, 일체지지에 상응하는 마음으로써 4념주의 멀리 벗어나거나 멀리 벗어나지 않는다는 상은 얻을 수 없다고 관찰하고 4정단, 나아가 8성도지의 멀리 벗어나거나 멀리 벗어나지 않는 상은 얻을 수 없다고 관찰하느니라. 선현이여. 이와 같은 보살마하살은 반야바라밀다를 수행하는 때에, 방편선교가 있는 까닭으로 이와 같은 매우 깊은 반야바라밀다를 설하는 것을 들었더라도 그 마음이 놀라지도 않고 공포스럽지도 않으니라.

선현이여. 만약 보살마하살이 반야바라밀다를 수행하는 때에, 일체지지에 상응하는 마음으로써 공해탈문의 항상하거나 무상하다는 상이라도 얻을 수 없다고 관찰하고 무상·무원해탈문의 항상하거나 무상하다는 상이라도 얻을 수 없다고 관찰하며, 일체지지에 상응하는 마음으로써 공해탈문의 즐겁거나 괴롭다는 상이라도 얻을 수 없다고 관찰하고 무상·무원해탈문의 즐겁거나 괴롭다는 상은 얻을 수 없다고 관찰하며, 일체지지에 상응하는 마음으로써 공해탈문의 나이거나 무아라는 상은 얻을 수 없다고 관찰하고 무상·무원해탈문의 나이거나 무아라는 상은 얻을 수 없다고 관찰하며, 일체지지에 상응하는 마음으로써 공해탈문의 청정하거나 부정하다는 상은 얻을 수 없다고 관찰하고 무상·무원해탈문의 청정하거나 부정하다는 상은 얻을 수 없다고 관찰하느니라.

또 일체지지에 상응하는 마음으로써 공해탈문의 공하거나 공하지 않은 상은 얻을 수 없다고 관찰하고 무상·무원해탈문의 공하거나 공하지 않은 상은 얻을 수 없다고 관찰하며, 일체지지에 상응하는 마음으로써 공해탈문의 무상이거나 유상이라는 상은 얻을 수 없다고 관찰하고 무상·무원해탈문의 무상이거나 유상이라는 상은 얻을 수 없다고 관찰하며, 일체지지에 상응하는 마음으로써 공해탈문의 무원이거나 유원이라는 상은 얻을 수 없다고 관찰하고 무상·무원해탈문의 무원이거나 유원이라는 상은 얻을 수 없다고 관찰하느니라.

또 일체지지에 상응하는 마음으로써 공해탈문의 적정하거나 적정하지 않다는 상은 얻을 수 없다고 관찰하고 무상·무원해탈문의 적정하거나 적정하지 않다는 상은 얻을 수 없다고 관찰하며, 일체지지에 상응하는 마음으로써 공해탈문의 멀리 벗어나거나 멀리 벗어나지 않는다는 상은 얻을 수 없다고 관찰하고 무상·무원해탈문의 멀리 벗어나거나 멀리 벗어나지 않는 상은 얻을 수 없다고 관찰하느니라. 선현이여. 이와 같은 보살마하살은 반야바라밀다를 수행하는 때에, 방편선교가 있는 까닭으로 이와 같은 매우 깊은 반야바라밀다를 설하는 것을 설하는 것을 들었더라도 그 마음이 놀라지도 않고 공포스럽지도 않으니라.

선현이여. 만약 보살마하살이 반야바라밀다를 수행하는 때에, 일체지지에 상응하는 마음으로써 보시바라밀다의 항상하거나 무상하다는 상이라도 얻을 수 없다고 관찰하고 정계·안인·정진·정려·반야바라밀다의 항상하거나 무상하다는 상이라도 얻을 수 없다고 관찰하며, 일체지지에 상응하는 마음으로써 보시바라밀다의 즐겁거나 괴롭다는 상은 얻을 수 없다고 관찰하고 정계·안인·정진·정려·반야바라밀다의 즐겁거나 괴롭다는 상은 얻을 수 없다고 관찰하며, 일체지지에 상응하는 마음으로써 보시바라밀다의 나이거나 무아라는 상은 얻을 수 없다고 관찰하고 정계·안인·정진·정려·반야바라밀다의 나이거나 무아라는 상은 얻을 수 없다고 관찰하며, 일체지지에 상응하는 마음으로써 보시바라밀다의 청정하거나 부정하다는 상은 얻을 수 없다고 관찰하고 정계·안인·정진·정려·반야바라밀다의 청정하거나 부정하다는 상은 얻을 수 없다고 관찰하느니라.

또 일체지지에 상응하는 마음으로써 보시바라밀다의 공하거나 공하지 않은 상은 얻을 수 없다고 관찰하고 정계·안인·정진·정려·반야바라밀다의 공하거나 공하지 않은 상은 얻을 수 없다고 관찰하며, 일체지지에 상응하는 마음으로써 보시바라밀다의 무상이거나 유상이라는 상은 얻을 수 없다고 관찰하고 정계·안인·정진·정려·반야바라밀다의 무상이거나 유상이라는 상은 얻을 수 없다고 관찰하며, 일체지지에 상응하는 마음으로써 보시바라밀다의 무원이거나 유원이라는 상은 얻을 수 없다고 관찰하고 정계·안인·정진·정려·반야바라밀다의 무원이거나 유원이라는 상은 얻을 수 없다고 관찰하느니라.

또 일체지지에 상응하는 마음으로써 보시바라밀다의 적정하거나 적정하지 않다는 상은 얻을 수 없다고 관찰하고 정계·안인·정진·정려·반야바라밀다의 적정하거나 적정하지 않다는 상은 얻을 수 없다고 관찰하며, 일체지지에 상응하는 마음으로써 보시바라밀다의 멀리 벗어나거나 멀리 벗어나지 않는다는 상은 얻을 수 없다고 관찰하고 정계·안인·정진·정려·반야바라밀다의 멀리 벗어나거나 멀리 벗어나지 않는 상은 얻을 수 없다고 관찰하느니라. 선현이여. 이와 같은 보살마하살은 반야바라밀다를 수행하는 때에, 방편선교가 있는 까닭으로 이와 같은 매우 깊은 반야바라밀다를 설하는 것을 들었더라도 그 마음이 놀라지도 않고 공포스럽지도 않으니라.

선현이여. 만약 보살마하살이 반야바라밀다를 수행하는 때에, 일체지지에 상응하는 마음으로써 5안의 항상하거나 무상하다는 상이라도 얻을 수 없다고 관찰하고 6신통의 항상하거나 무상하다는 상이라도 얻을 수 없다고 관찰하며, 일체지지에 상응하는 마음으로써 5안의 즐겁거나 괴롭다는 상이라도 얻을 수 없다고 관찰하고 6신통의 즐겁거나 괴롭다는 상은 얻을 수 없다고 관찰하며, 일체지지에 상응하는 마음으로써 5안의 나이거나 무아라는 상은 얻을 수 없다고 관찰하고 6신통의 나이거나 무아라는 상은 얻을 수 없다고 관찰하며, 일체지지에 상응하는 마음으로써 5안의 청정하거나 부정하다는 상은 얻을 수 없다고 관찰하고 6신통의 청정하거나 부정하다는 상은 얻을 수 없다고 관찰하느니라.

또 일체지지에 상응하는 마음으로써 5안의 공하거나 공하지 않은 상은 얻을 수 없다고 관찰하고 6신통의 공하거나 공하지 않은 상은 얻을 수 없다고 관찰하며, 일체지지에 상응하는 마음으로써 5안의 무상이거나 유상이라는 상은 얻을 수 없다고 관찰하고 6신통의 무상이거나 유상이라는 상은 얻을 수 없다고 관찰하며, 일체지지에 상응하는 마음으로써 5안의 무원이거나 유원이라는 상은 얻을 수 없다고 관찰하고 6신통의 무원이거나 유원이라는 상은 얻을 수 없다고 관찰하느니라.

또 일체지지에 상응하는 마음으로써 5안의 적정하거나 적정하지 않다는 상은 얻을 수 없다고 관찰하고 6신통의 적정하거나 적정하지 않다는 상은 얻을 수 없다고 관찰하며, 일체지지에 상응하는 마음으로써 5안의 멀리 벗어나거나 멀리 벗어나지 않는다는 상은 얻을 수 없다고 관찰하고 6신통의 멀리 벗어나거나 멀리 벗어나지 않는 상은 얻을 수 없다고 관찰하느니라. 선현이여. 이와 같은 보살마하살은 반야바라밀다를 수행하는 때에, 방편선교가 있는 까닭으로 이와 같은 매우 깊은 반야바라밀다를 설하는 것을 들었더라도 그 마음이 놀라지도 않고 공포스럽지도 않으니라.

선현이여. 만약 보살마하살이 반야바라밀다를 수행하는 때에, 일체지지에 상응하는 마음으로써 여래의 10력의 항상하거나 무상하다는 상이라도 얻을 수 없다고 관찰하고 4무소외·4무애해·대자·대비·대희·대사·18불불공법·일체지·도상지·일체상지의 항상하거나 무상하다는 상이라도 얻을 수 없다고 관찰하며, 일체지지에 상응하는 마음으로써 여래의 10력의 즐겁거나 괴롭다는 상이라도 얻을 수 없다고 관찰하고 4무소외, 나아가 일체상지의 즐겁거나 괴롭다는 상은 얻을 수 없다고 관찰하며, 일체지지에 상응하는 마음으로써 여래의 10력의 나이거나 무아라는 상은 얻을 수 없다고 관찰하고 4무소외, 나아가 일체상지의 나이거나 무아라는 상은 얻을 수 없다고 관찰하며, 일체지지에 상응하는 마음으로써 여래의 10력의 청정하거나 부정하다는 상은 얻을 수 없다고 관찰하고 4무소외, 나아가 일체상지의 청정하거나 부정하다는 상은 얻을 수 없다고 관찰하느니라.

또 일체지지에 상응하는 마음으로써 여래의 10력의 공하거나 공하지 않은 상은 얻을 수 없다고 관찰하고 4무소외, 나아가 일체상지의 공하거나 공하지 않은 상은 얻을 수 없다고 관찰하며, 일체지지에 상응하는 마음으로써 여래의 10력의 무상이거나 유상이라는 상은 얻을 수 없다고 관찰하고 4무소외, 나아가 일체상지의 무상이거나 유상이라는 상은 얻을 수 없다고 관찰하며, 일체지지에 상응하는 마음으로써 여래의 10력의 무원이거나 유원이라는 상은 얻을 수 없다고 관찰하고 4무소외, 나아가 일체상지의 무원이거나 유원이라는 상은 얻을 수 없다고 관찰하느니라.

또 일체지지에 상응하는 마음으로써 여래의 10력의 적정하거나 적정하지 않다는 상은 얻을 수 없다고 관찰하고 4무소외, 나아가 일체상지의 적정하거나 적정하지 않다는 상은 얻을 수 없다고 관찰하며, 일체지지에 상응하는 마음으로써 여래의 10력의 멀리 벗어나거나 멀리 벗어나지 않는다는 상은 얻을 수 없다고 관찰하고 4무소외, 나아가 일체상지의 멀리 벗어나거나 멀리 벗어나지 않는다는 상은 얻을 수 없다고 관찰하느니라. 선현이여. 이와 같은 보살마하살은 반야바라밀다를 수행하는 때에, 방편선교가 있는 까닭으로 이와 같은 매우 깊은 반야바라밀다를 설하는 것을 들었더라도 그 마음이 놀라지도 않고 공포스럽지도 않으니라.

다시 다음으로 선현이여. 만약 보살마하살이 이렇게 관찰하는 때에, '나는 얻을 수 없는 것으로써 상응하는 방편으로 삼아서 여러 유정들을 위하여, 일체법에서 항상하거나 무상하다는 상은 얻을 수 없고, 즐겁거나 괴롭다는 상은 얻을 수 없으며, 나이거나 무아라는 상은 얻을 수 없고, 청정하거나 부정하다는 상은 얻을 수 없으며, 공하거나 공하지 않다는 상은 얻을 수 없고, 무상이거나 유상이라는 상은 얻을 수 없으며, 무원이거나 유원이라는 상은 얻을 수 없고, 적정하거나 적정하지 않다는 상은 얻을 수 없으며, 멀리 벗어나거나 멀리 벗어나지 않는다는 상은 얻을 수 없다고 말해야겠다.'라고 이렇게 생각을 일으키느니라. 선현이여. 이것이 보살마하살이 반야바라밀다를 수행하는 때의 집착이 없는 보시바라밀다이니라. 이와 같은 보살마하살은 반야바라밀다를 수행하는 때에, 방편선교가 있는 까닭으로 이와 같은 매우 깊은 반야바라밀다를 설하는 것을 들었더라도 그 마음이 놀라지도 않고 공포스럽지도 않으니라.

다시 다음으로 선현이여. 만약 보살마하살이 반야바라밀다를 수행하는 때에, 성문·독각에 상응하지 않는 마음으로써 '일체법에서 항상하거나 무상하다는 상은 얻을 수 없고, 즐겁거나 괴롭다는 상은 얻을 수 없으며, 나이거나 무아라는 상은 얻을 수 없고, 청정하거나 부정하다는 상은 얻을 수 없으며, 공하거나 공하지 않다는 상은 얻을 수 없고, 무상이거나 유상이라는 상은 얻을 수 없으며, 무원이거나 유원이라는 상은 얻을 수 없고, 적정하거나 적정하지 않다는 상은 얻을 수 없으며, 멀리 벗어나거나 멀리 벗어나지 않는다는 상은 얻을 수 없다.'라고 관찰하나니 얻을 수 없는 것으로써 방편으로 삼는 까닭이니라. 선현이여. 이것이 보살마하살이 반야바라밀다를 수행하는 때의 집착이 없는 정계바라밀다이니라.

이와 같은 보살마하살은 이러한 정계바라밀다를 이유로, 방편선교가 있는 까닭으로 이와 같은 매우 깊은 반야바라밀다를 설하는 것을 들었더라도 그 마음이 놀라지도 않고 공포스럽지도 않으니라.

선현이여. 만약 보살마하살이 반야바라밀다를 수행하는 때에, 얻을 수 없는 것으로써 방편으로 삼아서 '일체법에서 항상하거나 무상하다는 상은 얻을 수 없고, 즐겁거나 괴롭다는 상은 얻을 수 없으며, 나이거나 무아라는 상은 얻을 수 없고, 청정하거나 부정하다는 상은 얻을 수 없으며, 공하거나 공하지 않다는 상은 얻을 수 없고, 무상이거나 유상이라는 상은 얻을 수 없으며, 무원이거나 유원이라는 상은 얻을 수 없고, 적정하거나 적정하지 않다는 상은 얻을 수 없으며, 멀리 벗어나거나 멀리 벗어나지 않는다는 상은 얻을 수 없다.'라고 관찰하면서 능히 이 가운데에서 욕락(欲樂)을 안인(安忍)할 수 있으면, 선현이여. 이것이 보살마하살이 반야바라밀다를 수행하는 때의 집착하는 것이 없는 인욕바라밀다이니라.

이와 같은 보살마하살은 이러한 안인바라밀다를 이유로, 방편선교가 있는 까닭으로 이와 같은 매우 깊은 반야바라밀다를 설하는 것을 들었더라도 그 마음이 놀라지도 않고 공포스럽지도 않으니라.

선현이여. 만약 보살마하살이 반야바라밀다를 수행하는 때에, 일체지지(一切智智)에 상응하는 마음으로써 '일체법에서 항상하거나 무상하다는 상은 얻을 수 없고, 즐겁거나 괴롭다는 상은 얻을 수 없으며, 나이거나 무아라는 상은 얻을 수 없고, 청정하거나 부정하다는 상은 얻을 수 없으며, 공하거나 공하지 않다는 상은 얻을 수 없고, 무상이거나 유상이라는 상은 얻을 수 없으며, 무원이거나 유원이라는 상은 얻을 수 없고, 적정하거나 적정하지 않다는 상은 얻을 수 없으며, 멀리 벗어나거나 멀리 벗어나지 않는다는 상은 얻을 수 없다.'라고 관찰하면서, 비록 얻을 수 없는 것으로써 방편으로 삼았으나, 항상 일체지지와 상응하는 작의(作意)를 버리지 않는다면, 선현이여. 이것이 보살마하살이 반야바라밀다를 수행하는 때의 집착이 없는 정진바라밀다이니라.

이와 같은 보살마하살은 이러한 정계바라밀다를 이유로, 방편선교가 있는 까닭으로 이와 같은 매우 깊은 반야바라밀다를 설하는 것을 들었더라도 그 마음이 놀라지도 않고 공포스럽지도 않으니라.

선현이여. 만약 보살마하살이 반야바라밀다를 수행하는 때에, 성문·독각에 상응하지 않는 마음으로써 '일체법에서 항상하거나 무상하다는 상은 얻을 수 없고, 즐겁거나 괴롭다는 상은 얻을 수 없으며, 나이거나 무아라는 상은 얻을 수 없고, 청정하거나 부정하다는 상은 얻을 수 없으며, 공하거나 공하지 않다는 상은 얻을 수 없고, 무상이거나 유상이라는 상은 얻을 수 없으며, 무원이거나 유원이라는 상은 얻을 수 없고, 적정하거나 적정하지 않다는 상은 얻을 수 없으며, 멀리 벗어나거나 멀리 벗어나지 않는다는 상은 얻을 수 없다.'라고 관찰하나니 얻을 수 없는 것으로써 방편으로 삼는 까닭이니라. 그 가운데에서 성문·독각에 상응하는 마음을 일으키지 않거나 나머지의 선하지 않은 마음으로 산란과 동요를 일으키지 않는다면, 선현이여. 이것이 보살마하살이 반야바라밀다를 수행하는 때의 집착이 없는 정려바라밀다이니라.

이와 같은 보살마하살은 이러한 정계바라밀다를 이유로, 방편선교가 있는 까닭으로 이와 같은 매우 깊은 반야바라밀다를 설하는 것을 들었더라도 그 마음이 놀라지도 않고 공포스럽지도 않으니라.

선현이여. 만약 보살마하살이 반야바라밀다를 수행하는 때에, '색은 공하지 않은 까닭으로 색은 공하며, 색은 곧 공이고 공은 곧 색이며, 수·상·행·식도 이와 같으니라. 안처는 공하지 않은 까닭으로 안처는 공하며, 안처는 곧 공이고 공은 곧 안처이며, 이·비·설·신·의처도 이와 같으니라. 색처는 공하지 않은 까닭으로 색처는 공하며, 색처는 곧 공이고 공은 곧 색처이며, 성·향·미·촉·법처도 이와 같으니라.

안계는 공하지 않은 까닭으로 안계는 공하며, 안계는 곧 공이고 공은 곧 안계이며, 색계·안식계, …… 나아가 …… 안촉·안촉을 인연으로 생겨난 여러 수도 역시 이와 같으니라. 이계는 공하지 않은 까닭으로 이계는 공하며, 이계는 곧 공이고 공은 곧 이계이며, 성계·이식계, …… 나아가 …… 이촉·이촉을 인연으로 생겨난 여러 수도 역시 이와 같으니라. 비계는 공하지 않은 까닭으로 비계는 공하며, 비계는 곧 공이고 공은 곧 비계이며, 향계·비식계, …… 나아가 …… 비촉·비촉을 인연으로 생겨난 여러 수도 역시 이와 같으니라.

설계는 공하지 않은 까닭으로 설계는 공하며, 설계는 곧 공이고 공은 곧 설계이며, 미계·설식계, …… 나아가 …… 설촉·설촉을 인연으로 생겨난 여러 수도 역시 이와 같으니라. 신계는 공하지 않은 까닭으로 신계는 공하며, 신계는 곧 공이고 공은 곧 신계이며, 촉계·신식계, …… 나아가 …… 신촉·신촉을 인연으로 생겨난 여러 수도 역시 이와 같으니라. 의계는 공하지 않은 까닭으로 의계는 공하며, 의계는 곧 공이고 공은 곧 의계이며, 법계·의식계, …… 나아가 …… 의촉·의촉을 인연으로 생겨난 여러 수도 역시 이와 같으니라.

지계는 공하지 않은 까닭으로 지계는 공하며, 지계는 곧 공이고 공은 곧 지계이며, 수·화·풍·공·식계도 역시 이와 같으니라. 고성제는 공하지 않은 까닭으로 고성제는 공하며, 고성제는 곧 공이고 공은 곧 고성제이며, 집·멸·도성제도 역시 이와 같으니라. 무명은 공하지 않은 까닭으로 무명은 공하며, 무명은 곧 공이고 공은 곧 무명이며, 행·식·명색·육처·촉·수·애·취·유·생·노사의 수탄고우뇌도 역시 이와 같으니라. 4정려는 공하지 않은 까닭으로 4정려는 공하며, 4정려는 곧 공이고 공은 곧 4정려이며, 4무량·4무색정도 역시 이와 같으니라. 4념주는 공하지 않은 까닭으로 4념주는 공하며, 4념주는 곧 공이고 공은 곧 4념주이며, 4정단·4신족·5근·5력·7등각지·8성도지도 역시 이와 같으니라.

공해탈문은 공하지 않은 까닭으로 공해탈문은 공하며, 공해탈문은 곧 공이고 공은 곧 공해탈문이며, 무상·무원해탈문도 역시 이와 같으니라.

보시바라밀다는 공하지 않은 까닭으로 보시바라밀다는 공하며, 보시바라밀다는 곧 공이고 공은 곧 보시바라밀다이며, 정계·안인·정진·정려·반야바라밀다도 역시 이와 같으니라. 5안은 공하지 않은 까닭으로 5안은 공하며, 5안은 곧 공이고 공은 곧 5안이며, 6신통도 역시 이와 같으니라. 여래의 10력은 공하지 않은 까닭으로 여래의 10력은 공하며, 여래의 10력은 곧 공이고 공은 곧 여래의 10력이며, 4무소외·4무애해·대자·대비·대희·대사·18불불공법·일체지·도상지·일체상지도 역시 이와 같으니라.

이와 같은 보살마하살은 이러한 정계바라밀다를 이유로, 방편선교가 있는 까닭으로 이와 같은 매우 깊은 반야바라밀다를 설하는 것을 들었더라도 그 마음이 놀라지도 않고 공포스럽지도 않으니라."

그때 선현이 세존께 아뢰어 말하였다.

"세존이시여. 어찌하여 보살마하살은 반야바라밀다를 수행하는 때에, 여러 선한 벗들에게 섭수(攝受)되는 것이고, 이와 같은 매우 깊은 반야바라밀다를 설하는 것을 듣더라도 그 마음이 놀람이 있지 않고 공포가 있지도 않습니까?"

세존께서 선현에게 알리셨다.

"제보살마하살의 착한 벗이라는 것은 이를테면, 만약 능히 얻을 수 없는 것으로써 방편으로 삼아서 색은 항상하거나 무상하다는 상은 얻을 수 없다고 설하고 수·상·행·식도 항상하거나 무상하다는 상은 얻을 수 없다고 설하며, 색은 즐겁거나 괴롭다는 상은 얻을 수 없다고 설하고 수·상·행·식도 즐겁거나 괴롭다는 상은 얻을 수 없다고 설하며, 색은 나이거나 무아라는 상은 얻을 수 없다고 설하고 수·상·행·식도 나이거나 무아라는 상은 얻을 수 없다고 설하며, 색은 청정하거나 부정하다는 상은 얻을 수 없다고 설하고 수·상·행·식도 청정하거나 부정하다는 상은 얻을 수 없다고 설하며, 색은 공하거나 공하지 않다는 상은 얻을 수 없다고 설하고 수·상·행·식도 공하거나 공하지 않다는 상은 얻을 수 없다고 설하며, 색은 무상이거나 유상이라는 상은 얻을 수 없다고 설하고 수·상·행·식도 무상이거나 유상이라는 상은 얻을 수 없다고 설하며, 색은 무원이거나 유원이라는 상은 얻을 수 없다고 설하고 수·상·행·식도 무원이거나 유원이라는 상은 얻을 수 없다고 설하며, 색은 적정하거나 적정하지 않다는 상은 얻을 수 없다고 설하고 수·상·행·식도 적정하거나 적정하지 않다는 상은 얻을 수 없다고 설하며, 색은 멀리 벗어나거나 멀리 벗어나지 않는다는 상은 얻을 수 없다고 설하고 수·상·행·식도 멀리 벗어나거나 멀리 벗어나지 않는다는 상은 얻을 수 없다고 설하며, 더불어 이 법에 의지하여 부지런히 선근(善根)을 수습하도록 권유하고, 성문·독각들에 회향(廻向)하게 하지 않으며, 오직 일체지지를 증득하게 하였다면, 선현이여. 이 사람이 보살마하살의 선한 벗이니라.

만약 보살마하살이 반야바라밀다를 수행하는 때에, 이러한 여러 선한 벗들에게 섭수되는 것이라면 이와 같은 매우 깊은 반야바라밀다를 설하는 것을 들었더라도 그 마음이 놀라지도 않고 공포스럽지도 않으니라.

다시 다음으로 선현이여. 제보살마하살의 착한 벗이라는 것은 이를테면, 만약 능히 얻을 수 없는 것으로써 방편으로 삼아서 안처는 항상하거나 무상하다는 상은 얻을 수 없다고 설하고 이·비·설·신·의처도 항상하거나 무상하다는 상은 얻을 수 없다고 설하며, 안처는 즐겁거나 괴롭다는 상은 얻을 수 없다고 설하고 이·비·설·신·의처도 즐겁거나 괴롭다는 상은 얻을 수 없다고 설하며, 안처는 나이거나 무아라는 상은 얻을 수 없다고 설하고 이·비·설·신·의처도 나이거나 무아라는 상은 얻을 수 없다고 설하며, 안처는 청정하거나 부정하다는 상은 얻을 수 없다고 설하고 이·비·설·신·의처도 청정하거나 부정하다는 상은 얻을 수 없다고 설하며, 안처는 공하거나 공하지 않다는 상은 얻을 수 없다고 설하고 이·비·설·신·의처도 공하거나 공하지 않다는 상은 얻을 수 없다고 설하며, 안처는 무상이거나 유상이라는 상은 얻을 수 없다고 설하고 이·비·설·신·의처도 무상이거나 유상이라는 상은 얻을 수 없다고 설하며, 안처는 무원이거나 유원이라는 상은 얻을 수 없다고 설하고 이·비·설·신·의처도 무원이거나 유원이라는 상은 얻을 수 없다고 설하며, 안처는 적정하거나 적정하지 않다는 상은 얻을 수 없다고 설하고 이·비·설·신·의처도 적정하거나 적정하지 않다는 상은 얻을 수 없다고 설하며, 안처는 멀리 벗어나거나 멀리 벗어나지 않는다는 상은 얻을 수 없다고 설하고 이·비·설·신·의처도 멀리 벗어나거나 멀리 벗어나지 않는다는 상은 얻을 수 없다고 설하며, 더불어 이 법에 의지하여 부지런히 선근을 수습하도록 권유하고, 성문·독각들에 회향하게 하지 않으며, 오직 일체지지만을 증득하게 하였다면, 선현이여. 이 사람이 보살마하살의 선한 벗이니라.

만약 보살마하살이 반야바라밀다를 수행하는 때에, 이러한 여러 선한 벗들에게 섭수되는 것이라면 이와 같은 매우 깊은 반야바라밀다를 설하는 것을 들었더라도 그 마음이 놀라지도 않고 공포스럽지도 않으니라.

다시 다음으로 선현이여. 제보살마하살의 착한 벗이라는 것은 이를테면, 만약 능히 얻을 수 없는 것으로써 방편으로 삼아서 색처는 항상하거나 무상하다는 상은 얻을 수 없다고 설하고 성·향·미·촉·법처도 항상하거나 무상하다는 상은 얻을 수 없다고 설하며, 색처는 즐겁거나 괴롭다는 상은 얻을 수 없다고 설하고 성·향·미·촉·법처도 즐겁거나 괴롭다는 상은 얻을 수 없다고 설하며, 색처는 나이거나 무아라는 상은 얻을 수 없다고 설하고 성·향·미·촉·법처도 나이거나 무아라는 상은 얻을 수 없다고 설하며, 색처는 청정하거나 부정하다는 상은 얻을 수 없다고 설하고 성·향·미·촉·법처도 청정하거나 부정하다는 상은 얻을 수 없다고 설하며, 색처는 공하거나 공하지 않다는 상은 얻을 수 없다고 설하고 성·향·미·촉·법처도 공하거나 공하지 않다는 상은 얻을 수 없다고 설하며, 색처는 무상이거나 유상이라는 상은 얻을 수 없다고 설하고 성·향·미·촉·법처도 무상이거나 유상이라는 상은 얻을 수 없다고 설하며, 색처는 무원이거나 유원이라는 상은 얻을 수 없다고 설하고 성·향·미·촉·법처도 무원이거나 유원이라는 상은 얻을 수 없다고 설하며, 색처는 적정하거나 적정하지 않다는 상은 얻을 수 없다고 설하고 성·향·미·촉·법처도 적정하거나 적정하지 않다는 상은 얻을 수 없다고 설하며, 색처는 멀리 벗어나거나 멀리 벗어나지 않는다는 상은 얻을 수 없다고 설하고 성·향·미·촉·법처도 멀리 벗어나거나 멀리 벗어나지 않는다는 상은 얻을 수 없다고 설하며, 더불어 이 법에 의지하여 부지런히 선근을 수습하도록 권유하고, 성문·독각들에 회향하게 하지 않으며, 오직 일체지지만을 증득하게 하였다면, 선현이여. 이 사람이 보살마하살의 선한 벗이니라.

만약 보살마하살이 반야바라밀다를 수행하는 때에, 이러한 여러 선한 벗들에게 섭수되는 것이라면 이와 같은 매우 깊은 반야바라밀다를 설하는 것을 들었더라도 그 마음이 놀라지도 않고 공포스럽지도 않으니라.

다시 다음으로 선현이여. 제보살마하살의 착한 벗이라는 것은 이를테면, 만약 능히 얻을 수 없는 것으로써 방편으로 삼아서 안계는 항상하거나 무상하다는 상은 얻을 수 없다고 설하고 색계·안식계, …… 나아가 …… 안촉·안촉을 인연으로 생겨난 여러 수도 항상하거나 무상하다는 상은 얻을 수 없다고 설하며, 안계는 즐겁거나 괴롭다는 상은 얻을 수 없다고 설하고 색계·안식계, 나아가 안촉·안촉을 인연으로 생겨난 여러 수도 즐겁거나 괴롭다는 상은 얻을 수 없다고 설하며, 안계는 나이거나 무아라는 상은 얻을 수 없다고 설하고 색계·안식계, 나아가 안촉·안촉을 인연으로 생겨난 여러 수도 나이거나 무아라는 상은 얻을 수 없다고 설하며, 안계는 청정하거나 부정하다는 상은 얻을 수 없다고 설하고 색계·안식계, 나아가 안촉·안촉을 인연으로 생겨난 여러 수도 청정하거나 부정하다는 상은 얻을 수 없다고 설하며, 안계는 공하거나 공하지 않다는 상은 얻을 수 없다고 설하고 색계·안식계, 나아가 안촉·안촉을 인연으로 생겨난 여러 수도 공하거나 공하지 않다는 상은 얻을 수 없다고 설하며, 안계는 무상이거나 유상이라는 상은 얻을 수 없다고 설하고 색계·안식계, 나아가 안촉·안촉을 인연으로 생겨난 여러 수도 무상이거나 유상이라는 상은 얻을 수 없다고 설하며, 안계는 무원이거나 유원이라는 상은 얻을 수 없다고 설하고 색계·안식계, 나아가 안촉·안촉을 인연으로 생겨난 여러 수도 무원이거나 유원이라는 상은 얻을 수 없다고 설하며, 안계는 적정하거나 적정하지 않다는 상은 얻을 수 없다고 설하고 색계·안식계, 나아가 안촉·안촉을 인연으로 생겨난 여러 수도 적정하거나 적정하지 않다는 상은 얻을 수 없다고 설하며, 안계는 멀리 벗어나거나 멀리 벗어나지 않는다는 상은 얻을 수 없다고 설하고 색계·안식계, 나아가 안촉·안촉을 인연으로 생겨난 여러 수도 멀리 벗어나거나 멀리 벗어나지 않는다는 상은 얻을 수 없다고 설하며, 더불어 이 법에 의지하여 부지런히 선근을 수습하도록 권유하고, 성문·독각들에 회향하게 하지 않으며, 오직 일체지지만을 증득하게 하였다면, 선현이여. 이 사람이 보살마하살의 선한 벗이니라.

만약 보살마하살이 반야바라밀다를 수행하는 때에, 이러한 여러 선한 벗들에게 섭수되는 것이라면 이와 같은 매우 깊은 반야바라밀다를 설하는 것을 들었더라도 그 마음이 놀라지도 않고 공포스럽지도 않으니라.

다시 다음으로 선현이여. 제보살마하살의 착한 벗이라는 것은 이를테면, 만약 능히 얻을 수 없는 것으로써 방편으로 삼아서 이계는 항상하거나 무상하다는 상은 얻을 수 없다고 설하고 성계·이식계, …… 나아가 …… 이촉·이촉을 인연으로 생겨난 여러 수도 항상하거나 무상하다는 상은 얻을 수 없다고 설하며, 이계는 즐겁거나 괴롭다는 상은 얻을 수 없다고 설하고 성계·이식계, 나아가 이촉·이촉을 인연으로 생겨난 여러 수도 즐겁거나 괴롭다는 상은 얻을 수 없다고 설하며, 이계는 나이거나 무아라는 상은 얻을 수 없다고 설하고 성계·이식계, 나아가 이촉·이촉을 인연으로 생겨난 여러 수도 나이거나 무아라는 상은 얻을 수 없다고 설하며, 이계는 청정하거나 부정하다는 상은 얻을 수 없다고 설하고 성계·이식계, 나아가 이촉·이촉을 인연으로 생겨난 여러 수도 청정하거나 부정하다는 상은 얻을 수 없다고 설하며, 이계는 공하거나 공하지 않다는 상은 얻을 수 없다고 설하고 성계·이식계, 나아가 이촉·이촉을 인연으로 생겨난 여러 수도 공하거나 공하지 않다는 상은 얻을 수 없다고 설하며, 이계는 무상이거나 유상이라는 상은 얻을 수 없다고 설하고 성계·이식계, 나아가 이촉·이촉을 인연으로 생겨난 여러 수도 무상이거나 유상이라는 상은 얻을 수 없다고 설하며, 이계는 무원이거나 유원이라는 상은 얻을 수 없다고 설하고 성계·이식계, 나아가 이촉·이촉을 인연으로 생겨난 여러 수도 무원이거나 유원이라는 상은 얻을 수 없다고 설하며, 이계는 적정하거나 적정하지 않다는 상은 얻을 수 없다고 설하고 성계·이식계, 나아가 이촉·이촉을 인연으로 생겨난 여러 수도 적정하거나 적정하지 않다는 상은 얻을 수 없다고 설하며, 이계는 멀리 벗어나거나 멀리 벗어나지 않는다는 상은 얻을 수 없다고 설하고 성계·이식계, 나아가 이촉·이촉을 인연으로 생겨난 여러 수도 멀리 벗어나거나 멀리 벗어나지 않는다는 상은 얻을 수 없다고 설하며, 더불어 이 법에 의지하여 부지런히 선근을 수습하도록 권유하고, 성문·독각들에 회향하게 하지 않으며, 오직 일체지지만을 증득하게 하였다면, 선현이여. 이 사람이 보살마하살의 선한 벗이니라.

만약 보살마하살이 반야바라밀다를 수행하는 때에, 이러한 여러 선한 벗들에게 섭수되는 것이라면 이와 같은 매우 깊은 반야바라밀다를 설하는 것을 들었더라도 그 마음이 놀라지도 않고 공포스럽지도 않으니라.

다시 다음으로 선현이여. 제보살마하살의 착한 벗이라는 것은 이를테면, 만약 능히 얻을 수 없는 것으로써 방편으로 삼아서 비계는 항상하거나 무상하다는 상은 얻을 수 없다고 설하고 향계·비식계, …… 나아가 …… 비촉·비촉을 인연으로 생겨난 여러 수도 항상하거나 무상하다는 상은 얻을 수 없다고 설하며, 비계는 즐겁거나 괴롭다는 상은 얻을 수 없다고 설하고 향계·비식계, 나아가 비촉·비촉을 인연으로 생겨난 여러 수도 즐겁거나 괴롭다는 상은 얻을 수 없다고 설하며, 비계는 나이거나 무아라는 상은 얻을 수 없다고 설하고 향계·비식계, 나아가 비촉·비촉을 인연으로 생겨난 여러 수도 나이거나 무아라는 상은 얻을 수 없다고 설하며, 비계는 청정하거나 부정하다는 상은 얻을 수 없다고 설하고 향계·비식계, 나아가 비촉·비촉을 인연으로 생겨난 여러 수도 청정하거나 부정하다는 상은 얻을 수 없다고 설하며, 비계는 공하거나 공하지 않다는 상은 얻을 수 없다고 설하고 향계·비식계, 나아가 비촉·비촉을 인연으로 생겨난 여러 수도 공하거나 공하지 않다는 상은 얻을 수 없다고 설하며, 비계는 무상이거나 유상이라는 상은 얻을 수 없다고 설하고 향계·비식계, 나아가

비촉·비촉을 인연으로 생겨난 여러 수도 무상이거나 유상이라는 상은
얻을 수 없다고 설하며, 비계는 무원이거나 유원이라는 상은 얻을 수
없다고 설하고 향계·비식계, 나아가 비촉·비촉을 인연으로 생겨난 여러
수도 무원이거나 유원이라는 상은 얻을 수 없다고 설하며, 비계는 적정하
거나 적정하지 않다는 상은 얻을 수 없다고 설하고 향계·비식계, 나아가
비촉·비촉을 인연으로 생겨난 여러 수도 적정하거나 적정하지 않다는
상은 얻을 수 없다고 설하며, 비계는 멀리 벗어나거나 멀리 벗어나지
않는다는 상은 얻을 수 없다고 설하고 향계·비식계, 나아가 비촉·비촉을
인연으로 생겨난 여러 수도 멀리 벗어나거나 멀리 벗어나지 않는다는
상은 얻을 수 없다고 설하며, 더불어 이 법에 의지하여 부지런히 선근을
수습하도록 권유하고, 성문·독각들에 회향하게 하지 않으며, 오직 일체지
지만을 증득하게 하였다면, 선현이여. 이 사람이 보살마하살의 선한
벗이니라.

만약 보살마하살이 반야바라밀다를 수행하는 때에, 이러한 여러 선한
벗들에게 섭수되는 것이라면 이와 같은 매우 깊은 반야바라밀다를 설하는
것을 들었더라도 그 마음이 놀라지도 않고 공포스럽지도 않으니라.

다시 다음으로 선현이여. 제보살마하살의 착한 벗이라는 것은 이를테
면, 만약 능히 얻을 수 없는 것으로써 방편으로 삼아서 설계는 항상하거나
무상하다는 상은 얻을 수 없다고 설하고 미계·설식계, …… 나아가 ……
설촉·설촉을 인연으로 생겨난 여러 수도 항상하거나 무상하다는 상은
얻을 수 없다고 설하며, 설계는 즐겁거나 괴롭다는 상은 얻을 수 없다고
설하고 미계·설식계, 나아가 설촉·설촉을 인연으로 생겨난 여러 수도
즐겁거나 괴롭다는 상은 얻을 수 없다고 설하며, 설계는 나이거나 무아라
는 상은 얻을 수 없다고 설하고 미계·설식계, 나아가 설촉·설촉을 인연으
로 생겨난 여러 수도 나이거나 무아라는 상은 얻을 수 없다고 설하며,
설계는 청정하거나 부정하다는 상은 얻을 수 없다고 설하고 미계·설식계,
나아가 설촉·설촉을 인연으로 생겨난 여러 수도 청정하거나 부정하다는
상은 얻을 수 없다고 설하며, 설계는 공하거나 공하지 않다는 상은 얻을

수 없다고 설하고 미계·설식계, 나아가 설촉·설촉을 인연으로 생겨난 여러 수도 공하거나 공하지 않다는 상은 얻을 수 없다고 설하며, 설계는 무상이거나 유상이라는 상은 얻을 수 없다고 설하고 미계·설식계, 나아가 설촉·설촉을 인연으로 생겨난 여러 수도 무상이거나 유상이라는 상은 얻을 수 없다고 설하며, 설계는 무원이거나 유원이라는 상은 얻을 수 없다고 설하고 미계·설식계, 나아가 설촉·설촉을 인연으로 생겨난 여러 수도 무원이거나 유원이라는 상은 얻을 수 없다고 설하며, 설계는 적정하거나 적정하지 않다는 상은 얻을 수 없다고 설하고 미계·설식계, 나아가 설촉·설촉을 인연으로 생겨난 여러 수도 적정하거나 적정하지 않다는 상은 얻을 수 없다고 설하며, 설계는 멀리 벗어나거나 멀리 벗어나지 않는다는 상은 얻을 수 없다고 설하고 미계·설식계, 나아가 설촉·설촉을 인연으로 생겨난 여러 수도 멀리 벗어나거나 멀리 벗어나지 않는다는 상은 얻을 수 없다고 설하며, 더불어 이 법에 의지하여 부지런히 선근을 수습하도록 권유하고, 성문·독각들에게 회향하게 하지 않으며, 오직 일체지지만을 증득하게 하였다면, 선현이여. 이 사람이 보살마하살의 선한 벗이니라. 만약 보살마하살이 반야바라밀다를 수행하는 때에, 이러한 여러 선한 벗들에게 섭수되는 것이라면 이와 같은 매우 깊은 반야바라밀다를 설하는 것을 들었더라도 그 마음이 놀라지도 않고 공포스럽지도 않으니라.

다시 다음으로 선현이여. 제보살마하살의 착한 벗이라는 것은 이를테면, 만약 능히 얻을 수 없는 것으로써 방편으로 삼아서 신계는 항상하거나 무상하다는 상은 얻을 수 없다고 설하고 촉계·신식계, …… 나아가 …… 신촉·신촉을 인연으로 생겨난 여러 수도 항상하거나 무상하다는 상은 얻을 수 없다고 설하며, 신계는 즐겁거나 괴롭다는 상은 얻을 수 없다고 설하고 촉계·신식계, 나아가 신촉·신촉을 인연으로 생겨난 여러 수도 즐겁거나 괴롭다는 상은 얻을 수 없다고 설하며, 신계는 나이거나 무아라는 상은 얻을 수 없다고 설하고 촉계·신식계, 나아가 신촉·신촉을 인연으로 생겨난 여러 수도 나이거나 무아라는 상은 얻을 수 없다고 설하며, 신계는 청정하거나 부정하다는 상은 얻을 수 없다고 설하고 촉계·신식계,

나아가 신촉·신촉을 인연으로 생겨난 여러 수도 청정하거나 부정하다는
상은 얻을 수 없다고 설하며, 신계는 공하거나 공하지 않다는 상은 얻을
수 없다고 설하고 촉계·신식계, 나아가 신촉·신촉을 인연으로 생겨난
여러 수도 공하거나 공하지 않다는 상은 얻을 수 없다고 설하며, 신계는
무상이거나 유상이라는 상은 얻을 수 없다고 설하고 촉계·신식계, 나아가
신촉·신촉을 인연으로 생겨난 여러 수도 무상이거나 유상이라는 상은
얻을 수 없다고 설하며, 신계는 무원이거나 유원이라는 상은 얻을 수
없다고 설하고 촉계·신식계, 나아가 신촉·신촉을 인연으로 생겨난 여러
수도 무원이거나 유원이라는 상은 얻을 수 없다고 설하며, 신계는 적정하
거나 적정하지 않다는 상은 얻을 수 없다고 설하고 촉계·신식계, 나아가
신촉·신촉을 인연으로 생겨난 여러 수도 적정하거나 적정하지 않다는
상은 얻을 수 없다고 설하며, 신계는 멀리 벗어나거나 멀리 벗어나지
않는다는 상은 얻을 수 없다고 설하고 촉계·신식계, 나아가 신촉·신촉을
인연으로 생겨난 여러 수도 멀리 벗어나거나 멀리 벗어나지 않는다는 상은
얻을 수 없다고 설하며, 더불어 이 법에 의지하여 부지런히 선근을 수습하도록
권유하고, 성문·독각들에 회향하게 하지 않으며, 오직 일체지지만을 증득하
게 하였다면, 선현이여. 이 사람이 보살마하살의 선한 벗이니라. 만약
보살마하살이 반야바라밀다를 수행하는 때에, 이러한 여러 선한 벗들에게
섭수되는 것이라면 이와 같은 매우 깊은 반야바라밀다를 설하는 것을
들었더라도 그 마음이 놀라지도 않고 공포스럽지도 않으니라.

　다시 다음으로 선현이여. 제보살마하살의 착한 벗이라는 것은 이를테
면, 만약 능히 얻을 수 없는 것으로써 방편으로 삼아서 의계는 항상하거나
무상하다는 상은 얻을 수 없다고 설하고 법계·의식계, …… 나아가 ……
의촉·의촉을 인연으로 생겨난 여러 수도 항상하거나 무상하다는 상은
얻을 수 없다고 설하며, 의계는 즐겁거나 괴롭다는 상은 얻을 수 없다고
설하고 법계·의식계, 나아가 의촉·의촉을 인연으로 생겨난 여러 수도
즐겁거나 괴롭다는 상은 얻을 수 없다고 설하며, 의계는 나이거나 무아라
는 상은 얻을 수 없다고 설하고 법계·의식계, 나아가 의촉·의촉을 인연으

로 생겨난 여러 수도 나이거나 무아라는 상은 얻을 수 없다고 설하며, 의계는 청정하거나 부정하다는 상은 얻을 수 없다고 설하고 법계·의식계, 나아가 의촉·의촉을 인연으로 생겨난 여러 수도 청정하거나 부정하다는 상은 얻을 수 없다고 설하며, 의계는 공하거나 공하지 않다는 상은 얻을 수 없다고 설하고 법계·의식계, 나아가 의촉·의촉을 인연으로 생겨난 여러 수도 공하거나 공하지 않다는 상은 얻을 수 없다고 설하며, 의계는 무상이거나 유상이라는 상은 얻을 수 없다고 설하고 법계·의식계, 나아가 의촉·의촉을 인연으로 생겨난 여러 수도 무상이거나 유상이라는 상은 얻을 수 없다고 설하며, 의계는 무원이거나 유원이라는 상은 얻을 수 없다고 설하고 법계·의식계, 나아가 의촉·의촉을 인연으로 생겨난 여러 수도 무원이거나 유원이라는 상은 얻을 수 없다고 설하며, 의계는 적정하거나 적정하지 않다는 상은 얻을 수 없다고 설하고 법계·의식계, 나아가 의촉·의촉을 인연으로 생겨난 여러 수도 적정하거나 적정하지 않다는 상은 얻을 수 없다고 설하며, 의계는 멀리 벗어나거나 멀리 벗어나지 않는다는 상은 얻을 수 없다고 설하고 법계·의식계, 나아가 의촉·의촉을 인연으로 생겨난 여러 수도 멀리 벗어나거나 멀리 벗어나지 않는다는 상은 얻을 수 없다고 설하며, 더불어 이 법에 의지하여 부지런히 선근을 수습하도록 권유하고, 성문·독각들에 회향하게 하지 않으며, 오직 일체지지만을 증득하게 하였다면, 선현이여. 이 사람이 보살마하살의 선한 벗이니라.

만약 보살마하살이 반야바라밀다를 수행하는 때에, 이러한 여러 선한 벗들에게 섭수되는 것이라면 이와 같은 매우 깊은 반야바라밀다를 설하는 것을 들었더라도 그 마음이 놀라지도 않고 공포스럽지도 않으니라.

다시 다음으로 선현이여. 제보살마하살의 착한 벗이라는 것은 이를테면, 만약 능히 얻을 수 없는 것으로써 방편으로 삼아서 지계는 항상하거나 무상하다는 상은 얻을 수 없다고 설하고 수·화·풍·공·식계도 항상하거나 무상하다는 상은 얻을 수 없다고 설하며, 지계는 즐겁거나 괴롭다는 상은 얻을 수 없다고 설하고 수·화·풍·공·식계도 즐겁거나 괴롭다는

상은 얻을 수 없다고 설하며, 지계는 나이거나 무아라는 상은 얻을 수
없다고 설하고 수·화·풍·공·식계도 나이거나 무아라는 상은 얻을 수
없다고 설하며, 지계는 청정하거나 부정하다는 상은 얻을 수 없다고
설하고 수·화·풍·공·식계도 청정하거나 부정하다는 상은 얻을 수 없다고
설하며, 지계는 공하거나 공하지 않다는 상은 얻을 수 없다고 설하고
수·화·풍·공·식계도 공하거나 공하지 않다는 상은 얻을 수 없다고 설하며,
지계는 무상이거나 유상이라는 상은 얻을 수 없다고 설하고 수·화·풍·공·
식계도 무상이거나 유상이라는 상은 얻을 수 없다고 설하며, 지계는
무원이거나 유원이라는 상은 얻을 수 없다고 설하고 수·화·풍·공·식계도
무원이거나 유원이라는 상은 얻을 수 없다고 설하며, 지계는 적정하거나
적정하지 않다는 상은 얻을 수 없다고 설하고 수·화·풍·공·식계도 적정하
거나 적정하지 않다는 상은 얻을 수 없다고 설하며, 지계는 멀리 벗어나거
나 멀리 벗어나지 않는다는 상은 얻을 수 없다고 설하고 수·화·풍·공·식계
도 멀리 벗어나거나 멀리 벗어나지 않는다는 상은 얻을 수 없다고 설하며,
더불어 이 법에 의지하여 부지런히 선근을 수습하도록 권유하고, 성문·독
각들에 회향하게 하지 않으며, 오직 일체지지만을 증득하게 하였다면,
선현이여. 이 사람이 보살마하살의 선한 벗이니라.
  만약 보살마하살이 반야바라밀다를 수행하는 때에, 이러한 여러 선한
벗들에게 섭수되는 것이라면 이와 같은 매우 깊은 반야바라밀다를 설하는
것을 들었더라도 그 마음이 놀라지도 않고 공포스럽지도 않으니라.
  다시 다음으로 선현이여. 제보살마하살의 착한 벗이라는 것은 이를테
면, 만약 능히 얻을 수 없는 것으로써 방편으로 삼아서 고성제는 항상하거
나 무상하다는 상은 얻을 수 없다고 설하고 집·멸·도성제도 항상하거나
무상하다는 상은 얻을 수 없다고 설하며, 고성제는 즐겁거나 괴롭다는
상은 얻을 수 없다고 설하고 집·멸·도성제도 즐겁거나 괴롭다는 상은
얻을 수 없다고 설하며, 고성제는 나이거나 무아라는 상은 얻을 수 없다고
설하고 집·멸·도성제도 나이거나 무아라는 상은 얻을 수 없다고 설하며,
고성제는 청정하거나 부정하다는 상은 얻을 수 없다고 설하고 집·멸·도성

제도 청정하거나 부정하다는 상은 얻을 수 없다고 설하며, 고성제는 공하거나 공하지 않다는 상은 얻을 수 없다고 설하고 집·멸·도성제도 공하거나 공하지 않다는 상은 얻을 수 없다고 설하며, 고성제는 무상이거나 유상이라는 상은 얻을 수 없다고 설하고 집·멸·도성제도 무상이거나 유상이라는 상은 얻을 수 없다고 설하며, 고성제는 무원이거나 유원이라는 상은 얻을 수 없다고 설하고 집·멸·도성제도 무원이거나 유원이라는 상은 얻을 수 없다고 설하며, 고성제는 적정하거나 적정하지 않다는 상은 얻을 수 없다고 설하고 집·멸·도성제도 적정하거나 적정하지 않다는 상은 얻을 수 없다고 설하며, 고성제는 멀리 벗어나거나 멀리 벗어나지 않는다는 상은 얻을 수 없다고 설하고 집·멸·도성제도 멀리 벗어나거나 멀리 벗어나지 않는다는 상은 얻을 수 없다고 설하며, 더불어 이 법에 의지하여 부지런히 선근을 수습하도록 권유하고, 성문·독각들에 회향하게 하지 않으며, 오직 일체지지만을 증득하게 하였다면, 선현이여. 이 사람이 보살마하살의 선한 벗이니라.

만약 보살마하살이 반야바라밀다를 수행하는 때에, 이러한 여러 선한 벗들에게 섭수되는 것이라면 이와 같은 매우 깊은 반야바라밀다를 설하는 것을 들었더라도 그 마음이 놀라지도 않고 공포스럽지도 않으니라.

다시 다음으로 선현이여. 제보살마하살의 착한 벗이라는 것은 이를테면, 만약 능히 얻을 수 없는 것으로써 방편으로 삼아서 무명은 항상하거나 무상하다는 상은 얻을 수 없다고 설하고 행·식·명색·육처·촉·수·애·취·유·생·노사의 수탄고우뇌도 항상하거나 무상하다는 상은 얻을 수 없다고 설하며, 무명은 즐겁거나 괴롭다는 상은 얻을 수 없다고 설하고 행, 나아가 노사의 수탄고우뇌도 즐겁거나 괴롭다는 상은 얻을 수 없다고 설하며, 무명은 나이거나 무아라는 상은 얻을 수 없다고 설하고 행, 나아가 노사의 수탄고우뇌도 나이거나 무아라는 상은 얻을 수 없다고 설하며, 무명은 청정하거나 부정하다는 상은 얻을 수 없다고 설하고 행, 나아가 노사의 수탄고우뇌도 청정하거나 부정하다는 상은 얻을 수 없다고 설하며, 무명은 공하거나 공하지 않다는 상은 얻을 수 없다고 설하고 행, 나아가 노사의 수탄고우뇌도 공하거나 공하지 않다는 상은 얻을 수 없다고 설하며, 무명은 무상이거나 유상이라는 상은 얻을 수 없다고 설하고 행, 나아가 노사의 수탄고우뇌도 무상이거나 유상이라는 상은 얻을 수 없다고 설하며, 무명은 무원이거나 유원이라는 상은 얻을 수 없다고 설하고 행, 나아가 노사의 수탄고우뇌도 무원이거나 유원이라는 상은 얻을 수 없다고 설하며, 무명은 적정하거나 적정하지 않다는 상은 얻을 수 없다고 설하고 행, 나아가 노사의 수탄고우뇌도 적정하거나 적정하지 않다는 상은 얻을 수 없다고 설하며, 무명은 멀리 벗어나거나 멀리 벗어나지 않는다는 상은 얻을 수 없다고 설하고 행, 나아가 노사의 수탄고우뇌도 멀리 벗어나거나 멀리 벗어나지 않는다는 상은 얻을 수 없다고 설하며, 더불어 이 법에 의지하여 부지런히 선근을 수습하도록 권유하고, 성문·독각들에 회향하게 하지 않으며, 오직 일체지지만을 증득하게 하였다면, 선현이여. 이 사람이 보살마하살의 선한 벗이니라.

만약 보살마하살이 반야바라밀다를 수행하는 때에, 이러한 여러 선한 벗들에게 섭수되는 것이라면 이와 같은 매우 깊은 반야바라밀다를 설하는 것을 들었더라도 그 마음이 놀라지도 않고 공포스럽지도 않으니라."

마하반야바라밀다경 제44권

11. 비유품(譬喩品)(3)

"다시 다음으로 선현이여. 제보살마하살의 착한 벗이라는 것은 이를테면, 만약 능히 얻을 수 없는 것으로써 방편으로 삼아서 4정려는 항상하거나 무상하다는 상은 얻을 수 없다고 설하고 4무량·4무색정도 항상하거나 무상하다는 상은 얻을 수 없다고 설하며, 4정려는 즐겁거나 괴롭다는 상은 얻을 수 없다고 설하고 4무량·4무색정도 즐겁거나 괴롭다는 상은 얻을 수 없다고 설하며, 4정려는 나이거나 무아라는 상은 얻을 수 없다고 설하고 4무량·4무색정도 나이거나 무아라는 상은 얻을 수 없다고 설하며, 4정려는 청정하거나 부정하다는 상은 얻을 수 없다고 설하고 4무량·4무색정도 청정하거나 부정하다는 상은 얻을 수 없다고 설하며, 4정려는 공하거나 공하지 않다는 상은 얻을 수 없다고 설하고 4무량·4무색정도 공하거나 공하지 않다는 상은 얻을 수 없다고 설하며, 4정려는 무상이거나 유상이라는 상은 얻을 수 없다고 설하고 4무량·4무색정도 무상이거나 유상이라는 상은 얻을 수 없다고 설하며, 4정려는 무원이거나 유원이라는 상은 얻을 수 없다고 설하고 4무량·4무색정도 무원이거나 유원이라는 상은 얻을 수 없다고 설하며, 4정려는 적정하거나 적정하지 않다는 상은 얻을 수 없다고 설하고 4무량·4무색정도 적정하거나 적정하지 않다는 상은 얻을 수 없다고 설하며, 4정려는 멀리 벗어나거나 멀리 벗어나지 않는다는 상은 얻을 수 없다고 설하고 4무량·4무색정도 멀리 벗어나거나 멀리 벗어나지 않는다는 상은 얻을 수 없다고 설하며, 더불어 이 법에 의지하여

부지런히 선근을 수습하도록 권유하고, 성문·독각들에 회향하게 하지
않으며, 오직 일체지지만을 증득하게 하였다면, 선현이여. 이 사람이
보살마하살의 선한 벗이니라.

만약 보살마하살이 반야바라밀다를 수행하는 때에, 이러한 여러 선한
벗들에게 섭수되는 것이라면 이와 같은 매우 깊은 반야바라밀다를 설하는
것을 들었더라도 그 마음이 놀라지도 않고 공포스럽지도 않으니라.

다시 다음으로 선현이여. 제보살마하살의 착한 벗이라는 것은 이를테
면, 만약 능히 얻을 수 없는 것으로써 방편으로 삼아서 4념주는 항상하거나
무상하다는 상은 얻을 수 없다고 설하고 4정단·4신족·5근·5력·7등각지·8
성도지도 항상하거나 무상하다는 상은 얻을 수 없다고 설하며, 4념주는
즐겁거나 괴롭다는 상은 얻을 수 없다고 설하고 4정단, 나아가 8성도지도
즐겁거나 괴롭다는 상은 얻을 수 없다고 설하며, 4정려는 나이거나 무아라
는 상은 얻을 수 없다고 설하고 4정단, 나아가 8성도지도 나이거나 무아라
는 상은 얻을 수 없다고 설하며, 4념주는 청정하거나 부정하다는 상은
얻을 수 없다고 설하고 4정단, 나아가 8성도지도 청정하거나 부정하다는
상은 얻을 수 없다고 설하며, 4념주는 공하거나 공하지 않다는 상은
얻을 수 없다고 설하고 4정단, 나아가 8성도지도 공하거나 공하지 않다는
상은 얻을 수 없다고 설하며, 4념주는 무상이거나 유상이라는 상은 얻을
수 없다고 설하고 4정단, 나아가 8성도지도 무상이거나 유상이라는 상은
얻을 수 없다고 설하며, 4정려는 무원이거나 유원이라는 상은 얻을 수
없다고 설하고 4정단, 나아가 8성도지도 무원이거나 유원이라는 상은
얻을 수 없다고 설하며, 4념주는 적정하거나 적정하지 않다는 상은 얻을
수 없다고 설하고 4정단, 나아가 8성도지도 적정하거나 적정하지 않다는
상은 얻을 수 없다고 설하며, 4념주는 멀리 벗어나거나 멀리 벗어나지
않는다는 상은 얻을 수 없다고 설하고 4정단, 나아가 8성도지도 멀리
벗어나거나 멀리 벗어나지 않는다는 상은 얻을 수 없다고 설하며, 더불어
이 법에 의지하여 부지런히 선근을 수습하도록 권유하고, 성문·독각들에
회향하게 하지 않으며, 오직 일체지지만을 증득하게 하였다면, 선현이여.

이 사람이 보살마하살의 선한 벗이니라.

만약 보살마하살이 반야바라밀다를 수행하는 때에, 이러한 여러 선한 벗들에게 섭수되는 것이라면 이와 같은 매우 깊은 반야바라밀다를 설하는 것을 들었더라도 그 마음이 놀라지도 않고 공포스럽지도 않으니라.

다시 다음으로 선현이여. 제보살마하살의 착한 벗이라는 것은 이를테면, 만약 능히 얻을 수 없는 것으로써 방편으로 삼아서 공해탈문은 항상하거나 무상하다는 상은 얻을 수 없다고 설하고 무상·무원해탈문도 항상하거나 무상하다는 상은 얻을 수 없다고 설하며, 공해탈문은 즐겁거나 괴롭다는 상은 얻을 수 없다고 설하고 무상·무원해탈문도 즐겁거나 괴롭다는 상은 얻을 수 없다고 설하며, 공해탈문은 나이거나 무아라는 상은 얻을 수 없다고 설하고 무상·무원해탈문도 나이거나 무아라는 상은 얻을 수 없다고 설하며, 공해탈문은 청정하거나 부정하다는 상은 얻을 수 없다고 설하고 무상·무원해탈문도 청정하거나 부정하다는 상은 얻을 수 없다고 설하며, 공해탈문은 공하거나 공하지 않다는 상은 얻을 수 없다고 설하고 무상·무원해탈문도 공하거나 공하지 않다는 상은 얻을 수 없다고 설하며, 공해탈문은 무상이거나 유상이라는 상은 얻을 수 없다고 설하고 무상·무원해탈문도 무상이거나 유상이라는 상은 얻을 수 없다고 설하며, 공해탈문은 무원이거나 유원이라는 상은 얻을 수 없다고 설하고 무상·무원해탈문도 무원이거나 유원이라는 상은 얻을 수 없다고 설하며, 공해탈문은 적정하거나 적정하지 않다는 상은 얻을 수 없다고 설하고 무상·무원해탈문도 적정하거나 적정하지 않다는 상은 얻을 수 없다고 설하며, 공해탈문은 멀리 벗어나거나 멀리 벗어나지 않는다는 상은 얻을 수 없다고 설하고 무상·무원해탈문도 멀리 벗어나거나 멀리 벗어나지 않는다는 상은 얻을 수 없다고 설하며, 더불어 이 법에 의지하여 부지런히 선근을 수습하도록 권유하고, 성문·독각들에 회향하게 하지 않으며, 오직 일체지지만을 증득하게 하였다면, 선현이여. 이 사람이 보살마하살의 선한 벗이니라.

만약 보살마하살이 반야바라밀다를 수행하는 때에, 이러한 여러 선한 벗들에게 섭수되는 것이라면 이와 같은 매우 깊은 반야바라밀다를 설하는 것을 들었더라도 그 마음이 놀라지도 않고 공포스럽지도 않으니라.

다시 다음으로 선현이여. 제보살마하살의 착한 벗이라는 것은 이를테면, 만약 능히 얻을 수 없는 것으로써 방편으로 삼아서 보시바라밀다는 항상하거나 무상하다는 상은 얻을 수 없다고 설하고 정계·안인·정진·정려·반야바라밀다도 항상하거나 무상하다는 상은 얻을 수 없다고 설하며, 보시바라밀다는 즐겁거나 괴롭다는 상은 얻을 수 없다고 설하고 정계·안인·정진·정려·반야바라밀다도 즐겁거나 괴롭다는 상은 얻을 수 없다고 설하며, 보시바라밀다는 나이거나 무아라는 상은 얻을 수 없다고 설하고 정계·안인·정진·정려·반야바라밀다도 나이거나 무아라는 상은 얻을 수 없다고 설하며, 보시바라밀다는 청정하거나 부정하다는 상은 얻을 수 없다고 설하고 정계·안인·정진·정려·반야바라밀다도 청정하거나 부정하다는 상은 얻을 수 없다고 설하며, 보시바라밀다는 공하거나 공하지 않다는 상은 얻을 수 없다고 설하고 정계·안인·정진·정려·반야바라밀다도 공하거나 공하지 않다는 상은 얻을 수 없다고 설하며, 보시바라밀다는 무상이거나 유상이라는 상은 얻을 수 없다고 설하고 정계·안인·정진·정려·반야바라밀다도 무상이거나 유상이라는 상은 얻을 수 없다고 설하며, 보시바라밀다는 무원이거나 유원이라는 상은 얻을 수 없다고 설하고 정계·안인·정진·정려·반야바라밀다도 무원이거나 유원이라는 상은 얻을 수 없다고 설하며, 보시바라밀다는 적정하거나 적정하지 않다는 상은 얻을 수 없다고 설하고 정계·안인·정진·정려·반야바라밀다도 적정하거나 적정하지 않다는 상은 얻을 수 없다고 설하며, 보시바라밀다는 멀리 벗어나거나 멀리 벗어나지 않는다는 상은 얻을 수 없다고 설하고 정계·안인·정진·정려·반야바라밀다도 멀리 벗어나거나 멀리 벗어나지 않는다는 상은 얻을 수 없다고 설하며, 더불어 이 법에 의지하여 부지런히 선근을 수습하도록 권유하고, 성문·독각들에 회향하게 하지 않으며, 오직 일체지지만을 증득하게 하였다면, 선현이여. 이 사람이 보살마하살의 선한 벗이니라.

만약 보살마하살이 반야바라밀다를 수행하는 때에, 이러한 여러 선한 벗들에게 섭수되는 것이라면 이와 같은 매우 깊은 반야바라밀다를 설하는 것을 들었더라도 그 마음이 놀라지도 않고 공포스럽지도 않으니라.

다시 다음으로 선현이여. 제보살마하살의 착한 벗이라는 것은 이를테면, 만약 능히 얻을 수 없는 것으로써 방편으로 삼아서 5안은 항상하거나 무상하다는 상은 얻을 수 없다고 설하고 6신통도 항상하거나 무상하다는 상은 얻을 수 없다고 설하며, 5안은 즐겁거나 괴롭다는 상은 얻을 수 없다고 설하고 6신통도 즐겁거나 괴롭다는 상은 얻을 수 없다고 설하며, 5안은 나이거나 무아라는 상은 얻을 수 없다고 설하고 6신통도 나이거나 무아라는 상은 얻을 수 없다고 설하며, 5안은 청정하거나 부정하다는 상은 얻을 수 없다고 설하고 6신통도 청정하거나 부정하다는 상은 얻을 수 없다고 설하며, 5안은 공하거나 공하지 않다는 상은 얻을 수 없다고 설하고 6신통도 공하거나 공하지 않다는 상은 얻을 수 없다고 설하며, 5안은 무상이거나 유상이라는 상은 얻을 수 없다고 설하고 6신통도 무상이거나 유상이라는 상은 얻을 수 없다고 설하며, 5안은 무원이거나 유원이라는 상은 얻을 수 없다고 설하고 6신통도 무원이거나 유원이라는 상은 얻을 수 없다고 설하며, 5안은 적정하거나 적정하지 않다는 상은 얻을 수 없다고 설하고 6신통도 적정하거나 적정하지 않다는 상은 얻을 수 없다고 설하며, 5안은 멀리 벗어나거나 멀리 벗어나지 않는다는 상은 얻을 수 없다고 설하고 6신통도 멀리 벗어나거나 멀리 벗어나지 않는다는 상은 얻을 수 없다고 설하며, 더불어 이 법에 의지하여 부지런히 선근을 수습하도록 권유하고, 성문·독각들에 회향하게 하지 않으며, 오직 일체지지만을 증득하게 하였다면, 선현이여. 이 사람이 보살마하살의 선한 벗이니라.

만약 보살마하살이 반야바라밀다를 수행하는 때에, 이러한 여러 선한 벗들에게 섭수되는 것이라면 이와 같은 매우 깊은 반야바라밀다를 설하는 것을 들었더라도 그 마음이 놀라지도 않고 공포스럽지도 않으니라.

다시 다음으로 선현이여. 제보살마하살의 착한 벗이라는 것은 이를테면, 만약 능히 얻을 수 없는 것으로써 방편으로 삼아서 여래의 10력은 항상하거나 무상하다는 상은 얻을 수 없다고 설하고 4무소외·4무애해·대자·대비·대희·대사·18불불공법·일체지·도상지·일체상지도 항상하거나 무상하다는 상은 얻을 수 없다고 설하며, 여래의 10력은 즐겁거나 괴롭다는 상은 얻을 수 없다고 설하고 4무소외, 나아가 일체상지도 즐겁거나 괴롭다는 상은 얻을 수 없다고 설하며, 여래의 10력은 나이거나 무아라는 상은 얻을 수 없다고 설하고 4무소외, 나아가 일체상지도 나이거나 무아라는 상은 얻을 수 없다고 설하며, 여래의 10력은 청정하거나 부정하다는 상은 얻을 수 없다고 설하고 4무소외, 나아가 일체상지도 청정하거나 부정하다는 상은 얻을 수 없다고 설하며, 여래의 10력은 공하거나 공하지 않다는 상은 얻을 수 없다고 설하고 4무소외, 나아가 일체상지도 공하거나 공하지 않다는 상은 얻을 수 없다고 설하며, 여래의 10력은 무상이거나 유상이라는 상은 얻을 수 없다고 설하고 4무소외, 나아가 일체상지도 무상이거나 유상이라는 상은 얻을 수 없다고 설하며, 여래의 10력은 무원이거나 유원이라는 상은 얻을 수 없다고 설하고 4무소외, 나아가 일체상지도 무원이거나 유원이라는 상은 얻을 수 없다고 설하며, 여래의 10력은 적정하거나 적정하지 않다는 상은 얻을 수 없다고 설하고 4무소외, 나아가 일체상지도 적정하거나 적정하지 않다는 상은 얻을 수 없다고 설하며, 여래의 10력은 멀리 벗어나거나 멀리 벗어나지 않는다는 상은 얻을 수 없다고 설하고 4무소외, 나아가 일체상지도 멀리 벗어나거나 멀리 벗어나지 않는다는 상은 얻을 수 없다고 설하며, 더불어 이 법에 의지하여 부지런히 선근을 수습하도록 권유하고, 성문·독각들에 회향하게 하지 않으며, 오직 일체지지만을 증득하게 하였다면, 선현이여. 이 사람이 보살마하살의 선한 벗이니라.

만약 보살마하살이 반야바라밀다를 수행하는 때에, 이러한 여러 선한 벗들에게 섭수되는 것이라면 이와 같은 매우 깊은 반야바라밀다를 설하는 것을 들었더라도 그 마음이 놀라지도 않고 공포스럽지도 않으니라.

다시 다음으로 선현이여. 제보살마하살의 착한 벗이라는 것은 이를테면, 만약 능히 얻을 수 없는 것으로써 방편으로 삼아서 비록 4정려의 법을 수습하더라도 얻을 수 없다고 설하고 4무량·4무색정의 법을 수습하더라도 얻을 수 없다고 설하였으나, 이 법에 의지하여 부지런히 선근을 수습하도록 권유하고, 성문·독각들에 회향하게 하지 않으며, 오직 일체지지만을 증득하게 하였다면, 선현이여. 이 사람이 보살마하살의 선한 벗이니라.

만약 보살마하살이 반야바라밀다를 수행하는 때에, 이러한 여러 선한 벗들에게 섭수되는 것이라면 이와 같은 매우 깊은 반야바라밀다를 설하는 것을 들었더라도 그 마음이 놀라지도 않고 공포스럽지도 않으니라.

다시 다음으로 선현이여. 제보살마하살의 착한 벗이라는 것은 이를테면, 만약 능히 얻을 수 없는 것으로써 방편으로 삼아서 비록 4념주의 법을 수습하더라도 얻을 수 없다고 설하고 4정단·4신족·5근·5력·7등각지·8성도지의 법을 수습하더라도 얻을 수 없다고 설하였으나, 이 법에 의지하여 부지런히 선근을 수습하도록 권유하고, 성문·독각들에게 회향하게 하지 않으며, 오직 일체지지만을 증득하게 하였다면, 선현이여. 이 사람이 보살마하살의 선한 벗이니라.

만약 보살마하살이 반야바라밀다를 수행하는 때에, 이러한 여러 선한 벗들에게 섭수되는 것이라면 이와 같은 매우 깊은 반야바라밀다를 설하는 것을 들었더라도 그 마음이 놀라지도 않고 공포스럽지도 않으니라.

다시 다음으로 선현이여. 제보살마하살의 착한 벗이라는 것은 이를테면, 만약 능히 얻을 수 없는 것으로써 방편으로 삼아서 비록 공해탈문의 법을 수습하더라도 얻을 수 없다고 설하고 무상·무원해탈문의 법을 수습하더라도 얻을 수 없다고 설하였으나, 이 법에 의지하여 부지런히 선근을 수습하도록 권유하고, 성문·독각들에 회향하게 하지 않으며, 오직 일체지지만을 증득하게 하였다면, 선현이여. 이 사람이 보살마하살의 선한 벗이니라.

만약 보살마하살이 반야바라밀다를 수행하는 때에, 이러한 여러 선한 벗들에게 섭수되는 것이라면 이와 같은 매우 깊은 반야바라밀다를 설하는 것을 들었더라도 그 마음이 놀라지도 않고 공포스럽지도 않으니라.

다시 다음으로 선현이여. 제보살마하살의 착한 벗이라는 것은 이를테면, 만약 능히 얻을 수 없는 것으로써 방편으로 삼아서 비록 보시바라밀다의 법을 수습하더라도 얻을 수 없다고 설하고 정계·안인·정진·정려·반야바라밀다의 법을 수습하더라도 얻을 수 없다고 설하였으나, 이 법에 의지하여 부지런히 선근을 수습하도록 권유하고, 성문·독각들에 회향하게 하지 않으며, 오직 일체지지만을 증득하게 하였다면, 선현이여. 이 사람이 보살마하살의 선한 벗이니라.

만약 보살마하살이 반야바라밀다를 수행하는 때에, 이러한 여러 선한 벗들에게 섭수되는 것이라면 이와 같은 매우 깊은 반야바라밀다를 설하는 것을 들었더라도 그 마음이 놀라지도 않고 공포스럽지도 않으니라.

다시 다음으로 선현이여. 제보살마하살의 착한 벗이라는 것은 이를테면, 만약 능히 얻을 수 없는 것으로써 방편으로 삼아서 비록 5안의 법을 수습하더라도 얻을 수 없다고 설하고 6신통의 법을 수습하더라도 얻을 수 없다고 설하였으나, 이 법에 의지하여 부지런히 선근을 수습하도록 권유하고, 성문·독각들에 회향하게 하지 않으며, 오직 일체지지만을 증득하게 하였다면, 선현이여. 이 사람이 보살마하살의 선한 벗이니라.

만약 보살마하살이 반야바라밀다를 수행하는 때에, 이러한 여러 선한 벗들에게 섭수되는 것이라면 이와 같은 매우 깊은 반야바라밀다를 설하는 것을 들었더라도 그 마음이 놀라지도 않고 공포스럽지도 않으니라.

다시 다음으로 선현이여. 제보살마하살의 착한 벗이라는 것은 이를테면, 만약 능히 얻을 수 없는 것으로써 방편으로 삼아서 비록 여래의 10력의 법을 수습하더라도 얻을 수 없다고 설하고 4무소외·4무애해·대자·대비·대희·대사·18불불공법·일체지·도상지·일체상지의 법을 수습하더라도 얻을 수 없다고 설하였으나, 이 법에 의지하여 부지런히 선근을 수습하도록 권유하고, 성문·독각들에 회향하게 하지 않으며, 오직 일체지지만을 증득하게 하였다면, 선현이여. 이 사람이 보살마하살의 선한 벗이니라.

만약 보살마하살이 반야바라밀다를 수행하는 때에, 이러한 여러 선한 벗들에게 섭수되는 것이라면 이와 같은 매우 깊은 반야바라밀다를 설하는 것을 들었더라도 그 마음이 놀라지도 않고 공포스럽지도 않으니라."

그때 구수 선현이 세존께 아뢰어 말하였다.
"세존이시여, 어떤 것이 보살마하살이 반야바라밀다를 수행하는 때에, 방편선교가 없는 까닭으로 이와 같이 매우 깊은 반야바라밀다를 설하는 것을 듣는다면 그 마음에 놀람이 있고 공포가 있습니까?"
세존께서 선현에게 알리셨다.
"선현이여. 만약 보살마하살이 반야바라밀다를 수행하는 때에, 일체지지를 상응하는 마음을 벗어나서 반야바라밀다를 수행한다면, 반야바라밀다를 수행하면서 얻는 것이 있다고 믿는 것이 있으며, 얻을 수 있다는 것으로써 방편으로 삼는 까닭이고, 일체지지를 상응하는 마음을 벗어나서 정계·안인·정진·정려·반야바라밀다를 수행한다면, 반야바라밀다를 수행하면서 얻는 것이 있다고 믿는 것이 있으며, 얻을 수 있다는 것으로써 방편으로 삼는 까닭이니라. 보살마하살이 반야바라밀다를 수행할 때에, 방편선교가 없는 까닭으로 이와 같이 매우 깊은 반야바라밀다를 설하는 것을 듣는다면 그 마음에 놀람이 있고 공포가 있느니라.

만약 보살마하살이 반야바라밀다를 수행하는 때에, 일체지지를 상응하는 마음을 벗어나서 4정려를 수행한다면, 반야바라밀다를 수행하면서 얻는 것이 있다고 믿는 것이 있으므로, 얻을 수 있다는 것으로써 방편으로 삼는 까닭이고, 일체지지를 상응하는 마음을 벗어나서 4무량·4무색정을 수행한다면, 반야바라밀다를 수행하면서 얻는 것이 있다고 믿는 것이 있으므로, 얻을 수 있다는 것으로써 방편으로 삼는 까닭이니라. 선현이여. 이와 같은 보살마하살이 반야바라밀다를 수행할 때에, 방편선교가 없는 까닭으로 이와 같이 매우 깊은 반야바라밀다를 설하는 것을 듣는다면 그 마음에 놀람이 있고 공포가 있느니라.

만약 보살마하살이 반야바라밀다를 수행하는 때에, 일체지지를 상응하는 마음을 벗어나서 4념주를 수행한다면, 반야바라밀다를 수행하면서 얻는 것이 있다고 믿는 것이 있으므로, 얻을 수 있다는 것으로써 방편으로 삼는 까닭이고, 일체지지를 상응하는 마음을 벗어나서 4정단·4신족·5근·5력·7등각지·8성도지를 수행한다면, 반야바라밀다를 수행하면서 얻는 것이 있다고 믿는 것이 있으므로, 얻을 수 있다는 것으로써 방편으로 삼는 까닭이니라. 선현이여. 이와 같은 보살마하살이 반야바라밀다를 수행할 때에, 방편선교가 없는 까닭으로 이와 같이 매우 깊은 반야바라밀다를 설하는 것을 듣는다면 그 마음에 놀람이 있고 공포가 있느니라.

만약 보살마하살이 반야바라밀다를 수행하는 때에, 일체지지를 상응하는 마음을 벗어나서 공해탈문을 수행한다면, 반야바라밀다를 수행하면서 얻는 것이 있다고 믿는 것이 있으므로, 얻을 수 있다는 것으로써 방편으로 삼는 까닭이고, 일체지지를 상응하는 마음을 벗어나서 무상·무원해탈문을 수행한다면, 반야바라밀다를 수행하면서 얻는 것이 있다고 믿는 것이 있으므로, 얻을 수 있다는 것으로써 방편으로 삼는 까닭이니라. 선현이여. 이와 같은 보살마하살이 반야바라밀다를 수행할 때에, 방편선교가 없는 까닭으로 이와 같이 매우 깊은 반야바라밀다를 설하는 것을 듣는다면 그 마음에 놀람이 있고 공포가 있느니라.

만약 보살마하살이 반야바라밀다를 수행하는 때에, 일체지지를 상응하는 마음을 벗어나서 5안을 수행한다면, 반야바라밀다를 수행하면서 얻는 것이 있다고 믿는 것이 있으므로, 얻을 수 있다는 것으로써 방편으로 삼는 까닭이고, 일체지지를 상응하는 마음을 벗어나서 6신통을 수행한다면, 반야바라밀다를 수행하면서 얻는 것이 있다고 믿는 것이 있으므로, 얻을 수 있다는 것으로써 방편으로 삼는 까닭이니라. 선현이여. 이와 같은 보살마하살이 반야바라밀다를 수행할 때에, 방편선교가 없는 까닭으로 이와 같이 매우 깊은 반야바라밀다를 설하는 것을 듣는다면 그 마음에 놀람이 있고 공포가 있느니라.

만약 보살마하살이 반야바라밀다를 수행하는 때에, 일체지지를 상응하는 마음을 벗어나서 여래의 10력을 수행한다면, 반야바라밀다를 수행하면서 얻는 것이 있다고 믿는 것이 있으므로, 얻을 수 있다는 것으로써 방편으로 삼는 까닭이고, 일체지지를 상응하는 마음을 벗어나서 4무소외·4무애해·대자·대비·대희·대사·18불불공법·일체지·도상지·일체상지를 수행한다면, 반야바라밀다를 수행하면서 얻는 것이 있다고 믿는 것이 있으므로, 얻을 수 있다는 것으로써 방편으로 삼는 까닭이니라. 선현이여. 이와 같은 보살마하살이 반야바라밀다를 수행할 때에, 방편선교가 없는 까닭으로 이와 같이 매우 깊은 반야바라밀다를 설하는 것을 듣는다면 그 마음에 놀람이 있고 공포가 있느니라.

만약 보살마하살이 반야바라밀다를 수행하는 때에, 일체지지를 상응하는 마음을 벗어나서 색의 내공·외공·내외공·공공·대공·승의공·유위공·무위공·필경공·무제공·산공·무변이공·본성공·자상공·공상공·일체법공·불가득공·무성공·자성공·무성자성공을 관찰한다면, 색의 공을 관찰하면서 얻는 것이 있다고 믿는 것이 있으므로, 얻을 수 있다는 것으로써 방편으로 삼는 까닭이고, 일체지지를 상응하는 마음을 벗어나서 수·상·행·식의 내공, 나아가 무성자성공을 관찰한다면, 수·상·행·식의 공을 관찰하면서 얻는 것이 있다고 믿는 것이 있으므로, 얻을 수 있다는 것으로써 방편으로 삼는 까닭이니라. 선현이여. 이와 같은 보살마하살이 반야바라밀다를 수행하는 때에, 방편선교가 없는 까닭으로 이와 같이 매우 깊은 반야바라밀다를 설하는 것을 듣는다면 그 마음에 놀람이 있고 공포가 있느니라.

만약 보살마하살이 반야바라밀다를 수행하는 때에, 일체지지를 상응하는 마음을 벗어나서 안처의 내공, 나아가 무성자성공을 관찰한다면, 안처의 공을 관찰하면서 얻는 것이 있다고 믿는 것이 있으므로, 얻을 수 있다는 것으로써 방편으로 삼는 까닭이고, 일체지지를 상응하는 마음을 벗어나서 이·비·설·신·의처의 내공, 나아가 무성자성공을 관찰한다면, 이·비·설·신·의처의 공을 관찰하면서 얻는 것이 있다고 믿는 것이 있으므로, 얻을 수 있다는 것으로써 방편으로 삼는 까닭이니라. 선현이여. 이와 같은 보살마하살이 반야바라밀다를 수행하는 때에, 방편선교가 없는 까닭으로 이와 같이 매우 깊은 반야바라밀다를 설하는 것을 듣는다면 그 마음에 놀람이 있고 공포가 있느니라.

만약 보살마하살이 반야바라밀다를 수행하는 때에, 일체지지를 상응하는 마음을 벗어나서 안계의 내공, 나아가 무성자성공을 관찰한다면, 안계의 공을 관찰하면서 얻는 것이 있다고 믿는 것이 있으므로, 얻을 수 있다는 것으로써 방편으로 삼는 까닭이고, 일체지지를 상응하는 마음을 벗어나서 색계·안식계, …… 나아가 …… 안촉·안촉을 인연으로 생겨난 여러 수의 내공, 나아가 무성자성공을 관찰한다면, 색계, 나아가 안촉을 인연으로 생겨난 여러 수의 공을 관찰하면서 얻는 것이 있다고 믿는 것이 있으므로, 얻을 수 있다는 것으로써 방편으로 삼는 까닭이니라. 선현이여. 이와 같은 보살마하살이 반야바라밀다를 수행하는 때에, 방편선교가 없는 까닭으로 이와 같이 매우 깊은 반야바라밀다를 설하는 것을 듣는다면 그 마음에 놀람이 있고 공포가 있느니라.

만약 보살마하살이 반야바라밀다를 수행하는 때에, 일체지지를 상응하는 마음을 벗어나서 이계의 내공, 나아가 무성자성공을 관찰한다면, 이계의 공을 관찰하면서 얻는 것이 있다고 믿는 것이 있으므로, 얻을 수 있다는 것으로써 방편으로 삼는 까닭이고, 일체지지를 상응하는 마음을 벗어나서 성계·이식계, …… 나아가 …… 이촉·이촉을 인연으로 생겨난 여러 수의 내공, 나아가 무성자성공을 관찰한다면, 성계, 나아가 이촉을 인연으로 생겨난 여러 수의 공을 관찰하면서 얻는 것이 있다고 믿는 것이 있으므로, 얻을 수 있다는 것으로써 방편으로 삼는 까닭이니라. 선현이여. 이와 같은 보살마하살이 반야바라밀다를 수행하는 때에, 방편선교가 없는 까닭으로 이와 같이 매우 깊은 반야바라밀다를 설하는 것을 듣는다면 그 마음에 놀람이 있고 공포가 있느니라.

만약 보살마하살이 반야바라밀다를 수행하는 때에, 일체지지를 상응하는 마음을 벗어나서 비계의 내공, 나아가 무성자성공을 관찰한다면, 비계의 공을 관찰하면서 얻는 것이 있다고 믿는 것이 있으므로, 얻을 수 있다는 것으로써 방편으로 삼는 까닭이고, 일체지지를 상응하는 마음을

벗어나서 향계·비식계, …… 나아가 …… 비촉·비촉을 인연으로 생겨난
여러 수의 내공, 나아가 무성자성공을 관찰한다면, 향계, 나아가 비촉을
인연으로 생겨난 여러 수의 공을 관찰하면서 얻는 것이 있다고 믿는
것이 있으므로, 얻을 수 있다는 것으로써 방편으로 삼는 까닭이니라.
선현이여. 이와 같은 보살마하살이 반야바라밀다를 수행하는 때에, 방편
선교가 없는 까닭으로 이와 같이 매우 깊은 반야바라밀다를 설하는 것을
듣는다면 그 마음에 놀람이 있고 공포가 있느니라.

　만약 보살마하살이 반야바라밀다를 수행하는 때에, 일체지지를 상응하
는 마음을 벗어나서 설계의 내공, 나아가 무성자성공을 관찰한다면, 설계
의 공을 관찰하면서 얻는 것이 있다고 믿는 것이 있으므로, 얻을 수
있다는 것으로써 방편으로 삼는 까닭이고, 일체지지를 상응하는 마음을
벗어나서 미계·설식계, …… 나아가 …… 설촉·설촉을 인연으로 생겨난
여러 수의 내공, 나아가 무성자성공을 관찰한다면, 미계, 나아가 설촉을
인연으로 생겨난 여러 수의 공을 관찰하면서 얻는 것이 있다고 믿는
것이 있으므로, 얻을 수 있다는 것으로써 방편으로 삼는 까닭이니라.
선현이여. 이와 같은 보살마하살이 반야바라밀다를 수행하는 때에, 방편
선교가 없는 까닭으로 이와 같이 매우 깊은 반야바라밀다를 설하는 것을
듣는다면 그 마음에 놀람이 있고 공포가 있느니라.

　만약 보살마하살이 반야바라밀다를 수행하는 때에, 일체지지를 상응하
는 마음을 벗어나서 신계의 내공, 나아가 무성자성공을 관찰한다면, 신계
의 공을 관찰하면서 얻는 것이 있다고 믿는 것이 있으므로, 얻을 수
있다는 것으로써 방편으로 삼는 까닭이고, 일체지지를 상응하는 마음을
벗어나서 촉계·신식계, …… 나아가 …… 신촉·신촉을 인연으로 생겨난
여러 수의 내공, 나아가 무성자성공을 관찰한다면, 촉계, 나아가 신촉을
인연으로 생겨난 여러 수의 공을 관찰하면서 얻는 것이 있다고 믿는
것이 있으므로, 얻을 수 있다는 것으로써 방편으로 삼는 까닭이니라.
선현이여. 이와 같은 보살마하살이 반야바라밀다를 수행하는 때에, 방편
선교가 없는 까닭으로 이와 같이 매우 깊은 반야바라밀다를 설하는 것을

듣는다면 그 마음에 놀람이 있고 공포가 있느니라.

만약 보살마하살이 반야바라밀다를 수행하는 때에, 일체지지를 상응하는 마음을 벗어나서 의계의 내공, 나아가 무성자성공을 관찰한다면, 의계의 공을 관찰하면서 얻는 것이 있다고 믿는 것이 있으므로, 얻을 수 있다는 것으로써 방편으로 삼는 까닭이고, 일체지지를 상응하는 마음을 벗어나서 법계·의식계, …… 나아가 …… 의촉·의촉을 인연으로 생겨난 여러 수의 내공, 나아가 무성자성공을 관찰한다면, 법계, 나아가 의촉을 인연으로 생겨난 여러 수의 공을 관찰하면서 얻는 것이 있다고 믿는 것이 있으므로, 얻을 수 있다는 것으로써 방편으로 삼는 까닭이니라. 선현이여. 이와 같은 보살마하살이 반야바라밀다를 수행하는 때에, 방편선교가 없는 까닭으로 이와 같이 매우 깊은 반야바라밀다를 설하는 것을 듣는다면 그 마음에 놀람이 있고 공포가 있느니라.

만약 보살마하살이 반야바라밀다를 수행하는 때에, 일체지지를 상응하는 마음을 벗어나서 지계의 내공, 나아가 무성자성공을 관찰한다면, 지계의 공을 관찰하면서 얻는 것이 있다고 믿는 것이 있으므로, 얻을 수 있다는 것으로써 방편으로 삼는 까닭이고, 일체지지를 상응하는 마음을 벗어나서 수·화·풍·공·식계의 내공, 나아가 무성자성공을 관찰한다면, 수·화·풍·공·식계의 공을 관찰하면서 얻는 것이 있다고 믿는 것이 있으므로, 얻을 수 있다는 것으로써 방편으로 삼는 까닭이니라. 선현이여. 이와 같은 보살마하살이 반야바라밀다를 수행하는 때에, 방편선교가 없는 까닭으로 이와 같이 매우 깊은 반야바라밀다를 설하는 것을 듣는다면 그 마음에 놀람이 있고 공포가 있느니라.

만약 보살마하살이 반야바라밀다를 수행하는 때에, 일체지지를 상응하는 마음을 벗어나서 고성제의 내공, 나아가 무성자성공을 관찰한다면, 고성제의 공을 관찰하면서 얻는 것이 있다고 믿는 것이 있으므로, 얻을 수 있다는 것으로써 방편으로 삼는 까닭이고, 일체지지를 상응하는 마음을 벗어나서 집·멸·도성제의 내공, 나아가 무성자성공을 관찰한다면, 집·멸·도성제의 공을 관찰하면서 얻는 것이 있다고 믿는 것이 있으므로,

얻을 수 있다는 것으로써 방편으로 삼는 까닭이니라. 선현이여. 이와 같은 보살마하살이 반야바라밀다를 수행하는 때에, 방편선교가 없는 까닭으로 이와 같이 매우 깊은 반야바라밀다를 설하는 것을 듣는다면 그 마음에 놀람이 있고 공포가 있느니라.

만약 보살마하살이 반야바라밀다를 수행하는 때에, 일체지지를 상응하는 마음을 벗어나서 무명의 내공, 나아가 무성자성공을 관찰한다면, 무명의 공을 관찰하면서 얻는 것이 있다고 믿는 것이 있으므로, 얻을 수 있다는 것으로써 방편으로 삼는 까닭이고, 일체지지를 상응하는 마음을 벗어나서 행·식·명색·육처·촉·수·애·취·유·생·노사의 수탄고우뇌의 내공, 나아가 무성자성공을 관찰한다면, 행, 나아가 노사의 수탄고우뇌의 공을 관찰하면서 얻는 것이 있다고 믿는 것이 있으므로, 얻을 수 있다는 것으로써 방편으로 삼는 까닭이니라. 선현이여. 이와 같은 보살마하살이 반야바라밀다를 수행하는 때에, 방편선교가 없는 까닭으로 이와 같이 매우 깊은 반야바라밀다를 설하는 것을 듣는다면 그 마음에 놀람이 있고 공포가 있느니라.

만약 보살마하살이 반야바라밀다를 수행하는 때에, 일체지지를 상응하는 마음을 벗어나서 4정려의 내공, 나아가 무성자성공을 관찰한다면, 4정려의 공을 관찰하면서 얻는 것이 있다고 믿는 것이 있으므로, 얻을 수 있다는 것으로써 방편으로 삼는 까닭이고, 일체지지를 상응하는 마음을 벗어나서 4무량·4무색정의 내공, 나아가 무성자성공을 관찰한다면, 4무량·4무색정의 공을 관찰하면서 얻는 것이 있다고 믿는 것이 있으므로, 얻을 수 있다는 것으로써 방편으로 삼는 까닭이니라. 선현이여. 이와 같은 보살마하살이 반야바라밀다를 수행하는 때에, 방편선교가 없는 까닭으로 이와 같이 매우 깊은 반야바라밀다를 설하는 것을 듣는다면 그 마음에 놀람이 있고 공포가 있느니라.

만약 보살마하살이 반야바라밀다를 수행하는 때에, 일체지지를 상응하는 마음을 벗어나서 4념주의 내공, 나아가 무성자성공을 관찰한다면, 4념주의 공을 관찰하면서 얻는 것이 있다고 믿는 것이 있으므로, 얻을 수 있다는 것으로써 방편으로 삼는 까닭이고, 일체지지를 상응하는 마음을 벗어나서 4정단·4신족·5근·5력·7등각지·8성도지의 내공, 나아가 무성자성공을 관찰한다면, 4정단, 나아가 8성도지의 공을 관찰하면서 얻는 것이 있다고 믿는 것이 있으므로, 얻을 수 있다는 것으로써 방편으로 삼는 까닭이니라. 선현이여. 이와 같은 보살마하살이 반야바라밀다를 수행하는 때에, 방편선교가 없는 까닭으로 이와 같이 매우 깊은 반야바라밀다를 설하는 것을 듣는다면 그 마음에 놀람이 있고 공포가 있느니라.

　만약 보살마하살이 반야바라밀다를 수행하는 때에, 일체지지를 상응하는 마음을 벗어나서 공해탈문의 내공, 나아가 무성자성공을 관찰한다면, 공해탈문의 공을 관찰하면서 얻는 것이 있다고 믿는 것이 있으므로, 얻을 수 있다는 것으로써 방편으로 삼는 까닭이고, 일체지지를 상응하는 마음을 벗어나서 무상·무원해탈문의 내공, 나아가 무성자성공을 관찰한다면, 무상·무원해탈문의 공을 관찰하면서 얻는 것이 있다고 믿는 것이 있으므로, 얻을 수 있다는 것으로써 방편으로 삼는 까닭이니라. 선현이여. 이와 같은 보살마하살이 반야바라밀다를 수행하는 때에, 방편선교가 없는 까닭으로 이와 같이 매우 깊은 반야바라밀다를 설하는 것을 듣는다면 그 마음에 놀람이 있고 공포가 있느니라.

　만약 보살마하살이 반야바라밀다를 수행하는 때에, 일체지지를 상응하는 마음을 벗어나서 보시바라밀다의 내공, 나아가 무성자성공을 관찰한다면, 보시바라밀다의 공을 관찰하면서 얻는 것이 있다고 믿는 것이 있으므로, 얻을 수 있다는 것으로써 방편으로 삼는 까닭이고, 일체지지를 상응하는 마음을 벗어나서 정계·안인·정진·정려·반야바라밀다의 내공, 나아가 무성자성공을 관찰한다면, 정계·안인·정진·정려·반야바라밀다의 공을 관찰하면서 얻는 것이 있다고 믿는 것이 있으므로, 얻을 수 있다는 것으로써 방편으로 삼는 까닭이니라. 선현이여. 이와 같은 보살마하살이 반야바라밀다를 수행하는 때에, 방편선교가 없는 까닭으로 이와 같이 매우 깊은 반야바라밀다를 설하는 것을 듣는다면 그 마음에 놀람이 있고 공포가 있느니라.

만약 보살마하살이 반야바라밀다를 수행하는 때에, 일체지지를 상응하는 마음을 벗어나서 5안의 내공, 나아가 무성자성공을 관찰한다면, 5안의 공을 관찰하면서 얻는 것이 있다고 믿는 것이 있으므로, 얻을 수 있다는 것으로써 방편으로 삼는 까닭이고, 일체지지를 상응하는 마음을 벗어나서 6신통의 내공, 나아가 무성자성공을 관찰한다면, 6신통의 공을 관찰하면서 얻는 것이 있다고 믿는 것이 있으므로, 얻을 수 있다는 것으로써 방편으로 삼는 까닭이니라. 선현이여. 이와 같은 보살마하살이 반야바라밀다를 수행하는 때에, 방편선교가 없는 까닭으로 이와 같이 매우 깊은 반야바라밀다를 설하는 것을 듣는다면 그 마음에 놀람이 있고 공포가 있느니라.

만약 보살마하살이 반야바라밀다를 수행하는 때에, 일체지지를 상응하는 마음을 벗어나서 여래의 10력의 내공, 나아가 무성자성공을 관찰한다면, 여래의 10력의 공을 관찰하면서 얻는 것이 있다고 믿는 것이 있으므로, 얻을 수 있다는 것으로써 방편으로 삼는 까닭이고, 일체지지를 상응하는 마음을 벗어나서 4무소외·4무애해·대자·대비·대희·대사·18불불공법·일체지·도상지·일체상지의 내공, 나아가 무성자성공을 관찰한다면, 4무소외, 나아가 일체상지의 공을 관찰하면서 얻는 것이 있다고 믿는 것이 있으므로, 얻을 수 있다는 것으로써 방편으로 삼는 까닭이니라. 선현이여. 이와 같은 보살마하살이 반야바라밀다를 수행하는 때에, 방편선교가 없는 까닭으로 이와 같이 매우 깊은 반야바라밀다를 설하는 것을 듣는다면 그 마음에 놀람이 있고 공포가 있느니라."

그때 선현이 세존께 아뢰어 말하였다.

"세존이시여. 어찌하여 보살마하살은 반야바라밀다를 수행하는 때에, 여러 악한 벗들에게 섭수되는 것이고, 이와 같은 매우 깊은 반야바라밀다를 설하는 것을 듣는다면 그 마음이 놀라움이 있고 공포가 있습니까?"

세존께서 선현에게 알리셨다.

"제보살마하살의 악한 벗이라는 것은 만약 반야바라밀다와 상응(相應)

하는 법을 싫어하고 벗어나게 가르치거나, 만약 정려·정진·안인·정계·보시바라밀다와 상응하는 법을 싫어하고 벗어나게 가르치면서 이를테면, '쯧쯧! 선남자여. 그대들은 이 6도피안(六到彼岸)[1]과 상응하는 법을 상응하여 수학하지 말라. 그 까닭은 무엇인가? 이 법은 결정적으로 여래께서 설하신 것이 아니고, 이 문장과 게송은 허망하게 제조(製造)된 것입니다. 이러한 까닭으로 그대들은 상응하려 듣고 수습하지 않아야 하고, 상응하여 수지(受持)하지 않아야 하며, 상응하여 독송(讀誦)하지 않아야 하고, 상응하여 사유(思惟)하지 않아야 하며, 상응하여 탐구(尋究)하지 않아야 하고, 상응하여 다른 사람에게 널리 설하거나 보여주지 않아야 합니다.'라고 이렇게 말을 짓는 것이니라. 선현이여. 이러한 자는 보살마하살의 악한 벗이니라. 만약 보살마하살이 반야바라밀다를 수행하는 때에, 이러한 악한 벗들에게 섭수되었는데, 이와 같은 매우 깊은 반야바라밀다를 설하는 것을 듣는다면 그 마음에 놀라움이 있고 공포가 있느니라.

다시 다음으로 선현이여. 제보살마하살의 악한 벗이라는 것은 만약 악마의 일과 악마의 허물(過)을 말해주지 않는 것이니 이를테면, 악마(惡魔)가 있어서 여래(佛)의 형상(形像)을 짓고 와서 보살마하살에게 6바라밀다를 멀리 벗어나도록 가르치면서 '선남자여. 그대가 지금 이 반야바라밀다를 수행하더라도 무슨 소용(所用)이 있겠는가? 선남자여. 그대가 지금 이 정려·정진·안인·정계·보시바라밀다를 수행하더라도 무슨 소용이 있겠는가?'라고 말하는 것이니라. 선현이여. 만약 이와 같은 것 등의 일을 말하여서 깨닫지 못하게 하는 자라면 보살마하살의 악한 벗이니라. 만약 보살마하살이 반야바라밀다를 수행하는 때에, 이러한 악한 벗들에게 섭수되었는데, 이와 같은 매우 깊은 반야바라밀다를 설하는 것을 듣는다면 그 마음에 놀라움이 있고 공포가 있느니라.

다시 다음으로 선현이여. 제보살마하살의 악한 벗이라는 것은 만약 악마의 일과 악마의 허물을 말해주지 않는 것이니 이를테면, 악마가

---

1) 산스크리트어 ṣaḍ-pāramitā의 번역이고, 6바라밀다(六波羅蜜多)의 한역이다.

있어서 세존의 형상을 짓고 와서 보살마하살을 위하여 성문·독각에게 상응하는 법인 이를테면, 계경(契經), 나아가 논의(論義)를 분별하고 보여 주면서 수학하게 권유하는 것이다. 선현이여. 만약 이와 같은 것 등의 일을 말하여서 깨닫지 못하게 하는 자라면 보살마하살의 악한 벗이니라. 만약 보살마하살이 반야바라밀다를 수행하는 때에, 이러한 악한 벗들에게 섭수되었는데, 이와 같은 매우 깊은 반야바라밀다를 설하는 것을 듣는다 면 그 마음에 놀라움이 있고 공포가 있느니라.

다시 다음으로 선현이여. 제보살마하살의 악한 벗이라는 것은 만약 악마의 일과 악마의 허물을 말해주지 않는 것이니 이를테면, 악마가 있어서 세존의 형상을 짓고 와서 보살마하살에게 '선남자여. 그대에게 보살의 종성(種姓)은 없고, 진실로 보리심이 없으며, 능히 불퇴전지를 증득하지 못하고, 역시 무상정등보리를 증득하지 못한다.'라고 말하는 것이니라. 선현이여. 만약 이와 같은 것 등의 일을 말하여서 깨닫지 못하게 하는 자라면 보살마하살의 악한 벗이니라. 만약 보살마하살이 반야바라밀다를 수행하는 때에, 이러한 악한 벗들에게 섭수되었는데, 이와 같은 매우 깊은 반야바라밀다를 설하는 것을 듣는다면 그 마음에 놀라움이 있고 공포가 있느니라.

다시 다음으로 선현이여. 제보살마하살의 악한 벗이라는 것은 만약 악마의 일과 악마의 허물을 말해주지 않는 것이니 이를테면, 악마가 있어서 세존의 형상을 짓고 와서 보살마하살에게 '선남자여. 색은 공하므 로 내(我)가 없고 아소(我所)가 없으며 수·상·행·식은 공하므로 내가 없고 아소가 없으며, 안처는 공하므로 내가 없고 아소가 없으며 이·비·설· 신·의처는 공하므로 내가 없고 아소가 없으며, 색처는 공하므로 내가 없고 아소가 없으며 성·향·미·촉·법처는 공하므로 내가 없고 아소가 없느니라.

안계는 공하므로 내가 없고 아소가 없으며 색계·안식계, …… 나아가 …… 안촉·안촉을 인연으로 생겨난 여러 수는 공하므로 내가 없고 아소가 없으며, 이계는 공하므로 내가 없고 아소가 없으며 성계·이식계, ……

나아가 …… 이촉·이촉을 인연으로 생겨난 여러 수는 공하므로 내가 없고 아소가 없으며, 비계는 공하므로 내가 없고 아소가 없으며 향계·비식계, …… 나아가 …… 비촉·비촉을 인연으로 생겨난 여러 수는 공하므로 내가 없고 아소가 없으며, 설계는 공하므로 내가 없고 아소가 없으며 미계·설식계, …… 나아가 …… 설촉·설촉을 인연으로 생겨난 여러 수는 공하므로 내가 없고 아소가 없으며, 신계는 공하므로 내가 없고 아소가 없으며 촉계·신식계, …… 나아가 …… 신촉·신촉을 인연으로 생겨난 여러 수는 공하므로 내가 없고 아소가 없으며, 의계는 공하므로 내가 없고 아소가 없으며 법계·의식계, …… 나아가 …… 의촉·의촉을 인연으로 생겨난 여러 수는 공하므로 내가 없고 아소가 없느니라.

지계는 공하므로 내가 없고 아소가 없으며 수·화·풍·공·식계는 공하므로 내가 없고 아소가 없으며, 고성제는 공하므로 내가 없고 아소가 없으며 집·멸·도성제는 공하므로 내가 없고 아소가 없으며, 무명은 공하므로 내가 없고 아소가 없으며 행·식·명색·육처·촉·수·애·취·유·생·노사의 수탄고우뇌는 공하므로 내가 없고 아소가 없으며, 4정려는 공하므로 내가 없고 아소가 없으며 4무량·4무색정은 공하므로 내가 없고 아소가 없으며, 4념주는 공하므로 내가 없고 아소가 없으며 4정단·4신족·5근·5력·7등각지·8성도지는 공하므로 내가 없고 아소가 없느니라.

공해탈문은 공하므로 내가 없고 아소가 없으며 무상·무원해탈문은 공하므로 아소가 없으며, 보시바라밀다는 공하므로 내가 없고 아소가 없으며 정계·안인·정진·정려·반야바라밀다는 공하므로 내가 없고 아소가 없으며, 5안은 공하므로 내가 없고 아소가 없으며 6신통은 공하므로 내가 없고 아소가 없으며, 여래의 10력은 공하므로 내가 없고 아소가 없으며 4무소외·4무애해·대자·대비·대희·대사·18불불공법·일체지·도상지·일체상지는 공하므로 내가 없고 아소가 없느니라.

쯧쯧! 선남자여. 제법은 모두 공하므로 내가 없고 아소가 없는데, 누가 능히 6도피안을 수습(修習)하겠는가? 누가 능히 무상정등보리를 증득하겠는가? 설사 무상정등보리를 증득하더라도 무슨 소용이 있겠는가?'라고 말하는 것이니라. 선현이여. 만약 이와 같은 것 등의 일을 말하여서 깨닫지 못하게 하는 자라면 보살마하살의 악한 벗이니라. 만약 보살마하살이 반야바라밀다를 수행하는 때에, 이러한 악한 벗들에게 섭수되었는데, 이와 같은 매우 깊은 반야바라밀다를 설하는 것을 듣는다면 그 마음에 놀라움이 있고 공포가 있느니라.

다시 다음으로 선현이여. 제보살마하살의 악한 벗이라는 것은 만약 악마의 일과 악마의 허물을 말해주지 않는 것이니 이를테면, 악마가 있어서 독각의 형상을 짓고 보살마하살의 처소로 와서 '선남자여. 시방(十方)은 모두 공하므로 제불·보살, 나아가 성문 대중이 모두 없다.'라고 말하는 것이니라. 선현이여. 만약 이와 같은 것 등의 일을 말하여서 깨닫지 못하게 하는 자라면 보살마하살의 악한 벗이니라. 만약 보살마하살이 반야바라밀다를 수행하는 때에, 이러한 악한 벗들에게 섭수되었는데, 이와 같은 매우 깊은 반야바라밀다를 설하는 것을 듣는다면 그 마음에 놀라움이 있고 공포가 있느니라.

다시 다음으로 선현이여. 제보살마하살의 악한 벗이라는 것은 만약 악마의 일과 악마의 허물을 말해주지 않는 것이니 이를테면, 악마가 있어서 독각의 형상을 짓고 보살마하살의 처소로 와서 일체지지에 상응하는 작의(作意)[2]를 헐뜯으면서 깊이 싫어하고 벗어나게 하며 성문·독각에 상응하는 작의를 찬탄하면서 매우 애락(愛樂)하게 하는 것이니라. 선현이여. 만약 이와 같은 것 등의 일을 말하여서 깨닫지 못하게 하는 자라면 보살마하살의 악한 벗이니라. 만약 보살마하살이 반야바라밀다를 수행하는 때에, 이러한 악한 벗들에게 섭수되었는데, 이와 같은 매우 깊은 반야바라밀다를 설하는 것을 듣는다면 그 마음에 놀라움이 있고 공포가 있느니라.

다시 다음으로 선현이여. 제보살마하살의 악한 벗이라는 것은 만약 악마의 일과 악마의 허물을 말해주지 않는 것이니 이를테면, 악마가

---

2) 산스크리트어 manasikāra의 번역이고, 마음을 일깨워서 외경(外境)을 향하여 일으키는 정신작용을 말한다.

있어서 친교사(親教師)³⁾나 궤범사(軌範師)⁴⁾의 형상을 짓고 보살마하살의
처소로 와서 보살의 수승한 행을 싫어하고 벗어나게 가르치는 것이니
이를테면, 4념주, ······ 나아가 ······ 8성도지와 보시바라밀다, ······ 나아가
······ 반야바라밀다, ······ 나아가 ······ 일체지지를 싫어하고 벗어나게
하거나, 5안·6신통·세존의 10력, ······ 나아가 ······ 일체상지를 싫어하고
벗어나게 하면서 오직 공·무상·무원의 세 가지 해탈문을 수습하게 가르치
면서 '그대가 이러한 법을 수학한다면 빠르게 성문·독각의 과위를 증득하
여 결국 안락할 것인데, 어찌 부지런하고 괴롭게 무상정등보리를 구할
필요가 있겠는가?'라고 말하는 것이니라. 선현이여. 만약 이와 같은 것
등의 일을 말하여서 깨닫지 못하게 하는 자라면 보살마하살의 악한 벗이니
라. 만약 보살마하살이 반야바라밀다를 수행하는 때에, 이러한 악한
벗들에게 섭수되었는데, 이와 같은 매우 깊은 반야바라밀다를 설하는
것을 듣는다면 그 마음에 놀라움이 있고 공포가 있느니라."

---

3) 산스크리트어 upādhyāya의 번역이고, 또한 '화상(和尙)'으로 한역한다.
4) 산스크리트어 Ācārya의 번역이고, 또한 '아사리(阿闍梨)'로 한역한다.

마하반야바라밀다경 제45권

11. 비유품(譬喩品)(4)

"다시 다음으로 선현이여. 제보살마하살의 악한 벗이라는 것은 만약 악마의 일과 악마의 허물을 말해주지 않는 것이니 이를테면, 악마가 있어서 부모의 형상을 짓고 보살마하살의 처소로 와서 아들들에게 '그대가 마땅히 정근(精勤)하면서 예류(預流)·일래(一來)·불환(不還)·아라한과(阿羅漢果)를 증득하려고 구한다면 생사의 큰 고통을 영원히 벗어나는 것을 충분하게 얻고, 열반(涅槃)과 구경(究竟)의 안락(安樂)을 빠르게 증득하는데, 어찌 멀리 나아가서 무상보리(無上菩提)를 구할 필요가 있겠는가? 보리를 구하고자 하는 자는 반드시 무량하고 무수한 대겁(大劫)이 지나도록 생사(生死)를 윤회하면서 중생들을 교화하고, 몸을 버리고 목숨을 버리면서 지절(支節)을 끊어야 하는데, 헛되게 스스로가 고통을 받나니, 누가 은혜를 짊어지겠는가? 구하는 보리는 혹은 증득하거나, 혹은 증득하지 못한다.'라고 알려서 말하는 것이니라. 선현이여. 만약 이와 같은 것 등의 일을 말하여서 깨닫지 못하게 하는 자라면 보살마하살의 악한 벗이니라. 만약 보살마하살이 반야바라밀다를 수행하는 때에, 이러한 악한 벗들에게 섭수되었는데, 이와 같은 매우 깊은 반야바라밀다를 설하는 것을 듣는다면 그 마음에 놀라움이 있고 공포가 있느니라.

다시 다음으로 선현이여. 제보살마하살의 악한 벗이라는 것은 만약 악마의 일과 악마의 허물을 말해주지 않는 것이니 이를테면, 악마가 있어서 비구(苾芻)의 형상을 짓고 보살마하살의 처소로 와서 얻을 수

있는 것으로써 방편으로 삼아서 색은 항상하거나 무상하다는 상(相)이라
도 얻을 수 있다고 설하고 수·상·행·식은 항상하거나 무상하다는 상이라
도 얻을 수 있다고 설하며, 얻을 수 있는 것으로써 방편으로 삼아서
색은 즐겁거나 괴롭다는 상이라도 얻을 수 있다고 설하고 수·상·행·식은
즐겁거나 괴롭다는 상이라도 얻을 수 있다고 설하며, 얻을 수 있는 것으로
써 방편으로 삼아서 색은 나이거나 무아라는 상이라도 얻을 수 있다고
설하고 수·상·행·식은 나이거나 무아라는 상이라도 얻을 수 있다고 설하
며, 얻을 수 있는 것으로써 방편으로 삼아서 색은 청정하거나 부정하다는
상이라도 얻을 수 있다고 설하고 수·상·행·식은 청정하거나 부정하다는
상이라도 얻을 수 있다고 설하며, 얻을 수 있는 것으로써 방편으로 삼아서
색은 공하거나 공하지 않다는 상이라도 얻을 수 있다고 설하고 수·상·행·
식은 공하거나 공하지 않다는 상이라도 얻을 수 있다고 설하며, 얻을
수 있는 것으로써 방편으로 삼아서 색은 무상이거나 유상이라는 상이라도
얻을 수 있다고 설하고 수·상·행·식은 무상이거나 유상이라는 상이라도
얻을 수 있다고 설하며, 얻을 수 있는 것으로써 방편으로 삼아서 색은
무원이거나 유원이라는 상이라도 얻을 수 있다고 설하고 수·상·행·식은
무상이거나 유상이라는 상이라도 얻을 수 있다고 설하며, 얻을 수 있는
것으로써 방편으로 삼아서 색은 적정하거나 적정하지 않다는 상이라도
얻을 수 있다고 설하고 수·상·행·식은 적정하거나 적정하지 않다는 상이
라도 얻을 수 있다고 설하며, 얻을 수 있는 것으로써 방편으로 삼아서
색은 멀리 벗어나거나 멀리 벗어나지 않는다는 상이라도 얻을 수 있다고
설하고 수·상·행·식은 멀리 벗어나거나 멀리 벗어나지 않는다는 상이라
도 얻을 수 있다고 설하느니라.

얻을 수 있는 것으로써 방편으로 삼아서 안처는 항상하거나 무상하다는
상(相)이라도 얻을 수 있다고 설하고 이·비·설·신·의처는 항상하거나
무상하다는 상이라도 얻을 수 있다고 설하며, 얻을 수 있는 것으로써
방편으로 삼아서 안처는 즐겁거나 괴롭다는 상이라도 얻을 수 있다고
설하고 이·비·설·신·의처는 즐겁거나 괴롭다는 상이라도 얻을 수 있다고

설하며, 얻을 수 있는 것으로써 방편으로 삼아서 안처는 나이거나 무아라
는 상이라도 얻을 수 있다고 설하고 이·비·설·신·의처는 나이거나 무아라
는 상이라도 얻을 수 있다고 설하며, 얻을 수 있는 것으로써 방편으로
삼아서 안처는 청정하거나 부정하다는 상이라도 얻을 수 있다고 설하고
이·비·설·신·의처는 청정하거나 부정하다는 상이라도 얻을 수 있다고
설하며, 얻을 수 있는 것으로써 방편으로 삼아서 안처는 공하거나 공하지
않다는 상이라도 얻을 수 있다고 설하고 이·비·설·신·의처는 공하거나
공하지 않다는 상이라도 얻을 수 있다고 설하며, 얻을 수 있는 것으로써
방편으로 삼아서 안처는 무상이거나 유상이라는 상이라도 얻을 수 있다고
설하고 이·비·설·신·의처는 무상이거나 유상이라는 상이라도 얻을 수
있다고 설하며, 얻을 수 있는 것으로써 방편으로 삼아서 안처는 무원이거
나 유원이라는 상이라도 얻을 수 있다고 설하고 이·비·설·신·의처는
무상이거나 유상이라는 상이라도 얻을 수 있다고 설하며, 얻을 수 있는
것으로써 방편으로 삼아서 안처는 적정하거나 적정하지 않다는 상이라도
얻을 수 있다고 설하고 이·비·설·신·의처는 적정하거나 적정하지 않다는
상이라도 얻을 수 있다고 설하며, 얻을 수 있는 것으로써 방편으로 삼아서
안처는 멀리 벗어나거나 멀리 벗어나지 않는다는 상이라도 얻을 수 있다고
설하고 이·비·설·신·의처는 멀리 벗어나거나 멀리 벗어나지 않는다는
상이라도 얻을 수 있다고 설하느니라.

얻을 수 있는 것으로써 방편으로 삼아서 색처는 항상하거나 무상하다는
상이라도 얻을 수 있다고 설하고 성·향·미·촉·법처는 항상하거나 무상하
다는 상이라도 얻을 수 있다고 설하며, 얻을 수 있는 것으로써 방편으로
삼아서 색처는 즐겁거나 괴롭다는 상이라도 얻을 수 있다고 설하고 성·향·
미·촉·법처는 즐겁거나 괴롭다는 상이라도 얻을 수 있다고 설하며, 얻을
수 있는 것으로써 방편으로 삼아서 색처는 나이거나 무아라는 상이라도
얻을 수 있다고 설하고 성·향·미·촉·법처는 나이거나 무아라는 상이라도
얻을 수 있다고 설하며, 얻을 수 있는 것으로써 방편으로 삼아서 색처는
청정하거나 부정하다는 상이라도 얻을 수 있다고 설하고 성·향·미·촉·법

처는 청정하거나 부정하다는 상이라도 얻을 수 있다고 설하며, 얻을 수 있는 것으로써 방편으로 삼아서 색처는 공하거나 공하지 않다는 상이라도 얻을 수 있다고 설하고 성·향·미·촉·법처는 공하거나 공하지 않다는 상이라도 얻을 수 있다고 설하며, 얻을 수 있는 것으로써 방편으로 삼아서 색처는 무상이거나 유상이라는 상이라도 얻을 수 있다고 설하고 성·향·미·촉·법처는 무상이거나 유상이라는 상이라도 얻을 수 있다고 설하며, 얻을 수 있는 것으로써 방편으로 삼아서 색처는 무원이거나 유원이라는 상이라도 얻을 수 있다고 설하고 성·향·미·촉·법처는 무상이거나 유상이라는 상이라도 얻을 수 있다고 설하며, 얻을 수 있는 것으로써 방편으로 삼아서 색처는 적정하거나 적정하지 않다는 상이라도 얻을 수 있다고 설하고 성·향·미·촉·법처는 적정하거나 적정하지 않다는 상이라도 얻을 수 있다고 설하며, 얻을 수 있는 것으로써 방편으로 삼아서 색처는 멀리 벗어나거나 멀리 벗어나지 않는다는 상이라도 얻을 수 있다고 설하고 성·향·미·촉·법처는 멀리 벗어나거나 멀리 벗어나지 않는다는 상이라도 얻을 수 있다고 설하느니라.

얻을 수 있는 것으로써 방편으로 삼아서 이계는 항상하거나 무상하다는 상이라도 얻을 수 있다고 설하고 색계·안식계, …… 나아가 …… 안촉·안촉을 인연으로 생겨난 여러 수는 항상하거나 무상하다는 상이라도 얻을 수 있다고 설하며, 얻을 수 있는 것으로써 방편으로 삼아서 이계는 즐겁거나 괴롭다는 상이라도 얻을 수 있다고 설하고 색계·안식계, 나아가 안촉·안촉을 인연으로 생겨난 여러 수는 즐겁거나 괴롭다는 상이라도 얻을 수 있다고 설하며, 얻을 수 있는 것으로써 방편으로 삼아서 이계는 나이거나 무아라는 상이라도 얻을 수 있다고 설하고 색계·안식계, 나아가 안촉·안촉을 인연으로 생겨난 여러 수는 나이거나 무아라는 상이라도 얻을 수 있다고 설하며, 얻을 수 있는 것으로써 방편으로 삼아서 이계는 청정하거나 부정하다는 상이라도 얻을 수 있다고 설하고 색계·안식계, 나아가 안촉·안촉을 인연으로 생겨난 여러 수는 청정하거나 부정하다는 상이라도 얻을 수 있다고 설하며, 얻을 수 있는 것으로써 방편으로 삼아서 이계는 공하거나 공하지 않다는 상이라도 얻을 수 있다고 설하고 색계·안식계, 나아가 안촉·안촉을 인연으로 생겨난 여러 수는 공하거나 공하지 않다는 상이라도 얻을 수 있다고 설하며, 얻을 수 있는 것으로써 방편으로 삼아서 이계는 무상이거나 유상이라는 상이라도 얻을 수 있다고 설하고 색계·안식계, 나아가 안촉·안촉을 인연으로 생겨난 여러 수는 무상이거나 유상이라는 상이라도 얻을 수 있다고 설하며, 얻을 수 있는 것으로써 방편으로 삼아서 이계는 무원이거나 유원이라는 상이라도 얻을 수 있다고 설하고 색계·안식계, 나아가 안촉·안촉을 인연으로 생겨난 여러 수는 무상이거나 유상이라는 상이라도 얻을 수 있다고 설하며, 얻을 수 있는 것으로써 방편으로 삼아서 이계는 적정하거나 적정하지 않다는 상이라도 얻을 수 있다고 설하고 색계·안식계, 나아가 안촉·안촉을 인연으로 생겨난 여러 수는 적정하거나 적정하지 않다는 상이라도 얻을 수 있다고 설하며, 얻을 수 있는 것으로써 방편으로 삼아서 이계는 멀리 벗어나거나 멀리 벗어나지 않는다는 상이라도 얻을 수 있다고 설하고 색계·안식계, 나아가 안촉·안촉을 인연으로 생겨난 여러 수는 멀리 벗어나거나 멀리 벗어나지 않는다는 상이라도 얻을 수 있다고 설하느니라.

　얻을 수 있는 것으로써 방편으로 삼아서 안계는 항상하거나 무상하다는 상이라도 얻을 수 있다고 설하고 성계·이식계, …… 나아가 …… 이촉·이촉을 인연으로 생겨난 여러 수는 항상하거나 무상하다는 상이라도 얻을 수 있다고 설하며, 얻을 수 있는 것으로써 방편으로 삼아서 안계는 즐겁거나 괴롭다는 상이라도 얻을 수 있다고 설하고 성계·이식계, 나아가 이촉·이촉을 인연으로 생겨난 여러 수는 즐겁거나 괴롭다는 상이라도 얻을 수 있다고 설하며, 얻을 수 있는 것으로써 방편으로 삼아서 안계는 나이거나 무아라는 상이라도 얻을 수 있다고 설하고 성계·이식계, 나아가 이촉·이촉을 인연으로 생겨난 여러 수는 나이거나 무아라는 상이라도 얻을 수 있다고 설하며, 얻을 수 있는 것으로써 방편으로 삼아서 안계는 청정하거나 부정하다는 상이라도 얻을 수 있다고 설하고 성계·이식계, 나아가 이촉·이촉을 인연으로 생겨난 여러 수는 청정하거나 부정하다는 상이라

도 얻을 수 있다고 설하며, 얻을 수 있는 것으로써 방편으로 삼아서
안계는 공하거나 공하지 않다는 상이라도 얻을 수 있다고 설하고 성계·이
식계, 나아가 이촉·이촉을 인연으로 생겨난 여러 수는 공하거나 공하지
않다는 상이라도 얻을 수 있다고 설하며, 얻을 수 있는 것으로써 방편으로
삼아서 안계는 무상이거나 유상이라는 상이라도 얻을 수 있다고 설하고
성계·이식계, 나아가 이촉·이촉을 인연으로 생겨난 여러 수는 무상이거나
유상이라는 상이라도 얻을 수 있다고 설하며, 얻을 수 있는 것으로써
방편으로 삼아서 안계는 무원이거나 유원이라는 상이라도 얻을 수 있다고
설하고 성계·이식계, 나아가 이촉·이촉을 인연으로 생겨난 여러 수는
무상이거나 유상이라는 상이라도 얻을 수 있다고 설하며, 얻을 수 있는
것으로써 방편으로 삼아서 안계는 적정하거나 적정하지 않다는 상이라도
얻을 수 있다고 설하고 성계·이식계, 나아가 이촉·이촉을 인연으로 생겨난
여러 수는 적정하거나 적정하지 않다는 상이라도 얻을 수 있다고 설하며,
얻을 수 있는 것으로써 방편으로 삼아서 안계는 멀리 벗어나거나 멀리
벗어나지 않는다는 상이라도 얻을 수 있다고 설하고 성계·이식계, 나아가
이촉·이촉을 인연으로 생겨난 여러 수는 멀리 벗어나거나 멀리 벗어나지
않는다는 상이라도 얻을 수 있다고 설하느니라.
  얻을 수 있는 것으로써 방편으로 삼아서 비계는 항상하거나 무상하다는
상이라도 얻을 수 있다고 설하고 향계·비식계, …… 나아가 …… 비촉·비촉
을 인연으로 생겨난 여러 수는 항상하거나 무상하다는 상이라도 얻을
수 있다고 설하며, 얻을 수 있는 것으로써 방편으로 삼아서 비계는 즐겁거
나 괴롭다는 상이라도 얻을 수 있다고 설하고 향계·비식계, 나아가 비촉·
비촉을 인연으로 생겨난 여러 수는 즐겁거나 괴롭다는 상이라도 얻을
수 있다고 설하며, 얻을 수 있는 것으로써 방편으로 삼아서 비계는 나이거
나 무아라는 상이라도 얻을 수 있다고 설하고 향계·비식계, 나아가 비촉·
비촉을 인연으로 생겨난 여러 수는 나이거나 무아라는 상이라도 얻을
수 있다고 설하며, 얻을 수 있는 것으로써 방편으로 삼아서 비계는 청정하
거나 부정하다는 상이라도 얻을 수 있다고 설하고 향계·비식계, 나아가

비촉·비촉을 인연으로 생겨난 여러 수는 청정하거나 부정하다는 상이라
도 얻을 수 있다고 설하며, 얻을 수 있는 것으로써 방편으로 삼아서
비계는 공하거나 공하지 않다는 상이라도 얻을 수 있다고 설하고 향계·비
식계, 나아가 비촉·비촉을 인연으로 생겨난 여러 수는 공하거나 공하지
않다는 상이라도 얻을 수 있다고 설하며, 얻을 수 있는 것으로써 방편으로
삼아서 비계는 무상이거나 유상이라는 상이라도 얻을 수 있다고 설하고
향계·비식계, 나아가 비촉·비촉을 인연으로 생겨난 여러 수는 무상이거나
유상이라는 상이라도 얻을 수 있다고 설하며, 얻을 수 있는 것으로써
방편으로 삼아서 비계는 무원이거나 유원이라는 상이라도 얻을 수 있다고
설하고 향계·비식계, 나아가 비촉·비촉을 인연으로 생겨난 여러 수는
무상이거나 유상이라는 상이라도 얻을 수 있다고 설하며, 얻을 수 있는
것으로써 방편으로 삼아서 비계는 적정하거나 적정하지 않다는 상이라도
얻을 수 있다고 설하고 향계·비식계, 나아가 비촉·비촉을 인연으로 생겨난
여러 수는 적정하거나 적정하지 않다는 상이라도 얻을 수 있다고 설하며,
얻을 수 있는 것으로써 방편으로 삼아서 비계는 멀리 벗어나거나 멀리
벗어나지 않는다는 상이라도 얻을 수 있다고 설하고 향계·비식계, 나아가
비촉·비촉을 인연으로 생겨난 여러 수는 멀리 벗어나거나 멀리 벗어나지
않는다는 상이라도 얻을 수 있다고 설하느니라.

  얻을 수 있는 것으로써 방편으로 삼아서 설계는 항상하거나 무상하다는
상이라도 얻을 수 있다고 설하고 미계·설식계, …… 나아가 …… 설촉·설촉
을 인연으로 생겨난 여러 수는 항상하거나 무상하다는 상이라도 얻을
수 있다고 설하며, 얻을 수 있는 것으로써 방편으로 삼아서 설계는 즐겁거
나 괴롭다는 상이라도 얻을 수 있다고 설하고 미계·설식계, 나아가 설촉·
설촉을 인연으로 생겨난 여러 수는 즐겁거나 괴롭다는 상이라도 얻을
수 있다고 설하며, 얻을 수 있는 것으로써 방편으로 삼아서 설계는 나이거
나 무아라는 상이라도 얻을 수 있다고 설하고 미계·설식계, 나아가 설촉·
설촉을 인연으로 생겨난 여러 수는 나이거나 무아라는 상이라도 얻을
수 있다고 설하며, 얻을 수 있는 것으로써 방편으로 삼아서 설계는 청정하

거나 부정하다는 상이라도 얻을 수 있다고 설하고 미계·설식계, 나아가 설촉·설촉을 인연으로 생겨난 여러 수는 청정하거나 부정하다는 상이라도 얻을 수 있다고 설하며, 얻을 수 있는 것으로써 방편으로 삼아서 설계는 공하거나 공하지 않다는 상이라도 얻을 수 있다고 설하고 미계·설식계, 나아가 설촉·설촉을 인연으로 생겨난 여러 수는 공하거나 공하지 않다는 상이라도 얻을 수 있다고 설하며, 얻을 수 있는 것으로써 삼아서 설계는 무상이거나 유상이라는 상이라도 얻을 수 있다고 설하고 미계·설식계, 나아가 설촉·설촉을 인연으로 생겨난 여러 수는 무상이거나 유상이라는 상이라도 얻을 수 있다고 설하며, 얻을 수 있는 것으로써 방편으로 삼아서 설계는 무원이거나 유원이라는 상이라도 얻을 수 있다고 설하고 미계·설식계, 나아가 설촉·설촉을 인연으로 생겨난 여러 수는 무상이거나 유상이라는 상이라도 얻을 수 있다고 설하며, 얻을 수 있는 것으로써 방편으로 삼아서 설계는 적정하거나 적정하지 않다는 상이라도 얻을 수 있다고 설하고 미계·설식계, 나아가 설촉·설촉을 인연으로 생겨난 여러 수는 적정하거나 적정하지 않다는 상이라도 얻을 수 있다고 설하며, 얻을 수 있는 것으로써 방편으로 삼아서 설계는 멀리 벗어나거나 멀리 벗어나지 않는다는 상이라도 얻을 수 있다고 설하고 미계·설식계, 나아가 설촉·설촉을 인연으로 생겨난 여러 수는 멀리 벗어나거나 멀리 벗어나지 않는다는 상이라도 얻을 수 있다고 설하느니라.

　얻을 수 있는 것으로써 방편으로 삼아서 신계는 항상하거나 무상하다는 상이라도 얻을 수 있다고 설하고 촉계·신식계, …… 나아가 …… 신촉·신촉을 인연으로 생겨난 여러 수는 항상하거나 무상하다는 상이라도 얻을 수 있다고 설하며, 얻을 수 있는 것으로써 방편으로 삼아서 신계는 즐겁거나 괴롭다는 상이라도 얻을 수 있다고 설하고 촉계·신식계, 나아가 신촉·신촉을 인연으로 생겨난 여러 수는 즐겁거나 괴롭다는 상이라도 얻을 수 있다고 설하며, 얻을 수 있는 것으로써 방편으로 삼아서 신계는 나이거나 무아라는 상이라도 얻을 수 있다고 설하고 촉계·신식계, 나아가 신촉·신촉을 인연으로 생겨난 여러 수는 나이거나 무아라는 상이라도 얻을 수 있다고 설하며, 얻을 수 있는 것으로써 방편으로 삼아서 신계는 청정하거나 부정하다는 상이라도 얻을 수 있다고 설하고 촉계·신식계, 나아가 신촉·신촉을 인연으로 생겨난 여러 수는 청정하거나 부정하다는 상이라도 얻을 수 있다고 설하며, 얻을 수 있는 것으로써 방편으로 삼아서 신계는 공하거나 공하지 않다는 상이라도 얻을 수 있다고 설하고 촉계·신식계, 나아가 신촉·신촉을 인연으로 생겨난 여러 수는 공하거나 공하지 않다는 상이라도 얻을 수 있다고 설하며, 얻을 수 있는 것으로써 방편으로 삼아서 신계는 무상이거나 유상이라는 상이라도 얻을 수 있다고 설하고 촉계·신식계, 나아가 신촉·신촉을 인연으로 생겨난 여러 수는 무상이거나 유상이라는 상이라도 얻을 수 있다고 설하며, 얻을 수 있는 것으로써 방편으로 삼아서 신계는 무원이거나 유원이라는 상이라도 얻을 수 있다고 설하고 촉계·신식계, 나아가 신촉·신촉을 인연으로 생겨난 여러 수는 무상이거나 유상이라는 상이라도 얻을 수 있다고 설하며, 얻을 수 있는 것으로써 방편으로 삼아서 신계는 적정하거나 적정하지 않다는 상이라도 얻을 수 있다고 설하고 촉계·신식계, 나아가 신촉·신촉을 인연으로 생겨난 여러 수는 적정하거나 적정하지 않다는 상이라도 얻을 수 있다고 설하며, 얻을 수 있는 것으로써 방편으로 삼아서 신계는 멀리 벗어나거나 멀리 벗어나지 않는다는 상이라도 얻을 수 있다고 설하고 촉계·신식계, 나아가 신촉·신촉을 인연으로 생겨난 여러 수는 멀리 벗어나거나 멀리 벗어나지 않는다는 상이라도 얻을 수 있다고 설하느니라.

얻을 수 있는 것으로써 방편으로 삼아서 의계는 항상하거나 무상하다는 상이라도 얻을 수 있다고 설하고 법계·의식계, …… 나아가 …… 의촉·의촉을 인연으로 생겨난 여러 수는 항상하거나 무상하다는 상이라도 얻을 수 있다고 설하며, 얻을 수 있는 것으로써 방편으로 삼아서 의계는 즐겁거나 괴롭다는 상이라도 얻을 수 있다고 설하고 법계·의식계, 나아가 의촉·의촉을 인연으로 생겨난 여러 수는 즐겁거나 괴롭다는 상이라도 얻을 수 있다고 설하며, 얻을 수 있는 것으로써 방편으로 삼아서 의계는 나이거나 무아라는 상이라도 얻을 수 있다고 설하고 법계·의식계, 나아가 의촉·

의촉을 인연으로 생겨난 여러 수는 나이거나 무아라는 상이라도 얻을
수 있다고 설하며, 얻을 수 있는 것으로써 방편으로 삼아서 의계는 청정하
거나 부정하다는 상이라도 얻을 수 있다고 설하고 법계·의식계, 나아가
의촉·의촉을 인연으로 생겨난 여러 수는 청정하거나 부정하다는 상이라
도 얻을 수 있다고 설하며, 얻을 수 있는 것으로써 방편으로 삼아서
의계는 공하거나 공하지 않다는 상이라도 얻을 수 있다고 설하고 법계·의
식계, 나아가 의촉·의촉을 인연으로 생겨난 여러 수는 공하거나 공하지
않다는 상이라도 얻을 수 있다고 설하며, 얻을 수 있는 것으로써 방편으로
삼아서 의계는 무상이거나 유상이라는 상이라도 얻을 수 있다고 설하고
법계·의식계, 나아가 의촉·의촉을 인연으로 생겨난 여러 수는 무상이거나
유상이라는 상이라도 얻을 수 있다고 설하며, 얻을 수 있는 것으로써
방편으로 삼아서 의계는 무원이거나 유원이라는 상이라도 얻을 수 있다고
설하고 법계·의식계, 나아가 의촉·의촉을 인연으로 생겨난 여러 수는
무상이거나 유상이라는 상이라도 얻을 수 있다고 설하며, 얻을 수 있는
것으로써 방편으로 삼아서 의계는 적정하거나 적정하지 않다는 상이라도
얻을 수 있다고 설하고 법계·의식계, 나아가 의촉·의촉을 인연으로 생겨난
여러 수는 적정하거나 적정하지 않다는 상이라도 얻을 수 있다고 설하며,
얻을 수 있는 것으로써 방편으로 삼아서 의계는 멀리 벗어나거나 멀리
벗어나지 않는다는 상이라도 얻을 수 있다고 설하고 법계·의식계, 나아가
의촉·의촉을 인연으로 생겨난 여러 수는 멀리 벗어나거나 멀리 벗어나지
않는다는 상이라도 얻을 수 있다고 설하느니라.

얻을 수 있는 것으로써 방편으로 삼아서 지계는 항상하거나 무상하다는
상이라도 얻을 수 있다고 설하고 수·화·풍·공·식계는 항상하거나 무상하
다는 상이라도 얻을 수 있다고 설하며, 얻을 수 있는 것으로써 방편으로
삼아서 지계는 즐겁거나 괴롭다는 상이라도 얻을 수 있다고 설하고 수·화·
풍·공·식계는 즐겁거나 괴롭다는 상이라도 얻을 수 있다고 설하며, 얻을
수 있는 것으로써 방편으로 삼아서 지계는 나이거나 무아라는 상이라도
얻을 수 있다고 설하고 수·화·풍·공·식계는 나이거나 무아라는 상이라도

얻을 수 있다고 설하며, 얻을 수 있는 것으로써 방편으로 삼아서 지계는
청정하거나 부정하다는 상이라도 얻을 수 있다고 설하고 수·화·풍·공·식
계는 청정하거나 부정하다는 상이라도 얻을 수 있다고 설하며, 얻을
수 있는 것으로써 방편으로 삼아서 지계는 공하거나 공하지 않다는 상이라
도 얻을 수 있다고 설하고 수·화·풍·공·식계는 공하거나 공하지 않다는
상이라도 얻을 수 있다고 설하며, 얻을 수 있는 것으로써 방편으로 삼아서
지계는 무상이거나 유상이라는 상이라도 얻을 수 있다고 설하고 수·화·풍
·공·식계는 무상이거나 유상이라는 상이라도 얻을 수 있다고 설하며,
얻을 수 있는 것으로써 방편으로 삼아서 지계는 무원이거나 유원이라는
상이라도 얻을 수 있다고 설하고 수·화·풍·공·식계는 무상이거나 유상이
라는 상이라도 얻을 수 있다고 설하며, 얻을 수 있는 것으로써 방편으로
삼아서 지계는 적정하거나 적정하지 않다는 상이라도 얻을 수 있다고
설하고 수·화·풍·공·식계는 적정하거나 적정하지 않다는 상이라도 얻을
수 있다고 설하며, 얻을 수 있는 것으로써 방편으로 삼아서 지계는 멀리
벗어나거나 멀리 벗어나지 않는다는 상이라도 얻을 수 있다고 설하고
수·화·풍·공·식계는 멀리 벗어나거나 멀리 벗어나지 않는다는 상이라도
얻을 수 있다고 설하느니라.

　얻을 수 있는 것으로써 방편으로 삼아서 고성제는 항상하거나 무상하다
는 상이라도 얻을 수 있다고 설하고 집·멸·도성제는 항상하거나 무상하다
는 상이라도 얻을 수 있다고 설하며, 얻을 수 있는 것으로써 방편으로
삼아서 고성제는 즐겁거나 괴롭다는 상이라도 얻을 수 있다고 설하고
집·멸·도성제는 즐겁거나 괴롭다는 상이라도 얻을 수 있다고 설하며,
얻을 수 있는 것으로써 방편으로 삼아서 고성제는 나이거나 무아라는
상이라도 얻을 수 있다고 설하고 집·멸·도성제는 나이거나 무아라는
상이라도 얻을 수 있다고 설하며, 얻을 수 있는 것으로써 방편으로 삼아서
고성제는 청정하거나 부정하다는 상이라도 얻을 수 있다고 설하고 집·멸·
도성제는 청정하거나 부정하다는 상이라도 얻을 수 있다고 설하며, 얻을
수 있는 것으로써 방편으로 삼아서 고성제는 공하거나 공하지 않다는

상이라도 얻을 수 있다고 설하고 집·멸·도성제는 공하거나 공하지 않다는
상이라도 얻을 수 있다고 설하며, 얻을 수 있는 것으로써 방편으로 삼아서
고성제는 무상이거나 유상이라는 상이라도 얻을 수 있다고 설하고 집·멸·
도성제는 무상이거나 유상이라는 상이라도 얻을 수 있다고 설하며, 얻을
수 있는 것으로써 방편으로 삼아서 고성제는 무원이거나 유원이라는
상이라도 얻을 수 있다고 설하고 집·멸·도성제는 무상이거나 유상이라는
상이라도 얻을 수 있다고 설하며, 얻을 수 있는 것으로써 방편으로 삼아서
고성제는 적정하거나 적정하지 않다는 상이라도 얻을 수 있다고 설하고
집·멸·도성제는 적정하거나 적정하지 않다는 상이라도 얻을 수 있다고
설하며, 얻을 수 있는 것으로써 방편으로 삼아서 고성제는 멀리 벗어나거
나 멀리 벗어나지 않는다는 상이라도 얻을 수 있다고 설하고 집·멸·도성제
는 멀리 벗어나거나 멀리 벗어나지 않는다는 상이라도 얻을 수 있다고
설하느니라.

얻을 수 있는 것으로써 방편으로 삼아서 무명은 항상하거나 무상하다는
상이라도 얻을 수 있다고 설하고 행·식·명색·육처·촉·수·애·취·유·생·
노사의 수탄고우뇌는 항상하거나 무상하다는 상이라도 얻을 수 있다고
설하며, 얻을 수 있는 것으로써 방편으로 삼아서 무명은 즐겁거나 괴롭다
는 상이라도 얻을 수 있다고 설하고 행·식·명색·육처·촉·수·애·취·유·생
·노사의 수탄고우뇌는 즐겁거나 괴롭다는 상이라도 얻을 수 있다고 설하
며, 얻을 수 있는 것으로써 방편으로 삼아서 무명은 나이거나 무아라는
상이라도 얻을 수 있다고 설하고 행·식·명색·육처·촉·수·애·취·유·생·
노사의 수탄고우뇌는 나이거나 무아라는 상이라도 얻을 수 있다고 설하며,
얻을 수 있는 것으로써 방편으로 삼아서 무명은 청정하거나 부정하다는
상이라도 얻을 수 있다고 설하고 행·식·명색·육처·촉·수·애·취·유·생·
노사의 수탄고우뇌는 청정하거나 부정하다는 상이라도 얻을 수 있다고
설하며, 얻을 수 있는 것으로써 방편으로 삼아서 무명은 공하거나 공하지
않다는 상이라도 얻을 수 있다고 설하고 행·식·명색·육처·촉·수·애·취·
유·생·노사의 수탄고우뇌는 공하거나 공하지 않다는 상이라도 얻을 수

있다고 설하며, 얻을 수 있는 것으로써 방편으로 삼아서 무명은 무상이거나 유상이라는 상이라도 얻을 수 있다고 설하고 행·식·명색·육처·촉·수·애·취·유·생·노사의 수탄고우뇌는 무상이거나 유상이라는 상이라도 얻을 수 있다고 설하며, 얻을 수 있는 것으로써 방편으로 삼아서 무명은 무원이거나 유원이라는 상이라도 얻을 수 있다고 설하고 행·식·명색·육처·촉·수·애·취·유·생·노사의 수탄고우뇌는 무상이거나 유상이라는 상이라도 얻을 수 있다고 설하며, 얻을 수 있는 것으로써 방편으로 삼아서 무명은 적정하거나 적정하지 않다는 상이라도 얻을 수 있다고 설하고 행·식·명색·육처·촉·수·애·취·유·생·노사의 수탄고우뇌는 적정하거나 적정하지 않다는 상이라도 얻을 수 있다고 설하며, 얻을 수 있는 것으로써 방편으로 삼아서 무명은 멀리 벗어나거나 멀리 벗어나지 않는다는 상이라도 얻을 수 있다고 설하고 행·식·명색·육처·촉·수·애·취·유·생·노사의 수탄고우뇌는 멀리 벗어나거나 멀리 벗어나지 않는다는 상이라도 얻을 수 있다고 설하느니라.

얻을 수 있는 것으로써 방편으로 삼아서 4정려는 항상하거나 무상하다는 상이라도 얻을 수 있다고 설하고 4무량·4무색정은 항상하거나 무상하다는 상이라도 얻을 수 있다고 설하며, 얻을 수 있는 것으로써 방편으로 삼아서 4정려는 즐겁거나 괴롭다는 상이라도 얻을 수 있다고 설하고 4무량·4무색정은 즐겁거나 괴롭다는 상이라도 얻을 수 있다고 설하며, 얻을 수 있는 것으로써 방편으로 삼아서 4정려는 나이거나 무아라는 상이라도 얻을 수 있다고 설하고 4무량·4무색정은 나이거나 무아라는 상이라도 얻을 수 있다고 설하며, 얻을 수 있는 것으로써 방편으로 삼아서 4정려는 청정하거나 부정하다는 상이라도 얻을 수 있다고 설하고 4무량·4무색정은 청정하거나 부정하다는 상이라도 얻을 수 있다고 설하며, 얻을 수 있는 것으로써 방편으로 삼아서 4정려는 공하거나 공하지 않다는 상이라도 얻을 수 있다고 설하고 4무량·4무색정은 공하거나 공하지 않다는 상이라도 얻을 수 있다고 설하며, 얻을 수 있는 것으로써 방편으로 삼아서 4정려는 무상이거나 유상이라는 상이라도 얻을 수 있다고 설하고

4무량·4무색정은 무상이거나 유상이라는 상이라도 얻을 수 있다고 설하며, 얻을 수 있는 것으로써 방편으로 삼아서 4정려는 무원이거나 유원이라는 상이라도 얻을 수 있다고 설하고 4무량·4무색정은 무상이거나 유상이라는 상이라도 얻을 수 있다고 설하며, 얻을 수 있는 것으로써 방편으로 삼아서 4정려는 적정하거나 적정하지 않다는 상이라도 얻을 수 있다고 설하고 4무량·4무색정은 적정하거나 적정하지 않다는 상이라도 얻을 수 있다고 설하며, 얻을 수 있는 것으로써 방편으로 삼아서 4정려는 멀리 벗어나거나 멀리 벗어나지 않는다는 상이라도 얻을 수 있다고 설하고 4무량·4무색정은 멀리 벗어나거나 멀리 벗어나지 않는다는 상이라도 얻을 수 있다고 설하느니라.

얻을 수 있는 것으로써 방편으로 삼아서 4념주는 항상하거나 무상하다는 상이라도 얻을 수 있다고 설하고 4정단·4신족·5근·5력·7등각지·8성도지는 항상하거나 무상하다는 상이라도 얻을 수 있다고 설하며, 얻을 수 있는 것으로써 방편으로 삼아서 4념주는 즐겁거나 괴롭다는 상이라도 얻을 수 있다고 설하고 4정단·4신족·5근·5력·7등각지·8성도지는 즐겁거나 괴롭다는 상이라도 얻을 수 있다고 설하며, 얻을 수 있는 것으로써 방편으로 삼아서 4념주는 나이거나 무아라는 상이라도 얻을 수 있다고 설하고 4정단·4신족·5근·5력·7등각지·8성도지는 나이거나 무아라는 상이라도 얻을 수 있다고 설하며, 얻을 수 있는 것으로써 방편으로 삼아서 4념주는 청정하거나 부정하다는 상이라도 얻을 수 있다고 설하고 4정단·4신족·5근·5력·7등각지·8성도지는 청정하거나 부정하다는 상이라도 얻을 수 있다고 설하며, 얻을 수 있는 것으로써 방편으로 삼아서 4념주는 공하거나 공하지 않다는 상이라도 얻을 수 있다고 설하고 4정단·4신족·5근·5력·7등각지·8성도지는 공하거나 공하지 않다는 상이라도 얻을 수 있다고 설하며, 얻을 수 있는 것으로써 방편으로 삼아서 4념주는 무상이거나 유상이라는 상이라도 얻을 수 있다고 설하고 4정단·4신족·5근·5력·7등각지·8성도지는 무상이거나 유상이라는 상이라도 얻을 수 있다고 설하며, 얻을 수 있는 것으로써 방편으로 삼아서 4념주는 무원이거나 유원이라는 상이라도 얻을 수 있다고 설하고 4정단·4신족·5근·5력·7등각지·8성도 지는 무상이거나 유상이라는 상이라도 얻을 수 있다고 설하며, 얻을 수 있는 것으로써 방편으로 삼아서 4념주는 적정하거나 적정하지 않다는 상이라도 얻을 수 있다고 설하고 4정단·4신족·5근·5력·7등각지·8성도지 는 적정하거나 적정하지 않다는 상이라도 얻을 수 있다고 설하며, 얻을 수 있는 것으로써 방편으로 삼아서 4념주는 멀리 벗어나거나 멀리 벗어나 지 않는다는 상이라도 얻을 수 있다고 설하고 4정단·4신족·5근·5력·7등 각지·8성도지는 멀리 벗어나거나 멀리 벗어나지 않는다는 상이라도 얻을 수 있다고 설하느니라.

얻을 수 있는 것으로써 방편으로 삼아서 공해탈문은 항상하거나 무상하 다는 상이라도 얻을 수 있다고 설하고 무상·무원해탈문은 항상하거나 무상하다는 상이라도 얻을 수 있다고 설하며, 얻을 수 있는 것으로써 방편으로 삼아서 공해탈문은 즐겁거나 괴롭다는 상이라도 얻을 수 있다고 설하고 무상·무원해탈문은 즐겁거나 괴롭다는 상이라도 얻을 수 있다고 설하며, 얻을 수 있는 것으로써 방편으로 삼아서 공해탈문은 나이거나 무아라는 상이라도 얻을 수 있다고 설하고 무상·무원해탈문은 나이거나 무아라는 상이라도 얻을 수 있다고 설하며, 얻을 수 있는 것으로써 방편으로 삼아서 공해탈문은 청정하거나 부정하다는 상이라도 얻을 수 있다고 설하고 무상·무원해탈문은 청정하거나 부정하다는 상이라도 얻을 수 있다고 설하며, 얻을 수 있는 것으로써 방편으로 삼아서 공해탈문은 공하거나 공하지 않다는 상이라도 얻을 수 있다고 설하고 무상·무원해탈 문은 공하거나 공하지 않다는 상이라도 얻을 수 있다고 설하며, 얻을 수 있는 것으로써 방편으로 삼아서 공해탈문은 무상이거나 유상이라는 상이라도 얻을 수 있다고 설하고 무상·무원해탈문은 무상이거나 유상이 라는 상이라도 얻을 수 있다고 설하며, 얻을 수 있는 것으로써 방편으로 삼아서 공해탈문은 무원이거나 유원이라는 상이라도 얻을 수 있다고 설하고 무상·무원해탈문은 무상이거나 유상이라는 상이라도 얻을 수 있다고 설하며, 얻을 수 있는 것으로써 방편으로 삼아서 공해탈문은

적정하거나 적정하지 않다는 상이라도 얻을 수 있다고 설하고 무상·무원
해탈문은 적정하거나 적정하지 않다는 상이라도 얻을 수 있다고 설하며,
얻을 수 있는 것으로써 방편으로 삼아서 공해탈문은 멀리 벗어나거나
멀리 벗어나지 않는다는 상이라도 얻을 수 있다고 설하고 무상·무원해탈
문은 멀리 벗어나거나 멀리 벗어나지 않는다는 상이라도 얻을 수 있다고
설하느니라.

　얻을 수 있는 것으로써 방편으로 삼아서 보시바라밀다는 항상하거나
무상하다는 상이라도 얻을 수 있다고 설하고 정계·안인·정진·정려·반야
바라밀다는 항상하거나 무상하다는 상이라도 얻을 수 있다고 설하며,
얻을 수 있는 것으로써 방편으로 삼아서 보시바라밀다는 즐겁거나 괴롭다
는 상이라도 얻을 수 있다고 설하고 정계·안인·정진·정려·반야바라밀다
는 즐겁거나 괴롭다는 상이라도 얻을 수 있다고 설하며, 얻을 수 있는
것으로써 방편으로 삼아서 보시바라밀다는 나이거나 무아라는 상이라도
얻을 수 있다고 설하고 정계·안인·정진·정려·반야바라밀다는 나이거나
무아라는 상이라도 얻을 수 있다고 설하며, 얻을 수 있는 것으로써 방편으
로 삼아서 보시바라밀다는 청정하거나 부정하다는 상이라도 얻을 수
있다고 설하고 정계·안인·정진·정려·반야바라밀다는 청정하거나 부정
하다는 상이라도 얻을 수 있다고 설하며, 얻을 수 있는 것으로써 방편으로
삼아서 보시바라밀다는 공하거나 공하지 않다는 상이라도 얻을 수 있다고
설하고 정계·안인·정진·정려·반야바라밀다는 공하거나 공하지 않다는
상이라도 얻을 수 있다고 설하며, 얻을 수 있는 것으로써 방편으로 삼아서
보시바라밀다는 무상이거나 유상이라는 상이라도 얻을 수 있다고 설하고
정계·안인·정진·정려·반야바라밀다는 무상이거나 유상이라는 상이라
도 얻을 수 있다고 설하며, 얻을 수 있는 것으로써 방편으로 삼아서 보시바라밀
다는 무원이거나 유원이라는 상이라도 얻을 수 있다고 설하고 정계·안인·정
진·정려·반야바라밀다는 무상이거나 유상이라는 상이라도 얻을 수 있다
고 설하며, 얻을 수 있는 것으로써 방편으로 삼아서 보시바라밀다는
적정하거나 적정하지 않다는 상이라도 얻을 수 있다고 설하고 정계·안인·

정진·정려·반야바라밀다는 적정하거나 적정하지 않다는 상이라도 얻을
수 있다고 설하며, 얻을 수 있는 것으로써 방편으로 삼아서 보시바라밀다
는 멀리 벗어나거나 멀리 벗어나지 않는다는 상이라도 얻을 수 있다고
설하고 정계·안인·정진·정려·반야바라밀다는 멀리 벗어나거나 멀리 벗
어나지 않는다는 상이라도 얻을 수 있다고 설하느니라.

얻을 수 있는 것으로써 방편으로 삼아서 5안은 항상하거나 무상하다는
상이라도 얻을 수 있다고 설하고 6신통은 항상하거나 무상하다는 상이라
도 얻을 수 있다고 설하며, 얻을 수 있는 것으로써 방편으로 삼아서
5안은 즐겁거나 괴롭다는 상이라도 얻을 수 있다고 설하고 6신통은 즐겁거
나 괴롭다는 상이라도 얻을 수 있다고 설하며, 얻을 수 있는 것으로써
방편으로 삼아서 5안은 나이거나 무아라는 상이라도 얻을 수 있다고
설하고 6신통은 나이거나 무아라는 상이라도 얻을 수 있다고 설하며,
얻을 수 있는 것으로써 방편으로 삼아서 5안은 청정하거나 부정하다는
상이라도 얻을 수 있다고 설하고 6신통은 청정하거나 부정하다는 상이라
도 얻을 수 있다고 설하며, 얻을 수 있는 것으로써 방편으로 삼아서
5안은 공하거나 공하지 않다는 상이라도 얻을 수 있다고 설하고 6신통은
공하거나 공하지 않다는 상이라도 얻을 수 있다고 설하며, 얻을 수 있는
것으로써 방편으로 삼아서 5안은 무상이거나 유상이라는 상이라도 얻을
수 있다고 설하고 6신통은 무상이거나 유상이라는 상이라도 얻을 수
있다고 설하며, 얻을 수 있는 것으로써 방편으로 삼아서 5안은 무원이거나
유원이라는 상이라도 얻을 수 있다고 설하고 6신통은 무상이거나 유상이
라는 상이라도 얻을 수 있다고 설하며, 얻을 수 있는 것으로써 방편으로
삼아서 5안은 적정하거나 적정하지 않다는 상이라도 얻을 수 있다고 설하고
6신통은 적정하거나 적정하지 않다는 상이라도 얻을 수 있다고 설하며,
얻을 수 있는 것으로써 방편으로 삼아서 5안은 멀리 벗어나거나 멀리
벗어나지 않는다는 상이라도 얻을 수 있다고 설하고 6신통은 멀리 벗어나
거나 멀리 벗어나지 않는다는 상이라도 얻을 수 있다고 설하느니라.

얻을 수 있는 것으로써 방편으로 삼아서 여래의 10력은 항상하거나

무상하다는 상이라도 얻을 수 있다고 설하고 4무소외·4무애해·대자·대비
·대희·대사·18불불공법·일체지·도상지·일체상지는 항상하거나 무상하
다는 상이라도 얻을 수 있다고 설하며, 얻을 수 있는 것으로써 방편으로
삼아서 여래의 10력은 즐겁거나 괴롭다는 상이라도 얻을 수 있다고 설하고
4무소외·4무애해·대자·대비·대희·대사·18불불공법·일체지·도상지·
일체상지는 즐겁거나 괴롭다는 상이라도 얻을 수 있다고 설하며, 얻을
수 있는 것으로써 방편으로 삼아서 여래의 10력은 나이거나 무아라는
상이라도 얻을 수 있다고 설하고 4무소외·4무애해·대자·대비·대희·대사
·18불불공법·일체지·도상지·일체상지는 나이거나 무아라는 상이라도
얻을 수 있다고 설하며, 얻을 수 있는 것으로써 방편으로 삼아서 여래의
10력은 청정하거나 부정하다는 상이라도 얻을 수 있다고 설하고 4무소외·
4무애해·대자·대비·대희·대사·18불불공법·일체지·도상지·일체상지
는 청정하거나 부정하다는 상이라도 얻을 수 있다고 설하며, 얻을 수
있는 것으로써 방편으로 삼아서 여래의 10력은 공하거나 공하지 않다는
상이라도 얻을 수 있다고 설하고 4무소외·4무애해·대자·대비·대희·대사
·18불불공법·일체지·도상지·일체상지는 공하거나 공하지 않다는 상이
라도 얻을 수 있다고 설하며, 얻을 수 있는 것으로써 방편으로 삼아서
여래의 10력은 무상이거나 유상이라는 상이라도 얻을 수 있다고 설하고
4무소외·4무애해·대자·대비·대희·대사·18불불공법·일체지·도상지·
일체상지는 무상이거나 유상이라는 상이라도 얻을 수 있다고 설하며,
얻을 수 있는 것으로써 방편으로 삼아서 여래의 10력은 무원이거나 유원이
라는 상이라도 얻을 수 있다고 설하고 4무소외·4무애해·대자·대비·대희·
대사·18불불공법·일체지·도상지·일체상지는 무상이거나 유상이라는
상이라도 얻을 수 있다고 설하며, 얻을 수 있는 것으로써 방편으로 삼아서
여래의 10력은 적정하거나 적정하지 않다는 상이라도 얻을 수 있다고 설하고
4무소외·4무애해·대자·대비·대희·대사·18불불공법·일체지·도상지·
일체상지는 적정하거나 적정하지 않다는 상이라도 얻을 수 있다고 설하며,
얻을 수 있는 것으로써 방편으로 삼아서 5안은 멀리 벗어나거나 멀리

벗어나지 않는다는 상이라도 얻을 수 있다고 설하고 4무소외·4무애해·대자·대비·대희·대사·18불불공법·일체지·도상지·일체상지는 멀리 벗어나거나 멀리 벗어나지 않는다는 상이라도 얻을 수 있다고 설하느니라.

선현이여. 만약 이와 같은 것 등의 일을 말하여서 깨닫지 못하게 하는 자라면 보살마하살의 악한 벗이니라. 만약 보살마하살이 반야바라밀다를 수행하는 때에, 이러한 악한 벗들에게 섭수되었는데, 이와 같은 매우 깊은 반야바라밀다를 설하는 것을 듣는다면 그 마음에 놀라움이 있고 공포가 있느니라.

다시 다음으로 선현이여. 제보살마하살의 악한 벗이라는 것은 만약 악마의 일과 악마의 허물을 말해주지 않는 것이니 이를테면, 악마가 있어서 보살마하살의 형상을 짓고 보살마하살의 처소로 와서 얻을 수 있는 것으로써 내공은 얻을 것이 있다고 관찰하도록 가르치고, 외공·내외공·공공·대공·승의공·유위공·무위공·필경공·무제공·산공·무변이공·본성공·자상공·공상공·일체법공·불가득공·무성공·자성공·무성자성공은 얻을 것이 있다고 관찰하도록 가르치며, 4정려는 얻을 것이 있다고 수습하도록 가르치고 4무량·4무색정은 얻을 것이 있다고 수습하도록 가르치며, 4정려는 얻을 것이 있다고 수습하도록 가르치고 4정단·4신족·5근·5력·7등각지·8성도지는 얻을 것이 있다고 수습하도록 가르치며, 공해탈문은 얻을 것이 있다고 수습하도록 가르치고 무상·무원해탈문은 얻을 것이 있다고 수습하도록 가르치며, 보시바라밀다는 얻을 것이 있다고 수습하도록 가르치고 정계·안인·정진·정려·반야바라밀다는 얻을 것이 있다고 수습하도록 가르치며, 5안은 얻을 것이 있다고 수습하도록 가르치고 6신통은 얻을 것이 있다고 수습하도록 가르치며, 여래의 10력은 얻을 것이 있다고 수습하도록 가르치고 4무소외·4무애해·대자·대비·대희·대사·18불불공법·일체지·도상지·일체상지는 얻을 것이 있다고 수습하도록 가르치느니라.

선현이여. 만약 이와 같은 것 등의 일을 말하여서 깨닫지 못하게 하는 자라면 보살마하살의 악한 벗이니라. 만약 보살마하살이 반야바라밀다를 수행하는 때에, 이러한 악한 벗들에게 섭수되었는데, 이와 같은 매우 깊은 반야바라밀다를 설하는 것을 듣는다면 그 마음에 놀라움이 있고 공포가 있느니라."

12. 보살품(菩薩品)(1)

그때 구수 선현이 세존께 아뢰어 말하였다.

"세존이시여. 보살이라고 말씀하신 것은 무슨 구의(句義)[1]입니까?"

세존께서 선현에게 알리셨다.

"구의가 없다면 보살의 구의이니라. 왜 그러한가? 선현이여. 보리(菩提)는 생겨나지 않고 살타(薩埵)는 있지 않은 까닭이니, 구의가 없다면 보살의 구의이니라. 선현이여. 공중의 새 발자국이라는 구의는 무소유이므로 얻을 수 없는 것과 같이, 보살이라는 구의도 무소유이므로 얻을 수 있는 것이 없으며, 역시 이와 같으니라. 선현이여. 환영의 일(幻事)이라는 구의는 무소유이므로 얻을 수 없는 것과 같이, 보살이라는 구의도 무소유이므로 얻을 수 없으며, 역시 이와 같으니라. 선현이여. 꿈의 경계라는 구의와 같거나, 아지랑이의 구의와 같거나, 그림자의 구의와 같거나, 허공의 꽃이라는 구의와 같거나, 형상이라는 구의와 같거나, 메아리라는 구의와 같거나, 심향성(尋香城)이라는 구의와 같거나, 변화(變化)하는 일이라는 구의는 무소유이므로 얻을 수 없는 것과 같이, 보살이라는 구의도 무소유이므로 얻을 수 없으며, 역시 이와 같으니라.

선현이여. 진여(眞如)라는 구의는 무소유이므로 얻을 수 없는 것과 같이, 보살이라는 구의도 무소유이므로 얻을 수 없으며, 역시 이와 같으니라. 선현이여. 법계(法界)라는 구의와 같거나, 법성(法性)이라는 구의와

---

1) 산스크리트어 padārtha의 번역이고, '원리', '범주', '대상의 명칭' 등을 뜻한다.

같거나, 법주(法住)라는 구의와 같거나, 법정(法定)이라는 구의와 같거나, 불허망(不虛妄)이라는 구의와 같거나, 불변이(不變異)라는 구의와 같거나, 이생성(離生性)이라는 구의와 같거나, 평등성(平等性)이라는 구의와 같거나, 실제(實際)라는 구의는 무소유이므로 얻을 수 없는 것과 같이, 보살이라는 구의도 무소유이므로 얻을 수 없으며, 역시 이와 같으니라.

다시 다음으로 선현이여. 마술사(幻士)가 색(色)이라는 구의는 무소유이므로 얻을 수 없는 것과 같이, 보살마하살이 반야바라밀다를 수행하는 때에 보살이라는 구의는 무소유이므로 얻을 수 없으며, 역시 이와 같다고 관찰하느니라. 선현이여. 마술사가 수(受)·상(想)·행(行)·식(識)이라는 구의는 무소유이므로 얻을 수 없는 것과 같이, 보살마하살이 반야바라밀다를 수행하는 때에 보살이라는 구의는 무소유이므로 얻을 수 없으며, 역시 이와 같다고 관찰하느니라.

선현이여. 마술사가 안처(眼處)라는 구의는 무소유이므로 얻을 수 없는 것과 같이, 보살마하살이 반야바라밀다를 수행하는 때에 보살이라는 구의는 무소유이므로 얻을 수 없으며, 역시 이와 같다고 관찰하느니라. 선현이여. 마술사가 이(耳)·비(鼻)·설(舌)·신(身)·의처(意處)라는 구의는 무소유이므로 얻을 수 없는 것과 같이, 보살마하살이 반야바라밀다를 수행하는 때에 보살이라는 구의는 무소유이므로 얻을 수 없으며, 역시 이와 같다고 관찰하느니라.

선현이여. 마술사가 색처(色處)라는 구의는 무소유이므로 얻을 수 없는 것과 같이, 보살마하살이 반야바라밀다를 수행하는 때에 보살이라는 구의는 무소유이므로 얻을 수 없으며, 역시 이와 같다고 관찰하느니라. 선현이여. 마술사가 성(聲)·향(香)·미(味)·촉(觸)·법처(法處)라는 구의는 무소유이므로 얻을 수 없는 것과 같이, 보살마하살이 반야바라밀다를 수행하는 때에 보살이라는 구의는 무소유이므로 얻을 수 없으며, 역시 이와 같다고 관찰하느니라.

선현이여. 마술사가 안계(眼界)라는 구의는 무소유이므로 얻을 수 없는 것과 같이, 보살마하살이 반야바라밀다를 수행하는 때에 보살이라는

구의는 무소유이므로 얻을 수 없으며, 역시 이와 같다고 관찰하느니라.

선현이여. 마술사가 색계(色界)·안식계(眼識界), …… 나아가 …… 안촉(眼觸)·안촉을 인연으로 생겨난 여러 수(受)라는 구의는 무소유이므로 얻을 수 없는 것과 같이, 보살마하살이 반야바라밀다를 수행하는 때에 보살이라는 구의는 무소유이므로 얻을 수 없으며, 역시 이와 같다고 관찰하느니라.

선현이여. 마술사가 이계(耳界)라는 구의는 무소유이므로 얻을 수 없는 것과 같이, 보살마하살이 반야바라밀다를 수행하는 때에 보살이라는 구의는 무소유이므로 얻을 수 없으며, 역시 이와 같다고 관찰하느니라. 선현이여. 마술사가 성계(聲界)·이식계(耳識界), …… 나아가 …… 이촉(耳觸)·이촉을 인연으로 생겨난 여러 수라는 구의는 무소유이므로 얻을 수 없는 것과 같이, 보살마하살이 반야바라밀다를 수행하는 때에 보살이라는 구의는 무소유이므로 얻을 수 없으며, 역시 이와 같다고 관찰하느니라.

선현이여. 마술사가 비계(鼻界)라는 구의는 무소유이므로 얻을 수 없는 것과 같이, 보살마하살이 반야바라밀다를 수행하는 때에 보살이라는 구의는 무소유이므로 얻을 수 없으며, 역시 이와 같다고 관찰하느니라. 선현이여. 마술사가 향계(香界)·비식계(鼻識界), …… 나아가 …… 비촉(鼻觸)·비촉을 인연으로 생겨난 여러 수라는 구의는 무소유이므로 얻을 수 없는 것과 같이, 보살마하살이 반야바라밀다를 수행하는 때에 보살이라는 구의는 무소유이므로 얻을 수 없으며, 역시 이와 같다고 관찰하느니라.

선현이여. 마술사가 설계(舌界)라는 구의는 무소유이므로 얻을 수 없는 것과 같이, 보살마하살이 반야바라밀다를 수행하는 때에 보살이라는 구의는 무소유이므로 얻을 수 없으며, 역시 이와 같다고 관찰하느니라. 선현이여. 마술사가 미계(味界)·설식계(舌識界), …… 나아가 …… 설촉(舌觸)·설촉을 인연으로 생겨난 여러 수라는 구의는 무소유이므로 얻을 수 없는 것과 같이, 보살마하살이 반야바라밀다를 수행하는 때에 보살이라는 구의는 무소유이므로 얻을 수 없으며, 역시 이와 같다고 관찰하느니라.

선현이여. 마술사가 신계(身界)라는 구의는 무소유이므로 얻을 수 없는 것과 같이, 보살마하살이 반야바라밀다를 수행하는 때에 보살이라는

구의는 무소유이므로 얻을 수 없으며, 역시 이와 같다고 관찰하느니라.

선현이여. 마술사가 촉계(觸界)·신식계(身識界), …… 나아가 …… 신촉(身觸)·신촉을 인연으로 생겨난 여러 수라는 구의는 무소유이므로 얻을 수 없는 것과 같이, 보살마하살이 반야바라밀다를 수행하는 때에 보살이라는 구의는 무소유이므로 얻을 수 없으며, 역시 이와 같다고 관찰하느니라.

선현이여. 마술사가 의계(意界)라는 구의는 무소유이므로 얻을 수 없는 것과 같이, 보살마하살이 반야바라밀다를 수행하는 때에 보살이라는 구의는 무소유이므로 얻을 수 없으며, 역시 이와 같다고 관찰하느니라. 선현이여. 마술사가 법계(法界)·의식계(意識界), …… 나아가 …… 의촉(意觸)·의촉을 인연으로 생겨난 여러 수라는 구의는 무소유이므로 얻을 수 없는 것과 같이, 보살마하살이 반야바라밀다를 수행하는 때에 보살이라는 구의는 무소유이므로 얻을 수 없으며, 역시 이와 같다고 관찰하느니라.

선현이여. 마술사가 지계(地界)라는 구의는 무소유이므로 얻을 수 없는 것과 같이, 보살마하살이 반야바라밀다를 수행하는 때에 보살이라는 구의는 무소유이므로 얻을 수 없으며, 역시 이와 같다고 관찰하느니라. 선현이여. 마술사가 수(水)·화(火)·풍(風)·공(空)·식계(識界)라는 구의는 무소유이므로 얻을 수 없는 것과 같이, 보살마하살이 반야바라밀다를 수행하는 때에 보살이라는 구의는 무소유이므로 얻을 수 없으며, 역시 이와 같다고 관찰하느니라.

선현이여. 마술사가 고성제(苦聖諦)라는 구의는 무소유이므로 얻을 수 없는 것과 같이, 보살마하살이 반야바라밀다를 수행하는 때에 보살이라는 구의는 무소유이므로 얻을 수 없으며, 역시 이와 같다고 관찰하느니라. 선현이여. 마술사가 집(集)·멸(滅)·도성제(道聖諦)라는 구의는 무소유이므로 얻을 수 없는 것과 같이, 보살마하살이 반야바라밀다를 수행하는 때에 보살이라는 구의는 무소유이므로 얻을 수 없으며, 역시 이와 같다고 관찰하느니라.

선현이여. 마술사가 무명(無明)이라는 구의는 무소유이므로 얻을 수 없는 것과 같이, 보살마하살이 반야바라밀다를 수행하는 때에 보살이라는

구의는 무소유이므로 얻을 수 없으며, 역시 이와 같다고 관찰하느니라.
선현이여. 마술사가 행(行)·식(識)·명색(名色)·육처(六處)·촉(觸)·수(受)·
애(愛)·취(取)·유(有)·생(生)·노사(老死)의 수탄고우뇌(愁歎苦憂惱)라는
구의는 무소유이므로 얻을 수 없는 것과 같이, 보살마하살이 반야바라밀
다를 수행하는 때에 보살이라는 구의는 무소유이므로 얻을 수 없으며,
역시 이와 같다고 관찰하느니라.

선현이여. 마술사가 4정려(四靜慮)라는 구의는 무소유이므로 얻을 수
없는 것과 같이, 보살마하살이 반야바라밀다를 수행하는 때에 보살이라는
구의는 무소유이므로 얻을 수 없으며, 역시 이와 같다고 관찰하느니라.
선현이여. 마술사가 4무량(四無量)·4무색정(四無色定)이라는 구의는 무소
유이므로 얻을 수 없는 것과 같이, 보살마하살이 반야바라밀다를 수행하
는 때에 보살이라는 구의는 무소유이므로 얻을 수 없으며, 역시 이와
같다고 관찰하느니라.

선현이여. 마술사가 4념주(四念住)라는 구의는 얻을 수 있는 것이 없는
것과 같이, 보살마하살이 반야바라밀다를 수행하는 때에 보살이라는
구의는 무소유이므로 얻을 수 없으며, 역시 이와 같다고 관찰하느니라.
선현이여. 마술사가 4정단(四正斷)·4신족(四神足)·5근(五根)·5력(五力)·7
등각지(七等覺支)·8성도지(八聖道支)라는 구의는 무소유이므로 얻을 수
없는 것과 같이, 보살마하살이 반야바라밀다를 수행하는 때에 보살이라는
구의는 무소유이므로 얻을 수 없으며, 역시 이와 같다고 관찰하느니라.

선현이여. 마술사가 공해탈문(空解脫門)이라는 구의는 무소유이므로
얻을 수 없는 것과 같이, 보살마하살이 반야바라밀다를 수행하는 때에
보살이라는 구의는 무소유이므로 얻을 수 없으며, 역시 이와 같다고
관찰하느니라. 선현이여. 마술사가 무상(無相)·무원(無願)해탈문이라는
구의는 무소유이므로 얻을 수 없는 것과 같이, 보살마하살이 반야바라밀
다를 수행하는 때에 보살이라는 구의는 무소유이므로 얻을 수 없으며,
역시 이와 같다고 관찰하느니라."

마하반야바라밀다경 제46권

12. 보살품(菩薩品)(2)

"선현이여. 마술사가 보시바라밀다(布施波羅密多)라는 구의는 무소유이므로 얻을 수 없는 것과 같이, 보살마하살이 반야바라밀다를 수행하는 때에 보살이라는 구의는 무소유이므로 얻을 수 없으며, 역시 이와 같다고 관찰하느니라. 선현이여. 마술사가 정계(淨戒)·안인(安忍)·정진(精進)·정려(靜慮)·반야바라밀다(般若波羅密多)라는 구의는 무소유이므로 얻을 수 없는 것과 같이, 보살마하살이 반야바라밀다를 수행하는 때에 보살이라는 구의는 무소유이므로 얻을 수 없으며, 역시 이와 같다고 관찰하느니라.

선현이여. 마술사가 5안(眼)이라는 구의는 무소유이므로 얻을 수 없는 것과 같이, 보살마하살이 반야바라밀다를 수행하는 때에 보살이라는 구의는 무소유이므로 얻을 수 없으며, 역시 이와 같다고 관찰하느니라. 선현이여. 마술사가 6신통(神通)이라는 구의는 무소유이므로 얻을 수 없는 것과 같이, 보살마하살이 반야바라밀다를 수행하는 때에 보살이라는 구의는 무소유이므로 얻을 수 없으며, 역시 이와 같다고 관찰하느니라.

선현이여. 마술사가 여래(如來)의 10력(力)이라는 구의는 무소유이므로 얻을 수 없는 것과 같이, 보살마하살이 반야바라밀다를 수행하는 때에 보살이라는 구의는 무소유이므로 얻을 수 없으며, 역시 이와 같다고 관찰하느니라. 선현이여. 마술사가 4무소외(四無所畏)·4무애해(四無碍解)·대자(大慈)·대비(大悲)·대희(大喜)·대사(大捨)·18불불공법(十八不佛共法)·일체지(一切智)·도상지(道相智)·일체상지(一切相智)라는 구의는 무소유이므로 얻을 수 없는 것과 같이, 보살마하살이 반야바라밀다를 수행하는 때에 보살이라는 구의는 무소유이므로 얻을 수 없으며, 역시 이와 같다고 관찰하느니라.

선현이여. 마술사가 내공(內空)이라는 구의는 무소유이므로 얻을 수 없는 것과 같이, 보살마하살이 반야바라밀다를 수행하는 때에 보살이라는 구의는 무소유이므로 얻을 수 없으며, 역시 이와 같다고 관찰하느니라. 선현이여. 마술사가 외공(外空)·내외공(內外空)·공공(空空)·대공(大空)·승의공(勝義空)·유위공(有爲空)·무위공(無爲空)·필경공(畢竟空)·무제공(無際空)·산공(散空)·무변이공(無變異空)·본성공(本性空)·자상공(自相空)·공상공(共相空)·일체법공(一切法空)·불가득공(不可得空)·무성공(無性空)·자성공(自性空)·무성자성공(無性自性空)이라는 구의는 무소유이므로 얻을 수 없는 것과 같이, 보살마하살이 반야바라밀다를 수행하는 때에 보살이라는 구의는 무소유이므로 얻을 수 없으며, 역시 이와 같다고 관찰하느니라.

선현이여. 마술사가 행하는 4정려라는 구의는 무소유이므로 얻을 수 없는 것과 같이, 보살마하살이 반야바라밀다를 수행하는 때에 보살이라는 구의는 무소유이므로 얻을 수 없으며, 역시 이와 같다고 관찰하느니라. 선현이여. 마술사가 행하는 4무량·4무색정이라는 구의는 무소유이므로 얻을 수 없는 것과 같이, 보살마하살이 반야바라밀다를 수행하는 때에 보살이라는 구의는 무소유이므로 얻을 수 없으며, 역시 이와 같다고 관찰하느니라.

선현이여. 마술사가 행하는 4념주라는 구의는 무소유이므로 얻을 수 없는 것과 같이, 보살마하살이 반야바라밀다를 수행하는 때에 보살이라는 구의는 무소유이므로 얻을 수 없으며, 역시 이와 같다고 관찰하느니라. 선현이여. 마술사가 행하는 4정단·4신족·5근·5력·7등각지·8성도지라는 구의는 무소유이므로 얻을 수 없는 것과 같이, 보살마하살이 반야바라밀다를 수행하는 때에 보살이라는 구의는 무소유이므로 얻을 수 없으며, 역시 이와 같다고 관찰하느니라.

선현이여. 마술사가 행하는 공해탈문이라는 구의는 무소유이므로 얻을 수 없는 것과 같이, 보살마하살이 반야바라밀다를 수행하는 때에 보살이라는 구의는 무소유이므로 얻을 수 없으며, 역시 이와 같다고 관찰하느니라. 선현이여. 마술사가 행하는 무상·무원해탈문이라는 구의는 무소유이므로 얻을 수 없는 것과 같이, 보살마하살이 반야바라밀다를 수행하는 때에 보살이라는 구의는 무소유이므로 얻을 수 없으며, 역시 이와 같다고 관찰하느니라.

선현이여. 마술사가 행하는 보시바라밀다라는 구의는 무소유이므로 얻을 수 없는 것과 같이, 보살마하살이 반야바라밀다를 수행하는 때에 보살이라는 구의는 무소유이므로 얻을 수 없으며, 역시 이와 같다고 관찰하느니라. 선현이여. 마술사가 행하는 정계·안인·정진·정려·반야바라밀다라는 구의는 무소유이므로 얻을 수 없는 것과 같이, 보살마하살이 반야바라밀다를 수행하는 때에 보살이라는 구의는 무소유이므로 얻을 수 없으며, 역시 이와 같다고 관찰하느니라.

선현이여. 마술사가 행하는 5안이라는 구의는 무소유이므로 얻을 수 없는 것과 같이, 보살마하살이 반야바라밀다를 수행하는 때에 보살이라는 구의는 무소유이므로 얻을 수 없으며, 역시 이와 같다고 관찰하느니라. 선현이여. 마술사가 행하는 6신통이라는 구의는 무소유이므로 얻을 수 없는 것과 같이, 보살마하살이 반야바라밀다를 수행하는 때에 보살이라는 구의는 무소유이므로 얻을 수 없으며, 역시 이와 같다고 관찰하느니라.

선현이여. 마술사가 행하는 여래의 10력이라는 구의는 무소유이므로 얻을 수 없는 것과 같이, 보살마하살이 반야바라밀다를 수행하는 때에 보살이라는 구의는 무소유이므로 얻을 수 없으며, 역시 이와 같다고 관찰하느니라. 선현이여. 마술사가 행하는 4무소외·4무애해·대자·대비·대희·대사·18불불공법·일체지·도상지·일체상지라는 구의는 무소유이므로 얻을 수 없는 것과 같이, 보살마하살이 반야바라밀다를 수행하는 때에 보살이라는 구의는 무소유이므로 얻을 수 없으며, 역시 이와 같다고 관찰하느니라.”

"다시 다음으로 선현이여. 여래(如來)·응공(應)·정등각(正等覺)의 색(色)이라는 상(相)의 구의는 무소유이므로 얻을 수 없는 것과 같이, 보살마하살이 반야바라밀다를 수행하는 때에 보살이라는 구의는 무소유이므로 얻을 수 없으며, 역시 이와 같다고 관찰하느니라. 선현이여. 여래·응공·정등각의 수·상·행·식이라는 구의는 무소유이므로 얻을 수 없는 것과 같이, 보살마하살이 반야바라밀다를 수행하는 때에 보살이라는 구의는 무소유이므로 얻을 수 없으며, 역시 이와 같다고 관찰하느니라.

선현이여. 여래·응공·정등각의 안처의 상이라는 구의는 무소유이므로 얻을 수 없는 것과 같이, 보살마하살이 반야바라밀다를 수행하는 때에 보살이라는 구의는 무소유이므로 얻을 수 없으며, 역시 이와 같다고 관찰하느니라. 선현이여. 여래·응공·정등각의 이·비·설·신·의처라는 구의는 무소유이므로 얻을 수 없는 것과 같이, 보살마하살이 반야바라밀다를 수행하는 때에 보살이라는 구의는 무소유이므로 얻을 수 없으며, 역시 이와 같다고 관찰하느니라.

선현이여. 여래·응공·정등각의 색처의 상이라는 구의는 무소유이므로 얻을 수 없는 것과 같이, 보살마하살이 반야바라밀다를 수행하는 때에 보살이라는 구의는 무소유이므로 얻을 수 없으며, 역시 이와 같다고 관찰하느니라. 선현이여. 여래·응공·정등각의 성·향·미·촉·법처라는 구의는 무소유이므로 얻을 수 없는 것과 같이, 보살마하살이 반야바라밀다를 수행하는 때에 보살이라는 구의는 무소유이므로 얻을 수 없으며, 역시 이와 같다고 관찰하느니라.

선현이여. 여래·응공·정등각의 안계의 상이라는 구의는 무소유이므로 얻을 수 없는 것과 같이, 보살마하살이 반야바라밀다를 수행하는 때에 보살이라는 구의는 무소유이므로 얻을 수 없으며, 역시 이와 같다고 관찰하느니라. 선현이여. 여래·응공·정등각의 색계·안식계, …… 나아가 …… 안촉·안촉을 인연으로 생겨난 여러 수라는 구의는 무소유이므로 얻을 수 없는 것과 같이, 보살마하살이 반야바라밀다를 수행하는 때에 보살이라는 구의는 무소유이므로 얻을 수 없으며, 역시 이와 같다고 관찰하느니라.

선현이여. 여래·응공·정등각의 이계의 상이라는 구의는 무소유이므로 얻을 수 없는 것과 같이, 보살마하살이 반야바라밀다를 수행하는 때에 보살이라는 구의는 무소유이므로 얻을 수 없으며, 역시 이와 같다고 관찰하느니라. 선현이여. 여래·응공·정등각의 성계·이식계, …… 나아가 …… 이촉·이촉을 인연으로 생겨난 여러 수라는 구의는 무소유이므로 얻을 수 없는 것과 같이, 보살마하살이 반야바라밀다를 수행하는 때에 보살이라는 구의는 무소유이므로 얻을 수 없으며, 역시 이와 같다고 관찰하느니라.

선현이여. 여래·응공·정등각의 비계의 상이라는 구의는 무소유이므로 얻을 수 없는 것과 같이, 보살마하살이 반야바라밀다를 수행하는 때에 보살이라는 구의는 무소유이므로 얻을 수 없으며, 역시 이와 같다고 관찰하느니라. 선현이여. 여래·응공·정등각의 향계·비식계, …… 나아가 …… 비촉·비촉을 인연으로 생겨난 여러 수라는 구의는 무소유이므로 얻을 수 없는 것과 같이, 보살마하살이 반야바라밀다를 수행하는 때에 보살이라는 구의는 무소유이므로 얻을 수 없으며, 역시 이와 같다고 관찰하느니라.

선현이여. 여래·응공·정등각의 설계의 상이라는 구의는 무소유이므로 얻을 수 없는 것과 같이, 보살마하살이 반야바라밀다를 수행하는 때에 보살이라는 구의는 무소유이므로 얻을 수 없으며, 역시 이와 같다고 관찰하느니라. 선현이여. 여래·응공·정등각의 미계·설식계, …… 나아가 …… 설촉·설촉을 인연으로 생겨난 여러 수라는 구의는 무소유이므로 얻을 수 없는 것과 같이, 보살마하살이 반야바라밀다를 수행하는 때에 보살이라는 구의는 무소유이므로 얻을 수 없으며, 역시 이와 같다고 관찰하느니라.

선현이여. 여래·응공·정등각의 신계의 상이라는 구의는 무소유이므로 얻을 수 없는 것과 같이, 보살마하살이 반야바라밀다를 수행하는 때에 보살이라는 구의는 무소유이므로 얻을 수 없으며, 역시 이와 같다고 관찰하느니라. 선현이여. 여래·응공·정등각의 촉계·신식계, …… 나아가 …… 신촉·신촉을 인연으로 생겨난 여러 수라는 구의는 무소유이므로 얻을 수 없는 것과 같이, 보살마하살이 반야바라밀다를 수행하는 때에 보살이라는 구의는 무소유이므로 얻을 수 없으며, 역시 이와 같다고 관찰하느니라.

선현이여. 여래·응공·정등각의 의계의 상이라는 구의는 무소유이므로 얻을 수 없는 것과 같이, 보살마하살이 반야바라밀다를 수행하는 때에 보살이라는 구의는 무소유이므로 얻을 수 없으며, 역시 이와 같다고 관찰하느니라. 선현이여. 여래·응공·정등각의 법계·의식계, …… 나아가 …… 의촉·의촉을 인연으로 생겨난 여러 수라는 구의는 무소유이므로 얻을 수 없는 것과 같이, 보살마하살이 반야바라밀다를 수행하는 때에 보살이라는 구의는 무소유이므로 얻을 수 없으며, 역시 이와 같다고 관찰하느니라.

선현이여. 여래·응공·정등각의 지계의 상이라는 구의는 무소유이므로 얻을 수 없는 것과 같이, 보살마하살이 반야바라밀다를 수행하는 때에 보살이라는 구의는 무소유이므로 얻을 수 없으며, 역시 이와 같다고 관찰하느니라. 선현이여. 여래·응공·정등각의 수·화·풍·공·식계라는 구의는 무소유이므로 얻을 수 없는 것과 같이, 보살마하살이 반야바라밀다를 수행하는 때에 보살이라는 구의는 무소유이므로 얻을 수 없으며, 역시 이와 같다고 관찰하느니라.

선현이여. 여래·응공·정등각의 고성제의 상이라는 구의는 무소유이므로 얻을 수 없는 것과 같이, 보살마하살이 반야바라밀다를 수행하는 때에 보살이라는 구의는 무소유이므로 얻을 수 없으며, 역시 이와 같다고 관찰하느니라. 선현이여. 여래·응공·정등각의 집·멸·도성제라는 구의는 무소유이므로 얻을 수 없는 것과 같이, 보살마하살이 반야바라밀다를 수행하는 때에 보살이라는 구의는 무소유이므로 얻을 수 없으며, 역시 이와 같다고 관찰하느니라.

선현이여. 여래·응공·정등각의 무명의 상이라는 구의는 무소유이므로 얻을 수 없는 것과 같이, 보살마하살이 반야바라밀다를 수행하는 때에 보살이라는 구의는 무소유이므로 얻을 수 없으며, 역시 이와 같다고 관찰하느니라. 선현이여. 여래·응공·정등각의 행·식·명색·육처·촉·수· 애·취·유·생·노사의 수탄고우뇌라는 구의는 무소유이므로 얻을 수 없는 것과 같이, 보살마하살이 반야바라밀다를 수행하는 때에 보살이라는 구의는 무소유이므로 얻을 수 없으며, 역시 이와 같다고 관찰하느니라.

선현이여. 여래·응공·정등각의 4정려의 상이라는 구의는 무소유이므로 얻을 수 없는 것과 같이, 보살마하살이 반야바라밀다를 수행하는 때에 보살이라는 구의는 무소유이므로 얻을 수 없으며, 역시 이와 같다고 관찰하느니라. 선현이여. 여래·응공·정등각의 4무량·4무색정이라는 구의는 무소유이므로 얻을 수 없는 것과 같이, 보살마하살이 반야바라밀다를 수행하는 때에 보살이라는 구의는 무소유이므로 얻을 수 없으며, 역시 이와 같다고 관찰하느니라.

선현이여. 여래·응공·정등각의 4념주의 상이라는 구의는 무소유이므로 얻을 수 없는 것과 같이, 보살마하살이 반야바라밀다를 수행하는 때에 보살이라는 구의는 무소유이므로 얻을 수 없으며, 역시 이와 같다고 관찰하느니라. 선현이여. 여래·응공·정등각의 4정단·4신족·5근·5력·7등각지·8성도지라는 구의는 무소유이므로 얻을 수 없는 것과 같이, 보살마하살이 반야바라밀다를 수행하는 때에 보살이라는 구의는 무소유이므로 얻을 수 없으며, 역시 이와 같다고 관찰하느니라.

선현이여. 여래·응공·정등각의 공해탈문의 상이라는 구의는 무소유이므로 얻을 수 없는 것과 같이, 보살마하살이 반야바라밀다를 수행하는 때에 보살이라는 구의는 무소유이므로 얻을 수 없으며, 역시 이와 같다고 관찰하느니라. 선현이여. 여래·응공·정등각의 무상·무원해탈문이라는 구의는 무소유이므로 얻을 수 없는 것과 같이, 보살마하살이 반야바라밀다를 수행하는 때에 보살이라는 구의는 무소유이므로 얻을 수 없으며, 역시 이와 같다고 관찰하느니라.

선현이여. 여래·응공·정등각의 보시바라밀다의 상이라는 구의는 무소유이므로 얻을 수 없는 것과 같이, 보살마하살이 반야바라밀다를 수행하는 때에 보살이라는 구의는 무소유이므로 얻을 수 없으며, 역시 이와 같다고 관찰하느니라. 선현이여. 여래·응공·정등각의 정계·안인·정진·정려·반야바라밀이라는 구의는 무소유이므로 얻을 수 없는 것과 같이, 보살마하살이 반야바라밀다를 수행하는 때에 보살이라는 구의는 무소유이므로 얻을 수 없으며, 역시 이와 같다고 관찰하느니라.

선현이여. 여래·응공·정등각의 5안의 상이라는 구의는 무소유이므로 얻을 수 없는 것과 같이, 보살마하살이 반야바라밀다를 수행하는 때에 보살이라는 구의는 무소유이므로 얻을 수 없으며, 역시 이와 같다고 관찰하느니라. 선현이여. 여래·응공·정등각의 6신통이라는 구의는 무소유이므로 얻을 수 없는 것과 같이, 보살마하살이 반야바라밀다를 수행하는 때에 보살이라는 구의는 무소유이므로 얻을 수 없으며, 역시 이와 같다고 관찰하느니라.

선현이여. 여래·응공·정등각의 여래의 10력의 상이라는 구의는 무소유이므로 얻을 수 없는 것과 같이, 보살마하살이 반야바라밀다를 수행하는 때에 보살이라는 구의는 무소유이므로 얻을 수 없으며, 역시 이와 같다고 관찰하느니라. 선현이여. 여래·응공·정등각의 4무소외·4무애해·대자·대비·대희·대사·18불불공법·일체지·도상지·일체상지라는 구의는 무소유이므로 얻을 수 없는 것과 같이, 보살마하살이 반야바라밀다를 수행하는 때에 보살이라는 구의는 무소유이므로 얻을 수 없으며, 역시 이와 같다고 관찰하느니라.

선현이여. 여래·응공·정등각의 여래의 내공이라는 구의는 무소유이므로 얻을 수 없는 것과 같이, 보살마하살이 반야바라밀다를 수행하는 때에 보살이라는 구의는 무소유이므로 얻을 수 없으며, 역시 이와 같다고 관찰하느니라. 선현이여. 여래·응공·정등각의 외공, …… 나아가 …… 무성자성공이라는 구의는 무소유이므로 얻을 수 없는 것과 같이, 보살마하살이 반야바라밀다를 수행하는 때에 보살이라는 구의는 무소유이므로 얻을 수 없으며, 역시 이와 같다고 관찰하느니라.

선현이여. 여래·응공·정등각께서 행하는 4정려의 상이라는 구의는 무소유이므로 얻을 수 없는 것과 같이, 보살마하살이 반야바라밀다를 수행하는 때에 보살이라는 구의는 무소유이므로 얻을 수 없으며, 역시 이와 같다고 관찰하느니라. 선현이여. 여래·응공·정등각께서 행하는 4무량·4무색정이라는 구의는 무소유이므로 얻을 수 없는 것과 같이, 보살마하살이 반야바라밀다를 수행하는 때에 보살이라는 구의는 무소유 이므로 얻을 수 없으며, 역시 이와 같다고 관찰하느니라.

선현이여. 여래·응공·정등각께서 행하는 4념주의 상이라는 구의는 무소유이므로 얻을 수 없는 것과 같이, 보살마하살이 반야바라밀다를 수행하는 때에 보살이라는 구의는 무소유이므로 얻을 수 없으며, 역시 이와 같다고 관찰하느니라. 선현이여. 여래·응공·정등각께서 행하는 4정단· 4신족·5근·5력·7등각지·8성도지라는 구의는 무소유이므로 얻을 수 없는 것과 같이, 보살마하살이 반야바라밀다를 수행하는 때에 보살이라는 구의는 무소유이므로 얻을 수 없으며, 역시 이와 같다고 관찰하느니라.

선현이여. 여래·응공·정등각께서 행하는 공해탈문의 상이라는 구의는 무소유이므로 얻을 수 없는 것과 같이, 보살마하살이 반야바라밀다를 수행하는 때에 보살이라는 구의는 무소유이므로 얻을 수 없으며, 역시 이와 같다고 관찰하느니라. 선현이여. 여래·응공·정등각께서 행하는 무상·무원해탈문이라는 구의는 무소유이므로 얻을 수 없는 것과 같이, 보살마하살이 반야바라밀다를 수행하는 때에 보살이라는 구의는 무소유 이므로 얻을 수 없으며, 역시 이와 같다고 관찰하느니라.

선현이여. 여래·응공·정등각께서 행하는 보시바라밀다의 상이라는 구의는 무소유이므로 얻을 수 없는 것과 같이, 보살마하살이 반야바라밀 다를 수행하는 때에 보살이라는 구의는 무소유이므로 얻을 수 없으며, 역시 이와 같다고 관찰하느니라. 선현이여. 여래·응공·정등각께서 행하는 정계·안인·정진·정려·반야바라밀이라는 구의는 무소유이므로 얻을 수 없 는 것과 같이, 보살마하살이 반야바라밀다를 수행하는 때에 보살이라는 구의는 무소유이므로 얻을 수 없으며, 역시 이와 같다고 관찰하느니라.

선현이여. 여래·응공·정등각께서 행하는 5안의 상이라는 구의는 무소유이므로 얻을 수 없는 것과 같이, 보살마하살이 반야바라밀다를 수행하는 때에 보살이라는 구의는 무소유이므로 얻을 수 없으며, 역시 이와 같다고 관찰하느니라. 선현이여. 여래·응공·정등각의 6신통이라는 구의는 무소유이므로 얻을 수 없는 것과 같이, 보살마하살이 반야바라밀다를 수행하는 때에 보살이라는 구의는 무소유이므로 얻을 수 없으며, 역시 이와 같다고 관찰하느니라.

선현이여. 여래·응공·정등각께서 행하는 여래의 10력의 상이라는 구의는 무소유이므로 얻을 수 없는 것과 같이, 보살마하살이 반야바라밀다를 수행하는 때에 보살이라는 구의는 무소유이므로 얻을 수 없으며, 역시 이와 같다고 관찰하느니라. 선현이여. 여래·응공·정등각께서 행하는 4무소외·4무애해·대자·대비·대희·대사·18불불공법·일체지·도상지·일체상지라는 구의는 무소유이므로 얻을 수 없는 것과 같이, 보살마하살이 반야바라밀다를 수행하는 때에 보살이라는 구의는 무소유이므로 얻을 수 없으며, 역시 이와 같다고 관찰하느니라.

다시 다음으로 선현이여. 유위(有爲)의 경계 가운데에서 무위(無爲)의 경계라는 구의는 무소유이므로 얻을 수 없는 것과 같이, 무위의 경계 가운데에서 유위의 경계라는 구의는 무소유이므로 얻을 수 없는 것과 같이, 보살마하살이 반야바라밀다를 수행하는 때에 보살이라는 구의는 무소유이므로 얻을 수 없으며, 역시 이와 같다고 관찰하느니라.

선현이여. 생겨남(生)이 없고 소멸함(滅)도 없으며, 짓는 것(作)이 없고 하는 것(爲)도 없으며, 얻는 것(得)이 없고 취하는 것(取)도 없으며, 염오(染)가 없고 청정함(淨)도 없는 구의는 모두 무소유이므로 얻을 수 없는 것과 같이, 보살마하살이 반야바라밀다를 수행하는 때에 보살이라는 구의는 무소유이므로 얻을 수 없으며, 역시 이와 같다고 관찰하느니라."

구수 선현이 세존께 아뢰어 말하였다.

"세존이시여, 무슨 법이 생겨남이 없고 소멸함도 없으며, 짓는 것이 없고 하는 것도 없으며, 얻는 것이 없고 취하는 것도 없으며, 염오가 없고 청정함도 없는 구의는 무소유이고 얻을 수 없습니까?"

세존께서 선현에게 알리셨다.

"색은 생겨남이 없고 소멸함도 없으며, 짓는 것이 없고 하는 것도 없으며, 얻는 것이 없고 취하는 것도 없으며, 염오가 없고 청정함도 없는 구의이므로, 모두 얻을 수 있는 것이 없고, 수·상·행·식은 생겨남이 없고 소멸함도 없으며, …… 나아가 …… 염오가 없고 청정함도 없는 구의는 무소유이고 얻을 수 없느니라. 선현이여. 안처는 생겨남이 없고 소멸함도 없으며, …… 나아가 …… 염오가 없고 청정함도 없는 구의이므로, 모두 얻을 수 있는 것이 없고, 이·비·설·신·의처는 생겨남이 없고 소멸함도 없으며, …… 나아가 …… 염오가 없고 청정함도 없는 구의는 무소유이고 얻을 수 없느니라.

선현이여. 색처는 생겨남이 없고 소멸함도 없으며, …… 나아가 …… 염오가 없고 청정함도 없는 구의이므로, 모두 얻을 수 있는 것이 없고, 성·향·미·촉·법처는 생겨남이 없고 소멸함도 없으며, …… 나아가 …… 염오가 없고 청정함도 없는 구의는 무소유이고 얻을 수 없느니라. 선현이여. 안계는 생겨남이 없고 소멸함도 없으며, …… 나아가 …… 염오가 없고 청정함도 없는 구의이므로, 모두 얻을 수 있는 것이 없고, 색계·안식계, …… 나아가 …… 안촉·안촉을 인연으로 생겨난 여러 수는 생겨남이 없고 소멸함도 없으며, …… 나아가 …… 염오가 없고 청정함도 없는 구의는 무소유이고 얻을 수 없느니라.

선현이여. 이계는 생겨남이 없고 소멸함도 없으며, …… 나아가 …… 염오가 없고 청정함도 없는 구의이므로, 모두 얻을 수 있는 것이 없고, 성계·이식계, …… 나아가 …… 이촉·이촉을 인연으로 생겨난 여러 수는 생겨남이 없고 소멸함도 없으며, …… 나아가 …… 염오가 없고 청정함도 없는 구의는 무소유이고 얻을 수 없느니라. 선현이여. 비계는 생겨남이 없고 소멸함도 없으며, …… 나아가 …… 염오가 없고 청정함도 없는 구의이므로, 모두 얻을 수 있는 것이 없고, 향계·비식계, …… 나아가

…… 비촉·비촉을 인연으로 생겨난 여러 수는 생겨남이 없고 소멸함도 없으며, …… 나아가 …… 염오가 없고 청정함도 없는 구의는 무소유이고 얻을 수 없느니라.

선현이여. 설계는 생겨남이 없고 소멸함도 없으며, …… 나아가 …… 염오가 없고 청정함도 없는 구의이므로, 모두 얻을 수 있는 것이 없고, 미계·설식계, …… 나아가 …… 설촉·설촉을 인연으로 생겨난 여러 수는 생겨남이 없고 소멸함도 없으며, …… 나아가 …… 염오가 없고 청정함도 없는 구의는 무소유이고 얻을 수 없느니라. 선현이여. 신계는 생겨남이 없고 소멸함도 없으며, …… 나아가 …… 염오가 없고 청정함도 없는 구의이므로, 모두 얻을 수 있는 것이 없고, 촉계·신식계, …… 나아가 …… 신촉·신촉을 인연으로 생겨난 여러 수는 생겨남이 없고 소멸함도 없으며, …… 나아가 …… 염오가 없고 청정함도 없는 구의는 무소유이고 얻을 수 없느니라.

선현이여. 의계는 생겨남이 없고 소멸함도 없으며, …… 나아가 …… 염오가 없고 청정함도 없는 구의이므로, 모두 얻을 수 있는 것이 없고, 법계·의식계, …… 나아가 …… 의촉·의촉을 인연으로 생겨난 여러 수는 생겨남이 없고 소멸함도 없으며, …… 나아가 …… 염오가 없고 청정함도 없는 구의는 무소유이고 얻을 수 없느니라.

선현이여. 지계는 생겨남이 없고 소멸함도 없으며, …… 나아가 …… 염오가 없고 청정함도 없는 구의이므로, 모두 얻을 수 있는 것이 없고, 수·화·풍·공·식계는 생겨남이 없고 소멸함도 없으며, …… 나아가 …… 염오가 없고 청정함도 없는 구의는 무소유이고 얻을 수 없느니라. 선현이여. 고성제는 생겨남이 없고 소멸함도 없으며, …… 나아가 …… 염오가 없고 청정함도 없는 구의이므로, 모두 얻을 수 있는 것이 없고, 집·멸·도성제는 생겨남이 없고 소멸함도 없으며, …… 나아가 …… 염오가 없고 청정함도 없는 구의는 무소유이고 얻을 수 없느니라. 선현이여. 무명은 생겨남이 없고 소멸함도 없으며, …… 나아가 …… 염오가 없고 청정함도 없는 구의이므로, 모두 얻을 수 있는 것이 없고, 행·식·명색·육처·촉·수·

애·취·유·생·노사의 수탄고우뇌는 생겨남이 없고 소멸함도 없으며, ……
나아가 …… 염오가 없고 청정함도 없는 구의는 무소유이고 얻을 수
없느니라.

　선현이여. 4정려는 생겨남이 없고 소멸함도 없으며, …… 나아가 ……
염오가 없고 청정함도 없는 구의이므로, 모두 얻을 수 있는 것이 없고,
4무량·4무색정은 생겨남이 없고 소멸함도 없으며, …… 나아가 …… 염오
가 없고 청정함도 없는 구의는 무소유이고 얻을 수 없느니라. 선현이여.
4념주는 생겨남이 없고 소멸함도 없으며, …… 나아가 …… 염오가 없고
청정함도 없는 구의이므로, 모두 얻을 수 있는 것이 없고, 4정단·4신족·5근
·5력·7등각지·8성도지는 생겨남이 없고 소멸함도 없으며, …… 나아가
…… 염오가 없고 청정함도 없는 구의는 무소유이고 얻을 수 없느니라.

　선현이여. 공해탈문은 생겨남이 없고 소멸함도 없으며, …… 나아가
…… 염오가 없고 청정함도 없는 구의이므로, 모두 얻을 수 있는 것이
없고, 무상·무원해탈문은 생겨남이 없고 소멸함도 없으며, …… 나아가
…… 염오가 없고 청정함도 없는 구의는 무소유이고 얻을 수 없느니라.
선현이여. 보시바라밀다는 생겨남이 없고 소멸함도 없으며, …… 나아가
…… 염오가 없고 청정함도 없는 구의이므로, 모두 얻을 수 있는 것이
없고, 정계·안인·정진·정려·반야바라밀다는 생겨남이 없고 소멸함도
없으며, …… 나아가 …… 염오가 없고 청정함도 없는 구의는 무소유이고
얻을 수 없느니라.

　선현이여. 5안은 생겨남이 없고 소멸함도 없으며, …… 나아가 ……
염오가 없고 청정함도 없는 구의이므로, 모두 얻을 수 있는 것이 없고,
6신통은 생겨남이 없고 소멸함도 없으며, …… 나아가 …… 염오가 없고
청정함도 없는 구의는 무소유이고 얻을 수 없느니라. 선현이여. 여래의
십력은 생겨남이 없고 소멸함도 없으며, …… 나아가 …… 염오가 없고
청정함도 없는 구의이므로, 모두 얻을 수 있는 것이 없고, 4무소외·4무애해
·대자·대비·대희·대사·18불불공법·일체지·도상지·일체상지는 생겨남
이 없고 소멸함도 없으며, …… 나아가 ……: 염오가 없고 청정함도 없는

구의는 무소유이고 얻을 수 없느니라.

　선현이여. 이와 같은 법은 생겨남이 없고 소멸함도 없으며, 짓는 것이 없고 하는 것도 없으며, 얻는 것이 없고 취하는 것도 없으며, 염오가 없고 청정함도 없는 구의는 무소유이므로 얻을 수 없는 것과 같이, 보살마하살이 반야바라밀다를 수행하는 때에 보살이라는 구의는 무소유이므로 얻을 수 없으며, 역시 이와 같다고 관찰하느니라."

　"다시 다음으로 선현이여. 색은 결국 청정한 상이라는 구의는 무소유이므로 얻을 수 없는 것과 같이, 수·상·행·식은 결국 청정한 상이라는 구의는 무소유이므로 얻을 수 없는 것과 같이, 보살마하살이 반야바라밀다를 수행하는 때에 보살이라는 구의는 무소유이므로 얻을 수 없으며, 역시 이와 같다고 관찰하느니라. 선현이여. 안처는 결국 청정한 상이라는 구의는 무소유이므로 얻을 수 없는 것과 같이, 이·비·설·신·의처는 결국 청정한 상이라는 구의는 무소유이므로 얻을 수 없는 것과 같이, 보살마하살이 반야바라밀다를 수행하는 때에 보살이라는 구의는 무소유이므로 얻을 수 없으며, 역시 이와 같다고 관찰하느니라.

　선현이여. 색처는 결국 청정한 상이라는 구의는 무소유이므로 얻을 수 없는 것과 같이, 성·향·미·촉·법처는 결국 청정한 상이라는 구의는 무소유이므로 얻을 수 없는 것과 같이, 보살마하살이 반야바라밀다를 수행하는 때에 보살이라는 구의는 무소유이므로 얻을 수 없으며, 역시 이와 같다고 관찰하느니라. 선현이여. 안계는 결국 청정한 상이라는 구의는 무소유이므로 얻을 수 없는 것과 같이, 색계·안식계, …… 나아가 …… 안촉·안촉을 인연으로 생겨난 여러 수는 결국 청정한 상이라는 구의는 무소유이므로 얻을 수 없는 것과 같이, 보살마하살이 반야바라밀다를 수행하는 때에 보살이라는 구의는 무소유이므로 얻을 수 없으며, 역시 이와 같다고 관찰하느니라.

　선현이여. 이계는 결국 청정한 상이라는 구의는 무소유이므로 얻을 수 없는 것과 같이, 성계·이식계, …… 나아가 …… 이촉·이촉을 인연으로 생겨난 여러 수는 결국 청정한 상이라는 구의는 무소유이므로 얻을 수 없는 것과 같이, 보살마하살이 반야바라밀다를 수행하는 때에 보살이라는 구의는 무소유이므로 얻을 수 없으며, 역시 이와 같다고 관찰하느니라. 선현이여. 비계는 결국 청정한 상이라는 구의는 무소유이므로 얻을 수 없는 것과 같이, 향계·비식계, …… 나아가 …… 비촉·비촉을 인연으로 생겨난 여러 수는 결국 청정한 상이라는 구의는 무소유이므로 얻을 수 없는 것과 같이, 보살마하살이 반야바라밀다를 수행하는 때에 보살이라는 구의는 무소유이므로 얻을 수 없으며, 역시 이와 같다고 관찰하느니라.

선현이여. 설계는 결국 청정한 상이라는 구의는 무소유이므로 얻을 수 없는 것과 같이, 미계·설식계, …… 나아가 …… 설촉·설촉을 인연으로 생겨난 여러 수는 결국 청정한 상이라는 구의는 무소유이므로 얻을 수 없는 것과 같이, 보살마하살이 반야바라밀다를 수행하는 때에 보살이라는 구의는 무소유이므로 얻을 수 없으며, 역시 이와 같다고 관찰하느니라. 선현이여. 신계는 결국 청정한 상이라는 구의는 무소유이므로 얻을 수 없는 것과 같이, 촉계·신식계, …… 나아가 …… 신촉·신촉을 인연으로 생겨난 여러 수는 결국 청정한 상이라는 구의는 무소유이므로 얻을 수 없는 것과 같이, 보살마하살이 반야바라밀다를 수행하는 때에 보살이라는 구의는 무소유이므로 얻을 수 없으며, 역시 이와 같다고 관찰하느니라.

선현이여. 의계는 결국 청정한 상이라는 구의는 무소유이므로 얻을 수 없는 것과 같이, 법계·의식계, …… 나아가 …… 의촉·의촉을 인연으로 생겨난 여러 수는 결국 청정한 상이라는 구의는 무소유이므로 얻을 수 없는 것과 같이, 보살마하살이 반야바라밀다를 수행하는 때에 보살이라는 구의는 무소유이므로 얻을 수 없으며, 역시 이와 같다고 관찰하느니라. 선현이여. 지계는 결국 청정한 상이라는 구의는 무소유이므로 얻을 수 없는 것과 같이, 수·화·풍·공·식계는 결국 청정한 상이라는 구의는 무소유이므로 얻을 수 없는 것과 같이, 보살마하살이 반야바라밀다를 수행하는 때에 보살이라는 구의는 무소유이므로 얻을 수 없으며, 역시 이와 같다고 관찰하느니라.

선현이여. 고성제는 결국 청정한 상이라는 구의는 무소유이므로 얻을 수 없는 것과 같이, 집·멸·도성제는 결국 청정한 상이라는 구의는 무소유이므로 얻을 수 없는 것과 같이, 보살마하살이 반야바라밀다를 수행하는 때에 보살이라는 구의는 무소유이므로 얻을 수 없으며, 역시 이와 같다고 관찰하느니라.

선현이여. 무명은 결국 청정한 상이라는 구의는 무소유이므로 얻을 수 없는 것과 같이, 행·식·명색·육처·촉·수·애·취·유·생·노사의 수탄고 우뇌는 결국 청정한 상이라는 구의는 무소유이므로 얻을 수 없는 것과 같이, 보살마하살이 반야바라밀다를 수행하는 때에 보살이라는 구의는 무소유이므로 얻을 수 없으며, 역시 이와 같다고 관찰하느니라. 선현이여. 4정려는 결국 청정한 상이라는 구의는 무소유이므로 얻을 수 없는 것과 같이, 4무량·4무색정은 결국 청정한 상이라는 구의는 무소유이므로 얻을 수 없는 것과 같이, 보살마하살이 반야바라밀다를 수행하는 때에 보살이라는 구의는 무소유이므로 얻을 수 없으며, 역시 이와 같다고 관찰하느니라.

선현이여. 4념주는 결국 청정한 상이라는 구의는 무소유이므로 얻을 수 없는 것과 같이, 4정단·4신족·5근·5력·7등각지·8성도지는 결국 청정한 상이라는 구의는 무소유이므로 얻을 수 없는 것과 같이, 보살마하살이 반야바라밀다를 수행하는 때에 보살이라는 구의는 무소유이므로 얻을 수 없으며, 역시 이와 같다고 관찰하느니라. 선현이여. 공해탈문은 결국 청정한 상이라는 구의는 무소유이므로 얻을 수 없는 것과 같이, 무상·무원해탈문은 결국 청정한 상이라는 구의는 무소유이므로 얻을 수 없는 것과 같이, 보살마하살이 반야바라밀다를 수행하는 때에 보살이라는 구의는 무소유이므로 얻을 수 없으며, 역시 이와 같다고 관찰하느니라.

선현이여. 보시바라밀다는 결국 청정한 상이라는 구의는 무소유이므로 얻을 수 없는 것과 같이, 정계·안인·정진·정려·반야바라밀다는 결국 청정한 상이라는 구의는 무소유이므로 얻을 수 없는 것과 같이, 보살마하살이 반야바라밀다를 수행하는 때에 보살이라는 구의는 무소유이므로 얻을 수 없으며, 역시 이와 같다고 관찰하느니라. 선현이여. 5안은 결국 청정한 상이라는 구의는 무소유이므로 얻을 수 없는 것과 같이, 6신통은 결국 청정한 상이라는 구의는 무소유이므로 얻을 수 없는 것과 같이, 보살마하살이 반야바라밀다를 수행하는 때에 보살이라는 구의는 무소유이므로 얻을 수 없으며, 역시 이와 같다고 관찰하느니라.

선현이여. 여래의 10력은 결국 청정한 상이라는 구의는 무소유이므로 얻을 수 없는 것과 같이, 4무소외·4무애해·대자·대비·대희·대사·18불불공법·일체지·도상지·일체상지는 결국 청정한 상이라는 구의는 무소유이므로 얻을 수 없는 것과 같이, 보살마하살이 반야바라밀다를 수행하는 때에 보살이라는 구의는 무소유이므로 얻을 수 없으며, 역시 이와 같다고 관찰하느니라."

"다시 다음으로 선현이여. 나는 결국 상이라는 구의는 무소유이므로 얻을 수 없다는 것은 내가 있지 않은 까닭과 같이, 유정(有情)·명자(命者)·생자(生者)·양자(養者)·삭취취(數取趣)·의생(意生)·유동(儒童)·작자(作者)·사작자(使作者)·기자(起者)·사기자(使起者)·수자(受者)·사수자(使受者)·지자(知者)·견자(見者)는 결국 상이라는 구의는 무소유이므로 얻을 수 없다는 것은 유정, 나아가 견자가 있지 않은 까닭과 같이, 보살마하살이 반야바라밀다를 수행하는 때에 보살이라는 구의는 무소유이므로 얻을 수 없으며, 역시 이와 같다고 관찰하느니라.

선현이여. 해가 솟아나는 때에 어둠이라는 구의는 무소유이므로 얻을 수 없다는 것과 같이, 보살마하살이 반야바라밀다를 수행하는 때에 보살이라는 구의는 무소유이므로 얻을 수 없으며, 역시 이와 같다고 관찰하느니라. 선현이여. 겁(劫)이 불타서 없어지는 때에 제행(諸行)이라는 구의는 무소유이므로 얻을 수 없다는 것과 같이, 보살마하살이 반야바라밀다를 수행하는 때에 보살이라는 구의는 무소유이므로 얻을 수 없으며, 역시 이와 같다고 관찰하느니라.

선현이여. 여래·응공·정등각의 계온(戒蘊) 가운데에서 파계(破戒)라는 구의는 무소유이므로 얻을 수 없다는 것과 같이, 보살마하살이 반야바라밀다를 수행하는 때에 보살이라는 구의는 무소유이므로 얻을 수 없으며, 역시 이와 같다고 관찰하느니라. 선현이여. 여래·응공·정등각의 정온(定蘊) 가운데에서 산란(散亂)이라는 구의는 무소유이므로 얻을 수 없다는 것과 같이, 보살마하살이 반야바라밀다를 수행하는 때에 보살이라는 구의는 무소유이므로 얻을 수 없으며, 역시 이와 같다고 관찰하느니라.

선현이여. 여래·응공·정등각의 혜온(慧蘊) 가운데에서 우치(愚癡)라는 구의는 무소유이므로 얻을 수 없다는 것과 같이, 보살마하살이 반야바라밀다를 수행하는 때에 보살이라는 구의는 무소유이므로 얻을 수 없으며, 역시 이와 같다고 관찰하느니라. 선현이여. 여래·응공·정등각의 해탈온(解脫蘊) 가운데에서 해탈이 아니라는 구의는 무소유이므로 얻을 수 없다는 것과 같이, 보살마하살이 반야바라밀다를 수행하는 때에 보살이라는 구의는 무소유이므로 얻을 수 없으며, 역시 이와 같다고 관찰하느니라.

선현이여. 여래·응공·정등각의 해탈지견온(解脫智見蘊) 가운데에서 해탈지견이 아니라는 구의는 무소유이므로 얻을 수 없다는 것과 같이, 보살마하살이 반야바라밀다를 수행하는 때에 보살이라는 구의는 무소유이므로 얻을 수 없으며, 역시 이와 같다고 관찰하느니라. 선현이여. 여래·응공·정등각의 해와 달 등의 여러 광명의 가운데에서 많은 어둠이라는 구의는 무소유이므로 얻을 수 없다는 것과 같이, 보살마하살이 반야바라밀다를 수행하는 때에 보살이라는 구의는 무소유이므로 얻을 수 없으며, 역시 이와 같다고 관찰하느니라.

선현이여. 여래 광명의 가운데에서 일체의 해·달·구슬·불·번갯불 등의 광명이라는 구의는 무소유이므로 얻을 수 없다는 것과 같이, 일체의 4대왕중천(四大王衆天), 나아가 타화자재천(他化自在天)·범중천(梵衆天), 나아가 색구경천(色究竟天)의 광명이라는 구의는 무소유이므로 얻을 수 없다는 것과 같이, 보살마하살이 반야바라밀다를 수행하는 때에 보살이라는 구의는 무소유이므로 얻을 수 없으며, 역시 이와 같다고 관찰하느니라.

왜 그러한가? 선현이여. 만약 보리(菩提)이거나, 만약 살타(薩)이거나, 만약 보살이라는 구의의 이와 같은 일체는 모두가 상응(相應)하는 것도 아니고 상응하지 않은 것도 아니며, 색도 없고 볼 수도 없으며, 마주할 수 없는 하나의 상(一相)을 무상(無相)이라고 말하느니라. 선현이여. 제보 살마하살은 일체법에서 모두가 없으므로, 장애도 없고 집착도 없다고 상응하여 배우고 상응하여 알아야 하느니라."

그때 구수 선현이 세존께 아뢰어 말하였다.
"세존이시여. 무엇이 일체법이고, 제보살마하살에게 이 일체법은 모두 가 없으므로, 장애도 없고 집착도 없다고 상응하여 배우고 상응하여 알아야 한다고 권유하십니까?"
세존께서 선현에게 알리셨다.
"일체법이라는 것은 선한 법(善法)과 선하지 않은 법, 유기법(有記法)과 무기법(無記法), 세간법(世間法)과 출세간법(出世間法), 유루법(有漏法)과 무루법(無漏法), 공법(共法)과 불공법(不共法)이니라. 선현이여. 이것을 일 체법이라고 이름하나니, 제보살마하살은 이 일체법이 모두 무소유이므로 장애도 없고 집착도 없다고 상응하여 배우고 상응하여 알아야 하느니라."
그때 구수 선현이 세존께 아뢰어 말하였다.
"세존이시여. 무엇을 선한 법이라고 말합니까?"
세존께서 선현에게 알리셨다.
"이를테면, 부모에게 효순(孝順)하고, 사문과 바라문을 공양하며, 스승 과 장로를 공경하고 받들며, 보시의 자성인 복업사(福業事) 지계의 자성인 복업사, 수행의 자성인 복업사, 병자를 공양하고 모시면서 함께 행하는 복업사, 방편선교와 함께 행하는 복업사를 말하느니라. 십선업도(十善業 道)인 이를테면, 생명을 끊는 것을 벗어나고 주지 않았으나 취하는 것을 벗어나며 욕망의 삿된 행을 벗어나고 헛되고 속이는 말을 벗어나며 이간 (離間)하는 말을 벗어나고 추악(麤惡)한 말을 벗어나며 잡스럽고 지저분한 말을 벗어나며 탐욕이 없고 성냄이 없으며 바른 견해 등이니라.
열 종류의 생각이 있나니, 월봉창상(月逢脹想), 농란상(膿爛想), 이적상 (異赤想), 청어상(淸瘀想), 파괴상(破壞想), 탁담상(啄噉想), 이산상(離散想),

해골상(骸骨想), 분소상(焚燒想), 일체세간불가락상(一切世間不可樂想) 등
이고, 4정려·4무량·4무색정이니라. 열 종류의 수념이 있나니, 불수념(佛
隨念), 법수념(法隨念), 승수념(僧隨念), 계수념(戒隨念), 사수념(捨隨念),
천수념(天隨念), 입출식수념(入出息隨念), 적정수념(寂靜隨念), 사수념(死
隨念), 신수념(身隨念) 등이니라. 선현이여. 이러한 것 등은 선한 법이라
이름하느니라."

구수 선현이 세존께 아뢰어 말하였다.

"세존이시여. 무엇을 선하지 않은 법이라고 말합니까?"

세존께서 선현에게 알리셨다.

"이를테면, 십불선업도(十不善業道)인 생명을 끊는 것·주지 않았으나
취하는 것·욕망의 삿된 행·헛되고 속이는 말·이간하는 말·추악한 말·잡스
럽고 지저분한 말, 탐욕·성냄·삿된 견해·분한(忿恨)1)·번뇌에 덮인 것·아
첨하는 것·속이는 것·꾸며대는 것·해치는 것·질투·간탐(慳)·거만한 것 등이
니라. 선현이여. 이러한 것 등은 선하지 않은 법이라고 이름하느니라."

구수 선현이 세존께 아뢰어 말하였다.

"세존이시여, 무엇을 유기법(有記法)이라고 말합니까?"

세존께서 선현에게 알리셨다.

"곧 여러 선한 법과 선하지 않은 법을 유기법이라고 이름하느니라."

구수 선현이 세존께 아뢰어 말하였다.

"세존이시여. 무엇을 무기법(無記法)이라고 말합니까?"

세존께서 선현에게 알리셨다.

"이를테면, 무기(無記)의 신업(身業)·무기의 어업(語業)·무기의 의업(意
業)·무기의 4대종(四大種)·무기의 5근(五根)·무기의 6처(六處)·무기의 무
색법(無色法)·무기의 5온(五蘊)·무기의 12처(十二處)·무기의 18계(十八界)
·무기의 이숙(異熟) 등의 법이니라. 선현이여. 이러한 것 등은 무기법이라
고 이름하느니라."

1) 분노하고 원한이 되는 일이라는 뜻이다.

구수 선현이 세존께 아뢰어 말하였다.

"세존이시여. 무엇을 세간법이라고 말합니까?"

세존께서 선현에게 알리셨다.

"이를테면, 세간의 5온·12처·18계·십업도(十業道)·4정려·4무량·4무색정·12연기(十二緣起) 등의 법이니라. 선현이여. 이러한 것 등은 세간법이라고 이름하느니라."

구수 선현이 세존께 아뢰어 말하였다.

"세존이시여. 무엇을 출세간법이라고 말합니까?"

세존께서 선현에게 알리셨다.

"이를테면, 출세간의 4념주·4정단·4신족·5근·5력·7등각지·8성도지·공해탈문·무상해탈문·무원해탈문·미지당지근(未智當知根)·이지근(已知根)·구지근(具知根)·유심유사삼마지(有尋有伺三摩地)·무심유사삼마지(無尋有伺三摩地)·무심무사삼마지(無尋無伺三摩地)·명해탈(明解脫)[2]·염정지(念正知)[3]·여리작의(如理作意)[4] 등이니라.

팔해탈(八解脫)이 있나니 이를테면, 색이 있어서 여러 색을 관찰한다면, 이것이 처음의 해탈이고, 내신에 색이 없어서 외신의 색을 관찰한다면 이것이 제2의 해탈이며, 청정한 해탈의 몸을 증득한다면 이것이 제3의 해탈이고, 일체의 색의 생각을 뛰어넘어 마주하고 있다는 생각을 없애고서 여러 종류의 상(相)을 사유하지 않으면서 무변공(無邊空)에 들어가서 공무변처(空無邊處)[5]를 구족(具足)하고 머무른다면 이것이 제4의 해탈이며, 일체의 공무변처를 뛰어넘어 무변식(無邊識)에 들어가서 식무변처(識無邊處)[6]를 구족하고 머무른다면 이것이 제5의 해탈이고, 일체의 식무변처를 뛰어넘어 무소유(無所有)에 들어가서 무소유처(無所有處)[7]를 구족하

---

2) 산스크리트어 vijja-vimutti의 번역이다.
3) 산스크리트어 sati는 염(念)을 뜻하고, sampajañña는 정지(正知)를 뜻하는 합성어이다.
4) 산스크리트어 yoniśo manasikāra의 번역이다.
5) 산스크리트어 Ākāśānantyāyatana의 번역이고, 무색계의 제1천을 가리킨다.
6) 산스크리트어 Vijñānānantyāyatana의 번역이고, 무색계의 제2천을 가리킨다.

고 머무른다면 이것이 제6의 해탈이며, 일체의 무소유처를 뛰어넘어 비상비비상처(非想非非想處)8)에 들어가서 구족하고 머무른다면 이것이 제7의 해탈이고, 일체의 비상비비상처를 뛰어넘어 멸수상정(滅受想定)9)에 들어가서 구족하고 머무른다면 이것이 제8의 해탈이니라.

9차제정(九次第定)이 있나니 이를테면, 욕망의 악하고 선하지 않은 법에서 유심유사(有尋有伺)의 이생희락(離生喜樂)을 벗어나서 초정려(初靜慮)10)에 들어가서 구족하고 머무른다면 이것이 초정(初定)이고, 심사숙정(尋伺寂靜)의 내신 등에서 청정한 마음으로 무심유사(無尋無伺)의 정생희락(定生喜樂)에 하나로 나아가는 자성으로 제2정려(二靜慮)에 들어가서 구족하고 머무른다면 이것이 2정(二定)이며, 이희주사(離喜住捨)로 염정지(念正知)를 구족하고 몸으로 낙성설주(樂聖說住)를 받으며, 구염낙주(具念樂住)를 버리고서 제3정려에 들어가서 구족하고 머무른다면 이것이 3정(三定)이고, 즐거움을 끊어내고 괴로움을 끊어내면 이전의 기쁨과 근심이 없어져서 괴롭지 않고 즐겁지 않으며 생각을 버려서 청정해지며 제4정려에 들어가서 구족하고 머무른다면 이것이 4정(四定)이며, 일체의 색이라는 생각(色想)과 대상을 없앤 생각(滅有對想)을 초월하고 여러 종류의 생각(種種想)을 사유하지 않고서 무변공에 들어가서 공무변처를 구족하고 머무른다면 이것이 5정려(五定)이고, 일체의 공무변처를 뛰어넘어 무변식에 들어가서 식무변처를 구족하고 머무른다면 이것이 6정려(六定)이며, 일체의 식무변처를 뛰어넘어 무소유에 들어가서 무소유처를 구족하

---

7) 산스크리트어 Ākiñcanyāyatana의 번역이고, 무색계의 제3천을 가리킨다.

8) 산스크리트어 Naivasaṃjñānāsaṃjñāyatana의 번역이고, 무색계의 제4천을 가리킨다.

9) 산스크리트어 nirodha-samāpatti의 번역이고, 또한 '멸진정(滅盡定)', '멸진등지(滅盡等至)', '멸진삼매(滅盡三昧)', '상수멸정(想受滅定)' 등으로 한역한다. 마음(心)과 마음작용(心所)을 소멸시켜서 무심(無心)의 상태에 머무르게 하는 선정이다.

10) 산스크리트어 prathama-dhyāna의 번역이고, 또한 '초선(初禪)', '초선정(初禪定)' 등으로 번역한다. 번뇌를 조복하거나 대치하는 선(善)과 지(智)가 일어나는 근본을 뜻한다.

고 머무른다면 이것이 7정려(七定)이고, 일체의 무소유처를 뛰어넘어
비상비비상처에 구족하고 머무른다면 이것이 8정려(八定)이고, 일체의
비상비비상처를 뛰어넘어 멸상수정에 들어가서 구족하고 머무른다면
이것이 9정려(九定)이니라.

내공·외공·내외공·공공·대공·승의공·유위공·무위공·필경공·무제
공·산공·무변이공·본성공·자상공·공상공·일체법공·불가득공·무성공·
자성공·무성자성공·6도피안(到彼岸)·5안·6신통·여래의 10력·4무소외·
4무애해·대자·대비·대희·대사·18불불공법·일체지·도상지·일체상지
등이니라. 선현이여. 이러한 것 등은 출세간법이라고 이름하느니라."

구수 선현이 세존께 아뢰어 말하였다.

"세존이시여. 무엇을 유루법(有漏法)이라고 말합니까?"

세존께서 선현에게 알리셨다.

"세간의 5온·12처·18계·4정려·4무량·4무색정은 일체가 3계(三界)에
떨어지는 법을 소유하였느니라. 선현이여. 이것을 유루법이라고 이름하
느니라."

구수 선현이 세존께 아뢰어 말하였다.

"세존이시여. 무엇을 무루법(無漏法)이라고 말합니까?"

세존께서 선현에게 알리셨다.

"이를테면, 출세간인 4정려·4무량·4무색정·4념주·4정단·4신족·5근·
5력·7등각지·8성도지·3해탈문·6바라밀·5안·6신통·여래의 10력·4무소
외·4무애해·대자·대비·대희·대사·18불불공법·일체지·도상지·일체상
지이니라. 선현이여. 이러한 것 등은 무루법이라고 이름하느니라."

구수 선현이 세존께 아뢰어 말하였다.

"세존이시여. 무엇을 유위법(有爲法)이라고 말합니까?"

세존께서 선현에게 알리셨다.

"이를테면, 욕계(欲界)에 얽매인 법, 색계(色界)에 얽매인 법, 무색계(無
色界)에 얽매인 법이니, 5온·4정려·4무량·4무색정·4념주·4정단·4신족·5
근·5력·7등각지·8성도지·3해탈문·6바라밀·5안·6신통·여래의 10력·4

무소외·4무애해·대자·대비·대희·대사·18불불공법·일체지·도상지·일체상지는 일체의 생겨남이 있고 머무름이 있으며 변함이 있고 소멸함이 있는 법을 소유하였느니라. 선현이여. 이것을 유위법이라고 이름하느니라."

구수 선현이 세존께 아뢰어 말하였다.

"세존이시여. 무엇을 무위법(無爲法)이라고 말합니까?"

세존께서 선현에게 알리셨다.

"만약 법이 생겨남이 없고 머무름도 없으며 변함도 없고 소멸함도 없는 것이니 이를테면, 탐욕이 없어진 것·성냄이 없어진 것·어리석음이 없어진 것·진여·법계·법성·법주·법정·불허망성·불변이성·이생성·평등성·실제 등이니라. 선현이여. 이러한 것 등은 무위법이라고 이름하느니라."

구수 선현이 세존께 아뢰어 말하였다.

"세존이시여. 무엇을 공법(共法)이라고 말합니까?"

세존께서 선현에게 알리셨다.

"이를테면, 세간의 4정려·4무량·4무색정·6신통이니라. 선현이여. 이것을 유위법이라고 이름하느니라. 왜 그러한가? 이생들과 함께 하는 까닭이니라."

구수 선현이 세존께 아뢰어 말하였다.

"세존이시여. 무엇을 불공법(不共法)이라고 말합니까?"

세존께서 선현에게 알리셨다.

"이를테면, 무루인 4정려·4무량·4무색정·4념주·4정단·4신족·5근·5력·7등각지·8성도지·3해탈문·6바라밀·5안·6신통·여래의 10력·4무소외·4무애해·대자·대비·대희·대사·18불불공법·일체지·도상지·일체상지이니라. 선현이여. 이것을 불공법이라고 이름하느니라. 왜 그러한가? 이생(異生)들과 함께 하지 않는 까닭이니라.

선현이여. 제보살마하살이 반야바라밀다를 수행하는 때에 이와 같은 것 등의 스스로가 상(相)이 공한 법이라고 상응하여 집착하지 않아야 하느니라. 왜 그러한가? 제법의 스스로가 상을 분별할 수 없는 까닭이니라. 선현이여. 제보살마하살이 반야바라밀다를 수행하는 때에 무이(無二)

를 방편으로 삼아서 일체법을 깨달을지니라. 왜 그러한가? 일체법은 움직이는 상이 없는 까닭이니라. 선현이여. 일체법은 무이이고 움직임이 없습니다. 이것이 보살이라 구의(句義)이며, 이것을 까닭으로써 구의가 없다면, 이것이 보살의 구의이니라.

마하반야바라밀다경 제47권

13. 마하살품(摩訶薩品)(1)

구수 선현이 세존께 아뢰어 말하였다.

"세존이시여. 무슨 인연으로 보살을 다시 마하살(摩訶薩)[1]이라고 이름합니까?"

세존께서 선현에게 알리셨다.

"선현이여. 보살은 대유정(大有情)들의 가운데에서 반드시 마땅하게 상수(上首)가 되고, 이러한 인연을 까닭으로 다시 마하살이라 이름하느니라."

구수 선현이 세존께 아뢰어 말하였다.

"세존이시여, 누가 대유정들이고, 보살은 그 가운데서 반드시 마땅하게 상수가 됩니까?"

세존께서 선현에게 알리셨다.

"대유정들이라는 것은 이를테면, 여덟 부류(第八)의 예류(預流)·일래(一來)·불환(不還)·아라한(阿羅漢)·독각지(獨覺地)에 머무르고 있는 종성(種性)들과 더불어 초발심(初發心)부터 불퇴전지(不退轉地)까지의 보살마하살들이니라. 이들을 대유정들이라고 이름하고, 보살은 이와 같은 대유정들의 가운데에서 반드시 마땅하게 상수가 되는 까닭으로, 다시 마하살이라고 이름하느니라."

구수 선현이 세존께 아뢰어 말하였다.

---

1) 산스크리트어 Mahāsattva의 음사이고, 마하살타(摩訶薩埵)의 줄임말이다.

"세존이시여. 이와 같은 보살마하살은 무슨 인연으로써 대유정들의 가운데에서 반드시 마땅하게 상수가 될 수 있습니까?"

세존께서 선현에게 알리셨다.

"이 보살마하살은 금강유심(金剛喩心)을 일으켜서 결국 물러나지 않나니, 이러한 마음을 까닭으로 대유정들의 가운데에서 반드시 마땅하게 상수가 될 수 있느니라."

구수 선현이 세존께 아뢰어 말하였다.

"세존이시여. 무엇을 보살마하살의 금강유심이라고 이름합니까?"

세존께서 선현에게 알리셨다.

"만약 보살마하살이 '나는 마땅히 견고한 갑옷을 입고서, 무변한 생사(生死)의 광야(曠野)의 가운데에서 무량한 번뇌의 원적(怨敵)들을 꺾어서 무너뜨리겠다.'라고 이와 같은 마음이 생겨났거나, '나는 마땅히 무변한 매우 깊은 생사의 큰 바다를 고갈(枯竭)시키겠다.'라고 이와 같은 마음이 생겨났거나, '나는 마땅히 내신과 외신의 소중(所重)한 일체의 몸과 재물을 버리겠다.'라고 이와 같은 마음이 생겨났거나, '나는 마땅히 일체 유정 등의 마음에서 큰 이익을 짓게 하겠다.'라고 이와 같은 마음이 생겨났거나, '나는 마땅히 3승법(三乘法)으로써 일체의 유정들을 건져내어 제도하고 모두가 무여열반계(無餘涅槃界)에서 반열반(般涅槃)하게 하겠다.'라고 이와 같은 마음이 생겨났거나, '나는 마땅히 비록 3승법으로써 일체의 유정들을 멸도(滅度)하더라도 진실로 한 유정이라도 멸도되는 자를 보지 못한다.'라고 이와 같은 마음이 생겨났거나, '나는 마땅히 일체법에서 생겨남도 없고 소멸함도 없음을 여실(如實)하게 깨닫겠다.'라고 이와 같은 마음이 생겨났거나, '나는 마땅히 순수하게 상응하는 일체지지(一切智智) 마음으로써 6바라밀다를 수행하겠다.'라고 이와 같은 마음이 생겨났거나, '나는 마땅히 일체법에서 수학하고 통달하여서 결국 미묘한 지혜에 두루 들어가겠다.'라고 이와 같은 마음이 생겨났거나, '나는 마땅히 일체 법상(法相)의 하나의 이취문(理趣門)을 통달하겠다.'라고 이와 같은 마음이 생겨났거나, '나는 마땅히 일체 법상의 두 개의 이취문부터 무변한 이취문까지 통달하

겠다.'라고 이와 같은 마음이 생겨났거나, '나는 마땅히 무변한 정려와
무량한 무색(無色)의 법문을 수학하여 일으키겠다.'라고 이와 같은 마음이
생겨났거나, '나는 마땅히 무변한 37보리분법(菩提分法)·3해탈문·6도피
안의 법문을 수학하여 일으키겠다.'라고 이와 같은 마음이 생겨났거나,
'나는 마땅히 무변한 5안·6신통·10력·4무소외·4무애해·대자·대비·대희
·대사·18불불공법·일체지·도상지·일체상지의 법문을 수학하여 일으키
겠다.'라고 이와 같은 마음이 생겨났으며, 선현이여. 이와 같다면 보살마하
살의 금강유심이라고 이름하느니라.

　만약 보살마하살이 얻을 수 없는 것으로써 방편으로 삼아서 이러한
마음에 안주하고, 역시 스스로를 믿고 교만(憍)을 일으켜서 생겨나지
않는 까닭으로 대유정들의 가운데에서 결국 마땅히 상수가 되느니라."

　"다시 다음으로 선현이여. 만약 보살마하살이 '나는 마땅히 일체의
지옥·방생(傍生)·귀계(鬼界)[2]·인간·천상의 세상(趣) 가운데에서 여러 유
정의 부류들이 받는 고통을 내가 마땅히 대신하여 받고 그들을 안락하게
하겠다.'라고 이와 같은 마음이 생겨났거나, 만약 보살마하살이 '나는
마땅히 한 명의 유정을 위하여 무량한 백천 구지(俱胝)[3]·나유타(那庾多)[4]
의 대겁(大劫)을 지내면서 여러 지옥의 여러 종류의 극심한 고통을 받으면
서, 무수한 방편으로 교화하여 무여열반을 증득하게 하겠고, 이와 같은
차례로 일체 유정들의 한 명·한 명을 위하여 무량한 백천 구지·나유타의
대겁을 지내면서 여러 지옥의 여러 종류의 극심한 고통을 받으면서,
역시 한 명·한 명을 무수한 방편으로 교화하여 무여열반을 증득하게
하겠으며, 이러한 일을 이미 지었다면 스스로 선근(善根)을 심고, 다시
무량한 백천 구지·나유타의 대겁을 지내면서 보리의 자량(資糧)을 원만(圓
滿)하게 수행하면서 쌓겠으며, 그러한 뒤에 아뇩다라삼먁삼보리(阿耨多羅

---

2) 아귀계(餓鬼界)를 가리킨다.
3) 산스크리트어 koti의 음사이고, 숫자의 단위로 10^7을 가리킨다.
4) 산스크리트어 nayuta의 음사이고, 숫자의 단위로 10^{28}을 가리킨다.

三藐三菩提)를 증득하고자 나아가겠다.'라고 이와 같은 마음이 생겨났으며, 선현이여. 이와 같다면 보살마하살의 금강유심이라고 이름하느니라.

만약 보살마하살이 얻을 수 없는 것으로써 방편으로 삼아서 이러한 마음에 안주하고, 역시 스스로를 믿고 교만을 일으켜서 생겨나지 않는 까닭으로 대유정들의 가운데에서 결국 마땅히 상수가 되느니라. 다시 다음으로 선현이여. 이 보살마하살은 수승하고 광대한 마음을 일으켜서 결국 물러나고 무너지지 않나니, 이러한 마음을 이유로 대유정들의 가운데에서 결국 마땅하게 상수가 되느니라."

구수 선현이 세존께 아뢰어 말하였다.
"세존이시여. 무엇을 보살마하살의 수승하고 광대한 마음이라고 이름합니까?"
세존께서 선현에게 알리셨다.
"만약 보살마하살이 '나는 초발심부터 무상정등보리를 증득하기까지 그 가운데에서 마땅히 탐내는 마음·성내는 마음·어리석은 마음·분한(忿恨)스런 마음·뒤덮인 마음·번뇌하는 마음·속이는 마음·아첨하는 마음·질투하는 마음·간탐하는 마음·교만한 마음·해치려는 마음·견해·거만한 마음 등을 일으키지 않겠으며, 역시 다시 성문이나 독각지에 향하여 나아가려는 마음도 일으키지 않겠다.'라고 이와 같은 마음이 생겨났으며, 선현이여. 이와 같다면 보살마하살의 수승하고 광대한 마음이라고 이름하느니라.

만약 보살마하살이 얻을 수 없는 것으로써 방편으로 삼아서 이러한 마음에 안주하고, 역시 스스로를 믿고 교만을 일으켜서 생겨나지 않는 까닭으로 대유정들의 가운데에서 결국 마땅히 상수가 되느니라. 다시 다음으로 선현이여. 이 보살마하살은 수승하고 광대한 마음을 일으켜서 결국 물러나고 무너지지 않나니, 이러한 마음을 이유로 대유정들의 가운데에서 결국 마땅하게 상수가 되느니라."
구수 선현이 세존께 아뢰어 말하였다.

"세존이시여. 무엇을 보살마하살의 기울어져 움직일 수 없는 마음이라고 이름합니까?"

세존께서 선현에게 알리셨다.

"만약 보살마하살이 '나는 마땅히 일체지지에 상응하는 마음으로써 일체의 수행할 것과 상응하여 지을 일을 수행하면서 일으키겠다.'라고 이와 같은 마음이 생겨났으며, 선현이여. 이와 같다면 보살마하살의 수승하고 광대한 마음이라고 이름하느니라. 만약 보살마하살이 얻을 수 없는 것으로써 방편으로 삼아서 이러한 마음에 안주하고, 역시 스스로를 믿고 교만을 일으켜서 생겨나지 않는 까닭으로 대유정들의 가운데에서 결국 마땅히 상수가 되느니라. 다시 다음으로 선현이여. 이 보살마하살은 수승하고 광대한 마음을 일으켜서 결국 물러나고 무너지지 않나니, 이러한 마음을 이유로 대유정들의 가운데에서 결국 마땅하게 상수가 되느니라."

구수 선현이 세존께 아뢰어 말하였다.

"세존이시여. 무엇을 보살마하살의 이익되고 안락하게 하려는 마음이라고 이름합니까?"

세존께서 선현에게 알리셨다.

"만약 보살마하살이 '나는 마땅히 미래가 끝나도록 일체 유정들이 귀의(歸依)할 다리(橋)·배(船)·모래섬(洲渚)이 되어서 구제(救濟)하고 감싸서 보호하며 항상 버리고 떠나가지 않겠다.'라고 이와 같은 마음이 생겨났으며, 선현이여. 이와 같다면 보살마하살의 수승하고 광대한 마음이라고 이름하느니라. 만약 보살마하살이 얻을 수 없는 것으로써 방편으로 삼아서 이러한 마음에 안주하고, 역시 스스로를 믿고 교만을 일으켜서 생겨나지 않는 까닭으로 대유정들의 가운데에서 결국 마땅히 상수가 되느니라. 다시 다음으로 선현이여. 이 보살마하살은 수승하고 광대한 마음을 일으켜서 결국 물러나고 무너지지 않나니, 이러한 마음을 이유로 대유정들의 가운데에서 반드시 마땅하게 상수가 되느니라."

구수 선현이 세존께 아뢰어 말하였다.

"세존이시여. 무엇 등이 법이 되고, 어찌하여 보살마하살이 반야바라밀다를 수행하는 때에 항상 이 법에서 사랑하고 즐거워하며 받들고 기뻐합니까?"

세존께서 선현에게 알리셨다.

"법(法)이고 말하는 것은 이를테면, 일체의 유정들과 색과 색이 아닌 법이니, 모두 자성(自性)이 없어서 모두 얻을 수 없으나, 진실한 상(實相)은 파괴되지 않는다면, 이것이 법이 된다고 이름하느니라. 법을 사랑한다고 (愛法) 말하는 것은 이를테면, 이러한 법에서 욕망을 일으켜서 구하는 것이다. 법을 좋아한다고(樂法) 말하는 것은 이를테면, 이러한 법에서 공덕을 칭찬하는 것이다. 법을 즐거워한다고(欣法) 말하는 것은 이를테면, 이러한 법에서 기뻐하면서 믿고서 받아들이는 것이다. 법을 기뻐한다고 (喜法) 말하는 것은 이를테면, 이러한 법에서 사모하고 많이 수습하는 것이다. 선현이여. 이와 같다면 보살마하살이 반야바라밀다를 수행하는 때에 얻을 수 없는 것으로써 방편으로 삼아서 항상 능히 법을 사랑하고 법을 즐거워하며 법을 받들고 법을 기뻐하며, 역시 스스로를 믿고 교만을 일으켜서 생겨나지 않는 까닭으로 대유정들의 가운데에서 결국 마땅히 상수가 되느니라.

다시 다음으로 선현이여. 이 보살마하살은 보살마하살이 반야바라밀다를 수행하는 때에 얻을 수 없는 것으로써 방편으로 삼아서, 내공·외공·내외공·공공·대공·승의공·유위공·무위공·필경공·무제공·산공·무변이공·본성공·자상공·공상공·일체법공·불가득공·무성공·자성공·무성자성공에 머무르는 까닭으로 대유정들 가운데에서 결국 마땅하게 상수가 되느니라. 다시 다음으로 선현이여. 이 보살마하살은 반야바라밀다를 수행하는 때에 얻을 수 없는 것으로써 방편으로 삼아서, 4정려·4무량·4무색정에 머무르는 까닭으로 대유정들의 가운데에서 결국 마땅하게 상수가 되느니라.

다시 다음으로 선현이여. 이 보살마하살은 반야바라밀다를 수행하는 때에 얻을 수 없는 것으로써 방편으로 삼아서, 4념주·4정단·4신족·5근·5력·7등각지·8성도지에 머무르는 까닭으로 대유정들의 가운데에서 결국 마땅하게 상수가 되느니라. 다시 다음으로 선현이여. 이 보살마하살은 반야바라밀다를 수행하는 때에 얻을 수 없는 것으로써 방편으로 삼아서, 공·무상·무원해탈문에 머무르는 까닭으로 대유정들의 가운데에서 결국 마땅하게 상수가 되느니라. 다시 다음으로 선현이여. 이 보살마하살은 반야바라밀다를 수행하는 때에 얻을 수 없는 것으로써 방편으로 삼아서, 보시·정계·안인·정진·정려·반야바라밀다에 머무르는 까닭으로 대유정들의 가운데에서 결국 마땅하게 상수가 되느니라.

다시 다음으로 선현이여. 이 보살마하살은 반야바라밀다를 수행하는 때에 얻을 수 없는 것으로써 방편으로 삼아서, 5안·6신통에 머무르는 까닭으로 대유정들 가운데에서 결국 마땅하게 상수가 되느니라. 다시 다음으로 선현이여. 이 보살마하살은 반야바라밀다를 수행하는 때에 얻을 수 없는 것으로써 방편으로 삼아서, 여래의 10력·4무소외·4무애해·대자·대비·대희·대사·18불불공법·일체지·도상지·일체상지에 머무르는 까닭으로 대유정들 가운데에서 결국 마땅하게 상수가 되느니라.

다시 다음으로 선현이여. 이 보살마하살은 반야바라밀다를 수행하는 때에 얻을 수 없는 것으로써 방편으로 삼아서, 금강유삼마지(金剛喩三摩地)에 머무르고, 나아가 얻을 수 없는 것으로써 방편으로 삼아서, 집착이 없고 무위(無爲)이며 염오가 없는 해탈로 허공삼마지(虛空三摩地)와 같이 머무르는 까닭으로 대유정들의 가운데에서 결국 마땅하게 상수가 되느니라.

선현이여. 이와 같은 것 등의 여러 종류의 인연으로써 이 보살마하살은 대유정들의 가운데에서 결국 마땅하게 상수가 되느니라. 선현이여. 이러한 까닭으로 보살을 다시 마하살이라고 이름하느니라.”

구수 사리자가 세존께 아뢰어 말하였다.

“세존이시여. 저도 역시 보살은 이러한 뜻을 까닭으로 다시 마하살이라고 이름한다고 즐거이 말합니다.”

세존께서 말씀하셨다.

“사리자여. 그대의 뜻을 따라서 말해보라.”

사리자가 말하였다.

"세존이시여. 제보살은 능히 유정들을 위하는 이유로 얻을 수 없는 것으로써 방편으로 삼아서, '나라는 견해(我見)·유정이라는 견해(有情見)·명자라는 견해(命者見)·생자라는 견해(生者見)·양자라는 견해(養者見)·사부라는 견해(士夫見)·보특가라라는 견해(補特伽羅見)·의생이라는 견해(意生見)·유동이라는 견해(儒童見)·작자라는 견해(作者見)·사작자라는 견해(使作者見)·기자라는 견해(起者見)·사기자라는 견해(使起者見)·수자라는 견해(受者見)·사수자라는 견해(使受者見)·지자라는 견해(知者見)·견자라는 견해(見者見)의 법을 끊어야 한다고 설하는 까닭으로, 이 보살을 다시 마하살이라고 이름합니다.

세존이시여. 제보살은 능히 유정들을 위하는 이유로 얻을 수 없는 것으로써 방편으로 삼아서, 상견(相見)·단견(斷見)이라는 법을 끊어야 한다고 설하는 까닭으로, 이 보살을 다시 마하살이라고 이름합니다. 세존이시여. 제보살은 능히 유정들을 위하는 이유로 얻을 수 없는 것으로써 방편으로 삼아서, 유견(有見)·무견(無見)이라는 법을 끊어야 한다고 설하는 까닭으로, 이 보살을 다시 마하살이라고 이름합니다. 세존이시여. 제보살은 능히 유정들을 위하는 이유로 얻을 수 없는 것으로써 방편으로 삼아서, 온이라는 견해(蘊見)·처라는 견해(處見)·계라는 견해(界見)·진리라는 견해(諦見)와 연기라는 견해(緣起見)의 법을 끊어야 한다고 설하는 까닭으로, 이 보살을 다시 마하살이라고 이름합니다.

세존이시여. '제보살은 능히 유정들을 위하는 이유로 얻을 수 없는 것으로써 방편으로 삼아서, 4정려라는 견해(四靜慮見)·4무량이라는 견해(四無量見)·4무색정이라는 견해(四無色定見)의 법을 끊어야 한다.'라고 설하는 까닭으로, 이 보살을 다시 마하살이라고 이름합니다. 세존이시여. 제보살은 능히 유정들을 위하는 이유로 얻을 수 없는 것으로써 방편으로 삼아서, 4념주라는 견해(四念住見)·4정단이라는 견해(四正斷見)·4신족이라는 견해(四神足見)·5근이라는 견해(五根見)·5력이라는 견해(五力見)·7등각지라는 견해(七等覺支見)·8성도지라는 견해(八聖道支見)의 법을 끊어야 한다고 설하는 까닭으로, 이 보살을 다시 마하살이라고 이름합니다.

세존이시여. 제보살은 능히 유정들을 위하는 이유로 얻을 수 없는 것으로써 방편으로 삼아서, 3해탈문이라는 견해(三解脫門見)·6도피안이라는 견해(六到彼岸見)라는 법을 끊어야 한다고 설하는 까닭으로, 이 보살을 다시 마하살이라고 이름합니다. 세존이시여. 제보살은 능히 유정들을 위하는 이유로 얻을 수 없는 것으로써 방편으로 삼아서, 5안이라는 견해(五眼見)·6신통이라는 견해(六神通見)의 법을 끊어야 한다고 설하는 까닭으로, 이 보살을 다시 마하살이라고 이름합니다.

세존이시여. 제보살은 능히 유정들을 위하는 이유로 얻을 수 없는 것으로써 방편으로 삼아서, 여래의 10력이라는 견해(佛十力見)·4무소외라는 견해(四無所畏見)·4무애해라는 견해(四無礙解見)·대자(大慈)·대비(大悲)·대희(大喜)·대사라는 견해(大捨見)·18불불공법이라는 견해(十八佛不共法見)·일체지라는 견해(一切智見)·도상지라는 견해(道相智見)·일체상지라는 견해(一切相智見)의 법을 끊어야 한다.'라고 설하는 까닭으로, 이 보살을 다시 마하살이라고 이름합니다.

세존이시여. 제보살은 능히 유정들을 위하는 이유로 얻을 수 없는 것으로써 방편으로 삼아서, 유정을 성숙시킨다는 견해(成熟有情見)·불토를 엄정하게 한다는 견해(嚴淨佛土見)·보살이라는 견해(菩薩見)·불타라는 견해(佛陀見)·전법륜이라는 견해(轉法輪見)의 법을 끊어야 한다고 설하는 까닭으로, 이 보살을 다시 마하살이라고 이름합니다.

세존이시여. 제보살은 능히 유정들을 위하는 이유로 얻을 수 없는 것으로써 방편으로 삼아서, 일체라는 견해(一切見)의 법을 끊어야 한다고 설하는 까닭으로, 이 보살을 다시 마하살이라고 이름합니다."

이때 구수 선현이 사리자에게 물었다.

"만약 보살마하살이 능히 유정들을 위하는 이유로 얻을 수 없는 것으로써 방편으로 삼아서, 여러 견해(諸見)를 끊어야 한다고 설한다면, 무슨 인연으로 보살마하살은 스스로가 얻을 수 없는 것으로써 방편으로 삼아서, 색이라는 견해(色見)와 수(受)·상(想)·행(行)·식(識)이라는 견해를 일으키며, 안처(眼處)라는 견해와 이(耳)·비(鼻)·설(舌)·신(身)·의처(意處)라는 견해를 일으키며, 색처(色處)라는 견해와 성(聲)·향(香)·미(味)·촉(觸)·법처(法處)라는 소견을 일으킵니까?

안계(眼界)라는 견해와 색계(色界)·안식계(眼識界), …… 나아가 …… 안촉(眼觸)·안촉을 인연으로 생겨난 여러 수(受)라는 견해를 일으키고, 이계(耳界)라는 견해와 성계(聲界)·이식계(耳識界), …… 나아가 …… 이촉(耳觸)·이촉을 인연으로 생겨난 여러 수(受)라는 견해를 일으키며, 이계(鼻界)라는 견해와 향계(香界)·비식계(鼻識界), …… 나아가 …… 비촉(鼻觸)·비촉을 인연으로 생겨난 여러 수(受)라는 견해를 일으키고, 설계(舌界)라는 견해와 미계(味界)·설식계(舌識界), …… 나아가 …… 설촉(舌觸)·설촉을 인연으로 생겨난 여러 수(受)라는 견해를 일으키며, 신계(身界)라는 견해와 촉계(觸界)·신식계(身識界), …… 나아가 …… 신촉(身觸)·신촉을 인연으로 생겨난 여러 수(受)라는 견해를 일으키고, 의계(意界)라는 견해와 법계(法界)·의식계(意識界), …… 나아가 …… 의촉(意觸)·의촉을 인연으로 생겨난 여러 수(受)라는 견해를 일으킵니까?

지계(地界)라는 견해와 수(水)·화(火)·풍(風)·공(空)·식계(識界)라는 견해를 일으키고, 고성제(苦聖諦)라는 견해와 집(集)·멸(滅)·도성제(道聖諦)라는 견해를 일으키며, 무명(無明)이라는 견해와 행(行)·식(識)·명색(名色)·육처(六處)·촉(觸)·수(受)·애(愛)·취(取)·유(有)·생(生)·노사(老死)의 수탄고우뇌(愁歎苦憂惱)라는 견해를 일으키고, 4정려(四靜慮)라는 견해와 4무량(四無量)·4무색정(四無色定)이라는 견해를 일으키며, 4념주라는 견해와 4정단(四正斷)·4신족(四神足)·5근(五根)·5력(五力)·7등각지(七等覺支)·8성도지(八聖道支)라는 견해를 일으키고, 공해탈문(空解脫門)이라는 견해와 무상(無相)·무원(舞願)해탈문이라는 견해를 일으킵니까?

보시바라밀다(布施波羅密多)라는 견해와 정계(淨戒)·안인(安忍)·정진(精進)·정려(靜慮)·반야바라밀다(般若波羅密多)라는 견해를 일으키고, 5안(眼)이라는 견해와 6신통(神通)이라는 견해를 일으키며, 여래(如來)의 10력(力)이라는 견해와 4무소외(四無所畏)·4무애해(四無碍解)·대자(大慈)·대비(大悲)·대희(大喜)·대사(大捨)·18불불공법(十八不佛共法)·일체지

(一切智)·도상지(道相智)·일체상지(一切相智)라는 견해를 일으키고, 유정을 성숙시킨다는 견해와 불토를 엄정하게 한다는 견해·보살이라는 견해·불타라는 견해·전법륜이라는 견해를 일으킵니까?"

구수 사리자가 선현에게 대답하였다.

"만약 보살마하살이 반야바라밀다를 수행하는 때에 방편선교가 없다면 얻을 수 없는 것으로써 방편으로 삼아서, 색이라는 견해와 수·상·행·식이라는 견해를 일으키며, …… 나아가 …… 곧 불타라는 견해·전법륜이라는 견해를 일으키나니, 이 보살마하살은 능히 여러 유정들을 위하여 얻을 수 없는 것으로써 방편으로 삼아서, 여러 견해라는 법을 끊으라고 말할 수 없으나, 만약 보살마하살이 반야바라밀다를 수행하는 때에 방편선교가 있다면 능히 유정들을 위하여 얻을 수 없는 것으로써 방편으로 삼아서, 여러 견해라는 법을 끊으라고 말할 수 있으며, 이 보살마하살은 색이라는 견해와 수·상·행·식이라는 견해를 일으키지 않으며, …… 나아가 …… 곧 불타라는 견해·전법륜이라는 견해를 일으키지 않습니다."

그때 구수 선현이 세존께 아뢰어 말하였다.

"세존이시여. 저도 역시 보살은 이러한 뜻을 까닭으로 다시 마하살이라고 이름한다고 즐거이 말합니다."

세존께서 말씀하셨다.

"선현이여. 그대의 뜻을 따라서 말해보라."

선현이 아뢰어 말하였다.

"세존이시여, 제보살은 일체지지(一切智智)를 위한 이유로 보리심(菩提心)·무등등심(無等等心)을 일으키고 일체의 성문·독각심(獨覺心)을 함께 하지 않는 마음을 일으키더라도, 이와 같은 마음에서 역시 집착하지 않습니다. 왜 그러한가? 세존이시여. 그 일체지지의 마음은 진실로 무루(無漏)라는 3계(三界)에 떨어지지 않고, 일체지지를 구하는 마음도 역시 진실로 무루라는 3계에 떨어지지 않나니, 이와 같은 마음에서도 집착하지 않는 까닭으로, 이 보살을 다시 마하살이라고 이름합니다."

이때 사리자가 선현에게 물어 말하였다.

"무엇이 보살마하살의 무등등한 마음이고, 일체의 성문·독각심(獨覺心)과 함께 하지 않는 마음입니까?"

선현이 대답하여 말하였다.

"제보살마하살은 초발심부터 제법이 생겨남이 있고 소멸함이 있으며 줄어듦이 있고 늘어남이 있으며 오는 것이 있고 가는 것이 있으며 염오가 있고 청정함이 있다고 보지 않습니다. 사리자여. 만약 제법이 생겨남이 있고 소멸함이 있으며 줄어듦이 있고 늘어남이 있으며 오는 것이 있고 가는 것이 있으며 염오가 있고 청정함이 있다고 보지 않고, 역시 성문심(聲聞心)·독각심(獨覺心)·보살심(菩薩心)·여래심(如來心)이 있다고 보지 않는다면, 사리자여. 이것을 보살마하살의 무등등한 마음이라고 이름하고, 성문·독각과는 함께 하지 않는 마음이라고 이름하며, 제보살마하살은 이와 같은 마음에서 역시 취하면서 집착하지 않습니다."

이때 사리자가 선현에게 물어 말하였다.

"만약 이와 같은 마음에 상응하여 취하면서 집착하지 않는다면, 곧 일체의 어리석은 범부·이생·성문·독각 등의 마음에 역시 상응하여 취하면서 집착하지 않아야 하고, 색이라는 마음에 상응하여 취하면서 집착하지 않아야 하며, 수·상·행·식이라는 마음에 상응하여 취하면서 집착하지 않아야 하고, 안처라는 마음에 상응하여 취하면서 집착하지 않아야 하고, 이·비·설·신·의처라는 마음에 상응하여 취하면서 집착하지 않아야 하며, 색처라는 마음에 상응하여 취하면서 집착하지 않아야 하고, 성·향·미·촉·법처라는 마음에 상응하여 취하면서 집착하지 않아야 합니다.

안계라는 마음에 상응하여 집착하지 않아야 하고, 색계·안식계, …… 나아가 …… 안촉·안촉을 인연으로 생겨난 여러 수라는 마음에 상응하여 취하면서 집착하지 않아야 하며, 이계라는 마음에 상응하여 취하면서 집착하지 않아야 하고, 성계·이식계, …… 나아가 …… 이촉·이촉을 인연으로 생겨난 여러 수라는 마음에 상응하여 취하면서 집착하지 않아야 하며, 비계라는 마음에 상응하여 취하면서 집착하지 않아야 하고, 향계·비식계, …… 나아가 …… 비촉·비촉을 인연으로 생겨난 여러 수라는 마음에

상응하여 취하면서 집착하지 않아야 하며, 설계라는 마음에 상응하여
취하면서 집착하지 않아야 하고, 미계·설식계, …… 나아가 …… 설촉·설촉
을 인연으로 생겨난 여러 수라는 마음에 상응하여 취하면서 집착하지
않아야 하며, 신계라는 마음에 상응하여 취하면서 집착하지 않아야 하고,
촉계·신식계, …… 나아가 …… 신촉·신촉을 인연으로 생겨난 여러 수라는
마음에 상응하여 취하면서 집착하지 않아야 하며, 의계라는 마음에 상응
하여 취하면서 집착하지 않아야 하고, 법계·의식계, …… 나아가 ……
의촉·의촉을 인연으로 생겨난 여러 수라는 마음에 상응하여 취하면서
집착하지 않아야 합니다.

　지계라는 마음에 상응하여 취하면서 집착하지 않아야 하고, 수·화·풍·
공·식계라는 마음에 상응하여 집착하지 않아야 하며, 고성제라는 마음에
상응하여 취하면서 집착하지 않아야 하고, 집·멸·도성제라는 마음에
상응하여 취하면서 집착하지 않아야 하며, 무명이라는 마음에 상응하여
취하면서 집착하지 않아야 하고, 행·식·명색·육처·촉·수·애·취·유·생·
노사의 수탄고우뇌라는 마음에 상응하여 취하면서 집착하지 않아야 하며,
4정려라는 마음에 상응하여 취하면서 집착하지 않아야 하고, 4무량·4무색
정이라는 마음에 상응하여 집착하지 않아야 하며, 4념주라는 마음에
상응하여 취하면서 집착하지 않아야 하고, 4정단·4신족·5근·5력·7등각
지·8성도지라는 마음에 상응하여 취하면서 집착하지 않아야 합니다.

　공해탈문이라는 마음에 상응하여 집착하지 않아야 하고, 무상·무원해
탈문이라는 마음에 상응하여 취하면서 집착하지 않아야 하며, 보시바라밀
다라는 마음에 상응하여 취하면서 집착하지 않아야 하고, 정계·안인·정진
·정려·반야바라밀다라는 마음에 상응하여 집착하지 않아야 하며, 5안이
라는 마음에 상응하여 취하면서 집착하지 않아야 하고, 6신통이라는
마음에 상응하여 취하면서 집착하지 않아야 하며, 여래의 10력이라는
마음에 상응하여 집착하지 않아야 하고, 4무소외·4무애해·대자·대비·대
희·대사·18불불공법·일체지·도상지·일체상지라는 마음에 상응하여 취
하면서 집착하지 않아야 합니다. 왜 그러한가? 이와 같은 여러 마음은

모두 마음의 자성이 없는 까닭입니다."

선현이 대답하여 말하였다.

"그렇습니다. 그렇습니다. 진실로 말한 것과 같습니다."

이때 사리자가 선현에게 물었다.

"만약 일체의 마음에 마음의 자성이 없는 까닭으로 상응하여 취하면서 집착하지 않아야 한다면, 곧 색은 색의 자성이 없는 까닭으로 상응하여 취하면서 집착하지 않아야 하고, 수·상·행·식은 수·상·행·식의 자성이 없는 까닭으로 상응하여 집착하지 않아야 하며, 안처는 안처의 자성이 없는 까닭으로 상응하여 취하면서 집착하지 않아야 하고, 이·비·설·신·의처는 이·비·설·신·의처의 자성이 없는 까닭으로 상응하여 취하면서 집착하지 않아야 하며, 색처는 색처의 자성이 없는 까닭으로 상응하여 취하면서 집착하지 않아야 하고, 성·향·미·촉·법처는 성·향·미·촉·법처의 자성이 없는 까닭으로 상응하여 취하면서 집착하지 않아야 합니다.

안계는 안계의 자성이 없는 까닭으로 상응하여 취하면서 집착하지 않아야 하고, 색계·안식계, …… 나아가 …… 안촉·안촉을 인연으로 생겨난 여러 수는 색계·안식계, 나아가 안촉·안촉을 인연으로 생겨난 여러 수의 자성이 없는 까닭으로 상응하여 취하면서 집착하지 않아야 하며, 이계는 이계의 자성이 없는 까닭으로 상응하여 취하면서 집착하지 않아야 하고, 성계·이식계, …… 나아가 …… 이촉·이촉을 인연으로 생겨난 여러 수는 성계·이식계, 나아가 이촉·이촉을 인연으로 생겨난 여러 수의 자성이 없는 까닭으로 상응하여 취하면서 집착하지 않아야 하며, 비계는 비계의 자성이 없는 까닭으로 상응하여 취하면서 집착하지 않아야 하고, 향계·비식계, …… 나아가 …… 비촉·비촉을 인연으로 생겨난 여러 수는 향계·비식계, 나아가 비촉·비촉을 인연으로 생겨난 여러 수의 자성이 없는 까닭으로 상응하여 취하면서 집착하지 않아야 하며, 설계는 설계의 자성이 없는 까닭으로 상응하여 취하면서 집착하지 않아야 하고, 미계·설식계, …… 나아가 …… 설촉·설촉을 인연으로 생겨난 여러 수는 미계·설식계, 나아가 설촉·설촉을 인연으로 생겨난 여러 수의 자성이 없는 까닭으로 상응하여 취하면서 집착하지 않아야 하며, 신계는 신계의 자성이 없는 까닭으로 상응하여 취하면서 집착하지 않아야 하고, 촉계·신식계, …… 나아가 …… 신촉·신촉을 인연으로 생겨난 여러 수는 촉계·신식계, 나아가 신촉· 신촉을 인연으로 생겨난 여러 수의 자성이 없는 까닭으로 상응하여 취하면서 집착하지 않아야 하며, 의계는 의계의 자성이 없는 까닭으로 상응하여 취하면서 집착하지 않아야 하고, 법계·의식계, …… 나아가 …… 의촉·의촉을 인연으로 생겨난 여러 수는 법계·의식계, 나아가 의촉·의촉을 인연으로 생겨난 여러 수의 자성이 없는 까닭으로 상응하여 취하면서 집착하지 않아야 합니다.

지계는 지계의 자성이 없는 까닭으로 상응하여 취하면서 집착하지 않아야 하고, 수·화·풍·공·식계는 수·화·풍·공·식계의 자성이 없는 까닭으로 상응하여 취하면서 집착하지 않아야 하며, 고성제는 고성제의 자성이 없는 까닭으로 상응하여 취하면서 집착하지 않아야 하고, 집·멸·도성제는 집·멸·도성제의 자성이 없는 까닭으로 상응하여 취하면서 집착하지 않아야 하며, 무명은 무명의 자성이 없는 까닭으로 상응하여 취하면서 집착하지 않아야 하고, 행·식·명색·육처·촉·수·애·취·유·생·노사의 수탄고우뇌는 행·식·명색·육처·촉·수·애·취·유·생·노사의 수탄고우뇌의 자성이 없는 까닭으로 상응하여 취하면서 집착하지 않아야 합니다.

4정려는 4정려의 자성이 없는 까닭으로 상응하여 취하면서 집착하지 않아야 하고, 4무량·4무색정은 4무량·4무색정의 자성이 없는 까닭으로 상응하여 취하면서 집착하지 않아야 하며, 4념주는 4정려의 자성이 없는 까닭으로 상응하여 취하면서 집착하지 않아야 하고, 4정단·4신족·5근·5력·7등각지·8성도지는 4정단·4신족·5근·5력·7등각지·8성도지의 자성이 없는 까닭으로 상응하여 취하면서 집착하지 않아야 하며, 공해탈문은 공해탈문의 자성이 없는 까닭으로 상응하여 취하면서 집착하지 않아야 하고, 무상·무원해탈문은 무상·무원해탈문의 자성이 없는 까닭으로 상응하여 취하면서 집착하지 않아야 합니다.

보시바라밀다는 보시바라밀다의 자성이 없는 까닭으로 상응하여 취하면서 집착하지 않아야 하고, 정계·안인·정진·정려·반야바라밀다는 정계·안인·정진·정려·반야바라밀다의 자성이 없는 까닭으로 상응하여 취하면서 집착하지 않아야 하며, 5안은 5안의 자성이 없는 까닭으로 상응하여 취하면서 집착하지 않아야 하고, 6신통은 6신통의 자성이 없는 까닭으로 상응하여 취하면서 집착하지 않아야 하며, 여래의 10력은 여래의 10력의 자성이 없는 까닭으로 상응하여 취하면서 집착하지 않아야 하고, 4무소외·4무애해·대자·대비·대희·대사·18불불공법·일체지·도상지·일체상지는 4무소외·4무애해·대자·대비·대희·대사·18불불공법·일체지·도상지·일체상지의 자성이 없는 까닭으로 상응하여 취하면서 집착하지 않아야 합니다.

선현이 대답하여 말하였다.

"그렇습니다. 그렇습니다. 진실로 말한 것과 같습니다."

이때 사리자가 선현에게 물어 말하였다.

"만약 일체지지의 마음이 바로 진실한 무루(無漏)이고 3계에 떨어지지 않는 것이라면 일체의 어리석은 범부·이생·성문·독각 등의 마음도 진실한 무루이고 3계에 떨어지지 않아야 합니다. 왜 그러한가? 이와 같은 여러 마음은 역시 본성(本性)이 공한 까닭입니다. 그 까닭은 무엇인가? 본성이 공한 법으로써 이것은 진실한 무루이고 3계에 떨어지지 않는 까닭입니까?"

선현이 대답하여 말하였다.

"그렇습니다. 그렇습니다. 진실로 말한 것과 같습니다."

사리자가 말하였다.

"색도 역시 이것에 상응하여 진실한 무루이고 3계에 떨어지지 않아야 하며, 수·상·행·식도 역시 이것에 상응하여 진실한 무루이고 3계에 떨어지지 않아야 합니다. 왜 그러한가? 색과 수·상·행·식은 모두 본성이 공한 까닭입니다. 그 까닭은 무엇인가? 본성이 공한 법으로써 이것은 진실한 무루이고 3계에 떨어지지 않는 까닭입니다."

선현이 대답하여 말하였다.

"그렇습니다. 그렇습니다. 진실로 말한 것과 같습니다."

사리자가 말하였다.

"안처도 역시 이것에 상응하여 진실한 무루이고 3계에 떨어지지 않아야 하며, 이·비·설·신·의처도 역시 이것에 상응하여 진실한 무루이고 3계에 떨어지지 않아야 합니다. 왜 그러한가? 안처와 이·비·설·신·의처는 모두 본성이 공한 까닭입니다. 그 까닭은 무엇인가? 본성이 공한 법으로써 이것은 진실한 무루이고 3계에 떨어지지 않는 까닭입니다."

선현이 대답하여 말하였다.

"그렇습니다. 그렇습니다. 진실로 말한 것과 같습니다."

사리자가 말하였다.

"색처도 역시 이것에 상응하여 진실한 무루이고 3계에 떨어지지 않아야 하며, 성·향·미·촉·법처도 역시 이것에 상응하여 진실한 무루이고 3계에 떨어지지 않아야 합니다. 왜 그러한가? 색처와 성·향·미·촉·법처는 모두 본성이 공한 까닭입니다. 그 까닭은 무엇인가? 본성이 공한 법으로써 이것은 진실한 무루이고 3계에 떨어지지 않는 까닭입니다."

선현이 대답하여 말하였다.

"그렇습니다. 그렇습니다. 진실로 말한 것과 같습니다."

사리자가 말하였다.

"안계도 역시 이것에 상응하여 진실한 무루이고 3계에 떨어지지 않아야 하며, 색계·안식계, …… 나아가 …… 안촉·안촉을 인연으로 생겨난 여러 수도 역시 이것에 상응하여 진실한 무루이고 3계에 떨어지지 않아야 합니다. 왜 그러한가? 안계와 색계·안식계, 나아가 안촉·안촉을 인연으로 생겨난 여러 수는 모두 자성이 공한 까닭입니다. 그 까닭은 무엇인가? 본성이 공한 법으로써 이것은 진실한 무루이고 3계에 떨어지지 않는 까닭입니다."

선현이 대답하여 말하였다.

"그렇습니다. 그렇습니다. 진실로 말한 것과 같습니다."

사리자가 말하였다.

"이계도 역시 이것에 상응하여 진실한 무루이고 3계에 떨어지지 않아야 하며, 성계·이식계, …… 나아가 …… 이촉·이촉을 인연으로 생겨난 여러 수도 역시 이것에 상응하여 진실한 무루이고 3계에 떨어지지 않아야 합니다. 왜 그러한가? 이계와 성계·이식계, 나아가 이촉·이촉을 인연으로 생겨난 여러 수는 모두 본성이 공한 까닭입니다. 그 까닭은 무엇인가? 본성이 공한 법으로써 이것은 진실한 무루이고 3계에 떨어지지 않는 까닭입니다."

선현이 대답하여 말하였다.

"그렇습니다. 그렇습니다. 진실로 말한 것과 같습니다."

사리자가 말하였다.

"비계도 역시 이것에 상응하여 진실한 무루이고 3계에 떨어지지 않아야 하며, 향계·비식계, …… 나아가 …… 비촉·비촉을 인연으로 생겨난 여러 수도 역시 이것에 상응하여 진실한 무루이고 3계에 떨어지지 않아야 합니다. 왜 그러한가? 비계와 향계·비식계, 나아가 비촉·비촉을 인연으로 생겨난 여러 수는 모두 본성이 공한 까닭입니다. 그 까닭은 무엇인가? 본성이 공한 법으로써 이것은 진실한 무루이고 3계에 떨어지지 않는 까닭입니다."

선현이 대답하여 말하였다.

"그렇습니다. 그렇습니다. 진실로 말한 것과 같습니다."

사리자가 말하였다.

"설계도 역시 이것에 상응하여 진실한 무루이고 3계에 떨어지지 않아야 하며, 미계·설식계, …… 나아가 …… 설촉·설촉을 인연으로 생겨난 여러 수도 역시 이것에 상응하여 진실한 무루이고 3계에 떨어지지 않아야 합니다. 왜 그러한가? 설계와 미계·설식계, 나아가 설촉·설촉을 인연으로 생겨난 여러 수는 모두 본성이 공한 까닭입니다. 그 까닭은 무엇인가? 본성이 공한 법으로써 이것은 진실한 무루이고 3계에 떨어지지 않는 까닭입니다."

선현이 대답하여 말하였다.

"그렇습니다. 그렇습니다. 진실로 말한 것과 같습니다."

사리자가 말하였다.

"신계도 역시 이것에 상응하여 진실한 무루이고 3계에 떨어지지 않아야 하며, 촉계·신식계, …… 나아가 …… 신촉·신촉을 인연으로 생겨난 여러 수도 역시 이것에 상응하여 진실한 무루이고 3계에 떨어지지 않아야 합니다. 왜 그러한가? 신계와 촉계·신식계, 나아가 신촉·신촉을 인연으로 생겨난 여러 수는 모두 본성이 공한 까닭입니다. 그 까닭은 무엇인가? 본성이 공한 법으로써 이것은 진실한 무루이고 3계에 떨어지지 않는 까닭입니다."

선현이 대답하여 말하였다.

"그렇습니다. 그렇습니다. 진실로 말한 것과 같습니다."

사리자가 말하였다.

"의계도 역시 이것에 상응하여 진실한 무루이고 3계에 떨어지지 않아야 하며, 법계·의식계, …… 나아가 …… 의촉·의촉을 인연으로 생겨난 여러 수도 역시 이것에 상응하여 진실한 무루이고 3계에 떨어지지 않아야 합니다. 왜 그러한가? 의계와 법계·의식계, 나아가 의촉·의촉을 인연으로 생겨난 여러 수는 모두 본성이 공한 까닭입니다. 그 까닭은 무엇인가? 본성이 공한 법으로써 이것은 진실한 무루이고 3계에 떨어지지 않는 까닭입니다."

선현이 대답하여 말하였다.

"그렇습니다. 그렇습니다. 진실로 말한 것과 같습니다."

사리자가 말하였다.

"지계도 역시 이것에 상응하여 진실한 무루이고 3계에 떨어지지 않아야 하며, 수·화·풍·공·식계도 역시 이것에 상응하여 진실한 무루이고 3계에 떨어지지 않아야 합니다. 왜 그러한가? 지계와 수·화·풍·공·식계는 모두 본성이 공한 까닭입니다. 그 까닭은 무엇인가? 본성이 공한 법으로써 이것은 진실한 무루이고 3계에 떨어지지 않는 까닭입니다."

선현이 대답하여 말하였다.

"그렇습니다. 그렇습니다. 진실로 말한 것과 같습니다."

사리자가 말하였다.

"고성제도 역시 이것에 상응하여 진실한 무루이고 3계에 떨어지지 않아야 하며, 집·멸·도성제도 역시 이것에 상응하여 진실한 무루이고 3계에 떨어지지 않아야 합니다. 왜 그러한가? 고성제와 집·멸·도성제는 모두 본성이 공한 까닭입니다. 그 까닭은 무엇인가? 본성이 공한 법으로써 이것은 진실한 무루이고 3계에 떨어지지 않는 까닭입니다."

선현이 대답하여 말하였다.

"그렇습니다. 그렇습니다. 진실로 말한 것과 같습니다."

사리자가 말하였다.

"무명도 역시 이것에 상응하여 진실한 무루이고 3계에 떨어지지 않아야 하며, 행·식·명색·육처·촉·수·애·취·유·생·노사의 수탄고우뇌도 역시 이것에 상응하여 진실한 무루이고 3계에 떨어지지 않아야 합니다. 왜 그러한가? 무명과 행·식·명색·육처·촉·수·애·취·유·생·노사의 수탄고 우뇌는 모두 본성이 공한 까닭입니다. 그 까닭은 무엇인가? 본성이 공한 법으로써 이것은 진실한 무루이고 3계에 떨어지지 않는 까닭입니다."

선현이 대답하여 말하였다.

"그렇습니다. 그렇습니다. 진실로 말한 것과 같습니다."

사리자가 말하였다.

"4정려도 역시 이것에 상응하여 진실한 무루이고 3계에 떨어지지 않아야 하며, 4무량·4무색정도 역시 이것에 상응하여 진실한 무루이고 3계에 떨어지지 않아야 합니다. 왜 그러한가? 4정려와 4무량·4무색정은 모두 본성이 공한 까닭입니다. 그 까닭은 무엇인가? 본성이 공한 법으로써 이것은 진실한 무루이고 3계에 떨어지지 않는 까닭입니다."

선현이 대답하여 말하였다.

"그렇습니다. 그렇습니다. 진실로 말한 것과 같습니다."

사리자가 말하였다.

"4념주도 역시 이것에 상응하여 진실한 무루이고 3계에 떨어지지 않아

야 하며, 4정단·4신족·5근·5력·7등각지·8성도지도 역시 이것에 상응하
여 진실한 무루이고 3계에 떨어지지 않아야 합니다. 왜 그러한가? 4념주와
4정단·4신족·5근·5력·7등각지·8성도지는 모두 본성이 공한 까닭입니다.
그 까닭은 무엇인가? 본성이 공한 법으로써 이것은 진실한 무루이고
3계에 떨어지지 않는 까닭입니다."

선현이 대답하여 말하였다.

"그렇습니다. 그렇습니다. 진실로 말한 것과 같습니다."

사리자가 말하였다.

"공해탈문도 역시 이것에 상응하여 진실한 무루이고 3계에 떨어지지
않아야 하며, 무상·무원해탈문도 역시 이것에 상응하여 진실한 무루이고
3계에 떨어지지 않아야 합니다. 왜 그러한가? 공해탈문과 무상·무원해탈
문은 모두 본성이 공한 까닭입니다. 그 까닭은 무엇인가? 본성이 공한
법으로써 이것은 진실한 무루이고 3계에 떨어지지 않는 까닭입니다."

선현이 대답하여 말하였다.

"그렇습니다. 그렇습니다. 진실로 말한 것과 같습니다."

사리자가 말하였다.

"보시바라밀다도 역시 이것에 상응하여 진실한 무루이고 3계에 떨어지
지 않아야 하며, 정계·안인·정진·정려·반야바라밀다도 역시 이것에 상응
하여 진실한 무루이고 3계에 떨어지지 않아야 합니다. 왜 그러한가?
보시바라밀다와 정계·안인·정진·정려·반야바라밀다는 모두 본성이 공
한 까닭입니다. 그 까닭은 무엇인가? 본성이 공한 법으로써 이것은 진실한
무루이고 3계에 떨어지지 않는 까닭입니다."

선현이 대답하여 말하였다.

"그렇습니다. 그렇습니다. 진실로 말한 것과 같습니다."

사리자가 말하였다.

"5안도 역시 이것에 상응하여 진실한 무루이고 3계에 떨어지지 않아야
하며, 6신통도 역시 이것에 상응하여 진실한 무루이고 3계에 떨어지지
않아야 합니다. 왜 그러한가? 5안과 6신통은 모두 본성이 공한 까닭입니

다. 그 까닭은 무엇인가? 본성이 공한 법으로써 이것은 진실한 무루이고 3계에 떨어지지 않는 까닭입니다."

선현이 대답하여 말하였다.

"그렇습니다. 그렇습니다. 진실로 말한 것과 같습니다."

사리자가 말하였다.

"여래의 10력도 역시 이것에 상응하여 진실한 무루이고 3계에 떨어지지 않아야 하며, 4무소외·4무애해·대자·대비·대희·대사·18불불공법·일체지·도상지·일체상지도 역시 이것에 상응하여 진실한 무루이고 3계에 떨어지지 않아야 합니다. 왜 그러한가? 여래의 10력·4무소외·4무애해·대자·대비·대희·대사·18불불공법·일체지·도상지·일체상지는 모두 본성이 공한 까닭입니다. 그 까닭은 무엇인가? 본성이 공한 법으로써 이것은 진실한 무루이고 3계에 떨어지지 않는 까닭입니다."

선현이 대답하여 말하였다.

"그렇습니다. 그렇습니다. 진실로 말한 것과 같습니다."

이때 사리자가 선현에게 물어 말하였다.

"만약 마음·색 등의 법에 마음·색 등의 자성이 없는 까닭으로 모두 상응하여 취하면서 집착하지 않는 자는 곧 일체법에 상응하고 모두가 평등하여 차별이 없어야 합니까?"

선현이 대답하여 말하였다.

"그렇습니다. 그렇습니다. 진실로 말한 것과 같습니다."

사리자가 말하였다.

"만약 일체법이 결국 차별이 없다면 어찌하여 여래께서는 마음과 색 등의 법에 여러 종류의 차별이 있다고 설하셨습니까?"

선현이 대답하여 말하였다.

"이것은 다만 여래께서 세속의 언설(言說)을 따라서 시설(施設)하셨으므로, 이러한 여러 종류의 차별이 있으나 오히려 진실한 뜻은 아닙니다."

이때 사리자가 선현에게 물어 말하였다.

"만약 일체의 어리석은 범부·이생·성문·독각·보살·여래심(如來心)과

색 등의 법도 본성이 공한 까닭이고, 이것이 진실한 무루이며 3계(三界)에 떨어지지 않는 것이라면 곧 성자(聖者)와 이생, 더불어 일체지(一切智)와 일체지 아닌 것이 상응하면서 모두 평등하고 차별이 없습니까?

선현이 대답하여 말하였다.

"그렇습니다. 그렇습니다. 진실로 말한 것과 같습니다."

사리자가 말하였다.

"만약 여러 범부와 성자가 결국 차별이 없다면 어찌하여 여래께서는 여러 범부와 성자가 여러 종류의 차별이 있음을 설하셨습니까?"

선현이 대답하여 말하였다.

"이것도 역시 여래께서 세속의 언설을 따라서 시설하셨으므로, 이러한 여러 종류의 차별이 있으나 오히려 진실한 뜻은 아닙니다.

사리자여. 이와 같이 보살마하살은 반야바라밀다를 수행하는 때에 얻을 수 없는 것으로써 방편으로 삼는 까닭으로 일으키는 보리심과 무등등 심(無等等心)에서 일체의 성문·독각심과 함께 하지 않고 믿지 않으며 집착하지 않고, 일체법에서도 역시 취하면서 집착하지 않나니, 이러한 뜻을 까닭으로 마하살이라고 이름합니다."

그때 구수 만자자(滿慈子)⁵⁾가 세존께 아뢰어 말하였다.

"세존이시여. 저도 역시 보살은 이러한 뜻을 까닭으로 다시 마하살이라고 이름한다고 즐거이 말합니다."

세존께서 말씀하셨다.

"만자자여. 그대의 뜻을 따라서 말해보라."

만자자가 말하였다.

"세존이시여. 제보살은 일체의 유정들에게 이익되고 안락하게 하려고 큰 공덕의 갑옷을 입은 까닭으로 대승(大乘)을 일으켜서 나아가고, 대승을 타는 까닭으로 마하살이라고 이름합니다."

이때 사리자가 만자자에게 물어 말하였다

---

5) 산스크리트어 Purna Maitrayani-putra의 번역이고, 부루나존자를 가리킨다. 또한 '만원자(滿願子)', '만축자(滿祝子)', '원만(圓滿)' 등으로도 한역한다.

"무엇이 보살마하살이 일체 유정들의 이익과 안락을 위하여 큰 공덕의 갑옷을 입고자 하는 것입니까?"

만자자가 말하였다.

"사리자여. 보살마하살이 보리행(菩提行)을 수행하면서 적은 부분의 유정들이 이익과 안락을 얻게 하려는 까닭이 아니고, 일체의 유정들이 이익과 안락을 얻게 하려는 까닭으로 보리행을 수습합니다. 사리자여. 이와 같다면 보살마하살이 일체 유정들의 이익과 안락을 위하여 큰 공덕의 갑옷을 입고자 하였다고 이름합니다.

다시 다음으로 사리자여. 보살마하살이 보시바라밀다에 머무르면서 보시바라밀다를 수행하는 때에 적은 부분의 유정들이 이익과 안락을 얻게 하려는 까닭이 아니고, 일체의 유정들이 이익과 안락을 얻게 하기 위한 까닭으로 보시바라밀다를 수행합니다. 사리자여. 보살마하살이 정계바라밀다에 머무르면서 정계바라밀다를 수행하는 때에 적은 부분의 유정들이 이익과 안락을 얻게 하려는 까닭이 아니고, 일체의 유정들이 이익과 안락을 얻게 하기 위한 까닭으로 정계바라밀다를 수행합니다. 사리자여. 보살마하살이 안인바라밀다에 머무르면서 안인바라밀다를 수행하는 때에 적은 부분의 유정들이 이익과 안락을 얻게 하려는 까닭이 아니고, 일체의 유정들이 이익과 안락을 얻게 하기 위한 까닭으로 안인바라밀다를 수행합니다.

사리자여. 보살마하살이 정진바라밀다에 머무르면서 정진바라밀다를 수행하는 때에 적은 부분의 유정들이 이익과 안락을 얻게 하려는 까닭이 아니고, 일체의 유정들이 이익과 안락을 얻게 하기 위한 까닭으로 정진바라밀다를 수행합니다. 사리자여. 보살마하살이 정려바라밀다에 머무르면서 정려바라밀다를 수행하는 때에 적은 부분의 유정들이 이익과 안락을 얻게 하려는 까닭이 아니고, 일체의 유정들이 이익과 안락을 얻게 하기 위한 까닭으로 정려바라밀다를 수행합니다. 사리자여. 보살마하살이 정려바라밀다에 머무르면서 반야바라밀다를 수행하는 때에 적은 부분의 유정들이 이익과 안락을 얻게 하려는 까닭이 아니고, 일체의 유정들이 이익과 안락을 얻게 하기 위한 까닭으로 반야바라밀다를 수행합니다. 사리자여. 이와 같다면 보살마하살이 일체 유정들의 이익과 안락을 위하여 큰 공덕의 갑옷을 입고자 하였다고 이름합니다.

다시 다음으로 사리자여. 보살마하살은 큰 공덕의 갑옷을 입고 유정들을 이익과 안락을 위하여 한계를 정하지 않나니 이를테면, '나는 그 소유한 유정들이 무여열반(無餘涅槃)을 얻게 시키려고 가르치지 않겠고, 그 소유한 유정들이 무여열반을 얻지 못하게 시키려고 가르치지 않겠으며, 나는 그 소유한 유정들이 무상보리(無上菩提)에 머무르게 시키려고 가르치지 않겠고, 그 소유한 유정들이 무상보리에 머무르지 못하도록 시키려고 가르치지 않겠다.'라고 이렇게 생각을 짓지 않습니다. 그러나 이 보살마하살은 널리 일체의 유정들에게 무여열반을 얻게 하고, 또한 무상보리에 머무르게 하는 까닭으로 이와 같은 큰 공덕의 갑옷을 입는 것입니다.

다시 다음으로 사리자여. 보살마하살이 '나는 마땅히 스스로가 보시바라밀다를 원만하게 하겠고, 역시 일체의 유정들을 가르쳐서 보시바라밀다에서 원만함을 수행하게 하겠으며, 나도 마땅히 스스로가 정계·안인·정진·정려·반야바라밀다를 원만하게 하겠고, 역시 일체의 유정들을 가르쳐서 정계·안인·정진·정려·반야바라밀다에서 원만함을 수행하게 하겠다. 나는 마땅히 스스로가 내공에 머무르겠고, 역시 일체의 유정들을 가르쳐서 내공에 머무르게 하겠으며, 나는 마땅히 스스로가 외공·내외공·공공·대공·승의공·유위공·무위공·필경공·무제공·산공·무변이공·본성공·자상공·공상공·일체법공·불가득공·무성공·자성공·무성자성공에 머무르겠고, 역시 유정들을 가르쳐서 외공, 나아가 무성자성공에 머무르게 하겠다.

나는 마땅히 스스로가 4정려에 머무르겠고, 역시 일체의 유정들을 가르쳐서 4정려에 머무르게 하겠으며, 나는 마땅히 스스로가 4무량·4무색정에 머무르겠고, 역시 유정들을 가르쳐서 4무량·4무색정에 머무르게 하겠다. 나는 마땅히 스스로가 4념주에 머무르겠고, 역시 일체의 유정들을 가르쳐서 4념주에 머무르게 하겠으며, 나는 마땅히 스스로가 4정단·4신족·5근·5력·7등각지·8성도지에 머무르겠고, 역시 유정들을 가르쳐서 4정

단·4신족·5근·5력·7등각지·8성도지에 머무르게 하겠다. 나는 마땅히
스스로가 공해탈문에 머무르겠고, 역시 일체의 유정들을 가르쳐서 공해탈
문에 머무르게 하겠으며, 나는 마땅히 스스로가 무상·무원해탈문에 머무
르겠고, 역시 유정들을 가르쳐서 무상·무원해탈문에 머무르게 하겠다.

나는 마땅히 스스로가 5안에 머무르겠고, 역시 일체의 유정들을 가르쳐
서 5안에 머무르게 하겠으며, 나는 마땅히 스스로가 6신통에 머무르겠고,
역시 유정들을 가르쳐서 6신통에 머무르게 하겠다. 나는 마땅히 스스로가
여래의 10력에 머무르겠고, 역시 일체의 유정들을 가르쳐서 여래의 10력
에 머무르게 하겠으며, 나는 마땅히 스스로가 4무소외·4무애해·대자·대
비·대희·대사·18불불공법·일체지·도상지·일체상지에 머무르겠고, 역
시 유정들을 가르쳐서 4무소외, 나아가 일체상지에 머무르게 하겠다.'라
고 이와 같이 생각을 짓습니다. 사리자여. 이와 같다면 보살마하살이
일체의 유정들을 이익되고 안락하게 하고자 큰 공덕의 갑옷을 입었다고
이름합니다."

마하반야바라밀다경 제48권

13. 마하살품(摩訶薩品)(2)

"다시 다음으로 사리자여. 제보살마하살이 보시바라밀다를 수행하는 때에 일체지지(一切智智)에 상응하는 마음으로 보시바라밀다를 수습하면서 얻을 수 없는 것으로써 방편으로 삼아서 일체의 유정들과 함께 아뇩다라삼먁삼보리에 공동(共同)으로 회향(廻向)하면서, 몸과 목숨 등에 모두 아끼는 것이 없습니다. 사리자여. 이와 같다면 제보살마하살이 보시바라밀다를 수행하는 때에 보시바라밀다의 큰 공덕의 갑옷을 입었다고 이름합니다.

다시 다음으로 사리자여. 제보살마하살이 보시바라밀다를 수행하는 때에 일체지지에 상응하는 마음으로 보시바라밀다를 수습하면서 얻을 수 없는 것으로써 방편으로 삼아서 일체의 유정들과 함께 아뇩다라삼먁삼보리에 공동으로 회향하면서, 보시의 행에서 성문과 독각의 작의(作意)를 일으키지 않나니, 사리자여. 이와 같다면 제보살마하살이 보시바라밀다를 수행하는 때에 정계바라밀다의 큰 공덕의 갑옷을 입는다고 이름합니다.

다시 다음으로 사리자여. 제보살마하살이 보시바라밀다를 수행하는 때에 일체지지에 상응하는 마음으로 보시바라밀다를 수습하면서 얻을 수 없는 것으로써 방편으로 삼아서 일체의 유정들과 함께 아뇩다라삼먁삼보리에 공동으로 회향하면서, 보시의 법에서 믿음으로 욕락(欲樂)을 인욕합니다. 사리자여. 이와 같다면 제보살마하살이 보시바라밀다를 수행하는 때에 안인바라밀다의 큰 공덕의 갑옷을 입었다고 이름합니다.

　다시 다음으로 사리자여. 제보살마하살이 보시바라밀다를 수행하는 때에 일체지지에 상응하는 마음으로 보시바라밀다를 수습하면서 얻을 수 없는 것으로써 방편으로 삼아서 일체의 유정들과 함께 아뇩다라삼먁삼보리에 공동으로 회향하면서, 보시의 행에서 부지런히 수행하며 멈추지 않나니, 사리자여. 이와 같다면 제보살마하살이 보시바라밀다를 수행하는 때에 정진바라밀다의 큰 공덕의 갑옷을 입었다고 이름합니다.

　다시 다음으로 사리자여. 제보살마하살이 보시바라밀다를 수행하는 때에 일체지지에 상응하는 마음으로 보시바라밀다를 수습하면서 얻을 수 없는 것으로써 방편으로 삼아서 일체의 유정들과 함께 아뇩다라삼먁삼보리에 공동으로 회향하면서, 보시의 행에서 일심으로 일체지지에 회향하며 성문과 독각의 작의에 섞이지 않나니, 사리자여. 이와 같다면 제보살마하살이 보시바라밀다를 수행하는 때에 정려바라밀다의 큰 공덕의 갑옷을 입었다고 이름합니다.

　다시 다음으로 사리자여. 제보살마하살이 보시바라밀다를 수행하는 때에 일체지지에 상응하는 마음으로 보시바라밀다를 수습하면서 얻을 수 없는 것으로써 방편으로 삼아서 일체의 유정들과 함께 아뇩다라삼먁삼보리에 공동으로 회향하면서, 보시의 법에서 환영과 같고 꿈과 같으며 형상과 같고 메아리 같으며 그림자와 같고 허공의 꽃과 같고 심향성과 같으며 변화한 일과 같다는 생각에 머무르고, 보시하는 자와 받는 자와 보시하는 물건을 보지 않지 않나니, 사리자여. 이와 같다면 제보살마하살이 보시바라밀다를 수행하는 때에 반야바라밀다의 큰 공덕의 갑옷을 입었다고 이름합니다.

　사리자여. 이것이 보살마하살이 보시바라밀다를 수행하는 때에 6바라밀다의 큰 공덕의 갑옷을 갖추어 입은 것입니다. 사리자여. 만약 보살마하살이 일체지지에 상응하는 마음으로써 보시바라밀다를 수행하는 때에 6바라밀다의 상을 취하지도 않고 집착하지도 않는다면, 마땅히 이것은 보살마하살이 큰 공덕의 갑옷을 입었다고 아나니, 사리자여. 이와 같다면 보살마하살이 일체의 유정들을 이익돠고 안락하게 하고자 큰 공덕의 갑옷을 입었다고 이름합니다.

다시 다음으로 사리자여. 제보살마하살이 정계바라밀다를 수행하는 때에 일체지지에 상응하는 마음으로 정계바라밀다를 수습하면서 얻을 수 없는 것으로써 방편으로 삼아서 일체의 유정들과 함께 아뇩다라삼먁삼보리에 공동으로 회향하면서, 정계를 보호하기 위하여 여러 소유한 것에서 모두 그리워하거나 집착하지 않나니, 사리자여. 이와 같다면 제보살마하살이 정계바라밀다를 수행하는 때에 보시바라밀다의 큰 공덕의 갑옷을 입었다고 이름합니다.

다시 다음으로 사리자여. 제보살마하살이 정계바라밀다를 수행하는 때에 일체지지에 상응하는 마음으로 정계바라밀다를 수습하면서 얻을 수 없는 것으로써 방편으로 삼아서 일체의 유정들과 함께 아뇩다라삼먁삼보리에 공동으로 회향하면서, 정계의 행에서 오히려 성문이나 독각을 구하면서 나아가지 않는데, 하물며 이생지(異生地)이겠습니까? 사리자여. 이와 같다면 제보살마하살이 정계바라밀다를 수행하는 때에 정계바라밀다의 큰 공덕의 갑옷을 입는다고 이름합니다.

다시 다음으로 사리자여. 제보살마하살이 정계바라밀다를 수행하는 때에 일체지지에 상응하는 마음으로 정계바라밀다를 수습하면서 얻을 수 없는 것으로써 방편으로 삼아서 일체의 유정들과 함께 아뇩다라삼먁삼보리에 공동으로 회향하면서, 정계의 법에서 믿음으로 욕락(欲樂)을 인욕합니다. 사리자여. 이와 같다면 제보살마하살이 정계바라밀다를 수행하는 때에 안인바라밀다의 큰 공덕의 갑옷을 입었다고 이름합니다.

다시 다음으로 사리자여. 제보살마하살이 정계바라밀다를 수행하는 때에 일체지지에 상응하는 마음으로 정계바라밀다를 수습하면서 얻을 수 없는 것으로써 방편으로 삼아서 일체의 유정들과 함께 아뇩다라삼먁삼보리에 공동으로 회향하면서, 정계의 행에서 부지런히 수행하며 멈추지 않습니다. 사리자여. 이와 같다면 제보살마하살이 정계바라밀다를 수행하는 때에 정진바라밀다의 큰 공덕의 갑옷을 입었다고 이름합니다.

다시 다음으로 사리자여. 제보살마하살이 정계바라밀다를 수행하는 때에 일체지지에 상응하는 마음으로 정계바라밀다를 수습하면서 얻을 수 없는 것으로써 방편으로 삼아서 일체의 유정들과 함께 아뇩다라삼먁삼보리에 공동으로 회향하면서, 정계의 행에서 오직 대비(大悲)로써 상수(上首)로 삼으면서 오히려 2승의 작의의 중간(間)에 섞이지 않는데 하물며 이생심(異生心)이겠습니까? 사리자여. 이와 같다면 제보살마하살이 보시바라밀다를 수행하는 때에 정려바라밀다의 큰 공덕의 갑옷을 입었다고 이름합니다.

다시 다음으로 사리자여. 제보살마하살이 정계바라밀다를 수행하는 때에 일체지지에 상응하는 마음으로 정계바라밀다를 수습하면서 얻을 수 없는 것으로써 방편으로 삼아서 일체의 유정들과 함께 아뇩다라삼먁삼보리에 공동으로 회향하면서, 정계의 법에서 환영과 같고 꿈과 같으며 형상과 같고 메아리 같으며 그림자와 같고 허공의 꽃과 같고 심향성과 같으며 변화한 일과 같다는 생각에 머무르고, 청정한 계에서 믿지 않거나 집착하지 않으며, 파계에서 미워하거나 싫어하지 않거나 취하지 않는 것을 보지 않지 않는데, 수지(持)와 범함(犯)의 본성이 공한 까닭입니다. 사리자여. 이와 같다면 제보살마하살이 정계바라밀다를 수행하는 때에 반야바라밀다의 큰 공덕의 갑옷을 입었다고 이름합니다.

사리자여. 이것이 보살마하살이 정계바라밀다를 수행하는 때에 6바라밀다의 큰 공덕의 갑옷을 갖추어 입은 것입니다. 사리자여. 만약 보살마하살이 일체지지에 상응하는 마음으로써 정계바라밀다를 수행하는 때에 6바라밀다의 상을 취하지도 않고 집착하지도 않는다면, 마땅히 이것은 보살마하살이 큰 공덕의 갑옷을 입었다고 아십시오. 사리자여. 이와 같다면 보살마하살이 일체 유정들의 이익과 안락을 위하여 큰 공덕의 갑옷을 입고자 하였다고 이름합니다.

다시 다음으로 사리자여. 제보살마하살이 안인바라밀다를 수행하는 때에 일체지지에 상응하는 마음으로 안인바라밀다를 수습하면서 얻을 수 없는 것으로써 방편으로 삼아서 일체의 유정들과 함께 아뇩다라삼먁삼보리에 공동으로 회향하면서, 몸과 목숨 등에 모두 아끼는 것이 없습니다.

사리자여. 이와 같다면 제보살마하살이 안인바라밀다를 수행하는 때에
보시바라밀다의 큰 공덕의 갑옷을 입었다고 이름합니다.

다시 다음으로 사리자여. 제보살마하살이 안인바라밀다를 수행하는
때에 일체지지에 상응하는 마음으로 안인바라밀다를 수습하면서 얻을
수 없는 것으로써 방편으로 삼아서 일체의 유정들과 함께 아뇩다라삼먁삼
보리에 공동으로 회향하면서, 안인의 행에서 성문·독각·이생의 하열한
작의와 섞이지 않습니다. 사리자여. 이와 같다면 제보살마하살이 안인바
라밀다를 수행하는 때에 정계바라밀다의 큰 공덕의 갑옷을 입는다고
이름합니다.

다시 다음으로 사리자여. 제보살마하살이 안인바라밀다를 수행하는
때에 일체지지에 상응하는 마음으로 안인바라밀다를 수습하면서 얻을
수 없는 것으로써 방편으로 삼아서 일체의 유정들과 함께 아뇩다라삼먁삼
보리에 공동으로 회향하면서, 안인의 법에서 믿음으로 욕락을 인욕합니
다. 사리자여. 이와 같다면 제보살마하살이 안인바라밀다를 수행하는
때에 안인바라밀다의 큰 공덕의 갑옷을 입었다고 이름합니다.

다시 다음으로 사리자여. 제보살마하살이 안인바라밀다를 수행하는
때에 일체지지에 상응하는 마음으로 안인바라밀다를 수습하면서 얻을
수 없는 것으로써 방편으로 삼아서 일체의 유정들과 함께 아뇩다라삼먁삼
보리에 공동으로 회향하면서, 안인의 행에서 부지런히 수행하며 멈추지
않습니다. 사리자여. 이와 같다면 제보살마하살이 안인바라밀다를 수행
하는 때에 정진바라밀다의 큰 공덕의 갑옷을 입었다고 이름합니다.

다시 다음으로 사리자여. 제보살마하살이 안인바라밀다를 수행하는
때에 일체지지에 상응하는 마음으로 안인바라밀다를 수습하면서 얻을
수 없는 것으로써 방편으로 삼아서 일체의 유정들과 함께 아뇩다라삼먁삼
보리에 공동으로 회향하면서, 안인의 행에서 부지런히 수행하며 멈추지
않습니다. 사리자여. 이와 같다면 제보살마하살이 안인바라밀다를 수행
하는 때에 정진바라밀다의 큰 공덕의 갑옷을 입었다고 이름합니다.

다시 다음으로 사리자여. 제보살마하살이 안인바라밀다를 수행하는

때에 일체지지에 상응하는 마음으로 안인바라밀다를 수습하면서 얻을 수 없는 것으로써 방편으로 삼아서 일체의 유정들과 함께 아뇩다라삼먁삼보리에 공동으로 회향하면서, 마음을 하나의 인연(緣)으로 섭수하여 안인행을 수습하며 비록 괴로운 일을 만나더라도 인연을 다르게 하지 않습니다. 사리자여. 이와 같다면 제보살마하살이 안인바라밀다를 수행하는 때에 정려바라밀다의 큰 공덕의 갑옷을 입었다고 이름합니다.

다시 다음으로 사리자여. 제보살마하살이 안인바라밀다를 수행하는 때에 일체지지에 상응하는 마음으로 안인바라밀다를 수습하면서 얻을 수 없는 것으로써 방편으로 삼아서 일체의 유정들과 함께 아뇩다라삼먁삼보리에 공동으로 회향하면서, 보시의 법에서 환영과 같고 꿈과 같으며 형상과 같고 메아리 같으며 그림자와 같고 허공의 꽃과 같고 심향성과 같으며 변화한 일과 같다는 생각에 머무르고, 일체의 불법을 수습하고 쌓기 위하여, 일체의 유정들을 성숙시키기 위하여, 제법의 공을 관찰하면서 원한에 집착하지 않습니다. 사리자여. 이와 같다면 제보살마하살이 안인바라밀다를 수행하는 때에 반야바라밀다의 큰 공덕의 갑옷을 입었다고 이름합니다.

사리자여. 이것이 보살마하살이 안인바라밀다를 수행하는 때에 6바라밀다의 큰 공덕의 갑옷을 갖추어 입은 것입니다. 사리자여. 만약 보살마하살이 일체지지에 상응하는 마음으로써 안인바라밀다를 수행하는 때에 6바라밀다의 상을 취하지도 않고 집착하지도 않는다면, 마땅히 이것은 보살마하살이 큰 공덕의 갑옷을 입었다고 아십시오. 사리자여. 이와 같다면 보살마하살이 일체 유정들의 이익과 안락을 위하여 큰 공덕의 갑옷을 입고자 하였다고 이름합니다.

다시 다음으로 사리자여. 제보살마하살이 정진바라밀다를 수행하는 때에 일체지지에 상응하는 마음으로 정진바라밀다를 수습하면서 얻을 수 없는 것으로써 방편으로 삼아서 일체의 유정들과 함께 아뇩다라삼먁삼보리에 공동으로 회향하면서, 여러 종류의 어려운 보시행을 부지런히 수습합니다. 사리자여. 이와 같다면 제보살마하살이 정진바라밀다를 수행하는 때에 보시바라밀다의 큰 공덕의 갑옷을 입었다고 이름합니다.

다시 다음으로 사리자여. 제보살마하살이 정진바라밀다를 수행하는 때에 일체지지에 상응하는 마음으로 정진바라밀다를 수습하면서 얻을 수 없는 것으로써 방편으로 삼아서 일체의 유정들과 함께 아뇩다라삼먁삼보리에 공동으로 회향하면서, 청정한 금계(禁戒)를 정근(精勤)하며 호지(護持)합니다. 사리자여. 이와 같다면 제보살마하살이 정진바라밀다를 수행하는 때에 정계바라밀다의 큰 공덕의 갑옷을 입는다고 이름합니다.

다시 다음으로 사리자여. 제보살마하살이 정진바라밀다를 수행하는 때에 일체지지에 상응하는 마음으로 정진바라밀다를 수습하면서 얻을 수 없는 것으로써 방편으로 삼아서 일체의 유정들과 함께 아뇩다라삼먁삼보리에 공동으로 회향하면서, 여러 종류의 어려운 인욕행을 부지런히 수습합니다. 사리자여. 이와 같다면 제보살마하살이 정진바라밀다를 수행하는 때에 안인바라밀다의 큰 공덕의 갑옷을 입었다고 이름합니다.

다시 다음으로 사리자여. 제보살마하살이 정진바라밀다를 수행하는 때에 일체지지에 상응하는 마음으로 정진바라밀다를 수습하면서 얻을 수 없는 것으로써 방편으로 삼아서 일체의 유정들과 함께 아뇩다라삼먁삼보리에 공동으로 회향하면서, 이익이 있는 고행을 치연(熾然)하게 부지런히 수습합니다. 사리자여. 이와 같다면 제보살마하살이 정진바라밀다를 수행하는 때에 정진바라밀다의 큰 공덕의 갑옷을 입었다고 이름합니다.

다시 다음으로 사리자여. 제보살마하살이 정진바라밀다를 수행하는 때에 일체지지에 상응하는 마음으로 정진바라밀다를 수습하면서 얻을 수 없는 것으로써 방편으로 삼아서 일체의 유정들과 함께 아뇩다라삼먁삼보리에 공동으로 회향하면서, 여러 종류의 정려(靜慮)와 등지(等至)를 부지런히 수습합니다. 사리자여. 이와 같다면 제보살마하살이 정진바라밀다를 수행하는 때에 정려바라밀다의 큰 공덕의 갑옷을 입었다고 이름합니다.

다시 다음으로 사리자여. 제보살마하살이 정진바라밀다를 수행하는 때에 일체지지에 상응하는 마음으로 정진바라밀다를 수습하면서 얻을

수 없는 것으로써 방편으로 삼아서 일체의 유정들과 함께 아뇩다라삼먁삼
보리에 공동으로 회향하면서, 정진하여 수행하며 지혜를 취하지 않고
집착하지도 않습니다. 사리자여. 이와 같다면 제보살마하살이 정진바라
밀다를 수행하는 때에 반야바라밀다의 큰 공덕의 갑옷을 입었다고 이름합
니다.

사리자여. 이것이 보살마하살이 정진바라밀다를 수행하는 때에 6바라
밀다의 큰 공덕의 갑옷을 갖추어 입은 것입니다. 사리자여. 만약 보살마하
살이 일체지지에 상응하는 마음으로써 정진바라밀다를 수행하는 때에
6바라밀다의 상을 취하지도 않고 집착하지도 않는다면, 마땅히 이것은
보살마하살이 큰 공덕의 갑옷을 입었다고 아십시오. 사리자여. 이와
같다면 보살마하살이 일체 유정들의 이익과 안락을 위하여 큰 공덕의
갑옷을 입고자 하였다고 이름합니다.

다시 다음으로 사리자여. 제보살마하살이 정려바라밀다를 수행하는
때에 일체지지에 상응하는 마음으로 정려바라밀다를 수습하면서 얻을
수 없는 것으로써 방편으로 삼아서 일체의 유정들과 함께 아뇩다라삼먁삼
보리에 공동으로 회향하면서, 안정심(安靜心)에 머무르며 보시를 행하고
간탐(慳吝)하는 번뇌(垢)가 다시 앞에 현전(現前)하지 않습니다. 사리자여.
이와 같다면 제보살마하살이 정려바라밀다를 수행하는 때에 보시바라밀
다의 큰 공덕의 갑옷을 입었다고 이름합니다.

다시 다음으로 사리자여. 제보살마하살이 정려바라밀다를 수행하는
때에 일체지지에 상응하는 마음으로 정려바라밀다를 수습하면서 얻을
수 없는 것으로써 방편으로 삼아서 일체의 유정들과 함께 아뇩다라삼먁삼
보리에 공동으로 회향하면서, 청정한 정력(定力)으로 금계를 호지하면서
범계의 번뇌가 다시 앞에 현전하지 않습니다. 사리자여. 이와 같다면
제보살마하살이 정려바라밀다를 수행하는 때에 정계바라밀다의 큰 공덕
의 갑옷을 입는다고 이름합니다.

다시 다음으로 사리자여. 제보살마하살이 정려바라밀다를 수행하는
때에 일체지지에 상응하는 마음으로 정려바라밀다를 수습하면서 얻을

수 없는 것으로써 방편으로 삼아서 일체의 유정들과 함께 아뇩다라삼먁삼
보리에 공동으로 회향하면서, 자비정(慈悲定)에 머무르고 안인을 수행하
며 분노(忿怒) 등이 다시 앞에 현전하지 않습니다. 사리자여. 이와 같다면
제보살마하살이 정려바라밀다를 수행하는 때에 안인바라밀다의 큰 공덕
의 갑옷을 입었다고 이름합니다.

다시 다음으로 사리자여. 제보살마하살이 정려바라밀다를 수행하는
때에 일체지지에 상응하는 마음으로 정려바라밀다를 수습하면서 얻을
수 없는 것으로써 방편으로 삼아서 일체의 유정들과 함께 아뇩다라삼먁삼
보리에 공동으로 회향하면서, 정정(精定)에 안주하고 공덕을 부지런히
수습하며 여러 해태(懈怠) 등이 다시 앞에 현전하지 않습니다. 사리자여.
이와 같다면 제보살마하살이 정려바라밀다를 수행하는 때에 정진바라밀
다의 큰 공덕의 갑옷을 입었다고 이름합니다.

다시 다음으로 사리자여. 제보살마하살이 정려바라밀다를 수행하는
때에 일체지지에 상응하는 마음으로 정려바라밀다를 수습하면서 얻을
수 없는 것으로써 방편으로 삼아서 일체의 유정들과 함께 아뇩다라삼먁삼
보리에 공동으로 회향하면서, 정려(精慮) 등에 의지하여 수승한 선정(勝定)
을 일으켜서 미란(味亂)의 장애가 다시 앞에 현전하지 않습니다. 사리자여.
이와 같다면 제보살마하살이 정려바라밀다를 수행하는 때에 정려바라밀
다의 큰 공덕의 갑옷을 입었다고 이름합니다.

다시 다음으로 사리자여. 제보살마하살이 정려바라밀다를 수행하는
때에 일체지지에 상응하는 마음으로 정려바라밀다를 수습하면서 얻을
수 없는 것으로써 방편으로 삼아서 일체의 유정들과 함께 아뇩다라삼먁삼
보리에 공동으로 회향하면서, 정려 등에 의지하여 수승한 지혜(勝慧)를
일으켜서 일체법이 모두 환영등과 같다고 관찰하여 여러 악한 지혜가
다시 앞에 현전하지 않습니다. 사리자여. 이와 같다면 제보살마하살이
정려바라밀다를 수행하는 때에 반야바라밀다의 큰 공덕의 갑옷을 입었다
고 이름합니다.

사리자여. 이것이 보살마하살이 정려바라밀다를 수행하는 때에 6바라

밀다의 큰 공덕의 갑옷을 갖추어 입은 것입니다. 사리자여. 만약 보살마하살이 일체지지에 상응하는 마음으로써 정려바라밀다를 수행하는 때에 6바라밀다의 상을 취하지도 않고 집착하지도 않는다면, 마땅히 이것은 보살마하살이 큰 공덕의 갑옷을 입었다고 아십시오. 사리자여. 이와 같다면 보살마하살이 일체 유정들의 이익과 안락을 위하여 큰 공덕의 갑옷을 입고자 하였다고 이름합니다.

다시 다음으로 사리자여. 제보살마하살이 반야바라밀다를 수행하는 때에 일체지지에 상응하는 마음으로 정려바라밀다를 수습하면서 얻을 수 없는 것으로써 방편으로 삼아서 일체의 유정들과 함께 아뇩다라삼먁삼보리에 공동으로 회향하면서, 보시하는 자와 받는 자와 보시하는 물건을 보지 않고, 3륜(三輪)이 청정하게 보시를 행합니다. 사리자여. 이와 같다면 제보살마하살이 반야바라밀다를 수행하는 때에 보시바라밀다의 큰 공덕의 갑옷을 입었다고 이름합니다.

다시 다음으로 사리자여. 제보살마하살이 반야바라밀다를 수행하는 때에 일체지지에 상응하는 마음으로 반야바라밀다를 수습하면서 얻을 수 없는 것으로써 방편으로 삼아서 일체의 유정들과 함께 아뇩다라삼먁삼보리에 공동으로 회향하면서, 지계와 파계 등을 보지 않고, 집착이 없는 마음으로써 정계(淨戒)를 수행합니다. 사리자여. 이와 같다면 제보살마하살이 반야바라밀다를 수행하는 때에 정계바라밀다의 큰 공덕의 갑옷을 입는다고 이름합니다.

다시 다음으로 사리자여. 제보살마하살이 반야바라밀다를 수행하는 때에 일체지지에 상응하는 마음으로 반야바라밀다를 수습하면서 얻을 수 없는 것으로써 방편으로 삼아서 일체의 유정들과 함께 아뇩다라삼먁삼보리에 공동으로 회향하면서, 능인(能忍)과 소인(所忍) 등의 일을 보지 않고, 수승한 공의 지혜로써 안인을 수행합니다. 사리자여. 이와 같다면 제보살마하살이 반야바라밀다를 수행하는 때에 안인바라밀다의 큰 공덕의 갑옷을 입는다고 이름합니다.

다시 다음으로 사리자여. 제보살마하살이 반야바라밀다를 수행하는

때에 일체지지에 상응하는 마음으로 반야바라밀다를 수습하면서 얻을
수 없는 것으로써 방편으로 삼아서 일체의 유정들과 함께 아뇩다라삼먁삼
보리에 공동으로 회향하면서, 일체법은 모두 결국 공하다고 관찰하고
대비심으로써 정진(精進)을 행합니다. 사리자여. 이와 같다면 제보살마하
살이 반야바라밀다를 수행하는 때에 정진바라밀다의 큰 공덕의 갑옷을
입는다고 이름합니다.

다시 다음으로 사리자여. 제보살마하살이 반야바라밀다를 수행하는
때에 일체지지에 상응하는 마음으로 반야바라밀다를 수습하면서 얻을
수 없는 것으로써 방편으로 삼아서 일체의 유정들과 함께 아뇩다라삼먁삼
보리에 공동으로 회향하면서, 들어가고 머무르며 나오면서 선정과 선정의
경계를 관찰하고 모두 결국 공하다고 관찰하며 등지(等至)를 수행합니다.
사리자여. 이와 같다면 제보살마하살이 반야바라밀다를 수행하는 때에
정려바라밀다의 큰 공덕의 갑옷을 입는다고 이름합니다.

다시 다음으로 사리자여. 제보살마하살이 반야바라밀다를 수행하는
때에 일체지지에 상응하는 마음으로 반야바라밀다를 수습하면서 얻을
수 없는 것으로써 방편으로 삼아서 일체의 유정들과 함께 아뇩다라삼먁삼
보리에 공동으로 회향하면서, 일체의 법에서, 일체의 유정에서, 일체의
바라밀다에서, 환영과 같고 꿈과 같으며 형상과 같고 메아리 같으며
그림자와 같고 허공의 꽃과 같고 심향성과 같으며 변화한 일과 같다는
생각에 머무르고, 여러 종류를 수행하며 지혜를 취하면서 집착하지 않습
니다. 사리자여. 이와 같다면 제보살마하살이 반야바라밀다를 수행하는
때에 반야바라밀다의 큰 공덕의 갑옷을 입는다고 이름합니다.

사리자여. 이것이 보살마하살이 반야바라밀다를 수행하는 때에 6바라
밀다의 큰 공덕의 갑옷을 갖추어 입은 것입니다. 사리자여. 만약 보살마하
살이 일체지지에 상응하는 마음으로써 반야바라밀다를 수행하는 때에
6바라밀다의 상을 취하지도 않고 집착하지도 않는다면, 마땅히 이것은
보살마하살이 큰 공덕의 갑옷을 입었다고 아십시오. 사리자여. 이와
같다면 보살마하살이 일체 유정들의 이익과 안락을 위하여 큰 공덕의

갑옷을 입고자 하였다고 이름합니다. 사리자여. 제보살마하살이 이와 같이 하나·하나의 바라밀다에 안주하고, 모든 6바라밀다를 수행하여 원만하게 증득하게 하였다면, 이러한 까닭으로 큰 공덕의 갑옷을 입었다고 이름합니다.

다시 다음으로 사리자여. 제보살마하살은 비록 여러 정려(靜慮)에 들어가고, 더불어 무량(無量)한 무색정(無色定)에 들어가더라도 맛(味)에 집착하지 않고, 역시 그의 세력에 이끌리지도 않으며, 역시 그의 세력을 따라서 생(生)을 받지도 않습니다. 사리자여 이것이 보살마하살이 정려바라밀다를 수행하는 때에 방편선교라는 반야바라밀다의 큰 공덕의 갑옷을 입는 것입니다.

다시 다음으로 사리자여. 제보살마하살이 비록 여러 정려에 들어가고, 더불어 무량한 무색정에 들어가더라도 멀리한다는 견해·적정하다는 견해·공하고 무상(無相)이며 무원(無願)이라는 견해에 머무르더라도 실제(實際)를 증득하지 않고 성문과 독각지에 들어가지 않으면서 수승하게 일체 성문과 독각을 조복합니다. 사리자여 이것이 보살마하살이 정려바라밀다를 수행하는 때에 방편선교라는 반야바라밀다의 큰 공덕의 갑옷을 입는 것입니다.

사리자여. 이와 같다면 제보살마하살이 일체의 유정들을 이익과 안락을 위하는 이유로 이와 같은 큰 공덕의 갑옷을 입는 것입니다. 이러한 까닭으로 다시 마하살이라고 이름합니다.

사리자여. 이와 같이 온갖 유정들을 일체의 유정들을 이익과 안락을 위하여 큰 공덕의 갑옷을 입은 보살마하살은 널리 시방으로 각자 긍가(殑伽)의 모래 등과 같은 여러 세계의 불·세존을 위하여 대중의 가운데에서 환희(歡喜)하고 찬탄하면서 '어느 방향의 어느 세계의 가운데에 어느 이름의 보살마하살은 일체 유정들의 이익과 안락을 위하여 큰 공덕의 갑옷을 입고서 유정들을 성숙시키고 불국토를 청정하게 장엄하며 신통에 유희(遊戱)하면서 지을 것을 상응하여 짓는다.'라고 이와 같은 말을 짓는다면, 이와 같이 전전(展轉)하여 시방에 두루하므로 천인(天人) 등이 듣고서 모두 환희하면서 함께 '이와 같은 보살은 빠르고 마땅하게 여래(佛)를 지어서 일체의 유정들에게 이익되고 안락하게 하겠구나.'라고 이렇게 말을 짓습니다."

그때 구수 사리자가 만자자에게 물어 말하였다.
"어찌하여 보살마하살이 일체 유정들의 이익과 안락을 위한 까닭으로 대승으로 나아간다고 이름합니까?"
만자자가 말하였다.
"사리자여. 보살마하살이 일체의 유정들을 이익과 안락을 위하여 6바라밀다의 큰 공덕의 갑옷을 입었거나, 다시 일체 유정들의 이익과 안락을 위한 까닭으로 욕망의 악한 불선법(不善法)을 벗어나고, 유심유사(有尋有伺)의 이생희락(離生喜樂)으로 초정려(初靜慮)에 들어가서 구족하고 머무르며, 심사(尋伺)가 적정하고 내신(內身) 등이 청정하며 마음이 하나로 나아가는 자성이며, 무심무사(無尋無伺)의 정생희락(定生喜樂)으로 2정려(二靜慮)에 들어가서 구족하고 머무르며, 이희주사(離喜住捨)로 염정지(念正知)를 구족하고, 몸은 성설주사(聖說住捨)를 즐거이 받아들이면서 염락주(念樂住)를 구족하며, 3정려에 들어가서 구족하고 머무르며, 즐거움이 끊어지고 괴로움이 끊어지면 먼저 기쁨과 근심이 없어져서 괴롭지도 즐겁지도 않으며, 사념청정(捨念淸淨)하므로 4정려에 들어가서 구족하고 머무르며, 다시 정려에 의지하여 자구심(慈俱心)이 일어나서 행상(行相)이 광대해지고 둘이 없고 무량하며 원망이 없고 해침이 없으며 한(恨)이 없고 번뇌가 없습니다. 승해(勝解)[1]를 두루 원만하게 잘 수습하고 시방의 주위에 널리 가득히 채워서 넘치게 하고, 허공과 법계의 끝까지 마치며, 자심(慈心)의 승해를 구족하고 머무르며, 비(悲)·희(喜)·사(捨)와 함께

---

1) 산스크리트어 adhimokṣa의 번역이고, 설일체유부의 5위 75법에서 심소법(心所法)의 대지법(大地法) 가운데의 하나이다. 승해는 뛰어난 이해 또는 확실한 이해라는 뜻으로 대상을 살펴서 요해(了解)하여, 대상의 시(是)·비(非)와 사(邪)·정(正)을 인가(印可)하거나, 또는 결정(決定)하는 마음작용이다.

하는 수승한 이해의 행상도 역시 이와 같습니다.

이 가행(加行)에 의지하여 다시 일체의 색상(色想)·멸유대상(滅有對想)·부사유종종상(不思惟種種想)을 뛰어넘어 무변(無邊)한 공(空)에 들어가서 공무변처(空無邊處)를 구족하고 머무르며, 일체의 공무변처를 뛰어넘어 무변한 식(識)에 들어가서 식무변처(識無邊處)를 구족하고 머무르며, 일체의 식무변처를 뛰어넘어 무소유(無所有)에 들어가서 무소유처(無所有處)를 구족하고 머무르며, 일체의 무소유처를 뛰어넘어 비상비비상처(非想非非想處)에 들어가서 구족하고 머무르나니, 사리자여. 이 보살마하살은 얻을 수 없는 것으로써 방편으로 삼아서 이 정려를 무량(無量)하고 무색(無色)하게 지니면서 일체의 유정들과 함께 아뇩다라삼먁삼보리에 회향(迴向)한다면, 사리자여. 이것이 보살마하살이 일체 유정들의 이익과 안락을 위하는 까닭으로 대승을 일으켜서 나아가는 것입니다.

다시 다음으로 사리자여. 제보살마하살이 제유정들의 이익과 안락을 위하여 먼저 스스로가 이와 같은 정려에 무량하고 무색하게 안주(安住)하면서 들어가고 머무르며 나오는 여러 행상(行相)에서 잘 분별하여 알고 자재(自在)를 얻고서, 다시 '나는 마땅히 일체지지에 상응하는 마음으로써 대비(大悲)를 상수로 삼아서 일체의 유정들의 여러 번뇌를 끊기 위한 까닭으로 여러 정려가 무량하고 무색하다고 설하면서 분별하여 보여주어 여러 선정의 좋아하는 맛·허물과 근심·출리(出離)와 또한 들어가고 머무르며 나오는 것을 명료하게 알게 하겠다.'라고 이렇게 생각을 짓는다면, 사리자여. 이것이 보살마하살이 정려바라밀다에 의지하여 보시바라밀다를 수행하면서 제유정들의 이익과 안락을 위하는 까닭으로 대승을 일으켜서 나아가는 것입니다.

만약 보살마하살이 일체지지에 상응하는 마음으로 대비를 상수로 삼아서 여러 정려가 무량하고 무색하다고 설하는 때에, 성문·독각심(獨覺心) 등이 중간에 섞이지 않는다면, 사리자여. 이것이 보살마하살이 정려바라밀다에 의지하여 정계바라밀다를 수행하면서 제유정들의 이익과 안락을 위하는 까닭으로 대승을 일으켜서 나아가는 것입니다.

만약 보살마하살이 일체지지에 상응하는 마음으로 대비를 상수로 삼아서 여러 정려가 무량하고 무색하다고 설하는 때에, 이와 같은 법에서 믿음으로 욕락을 인욕한다면, 사리자여. 이것이 보살마하살이 정려바라밀다에 의지하여 안인바라밀다를 수행하면서 제유정들의 이익과 안락을 위하는 까닭으로 대승을 일으켜서 나아가는 것입니다.

만약 보살마하살이 일체지지에 상응하는 마음으로 대비를 상수로 삼아서 여러 정려가 무량하고 무색하다고 설하는 때에, 스스로가 선근(善根)으로써 유정들을 위하는 까닭으로 무상정등보리를 구하고 회향하면서 여러 선근에서 부지런히 수행하며 멈추지 않는다면, 사리자여. 이것이 보살마하살이 정려바라밀다에 의지하여 정진바라밀다를 수행하면서 제유정들의 이익과 안락을 위하는 까닭으로 대승을 일으켜서 나아가는 것입니다.

만약 보살마하살이 일체지지에 상응하는 마음으로 대비를 상수로 삼아서 여러 정려의 무량과 무색에 의지하여, 수승(殊勝)한 등지(等至)와 등지(等持)의 해탈(解脫)·승처(勝處)·변처(遍處) 등의 선정을 이끌어서 일으켜서 들어가고 머무르며 나오면서 모두 자재를 얻었더라도 성문·독각지에 떨어지지 않는다면, 사리자여. 이것이 보살마하살이 정려바라밀다에 의지하여 정려바라밀다를 수행하면서 제유정들의 이익과 안락을 위하는 까닭으로 대승을 일으켜서 나아가는 것입니다.

만약 보살마하살이 일체지지에 상응하는 마음으로 대비를 상수로 삼아서 여러 정려가 무량하고 무색하다고 수행하는 때에, 여러 정려가 무량하고 무색하거나, 더불어 정려지(靜慮支)에서 무상(無常)의 행상으로써, 고통(苦)의 행상으로써, 무아(無我)의 행상으로써, 공(空)의 행상으로써, 무상(無相)의 행상으로써, 무원(無願)의 행상으로써, 여실하게 대비(大悲)를 버리지 않고 관찰하면서 성문·독각지에 떨어지지 않는다면, 사리자여. 이것이 보살마하살이 정려바라밀다에 의지하여 반야바라밀다를 수행하면서 제유정들의 이익과 안락을 위하는 까닭으로 대승을 일으켜서 나아가는 것입니다.

다시 다음으로 사리자여. 만약 보살마하살이 일체지지에 상응하는 마음으로 대비를 상수로 삼아서 자정(慈定)에 들어가는 때에, '나는 마땅히 일체의 유정들을 구제(拯濟)하여 안락을 얻게 하겠다.'라고 이와 같이 생각을 짓거나, 비정(悲定)에 들어가는 때에, '나는 마땅히 일체의 유정들을 구제(救拔)하여 고통을 벗어나게 하겠다.'라고 이와 같이 생각을 짓거나, 희정(喜定)에 들어가는 때에, '나는 마땅히 일체의 유정들을 찬탄하고 권유하여 해탈을 얻게 하겠다.'라고 이와 같이 생각을 짓거나, 사정(捨定)에 들어가는 때에, '나는 마땅히 평등하게 일체의 유정들이 이익되고 여러 번뇌를 끊게 하겠다.'라고 이와 같이 생각을 짓는다면, 사리자여. 이것이 보살마하살이 무량정(無量定)에 의지하여 보시바라밀다를 수행하면서 제유정들의 이익과 안락을 위하는 까닭으로 대승을 일으켜서 나아가는 것입니다.

만약 보살마하살이 일체지지에 상응하는 마음으로 대비를 상수로 삼아서 4무량에 들어가고 머무르며 나오는 때에 결국 성문과 독각을 향하여 나가지 않고 오직 무상정등보리를 구한다면, 사리자여. 이것이 보살마하살이 무량정에 의지하여 정계바라밀다를 수행하면서 제유정들의 이익과 안락을 위하는 까닭으로 대승을 일으켜서 나아가는 것입니다.

만약 보살마하살이 일체지지에 상응하는 마음으로 대비를 상수로 삼아서 4무량에 들어가고 머무르며 나오는 때에 성문과 독각의 작의에 섞이지 않고 전심(專心)으로 믿으면서 욕락의 무상정보리를 인욕한다면, 사리자여. 이것이 보살마하살이 무량정에 의지하여 정계바라밀다를 수행하면서 제유정들의 이익과 안락을 위하는 까닭으로 대승을 일으켜서 나아가는 것입니다.

만약 보살마하살이 일체지지에 상응하는 마음으로 대비를 상수로 삼아서 4무량에 들어가고 머무르며 나오는 때에 부지런히 악한 법은 끊어내고 부지런히 선한 법은 수행하면서 오로지 보리에 나아가면서 잠시라도 버리지 않는다면, 사리자여. 이것이 보살마하살이 무량정에 의지하여 정계바라밀다를 수행하면서 제유정들의 이익과 안락을 위하는 까닭으로 대승을 일으켜서 나아가는 것입니다.

만약 보살마하살이 일체지지에 상응하는 마음으로 대비를 상수로 삼아서 4무량에 들어가고 머무르며 나오는 때에 여러 종류의 등지·등지(等至)를 이끌어 일으켰더라도, 능히 그 가운데에서 대자재(大自在)를 얻고서 그 선정이라는 것에 이끌리지 않으며, 역시 그 세력을 따라서 생(生)을 받지도 않는다면, 사리자여. 이것이 보살마하살이 무량정에 의지하여 정려바라밀다를 수행하면서 제유정들의 이익과 안락을 위하는 까닭으로 대승을 일으켜서 나아가는 것입니다.

만약 보살마하살이 일체지지에 상응하는 마음으로 대비를 상수로 삼아서 4무량을 수행하면서 무량(無量)한 가운데에서 무상(無常)의 행상(行相)으로써, 고통(苦)의 행상으로써, 무아(無我)의 행상으로써, 공(空)의 행상으로써, 무상(無相)의 행상으로써, 무원(無願)의 행상으로써, 여실하게 대비를 버리지 않고 관찰하면서 성문·독각지에 떨어지지 않는다면, 사리자여. 이것이 보살마하살이 무량정에 의지하여 반야바라밀다를 수행하면서 제유정들의 이익과 안락을 위하는 까닭으로 대승을 일으켜서 나아가는 것입니다.

사리자여. 제보살마하살은 이와 같은 방편선교에 의지하여 6바라밀다를 수습(修習)하면서 제유정들의 이익과 안락을 위하는 까닭으로 대승을 일으켜서 나아가는 것입니다."

"다시 다음으로 사리자여. 만약 보살마하살이 일체지지에 상응하는 마음으로 대비를 상수로 삼아서 일체의 종류인 4념주·4정단·4신족·5근·5력·7등각지·8성도지를 구족하고 수행하며, 얻을 수 없는 것으로써 방편으로 삼아서 일체의 유정들과 함께 공동(共同)으로 아뇩다라삼먁삼보리에 회향한다면, 사리자여. 이것이 보살마하살이 제유정들의 이익과 안락을 위하는 까닭으로 대승을 일으켜서 나아가는 것입니다.

다시 다음으로 사리자여. 만약 보살마하살이 일체지지에 상응하는 마음으로 대비를 상수로 삼아서 일체의 종류인 공해탈문·무상해탈문·무원해탈문을 구족하고 수행하며, 얻을 수 없는 것으로써 방편으로 삼아서

일체의 유정들과 함께 공동으로 아뇩다라삼먁삼보리에 회향한다면, 사리
자여. 이것이 보살마하살이 제유정들의 이익과 안락을 위하는 까닭으로
대승을 일으켜서 나아가는 것입니다.

다시 다음으로 사리자여. 만약 보살마하살이 일체지지에 상응하는
마음으로 대비를 상수로 삼아서 일체의 종류인 보시(布施)·애어(愛語)·이
행(利行)·동사(同事)를 구족하고 수행하며, 얻을 수 없는 것으로써 방편으
로 삼아서 일체의 유정들과 함께 공동으로 아뇩다라삼먁삼보리에 회향한
다면, 사리자여. 이것이 보살마하살이 제유정들의 이익과 안락을 위하는
까닭으로 대승을 일으켜서 나아가는 것입니다.

다시 다음으로 사리자여. 만약 보살마하살이 일체지지에 상응하는
마음으로 대비를 상수로 삼아서 일체의 종류인 5안·6신통을 구족하고
수행하며, 얻을 수 없는 것으로써 방편으로 삼아서 일체의 유정들과
함께 공동으로 아뇩다라삼먁삼보리에 회향한다면, 사리자여. 이것이
보살마하살이 제유정들의 이익과 안락을 위하는 까닭으로 대승을 일으켜
서 나아가는 것입니다.

다시 다음으로 사리자여. 만약 보살마하살이 일체지지에 상응하는
마음으로 대비를 상수로 삼아서 일체의 종류인 여래의 10력·4무소외·4무
애해·대자·대비·대희·대사·18불불공법·일체지·도상지·일체상지를 구
족하고 수행하며, 얻을 수 없는 것으로써 방편으로 삼아서 일체의 유정들
과 함께 공동으로 아뇩다라삼먁삼보리에 회향한다면, 사리자여. 이것이
보살마하살이 제유정들의 이익과 안락을 위하는 까닭으로 대승을 일으켜
서 나아가는 것입니다.

다시 다음으로 사리자여. 만약 보살마하살이 일체지지에 상응하는
마음으로 대비를 상수로 삼고서 얻을 수 없는 것으로써 방편으로 삼아서
여래의 내공의 지혜·외공의 지혜·내외공의 지혜·공공의 지혜·대공의
지혜·필경공의 지혜·무제공의 지혜·산공의 지혜·무변이공의 지혜·본성
공의 지혜·자상공의 지혜·공상공의 지혜·일체법공의 지혜·불가득공의
지혜·무성공의 지혜·자성공의 지혜·무성자성공의 지혜를 일으키며, 얻

을 수 없는 것으로써 방편으로 삼아서 일체의 유정들과 함께 아뇩다라삼먁
삼보리에 회향한다면, 사리자여. 이것이 보살마하살이 제유정들의 이익
과 안락을 위하는 까닭으로 대승을 일으켜서 나아가는 것입니다.

다시 다음으로 사리자여. 만약 보살마하살이 일체지지에 상응하는
마음으로 대비를 상수로 삼고서 얻을 수 없는 것으로써 방편으로 삼아서
일체의 법에서 산란하지 않고 정려도 아닌 지혜를 일으켜서 얻을 수
없는 것으로써 방편으로 삼아서 일체의 유정들과 함께 공동으로 아뇩다라
삼먁삼보리에 회향한다면, 사리자여. 이것이 보살마하살이 제유정들의
이익과 안락을 위하는 까닭으로 대승을 일으켜서 나아가는 것입니다.

다시 다음으로 사리자여. 만약 보살마하살이 일체지지에 상응하는
마음으로 대비를 상수로 삼고서 얻을 수 없는 것으로써 방편으로 삼아서
일체의 법에서 항상하지도 않고 무상하지도 않은 지혜, 즐겁지도 않고
괴롭지도 않은 지혜, 내가 아니고 무아도 아닌 지혜, 청정하지 않고
부정하지도 않은 지혜, 공하지도 않고 공하지 않는 것도 아닌 지혜,
유상이 아니고 무상도 아닌 지혜, 유원이 아니고 무원도 아닌 지혜,
적정하지 않고 적정하지 않는 것도 아닌 지혜, 멀리 벗어나지 않고 멀리
벗어나지 않은 것도 아닌 지혜에서, 얻을 수 없는 것으로써 방편으로
삼아서 일체의 유정들과 함께 공동으로 아뇩다라삼먁삼보리에 회향한다
면, 사리자여. 이것이 보살마하살이 제유정들의 이익과 안락을 위하는
까닭으로 대승을 일으켜서 나아가는 것입니다.

다시 다음으로 사리자여. 만약 보살마하살이 일체지지에 상응하는
마음으로 대비를 상수로 삼고서 얻을 수 없는 것으로 방편으로 삼아서
지혜로 과거를 알지 못하거나, 지혜로 미래를 알지 못하거나, 지혜로
현재를 알지 못하거나, 지혜로 3세법(三世法)을 알지 못하는 것이 아니므
로, 얻을 수 없는 것으로써 방편으로 삼아서 일체의 유정들과 함께 공동(共
同)으로 아뇩다라삼먁삼보리에 회향한다면, 사리자여. 이것이 보살마하
살이 제유정의 이익과 안락을 위하는 까닭으로 대승을 일으켜서 나아가는
것입니다.

만약 보살마하살이 일체지지에 상응하는 마음으로 대비를 상수로 삼고
서 얻을 수 없는 것으로 방편으로 삼아서 지혜로 선을 알지 못하거나
지혜로 불선(不善)을 알지 못하거나, 지혜로 무기(無記)를 알지 못하거나,
지혜로 3성법(三性法)을 알지 못하거나, 지혜로 욕계(欲界)를 알지 못하거
나, 지혜로 색계(色界)를 알지 못하거나, 지혜로 무색계(無色界)를 알지
못하거나, 지혜로 3계법(三界法)을 알지 못하거나, 지혜로 유학(有學)을
알지 못하거나, 지혜로 무학(無學)을 알지 못하거나, 지혜로 유학이 아니고
무학이 아닌 것을 알지 못하거나, 유학과 무학을 알지 못하거나, 지혜로
견도(見道)에서 끊을 것을 알지 못하거나, 지혜로 수도(修道)에서 끊을
것을 알지 못하거나, 지혜로 끊을 것을 알지 못하거나, 견도위에서 끊을
것과 수도위에서 끊을 것을 알지 못하는 것이 아니므로, 얻을 수 없는
것으로써 방편으로 삼아서 일체의 유정들과 함께 공동으로 아뇩다라삼먁
삼보리에 회향한다면, 사리자여. 이것이 보살마하살이 제유정의 이익과
안락을 위하는 까닭으로 대승을 일으켜서 나아가는 것입니다.

만약 보살마하살이 일체지지에 상응하는 마음으로 대비를 상수로 삼고
서 얻을 수 없는 것으로 방편으로 삼아서 지혜로 세간을 알지 못하거나,
지혜로 출세간을 알지 못하거나, 세간과 출세간의 법을 알지 못하는
것이 아니므로, 얻을 수 없는 것으로써 방편으로 삼아서 일체의 유정들과
함께 공동으로 아뇩다라삼먁삼보리에 회향한다면, 사리자여. 이것이
보살마하살이 제유정들의 이익과 안락을 위하는 까닭으로 대승을 일으켜
서 나아가는 것입니다.

만약 보살마하살이 일체지지에 상응하는 마음으로 대비를 상수로 삼고
서 얻을 수 없는 것으로 방편으로 삼아서 지혜로 세간을 알지 못하거나,
지혜로 색을 알지 못하거나, 지혜로 무색(無色)을 알지 못하거나, 색·무색
법(無色法)을 알지 못하거나, 지혜로 유견(有見)을 알지 못하거나, 무견(無
見)을 알지 못하거나, 유견·무견법(無見法)을 알지 못하거나, 지혜로 유대
(有對)를 알지 못하거나, 지혜로 무대(無對)를 알지 못하거나, 유대·무대법
을 알지 못하거나, 지혜로 유루(漏)를 알지 못하거나, 지혜로 무루(無漏)를

알지 못하거나, 유루·무루법(無漏法)을 알지 못하거나, 지혜로 유위(有爲)를 알지 못하거나, 지혜로 무위(無爲)를 알지 못하거나, 유위·무위법(無爲法)을 알지 못하는 것이 아니므로, 얻을 수 없는 것으로써 방편으로 삼아서 일체의 유정들과 함께 공동으로 아뇩다라삼먁삼보리에 회향한다면, 사리자여. 이것이 보살마하살이 제유정들의 이익과 안락을 위하는 까닭으로 대승을 일으켜서 나아가는 것입니다.

사리자여. 제보살마하살은 오히려 이와 같은 방편선교로 일체 유정들의 이익과 안락을 위하여 대승을 일으켜서 나아가는 까닭으로 다시 보살마하살이라고 이름합니다.

사리자여. 이와 같이 일체 유정들의 이익과 안락을 위하여 대승을 일으켜서 나아가는 보살마하살은 널리 시방으로 각자 긍가의 모래 등과 같은 여러 세계의 불·세존을 위하여 대중의 가운데에서 환희하고 찬탄하면서 '어느 방향의 어느 세계의 가운데에 어느 이름의 보살마하살은 일체 유정들의 이익과 안락을 위하여 대승을 일으켜서 나아가며 유정들을 성숙시키고 불국토를 청정하게 장엄하며 신통에 유희하면서 지을 것을 상응하여 짓는다.'라고 이와 같이 말을 지었다면, 이와 같이 전전하여 시방에 두루하므로 천인 등이 듣고서 모두 환희하면서 함께 '이와 같은 보살은 빠르고 마땅하게 여래를 짓고서 일체의 유정들을 이익되고 안락하게 하겠구나.'라고 이렇게 말을 짓습니다."

마하반야바라밀다경 제49권

13. 마하살품(摩訶薩品)(3)

　그때 구수 사리자가 만자자에게 물어 말하였다.
　"무엇을 보살마하살이 제유정들의 이익과 안락을 위하는 까닭으로 대승의 수레를 탄다고 말합니까?"
　만자자가 말하였다.
　"사리자여. 만약 보살마하살이 반야바라밀다를 수행하는 때에 일체지지에 상응하는 마음으로 대비를 상수로 삼고서 얻을 수 없는 것을 사용하여 방편으로 삼아서 보시바라밀다를 탔더라도, 보시를 얻지 않거나, 보시바라밀다도 얻지 않거나, 보시하는 자도 얻지 않거나, 받는 자도 얻지 않거나, 보시하는 물건도 얻지 않거나, 막는 법(遮法)도 얻지 않는다면, 사리자여. 이것이 보살마하살이 보시바라밀다를 타는 것입니다.
　만약 보살마하살이 반야바라밀다를 수행하는 때에 일체지지에 상응하는 마음으로 대비를 상수로 삼고서 얻을 수 없는 것을 사용하여 방편으로 삼아서 정계바라밀다를 탔더라도, 정계를 얻지 않거나, 정계바라밀다도 얻지 않거나, 지계(持戒)인 자도 얻지 않거나, 범계(犯戒)인 자도 얻지 않거나, 막는 법도 얻지 않는다면, 사리자여. 이것이 보살마하살이 정계바라밀다를 타는 것입니다.
　만약 보살마하살이 반야바라밀다를 수행하는 때에 일체지지에 상응하는 마음으로 대비를 상수로 삼고서 얻을 수 없는 것을 사용하여 방편으로 삼아서 안인바라밀다를 탔더라도, 안인을 얻지 않거나, 안인바라밀다도 얻지 않거나, 능히 안인(安忍)하는 자도 얻지 않거나, 소인(所忍)의 경계도 얻지 않거나, 막는 법도 얻지 않는다면, 사리자여. 이것이 보살마하살이 안인바라밀다를 타는 것입니다.

만약 보살마하살이 반야바라밀다를 수행하는 때에 일체지지에 상응하는 마음으로 대비를 상수로 삼고, 얻을 수 없는 것을 사용하여 방편으로 삼아서 정진바라밀다를 탔더라도, 정진을 얻지 않거나, 정진바라밀다도 얻지 않거나, 능히 정진하는 자도 얻지 않거나, 해태(懈怠)한 자도 얻지 않거나, 막는 법도 얻지 않는다면, 사리자여. 이것이 보살마하살이 정진바라밀다를 타는 것입니다.

만약 보살마하살이 반야바라밀다를 수행하는 때에 일체지지에 상응하는 마음으로 대비를 상수로 삼고서 얻을 수 없는 것을 사용하여 방편으로 삼아서 정려바라밀다를 탔더라도, 정려를 얻지 않거나, 정려바라밀다도 얻지 않거나, 정려를 수행하는 자도 얻지 않거나, 산란(散亂)한 자도 얻지 않거나, 막는 법도 얻지 않는다면, 사리자여. 이것이 보살마하살이 정려바라밀다를 타는 것입니다.

만약 보살마하살이 반야바라밀다를 수행하는 때에 일체지지에 상응하는 마음으로 대비를 상수로 삼고서 얻을 수 없는 것을 사용하여 방편으로 삼아서 반야바라밀다를 탔더라도, 반야를 얻지 않거나, 정려바라밀다도 얻지 않거나, 지혜를 수행하는 자도 얻지 않거나, 과거·미래·현재법도 얻지 않거나, 선·불선·무기법도 얻지 않거나, 욕계·색계·무색계법도 얻지 않거나, 유학·무학·비학비무학법도 얻지 않거나, 견도에서 끊을 것·수도에서 끊을 것·끊지 않을 것이 아닌 법도 얻지 않거나, 세간·출세간법도 얻지 않거나, 색·무색법도 얻지 않거나, 유견·무견법도 얻지 않거나, 유대·무대법도 얻지 않거나, 유루·무루법도 얻지 않거나, 유위·무위법도 얻지 않는다면, 사리자여. 이것이 보살마하살이 정려바라밀다를 타는 것입니다.

사리자여. 이것이 보살마하살이 제유정들의 이익과 안락을 위하는 까닭으로 대승의 수레를 타는 것이라고 마땅히 알아야 합니다.

다시 다음으로 사리자여. 만약 보살마하살이 일체지지에 상응하는 마음으로 대비를 상수로 삼고서 얻을 수 없는 것을 사용하여 수행을 버리기 위한 까닭으로 4념주를 수행하거나, 수행을 버리기 위한 까닭으로 4정단·4신족·5근·5력·7등각지·8성도지를 수행한다면, 사리자여. 이것이 보살마하살이 제유정들의 이익과 안락을 위하는 까닭으로 대승의 수레를 타는 것입니다.

만약 보살마하살이 일체지지에 상응하는 마음으로 대비를 상수로 삼고서 얻을 수 없는 것을 사용하여 수행을 버리기 위한 까닭으로 공해탈문을 수행하거나, 수행을 버리기 위한 까닭으로 무상·무원해탈문을 수행한다면, 사리자여. 이것이 보살마하살이 제유정들의 이익과 안락을 위하는 까닭으로 대승의 수레를 타는 것입니다.

만약 보살마하살이 일체지지에 상응하는 마음으로 대비를 상수로 삼고서 얻을 수 없는 것을 사용하여 수행을 버리기 위한 까닭으로 4정려를 수행하거나, 수행을 버리기 위한 까닭으로 4무량·4무색정을 수행한다면, 사리자여. 이것이 보살마하살이 제유정들의 이익과 안락을 위하는 까닭으로 대승의 수레를 타는 것입니다.

만약 보살마하살이 일체지지에 상응하는 마음으로 대비를 상수로 삼고서 얻을 수 없는 것을 사용하여 수행을 버리기 위한 까닭으로 보시바라밀다를 수행하거나, 수행을 버리기 위한 까닭으로 정계·안인·정진·정려·반야바라밀다를 수행한다면, 사리자여. 이것이 보살마하살이 제유정들의 이익과 안락을 위하는 까닭으로 대승의 수레를 타는 것입니다.

만약 보살마하살이 일체지지에 상응하는 마음으로 대비를 상수로 삼고서 얻을 수 없는 것을 사용하여 수행을 버리기 위한 까닭으로 5안을 수행하거나, 수행을 버리기 위한 까닭으로 6신통을 수행한다면, 사리자여. 이것이 보살마하살이 제유정들의 이익과 안락을 위하는 까닭으로 대승의 수레를 타는 것입니다.

만약 보살마하살이 일체지지에 상응하는 마음으로 대비를 상수로 삼고서 얻을 수 없는 것을 사용하여 수행을 버리기 위한 까닭으로 여래의

10력을 수행하거나, 수행을 버리기 위한 까닭으로 4무소외·4무애해·대자·대비·대희·대사·18불불공법·일체지·도상지·일체상지를 수행한다면, 사리자여. 이것이 보살마하살이 제유정들의 이익과 안락을 위하는 까닭으로 대승의 수레를 타는 것입니다.

만약 보살마하살이 일체지지에 상응하는 마음으로 대비를 상수로 삼고서 얻을 수 없는 것을 사용하여 수행을 버리기 위한 까닭으로 내공의 지혜·외공의 지혜·내외공의 지혜·공공의 지혜·대공의 지혜·필경공의 지혜·무제공의 지혜·산공의 지혜·무변이공의 지혜·본성공의 지혜·자상공의 지혜·공상공의 지혜·일체법공의 지혜·불가득공의 지혜·무성공의 지혜·자성공의 지혜·무성자성공의 지혜를 수행한다면, 사리자여. 이것이 보살마하살이 제유정들의 이익과 안락을 위하는 까닭으로 대승의 수레를 타는 것입니다.

만약 보살마하살이 일체지지에 상응하는 마음으로 대비를 상수로 삼고서 얻을 수 없는 것을 사용하여 '보살마하살은 다만 가명(假名)으로 시설(施設)하는 말이 있을 뿐이고, 보리(菩提)와 살타(薩)는 모두 얻을 수 없는 까닭이다.'라고 여실(如實)하게 관찰한다면, 사리자여. 이것이 보살마하살이 제유정들의 이익과 안락을 위하는 까닭으로 대승의 수레를 타는 것입니다.

만약 보살마하살이 일체지지에 상응하는 마음으로 대비를 상수로 삼고서 얻을 수 없는 것을 사용하여 '색은 다만 가명으로 시설하는 말이 있을 뿐이고 색은 얻을 수 없는 까닭이며, 수·상·행·식은 다만 가명으로 시설된 시설하는 말이 있을 뿐이고 수·상·행·식은 얻을 수 없는 까닭이다.'라고 여실하게 관찰한다면, 사리자여. 이것이 보살마하살이 제유정들의 이익과 안락을 위하는 까닭으로 대승의 수레를 타는 것입니다.

만약 보살마하살이 일체지지에 상응하는 마음으로 대비를 상수로 삼고서 얻을 수 없는 것을 사용하여 '안처는 다만 가명으로 시설하는 말이 있을 뿐이고 안처는 얻을 수 없는 까닭이며, 이·비·설·신·의처는 다만 가명으로 시설하는 말이 있을 뿐이고 이·비·설·신·의처는 얻을 수 없는 까닭이다.'라고 여실하게 관찰한다면, 사리자여. 이것이 보살마하살이 제유정들의 이익과 안락을 위하는 까닭으로 대승의 수레를 타는 것입니다.

만약 보살마하살이 일체지지에 상응하는 마음으로 대비를 상수로 삼고서 얻을 수 없는 것을 사용하여 '색처는 다만 가명으로 시설하는 말이 있을 뿐이고 색처는 얻을 수 없는 까닭이며, 성·향·미·촉·법처는 다만 가명으로 시설하는 말이 있을 뿐이고 성·향·미·촉·법처는 얻을 수 없는 까닭이다.'라고 여실하게 관찰한다면, 사리자여. 이것이 보살마하살이 제유정들의 이익과 안락을 위하는 까닭으로 대승의 수레를 타는 것입니다.

만약 보살마하살이 일체지지에 상응하는 마음으로 대비를 상수로 삼고서 얻을 수 없는 것을 사용하여 '안계는 다만 가명으로 시설하는 말이 있을 뿐이고 안계는 얻을 수 없는 까닭이며, 색계·안식계, …… 나아가 …… 안촉·안촉을 인연으로 생겨난 여러 수는 다만 가명으로 시설하는 말이 있을 뿐이고 색계·안식계, 나아가 안촉·안촉을 인연으로 생겨난 여러 수는 얻을 수 없는 까닭이다.'라고 여실하게 관찰한다면, 사리자여. 이것이 보살마하살이 제유정들의 이익과 안락을 위하는 까닭으로 대승의 수레를 타는 것입니다.

만약 보살마하살이 일체지지에 상응하는 마음으로 대비를 상수로 삼고서 얻을 수 없는 것을 사용하여 '이계는 다만 가명으로 시설하는 말이 있을 뿐이고 이계는 얻을 수 없는 까닭이며, 성계·이식계, …… 나아가 …… 이촉·이촉을 인연으로 생겨난 여러 수는 다만 가명으로 시설하는 말이 있을 뿐이고 성계·이식계, 나아가 이촉·이촉을 인연으로 생겨난 여러 수는 얻을 수 없는 까닭이다.'라고 여실하게 관찰한다면, 사리자여. 이것이 보살마하살이 제유정들의 이익과 안락을 위하는 까닭으로 대승의 수레를 타는 것입니다.

만약 보살마하살이 일체지지에 상응하는 마음으로 대비를 상수로 삼고서 얻을 수 없는 것을 사용하여 '비계는 다만 가명으로 시설하는 말이 있을 뿐이고 비계는 얻을 수 없는 까닭이며, 향계·비식계, …… 나아가 …… 비촉·비촉을 인연으로 생겨난 여러 수는 다만 가명으로 시설하는 말이 있을 뿐이고 향계·비식계, 나아가 비촉·비촉을 인연으로 생겨난 여러 수는 얻을 수 없는 까닭이다.'라고 여실하게 관찰한다면, 사리자여. 이것이 보살마하살이 제유정들의 이익과 안락을 위하는 까닭으로 대승의 수레를 타는 것입니다.

만약 보살마하살이 일체지지에 상응하는 마음으로 대비를 상수로 삼고서 얻을 수 없는 것을 사용하여 '설계는 다만 가명으로 시설하는 말이 있을 뿐이고 설계는 얻을 수 없는 까닭이며, 미계·설식계, …… 나아가 …… 설촉·설촉을 인연으로 생겨난 여러 수는 다만 가명으로 시설하는 말이 있을 뿐이고 미계·설식계, 나아가 설촉·설촉을 인연으로 생겨난 여러 수는 얻을 수 없는 까닭이다.'라고 여실하게 관찰한다면, 사리자여. 이것이 보살마하살이 제유정들의 이익과 안락을 위하는 까닭으로 대승의 수레를 타는 것입니다.

만약 보살마하살이 일체지지에 상응하는 마음으로 대비를 상수로 삼고서 얻을 수 없는 것을 사용하여 '신계는 다만 가명으로 시설하는 말이 있을 뿐이고 신계는 얻을 수 없는 까닭이며, 촉계·신식계, …… 나아가 …… 신촉·신촉을 인연으로 생겨난 여러 수는 다만 가명으로 시설하는 말이 있을 뿐이고 촉계·신식계, 나아가 신촉·신촉을 인연으로 생겨난 여러 수는 얻을 수 없는 까닭이다.'라고 여실하게 관찰한다면, 사리자여. 이것이 보살마하살이 제유정들의 이익과 안락을 위하는 까닭으로 대승의 수레를 타는 것입니다.

만약 보살마하살이 일체지지에 상응하는 마음으로 대비를 상수로 삼고서 얻을 수 없는 것을 사용하여 '의계는 다만 가명으로 시설하는 말이 있을 뿐이고 의계는 얻을 수 없는 까닭이며, 법계·의식계, …… 나아가 …… 의촉·의촉을 인연으로 생겨난 여러 수는 다만 가명으로 시설하는 말이 있을 뿐이고 법계·의식계, 나아가 의촉·의촉을 인연으로 생겨난 여러 수는 얻을 수 없는 까닭이다.'라고 여실하게 관찰한다면, 사리자여. 이것이 보살마하살이 제유정들의 이익과 안락을 위하는 까닭으로 대승의 수레를 타는 것입니다.

만약 보살마하살이 일체지지에 상응하는 마음으로 대비를 상수로 삼고서 얻을 수 없는 것을 사용하여 '지계는 다만 가명으로 시설하는 말이 있을 뿐이고 지계는 얻을 수 없는 까닭이며, 수·화·풍·공·식계는 다만 가명으로 시설하는 말이 있을 뿐이고 수·화·풍·공·식계는 얻을 수 없는 까닭이다.' 라고 여실하게 관찰한다면, 사리자여. 이것이 보살마하살이 제유정들의 이익과 안락을 위하는 까닭으로 대승의 수레를 타는 것입니다.

만약 보살마하살이 일체지지에 상응하는 마음으로 대비를 상수로 삼고서 얻을 수 없는 것을 사용하여 '고성제는 다만 가명으로 시설하는 말이 있을 뿐이고 고성제는 얻을 수 없는 까닭이며, 집·멸·도성제는 다만 가명으로 시설하는 말이 있을 뿐이고 집·멸·도성제는 얻을 수 없는 까닭이다.'라고 여실하게 관찰한다면, 사리자여. 이것이 보살마하살이 제유정들의 이익과 안락을 위하는 까닭으로 대승의 수레를 타는 것입니다.

만약 보살마하살이 일체지지에 상응하는 마음으로 대비를 상수로 삼고서 얻을 수 없는 것을 사용하여 '무명은 다만 가명으로 시설하는 말이 있을 뿐이고 무명은 얻을 수 없는 까닭이며, 행·식·명색·육처·촉·수·애·취·유·생·노사의 수탄고우뇌는 다만 가명으로 시설하는 말이 있을 뿐이고 행, 나아가 노사의 수탄고우뇌는 얻을 수 없는 까닭이다.'라고 여실하게 관찰한다면, 사리자여. 이것이 보살마하살이 제유정들의 이익과 안락을 위하는 까닭으로 대승의 수레를 타는 것입니다.

만약 보살마하살이 일체지지에 상응하는 마음으로 대비를 상수로 삼고서 얻을 수 없는 것을 사용하여 '내공은 다만 가명으로 시설하는 말이 있을 뿐이고 내공은 얻을 수 없는 까닭이며, 외공·내외공·공공·대공·승의공·유위공·무위공·필경공·무제공·산공·무변이공·본성공·자상공·공상공·일체법공·불가득공·무성공·자성공·무성자성공은 다만 가명으로 시설하는 말이 있을 뿐이고 외공, 나아가 무성자성공은 얻을 수 없는 까닭이다.' 라고 여실하게 관찰한다면, 사리자여. 이것이 보살마하살이 제유정들의 이익과 안락을 위하는 까닭으로 대승의 수레를 타는 것입니다.

만약 보살마하살이 일체지지에 상응하는 마음으로 대비를 상수로 삼고서 얻을 수 없는 것을 사용하여 '진여는 다만 가명으로 시설하는 말이 있을 뿐이고 진여는 얻을 수 없는 까닭이며, 법계·법성·불허망성·불변이성·평등성·이생성·법정·법주·실제·허공계·부사의계는 다만 가명으로 시설하는 말이 있을 뿐이고 법계, 나아가 부사의계는 얻을 수 없는 까닭이다.'라고 여실하게 관찰한다면, 사리자여. 이것이 보살마하살이 제유정들의 이익과 안락을 위하는 까닭으로 대승의 수레를 타는 것입니다.

만약 보살마하살이 일체지지에 상응하는 마음으로 대비를 상수로 삼고서 얻을 수 없는 것을 사용하여 '4정려는 다만 가명으로 시설하는 말이 있을 뿐이고 4정려는 얻을 수 없는 까닭이며, 4무량·4무색정은 다만 가명으로 시설하는 말이 있을 뿐이고 4무량·4무색정은 얻을 수 없는 까닭이다.'라고 여실하게 관찰한다면, 사리자여. 이것이 보살마하살이 제유정들의 이익과 안락을 위하는 까닭으로 대승의 수레를 타는 것입니다.

만약 보살마하살이 일체지지에 상응하는 마음으로 대비를 상수로 삼고서 얻을 수 없는 것을 사용하여 '4념주는 다만 가명으로 시설하는 말이 있을 뿐이고 4념주는 얻을 수 없는 까닭이며, 4정단·4신족·5근·5력·7등각지·8성도지는 다만 가명으로 시설하는 말이 있을 뿐이고 4정단·4신족·5근·5력·7등각지·8성도지는 얻을 수 없는 까닭이다.'라고 여실하게 관찰한다면, 사리자여. 이것이 보살마하살이 제유정들의 이익과 안락을 위하는 까닭으로 대승의 수레를 타는 것입니다.

만약 보살마하살이 일체지지에 상응하는 마음으로 대비를 상수로 삼고서 얻을 수 없는 것을 사용하여 '공해탈문은 다만 가명으로 시설하는 말이 있을 뿐이고 공해탈문은 얻을 수 없는 까닭이며, 무상·무원해탈문은 다만 가명으로 시설하는 말이 있을 뿐이고 무상·무원해탈문은 얻을 수 없는 까닭이다.'라고 여실하게 관찰한다면, 사리자여. 이것이 보살마하살이 제유정들의 이익과 안락을 위하는 까닭으로 대승의 수레를 타는 것입니다.

만약 보살마하살이 일체지지에 상응하는 마음으로 대비를 상수로 삼고서 얻을 수 없는 것을 사용하여 '보시바라밀다는 다만 가명으로 시설하는 말이 있을 뿐이고 보시바라밀다는 얻을 수 없는 까닭이며, 정계·안인·정진

·정려·반야바라밀다는 다만 가명으로 시설하는 말이 있을 뿐이고 정계·
안인·정진·정려·반야바라밀다는 얻을 수 없는 까닭이다.'라고 여실하게
관찰한다면, 사리자여. 이것이 보살마하살이 제유정들의 이익과 안락을
위하는 까닭으로 대승의 수레를 타는 것입니다.

만약 보살마하살이 일체지지에 상응하는 마음으로 대비를 상수로 삼고
서 얻을 수 없는 것을 사용하여 '5안은 다만 가명으로 시설하는 말이
있을 뿐이고 5안은 얻을 수 없는 까닭이며, 6신통은 다만 가명으로 시설하
는 말이 있을 뿐이고 6신통은 얻을 수 없는 까닭이다.'라고 여실하게
관찰한다면, 사리자여. 이것이 보살마하살이 제유정들의 이익과 안락을
위하는 까닭으로 대승의 수레를 타는 것입니다.

만약 보살마하살이 일체지지에 상응하는 마음으로 대비를 상수로 삼고
서 얻을 수 없는 것을 사용하여 '여래의 10력은 다만 가명으로 시설하는
말이 있을 뿐이고 여래의 10력은 얻을 수 없는 까닭이며, 4무소외·4무애해
·대자·대비·대희·대사·18불불공법은 다만 가명으로 시설하는 말이 있을
뿐이고 4무소외, 나아가 18불불공법은 얻을 수 없는 까닭이다.'라고 여실
하게 관찰한다면, 사리자여. 이것이 보살마하살이 제유정들의 이익과
안락을 위하는 까닭으로 대승의 수레를 타는 것입니다.

만약 보살마하살이 일체지지에 상응하는 마음으로 대비를 상수로 삼고
서 얻을 수 없는 것을 사용하여 '무상정등보리(無上正等菩提)는 다만 가명
으로 시설하는 말이 있을 뿐이고 무상정등보리는 얻을 수 없는 까닭이며,
무상정등각자(無上正等覺者)는 다만 가명으로 시설하는 말이 있을 뿐이고
무상정등각자는 얻을 수 없는 까닭이다.'라고 여실하게 관찰한다면, 사리
자여. 이것이 보살마하살이 제유정들의 이익과 안락을 위하는 까닭으로
대승의 수레를 타는 것입니다.

다시 다음으로 사리자여. 만약 보살마하살이 일체지지에 상응하는
마음으로 대비를 상수로 삼고, 얻을 수 없는 것을 사용하여 초발심부터
무상보리를 증득하기까지 항상 수행이 원만하여 신통에서 물러나지 않으
면서 유정을 성숙시키고 불국토를 청정하게 장엄하며 한 불국토에서

한 불국토에 이르면서 제불·세존께 공양하고 공경하며 존중하고 찬탄하며 제불의 처소에서 대승과 상응하는 법을 듣고 받아들이며, 이미 듣고서 받아들이고 이치와 같게 사유하고 정근(精勤)하여 수학(修學)한다면, 사리자여. 이것이 보살마하살이 제유정들의 이익과 안락을 위하는 까닭으로 대승의 수레를 타는 것입니다.

사리자여. 이와 같이 보살마하살은 비록 대승의 수레를 탔더라도 한 불국토에서 한 불국토에 이르면서 제불·세존께 공양하고 공경하며 존중하고 찬탄하며 제불의 처소에서 정법을 듣고 받아들이며, 유정을 성숙시키고 불국토를 청정하게 장엄하더라도 마음에는 처음부터 불국토들이라는 생각이 없습니다. 사리자여. 이와 같은 보살마하살은 불이지(不二地)에 머무르며 '제유정을 무슨 몸으로써 상응하는 이치로 이익을 얻게 하겠는가?'라고 관찰하고 곧바로 나타나서 그들에게 이익을 얻게 합니다.

사리자여. 이와 같이 보살마하살은 일체지지를 증득하기까지 태어나는 곳을 따라서 대승을 벗어나지 않습니다. 사리자여. 이와 같은 보살마하살은 오래지 않아서 마땅히 일체지지를 증득하고, 인간과 천인들을 위해 정법륜(正法輪)을 굴리는데, 이와 같은 법륜은 일체의 성문·독각·사문(沙門)[1]·바라문(婆羅門)[2]·마왕(魔王)[3]·범왕(梵王)[4]·천룡(天龍)·약차(藥叉)[5]·건달박(健達縛)[6]·아소락(阿素洛)[7]·게로다(揭路茶)[8]·긴나락(緊捺洛)[9]·막호락가(莫呼洛伽)[10]·인비인(人非人) 등의 일체의 세간의 처소에

---

1) 산스크리트어 śramaṇa의 음사이다.
2) 산스크리트어 brāhmaṇa의 음사이다.
3) 산스크리트어 Yamarāja의 음사이다.
4) 산스크리트어 Mahābrahmā의 음사이다.
5) 산스크리트어 yakṣa의 음사이다.
6) 산스크리트어 Gandharva의 음사이고, 또한 '건달바(乾闥婆)', '건달바(健闥婆)', '건답화(乾沓和)' 등으로 음사한다.
7) 산스크리트어 Asura의 음사이고, 또한 '아소라(阿蘇羅)', '아수라(阿須羅)', '아수륜(阿須倫)' 등으로 음사한다.
8) 산스크리트어 Garuḍa의 음사이고, 또한 '가유라(迦留羅)', '가루라(迦婁羅)', '가루다(迦嘍茶)' 등으로 음사한다.

서는 능히 굴릴 수 없습니다.

사리자여. 제보살마하살은 이와 같은 방편선교가 이유로 일체 유정들의 이익과 안락을 위하여 대승의 수레를 타는 까닭으로 다시 마하살이라고 이름합니다.

사리자여. 이와 같이 제유정들의 이익과 안락을 위하는 까닭으로 대승의 수레를 타는 보살마하살은 널리 시방으로 각자 긍가의 모래 등과 같은 여러 세계의 불·세존을 위하여 대중의 가운데에서 환희하고 찬탄하면서 '어느 방향의 어느 세계의 가운데에 어느 이름의 보살마하살은 일체 유정들의 이익과 안락을 위한 까닭으로 대승의 수레를 타고 오래지 않아서 일체지지를 증득하여 천인과 인간 등을 위하여 정법륜을 굴릴 것이며, 그 법륜은 세간의 천인인간마왕 범왕 성문 등의 대중은 모두 능히 굴릴 수 없다.'라고 이와 같은 말을 짓는다면, 이와 같이 전전하여 시방에 두루하므로 천인 등이 듣고서 모두 환희하면서 함께 '이와 같은 보살은 오래지 않아서 일체지지를 증득하고 정법륜을 굴리면서 함식(含識)[11]들에게 이익되고 안락하게 하겠구나.'라고 이렇게 말을 짓습니다."

14. 대승개품(大乘鎧品)(1)

그때 구수 선현이 세존께 아뢰어 말하였다.

"세존이시여. 말씀하신 것과 같이, 보살마하살이 대승의 갑옷을 입는다는 것은 어찌하여 보살마하살이 대승의 갑옷을 입는다고 이름합니까?"

---

9) 산스크리트어 kinnara의 음사이고, 또한 '긴나라(緊拏羅)', '긴나라(緊捺羅)', '견다라(甄陀羅)', '진다라(眞陀羅)' 등으로 음사한다.
10) 산스크리트어 Mahoraga의 음사이고, 또한 '마후라가(摩睺羅伽)'. '마호륵가(莫呼勒伽)' 등으로 음사한다.
11) 산스크리트어 sattva의 번역이고, '유정(有情)', '중생(衆生)'을 다르게 부르는 말이다.

세존께서 말씀하셨다.

"선현이여. 만약 보살마하살이 보시바라밀다의 갑옷을 입고서, 정계·
안인·정진·정려·반야바라밀다의 갑옷을 입었으며, 선현이여. 이와 같다
면 보살마하살이 대승의 갑옷을 입는다고 이름하느니라. 만약 보살마하
살이 4정려(四靜慮)의 갑옷을 입고서, 4무량(四無量)·4무색정(四無色定)의
갑옷을 입었으며, 선현이여. 이와 같다면 보살마하살이 대승의 갑옷을
입는다고 이름하느니라. 만약 보살마하살이 4념주(四念住)의 갑옷을 입고
서, 4정단·4신족·5근·5력·7등각지·8성도지의 갑옷을 입었으며, 선현이
여. 이와 같다면 보살마하살이 대승의 갑옷을 입는다고 이름하느니라.

만약 보살마하살이 내공(內空)의 갑옷을 입고서, 외공(外空)·내외공(內
外空)·공공(空空)·대공(大空)·승의공(勝義空)·유위공(有爲空)·무위공(無
爲空)·필경공(畢竟空)·무제공(無際空)·산공(散空)·무변이공(無變異空)·
본성공(本性空)·자상공(自相空)·공상공(共相空)·일체법공(一切法空)·불
가득공(不可得空)·무성공(無性空)·자성공(自性空)·무성자성공(無性自性
空)의 갑옷을 입었으며, 선현이여. 이와 같다면 보살마하살이 대승의
갑옷을 입는다고 이름하느니라.

만약 보살마하살이 5안(眼)의 갑옷을 입고서, 6신통의 갑옷을 입었으며,
선현이여. 이와 같다면 보살마하살이 대승의 갑옷을 입는다고 이름하느
니라. 만약 보살마하살이 여래의 10력 갑옷을 입고서, 4무소외·4무애해·
대자·대비·대희·대사·18불불공법·일체지·도상지·일체상지 갑옷을 입
었으며, 선현이여. 이와 같다면 보살마하살이 대승의 갑옷을 입는다고
이름하느니라. 만약 보살마하살이 불신상(佛身相)의 여러 공덕의 갑옷을
입었으며, 선현이여. 이와 같다면 보살마하살이 대승의 갑옷을 입는다고
이름하느니라.

다시 다음으로 선현이여. 만약 보살마하살이 이와 같은 여러 공덕의
갑옷을 입고서 큰 광명을 내뿜어서 삼천대천세계(三千大天世界)를 두루
비추고 역시 이 세계를 여섯 가지와 세 변화로 진동하게 하면, 그 가운데의
지옥에의 불 등과 고통의 도구와 더불어 그 유정(有情)들의 몸과 마음의

고통과 번뇌를 모두 소멸(除滅)시키므로, 보살은 그들이 이미 고통들에서 벗어났다고 알고서, 곧 그들을 위하여 삼보(三寶)의 공덕을 찬탄하는데, 그들이 들었다면 몸과 마음이 안락해지고, 악취(惡趣)12)에서 죽어서 천상과 인간의 가운데에 태어나며, 곧 제불과 보살들을 받들어 보면서 스스로가 받들면서 공양하고 삼가면서 정법(正法)의 소리를 듣게 되느니라.

그 가운데의 방생은 서로가 죽이고 때리며 채찍으로 때리면서 내몰고 핍박하는 무량한 종류의 고통들이 모두 소멸하므로, 보살은 그들이 이미 고통에서 벗어났다고 알고서, 곧 그들을 위하여 삼보의 공덕을 찬탄하는데, 그들이 들었다면 몸과 마음이 안락해지고, 악취에서 죽어서 천상과 인간의 가운데에 태어나며, 곧 제불·보살들을 받들어 보면서 스스로가 받들면서 공양하고 삼가면서 정법의 소리를 듣게 되느니라.

그 가운데의 귀계(鬼界)는 공포(恐怖)와 기갈(飢渴)의 몸과 마음의 고초와 번뇌 등의 무량한 종류의 고통들이 모두 소멸하므로, 보살은 그들이 이미 고통에서 벗어났다고 알고서, 곧 그들을 위하여 삼보의 공덕을 찬탄하는데, 그들이 들었다면 몸과 마음이 안락해지고, 악취에서 죽어서 천상과 인간의 가운데에 태어나며, 곧 제불·보살들을 받들어 보면서 스스로가 받들면서 공양하고 삼가면서 정법의 소리를 듣게 되느니라. 선현이여. 이와 같다면 보살마하살이 대승의 갑옷을 입는다고 이름하느니라.

만약 보살마하살이 이와 같은 여러 공덕의 갑옷을 입고 큰 광명을 내뿜어서 각각 긍가의 모래와 같은 제불세계를 두루 비추고, 역시 이 세계를 여섯 가지와 세 변화로 진동하게 하면, 그 가운데의 지옥·방생·귀계의 처소에 있는 여러 고통이 모두 소멸하므로, 보살은 그들이 이미 고통에서 벗어났다고 알고서, 곧 그들을 위하여 삼보의 공덕을 찬탄하는데, 그들이 들었다면 몸과 마음이 안락해지고, 악취에서 죽어서 천상과 인간의 가운데에 태어나며, 곧 제불과 보살들을 받들어 보면서 스스로가

---

12) 지옥(地獄)·아귀(餓鬼)·축생(畜生) 등의 세계를 가리킨다.

받들면서 공양하고 삼가면서 정법의 소리를 듣게 되느니라. 선현이여. 이와 같다면 보살마하살이 대승의 갑옷을 입는다고 이름하느니라.

선현이여. 교묘한 마술사이거나, 혹은 그의 제자가 네거리인 도로의 대중들 앞에 있으면서 환영(幻)으로 지옥·방생·귀계의 무량한 유정들이 각지 여러 고통을 받는 것을 짓고서, 다시 광명을 내뿜어서 대지(大地)를 진동시키면서 그 유정들의 여러 고통을 모두 멈추게 하였으며, 다시 그들을 위해 불·법·승보(佛法僧寶)를 찬탄하면 그들이 듣고 몸과 마음이 안락해지고 스스로가 죽어서 천상과 인간에 태어나며, 곧 제불·보살들을 받들어 보면서 스스로가 받들면서 공양하고 삼가하면서 정법의 소리를 듣게 되었다면, 선현이여. 그대의 뜻은 어떠한가? 이와 같은 환영(幻影)의 일이 진실이 있겠는가?"

선현이 대답하였다.

"없습니다. 세존이시여."

세존께서 선현에게 알리셨다.

"보살마하살이 이와 같은 여러 공덕의 갑옷을 입고 큰 광명을 내뿜어서 대지를 진동시키면서 무량한 세계의 유정들을 3악취(三惡趣)의 고통에서 구제하여 천상과 인간에 태어나며 세존을 보게 하고 법을 듣게 하는 것도, 역시 다시 이와 같이 비록 하더라도, 하나의 진실도 없느니라. 왜 그러한가? 선현이여. 제법의 자성은 공하여 모두 환영과 같은 까닭이니라.

다시 다음으로 선현이여. 만약 보살마하살이 보시바라밀다에 안주하면서 삼천대천세계를 널리 폐유리(吠琉璃)[13]와 같이 변화시키고, 역시 스스로의 몸(自身)도 전륜왕(轉輪王)[14]으로 변화하여 칠보(七寶)[15]의 권속(眷

---

13) 산스크리트어 Vaidurya의 번역이고, '비유리(毗琉璃)', '유리(琉璃)', '비두리(鞞頭梨)' 등으로 음사하며, 파란객의 보물을 가리킨다.

14) 산스크리트어 Chakravarti의 번역이고, '작가라벌랄저(斫迦羅伐剌底)', '차가라발제(遮迦羅跋帝)', '차가월라(遮迦越羅)' 등으로 음사하고 '전륜성왕(轉輪聖王)' 등으로 한역한다.

15) 전륜성왕의 일곱가지 보물인 윤보(輪寶, cakkaratana), 상보(象寶, hatthiratana), 마보(馬寶, assaratana), 주보(珠寶, maniratana), 여보(女寶, itthiratana), 거사보(居

屬)에게 인도되고 또한 에워싸여 그 가운데의 유정들이 음식이 필요하면 음식을 주고, 음료가 필요하면 음료를 주며, 옷이 필요하면 옷을 주고, 수레가 필요하면 수레를 주며, 바르는 향·가루 향·태우는 향·꽃다발·방사(房舍)·와구(臥具)·등불(燈燭)·의약(醫藥)·금·은·진주(眞珠)·산호(珊瑚)·벽옥(璧玉)16)과 나머지의 여러 종류의 생활용품 등의 그들이 필요한 것을 따라서 일체를 베풀어 주고, 이렇게 베풀어 주며, 다시 그들을 위하여 6바라밀다에 상응하는 법을 널리 설하고, 그들이 들었다면 나아가 아뇩다라삼먁삼보리(阿耨多羅三藐三菩提)를 증득하게 6바라밀다에 상응하는 법에서 항상 버리고 떠나지 않게 한다면, 선현이여. 이와 같다면 보살마하살이 대승의 갑옷을 입는다고 이름하느니라.

선현이여. 교묘한 마술사이거나, 혹은 그의 제자가 네거리인 도로의 대중들 앞에 있으면서 환영으로 여러 종류의 가난하거나, 외롭거나, 근(根)과 사지가 드러났거나, 장애가 있거나, 병든 유정들을 환영으로 지어놓고 그들이 필요한 것을 따라서 모두 환영으로 베풀어 주었다면, 선현이여. 그대의 뜻은 어떠한가? 이와 같은 환영의 일이 진실이 있겠는가?"

선현이 대답하였다.

"없습니다. 세존이시여."

세존께서 선현에게 알리셨다.

"보살마하살이 보시바라밀다에 안주하면서 혹은 세계를 폐유리같이 변화시키고, 혹은 스스로가 전륜왕 등으로 변화하여 유정의 부류들이 필요한 것을 따라서 베풀어주고, 또한 그들을 위하여 6바라밀다에 상응하는 법을 널리 설하는 것도, 역시 다시 이와 같아서 하였던 것이 있으나, 하나도 진실로 없느니라. 왜 그러한가? 선현이여. 제법의 자성은 공하여 모두 환영과 같은 까닭이니라.

다시 다음으로 선현이여. 보살마하살이 스스로가 정계바라밀다에 머무르면서 제유정들을 이익되고 안락하게 하기 위한 까닭으로 전륜왕의

土寶, gahapatiratana), 주병보(主兵寶. parinayakaratana) 등을 가리킨다.
16) 벽(璧)은 납작한 구슬을 가리키고, 옥(玉)은 둥근 구슬을 가리킨다.

집에 태어나서 전륜왕의 지위를 잇고서 무량한 백천 구지(俱胝)·나유타(那庾多)의 유정들을 십선업도(十善業道)에 안립(安立)시키거나, 혹은 다시 무량한 백천 구지·나유타의 유정들을 4정려·4무량·4무색정에 안립시키거나, 혹은 다시 무량한 백천 구지·나유타의 유정들을 4념주·4정단·4신족·5근·5력·7등각지·8성도지에 안립시키거나, 혹은 다시 무량한 백천 구지·나유타의 유정들을 공해탈문·무상·무원해탈문에 안립시키거나, 혹은 다시 무량한 백천 구지·나유타의 유정들을 보시바라밀다와 정계·안인·정진·정려·반야바라밀다에 안립시키거나, 혹은 다시 무량한 백천 구지·나유타의 유정들을 5안·6신통에 안립시키거나, 혹은 다시 무량한 백천 구지·나유타의 유정들을 여래의 10력·4무소외·4무애해·대자·대비·대희·대사·18불불공법·일체지·도상지·일체상지에 안립시키며, 나아가 아뇩다라삼먁삼보리를 증득하도록 이와 같은 법에서 항상 버리고 떠나지 않게 한다면, 선현이여. 이와 같다면 보살마하살이 대승의 갑옷을 입는다고 이름하느니라.

선현이여. 교묘한 마술사이거나, 혹은 그의 제자가 네거리인 도로의 대중들 앞에 있으면서 환영으로 여러 종류인 유정의 부류들을 지어놓고, 그들에게 십선업도에 머무르게 하거나, 혹은 다시 4정려, …… 나아가 …… 일체상지에 머무르게 한다면, 선현이여. 그대의 뜻은 어떠한가? 이와 같은 환영의 일이 진실로 있겠는가?”

선현이 대답하였다.

“없습니다. 세존이시여.”

세존께서 선현에게 알리셨다.

“보살마하살이 유정들을 위한 까닭으로 전륜왕의 집에 태어나서 전륜왕의 지위를 잇고서 무량한 백천 구지·나유타의 유정들을 십선업도에 안립시키거나, 혹은 다시 무량한 백천 구지·나유타의 유정들을 4정려, 나아가 일체상지에 안립시키더라도, 역시 다시 이와 같아서 하였던 것이 있으나, 하나도 진실로 없느니라. 왜 그러한가? 선현이여. 제법의 자성은 공하여 모두 환영과 같은 까닭이니라.

다시 다음으로 선현이여. 보살마하살 스스로가 안인바라밀다에 머무르면서, 역시 무량한 백천 구지·나유타의 유정들을 안인바라밀다에 머무르게 하더라도, 선현이여. 어찌하여 보살마하살 스스로가 안인바라밀다에 머무르겠으며, 역시 무량한 백천 구지·나유타의 유정들에게도 권유하여 안인바라밀다에 머무르게 하겠는가? 선현이여. 만약 보살마하살이 초발심부터 나아가 일체지지(一切智智)를 증득하기까지 안인의 갑옷을 입고서, '가사(假使)[17] 일체의 유정들이 칼·막대기·흙덩이 등을 지니고 와서 나에게 가해(加害)하더라도 나는 결국 한 생각의 성내는 마음도 일으키지 않겠고, 제유정들에게 권유하여 역시 이와 같이 인욕하게 하겠다.'라고 항상 스스로가 생각하면서 말하였다면, 선현이여. 이 보살마하살은 마음에서 생각하였던 것과 같아서 경계에 접촉하여도 어긋남이 없고 제유정들에게 이와 같은 안인에 머물라고 권유하면서, 나아가 아뇩다라삼먁삼보리를 증득하고자 이와 같은 안인을 항상 버리고 벗어나지 않게 한다면, 선현이여. 이와 같다면 보살마하살이 대승의 갑옷을 입는다고 이름하느니라.

선현이여. 교묘한 마술사이거나, 혹은 그의 제자가 네거리인 도로의 대중들 앞에 있으면서 환영으로 여러 종류인 유정의 부류들을 지어놓고, 각자 칼·막대기·흙덩이 등을 지니고서 교묘한 마술사이거나, 혹은 그 제자에게 가해하도록 환영으로 지어놓았는데, 이때 마술사 등이 환영의 유정에게 여러 원한을 갚으려는 마음을 일으키지 않으면서 그들에게 이와 같은 환영인 것의 안인에 머무르라고 권유한다면, 선현이여. 그대의 뜻은 어떠한가? 이와 같은 환영의 일이 진실로 있겠는가?"

선현이 대답하였다.

"없습니다. 세존이시여."

세존께서 선현에게 알리셨다.

"보살마하살이 안인의 갑옷을 입고 스스로가 안인바라밀다에 머무르

---

17) '가정하여 말하다.'는 뜻으로 '설령(設令)', '가령", '이를테면'의 뜻과 같다.

고, 역시 무량한 백천 구지·나유타의 유정에게 권유하여 안인바라밀다에
머무르게 하면서 항상 버리고 떠나지 않게 하는 것도, 역시 다시 이와
같아서 하였던 것이 있으나, 하나도 진실로 없느니라. 왜 그러한가?
선현이여. 제법의 자성은 공하여 모두 환영과 같은 까닭이니라.

선현이여. 보살마하살 스스로가 정진바라밀다에 머무르고, 역시 무량
한 백천 구지·나유타의 유정에게 권유하여 정진바라밀다에 머무르게
하더라도, 선현이여. 어찌하여 보살마하살 스스로가 정진바라밀다에
머무르겠으며, 역시 무량한 백천 구지·나유타의 유정들에게도 권유하여
정진바라밀다에 머무르게 하겠는가? 선현이여. 만약 보살마하살이 일체
지지에 상응하는 마음으로 몸과 마음을 정진하면서 여러 악법(惡法)은
끊어내고 여러 선법은 수행하며, 역시 무량한 백천 구지·나유타의 유정에
게 권유하여 이와 같이 몸과 마음으로 정진을 수습하면서 나아가 아뇩다라
삼먁삼보리에 이르기까지 이와 같은 정진을 항상 버리고 벗어나지 않게
한다면, 선현이여. 이와 같다면 보살마하살이 대승의 갑옷을 입는다고
이름하느니라.

선현이여. 교묘한 마술사이거나, 혹은 그의 제자가 네거리인 도로의
대중들 앞에 있으면서 환영으로 여러 종류인 유정의 부류들을 지어놓고,
그들이 교묘한 환영으로 몸과 마음으로 치연(熾然)하게 정진하는 것을
스스로가 나타내며, 역시 환영인 것을 그들에게 이와 같이 몸과 마음으로
치연하게 정진하게 권유한다면, 선현이여. 그대의 뜻은 어떠한가? 이와
같은 환영의 일이 진실로 있겠는가?"

선현이 대답하였다.

"없습니다. 세존이시여."

세존께서 선현에게 알리셨다.

"보살마하살이 일체지지에 상응하는 마음으로 몸과 마음으로 정진하면
서 여러 악법은 끊어내고 여러 선법은 수습하며, 역시 유정들에게 권유하
여 이와 같은 몸과 마음으로 정진을 수습하면서 항상 버리고 떠나지
않게 하는 것도, 역시 다시 이와 같아서 하였던 것이 있으나, 하나도

진실로 없느니라. 왜 그러한가? 선현이여. 제법의 자성은 공하여 모두 환영과 같은 까닭이니라.

다시 다음으로 선현이여. 보살마하살이 스스로가 정려바라밀다에 머무르면서 또한 무량한 백천 구지·나유타의 유정에게도 권하여 정려바라밀다에 머무르게 하더라도, 선현이여. 어찌하여 보살마하살이 스스로가 정려바라밀다에 머무르겠으며, 역시 무량한 백천 구지·나유타의 유정들에게도 권유하여 정려바라밀다에 머무르게 하겠는가? 선현이여. 보살마하살이 일체법에서 평등한 정려(平等定)에 머무르며, 제법에 선정과 산란함이 있더라도 보지 않고, 항상 이와 같은 정려바라밀다를 수습하며, 역시 무량한 백천 구지·나유타의 유정들에게 권유하여 이와 같은 평등한 정려를 수습하면서 나아가 아뇩다라삼먁삼보리를 증득하기까지 이와 같은 정려를 항상 버리고 벗어나지 않게 한다면, 선현이여. 이와 같다면 보살마하살이 대승의 갑옷을 입는다고 이름하느니라.

선현이여. 교묘한 마술사이거나, 혹은 그의 제자가 네거리인 도로의 대중들 앞에 있으면서 환영으로 여러 종류인 유정의 부류들을 지어놓고, 그들을 교묘한 환영을 스스로가 나타내어 법에서 평등한 정려에 머무르게 하더라도, 역시 환영인 것을 그들에게 이와 같이 평등한 정려를 수습하게 권유한다면, 선현이여. 그대의 뜻은 어떠한가? 이와 같은 환영의 일이 진실로 있겠는가?"

선현이 대답하였다.

"없습니다. 세존이시여."

세존께서 선현에게 알리셨다.

"보살마하살이 온갖 법에서 평등한 정려에 머무르고, 역시 유정들에게 권유하여 이와 같은 평등한 정려를 수습하며 항상 버리고 떠나지 않게 하는 것도, 역시 다시 이와 같아서 하였던 것이 있으나, 하나도 진실로 없느니라. 왜 그러한가? 선현이여. 제법의 자성은 공하여 모두 환영과 같은 까닭이니라.

다시 다음으로 선현이여. 보살마하살이 스스로가 반야바라밀다에 머무

르고, 역시 무량한 백천 구지·나유타의 유정들에게도 권하여 반야바라밀
다에 머무르게 하더라도, 선현이여. 어찌하여 보살마하살 스스로가 반야
바라밀다에 머무르겠으며, 역시 무량한 백천 구지·나유타의 유정들에게
도 권유하여 반야바라밀다에 머무르게 하겠는가? 선현이여. 보살마하살
이 스스로가 희론(戲論)[18]이 없는 반야바라밀다에 머무르며, 제법에 생겨
남(生)과 멸함(滅)이 있고, 염오와 청정함이 있다고 보지 않으며, 또한
차안(此岸)[19]과 피안(彼岸)[20]을 차별(差別)하지 않고, 역시 무량한 백천
구지·나유타의 유정들에게 이와 같은 희론 없는 지혜에 안주하게 하며,
나아가 아뇩다라삼먁삼보리에 이르기까지 이와 같은 지혜를 항상 버리고
벗어나지 않게 한다면, 선현이여. 이와 같다면 보살마하살이 대승의
갑옷을 입는다고 이름하느니라.

선현이여. 교묘한 마술사이거나, 혹은 그의 제자가 네거리인 도로의
대중들 앞에 있으면서 환영으로 여러 종류인 유정의 부류들을 지어놓고,
그 교묘한 환영으로 스스로가 희론이 없는 지혜에 안주하고, 역시 환영인
것을 그들에게 이와 같이 반야를 수습하게 권유한다면, 선현이여. 그대의
뜻은 어떠한가? 이와 같은 환영의 일이 진실로 있겠는가?"

선현이 대답하였다.

"없습니다. 세존이시여."

세존께서 선현에게 알리셨다.

"보살마하살 스스로가 희론이 없는 반야바라밀다에 머무르고, 역시
유정들에게 권유하여 이와 같은 희론이 없는 지혜를 수습하면서 항상
버리고 떠나지 않게 하는 것도, 역시 다시 이와 같아서 하였던 것이
있으나, 하나도 진실로 없느니라. 왜 그러한가? 선현이여. 제법의 자성은

---

18) 산스크리트어 prapañca의 번역이고, 허구적인 관념을 실재하는 대상으로 간주하
　 는 마음작용을 가리킨다.
19) 생사(生死)의 세계인 현재의 이 세상을 가리킨다.
20) 산스크리트어 Pāramitā의 번역으로, '도피안(到彼岸)'의 줄임말이다. 차안의 반대
　 의 개념으로 깨달음의 세계를 가리킨다.

공하여 모두 환영과 같은 까닭이니라.

다시 다음으로 선현이여. 만약 보살마하살이 앞에서 말한 것과 같은 여러 공덕의 갑옷을 입고, 널리 시방으로 각각 긍가의 모래와 같은 제불의 세계에서 신통으로써 스스로가 그의 몸을 변화시키며, 이와 같은 제불의 세계를 두루 채우고, 여러 유정들이 즐거워하는 것을 나타내어 보여주며, 스스로가 보시바라밀다에 머무르면서 간탐하는 자에게 보시에 머무르게 권유하고, 스스로가 정계바라밀다에 머무르면서 계율을 범한 자에게 청정한 계율에 머무르게 권유하며, 스스로가 안인바라밀다에 머무르면서 포악(暴惡)한 자에게 안인에 머무르게 권유하고, 스스로가 정진바라밀다에 머무르면서 해태(懈怠)한 자에게 정진에 머무르게 권유하며, 스스로가 정려바라밀다에 머무르면서 마음이 산란한 자에게 정려에 머무르게 권유하고, 스스로가 반야바라밀다에 머무르면서 우치(愚癡)한 자에게 묘한 지혜에 머무르게 권유하며, 이와 같이 보살마하살이 유정들을 6바라밀다에 안립(安立)시키고, 다시 그 부류의 음성에 따라서 그들을 위하여 6바라밀다와 상응하는 법을 설하며, 그들이 들었다면 나아가 아뇩다라삼먁삼보리에 이르기까지 6바라밀다와 상응하는 법에서 항상 버리고 벗어나지 않게 한다면, 선현이여. 이와 같다면 보살마하살이 대승의 갑옷을 입는다고 이름하느니라.

선현이여. 교묘한 마술사이거나, 혹은 그의 제자가 네거리인 도로의 대중들 앞에 있으면서 환영으로 여러 종류인 유정의 부류들을 지어놓고, 그들의 교묘한 환영이 스스로가 나타나서 6바라밀다에 안주하고, 환영인 것에 유정을 그곳에 안주하게 권유한다면, 선현이여. 그대의 뜻은 어떠한가? 이와 같은 환영의 일이 진실로 있겠는가?"

선현이 대답하였다.

"없습니다. 세존이시여."

세존께서 선현에게 알리셨다.

"보살마하살이 널리 시방으로 각각 긍가의 모래와 같은 제불의 세계에서 스스로가 그 몸을 나타내고 부류를 따라서 6바라밀다에 안주하고,

역시 유정들에게 그것에 안주하게 권유하며, 나아가 무상보리(無上菩提)를 증득하기까지 항상 버리고 떠나지 않게 하는 것도, 역시 다시 이와 같아서 하였던 것이 있으나, 하나도 진실로 없느니라. 왜 그러한가? 선현이여. 제법의 자성은 공하여 모두 환영과 같은 까닭이니라.

다시 다음으로 선현이여. 보살마하살이 앞에서 말한 것과 같은 여러 공덕의 갑옷을 입고, 일체지지에 상응하는 마음으로써 대비(大悲)를 상수로 삼고 얻을 수 없는 것을 이용하여 방편으로 삼아 일체의 유정들을 이익과 안락을 위하여 성문·독각의 작의(作意)에 섞이지 않으면서 이를테면, '나는 마땅히 그 처소의 유정들을 보시바라밀다에 안립시키겠고, 그 처소의 유정들을 마땅히 안립시키지 않겠다.'라고 이렇게 생각을 짓지 않으며, 다만 '나는 마땅히 무량하고 무수하며 무변한 유정들을 보시바라밀다에 안립시키겠다.'라고 이렇게 생각을 짓고, '나는 마땅히 그 처소의 유정들을 정계·안인·정진·정려·반야바라밀다에 안립시키겠으며, 그 처소의 유정들을 마땅히 안립시키지 않겠다.'라고 이렇게 생각을 짓지 않고, 다만 '나는 마땅히 무량하고 무수하며 무변한 유정들을 정계·안인·정진·정려·반야바라밀다에 안립시키겠다.'라고 이렇게 생각을 짓느니라.

'나는 마땅히 그 처소의 유정들을 내공에 안립시키겠고, 그 처소의 유정들을 마땅히 안립시키지 않겠다.'라고 이렇게 생각을 짓지 않으며, 다만 '나는 마땅히 무량하고 무수하며 무변한 유정들을 내공에 안립시키겠다.'라고 이렇게 생각을 짓고, '나는 마땅히 그 처소의 유정들을 외공·내외공·공공·대공·승의공·유위공·무위공·필경공·무제공·산공·무변이공·본성공·자상공·공상공·일체법공·불가득공·무성공·자성공·무성자성공에 안립시키겠으며, 그 처소의 유정들을 마땅히 안립시키지 않겠다.'라고 이렇게 생각을 짓지 않고, 다만 '나는 마땅히 무량하고 무수하며 무변한 유정들을 외공, 나아가 무성자성공에 안립시키겠다.'라고 이렇게 생각을 짓느니라.

'나는 마땅히 그 처소의 유정들을 4정려에 안립시키겠고, 그 처소의 유정들을 마땅히 안립시키지 않겠다.'라고 이렇게 생각을 짓지 않으며,

다만 '나는 마땅히 무량하고 무수하며 무변한 유정들을 4정려에 안립시키
겠다.'라고 이렇게 생각을 짓고, '나는 마땅히 그 처소의 유정들을 4무량·4
무색정에 편히 세우겠고, 이러한 유정은 세우지 않겠다.'라고 하지 않고,
다만 '나는 마땅히 무량하고 무수하며 무변한 유정들을 4무량과·무색정에
안립시키겠다.'라고 이렇게 생각을 짓느니라.

　'나는 마땅히 그 처소의 유정들을 4념주에 안립시키겠고, 그 처소의
유정들을 마땅히 안립시키지 않겠다.'라고 이렇게 생각을 짓지 않으며,
다만 '나는 마땅히 무량하고 무수하며 무변한 유정들을 4념주에 안립시키
겠다.'라고 이렇게 생각을 짓고, '나는 마땅히 그 처소의 유정들을 4정단·4
신족·5근·5력 7등각지·8성도지에 안립시키겠고, 그 처소의 유정들을
마땅히 안립시키지 않겠다.'라고 이렇게 생각을 짓지 않으며, 다만 '나는
마땅히 무량하고 무수하며 무변한 유정들을 4정단, 나아가 8성도지에
안립시키겠다.'라고 이렇게 생각을 짓느니라.

　'나는 마땅히 그 처소의 유정들을 공해탈문에 안립시키겠고, 그 처소의
유정들을 마땅히 안립시키지 않겠다.'라고 이렇게 생각을 짓지 않으며,
다만 '나는 마땅히 무량하고 무수하며 무변한 유정들을 공해탈문에 안립시
키겠다.'라고 이렇게 생각을 짓고, '나는 마땅히 그 처소의 유정들을
무상·무원해탈문에 안립시키겠고, 그 처소의 유정들을 마땅히 안립시키
지 않겠다.'라고 이렇게 생각을 짓지 않으며, 다만 '나는 마땅히 무량하고
무수하며 무변한 유정들을 무상·무원해탈문에 안립시키겠다.'라고 이렇
게 생각을 짓느니라.

　'나는 마땅히 그 처소의 유정들을 5안에 안립시키겠고, 그 처소의
유정들을 마땅히 안립시키지 않겠다.'라고 이렇게 생각을 짓지 않으며,
다만 '나는 마땅히 무량하고 무수하며 무변한 유정들을 5안에 안립시키겠
다.'라고 이렇게 생각을 짓고, '나는 마땅히 그 처소의 유정들을 6신통에
안립시키겠고, 그 처소의 유정들을 마땅히 안립시키지 않겠다.'라고 이렇
게 생각을 짓지 않으며, 다만 '나는 마땅히 무량하고 무수하며 무변한
유정들을 6신통에 안립시키겠다.'라고 이렇게 생각을 짓느니라.

'나는 마땅히 그 처소의 유정들을 여래의 10력에 안립시키겠고, 그 처소의 유정들을 마땅히 안립시키지 않겠다.'라고 이렇게 생각을 짓지 않으며, 다만 '나는 마땅히 무량하고 무수하며 무변한 유정들을 여래의 10력에 안립시키겠다.'라고 이렇게 생각을 짓고, '나는 마땅히 그 처소의 유정들을 4무소외·4무애해·대자·대비·대희·대사·18불불공법·일체지· 도상지·일체상지에 안립시키겠고, 그 처소의 유정들을 마땅히 안립시키지 않겠다.'라고 이렇게 생각을 짓지 않으며, 다만 '나는 마땅히 무량하고 무수하며 무변한 유정들을 4무소외, 나아가 일체상지에 안립시키겠다.'라고 이렇게 생각을 짓느니라.

'나는 마땅히 그 처소의 유정들을 예류과(預流果)에 안립시키겠고, 그 처소의 유정들을 마땅히 안립시키지 않겠다.'라고 이렇게 생각을 짓지 않으며, 다만 '나는 마땅히 무량하고 무수하며 무변한 유정들을 예류과에 안립시키겠다.'라고 이렇게 생각을 짓고, '나는 마땅히 그 처소의 유정들을 일래과(一來果)·불환과(不還果)·아라한과(阿羅漢果)·독각(獨覺)의 보리에 안립시키겠고, 그 처소의 유정들을 마땅히 안립시키지 않겠다.'라고 이렇게 생각을 짓지 않으며, 다만 '나는 마땅히 무량하고 무수하며 무변한 유정들을 일래과·불환과·아라한과·독각의 깨달음에 안립시키겠다.'라고 이렇게 생각을 짓고, '나는 마땅히 그 처소의 유정들을 보살도와 무상보리에 안립시키겠고, 그 처소의 유정들을 마땅히 안립시키지 않겠다.'라고 이렇게 생각을 짓지 않으며, 다만 '나는 마땅히 무량하고 무수하며 무변한 유정들을 보살도와 무상보리에 안립시키겠다.'라고 이렇게 생각을 짓느니라. 선현이여. 이와 같다면 보살마하살이 대승의 갑옷을 입는다고 이름하느니라.

선현이여. 교묘한 마술사이거나, 혹은 그의 제자가 네거리인 길의 대중들 앞에 있으면서 무량하고 무수하며 무변한 유정들을 지어놓고, 6바라밀다에 안립시키고, 나아가 무상보리에 안립시킨다면, 선현이여. 그대의 뜻은 어떠한가? 이와 같은 환영의 일이 진실로 있겠는가?"

선현이 대답하였다.

"없습니다. 세존이시여."

세존께서 선현에게 알리셨다.

"보살마하살이 일체지지에 상응하는 마음으로 대비를 상수로 삼고 얻을 수 없는 것을 이용하여 무량하고 무수하며 무변한 유정들을 6바라밀다에 안립시키고, 나아가 무상보리에 안립시킨다면, 역시 다시 이와 같아서 하였던 것이 있으나, 하나도 진실로 없느니라. 왜 그러한가? 선현이여. 제법의 자성은 공하여 모두 환영과 같은 까닭이니라.

마하반야바라밀다경 제50권

14. 대승개품(大乘鎧品)(2)

그때 구수 선현이 세존께 아뢰어 말하였다.

"세존이시여. 제가 세존께서 설하셨던 것의 뜻을 이해하는 것과 같다면, 보살마하살이 공덕의 갑옷을 입지 않는다면, 마땅히 대승의 갑옷을 입는다고 알아야 합니다. 왜 그러한가? 일체법은 자상(自相)이 공한 까닭입니다.

그 까닭이 무엇인가? 세존이시여. 색(色)은 색의 상(相)이 공하고 수(受)·상(想)·행(行)·식(識)의 상이 공하며, 안처(眼處)는 안처의 상이 공하고 이(耳)·비(鼻)·설(舌)·신(身)·의처(意處)는 이·비·설·신·의처의 상이 공하며, 색처(色處)는 색처의 상이 공하고 성(聲)·향(香)·미(味)·촉(觸)·법처(法處)는 성·향·미·촉·법처의 상이 공하며, 안계(眼界)는 안계의 상이 공하고 색계(色界)·안식계(眼識界), …… 나아가 …… 안촉(眼觸)·안촉을 인연으로 생겨나는 여러 수는 색계·안식계, 나아가 안촉·안촉을 인연으로 생겨난 여러 수의 상이 공하며, 이계(耳界)는 이계의 상이 공하고 성계(聲界)·이식계(耳識界), …… 나아가 …… 이촉(耳觸)·이촉을 인연으로 생겨나는 여러 수는 성계·이식계, 나아가 이촉·이촉을 인연으로 생겨난 여러 수의 상이 공하며, 비계(鼻界)는 비계의 상이 공하고 향계(香界)·비식계(鼻識界), …… 나아가 …… 비촉(鼻觸)·비촉을 인연으로 생겨나는 여러 수는 향계·비식계, 나아가 비촉·비촉을 인연으로 생겨난 여러 수의 상이 공하며, 설계(舌界)는 설계의 상이 공하고 미계(味界)·설식계(舌識界), …… 나아가 …… 설촉(舌觸)·설촉을 인연으로 생겨나는 여러 수는 미계·설식계, 나아가 설촉·설촉을 인연으로 생겨난 여러 수의 상이 공하며, 신계는 신계의 상이 공하고 촉계(觸界)·신식계(身識界), …… 나아가 …… 신촉(身觸)·신촉을 인연으로 생겨나는 여러 수는 촉계·신식계, 나아가 신촉·신촉을 인연으로 생겨난 여러 수의 상이 공하며, 의계(意界)는 의계)의 상이 공하고 법계(法界)·의식계(意識界), …… 나아가 …… 의촉(意觸)·의촉을 인연으로 생겨나는 여러 수는 법계·의식계, 나아가 의촉·의촉을 인연으로 생겨난 여러 수의 상이 공한 까닭입니다.

지계(地界)는 지계의 상이 공하고 수(水)·화(火)·풍(風)·공(空)·식계(識界)는 수·화·풍·공·식계의 상이 공하며, 고성제(苦聖諦)는 고성제의 상이 공하고 집(集)·멸(滅)·도성제(道聖諦)는 집·멸·도성제의 상이 공하며, 무명(無明)은 무명의 상이 공하고 행(行)·식(識)·명색(名色)·육처(六處)·촉(觸)·수(受)·애(愛)·취(取)·유(有)·생(生)·노사(老死)의 수탄고우뇌계(愁歎苦憂惱界)는 행, 나아가 노사의 수탄고우뇌의 상이 공하며, 내공(內空)은 내공의 상이 공하고 외공(外空)·내외공(內外空)·공공(空空)인 까닭이며, 승의공(勝義空)·유위공(有爲空)·무위공(無爲空)·필경공(畢竟空)·무제공(無際空)·산공(散空)·무변이공(無變異空)·본성공(本性空)·자상공(自相空)·공상공(共相空)·일체법공(一切法空)·불가득공(不可得空)·무성공(無性空)·자성공(自性空)·무성자성공(無性自性空)은 외공, 나아가 무성자성공의 상이 공하며, 4정려(四精慮)는 4정려의 상이 공하고 4무량(四無量)·4무색정(四無色定)은 4무량·4무색정의 상이 공하며, 4념주(四念住)는 4념주의 상이 공하고 4정단(四正斷)·4신족(四神足)·5근(五根)·5력(五力)·7등각지(七等覺支)·8성도지(八聖道支)는 4정단, 나아가 8성도지의 상이 공하며, 공해탈문(解脫門)은 공해탈문의 상이 공하고 무상(無相)·무원해탈문(無願解脫門)은 무상·무원해탈문의 상이 공하며, 보시바라밀다(布施波羅蜜多)는 보시바라밀다의 상이 공하고 정계(淨界)·안인(安忍)·정진(精進)·정려(靜慮)·반야바라밀다(般若波羅蜜多)는 정계·안인·정진·정려·반야바라밀다의 상이 공하며, 5안(五眼)은 5안의 상이 공하고 6신통(六神通)은 6신통의 상이 공하며, 여래(如來)의 10력(十力)은 여래의 10력의 상이 공하고 4무소

외(四無所畏)·4무애해(四無礙解)·대자(大慈)·대비(大悲)·대사(大喜)·대
희(大捨)·18불불공법(十八佛不共法)·일체지(一切智)·도상지(道相智)·일
체상지(一切相智)는 4무소외, 나아가 일체상지의 상이 공하며, 보살은
보살의 모양이 공하고 공덕의 갑옷을 입는다면 공덕의 갑옷을 입는 것의
상이 공한 까닭입니다.

세존이시여. 이러한 인연을 이유로 보살마하살은 공덕의 갑옷을 입지
않나니, 마땅히 이것이 대승의 갑옷을 입는 것이라고 알아야 합니다.”

세존께서 선현에게 알리셨다.

“그와 같으니라. 그와 같으니라. 그대가 말한 것과 같으니라. 선현이여.
일체지지(一切智智)는 세우지(造)도 않고 짓지(作)도 않으며, 일체의 유정
도 역시 세우지도 않고 짓지도 않나니, 보살마하살은 이러한 일을 까닭으
로 대승의 갑옷을 입느니라.”

그때 구수 선현이 세존께 아뢰어 말하였다.

“세존이시여. 무슨 인연을 까닭으로 일체지지는 세우지도 않고 짓지도
않으며, 일체의 유정도 역시 세우지도 않고 짓지도 않으며, 보살마하살은
이러한 일을 까닭으로 대승의 갑옷을 입습니까?”

세존께서 말씀하셨다.

“선현이여. 오히려 여러 짓는 것을 얻을 수 없는 까닭으로, 일체지지는
세우지도 않고 짓지도 않으며, 일체의 유정도 역시 세우지도 않고 짓지도
않느니라. 그러한 까닭은 무엇인가? 선현이여. 나(我)는 세우는 것이
아니고 세우지 않는 것도 아니며, 짓는 것도 아니고 짓지 않는 것도
아니니라. 왜 그러한가? 나는 결국(畢竟)에는 얻을 수 없는 까닭이니라.
유정(有情)·명자(命者)·생자(生者)·양자(養者)·사부(士夫)·보특가라(補
特伽羅)·의생(意生)·유동(孺童)·작자(作者)·사작자(使作者)·기자(起者)·
사기자(使起者)·수자(受者)·사수자(使受者)·지자(知者)·견자(見者)도 세
우는 것이 아니고 세우지 않는 것도 아니며 짓는 것도 아니고 짓지 않는
것도 아니니라. 왜 그러한가? 유정, 나아가 견자는 결국에는 얻을 수
없는 까닭이니라.

　선현이여. 환영의 일은 세우는 것이 아니고 세우지 않는 것도 아니며, 짓는 것도 아니고 짓지 않는 것도 아니니라. 왜 그러한가? 환영의 일은 결국에는 얻을 수 없는 까닭이니라. 꿈의 경계·형상·메아리·빛의 그림자·허공의 꽃·아지랑이·심향성·변화한 일은 세우는 것이 아니고 세우지 않는 것도 아니며, 짓는 것도 아니고 짓지 않는 것도 아니니라. 왜 그러한가? 꿈의 경계, 나아가 변화한 일은 결국에는 얻을 수 없는 까닭이니라.

　선현이여. 색은 세우는 것이 아니고 세우지 않는 것도 아니며, 짓는 것도 아니고 짓지 않는 것도 아니니라. 왜 그러한가? 색은 결국에는 얻을 수 없는 까닭이니라. 수·상·행·식은 세우는 것이 아니고 세우지 않는 것도 아니며, 짓는 것도 아니고 짓지 않는 것도 아니니라. 왜 그러한가? 수·상·행·식은 결국에는 얻을 수 없는 까닭이니라.

　선현이여. 안처는 세우는 것이 아니고 세우지 않는 것도 아니며, 짓는 것도 아니고 짓지 않는 것도 아니니라. 왜 그러한가? 안처는 결국에는 얻을 수 없는 까닭이니라. 이·비·설·신·의처는 세우는 것이 아니고 세우지 않는 것도 아니며, 짓는 것도 아니고 짓지 않는 것도 아니니라. 왜 그러한가? 이·비·설·신·의처는 결국에는 얻을 수 없는 까닭이니라.

　선현이여. 색처는 세우는 것이 아니고 세우지 않는 것도 아니며, 짓는 것도 아니고 짓지 않는 것도 아니니라. 왜 그러한가? 색처는 결국에는 얻을 수 없는 까닭이니라. 성·향·미·촉·법처는 세우는 것이 아니고 세우지 않는 것도 아니며, 짓는 것도 아니고 짓지 않는 것도 아니니라. 왜 그러한가? 성·향·미·촉·법처는 결국에는 얻을 수 없는 까닭이니라.

　선현이여. 안계는 세우는 것이 아니고 세우지 않는 것도 아니며, 짓는 것도 아니고 짓지 않는 것도 아니니라. 왜 그러한가? 안계는 결국에는 얻을 수 없는 까닭이니라. 색계·안식계, …… 나아가 …… 안촉·안촉을 인연으로 생겨난 여러 수는 세우는 것이 아니고 세우지 않는 것도 아니며, 짓는 것도 아니고 짓지 않는 것도 아니니라. 왜 그러한가? 색계·안식계, 나아가 안촉·안촉을 인연으로 생겨난 여러 수는 결국에는 얻을 수 없는 까닭이니라.

선현이여. 이계는 세우는 것이 아니고 세우지 않는 것도 아니며, 짓는 것도 아니고 짓지 않는 것도 아니니라. 왜 그러한가? 이계는 결국에는 얻을 수 없는 까닭이니라. 성계·이식계, …… 나아가 …… 이촉·이촉을 인연으로 생겨난 여러 수는 세우는 것이 아니고 세우지 않는 것도 아니며, 짓는 것도 아니고 짓지 않는 것도 아니니라. 왜 그러한가? 성계·이식계, 나아가 이촉·이촉을 인연으로 생겨난 여러 수는 결국에는 얻을 수 없는 까닭이니라.

선현이여. 비계는 세우는 것이 아니고 세우지 않는 것도 아니며, 짓는 것도 아니고 짓지 않는 것도 아니니라. 왜 그러한가? 비계는 결국에는 얻을 수 없는 까닭이니라. 향계·비식계, …… 나아가 …… 비촉·비촉을 인연으로 생겨난 여러 수는 세우는 것이 아니고 세우지 않는 것도 아니며, 짓는 것도 아니고 짓지 않는 것도 아니니라. 왜 그러한가? 향계·비식계, 나아가 비촉·비촉을 인연으로 생겨난 여러 수는 결국에는 얻을 수 없는 까닭이니라.

선현이여. 설계는 세우는 것이 아니고 세우지 않는 것도 아니며, 짓는 것도 아니고 짓지 않는 것도 아니니라. 왜 그러한가? 설계는 결국에는 얻을 수 없는 까닭이니라. 미계·설식계, …… 나아가 …… 설촉·설촉을 인연으로 생겨난 여러 수는 세우는 것이 아니고 세우지 않는 것도 아니며, 짓는 것도 아니고 짓지 않는 것도 아니니라. 왜 그러한가? 미계·설식계, 나아가 설촉·설촉을 인연으로 생겨난 여러 수는 결국에는 얻을 수 없는 까닭이니라.

선현이여. 신계는 세우는 것이 아니고 세우지 않는 것도 아니며, 짓는 것도 아니고 짓지 않는 것도 아니니라. 왜 그러한가? 신계는 결국에는 얻을 수 없는 까닭이니라. 촉계·신식계, …… 나아가 …… 신촉·신촉을 인연으로 생겨난 여러 수는 세우는 것이 아니고 세우지 않는 것도 아니며, 짓는 것도 아니고 짓지 않는 것도 아니니라. 왜 그러한가? 촉계·신식계, 나아가 신촉·신촉을 인연으로 생겨난 여러 수는 결국에는 얻을 수 없는 까닭이니라.

선현이여. 의계는 세우는 것이 아니고 세우지 않는 것도 아니며, 짓는 것도 아니고 짓지 않는 것도 아니니라. 왜 그러한가? 의계는 결국에는 얻을 수 없는 까닭이니라. 법계·의식계, …… 나아가 …… 의촉·의촉을 인연으로 생겨난 여러 수는 세우는 것이 아니고 세우지 않는 것도 아니며, 짓는 것도 아니고 짓지 않는 것도 아니니라. 왜 그러한가? 법계·의식계, 나아가 의촉·의촉을 인연으로 생겨난 여러 수는 결국에는 얻을 수 없는 까닭이니라.

선현이여. 지계는 세우는 것이 아니고 세우지 않는 것도 아니며, 짓는 것도 아니고 짓지 않는 것도 아니니라. 왜 그러한가? 지계는 결국에는 얻을 수 없는 까닭이니라. 수·화·풍·공·식계는 세우는 것이 아니고 세우지 않는 것도 아니며, 짓는 것도 아니고 짓지 않는 것도 아니니라. 왜 그러한가? 수·화·풍·공·식계는 결국에는 얻을 수 없는 까닭이니라.

선현이여. 고성제는 세우는 것이 아니고 세우지 않는 것도 아니며, 짓는 것도 아니고 짓지 않는 것도 아니니라. 왜 그러한가? 지계는 결국에는 얻을 수 없는 까닭이니라. 집·멸·도성제는 세우는 것이 아니고 세우지 않는 것도 아니며, 짓는 것도 아니고 짓지 않는 것도 아니니라. 왜 그러한가? 집·멸·도성제는 결국에는 얻을 수 없는 까닭이니라.

선현이여. 무명은 세우는 것이 아니고 세우지 않는 것도 아니며, 짓는 것도 아니고 짓지 않는 것도 아니니라. 왜 그러한가? 무명은 결국에는 얻을 수 없는 까닭이니라. 행·식·명색·육처·촉·수·애·취·유·생·노사의 수탄고우뇌는 세우는 것이 아니고 세우지 않는 것도 아니며, 짓는 것도 아니고 짓지 않는 것도 아니니라. 왜 그러한가? 행, 나아가 노사의 수탄고우뇌는 결국에는 얻을 수 없는 까닭이니라.

선현이여. 내공은 세우는 것이 아니고 세우지 않는 것도 아니며, 짓는 것도 아니고 짓지 않는 것도 아니니라. 왜 그러한가? 내공은 결국에는 얻을 수 없는 까닭이니라. 외공·내외공·공공·대공·승의공·유위공·무위공·필경공·무제공·산공·무변이공·본성공·자상공·공상공·일체법공·불가득공·무성공·자성공·무성자성공은 세우는 것이 아니고 세우지 않는 것도 아니며, 짓는 것도 아니고 짓지 않는 것도 아니니라. 왜 그러한가?
외공, 나아가 무성자성공은 결국에는 얻을 수 없는 까닭이니라.

선현이여. 4정려는 세우는 것이 아니고 세우지 않는 것도 아니며,
짓는 것도 아니고 짓지 않는 것도 아니니라. 왜 그러한가? 4정려는 결국에
는 얻을 수 없는 까닭이니라. 4무량·4무색정은 세우는 것이 아니고 세우지
않는 것도 아니며, 짓는 것도 아니고 짓지 않는 것도 아니니라. 왜 그러한
가? 4무량·4무색정은 결국에는 얻을 수 없는 까닭이니라.

선현이여. 4념주는 세우는 것이 아니고 세우지 않는 것도 아니며,
짓는 것도 아니고 짓지 않는 것도 아니니라. 왜 그러한가? 4념주는 결국에
는 얻을 수 없는 까닭이니라. 4정단·4신족·5근·5력·7등각지·8성도지는
세우는 것이 아니고 세우지 않는 것도 아니며, 짓는 것도 아니고 짓지
않는 것도 아니니라. 왜 그러한가? 4정단, 나아가 8성도지는 결국에는
얻을 수 없는 까닭이니라.

선현이여. 공해탈문은 세우는 것이 아니고 세우지 않는 것도 아니며,
짓는 것도 아니고 짓지 않는 것도 아니니라. 왜 그러한가? 공해탈문은
결국에는 얻을 수 없는 까닭이니라. 무상·무원해탈문은 세우는 것이
아니고 세우지 않는 것도 아니며, 짓는 것도 아니고 짓지 않는 것도
아니니라. 왜 그러한가? 무상·무원해탈문은 결국에는 얻을 수 없는 까닭
이니라.

선현이여. 보시바라밀다는 세우는 것이 아니고 세우지 않는 것도 아니
며, 짓는 것도 아니고 짓지 않는 것도 아니니라. 왜 그러한가? 보시바라밀
다는 결국에는 얻을 수 없는 까닭이니라. 정계·안인·정진·정려·반야바라
밀다는 세우는 것이 아니고 세우지 않는 것도 아니며, 짓는 것도 아니고
짓지 않는 것도 아니니라. 왜 그러한가? 정계·안인·정진·정려·반야바라
밀다는 결국에는 얻을 수 없는 까닭이니라.

선현이여. 5안은 세우는 것이 아니고 세우지 않는 것도 아니며, 짓는
것도 아니고 짓지 않는 것도 아니니라. 왜 그러한가? 5안은 결국에는
얻을 수 없는 까닭이니라. 6신통은 세우는 것이 아니고 세우지 않는

것도 아니며, 짓는 것도 아니고 짓지 않는 것도 아니니라. 왜 그러한가?
6신통은 결국에는 얻을 수 없는 까닭이니라.

선현이여. 여래의 10력은 세우는 것이 아니고 세우지 않는 것도 아니며,
짓는 것도 아니고 짓지 않는 것도 아니니라. 왜 그러한가? 여래의 10력은
결국에는 얻을 수 없는 까닭이니라. 4무소외·4무애해·대자·대비·대희·
대사·18불불공법·일체지·도상지·일체상지는 세우는 것이 아니고 세우지
않는 것도 아니며, 짓는 것도 아니고 짓지 않는 것도 아니니라. 왜 그러한가?
4무소외, 나아가 일체상지는 결국에는 얻을 수 없는 까닭이니라.

선현이여. 진여(眞如)는 세우는 것이 아니고 세우지 않는 것도 아니며,
짓는 것도 아니고 짓지 않는 것도 아니니라. 왜 그러한가? 진여는 결국에는
얻을 수 없는 까닭이니라. 법계(法界)·법성(法性)·불허망성(不虛妄性)·불
변이성(不變異性)·평등성(平等性)·이생성(離生性)·법정(法定)·법주(法住)
·실제(實際)는 세우는 것이 아니고 세우지 않는 것도 아니며, 짓는 것도
아니고 짓지 않는 것도 아니니라. 왜 그러한가? 법계, 나아가 실제는
결국에는 얻을 수 없는 까닭이니라.

선현이여. 보살은 세우는 것이 아니고 세우지 않는 것도 아니며, 짓는
것도 아니고 짓지 않는 것도 아니니라. 왜 그러한가? 보살은 결국에는
얻을 수 없는 까닭이니라. 여래(如來)·응공(應)·정등각(正等覺)은 세우는
것이 아니고 세우지 않는 것도 아니며, 짓는 것도 아니고 짓지 않는
것도 아니니라. 왜 그러한가? 여래·응공·정등각은 결국에는 얻을 수
없는 까닭이니라.

선현이여. 오히려 인연을 까닭으로 일체지지는 세우는 것이 아니고
세우지 않는 것도 아니며, 짓는 것도 아니고 짓지 않는 것도 아니며,
일체의 유정도 역시 세우는 것이 아니고 세우지 않는 것도 아니며, 짓는
것도 아니고 짓지 않는 것도 아니나니, 보살마하살은 이러한 일을 까닭으
로 대승의 갑옷을 입느니라. 선현이여. 오히려 이러한 뜻을 까닭으로
보살마하살은 공덕의 갑옷을 입는 것이 아니고, 이것은 대승의 갑옷을
입는다고 마땅히 알아야 하느니라."

그때 구수 선현이 세존께 아뢰어 말하였다.

"세존이시여. 제가 세존께서 설하신 뜻을 이해하는 것과 같다면 색은 계박(縛)¹⁾이 없고 해탈(解)²⁾도 없으며, 수·상·행·식은 계박이 없고 해탈도 없습니다. 왜 그러한가? 세존이시여. 색의 자성(色性)은 무소유(無所有)인 까닭으로 계박이 없고 해탈도 없으며, 수·상·행·식의 자성도 무소유인 까닭으로 계박이 없고 해탈도 없으며, 색의 자성은 멀리 벗어나는 까닭으로 계박이 없고 해탈도 없으며, 수·상·행·식의 자성도 멀리 벗어나는 까닭으로 계박이 없고 해탈도 없으며, 색의 자성은 적정한 까닭으로 계박이 없고 해탈도 없으며, 수·상·행·식의 자성도 적정한 까닭으로 계박이 없고 해탈도 없으며, 색의 자성은 공한 까닭으로 계박이 없고 해탈도 없으며, 수·상·행·식의 자성도 공한 까닭으로 계박이 없고 해탈도 없으며, 색의 자성은 무상(無相)인 까닭으로 계박이 없고 해탈도 없으며, 수·상·행·식의 자성도 무상인 까닭으로 계박이 없고 해탈도 없으며, 색의 자성은 무원(無願)인 까닭으로 계박이 없고 해탈도 없으며, 수·상·행·식의 자성도 무원인 까닭으로 계박이 없고 해탈도 없으며, 색의 자성은 생겨남(生)이 없는 까닭으로 계박이 없고 해탈도 없으며, 수·상·행·식의 자성도 태어남이 없는 까닭으로 계박이 없고 해탈도 없으며, 색의 자성은 소멸함(滅)이 없는 까닭으로 계박이 없고 해탈도 없으며, 수·상·행·식의 자성도 소멸함이 없는 까닭으로 계박이 없고 해탈도 없으며, 색의 자성은 염오가 없는 까닭으로 계박이 없고 해탈도 없으며, 수·상·행·식의 자성도

---

1) 계박(繫縛)은 중생의 마음을 결박하는 번뇌를 가리키고, 아래와 같은 경전에서 계박이라는 어휘로 사용되고 있음을 살펴볼 수 있다. 『大莊嚴論經』(大正藏4, p.258g하), 『添品妙法蓮華經』(大正藏9, p.153상), 『大寶積經』(大正藏11, p.143상), 『大般涅槃經』(大正藏12, p.535중), 大方等大集經(大正藏13, p.168중), 『正法念處經』(大正藏17, p.114중).

2) 아래와 같은 경전에서 해탈이라는 어휘로 사용되고 있음을 살펴볼 수 있다. 『雜阿含經』(大正藏12, p.19중), 『佛本行集經』(大正藏3, p.799중), 『添品妙法蓮華經』(大正藏9, p.153상), 『大方廣佛華嚴經』(大正藏10, p.165중), 『大寶積經』(大正藏11, p.143상), 『大般涅槃經』(大正藏12, p.569상). 『正法念處經』(大正藏17, p.114중).

염오가 없는 까닭으로 계박이 없고 해탈도 없으며, 색의 자성은 청정함이 없는 까닭으로 계박이 없고 해탈도 없으며, 수·상·행·식의 자성도 없는 까닭으로 계박이 없고 해탈도 없습니다.

세존이시여. 안처는 계박이 없고 해탈도 없으며, 이·비·설·신·의처는 계박이 없고 해탈도 없습니다. 왜 그러한가? 세존이시여. 안처는 무소유인 까닭으로 계박이 없고 해탈도 없으며, 이·비·설·신·의처는 무소유인 까닭으로 계박이 없고 해탈도 없으며, 안처는 멀리 벗어나는 까닭으로 계박이 없고 해탈도 없으며, 이·비·설·신·의처는 멀리 벗어나는 까닭으로 계박이 없고 해탈도 없으며, 안처는 적정한 까닭으로 계박이 없고 해탈도 없으며, 이·비·설·신·의처는 자성도 적정한 까닭으로 계박이 없고 해탈도 없으며, 안처는 공한 까닭으로 계박이 없고 해탈도 없으며, 이·비·설·신·의처는 공한 까닭으로 계박이 없고 해탈도 없으며, 안처는 무상인 까닭으로 계박이 없고 해탈도 없으며, 이·비·설·신·의처는 무상인 까닭으로 계박이 없고 해탈도 없으며, 안처는 무원인 까닭으로 계박이 없고 해탈도 없으며, 이·비·설·신·의처는 무원인 까닭으로 계박이 없고 해탈도 없으며, 안처는 생겨남이 없는 까닭으로 계박이 없고 해탈도 없으며, 이·비·설·신·의처는 생겨남이 없는 까닭으로 계박이 없고 해탈도 없으며, 안처는 소멸함이 없는 까닭으로 계박이 없고 해탈도 없으며, 이·비·설·신·의처는 소멸함이 없는 까닭으로 계박이 없고 해탈도 없으며, 안처는 염오가 없는 까닭으로 계박이 없고 해탈도 없으며, 이·비·설·신·의처는 염오가 없는 까닭으로 계박이 없고 해탈도 없으며, 안처는 청정함이 없는 까닭으로 계박이 없고 해탈도 없으며, 이·비·설·신·의처는 없는 까닭으로 계박이 없고 해탈도 없습니다.

세존이시여. 색처는 계박이 없고 해탈도 없으며, 성·향·미·촉·법처는 계박이 없고 해탈도 없습니다. 왜 그러한가? 세존이시여. 색처는 무소유인 까닭으로 계박이 없고 해탈도 없으며, 성·향·미·촉·법처는 무소유인 까닭으로 계박이 없고 해탈도 없으며, 색처는 멀리 벗어나는 까닭으로 계박이 없고 해탈도 없으며, 성·향·미·촉·법처는 멀리 벗어나는 까닭으로 계박이 없고 해탈도 없으며, 색처는 적정한 까닭으로 계박이 없고 해탈도 없으며, 성·향·미·촉·법처는 적정한 까닭으로 계박이 없고 해탈도 없으며, 색처는 공한 까닭으로 계박이 없고 해탈도 없으며, 성·향·미·촉·법처는 공한 까닭으로 계박이 없고 해탈도 없으며, 색처는 무상인 까닭으로 계박이 없고 해탈도 없으며, 성·향·미·촉·법처는 무상인 까닭으로 계박이 없고 해탈도 없으며, 색처는 무원인 까닭으로 계박이 없고 해탈도 없으며, 성·향·미·촉·법처는 무원인 까닭으로 계박이 없고 해탈도 없으며, 색처는 생겨남이 없는 까닭으로 계박이 없고 해탈도 없으며, 성·향·미·촉·법처는 생겨남이 없는 까닭으로 계박이 없고 해탈도 없으며, 색처는 소멸함이 없는 까닭으로 계박이 없고 해탈도 없으며, 성·향·미·촉·법처는 소멸함이 없는 까닭으로 계박이 없고 해탈도 없으며, 색처는 염오가 없는 까닭으로 계박이 없고 해탈도 없으며, 성·향·미·촉·법처는 염오가 없는 까닭으로 계박이 없고 해탈도 없으며, 색처는 청정함이 없는 까닭으로 계박이 없고 해탈도 없으며, 성·향·미·촉·법처는 없는 까닭으로 계박이 없고 해탈도 없습니다.

세존이시여. 색처의 자성(色處性)은 계박이 없고 해탈도 없으며, 성·향·미·촉·법처의 자성은 계박이 없고 해탈도 없습니다. 왜 그러한가? 세존이시여. 색처의 자성은 무소유인 까닭으로 계박이 없고 해탈도 없으며, 성·향·미·촉·법처의 자성은 무소유인 까닭으로 계박이 없고 해탈도 없으며, 색처의 자성은 멀리 벗어나는 까닭으로 계박이 없고 해탈도 없으며, 성·향·미·촉·법처의 자성은 멀리 벗어나는 까닭으로 계박이 없고 해탈도 없으며, 색처의 자성은 적정한 까닭으로 계박이 없고 해탈도 없으며, 성·향·미·촉·법처의 자성은 적정한 까닭으로 계박이 없고 해탈도 없으며, 색처의 자성은 공한 까닭으로 계박이 없고 해탈도 없으며, 성·향·미·촉·법처의 자성은 공한 까닭으로 계박이 없고 해탈도 없으며, 색처의 자성은 무상인 까닭으로 계박이 없고 해탈도 없으며, 성·향·미·촉·법처의 자성은 무상인 까닭으로 계박이 없고 해탈도 없으며, 색처의 자성은 무원인 까닭으로 계박이 없고 해탈도 없으며, 성·향·미·촉·법처의 자성은 무원인

까닭으로 계박이 없고 해탈도 없으며, 색처의 자성은 생겨남이 없는
까닭으로 계박이 없고 해탈도 없으며, 성·향·미·촉·법처의 자성은 생겨남
이 없는 까닭으로 계박이 없고 해탈도 없으며, 색처의 자성은 소멸함이
없는 까닭으로 계박이 없고 해탈도 없으며, 성·향·미·촉·법처의 자성은
소멸함이 없는 까닭으로 계박이 없고 해탈도 없으며, 색처의 자성은
염오가 없는 까닭으로 계박이 없고 해탈도 없으며, 성·향·미·촉·법처의
자성은 염오가 없는 까닭으로 계박이 없고 해탈도 없으며, 색처의 자성은
청정함이 없는 까닭으로 계박이 없고 해탈도 없으며, 성·향·미·촉·법처의
자성은 없는 까닭으로 계박이 없고 해탈도 없습니다.

　세존이시여. 안계는 계박이 없고 해탈도 없으며, 색계·안식계, ……
나아가 …… 안촉·안촉을 인연으로 생겨난 여러 수는 계박이 없고 해탈도
없습니다. 왜 그러한가? 세존이시여. 안계의 자성은 무소유인 까닭으로
계박이 없고 해탈도 없으며, 색계·안식계, 나아가 안촉·안촉을 인연으로
생겨난 여러 수의 자성은 무소유인 까닭으로 계박이 없고 해탈도 없으며,
안계의 자성은 멀리 벗어나는 까닭으로 계박이 없고 해탈도 없으며,
색계, 나아가 안촉을 인연으로 생겨난 여러 수의 자성은 멀리 벗어나는
까닭으로 계박이 없고 해탈도 없으며, 안계의 자성은 적정한 까닭으로
계박이 없고 해탈도 없으며, 색계, 나아가 안촉을 인연으로 생겨난 여러
수의 자성은 적정한 까닭으로 계박이 없고 해탈도 없으며, 안계의 자성은
공한 까닭으로 계박이 없고 해탈도 없으며, 색계, 나아가 안촉을 인연으로
생겨난 여러 수의 자성은 공한 까닭으로 계박이 없고 해탈도 없으며,
안계의 자성은 무상인 까닭으로 계박이 없고 해탈도 없으며, 색계, 나아가
안촉을 인연으로 생겨난 여러 수의 자성은 무상인 까닭으로 계박이 없고
해탈도 없으며, 안계의 자성은 무원인 까닭으로 계박이 없고 해탈도
없으며, 색계, 나아가 안촉을 인연으로 생겨난 여러 수의 자성은 무원인
까닭으로 계박이 없고 해탈도 없으며, 안계의 자성은 생겨남이 없는
까닭으로 계박이 없고 해탈도 없으며, 색계, 나아가 안촉을 인연으로
생겨난 여러 수의 자성은 생겨남이 없는 까닭으로 계박이 없고 해탈도

없으며, 안계의 자성은 소멸함이 없는 까닭으로 계박이 없고 해탈도 없으며, 색계, 나아가 안촉을 인연으로 생겨난 여러 수의 자성은 소멸함이 없는 까닭으로 계박이 없고 해탈도 없으며, 안계의 자성은 염오가 없는 까닭으로 계박이 없고 해탈도 없으며, 색계, 나아가 안촉을 인연으로 생겨난 여러 수의 자성은 염오가 없는 까닭으로 계박이 없고 해탈도 없으며, 안계의 자성은 청정함이 없는 까닭으로 계박이 없고 해탈도 없으며, 색계, 나아가 안촉을 인연으로 생겨난 여러 수의 자성은 없는 까닭으로 계박이 없고 해탈도 없습니다.

세존이시여. 이계는 계박이 없고 해탈도 없으며, 성계·이식계, …… 나아가 …… 이촉·이촉을 인연으로 생겨난 여러 수는 계박이 없고 해탈도 없습니다. 왜 그러한가? 세존이시여. 이계의 자성은 무소유인 까닭으로 계박이 없고 해탈도 없으며, 성계, 나아가 이촉을 인연으로 생겨난 여러 수의 자성은 무소유인 까닭으로 계박이 없고 해탈도 없으며, 이계의 자성은 멀리 벗어나는 까닭으로 계박이 없고 해탈도 없으며, 성계, 나아가 이촉을 인연으로 생겨난 여러 수의 자성은 멀리 벗어나는 까닭으로 계박이 없고 해탈도 없으며, 이계의 자성은 적정한 까닭으로 계박이 없고 해탈도 없으며, 성계, 나아가 이촉을 인연으로 생겨난 여러 수의 자성은 적정한 까닭으로 계박이 없고 해탈도 없으며, 이계의 자성은 공한 까닭으로 계박이 없고 해탈도 없으며, 성계, 나아가 이촉을 인연으로 생겨난 여러 수의 자성은 공한 까닭으로 계박이 없고 해탈도 없으며, 이계의 자성은 무상인 까닭으로 계박이 없고 해탈도 없으며, 성계, 나아가 이촉을 인연으로 생겨난 여러 수의 자성은 무상인 까닭으로 계박이 없고 해탈도 없으며, 이계의 자성은 무원인 까닭으로 계박이 없고 해탈도 없으며, 성계, 나아가 이촉을 인연으로 생겨난 여러 수의 자성은 무원인 까닭으로 계박이 없고 해탈도 없으며, 이계의 자성은 생겨남이 없는 까닭으로 계박이 없고 해탈도 없으며, 성계, 나아가 이촉을 인연으로 생겨난 여러 수의 자성은 생겨남이 없는 까닭으로 계박이 없고 해탈도 없으며, 이계의 자성은 소멸함이 없는 까닭으로 계박이 없고 해탈도 없으며, 성계, 나아가 이촉을

인연으로 생겨난 여러 수의 자성은 소멸함이 없는 까닭으로 계박이 없고
해탈도 없으며, 이계의 자성은 염오가 없는 까닭으로 계박이 없고 해탈도
없으며, 성계, 나아가 이촉을 인연으로 생겨난 여러 수의 자성은 염오가
없는 까닭으로 계박이 없고 해탈도 없으며, 이계의 자성은 청정함이
없는 까닭으로 계박이 없고 해탈도 없으며, 성계, 나아가 이촉을 인연으로
생겨난 여러 수의 자성은 없는 까닭으로 계박이 없고 해탈도 없습니다.

  세존이시여. 비계는 계박이 없고 해탈도 없으며, 향계·비식계, ……
나아가 …… 비촉·비촉을 인연으로 생겨난 여러 수는 계박이 없고 해탈도
없습니다. 왜 그러한가? 세존이시여. 비계의 자성은 무소유인 까닭으로
계박이 없고 해탈도 없으며, 향계, 나아가 비촉을 인연으로 생겨난 여러
수의 자성은 무소유인 까닭으로 계박이 없고 해탈도 없으며, 비계의
자성은 멀리 벗어나는 까닭으로 계박이 없고 해탈도 없으며, 향계, 나아가
비촉을 인연으로 생겨난 여러 수의 자성은 멀리 벗어나는 까닭으로 계박이
없고 해탈도 없으며, 비계의 자성은 적정한 까닭으로 계박이 없고 해탈도
없으며, 향계, 나아가 비촉을 인연으로 생겨난 여러 수의 자성은 적정한
까닭으로 계박이 없고 해탈도 없으며, 비계의 자성은 공한 까닭으로
계박이 없고 해탈도 없으며, 향계, 나아가 비촉을 인연으로 생겨난 여러
수의 자성은 공한 까닭으로 계박이 없고 해탈도 없으며, 비계의 자성은
무상인 까닭으로 계박이 없고 해탈도 없으며, 향계, 나아가 비촉을 인연으
로 생겨난 여러 수의 자성은 무상인 까닭으로 계박이 없고 해탈도 없으며,
비계의 자성은 무원인 까닭으로 계박이 없고 해탈도 없으며, 향계, 나아가
비촉을 인연으로 생겨난 여러 수의 자성은 무원인 까닭으로 계박이 없고
해탈도 없으며, 비계의 자성은 생겨남이 없는 까닭으로 계박이 없고
해탈도 없으며, 향계, 나아가 비촉을 인연으로 생겨난 여러 수의 자성은
생겨남이 없는 까닭으로 계박이 없고 해탈도 없으며, 비계의 자성은
소멸함이 없는 까닭으로 계박이 없고 해탈도 없으며, 향계, 나아가 비촉을
인연으로 생겨난 여러 수의 자성은 소멸함이 없는 까닭으로 계박이 없고
해탈도 없으며, 비계의 자성은 염오가 없는 까닭으로 계박이 없고 해탈도

없으며, 향계, 나아가 비촉을 인연으로 생겨난 여러 수의 자성은 염오가 없는 까닭으로 계박이 없고 해탈도 없으며, 비계의 자성은 청정함이 없는 까닭으로 계박이 없고 해탈도 없으며, 향계, 나아가 비촉을 인연으로 생겨난 여러 수의 자성은 없는 까닭으로 계박이 없고 해탈도 없습니다.

세존이시여. 설계는 계박이 없고 해탈도 없으며, 미계·설식계, …… 나아가 …… 설촉·설촉을 인연으로 생겨난 여러 수는 계박이 없고 해탈도 없습니다. 왜 그러한가? 세존이시여. 설계의 자성은 무소유인 까닭으로 계박이 없고 해탈도 없으며, 미계, 나아가 설촉을 인연으로 생겨난 여러 수의 자성은 무소유인 까닭으로 계박이 없고 해탈도 없으며, 설계의 자성은 멀리 벗어나는 까닭으로 계박이 없고 해탈도 없으며, 미계, 나아가 설촉을 인연으로 생겨난 여러 수의 자성은 멀리 벗어나는 까닭으로 계박이 없고 해탈도 없으며, 설계의 자성은 적정한 까닭으로 계박이 없고 해탈도 없으며, 미계, 나아가 설촉을 인연으로 생겨난 여러 수의 자성은 적정한 까닭으로 계박이 없고 해탈도 없으며, 설계의 자성은 공한 까닭으로 계박이 없고 해탈도 없으며, 미계, 나아가 설촉을 인연으로 생겨난 여러 수의 자성은 공한 까닭으로 계박이 없고 해탈도 없으며, 설계의 자성은 무상인 까닭으로 계박이 없고 해탈도 없으며, 미계, 나아가 설촉을 인연으로 생겨난 여러 수의 자성은 무상인 까닭으로 계박이 없고 해탈도 없으며, 설계의 자성은 무원인 까닭으로 계박이 없고 해탈도 없으며, 미계, 나아가 설촉을 인연으로 생겨난 여러 수의 자성은 무원인 까닭으로 계박이 없고 해탈도 없으며, 설계의 자성은 생겨남이 없는 까닭으로 계박이 없고 해탈도 없으며, 미계, 나아가 설촉을 인연으로 생겨난 여러 수의 자성은 생겨남이 없는 까닭으로 계박이 없고 해탈도 없으며, 설계의 자성은 소멸함이 없는 까닭으로 계박이 없고 해탈도 없으며, 미계, 나아가 설촉을 인연으로 생겨난 여러 수의 자성은 소멸함이 없는 까닭으로 계박이 없고 해탈도 없으며, 설계의 자성은 염오가 없는 까닭으로 계박이 없고 해탈도 없으며, 미계, 나아가 설촉을 인연으로 생겨난 여러 수의 자성은 염오가 없는 까닭으로 계박이 없고 해탈도 없으며, 설계의 자성은 청정함이

없는 까닭으로 계박이 없고 해탈도 없으며, 미계, 나아가 설촉을 인연으로
생겨난 여러 수의 자성은 없는 까닭으로 계박이 없고 해탈도 없습니다.

　세존이시여. 신계는 계박이 없고 해탈도 없으며, 촉계·신식계, ……
나아가 …… 신촉·신촉을 인연으로 생겨난 여러 수는 계박이 없고 해탈도
없습니다. 왜 그러한가? 세존이시여. 신계의 자성은 무소유인 까닭으로
계박이 없고 해탈도 없으며, 촉계, 나아가 신촉을 인연으로 생겨난 여러
수의 자성은 무소유인 까닭으로 계박이 없고 해탈도 없으며, 신계의
자성은 멀리 벗어나는 까닭으로 계박이 없고 해탈도 없으며, 촉계, 나아가
신촉을 인연으로 생겨난 여러 수의 자성은 멀리 벗어나는 까닭으로 계박이
없고 해탈도 없으며, 신계의 자성은 적정한 까닭으로 계박이 없고 해탈도
없으며, 촉계, 나아가 신촉을 인연으로 생겨난 여러 수의 자성은 적정한
까닭으로 계박이 없고 해탈도 없으며, 신계의 자성은 공한 까닭으로
계박이 없고 해탈도 없으며, 촉계, 나아가 신촉을 인연으로 생겨난 여러
수의 자성은 공한 까닭으로 계박이 없고 해탈도 없으며, 신계의 자성은
무상인 까닭으로 계박이 없고 해탈도 없으며, 촉계, 나아가 신촉을 인연으
로 생겨난 여러 수의 자성은 무상인 까닭으로 계박이 없고 해탈도 없으며,
신계의 자성은 무원인 까닭으로 계박이 없고 해탈도 없으며, 촉계, 나아가
신촉을 인연으로 생겨난 여러 수의 자성은 무원인 까닭으로 계박이 없고
해탈도 없으며, 신계의 자성은 생겨남이 없는 까닭으로 계박이 없고
해탈도 없으며, 촉계, 나아가 신촉을 인연으로 생겨난 여러 수의 자성은
생겨남이 없는 까닭으로 계박이 없고 해탈도 없으며, 신계의 자성은
소멸함이 없는 까닭으로 계박이 없고 해탈도 없으며, 촉계, 나아가 신촉을
인연으로 생겨난 여러 수의 자성은 소멸함이 없는 까닭으로 계박이 없고
해탈도 없으며, 신계의 자성은 염오가 없는 까닭으로 계박이 없고 해탈도
없으며, 촉계, 나아가 신촉을 인연으로 생겨난 여러 수의 자성은 염오가
없는 까닭으로 계박이 없고 해탈도 없으며, 신계의 자성은 청정함이
없는 까닭으로 계박이 없고 해탈도 없으며, 촉계, 나아가 신촉을 인연으로
생겨난 여러 수의 자성은 없는 까닭으로 계박이 없고 해탈도 없습니다.

세존이시여. 의계는 계박이 없고 해탈도 없으며, 법계·의식계, ……
나아가 …… 의촉·의촉을 인연으로 생겨난 여러 수는 계박이 없고 해탈도
없습니다. 왜 그러한가? 세존이시여. 의계의 자성은 무소유인 까닭으로
계박이 없고 해탈도 없으며, 법계, 나아가 의촉을 인연으로 생겨난 여러
수의 자성은 무소유인 까닭으로 계박이 없고 해탈도 없으며, 의계의
자성은 멀리 벗어나는 까닭으로 계박이 없고 해탈도 없으며, 법계, 나아가
의촉을 인연으로 생겨난 여러 수의 자성은 멀리 벗어나는 까닭으로 계박이
없고 해탈도 없으며, 의계의 자성은 적정한 까닭으로 계박이 없고 해탈도
없으며, 법계, 나아가 의촉을 인연으로 생겨난 여러 수의 자성은 적정한
까닭으로 계박이 없고 해탈도 없으며, 의계의 자성은 공한 까닭으로
계박이 없고 해탈도 없으며, 법계, 나아가 의촉을 인연으로 생겨난 여러
수의 자성은 공한 까닭으로 계박이 없고 해탈도 없으며, 의계의 자성은
무상인 까닭으로 계박이 없고 해탈도 없으며, 법계, 나아가 의촉을 인연으
로 생겨난 여러 수의 자성은 무상인 까닭으로 계박이 없고 해탈도 없으며,
의계의 자성은 무원인 까닭으로 계박이 없고 해탈도 없으며, 법계, 나아가
의촉을 인연으로 생겨난 여러 수의 자성은 무원인 까닭으로 계박이 없고
해탈도 없으며, 의계의 자성은 생겨남이 없는 까닭으로 계박이 없고
해탈도 없으며, 법계, 나아가 의촉을 인연으로 생겨난 여러 수의 자성은
생겨남이 없는 까닭으로 계박이 없고 해탈도 없으며, 의계의 자성은
소멸함이 없는 까닭으로 계박이 없고 해탈도 없으며, 법계, 나아가 의촉을
인연으로 생겨난 여러 수의 자성은 소멸함이 없는 까닭으로 계박이 없고
해탈도 없으며, 의계의 자성은 염오가 없는 까닭으로 계박이 없고 해탈도
없으며, 법계, 나아가 의촉을 인연으로 생겨난 여러 수의 자성은 염오가
없는 까닭으로 계박이 없고 해탈도 없으며, 의계의 자성은 청정함이
없는 까닭으로 계박이 없고 해탈도 없으며, 법계, 나아가 의촉을 인연으로
생겨난 여러 수의 자성은 없는 까닭으로 계박이 없고 해탈도 없습니다.
　세존이시여. 지계는 계박이 없고 해탈도 없으며, 수·화·풍·공·식계는
계박이 없고 해탈도 없습니다. 왜 그러한가? 세존이시여. 지계의 자성은

무소유인 까닭으로 계박이 없고 해탈도 없으며, 수·화·풍·공·식계의 자성은 무소유인 까닭으로 계박이 없고 해탈도 없으며, 지계의 자성은 멀리 벗어나는 까닭으로 계박이 없고 해탈도 없으며, 수·화·풍·공·식계의 자성은 멀리 벗어나는 까닭으로 계박이 없고 해탈도 없으며, 지계의 자성은 적정한 까닭으로 계박이 없고 해탈도 없으며, 수·화·풍·공·식계의 자성은 적정한 까닭으로 계박이 없고 해탈도 없으며, 지계의 자성은 공한 까닭으로 계박이 없고 해탈도 없으며, 수·화·풍·공·식계의 자성은 공한 까닭으로 계박이 없고 해탈도 없으며, 지계의 자성은 무상인 까닭으로 계박이 없고 해탈도 없으며, 수·화·풍·공·식계의 자성은 무상인 까닭으로 계박이 없고 해탈도 없으며, 지계의 자성은 무원인 까닭으로 계박이 없고 해탈도 없으며, 수·화·풍·공·식계의 자성은 무원인 까닭으로 계박이 없고 해탈도 없으며, 지계의 자성은 생겨남이 없는 까닭으로 계박이 없고 해탈도 없으며, 수·화·풍·공·식계의 자성은 생겨남이 없는 까닭으로 계박이 없고 해탈도 없으며, 지계의 자성은 소멸함이 없는 까닭으로 계박이 없고 해탈도 없으며, 수·화·풍·공·식계의 자성은 소멸함이 없는 까닭으로 계박이 없고 해탈도 없으며, 지계의 자성은 염오가 없는 까닭으로 계박이 없고 해탈도 없으며, 수·화·풍·공·식계의 자성은 염오가 없는 까닭으로 계박이 없고 해탈도 없으며, 지계의 자성은 청정함이 없는 까닭으로 계박이 없고 해탈도 없으며, 수·화·풍·공·식계의 자성은 없는 까닭으로 계박이 없고 해탈도 없습니다.

　세존이시여. 고성제는 계박이 없고 해탈도 없으며, 집·멸·도성제는 계박이 없고 해탈도 없습니다. 왜 그러한가? 세존이시여. 고성제의 자성은 무소유인 까닭으로 계박이 없고 해탈도 없으며, 집·멸·도성제의 자성은 무소유인 까닭으로 계박이 없고 해탈도 없으며, 고성제의 자성은 멀리 벗어나는 까닭으로 계박이 없고 해탈도 없으며, 집·멸·도성제의 자성은 멀리 벗어나는 까닭으로 계박이 없고 해탈도 없으며, 고성제의 자성은 적정한 까닭으로 계박이 없고 해탈도 없으며, 집·멸·도성제의 자성은 적정한 까닭으로 계박이 없고 해탈도 없으며, 고성제의 자성은 공한 까닭으로 계박이 없고 해탈도 없으며, 집·멸·도성제의 자성은 공한 까닭으로 계박이 없고 해탈도 없으며, 고성제의 자성은 무상인 까닭으로 계박이 없고 해탈도 없으며, 집·멸·도성제의 자성은 무상인 까닭으로 계박이 없고 해탈도 없으며, 고성제의 자성은 무원인 까닭으로 계박이 없고 해탈도 없으며, 집·멸·도성제의 자성은 무원인 까닭으로 계박이 없고 해탈도 없으며, 고성제의 자성은 생겨남이 없는 까닭으로 계박이 없고 해탈도 없으며, 집·멸·도성제의 자성은 생겨남이 없는 까닭으로 계박이 없고 해탈도 없으며, 고성제의 자성은 소멸함이 없는 까닭으로 계박이 없고 해탈도 없으며, 집·멸·도성제의 자성은 소멸함이 없는 까닭으로 계박이 없고 해탈도 없으며, 고성제의 자성은 염오가 없는 까닭으로 계박이 없고 해탈도 없으며, 집·멸·도성제의 자성은 염오가 없는 까닭으로 계박이 없고 해탈도 없으며, 고성제의 자성은 청정함이 없는 까닭으로 계박이 없고 해탈도 없으며, 집·멸·도성제의 자성은 없는 까닭으로 계박이 없고 해탈도 없습니다.

세존이시여. 무명은 계박이 없고 해탈도 없으며, 행·식·명색·육처·촉·수·애·취·유·생·노사의 수탄고우뇌는 계박이 없고 해탈도 없습니다. 왜 그러한가? 세존이시여. 무명의 자성은 무소유인 까닭으로 계박이 없고 해탈도 없으며, 행·식·명색·육처·촉·수·애·취·유·생·노사의 수탄고우뇌의 자성은 무소유인 까닭으로 계박이 없고 해탈도 없으며, 무명의 자성은 멀리 벗어나는 까닭으로 계박이 없고 해탈도 없으며, 행, 나아가 노사의 수탄고우뇌의 자성은 멀리 벗어나는 까닭으로 계박이 없고 해탈도 없으며, 무명의 자성은 적정한 까닭으로 계박이 없고 해탈도 없으며, 행, 나아가 노사의 수탄고우뇌의 자성은 적정한 까닭으로 계박이 없고 해탈도 없으며, 무명의 자성은 공한 까닭으로 계박이 없고 해탈도 없으며, 행, 나아가 노사의 수탄고우뇌의 자성은 공한 까닭으로 계박이 없고 해탈도 없으며, 무명의 자성은 무상인 까닭으로 계박이 없고 해탈도 없으며, 행, 나아가 노사의 수탄고우뇌의 자성은 무상인 까닭으로 계박이 없고 해탈도 없으며, 무명의 자성은 무원인 까닭으로 계박이 없고 해탈도 없으며, 행, 나아가 노사의 수탄고우뇌의 자성은 무원인 까닭으로 계박이 없고 해탈도 없으며, 무명의 자성은 생겨남이 없는 까닭으로 계박이 없고 해탈도 없으며, 행, 나아가 노사의 수탄고우뇌의 자성은 생겨남이 없는 까닭으로 계박이 없고 해탈도 없으며, 무명의 자성은 소멸함이 없는 까닭으로 계박이 없고 해탈도 없으며, 행, 나아가 노사의 수탄고우뇌의 자성은 소멸함이 없는 까닭으로 계박이 없고 해탈도 없으며, 무명의 자성은 염오가 없는 까닭으로 계박이 없고 해탈도 없으며, 행, 나아가 노사의 수탄고우뇌의 자성은 염오가 없는 까닭으로 계박이 없고 해탈도 없으며, 무명의 자성은 청정함이 없는 까닭으로 계박이 없고 해탈도 없으며, 행, 나아가 노사의 수탄고우뇌의 자성은 없는 까닭으로 계박이 없고 해탈도 없습니다.

세존이시여. 내공은 계박이 없고 해탈도 없으며, 외공·내외공·공공·대공·승의공·유위공·무위공·필경공·무제공·산공·무변이공·본성공·자상공·공상공·일체법공·불가득공·무성공·자성공·무성자성공은 계박이 없고 해탈도 없습니다. 왜 그러한가? 세존이시여. 내공의 자성은 무소유인 까닭으로 계박이 없고 해탈도 없으며, 외공·내외공·공공·대공·승의공·유위공·무위공·필경공·무제공·산공·무변이공·본성공·자상공·공상공·일체법공·불가득공·무성공·자성공·무성자성공의 자성은 무소유인 까닭으로 계박이 없고 해탈도 없으며, 내공의 자성은 멀리 벗어나는 까닭으로 계박이 없고 해탈도 없으며, 외공, 나아가 무성자성공의 자성은 멀리 벗어나는 까닭으로 계박이 없고 해탈도 없으며, 내공의 자성은 적정한 까닭으로 계박이 없고 해탈도 없으며, 외공, 나아가 무성자성공의 자성은 적정한 까닭으로 계박이 없고 해탈도 없으며, 내공의 자성은 공한 까닭으로 계박이 없고 해탈도 없으며, 외공, 나아가 무성자성공의 자성은 공한 까닭으로 계박이 없고 해탈도 없으며, 내공의 자성은 무상인 까닭으로 계박이 없고 해탈도 없으며, 외공, 나아가 무성자성공의 자성은 무상인 까닭으로 계박이 없고 해탈도 없으며, 내공의 자성은 무원인 까닭으로 계박이 없고 해탈도 없으며, 외공, 나아가 무성자성공의 자성은

무원인 까닭으로 계박이 없고 해탈도 없으며, 내공의 자성은 생겨남이
없는 까닭으로 계박이 없고 해탈도 없으며, 외공, 나아가 무성자성공의
자성은 생겨남이 없는 까닭으로 계박이 없고 해탈도 없으며, 내공의
자성은 소멸함이 없는 까닭으로 계박이 없고 해탈도 없으며, 외공, 나아가
무성자성공의 자성은 소멸함이 없는 까닭으로 계박이 없고 해탈도 없으며,
내공의 자성은 염오가 없는 까닭으로 계박이 없고 해탈도 없으며, 외공,
나아가 무성자성공의 자성은 염오가 없는 까닭으로 계박이 없고 해탈도
없으며, 내공의 자성은 청정함이 없는 까닭으로 계박이 없고 해탈도
없으며, 외공, 나아가 무성자성공의 자성은 없는 까닭으로 계박이 없고
해탈도 없습니다.

　세존이시여. 4정려는 계박이 없고 해탈도 없으며, 4무량·4무색정은
계박이 없고 해탈도 없습니다. 왜 그러한가? 세존이시여. 4정려의 자성은
무소유인 까닭으로 계박이 없고 해탈도 없으며, 4무량·4무색정의 자성은
무소유인 까닭으로 계박이 없고 해탈도 없으며, 4정려의 자성은 멀리
벗어나는 까닭으로 계박이 없고 해탈도 없으며, 4무량·4무색정의 자성은
멀리 벗어나는 까닭으로 계박이 없고 해탈도 없으며, 4정려의 자성은
적정한 까닭으로 계박이 없고 해탈도 없으며, 4무량·4무색정의 자성은
적정한 까닭으로 계박이 없고 해탈도 없으며, 4정려의 자성은 공한 까닭으
로 계박이 없고 해탈도 없으며, 4무량·4무색정의 자성은 공한 까닭으로
계박이 없고 해탈도 없으며, 4정려의 자성은 무상인 까닭으로 계박이
없고 해탈도 없으며, 4무량·4무색정의 자성은 무상인 까닭으로 계박이
없고 해탈도 없으며, 4정려의 자성은 무원인 까닭으로 계박이 없고 해탈도
없으며, 4무량·4무색정의 자성은 무원인 까닭으로 계박이 없고 해탈도
없으며, 4정려의 자성은 생겨남이 없는 까닭으로 계박이 없고 해탈도
없으며, 4무량·4무색정의 자성은 생겨남이 없는 까닭으로 계박이 없고
해탈도 없으며, 4정려의 자성은 소멸함이 없는 까닭으로 계박이 없고
해탈도 없으며, 4무량·4무색정의 자성은 소멸함이 없는 까닭으로 계박이
없고 해탈도 없으며, 4정려의 자성은 염오가 없는 까닭으로 계박이 없고

해탈도 없으며, 4무량·4무색정의 자성은 염오가 없는 까닭으로 계박이 없고 해탈도 없으며, 4정려의 자성은 청정함이 없는 까닭으로 계박이 없고 해탈도 없으며, 4무량·4무색정의 자성은 없는 까닭으로 계박이 없고 해탈도 없습니다.

　세존이시여. 4념주는 계박이 없고 해탈도 없으며, 4정단·4신족·5근·5력·7등각지·8성도지는 계박이 없고 해탈도 없습니다. 왜 그러한가? 세존이시여. 4념주의 자성은 무소유인 까닭으로 계박이 없고 해탈도 없으며, 4정단·4신족·5근·5력·7등각지·8성도지의 자성은 무소유인 까닭으로 계박이 없고 해탈도 없으며, 4념주의 자성은 멀리 벗어나는 까닭으로 계박이 없고 해탈도 없으며, 4정단, 나아가 8성도지의 자성은 멀리 벗어나는 까닭으로 계박이 없고 해탈도 없으며, 4념주의 자성은 적정한 까닭으로 계박이 없고 해탈도 없으며, 4정단, 나아가 8성도지의 자성은 적정한 까닭으로 계박이 없고 해탈도 없으며, 4념주의 자성은 공한 까닭으로 계박이 없고 해탈도 없으며, 4정단, 나아가 8성도지의 자성은 공한 까닭으로 계박이 없고 해탈도 없으며, 4념주의 자성은 무상인 까닭으로 계박이 없고 해탈도 없으며, 4정단, 나아가 8성도지의 자성은 무상인 까닭으로 계박이 없고 해탈도 없으며, 4념주의 자성은 무원인 까닭으로 계박이 없고 해탈도 없으며, 4정단, 나아가 8성도지의 자성은 무원인 까닭으로 계박이 없고 해탈도 없으며, 4념주의 자성은 생겨남이 없는 까닭으로 계박이 없고 해탈도 없으며, 4정단, 나아가 8성도지의 자성은 생겨남이 없는 까닭으로 계박이 없고 해탈도 없으며, 4념주의 자성은 소멸함이 없는 까닭으로 계박이 없고 해탈도 없으며, 4정단, 나아가 8성도지의 자성은 소멸함이 없는 까닭으로 계박이 없고 해탈도 없으며, 4념주의 자성은 염오가 없는 까닭으로 계박이 없고 해탈도 없으며, 4정단, 나아가 8성도지의 자성은 염오가 없는 까닭으로 계박이 없고 해탈도 없으며, 4념주의 자성은 청정함이 없는 까닭으로 계박이 없고 해탈도 없으며, 4정단, 나아가 8성도지의 자성은 없는 까닭으로 계박이 없고 해탈도 없습니다.

세존이시여. 공해탈문은 계박이 없고 해탈도 없으며, 무상·무원해탈문은 계박이 없고 해탈도 없습니다. 왜 그러한가? 세존이시여. 공해탈문의 자성은 무소유인 까닭으로 계박이 없고 해탈도 없으며, 무상·무원해탈문의 자성은 무소유인 까닭으로 계박이 없고 해탈도 없으며, 공해탈문의 자성은 멀리 벗어나는 까닭으로 계박이 없고 해탈도 없으며, 무상·무원해탈문의 자성은 멀리 벗어나는 까닭으로 계박이 없고 해탈도 없으며, 공해탈문의 자성은 적정한 까닭으로 계박이 없고 해탈도 없으며, 무상·무원해탈문의 자성은 자성도 적정한 까닭으로 계박이 없고 해탈도 없으며, 공해탈문의 자성은 공한 까닭으로 계박이 없고 해탈도 없으며, 무상·무원해탈문의 자성은 공한 까닭으로 계박이 없고 해탈도 없으며, 공해탈문의 자성은 무상인 까닭으로 계박이 없고 해탈도 없으며, 무상·무원해탈문의 자성은 무상인 까닭으로 계박이 없고 해탈도 없으며, 공해탈문의 자성은 무원인 까닭으로 계박이 없고 해탈도 없으며, 무상·무원해탈문의 자성은 무원인 까닭으로 계박이 없고 해탈도 없으며, 공해탈문의 자성은 생겨남이 없는 까닭으로 계박이 없고 해탈도 없으며, 무상·무원해탈문의 자성은 생겨남이 없는 까닭으로 계박이 없고 해탈도 없으며, 공해탈문의 자성은 소멸함이 없는 까닭으로 계박이 없고 해탈도 없으며, 무상·무원해탈문의 자성은 소멸함이 없는 까닭으로 계박이 없고 해탈도 없으며, 공해탈문의 자성은 염오가 없는 까닭으로 계박이 없고 해탈도 없으며, 무상·무원해탈문의 자성은 염오가 없는 까닭으로 계박이 없고 해탈도 없으며, 공해탈문의 자성은 청정함이 없는 까닭으로 계박이 없고 해탈도 없으며, 무상·무원해탈문의 자성은 없는 까닭으로 계박이 없고 해탈도 없습니다.

마하반야바라밀다경 제51권

14. 대승개품(大乘鎧品)(3)

"세존이시여. 보시바라밀다는 계박이 없고 해탈도 없으며, 정계·안인·
정진·정려·반야바라밀다는 계박이 없고 해탈도 없습니다. 왜 그러한가?
세존이시여. 보시바라밀다의 자성은 무소유인 까닭으로 계박이 없고
해탈도 없으며, 정계·안인·정진·정려·반야바라밀다의 자성은 무소유인
까닭으로 계박이 없고 해탈도 없으며, 보시바라밀다의 자성은 멀리 벗어
나는 까닭으로 계박이 없고 해탈도 없으며, 정계, 나아가 반야바라밀다의
자성은 멀리 벗어나는 까닭으로 계박이 없고 해탈도 없으며, 보시바라밀
다의 자성은 적정한 까닭으로 계박이 없고 해탈도 없으며, 정계, 나아가
반야바라밀다의 자성은 적정한 까닭으로 계박이 없고 해탈도 없으며,
보시바라밀다의 자성은 공한 까닭으로 계박이 없고 해탈도 없으며, 정계,
나아가 반야바라밀다의 자성은 공한 까닭으로 계박이 없고 해탈도 없으며,
보시바라밀다의 자성은 무상인 까닭으로 계박이 없고 해탈도 없으며,
정계, 나아가 반야바라밀다의 자성은 무상인 까닭으로 계박이 없고 해탈
도 없으며, 보시바라밀다의 자성은 무원인 까닭으로 계박이 없고 해탈도
없으며, 정계, 나아가 반야바라밀다의 자성은 무원인 까닭으로 계박이
없고 해탈도 없으며, 보시바라밀다의 자성은 생겨남이 없는 까닭으로
계박이 없고 해탈도 없으며, 정계, 나아가 반야바라밀다의 자성은 생겨남
이 없는 까닭으로 계박이 없고 해탈도 없으며, 보시바라밀다의 자성은
소멸함이 없는 까닭으로 계박이 없고 해탈도 없으며, 정계, 나아가 반야바

라밀다의 자성은 소멸함이 없는 까닭으로 계박이 없고 해탈도 없으며, 보시바라밀다의 자성은 염오가 없는 까닭으로 계박이 없고 해탈도 없으며, 정계, 나아가 반야바라밀다의 자성은 염오가 없는 까닭으로 계박이 없고 해탈도 없으며, 보시바라밀다의 자성은 청정함이 없는 까닭으로 계박이 없고 해탈도 없으며, 정계, 나아가 반야바라밀다의 자성은 없는 까닭으로 계박이 없고 해탈도 없습니다.

세존이시여. 5안은 계박이 없고 해탈도 없으며, 6신통은 계박이 없고 해탈도 없습니다. 왜 그러한가? 세존이시여. 5안의 자성은 무소유인 까닭으로 계박이 없고 해탈도 없으며, 6신통의 자성은 무소유인 까닭으로 계박이 없고 해탈도 없으며, 5안의 자성은 멀리 벗어나는 까닭으로 계박이 없고 해탈도 없으며, 6신통의 자성은 멀리 벗어나는 까닭으로 계박이 없고 해탈도 없으며, 5안의 자성은 적정한 까닭으로 계박이 없고 해탈도 없으며, 6신통의 자성은 적정한 까닭으로 계박이 없고 해탈도 없으며, 5안의 자성은 공한 까닭으로 계박이 없고 해탈도 없으며, 6신통의 자성은 공한 까닭으로 계박이 없고 해탈도 없으며, 5안의 자성은 무상인 까닭으로 계박이 없고 해탈도 없으며, 6신통의 자성은 무상인 까닭으로 계박이 없고 해탈도 없으며, 5안의 자성은 무원인 까닭으로 계박이 없고 해탈도 없으며, 6신통의 자성은 무원인 까닭으로 계박이 없고 해탈도 없으며, 5안의 자성은 생겨남이 없는 까닭으로 계박이 없고 해탈도 없으며, 6신통의 자성은 생겨남이 없는 까닭으로 계박이 없고 해탈도 없으며, 5안의 자성은 소멸함이 없는 까닭으로 계박이 없고 해탈도 없으며, 6신통의 자성은 소멸함이 없는 까닭으로 계박이 없고 해탈도 없으며, 5안의 자성은 염오가 없는 까닭으로 계박이 없고 해탈도 없으며, 6신통의 자성은 염오가 없는 까닭으로 계박이 없고 해탈도 없으며, 5안의 자성은 청정함이 없는 까닭으로 계박이 없고 해탈도 없으며, 6신통의 자성은 없는 까닭으로 계박이 없고 해탈도 없습니다.

세존이시여. 여래의 10력은 계박이 없고 해탈도 없으며, 4무소외·4무애해·대자·대비·대희·대사·18불불공법·일체지·도상지·일체상지는 계박이 없고 해탈도 없습니다. 왜 그러한가? 세존이시여. 여래의 10력의 자성은 무소유인 까닭으로 계박이 없고 해탈도 없으며, 4무소외·4무애해· 대자·대비·대희·대사·18불불공법·일체지·도상지·일체상지의 자성은 무소유인 까닭으로 계박이 없고 해탈도 없으며, 여래의 10력의 자성은 멀리 벗어나는 까닭으로 계박이 없고 해탈도 없으며, 4무소외, 나아가 일체상지의 자성은 멀리 벗어나는 까닭으로 계박이 없고 해탈도 없으며, 여래의 10력의 자성은 적정한 까닭으로 계박이 없고 해탈도 없으며, 4무소외, 나아가 일체상지의 자성은 적정한 까닭으로 계박이 없고 해탈도 없으며, 여래의 10력의 자성은 공한 까닭으로 계박이 없고 해탈도 없으며, 4무소외, 나아가 일체상지의 자성은 공한 까닭으로 계박이 없고 해탈도 없으며, 여래의 10력의 자성은 무상인 까닭으로 계박이 없고 해탈도 없으며, 4무소외, 나아가 일체상지의 자성은 무상인 까닭으로 계박이 없고 해탈도 없으며, 여래의 10력의 자성은 무원인 까닭으로 계박이 없고 해탈도 없으며, 4무소외, 나아가 일체상지의 자성은 무원인 까닭으로 계박이 없고 해탈도 없으며, 여래의 10력의 자성은 생겨남이 없는 까닭으로 계박이 없고 해탈도 없으며, 4무소외, 나아가 일체상지의 자성은 생겨남이 없는 까닭으로 계박이 없고 해탈도 없으며, 여래의 10력의 자성은 소멸함이 없는 까닭으로 계박이 없고 해탈도 없으며, 4무소외, 나아가 일체상지의 자성은 소멸함이 없는 까닭으로 계박이 없고 해탈도 없으며, 여래의 10력의 자성은 염오가 없는 까닭으로 계박이 없고 해탈도 없으며, 4무소외, 나아가 일체상지의 자성은 염오가 없는 까닭으로 계박이 없고 해탈도 없으며, 여래의 10력의 자성은 청정함이 없는 까닭으로 계박이 없고 해탈도 없으며, 4무소외, 나아가 일체상지의 자성은 없는 까닭으로 계박이 없고 해탈도 없습니다.

세존이시여. 진여는 계박이 없고 해탈도 없으며, 법계·법성·불허망성· 불변이성·평등성·이생성·법정·법주·실제·무위(無爲)는 계박이 없고 해탈도 없습니다. 왜 그러한가? 세존이시여. 진여의 자성은 무소유인 까닭으로 계박이 없고 해탈도 없으며, 법계·법성·불허망성·불변이성·평등성·

이생성·법정·법주·실제·무위의 자성은 무소유인 까닭으로 계박이 없고 해탈도 없으며, 진여의 자성은 멀리 벗어나는 까닭으로 계박이 없고 해탈도 없으며, 법계, 나아가 무위의 자성은 멀리 벗어나는 까닭으로 계박이 없고 해탈도 없으며, 진여의 자성은 적정한 까닭으로 계박이 없고 해탈도 없으며, 법계, 나아가 무위의 자성은 적정한 까닭으로 계박이 없고 해탈도 없으며, 진여의 자성은 공한 까닭으로 계박이 없고 해탈도 없으며, 법계, 나아가 무위의 자성은 공한 까닭으로 계박이 없고 해탈도 없으며, 진여의 자성은 무상인 까닭으로 계박이 없고 해탈도 없으며, 법계, 나아가 무위의 자성은 무상인 까닭으로 계박이 없고 해탈도 없으며, 진여의 자성은 무원인 까닭으로 계박이 없고 해탈도 없으며, 법계, 나아가 무위의 자성은 무원인 까닭으로 계박이 없고 해탈도 없으며, 진여의 자성은 생겨남이 없는 까닭으로 계박이 없고 해탈도 없으며, 법계, 나아가 무위의 자성은 생겨남이 없는 까닭으로 계박이 없고 해탈도 없으며, 진여의 자성은 소멸함이 없는 까닭으로 계박이 없고 해탈도 없으며, 법계, 나아가 무위의 자성은 소멸함이 없는 까닭으로 계박이 없고 해탈도 없으며, 진여의 자성은 염오가 없는 까닭으로 계박이 없고 해탈도 없으며, 법계, 나아가 무위의 자성은 염오가 없는 까닭으로 계박이 없고 해탈도 없으며, 진여의 자성은 청정함이 없는 까닭으로 계박이 없고 해탈도 없으며, 법계, 나아가 무위의 자성은 없는 까닭으로 계박이 없고 해탈도 없습니다.

세존이시여. 보리(菩提)는 계박이 없고 해탈도 없습니다. 왜 그러한가? 세존이시여. 보리의 자성은 무소유인 까닭으로 계박이 없고 해탈도 없으며, 보리의 자성은 멀리 벗어나는 까닭으로 계박이 없고 해탈도 없으며, 보리의 자성은 적정한 까닭으로 계박이 없고 해탈도 없으며, 보리의 자성은 공한 까닭으로 계박이 없고 해탈도 없으며, 보리의 자성은 무상인 까닭으로 계박이 없고 해탈도 없으며, 보리의 자성은 무원인 까닭으로 계박이 없고 해탈도 없으며, 보리의 자성은 생겨남이 없는 까닭으로 계박이 없고 해탈도 없으며, 보리의 자성은 소멸함이 없는 까닭으로 계박이 없고 해탈도 없으며, 보리의 자성은 염오가 없는 까닭으로 계박이 없고 해탈도 없으며, 보리의 자성은 청정함이 없는 까닭으로 계박이 없고 해탈도 없습니다.

세존이시여. 살타(薩埵)는 계박이 없고 해탈도 없습니다. 왜 그러한가? 세존이시여. 살타의 자성은 무소유인 까닭으로 계박이 없고 해탈도 없으며, 살타의 자성은 멀리 벗어나는 까닭으로 계박이 없고 해탈도 없으며, 살타의 자성은 적정한 까닭으로 계박이 없고 해탈도 없으며, 살타의 자성은 공한 까닭으로 계박이 없고 해탈도 없으며, 살타의 자성은 무상인 까닭으로 계박이 없고 해탈도 없으며, 살타의 자성은 무원인 까닭으로 계박이 없고 해탈도 없으며, 살타의 자성은 생겨남이 없는 까닭으로 계박이 없고 해탈도 없으며, 살타의 자성은 소멸함이 없는 까닭으로 계박이 없고 해탈도 없으며, 살타의 자성은 염오가 없는 까닭으로 계박이 없고 해탈도 없으며, 살타의 자성은 청정함이 없는 까닭으로 계박이 없고 해탈도 없습니다.

세존이시여. 보살마하살은 계박이 없고 해탈도 없습니다. 왜 그러한가? 세존이시여. 보살마하살의 자성은 무소유인 까닭으로 계박이 없고 해탈도 없으며, 보살마하살의 자성은 멀리 벗어나는 까닭으로 계박이 없고 해탈도 없으며, 보살마하살의 자성은 적정한 까닭으로 계박이 없고 해탈도 없으며, 보살마하살의 자성은 공한 까닭으로 계박이 없고 해탈도 없으며, 보살마하살의 자성은 무상인 까닭으로 계박이 없고 해탈도 없으며, 보살마하살의 자성은 무원인 까닭으로 계박이 없고 해탈도 없으며, 보살마하살의 자성은 생겨남이 없는 까닭으로 계박이 없고 해탈도 없으며, 보살마하살의 자성은 소멸함이 없는 까닭으로 계박이 없고 해탈도 없으며, 보살마하살의 자성은 염오가 없는 까닭으로 계박이 없고 해탈도 없으며, 보살마하살의 자성은 청정함이 없는 까닭으로 계박이 없고 해탈도 없습니다.

세존이시여. 무상정등보리(無上正覺菩提)는 계박이 없고 해탈도 없습니다. 왜 그러한가? 세존이시여. 무상정등보리의 자성은 무소유인 까닭으로 계박이 없고 해탈도 없으며, 무상정등보리의 자성은 멀리 벗어나는 까닭으로 계박이 없고 해탈도 없으며, 무상정등보리의 자성은 적정한

까닭으로 계박이 없고 해탈도 없으며, 무상정등보리의 자성은 공한 까닭
으로 계박이 없고 해탈도 없으며, 무상정등보리의 자성은 무상인 까닭으
로 계박이 없고 해탈도 없으며, 무상정등보리의 자성은 무원인 까닭으로
계박이 없고 해탈도 없으며, 무상정등보리의 자성은 생겨남이 없는 까닭
으로 계박이 없고 해탈도 없으며, 무상정등보리의 자성은 소멸함이 없는
까닭으로 계박이 없고 해탈도 없으며, 무상정등보리의 자성은 염오가
없는 까닭으로 계박이 없고 해탈도 없으며, 무상정등보리의 자성은 청정
함이 없는 까닭으로 계박이 없고 해탈도 없습니다.

세존이시여. 무상정등각자(無上正等覺者)는 계박이 없고 해탈도 없습
니다. 왜 그러한가? 세존이시여. 무상정등각자의 자성은 무소유인 까닭으
로 계박이 없고 해탈도 없으며, 무상정등각자의 자성은 멀리 벗어나는
까닭으로 계박이 없고 해탈도 없으며, 무상정등각자의 자성은 적정한
까닭으로 계박이 없고 해탈도 없으며, 무상정등각자의 자성은 공한 까닭
으로 계박이 없고 해탈도 없으며, 무상정등각자의 자성은 무상인 까닭으
로 계박이 없고 해탈도 없으며, 무상정등각자의 자성은 무원인 까닭으로
계박이 없고 해탈도 없으며, 무상정등각자의 자성은 생겨남이 없는 까닭
으로 계박이 없고 해탈도 없으며, 무상정등각자의 자성은 소멸함이 없는
까닭으로 계박이 없고 해탈도 없으며, 무상정등각자의 자성은 염오가
없는 까닭으로 계박이 없고 해탈도 없으며, 무상정등각자의 자성은 청정
함이 없는 까닭으로 계박이 없고 해탈도 없습니다.

세존이시여. 요약하여 그것을 말한다면 일체법은 모두 계박이 없고
해탈도 없습니다. 왜 그러한가? 세존이시여. 일체법의 자성은 무소유인
까닭으로 계박이 없고 해탈도 없으며, 일체법의 자성은 멀리 벗어나는
까닭으로 계박이 없고 해탈도 없으며, 일체법의 자성은 적정한 까닭으로
계박이 없고 해탈도 없으며, 일체법의 자성은 공한 까닭으로 계박이
없고 해탈도 없으며, 일체법의 자성은 무상인 까닭으로 계박이 없고
해탈도 없으며, 일체법의 자성은 무원인 까닭으로 계박이 없고 해탈도
없으며, 일체법의 자성은 생겨남이 없는 까닭으로 계박이 없고 해탈도

없으며, 일체법의 자성은 소멸함이 없는 까닭으로 계박이 없고 해탈도 없으며, 일체법의 자성은 염오가 없는 까닭으로 계박이 없고 해탈도 없으며, 일체법의 자성은 청정함이 없는 까닭으로 계박이 없고 해탈도 없습니다."

그때 만자자(滿慈子)가 선현에게 물어 말하였다.
"존자(尊者)께서는 색의 계박이 없고 해탈도 없으며, 수·상·행·식도 계박이 없고 해탈도 없다고 설(說)합니까?"
선현이 대답하여 말하였다.
"그와 같습니다. 그와 같습니다."
만자자가 말하였다.
"무엇 등의 색이 계박이 없고 해탈도 없으며, 무엇 등의 수·상·행·식이 계박이 없고 해탈도 없습니까?"
선현이 대답하여 말하였다.
"환영(幻)과 같은 색은 계박이 없고 해탈도 없으며, 환영과 같은 수·상·행·식은 계박이 없고 해탈도 없으며, 꿈(夢)과 같은 색은 계박이 없고 해탈도 없으며, 꿈과 같은 수·상·행·식은 계박이 없고 해탈도 없으며, 형상(像)과 같은 색은 계박이 없고 해탈도 없으며, 형상과 같은 수·상·행·식은 계박이 없고 해탈도 없으며, 메아리(響)와 같은 색은 계박이 없고 해탈도 없으며, 메아리와 같은 수·상·행·식은 계박이 없고 해탈도 없으며, 빛의 그림자(光影)와 같은 색은 계박이 없고 해탈도 없으며, 빛의 그림자와 같은 수·상·행·식은 계박이 없고 해탈도 없으며, 허공의 꽃(空花)과 같은 색은 계박이 없고 해탈도 없으며, 허공의 꽃과 같은 수·상·행·식은 계박이 없고 해탈도 없으며, 아지랑이(陽焰)와 같은 색은 계박이 없고 해탈도 없으며, 아지랑이와 같은 수·상·행·식은 계박이 없고 해탈도 없으며, 심향성(尋香城)과 같은 색은 계박이 없고 해탈도 없으며, 아지랑이와 같은 수·상·행·식은 계박이 없고 해탈도 없으며, 변화한 일(變化事)과 같은 색은 계박이 없고 해탈도 없으며, 변화한 일과 같은 수·상·행·식은 계박이 없고 해탈도 없습니다.

왜 그러한가? 만자자여. 환영과 같은 색의 자성, ······ 나아가 ······ 변화한 일과 같은 색의 자성은 무소유인 까닭으로 계박이 없고 해탈도 없으며, 환영과 같은 수·상·행·식의 자성, ······ 나아가 ······ 변화한 일과 같은 수·상·행·식의 자성은 무소유인 까닭으로 계박이 없고 해탈도 없으며, 환영과 같은 색의 자성, 나아가 변화한 일과 같은 색의 자성은 멀리 벗어나는 까닭으로 계박이 없고 해탈도 없으며, 환영과 같은 수·상·행·식의 자성, 나아가 변화한 일과 같은 수·상·행·식의 자성은 멀리 벗어나는 까닭으로 계박이 없고 해탈도 없으며, 환영과 같은 색의 자성, 나아가 변화한 일과 같은 색의 자성은 적정한 까닭으로 계박이 없고 해탈도 없으며, 환영과 같은 수·상·행·식의 자성, 나아가 변화한 일과 같은 수·상· 행·식의 자성은 적정한 까닭으로 계박이 없고 해탈도 없으며, 환영과 같은 색의 자성, 나아가 변화한 일과 같은 색의 자성은 공한 까닭으로 계박이 없고 해탈도 없으며, 환영과 같은 수·상·행·식의 자성, 나아가 변화한 일과 같은 수·상·행·식의 자성은 공한 까닭으로 계박이 없고 해탈도 없으며, 환영과 같은 색의 자성, 나아가 변화한 일과 같은 색의 자성은 무상인 까닭으로 계박이 없고 해탈도 없으며, 환영과 같은 수·상· 행·식의 자성, 나아가 변화한 일과 같은 수·상·행·식의 자성은 무상인 까닭으로 계박이 없고 해탈도 없으며, 환영과 같은 색의 자성, 나아가 변화한 일과 같은 색의 자성은 무원인 까닭으로 계박이 없고 해탈도 없으며, 환영과 같은 수·상·행·식의 자성, 나아가 변화한 일과 같은 수·상· 행·식의 자성은 무원인 까닭으로 계박이 없고 해탈도 없으며, 환영과 같은 색의 자성, 나아가 변화한 일과 같은 색의 자성은 생겨남이 까닭으로 계박이 없고 해탈도 없으며, 환영과 같은 수·상·행·식의 자성, 나아가 변화한 일과 같은 수·상·행·식의 자성은 생겨남이 까닭으로 계박이 없고 해탈도 없으며, 환영과 같은 색의 자성, 나아가 변화한 일과 같은 색의 자성은 소멸함이 까닭으로 계박이 없고 해탈도 없으며, 환영과 같은 수·상·행·식의 자성, 나아가 변화한 일과 같은 수·상·행·식의 자성은 소멸함이 까닭으로 계박이 없고 해탈도 없으며, 환영과 같은 색의 자성,

나아가 변화한 일과 같은 색의 자성은 염오가 없는 까닭으로 계박이 없고 해탈도 없으며, 환영과 같은 수·상·행·식의 자성, 나아가 변화한 일과 같은 수·상·행·식의 자성은 염오가 없는 까닭으로 계박이 없고 해탈도 없으며, 환영과 같은 색의 자성, 나아가 변화한 일과 같은 색의 자성은 청정함이 없는 까닭으로 계박이 없고 해탈도 없으며, 환영과 같은 수·상·행·식의 자성, 나아가 변화한 일과 같은 수·상·행·식의 자성은 청정함이 없는 까닭으로 계박이 없고 해탈도 없습니다.

만자자여. 과거의 색은 계박이 없고 해탈도 없으며, 과거의 수·상·행·식도 계박이 없고 해탈도 없으며, 미래의 색은 계박이 없고 해탈도 없으며, 미래의 수·상·행·식도 계박이 없고 해탈도 없으며, 현재의 색은 계박이 없고 해탈도 없으며, 현재의 수·상·행·식도 계박이 없고 해탈도 없습니다. 왜 그러한가? 만자자여. 과거·미래·현재의 색의 자성은 일체법의 자성은 무소유인 까닭으로 계박이 없고 해탈도 없으며, 과거·미래·현재의 수·상·행·식의 자성은 무소유인 까닭으로 계박이 없고 해탈도 없으며, 과거·미래·현재의 색은 멀리 벗어나는 까닭으로 계박이 없고 해탈도 없으며, 과거·미래·현재의 수·상·행·식의 자성은 멀리 벗어나는 까닭으로 계박이 없고 해탈도 없으며, 과거·미래·현재의 자성은 적정한 까닭으로 계박이 없고 해탈도 없으며, 과거·미래·현재의 수·상·행·식의 자성은 적정한 까닭으로 계박이 없고 해탈도 없으며, 과거·미래·현재의 자성은 공한 까닭으로 계박이 없고 해탈도 없으며, 과거·미래·현재의 수·상·행·식의 자성은 공한 까닭으로 계박이 없고 해탈도 없으며, 과거·미래·현재의 자성은 무상인 까닭으로 계박이 없고 해탈도 없으며, 과거·미래·현재의 수·상·행·식의 자성은 무상인 까닭으로 계박이 없고 해탈도 없으며, 과거·미래·현재의 자성은 무원인 까닭으로 계박이 없고 해탈도 없으며, 과거·미래·현재의 수·상·행·식의 자성은 과거·미래·현재의 자성은 생겨남이 없는 까닭으로 계박이 없고 해탈도 없으며, 과거·미래·현재의 수·상·행·식의 자성은 생겨남이 없는 까닭으로 계박이 없고 해탈도 없으며, 과거·미래·현재의 자성은 소멸함이 없는 까닭으로 계박이 없고 해탈도 없으며, 과거·미래·현재의 수·상·행·식의 자성은 과거·미래·현재의 자성은 염오가 없는 까닭으로 계박이 없고 해탈도 없으며, 과거·미래·현재의 수·상·행·식의 자성은 염오가 없는 까닭으로 계박이 없고 해탈도 없으며, 과거·미래·현재의 자성은 청정함이 없는 까닭으로 계박이 없고 해탈도 없으며, 과거·미래·현재의 수·상·행·식의 자성은 청정함이 없는 까닭으로 계박이 없고 해탈도 없습니다.

만자자여. 선(善)의 색은 계박이 없고 해탈도 없으며, 선의 수·상·행·식도 계박이 없고 해탈도 없으며, 불선(不善)의 색은 계박이 없고 해탈도 없으며, 불선의 수·상·행·식도 계박이 없고 해탈도 없으며, 무기(無記)의 색은 계박이 없고 해탈도 없으며, 무기의 수·상·행·식도 계박이 없고 해탈도 없습니다.

왜 그러한가? 만자자여. 선·불선·무기의 색의 자성은 일체법의 자성은 무소유인 까닭으로 계박이 없고 해탈도 없으며, 선·불선·무기의 수·상·행·식의 자성은 무소유인 까닭으로 계박이 없고 해탈도 없으며, 선·불선·무기의 색의 자성은 멀리 벗어나는 까닭으로 계박이 없고 해탈도 없으며, 선·불선·무기의 수·상·행·식의 자성은 멀리 벗어나는 까닭으로 계박이 없고 해탈도 없으며, 선·불선·무기의 색의 자성은 적정한 까닭으로 계박이 없고 해탈도 없으며, 선·불선·무기의 수·상·행·식의 자성은 적정한 까닭으로 계박이 없고 해탈도 없으며, 선·불선·무기의 색의 자성은 공한 까닭으로 계박이 없고 해탈도 없으며, 선·불선·무기의 수·상·행·식의 자성은 공한 까닭으로 계박이 없고 해탈도 없으며, 선·불선·무기의 색의 자성은 무상인 까닭으로 계박이 없고 해탈도 없으며, 선·불선·무기의 수·상·행·식의 자성은 무상인 까닭으로 계박이 없고 해탈도 없으며, 선·불선·무기의 색의 자성은 무원인 까닭으로 계박이 없고 해탈도 없으며, 선·불선·무기의 수·상·행·식의 자성은 무원인 까닭으로 계박이 없고 해탈도 없으며, 선·불선·무기의 색의 자성은 생겨남이 없는 까닭으로 계박이 없고 해탈도 없으며, 선·불선·무기의 수·상·행·식의 자성은 생겨남이 없는 까닭으로 계박이 없고 해탈도 없으며, 선·불선·무기의 색의 자성은 소멸함이 없는 까닭으로 계박이 없고 해탈도 없으며, 선·불선·무기의 수·상·행·식의 자성은 소멸함이 없는 까닭으로 계박이 없고 해탈도 없으며, 선·불선·무기의 색의 자성은 염오가 없는 까닭으로 계박이 없고 해탈도 없으며, 선·불선·무기의 수·상·행·식의 자성은 염오가 없는 까닭으로 계박이 없고 해탈도 없으며, 선·불선·무기의 색의 자성은 청정함이 없는 까닭으로 계박이 없고 해탈도 없으며, 선·불선·무기의 수·상·행·식의 자성은 청정함이 없는 까닭으로 계박이 없고 해탈도 없습니다.

왜 그러한가? 만자자여. 염오가 있는 색은 계박이 없고 해탈도 없으며, 염오가 있는 수·상·행·식도 계박이 없고 해탈도 없으며, 염오가 없는 색은 계박이 없고 해탈도 없으며, 염오가 없는 수·상·행·식도 계박이 없고 해탈도 없으며, 유죄(有罪)인 색은 계박이 없고 해탈도 없으며, 유죄인 수·상·행·식도 계박이 없고 해탈도 없으며, 무죄(無罪)인 색은 계박이 없고 해탈도 없으며, 무죄인 수·상·행·식도 계박이 없고 해탈도 없으며, 유루(有漏)인 색은 계박이 없고 해탈도 없으며, 유루인 수·상·행·식도 계박이 없고 해탈도 없으며, 무루(無漏)인 색은 계박이 없고 해탈도 없으며, 무루인 수·상·행·식도 계박이 없고 해탈도 없으며, 잡염(雜染)인 색은 계박이 없고 해탈도 없으며, 잡염인 수·상·행·식도 계박이 없고 해탈도 없으며, 청정(淸淨)한 색은 계박이 없고 해탈도 없으며, 청정한 수·상·행·식도 계박이 없고 해탈도 없으며, 세간(世間)인 색은 계박이 없고 해탈도 없으며, 세간인 수·상·행·식도 계박이 없고 해탈도 없으며, 출세간(出世間)인 색은 계박이 없고 해탈도 없으며, 출세간인 수·상·행·식도 계박이 없고 해탈도 없습니다.

왜 그러한가? 만자자여. 염오가 있는 색의 자성, 나아가 출세간의 색의 자성은 무소유인 까닭으로 계박이 없고 해탈도 없으며, 염오가 있는 수·상·행·식의 자성, 나아가 출세간의 수·상·행·식의 자성은 무소유인 까닭으로 계박이 없고 해탈도 없으며, 염오가 있는 색의 자성, 나아가 출세간의 색의 자성은 멀리 벗어나는 까닭으로 계박이 없고 해탈도 없으며, 염오가 있는 수·상·행·식의 자성, 나아가 출세간의 수·상·행·식의 자성은 멀리 벗어나는 까닭으로 계박이 없고 해탈도 없으며, 염오가 있는 색의 자성, 나아가 출세간의 색의 자성은 적정한 까닭으로 계박이 없고 해탈도 없으며, 염오가 있는 수·상·행·식의 자성, 나아가 출세간의 수·상·행·식의 자성은 적정한 까닭으로 계박이 없고 해탈도 없으며, 염오가 있는 색의 자성, 나아가 출세간의 색의 자성은 공한 까닭으로 계박이 없고 해탈도 없으며, 염오가 있는 수·상·행·식의 자성, 나아가 출세간의 수·상·행·식의 자성은 공한 까닭으로 계박이 없고 해탈도 없으며, 염오가 있는 색의 자성, 나아가 출세간의 색의 자성은 무상인 까닭으로 계박이 없고 해탈도 없으며, 염오가 있는 수·상·행·식의 자성, 나아가 출세간의 수·상·행·식의 자성은 무상인 까닭으로 계박이 없고 해탈도 없으며, 염오가 있는 색의 자성, 나아가 출세간의 색의 자성은 무원인 까닭으로 계박이 없고 해탈도 없으며, 염오가 있는 수·상·행·식의 자성, 나아가 출세간의 수·상·행·식의 자성은 생겨남이 없는 까닭으로 계박이 없고 해탈도 없으며, 염오가 있는 색의 자성, 나아가 출세간의 색의 자성은 소멸함이 없는 까닭으로 계박이 없고 해탈도 없으며, 염오가 있는 수·상·행·식의 자성, 나아가 출세간의 수·상·행·식의 자성은 소멸함이 없는 까닭으로 계박이 없고 해탈도 없으며, 염오가 있는 색의 자성, 나아가 출세간의 색의 자성은 염오가 없는 까닭으로 계박이 없고 해탈도 없으며, 염오가 있는 수·상·행·식의 자성, 나아가 출세간의 수·상·행·식의 자성은 염오가 없는 까닭으로 계박이 없고 해탈도 없으며, 염오가 있는 색의 자성, 나아가 출세간의 색의 자성은 청정함이 없는 까닭으로 계박이 없고 해탈도 없으며, 염오가 있는 수·상·행·식의 자성, 나아가 출세간의 수·상·행·식의 자성은 청정함이 없는 까닭으로 계박이 없고 해탈도 없습니다.

만자자여. 이와 같이 색·수·상·행·식은 계박이 없고 해탈도 없으며, 이와 같이 안처, …… 의처, …… 색처, …… 법처도 계박이 없고 해탈도 없다고 마땅히 알아야 하고, 안계·색계·안식계, 나아가 안촉·안촉을 인연으로 생겨난 여러 수, …… 의계·법계·의식계, 나아가 의촉·의촉을 인연으로 생겨나는 여러 수, …… 지계, 나아가 식계, …… 고성제, 나아가 도성제, …… 무명, 나아가 노사의 수탄고우뇌, …… 내공, 나아가 무성자성공, …… 4정려, 나아가 4무색정과, …… 4념주, 나아가 8성도지, …… 공해탈문, 나아가 무원의 해탈문, …… 보시바라밀다, 나아가 반야바라밀다, …… 5안·6신통, …… 여래의 10력, 나아가 일체상지, …… 진여, 나아가 무위, …… 보리살타·보살마하살, …… 무상정등보리·무상정등각자의 일체법이 그것을 상응하여 따르더라도 계박이 없고 해탈도 없나니, 역시 다시 이와 같습니다.

만자자여. 제보살마하살은 이와 같이 계박이 없고 해탈도 없는 법문에서 얻을 수 없는 것으로써 방편으로 삼아서 이와 같이 계박이 없고 해탈도 없는 4정려·4무량·4무색정, 4념주·4정단·4신족·5근·5력·7등각지·8성도지, 공해탈문·무상·무원해탈문, 보시·정계·안인·정진·정려·반야바라밀다, 5안·6신통·여래의 10력·4무소외·4무애해·대자·대비·대희·대사·18불불공법·일체지·도상지·일체상지에 상응하여 여실히 알아야 하고, 얻을 수 없는 것으로써 방편으로 삼아서 상응하여 정근하며 수학해야 합니다.

만자자여. 제보살마하살은 얻을 수 없는 것으로써 방편으로 삼아서 계박이 없고 해탈도 없는 유정(有情)에 상응하여 성숙시켜야 하고, 계박이 없고 해탈도 없는 불국토에 상응하여 장엄해야 하며, 계박이 없고 해탈도 없는 제불에 응응하여 친근하고 공양하며, 계박이 없고 해탈도 없는 법문을 상응하여 듣고 수지(受持)해야 합니다.

만자자여. 이 제보살마하살은 계박이 없고 해탈도 없는 제불·세존을 항상 멀리 벗어나지 않고, 계박이 없고 해탈도 없는 청정한 5안을 항상 멀리 벗어나지 않으며, 계박이 없고 해탈도 없는 수승한 6신통을 항상 멀리 벗어나지 않고, 계박이 없고 해탈도 없는 다라니문(陀羅尼門)을 항상 멀리 벗어나지 않으며, 계박이 없고 해탈도 없는 삼마지문(三摩地門)을 항상 멀리 벗어나지 않습니다.

만자자여. 이 보살마하살은 계박이 없고 해탈도 없는 도상지(道相智)가 마땅히 생겨날 것이고, 계박이 없고 해탈도 없는 일체지(一切智)와 일체상지(一切相智)를 마땅히 증득할 것이며, 계박이 없고 해탈도 없는 법륜(法輪)을 마땅히 굴릴 것이고, 계박이 없고 해탈도 없는 삼승법(三乘法)으로써 계박이 없고 해탈도 없는 제유정들을 안립(安立)시킬 것입니다.

만자자여. 만약 보살마하살이 계박이 없고 해탈도 없는 6바라밀다를 수행하면서 계박이 없고 해탈도 없다고 증득한다면, 일체법은 소유할 수 없는 까닭으로, 멀리 벗어나는 까닭으로, 적정한 까닭으로, 공한 까닭으로, 무상인 까닭으로, 무원인 까닭으로, 태어남이 없는 까닭으로, 소멸함이 없는 까닭으로, 염오가 없는 까닭으로, 청정함이 없는 까닭으로, 계박이 없고 해탈도 없습니다. 만자자여. 이 보살마하살은 계박이 없고 해탈도 없는 대승의 갑옷을 입은 것이라고 이름한다고 마땅히 아십시오."

15. 변대승품(辯大勝品)(1)

그때 구수 선현이 세존께 아뢰어 말하였다.

"세존이시여. 무엇이 보살마하살의 대승의 모습(相)이라고 마땅히 알아야 하고, 무엇을 보살마하살이 대승을 일으켜서 나아가는 것이라고 마땅히 알아야 합니까? 이와 같은 대승은 어느 곳에서 나왔고, 어느 곳에 이르러 머무르며, 이와 같은 대승은 무엇을 위하여 머무르는 것이고, 누가 다시 이 대승의 수레를 타고 벗어납니까?"

세존께서 선현에게 알리셨다.

"그대는 '무엇이 보살마하살의 대승의 상이라고 마땅히 알아야 하는가?'라고 물었는데 이를테면, 6바라밀다가 보살마하살의 대승의 모양이니라. 무엇이 그 여섯인가? 이를테면, 보시바라밀다·정계바라밀다·안인바라밀다·정진바라밀다·정려바라밀다·반야바라밀다이니라."

구수 선현이 세존께 아뢰어 말하였다.

"세존이시여. 무엇을 보살마하살의 보시바라밀다라고 말합니까?"

세존께서 말씀하셨다.

"선현이여. 만약 보살마하살이 일체지지(一切智智)에 상응하는 마음을 일으켜서 대비(大悲)를 상수로 삼고 얻을 수 없는 것으로써 방편으로 삼아서, 스스로가 일체의 내신과 외신으로 소유한 것들을 보시하고, 역시 다른 사람에게 내신과 외신으로 소유한 것들을 보시하도록 권유하며, 이 선근(善根)을 가지고 일체의 유정들과 함께 공동(共同)으로 아뇩다라삼 막삼보리에 회향한다면, 선현이여. 이것이 보살마하살의 보시바라밀다 이니라."

선현이 세존께 아뢰어 말하였다.

"세존이시여. 무엇을 보살마하살의 정계바라밀다라고 말합니까?"

세존께서 말씀하셨다.

"선현이여. 만약 보살마하살이 일체지지에 상응하는 마음을 일으켜서 대비를 상수로 삼고 얻을 수 없는 것으로써 방편으로 삼아서, 스스로가 10선업도(十善業道)에 머무르고, 역시 다른 사람에게 10선업도에 머물도록 권유하며, 이 선근을 가지고 일체의 유정들과 함께 공동으로 아뇩다라 삼막삼보리에 회향한다면, 선현이여. 이것이 보살마하살의 정계바라밀 다이니라."

선현이 세존께 아뢰어 말하였다.

"세존이시여. 무엇을 보살마하살의 안인바라밀다라고 말합니까?"

세존께서 말씀하셨다.

"선현이여. 만약 보살마하살이 일체지지에 상응하는 마음을 일으켜서 대비를 상수로 삼고 얻을 수 없는 것으로써 방편으로 삼아서, 스스로가 증상(增上)의 안인을 구족하고, 역시 다른 사람에게 증상의 안인을 구족하도록 권유하며, 이 선근을 가지고 일체의 유정들과 함께 공동으로 아뇩다라삼막삼보리에 회향한다면, 선현이여. 이것이 보살마하살의 안인바라밀다이니라."

선현이 세존께 아뢰어 말하였다.

"세존이시여. 무엇을 보살마하살의 정진바라밀다라고 말합니까?"

세존께서 말씀하셨다.

"선현이여. 만약 보살마하살이 일체지지에 상응하는 마음을 일으켜서 대비를 상수로 삼고 얻을 수 없는 것으로써 방편으로 삼아서, 스스로가 6바라밀다를 정근하여 수행하면서 멈추지 않고, 역시 다른 사람에게 6바라밀다를 정근하여 수행하면서 멈추지 않도록 권유하며, 이 선근을 가지고 일체의 유정들과 함께 공동으로 아뇩다라삼먁삼보리에 회향한다면, 선현이여. 이것이 보살마하살의 정진바라밀다이니라."

선현이 세존께 아뢰어 말하였다.

"세존이시여. 무엇을 보살마하살의 정려바라밀다라고 말합니까?"

세존께서 말씀하셨다.

"선현이여. 만약 보살마하살이 일체지지에 상응하는 마음을 일으켜서 대비를 상수로 삼고 얻을 수 없는 것으로써 방편으로 삼아서, 스스로가 능히 교묘한 방편으로 여러 정려(靜慮)·무량(無量)·무색(無色)에 들어가며, 결국 그 세력에 따라서 태어남(生)을 받지 않고, 역시 다른 사람에게 모든 여러 정려·무량·무색에 들어가서 스스로의 몸과 같이 교묘한 방편으로 지니도록 권유하며, 이 선근을 가지고 일체의 유정들과 함께 공동으로 아뇩다라삼먁삼보리에 회향한다면, 선현이여. 이것이 보살마하살의 정려바라밀다이니라."

선현이 세존께 아뢰어 말하였다.

"세존이시여. 무엇을 보살마하살의 반야바라밀다라고 말합니까?"

세존께서 말씀하셨다.

"선현이여. 만약 보살마하살이 일체지지에 상응하는 마음을 일으켜서 대비를 상수로 삼고 얻을 수 없는 것으로써 방편으로 삼아서, 스스로가 능히 일체의 법성(法性)을 여실하게 관찰하여 여러 법성에서 집착하는 것이 없고, 역시 다른 사람에게 일체의 법성을 여실하게 관찰하여 여러 법성에서 집착하지 않도록 권유하며, 이 선근을 가지고 일체의 유정들과 함께 공동으로 아뇩다라삼먁삼보리에 회향한다면, 선현이여. 이것이 보살마하살의 반야바라밀다이니라. 선현이여. 이것이 보살마하살의 대승의 모습이라고 마땅히 알아야 하느니라.

다시 다음으로 선현이여. 보살마하살의 대승의 모습이라는 것은 이를테면, 내공(內空)·외공(外空)·내외공(內外空)·공공(空空)인 까닭이며, 승의공(勝義空)·유위공(有爲空)·무위공(無爲空)·필경공(畢竟空)·무제공(無際空)·산공(散空)·무변이공(無變異空)·본성공(本性空)·자상공(自相空)·공상공(共相空)·일체법공(一切法空)·불가득공(不可得空)·무성공(無性空)·자성공(自性空)·무성자성공(無性自性空)이나니, 이것이 보살마하살의 대승의 모습이니라.”

선현이 세존께 아뢰어 말하였다.

“세존이시여. 무엇을 내공이라고 말합니까?”

세존께서 말씀하셨다.

“선현이여. 내신(內)은 이를테면, 내법(內法)이니, 곧 이·비·설·신·의라는 뜻이다. 이 가운데에서 이·비·설·신·의는 이·비·설·신·의를 이유로 공한 것이니라. 왜 그러한가? 항상(常)하는 것도 아니고, 무너지는(壞) 것도 아니며 본성이 그러한 까닭이고, 이·비·설·신·의는 이·비·설·신·의가 공한 까닭이니라. 왜 그러한가? 항상하는 것도 아니고, 무너지는 것도 아니며 본성이 그러한 까닭이니라. 선현이여. 이것이 내공이니라.”

구수 선현이 세존께 아뢰어 말하였다.

“세존이시여. 무엇을 외공이라고 말합니까?”

세존께서 말씀하셨다.

“선현이여. 외신(外)은 이를테면, 외법(外法)이니, 곧 성·향·미·촉·법이라는 뜻이다. 이 가운데에서 색은 색을 이유로 공한 것이니라. 왜 그러한가? 항상하는 것도 아니고, 무너지는 것도 아니며 본성이 그러한 까닭이고, 성·향·미·촉·법은 성·향·미·촉·법을 이유로 공한 까닭이니라. 왜 그러한가? 항상하는 것도 아니고, 무너지는 것도 아니며 본성이 그러한 까닭이니라. 선현이여. 이것이 내공이니라.”

선현이 세존께 아뢰어 말하였다.

"세존이시여. 무엇을 내외공이라고 말합니까?"

세존께서 말씀하셨다.

"선현이여. 내·외신(內外身)은 이를테면, 내·외법(內外法)이니, 곧 내육처(內六處)·외육처(外六處)이다. 이 가운데에서 내육처는 외육처를 이유로 공한 것이니라. 왜 그러한가? 항상하는 것도 아니고, 무너지는 것도 아니며 본성이 그러한 까닭이고, 외육처는 내육처를 이유로 공한 까닭이니라. 왜 그러한가? 항상하는 것도 아니고, 무너지는 것도 아니며 본성이 그러한 까닭이니라. 선현이여. 이것이 내공이니라."

선현이 세존께 아뢰어 말하였다.

"세존이시여. 무엇을 공공이라고 말합니까?"

세존께서 말씀하셨다.

"선현이여. 공(空)은 이를테면, 일체법이 공하나니, 이 공은 공을 이유로 공한 것이니라. 왜 그러한가? 항상하는 것도 아니고, 무너지는 것도 아니며 본성이 그러한 까닭이다. 선현이여. 이것이 공공이니라."

선현이 세존께 아뢰어 말하였다.

"세존이시여. 무엇을 대공이라고 말합니까?"

세존께서 말씀하셨다.

"선현이여. 대(大)는 이를테면, 시방(十方)이니, 동(東)·남(南)·서(西)·북(北)·사유(四維)[1]·상(上)·하(下)이니라. 이 가운데에서 동쪽(東方)은 동방을 이유로 공한 것이니라. 왜 그러한가? 항상하는 것도 아니고, 무너지는 것도 아니며 본성이 그러한 까닭이고, 남·서·북방과 사유·상·하는 남·서·북방과 사유·상·하를 이유로 공한 것이니라. 왜 그러한가? 항상하는 것도 아니고, 무너지는 것도 아니며 본성이 그러한 까닭이다. 선현이여. 이것이 대공이니라."

선현이 세존께 아뢰어 말하였다.

"세존이시여. 무엇을 승의공이라고 말합니까?"

---

1) 동서남북의 간방(間方)을 뜻하고, 동남·동북·서남·서북 등 4개 방위를 가리킨다.

세존께서 말씀하셨다.

"선현이여. 승의(勝義)는 이를테면, 열반(涅槃)이니, 이 승의는 승의를 이유로 공한 것이니라. 왜 그러한가? 항상하는 것도 아니고, 무너지는 것도 아니며 본성이 그러한 까닭이다. 선현이여. 이것이 승의공이니라."

선현이 세존께 아뢰어 말하였다.

"세존이시여. 무엇을 유위공이라고 말합니까?"

세존께서 말씀하셨다.

"선현이여. 유위(有爲)는 이를테면, 욕계(欲界)·색계(色界)·무색계(無色界)이다. 이 가운데에서 욕계는 욕계를 이유로 공한 것이니라. 왜 그러한가? 항상하는 것도 아니고, 무너지는 것도 아니며 본성이 그러한 까닭이니라. 색계·무색계는 색계·무색계를 이유로 공한 것이니라. 왜 그러한가? 항상하는 것도 아니고, 무너지는 것도 아니며 본성이 그러한 까닭이니라. 선현이여. 이것이 유위공이니라."

선현이 세존께 아뢰어 말하였다.

"세존이시여. 무엇을 무위공이라고 말합니까?"

세존께서 말씀하셨다.

"선현이여. 무위(無爲)는 이를테면, 생겨나는 것도 없고 머무는 것도 없으며 다른 것도 없고 멸하는 것도 없습니다. 이 무위는 무위를 이유로 공한 것이니라. 왜 그러한가? 항상하는 것도 아니고, 무너지는 것도 아니며 본성이 그러한 까닭이니라. 선현이여. 이것이 무위공이니라."

선현이 세존께 아뢰어 말하였다.

"세존이시여. 무엇을 필경공이라고 말합니까?"

세존께서 말씀하셨다.

"선현이여. 이를테면, 제법을 구경(究竟)에 얻을 수 없나니, 반드시 결국은 이것이 공한 이유이니라. 왜 그러한가? 항상하는 것도 아니고, 무너지는 것도 아니며 본성이 그러한 까닭이니라. 선현이여. 이것이 필경공이니라."

선현이 세존께 아뢰어 말하였다.

"세존이시여. 무엇을 무제공이라고 말합니까?"

세존께서 말씀하셨다.

"선현이여. 무제(無際)는 이를테면, 처음·중간·뒤의 한계(際)를 얻을 수 없으며, 떠나가고 돌아오는 한계도 얻을 수 없나니, 이 무제는 무제를 이유로 공한 것이니라. 왜 그러한가? 항상하는 것도 아니고, 무너지는 것도 아니며 본성이 그러한 까닭이니라. 선현이여. 이것이 무제공이니라."

선현이 세존께 아뢰어 말하였다.

"세존이시여. 무엇을 산공이라고 말합니까?"

세존께서 말씀하셨다.

"선현이여. 산(散)은 이를테면, 내려놓음(放)이 있고, 멈춤(棄)이 있으며, 버림(捨)이 있는 것을 얻을 수 있나니, 이 산은 산을 이유로 공한 것이니라. 왜 그러한가? 항상하는 것도 아니고, 무너지는 것도 아니며 본성이 그러한 까닭이니라. 선현이여. 이것이 산공이니라."

선현이 세존께 아뢰어 말하였다.

"세존이시여. 무엇을 무변이공이라고 말합니까?"

세존께서 말씀하셨다.

"선현이여. 무변이(無變異)는 이를테면, 내려놓음이 없고, 멈춤이 없으며, 버림이 없는 것을 얻을 수 있나니, 이 무변이는 무변이를 이유로 공한 것이니라. 왜 그러한가? 항상하는 것도 아니고, 무너지는 것도 아니며 본성이 그러한 까닭이니라. 선현이여. 이것이 무변이공이니라."

선현이 세존께 아뢰어 말하였다.

"세존이시여. 무엇을 본성공이라고 말합니까?"

세존께서 말씀하셨다.

"선현이여. 본성(本性)은 이를테면, 일체법의 본성이나니, 만약 유위법 (有爲法)의 자성이거나, 만약 무위법(無爲法)의 자성이라도 모두 성문(聲 聞)이 짓는 것도 아니고, 독각(獨覺)이 짓는 것도 아니며, 보살이 짓는 것도 아니고, 여래가 짓는 것도 아니며, 역시 나머지가 짓는 것도 아니니라. 이 본성은 본성을 이유로 공한 것이니라. 왜 그러한가? 항상하는 것도 아니고, 무너지는 것도 아니며 본성이 그러한 까닭이니라. 선현이여. 이것이 본성공이니라."

선현이 세존께 아뢰어 말하였다.

"세존이시여. 무엇을 자상공이라고 말합니까?"

세존께서 말씀하셨다.

"선현이여. 자상(自相)은 이를테면, 일체법의 자상(自相)이나니, 마치 변하고 장애가 색(色)의 자상인 것이고, 수(受)의 자상이 받아들이게 하는 것이며, 상(想)의 자상이 형상을 취하고, 행(行)의 자상이 조작(造作)하는 것이며, 식(識)의 자상이 명료하게 분별하는 것과 같으니라. 이와 같은 것 등의 유위법의 자상이거나 무위법의 자상이더라도, 이 자상은 자상을 이유로 공한 것이니라. 왜 그러한가? 항상하는 것도 아니고, 무너지는 것도 아니며 본성이 그러한 까닭이니라. 선현이여. 이것이 자상공이니라."

선현이 세존께 아뢰어 말하였다.

"세존이시여. 무엇을 공상공이라고 말합니까?"

세존께서 말씀하셨다.

"선현이여. 공상(共相)은 이를테면, 일체법의 공상(共相)이나니, 고통은 유루법(有漏法)과 공상이고, 무상(無常)은 유위법과 공상이며, 공(空)과 무아(無我)는 일체법 공상과 같나니, 이와 같은 것 등의 무량한 공상들이 있느니라. 이 공상은 공상을 이유로 공한 것이니라. 왜 그러한가? 항상하는 것도 아니고, 무너지는 것도 아니며 본성이 그러한 까닭이니라. 선현이여. 이것이 공상공이니라."

선현이 세존께 아뢰어 말하였다.

"세존이시여. 무엇을 일체법공이라고 말합니까?"

세존께서 말씀하셨다.

"선현이여. 일체법(一切法)은 이를테면, 5온(五蘊)·12처(十二處)·18계(十八界)와 유색(有色)·무색(無色)·유견(有見)·무견(無見)·유대(有對)·무대(無對)·유루(有漏)·무루(無漏)·유위(有爲)·무위법(無爲法)과 같나니, 이 일체법은 일체법을 이유로 공한 것이니라. 왜 그러한가? 항상하는 것도 아니고, 무너지는 것도 아니며 본성이 그러한 까닭이니라. 선현이여. 이것이 일체법공이니라."

선현이 세존께 아뢰어 말하였다.

"세존이시여. 무엇을 불가득공이라고 말합니까?"

세존께서 말씀하셨다.

"선현이여. 불가득(不可得)은 이를테면, 이 가운데 일체법은 얻을 수 없나니, 과거도 얻을 수 없고, 미래도 얻을 수 없으며, 현재도 얻을 수 없으며, 만약 과거에서 미래와 현재를 얻을 수 없거나, 만약 미래에서 과거와 현재를 얻을 수 없거나, 만약 현재에서 과거와 미래는 얻을 수 없느니라. 이 얻을 수 없는 것은 얻을 수 없는 것을 이유로 공한 것이니라. 왜 그러한가? 항상하는 것도 아니고, 무너지는 것도 아니며 본성이 그러한 까닭이니라. 선현이여. 이것이 불가득공이니라."

선현이 세존께 아뢰어 말하였다.

"세존이시여. 무엇을 무성공이라고 말합니까?"

세존께서 말씀하셨다.

"선현이여. 무성(無性)은 이를테면, 이 가운데에서 작은 자성도 얻을 수 없나니, 이 무성은 무성을 이유로 공한 것이니라. 왜 그러한가? 항상하는 것도 아니고, 무너지는 것도 아니며 본성이 그러한 까닭이니라. 선현이여. 이것이 무성공이니라."

선현이 세존께 아뢰어 말하였다.

"세존이시여. 무엇을 자성공이라고 말합니까?"

세존께서 말씀하셨다.

"선현이여. 자성(自性)은 이를테면, 제법으로 능히 화합할 수 있다면 자성이나니, 이 자성은 자성을 이유로 공한 것이니라. 왜 그러한가? 항상하는 것도 아니고, 무너지는 것도 아니며 본성이 그러한 까닭이니라. 선현이여. 이것이 자성공이니라."

선현이 세존께 아뢰어 말하였다.

"세존이시여. 무엇을 무성자성공이라고 말합니까?"

세존께서 말씀하셨다.

"선현이여. 무성자성(無性自性)은 이를테면, 제법으로 능히 화합할 수 없는 자성일지라도, 화합하는 자성은 있으니라. 이 무성자성은 무성자성을 이유로 공한 것이니라. 왜 그러한가? 항상하는 것도 아니고, 무너지는 것도 아니며 본성이 그러한 까닭이니라. 선현이여. 이것이 무성공이니라.

다시 다음으로 선현이여. 자성이 있는 것은 자성이 있는 것을 이유로 공하고, 자성이 없는 것은 자성이 없는 것을 이유로 공하며, 자성(自性)은 자성을 이유로 공하고, 타성(他性)은 타성을 이유로 공하니라. 어찌 자성이 있는 것은 자성이 있다는 이유로 공하다고 말하는가? 이 자성이 있는 것은 5온(蘊)을 말하느니라. 이 자성이 있는 것은 자성이 있는 것을 이유로 공하나니, 5온에서 생겨나는 자성이 얻을 수 없는 까닭이니라. 이것이 자성이 있는 것은 자성이 있는 것을 이유로 공한 것이니라.

어찌하여 자성이 없는 것은 자성이 없는 것을 이유로 공하다고 말하는가? 자성이 없는 것은 무위(無爲)를 말하느니라. 이 자성이 없는 것은 자성이 없는 것을 이유로 공하나니, 이것이 자성이 없는 것은 자성이 없는 것을 이유로 공한 것이니라.

어찌 자성은 자성을 이유로 공하다고 말하는가? 이를테면, 일체법은 모두 자성이 공하나니, 이 공은 지혜로 짓는 것이 아니고, 소견으로 짓는 것이 아니며, 역시 나머지가 짓는 것은 아닌데, 이것은 자성이 자성을 이유로 공한 것이니라.

어찌 타성은 타자성을 이유로 공하다고 말하는가? 이를테면, 만약 세존께서 세간에 출현하셨거나 만약 세간에 출현하지 않으셨더라도, 일체법은 법주(法住)이고, 법정(法定)이며, 법성(法性)이고, 법계(法界)이며, 평등성(平等性)이고, 이생성(離生性)이며, 진여(眞如)이고, 불허망성(不虛妄性)이며, 불변이성(不變異性)이고, 실제(實際)이므로, 모두가 타성을 말미암아 이유로 공하나니, 이것이 타성을 이유로 공한 것이니라. 선현이여. 이것이 보살마하살의 대승의 모습이라고 마땅히 알아야 하느니라."

마하반야바라밀다경 제52권

15. 변대승품(辯大勝品)(2)

"다시 다음으로 선현이여. 보살마하살의 대승의 모습, 이를테면, 건행삼마지(健行三摩地)·보인(寶印)삼마지·사자유희(師子遊戲)삼마지·묘월(妙月)삼마지·월당상(月幢相)삼마지·일체법용(一切法涌)삼마지·관정(觀頂)삼마지·법계결정(法界決定)삼마지·결정당상(決定幢相)삼마지·금강유(金剛喩)삼마지·입법인(入法印)삼마지·삼마지왕(三摩地王)삼마지·선안주(善安住)삼마지·선립정왕(善立定王)삼마지·방광(放光)삼마지·무망실(無忘失)삼마지·방광무망실(放光無忘失)삼마지·정진력(精進力)삼마지·장엄력(莊嚴力)삼마지·등용(等涌)삼마지·입일체언사결정(入一切言詞決定)삼마지·입일체명자결정(入一切名字決定)삼마지·관방(觀方)삼마지·총지인(總持印)삼마지·제법등취해인(諸法等趣海印)삼마지·왕인(王印)삼마지·편부허공(遍覆虛空)삼마지·금강륜(金剛輪)삼마지 삼륜청정(三輪淸淨)삼마지·무량광(無量光)삼마지·무착무장(無著無障)삼마지·단제법륜(斷諸法輪)삼마지·기사진보(棄捨珍寶)삼마지·변조(遍照)삼마지·불현(不昫)삼마지·무상주(無相住)삼마지·부사유(不思惟)삼마지·항복사마(降伏四魔)삼마지·무구등(無垢燈)삼마지·무변광(無邊光)삼마지·발광(發光)삼마지·보조(普照)삼마지·정견정(淨堅定)삼마지·사자분신(師子奮迅)삼마지·사자빈신(師子頻申)삼마지·사자흠거(師子欠呿)삼마지·무구광(無垢光)삼마지·묘락(妙樂)삼마지·전등(電燈)삼마지·무진(無盡)삼마지·최승당상(最勝幢相)삼마지·제상(帝相)삼마지·순명정류(順明正流)삼마지·구

위광(具威光)삼마지·이진(離盡)삼마지·불가동전(不可動轉)삼마지·적정
(寂靜)삼마지·무하극(無瑕隙)삼마지·일등(日燈)삼마지·정월(淨月)삼마
지·정안(淨眼)삼마지·정광(淨光)삼마지·월등(月燈)삼마지·발명(發明)삼
마지·응작불응작(應作不應作)삼마지·지상(智相)삼마지·금강만(金剛鬘)
삼마지·주심(住心)삼마지·보명(普明)삼마지·묘안립(妙安立)삼마지·보
적(寶積)삼마지·묘법인(妙法印)삼마지·일체법평등성(一切法平等性)삼마
지·기사진애(棄捨塵愛)삼마지·법용원만(法涌圓滿)삼마지·입법정(入法
頂)삼마지·보성(寶性)삼마지·사훤쟁(捨喧諍)삼마지·표산(飄散)삼마지·
분별법구(分別法句)삼마지·결정(決定)삼마지·무구행(無垢行)삼마지·자
평등상(字平等相)삼마지·이문자상(離文字相)삼마지·단소연(斷所緣)삼마
지·무변이(無變異)삼마지·무품류(無品類)삼마지·입명상(入名相)삼마지
·무소작(無所作)삼마지·입결정명(入決定名)삼마지·무상행(無相行)삼마
지·이예암(離翳暗)삼마지·구행(具行)삼마지·불변동(不變動)삼마지·도
경계(度境界)삼마지·집일체공덕(集一切功德)삼마지·무심주(無心住)삼마
지·결정주(決定住)삼마지·정묘화(淨妙華)삼마지·구각지(具覺支)삼마지
·무변변(無邊辯)삼마지·무변등(無邊燈)삼마지·무등등(無等等)삼마지·
초일체법(超一切法)삼마지·결판제법(決判諸法)삼마지·산의(散疑)삼마
지·무소주(無所住)삼마지·일상장엄(一相莊嚴)삼마지·인발행상(引發行
相)삼마지·일행상(一行相)삼마지·이제행상(離諸行相)삼마지·묘행(妙行)
삼마지·달제유저원리(達諸有底遠離)삼마지·입일체시설어언(入一切施設
語言)삼마지·견고배(堅固寶)삼마지·어일체법무소취착(於一切法無所取
著)삼마지·전염장엄(電焰莊嚴)삼마지·제견(除遣)삼마지·무승(無勝)삼마
지·법거(法炬)삼마지·혜등(慧燈)삼마지·취향불퇴전신통(趣向不退轉神
通)삼마지·해탈음성문자(解脫音聲文字)삼마지·거치연(炬熾然)삼마지·
엄정상(嚴淨相)삼마지·무상(無相)삼마지·무탁인상(無濁忍相)삼마지·구
일체묘상(具一切妙相)삼마지·구총지(具總持)삼마지·불희일체고락(不喜
一切苦樂)삼마지·무진행상(無盡行相)삼마지·섭복일체정사성(攝伏一切正
邪性)삼마지·단증애(斷憎愛)삼마지·이위순(離違順)삼마지·무구명(無垢

明)삼마지·극견고(極堅固)삼마지·만월정광(滿月淨光)삼마지·대장엄(大
莊嚴)삼마지·무열전광(無熱電光)삼마지·능조일체세간(能照一切世間)삼
마지·능구일체세간(能救一切世間)삼마지·정평등성(定平等性)삼마지·무
진유진평등이취(無塵有塵平等理趣)삼마지·무쟁유쟁평등이취(無諍有諍
平等理趣)삼마지·무소혈무표치무애락(無巢穴無標幟無愛樂)삼마지·결정
안주진여(決定安住眞如)삼마지·기중용출(器中涌出)삼마지·소제번뇌(燒
諸煩惱)삼마지·대지혜거(大智慧炬)삼마지·출생십력(出生十力)삼마지·
개천(開闡)삼마지·괴신악행(壞身惡行)삼마지·괴어악행(壞語惡行)삼마
지·괴의악행(壞意惡行)삼마지·선관찰(善觀察)삼마지·여허공(如虛空)삼
마지·무염착여허공(無染著如虛空)삼마지이니라. 이와 같은 등의 삼마지
가 무량한 백천이 있나니, 이것이 보살마하살의 대승의 모습이니라.”

그때 구수 선현이 세존께 아뢰어 말하였다.

“세존이시여. 무엇을 건행(健行)삼마지라고 이름합니까?”

세존께서 말씀하셨다.

“선현이여. 이를테면, 만약 이 삼마지에 머무르는 때에, 능히 일체
삼마지의 경계를 받아들여서 능히 무변하고 수승한 건행을 갖추고, 능히
일체의 등지(等持)를 인도하는 상수(上首)가 되느니라. 이러한 까닭으로
건행삼마지라고 이름하느니라.”

“세존이시여. 무엇을 보인(寶印)삼마지라고 이름합니까?”

“선현이여. 이를테면, 만약 이 삼마지에 머무르는 때에, 능히 일체
삼마지의 경계와 선정(定)의 행상(行相)에서 짓는 사업(事業)에 부합(印)하
느니라. 이러한 까닭으로 보인삼마지라고 이름하느니라.”

“세존이시여. 무엇을 사자유희(師子遊戲)삼마지라고 이름합니까?”

“선현이여. 이를테면, 만약 이 삼마지에 머무르는 때에, 능히 여러
등지에서 유희(遊戲)하면서 자재(自在)하느니라. 이러한 까닭으로 사자유
희삼마지라고 이름하느니라.”

“세존이시여. 무엇을 묘월(妙月)삼마지라고 이름합니까?”

“선현이여. 이를테면, 만약 이 삼마지에 머무르는 때에, 맑은 보름달이

여러 선정을 널리 비추는 것과 같으니라. 이러한 까닭으로 묘월삼마지라고 이름하느니라."

"세존이시여. 무엇을 월당상(月幢相)삼마지라고 이름합니까?"

"선현이여. 이를테면, 만약 이 삼마지에 머무르는 때에, 능히 일체 선정의 상을 널리 집지(執持)하였는데, 맑은 보름달이 묘한 광명을 깃발처럼 늘어트린 것과 같으니라. 이러한 까닭으로 월당상삼마지라고 이름하느니라."

"세존이시여. 무엇을 일체법용(一切法涌)삼마지라고 이름합니까?"

"선현이여. 이를테면, 만약 이 삼마지에 머무르는 때에, 널리 여러 삼마지가 솟아났으며, 큰 샘물이나 연못에서 많은 물을 솟아나는 것과 같으니라. 이러한 까닭으로 일체법용삼마지라고 이름하느니라."

"세존이시여. 무엇을 관정(觀頂)삼마지라고 이름합니까?"

"선현이여. 이를테면, 만약 이 삼마지에 머무르는 때에, 능히 일체의 삼마지의 꼭대기(頂)를 관찰할 수 있느니라. 이러한 까닭으로 관정삼마지라고 이름하느니라."

"세존이시여. 무엇을 법계결정(法界決定)삼마지라고 이름합니까?"

"선현이여. 이를테면, 만약 이 삼마지에 머무르는 때에, 결정적으로 일체법의 경계를 명료하게 비추느니라. 이러한 까닭으로 법계결정삼마지라고 이름하느니라."

"세존이시여. 무엇을 결정당상(決定幢相)삼마지라고 이름합니까?"

"선현이여. 이를테면, 만약 이 삼마지에 머무르는 때에, 능히 결정적으로 여러 정려 깃발의 모습을 집지하느니라. 이러한 까닭으로 결정당상삼마지라고 이름하느니라."

"세존이시여. 무엇을 금강유(金剛喩)삼마지라고 이름합니까?"

"선현이여. 이를테면, 만약 이 삼마지에 머무르는 때에, 능히 여러 정려를 절복시키며 그것에게 조복되지 않느니라. 이러한 까닭으로 금강유삼마지라고 이름하느니라."

"세존이시여. 무엇을 입법인(入法印)삼마지라고 이름합니까?"

"선현이여. 이를테면, 만약 이 삼마지에 머무르는 때에, 널리 능히 일체법인(一切法印)1)에 들어가서 증득하느니라. 이러한 까닭으로 입법인삼마지라고 이름하느니라."

"세존이시여. 무엇을 삼마지왕(三摩地王)삼마지라고 이름합니까?"

"선현이여. 이를테면, 만약 이 삼마지에 머무르는 때에, 여러 정려를 통섭(統攝)2)하여 왕과 같이 자재하니라. 이러한 까닭으로 삼마지왕삼마지라고 이름하느니라."

"세존이시여. 무엇을 선안주(善安住)삼마지라고 이름합니까?"

"선현이여. 이를테면, 만약 이 삼마지에 머무르는 때에, 여러 공덕을 집지하고 기울어지지 않게 하느니라. 이러한 까닭으로 선안주삼마지라고 이름하느니라."

"세존이시여. 무엇을 선립정왕(善立定王)삼마지라고 이름합니까?"

"선현이여. 이를테면, 만약 이 삼마지에 머무르는 때에, 여러 정려의 왕을 선하게 능히 건립(建立)하느니라. 이러한 까닭으로 선립정왕삼마지라고 이름하느니라."

"세존이시여. 무엇을 방광(放光)삼마지라고 말합니까?"

"선현이여. 이를테면, 만약 이 삼마지에 머무르는 때에, 모든 정려의 광명을 널리 비추어 일으킬 수 있느니라. 이러한 까닭으로 방광삼마지라고 이름하느니라."

"세존이시여. 무엇을 무망실(無忘失)삼마지라고 이름합니까?"

"선현이여. 이를테면, 만약 이 삼마지에 머무르는 때에, 여러 등지(等持)의 경계와 행상을 모두 능히 기억(記憶)하여 잊어버리는 것이 없게 하느니라. 이러한 까닭으로 무망실삼마지라고 이름하느니라."

"세존이시여. 무엇을 방광무망실(放光無忘失)삼마지라고 이름합니까?"

"선현이여. 이를테면, 만약 이 삼마지에 머무르는 때에, 수승한 정려의

---

1) 삼법인(三法印)인 제행무상(諸行無常), 제법무아(諸法無我), 일체개고(一切皆苦)를 다르게 부르는 말이다.
2) '통치(統治)하다', '전체를 다스린다.'는 뜻이다.

광명을 뿜어내어 유정의 부류들을 비추어서 그들에게 일찍이 지녔던 일들을 다시 기억하게 하느니라. 이러한 까닭으로 방광무망실삼마지라고 이름하느니라."

"세존이시여. 무엇을 정진력(精進力)삼마지라고 이름합니까?"

"선현이여. 이를테면, 만약 이 삼마지에 머무르는 때에, 능히 여러 정려의 정진하는 세력(勢力)을 일으키느니라. 이러한 까닭으로 정진력삼마지라고 이름하느니라."

"세존이시여. 무엇을 장엄력(莊嚴力)삼마지라고 이름합니까?"

"선현이여. 이를테면, 만약 이 삼마지에 머무르는 때에, 여러 정려의 장엄하는 세력을 이끌어 주느니라. 이러한 까닭으로 장엄력삼마지라고 이름하느니라."

"세존이시여. 무엇을 등용(等涌)삼마지라고 이름합니까?"

"선현이여. 이를테면, 만약 이 삼마지에 머무르는 때에, 여러 등지(等持) 등을 솟아나게 하느니라. 이러한 까닭으로 등용삼마지라고 이름하느니라."

"세존이시여. 무엇을 입일체언사결정(入一切言詞決定)삼마지라고 이름합니까?"

"선현이여. 이를테면, 만약 이 삼마지에 머무르는 때에, 널리 일체의 결정된 언사(言詞)에서 모두 능히 깨우쳐서 들어가느니라. 이러한 까닭으로 입일체언사결정삼마지라고 이름하느니라."

"세존이시여. 무엇을 입일체명자결정(入一切名字決定)삼마지라고 이름합니까?"

"선현이여. 이를테면, 만약 이 삼마지에 머무르는 때에, 널리 일체의 결정된 명자(名字)에서 모두 능히 깨우쳐서 들어가느니라. 이러한 까닭으로 입일체명자결정삼마지라고 이름하느니라."

"세존이시여. 무엇을 관방(觀方)삼마지라고 이름합니까?"

"선현이여. 이를테면, 만약 이 삼마지에 머무르는 때에, 여러 정려의 방향을 널리 능히 관조(觀照)하느니라. 이러한 까닭으로 관방삼마지라고 이름하느니라."

"세존이시여. 무엇을 총지인(總持印)삼마지라고 이름합니까?"

"선현이여. 이를테면, 만약 이 삼마지에 머무르는 때에, 능히 여러 묘한 정려의 계인(定印)을 모두 주지(住持)³⁾하느니라. 이러한 까닭으로 총지인삼마지라고 이름하느니라."

"세존이시여. 무엇을 제법등취해인(諸法等趣海印)삼마지라고 이름합니까?"

"선현이여. 이를테면, 만약 이 삼마지에 머무르는 때에, 여러 수승한 정려 등을 모두 나아가서 들어가게 시키면서, 대해의 계인(大海印)으로 대중의 흐름을 섭수(攝受)하는 것과 같으니라. 이러한 까닭으로 제법등취해인삼마지라고 이름하느니라."

"세존이시여. 어떤 것을 왕인(王印)삼마지라고 이름합니까?"

"선현이여. 이를테면, 만약 이 삼마지에 머무르는 때에, 여러 사업을 모두 결정적으로 얻게 시키면서, 왕의 도장(王印)으로 성취하고자 한다면 모두 성취되는 것과 같으니라. 이러한 까닭으로 왕인삼마지라고 이름하느니라."

"세존이시여. 무엇을 편부허공(遍覆虛空)삼마지라고 이름합니까?"

"선현이여. 만약 이 삼마지에 머무르는 때에, 여러 등지에서 두루 덮어 보호하고 간별(簡別)⁴⁾하는 것이 없어서 큰 허공(虛空)과 같으니라. 이러한 까닭으로 편부허공삼마지라고 이름하느니라."

"세존이시여. 무엇을 금강륜(金剛輪)삼마지라고 이름합니까?"

"선현이여. 이를테면, 만약 이 삼마지에 머무르는 때에, 널리 능히 일체의 수승한 정려를 주지하면서 흩어지거나 무너지지 않게 하는데, 금강륜과 같으니라. 이러한 까닭으로 금강륜삼마지라고 이름하느니라."

"세존이시여. 무엇을 삼륜청정(三輪淸淨)삼마지라고 이름합니까?"

"선현이여. 이를테면, 만약 이 삼마지에 머무르는 때에, 여러 정려와

___
3) 안주(安住)하며 법을 수호(守護)한다는 뜻이다.
4) 제법(諸法)이 같은 것과 다른 것을 명료하게 간택(簡擇)하여 그것을 차별(差別)하는 것이고, 또한 '간이(簡異)', '별이(別異)', '분이(分異)' 등의 어휘로 사용되고 있다.

정려를 닦는 자와 정려의 경계에 집착하지 않느니라. 이러한 까닭으로 삼륜청정삼마지라고 이름하느니라."

"세존이시여. 무엇을 무량광(無量光)삼마지라고 이름합니까?"

"선현이여. 이를테면, 만약 이 삼마지에 머무르는 때에, 여러 광명을 뿜어내면서 여러 수량을 초과하나니, 이러한 까닭으로 무량광삼마지라고 이름하느니라."

"세존이시여. 무엇을 무착무장(無著無障)삼마지라고 이름합니까?"

"선현이여. 이를테면, 만약 이 삼마지에 머무르는 때에, 일체법에서 집착이 없고 장애가 없느니라. 이러한 까닭으로 무착무장삼마지라고 이름하느니라."

"세존이시여. 무엇을 단제법륜(斷諸法輪)삼마지라고 이름합니까?"

"선현이여. 이를테면, 만약 이 삼마지에 머무르는 때에, 능히 일체 유전(流轉)의 법을 끊어내느니라. 이러한 까닭으로 단제법륜삼마지라고 이름하느니라."

"세존이시여. 무엇을 기사진보(棄捨珍寶)삼마지라고 이름합니까?"

"선현이여. 이를테면, 만약 이 삼마지에 머무르는 때에, 여러 정려의 상(相)에서 오히려 모두를 버리는데, 하물며 여러 번뇌의 상을 버리지 않겠는가? 이러한 까닭으로 기사진보삼마지라고 이름하느니라."

"세존이시여. 무엇을 변조(遍照)삼마지라고 이름합니까?"

"선현이여. 이를테면, 만약 이 삼마지에 머무르는 때에, 여러 정려를 두루 비추어 그 광명이 나타나게 하느니라. 이러한 까닭으로 변조삼마지라고 이름하느니라."

"세존이시여. 무엇을 불현(不眴)삼마지라고 이름합니까?"

"선현이여. 이를테면, 만약 이 삼마지에 머무르는 때에, 이 등지에서 그 마음이 오로지 하나이고, 나머지의 정려와 나머지의 법은 취하지도 구하지도 않느니라. 이러한 까닭으로 불현삼마지라고 이름하느니라."

"세존이시여. 무엇을 무상주(無相住)삼마지라고 이름합니까?"

"선현이여. 이를테면, 만약 이 삼마지에 머무르는 때에, 여러 정려의 법에서 작은 상도 머무르고 있다고 보지 않느니라. 이러한 까닭으로 무상주삼마지라고 이름하느니라."

"세존이시여. 무엇을 부사유(不思惟)삼마지라고 이름합니까?"

"선현이여. 이를테면, 만약 이 삼마지에 머무르는 때에, 일체의 심(心)과 심소(心所)를 일으키지 않느니라. 이러한 까닭으로 부사유삼마지라고 이름하느니라."

"세존이시여. 무엇을 항복사마(降伏四魔)삼마지라고 이름합니까?"

"선현이여. 이를테면, 만약 이 삼마지에 머무르는 때에, 4마(四魔)5)를 원적(怨)을 모두 항복시킬 수 있느니라. 이러한 까닭으로 항복사마삼마지라고 이름하느니라."

"세존이시여. 무엇을 무구등(無垢燈)삼마지라고 이름합니까?"

"선현이여. 이를테면, 만약 이 삼마지에 머무르는 때에, 청정한 등불을 지니고서 여러 정려를 비추는 것과 같으니라. 이러한 까닭으로 무구등삼마지라고 이름하느니라."

"세존이시여. 무엇을 무변광(無邊光)삼마지라고 이름합니까?"

"선현이여. 이를테면, 만약 이 삼마지에 머무르는 때에, 능히 큰 광명을 일으키고 비추면서 변제(邊際)6)가 없느니라. 이러한 까닭으로 무변광삼마지라고 이름하느니라."

"세존이시여. 무엇을 발광(發光)삼마지라고 이름합니까?"

"선현이여. 이를테면, 만약 이 삼마지에 머무르는 때에, 여러 등지를 비추면서 그 중간(間)을 없게 하고, 여러 종류의 수승한 광명을 이끌어주느니라. 이러한 까닭으로 발광삼마지라고 이름하느니라."

"세존이시여. 무엇을 보조(普照)삼마지라고 이름합니까?"

"선현이여. 이를테면, 만약 이 삼마지에 머무르는 때에, 여러 정려의 문(門)에서 모두를 널리 비출 수 있느니라. 이러한 까닭으로 보조삼마지라

---

5) 산스크리트어 catvaro marah의 번역이고, 수행을 방해하는 네 가지의 장애로써, 온마(蘊魔)·번뇌마(煩惱魔)·사마(死魔)·천마(天魔)를 가리킨다.

6) '경계', '영역', '공간'의 끝을 가리킨다.

고 이름하느니라."

"세존이시여. 무엇을 정견정(淨堅定)삼마지라고 이름합니까?"

"선현이여. 이를테면, 만약 이 삼마지에 머무르는 때에, 여러 등지의 청정하고 평등한 자성을 얻느니라. 이러한 까닭으로 정견정삼마지라고 이름하느니라."

"세존이시여. 무엇을 사자분신(師子奮迅) 삼마지라고 이름합니까?"

"선현이여. 이를테면, 만약 이 삼마지에 머무르는 때에, 여러 구예(垢穢)7)를 마음대로 버리는데, 사자왕(師子王)이 자재(自在)하게 분신(奮迅)8)하는 것과 같으니라. 이러한 까닭으로 사자분신삼마지라고 이름하느니라."

"세존이시여. 무엇을 사자빈신(師子頻申)삼마지라고 이름합니까?"

"선현이여. 이를테면, 만약 이 삼마지에 머무르는 때에, 수승한 신통을 일으키고 자재하고 두려움 없어서 일체의 포악(暴惡)한 마군(魔軍)을 항복시키느니라. 이러한 까닭으로 사자빈신삼마지라고 이름하느니라."

"세존이시여. 무엇을 사자흠거(師子欠呿)삼마지라고 이름합니까?"

"선현이여. 이를테면, 만약 이 삼마지에 머무르는 때에, 묘한 변재처(辯才處)로 대중을 두려움이 없게 이끌고, 일체 외도의 삿된 종지(宗)를 꺾어서 없애느니라. 이러한 까닭으로 사자흠거삼마지라고 이름하느니라."

"세존이시여. 무엇을 무구광(無垢光)삼마지라고 이름합니까?"

"선현이여. 이를테면, 만약 이 삼마지에 머무르는 때에, 널리 능히 일체 정려의 번뇌를 청정하게 없애고, 역시 능히 여러 수승한 등지를 두루 비추느니라. 이러한 까닭으로 무구광삼마지라고 이름하느니라."

"세존이시여. 무엇을 묘락(妙樂)삼마지라고 말합니까?"

"선현이여. 이를테면, 만약 이 삼마지에 머무르는 때에, 일체 등지의 묘한 쾌락을 받아들이게 하느니라. 이러한 까닭으로 묘락삼마지라고 이름하느니라."

"세존이시여. 무엇을 전등(電燈)삼마지라고 이름합니까?"

---

7) 번뇌를 다르게 부르는 말이다.
8) 맹렬(猛烈)한 힘으로 분기(憤氣)하는 것이다.

"선현이여. 이를테면, 만약 이 삼마지에 머무르는 때에, 여러 등지를 번개·등불·불꽃과 같게 지니고서 비추느니라. 이러한 까닭으로 전등삼마지라고 이름하느니라."

"세존이시여. 무엇을 무진(無盡)삼마지라고 이름합니까?"

"선현이여. 이를테면, 만약 이 삼마지에 머무르는 때에, 여러 등지의 공덕을 끝이 없게 이끌면서, 그것이 끝나거나, 끝나지 않는 상을 보지 않느니라. 이러한 까닭으로 무진삼마지라고 이름하느니라."

"세존이시여. 무엇을 최승당상(最勝幢相)삼마지라고 이름합니까?"

"선현이여. 이를테면, 만약 이 삼마지에 머무르는 때에, 최고의 수승한 당기와 같아서 여러 정려의 상을 초월하느니라. 이러한 까닭으로 최승당상삼마지라고 이름하느니라."

"세존이시여. 무엇을 제상(帝相)삼마지라고 이름합니까?"

"선현이여. 이를테면, 만약 이 삼마지에 머무르는 때에, 여러 등지에서 자재한 상을 얻나니, 이러한 까닭으로 제상삼마지라고 이름하느니라."

"세존이시여. 무엇을 순명정류(順明正流)삼마지라고 이름합니까?"

"선현이여. 이를테면, 만약 이 삼마지에 머무르는 때에, 밝고 바른 흐름이고, 아울러 모두 수순(隨順)하느니라. 이러한 까닭으로 순명정류삼마지라고 이름하느니라."

"세존이시여. 무엇을 구위광(具威光)삼마지라고 이름합니까?"

"선현이여. 이를테면, 만약 이 삼마지에 머무르는 때에, 여러 등지에 대해 위엄과 광명이 홀로 치성하느니라. 이러한 까닭으로 구위광삼마지라고 이름하느니라."

"세존이시여. 무엇을 이진(離盡)삼마지라고 이름합니까?"

"선현이여. 이를테면, 만약 이 삼마지에 머무르는 때에, 여러 등지에서 일체가 끝이 없으며, 작은 법도 끝이 있거나 끝이 없는 상을 보지 않느니라. 이러한 까닭으로 이진삼마지라고 이름하느니라."

"세존이시여. 무엇을 불가동전(不可動轉)삼마지라고 이름합니까?"

"선현이여. 이를테면, 만약 이 삼마지에 머무르는 때에, 여러 등지에서

움직임도 없고 집착도 없으며 퇴전(退轉)도 없고 희론(戲論)도 없게 하느니라. 이러한 까닭으로 불가동전삼마지라고 이름하느니라."

"세존이시여. 무엇을 적정(寂靜)삼마지라고 이름합니까?"

"선현이여. 이를테면, 만약 이 삼마지에 머무르는 때에, 여러 등지에서 모든 적정(寂靜)을 보느니라. 이러한 까닭으로 적정삼마지라고 이름하느니라."

"세존이시여. 무엇을 무하극(無瑕隙)삼마지라고 이름합니까?"

"선현이여. 이를테면, 만약 이 삼마지에 머무르는 때에, 여러 등지에서 하극(瑕隙)9)이 없이 비추게 하느니라. 이러한 까닭으로 무하극삼마지라고 이름하느니라."

"세존이시여. 무엇을 일등(日燈)삼마지라고 이름합니까?"

"선현이여. 이를테면, 만약 이 삼마지에 머무르는 때에, 여러 정려의 문에서 광명을 일으켜서 널리 비추느니라. 이러한 까닭으로 일등삼마지라고 이름하느니라."

"세존이시여. 무엇을 정월(淨月)삼마지라고 이름합니까?"

"선현이여. 이를테면, 만약 이 삼마지에 머무르는 때에, 여러 등지에서 어둠을 없애면서 달과 같으니라. 이러한 까닭으로 정월삼마지라고 이름하느니라."

"세존이시여. 무엇을 정안(淨眼)삼마지라고 이름합니까?"

"선현이여. 이를테면, 만약 이 삼마지에 머무르는 때에, 능히 5안(眼)을 함께 청정하게 하느니라. 이러한 까닭으로 정안삼마지라고 이름하느니라."

"세존이시여. 무엇을 정광(淨光)삼마지라고 이름합니까?"

"선현이여. 이를테면, 만약 이 삼마지에 머무르는 때에, 여러 등지에서 4무애(四無礙)를 얻고, 역시 그것을 정려에서 모두 능히 일으키게 하느니라. 이러한 까닭으로 정광삼마지라고 이름하느니라."

"세존이시여. 무엇을 월등(月燈)삼마지라고 이름합니까?"

---

9) '벌어진 사이', '틈새'라는 뜻이다.

"선현이여. 이를테면, 만약 이 삼마지에 머무르는 때에, 여러 유정들의 어리석은 어둠을 없애면서 달과 같으니라. 이러한 까닭으로 월등삼마지라고 이름하느니라."

"세존이시여. 무엇을 발명(發明)삼마지라고 이름합니까?"

"선현이여. 이를테면, 만약 이 삼마지에 머무르는 때에, 여러 정려의 문(門)에서 밝음을 일으켜서 널리 비추게 하느니라. 이러한 까닭으로 발명삼마지라고 이름하느니라."

"세존이시여. 무엇을 응작불응작(應作不應作)삼마지라고 이름합니까?"

"선현이여. 이를테면, 만약 이 삼마지에 머무르는 때에, 일체의 등지에서 상응하여 짓는 것과 상응하여 짓지 않는 것을 알고 역시 여러 정려가 이와 같은 일이 성취하게 하느니라. 이러한 까닭으로 응작불응작삼마지라고 이름하느니라."

"세존이시여. 무엇을 지상(智相)삼마지라고 이름합니까?"

"선현이여. 이를테면, 만약 이 삼마지에 머무르는 때에, 여러 등지에서 소유한 지혜의 상을 보느니라. 이러한 까닭으로 지상삼마지라고 이름하느니라."

"세존이시여. 무엇을 금강만(金剛鬘)삼마지라고 말합니까?"

"선현이여. 이를테면, 만약 이 삼마지에 머무르는 때에, 일체의 등지와 법에 통달(通達)하고, 그 정려와 법에서는 모두 보는 것이 없느니라. 이러한 까닭으로 금강만삼마지라고 이름하느니라."

"세존이시여. 무엇을 주심(住心)삼마지라고 이름합니까?"

"선현이여. 이를테면, 만약 이 삼마지에 머무르는 때에, 마음이 동요(動搖)하지 않고 굴러가지도 않으며 비추지도 않으며, 역시 어그러지지도 않고 손상되지 않으며 마음이 있다고 생각하지도 않느니라. 이러한 까닭으로 주심삼마지라고 이름하느니라."

"세존이시여. 무엇을 보명(普明)삼마지라고 이름합니까?"

"선현이여. 이를테면, 만약 이 삼마지에 머무르는 때에, 여러 정려의 밝음이 멀리 능히 명료하게 비추느니라. 이러한 까닭으로 보명삼마지라고 이름하느니라.”

“세존이시여. 무엇을 묘안립(妙安立)삼마지라고 이름합니까?”

“선현이여. 이를테면, 만약 이 삼마지에 머무르는 때에 여러 등지를 묘하게 능히 안립하느니라. 이러한 까닭으로 묘안립삼마지라고 이름하느니라.”

“세존이시여. 무엇을 보적(寶積)삼마지라고 이름합니까?”

“선현이여. 이를테면, 만약 이 삼마지에 머무르는 때에, 여러 등지가 모두 보배가 모인 것과 같으니라. 이러한 까닭으로 보적삼마지라고 이름하느니라.”

“세존이시여. 무엇을 묘법인(妙法印)삼마지라고 이름합니까?”

“선현이여. 이를테면, 만약 이 삼마지에 머무르는 때에, 여러 등지에 능히 부합(印)하고, 무인(無印)으로써 부합하는 까닭이나니, 이러한 까닭으로 묘법인삼마지라고 이름하느니라.”

“세존이시여. 무엇을 일체법평등성(一切法平等性)삼마지라고 이름합니까?”

“선현이여. 이를테면, 만약 이 삼마지에 머무르는 때에, 평등성을 벗어난 법이 있다고 보지 않느니라. 이러한 까닭으로 일체법평등성삼마지라고 이름하느니라.”

“세존이시여. 무엇을 기사진애(棄捨塵愛)삼마지라고 이름합니까?”

“선현이여. 이를테면, 만약 이 삼마지에 머무르는 때에, 여러 정려의 법에서 티끌의 애욕을 버리느니라. 이러한 까닭으로 기사진애삼마지라고 이름하느니라.”

“세존이시여. 무엇을 법용원만(法涌圓滿)삼마지라고 이름합니까?”

“선현이여. 이를테면, 만약 이 삼마지에 머무르는 때에, 여러 불법을 솟아나 나타내고서 원만하게 하느니라. 이러한 까닭으로 법용원만삼마지라고 이름하느니라.”

“세존이시여. 무엇을 입법정(入法頂)삼마지라고 이름합니까?”

“선현이여. 이를테면, 만약 이 삼마지에 머무르는 때에, 능히 일체법의 어둠을 영원히 소멸시키고, 역시 여러 정려를 초월하여 상수로 삼느니라. 이러한 까닭으로 입법정삼마지라고 이름하느니라."

"세존이시여. 무엇을 보성(寶性)삼마지라고 이름합니까?"

"선현이여. 이를테면, 만약 이 삼마지에 머무르는 때에, 무변(無邊)한 큰 공덕의 보배를 나타내느니라. 이러한 까닭으로 보성삼마지라고 이름하느니라."

"세존이시여. 무엇을 사훤쟁(捨喧諍)삼마지라고 이름합니까?"

"선현이여. 만약 이 삼마지에 머무르는 때에, 많은 세간의 여러 종류의 시끄러운 쟁론을 버리나니, 이러한 까닭으로 사훤쟁삼마지라고 이름하느니라."

"세존이시여. 무엇을 표산(飄散)삼마지라고 이름합니까?"

"선현이여. 이를테면, 만약 이 삼마지에 머무르는 때에, 일체 등지의 법집(法執)이 날려서 흐트리느니라. 이러한 까닭으로 표산삼마지라고 이름하느니라."

"세존이시여. 무엇을 분별법구(分別法句)삼마지라고 이름합니까?"

"선현이여. 이를테면, 만약 이 삼마지에 머무르는 때에, 여러 정려의 법구를 잘 능히 분별하느니라. 이러한 까닭으로 분별법구삼마지라고 이름하느니라."

"세존이시여. 무엇을 결정(決定)삼마지라고 이름합니까?"

"선현이여. 이를테면, 만약 이 삼마지에 머무르는 때에, 법과 등지에서 모든 결정(決定)을 얻느니라. 이러한 까닭으로 결정삼마지라고 이름하느니라."

"세존이시여. 무엇을 무구행(無垢行)삼마지라고 이름합니까?"

"선현이여. 이를테면, 만약 이 삼마지에 머무르는 때에, 능히 무변하고 청정하며 수승한 행을 일으키느니라. 이러한 까닭으로 무구행삼마지라고 이름하느니라."

"세존이시여. 무엇을 자평등상(字平等相)삼마지라고 이름합니까?"

"선현이여. 이를테면, 만약 이 삼마지에 머무르는 때에, 여러 등지에서

문자(字)의 평등(平等)한 상을 얻느니라. 이러한 까닭으로 자평등상삼마지라고 이름하느니라."

"세존이시여. 무엇을 이문자상(離文字相)삼마지라고 이름합니까?"

"선현이여. 이를테면, 만약 이 삼마지에 머무르는 때에, 여러 등지에서 하나의 문자도 얻지 못하느니라. 이러한 까닭으로 이문자상삼마지라고 이름하느니라."

"세존이시여. 무엇을 단소연(斷所緣)삼마지라고 이름합니까?"

"선현이여. 이를테면, 만약 이 삼마지에 머무르는 때에, 여러 등지의 소연(所緣)[10]의 경계의 상을 끊느니라. 이러한 까닭으로 단소연삼마지라고 이름하느니라."

"세존이시여. 무엇을 무변이(無變異)삼마지라고 이름합니까?"

"선현이여. 이를테면, 만약 이 삼마지에 머무르는 때에, 제법이 변이(變異)하는 상을 얻지 못하느니라. 이러한 까닭으로 무변이삼마지라고 이름하느니라."

"세존이시여. 무엇을 무품류(無品類)삼마지라고 이름합니까?"

"선현이여. 이를테면, 만약 이 삼마지에 머무르는 때에, 제법의 품류(品類)[11]에서 다른 상을 보지 않느니라. 이러한 까닭으로 무품류삼마지라고 이름하느니라."

"세존이시여. 무엇을 입명상(入名相)삼마지라고 이름합니까?"

"선현이여. 이를테면, 만약 이 삼마지에 머무르는 때에, 제법의 이름과 상의 실제(實際)를 깨우치며 들어가느니라. 이러한 까닭으로 입명상삼마지라고 이름하느니라."

"세존이시여. 무엇을 무소작(無所作)삼마지라고 이름합니까?"

"선현이여. 이를테면, 만약 이 삼마지에 머무르는 때에, 일체의 하는 일들을 모두 멈추지 않음이 없느니라. 이러한 까닭으로 무소작삼마지라

---

10) 산스크리트어 ālambana의 번역이고, 마음으로 인식하는 대상인 육경(六境)과 같은 것이다.

11) '종류' 또는 '같은 성질'을 뜻한다.

고 이름하느니라."

"세존이시여. 무엇을 입결정명(入決定名)삼마지라고 이름합니까?"

"선현이여. 이를테면, 만약 이 삼마지에 머무르는 때에, 제법의 결정된 명자(名字)는 모두 무소유이고, 다만 가립으로 시설(施設)되었다고 깨우치며 들어가느니라. 이러한 까닭으로 입결정명삼마지라고 이름하느니라."

"세존이시여. 무엇을 무상행(無相行)삼마지라고 말합니까?"

"선현이여. 이를테면, 만약 이 삼마지에 머무르는 때에, 여러 정려의 상에서 모두 얻을 것이 없느니라. 이러한 까닭으로 무상행삼마지라고 이름하느니라."

"세존이시여. 무엇을 이예암(離翳暗)삼마지라고 이름합니까?"

"선현이여. 이를테면, 만약 이 삼마지에 머무르는 때에, 여러 정려의 가려짐과 어둠이 없어지지 않는 것이 없느니라. 이러한 까닭으로 이예암삼마지라고 이름하느니라."

"세존이시여. 무엇을 구행(具行)삼마지라고 이름합니까?"

"선현이여. 이를테면, 만약 이 삼마지에 머무르는 때에, 모든 정려의 행의 가운데에서 비록 보았더라도 그러나 보지 않느니라. 이러한 까닭으로 구행삼마지라고 이름하느니라."

"세존이시여. 무엇을 불변동(不變動)삼마지라고 이름합니까?"

"선현이여. 이를테면, 만약 이 삼마지에 머무르는 때에, 여러 등지에서 변동을 보지 않느니라. 이러한 까닭으로 불변동삼마지라고 이름하느니라."

"세존이시여. 무엇을 도경계(度境界)삼마지라고 이름합니까?"

"선현이여. 이를테면, 만약 이 삼마지에 머무르는 때에, 여러 등지의 소연의 경계를 초월하느니라. 이러한 까닭으로 도경계삼마지라고 이름하느니라."

"세존이시여. 무엇을 집일체공덕(集一切功德)삼마지라고 이름합니까?"

"선현이여. 이를테면, 만약 이 삼마지에 머무르는 때에, 능히 여러 정려가 소유한 공덕을 모으면서, 일체법에서 모은다는 생각이 없느니라. 이러한 까닭으로 집일체공덕삼마지라고 이름하느니라."

"세존이시여. 무엇을 무심주(無心住)삼마지라고 이름합니까?"

"선현이여. 이를테면, 만약 이 삼마지에 머무르는 때에, 마음이 일체의 정려에서 퇴전(轉)하거나 타락(墮)하는[12] 것이 없느니라. 이러한 까닭으로 무심주삼마지라고 이름하느니라."

"세존이시여. 무엇을 결정주(決定住)삼마지라고 이름합니까?"

"선현이여. 이를테면, 만약 이 삼마지에 머무르는 때에, 일체 정려의 마음에 비록 결정적으로 머물지라도, 그 상을 명료하게 알고서 얻을 수 없느니라. 이러한 까닭으로 결정주삼마지라고 이름하느니라."

"세존이시여. 무엇을 정묘화(淨妙華)삼마지라고 이름합니까?"

"선현이여. 이를테면, 만약 이 삼마지에 머무르는 때에, 여러 등지가 모두 청정함을 얻고서 장엄한 빛이 나타나는데, 오히려 묘한 꽃(妙華)과 같으니라. 이러한 까닭으로 정묘화삼마지라고 이름하느니라."

"세존이시여. 무엇을 구각지(具覺支)삼마지라고 이름합니까?"

"선현이여. 이를테면, 만약 이 삼마지에 머무르는 때에, 일체의 정려가 7각지(七覺支)에서 빠르게 원만함을 얻게 하느니라. 이러한 까닭으로 구각지삼마지라고 이름하느니라."

"세존이시여. 무엇을 무변변(無邊辯)삼마지라고 이름합니까?"

"선현이여. 이를테면, 만약 이 삼마지에 머무르는 때에, 제법의 가운데에서 무변한 변재(辯才)를 얻느니라. 이러한 까닭으로 무변변삼마지라고 이름하느니라."

"세존이시여. 무엇을 무변등(無邊燈)삼마지라고 이름합니까?"

"선현이여. 이를테면, 만약 이 삼마지에 머무르는 때에, 일체법에서 모두 능히 명료하게 비추어서 오히려 밝은 등불과 같으니라. 이러한 까닭으로 무변등삼마지라고 이름하느니라."

"세존이시여. 무엇을 무등등(無等等)삼마지라고 이름합니까?"

---

12) 『賢劫經』(대정장14) p.1c, 『菩薩從兜術天降神母胎說廣普經』(대정장12) p.101c에서 退轉墮落이라는 어휘를 찾아볼 수 있고, 『小品般若波羅蜜經』(대정장8) p.560c에서 退轉墮의 어휘를 찾아볼 수 있다.

"선현이여. 이를테면, 만약 이 삼마지에 머무르는 때에, 여러 등지가 무등등을 얻게 하느니라. 이러한 까닭으로 무등등삼마지라고 이름하느니라."

"세존이시여. 무엇을 초일체법(超一切法)삼마지라고 이름합니까?"

"선현이여. 이를테면, 만약 이 삼마지에 머무르는 때에, 삼계(三界)의 법에서 모두를 능히 초월하느니라. 이러한 까닭으로 초일체법삼마지라고 이름하느니라."

"세존이시여. 무엇을 결판제법(決判諸法)삼마지라고 이름합니까?"

"선현이여. 이를테면, 만약 이 삼마지에 머무르는 때에, 여러 수승한 정려와 일체법을 보며, 여러 유정들을 위하여 분별하면서 산란함이 없느니라. 이러한 까닭으로 결판제법삼마지라고 이름하느니라."

"세존이시여. 무엇을 산의(散疑)삼마지라고 이름합니까?"

"선현이여. 이를테면, 만약 이 삼마지에 머무르는 때에, 여러 등지와 일체법에서 소유한 의심의 그물을 모두 능히 없애고 흐트러뜨리느니라. 이러한 까닭으로 산의삼마지라고 이름하느니라."

"세존이시여. 무엇을 무소주(無所住)삼마지라고 이름합니까?"

"선현이여. 이를테면, 만약 이 삼마지에 머무르는 때에, 제법에 소유한 주처(住處)를 보지 않느니라. 이러한 까닭으로 무소주삼마지라고 이름하느니라."

"세존이시여. 무엇을 일상장엄(一相莊嚴)삼마지라고 이름합니까?"

"선현이여. 이를테면, 만약 이 삼마지에 머무르는 때에, 제법에 두 가지의 상이 있는 것을 보지 않느니라. 이러한 까닭으로 일상장엄삼마지라고 이름하느니라."

"세존이시여. 무엇을 인발행상(引發行相)삼마지라고 이름합니까?"

"선현이여. 이를테면, 만약 이 삼마지에 머무르는 때에, 여러 등지와 일체법에서 비록 능히 여러 종류의 행상(行相)을 이끌어서 일으키더라도 모두 이끌어서 일으키는 것을 보지 않느니라. 이러한 까닭으로 인발행상삼마지라고 이름하느니라."

"세존이시여. 무엇을 일행상(一行相)삼마지라고 이름합니까?"

"선현이여. 이를테면, 만약 이 삼마지에 머무르는 때에, 여러 등지에 두 가지의 행상이 없는 것을 보느니라. 이러한 까닭으로 일행상삼마지라고 이름하느니라."

"세존이시여. 무엇을 이제행상(離諸行相)삼마지라고 이름합니까?"

"선현이여. 이를테면, 만약 이 삼마지에 머무르는 때에, 여러 등지에 모두 행상이 없는 것을 보느니라. 이러한 까닭으로 이제행상삼마지라고 이름하느니라."

"세존이시여. 무엇을 묘행(妙行)삼마지라고 이름합니까?"

"선현이여. 이를테면, 만약 이 삼마지에 머무르는 때에, 여러 등지로 비록 여러 종류의 미묘하고 수승한 행을 일으키게 하더라도 집착하는 것이 없느니라. 이러한 까닭으로 묘행삼마지라고 이름하느니라."

"세존이시여. 무엇을 달제유저원리(達諸有底遠離)삼마지라고 이름합니까?"

"선현이여. 이를테면, 만약 이 삼마지에 머무르는 때에, 여러 등지와 일체법을 통달지(通達智)를 얻고, 이 지혜를 얻고서 여러 유법(有法)에서 통달하여 멀리 벗어나느니라. 이러한 까닭으로 달제유저원리삼마지라고 이름하느니라."

"세존이시여. 무엇을 입일체시설어언(入一切施設語言)삼마지라고 이름합니까?"

"선현이여. 이를테면, 만약 이 삼마지에 머무르는 때에, 일체의 삼마지법(三摩地法)을 깨우쳐서 들어가서 언어(語言)를 시설(施設)하더라도 의지하는 것이 없느니라. 이러한 까닭으로 입일체시설어언삼마지라고 이름하느니라."

"세존이시여. 무엇을 견고보(堅固寶)삼마지라고 이름합니까?"

"선현이여. 이를테면, 만약 이 삼마지에 머무르는 때에, 능히 무변하고 물러남이 없으며 무너짐도 없고 미묘하며 수승한 공덕의 진귀한 보배를 이끌어주느니라. 이러한 까닭으로 견고보삼마지라고 이름하느니라."

"세존이시여. 무엇을 어일체법무소취착(於一切法無所取著)삼마지라고 이름합니까?"

"선현이여. 이를테면, 만약 이 삼마지에 머무르는 때에 제법의 가운데에서 집착하는 것이 없으며, 일체법으로써 자성(性)과 상(相)을 벗어나는 까닭이니라. 이러한 까닭으로 어일체법무소취착삼마지라고 이름하느니라."

"세존이시여. 무엇을 전염장엄(電焰莊嚴)삼마지라고 이름합니까?"

"선현이여. 이를테면, 만약 이 삼마지에 머무르는 때에, 여러 종류의 광명을 일으켜서 여러 명암(冥暗)을 비추고, 다시 무량한 공덕으로 장엄하느니라. 이러한 까닭으로 전염장엄삼마지라고 이름하느니라."

"세존이시여. 무엇을 제견(除遣)삼마지라고 이름합니까?"

"선현이여. 이를테면, 만약 이 삼마지에 머무르는 때에, 무변한 번뇌와 습기(濕氣)를 제거하여 버리느니라. 이러한 까닭으로 제견삼마지라고 이름하느니라."

"세존이시여. 무엇을 법거(法炬)삼마지라고 이름합니까?"

"선현이여. 이를테면, 만약 이 삼마지에 머무르는 때에, 제법의 자상(自相)과 공상(共相)을 명료하게 비추느니라. 이러한 까닭으로 법거삼마지라고 이름하느니라."

"세존이시여. 무엇을 혜등(慧燈)삼마지라고 이름합니까?"

"선현이여. 이를테면, 만약 이 삼마지에 머무르는 때에, 제법이 공(空)하고 무아(無我)라는 이치를 명료하게 비추느니라. 이러한 까닭으로 혜등삼마지라고 이름하느니라."

"세존이시여. 무엇을 취향불퇴전신통(趣向不退轉神通)삼마지라고 이름합니까?"

"선현이여. 이를테면, 만약 이 삼마지에 머무르는 때에, 능히 무량하고 퇴전이 없으며 조복하기 어려운 최고로 수승한 신통을 이끄느니라. 이러한 까닭으로 취향불퇴전신통삼마지라고 이름하느니라."

"세존이시여. 무엇을 해탈음성문자(解脫音聲文字)삼마지라고 이름합니까?"

"선현이여. 이를테면, 만약 이 삼마지에 머무르는 때에, 여러 등지가 일체의 음성(音聲)과 문자(文字)의 여러 상에서 해탈하여 적정하다고 보느니라. 이러한 까닭으로 해탈음성문자삼마지라고 이름하느니라."

"세존이시여. 무엇을 거치연(炬熾然)삼마지라고 이름합니까?"

"선현이여. 이를테면, 만약 이 삼마지에 머무르는 때에, 여러 등지에서 위덕(威德)이 혼자서 치성해지고, 여러 정려를 명료하게 비추어서 오히려 치성한 횃불과도 같느니라. 이러한 까닭으로 거치연삼마지라고 이름하느니라."

"세존이시여. 무엇을 엄정상(嚴淨相)삼마지라고 이름합니까?"

"선현이여. 이를테면, 만약 이 삼마지에 머무르는 때에, 여러 등지에서 그 상을 청정하게 장엄하느니라. 이러한 까닭으로 엄정상삼마지라고 이름하느니라."

"세존이시여. 무엇을 무상(無相)삼마지라고 이름합니까?"

"선현이여. 이를테면, 만약 이 삼마지에 머무르는 때에, 여러 등지에서 그 상을 보지 않느니라. 이러한 까닭으로 무상삼마지라고 이름하느니라."

"세존이시여. 무엇을 무탁인상(無濁忍相)삼마지라고 말합니까?"

"선현이여. 이를테면, 만약 이 삼마지에 머무르는 때에, 일체법에서 혼탁하지 않은 인(忍)을 얻느니라. 이러한 까닭으로 무탁인상삼마지라고 이름하느니라."

"세존이시여. 무엇을 구일체묘상(具一切妙相)삼마지라고 이름합니까?"

"선현이여. 이를테면, 만약 이 삼마지에 머무르는 때에, 여러 정려의 미묘한 상이 구족(具足)되지 않음이 없느니라. 이러한 까닭으로 구일체묘상삼마지라고 이름하느니라."

"세존이시여. 무엇을 구총지(具總持)삼마지라고 이름합니까?"

"선현이여. 이를테면, 만약 이 삼마지에 머무르는 때에, 여러 정려의 수승한 일을 능히 모두 뜻대로 지니느니라. 이러한 까닭으로 구총지삼마지라고 이름하느니라."

"세존이시여. 무엇을 불희일체고락(不喜一切苦樂)삼마지라고 이름합니까?"

"선현이여. 만약 이 삼마지에 머무르는 때에, 여러 등지의 괴롭고 즐거운 상을 즐거이 관찰하지 않느니라. 이러한 까닭으로 불희일체고락삼마지라고 이름하느니라."

"세존이시여. 무엇을 무진행상(無盡行相)삼마지라고 이름합니까?"

"선현이여. 이를테면, 만약 이 삼마지에 머무르는 때에, 여러 정려의 행상에 끝이 있다고 보지 않느니라. 이러한 까닭으로 무진행상삼마지라고 이름하느니라."

"세존이시여. 무엇을 섭복일체정사성(攝伏一切正邪性)삼마지라고 이름합니까?"

"선현이여. 이를테면, 만약 이 삼마지에 머무르는 때에, 여러 등지의 바른 자성과 삿된 자성에서 여러 견해를 섭수하여 조복하고 모두가 일어나지 않게 하느니라. 이러한 까닭으로 섭복일체정사성삼마지라고 이름하느니라."

"세존이시여. 무엇을 단증애(斷憎愛)삼마지라고 이름합니까?"

"선현이여. 이를테면, 만약 이 삼마지에 머무르는 때에, 모든 정려의 법에 증오가 있고 사랑이 있다고 보지 않느니라. 이러한 까닭으로 단증애삼마지라고 이름하느니라."

"세존이시여. 무엇을 이위순(離違順)삼마지라고 이름합니까?"

"선현이여. 이를테면, 만약 이 삼마지에 머무르는 때에, 여러 정려의 법에 위반(違)이 있고 수순(順)이 있다고 보지 않느니라. 이러한 까닭으로 이위순삼마지라고 이름하느니라."

"세존이시여. 무엇을 무구명(無垢明)삼마지라고 이름합니까?"

"선현이여. 이를테면, 만약 이 삼마지에 머무르는 때에, 여러 등지에서 만약 깨끗하거나, 만약 더럽더라도 함께 모두를 보지 않느니라. 이러한 까닭으로 무구명삼마지라고 이름하느니라."

"세존이시여. 무엇을 극견고(極堅固)삼마지라고 이름합니까?"

"선현이여. 이를테면, 만약 이 삼마지에 머무르는 때에, 여러 등지에서

견고하지 않음이 없느니라. 이러한 까닭으로 극견고삼마지라고 이름하느
니라."

"세존이시여. 무엇을 만월정광(滿月淨光)삼마지라고 이름합니까?"

"선현이여. 이를테면, 만약 이 삼마지에 머무르는 때에, 여러 등지에서
공덕을 구족하게 하는데, 청정한 맑은 보름달이 여러 바닷물을 증가시키
는 것과 같으니라. 이러한 까닭으로 만월정광삼마지라고 이름하느니라."

"세존이시여. 무엇을 대장엄(大莊嚴)삼마지라고 이름합니까?"

"선현이여. 이를테면, 만약 이 삼마지에 머무르는 때에, 여러 등지에서
여러 종류의 미묘하고 희유(希有)한 대장엄(大莊嚴)의 일을 성취하게 하느
니라. 이러한 까닭으로 대장엄삼마지라고 이름하느니라."

"세존이시여. 무엇을 무열전광(無熱電光)삼마지라고 이름합니까?"

"선현이여. 이를테면, 만약 이 삼마지에 머무르는 때에, 맑고 시원한
광명을 뿜어내어 유정의 부류들을 비추어 일체의 짙은 어둠과 독(毒)한
열기를 멈추게 하느니라. 이러한 까닭으로 무열전광삼마지라고 이름하느
니라."

"세존이시여. 무엇을 능조일체세간(能照一切世間)삼마지라고 이름합
니까?"

"선현이여. 만약 이 머무르는 때에, 여러 등지와 일체법을 비추어서
유정의 부류를 모두 개효(開曉)[13]시키느니라. 이러한 까닭으로 능조일체
세간삼마지라고 이름하느니라."

"세존이시여. 무엇을 구일체세간(救一切世間)삼마지라고 이름합니까?"

"선현이여. 이를테면, 만약 이 삼마지에 머무르는 때에, 세간의 여러
근심과 괴로움에서 능히 구제하느니라. 이러한 까닭으로 구일체세간삼마
지라고 이름하느니라."

"세존이시여. 무엇을 정평등성(定平等性)삼마지라고 이름합니까?"

"선현이여. 이를테면, 만약 이 삼마지에 머무르는 때에, 등지의 정려와

---

13) 이치를 알아듣게 잘 가르치는 것이다.

산란함의 차별을 보지 않느니라. 이러한 까닭으로 정평등성삼마지라고
이름하느니라.”

“세존이시여. 무엇을 무진유진평등이취(無塵有塵平等理趣)삼마지라고
이름합니까?”

“선현이여. 이를테면, 만약 이 삼마지에 머무르는 때에, 여러 정려와
일체법에 번민(塵)이 있거나, 번민이 없더라도 평등한 이치에 나아가도록
명료하게 통달하느니라. 이러한 까닭으로 무진유진평등이취삼마지라고
이름하느니라.”

“세존이시여. 무엇을 무쟁유쟁평등이취(無諍有諍平等理趣)삼마지라고
이름합니까?”

“선현이여. 이를테면, 만약 이 삼마지에 머무르는 때에, 제법과 일체의
정려에 논쟁이 있거나 논쟁이 없더라도 자성과 상의 차별을 보지 않느니
라. 이러한 까닭으로 무쟁유쟁평등이취삼마지라고 이름하느니라.”

“세존이시여. 무엇을 무소혈무표치무애락(無巢穴無標幟無愛樂)삼마지
라고 이름합니까?”

“선현이여. 이를테면, 만약 이 삼마지에 머무르는 때에, 여러 소혈(巢
穴)14)을 깨트리고, 여러 표시(標幟)를 버리며, 여러 애락(愛樂)을 끊고,
집착이 없느니라. 이러한 까닭으로 무소혈무표치무애락삼마지라고 이름
하느니라.”

“세존이시여. 무엇을 결정안주진여(決定安住眞如)삼마지라고 이름합
니까?”

“선현이여. 이를테면, 만약 이 삼마지에 머무르는 때에, 여러 등지와
일체법에서 항상 진여(眞如)의 진실한 상을 버리지 않느니라. 이러한
까닭으로 결정안주진여삼마지라고 이름하느니라.”

“세존이시여. 무엇을 기중용출(器中涌出)삼마지라고 이름합니까?”

“선현이여. 이를테면, 만약 이 삼마지에 머무르는 때에, 여러 등지에서

---

14) 소굴(巢窟)을 다르게 부르는 말이고, ‘은신처’, ‘피난처’를 뜻한다.

공덕을 출생(出生)시키는데, 천상의 복력(福力)의 음식이 그릇 가운데에서 솟아나는 것과 같으니라. 이러한 까닭으로 기중용출삼마지라고 이름하느니라."

"세존이시여. 무엇을 소제번뇌(燒諸煩惱)삼마지라고 이름합니까?"

"선현이여. 이를테면, 만약 이 삼마지에 머무르는 때에, 여러 번뇌를 태우면서 남은 것이 없게 하느니라. 이러한 까닭으로 소제번뇌삼마지라고 이름하느니라."

"세존이시여. 무엇을 대지혜거(大智慧炬)삼마지라고 이름합니까?"

"선현이여. 이를테면, 만약 이 삼마지에 머무르는 때에, 지혜의 광명을 일으켜서 일체를 명료하게 비추느니라. 이러한 까닭으로 대지혜거삼마지라고 이름하느니라."

"세존이시여. 무엇을 출생십력(出生十力)삼마지라고 이름합니까?"

"선현이여. 이를테면, 만약 이 삼마지에 머무르는 때에, 여래의 10력(力)을 빠르고 원만하게 증득시키느니라. 이러한 까닭으로 출생십력삼마지라고 이름하느니라."

"세존이시여. 무엇을 개천(開闡)삼마지라고 이름합니까?"

"선현이여. 이를테면, 만약 이 삼마지에 머무르는 때에, 능히 유정들을 위하여 개천(開闡)15)의 법요(法要)를 열어서 빠르게 생사의 큰 고통에서 해탈하게 시키느니라. 이러한 까닭으로 개천삼마지라고 이름하느니라."

"세존이시여. 무엇을 괴신악행(壞身惡行)삼마지라고 이름합니까?"

"선현이여. 이를테면, 만약 이 삼마지에 머무르는 때에, 비록 몸이 있다고 보지 않았더라도 몸의 악행을 멈추느니라. 이러한 까닭으로 괴신악행삼마지라고 이름하느니라."

"세존이시여. 무엇을 괴어악행(壞語惡行)삼마지라고 이름합니까?"

"선현이여. 이를테면, 만약 이 삼마지에 머무르는 때에, 비록 소리가 있다고 보지 않았더라도 말의 악행을 멈추느니라. 이러한 까닭으로 괴어

---

15) '열어서 드러내다.'는 뜻이다.

악행삼마지라고 이름하느니라."

"세존이시여. 무엇을 괴의악행(壞意惡行)삼마지라고 이름합니까?"

"선현이여. 이를테면, 만약 이 삼마지에 머무르는 때에, 비록 마음이 있다고 보지 않았더라도 뜻의 악행을 멈추느니라. 이러한 까닭으로 괴의 악행삼마지라고 이름하느니라."

"세존이시여. 무엇을 선관찰(善觀察)삼마지라고 이름합니까?"

"선현이여. 이를테면, 만약 이 삼마지에 머무르는 때에, 여러 유정들의 근기·자성·승해(勝解)16)를 능히 잘 관찰하여 제도하느니라. 이러한 까닭 으로 선관찰삼마지라고 이름하느니라."

"세존이시여. 무엇을 여허공(如虛空)삼마지라고 이름합니까?"

"선현이여. 이를테면, 만약 이 삼마지에 머무르는 때에, 여러 유정들을 널리 능히 요익(饒益)하게 하는데, 그 마음의 평등하여 큰 허공과 같으니 라. 이러한 까닭으로 여허공삼마지라고 이름하느니라."

"세존이시여. 무엇을 무염착여허공(無染著如虛空)삼마지라고 이름합 니까?"

"선현이여. 이를테면, 만약 이 삼마지에 머무르는 때에, 일체법은 모두 무소유라고 관찰하며, 오히려 허공과 같아서 염오가 없고 집착도 없느니 라. 이러한 까닭으로 무염착여허공삼마지라고 이름하느니라.

선현이여. 이와 같은 등의 무량한 백천의 삼마지(三摩地)가 있나니, 이것이 보살마하살의 대승의 상(相)이라고 마땅히 알아야 하느니라."

"다시 다음으로 선현이여. 보살마하살의 대승의 상(大乘相)이라는 것은 이를테면, 4념주(四念住)이니라. 무엇이 4념주인가? 신념주(身念住)·수념 주(受念住)·심념주(心念住)·법념주(法念住)이니라. 선현이여. 신념주는

---

16) 산스크리트어 adhimokṣa의 번역이고, 설일체유부의 5위 75법에서 심소법의 가운 데 하나이다. '뛰어난 이해' 또는 '확실한 이해'라는 뜻으로 대상을 살펴서 요해(了解) 하여, 대상의 시(是)·비(非)와 사(邪)·정(正)을 인가(印可)·결정(決定)하는 마음작 용이다.

제보살마하살이 반야바라밀다를 수행하는 때에 얻을 수 없는 것으로써 방편으로 삼아서 비록 내신(內身)에서 순신관(循身觀)17)에 머무르더라도 결국 몸과 함께 심사(尋思)18)를 일으키지 않고, 치연(熾然)하게 정진하면서 정념(正念)19)을 구족하여 바르게 아는데, 세간의 탐욕과 근심을 조복하기 위한 까닭이니라.

제보살마하살이 반야바라밀다를 수행하는 때에 얻을 수 없는 것으로써 방편으로 삼아서 비록 외신(外身)에서 순신관에 머무르더라도 결국 몸과 함께 심사를 일으키지 않고, 치연하게 정진하면서 정념을 구족하여 바르게 아는데, 세간의 탐욕과 근심을 조복하기 위한 까닭이니라. 제보살마하살이 반야바라밀다를 수행하는 때에 얻을 수 없는 것으로써 방편으로 삼아서 비록 내외신(內外身)에서 순신관에 머무르더라도 결국 몸과 함께 심사를 일으키지 않고, 치연하게 정진하면서 정념을 구족하여 바르게 아는데, 세간의 탐욕과 근심을 조복하기 위한 까닭이니라. 선현이여. 이것이 보살마하살의 신념주이니라.

선현이여. 수념주는 제보살마하살이 반야바라밀다를 수행하는 때에 얻을 수 없는 것으로써 방편으로 삼아서 비록 내수(內受)에서 순수관(循受觀)에 머무르더라도 결국 몸과 함께 심사를 일으키지 않고, 치연하게 정진하면서 정념을 구족하여 바르게 아는데, 세간의 탐욕과 근심을 조복하기 위한 까닭이니라. 제보살마하살이 반야바라밀다를 수행하는 때에 얻을 수 없는 것으로써 방편으로 삼아서 비록 외수(外受)에서 순수관에 머무르더라도 결국 몸과 함께 심사를 일으키지 않고, 치연하게 정진하면서 정념을 구족하여 바르게 아는데, 세간의 탐욕과 근심을 조복하기

---

17) 산스크리트어 kāya-anupaśyanā의 번역이고, 몸과 마음을 관찰하는 때에 머리부터 발끝까지 차례로 몸을 관찰하며, 36가지 물건이 부정하다는 것을 관찰하는 것이다.
18) 심(尋)과 사(伺)의 마음작용을 통칭하는 말이고, '깊이 생각하는 것' 또는 '마음을 가라앉혀 깊이 사색(思索)한다.'는 것이다.
19) '정념(正念)'을 가리킨다. 『中阿含經』(大正藏1) p.0576a, 『雜阿含經』(大正藏2) p.104, 『方廣大莊嚴經』(0187) p.553a, 『佛本行集經』(大正藏3) p.682c 등에서는 '正念正知'로 번역되고 있어서 '정념'이라고 추론할 수 있다.

위한 까닭이니라.

제보살마하살이 반야바라밀다를 수행하는 때에 얻을 수 없는 것으로써 방편으로 삼아서 비록 내외수(內外受)에서 순수관에 머무르더라도 결국 몸과 함께 심사를 일으키지 않고, 치연하게 정진하면서 정념을 구족하여 바르게 아는데, 세간의 탐욕과 근심을 조복하기 위한 까닭이니라. 선현이여. 이것이 보살마하살의 수념주이니라.

선현이여. 심념주는 제보살마하살이 반야바라밀다를 수행하는 때에 얻을 수 없는 것으로써 방편으로 삼아서 비록 내심(內心)에서 순심관(循心觀)에 머무르더라도 결국 몸과 함께 심사를 일으키지 않고, 치연하게 정진하면서 정념을 구족하여 바르게 아는데, 세간의 탐욕과 근심을 조복하기 위한 까닭이니라. 제보살마하살이 반야바라밀다를 수행하는 때에 얻을 수 없는 것으로써 방편으로 삼아서 비록 외심(外心)에서 순심관에 머무르더라도 결국 몸과 함께 심사를 일으키지 않고, 치연하게 정진하면서 정념을 구족하여 바르게 아는데, 세간의 탐욕과 근심을 조복하기 위한 까닭이니라.

제보살마하살이 반야바라밀다를 수행하는 때에 얻을 수 없는 것으로써 방편으로 삼아서 비록 내외심(內外心)에서 순심관에 머무르더라도 결국 몸과 함께 심사를 일으키지 않고, 치연하게 정진하면서 정념을 구족하여 바르게 아는데, 세간의 탐욕과 근심을 조복하기 위한 까닭이니라. 선현이여. 이것이 보살마하살의 심념주이니라.

선현이여. 법념주는 제보살마하살이 반야바라밀다를 수행하는 때에 얻을 수 없는 것으로써 방편으로 삼아서 비록 내법(內法)에서 순법관(循法觀)에 머무르더라도 결국 몸과 함께 심사를 일으키지 않고, 치연하게 정진하면서 정념을 구족하여 바르게 아는데, 세간의 탐욕과 근심을 조복하기 위한 까닭이니라. 제보살마하살이 반야바라밀다를 수행하는 때에 얻을 수 없는 것으로써 방편으로 삼아서 비록 외법(外法)에서 순법관에 머무르더라도 결국 몸과 함께 심사를 일으키지 않고, 치연하게 정진하면서 정념을 구족하여 바르게 아는데, 세간의 탐욕과 근심을 조복하기 위한 까닭이니라.

　제보살마하살이 반야바라밀다를 수행하는 때에 얻을 수 없는 것으로써 방편으로 삼아서 비록 내외법(內外法)에서 순법관에 머무르더라도 결국 몸과 함께 심사를 일으키지 않고, 치연하게 정진하면서 정념을 구족하여 바르게 아는데, 세간의 탐욕과 근심을 조복하기 위한 까닭이니라. 선현이여. 이것이 보살마하살의 법념주이니라.

마하반야바라밀다경 제53권

15. 변대승품(辯大勝品)(3)

그때 구수 선현이 세존께 아뢰어 말하였다.

"세존이시여. 어찌하여 보살마하살은 반야바라밀다를 수행하는 때에 얻을 수 없는 것으로써 방편으로 삼아서 내(內)·외신(外身)에서 신(身)·수(受)·심(心)·법(法)을 갖추고 순신관(循身觀)·순수관(循受觀)·순심관(循心觀)·순법관(循法觀)에 머무르면서 치연하게 정진하면서 정념을 구족하여 바르게 알았는데, 세간의 탐욕과 근심을 조복(調伏)하고자 하려는 까닭입니까?"

세존께서 선현에게 말씀하셨다.

"선현이여. 만약 보살마하살이 반야바라밀다를 수행하는 때에 얻을 수 없는 것으로써 방편으로 삼아서 스스로가 몸을 자세하게 관찰한다면, 떠나가는 때에 떠나간다고 알고, 머무르는 때에 머무른다고 알며, 앉는 때에 앉는다고 알고, 눕는 때에 눕는다고 여여(如如)하게 스스로가 몸의 위의(威儀)와 차별(差別)을 이와 같고 이와 같다고 정념을 구족하여 바르게 아느니라. 선현이여. 이것이 보살마하살이 반야바라밀다를 수행하는 때에, 얻을 수 없는 것으로써 방편으로 삼아서 내신(內身)에서 순신관에 머무르고 치연(熾然)하게 정진하면서 정념을 구족하여 바르게 아는데, 세간의 탐욕과 근심을 조복시키려고 하는 까닭이니라.

다시 다음으로 선현이여. 만약 보살마하살이 반야바라밀다를 수행하는 때에 얻을 수 없는 것으로써 방편으로 삼아서 스스로의 몸을 자세하게 관찰한다면, 가고 오는 것을 바르게 알고, 바라보는 것을 바르게 알며, 아래를 굽어보고 위를 쳐다보는 것을 바르게 알고, 굽히고 펴는 것을 바르게 알며, 승가지(僧伽胝)[1]를 입거나, 옷과 발우(衣鉢)를 집지(執持)하거나, 먹고 마시며 눕고 쉬며 경행(經行)[2]하거나, 앉고 일어나고 받들어 맞이하거나, 잠자고 깨어나며 말하고 침묵하거나, 여러 정려에 들어가고 나오는 것의 모두를 생각하면서 바르게 아느니라. 선현이여. 이것이 보살마하살이 반야바라밀다를 수행하는 때에 얻을 수 없는 것으로써 방편으로 삼아서 내신에서 순신관에 머무르고 치연하게 정진하면서 정념을 구족하여 바르게 아는데, 세간의 탐욕과 근심을 조복시키려고 하는 까닭이니라.

다시 다음으로 선현이여. 만약 보살마하살이 반야바라밀다를 수행하는 때에 얻을 수 없는 것으로써 방편으로 삼아서 스스로가 몸을 자세하게 관찰한다면, 들숨(息入)인 때에 들숨을 여실(如實)하게 생각하여 알고, 날숨(息出)인 때에 날숨을 여실하게 생각하여 알며, 들숨이 긴 때에 들숨이 길다고 여실히 생각하여 알고, 날숨이 긴 때에 날숨이 길다고 여실하게 생각하여 알며, 들숨이 짧은 때에 들숨이 짧다고 여실하게 생각하여 알고, 날숨이 짧은 때에 날숨이 짧다고 여실하게 생각하여 아느니라.

수레바퀴를 만드는 장인(匠人)이나, 혹은 그의 제자가 바퀴의 힘이 강한 때에 바퀴의 힘이 강하다고 여실하게 생각하여 알고, 바퀴의 힘이 약한 때에 바퀴의 힘이 약하다고 여실하게 생각하여 아는 것과 같이 제보살마하살이 반야바라밀다를 수행하는 때에 얻을 수 없는 것으로써 방편으로 삼아서 스스로가 몸을 관찰하여 들숨과 날숨이 길고 짧다고 여실하게 생각하여 아는 것도, 역시 다시 이와 같으니라. 선현이여. 이것이 보살마하살이 반야바라밀다를 수행하는 때에 얻을 수 없는 것으로써 방편으로 삼아서 내신에서 순신관에 머무르고 치연하게 정진하면서 정념

---

1) 산스크리트어 Saṃghāṭi의 번역이고, 비구의 3의(三衣)의 가운데에서 대의(大衣)를 가리킨다.
2) 일정한 경계를 가볍게 걷는 수행을 가리킨다.

을 구족하여 바르게 아는데, 세간의 탐욕과 근심을 조복시키려고 하는 까닭이니라.

다시 다음으로 선현이여. 만약 보살마하살이 반야바라밀다를 수행하는 때에 얻을 수 없는 것으로써 방편으로 삼아서 스스로의 몸을 자세하게 관찰한다면, 4계(四界)의 차별을 여실하게 생각하여 아는데 이를테면, 지(地)·수(水)·화(火)·풍계(風界)이니라. 교묘한 백정(屠師)이거나, 혹은 그의 제자가 소의 생명을 끊고서, 다시 날카로운 칼을 이용하여 그것의 몸을 잘라내어 네 부분으로 나누면서, 만약 앉거나, 만약 서 있더라도 여실하게 관찰하여 아는 것과 같이, 제보살마하살이 반야바라밀다를 수행하는 때에 얻을 수 없는 것으로써 방편으로 삼아서 스스로가 몸을 관찰하여 지·수·화·풍계의 차별을 여실하게 생각하여 아는 것도, 역시 다시 이와 같으니라. 선현이여. 이것이 보살마하살이 반야바라밀다를 수행하는 때에 얻을 수 없는 것으로써 방편으로 삼아서 내신에서 순신관에 머무르고 치연하게 정진하면서 정념을 구족하여 바르게 아는데, 세간의 탐욕과 근심을 조복시키려고 하는 까닭이니라.

다시 다음으로 선현이여. 만약 보살마하살이 반야바라밀다를 수행하는 때에 얻을 수 없는 것으로써 방편으로 삼아서 스스로가 몸을 자세하게 관찰한다면, 발부터 정수리까지 여러 종류의 부정(不淨)이 그 가운데에 충만(充滿)하고, 밖으로는 얇은 가죽이 그것을 얽어서 감싸고 있는데 이를테면, 머리카락(髮)·터럭(毛)·손톱(爪)·이빨(齒)·피부(皮革)·피(血)·살(肉)·힘줄(筋)·혈관(脈)·뼈(骨)·골수(髓)·심장(心)·간장(肝)·폐(肺)·신장(腎)·지라(脾)·쓸개(膽)·자궁(胞)·위장(胃)·대장(大腸)·소장(小腸)·똥(尿)·오줌(尿)·콧물(洟)·침(唾涎)·눈물(淚)·때(垢)·땀(汗)·가래(淡)·고름(膿)·비계(肪)·뇌막(腦膜)[3]·눈곱·귀이지(聹) 등의 이러한 부정이 몸의 가운데에 충만하다고 여실하게 생각하여 아느니라.

어느 농부(農夫)이거나, 혹은 여러 장자(長子)들의 창고의 가운데에

---

3) 두개골(頭蓋骨) 안의 뇌의 표면을 감싸고 있는 얇은 껍질을 가리킨다.

여러 종류의 잡곡(雜穀)이 가득하게 채워졌는데 이를테면, 벼(稻)·깨(麻)·조(粟)·콩(豆)·보리(麥) 등이었다. 밝은 눈이 있는 자라면 창고를 열어서 보고서 그 가운데에 오직 벼·깨·조·콩·보리 등의 여러 종류의 잡곡이 있다고 여실히 아는 것과 같이, 제보살마하살이 반야바라밀다를 수행하는 때에 얻을 수 없는 것으로써 방편으로 삼아서 스스로가 몸을 자세하게 관찰하여 발부터 정수리까지 오직 여러 종류의 부정하고 냄새나는 물건이 그 가운데에 충만하다고 여실하게 생각하여 아는 것도, 역시 다시 이와 같으니라. 지혜가 있는 자라면 이 몸이 무슨 보물과 골동품이겠는가? 오직 여러 어리석은 범부들은 미혹되고 어긋나서 탐착(耽著)하느니라. 선현이여. 이것이 보살마하살이 반야바라밀다를 수행하는 때에 얻을 수 없는 것으로써 방편으로 삼아서 내신에서 순신관에 머무르고 치연하게 정진하면서 정념을 구족하여 바르게 아는데, 세간의 탐욕과 근심을 조복시키려고 하는 까닭이니라.

다시 다음으로 선현이여. 만약 보살마하살이 반야바라밀다를 수행하는 때에 얻을 수 없는 것으로써 방편으로 삼아서 한적한 길을 가는데, 버려진 시체가 죽어서 하루가 지났거나, 혹은 2일 나아가 7일에 이르렀고, 그 몸이 팽창하였고 색깔은 푸른 어혈로 변하였으며 썩어서 악취가 있고 피부는 찢어져서 피와 고름이 흘러내리는 것을 관찰하였으며, 이러한 일을 보고서 '나의 몸도 이와 같은 자성이 있고 이와 같은 법을 갖추었다. 아직 해탈을 얻지 못했으니, 결국 이와 같이 돌아갈 것이다.'라고 스스로가 생각하였으며, 지혜가 있는 자라면 이 몸이 무슨 보물과 골동품이겠는가? 오직 여러 어리석은 범부들은 미혹되고 어긋나서 탐착하느니라. 선현이여. 이것이 보살마하살이 반야바라밀다를 수행하는 때에 얻을 수 없는 것으로써 방편으로 삼아서 내신에서 순신관에 머무르고 치연하게 정진하면서 정념을 구족하여 바르게 아는데, 세간의 탐욕과 근심을 조복시키려고 하는 까닭이니라.

다시 다음으로 선현이여. 만약 보살마하살이 반야바라밀다를 수행하는 때에 얻을 수 없는 것으로써 방편으로 삼아서 한적한 길을 가는데, 버려진 시체가 죽어서 하루가 지났거나, 혹은 2일 나아가 7일에 이르렀고, 여러 독수리(鵰鷲)·까마귀(烏鵲)·까치(鵶)·올빼미(梟)·호랑이(虎)·표범(豹)·늑대(狼)·야간(野干)·개(狗) 등의 여러 종류의 금수(禽獸)에게 혹은 쪼이거나, 혹은 할퀴어져서 뼈와 살이 어지럽게 뜯어지고 먹혔던 것을 관찰하였으며, 이러한 일을 보고서 '나의 몸도 이와 같은 자성이 있고 이와 같은 법을 갖추었다. 아직 해탈을 얻지 못했으니, 결국 이와 같이 돌아갈 것이다.'라고 스스로가 생각하였으며, 지혜가 있는 자라면 이 몸이 무슨 보물과 골동품이겠는가? 오직 여러 어리석은 범부들은 미혹되고 어긋나서 탐착하느니라. 선현이여. 이것이 보살마하살이 반야바라밀다를 수행하는 때에 얻을 수 없는 것으로써 방편으로 삼아서 내신에서 순신관에 머무르고 치연하게 정진하면서 정념을 구족하여 바르게 아는데, 세간의 탐욕과 근심을 조복시키려고 하는 까닭이니라.

다시 다음으로 선현이여. 만약 보살마하살이 반야바라밀다를 수행하는 때에 얻을 수 없는 것으로써 방편으로 삼아서 한적한 길을 가는데, 버려진 시체가 금수에게 먹혔고 부정하게 무너지고 썩어서 피와 고름이 흘러내리고 무량한 벌레와 구더기가 섞여서 나타나고 냄새나는 곳이 죽은 개보다 악취가 심한 것을 관찰하였으며, 이러한 일을 보고서 '나의 몸도 이와 같은 자성이 있고 이와 같은 법을 갖추었다. 아직 해탈을 얻지 못했으니, 결국 이와 같이 돌아갈 것이다.'라고 스스로가 생각하였으며, 지혜가 있는 자라면 이 몸이 무슨 보물과 골동품이겠는가? 오직 여러 어리석은 범부들은 미혹되고 어긋나서 탐착하느니라. 선현이여. 이것이 보살마하살이 반야바라밀다를 수행하는 때에 얻을 수 없는 것으로써 방편으로 삼아서 내신에서 순신관에 머무르고 치연하게 정진하면서 정념을 구족하여 바르게 아는데, 세간의 탐욕과 근심을 조복시키려고 하는 까닭이니라.

다시 다음으로 선현이여. 만약 보살마하살이 반야바라밀다를 수행하는 때에 얻을 수 없는 것으로써 방편으로 삼아서 한적한 길을 가는데, 버려진 시체가 벌레와 구더기에 먹혔으므로 살이 없어지고 뼈만 남았으며 지절(支節)⁴⁾이 서로가 연결되어 힘줄로 얽혀 있고 피는 없어졌으며 오히려 부패한살이 남아 있는 것을 관찰하였으며, 이러한 일을 보고서 '나의 몸도 이와 같은 자성이 있고 이와 같은 법을 갖추었다. 아직 해탈을 얻지 못했으니, 결국 이와 같이 돌아갈 것이다.'라고 스스로가 생각하였으며, 지혜가 있는 자라면 이 몸이 무슨 보물과 골동품이겠는가? 오직 여러 어리석은 범부들은 미혹되고 어긋나서 탐착하느니라. 선현이여. 이것이 보살마하살이 반야바라밀다를 수행하는 때에 얻을 수 없는 것으로써 방편으로 삼아서 내신에서 순신관에 머무르고 치연하게 정진하면서 정념을 구족하여 바르게 아는데, 세간의 탐욕과 근심을 조복시키려고 하는 까닭이니라.

다시 다음으로 선현이여. 만약 보살마하살이 반야바라밀다를 수행하는 때에 얻을 수 없는 것으로써 방편으로 삼아서 한적한 길을 가는데, 버려진 시체가 이미 뼈의 무더기를 이루었고 피와 살은 모두 없어졌으며 남은 힘줄이 이어져 있는 것을 관찰하였으며, 이러한 일을 보고서 '나의 몸도 이와 같은 자성이 있고 이와 같은 법을 갖추었다. 아직 해탈을 얻지 못했으니, 결국 이와 같이 돌아갈 것이다.'라고 스스로가 생각하였으며, 지혜가 있는 자라면 이 몸이 무슨 보물과 골동품이겠는가? 오직 여러 어리석은 범부들은 미혹되고 어긋나서 탐착하느니라. 선현이여. 이것이 보살마하살이 반야바라밀다를 수행하는 때에 얻을 수 없는 것으로써 방편으로 삼아서 내신에서 순신관에 머무르고 치연하게 정진하면서 정념을 구족하여 바르게 아는데, 세간의 탐욕과 근심을 조복시키려고 하는 까닭이니라.

다시 다음으로 선현이여. 만약 보살마하살이 반야바라밀다를 수행하는 때에 얻을 수 없는 것으로써 방편으로 삼아서 한적한 길을 가는데, 버려진 시체가 다만 여러 뼈들이 남았고, 그 색깔이 매우 희어서 눈(雪)·마노(珂)·조개(貝)와 같았으며 여러 힘줄은 썩어서 지절이 분리(分離)된 것을 관찰하였으며, 이러한 일을 보고서 '나의 몸도 이와 같은 자성이 있고 이와 같은 법을 갖추었다. 아직 해탈을 얻지 못했으니, 결국 이와 같이 돌아갈

4) 팔다리의 뼈마디를 가리킨다.

것이다.'라고 스스로가 생각하였으며, 지혜가 있는 자라면 이 몸이 무슨 보물과 골동품이겠는가? 오직 여러 어리석은 범부들은 미혹되고 어긋나서 탐착하느니라. 선현이여. 이것이 보살마하살이 반야바라밀다를 수행하는 때에 얻을 수 없는 것으로써 방편으로 삼아서 내신에서 순신관에 머무르고 치연하게 정진하면서 정념을 구족하여 바르게 아는데, 세간의 탐욕과 근심을 조복시키려고 하는 까닭이니라.

다시 다음으로 선현이여. 만약 보살마하살이 반야바라밀다를 수행하는 때에 얻을 수 없는 것으로써 방편으로 삼아서 한적한 길을 가는데, 버려진 시체가 백골을 이루었고, 지절은 분산(分散)되어 다른 방향으로 떨어졌으며 이를테면, 발의 뼈(足骨)·장딴지 뼈(腨骨)·무릎 뼈(膝骨)·넓적다리 뼈(髀骨)·허리 뼈(髖骨)·등의 뼈(脊骨)·겨드랑이 뼈(脇骨)·가슴 뼈(胸骨)·어깨 뼈(膊骨)·팔의 뼈(臂骨)·손의 뼈(手骨)·목의 뼈(項骨)·턱의 뼈(頷骨)·뺨의 뼈(頰骨)·해골(髑髏) 등이 각자 다른 곳에 있는 것을 관찰하였으며, 이러한 일을 보고서 '나의 몸도 이와 같은 자성이 있고 이와 같은 법을 갖추었다. 아직 해탈을 얻지 못했으니, 결국 이와 같이 돌아갈 것이다.'라고 스스로가 생각하였으며, 지혜가 있는 자라면 이 몸이 무슨 보물과 골동품이겠는가? 오직 여러 어리석은 범부들은 미혹되고 어긋나서 탐착하느니라. 선현이여. 이것이 보살마하살이 반야바라밀다를 수행하는 때에 얻을 수 없는 것으로써 방편으로 삼아서 내신에서 순신관에 머무르고 치연하게 정진하면서 정념을 구족하여 바르게 아는데, 세간의 탐욕과 근심을 조복시키려고 하는 까닭이니라.

다시 다음으로 선현이여. 만약 보살마하살이 반야바라밀다를 수행하는 때에 얻을 수 없는 것으로써 방편으로 삼아서 한적한 길을 가는데, 버려진 해골이 낭자(狼藉)5)하였으며 바람이 불고 햇볕이 쬐었으며 비가 내리고 서리가 덮이면서 여러 해가 지났고, 그 색깔이 하얀 마노·눈과 같은 것을 관찰하였으며, 이러한 일을 보고서 '나의 몸도 이와 같은 자성이

5) 어지럽게 늘어져 있는 상태를 뜻한다.

있고 이와 같은 법을 갖추었다. 아직 해탈을 얻지 못했으니, 결국 이와 같이 돌아갈 것이다.'라고 스스로가 생각하였으며, 지혜가 있는 자라면 이 몸이 무슨 보물과 골동품이겠는가? 오직 여러 어리석은 범부들은 미혹되고 어긋나서 탐착하느니라. 선현이여. 이것이 보살마하살이 반야바라밀다를 수행하는 때에 얻을 수 없는 것으로써 방편으로 삼아서 내신에서 순신관에 머무르고 치연하게 정진하면서 정념을 구족하여 바르게 아는데, 세간의 탐욕과 근심을 조복시키려고 하는 까닭이니라.

다시 다음으로 선현이여. 만약 보살마하살이 반야바라밀다를 수행하는 때에 얻을 수 없는 것으로써 방편으로 삼아서 한적한 길을 가는데, 버려진 시체의 남은 뼈가 땅에 흩어져서 몇 백년이거나, 혹은 몇 천년이 지났으므로 그 모습이 푸른 상태로 변하여 오히려 비둘기의 빛깔이었거나, 혹은 부패하고 썩어서 티끌과 같은 가루로 부서져서 흙과 함께 서로가 섞였으므로 분별할 수 없는 것을 관찰하였으며, 이러한 일을 보고서 '나의 몸도 이와 같은 자성이 있고 이와 같은 법을 갖추었다. 아직 해탈을 얻지 못했으니, 결국 이와 같이 돌아갈 것이다.'라고 스스로가 생각하였으며, 지혜가 있는 자라면 이 몸이 무슨 보물과 골동품이겠는가? 오직 여러 어리석은 범부들은 미혹되고 어긋나서 탐착하느니라. 선현이여. 이것이 보살마하살이 반야바라밀다를 수행하는 때에 얻을 수 없는 것으로써 방편으로 삼아서 내신에서 순신관에 머무르고 치연하게 정진하면서 정념을 구족하여 바르게 아는데, 세간의 탐욕과 근심을 조복시키려고 하는 까닭이니라.

선현이여. 만약 보살마하살이 반야바라밀다를 수행하는 때에 얻을 수 없는 것으로써 방편으로 삼아서 내신에서 차별에 대하여 순신관에 머무르고 치연하게 정진하면서 정념을 구족하여 바르게 아는 것은 세간의 탐욕과 근심을 조복시키려고 하는 까닭이고, 외신에서 순신관에 머무르며, 내외신에서 순신관에 머무르고 치연하게 정진하면서 정념을 구족하여 바르게 아는 것은 세간의 탐욕과 근심을 조복시키려고 하는 까닭이고, 그것을 따라서 상응하는 것도 역시 이와 같으니라. 선현이여. 제보살마하살이 반야바라밀다를 수행하는 때에 얻을 수 없는 것으로써 방편으로 삼아서 내·외신에서 함께 심법을 받아들이고, 순수관·순심관·순법관에 머무르고 맹렬하게 정진하면서 자세히 생각하여 바르게 아는데, 세간의 탐욕과 근심을 조복시키려고 하는 까닭이니, 그것을 따라서 상응하는 것도 모두 상응하여 널리 설하느니라.

선현이여. 이와 같이 보살마하살이 반야바라밀다를 수행하는 때에 얻을 수 없는 것으로써 방편으로 삼아서 내·외신에서 심법을 받아들이고, 순수관·순심관·순법관에 머무르며, 비록 이러한 관찰을 짓더라도 얻은 것이 없느니라. 선현이여. 이것을 보살마하살이 대승의 상으로 삼느니라."

"다시 다음으로 선현이여. 보살마하살의 대승의 상이라는 것은 4정단 (正斷)을 말하느니라. 무엇 등을 4정단으로 삼는가? 선현이여. 만약 보살 마하살이 반야바라밀다를 수행하는 때에 얻을 수 없는 것으로써 방편으로 삼아서 여러 생겨나지 않은 불선법(不善法)에서 생겨나지 않게 하려는 까닭으로, 책려(策勵)6)를 생겨나게 하고 정근(正勤)을 일으키며 책려의 마음을 지닌다면, 이것이 첫째이니라. 만약 보살마하살이 반야바라밀다 를 수행하는 때에 얻을 수 없는 것으로써 방편으로 삼아서 이미 생겨난 여러 악한 불선법에서 영원히 끊기 위한 까닭으로, 책려를 생겨나게 하고 정근을 일으키며 책려의 마음을 지닌다면, 이것이 둘째이니라.

만약 보살마하살이 반야바라밀다를 수행하는 때에 얻을 수 없는 것으로 써 방편으로 삼아서 아직 생겨나지 않은 선법(善法)을 생겨나게 시키기 위한 까닭으로, 생겨나게 하고 정근을 일으키며 책려의 마음을 지닌다면, 이것이 셋째이니라. 만약 보살마하살이 반야바라밀다를 수행하는 때에 얻을 수 없는 것으로써 방편으로 삼아서 이미 생겨난 선법을 안주하게 하고, 잊지 않으며 늘리고 넓혀서 두 배로 수습하면서 원만하기 위한 까닭으로, 책려를 생겨나게 하고 정근을 일으키며 책려의 마음을 지닌다 면, 이것이 넷째이니라. 선현이여. 이것이 보살마하살의 대승의 상이라고

---

6) '채찍질하는 것처럼 격려하다.'는 뜻이다.

마땅히 알아야 하느니라.

다시 다음으로 선현이여. 보살마하살의 대승의 상이라는 것은 4신족(四神足)을 말하느니라. 무엇 등을 4신족으로 삼는가? 선현이여. 만약 보살마하살이 반야바라밀다를 수행하는 때에 얻을 수 없는 것으로써 방편으로 삼아서 욕삼마지(欲三摩地)를 수행하면서 행(行)을 끊고 신족(神足)을 성취하며, 벗어남(離)에 의지하고 염오가 없는 것(無染)에 의지하며 적멸(滅)에 의지하고 버리는 것(捨)에 회향한다면, 이것이 첫째이니라. 만약 보살마하살이 반야바라밀다를 수행하는 때에 얻을 수 없는 것으로써 방편으로 삼아서 근삼마지(勤三摩地)를 닦아 수행하면서 행을 끊고 신족을 성취하며, 벗어남에 의지하고 염오가 없는 것에 의지하며 적멸에 의지하고 버리는 것에 회향한다면, 이것이 둘째이니라.

만약 보살마하살이 반야바라밀다를 수행하는 때에 얻을 수 없는 것으로써 방편으로 삼아서 심삼마지(心三摩地)를 수행하면서 행을 끊고 신족을 성취하며, 벗어남에 의지하고 염오가 없는 것에 의지하며 적멸에 의지하고 버리는 것에 회향한다면, 이것이 셋째이니라. 만약 보살마하살이 반야바라밀다를 수행하는 때에 얻을 수 없는 것으로써 방편으로 삼아서 관삼마지(觀三摩地)를 수행하면서 행을 끊고 신족을 성취하며, 벗어남에 의지하고 염오가 없는 것에 의지하며 적멸에 의지하고 버리는 것에 회향한다면, 이것이 넷째이니라. 선현이여. 이것이 보살마하살의 대승의 상이라고 마땅히 알아야 하느니라.

다시 다음으로 선현이여. 보살마하살의 대승의 상이라는 것은 5근(五根)을 말하느니라. 무엇 등을 5근으로 삼는가? 선현이여. 만약 보살마하살이 반야바라밀다를 수행하는 때에 얻을 수 없는 것으로써 방편으로 삼아서 수습하는 신근(信根)·정진근(精進根)·염근(念根)·정근(定根)·혜근(慧根)이니라. 선현이여. 이것이 보살마하살의 대승의 상이라고 마땅히 알아야 하느니라.

다시 다음으로 선현이여. 보살마하살의 대승의 상이라는 것은 5력(五力)을 말하느니라. 무엇 등을 5력으로 삼는가? 선현이여. 만약 보살마하살이 반야바라밀다를 수행하는 때에 얻을 수 없는 것으로써 방편으로 삼아서 수습하는 신력(信力)·정진력(精進力)·염력(念力)·정력(定力)·혜력(慧力)이니라. 선현이여. 이것이 보살마하살의 대승의 상이라고 마땅히 알아야 하느니라.

다시 다음으로 선현이여. 보살마하살의 대승의 상이라는 것은 7등각지(七等覺支)를 말하느니라. 무엇 등을 7등각지로 삼는가? 선현이여. 만약 보살마하살이 반야바라밀다를 수행하는 때에 얻을 수 없는 것으로써 방편으로 삼아서 수행하는 염등각지(念等覺支)·택법등각지(擇法等覺支)·정진등각지(精進等覺支)·희등각지(喜等覺支)·경안등각지(輕安等覺支)·정등각지(定等覺支)·사등각지(捨等覺支)이니, 벗어남에 의지하고 염오가 없는 것에 의지하며 적멸에 의지하고 버리는 것에 회향하느니라. 선현이여. 이것이 보살마하살의 대승의 상이라고 마땅히 알아야 하느니라.

다시 다음으로 선현이여. 보살마하살의 대승의 상이라는 것은 8성도지(八聖道支)를 말하느니라. 무엇 등을 8성도지로 삼는가? 선현이여. 만약 보살마하살이 반야바라밀다를 수행하는 때에 얻을 수 없는 것으로써 방편으로 삼아서 닦는 정견(正見)·정사유(正思惟)·정어(正語)·정업(正業)·정명(正命)·정정진(正精進)·정념(正念)·정정(正定)이니, 벗어남에 의지하고 염오가 없는 것에 의지하며 적멸에 의지하고 버리는 것에 회향하느니라. 선현이여. 이것이 보살마하살의 대승의 상이라고 마땅히 알아야 하느니라.

다시 다음으로 선현이여. 보살마하살의 대승의 상이라는 것은 세 가지의 삼마지를 말하느니라. 무엇 등을 세 가지로 삼는가? 선현이여. 만약 보살마하살이 반야바라밀다를 수행하는 때에 얻을 수 없는 것으로써 방편으로 삼아서 일체법의 자상(自相)이 모두가 공(空)하다고 관찰하여 그것에 안주한다면 공해탈문(空解脫門)이라고 이름하고, 역시 공삼마지(空三摩地)라고 이름하나니, 이것이 첫째이니라.

만약 보살마하살이 반야바라밀다를 수행하는 때에 얻을 수 없는 것으로써 방편으로 삼아서 일체법의 자상이 공한 까닭으로 모두가 유상(有相)이 없다고 관찰하여 그것에 안주한다면 무상해탈문(無相解脫門)이라고 이름하고, 역시 무상삼마지라고 이름하나니, 이것이 둘째이니라. 만약 보살마하살이 반야바라밀다를 수행하는 때에 얻을 수 없는 것으로써 방편으로 삼아서 일체법의 자상이 공한 까닭으로 모두가 소원(所願)이 없다고 관찰하여 그것에 안주한다면 무원해탈문(無願解脫門)이라고 이름하고, 역시 무원삼마지라고 이름하나니, 이것이 셋째이니라. 선현이여. 이것이 보살마하살의 대승의 상이라고 마땅히 알아야 하느니라.

다시 다음으로 선현이여. 보살마하살의 대승의 상이라는 것은 법지(法智)·유지(類智)·세속지(世俗智)·타심지(他心智)·고지(苦智)·집지(集智)·멸지(滅智)·도지(道智)·진지(盡智)·무생지(無生智)·여실지(如實智)를 말하느니라. 이것이 보살마하살의 대승의 상이니라."

그때 존자(尊者) 선현이 세존께 아뢰어 말하였다.
"세존이시여. 무엇이 법지(法智)입니까?"
세존께서 말씀하셨다.
"선현이여. 만약 지혜가 얻을 수 없는 것으로써 방편으로 삼아서 5온(蘊) 등이 차별이 서로 전변(轉變)한다고 알았다면, 이것이 법지이니라."
"세존이시여. 무엇이 유지(類智)입니까?"
"선현이여. 만약 지혜가 얻을 수 없는 것으로써 방편으로 삼아서 온(蘊)·계(界)·처(處)와 여러 연기(緣起)가 만약 모두이거나, 만약 별도이더라도 이것이 무상(無常)한 것 등이라고 알았다면, 이것이 유지이니라."
"세존이시여. 무엇이 세속지(世俗智)입니까?"
"선현이여. 만약 지혜가 얻을 수 없는 것으로써 방편으로 삼아서 일체법이 거짓으로 시설된 명자(名字)라고 알았다면, 이것이 세속지이니라."
"세존이시여. 무엇이 타심지(他心智)입니까?"
"선현이여. 만약 지혜가 얻을 수 없는 것으로써 방편으로 삼아서 다른 유정의 심(心)·심소법(心所法)과 수행의 증득과 소멸을 안다면, 이것이 타심지이니라."

"세존이시여. 무엇이 고지(苦智)입니까?"

"선현이여. 만약 지혜가 얻을 수 없는 것으로써 방편으로 삼아서 고(苦)는 상응하여 생겨나지 않는다고 알았다면, 이것이 고지이니라."

"세존이시여. 무엇이 집지(集智)입니까?"

"선현이여. 만약 지혜가 얻을 수 없는 것으로써 방편으로 삼아서 집(集)은 상응하여 영원히 끊어야 한다고 알았다면, 이것이 집지이니라."

"세존이시여. 무엇이 멸지(滅智)입니까?"

"선현이여. 만약 지혜가 얻을 수 없는 것으로써 방편으로 삼아서 멸(滅)은 상응하여 증득을 짓는다고 알았다면, 이것이 멸지이니라."

"세존이시여. 무엇이 도지(道智)입니까?"

"선현이여. 만약 지혜가 얻을 수 없는 것으로써 방편으로 삼아서 도(道)는 상응하여 수습해야 한다고 안다면, 이것이 도지이니라."

"세존이시여. 무엇이 진지(盡智)입니까?"

"선현이여. 만약 지혜가 얻을 수 없는 것으로써 방편으로 삼아서 탐(貪)·진(瞋)·치(癡)가 없앴다고(盡) 알았다면, 이것이 진지이니라."

"세존이시여. 무엇이 무생지(無生智)입니까?"

"선현이여. 만약 지혜가 얻을 수 없는 것으로써 방편으로 삼아서 어느 세계(趣)에도 다시 태어나지 않는다고 알았다면, 이것이 무생지이니라."

"세존이시여. 무엇이 여실지(如實智)입니까?"

"선현이여. 여래의 일체지(一切智)와 일체상지(一切相智)이니, 이것이 여실지이니라. 선현이여. 이것이 보살마하살의 대승의 상이라고 마땅히 알아야 하느니라."

"다시 다음으로 선현이여. 보살마하살의 대승(大乘)의 상(相)이라는 것은 3무루근(三無漏根)을 말하느니라. 무엇 등이 3무루근인가? 미지당지근(未知當知根)·이지근(已知根)·구지근(具知根)이니라."

그때 구수 선현이 세존께 아뢰어 말하였다.

"세존이시여. 무엇이 미지당지근(未知當知根)입니까?"

세존께서 선현에게 말씀하셨다.

"만약 여러 유학(有學)들이 여러 성스러운 진리(聖諦)에서 아직 현관(現觀)[7]이 아니고, 아직 성스러운 과위(果位)도 증득하지 못하였으나, 신근(信根)·정진근(精進根)·염근(念根)·정근(定根)·혜근(慧根)을 소유한 것이니라. 이것을 미지당지근으로 삼느니라."

"세존이시여. 무엇이 이지근(已知根)입니까?"

"선현이여. 만약 여러 유학들이 여러 성스러운 진리에서 이미 현관을 증득하였고, 이미 성스러운 과위도 증득하였으며, 신근·정진근·염근·정근·혜근을 소유한 것이니라. 이것이 이지근이니라."

"세존이시여. 무엇이 구지근(具知根)입니까?"

"선현이여. 여러 무학(無學)인 자인 만약 아라한(阿羅漢)·독각(獨覺)이거나, 만약 여러 보살들이 이미 10지(十地)에 머무르거나, 만약 여래(如來)·응공(應供)·정등각(正等覺)께서 신근·정진근·염근·정근·혜근을 소유한 것을 말하느니라. 이것이 구지근이니라. 선현이여. 이와 같은 3무루근에 만약 얻을 수 없는 것으로써 방편으로 삼는다면, 이것이 보살마하살의 대승의 상이라고 마땅히 알아야 하느니라."

"다시 다음으로 선현이여. 보살마하살의 대승의 상이라는 것은 세 가지의 삼마지(三摩地)를 말하느니라. 무엇 등이 세 가지인가? 유심유사삼마지(有尋有伺三摩地)·무심유사삼마지(無尋唯伺三摩地)·무심무사삼마지(無尋無伺三摩地)를 말하느니라."

그때 구수 선현이 세존께 아뢰어 말하였다.

"세존이시여. 무엇이 유심유사삼마지입니까?"

세존께서 말씀하셨다.

"선현이여. 만약 욕계(欲界)의 악한 불선법(不善法)을 벗어나고, 유심유사(有尋有伺)[8]의 이생희락(離生喜樂)[9]으로 초정려(初靜慮)에 들어가서 구

---

7) 산스크리트어 abhisamaya의 번역이고, 무루의 지혜로써 대상을 있는 그대로 명료하게 파악하는 것, 즉 명료한 이해하는 것이니, 곧 깨달음을 뜻한다.

족하고 머무른다면, 이것을 유심유사삼마지로 삼느니라."

"세존이시여. 무엇이 무심유사삼마지입니까?"

"선현이여. 만약 초정려와 2정려의 중간(中間)의 정려라면, 이것을 무심유사삼마지로 삼느니라."

"세존이시여. 무엇이 무심무사삼마지입니까?"

"선현이여. 만약 2정려에서 나아가서 비상비비상처(非想非非想處)에 이른다면, 이것을 무심무사삼마지로 삼느니라. 선현이여. 이와 같은 세 가지의 삼마지에서 만약 얻을 수 없는 것으로써 방편으로 삼는다면, 이것이 보살마하살의 대승의 상이라고 마땅히 알아야 하느니라."

"다시 다음으로 선현이여. 보살마하살의 대승의 상이라는 것은 10수념(十隨念)을 말하느니라. 무엇 등이 열 가지인가? 불수념(佛隨念)·법수념(法隨念)·승수념(僧隨念)·계수념(戒隨念)·사수념(捨隨念)·천수념(天隨念)·적정염리수념(寂靜厭離隨念)·입출식수념(入出息隨念)·신수념(身隨念)·사수념(死隨念)을 말하느니라. 선현이여. 이와 같다면 10수념이니라. 만약 얻을 수 없는 것으로써 방편으로 삼는다면, 이것이 보살마하살의 대승의 상이라고 마땅히 알아야 하느니라.

다시 다음으로 선현이여. 보살마하살의 대승의 상이라는 것은 4정려(四靜慮)·4무량(四無量)·4무색정(四無色定)·8해탈(八解脫)·8승처(八勝處)·9차제정(九次第定)·10변처(十遍處) 등 선법(善法)이 있는 것을 말하느니라. 만약 얻을 수 없는 것으로써 방편으로 삼는다면, 이것이 보살마하살의 대승의 상이라고 마땅히 알아야 하느니라.

다시 다음으로 선현이여. 보살마하살의 대승의 상이라는 것은 여래의 10력(十力)을 말하느니라. 무엇 등이 10력인가? 처비처지력(處非處智力)·

---

8) 심사(尋伺)는 산스크리트어 vitarka-vicāra의 번역이고, 심(尋)은 개괄적으로 사유하는 마음 작용이고, 사(伺)는 세밀하게 고찰하는 마음 작용을 가리키는데 이 두 가지가 함께 있는 상태를 가리킨다.
9) 욕계를 벗어나서 생겨나는 기쁨[喜]과 즐거움[樂]을 가리킨다.

업이숙지력(業異熟智力)·종종계지력(種種界智力)·종종승해지력(種種勝解智力)·근승열지력(根勝劣智力)·변행행지력(遍行行智力)·정려해탈등지등지잡염청정지력(靜慮解脫等持等至雜染淸淨智力)·숙주수념지력(宿住隨念智力)·사생지력(死生智力)·누진지력(漏盡智力)을 말하느니라."

그때 구수 선현이 세존께 아뢰어 말하였다.
"세존이시여. 무엇이 처비처지력입니까?"
세존께서 말씀하셨다.
"선현이여. 만약 얻을 수 없는 것으로써 방편으로 삼아서 인과(因果) 등의 법처(法處)와 비처(非處)의 상(相)을 여실하고 명료하게 알았다면, 이것이 처비처지력이니라."
"세존이시여. 무엇이 업이숙지력입니까?"
"선현이여. 만약 얻을 수 없는 것으로써 방편으로 삼아서 여러 유정(有情) 부류들의 과거·미래·현재의 여러 업과 여러 종류의 인과(因果) 상을 여실하고 명료하게 안다면, 이것이 업이숙지력이니라."
"세존이시여. 무엇이 종종계지력입니까?"
"선현이여. 만약 얻을 수 없는 것으로써 방편으로 삼아서 여러 유정 부류들의 무량한 경계의 상을 여실하고 명료하게 안다면, 이것이 종종계지력이니라."
"세존이시여. 무엇이 종종승해지력입니까?"
"선현이여. 만약 얻을 수 없는 것으로써 방편으로 삼아서 여러 유정 부류들의 무량한 승해(勝解)의 상을 여실하고 명료하게 안다면, 이것이 종종승해지력이니라."
"세존이시여. 무엇이 근승열지력입니까?"
"선현이여. 만약 얻을 수 없는 것으로써 방편으로 삼아서 여러 유정 부류들의 근기가 수승하고 하열한 상을 여실하고 명료하게 안다면, 이것이 근승열지력이니라."
"세존이시여. 무엇이 변행행지력(遍行行智力)입니까?"

"선현이여. 만약 얻을 수 없는 것으로써 방편으로 삼아서 여러 유정의 부류들의 변행(遍行)10)의 행상(行相)을 여실하고 명료하게 안다면, 이것이 변행행지력이니라."

"세존이시여. 무엇이 정려해탈등지등지잡염청정지력입니까?"

"선현이여. 만약 얻을 수 없는 것으로써 방편으로 삼아서 여러 유정의 부류들의 정려(靜慮)·해탈(解脫)·등지(等持)·등지(等至)의 잡염과 청정·근(根)·력(力)·각지(覺支)·도지(道支) 등의 상을 여실하고 명료하게 안다면, 이것이 정려해탈등지등지잡염청정지력이니라."

"세존이시여. 무엇이 숙주수념지력입니까?"

"선현이여. 만약 얻을 수 없는 것으로써 방편으로 삼아서 여러 유정의 부류들의 무량하고 무수(無數)한 숙주(宿住)11) 일(事)의 상을 여실하고 명료하게 안다면, 이것이 숙주수념지력이니라."

"세존이시여. 무엇이 사생지력입니까?"

"선현이여. 만약 얻을 수 없는 것으로써 방편으로 삼아서 유정의 부류들의 무량하고 무수한 생사(生死) 일의 상을 여실하고 명료하게 안다면, 이것이 사생지력이니라."

"세존이시여. 무엇이 누진지력입니까?"

"선현이여. 만약 얻을 수 없는 것으로써 방편으로 삼아서 여러 번뇌가 영원히 없어져서 무루심(無漏心)의 해탈(解脫)과 무루혜(無漏慧)의 해탈을 현법(現法)의 가운데에서 스스로 증득하고 구족하여 머무르면서 '나의 태어남을 이미 마쳤고, 범행은 이미 섰으며, 지을 일은 이미 마쳤으므로 후유(後有)12)를 받지 않는다.'라고 능히 바르고 명료하게 안다면, 이것이 누진지력이니라. 선현이여. 이것이 보살마하살의 대승의 상이라고 마땅

---

10) 산스크리트어 sarvatraga-caitasa의 번역이고 변행심소(遍行心所)의 줄임말이다. 유식유가행파의 5위 100법에서, 심소법(心所法) 여섯 부류의 가운데에서 하나이다. 변행심소는 심왕이 일어나는 때에 항상 함께 일어나는 마음작용을 뜻한다.

11) 전생(前生)의 세상(世上)을 뜻한다.

12) 산스크리트어 Spunar-bhava의 번역이고, 다음 생에 다시 태어나는 것이다.

히 알아야 하느니라."

"다시 다음으로 선현이여. 보살마하살의 대승의 상이라는 것은 4무소외(四無所畏)를 말하느니라. 무엇이 4무소외인가? 정등각무외(正等覺無畏)·누진무외(漏盡無畏)·장법무외(障法無畏)·진고도무외(盡苦道無畏)를 말하느니라."

그때 구수 선현이 세존께 아뢰어 말하였다.

"세존이시여. 무엇이 정등각무외입니까?"

세존께서 말씀하셨다.

"선현이여. 얻을 수 없는 것으로써 방편으로 삼아서 스스로가 '나는 정등각자(正等覺者)이다.'라고 말하는 때에, 설사 사문이거나, 만약 바라문이거나, 만약 천마(天魔)이거나, 만약 범천이거나, 혹은 나머지의 세간에서 법에 의지하여 비난하거나, 또는 억념(憶念)¹³⁾시키면서 '이 법은 정등각이 아니다.'라고 말할지라도, 나는 그들의 비난이 이유가 없다고 바르게 보느니라. 그들의 비난이 이유가 없다고 보는 까닭으로 안은(安隱)함을 얻었고, 놀람과 두려움이 없이 머무르면서 스스로가 '나는 대선존(大仙尊)의 지위에 있다.'라고 말하고, 대중의 가운데에서 바르게 사자후(師子吼)의 묘한 범륜(梵輪)¹⁴⁾을 굴리는데, 그 범륜은 청정하고 바르며 진실하고 무상(無上)이므로, 일체의 사문이거나, 만약 바라문이거나, 만약 천마이거나, 만약 범천이거나, 혹은 나머지의 세간에서는 모두 능히 여법(如法)하게 굴리는 자가 없느니라. 이것이 정등각무외이니라."

"세존이시여. 무엇이 누진무외(漏盡無畏)입니까?"

"선현이여. 얻을 수 없는 것으로써 방편으로 삼아서 스스로가 '나는 이미 여러 번뇌(漏)를 영원히 끝마쳤다.'라고 말하는 때에, 설사 사문이거나, 만약 바라문이거나, 만약 천마이거나, 만약 범천이거나, 혹은 나머지의 세간에서 법에 의지하여 비난하거나, 또는 억념시키면서 '이와 같은 번뇌

---

13) 마음속에 깊이 기억하여서 잊지 않는 것이다.
14) 법륜(法輪)을 다르게 부르는 말이다.

가 있다면 영원히 끝마친 것이 아니다.'라고 말할지라도, 나는 그들의 비난이 이유가 없다고 바르게 보느니라. 그들의 비난이 이유가 없다고 보는 까닭으로 안은함을 얻었고, 놀람과 두려움이 없이 머무르면서 스스로가 '나는 대선존의 지위에 있다.'라고 말하고, 대중의 가운데에서 바르게 사자의 묘한 범륜을 굴리는데, 그 범륜은 청정하고 바르며 진실하고 무상이므로, 일체의 사문이거나, 만약 바라문이거나, 만약 천마이거나, 만약 범천이거나, 혹은 나머지의 세간에서는 모두 능히 여법하게 굴리는 자가 없느니라. 이것이 누진무외이니라."

"세존이시여. 무엇이 장법무외(障法無畏)입니까?"

"선현이여. 얻을 수 없는 것으로써 방편으로 삼아서 여러 제자들을 위하여 도를 장애하는 법(障道法)을 설하는데, 설사 사문이거나, 만약 바라문이거나, 만약 천마이거나, 만약 범천이거나, 혹은 나머지의 세간에서 법에 의지하여 비난하거나, 또는 억념시키면서 '이 법을 수습하여도 능히 도(道)를 장애하지 않는다.'라고 말할지라도, 나는 그들의 비난이 이유가 없다고 바르게 보느니라. 그들의 비난이 이유가 없다고 보는 까닭으로 안은함을 얻었고, 놀람과 두려움이 없이 머무르면서 '나는 대선존의 지위에 있다.'라고 말하고, 대중의 가운데에서 바르게 사자의 묘한 범륜을 굴리는데, 그 범륜은 청정하고 바르며 진실하고 무상이므로, 일체의 사문이거나, 만약 바라문이거나, 만약 천마이거나, 만약 범천이거나, 혹은 나머지의 세간에서는 모두 능히 여법하게 굴리는 자가 없느니라. 이것이 장법무외이니라."

"세존이시여. 무엇이 진고도무외(盡苦道無畏)입니까?"

"선현이여. 얻을 수 없는 것으로써 방편으로 삼아서 여러 제자들을 위하여 고통을 끝마치는 도(盡苦道)를 설하는데, 설사 사문이거나, 만약 바라문이거나, 만약 천마이거나, 만약 범천이거나, 혹은 나머지의 세간에서 법에 의지하여 비난하거나, 또는 억념시키면서 '이 도를 수습하여도 능히 고통을 끝마치지 못한다.'라고 말할지라도, 나는 그들의 비난이 이유가 없다고 바르게 보느니라. 그들의 비난이 이유가 없다고 보는

까닭으로 안은함을 얻었고, 놀람과 두려움이 없이 머무르면서 스스로가
'나는 대선존의 지위에 있다.'라고 말하고, 대중의 가운데에서 바르게
사자의 묘한 범륜을 굴리는데, 그 범륜은 청정하고 바르며 진실하고
무상이므로, 일체의 사문이거나, 만약 바라문이거나, 만약 천마이거나,
만약 범천이거나, 혹은 나머지의 세간에서는 모두 능히 여법하게 굴리는
자가 없느니라. 이것이 진고도무외이니라. 선현이여. 이것이 보살마하살
의 대승의 상이라고 마땅히 알아야 하느니라."

"다시 다음으로 선현이여. 보살마하살의 대승의 상이라는 것은 4무애해
(四無礙解)를 말하느니라. 무엇 등이 4무애해인가? 의무애해(義無礙解)·법
무애해(法無礙解)·사무애해(詞無礙解)·변무애해(辯無礙解)이니라. 선현
이여. 이와 같은 4무애해에서 만약 얻을 수 없는 것으로써 방편으로 삼는다면,
이것이 보살마하살의 대승의 상이라고 마땅히 알아야 하느니라.

다시 다음으로 선현이여. 보살마하살의 대승의 상이라는 것은 대자(大
慈)·대비(大悲)·대희(大喜)·대사(大捨)·5안(五眼)·6신통(六神通)·일체지
(一切智)·도상지(道相智)·일체상지(一切相智)를 말하느니라. 선현이여.
이러한 법에 만약 얻을 수 없는 것으로써 방편으로 삼는다면, 이것이
보살마하살의 대승의 상이라고 마땅히 알아야 하느니라.

다시 다음으로 선현이여. 보살마하살의 대승의 상이는 것은 18불불공
법(十八佛不共法)을 말하느니라. 무엇 등이 18불불공법인가? 나(我) 여래·
응공·정등각이 처음으로 아뇩다라삼먁삼보리를 증득한 밤(夜)부터, 나아
가 최후에 지을 일을 마치고서 무여의대열반(無餘依大涅槃)에 들어가는
밤까지, 그 중간에서 항상 잘못된 실수가 없고, 조급하고 포악한 음성이
없으며, 염처(念)의 망실(忘失)[15]이 없고, 정려의 마음이 아닌 것이 없으며,
여러 종류의 생각이 없고, 선택하여 버리지 않은 것이 없으며, 뜻과
욕망에서 퇴전(退轉)이 없고, 정진에서 퇴전이 없으며, 염처에서 퇴전이

15) 망각(忘却)을 다르게 부르는 말이다.

없고, 지혜에서 퇴전이 없으며, 해탈에서 퇴전이 없고, 해탈지견(解脫智見)에서 퇴전이 없으며, 일체의 신업(身業)을 지혜를 길잡이로 삼아서 지혜를 따라서 움직이고, 일체의 어업(語業)을 지혜를 길잡이로 삼아서 지혜를 따라서 움직이며, 일체의 의업(意業)을 지혜를 길잡이로 삼아서 지혜를 따라서 움직이고, 과거의 세상에 일으켰던 지견(智見)에서 집착도 없고 장애도 없으며, 미래의 세상에 일으킬 지견에서 집착도 없고 장애도 없으며, 현재의 세상에 일으키는 지견에서 집착도 없고 장애도 없느니라. 선현이여. 이와 같은 18불불공법에서 모두 만약 얻을 수 없는 것으로써 방편으로 삼지 않는 것이 없다면, 이것이 보살마하살의 대승의 상이라고 마땅히 알아야 하느니라."

"다시 다음으로 선현이여. 보살마하살의 대승의 상이라는 것은 여러 문자(文字)의 다라니문(陀羅尼門)을 말하느니라.

그때 구수 선현이 세존께 아뢰어 말하였다.

"세존이시여. 무엇이 문자의 다라니문입니까?"

세존께서 말씀하셨다.

"선현이여. 자평등성(字平等性)·어평등성(語平等性)·언설이취평등성(言說理趣平等性)·제자문(諸字門)에 들어간다면, 이것이 문자 다라니문이니라."

"세존이시여. 무엇이 제자문에 들어가는 것입니까?"

"선현이여. 보살마하살이 반야바라밀다를 수행하는 때에, 얻을 수 없는 것으로써 방편으로 삼아서 아(褒)16) 자(字)의 문에 들어가서 일체법을 깨우쳤어도 근본은 생겨나지 않은 까닭이니라.

락(洛)17) 자의 문에 들어가서 일체법을 깨우쳤어도 번뇌의 티끌(塵垢)을 벗어나는 까닭이니라.

16) 『一切經音義』(大正藏 54) p.319a에 의거하여 실담(悉曇)의 음가(音價)를 복원하여 본다면, a(아)음이다.
17) 실담의 음가는 ra(라)음이다.

　파(跛)18) 자의 문에 들어가서 일체법을 깨우친다면 승의(勝意)를 가르침
인 까닭이니라.

　자(者)19) 자의 문에 들어가서 일체법을 깨우쳤어도 생사(生死) 없는
까닭이니라.

　나(娜)20) 자의 문에 들어가서 일체법을 깨우쳤어도 이름(名)과 상(相)을
멀리 벗어나서 얻음과 잃음이 없는 까닭이니라.

　라(砢)21) 자의 문에 들어가서 일체법을 깨우쳤어도 세간을 벗어나는
까닭이고, 애욕을 지탱하는 인연이 영원히 나타나지 않는 까닭이니라.

　타(柁)22) 자의 문에 들어가서 일체법을 깨우쳤어도 조복(調伏)·적정(寂
靜)·진여(眞如)·평등(平等)에 분별(分別)이 없는 까닭이니라.

　바(婆)23) 자의 문에 들어가서 일체법을 깨우쳤어도 계박(繫縛)24)을
벗어나는 까닭이니라.

　다(茶)25) 자의 문에 들어가서 일체법을 깨우쳤어도 번뇌(熱)26)를 벗어
나고 번민(穢)을 바로잡아 청정함을 얻는 까닭이니라.

　사(沙)27) 자의 문에 들어가서 일체법을 깨우쳤어도 장애(罣礙)가 없는
까닭이니라.

　박(縛)28) 자의 문에 들어가서 일체법을 깨우쳤어도 말의 소리의 이치(音

---

18) 실담의 음가는 pa(파)음이다.
19) 실담의 음가는 ca(차)음이다.
20) 실담의 음가는 da(다)음이다.
21) 실담의 음가는 la(라)음이다.
22) 실담의 음가는 dha(다), 또는 da(다)음이다.
23) 실담의 음가는 bha(바), 또는 va(바)음이다
24) 몸과 마음을 속박하여 자유롭지 못하게 하는 번뇌를 다르게 부르는 말이다.
25) 실담의 음가는 ksa(크사)음이다.
26) 열뇌(熱惱)의 줄임말로 사용되고 있는데, 『佛說七佛經』(大正藏 1) p.152c, 『佛說帝釋
　　所問經』(大正藏 1) p.246c, 『起世因本經』(大正藏 1) p.414a2, 『說四諦經』(大正藏
　　1) p.815a, 『雜阿含經』(大正藏 2) p.38c27, 『悲華經』(大正藏 3) p.229c, 『大乘本生心地
　　觀經』(大正藏 3) p.294b 등에서 용례를 찾아볼 수 있다.
27) 실담의 음가는 sa(사)음이다.
28) 실담의 음가는 ba(바), 또는 va(바)음이다.

道)가 끊어지는 까닭이니라.

다(頝)²⁹⁾ 자의 문에 들어가서 일체법을 깨우쳤어도 진여는 움직이지 않는 까닭이니라.

야(也)³⁰⁾ 자의 문에 들어가서 일체법을 깨우쳤어도 여실하게 태어나지 않는 까닭이니라.

슬타(瑟吒)³¹⁾ 자의 문에 들어가서 일체법을 깨우쳤어도 조복(制伏)하고, 유지(任持)하는 상(相)을 얻을 수 없는 까닭이니라.

가(迦)³²⁾ 자의 문에 들어가서 일체법을 깨우쳤어도 짓는 것(作者)을 얻을 수 없는 까닭이니라.

사(娑)³³⁾ 자의 문에 들어가서 일체법을 깨우쳤어도 시간(時)의 평등성을 얻을 수 없는 까닭이니라.

마(磨)³⁴⁾ 자의 문에 들어가서 일체법을 깨우쳤어도 나(我)와 나의 것(我所)의 자성을 얻을 수 없는 까닭이니라.

가(伽)³⁵⁾ 자의 문에 들어가서 일체법을 깨우쳤어도 행(行)으로 취하는 자성을 얻을 수 없는 까닭이니라.

타(他)³⁶⁾ 자의 문에 들어가서 일체법을 깨우쳤어도 처소(處所)를 얻을 수 없는 까닭이니라.

사(闍)³⁷⁾ 자의 문에 들어가서 일체법을 깨우쳤어도 생겨나서 일어남(生起)을 얻을 수 없는 까닭이니라.

습박(濕縛)³⁸⁾ 자의 문에 들어가서 일체법을 깨우쳤어도 안은(安隱)한

---

29) 실담의 음가는 da(다)음이다.
30) 실담의 음가는 ya(야)음이다.
31) 실담의 음가는 sta(스타)음이다.
32) 실담의 음가는 ka(카)음이다.
33) 실담의 음가는 sa(사)음이다.
34) 실담의 음가는 ma(마)음이다.
35) 실담의 음가는 gha(가), 또는 ga(가)음이다.
36) 실담의 음가는 tha(타)음이다.
37) 실담의 음가는 jha(자), 또는 ja(자)음이다.

자성을 얻을 수 없는 까닭이니라.

달(達)[39] 자의 문에 들어가서 일체법을 깨우쳤어도 경계(界)의 자성을 얻을 수 없는 까닭이니라.

사(捨)[40] 자의 문에 들어가서 일체법을 깨우쳤어도 적정한 자성을 얻을 수 없는 까닭이니라.

거(佉)[41] 자의 문에 들어가서 일체법을 깨우쳤어도 허공과 같은 자성을 얻을 수 없는 까닭이니라.

찬(羼)[42] 자의 문에 들어가서 일체법을 깨우쳤어도 끝이 없는 자성을 얻을 수 없는 까닭이니라.

살다(薩頞)[43] 자의 문에 들어가서 일체법을 깨우쳤어도 처소와 처소가 아닌 것을 유지하고, 움직이지 않게 하는 자성을 얻을 수 없는 까닭이니라.

약(若)[44] 자의 문에 들어가서 일체법을 깨우쳤어도 처소를 명료하게 아는 자성을 얻을 수 없는 까닭이니라.

날타(辣他)[45] 자의 문에 들어가서 일체법을 깨우쳤어도 집착하는 뜻의 자성을 얻을 수 없는 까닭이니라.

가(呵)[46] 자의 문에 들어가서 일체법을 깨우쳤어도 인(因)의 자성을 얻을 수 없는 까닭이니라.

박(薄)[47] 자의 문에 들어가서 일체법을 깨우쳤어도 파괴(破壞)할 수 있는 자성을 얻을 수 없는 까닭이니라.

---

38) 실담의 음가는 zva(즈바)음이다.
39) 실담의 음가는 dha(다)음이다.
40) 실담의 음가는 za(자)음이다.
41) 실담의 음가는 kha(카)음이다.
42) 실담의 음가는 ksa(크사)음이다.
43) 실담의 음가는 sda(스다)음이다.
44) 실담의 음가는 ja(자)음이다.
45) 실담의 음가는 rtha(르타)음이다.
46) 실담의 음가는 ha(하)음이다.
47) 실담의 음가는 bha(바)음이다.

작(綽)48) 자의 문에 들어가서 일체법을 깨우쳤어도 욕락(欲樂)을 덮는
자성을 얻을 수 없는 까닭이니라.

삽마(颯磨)49) 자의 문에 들어가서 일체법을 깨우쳤어도 억념(憶念)할
수 있는 자성을 얻을 수 없는 까닭이니라.

갑박(嗑縛)50) 자의 문에 들어가서 일체법을 깨우쳤어도 호소(呼召)할
수 있는 자성을 얻을 수 없는 까닭이니라.

차(蹉)51) 자의 문에 들어가서 일체법을 깨우쳤어도 용맹하고 건장한
자성을 얻을 수 없는 까닭이니라.

건(鍵)52) 자의 문에 들어가서 일체법을 깨우쳤어도 크게 평등한 자성을
얻을 수 없는 까닭이니라.

채(搋)53) 자의 문에 들어가서 일체법을 깨우쳤어도 적집(積集)하는
자성을 얻을 수 없는 까닭이니라.

노(拏)54) 자의 문에 들어가서 일체법을 깨우쳤어도 여러 시끄러운
투쟁을 벗어나고 떠나가는 것도 없고 돌아오는 것도 없으며 행(行)·주(住)·
좌(坐)·와(臥)를 얻을 수 없는 까닭이니라.

파(頗)55) 자의 문에 들어가서 일체법을 깨우쳤어도 두루 원만한 과보를
얻을 수 없는 까닭이니라.

색가(塞迦)56) 자의 문에 들어가서 일체법을 깨우친다면 모여서 쌓이는
온(蘊)의 자성을 얻을 수 없는 까닭이니라.

일사(逸娑) 자의 문에 들어가서 일체법을 깨우쳤어도 노쇠(衰老)하는

---

48) 실담의 음가는 cha(차)음이다.
49) 실담의 음가는 sma(스마)음이다.
50) 실담의 음가는 kva(크바)음이다.
51) 실담의 음가는 ccha(짜)음이다.
52) 실담의 음가는 gha(가)음이다.
53) 실담의 음가는 tha(타)음이다.
54) 실담의 음가는 na(나)음이다.
55) 실담의 음가는 pha(파)음이다.
56) 실담의 음가는 jisa(지사)음이다.

상을 얻을 수 없는 까닭이니라.

작(酢)⁵⁷⁾ 자의 문에 들어가서 일체법을 깨우쳤어도 모여서 쌓인 발자취를 얻을 수 없는 까닭이니라.

타(吒)⁵⁸⁾ 자의 문에 들어가서 일체법을 깨우쳤어도 서로가 구박(驅迫)하는 자성을 얻을 수 없는 까닭이니라.

택(擇)⁵⁹⁾ 자의 문에 들어가서 일체법을 깨우쳤어도 구경(究竟)의 처소(處所)를 얻을 수 없는 까닭이니라.

선현이여. 이와 같이 문자의 문은 능히 법공(法空)을 깨우쳐서 들어가는 끝이므로, 이와 같은 문자를 제외한다면 여러 법공을 표시하려고 하여도 다시 할 수 없느니라. 왜 그러한가? 선현이여. 이러한 문자의 이치는 널리 설할 수도 없고, 드러내어 보여줄 수 없으며, 잡아서 취할 수 없고, 써서 지닐 수 없으며, 관찰할 수 없나니, 여러 상을 벗어난 까닭이니라. 선현이여. 비유한다면 허공은 일체의 만물(萬物)이 돌아가고 나아가는 처소인 것과 같이, 이 여러 문자의 문도 역시 다시 이와 같나니, 제법의 공한 이치는 모두 이 문에 들어가야 비로소 명료하게 나타남을 얻을 수 있느니라.

선현이여. 이 아(褻) 자 등은 여러 문자의 문에 들어간다고 이름하느니라. 선현이여. 만약 보살마하살이 이와 같은 여러 문자의 문에 들어가서 선교(善巧)⁶⁰⁾의 지혜를 얻는다면, 여러 말과 소리에서 설명하는 것과 표시하는 것에 모두 장애가 없고, 일체법에서 평등한 공성(空性)을 모두 능히 증득하여 수지한다면, 많은 말과 소리에서 함께 선교를 얻느니라. 선현이여. 만약 보살마하살이 이와 같은 여러 문자의 문에 들어가는 인상(印相)⁶¹⁾과 인구(印句)를 들었고, 듣고서 수지(受持)하고 독송(讀誦)하

---

57) 실담의 음가는 zca(즈차)음이다.

58) 실담의 음가는 ta(타)음이다.

59) 실담의 음가는 Dha(다)음이다.

60) '선권곡교(善權曲巧)'의 줄임말이고, '선하고 공교하게 동작한다.'는 뜻이다. 세존께서 중생을 제도할 때에 그 근기에 맞추어 방편을 짓는 것이 공교롭고 묘하다는 뜻이다.

여 통리(通利)하고 다른 사람을 위하여 해설(解說)하면서 명예와 이익을
탐내지 않는다면, 이 인연을 이유로 20종류의 수승한 공덕을 얻느니라.
　무엇이 20종류인가? 강한 억념을 얻고, 수승한 참괴(慙愧)[62]를 얻으며,
견고한 힘을 얻고, 법의 지취(旨趣)[63]를 얻으며, 증상(增上)[64]의 깨달음
(覺)을 얻고, 수승한 지혜를 얻으며, 장애가 없는 말재주를 얻고, 총지문(總
持門)[65]을 얻으며, 의혹이 없어짐을 얻고, 어긋나거나 수순하는 말에
성내거나 좋아하지 않음을 얻으며, 높고 낮음이 없이 평등하게 머무름을
얻고, 유정들의 말과 소리에서 선교를 얻으며, 온(蘊)의 선교(善巧)·처(處)
의 선교·계(界)의 선교를 얻고, 연기(緣起)의 선교·인(因)선교·연(緣)의
선교·법의 선교를 얻으며, 근승열지(根勝劣智)의 선교·타심지(他心智)의
선교를 얻고, 성력(星曆)을 관찰하는 선교를 얻으며, 천이지(天耳智)의
선교·숙주수념지(宿住隨念智)의 선교·신경지(神境智)의 선교·생사지(死生
智)의 선교를 얻고, 누진지(漏盡智)의 선교를 얻으며, 설처비처지(說處非處智)
의 선교를 얻고, 돌아오고 떠나가는 것 등의 위의(威儀)와 도로의 선교를
얻느니라. 선현이여. 이러한 20종류의 수승한 공덕을 얻게 되느니라.
　선현이여. 보살마하살이 반야바라밀다를 수행하는 때에 얻을 수 없는
것으로써 방편으로 삼아서 얻게 되는 문자의 다라니문이 마땅히 보살마하
살의 대승의 상이라고 마땅히 알아야 하느니라.”
　세존께서 선현에게 알리셨다.
　“그대가 ‘어찌 보살마하살이 대승을 일으켜서 나아가는 것을 마땅히

---

61) 산스크리트어 mudrā의 번역이고, ‘인계(印契)’, ‘수인(手印)’이라고도 불리며, 상징
　　적이고 의례적인 동작을 가리킨다.
62) ‘참(慙)’은 스스로를 반성하여 자신이 지은 죄를 부끄러워하는 마음이고, ‘괴(愧)’는
　　다른 사람 또는 하늘에 대해 부끄러워하는 마음을 가리킨다.
63) 종지(宗旨), 주지(主旨), 취지(趣旨) 등을 다르게 부르는 말이다.
64) 산스크리트어 aupacayik의 번역이고, ‘증진(增進)하는 것’, ‘증진(增進)시키는 것’,
　　‘증가시키는 것’ 등의 뜻이 있다.
65) 산스크리트어 dhāranī의 번역이고, 능히 모두 섭수하여 기억하고 지니면서 무량한
　　불법을 잊지 않는 염력(念力)과 혜력(慧力)을 가리킨다.

알아야 합니까?'라고 물었는데, 선현이여. 만약 보살마하살이 6바라밀다를 수행하는 때에 하나의 지위(地)에서 하나의 지위로 나아간다면 이것이 보살마하살이 대승에 나아가는 것이라고 마땅히 알아야 하느니라."

그때 구수 선현이 세존께 아뢰어 말하였다.
"세존이시여. 무엇이 보살마하살이 6바라밀다를 수행하는 때에 한 지위에서 한 지위로 나아가는 것입니까?"
세존께서 말씀하셨다.
"선현이여. 보살마하살은 일체법이 쫓아서 오는 것도 없고, 역시 나아가는 것도 없다고 아는 것과 같으니라. 왜 그러한가? 일체법은 떠나가는 것도 없고 돌아오는 것도 없으며 쫓는 것도 없고 나아가는 것도 없으며, 오히려 그 제법은 변하거나 무너지는 것이 없는 까닭으로, 이 보살마하살은 쫓아가고 나아가는 지위라는 것에서 의지하지도 않고 사유(思惟)하지도 않느니라. 비록 지위의 업(業)을 수습하여 대치(修治)하더라도 그 지위를 보지 않으니라. 선현이여. 이것이 보살마하살이 6바라밀다를 수행하는 때에 한 지위에서 한 지위로 나아가는 것이니라."
"세존이시여. 무엇을 보살마하살이 지위의 업을 수습하여 대치한다고 말합니까?"
"선현이여. 보살마하살이 초지(初地)인 극희지(極喜地)에 머무르는 때에, 10종류의 수승한 업을 상응하여 잘 수습하고 대치해야 하느니라. 무엇이 10종류인가? 첫째는 얻을 수 없는 것으로써 방편으로 삼아서 청정하고 수승한 의요(意樂)[66]의 업을 수습하고 대치해야 하나니, 수승한 의요의 일은 얻을 수 없는 까닭이니라. 둘째는 얻을 수 없는 것으로써 방편으로 삼아서 일체 유정의 평등한 마음의 업을 수습하고 대치해야 하나니, 유정은 얻을 수 없는 까닭이니라. 셋째는 얻을 수 없는 것으로써 방편으로 삼아서 보시하는 업을 수습하고 대치해야 하나니, 보시하는

---

66) 산스크리트어 āśaya의 번역이고, '안식처', '주처(住處)', '의미' 등의 뜻이다. 의역하여 '행복', '욕망', '의지'를 뜻한다.

자와 받는 자와 보시하는 물건은 얻을 수 없는 까닭이니라.

넷째는 얻을 수 없는 것으로써 방편으로 삼아서 선한 벗을 친근(親近)하는 업을 수습하고 대치해야 하나니, 선한 벗과 악한 벗이 두 상(相)이 없는 까닭이니라. 다섯째는 얻을 수 없는 것으로써 방편으로 삼아서 법을 구하는 업을 수습하고 대치해야 하나니, 여러 구하는 법이라는 것을 얻을 수 없는 까닭이니라. 여섯째는 얻을 수 없는 것으로써 방편으로 삼아서 항상 즐거이 출가하는 업을 수습하고 대치해야 하나니, 집을 버리는 것을 얻을 수 없는 까닭이니라. 일곱째는 얻을 수 없는 것으로써 방편으로 삼아서 세존의 몸을 애락(愛樂)하는 업을 수습하고 대치해야 하나니, 여러 상호(相)와 수호(隨好)는 얻을 수 없는 까닭이니라.

여덟째는 얻을 수 없는 것으로써 방편으로 삼아서 열어서 드러내는 법의 가르침의 업을 수습하고 대치해야 하나니, 분별하는 법이라는 것을 얻을 수 없는 까닭이니라. 아홉째는 얻을 수 없는 것으로써 방편으로 삼아서 교만을 깨뜨리는 업을 수습하고 대치해야 하나니, 여러 흥성(興盛)하는 법은 얻을 수 없는 까닭이니라. 열째는 얻을 수 없는 것으로써 방편으로 삼아서 항상 진실한 말의 업을 수습하고 대치해야 하나니, 일체 말의 자성은 얻을 수 없는 까닭이니라. 선현이여. 보살마하살이 초지(初地)인 극희지에 머무르는 때에는 이러한 10종류의 수승한 업을 상응하여 잘 수습하고 대치해야 하느니라.

다시 다음으로 선현이여. 보살마하살이 제2의 이구지(離垢地)에 머무르는 때에, 8법에서 상응하여 사유하고 수습하여 빠르게 원만하게 해야 하느니라. 무엇 등이 여덟 가지인가? 첫째는 청정한 금계(禁戒)이고, 둘째는 은혜를 알고 은혜를 갚으며, 셋째는 안인(安忍)의 힘에 머무르고, 넷째는 수승한 환희를 받아들이며, 다섯째는 유정들을 버리지 않고, 여섯째는 항상 큰 자비를 일으키며, 일곱째는 여러 스승과 장로에게 신심으로 공경하며 묻고 받들고 공양하면서 일을 세존과 같다고 생각하고, 여덟째는 바라밀다를 부지런히 구하고 수습하는 것이니라. 선현이여. 보살마하살은 제2의 이구지에 머무르는 때에 이와 같은 8법을 사유하고 수습하여 빠르게 원만하게 해야 하느니라.

다시 다음으로 선현이여. 보살마하살이 제3의 발광지(發光地)에 머무르는 때에, 5법에 머물러야 하느니라. 무엇이 다섯 가지인가? 첫째는 많이 들으려고 부지런히 구하면서 일찍이 매우 만족함이 없어야 하고 들었던 법에서 문자에 집착하지 않으며, 둘째는 염오가 없는 마음으로써 항상 법을 보시하면서 비록 널리 열어서 교화하더라도 스스로가 높이지 않으며, 셋째는 국토를 장엄하고 청정하게 하기 위하여 여러 선근(善根)을 심으면서 비록 회향하더라도 스스로가 드러내지 않고, 넷째는 유정들을 교화하기 위하여 비록 무변한 생사(生死)에 게으르지 않더라도 스스로가 높이지 않으며, 다섯째는 비록 참괴(慚愧)에 머무르더라도 집착함이 없느니라. 선현이여. 보살마하살은 제3의 발광지에 머무르는 때에 이와 같은 5법에 상응하여 항상 안주해야 하느니라.

다시 다음으로 선현이여. 보살마하살이 제4의 염혜지(焰慧地)에 머무르는 때에, 10법에 머무르면서 항상 행하고 버리지 않아야 하느니라. 무엇이 열 가지인가? 첫째는 아련야(阿練若)67)에 머무르면서 항상 버리고 벗어나지 않고, 둘째는 욕망이 적으며, 셋째는 만족을 기뻐하고, 넷째는 항상 두타(杜多)의 공덕을 버리고 벗어나지 않으며, 다섯째는 여러 학처(學處)68)에서 일찍이 버리지 않고, 여섯째는 여러 욕락(欲樂)에서 염리(厭離)69)가 깊게 생겨나며, 일곱째는 항상 적멸(寂滅)과 함께 하는 마음을 즐거이 일으키고, 여덟째는 여러 고유한 것들을 버리며, 아홉째는 마음이 막히고 무너지지 않고, 열째는 여러 소유한 것에서 고련(顧戀)70)이 없는 것이니라. 선현이여. 보살마하살이 제4의 염혜지에 머무르는 때에 이와 같은 10법에 상응하여 항상 행하면서 버리지 않아야 하느니라.

---

67) 산스크리트어 araṇya의 음사이고, '공한처(空閑處)', '원리처(遠離處)'라고 번역한다. 한적한 숲속이거나, 마을에서 떨어져서 수행자들이 머무는 것에 적합한 장소를 가리킨다.

68) 산스크리트어 śikṣāpada의 번역이고, 계율을 가리킨다.

69) 세상(世上)을 싫어하여 떠나는 것을 뜻한다.

70) 마음에 맺혀있어서 잊지 못하는 마음을 뜻한다.

마하반야바라밀다경 제54권

15. 변대승품(辯大勝品)(4)

"다시 다음으로 선현이여. 보살마하살이 제5의 극난승지(極難勝地)에 머무르는 때에, 10법에 상응하여 멀리 벗어나야 하느니라. 무엇이 열 가지인가? 첫째는 기거하는 집(居家)에 상응하여 멀리 벗어나야 하고, 둘째는 비구니(苾芻尼)에 상응하여 멀리 벗어나야 하며, 셋째는 집의 간탐에 상응하여 멀리 벗어나야 하고, 넷째는 대중의 회상에서 분쟁(忿諍)에 상응하여 멀리 벗어나야 하며, 다섯째는 스스로를 찬탄하고 다른 사람을 헐뜯는 일에 상응하여 멀리 벗어나야 하고, 여섯째는 십불선업도(十不善業道)에 상응하여 멀리 벗어나야 하며, 일곱째는 증상만(增上慢)[1]의 거만(傲)에 상응하여 멀리 벗어나야 하고, 여덟째는 전도(顚倒)[2]에 상응하여 멀리 벗어나야 하며, 아홉째는 유예(猶豫)[3]에 상응하여 멀리 벗어나야 하고, 열째는 탐(貪)·진(瞋)·치(癡)에 상응하여 멀리 벗어나야 하느니라. 선현이여. 보살마하살은 제5의 극난승지에 머무르는 때에 항상 이와 같은 10법을 상응하여 멀리 벗어나야 하느니라.

다시 다음으로 선현이여. 보살마하살이 제6의 현전지(現前地)에 머무르

---

1) 산스크리트어 abhi-māna의 번역이고, 수승한 법의 깨달음을 얻지 못하고서 얻었다고 생각하여 스스로가 거만한 마음이다.
2) 산스크리트어 viparyāsa의 번역이고, 번뇌를 원인으로 잘못 생각하거나, 실제의 사(事)와 이(理)에 대해 어긋나게 이해하는 것이다.
3) 일을 실행하면서 날짜나 시간을 연기하는 것이다.

는 때, 6법을 원만하게 해야 하느니라. 무엇이 여섯 가지인가? 첫째는 보시바라밀다에 상응하여 원만하여야 하고, 둘째는 정계바라밀다에 상응하여 원만하여야 하며, 셋째는 안인바라밀다에 상응하여 원만하여야 하고, 넷째는 정진바라밀다에 상응하여 원만하여야 하며, 다섯째는 정려바라밀다에 상응하여 원만하여야 하고, 여섯째는 반야바라밀다에 상응하여 원만하여야 하느니라.

다시 6법에 상응하여 멀리 벗어나야 하느니라. 무엇이 여섯 가지인가 하면, 첫째는 성문(聲聞)의 마음에 상응하여 멀리 벗어나야 하고, 둘째는 독각(獨覺)의 마음에 상응하여 멀리 벗어나야 하며, 셋째는 불타는 번뇌의 마음에 상응하여 멀리 벗어나야 하고, 넷째는 구걸하러 오는 자를 보고 싫어하는 마음이 없어야 하며, 다섯째는 소유한 물건을 버리고서 근심하거나 후회하는 마음이 없어야 하고, 여섯째는 구하고자 오는 자를 결국 속이지 않아야 하느니라. 선현이여. 보살마하살은 제6의 현전지에 머무르는 때에 이와 같은 6법을 원만하게 해야 하고, 또한 이와 같은 6법에 상응하여 멀리 벗어나야 하느니라.

다시 다음으로 선현이여. 보살마하살이 제7의 원행지(遠行地)에 머무르는 때에, 20법을 상응하여 멀리 벗어나야 하느니라. 무엇이 스무 가지인가? 첫째는 아집(我執)·유정집(有情執), 나아가 지자집(知者執)·견자집(見者執)에 상응하여 멀리 벗어나야 하고, 둘째는 단집(斷執)에 상응하여 멀리 벗어나야 하며, 셋째는 상집(常執)에 상응하여 멀리 벗어나야 하고, 넷째는 상(相)이라는 생각에 상응하여 멀리 벗어나야 하며, 다섯째는 인연 등의 견집(見執)에 상응하여 멀리 벗어나야 하고, 여섯째는 명색집(名色執)에 상응하여 멀리 벗어나야 하며, 일곱째는 온집(蘊執)에 상응하여 멀리 벗어나야 하고, 여덟째는 처집(處執)에 상응하여 멀리 벗어나야 하며, 아홉째는 계집(界執)에 상응하여 멀리 벗어나야 하고, 열째는 제집(諦執)에 상응하여 멀리 벗어나야 하느니라.

열한째는 연기집(緣起執)에 상응하여 멀리 벗어나야 하고, 열두째는 삼계집(三界執)에 머무른다는 집착에 상응하여 멀리 벗어나야 하며, 열셋

째는 일체법집(一切法執)에 상응하여 멀리 벗어나야 하고, 열넷째는 일체
법에서 이치와 같고 이치와 같지 않다는 집착에 상응하여 멀리 벗어나야
하며, 열다섯째는 의불견집(依佛見執)에 상응하여 멀리 벗어나야 하고,
열여섯째는 의법견집(依法見執)에 상응하여 멀리 벗어나야 하며, 열일곱
째는 의승견집(依僧見執)에 상응하여 멀리 벗어나야 하고, 열여덟째는
계율의 의계견집(依戒見執)에 상응하여 멀리 벗어나야 하며, 열아홉째는
공한 법(空法)을 두려워하는 것에 상응하여 멀리 벗어나야 하고, 스무째는
공성(空性)을 위배(違背)하는 것에 상응하여 멀리 벗어나야 하느니라.

다시 20법에 상응하여 원만해야 하느니라. 무엇이 스무 가지인가?
첫째는 공에 통달하면서 상응하여 원만하여야 하고, 둘째는 무상(無相)을
증득하면서 상응하여 원만하여야 하며, 셋째는 무원(無願)을 알고서 상응
하여 원만하여야 하고, 넷째는 3륜(輪)의 청정함에 상응하여 원만하여야
하며, 다섯째는 유정들에게 자비하고 애민하며, 또한 유정들에게 집착함
이 없음에 상응하여 원만하여야 하고, 여섯째는 일체법이 평등하다고
보고, 또한 이 가운데에서 집착함이 없음에 상응하여 원만하여야 하며,
일곱째는 일체 유정들이 평등하다고 보고, 또한 이 가운데에서 집착함이
없음에 상응하여 원만하여야 하고, 여덟째는 진실한 이취(理趣)[4]를 통달
하고, 또한 이 가운데에서 집착함이 없음에 상응하여 원만하여야 하며,
아홉째는 무생인(無生忍)[5]의 지혜에 상응하여 원만하여야 하고, 열째는
일체법이 하나의 상(相)의 이취라고 설(說)하는 것에 상응하여 원만해야
하느니라.

열한째는 분별을 소멸시켜 없애는 것에 상응하여 원만하여야 하고,
열두째는 여러 생각을 멀리 벗어남에 상응하여 원만하여야 하며, 열셋째
는 여러 견해를 멀리 벗어남에 상응하여 원만하여야 하고, 열넷째는

---

4) '도리(道理)', '의의(意義)'를 다르게 표현하는 말이다.
5) 산스크리트어 anutpattika-dharma-kṣānti의 번역이고, 무생법인(無生法忍)의 줄임
   말이다. 제법의 실상(實相)이 공하여 본래 생겨나거나 소멸함이 없는 적멸(寂滅)한
   상태라고 깨닫는 것이다.

번뇌를 멀리 벗어남에 상응하여 원만하여야 하며, 열다섯째는 사마타(奢
摩他)6)와 비발사나(毘鉢舍那)7)의 경지에 상응하여 원만하여야 하고, 열여
섯째는 심성(心性)을 조복(調伏)하는 것에 상응하여 원만하여야 하며,
열일곱째는 심성이 적정한 것에 상응하여 원만하여야 하고, 열여덟째는
장애가 없는 지혜의 자성에 상응하여 원만하여야 하며, 열아홉째는 애욕
과 염오가 없음에 상응하여 원만하여야 하고, 스무째는 마음이 하려는
것을 따르고, 제불토의 여래 대중들의 회상으로 가서 스스로가 그의
몸을 나타내는 것에 상응하여 원만해야 하느니라. 선현이여. 보살마하살
은 제7의 원행지에 머무르는 때에 이와 같은 20법에 상응하여 멀리 벗어나
야 하고, 동시에 이와 같은 20법에 상응하여 원만해야 하느니라.

다시 다음으로 선현이여. 보살마하살이 제8의 부동지(不動地)에 머무르
는 때에, 4법이 원만해야 하느니라. 무엇이 네 가지인가? 첫째는 일체의
유정들이 마음으로 행하고 깨달아 들어가면서 상응하여 원만하여야 하고,
둘째는 여러 신통에 유희(遊戲)하면서 원만하여야 하며, 셋째는 제불토(諸
佛土)를 보면서 그 보는 것과 같이 스스로가 불토를 장엄하고 청정하게
하면서 상응하여 원만하여야 하고, 넷째는 제불·세존께 공양하고 받들어
섬기면서 여래의 몸을 여실하게 관찰하면서 상응하여 원만해야 하느니라.
선현이여. 보살마하살이 제8의 부동지에 머무르는 때에 이와 같은 4법이
상응하여 원만해야 하느니라.

다시 다음으로 선현이여. 보살마하살이 제9의 선혜지(善慧地)에 머무르
는 때에, 4법이 원만해야 하느니라. 무엇이 네 가지인가? 첫째는 제유정들
의 근기의 수승함과 하열함을 아는 지혜가 상응하여 원만하여야 하고,
둘째는 제불토의 불토를 장엄하고 청정하게 하면서 상응하여 원만하여야

---

6) 산스크리트어 samatha의 음사이고, '지(止)', '적정(寂靜)', '능멸(能滅)', '등관(等觀)'
   등으로 번역한다. 마음의 작용을 그치게 하여 고요한 상태를 유지하는 수행법이다.
7) 산스크리트어 vipaśyanā의 음사이고, '관찰(觀察)', '관견(觀見)', '관조(觀照)', '각찰
   (覺察)', '각조(覺照)' 등으로 번역한다. '사물을 있는 그대로 관찰하는 것', '법의
   본질을 있는 그대로 관찰하는 것', '존재의 본질에 대한 통찰을 얻는 것'을 의미하는
   수행법이다.

하며, 셋째는 환영(幻)과 같은 등지(等持)로 여러 정려에 자주 들어가면서 상응하여 원만하여야 하고, 넷째는 제유정들의 선근(善根)에 상응하여 성숙시키는 까닭으로 여러 세계에 들어가서 스스로가 화생(化生)을 나타내는 것에 상응하여 원만해야 하느니라. 선현이여. 보살마하살이 제9의 선혜지에 머무르는 때에 이와 같은 4법이 상응하여 원만해야 하느니라.

다시 다음으로 선현이여. 보살마하살이 제10의 법운지(法雲地)에 머무르는 때에, 12법이 원만하여야 하느니라. 무엇이 열두 가지인가? 첫째는 무변(無邊)한 처소(處所)의 대원(大願)을 섭수(攝受)하고, 그 대원이 있는 것을 따라서 상응하여 모두 원만하여야 하고, 둘째는 여러 천(天)·용(龍)·약차(藥叉)·건달박(健達縛)·아소락(阿素洛)·게로다(揭路茶)·긴나락(緊捺洛)·마호라가(莫呼洛伽)·인비인(人非人) 등의 다른 부류들의 음성을 따라서 아는 지혜를 상응하여 모두 원만하여야 하며, 셋째는 걸림이 없이 말 잘하는 지혜를 상응하여 모두 원만하여야 하고, 넷째는 태(胎)에 들어가서 구족하면서 상응하여 원만하여야 하며, 다섯째는 출생(出生)을 구족하면서 상응하여 원만하여야 하고, 여섯째는 가족(家族)을 구족하면서 상응하여 원만해야 하느니라.

일곱째는 종성(種姓)을 구족하면서 상응하여 원만하여야 하고, 여덟째는 권속(眷屬)을 구족하면서 상응하여 원만하여야 하며, 아홉째는 태어난 몸을 구족하면서 상응하여 원만하여야 하고, 열째는 출가를 구족하면서 상응하여 원만하여야 하며, 열한째는 보리수(菩提樹)의 장엄을 구족하면서 상응하여 원만하여야 하고, 열두째는 일체 공덕의 성취를 구족하면서 상응하여 원만해야 하느니라.

선현이여. 보살마하살은 제10의 법운지에 머무르는 때에 이와 같은 12법이 상응하여 모두 원만하여야 하느니라. 선현이여. 이미 제10의 법운지가 원만한 보살마하살은 모든 여래와 다르지 않다고 상응하여 말할 수 있다고 마땅히 알아야 하느니라."

그때 구수 선현이 세존께 아뢰어 말하였다.

"세존이시여. 무엇이 보살마하살은 청정하고 수승한 의요(意樂)의 업을 수습하고 대치하는 것입니까?"

세존께서 말씀하셨다.

"선현이여. 만약 보살마하살이 일체지지(一切智智)에 상응하는 마음으로써 일체의 선근을 수습하고 모으느니라. 이것이 보살마하살이 청정하고 수승한 의요의 업을 닦아 다스리는 것이니라."

"세존이시여. 무엇이 보살마하살은 일체 유정의 평등한 마음의 업을 수습하고 대치하는 것입니까?"

"선현이여. 만약 보살마하살이 일체지지에 상응하는 마음으로써 자(慈)·비(悲)·희(喜)·사(捨)의 네 종류의 무량(四無量)을 이끄느니라. 이것은 보살마하살이 일체 유정의 평등한 마음의 업을 수습하고 대치하는 것이니라."

"세존이시여. 어떻게 보살마하살은 보시하는 업을 수습하고 대치합니까?"

"선현이여. 만약 보살마하살이 일체의 유정들에서 분별하는 것이 없게 보시를 행한다면, 이것은 보살마하살이 보시하는 업을 수습하고 대치하는 것이니라."

"세존이시여. 무엇이 보살마하살은 선한 벗에게 친근(親近)하는 업을 수습하고 대치하는 것입니까?"

"선현이여. 만약 보살마하살이 여러 선한 벗들이 유정들에게 그 일체지지를 수습하고 대치하도록 권유하여 교화하는 것을 보았다면, 곧 친근하고 공경하며 공양하고 존중하며 찬탄하면서 정법(正法)을 물어서 받아들이고, 밤낮으로 받들어 섬기면서 게으른 마음이 없느니라. 이것이 보살마하살이 선한 벗을 친근하는 업을 수습하고 대치하는 것이니라."

"세존이시여. 무엇이 보살마하살은 구법(求法)의 업을 수습하고 대치하는 것입니까?"

"선현이여. 만약 보살마하살이 일체지지에 상응하는 마음으로써 여래의 무상(無上)한 정법을 부지런하게 구하면서 성문과 독각 등의 지위에 떨어지지 않느니라. 이것이 보살마하살이 구법의 업을 수습하고 대치하는 것이니라."

"세존이시여. 무엇이 보살마하살이 항상 출가의 업을 즐거워하는 업을 수습하고 대치하는 것입니까?"

"선현이여. 만약 보살마하살이 일체의 태어나는 곳(生處)을 항상 싫어하고 기거하는 집이 감옥(牢獄)처럼 시끄럽고 잡(雜)스럽다고 싫어하면서 항상 불법에 청정한 출가는 능히 장애가 없다고 기뻐하느니라. 이것이 보살마하살이 항상 출가하는 업을 즐거워하면서 수습하고 대치하는 것이니라."

"세존이시여. 무엇이 보살마하살이 여래의 신업(身業)을 애락하면서 수습하고 대치하는 것입니까?"

"선현이여. 만약 보살마하살이 잠시 한 번을 세존의 형상을 보고서, 나아가 무상보리를 증득하면서 결국 세존을 생각하는 뜻을 지으면서 버리지 않느니라. 이것은 보살마하살이 여래의 신업을 애락하면서 수습하고 대치하는 것이니라."

"세존이시여. 무엇이 보살마하살은 개천법(開闡法)8)을 가르치는 업을 수습하고 대치하는 것입니까?"

"선현이여. 만약 보살마하살이 세존께서 세간에 머무시던 때이거나, 또한 열반(涅槃)하신 뒤에, 제유정들을 위하여 개천법을 가르치는데, 처음·중간·뒤가 선(善)하고 문장의 뜻이 교묘하면서 이를테면, 계경(契經)9)·응송(應頌)10)·기별(記別)11)·풍송(風誦)12)·자설(自說)13)·인연(因

---

8) 개차법(開遮法)을 다르게 부르는 말이며, '개(開)'는 방편(方便)을 연다는 뜻이고, '차(遮)'는 막는다는 뜻이다. 따라서 개차의 본질은 '한 계율을 지키기 위해 한 계율을 범할 수 있다.'는 뜻으로 요약할 수 있다.
9) 산스크리트어 sūtra의 번역이다.
10) 산스크리트어 geya의 번역이고, 또한 '중송(重頌)', '중송게(重頌偈)' 등으로 번역된다. 경전의 산문을 요약하여 서술하는 시구의 형태이다.
11) 산스크리트어 vyakarana의 번역이고, 또한 '수기(受記)', '기설(記說)', '수결(受決)' 등으로 한역한다.
12) 산스크리트어 gāthā의 번역이고, '가타(伽陀)', '게타(偈陀)', '게(偈)' 등으로 음사되고, 운율을 지닌 시구의 형식을 취하고 있으며, 산문체로 된 경전의 1절 또는

緣)14)·본사(本事)15)·본생(本生)16)·방광(方廣)17)·희법(希法)18)·비유(譬
喩)19)·논의(論議)20) 등이 순일(純一)하고 원만(圓滿)하며 청백(淸白)한 범
행(梵行)이라면, 이것이 보살마하살이 개천법을 가르치는 업을 수습하고
대치하는 것이니라."

"세존이시여. 무엇이 보살마하살이 교만을 깨뜨리는 업을 수습하고
대치하는 것입니까?"

"선현이여. 만약 보살마하살이 항상 겸양하고 공경하면서 교만한 마음
을 조복시킨다면, 이것을 이유로 하천한 종성(種姓)이거나, 비천한 종족으
로 태어나지 않는다면, 이것이 보살마하살이 교만을 깨뜨리는 업을 수습
하고 대치하는 것이니라."

"세존이시여. 무엇이 보살마하살이 항상 진실한 말의 업을 수습하고
대치하는 것입니까?"

"선현이여. 보살마하살이 지식을 찬탄하고 언행(言行)의 상이 부합한다
면, 이것이 항상 진실한 말의 업을 수습하고 대치하는 것이니라."

"세존이시여. 무엇이 보살마하살의 청정한 계율입니까?"

"선현이여. 만약 보살마하살이 성문이나 독각의 작의(作意)를 일으키지

충결한 끝에 아름다운 구절로서 묘한 뜻을 읊어 놓은 운문 부분을 가리킨다.
13) 산스크리트어 Udana의 번역이고, 세존께서 묻는 사람이 없었으나, 스스로가
설하신 것이다.
14) 산스크리트어 nidāna의 번역이고, 또한 '인연담(因緣譚)', '연기(緣起)' 등으로 한역
한다.
15) 산스크리트어 itivṛttaka의 번역이고, 또한 '여시어(如是語)', '여시법(如是法)' 등으
로 한역한다.
16) 산스크리트어 jātaka의 번역이고, 또한 '감흥게(感興偈)', '감흥어(感興語)' 등으로
한역한다.
17) 산스크리트어 vaipulya의 번역이고, 또한 '방등(方等)', '광박(廣博)' 등으로 한역한
다.
18) 산스크리트어 adbhūtadharma의 번역이고, 또한 '미증유법(未曾有法)' 등으로 한역
한다.
19) 산스크리트어 avadāna의 번역이고, 또한 '비유담(譬喩譚)' 등으로 한역한다.
20) 산스크리트어 upadeśa의 번역이고, 우바제사(優波提舍)로 음사한다.

않고, 또한 나머지의 계율을 깨뜨려서 보리를 장애하는 법을 일으키지 않는다면, 이것이 보살마하살의 청정한 계율이니라."

"세존이시여. 무엇이 보살마하살이 은혜를 알고 은혜를 갚는 것입니까?"

"선현이여. 만약 보살마하살이 보살행을 행하는 때에 작은 은혜를 얻었어도 오히려 잊지 않는데, 하물며 큰 은혜를 얻었다면 마땅히 갚지 않겠는가? 이것이 보살마하살이 은혜를 알고 은혜를 갚는 것이니라."

"세존이시여. 무엇이 보살마하살이 안인(安忍)의 힘에 머무르는 것입니까?"

"선현이여. 만약 보살마하살이 설사 제유정들이 와서 침범하고 훼방하더라도, 그에게 성내거나, 해치려는 마음이 없다면, 이것이 보살마하살이 안인의 힘에 머무르는 것이니라."

"세존이시여. 무엇이 보살마하살이 수승한 환희(歡喜)를 받는 것입니까?"

"선현이여. 만약 보살마하살은 교화한 유정들이 이미 성숙되어 있다면 몸과 마음으로 즐거워하면서 수승한 환희를 받는다면, 이것이 보살마하살이 수승한 환희를 받는 것이니라."

"세존이시여. 무엇이 보살마하살이 유정들을 버리지 않는 것입니까?"

"선현이여. 만약 보살마하살이 유정들을 구제하겠다는 마음을 항상 버리지 않느니라. 이것이 보살마하살이 유정들을 버리지 않는 것이니라."

"세존이시여. 무엇이 보살마하살이 항상 대비(大悲)를 일으키는 것입니까?"

"선현이여. 만약 보살마하살이 보살행을 행하는 때에 '나는 하나·하나의 유정들의 요익(饒益)을 위하여, 가사(假使) 각각 무량(無量)하고 무수(無數)한 긍가(殑伽)의 겁(劫)과 같은 대지옥(大地獄)에 있으면서 여러 극심한 고통을 받는데, 혹은 태워지고, 혹은 구워지며, 혹은 쪼개지고, 혹은 잘려지며, 혹은 찔려지고, 혹은 매달리며, 혹은 갈아지고, 혹은 찢어지는 등의 이와 같은 무량하고 무수한 고통을 받을지라도, 나아가 그 유정들을 여래의 수레에 태워서 반열반(般涅槃)을 시키겠으며, 이와 같이 일체의 유정계(有情界)가 끝나도록 대비심으로 거듭 싫어하고 게으르지 않겠다.'

라고 이와 같이 생각을 짓는다면, 이것이 보살마하살이 항상 대비를 일으키는 것이니라."

"세존이시여. 무엇이 보살마하살이 여러 스승과 장로를 공경하고 믿는 마음으로써 묻고 받들며 공양하였다면, 여래를 생각하며 섬기는 일과 같습니까?"

"선현이여. 만약 보살마하살이 무상정등보리(無上正等菩提)를 구하기 위하여 여러 스승과 장로를 공경하고 수순하며 모두 돌아보는 것이 없느니라. 이것이 보살마하살이 여러 스승과 장로를 공경하고 믿는 마음으로써 묻고 받들며 공양하면서 여래를 생각하며 섬기는 일과 같은 것이니라."

"세존이시여. 무엇이 보살마하살이 바라밀다를 수습하면서 정근하고 구하는 것입니까?"

"선현이여. 만약 보살마하살이 제바라밀다를 전심(專心)으로 구하고 수학하면서 나머지의 일은 멀리 벗어난다면, 이것이 보살마하살이 바라밀다를 수습하면서 정근하고 구하는 것이니라."

"세존이시여. 무엇이 보살마하살이 다문(多聞)을 정근하고 구하면서 항상 만족(厭足)이 없고, 법을 들은 것에서 문자(文字)에 집착하지 않는 것입니까?"

"선현이여. 만약 보살마하살이 정근하고 정진하면서 '만약 이 불토이거나, 만약 시방계(十方界)의 제불·세존께서 설하신 정법을 내가 모두 듣고 수습하며 독송하고 수지하더라도, 그 가운데에서 문자에 집착하지 않겠다.'라고 이와 같은 생각을 짓는다면, 이것이 보살마하살이 다문을 정근하고 구하면서 항상 만족이 없고, 법을 들은 것에서 문자에 집착하지 않는 것이니라."

"세존이시여. 무엇이 보살마하살이 염오가 마음으로써 항상 법시(法施)를 행하고, 비록 널리 열어서 교화할지라도 스스로가 높이지 않는 것입니까?"

"선현이여. 만약 보살마하살이 제유정들을 위하여 정법을 널리 설하였더라도 오히려 스스로를 위하지 않고, 이 선근(善根)을 가지고 보리에 회향하는데, 하물며 나머지의 일을 구하겠는가? 비록 많이 교화하여 이끌지라도 스스로가 자랑하지 않는다면, 이것이 보살마하살이 염오가 마음으로써 항상 법시를 행하고, 비록 널리 열어서 교화할지라도 스스로가 높이지 않는 것이니라."

"세존이시여. 무엇이 보살마하살이 국토를 장엄하고 청정하게 하기 위하여 여러 선근을 심고, 비록 그것을 이용하여 회향할지라도 스스로를 드러내지 않는 것입니까?"

"선현이여. 만약 보살마하살이 용맹스럽게 정진하여 여러 선근을 수습한다면, 제불의 청정한 국토를 장엄하기 위한 것이고, 또한 스스로와 다른 사람의 마음에 청정함이 생겨나게 하기 위한 것이며, 비록 이러한 일을 하더라도 스스로를 높이지 않는다면, 이것이 보살마하살이 국토를 장엄하고 청정하게 하기 위하여 여러 선근을 심고, 비록 그것을 이용하여 회향할지라도 스스로를 드러내지 않는 것이니라."

"세존이시여. 무엇이 보살마하살은 유정들을 교화하기 위하여 비록 무변한 생사를 싫어하지 않고 게으르지 않을지라도, 스스로를 높이지 않는 것입니까?"

"선현이여. 만약 보살마하살이 일체의 유정들을 성숙시키기 위하여 여러 선근을 심고 불토를 장엄하고 청정하게 하며, 나아가 일체지지를 채우지 못하여 비록 무변한 생사의 많은 고통을 받을지라도 싫어하지 않고 게으르지 않으며 스스로를 높이지 않는다면, 이것이 보살마하살이 유정들을 교화하기 위하여 비록 변한 생사의 많은 고통을 받더라도 싫어하지 않고 게으르지 않으며 스스로를 높이지 않는 것이니라."

"세존이시여. 무엇이 보살마하살이 비록 참괴에 머물지라도 집착함이 없는 것입니까?"

"선현이여. 만약 보살마하살이 오로지 무상정등보리를 구하면서 제성문과 독각의 작의에서 참괴를 갖추었던 까닭으로, 결국 잠시도 일으키지 않고, 그러한 가운데에서 집착하지도 않는다면, 이것이 보살마하살이 비록 참괴에 머물지라도 집착이 없는 것이니라."

"세존이시여. 무엇이 보살마하살이 아련야에 머무르면서 항상 버리고 떠나지 않는 것입니까?"

"선현이여. 만약 보살마하살이 무상정등보리를 구하기 위하여 제성문과 독각 등의 지위를 초월하였던 까닭으로, 항상 아련야의 처소를 버리고 떠나지 않는다면, 이것이 보살마하살이 아련야에 머무르면서 항상 버리고 떠나지 않는 것이니라."

"세존이시여. 무엇이 보살마하살이 욕망이 적은 것입니까?"

"선현이여. 만약 보살마하살이 오히려 스스로를 위하여 대보리도 구하지 않는데, 하물며 세간의 이익과 명예 등의 일을 구하겠는가? 이것이 보살마하살이 욕망이 적은 것이니라."

"세존이시여. 무엇이 보살마하살이 기쁘게 만족하는 것입니까?"

"선현이여. 만약 보살마하살이 오로지 일체지지를 증득하기 위한 까닭으로, 나머지의 일에는 집착함이 없다면, 이것이 보살마하살이 기쁘게 만족하는 것이니라."

"세존이시여. 무엇이 보살마하살이 항상 두다(杜多)21)의 공덕을 버리고 벗어나지 않는 것입니까?"

"선현이여. 만약 보살마하살이 항상 깊은 법에서 자세하게 관찰하는 법인(法忍)을 일으킨다면, 이것이 보살마하살이 항상 두다의 공덕을 버리고 벗어나지 않는 것이니라."

"세존이시여. 무엇이 보살마하살이 항상 여러 학처를 거듭 버리지 않는 것입니까?"

"선현이여. 만약 보살마하살이 학계(學戒)에서 굳게 지키면서 버리지 않고, 그 가운데에서 상을 취하지 않는다면, 이것이 보살마하살이 항상 여러 학처를 거듭 버리지 않는 것이니라."

"세존이시여. 무엇이 보살마하살이 여러 욕락(欲樂)에서 깊은 염리(厭離)22)가 생겨나는 것입니까?"

---

21) 산스크리트어 dhūta의 번역이고, 세속의 욕망을 떨쳐버리고 청정하게 고행하는 것을 가리킨다.
22) 염오(厭惡)라고도 말하며, 세상(世上)을 싫어하여 떠난다는 뜻이다.

"선현이여. 만약보살마하살이 묘한 욕락에서 욕락을 찾는 것을 일으키지 않는다. 이것이 보살마하살이 여러 욕락에서 깊은 염리가 생겨나는 것이니라."

"세존이시여. 무엇이 보살마하살이 항상 능히 적멸을 갖추는 마음을 일으키는 것입니까?"

"선현이여. 만약 보살마하살이 일체법은 일찍이 일어나지 않았고 짓지 않았다고 통달한다면, 이것이 보살마하살이 항상 능히 적멸을 갖추는 마음을 일으키는 것이니라."

"세존이시여. 무엇이 보살마하살이 여러 소유(所有)를 버리는 것입니까?"

"선현이여. 만약 보살마하살이 내·외법(內外法)에서 일찍이 취한 것이 없다면, 이것이 보살마하살이 여러 소유를 버리는 것이니라."

"세존이시여. 무엇이 보살마하살이 마음이 막히지 않고 패배하지 않은 것입니까?"

"선현이여. 만약 보살마하살이 여러 식(識)에 머무르면서 항상 마음을 일으키지 않는다면, 이것이 보살마하살이 마음이 막히지 않고 패배하지 않은 것이니라."

"세존이시여. 무엇이 보살마하살이 여러 소유에서 마음에 간직하고 잊지 못함이 없는 것입니까?"

"선현이여. 만약보살마하살이 여러 소유에서 사유하는 것이 없다면, 이것이 보살마하살이 여러 소유에서 마음에 간직하고 잊지 못함이 없는 것이니라."

"세존이시여. 무엇이 보살마하살이 기거하는 집을 상응하여 멀리하는 것입니까?"

"선현이여. 만약 보살마하살이 뜻과 자성이 제불국토에 유행을 좋아하고, 태어나는 곳을 따라서 항상 즐거이 출가하며, 머리와 수염을 깎고 응기(應器)23)를 집지(執持)하며, 세 가지의 법복(法服)24)을 입고, 사문(沙

---

23) 산스크리트어 Pātra의 번역이고, 사문의 발우(鉢盂)를 가리킨다.
24) 비구가 입는 세 가지의 의복인 승가리(僧伽梨), 울다라승(鬱多羅僧), 안타회(安陀會)

門)을 지어서 나타난다면, 이것이 보살마하살이 기거하는 집을 상응하여 멀리하는 것이니라."

"세존이시여. 무엇이 보살마하살이 비구니(芯芻尼)를 상응하여 멀리 벗어나는 것입니까?"

"선현이여. 만약 보살마하살이 항상 여러 비구니를 상응하여 멀리 벗어나면서 손가락을 튕기는 것과 같이 함께 기거하지 않으며, 역시 다시 그녀에게 다른 마음을 일으키지 않는다면, 이것이 보살마하살이 비구니를 상응하여 멀리 벗어나는 것이니라."

"세존이시여. 무엇이 보살마하살이 집의 간탐을 상응하여 멀리 벗어나는 것입니까?"

"선현이여. 만약 보살마하살이 생각하기를, '나는 장야(長夜)에 상응하여 일체의 유정들을 이익되고 안락하게 해야겠다. 지금 이 유정들은 스스로의 복력(福力)에 감응한 이유로 이와 같이 수승한 시주의 집을 얻은 까닭이니, 나는 그러한 가운데에서 상응하여 간탐하거나 질투하지 않겠다.'라고 이와 같이 사유를 지었다면, 이것이 보살마하살이 집의 간탐을 상응하여 멀리 벗어나는 것이니라."

"세존이시여. 무엇이 보살마하살이 대중의 모임에서 분쟁(忿諍)을 상응하여 멀리 벗어나는 것입니까?"

"선현이여. 만약 보살마하살이 '대중이 모인 처소의 그 가운데에서, 혹은 성문이나 독각이 있거나, 혹은 그들에게 상응하는 법요(法要)를 설하여 나의 대보리심에서 퇴전(退失)시킬 것이다. 이러한 까닭으로 결정적으로 대중의 모임을 상응하여 멀리 벗어나야 한다.'라고 이와 같이 사유를 지었고, 다시 '여러 분쟁하는 자는 유정들에게 성내고 해치려는 마음을 발생시켜서 일으키고, 여러 선하지 않은 업을 조작(造作)하므로, 오히려 선취(善趣)에 어긋나는데, 하물며 대보리이겠는가? 이러한 까닭으로 결정적으로 분쟁을 상응하여 멀리 벗어나야겠다.'라고 이와 같이 사유

_____

를 가리킨다.

를 지었다면, 이것이 보살마하살이 대중의 모임에서 분쟁을 상응하여
멀리 벗어나는 것이니라."

"세존이시여. 무엇이 보살마하살이 스스로를 칭찬하고 다른 사람을
헐뜯는 것을 상응하여 멀리 벗어나는 것입니까?"

"선현이여. 만약 보살마하살이 내·외법에서 무엇도 보는 것이 없는
까닭으로, 스스로를 칭찬하고 다른 사람을 헐뜯는 것을 상응하여 멀리
벗어난다면, 이것이 보살마하살이 스스로를 칭찬하고 다른 사람을 헐뜯는
것을 상응하여 멀리 벗어나는 것이니라."

"세존이시여. 무엇이 보살마하살이 십불선업도(十不善業道)를 상응하
여 멀리 벗어나는 것입니까?"

"선현이여. 만약 보살마하살이 '이 열 가지의 악한 법은 오히려 선취와
이승(二乘)과 성스러운 도(道)를 장애하는데, 하물며 대보리이겠는가?
이러한 까닭으로 상응하여 멀리 벗어나야겠다.'라고 이와 같이 사유를
지었다면, 이것이 보살마하살이 불선업도를 상응하여 멀리 벗어나는
것이니라."

"세존이시여. 무엇이 보살마하살이 증상만(增上慢)25)의 오만(傲)을 상
응하여 멀리 벗어나는 것입니까?"

"선현이여. 만약 보살마하살이 증상만을 일으킬 수 있는 어느 법도
보지 않는다면, 이것이 보살마하살이 증상만의 오만을 상응하여 멀리
벗어나는 것이니라."

"세존이시여. 무엇이 보살마하살이 전도(顚倒)를 상응하여 멀리 벗어나
는 것입니까?"

"선현이여. 만약 보살마하살이 전도되는 일을 모두 얻을 수 없다고 관찰한
다면, 이것이 보살마하살이 전도를 상응하여 멀리 벗어나는 것이니라."

"세존이시여. 무엇이 보살마하살이 유예를 상응하여 멀리 벗어나는
것입니까?"

---

25) 산스크리트어 abhi-māna의 번역이고, 아직 얻지 못한 상인법(上人法)을 얻었다고
  자만하는 것이다.

"선현이여. 만약 보살마하살이 유예의 일을 모두 얻을 수 없다고 관찰한다면, 이것이 보살마하살이 유예를 상응하여 멀리 벗어나는 것이니라."

"세존이시여. 무엇이 보살마하살이 탐(貪)·진(瞋)·치(癡)를 상응하여 멀리 벗어나는 것입니까?"

"선현이여. 만약 보살마하살이 탐·진·치의 일이 모두 있다고 보지 않는다면, 이것이 보살마하살이 탐·진·치를 상응하여 멀리 벗어나는 것이니라."

"세존이시여. 무엇이 보살마하살이 6바라밀다를 상응하여 원만하게 하는 것입니까?"

"선현이여. 만약 보살마하살이 6바라밀다를 원만하게 한다면, 여러 성문과 독각지를 초월하고, 또한 이 6바라밀다에 머무른다면 여래와 이승(二乘)은 능히 다섯 종류의 알아야 할 것의 해안(海岸)을 헤아리느니라. 무엇이 다섯 가지인가? 첫째는 과거이고, 둘째는 미래이며, 셋째는 현재이고, 넷째는 무위(無爲)이며, 다섯째는 불가설(不可說)이나니, 이것이 보살마하살이 6바라밀다를 상응하여 원만하게 하는 것이니라."

"세존이시여. 무엇이 보살마하살이 성문(聲聞)의 마음에 상응하여 멀리 벗어나는 것입니까?"

"선현이여. 만약 보살마하살이 '여러 성문의 마음은 무상대보리(無上大菩提)의 도(道)를 증득할 수 없다. 이러한 까닭으로 상응하여 멀리 벗어나야 한다.'라고 이와 같이 사유를 지었다면, 이것이 보살마하살이 성문의 마음에 상응하여 멀리 벗어나는 것이니라."

"세존이시여. 무엇이 보살마하살이 독각(獨覺)의 마음에 상응하여 멀리 벗어나는 것입니까?"

"선현이여. 만약 보살마하살이 '여러 독각의 마음은 결정적으로 일체지지를 능히 증득할 수 없다. 이러한 까닭으로 나는 지금 상응하여 멀리 벗어나야 한다.'라고 이와 같이 사유를 지었다면, 이것이 보살마하살이 독각의 마음에 상응하여 멀리 벗어나는 것이니라."

"세존이시여. 무엇이 보살마하살이 불타는 번뇌의 마음에 상응하여 멀리 벗어나는 것입니까?"

"선현이여. 만약 보살마하살이 '생사를 두려워하는 불타는 번뇌의 마음은 무상정등각(無上正等覺)의 도를 증득할 수 없다. 이러한 까닭으로 상응하여 멀리 벗어나야 한다.'라고 이와 같이 사유를 지었다면, 이것이 보살마하살이 불타는 번뇌의 마음에 상응하여 멀리 벗어나는 것이니라."

"세존이시여. 무엇이 보살마하살이 구걸하러 오는 자를 보아도 싫어하지 않는 마음입니까?"

"선현이여. 만약 보살마하살이 '이 싫어하는 마음은 대보리를 증득할 수 있는 도가 아닌 까닭으로, 나는 지금 결정적으로 멀리하여야 한다.'라고 이와 같이 사유를 지었다면, 이것이 보살마하살이 구걸하러 오는 자를 보아도 싫어하지 않는 마음이니라."

"세존이시여. 무엇이 보살마하살이 소유한 물건을 버리고서 근심이 없고 후회하는 마음이 없는 것입니까?"

"선현이여. 만약 보살마하살이 '이 근심하고 후회하는 마음은 무상정등보리를 증득하면서 결정적으로 장애가 되는 까닭으로, 나는 버려야 한다.'라고 이와 같이 사유를 지었다면, 이것이 보살마하살이 소유한 물건을 버리고서 근심이 없고 후회하는 마음이 없는 것이니라."

"세존이시여. 무엇이 보살마하살이 구걸하려고 오는 자에게 결국 속이지 않는 것입니까?"

"선현이여. 보살마하살이 '이렇게 속이는 마음은 결정적으로 아뇩다라삼먁삼보리(阿耨多羅三藐三菩提)의 도가 아니다. 왜 그러한가? 보살마하살이 처음으로 무상보리심을 일으키는 때에 〈일반적으로 나에게 있는 것을 구걸하려고 오는 자에게 보시하면서 욕망을 따라서 헛되지 않게 하겠다.〉라고 이렇게 서원하며 말하였는데, 어찌 지금의 때에 그들을 속이겠는가?'라고 이와 같이 사유를 지었다면, 이것이 보살마하살이 구걸하러 오는 자에게 결국 속이지 않는 것이니라."

"세존이시여. 무엇이 보살마하살이 아집(我執)·유정집(有情執), 나아가 지자집(知者執)·견자집(見者執)을 상응하여 멀리 벗어나는 것입니까?"

"선현이여. 만약 보살마하살이 아집·유정집, 나아가 지자집·견자집을 결국 얻을 수 없다고 관찰한다면, 이것이 보살마하살이 아집·유정집, 나아가 지자집·견자집을 상응하여 멀리 벗어나는 것이니라."

"세존이시여. 무엇이 보살마하살이 단집(斷執)을 상응하여 멀리 벗어나는 것입니까?"

"선현이여. 만약 보살마하살이 일체법은 결국 생겨나지 않고 단멸의 이치도 없다고 관찰한다면, 이것이 보살마하살이 단집을 상응하여 멀리 벗어나는 것이니라."

"세존이시여. 무엇이 보살마하살이 상집(常執)을 상응하여 멀리 벗어나는 것입니까?"

"선현이여. 만약 보살마하살이 일체법은 무상(無常)한 자성인 까닭이라고 관찰한다면, 이것이 보살마하살이 상집을 상응하여 멀리 벗어나는 것이니라."

"세존이시여. 무엇이 보살마하살이 상상(相想)을 상응하여 멀리 벗어나는 것입니까?"

"선현이여. 만약 보살마하살이 잡염의 자성은 얻을 수 없는 까닭이라고 관찰한다면, 이것이 보살마하살이 상이란 생각을 상응하여 멀리 벗어나는 것이니라."

"세존이시여. 무엇이 보살마하살이 인연 등의 견해의 집착(見執)을 상응하여 멀리 벗어나는 것입니까?"

"선현이여. 만약 보살마하살이 여러 견해의 자성이 있을지라도 모두 볼 수 없는 까닭이라면, 이것이 보살마하살이 인연 등의 견집을 상응하여 멀리 벗어나는 것이니라."

"세존이시여. 무엇이 보살마하살이 명색의 집착(名色執)을 상응하여 멀리 벗어나는 것입니까?"

"선현이여. 만약 보살마하살이 명색의 자성은 모두 얻을 수 없다고 관찰한다면, 이것이 보살마하살이 명색의 집착을 상응하여 멀리 벗어나는 것이니라."

"세존이시여. 무엇이 보살마하살이 5온의 집착(五蘊執)을 상응하여 멀리 벗어나는 것입니까?"

"선현이여. 만약 보살마하살이 5온의 자성은 모두 얻을 수 없다고 관찰한다면, 이것이 보살마하살이 5온의 집착을 상응하여 멀리 벗어나는 것이니라."

"세존이시여. 무엇이 보살마하살이 12처의 집착(十二處執)을 상응하여 멀리 벗어나는 것입니까?"

"선현이여. 만약 보살마하살이 12처의 자성은 모두 얻을 수 없다고 관찰한다면, 이것이 보살마하살이 12처의 집착을 상응하여 멀리 벗어나는 것이니라."

"세존이시여. 무엇이 보살마하살이 18계의 집착(十八界執)을 상응하여 멀리 벗어나는 것입니까?"

"선현이여. 만약 보살마하살이 18계 등의 자성은 모두 얻을 수 없다고 관찰한다면, 이것이 보살마하살이 18계의 집착을 상응하여 멀리 벗어나는 것이니라."

"세존이시여. 무엇이 보살마하살이 진리의 집착(諦執)을 상응하여 멀리 벗어나는 것입니까?"

"선현이여. 만약 보살마하살이 여러 자성은 모두 얻을 수 없다고 관찰한다면, 이것이 보살마하살이 진리의 집착을 상응하여 멀리 벗어나는 것이니라."

"세존이시여. 무엇이 보살마하살이 연기의 집착(緣起執)을 상응하여 멀리 벗어나는 것입니까?"

"선현이여. 만약 보살마하살이 여러 연기의 자성은 모두 얻을 수 없다고 관찰한다면, 이것이 보살마하살이 연기의 집착을 상응하여 멀리 벗어나는 것이니라."

"세존이시여. 무엇이 보살마하살이 삼계의 집착(三界執)에 머물러 있다는 집착을 상응하여 멀리 벗어나는 것입니까?"

"선현이여. 만약 보살마하살이 삼계의 자성은 모두 얻을 수 없다고 관찰한다면, 이것이 삼계의 집착에 머물러 있다는 집착을 상응하여 멀리 벗어나는 것이니라."

"세존이시여. 무엇이 보살마하살이 일체법의 집착(一切法執)을 상응하여 멀리 벗어나는 것입니까?"

"선현이여. 만약 보살마하살이 제법의 자성은 모두 허공과 같아서 모두 얻을 수 없다고 관찰한다면, 이것이 일체법의 집착을 상응하여 멀리 벗어나는 것이니라."

"세존이시여. 무엇이 보살마하살이 일체법에서 이치와 같고 이치와 같지 않다는 집착을 상응하여 멀리 벗어나는 것입니까?"

"선현이여. 만약 보살마하살이 일체법의 자성은 모두 얻을 수 없으므로, 이치와 같고 이치와 같지 않다는 자성은 없다고 관찰한다면, 이것이 보살마하살이 일체법이 이치와 같고 이치와 같지 않다는 집착을 상응하여 멀리 벗어나는 것이니라."

"세존이시여. 무엇이 보살마하살이 여래께 의지하는 견해의 집착(見執)을 상응하여 멀리 벗어나는 것입니까?"

"선현이여. 만약 보살마하살이 여래께 의지하는 견해의 집착은 여래를 볼 수 없는 까닭이라고 알았다면, 이것이 보살마하살이 여래께 의지하는 견해의 집착을 상응하여 멀리 벗어나는 것이니라."

"세존이시여. 무엇이 보살마하살이 법에 의지하는 견해의 집착을 상응하여 멀리 벗어나는 것입니까?"

"선현이여. 만약 보살마하살이 진실로 법의 자성은 볼 수 없다고 통달한다면, 이것이 보살마하살이 법에 의지하는 견해의 집착을 상응하여 멀리 벗어나는 것이니라."

"세존이시여. 무엇이 보살마하살이 승가에 의지하는 견해의 집착을 상응하여 멀리 벗어나는 것입니까?"

"선현이여. 만약 보살마하살이 화합대중은 형상(相)이 없고 무위(無爲)이므로 볼 수 없다고 안다면, 이것이 보살마하살이 승가에 의지하는 견해의 집착을 상응하여 멀리 벗어나는 것이니라."

"세존이시여. 무엇이 보살마하살이 계율에 의지하는 견해의 집착을 상응하여 멀리 벗어나는 것입니까?"

"선현이여. 만약 보살마하살이 죄와 복의 자성은 함께 있지 않다고 안다면, 이것이 보살마하살이 계율에 의지하는 견해의 집착을 상응하여 멀리 벗어나는 것이니라."

"세존이시여. 무엇이 보살마하살이 공한 법을 두려워하는 것을 상응하여 멀리 벗어나는 것입니까?"

"선현이여. 만약 보살마하살이 여러 공한 법은 모두 자성(自性)이 없으므로 두려워할 일이 결국 있지 않다고 관찰한다면, 이것이 보살마하살이 공한 법을 두려워하는 것을 상응하여 멀리 벗어나는 것이니라."

"세존이시여. 무엇이 보살마하살이 공성(空性)을 위배(違背)하는 것을 상응하여 멀리 벗어나는 것입니까?"

"선현이여. 만약 보살마하살이 일체법의 자성은 모두 공(空)하므로, 공이 아닌 것과 공은 위배가 있는 까닭이라고 관찰한다면, 이것이 보살마하살이 공성을 위배하는 것을 상응하여 멀리 벗어나는 것이니라."

"세존이시여. 무엇이 보살마하살이 공에 상응하여 원만하게 통달하는 것입니까?"

"선현이여. 만약 보살마하살이 일체법의 자상(自相)이 모두 공하다고 통달한다면, 이것이 공에 상응하여 원만하게 통달하는 것이니라."

"세존이시여. 무엇이 보살마하살이 무상(無相)에 상응하여 원만하게 증득하는 것입니까?"

"선현이여. 만약 보살마하살이 일체의 상(相)을 사유하지 않는다면, 이것이 보살마하살이 무상에 상응하여 원만하게 증득하는 것이니라."

"세존이시여. 무엇이 보살마하살이 무원(無願)에 상응하여 원만하게 아는 것입니까?"

"선현이여. 보살마하살이 삼계법(三界法)에서 마음이 머무르지 않는다면, 이것이 보살마하살이 무원에 상응하여 원만하게 아는 것이니라."

"세존이시여. 무엇이 보살마하살이 3륜청정(三輪淸淨)에 상응하여 원만한 것입니까?"

"선현이여. 만약 보살마하살이 십선업도(十善業道)를 청정하게 구족한다면, 이것이 보살마하살이 3륜청정에 상응하여 원만한 것이니라."

"세존이시여. 무엇이 보살마하살이 유정들을 자비롭고 애민하게 하고, 또한 그 유정들에서 집착이 없다면 상응하여 원만한 것입니까?"

"선현이여. 만약 보살마하살이 이미 대비를 얻고, 또한 불국토를 장엄하고 청정하게 한다면, 이것이 보살마하살이 유정들을 자비롭고 애민하게 하고, 또한 그 유정들에서 집착이 없다면 상응하여 원만한 것이니라."

"세존이시여. 무엇이 보살마하살이 일체법이 평등하다고 보는 것이고, 또한 그 가운데에서 집착이 없다면 상응하여 원만한 것입니까?"

"선현이여. 만약 보살마하살이 증장하지도 않고 소멸하지도 않는 일체법에서, 또한 이 가운데에서 취하는 것도 없고 머무르는 것도 없다면, 이것이 보살마하살이 일체법이 평등하다고 보는 것이고, 또한 그 가운데에서 집착이 없다면 상응하여 원만한 것이니라."

"세존이시여. 무엇이 보살마하살이 일체의 유정들이 평등하다고 보는 것이고, 또한 그 가운데에서 집착이 없다면 상응하여 원만한 것입니까?"

"선현이여. 만약 보살마하살이 증장하지도 않고 소멸하지도 않는 일체의 유정들에서, 또한 이 가운데에서 취하는 것도 없고 머무르는 것도 없다면, 이것이 보살마하살이 일체의 유정들이 평등하다고 보는 것이고, 또한 그 가운데서 집착이 없다면 상응하여 원만한 것이니라."

"세존이시여. 무엇이 보살마하살이 진실한 이취(理趣)를 통달하는 것이고, 또한 이 가운데에서 집착이 없다면 상응하여 원만한 것입니까?"

"선현이여. 만약 보살마하살이 일체법의 진실한 이취에서, 비록 여실하게 통달하였으나, 통달한 것이 없고, 또한 이 가운데에서 취하는 것도 없고 머무르는 것도 없다면, 이것이 보살마하살이 진실한 이취를 통달하였으나, 또한 이 가운데에서 집착이 없다면 상응하여 원만한 것이니라."

"세존이시여. 무엇이 보살마하살이 무생인(無生忍)의 지혜에서 원만한 것입니까?"

"선현이여. 만약 보살마하살이 일체법은 생겨남도 없고 소멸도 없으며 조작하는 것도 없다고 인욕하고, 또한 명색(名色)도 결국 생겨나지 않는다고 안다면, 이것이 보살마하살이 무생인의 지혜에서 원만한 것이니라."

"세존이시여. 무엇이 보살마하살이 일체법은 하나의 상(一相)의 이취(理趣)라고 설하였다면 상응하여 원만한 것입니까?"

"선현이여. 만약 보살마하살이 일체법에서 둘의 상이 아니라고 행한다면, 이것이 보살마하살이 일체법이 하나의 상의 이취라고 설하였다면 상응하여 원만한 것이니라."

"세존이시여. 무엇이 보살마하살이 분별을 소멸시켜 없앴다면 상응하여 원만한 것입니까?"

"선현이여. 만약 보살마하살이 일체법에서 분별을 일으키지 않는다면, 이것이 보살마하살이 분별을 소멸시켜 없앴다면 상응하여 원만한 것이니라."

"세존이시여. 무엇이 보살마하살이 여러 생각을 멀리 벗어났다면 상응하여 원만한 것입니까?"

"선현이여. 만약 보살마하살이 일체의 작거나, 크거나, 무량한 생각들을 멀리 벗어난다면, 이것이 보살마하살이 여러 생각을 멀리 벗어났다면 상응하여 원만한 것이니라."

"세존이시여. 무엇이 보살마하살이 여러 견해를 멀리 벗어났다면 상응하여 원만한 것입니까?"

"선현이여. 만약 보살마하살이 일체의 성문과 독각 등의 견해를 멀리 벗어난다면, 이것이 보살마하살이 여러 견해를 멀리 벗어났다면 상응하여 원만한 것이니라."

"세존이시여. 무엇이 보살마하살이 번뇌를 멀리 벗어났다면 상응하여 원만한 것입니까?"

"선현이여. 만약 보살마하살이 온갖 유루(有漏)의 번뇌와 습기가 상속(相續)하는 것을 버린다면, 이것이 보살마하살이 번뇌를 멀리 벗어났다면 상응하여 원만한 것이니라."

"세존이시여. 무엇이 보살마하살이 사마타(奢摩他)와 비발사나(毘鉢舍那)의 지위에 상응하여 원만한 것입니까?"

"선현이여. 만약 보살마하살이 일체지(一切智)·도상지(道相智)·일체상지(一切相智)를 닦으면, 이것이 보살마하살이 사마타와 비발사나의 지위에 상응하여 원만하게 하는 것이니라."

"세존이시여. 무엇이 보살마하살이 심성(心性)을 조복하였다면 상응하여 원만한 것입니까?"

"선현이여. 만약 보살마하살이 삼계법을 즐거워하지도 않고 동요하지도 않는다면, 이것이 보살마하살이 심성을 조복하였다면 상응하여 원만한 것이니라."

"세존이시여. 무엇이 보살마하살이 심성을 적정(寂靜)하게 하였다면 상응하여 원만한 것입니까?"

"선현이여. 만약 보살마하살이 6근(六根)을 잘 섭수(攝受)한다면, 이것이 보살마하살이 심성을 적정하게 하였다면 상응하여 원만한 것이니라."

"세존이시여. 무엇이 보살마하살이 지혜의 자성을 장애가 없게 하였다면 상응하여 원만한 것입니까?"

"선현이여. 만약 보살마하살이 불안(佛眼)을 수습하여 얻는다면, 이것이 보살마하살이 지혜의 자성을 장애가 없게 하였다면 상응하여 원만한 것이니라."

"세존이시여. 무엇이 보살마하살이 애욕의 염오가 없는 것에 상응하여 원만한 것입니까?"

"선현이여. 만약 보살마하살이 외육처(外六處)에서 능히 잘 버린다면, 이것이 보살마하살이 애욕의 염오가 없는 것에 상응하여 원만한 것이니라."

"세존이시여. 무엇이 보살마하살이 마음의 욕망인 것을 따라서 제불토(諸佛土) 대중의 모임에 가서 스스로가 그의 몸을 나타낸다면 상응하여 원만한 것입니까?"

"선현이여. 만약 보살마하살이 수승한 신통을 수습하여 한 불국토에서 또 한 불국토로 나아가며 제불·세존을 공양하고 공경하며 존중하고 찬탄하며 법륜을 굴려서 일체의 유정이 요익하게 청한다면, 이것이 보살마하살이 마음의 욕망인 것을 따라서 제불국토 대중의 모임에 가서 스스로가 그의 몸을 나타낸다면 상응하여 원만한 것이니라."

"세존이시여. 무엇이 보살마하살이 일체의 유정들이 마음으로 행하면서 깨달아 들어간다면 상응하여 원만한 것입니까?"

"선현이여. 만약 보살마하살이 일심(一心)의 지혜로써 여실하게 일체 유정들의 심(心)과 심소(心所)의 법을 안다면, 이것이 보살마하살이 일체의 유정들이 마음으로 행하면서 깨달아 들어간다면 상응하여 원만한 것이니라."

"세존이시여. 무엇이 보살마하살이 여러 신통에 유희(遊戲)한다면 상응하여 원만한 것입니까?"

"선현이여. 만약 보살마하살이 여러 종류의 자재(自在)한 신통에 유희하면서 여래를 보기 위하여 한 불국토에서 한 불국토로 나아가면서, 역시 불국토에 유희한다는 생각이 생겨나지 않는다면, 이것이 보살마하살이 여러 신통에 유희한다면 상응하여 원만한 것이니라."

"세존이시여. 무엇이 보살마하살이 제불국토를 보면서 그것을 보았던 것과 같이 여러 종류의 불국토로 장엄하고 청정하게 하였다면 상응하여 원만한 것입니까?"

"선현이여. 만약 보살마하살이 한 불국토에 머무르면서 능히 시방(十方)의 무변한 불국토를 능히 바라볼 수 있고, 역시 능히 나타내어 보여줄지라도, 일찍이 불국토라는 생각이 생겨나지 않으며, 또한 여러 유정들을 성숙시키기 위한 까닭으로, 처소인 삼천대천세계의 전륜왕위(轉輪王位)를 스스로가 장엄하더라도, 역시 버릴 수 있고 집착하는 것이 없다고 나타낸다면, 이것이 제불국토를 보면서 그것을 보았던 것과 같이 여러 종류의 불국토로 장엄하고 청정하게 하였다면 상응하여 원만한 것이니라."

"세존이시여. 무엇이 보살마하살이 제불·세존을 공양하고 받드는 일에서 여래의 몸을 여실하게 관찰한다면 상응하여 원만한 것입니까?"

"선현이여. 만약 보살마하살이 유정들을 요익하게 하기 위한 까닭으로, 법의 의취(義趣)에서 여실하게 분별하며 이와 같다면 제불을 법으로써 공양하고 섬긴다고 이름하며, 또한 제불의 법신(法身)을 자세하게 관찰한 다면, 이것이 보살마하살이 제불·세존을 공양하고 받드는 일에서 여래의 몸을 여실하게 관찰한다면 상응하여 원만한 것이니라."

"세존이시여. 무엇이 보살마하살이 여러 유정들의 근기가 수승하고 하열하다고 아는 지혜에 상응하여 원만한 것입니까?"

"선현이여. 만약 보살마하살이 여래의 10력에 머무르면서 일체 유정들의 근기가 수승하고 하열하다고 여실하고 명료하게 안다면, 이것이 보살마하살이 여러 유정들의 근기가 수승하고 하열하다고 아는 지혜에 상응하여 원만한 것이니라."

"세존이시여. 무엇이 보살마하살이 불국토를 장엄하고 청정하게 관찰한다면 상응하여 원만한 것입니까?"

"선현이여. 만약 보살마하살이 얻을 수 없는 것으로써 방편으로 삼아서 일체 유정들이 마음이 행하면서 장엄하고 청정하게 한다면, 이것이 보살마하살이 장엄하고 청정하게 관찰한다면 상응하여 원만한 것이니라."

"세존이시여. 무엇이 보살마하살이 환영과 같은 등지(等持)로 자주 여러 정려에 들어간다면 상응하여 원만한 것입니까?"

"선현이여. 만약 보살마하살이 이 등지에 머무르고, 비록 능히 일체의 사업(事業)을 성취하고 마음이 동요하지 않으며, 또한 등지를 수습하여 이미 성숙해져서 가행(加行)26)을 짓지 않더라도 자주자주 나타낸다면, 이것이 보살마하살이 환영과 같은 등지로 자주 여러 정려에 들어간다면 상응하여 원만한 것이니라."

"세존이시여. 무엇이 보살마하살이 제유정(諸有情)들의 선근(善根)을 따라서 상응하여 성숙시키는 까닭으로, 여러 세계에 들어가서 스스로가 변화된 몸을 나타낸다면 상응하여 원만한 것입니까?"

---

26) 산스크리트어 prayoga의 번역이고, 정행(正行)에 대비되는 말로서, 예비적인 '수행' 또는 '실천(行)'을 뜻하며, 방편(方便)이라고도 말한다.

"선현이여. 만약 보살마하살이 제유정 부류들의 수승한 선근을 따라서 그 마땅한 것을 성숙시키기 위한 까닭으로, 여러 세계에 들어가서 태어남을 받으면서 나타낸다면, 이것이 보살마하살이 제유정들의 선근을 따라서 상응하여 성숙시키는 까닭으로, 여러 세계에 들어가서 스스로가 변화된 몸을 나타낸다면 상응하여 원만한 것이니라."

"세존이시여. 무엇이 보살마하살이 무변한 처소의 대원(大願)을 섭수하고, 원하는 것이 있음을 따라서 원만하게 하였다면 모두 상응하여 원만한 것입니까?"

"선현이여. 만약 보살마하살이 이미 6바라밀다를 구족하여 수습하여 매우 원만한 까닭으로, 혹은 제불국토를 장엄하고 청정하게 하기 위하여, 혹은 제유정의 부류들을 성숙시키기 위하여, 마음이 원하는 것을 따라서 모두 원만하게 하였다면, 이것이 보살마하살이 무변한 처소의 대원을 섭수하고, 원하는 것이 있음을 따라서 원만하게 하였다면 모두 상응하여 원만한 것이니라."

"세존이시여. 무엇이 보살마하살이 여러 천상(天)·용(龍)·약차(藥叉)·건달박(健達縛)·아소락(阿素洛)·게로다(揭路茶)·긴나락(緊捺洛)·마호락가(莫呼洛伽)·인비인(人非人) 등의 다른 부류들의 음성을 따라서 안다면 상응하여 원만한 것입니까?"

"선현이여. 만약 보살마하살이 수승한 사무애해(詞無礙解)를 수습하여 유정들의 말과 음성의 차별을 잘 안다면, 이것이 보살마하살이 여러 천상·용·약차·건달박·아소락·게로다·긴나락·마호락가·인비인 등의 다른 부류들의 음성을 따라서 안다면 상응하여 원만한 것이니라."

"세존이시여. 무엇이 보살마하살이 장애가 없는 언설(辯說)의 지혜라면 상응하여 원만한 것입니까?"

"선현이여. 만약 보살마하살이 수승한 언설을 무애하게 수습하고, 제유정들을 위하여 능히 끝이 없이 설한다면, 이것이 보살마하살이 장애가 없는 언설의 지혜라면 상응하여 원만한 것이니라."

"세존이시여. 무엇이 보살마하살이 태(胎)에 들어가서 구족한다면 상응하여 원만한 것입니까?”

“선현이여. 만약 보살마하살이 비록 일체의 태어나는 처소(生處)에서 진실로 항상 변화하여 태어날지라도, 유정들의 요익을 위하여 태장(胎藏)으로 들어가고, 그 가운데에서 여러 종류의 수승한 일을 구족한다면, 이것이 보살마하살이 태에 들어가서 구족한다면 상응하여 원만한 것이니라.”

“세존이시여. 무엇이 보살마하살이 태어남을 구족한다면 상응하여 원만한 것입니까?”

“선현이여. 만약 보살마하살이 태에서 나오는 때에 여러 종류의 희유(希有)하고 수승한 일을 나타내어 보여주고, 제유정에서 보았던 자들에게 환희와 큰 이익과 즐거움을 얻게 시켰다면, 이것이 보살마하살이 태어남을 구족한다면 상응하여 원만한 것이니라.”

“세존이시여. 무엇이 보살마하살이 가족(家族)을 구족한다면 상응하여 원만한 것입니까?”

“선현이여. 만약 보살마하살이 혹은 찰제리(刹帝利) 대족성(大族姓)의 집에 태어나거나, 혹은 바라문(婆羅門) 대족성의 집에 태어나는데, 그 부모의 타고난 기품에서 헐뜯고 싫어할 것이 없다면, 이것이 보살마하살이 가족을 구족한다면 상응하여 원만한 것이니라.”

“세존이시여. 무엇이 보살마하살이 종성(種姓)을 구족한다면 상응하여 원만한 것입니까?”

“선현이여. 만약 보살마하살이 항상 이전의 과거에 여러 대보살의 종성의 가운데에서 태어난다면, 이것이 보살마하살이 종성을 구족한다면 상응하여 원만한 것이니라.”

“세존이시여. 무엇이 보살마하살이 권속(眷屬)을 구족한다면 상응하여 원만한 것입니까?”

“선현이여. 만약 보살마하살이 순수하게 무량하고 무수한 보살로써, 나머지의 여러 잡스럽지 않은 부류로 권속을 삼는다면, 이것이 보살마하살이 권속을 구족한다면 상응하여 원만한 것이니라.”

“세존이시여. 무엇이 보살마하살이 태어나는 몸을 구족한다면 상응하여 원만한 것입니까?"

"선현이여. 만약 보살마하살이 처음으로 태어나는 때에 그 몸에 일체의 상호(相好)가 구족하고, 대광명을 내뿜어서 무변한 제불의 세계를 밝게 비추며, 역시 그 세계를 여섯 종류로 변동(變動)시켜서 유정으로 만나는 자가 이익이 없지 않음이 없다면, 이것이 보살마하살이 태어나는 몸을 구족한다면 상응하여 원만한 것이니라."

"세존이시여. 무엇이 보살마하살이 출가를 구족한다면 상응하여 원만한 것입니까?"

"선현이여. 만약 보살마하살이 출가하는 때에 무량하고 무수한 천인·용·약차·인비인 등이 날개처럼 뒤따르고, 도량(道場)에 나아가서 수염과 머리를 깎고서 세 가지의 법의(法衣)를 입으며 응기를 수지(受持)하며, 무량하고 무수한 유정들을 인도(引導)하여 3승(三乘)의 수레에 태워서 원적(圓寂)27)에 나아가게 한다면, 이것이 보살마하살이 출가를 구족한다면 상응하여 원만한 것이니라."

"세존이시여. 무엇이 보살마하살이 장엄스러운 보리수를 구족한다면 상응하여 원만한 것입니까?"

"선현이여. 만약 보살마하살이 수승한 선근과 광대한 원력에 감응하여 이와 같은 묘한 보리수를 얻고, 폐유리(吠琉璃)의 보배로 줄기를 삼으며, 진금(眞金)으로 뿌리를 삼고, 가지·잎·꽃·열매는 모두 상묘(上妙)한 칠보로 이루어졌으며, 그 나무는 높고 넓어서 삼천대천의 불국토를 두루 덮고, 광명은 주변 시방의 긍가의 모래와 같은 제불의 세계를 두루 비춘다면, 이것이 보살마하살이 장엄스러운 보리수를 구족할지라도 상응하여 원만한 것이니라."

"세존이시여. 무엇이 보살마하살이 일체의 공덕을 구족한다면 상응하여 원만한 것입니까?"

"선현이여. 만약 보살마하살이 수승한 복과 지혜의 자량(資糧)을 만족

___
27) 산스크리트어 Nirvana의 번역이고, 열반을 뜻하며, '원적(圓寂)', '멸도(滅度)', '적멸(寂滅)' 등으로 번역된다.

시키고, 유정들을 성숙시키며 불국토를 장엄하고 청정하게 한다면, 이것이 보살마하살이 온갖 공덕을 구족한다면 상응하여 원만한 것이니라."

마하반야바라밀다경 제55권

15. 변대승품(辯大勝品)(5)

"세존이시여. 무엇이 이미 원만해진 제10의 법운지(法雲地)의 보살마하살이고, 여러 여래들과 다르지 않고 상응한다고 말할 수 있다고 마땅히 알 수 있습니까?"

"선현이여. 이 보살마하살은 이미 6바라밀다(六波羅蜜多)가 원만하고, 이미 4정려(四精慮)·4무량(四無量)·4무색정(四無色定)이 원만하고, 이미 4념주(四念住)·4정단(四正斷)·4신족(四神足)·5근(五根)·5력(五力)·7등각지(七等覺支)·8성도지(八聖道支)가 원만하며, 이미 공(空)·무상(無相)·무원해탈문(無願解脫門)이 원만하고, 이미 5안(五眼)·6신통(六神通)이 원만하며, 이미 여래의 10력(十力)·4무소외(四無所畏)·4무애해(四無礙解)·대자(大慈)·대비(大悲)·대희(大喜)·대사(大捨)·18불불공법(十八佛不共法)·일체지(一切智)·도상지(道相智)·일체상지(一切相智)가 원만하고, 이미 일체의 불법이 원만한 까닭이며, 다시 일체의 번뇌(煩惱)와 습기(習氣)의 상속(相續)을 영원히 끊은 것과 같아서 곧 불지(佛地)에 머무르나니, 이러한 까닭으로 이미 원만해진 제10의 법운지의 보살마하살은 여러 여래들과 다르지 않고 상응한다고 말할 수 있다고 마땅히 알 수 있느니라."

그때 구수 선현이 세존께 아뢰어 말하였다.

"세존이시여. 무엇이 제10의 법운지의 보살마하살이 여래지(如來地)에 나아가는 것입니까?"

세존께서 말씀하셨다.

"선현이여. 이 보살마하살은 방편선교(方便善巧)로 6바라밀다를 수행하고, 정려·무량·무색정·37보리분법(菩提分法)·3해탈문을 수습하고, 5안·6신통·여래의 10력·4무소외·4무애해·대자·대비·대희·대사·18불불공법·일체·도상지·일체상지의 일체 불법을 수학하여 이미 원만해진 까닭으로, 정관지(淨觀地)·종성지(種性地)·제팔지(第八地)·구견지(具見地)·박지(薄地)·이욕지(離欲地)·이판지(已辦地)·독각지(獨覺地), 또한 보살의 10지(十地)를 초월(超過)하고, 번뇌와 습기의 상속(相續)을 영원히 끊어서 곧 여래·응·정등각을 성취하느니라. 선현이여. 이와 같이 제10의 법운지의 보살마하살은 여래지에 나아가느니라. 선현이여. 이것이 보살마하살이 대승(大乘)을 일으켜서 나아가는 것이라고 마땅히 알아야 하느니라.

다시 다음으로 선현이여. 그대가 '이와 같은 대승은 어느 곳에서 출현하였고, 어느 곳에 이르러 머무는가?'라고 물었는데, 선현이여. 이와 같은 대승은 삼계(三界)의 가운데에서 출현하고 일체지지(一切智智)의 가운데에 이르러 머무르나니, 일체지지를 위한 이유로 삼계에서 출생하는 까닭이니라. 그러나 둘이 아닌 까닭으로 출생하는 것(出)도 없고 이르는 것(至)도 없느니라.

그 까닭은 무엇인가? 만약 대승이거나, 만약 일체지지일지라도 이와 같은 두 가지의 법은 상응하는 것도 아니고 상응하지 않는 것도 아니며, 유색(有色)이 아니고 무색(無色)도 아니며, 유견(有見)도 아니고 무견(無見)도 아니며, 대상이 있는 것도 아니고 대상이 없는 것도 아니며, 모두가 하나의 상(相)이나니 이를테면, 무상(無相)이니라. 무상의 법은 출현하지 않고 이르지도 않느니라. 왜 그러한가? 선현이여. 그러한 무상의 법은 이미 출현하지 않았고 이미 이르지도 않았으며, 마땅히 출현하지 않을 것이고 마땅히 이르지 않을 것이며, 지금에 출현하거나 이르는 것도 아닌 까닭이니라.

선현이여. 그러한 무상의 법을 출생하는 것이 있게 하고 이르는 것이 있게 하려고 하는 것은, 곧 진여(眞如)를 출생하는 것이 있게 하고 이르는 것이 있게 하려는 것이니라. 그 까닭은 무엇인가? 진여는 능히 삼계의 가운데에서 출생할 수도 없고, 역시 능히 일체지지의 가운데에서 이르러 머무를 수도 없는 까닭이니라. 왜 그러한가? 선현이여. 진여는 진여의 자성(自性)이 공한 까닭이니라.

선현이여. 그러한 무상의 법을 출생하는 것이 있게 하고 이르는 것이 있게 하려고 하는 것은, 곧 법계(法界)·법성(法性)·불허망성(不虛妄性)·불변이성(不變異性)·평등성(平等性)·이생성(離生性)·부사의계(不思議界)·허공계(虛空界)·단계(斷界)·이계(離界)·멸계(滅界)·무성계(無性界)·무상계(無相界)·무작계(無作界)·무위계(無爲界)·안은계(安隱界)·적정계(寂靜界)·법정(法定)·법주(法住)·본무(本無)·실제(實際)를 출생하는 것이 있게 하고 이르는 것이 있게 하려는 것이니라. 그 까닭은 무엇인가? 법계, 나아가 실제는 능히 삼계의 가운데에서 출생할 수도 없고, 역시 능히 일체지지의 가운데에서 이르러 머무를 수도 없는 까닭이니라. 왜 그러한가? 선현이여. 법계는 법계의 자성이 공하고, 나아가 실제는 실제의 자성이 공한 까닭이니라.

선현이여. 그러한 무상의 법을 출생하는 것이 있게 하고 이르는 것이 있게 하려고 하는 것은, 곧 색(色)을 출생하는 것이 있게 하고 이르는 것이 있게 하려는 것이니라. 그 까닭은 무엇인가? 색은 능히 삼계의 가운데에서 출생할 수도 없고, 역시 능히 일체지지의 가운데에서 이르러 머무를 수도 없는 까닭이니라. 왜 그러한가? 선현이여. 색은 색의 자성이 공한 까닭이니라.

선현이여. 그러한 무상의 법을 출생하는 것이 있게 하고 이르는 것이 있게 하려고 하는 것은, 곧 수(受)·상(想)·행(行)·식(識)을 출생하는 것이 있게 하고 이르는 것이 있게 하려는 것이니라. 그 까닭은 무엇인가? 수·상·행·식은 능히 삼계의 가운데에서 출생할 수도 없고, 역시 능히 일체지지의 가운데에서 이르러 머무를 수도 없는 까닭이니라. 왜 그러한가? 선현이여. 수·상·행·식은 수·상·행·식의 자성이 공한 까닭이니라.

선현이여. 그러한 무상의 법을 출생하는 것이 있게 하고 이르는 것이 있게 하려고 하는 것은, 곧 안처(眼處)를 출생하는 것이 있게 하고 이르는 것이 있게 하려는 것이니라. 그 까닭은 무엇인가? 안처는 능히 삼계의 가운데에서 출생할 수도 없고, 역시 능히 일체지지의 가운데에서 이르러 머무를 수도 없는 까닭이니라. 왜 그러한가? 선현이여. 안처는 안처의 자성이 공한 까닭이니라.

선현이여. 그러한 무상의 법을 출생하는 것이 있게 하고 이르는 것이 있게 하려고 하는 것은, 곧 이(耳)·비(鼻)·설(舌)·신(身)·의처(意處)를 출생하는 것이 있게 하고 이르는 것이 있게 하려는 것이니라. 그 까닭은 무엇인가? 이·비·설·신·의처는 능히 삼계의 가운데에서 출생할 수도 없고, 역시 능히 일체지지의 가운데에서 이르러 머무를 수도 없는 까닭이니라. 왜 그러한가? 선현이여. 이·비·설·신·의처는 이·비·설·신·의처의 자성이 공한 까닭이니라.

선현이여. 그러한 무상의 법을 출생하는 것이 있게 하고 이르는 것이 있게 하려고 하는 것은, 곧 색처(色處)를 출생하는 것이 있게 하고 이르는 것이 있게 하려는 것이니라. 그 까닭은 무엇인가? 색처는 능히 삼계의 가운데에서 출생할 수도 없고, 역시 능히 일체지지의 가운데에서 이르러 머무를 수도 없는 까닭이니라. 왜 그러한가? 선현이여. 색처는 색처의 자성이 공한 까닭이니라.

선현이여. 그러한 무상의 법을 출생하는 것이 있게 하고 이르는 것이 있게 하려고 하는 것은, 곧 성(聲)·향(香)·미(味)·촉(觸)·법처(法處)를 출생하는 것이 있게 하고 이르는 것이 있게 하려는 것이니라. 그 까닭은 무엇인가? 성·향·미·촉·법처는 능히 삼계의 가운데에서 출생할 수도 없고, 역시 능히 일체지지의 가운데에서 이르러 머무를 수도 없는 까닭이니라. 왜 그러한가? 선현이여. 성·향·미·촉·법처는 성·향·미·촉·법처의 자성이 공한 까닭이니라.

선현이여. 그러한 무상의 법을 출생하는 것이 있게 하고 이르는 것이 있게 하려고 하는 것은, 곧 안계(眼界)를 출생하는 것이 있게 하고 이르는 것이 있게 하려는 것이니라. 그 까닭은 무엇인가? 안계는 능히 삼계의 가운데에서 출생할 수도 없고, 역시 능히 일체지지의 가운데에서 이르러

머무를 수도 없는 까닭이니라. 왜 그러한가? 선현이여. 안계는 안계의
자성이 공한 까닭이니라.

선현이여. 그러한 무상의 법을 출생하는 것이 있게 하고 이르는 것이
있게 하려고 하는 것은, 곧 색계(色界)·안식계(眼識界), …… 나아가 ……
안촉(眼觸)·안촉을 인연으로 생겨나는 여러 수를 출생하는 것이 있게
하고 이르는 것이 있게 하려는 것이니라. 그 까닭은 무엇인가? 색계,
나아가 안촉을 인연으로 생겨난 여러 수는 능히 삼계의 가운데에서 출생할
수도 없고, 역시 능히 일체지지의 가운데에서 이르러 머무를 수도 없는
까닭이니라. 왜 그러한가? 선현이여. 색계·안식계, 나아가 안촉·안촉을
인연으로 생겨난 여러 수는 색계, 나아가 안촉을 인연으로 생겨난 여러
수의 자성이 공한 까닭이니라.

선현이여. 그러한 무상의 법을 출생하는 것이 있게 하고 이르는 것이
있게 하려고 하는 것은, 곧 이계(耳界)를 출생하는 것이 있게 하고 이르는
것이 있게 하려는 것이니라. 그 까닭은 무엇인가? 이계는 능히 삼계의
가운데에서 출생할 수도 없고, 역시 능히 일체지지의 가운데에서 이르러
머무를 수도 없는 까닭이니라. 왜 그러한가? 선현이여. 이계는 이계의
자성이 공한 까닭이니라.

선현이여. 그러한 무상의 법을 출생하는 것이 있게 하고 이르는 것이
있게 하려고 하는 것은, 곧 성계(聲界)·이식계(耳識界), …… 나아가 ……
이촉(耳觸)·이촉을 인연으로 생겨나는 여러 수를 출생하는 것이 있게
하고 이르는 것이 있게 하려는 것이니라. 그 까닭은 무엇인가? 성계,
나아가 이촉을 인연으로 생겨난 여러 수는 능히 삼계의 가운데에서 출생할
수도 없고, 역시 능히 일체지지의 가운데에서 이르러 머무를 수도 없는
까닭이니라. 왜 그러한가? 선현이여. 성계·이식계, 나아가 이촉·이촉을
인연으로 생겨난 여러 수는 성계, 나아가 이촉을 인연으로 생겨난 여러
수의 자성이 공한 까닭이니라.

선현이여. 그러한 무상의 법을 출생하는 것이 있게 하고 이르는 것이
있게 하려고 하는 것은, 곧 비계(鼻界)를 출생하는 것이 있게 하고 이르는

것이 있게 하려는 것이니라. 그 까닭은 무엇인가? 비계는 능히 삼계의 가운데에서 출생할 수도 없고, 역시 능히 일체지지의 가운데에서 이르러 머무를 수도 없는 까닭이니라. 왜 그러한가? 선현이여. 비계는 비계의 자성이 공한 까닭이니라.

선현이여. 그러한 무상의 법을 출생하는 것이 있게 하고 이르는 것이 있게 하려고 하는 것은, 곧 향계(香界)·비식계(鼻識界), …… 나아가 …… 비촉(鼻觸)·비촉을 인연으로 생겨나는 여러 수를 출생하는 것이 있게 하고 이르는 것이 있게 하려는 것이니라. 그 까닭은 무엇인가? 향계, 나아가 비촉을 인연으로 생겨난 여러 수는 능히 삼계의 가운데에서 출생할 수도 없고, 역시 능히 일체지지의 가운데에서 이르러 머무를 수도 없는 까닭이니라. 왜 그러한가? 선현이여. 향계·비식계, 나아가 비촉·비촉을 인연으로 생겨난 여러 수는 성계, 나아가 이촉을 인연으로 생겨난 여러 수의 자성이 공한 까닭이니라.

선현이여. 무상의 법을 출생하는 것이 있게 하고 이르는 것이 있게 하려고 하는 것은, 곧 설계(舌界)를 출생하는 것이 있게 하고 이르는 것이 있게 하려는 것이니라. 그 까닭은 무엇인가? 설계는 능히 삼계의 가운데에서 출생할 수도 없고 일체지지의 가운데에서 이르러 머무를 수도 없는 까닭이니라. 왜 그러한가? 선현이여. 설계는 설계의 자성이 공한 까닭이니라.

선현이여. 그러한 무상의 법을 출생하는 것이 있게 하고 이르는 것이 있게 하려고 하는 것은, 곧 미계(味界)·설식계(舌識界), …… 나아가 …… 설촉(舌觸)·설촉을 인연으로 생겨나는 여러 수를 출생하는 것이 있게 하고 이르는 것이 있게 하려는 것이니라. 그 까닭은 무엇인가? 미계, 나아가 설촉을 인연으로 생겨난 여러 수는 능히 삼계의 가운데에서 출생할 수도 없고, 역시 능히 일체지지의 가운데에서 이르러 머무를 수도 없는 까닭이니라. 왜 그러한가? 선현이여. 미계·설식계, 나아가 설촉·설촉을 인연으로 생겨난 여러 수는 성계, 나아가 이촉을 인연으로 생겨난 여러 수의 자성이 공한 까닭이니라.

선현이여. 그러한 무상의 법을 출생하는 것이 있게 하고 이르는 것이 있게 하려고 하는 것은, 곧 신계(身界)를 출생하는 것이 있게 하고 이르는 것이 있게 하려는 것이니라. 그 까닭은 무엇인가? 신계는 능히 삼계의 가운데에서 출생할 수도 없고, 역시 능히 일체지지의 가운데에서 이르러 머무를 수도 없는 까닭이니라. 왜 그러한가? 선현이여. 신계는 신계의 자성이 공한 까닭이니라.

선현이여. 그러한 무상의 법을 출생하는 것이 있게 하고 이르는 것이 있게 하려고 하는 것은, 곧 촉계(觸界)·신식계(身識界), …… 나아가 …… 신촉(身觸)·신촉을 인연으로 생겨나는 여러 수를 출생하는 것이 있게 하고 이르는 것이 있게 하려는 것이니라. 그 까닭은 무엇인가? 촉계, 나아가 신촉을 인연으로 생겨난 여러 수는 능히 삼계의 가운데에서 출생할 수도 없고, 역시 능히 일체지지의 가운데에서 이르러 머무를 수도 없는 까닭이니라. 왜 그러한가? 선현이여. 촉계·신식계, 나아가 신촉·신촉을 인연으로 생겨난 여러 수는 성계, 나아가 이촉을 인연으로 생겨난 여러 수의 자성이 공한 까닭이니라.

선현이여. 그러한 무상의 법을 출생하는 것이 있게 하고 이르는 것이 있게 하려고 하는 것은, 곧 의계(意界)를 출생하는 것이 있게 하고 이르는 것이 있게 하려는 것이니라. 그 까닭은 무엇인가? 의계는 능히 삼계의 가운데에서 출생할 수도 없고, 역시 능히 일체지지의 가운데에서 이르러 머무를 수도 없는 까닭이니라. 왜 그러한가? 선현이여. 의계는 의계의 자성이 공한 까닭이니라.

선현이여. 그러한 무상의 법을 출생하는 것이 있게 하고 이르는 것이 있게 하려고 하는 것은, 곧 법계(法界)·의식계(意識界), …… 나아가 …… 의촉(意觸)·의촉을 인연으로 생겨나는 여러 수를 출생하는 것이 있게 하고 이르는 것이 있게 하려는 것이니라. 그 까닭은 무엇인가? 법계, 나아가 의촉을 인연으로 생겨나는 여러 수는 능히 삼계의 가운데에서 출생할 수도 없고, 역시 능히 일체지지의 가운데에서 이르러 머무를 수도 없는 까닭이니라. 왜 그러한가? 선현이여. 법계·의식계, 나아가 의촉·의촉을 인연으로 생겨나는 여러 수는 성계, 나아가 이촉을 인연으로 생겨나는 여러 수의 자성이 공한 까닭이니라.

선현이여. 그러한 무상의 법을 출생하는 것이 있게 하고 이르는 것이 있게 하려고 하는 것은, 곧 지계(地界)를 출생하는 것이 있게 하고 이르는 것이 있게 하려는 것이니라. 그 까닭은 무엇인가? 지계는 능히 삼계의 가운데에서 출생할 수도 없고, 역시 능히 일체지지의 가운데에서 이르러 머무를 수도 없는 까닭이니라. 왜 그러한가? 선현이여. 지계는 지계의 자성이 공한 까닭이니라.

선현이여. 무상의 법을 출생하는 것이 있게 하고 이르는 것이 있게 하려고 하는 것은, 곧 수(水)·화(火)·풍(風)·공(空)·식계(識界)를 출생하는 것이 있게 하고 이르는 것이 있게 하려는 것이니라. 그 까닭은 무엇인가? 수·화·풍·공·식계는 능히 삼계의 가운데에서 출생할 수도 없고, 역시 능히 일체지지의 가운데에서 이르러 머무를 수도 없는 까닭이니라. 왜 그러한가? 선현이여. 수·화·풍·공·식계는 수·화·풍·공·식계의 자성이 공한 까닭이니라.

선현이여. 그러한 무상의 법을 출생하는 것이 있게 하고 이르는 것이 있게 하려고 하는 것은, 곧 고성제(苦聖諦)가 출생하는 것이 있게 하고 이르는 것이 있게 하려는 것이니라. 그 까닭은 무엇인가? 고성제는 능히 삼계의 가운데에서 출생할 수도 없고, 역시 능히 일체지지의 가운데에서 이르러 머무를 수도 없는 까닭이니라. 왜 그러한가? 선현이여. 고성제는 고성제의 자성이 공한 까닭이니라.

선현이여. 그러한 무상의 법을 출생하는 것이 있게 하고 이르는 것이 있게 하려고 하는 것은, 곧 집(集)·멸(滅)·도성제(道聖諦)가 출생하는 것이 있게 하고 이르는 것이 있게 하려는 것이니라. 그 까닭은 무엇인가? 집·멸·도성제는 능히 삼계의 가운데에서 출생할 수도 없고, 역시 능히 일체지지의 가운데에서 이르러 머무를 수도 없는 까닭이니라. 왜 그러한가? 선현이여. 집·멸·도성제는 집·멸·도성제의 자성이 공한 까닭이니라.

선현이여. 그러한 무상의 법을 출생하는 것이 있게 하고 이르는 것이

있게 하려고 하는 것은, 곧 무명(無明)을 출생하는 것이 있게 하고 이르는 것이 있게 하려는 것이니라. 그 까닭은 무엇인가? 무명은 능히 삼계의 가운데에서 출생할 수도 없고, 역시 능히 일체지지의 가운데에서 이르러 머무를 수도 없는 까닭이니라. 왜 그러한가? 선현이여. 무명은 무명의 자성이 공한 까닭이니라.

선현이여. 그러한 무상의 법을 출생하는 것이 있게 하고 이르는 것이 있게 하려고 하는 것은, 곧 행(行)·식(識)·명색(名色)·육처(六處)·촉(觸)·수(受)·애(愛)·취(取)·유(有)·생(生)·노사(老死)의 수탄고우뇌(愁歎苦憂惱)를 출생하는 것이 있게 하고 이르는 것이 있게 하려는 것이니라. 그 까닭은 무엇인가? 행, 나아가 노사의 수탄고우뇌는 능히 삼계의 가운데에서 출생할 수도 없고, 역시 능히 일체지지의 가운데에서 이르러 머무를 수도 없는 까닭이니라. 왜 그러한가? 선현이여. 행, 나아가 노사의 수탄고우뇌는 행, 나아가 노사의 수탄고우뇌의 자성이 공한 까닭이니라.

선현이여. 그러한 무상의 법을 출생하는 것이 있게 하고 이르는 것이 있게 하려고 하는 것은, 곧 환영의 일(幻事)을 출생하는 것이 있게 하고 이르는 것이 있게 하려는 것이니라. 그 까닭은 무엇인가? 환영의 일은 능히 삼계의 가운데에서 출생할 수도 없고, 역시 능히 일체지지의 가운데에서 이르러 머무를 수도 없는 까닭이니라. 왜 그러한가? 선현이여. 환영의 일은 환영의 일의 자성이 공한 까닭이니라.

선현이여. 그러한 무상의 법을 출생하는 것이 있게 하고 이르는 것이 있게 하려고 하는 것은, 곧 꿈의 경계(夢境)·형상(像)·메아리(響)·빛의 그림자(光影)·허공의 꽃(空花)·아지랑이(陽焰)·심향성(尋香城)·변화한 일(變化事)을 출생하는 것이 있게 하고 이르는 것이 있게 하려는 것이니라. 그 까닭은 무엇인가? 꿈의 경계, 나아가 변화한 일은 능히 삼계의 가운데에서 출생할 수도 없고, 역시 능히 일체지지의 가운데에서 이르러 머무를 수도 없는 까닭이니라. 왜 그러한가? 선현이여. 꿈의 경계, 나아가 변화한 일은 꿈의 경계, 나아가 변화한 일의 자성이 공한 까닭이니라.

선현이여. 그러한 무상의 법을 출생하는 것이 있게 하고 이르는 것이

있게 하려고 하는 것은, 곧 내공(內空)을 출생하는 것이 있게 하고 이르는 것이 있게 하려는 것이니라. 그 까닭은 무엇인가? 내공은 능히 삼계의 가운데에서 출생할 수도 없고, 역시 능히 일체지지의 가운데에서 이르러 머무를 수도 없는 까닭이니라. 왜 그러한가? 선현이여. 내공은 내공의 자성이 공한 까닭이니라.

선현이여. 그러한 무상의 법을 출생하는 것이 있게 하고 이르는 것이 있게 하려고 하는 것은, 곧 외공(外空)·내외공(內外空)·공공(空空)인 까닭이며, 승의공(勝義空)·유위공(有爲空)·무위공(無爲空)·필경공(畢竟空)·무제공(無際空)·산공(散空)·무변이공(無變異空)·본성공(本性空)·자상공(自相空)·공상공(共相空)·일체법공(一切法空)·불가득공(不可得空)·무성공(無性空)·자성공(自性空)·무성자성공(無性自性空)을 출생하는 것이 있게 하고 이르는 것이 있게 하려는 것이니라. 그 까닭은 무엇인가? 외공, 나아가 무성자성공은 능히 삼계의 가운데에서 출생할 수도 없고, 역시 능히 일체지지의 가운데에서 이르러 머무를 수도 없는 까닭이니라. 왜 그러한가? 선현이여. 외공, 나아가 무성자성공은 외공, 나아가 무성자성공의 자성이 공한 까닭이니라.

선현이여. 그러한 무상의 법을 출생하는 것이 있게 하고 이르는 것이 있게 하려고 하는 것은, 곧 보시바라밀다(布施波羅蜜多)를 출생하는 것이 있게 하고 이르는 것이 있게 하려는 것이니라. 그 까닭은 무엇인가? 보시바라밀다는 능히 삼계의 가운데에서 출생할 수도 없고, 역시 능히 일체지지의 가운데에서 이르러 머무를 수도 없는 까닭이니라. 왜 그러한가? 선현이여. 보시바라밀다는 보시바라밀다의 자성이 공한 까닭이니라.

선현이여. 그러한 무상의 법을 출생하는 것이 있게 하고 이르는 것이 있게 하려고 하는 것은, 곧 정계(淨界)·안인(安忍)·정진(精進)·정려(靜慮)·반야바라밀다(般若波羅蜜多)를 출생하는 것이 있게 하고 이르는 것이 있게 하려는 것이니라. 그 까닭은 무엇인가? 정계·안인·정진·정려·반야바라밀다는 능히 삼계의 가운데에서 출생할 수도 없고, 역시 능히 일체지지의 가운데에서 이르러 머무를 수도 없는 까닭이니라. 왜 그러한가?

선현이여. 정계·안인·정진·정려·반야바라밀다는 정계·안인·정진·정려·반야바라밀다의 자성이 공한 까닭이니라.

선현이여. 그러한 무상의 법을 출생하는 것이 있게 하고 이르는 것이 있게 하려고 하는 것은, 곧 4정려(四靜慮)를 출생하는 것이 있게 하고 이르는 것이 있게 하려는 것이니라. 그 까닭은 무엇인가? 4정려는 능히 삼계의 가운데에서 출생할 수도 없고, 역시 능히 일체지지의 가운데에서 이르러 머무를 수도 없는 까닭이니라. 왜 그러한가? 선현이여. 4정려는 4정려의 자성이 공한 까닭이니라.

선현이여. 그러한 무상의 법을 출생하는 것이 있게 하고 이르는 것이 있게 하려고 하는 것은, 곧 4무량(四無量)·4무색정(四無色定)을 출생하는 것이 있게 하고 이르는 것이 있게 하려는 것이니라. 그 까닭은 무엇인가? 4무량·4무색정은 능히 삼계의 가운데에서 출생할 수도 없고, 역시 능히 일체지지의 가운데에서 이르러 머무를 수도 없는 까닭이니라. 왜 그러한가? 선현이여. 4무량·4무색정은 4무량·4무색정의 자성이 공한 까닭이니라.

선현이여. 그러한 무상의 법을 출생하는 것이 있게 하고 이르는 것이 있게 하려고 하는 것은, 곧 4념주(四念住)를 출생하는 것이 있게 하고 이르는 것이 있게 하려는 것이니라. 그 까닭은 무엇인가? 4념주는 능히 삼계의 가운데에서 출생할 수도 없고, 역시 능히 일체지지의 가운데에서 이르러 머무를 수도 없는 까닭이니라. 왜 그러한가? 선현이여. 4념주는 4념주의 자성이 공한 까닭이니라.

선현이여. 그러한 무상의 법을 출생하는 것이 있게 하고 이르는 것이 있게 하려고 하는 것은, 곧 4정단(四正斷)·4신족(四神足)·5근(五根)·5력(五力)·7등각지(七等覺支)·8성도지(八聖道支)를 출생하는 것이 있게 하고 이르는 것이 있게 하려는 것이니라. 그 까닭은 무엇인가? 4정단, 나아가 8성도지는 능히 삼계의 가운데에서 출생할 수도 없고, 역시 능히 일체지지의 가운데에서 이르러 머무를 수도 없는 까닭이니라. 왜 그러한가? 선현이여. 4정단, 나아가 8성도지는 4정단, 나아가 8성도지의 자성이 공한 까닭이니라.

선현이여. 그러한 무상의 법을 출생하는 것이 있게 하고 이르는 것이 있게 하려고 하는 것은, 곧 공해탈문(空解脫門)을 출생하는 것이 있게 하고 이르는 것이 있게 하려는 것이니라. 그 까닭은 무엇인가? 공해탈문은 능히 삼계의 가운데에서 출생할 수도 없고 일체지지의 가운데에서 이르러 머무를 수도 없는 까닭이니라. 왜 그러한가? 선현이여. 공해탈문은 공해탈문의 자성이 공한 까닭이니라.

선현이여. 그러한 무상의 법을 출생하는 것이 있게 하고 이르는 것이 있게 하려고 하는 것은, 곧 무상(無相)·무원해탈문(無願解脫門)을 출생하는 것이 있게 하고 이르는 것이 있게 하려는 것이니라. 그 까닭은 무엇인가? 무상·무원해탈문은 능히 삼계의 가운데에서 출생할 수도 없고, 역시 능히 일체지지의 가운데에서 이르러 머무를 수도 없는 까닭이니라. 왜 그러한가? 선현이여. 무상·무원해탈문은 무상·무원해탈문의 자성이 공한 까닭이니라.

선현이여. 그러한 무상의 법을 출생하는 것이 있게 하고 이르는 것이 있게 하려고 하는 것은, 곧 5안(五眼)을 출생하는 것이 있게 하고 이르는 것이 있게 하려는 것이니라. 그 까닭은 무엇인가? 5안은 능히 삼계의 가운데에서 출생할 수도 없고, 역시 능히 일체지지의 가운데에서 이르러 머무를 수도 없는 까닭이니라. 왜 그러한가? 선현이여. 5안은 5안의 자성이 공한 까닭이니라.

선현이여. 그러한 무상의 법을 출생하는 것이 있게 하고 이르는 것이 있게 하려고 하는 것은, 곧 6신통(六神通)을 출생하는 것이 있게 하고 이르는 것이 있게 하려는 것이니라. 그 까닭은 무엇인가? 6신통은 능히 삼계의 가운데에서 출생할 수도 없고, 역시 능히 일체지지의 가운데에서 이르러 머무를 수도 없는 까닭이니라. 왜 그러한가? 선현이여. 6신통은 6신통의 자성이 공한 까닭이니라.

선현이여. 그러한 무상의 법을 출생하는 것이 있게 하고 이르는 것이 있게 하려고 하는 것은, 곧 여래(如來)의 10력(十力)을 출생하는 것이 있게 하고 이르는 것이 있게 하려는 것이니라. 그 까닭은 무엇인가? 여래의 10력은 능히 삼계의 가운데에서 출생할 수도 없고, 역시 능히 일체지지의 가운데에서 이르러 머무를 수도 없는 까닭이니라. 왜 그러한가? 선현이여. 여래의 10력은 여래의 10력의 자성이 공한 까닭이니라.

선현이여. 그러한 무상의 법을 출생하는 것이 있게 하고 이르는 것이 있게 하려고 하는 것은, 곧 4무소외(四無所畏)·4무애해(四無礙解)·대자(大慈)·대비(大悲)·대사(大喜)·대희(大捨)·18불불공법(十八佛不共法)·일체지(一切智)·도상지(道相智)·일체상지(一切相智)를 출생하는 것이 있게 하고 이르는 것이 있게 하려는 것이니라. 그 까닭은 무엇인가? 4무소외, 나아가 일체상지는 능히 삼계의 가운데에서 출생할 수도 없고, 역시 능히 일체지지의 가운데에서 이르러 머무를 수도 없는 까닭이니라. 왜 그러한가? 선현이여. 4무소외, 나아가 일체상지는 4무소외, 나아가 일체상지의 자성이 공한 까닭이니라.

선현이여. 그러한 무상의 법을 출생하는 것이 있게 하고 이르는 것이 있게 하려고 하는 것은, 곧 여래(如來)의 10력(十力)을 출생하는 것이 있게 하고 이르는 것이 있게 하려는 것이니라. 그 까닭은 무엇인가? 여래의 10력은 능히 삼계의 가운데에서 출생할 수도 없고, 역시 능히 일체지지의 가운데에서 이르러 머무를 수도 없는 까닭이니라. 왜 그러한가? 선현이여. 여래의 10력은 여래의 10력의 자성이 공한 까닭이니라.

선현이여. 그러한 무상의 법을 출생하는 것이 있게 하고 이르는 것이 있게 하려고 하는 것은, 곧 4무소외(四無所畏)·4무애해(四無礙解)·대자(大慈)·대비(大悲)·대사(大喜)·대희(大捨)·18불불공법(十八佛不共法)·일체지(一切智)·도상지(道相智)·일체상지(一切相智)를 출생하는 것이 있게 하고 이르는 것이 있게 하려는 것이니라. 그 까닭은 무엇인가? 4무소외, 나아가 일체상지는 능히 삼계의 가운데에서 출생할 수도 없고, 역시 능히 일체지지의 가운데에서 이르러 머무를 수도 없는 까닭이니라. 왜 그러한가? 선현이여. 4무소외, 나아가 일체상지는 4무소외, 나아가 일체상지의 자성이 공한 까닭이니라.

선현이여. 그러한 무상의 법을 출생하는 것이 있게 하고 이르는 것이
있게 하려고 하는 것은, 곧 예류자(預流者)가 악취(惡趣)에 출생하는 것이
있게 하고 이르는 것이 있게 하려는 것이니라. 그 까닭은 무엇인가?
예류자가 악취에 출생하는 것은 능히 삼계의 가운데에서 출생할 수도
없고, 역시 능히 일체지지의 가운데에서 이르러 머무를 수도 없는 까닭이
니라. 왜 그러한가? 선현이여. 예류자가 악취에 출생하는 것은 예류자가
악취에 출생하는 것의 자성이 공한 까닭이니라.

선현이여. 그러한 무상의 법을 출생하는 것이 있게 하고 이르는 것이
있게 하려고 하는 것은, 곧 일래자(一來者)가 자주 와서 출생하고, 불환자
(不還者)가 욕계(欲界)에 출생하며, 마하살(摩訶薩)이 스스로가 이익을
위하여 출생하고, 아라한(阿羅漢)·독각(獨覺)·삼먁삼불타(三藐三佛陀)[1]
가 후유(後有)로 출생하는 것을 있게 하고 이르는 것이 있게 하려는
것이니라. 그 까닭은 무엇인가? 일래자가 자주 와서 출생하고, 나아가
삼먁삼불타가 후유로 출생하는 것은 능히 삼계의 가운데에서 출생할
수도 없고, 역시 능히 일체지지의 가운데에서 이르러 머무를 수도 없는
까닭이니라. 왜 그러한가? 선현이여. 일래자가 자주 와서 출생하고, 나아
가 삼먁삼불타가 후유로 출생하는 것은 일래자가 자주 와서 출생하고,
나아가 삼먁삼불타가 후유로 출생하는 것의 자성이 공한 까닭이니라.

선현이여. 그러한 무상의 법을 출생하는 것이 있게 하고 이르는 것이
있게 하려고 하는 것은, 곧 예류향(預流向)·예류과(預流果)를 있게 하고
이르는 것이 있게 하려는 것이니라. 그 까닭은 무엇인가? 예류향·예류과
는 능히 삼계의 가운데에서 출생할 수도 없고, 역시 능히 일체지지의
가운데에서 이르러 머무를 수도 없는 까닭이니라. 왜 그러한가? 선현이여.
예류향·예류과는 예류향·예류과의 자성이 공한 까닭이니라.

선현이여. 그러한 무상의 법을 출생하는 것이 있게 하고 이르는 것이
있게 하려고 하는 것은, 곧 일래향(一來向)·일래과(一來果)·불환향(不還向)

---

1) 산스크리트어 samyaksaṃbuddha의 음사이고, 또한 '정등각(正等覺)', '정변지(正
遍知)', '정각자(正覺者)', '정등각자(正等覺者)' 등으로 한역한다.

·불환과(不還果)·아라한향(阿羅漢向)·아라한과(阿羅漢果)·독각향(獨覺向)·독각과(獨覺果)·보살·여래를 있게 하고 이르는 것이 있게 하려는 것이니라. 그 까닭은 무엇인가? 일래향·일래과, 나아가 여래는 능히 삼계의 가운데에서 출생할 수도 없고, 역시 능히 일체지지의 가운데에서 이르러 머무를 수도 없는 까닭이니라. 왜 그러한가? 선현이여. 일래향·일래과, 나아가 여래는 일래향·일래과, 나아가 여래의 자성이 공한 까닭이니라.

선현이여. 그러한 무상의 법을 출생하는 것이 있게 하고 이르는 것이 있게 하려고 하는 것은, 곧 명자(名字)와 가상(假想)으로 시설(施設)한 말을 있게 하고 이르는 것이 있게 하려는 것이니라. 그 까닭은 무엇인가? 명자와 가상으로 시설한 말은 능히 삼계의 가운데에서 출생할 수도 없고, 역시 능히 일체지지의 가운데에서 이르러 머무를 수도 없는 까닭이니라. 왜 그러한가? 선현이여. 명자와 가상으로 시설한 말은 명자와 가상으로 시설한 말의 자성이 공한 까닭이니라.

선현이여. 그러한 무상의 법을 출생하는 것이 있게 하고 이르는 것이 있게 하려고 하는 것은, 곧 생겨남(生)도 없고 소멸(滅)도 없으며 염오(染)도 없고 청정(淸淨)도 없으며 무상(無相)이고 무위(無爲)인 것을 있게 하고 이르는 것이 있게 하려는 것이니라. 그 까닭은 무엇인가? 생겨남도 없고 소멸도 없으며 염오도 없고 청정도 없으며 무상이고 무위인 것은 능히 삼계의 가운데에서 출생할 수도 없고, 역시 능히 일체지지의 가운데에서 이르러 머무를 수도 없는 까닭이니라. 왜 그러한가? 선현이여. 생겨남도 없고 소멸도 없으며 염오도 없고 청정도 없으며 무상이고 무위인 것은 생겨남도 없고 소멸도 없으며 염오도 없고 청정도 없으며 무상이고 무위인 것의 자성이 공한 까닭이니라.

선현이여. 그러한 무상의 법을 출생하는 것이 있게 하고 이르는 것이 있게 하려고 하는 것은, 곧 생겨남(生)도 없고 소멸(滅)도 없으며 염오(染)도 없고 청정(淸淨)도 없으며 무상(無相)이고 무위(無爲)인 것을 있게 하고 이르는 것이 있게 하려는 것이니라. 그 까닭은 무엇인가? 생겨남도 없고 소멸도 없으며 염오도 없고 청정도 없으며 무상이고 무위인 것은 능히 삼계의 가운데에서 출생할 수도 없고, 역시 능히 일체지지의 가운데에서 이르러 머무를 수도 없는 까닭이니라. 왜 그러한가? 선현이여. 생겨남도 없고 소멸도 없으며 염오도 없고 청정도 없으며 무상이고 무위인 것은 생겨남도 없고 소멸도 없으며 염오도 없고 청정도 없으며 무상이고 무위인 것의 자성이 공한 까닭이니라.

선현이여. 오히려 이러한 연(緣)을 까닭으로 이와 같은 대승은 삼계의 가운데에서 태어날 수도 없고, 역시 능히 일체지지의 가운데에서 이르러 머무를 수도 없느니라. 무이(無二)인 까닭으로 태어날 수 없고, 이를 수 없으며, 무상(無相)의 법은 움직임(動)과 전전(轉轉)함이 없는 까닭이니라."

"다시 다음으로 선현이여. 그대는 '이와 같은 대승은 어느 곳에 머무르는 것인가?'라고 물었는데, 선현이여. 이와 같은 대승은 모두 머무르는 곳이 없느니라. 그 까닭은 무엇인가? 일체법은 모두 머무르는 것이 없느니라. 왜 그러한가? 제법(諸法)의 주처(住處)를 얻을 수 없는 까닭이니라. 선현이여. 그리고 이러한 대승은 머무르는 곳이 없는 곳에 머무느니라.

선현이여. 진여(眞如)의 자성은 머무르는 것이 아니고 머무르지 않는 것도 아닌 것과 같이, 대승도 역시 그와 같아서 머무르는 것도 아니고 머무르지 않는 것도 아니니라. 그 까닭은 무엇인가? 진여의 자성은 머무르는 것이 없고 머무르지 않는 것도 없느니라. 왜 그러한가? 선현이여. 진여의 자성은 진여의 자성이 공한 까닭이니라.

선현이여. 진여의 자성은 머무르는 것이 아니고 머무르지 않는 것도 아닌 것과 같이, 대승도 역시 그와 같아서 머무르는 것도 아니고 머무르지 않는 것도 아니니라. 그 까닭은 무엇인가? 진여의 자성은 머무르는 것이 없고 머무르지 않는 것도 없느니라. 왜 그러한가? 선현이여. 진여의 자성은 진여의 자성이 공한 까닭이니라.

선현이여. 법계·법성·불허망성·불변이성·평등성·이생성·부사의계·허공계·단계·이계·멸계·무성계·무상계·무작계·무위계·안은계·적정계·법정·법주·본무·실제의 자성은 머무르는 것이 아니고 머무르지 않는 것도 아닌 것과 같이, 대승도 역시 그와 같아서 머무르는 것도 아니고 머무르지 않는 것도 아니니라. 그 까닭은 무엇인가? 법계, 나아가 실제의 자성은 머무르는 것이 없고 머무르지 않는 것도 없느니라. 왜 그러한가? 선현이여. 법계, 나아가 실제의 자성은 법계, 나아가 실제의 자성이 공한 까닭이니라.

선현이여. 색의 자성은 머무르는 것이 아니고 머무르지 않는 것도 아닌 것과 같이, 대승도 역시 그와 같아서 머무르는 것도 아니고 머무르지 않는 것도 아니니라. 그 까닭은 무엇인가? 색의 자성은 머무르는 것이 없고 머무르지 않는 것도 없느니라. 왜 그러한가? 선현이여. 색의 자성은 색의 자성이 공한 까닭이니라.

선현이여. 수·상·행·식의 자성은 머무르는 것이 아니고 머무르지 않는 것도 아닌 것과 같이, 대승도 역시 그와 같아서 머무르는 것도 아니고 머무르지 않는 것도 아니니라. 그 까닭은 무엇인가? 수·상·행·식의 자성은 머무르는 것이 없고 머무르지 않는 것도 없느니라. 왜 그러한가? 선현이여. 수·상·행·식의 자성은 수·상·행·식의 자성이 공한 까닭이니라.

선현이여. 안처의 자성은 머무르는 것이 아니고 머무르지 않는 것도 아닌 것과 같이, 대승도 역시 그와 같아서 머무르는 것도 아니고 머무르지 않는 것도 아니니라. 그 까닭은 무엇인가? 안처의 자성은 머무르는 것이 없고 머무르지 않는 것도 없느니라. 왜 그러한가? 선현이여. 안처의 자성은 안처의 자성이 공한 까닭이니라.

선현이여. 이·비·설·신·의처의 자성은 머무르는 것이 아니고 머무르지 않는 것도 아닌 것과 같이, 대승도 역시 그와 같아서 머무르는 것도 아니고 머무르지 않는 것도 아니니라. 그 까닭은 무엇인가? 이·비·설·신·의처의 자성은 머무르는 것이 없고 머무르지 않는 것도 없느니라. 왜 그러한가? 선현이여. 이·비·설·신·의처의 자성은 이·비·설·신·의처의 자성이 공한 까닭이니라.

선현이여. 색처의 자성은 머무르는 것이 아니고 머무르지 않는 것도 아닌 것과 같이, 대승도 역시 그와 같아서 머무르는 것도 아니고 머무르지 않는 것도 아니니라. 그 까닭은 무엇인가? 색처의 자성은 머무르는 것이 없고 머무르지 않는 것도 없느니라. 왜 그러한가? 선현이여. 색처의 자성은 색처의 자성이 공한 까닭이니라.

선현이여. 성·향·미·촉·법처의 자성은 머무르는 것이 아니고 머무르지 않는 것도 아닌 것과 같이, 대승도 역시 그와 같아서 머무르는 것도 아니고 머무르지 않는 것도 아니니라. 그 까닭은 무엇인가? 성·향·미·촉·법처의 자성은 머무르는 것이 없고 머무르지 않는 것도 없느니라. 왜 그러한가? 선현이여. 성·향·미·촉·법처의 자성은 성·향·미·촉·법처의 자성이 공한 까닭이니라.

선현이여. 안계의 자성은 머무르는 것이 아니고 머무르지 않는 것도 아닌 것과 같이, 대승도 역시 그와 같아서 머무르는 것도 아니고 머무르지 않는 것도 아니니라. 그 까닭은 무엇인가? 안계의 자성은 머무르는 것이 없고 머무르지 않는 것도 없느니라. 왜 그러한가? 선현이여. 안계의 자성은 안계의 자성이 공한 까닭이니라.

선현이여. 색계·안식계, …… 나아가 …… 안촉·안촉을 인연으로 생겨난 여러 수의 자성은 머무르는 것이 아니고 머무르지 않는 것도 아닌 것과 같이, 대승도 역시 그와 같아서 머무르는 것도 아니고 머무르지 않는 것도 아니니라. 그 까닭은 무엇인가? 색계, 나아가 안촉을 인연으로 생겨난 여러 수의 자성은 머무르는 것이 없고 머무르지 않는 것도 없느니라. 왜 그러한가? 선현이여. 색계·안식계, 나아가 안촉·안촉을 인연으로 생겨난 여러 수의 자성은 색계, 나아가 안촉을 인연으로 생겨난 여러 수의 자성이 공한 까닭이니라.

선현이여. 이계의 자성은 머무르는 것이 아니고 머무르지 않는 것도 아닌 것과 같이, 대승도 역시 그와 같아서 머무르는 것도 아니고 머무르지 않는 것도 아니니라. 그 까닭은 무엇인가? 이계의 자성은 머무르는 것이 없고 머무르지 않는 것도 없느니라. 왜 그러한가? 선현이여. 이계의 자성은 이계의 자성이 공한 까닭이니라.

선현이여. 성계·이식계, …… 나아가 …… 이촉·이촉을 인연으로 생겨난 여러 수의 자성은 머무르는 것이 아니고 머무르지 않는 것도 아닌 것과 같이, 대승도 역시 그와 같아서 머무르는 것도 아니고 머무르지 않는 것도 아니니라. 그 까닭은 무엇인가? 성계, 나아가 이촉을 인연으로 생겨난 여러 수의 자성은 머무르는 것이 없고 머무르지 않는 것도 없느니라. 왜 그러한가? 선현이여. 성계·이식계, 나아가 이촉·이촉을 인연으로 생겨난 여러 수의 자성은 성계, 나아가 이촉을 인연으로 생겨난 여러 수의 자성이 공한 까닭이니라.

선현이여. 비계의 자성은 머무르는 것이 아니고 머무르지 않는 것도 아닌 것과 같이, 대승도 역시 그와 같아서 머무르는 것도 아니고 머무르지 않는 것도 아니니라. 그 까닭은 무엇인가? 비계의 자성은 머무르는 것이 없고 머무르지 않는 것도 없느니라. 왜 그러한가? 선현이여. 비계의 자성은 비계의 자성이 공한 까닭이니라.

선현이여. 향계·비식계, …… 나아가 …… 비촉·비촉을 인연으로 생겨난 여러 수의 자성은 머무르는 것이 아니고 머무르지 않는 것도 아닌 것과 같이, 대승도 역시 그와 같아서 머무르는 것도 아니고 머무르지 않는 것도 아니니라. 그 까닭은 무엇인가? 향계, 나아가 비촉을 인연으로 생겨난 여러 수의 자성은 머무르는 것이 없고 머무르지 않는 것도 없느니라. 왜 그러한가? 선현이여. 향계·비식계, 나아가 비촉·비촉을 인연으로 생겨난 여러 수의 자성은 향계, 나아가 비촉을 인연으로 생겨난 여러 수의 자성이 공한 까닭이니라.

선현이여. 설계의 자성은 머무르는 것이 아니고 머무르지 않는 것도 아닌 것과 같이, 대승도 역시 그와 같아서 머무르는 것도 아니고 머무르지 않는 것도 아니니라. 그 까닭은 무엇인가? 설계의 자성은 머무르는 것이 없고 머무르지 않는 것도 없느니라. 왜 그러한가? 선현이여. 설계의 자성은 설계의 자성이 공한 까닭이니라.

선현이여. 미계·설식계, …… 나아가 …… 설촉·설촉을 인연으로 생겨난 여러 수의 자성은 머무르는 것이 아니고 머무르지 않는 것도 아닌 것과 같이, 대승도 역시 그와 같아서 머무르는 것도 아니고 머무르지 않는 것도 아니니라. 그 까닭은 무엇인가? 미계, 나아가 설촉을 인연으로 생겨난 여러 수의 자성은 머무르는 것이 없고 머무르지 않는 것도 없느니라. 왜 그러한가? 선현이여. 미계·설식계, 나아가 설촉·설촉을 인연으로 생겨난 여러 수의 자성은 향계, 나아가 비촉을 인연으로 생겨난 여러 수의 자성이 공한 까닭이니라.

선현이여. 신계의 자성은 머무르는 것이 아니고 머무르지 않는 것도 아닌 것과 같이, 대승도 역시 그와 같아서 머무르는 것도 아니고 머무르지 않는 것도 아니니라. 그 까닭은 무엇인가? 신계의 자성은 머무르는 것이 없고 머무르지 않는 것도 없느니라. 왜 그러한가? 선현이여. 신계의 자성은 신계의 자성이 공한 까닭이니라.

선현이여. 촉계·신식계, …… 나아가 …… 신촉·신촉을 인연으로 생겨난 여러 수의 자성은 머무르는 것이 아니고 머무르지 않는 것도 아닌 것과 같이, 대승도 역시 그와 같아서 머무르는 것도 아니고 머무르지 않는 것도 아니니라. 그 까닭은 무엇인가? 촉계, 나아가 신촉을 인연으로 생겨난 여러 수의 자성은 머무르는 것이 없고 머무르지 않는 것도 없느니라. 왜 그러한가? 선현이여. 촉계·신식계, 나아가 신촉·신촉을 인연으로 생겨난 여러 수의 자성은 촉계, 나아가 신촉을 인연으로 생겨난 여러 수의 자성이 공한 까닭이니라.

선현이여. 의계의 자성은 머무르는 것이 아니고 머무르지 않는 것도 아닌 것과 같이, 대승도 역시 그와 같아서 머무르는 것도 아니고 머무르지 않는 것도 아니니라. 그 까닭은 무엇인가? 의계의 자성은 머무르는 것이 없고 머무르지 않는 것도 없느니라. 왜 그러한가? 선현이여. 의계의 자성은 의계의 자성이 공한 까닭이니라.

선현이여. 법계·의식계, …… 나아가 …… 의촉·의촉을 인연으로 생겨난 여러 수의 자성은 머무르는 것이 아니고 머무르지 않는 것도 아닌 것과 같이, 대승도 역시 그와 같아서 머무르는 것도 아니고 머무르지 않는 것도 아니니라. 그 까닭은 무엇인가? 법계, 나아가 의촉을 인연으로 생겨난 여러 수의 자성은 머무르는 것이 없고 머무르지 않는 것도 없느니

라. 왜 그러한가? 선현이여. 법계·의식계, 나아가 의촉·의촉을 인연으로 생겨난 여러 수의 자성은 법계, 나아가 의촉을 인연으로 생겨난 여러 수의 자성이 공한 까닭이니라.

선현이여. 지계의 자성은 머무르는 것이 아니고 머무르지 않는 것도 아닌 것과 같이, 대승도 역시 그와 같아서 머무르는 것도 아니고 머무르지 않는 것도 아니니라. 그 까닭은 무엇인가? 지계의 자성은 머무르는 것이 없고 머무르지 않는 것도 없느니라. 왜 그러한가? 선현이여. 지계의 자성은 지계의 자성이 공한 까닭이니라.

선현이여. 수·화·풍·공·식계의 자성은 머무르는 것이 아니고 머무르지 않는 것도 아닌 것과 같이, 대승도 역시 그와 같아서 머무르는 것도 아니고 머무르지 않는 것도 아니니라. 그 까닭은 무엇인가? 수·화·풍·공·식계의 자성은 머무르는 것이 없고 머무르지 않는 것도 없느니라. 왜 그러한가? 선현이여. 수·화·풍·공·식계의 자성은 수·화·풍·공·식계의 자성이 공한 까닭이니라.

선현이여. 고성제의 자성은 머무르는 것이 아니고 머무르지 않는 것도 아닌 것과 같이, 대승도 역시 그와 같아서 머무르는 것도 아니고 머무르지 않는 것도 아니니라. 그 까닭은 무엇인가? 고성제의 자성은 머무르는 것이 없고 머무르지 않는 것도 없느니라. 왜 그러한가? 선현이여. 고성제의 자성은 고성제의 자성이 공한 까닭이니라.

선현이여. 집·멸·도성제의 자성은 머무르는 것이 아니고 머무르지 않는 것도 아닌 것과 같이, 대승도 역시 그와 같아서 머무르는 것도 아니고 머무르지 않는 것도 아니니라. 그 까닭은 무엇인가? 집·멸·도성제의 자성은 머무르는 것이 없고 머무르지 않는 것도 없느니라. 왜 그러한가? 선현이여. 집·멸·도성제의 자성은 집·멸·도성제의 자성이 공한 까닭이니라.

선현이여. 무명의 자성은 머무르는 것이 아니고 머무르지 않는 것도 아닌 것과 같이, 대승도 역시 그와 같아서 머무르는 것도 아니고 머무르지 않는 것도 아니니라. 그 까닭은 무엇인가? 무명의 자성은 머무르는 것이 없고 머무르지 않는 것도 없느니라. 왜 그러한가? 선현이여. 무명의 자성은 무명의 자성이 공한 까닭이니라.

선현이여. 행·식·명색·육처·촉·수·애·취·유·생·노사의 수탄고우뇌의 자성은 머무르는 것이 아니고 머무르지 않는 것도 아닌 것과 같이, 대승도 역시 그와 같아서 머무르는 것도 아니고 머무르지 않는 것도 아니니라. 그 까닭은 무엇인가? 행, 나아가 노사의 수탄고우뇌의 자성은 머무르는 것이 없고 머무르지 않는 것도 없느니라. 왜 그러한가? 선현이여. 행, 나아가 노사의 수탄고우뇌의 자성은 행, 나아가 노사의 수탄고우뇌의 자성이 공한 까닭이니라.

선현이여. 환영의 일의 자성은 머무르는 것이 아니고 머무르지 않는 것도 아닌 것과 같이, 대승도 역시 그와 같아서 머무르는 것도 아니고 머무르지 않는 것도 아니니라. 그 까닭은 무엇인가? 환영의 일의 자성은 머무르는 것이 없고 머무르지 않는 것도 없느니라. 왜 그러한가? 선현이여. 환영의 일의 자성은 환영의 일의 자성이 공한 까닭이니라.

선현이여. 꿈의 경계·형상·메아리·빛의 그림자·허공의 꽃·아지랑이·심향성·변화한 일의 자성은 머무르는 것이 아니고 머무르지 않는 것도 아닌 것과 같이, 대승도 역시 그와 같아서 머무르는 것도 아니고 머무르지 않는 것도 아니니라. 그 까닭은 무엇인가? 꿈의 경계, 나아가 변화한 일의 자성은 머무르는 것이 없고 머무르지 않는 것도 없느니라. 왜 그러한가? 선현이여. 꿈의 경계, 나아가 변화한 일의 자성은 꿈의 경계, 나아가 변화한 일의 자성이 공한 까닭이니라.

선현이여. 내공의 자성은 머무르는 것이 아니고 머무르지 않는 것도 아닌 것과 같이, 대승도 역시 그와 같아서 머무르는 것도 아니고 머무르지 않는 것도 아니니라. 그 까닭은 무엇인가? 내공의 자성은 머무르는 것이 없고 머무르지 않는 것도 없느니라. 왜 그러한가? 선현이여. 내공의 자성은 내공의 자성이 공한 까닭이니라.

선현이여. 외공·내외공·공공·대공·승의공·유위공·무위공·필경공·무제공·산공·무변이공·본성공·자상공·공상공·일체법공·불가득공·무성공·자성공·무성자성공의 자성은 머무르는 것이 아니고 머무르지 않는

것도 아닌 것과 같이, 대승도 역시 그와 같아서 머무르는 것도 아니고
머무르지 않는 것도 아니니라. 그 까닭은 무엇인가? 외공, 나아가 무성자
성공의 자성은 머무르는 것이 없고 머무르지 않는 것도 없느니라. 왜
그러한가? 선현이여. 외공, 나아가 무성자성공의 자성은 외공, 나아가
무성자성공의 자성이 공한 까닭이니라.

　선현이여. 보시바라밀다의 자성은 머무르는 것이 아니고 머무르지
않는 것도 아닌 것과 같이, 대승도 역시 그와 같아서 머무르는 것도 아니고
머무르지 않는 것도 아니니라. 그 까닭은 무엇인가? 보시바라밀다의 자성은
머무르는 것이 없고 머무르지 않는 것도 없느니라. 왜 그러한가? 선현이여.
보시바라밀다의 자성은 보시바라밀다의 자성이 공한 까닭이니라.

　선현이여. 정계·안인·정진·정려·반야바라밀다의 자성은 머무르는 것
이 아니고 머무르지 않는 것도 아닌 것과 같이, 대승도 역시 그와 같아서
머무르는 것도 아니고 머무르지 않는 것도 아니니라. 그 까닭은 무엇인가?
정계·안인·정진·정려·반야바라밀다의 자성은 머무르는 것이 없고 머무
르지 않는 것도 없느니라. 왜 그러한가? 선현이여. 정계·안인·정진·정려·
반야바라밀다의 자성은 정계·안인·정진·정려·반야바라밀다의 자성이
공한 까닭이니라.

　선현이여. 4정려의 자성은 머무르는 것이 아니고 머무르지 않는 것도
아닌 것과 같이, 대승도 역시 그와 같아서 머무르는 것도 아니고 머무르지
않는 것도 아니니라. 그 까닭은 무엇인가? 4정려의 자성은 머무르는
것이 없고 머무르지 않는 것도 없느니라. 왜 그러한가? 선현이여. 4정려의
자성은 4정려의 자성이 공한 까닭이니라.

　선현이여. 4무량·4무색정의 자성은 머무르는 것이 아니고 머무르지
않는 것도 아닌 것과 같이, 대승도 역시 그와 같아서 머무르는 것도
아니고 머무르지 않는 것도 아니니라. 그 까닭은 무엇인가? 4무량·4무색
정의 자성은 머무르는 것이 없고 머무르지 않는 것도 없느니라. 왜 그러한
가? 선현이여. 4무량·4무색정의 자성은 4무량·4무색정의 자성이 공한
까닭이니라.

선현이여. 4념주의 자성은 머무르는 것이 아니고 머무르지 않는 것도 아닌 것과 같이, 대승도 역시 그와 같아서 머무르는 것도 아니고 머무르지 않는 것도 아니니라. 그 까닭은 무엇인가? 4념주의 자성은 머무르는 것이 없고 머무르지 않는 것도 없느니라. 왜 그러한가? 선현이여. 4념주의 자성은 4념주의 자성이 공한 까닭이니라.

선현이여. 4정단·4신족·5근·5력·7등각지·8성도지의 자성은 머무르는 것이 아니고 머무르지 않는 것도 아닌 것과 같이, 대승도 역시 그와 같아서 머무르는 것도 아니고 머무르지 않는 것도 아니니라. 그 까닭은 무엇인가? 4정단·4신족·5근·5력·7등각지·8성도지의 자성은 머무르는 것이 없고 머무르지 않는 것도 없느니라. 왜 그러한가? 선현이여. 4정단·4신족·5근·5력·7등각지·8성도지의 자성은 4정단·4신족·5근·5력·7등각지·8성도지의 자성이 공한 까닭이니라.

선현이여. 공해탈문의 자성은 머무르는 것이 아니고 머무르지 않는 것도 아닌 것과 같이, 대승도 역시 그와 같아서 머무르는 것도 아니고 머무르지 않는 것도 아니니라. 그 까닭은 무엇인가? 공해탈문의 자성은 머무르는 것이 없고 머무르지 않는 것도 없느니라. 왜 그러한가? 선현이여. 공해탈문의 자성은 공해탈문의 자성이 공한 까닭이니라.

선현이여. 무상·무원해탈문의 자성은 머무르는 것이 아니고 머무르지 않는 것도 아닌 것과 같이, 대승도 역시 그와 같아서 머무르는 것도 아니고 머무르지 않는 것도 아니니라. 그 까닭은 무엇인가? 무상·무원해탈문의 자성은 머무르는 것이 없고 머무르지 않는 것도 없느니라. 왜 그러한가? 선현이여. 무상·무원해탈문의 자성은 무상·무원해탈문의 자성이 공한 까닭이니라.

선현이여. 5안의 자성은 머무르는 것이 아니고 머무르지 않는 것도 아닌 것과 같이, 대승도 역시 그와 같아서 머무르는 것도 아니고 머무르지 않는 것도 아니니라. 그 까닭은 무엇인가? 5안의 자성은 머무르는 것이 없고 머무르지 않는 것도 없느니라. 왜 그러한가? 선현이여. 5안의 자성은 5안의 자성이 공한 까닭이니라.

선현이여. 6신통의 자성은 머무르는 것이 아니고 머무르지 않는 것도 아닌 것과 같이, 대승도 역시 그와 같아서 머무르는 것도 아니고 머무르지 않는 것도 아니니라. 그 까닭은 무엇인가? 6신통의 자성은 머무르는 것이 없고 머무르지 않는 것도 없느니라. 왜 그러한가? 선현이여. 6신통의 자성은 6신통의 자성이 공한 까닭이니라.

선현이여. 여래의 10력의 자성은 머무르는 것이 아니고 머무르지 않는 것도 아닌 것과 같이, 대승도 역시 그와 같아서 머무르는 것도 아니고 머무르지 않는 것도 아니니라. 그 까닭은 무엇인가? 여래의 10력의 자성은 머무르는 것이 없고 머무르지 않는 것도 없느니라. 왜 그러한가? 선현이 여. 여래의 10력의 자성은 여래의 10력의 자성이 공한 까닭이니라.

선현이여. 4무소외·4무애해·대자·대비·대희·대사·18불불공법·일체 지·도상지·일체상지의 자성은 머무르는 것이 아니고 머무르지 않는 것도 아닌 것과 같이, 대승도 역시 그와 같아서 머무르는 것도 아니고 머무르지 않는 것도 아니니라. 그 까닭은 무엇인가? 4무소외, 나아가 일체상지의 자성은 머무르는 것이 없고 머무르지 않는 것도 없느니라. 왜 그러한가? 선현이여. 4무소외, 나아가 일체상지의 자성은 4무소외, 나아가 일체상지 의 자성이 공한 까닭이니라.

선현이여. 예류자가 악취에 출생하는 것의 자성은 머무르는 것이 아니 고 머무르지 않는 것도 아닌 것과 같이, 대승도 역시 그와 같아서 머무르는 것도 아니고 머무르지 않는 것도 아니니라. 그 까닭은 무엇인가? 예류자가 악취에 출생하는 것의 자성은 머무르는 것이 없고 머무르지 않는 것도 없느니라. 왜 그러한가? 선현이여. 예류자가 악취에 출생하는 것의 자성 은 예류자가 악취에 출생하는 것의 자성이 공한 까닭이니라.

선현이여. 일래자가 자주 와서 출생하고, 불환자가 욕계에 출생하며, 마하살이 스스로가 이익을 위하여 출생하고, 아라한·독각·삼먁삼불타가 후유로 출생하는 것의 자성은 머무르는 것이 아니고 머무르지 않는 것도 아닌 것과 같이, 대승도 역시 그와 같아서 머무르는 것도 아니고 머무르지 않는 것도 아니니라. 그 까닭은 무엇인가? 일래자가 자주 와서 출생하는 자성, 나아가 삼먁삼불타가 후유로 출생하는 것의 자성은 머무르는 것이 없고 머무르지 않는 것도 없느니라. 왜 그러한가? 선현이여. 일래자가 자주 와서 출생하는 자성, 나아가 삼먁삼불타가 후유로 출생하는 것의 자성은 일래자가 자주 와서 출생하는 자성, 나아가 삼먁삼불타가 후유로 출생하는 것의 자성이 공한 까닭이니라.

선현이여. 예류향·예류과의 자성은 머무르는 것이 아니고 머무르지 않는 것도 아닌 것과 같이, 대승도 역시 그와 같아서 머무르는 것도 아니고 머무르지 않는 것도 아니니라. 그 까닭은 무엇인가? 예류향·예류과의 자성은 머무르는 것이 없고 머무르지 않는 것도 없느니라. 왜 그러한가? 선현이여. 예류향·예류과의 자성은 예류향·예류과의 자성이 공한 까닭이니라.

선현이여. 일래향·일래과·불환향·불환과·아라한향·아라한과·독각향·독각과·보살·여래의 자성은 머무르는 것이 아니고 머무르지 않는 것도 아닌 것과 같이, 대승도 역시 그와 같아서 머무르는 것도 아니고 머무르지 않는 것도 아니니라. 그 까닭은 무엇인가? 일래향·일래과의 자성, 나아가 여래의 자성은 머무르는 것이 없고 머무르지 않는 것도 없느니라. 왜 그러한가? 선현이여. 일래향·일래과의 자성, 나아가 여래의 자성은 일래향·일래과의 자성, 나아가 여래의 자성이 공한 까닭이니라.

선현이여. 명자와 가상으로 시설한 말의 자성은 머무르는 것이 아니고 머무르지 않는 것도 아닌 것과 같이, 대승도 역시 그와 같아서 머무르는 것도 아니고 머무르지 않는 것도 아니니라. 그 까닭은 무엇인가? 명자와 가상으로 시설한 말의 자성은 머무르는 것이 없고 머무르지 않는 것도 없느니라. 왜 그러한가? 선현이여. 명자와 가상으로 시설한 말의 자성은 명자와 가상으로 시설한 말의 자성이 공한 까닭이니라.

선현이여. 생겨남도 없고 소멸도 없으며 염오도 없고 청정도 없으며 무상이고 무위인 자성은 머무르는 것도 아니고 머무르지 않는 것도 아닌 것과 같이, 대승도 역시 그와 같아서 머무르는 것도 아니고 머무르지 않는 것도 아니니라. 왜 그러한가? 선현이여. 생겨남도 없고 소멸도 없으며 염오가 없고 청정도 없으며 무상이고 무위인 것은 생겨남도 없고 소멸도 없으며 염오가 없고 청정도 없으며 무상이고 무위이며 자성이 공한 까닭이니라. 선현이여. 오히려 이러한 연을 까닭으로 이와 같은 대승은 비록 모두 머무르는 것이 없으나, 머무르는 곳이 없는 곳에 머무느니라."

"다시 다음으로 선현이여. 그대는 '누가 다시 이 대승의 수레를 타고서 출리(出離)[2]하는 자인가?'라고 물었는데, 선현이여. 모두 이 대승의 수레를 타고서 출리하는 자가 없느니라. 그 까닭은 무엇인가? 능히 수레를 타는 것이거나, 만약 능히 타는 자이거나, 이러한 이유이거나, 이것을 위하는 것일지라도 출리하는 것과 이르는 것과 출리하고 이르는 때라는 이러한 일체는 모두 무소유이고 모두를 얻을 수 없느니라. 왜 그러한가? 선현이여. 일체법은 모두 무소유이고 모두 얻을 수 없나니, 결국 청정한 까닭이니라. 어찌 수레와 타는 자가 있다고 말하겠으며, 출리하고 이르기 위한 이유와 출리하고 이르는 때가 있다고 말할 수 있겠는가?

선현이여. 나(我)는 무소유이고 얻을 수 없는 까닭이며, 대승의 수레를 타는 자도 역시 얻을 수 없다고 마땅히 알아야 하느니라. 그 까닭은 무엇인가? 결국은 청정한 까닭이니라. 이와 같이 유정(有情)·명자(命者)·생자(生者)·양자(養者)·사부(士夫)·보특가라(補特伽羅)·의생(意生)·유동(孺童)·작자(作者)·사작자(使作者)·기자(起者)·사기자(使起者)·수자(受者)·사수자(使受者)·지자(知者)·견자(見者)도 무소유이고 얻을 수 없는 까닭이며, 대승의 수레를 타는 자도 역시 얻을 수 없다고 마땅히 알아야 하느니라. 그 까닭은 무엇인가? 결국은 청정한 까닭이니라.

선현이여. 진여는 무소유이고 얻을 수 없는 까닭이며, 대승의 수레를 타는 자도 역시 얻을 수 없다고 마땅히 알아야 하느니라. 그 까닭은 무엇인가? 결국은 청정한 까닭이니라. 이와 같이 법계·법성·불허망성·불

---

2) 생사를 벗어나서 해탈의 경지에 이르는 것이다.

변이성·평등성·이생성·부사의계·허공계·단계·이계·멸계·무성계·무
상계·무작계·무위계·안은계·적정계·법정·법주·본무·실제도 무소유이
고 얻을 수 없는 까닭이며, 대승의 수레를 타는 자도 역시 얻을 수 없다고
마땅히 알아야 하느니라. 그 까닭은 무엇인가? 결국은 청정한 까닭이니라.

선현이여. 색은 무소유이고 얻을 수 없는 까닭이며, 대승의 수레를
타는 자도 역시 얻을 수 없다고 마땅히 알아야 하느니라. 그 까닭은
무엇인가? 결국은 청정한 까닭이니라. 이와 같이 수·상·행·식도 무소유이
고 얻을 수 없는 까닭이며, 대승의 수레를 타는 자도 역시 얻을 수 없다고
마땅히 알아야 하느니라. 그 까닭은 무엇인가? 결국은 청정한 까닭이니라.

선현이여. 안처는 무소유이고 얻을 수 없는 까닭이며, 대승의 수레를
타는 자도 역시 얻을 수 없다고 마땅히 알아야 하느니라. 그 까닭은
무엇인가? 결국은 청정한 까닭이니라. 이와 같이 이·비·설·신·의처도
무소유이고 얻을 수 없는 까닭이며, 대승의 수레를 타는 자도 역시 얻을
수 없다고 마땅히 알아야 하느니라. 그 까닭은 무엇인가? 결국은 청정한
까닭이니라.

선현이여. 색처는 무소유이고 얻을 수 없는 까닭이며, 대승의 수레를
타는 자도 역시 얻을 수 없다고 마땅히 알아야 하느니라. 그 까닭은 무엇인가?
결국은 청정한 까닭이니라. 이와 같이 성·향·미·촉·법처도 무소유이고
얻을 수 없는 까닭이며, 대승의 수레를 타는 자도 역시 얻을 수 없다고
마땅히 알아야 하느니라. 그 까닭은 무엇인가? 결국은 청정한 까닭이니라.

선현이여. 안계는 무소유이고 얻을 수 없는 까닭이며, 대승의 수레를
타는 자도 역시 얻을 수 없다고 마땅히 알아야 하느니라. 그 까닭은
무엇인가? 결국은 청정한 까닭이니라. 이와 같이 색계·안식계, …… 나아
가 …… 안촉·안촉을 인연으로 생겨난 여러 수도 무소유이고 얻을 수
없는 까닭이며, 대승의 수레를 타는 자도 역시 얻을 수 없다고 마땅히
알아야 하느니라. 그 까닭은 무엇인가? 결국은 청정한 까닭이니라.

선현이여. 이계는 무소유이고 얻을 수 없는 까닭이며, 대승의 수레를
타는 자도 역시 얻을 수 없다고 마땅히 알아야 하느니라. 그 까닭은

무엇인가? 결국은 청정한 까닭이니라. 이와 같이 성계·이식계, …… 나아가 …… 이촉·이촉을 인연으로 생겨난 여러 수도 무소유이고 얻을 수 없는 까닭이며, 대승의 수레를 타는 자도 역시 얻을 수 없다고 마땅히 알아야 하느니라. 그 까닭은 무엇인가? 결국은 청정한 까닭이니라.

선현이여. 비계는 무소유이고 얻을 수 없는 까닭이며, 대승의 수레를 타는 자도 역시 얻을 수 없다고 마땅히 알아야 하느니라. 그 까닭은 무엇인가? 결국은 청정한 까닭이니라. 이와 같이 향계·비식계, …… 나아가 …… 비촉·비촉을 인연으로 생겨난 여러 수도 무소유이고 얻을 수 없는 까닭이며, 대승의 수레를 타는 자도 역시 얻을 수 없다고 마땅히 알아야 하느니라. 그 까닭은 무엇인가? 결국은 청정한 까닭이니라.

선현이여. 설계는 무소유이고 얻을 수 없는 까닭이며, 대승의 수레를 타는 자도 역시 얻을 수 없다고 마땅히 알아야 하느니라. 그 까닭은 무엇인가? 결국은 청정한 까닭이니라. 이와 같이 미계·설식계, …… 나아가 …… 설촉·설촉을 인연으로 생겨난 여러 수도 무소유이고 얻을 수 없는 까닭이며, 대승의 수레를 타는 자도 역시 얻을 수 없다고 마땅히 알아야 하느니라. 그 까닭은 무엇인가? 결국은 청정한 까닭이니라.

선현이여. 신계는 무소유이고 얻을 수 없는 까닭이며, 대승의 수레를 타는 자도 역시 얻을 수 없다고 마땅히 알아야 하느니라. 그 까닭은 무엇인가? 결국은 청정한 까닭이니라. 이와 같이 촉계·신식계, …… 나아가 …… 신촉·신촉을 인연으로 생겨난 여러 수도 무소유이고 얻을 수 없는 까닭이며, 대승의 수레를 타는 자도 역시 얻을 수 없다고 마땅히 알아야 하느니라. 그 까닭은 무엇인가? 결국은 청정한 까닭이니라.

선현이여. 의계는 무소유이고 얻을 수 없는 까닭이며, 대승의 수레를 타는 자도 역시 얻을 수 없다고 마땅히 알아야 하느니라. 그 까닭은 무엇인가? 결국은 청정한 까닭이니라. 이와 같이 법계·의식계, …… 나아가 …… 의촉·의촉을 인연으로 생겨난 여러 수도 무소유이고 얻을 수 없는 까닭이며, 대승의 수레를 타는 자도 역시 얻을 수 없다고 마땅히 알아야 하느니라. 그 까닭은 무엇인가? 결국은 청정한 까닭이니라."

마하반야바라밀다경 제56권

15. 변대승품(辯大勝品)(6)

　"선현이여. 지계는 무소유이고 얻을 수 없는 까닭이며, 대승의 수레를 타는 자도 역시 얻을 수 없다고 마땅히 알아야 하느니라. 그 까닭은 무엇인가? 결국은 청정한 까닭이니라. 이와 같이 수·화·풍·공·식계도 무소유이고 얻을 수 없는 까닭이며, 대승의 수레를 타는 자도 역시 얻을 수 없다고 마땅히 알아야 하느니라. 그 까닭은 무엇인가? 결국은 청정한 까닭이니라. 선현이여. 고성제는 무소유이고 얻을 수 없는 까닭이며, 대승의 수레를 타는 자도 역시 얻을 수 없다고 마땅히 알아야 하느니라. 그 까닭은 무엇인가? 결국은 청정한 까닭이니라. 이와 같이 집·멸·도성제도 무소유이고 얻을 수 없는 까닭이며, 대승의 수레를 타는 자도 역시 얻을 수 없다고 마땅히 알아야 하느니라. 그 까닭은 무엇인가? 결국은 청정한 까닭이니라.

　선현이여. 무명은 무소유이고 얻을 수 없는 까닭이며, 대승의 수레를 타는 자도 역시 얻을 수 없다고 마땅히 알아야 하느니라. 그 까닭은 무엇인가? 결국은 청정한 까닭이니라. 이와 같이 행·식·명색·육처·촉·수·애·취·유·생·노사의 수탄고우뇌도 무소유이고 얻을 수 없는 까닭이며, 대승의 수레를 타는 자도 역시 얻을 수 없다고 마땅히 알아야 하느니라. 그 까닭은 무엇인가? 결국은 청정한 까닭이니라. 선현이여. 환영의 일은 무소유이고 얻을 수 없는 까닭이며, 대승의 수레를 타는 자도 역시 얻을 수 없다고 마땅히 알아야 하느니라. 그 까닭은 무엇인가? 결국은 청정한 까닭이니라. 이와 같이 꿈의 경계·형상·메아리·빛의 그림자·허공의 꽃·아지랑이·심향성·변화한 일도 무소유이고 얻을 수 없는 까닭이며, 대승의 수레를 타는 자도 역시 얻을 수 없다고 마땅히 알아야 하느니라. 그 까닭은 무엇인가? 결국은 청정한 까닭이니라.

선현이여. 내공은 무소유이고 얻을 수 없는 까닭이며, 대승의 수레를 타는 자도 역시 얻을 수 없다고 마땅히 알아야 하느니라. 그 까닭은 무엇인가? 결국은 청정한 까닭이니라. 이와 같이 외공·내외공·공공·대공·승의공·유위공·무위공·필경공·무제공·산공·무변이공·본성공·자상공·공상공·일체법공·불가득공·무성공·자성공·무성자성공도 무소유이고 얻을 수 없는 까닭이며, 대승의 수레를 타는 자도 역시 얻을 수 없다고 마땅히 알아야 하느니라. 그 까닭은 무엇인가? 결국은 청정한 까닭이니라.

선현이여. 보시바라밀다는 무소유이고 얻을 수 없는 까닭이며, 대승의 수레를 타는 자도 역시 얻을 수 없다고 마땅히 알아야 하느니라. 그 까닭은 무엇인가? 결국은 청정한 까닭이니라. 이와 같이 정계·안인·정진·정려·반야바라밀다도 무소유이고 얻을 수 없는 까닭이며, 대승의 수레를 타는 자도 역시 얻을 수 없다고 마땅히 알아야 하느니라. 그 까닭은 무엇인가? 결국은 청정한 까닭이니라. 선현이여. 4정려는 무소유이고 얻을 수 없는 까닭이며, 대승의 수레를 타는 자도 역시 얻을 수 없다고 마땅히 알아야 하느니라. 그 까닭은 무엇인가? 결국은 청정한 까닭이니라. 이와 같이 4무량·4무색정도 무소유이고 얻을 수 없는 까닭이며, 대승의 수레를 타는 자도 역시 얻을 수 없다고 마땅히 알아야 하느니라. 그 까닭은 무엇인가? 결국은 청정한 까닭이니라.

선현이여. 4념주는 무소유이고 얻을 수 없는 까닭이며, 대승의 수레를 타는 자도 역시 얻을 수 없다고 마땅히 알아야 하느니라. 그 까닭은 무엇인가? 결국은 청정한 까닭이니라. 이와 같이 4정단·4신족·5근·5력·7등각지·8성도지도 무소유이고 얻을 수 없는 까닭이며, 대승의 수레를 타는 자도 역시 얻을 수 없다고 마땅히 알아야 하느니라. 그 까닭은 무엇인가? 결국은 청정한 까닭이니라.

  선현이여. 공해탈문은 무소유이고 얻을 수 없는 까닭이며, 대승의 수레를 타는 자도 역시 얻을 수 없다고 마땅히 알아야 하느니라. 그 까닭은 무엇인가? 결국은 청정한 까닭이니라. 이와 같이 무상·무원해탈문도 무소유이고 얻을 수 없는 까닭이며, 대승의 수레를 타는 자도 역시 얻을 수 없다고 마땅히 알아야 하느니라. 그 까닭은 무엇인가? 결국은 청정한 까닭이니라. 선현이여. 5안은 무소유이고 얻을 수 없는 까닭이며, 대승의 수레를 타는 자도 역시 얻을 수 없다고 마땅히 알아야 하느니라. 그 까닭은 무엇인가? 결국은 청정한 까닭이니라. 이와 같이 6신통도 무소유이고 얻을 수 없는 까닭이며, 대승의 수레를 타는 자도 역시 얻을 수 없다고 마땅히 알아야 하느니라. 그 까닭은 무엇인가? 결국은 청정한 까닭이니라.

  선현이여. 여래의 10력은 무소유이고 얻을 수 없는 까닭이며, 대승의 수레를 타는 자도 역시 얻을 수 없다고 마땅히 알아야 하느니라. 그 까닭은 무엇인가? 결국은 청정한 까닭이니라. 이와 같이 4무소외·4무애해·대자·대비·대희·대사·18불불공법·일체지·도상지·일체상지도 무소유이고 얻을 수 없는 까닭이며, 대승의 수레를 타는 자도 역시 얻을 수 없다고 마땅히 알아야 하느니라. 그 까닭은 무엇인가? 결국은 청정한 까닭이니라. 선현이여. 예류자가 악취에 출생하는 것은 무소유이고 얻을 수 없는 까닭이며, 대승의 수레를 타는 자도 역시 얻을 수 없다고 마땅히 알아야 하느니라. 그 까닭은 무엇인가? 결국은 청정한 까닭이니라. 이와 같이 일래자가 자주 와서 출생하고, 불환자가 욕계에 출생하며, 마하살이 스스로가 이익을 위하여 출생하고, 아라한·독각·삼먁삼불타가 후유로 출생하는 것도 무소유이고 얻을 수 없는 까닭이며, 대승의 수레를 타는 자도 역시 얻을 수 없다고 마땅히 알아야 하느니라. 그 까닭은 무엇인가? 결국은 청정한 까닭이니라.

  선현이여. 예류향·예류과는 무소유이고 얻을 수 없는 까닭이며, 대승의 수레를 타는 자도 역시 얻을 수 없다고 마땅히 알아야 하느니라. 그 까닭은 무엇인가? 결국은 청정한 까닭이니라. 이와 같이 일래향·일래과·

불환향·불환과·아라한향·아라한과·독각향·독각과·보살·여래도 무소유이고 얻을 수 없는 까닭이며, 대승의 수레를 타는 자도 역시 얻을 수 없다고 마땅히 알아야 하느니라. 그 까닭은 무엇인가? 결국은 청정한 까닭이니라. 선현이여. 명자와 가상으로 시설한 말은 무소유이고 얻을 수 없는 까닭이며, 대승의 수레를 타는 자도 역시 얻을 수 없다고 마땅히 알아야 하느니라. 그 까닭은 무엇인가? 결국은 청정한 까닭이니라.

선현이여. 생겨남도 없고 소멸도 없으며 염오도 없고 청정도 없으며 무상이고 무위인 것은 생겨남도 없고 소멸도 없으며 염오도 없고 청정도 없으며 무상이고 무위인 것은 무소유이고 얻을 수 없는 까닭이며, 대승의 수레를 타는 자도 역시 얻을 수 없다고 마땅히 알아야 하느니라. 그 까닭은 무엇인가? 결국은 청정한 까닭이니라. 선현이여. 처음·중간·뒤의 변제는 무소유이고 얻을 수 없는 까닭이며, 대승의 수레를 타는 자도 역시 얻을 수 없다고 마땅히 알아야 하느니라. 그 까닭은 무엇인가? 결국은 청정한 까닭이니라.

선현이여. 떠나가고 돌아오는 것은 무소유이고 얻을 수 없는 까닭이며, 대승의 수레를 타는 자도 역시 얻을 수 없다고 마땅히 알아야 하느니라. 그 까닭은 무엇인가? 결국은 청정한 까닭이니라. 선현이여. 다니고 머무르는 것은 무소유이고 얻을 수 없는 까닭이며, 대승의 수레를 타는 자도 역시 얻을 수 없다고 마땅히 알아야 하느니라. 그 까닭은 무엇인가? 결국은 청정한 까닭이니라.

선현이여. 생사(生死)가 없는 것은 무소유이고 얻을 수 없는 까닭이며, 대승의 수레를 타는 자도 역시 얻을 수 없다고 마땅히 알아야 하느니라. 그 까닭은 무엇인가? 결국은 청정한 까닭이니라. 선현이여. 증감(增減)은 무소유이고 얻을 수 없는 까닭이며, 대승의 수레를 타는 자도 역시 얻을 수 없다고 마땅히 알아야 하느니라. 그 까닭은 무엇인가? 결국은 청정한 까닭이니라.

선현이여. 극희지(極喜地)는 무소유이고 얻을 수 없는 까닭이며, 대승의 수레를 타는 자도 역시 얻을 수 없다고 마땅히 알아야 하느니라. 그 까닭은 무엇인가? 결국은 청정한 까닭이니라. 이와 같이 이구지(離垢地)·발광지(發光地)·염혜지(焰慧地)·극난승지(極難勝地)·현전지(現前地) 원행지(遠行地)·부동지(不動地)·선혜지(善慧地)·법운지(法雲地)도 무소유이고 얻을 수 없는 까닭이며, 대승의 수레를 타는 자도 역시 얻을 수 없다고 마땅히 알아야 하느니라. 그 까닭은 무엇인가? 결국은 청정한 까닭이니라.

선현이여. 정관지(淨觀地)는 무소유이고 얻을 수 없는 까닭이며, 대승의 수레를 타는 자도 역시 얻을 수 없다고 마땅히 알아야 하느니라. 그 까닭은 무엇인가? 결국은 청정한 까닭이니라. 이와 같이 종성지(種性地)·제팔지(第八地)·구견지(具見地)·박지(薄地)·이욕지(離欲地)·이판지(已辦地)·독각지(獨覺地)·보살지(菩薩地)·여래지(如來地)도 무소유이고 얻을 수 없는 까닭이며, 대승의 수레를 타는 자도 역시 얻을 수 없다고 마땅히 알아야 하느니라. 그 까닭은 무엇인가? 결국은 청정한 까닭이니라.

선현이여. 유정을 성숙시키는 것은 무소유이고 얻을 수 없는 까닭이며, 대승의 수레를 타는 자도 역시 얻을 수 없다고 마땅히 알아야 하느니라. 그 까닭은 무엇인가? 결국은 청정한 까닭이니라. 선현이여. 불국토를 장엄하고 청정하게 하는 것은 무소유이고 얻을 수 없는 까닭이며, 대승의 수레를 타는 자도 역시 얻을 수 없다고 마땅히 알아야 하느니라. 그 까닭은 무엇인가? 결국은 청정한 까닭이니라."

그때 구수 선현이 세존께 아뢰어 말하였다.

"세존이시여. 무슨 법을 얻을 수 없는 까닭으로 나(我) 등을 얻을 수 없다고 설하십니까?"

세존께서 말씀하셨다.

"선현이여. 나(我)의 자성은 얻을 수 없으므로 나는 얻을 수 없다고 설하고, 나아가 견자(見者)의 자성도 얻을 수 없는 까닭으로 견자도 얻을 수 없다고 설하느니라. 왜 그러한가? 나의 자성, 나아가 견자의 자성은 이미 얻었던 것도 아니고, 마땅히 얻을 수 있을 것이 아니며, 현재도 얻을 수 있는 것도 아니니, 결국은 청정한 까닭이니라.

선현이여. 진여(眞如)의 자성은 얻을 수 없으므로 진여는 얻을 수 없다고 설하고, 나아가 실제(實際)의 자성도 얻을 수 없는 까닭으로 실제도 얻을 수 없다고 설하느니라. 왜 그러한가? 진여의 자성, 나아가 실제의 자성은 이미 얻었던 것도 아니고, 마땅히 얻을 수 있을 것이 아니며, 현재도 얻을 수 있는 것도 아니니, 결국은 청정한 까닭이니라.

선현이여. 색(色)의 자성은 얻을 수 없으므로 색은 얻을 수 없다고 말하는 것이고, 나아가 식(識)의 자성도 얻을 수 없는 까닭으로 식도 얻을 수 없다고 설하느니라. 왜 그러한가? 색의 자성, 나아가 식의 자성은 이미 얻었던 것도 아니고, 마땅히 얻을 수 있을 것이 아니며, 현재도 얻을 수 있는 것도 아니니, 결국은 청정한 까닭이니라.

선현이여. 안처(眼處)의 자성은 얻을 수 없으므로 안처는 얻을 수 없다고 설하고, 나아가 의처(意處)의 자성도 얻을 수 없는 까닭으로 의처도 얻을 수 없다고 설하느니라. 왜 그러한가? 안처의 자성, 나아가 의처의 자성은 이미 얻었던 것도 아니고, 마땅히 얻을 수 있을 것이 아니며, 현재도 얻을 수 있는 것도 아니니, 결국은 청정한 까닭이니라.

선현이여. 색처(色處)의 자성은 얻을 수 없으므로 색처는 얻을 수 없다고 설하고, 나아가 법처(法處)의 자성도 얻을 수 없는 까닭으로 의처도 얻을 수 없다고 설하느니라. 왜 그러한가? 색처의 자성, 나아가 법처의 자성은 이미 얻었던 것도 아니고, 마땅히 얻을 수 있을 것이 아니며, 현재도 얻을 수 있는 것도 아니니, 결국은 청정한 까닭이니라.

선현이여. 안계(眼界)의 자성은 얻을 수 없으므로 안계는 얻을 수 없다고 설하고, 나아가 안촉(眼觸)을 인연으로 생겨나는 여러 수의 자성도 얻을 수 없는 까닭으로 안촉을 인연으로 생겨나는 여러 수도 얻을 수 없다고 설하느니라. 왜 그러한가? 안계의 자성, 나아가 안촉을 인연으로 생겨나는 여러 수의 자성은 이미 얻었던 것도 아니고, 마땅히 얻을 수 있을 것이 아니며, 현재도 얻을 수 있는 것도 아니니, 결국은 청정한 까닭이니라.

선현이여. 이계(耳界)의 자성은 얻을 수 없으므로 이계는 얻을 수 없다고

설하고, 나아가 이촉(耳觸)을 인연으로 생겨나는 여러 수의 자성도 얻을
수 없는 까닭으로 이촉을 인연으로 생겨나는 여러 수도 얻을 수 없다고
설하느니라. 왜 그러한가? 이계의 자성, 나아가 이촉을 인연으로 생겨나는
여러 수의 자성은 이미 얻었던 것도 아니고, 마땅히 얻을 수 있을 것이
아니며, 현재도 얻을 수 있는 것도 아니니, 결국은 청정한 까닭이니라.

선현이여. 비계(鼻界)의 자성은 얻을 수 없으므로 비계는 얻을 수 없다고
설하고, 나아가 비촉(鼻觸)을 인연으로 생겨나는 여러 수의 자성도 얻을
수 없는 까닭으로 비촉을 인연으로 생겨나는 여러 수도 얻을 수 없다고
설하느니라. 왜 그러한가? 비계의 자성, 나아가 비촉을 인연으로 생겨나는
여러 수의 자성은 이미 얻었던 것도 아니고, 마땅히 얻을 수 있을 것이
아니며, 현재도 얻을 수 있는 것도 아니니, 결국은 청정한 까닭이니라.

선현이여. 설계(舌界)의 자성은 얻을 수 없으므로 설계는 얻을 수 없다고
설하고, 나아가 설촉(舌觸)을 인연으로 생겨나는 여러 수의 자성도 얻을
수 없는 까닭으로 설촉을 인연으로 생겨나는 여러 수도 얻을 수 없다고
설하느니라. 왜 그러한가? 설계의 자성, 나아가 설촉을 인연으로 생겨나는
여러 수의 자성은 이미 얻었던 것도 아니고, 마땅히 얻을 수 있을 것이
아니며, 현재도 얻을 수 있는 것도 아니니, 결국은 청정한 까닭이니라.

선현이여. 신계(身界)의 자성은 얻을 수 없으므로 신계는 얻을 수 없다고
설하고, 나아가 신촉(身觸)을 인연으로 생겨나는 여러 수의 자성도 얻을
수 없는 까닭으로 신촉을 인연으로 생겨나는 여러 수도 얻을 수 없다고
설하느니라. 왜 그러한가? 신계의 자성, 나아가 신촉을 인연으로 생겨나는
여러 수의 자성은 이미 얻었던 것도 아니고, 마땅히 얻을 수 있을 것이
아니며, 현재도 얻을 수 있는 것도 아니니, 결국은 청정한 까닭이니라.

선현이여. 의계(意界)의 자성은 얻을 수 없으므로 의계는 얻을 수 없다고
설하고, 나아가 의촉(意觸)을 인연으로 생겨나는 여러 수의 자성도 얻을
수 없는 까닭으로 의촉을 인연으로 생겨나는 여러 수도 얻을 수 없다고
설하느니라. 왜 그러한가? 의계의 자성, 나아가 의촉을 인연으로 생겨나는
여러 수의 자성은 이미 얻었던 것도 아니고, 마땅히 얻을 수 있을 것이

아니며, 현재도 얻을 수 있는 것도 아니니, 결국은 청정한 까닭이니라.

선현이여. 지계(地界)의 자성은 얻을 수 없으므로 지계는 얻을 수 없다고 설하고, 나아가 식계(識界)의 자성은 얻을 수 없는 까닭으로 식계도 얻을 수 없다고 설하느니라. 왜 그러한가? 지계의 자성, 나아가 식계의 자성은 이미 얻었던 것도 아니고, 마땅히 얻을 수 있을 것이 아니며, 현재도 얻을 수 있는 것도 아니니, 결국은 청정한 까닭이니라.

선현이여. 고성제(苦聖諦)의 자성은 얻을 수 없으므로 고성제는 얻을 수 없다고 설하고, 나아가 도성제(道聖諦)의 자성은 얻을 수 없는 까닭으로 도성제도 얻을 수 없다고 설하느니라. 왜 그러한가? 지계의 자성, 나아가 식계의 자성은 이미 얻었던 것도 아니고, 마땅히 얻을 수 있을 것이 아니며, 현재도 얻을 수 있는 것도 아니니, 결국은 청정한 까닭이니라.

선현이여. 무명(無明)의 자성은 얻을 수 없으므로 무명은 얻을 수 없다고 설하고, 나아가 노사(老死)의 수탄고우뇌(愁歎苦憂惱)의 자성은 얻을 수 없는 까닭으로 노사의 수탄고우뇌도 얻을 수 없다고 설하느니라. 왜 그러한가? 무명의 자성, 나아가 노사의 수탄고우뇌의 자성은 이미 얻었던 것도 아니고, 마땅히 얻을 수 있을 것이 아니며, 현재도 얻을 수 있는 것도 아니니, 결국은 청정한 까닭이니라.

선현이여. 환영의 일(幻事)의 자성은 얻을 수 없으므로 환영의 일은 얻을 수 없다고 설하고, 나아가 변화하는 일(變化事)의 자성은 얻을 수 없는 까닭으로 변화한 일도 얻을 수 없다고 설하느니라. 왜 그러한가? 환영의 일의 자성, 나아가 변화한 일의 자성은 이미 얻었던 것도 아니고, 마땅히 얻을 수 있을 것이 아니며, 현재도 얻을 수 있는 것도 아니니, 결국은 청정한 까닭이니라.

선현이여. 내공(內空)의 자성은 얻을 수 없으므로 내공은 얻을 수 없다고 설하고, 나아가 무성자성공(無性自性空)의 자성은 얻을 수 없는 까닭으로 무성자성공도 얻을 수 없다고 설하느니라. 왜 그러한가? 내공의 자성, 나아가 무성자성공의 자성은 이미 얻었던 것도 아니고, 마땅히 얻을 수 있을 것이 아니며, 현재도 얻을 수 있는 것도 아니니, 결국은 청정한 까닭이니라.

선현이여. 보시바라밀다(布施波羅蜜多)의 자성은 얻을 수 없으므로 보시바라밀다는 얻을 수 없다고 설하고, 나아가 반야바라밀다(般若波羅蜜多)의 자성은 얻을 수 없는 까닭으로 반야바라밀다도 얻을 수 없다고 설하느니라. 왜 그러한가? 보시바라밀다의 자성, 나아가 반야바라밀다의 자성은 이미 얻었던 것도 아니고, 마땅히 얻을 수 있을 것이 아니며, 현재도 얻을 수 있는 것도 아니니, 결국은 청정한 까닭이니라.

선현이여. 4정려(四靜慮)의 자성은 얻을 수 없으므로 4정려는 얻을 수 없다고 설하고, 나아가 4무색정(四無色定)의 자성은 얻을 수 없는 까닭으로 4무색정도 얻을 수 없다고 설하느니라. 왜 그러한가? 4정려의 자성, 나아가 4무색정의 자성은 이미 얻었던 것도 아니고, 마땅히 얻을 수 있을 것이 아니며, 현재도 얻을 수 있는 것도 아니니, 결국은 청정한 까닭이니라.

선현이여. 4념주(四念住)의 자성은 얻을 수 없으므로 4념주는 얻을 수 없다고 설하고, 나아가 8성도지(八聖道支)의 자성은 얻을 수 없는 까닭으로 8성도지도 얻을 수 없다고 설하느니라. 왜 그러한가? 4념주의 자성, 나아가 8성도지의 자성은 이미 얻었던 것도 아니고, 마땅히 얻을 수 있을 것이 아니며, 현재도 얻을 수 있는 것도 아니니, 결국은 청정한 까닭이니라.

선현이여. 공해탈문(空解脫門)의 자성은 얻을 수 없으므로 공해탈문은 얻을 수 없다고 설하고, 나아가 무원해탈문(無願解脫門)의 자성은 얻을 수 없는 까닭으로 무원해탈문도 얻을 수 없다고 설하느니라. 왜 그러한가? 공해탈문의 자성, 나아가 무원해탈문의 자성은 이미 얻었던 것도 아니고, 마땅히 얻을 수 있을 것이 아니며, 현재도 얻을 수 있는 것도 아니니, 결국은 청정한 까닭이니라.

선현이여. 5안(五眼)의 자성은 얻을 수 없으므로 5안은 얻을 수 없다고 설하고, 나아가 6신통(六神通)의 자성은 얻을 수 없는 까닭으로 6신통도 얻을 수 없다고 설하느니라. 왜 그러한가? 5안의 자성, 나아가 6신통의 자성은 이미 얻었던 것도 아니고, 마땅히 얻을 수 있을 것이 아니며, 현재도 얻을 수 있는 것도 아니니, 결국은 청정한 까닭이니라.

선현이여. 여래(如來)의 10력(十力)의 자성은 얻을 수 없으므로 여래의 10력은 얻을 수 없다고 설하고, 나아가 일체상지(一切相智)의 자성은 얻을 수 없는 까닭으로 일체상지도 얻을 수 없다고 설하느니라. 왜 그러한가? 여래의 10력의 자성, 나아가 일체상지의 자성은 이미 얻었던 것도 아니고, 마땅히 얻을 수 있을 것이 아니며, 현재도 얻을 수 있는 것도 아니니, 결국은 청정한 까닭이니라.

선현이여. 예류자(預流者)가 악취(惡趣)에 출생하는 것의 자성은 얻을 수 없으므로 예류자가 악취에 출생하는 것은 얻을 수 없다고 설하고, 나아가 삼먁삼불타(三藐三佛陀)가 후유(後有)로 출생하는 것의 자성은 얻을 수 없는 까닭으로 삼먁삼불타가 후유로 출생하는 것도 얻을 수 없다고 설하느니라. 왜 그러한가? 예류자가 악취에 출생하는 것의 자성, 나아가 삼먁삼불타가 후유로 출생하는 것의 자성은 이미 얻었던 것도 아니고, 마땅히 얻을 수 있을 것이 아니며, 현재도 얻을 수 있는 것도 아니니, 결국은 청정한 까닭이니라.

선현이여. 예류향(預流向)·예류과(預流果)의 자성은 얻을 수 없으므로 예류향·예류과는 얻을 수 없다고 설하고, 나아가 여래의 자성은 얻을 수 없는 까닭으로 여래를 얻을 수 없다고 설하느니라. 왜 그러한가? 예류향·예류과의 자성, 나아가 여래의 자성은 이미 얻었던 것도 아니고, 마땅히 얻을 수 있을 것이 아니며, 현재도 얻을 수 있는 것도 아니니, 결국은 청정한 까닭이니라.

선현이여. 명자(名字)와 가상(假想)으로 시설(施設)한 말의 자성은 얻을 수 없으므로 명자와 가상으로 시설한 말은 얻을 수 없다고 설하느니라. 왜 그러한가? 예류향·예류과의 자성, 나아가 여래의 자성은 이미 얻었던 것도 아니고, 마땅히 얻을 수 있을 것이 아니며, 현재도 얻을 수 있는 것도 아니니, 결국은 청정한 까닭이니라.

선현이여. 생겨남(生)도 없고 소멸(滅)도 없으며 염오(染)도 없고 청정

(淸淨)도 없으며 무상(無相)이고 무위(無爲)인 것의 자성은 얻을 수 없으므로 생겨남도 없고 소멸도 없으며 염오도 없고 청정도 없으며 무상이고 무위인 것은 얻을 수 없다고 설하느니라. 왜 그러한가? 생겨남도 없고 소멸도 없으며 염오도 없고 청정도 없으며 무상이고 무위인 것의 자성은 이미 얻었던 것도 아니고, 마땅히 얻을 수 있을 것이 아니며, 현재도 얻을 수 있는 것도 아니니, 결국은 청정한 까닭이니라.

선현이여. 처음·중간·뒤의 끝자락의 자성은 얻을 수 없으므로 처음·중간·뒤의 끝자락은 얻을 수 없다고 설하느니라. 왜 그러한가? 처음·중간·뒤의 끝자락의 자성은 이미 얻었던 것도 아니고, 마땅히 얻을 수 있을 것이 아니며, 현재도 얻을 수 있는 것도 아니니, 결국은 청정한 까닭이니라.

선현이여. 떠나가고 돌아오는 것은 얻을 수 없으므로 떠나가고 돌아오는 것은 얻을 수 없다고 설하느니라. 왜 그러한가? 떠나가고 돌아오는 것은 이미 얻었던 것도 아니고, 마땅히 얻을 수 있을 것이 아니며, 현재도 얻을 수 있는 것도 아니니, 결국은 청정한 까닭이니라.

선현이여. 다니고 머무르는 것은 얻을 수 없으므로 다니고 머무르는 것은 얻을 수 없다고 설하느니라. 왜 그러한가? 다니고 머무르는 것은 이미 얻었던 것도 아니고, 마땅히 얻을 수 있을 것이 아니며, 현재도 얻을 수 있는 것도 아니니, 결국은 청정한 까닭이니라.

선현이여. 생사(生死)의 자성은 얻을 수 없으므로 생사의 자성은 얻을 수 없다고 설하느니라. 왜 그러한가? 생사의 자성은 이미 얻었던 것도 아니고, 마땅히 얻을 수 있을 것이 아니며, 현재도 얻을 수 있는 것도 아니니, 결국은 청정한 까닭이니라.

선현이여. 증감(增減)의 자성은 얻을 수 없으므로 생사의 자성은 얻을 수 없다고 설하느니라. 왜 그러한가? 생사의 자성은 이미 얻었던 것도 아니고, 마땅히 얻을 수 있을 것이 아니며, 현재도 얻을 수 있는 것도 아니니, 결국은 청정한 까닭이니라.

선현이여. 극희지의 자성은 얻을 수 없으므로 극희지는 얻을 수 없다고 설하는 것이고, 나아가 법운지의 자성은 얻을 수 없는 까닭으로 법운지를 얻을 수 없다고 설하느니라. 왜 그러한가? 극희지의 자성, 나아가 법운지의 자성은 이미 얻었던 것도 아니고, 마땅히 얻을 수 있을 것이 아니며, 현재도 얻을 수 있는 것도 아니니, 결국은 청정한 까닭이니라.

선현이여. 정관지의 자성은 얻을 수 없으므로 정관지는 얻을 수 없다고 설하는 것이고, 나아가 여래지의 자성은 얻을 수 없는 까닭으로 여래지를 얻을 수 없다고 설하느니라. 왜 그러한가? 정관지의 자성, 나아가 여래지의 자성은 이미 얻었던 것도 아니고, 마땅히 얻을 수 있을 것이 아니며, 현재도 얻을 수 있는 것도 아니니, 결국은 청정한 까닭이니라.

선현이여. 유정을 성숙시키는 것의 자성은 얻을 수 없으므로 유정을 성숙시키는 것은 얻을 수 없다고 설하느니라. 왜 그러한가? 유정을 성숙시키는 것의 자성은 이미 얻었던 것도 아니고, 마땅히 얻을 수 있을 것이 아니며, 현재도 얻을 수 있는 것도 아니니, 결국은 청정한 까닭이니라.

선현이여. 불국토를 장엄하고 청정하게 하는 것의 자성은 얻을 수 없으므로 불국토를 장엄하고 청정하게 하는 것은 얻을 수 없다고 설하느니라. 왜 그러한가? 불국토를 장엄하고 청정하게 하는 것의 자성은 이미 얻었던 것도 아니고, 마땅히 얻을 수 있을 것이 아니며, 현재도 얻을 수 있는 것도 아니니, 결국은 청정한 까닭이니라."

"다시 다음으로 선현이여. 내공(內空)의 가운데에서 보시·정계·안인·정진·정려·반야바라밀다의 자성은 얻을 수 없으므로 보시·정계·안인·정진·정려·반야바라밀다는 얻을 수 없다고 설하고, 나아가 무성자성공(無性自性空)의 가운데에서 보시·정계·안인·정진·정려·반야바라밀다의 자성은 얻을 수 없으므로 보시·정계·안인·정진·정려·반야바라밀다는 얻을 수 없다고 설하느니라. 왜 그러한가? 이 가운데에서 보시·정계·안인·정진·정려·반야바라밀다의 자성은 이미 얻었던 것도 아니고, 마땅히 얻을 수 있을 것이 아니며, 현재도 얻을 수 있는 것도 아니니, 결국은 청정한 까닭이니라.

선현이여. 내공의 가운데에서 4정려·4무량·4무색정의 자성은 얻을 수 없으므로 4정려·4무량·4무색정은 얻을 수 없다고 설하고, 나아가 무성자성공의 가운데에서 4정려·4무량·4무색정의 자성은 얻을 수 없으므로 4정려·4무량·4무색정은 얻을 수 없다고 설하느니라. 왜 그러한가? 이 가운데에서 4정려·4무량·4무색정의 자성은 이미 얻었던 것도 아니고, 마땅히 얻을 수 있을 것이 아니며, 현재도 얻을 수 있는 것도 아니니, 결국은 청정한 까닭이니라.

선현이여. 내공의 가운데에서 4념주·4정단·4신족·5근·5력·7등각지·8성도지의 자성은 얻을 수 없으므로 4념주, 나아가 8성도지는 얻을 수 없다고 설하고, 나아가 무성자성공의 가운데에서 4념주, 나아가 8성도지의 자성은 얻을 수 없으므로 4념주, 나아가 8성도지는 얻을 수 없다고 설하느니라. 왜 그러한가? 이 가운데에서 4념주, 나아가 8성도지의 자성은 이미 얻었던 것도 아니고, 마땅히 얻을 수 있을 것이 아니며, 현재도 얻을 수 있는 것도 아니니, 결국은 청정한 까닭이니라.

선현이여. 내공의 가운데에서 공·무상·무원해탈문의 자성은 얻을 수 없으므로 공·무상·무원해탈문은 얻을 수 없다고 설하고, 나아가 무성자성공의 가운데에서 공·무상·무원해탈문의 자성은 얻을 수 없으므로 공·무상·무원해탈문은 얻을 수 없다고 설하느니라. 왜 그러한가? 이 가운데에서 공·무상·무원해탈문의 자성은 이미 얻었던 것도 아니고, 마땅히 얻을 수 있을 것이 아니며, 현재도 얻을 수 있는 것도 아니니, 결국은 청정한 까닭이니라.

다시 다음으로 선현이여. 내공의 가운데에서 5안·6신통의 자성은 얻을 수 없으므로 5안·6신통은 얻을 수 없다고 설하고, 나아가 무성자성공의 가운데에서 5안·6신통의 자성은 얻을 수 없으므로 5안·6신통은 얻을 수 없다고 설하느니라. 왜 그러한가? 이 가운데에서 5안·6신통의 자성은 이미 얻었던 것도 아니고, 마땅히 얻을 수 있을 것이 아니며, 현재도 얻을 수 있는 것도 아니니, 결국은 청정한 까닭이니라.

선현이여. 내공의 가운데에서 여래의 10력·4무소외·4무애해·대자·대비·대희·대사·18불불공법·일체지·도상지·일체상지의 자성은 얻을 수 없으므로 여래의 10력, 나아가 일체상지는 얻을 수 없다고 설하고, 나아가 무성자성공의 가운데에서 여래의 10력, 나아가 일체상지의 자성은 얻을 수 없으므로 여래의 10력, 나아가 일체상지는 얻을 수 없다고 설하느니라. 왜 그러한가? 이 가운데에서 여래의 10력, 나아가 일체상지의 자성은 이미 얻었던 것도 아니고, 마땅히 얻을 수 있을 것이 아니며, 현재도 얻을 수 있는 것도 아니니, 결국은 청정한 까닭이니라.

선현이여. 내공의 가운데에서 예류향·예류과·일래향·일래과·불환향·불환과·아라한향·아라한과·독각향·독각과·보살·여래의 자성은 얻을 수 없으므로 예류향·예류과, 나아가 보살·여래는 얻을 수 없다고 설하고, 나아가 무성자성공의 가운데에서 예류향·예류과, 나아가 보살·여래의 자성은 얻을 수 없으므로 예류향·예류과, 나아가 보살·여래는 얻을 수 없다고 설하느니라. 왜 그러한가? 이 가운데에서 예류향·예류과, 나아가 보살·여래의 자성은 이미 얻었던 것도 아니고, 마땅히 얻을 수 있을 것이 아니며, 현재도 얻을 수 있는 것도 아니니, 결국은 청정한 까닭이니라.

선현이여. 내공의 가운데에서 극희지·이구지·발광지·염혜지·극난승지·현전지·원행지·부동지·선혜지·법운지의 자성은 얻을 수 없으므로 극희지, 나아가 법운지는 얻을 수 없다고 설하고, 나아가 무성자성공의 가운데에서 극희지, 나아가 법운지의 자성은 얻을 수 없으므로 극희지, 나아가 법운지는 얻을 수 없다고 설하느니라. 왜 그러한가? 이 가운데에서 극희지, 나아가 법운지의 자성은 이미 얻었던 것도 아니고, 마땅히 얻을 수 있을 것이 아니며, 현재도 얻을 수 있는 것도 아니니, 결국은 청정한 까닭이니라.

선현이여. 내공의 가운데에서 정관지·종성지·제팔지·구견지·박지·이욕지·이판지·독각지·보살지·여래지의 자성은 얻을 수 없으므로 정관지, 나아가 여래지는 얻을 수 없다고 설하고, 나아가 무성자성공의 가운데에서 정관지, 나아가 여래지의 자성은 얻을 수 없으므로 극희지, 나아가 법운지는 얻을 수 없다고 설하느니라. 왜 그러한가? 이 가운데에서 정관지, 나아가 여래지의 자성은 이미 얻었던 것도 아니고, 마땅히 얻을 수 있을 것이 아니며, 현재도 얻을 수 있는 것도 아니니, 결국은 청정한 까닭이니라.

선현이여. 내공의 가운데에서 유정을 성숙시키는 것의 자성은 얻을 수 없으므로 유정을 성숙시키는 것은 얻을 수 없다고 설하느니라. 왜 그러한가? 이 가운데에서 유정을 성숙시키는 것의 자성은 이미 얻었던 것도 아니고, 마땅히 얻을 수 있을 것이 아니며, 현재도 얻을 수 있는 것도 아니니, 결국은 청정한 까닭이니라.

선현이여. 내공의 가운데에서 불국토를 장엄하고 청정하게 하는 것의 자성은 얻을 수 없으므로 불국토를 장엄하고 청정하게 하는 것은 얻을 수 없다고 설하느니라. 왜 그러한가? 이 가운데에서 불국토를 장엄하고 청정하게 하는 것의 자성은 이미 얻었던 것도 아니고, 마땅히 얻을 수 있을 것이 아니며, 현재도 얻을 수 있는 것도 아니니, 결국은 청정한 까닭이니라.

이와 같이 선현이여. 제보살마하살이 반야바라밀다를 수행하는 때에 비록 일체법은 모두 있지 않아서 얻을 수 없고, 결국은 청정한 까닭으로 대승의 수레를 타고서 출리하여 이르는 자가 없다고 관찰할지라도, 얻을 수 없는 것으로써 방편으로 삼아서 대승의 수레를 타고서 삼계의 생사에서 출리하여 일체지지(一切智智)에 이르며, 일체의 유정을 이익되고 안락하게 하면서, 미래의 세상이 끝날 때까지 항상 끊어지지 않느니라."

16. 찬대승품(讚大乘品)(1)

그때 구수 선현이 세존께 아뢰어 말하였다.

"세존이시여. 대승을 대승이라고 말씀하신 것은 수승한 일체 세간의 천인·인간·아소락 등을 초월하여 최고로 존귀(最尊)하고 최고로 미묘(最妙)합니다. 이와 같은 대승은 허공 등과 같아서 비유한다면, 허공이 무수

(無數)하고 무량(無量)하며 무변(無邊)한 유정들을 두루 능히 품어서 받아들이는 것과 같이, 대승도 역시 그와 같아서 무수이고 무량하며 무변한 유정들을 두루 능히 품어서 받아들입니다. 또한 허공은 돌아오는 것이 없고 떠나가는 것이 없으며 머무르는 것을 바라볼 수 없는 것과 같이, 대승도 역시 그와 같아서 돌아오는 것이 없고 떠나가는 것이 없으며 머무르는 것을 바라볼 수 없습니다. 또한 허공은 처음·뒤·중간의 끝자락을 모두 얻을 수 없는 것과 같이, 대승도 역시 그와 같아서 처음·뒤·중간의 끝자락을 모두 모두 얻을 수 없고 삼세가 평등한 까닭으로 대승이라고 이름합니다.”

세존께서 선현에게 알리셨다.

“이와 같으며, 이와 같으니라. 그대의 말한 것과 같이, 보살의 대승은 이와 같은 등의 무변한 공덕을 갖추었느니라. 선현이여. 이와 같이 대승은 곧 보시·정계·안인·정진·정려·반야바라밀다라고 마땅히 알아야 하느니라. 다시 다음으로 선현이여. 이와 같이 대승은 곧 내공, 외공·내외공·공공·대공·승의공·유위공·무위공·필경공·무제공·산공·무변이공·본성공·자상공·공상공·일체법공·불가득공·무성공·자성공·무성자성공이라고 마땅히 알아야 하느니라.

다시 다음으로 선현이여. 이와 같이 대승은 곧 건행삼마지(健行三摩地), 나아가 무염착여허공삼마지(無染著如虛空三摩地) 등의 한량없는 백천의 삼마지문(三摩地門)이라고 마땅히 알아야 하느니라. 다시 다음으로 선현이여. 이와 같이 대승은 곧 4념주·4정단·4신족·5근·5력·7등각지·8성도지라고 마땅히 알아야 하느니라. 다시 다음으로 선현이여. 이와 같이 대승은 곧 세 가지의 삼마지, 나아가 18불불공법이라고 마땅히 알아야 하느니라.

다시 다음으로 선현이여. 이와 같이 대승은 곧 문자다라니(文字陀羅尼) 등의 일체의 다라니문(陀羅尼門)이라고 마땅히 알아야 하느니라. 선현이여. 이와 같은 등의 무량하고 무변한 수승한 공덕이 모두 보살마하살의 대승이라고 마땅히 알아야 하느니라.”

"다시 다음으로 선현이여. 그대가 '대승은 수승한 일체 세간의 천인·인간·아소락 등을 초월하여 최고로 존귀하고 최고로 미묘하다.'라고 말하였는데, 이와 같으며, 이와 같으니라. 그대의 말한 것과 같으니라. 그 까닭은 무엇인가? 선현이여. 만약 욕계(欲界)는 진여(眞如)이므로 허망(虛妄)하지 않고, 전도(轉倒)가 아니며, 가설(假設)이 아니고, 진리(諦)이며, 실제(實)이고, 항상(恒常)하며, 변이(變易)가 없고, 진실한 자성(實性)이 있다면, 곧 이 대승은 존귀하지 않고 미묘하지 않으므로 수승한 일체 세간의 천인·인간·아소락 등을 초월하지 못하느니라. 욕계는 진여가 아니므로 허망하고, 전도이며, 가설이 아니고, 진리이며, 실제이고, 항상하지 않고 변이가 있으며, 모두가 진실한 자성이 없는 까닭으로써, 이 대승은 존귀하고 미묘하여 수승한 일체 세간의 천인·인간·아소락 등을 초월하느니라.

선현이여. 만약 색계(色界)·무색계(無色界)는 진여이므로 허망하지 않고, 전도가 아니며, 가설이 아니고, 진리이며, 실제이고, 항상하며, 변이가 없고, 진실한 자성이 있다면, 곧 이 대승은 존귀하지 않고 미묘하지 않으므로 수승한 일체 세간의 천인·인간·아소락 등을 초월하지 못하느니라. 색계·무색계는 진여가 아니므로 허망하고, 전도이며, 가설이 아니고, 진리이며, 실제이고, 항상하지 않고 변이가 있으며, 모두가 진실한 자성이 없는 까닭으로써, 이 대승은 존귀하고 미묘하여 수승한 일체 세간의 천인·인간·아소락 등을 초월하느니라.

선현이여. 만약 색(色)은 진여이므로 허망하지 않고, 전도가 아니며, 가설이 아니고, 진리이며, 실제이고, 항상하며, 변이가 없고, 진실한 자성이 있다면, 곧 이 대승은 존귀하지 않고 미묘하지 않으므로 수승한 일체 세간의 천인·인간·아소락 등을 초월하지 못하느니라. 색은 진여가 아니므로 허망하고, 전도이며, 가설이 아니고, 진리이며, 실제이고, 항상하지 않고 변이가 있으며, 모두가 진실한 자성이 없는 까닭으로써, 이 대승은 존귀하고 미묘하여 수승한 일체 세간의 천인·인간·아소락 등을 초월하느니라.

선현이여. 만약 수·상·행·식은 진여이므로 허망하지 않고, 전도가 아니며, 가설이 아니고, 진리이며, 실제이고, 항상하며, 변이가 없고, 진실한 자성이 있다면, 곧 이 대승은 존귀하지 않고 미묘하지 않으므로 수승한 일체 세간의 천인·인간·아소락 등을 초월하지 못하느니라. 수·상·행·식은 진여가 아니므로 허망하고, 전도이며, 가설이 아니고, 진리이며, 실제이고, 항상하지 않고 변이가 있으며, 모두가 진실한 자성이 없는 까닭으로써, 이 대승은 존귀하고 미묘하여 수승한 일체 세간의 천인·인간·아소락 등을 초월하느니라.

선현이여. 만약 안처(眼處)는 진여이므로 허망하지 않고, 전도가 아니며, 가설이 아니고, 진리이며, 실제이고, 항상하며, 변이가 없고, 진실한 자성이 있다면, 곧 이 대승은 존귀하지 않고 미묘하지 않으므로 수승한 일체 세간의 천인·인간·아소락 등을 초월하지 못하느니라. 안처는 진여가 아니므로 허망하고, 전도이며, 가설이 아니고, 진리이며, 실제이고, 항상하지 않고 변이가 있으며, 모두가 진실한 자성이 없는 까닭으로써, 이 대승은 존귀하고 미묘하여 수승한 일체 세간의 천인·인간·아소락 등을 초월하느니라.

선현이여. 만약 이(耳)·비(鼻)·설(舌)·신(身)·의처(意處)는 진여이므로 허망하지 않고, 전도가 아니며, 가설이 아니고, 진리이며, 실제이고, 항상하며, 변이가 없고, 진실한 자성이 있다면, 곧 이 대승은 존귀하지 않고 미묘하지 않으므로 수승한 일체 세간의 천인·인간·아소락 등을 초월하지 못하느니라. 이·비·설·신·의처는 진여가 아니므로 허망하고, 전도이며, 가설이 아니고, 진리이며, 실제이고, 항상하지 않고 변이가 있으며, 모두가 진실한 자성이 없는 까닭으로써, 이 대승은 존귀하고 미묘하여 수승한 일체 세간의 천인·인간·아소락 등을 초월하느니라.

선현이여. 만약 색처(色處)는 진여이므로 허망하지 않고, 전도가 아니며, 가설이 아니고, 진리이며, 실제이고, 항상하며, 변이가 없고, 진실한 자성이 있다면, 곧 이 대승은 존귀하지 않고 미묘하지 않으므로 수승한 일체 세간의 천인·인간·아소락 등을 초월하지 못하느니라. 색처는 진여가 아니므로 허망하고, 전도이며, 가설이 아니고, 진리이며, 실제이고, 항상하지 않고 변이가 있으며, 모두가 진실한 자성이 없는 까닭으로써, 이 대승은 존귀하고 미묘하여 수승한 일체 세간의 천인·인간·아소락 등을 초월하느니라.

선현이여. 만약 성(聲)·향(香)·미(味)·촉(觸)·법처(法處)는 진여이므로 허망하지 않고, 전도가 아니며, 가설이 아니고, 진리이며, 실제이고, 항상하며, 변이가 없고, 진실한 자성이 있다면, 곧 이 대승은 존귀하지 않고 미묘하지 않으므로 수승한 일체 세간의 천인·인간·아소락 등을 초월하지 못하느니라. 성·향·미·촉·법처는 진여가 아니므로 허망하고, 전도이며, 가설이 아니고, 진리이며, 실제이고, 항상하지 않고 변이가 있으며, 모두가 진실한 자성이 없는 까닭으로써, 이 대승은 존귀하고 미묘하여 수승한 일체 세간의 천인·인간·아소락 등을 초월하느니라.

선현이여. 만약 안계(眼界)는 진여이므로 허망하지 않고, 전도가 아니며, 가설이 아니고, 진리이며, 실제이고, 항상하며, 변이가 없고, 진실한 자성이 있다면, 곧 이 대승은 존귀하지 않고 미묘하지 않으므로 수승한 일체 세간의 천인·인간·아소락 등을 초월하지 못하느니라. 안계는 진여가 아니므로 허망하고, 전도이며, 가설이 아니고, 진리이며, 실제이고, 항상하지 않고 변이가 있으며, 모두가 진실한 자성이 없는 까닭으로써, 이 대승은 존귀하고 미묘하여 수승한 일체 세간의 천인·인간·아소락 등을 초월하느니라.

선현이여. 만약 안계(眼界)는 진여이므로 허망하지 않고, 전도가 아니며, 가설이 아니고, 진리이며, 실제이고, 항상하며, 변이가 없고, 진실한 자성이 있다면, 곧 이 대승은 존귀하지 않고 미묘하지 않으므로 수승한 일체 세간의 천인·인간·아소락 등을 초월하지 못하느니라. 안계는 진여가 아니므로 허망하고, 전도이며, 가설이 아니고, 진리이며, 실제이고, 항상하지 않고 변이가 있으며, 모두가 진실한 자성이 없는 까닭으로써, 이 대승은 존귀하고 미묘하여 수승한 일체 세간의 천인·인간·아소락 등을 초월하느니라.

선현이여. 만약 색계(色界)·안식계(眼識界), …… 나아가 …… 안촉(眼觸)

·안촉을 인연으로 생겨나는 여러 수는 진여이므로 허망하지 않고, 전도가 아니며, 가설이 아니고, 진리이며, 실제이고, 항상하며, 변이가 없고, 진실한 자성이 있다면, 곧 이 대승은 존귀하지 않고 미묘하지 않으므로 수승한 일체 세간의 천인·인간·아소락 등을 초월하지 못하느니라. 색계· 안식계, 나아가 안촉·안촉을 인연으로 생겨난 여러 수는 진여가 아니므로 허망하고, 전도이며, 가설이 아니고, 진리이며, 실제이고, 항상하지 않고 변이가 있으며, 모두가 진실한 자성이 없는 까닭으로써, 이 대승은 존귀하고 미묘하여 수승한 일체 세간의 천인·인간·아소락 등을 초월하느니라.

선현이여. 만약 이계는 진여이므로 허망하지 않고, 전도가 아니며, 가설이 아니고, 진리이며, 실제이고, 항상하며, 변이가 없고, 진실한 자성이 있다면, 곧 이 대승은 존귀하지 않고 미묘하지 않으므로 수승한 일체 세간의 천인·인간·아소락 등을 초월하지 못하느니라. 이계는 진여가 아니므로 허망하고, 전도이며, 가설이 아니고, 진리이며, 실제이고, 항상 하지 않고 변이가 있으며, 모두가 진실한 자성이 없는 까닭으로써, 이 대승은 존귀하고 미묘하여 수승한 일체 세간의 천인·인간·아소락 등을 초월하느니라.

선현이여. 만약 성계·이식계, …… 나아가 …… 이촉·이촉을 인연으로 생겨난 여러 수는 진여이므로 허망하지 않고, 전도가 아니며, 가설이 아니고, 진리이며, 실제이고, 항상하며, 변이가 없고, 진실한 자성이 있다 면, 곧 이 대승은 존귀하지 않고 미묘하지 않으므로 수승한 일체 세간의 천인·인간·아소락 등을 초월하지 못하느니라. 성계·이식계, 나아가 이촉· 이촉을 인연으로 생겨난 여러 수는 진여가 아니므로 허망하고, 전도이며, 가설이 아니고, 진리이며, 실제이고, 항상하지 않고 변이가 있으며, 모두가 진실한 자성이 없는 까닭으로써, 이 대승은 존귀하고 미묘하여 수승한 일체 세간의 천인·인간·아소락 등을 초월하느니라.

선현이여. 만약 비계는 진여이므로 허망하지 않고, 전도가 아니며, 가설이 아니고, 진리이며, 실제이고, 항상하며, 변이가 없고, 진실한 자성 이 있다면, 곧 이 대승은 존귀하지 않고 미묘하지 않으므로 수승한 일체

세간의 천인·인간·아소락 등을 초월하지 못하느니라. 비계는 진여가 아니므로 허망하고, 전도이며, 가설이 아니고, 진리이며, 실제이고, 항상하지 않고 변이가 있으며, 모두가 진실한 자성이 없는 까닭으로써, 이 대승은 존귀하고 미묘하여 수승한 일체 세간의 천인·인간·아소락 등을 초월하느니라.

선현이여. 만약 향계·비식계, …… 나아가 …… 비촉·비촉을 인연으로 생겨난 여러 수는 진여이므로 허망하지 않고, 전도가 아니며, 가설이 아니고, 진리이며, 실제이고, 항상하며, 변이가 없고, 진실한 자성이 있다면, 곧 이 대승은 존귀하지 않고 미묘하지 않으므로 수승한 일체 세간의 천인·인간·아소락 등을 초월하지 못하느니라. 향계·비식계, 나아가 비촉·비촉을 인연으로 생겨난 여러 수는 진여가 아니므로 허망하고, 전도이며, 가설이 아니고, 진리이며, 실제이고, 항상하지 않고 변이가 있으며, 모두가 진실한 자성이 없는 까닭으로써, 이 대승은 존귀하고 미묘하여 수승한 일체 세간의 천인·인간·아소락 등을 초월하느니라.

선현이여. 만약 설계는 진여이므로 허망하지 않고, 전도가 아니며, 가설이 아니고, 진리이며, 실제이고, 항상하며, 변이가 없고, 진실한 자성이 있다면, 곧 이 대승은 존귀하지 않고 미묘하지 않으므로 수승한 일체 세간의 천인·인간·아소락 등을 초월하지 못하느니라. 설계는 진여가 아니므로 허망하고, 전도이며, 가설이 아니고, 진리이며, 실제이고, 항상하지 않고 변이가 있으며, 모두가 진실한 자성이 없는 까닭으로써, 이 대승은 존귀하고 미묘하여 수승한 일체 세간의 천인·인간·아소락 등을 초월하느니라.

선현이여. 만약 미계·설식계, …… 나아가 …… 설촉·설촉을 인연으로 생겨난 여러 수는 진여이므로 허망하지 않고, 전도가 아니며, 가설이 아니고, 진리이며, 실제이고, 항상하며, 변이가 없고, 진실한 자성이 있다면, 곧 이 대승은 존귀하지 않고 미묘하지 않으므로 수승한 일체 세간의 천인·인간·아소락 등을 초월하지 못하느니라. 미계·설식계, 나아가 설촉·설촉을 인연으로 생겨난 여러 수는 진여가 아니므로 허망하고, 전도이며,

가설이 아니고, 진리이며, 실제이고, 항상하지 않고 변이가 있으며, 모두가 진실한 자성이 없는 까닭으로써, 이 대승은 존귀하고 미묘하여 수승한 일체 세간의 천인·인간·아소락 등을 초월하느니라.

선현이여. 만약 신계는 진여이므로 허망하지 않고, 전도가 아니며, 가설이 아니고, 진리이며, 실제이고, 항상하며, 변이가 없고, 진실한 자성이 있다면, 곧 이 대승은 존귀하지 않고 미묘하지 않으므로 수승한 일체 세간의 천인·인간·아소락 등을 초월하지 못하느니라. 신계는 진여가 아니므로 허망하고, 전도이며, 가설이 아니고, 진리이며, 실제이고, 항상하지 않고 변이가 있으며, 모두가 진실한 자성이 없는 까닭으로써, 이 대승은 존귀하고 미묘하여 수승한 일체 세간의 천인·인간·아소락 등을 초월하느니라.

선현이여. 만약 촉계·신식계, …… 나아가 …… 신촉·신촉을 인연으로 생겨난 여러 수는 진여이므로 허망하지 않고, 전도가 아니며, 가설이 아니고, 진리이며, 실제이고, 항상하며, 변이가 없고, 진실한 자성이 있다면, 곧 이 대승은 존귀하지 않고 미묘하지 않으므로 수승한 일체 세간의 천인·인간·아소락 등을 초월하지 못하느니라. 촉계·신식계, 나아가 신촉·신촉을 인연으로 생겨난 여러 수는 진여가 아니므로 허망하고, 전도이며, 가설이 아니고, 진리이며, 실제이고, 항상하지 않고 변이가 있으며, 모두가 진실한 자성이 없는 까닭으로써, 이 대승은 존귀하고 미묘하여 수승한 일체 세간의 천인·인간·아소락 등을 초월하느니라.

선현이여. 만약 의계는 진여이므로 허망하지 않고, 전도가 아니며, 가설이 아니고, 진리이며, 실제이고, 항상하며, 변이가 없고, 진실한 자성이 있다면, 곧 이 대승은 존귀하지 않고 미묘하지 않으므로 수승한 일체 세간의 천인·인간·아소락 등을 초월하지 못하느니라. 의계는 진여가 아니므로 허망하고, 전도이며, 가설이 아니고, 진리이며, 실제이고, 항상하지 않고 변이가 있으며, 모두가 진실한 자성이 없는 까닭으로써, 이 대승은 존귀하고 미묘하여 수승한 일체 세간의 천인·인간·아소락 등을 초월하느니라.

선현이여. 만약 법계·의식계, …… 나아가 …… 의촉·의촉을 인연으로 생겨난 여러 수는 진여이므로 허망하지 않고, 전도가 아니며, 가설이 아니고, 진리이며, 실제이고, 항상하며, 변이가 없고, 진실한 자성이 있다면, 곧 이 대승은 존귀하지 않고 미묘하지 않으므로 수승한 일체 세간의 천인·인간·아소락 등을 초월하지 못하느니라. 법계·의식계, 나아가 의촉·의촉을 인연으로 생겨난 여러 수는 진여가 아니므로 허망하고, 전도이며, 가설이 아니고, 진리이며, 실제이고, 항상하지 않고 변이가 있으며, 모두가 진실한 자성이 없는 까닭으로써, 이 대승은 존귀하고 미묘하여 수승한 일체 세간의 천인·인간·아소락 등을 초월하느니라.

선현이여. 만약 지계는 진여이므로 허망하지 않고, 전도가 아니며, 가설이 아니고, 진리이며, 실제이고, 항상하며, 변이가 없고, 진실한 자성이 있다면, 곧 이 대승은 존귀하지 않고 미묘하지 않으므로 수승한 일체 세간의 천인·인간·아소락 등을 초월하지 못하느니라. 지계는 진여가 아니므로 허망하고, 전도이며, 가설이 아니고, 진리이며, 실제이고, 항상하지 않고 변이가 있으며, 모두가 진실한 자성이 없는 까닭으로써, 이 대승은 존귀하고 미묘하여 수승한 일체 세간의 천인·인간·아소락 등을 초월하느니라.

선현이여. 만약 수·화·풍·공·식계는 진여이므로 허망하지 않고, 전도가 아니며, 가설이 아니고, 진리이며, 실제이고, 항상하며, 변이가 없고, 진실한 자성이 있다면, 곧 이 대승은 존귀하지 않고 미묘하지 않으므로 수승한 일체 세간의 천인·인간·아소락 등을 초월하지 못하느니라. 수·화·풍·공·식계는 진여가 아니므로 허망하고, 전도이며, 가설이 아니고, 진리이며, 실제이고, 항상하지 않고 변이가 있으며, 모두가 진실한 자성이 없는 까닭으로써, 이 대승은 존귀하고 미묘하여 수승한 일체 세간의 천인·인간·아소락 등을 초월하느니라.

선현이여. 만약 무명은 진여이므로 허망하지 않고, 전도가 아니며, 가설이 아니고, 진리이며, 실제이고, 항상하며, 변이가 없고, 진실한 자성이 있다면, 곧 이 대승은 존귀하지 않고 미묘하지 않으므로 수승한 일체

세간의 천인·인간·아소락 등을 초월하지 못하느니라. 무명은 진여가 아니므로 허망하고, 전도이며, 가설이 아니고, 진리이며, 실제이고, 항상하지 않고 변이가 있으며, 모두가 진실한 자성이 없는 까닭으로써, 이 대승은 존귀하고 미묘하여 수승한 일체 세간의 천인·인간·아소락 등을 초월하느니라.

선현이여. 만약 행·식·명색·육처·촉·수·애·취·유·생·노사의 수탄고우뇌는 진여이므로 허망하지 않고, 전도가 아니며, 가설이 아니고, 진리이며, 실제이고, 항상하며, 변이가 없고, 진실한 자성이 있다면, 곧 이 대승은 존귀하지 않고 미묘하지 않으므로 수승한 일체 세간의 천인·인간·아소락 등을 초월하지 못하느니라. 행·식·명색·육처·촉·수·애·취·유·생·노사의 수탄고우뇌는 진여가 아니므로 허망하고, 전도이며, 가설이 아니고, 진리이며, 실제이고, 항상하지 않고 변이가 있으며, 모두가 진실한 자성이 없는 까닭으로써, 이 대승은 존귀하고 미묘하여 수승한 일체 세간의 천인·인간·아소락 등을 초월하느니라."

마하반야바라밀다경 제57권

16. 찬대승품(讚大乘品)(2)

　"다시 다음으로 선현이여. 만약 진여(眞如)의 자성이 진실로 있다면, 곧 이 대승은 존귀하지 않고 미묘하지 않으므로 수승한 일체 세간의 천인·인간·아소락 등을 초월하지 못하느니라. 진여의 자성이 진실로 없는 까닭으로써, 이 대승은 존귀하고 미묘하여 수승한 일체 세간의 천인·인간·아소락 등을 초월하느니라.

　선현이여. 만약 법계·법성·불허망성·불변이성·평등성·이생성·법정·법주·실제의 자성이 진실로 있다면, 곧 이 대승은 존귀하지 않고 미묘하지 않으므로 수승한 일체 세간의 천인·인간·아소락 등을 초월하지 못하느니라. 법계·법성·불허망성·불변이성·평등성·이생성·법정·법주·실제의 자성이 진실로 없는 까닭으로써, 이 대승은 존귀하고 미묘하여 수승한 일체 세간의 천인·인간·아소락 등을 초월하느니라.

　선현이여. 만약 내공(內空)의 자성이 진실로 있다면, 곧 이 대승은 존귀하지 않고 미묘하지 않으므로 수승한 일체 세간의 천인·인간·아소락 등을 초월하지 못하느니라. 내공의 자성이 진실로 없는 까닭으로써, 이 대승은 존귀하고 미묘하여 수승한 일체 세간의 천인·인간·아소락 등을 초월하느니라.

　선현이여. 만약 외공·내외공·공공·대공·승의공·유위공·무위공·필경공·무제공·산공·무변이공·본성공·자상공·공상공·일체법공·불가득공·무성공·자성공·무성자성공의 자성이 진실로 있다면, 곧 이 대승은 존귀하지 않고 미묘하지 않으므로 수승한 일체 세간의 천인·인간·아소락 등을 초월하지 못하느니라. 외공, 나아가 무성자성공의 자성이 진실로 없는 까닭으로써, 이 대승은 존귀하고 미묘하여 수승한 일체 세간의 천인·인간· 아소락 등을 초월하느니라.

선현이여. 만약 보시바라밀다의 자성이 진실로 있다면, 곧 이 대승은 존귀하지 않고 미묘하지 않으므로 수승한 일체 세간의 천인·인간·아소락 등을 초월하지 못하느니라. 보시바라밀다의 자성이 진실로 없는 까닭으로써, 이 대승은 존귀하고 미묘하여 수승한 일체 세간의 천인·인간·아소락 등을 초월하느니라.

선현이여. 만약 정계·안인·정진·정려·반야바라밀다의 자성이 진실로 있다면, 곧 이 대승은 존귀하지 않고 미묘하지 않으므로 수승한 일체 세간의 천인·인간·아소락 등을 초월하지 못하느니라. 정계·안인·정진· 정려·반야바라밀다의 자성이 진실로 없는 까닭으로써, 이 대승은 존귀하고 미묘하여 수승한 일체 세간의 천인·인간·아소락 등을 초월하느니라.

선현이여. 만약 4정려의 자성이 있다면, 곧 이 대승은 존귀하지 않고 미묘하지 않으므로 수승한 일체 세간의 천인·인간·아소락 등을 초월하지 못하느니라. 4정려의 자성이 없는 까닭으로써, 이 대승은 존귀하고 미묘하여 수승한 일체 세간의 천인·인간·아소락 등을 초월하느니라.

선현이여. 만약 4무량·4무색정의 자성이 진실로 있다면, 곧 이 대승은 존귀하지 않고 미묘하지 않으므로 수승한 일체 세간의 천인·인간·아소락 등을 초월하지 못하느니라. 4무량·4무색정의 자성이 진실로 없는 까닭으로써, 이 대승은 존귀하고 미묘하여 수승한 일체 세간의 천인·인간·아소락 등을 초월하느니라.

선현이여. 만약 4념주의 자성이 진실로 있다면, 곧 이 대승은 존귀하지 않고 미묘하지 않으므로 수승한 일체 세간의 천인·인간·아소락 등을 초월하지 못하느니라. 4념주의 자성이 진실로 없는 까닭으로써, 이 대승은 존귀하고 미묘하여 수승한 일체 세간의 천인·인간·아소락 등을 초월하느니라.

선현이여. 만약 4정단·4신족·5근·5력·7등각지·8성도지의 자성이 진실로 있다면, 곧 이 대승은 존귀하지 않고 미묘하지 않으므로 수승한 일체 세간의 천인·인간·아소락 등을 초월하지 못하느니라. 4정단·4신족·5근·5력·7등각지·8성도지의 자성이 진실로 없는 까닭으로써, 이 대승은 존귀하고 미묘하여 수승한 일체 세간의 천인·인간·아소락 등을 초월하느니라.

선현이여. 만약 공해탈문의 자성이 진실로 있다면, 곧 이 대승은 존귀하지 않고 미묘하지 않으므로 수승한 일체 세간의 천인·인간·아소락 등을 초월하지 못하느니라. 공해탈문의 자성이 진실로 없는 까닭으로써, 이 대승은 존귀하고 미묘하여 수승한 일체 세간의 천인·인간·아소락 등을 초월하느니라.

선현이여. 만약 무상·무원해탈문의 자성이 진실로 있다면, 곧 이 대승은 존귀하지 않고 미묘하지 않으므로 수승한 일체 세간의 천인·인간·아소락 등을 초월하지 못하느니라. 무상·무원해탈문의 자성이 진실로 없는 까닭으로써, 이 대승은 존귀하고 미묘하여 수승한 일체 세간의 천인·인간·아소락 등을 초월하느니라.

선현이여. 만약 5안의 자성이 진실로 있다면, 곧 이 대승은 존귀하지 않고 미묘하지 않으므로 수승한 일체 세간의 천인·인간·아소락 등을 초월하지 못하느니라. 5안의 자성이 진실로 없는 까닭으로써, 이 대승은 존귀하고 미묘하여 수승한 일체 세간의 천인·인간·아소락 등을 초월하느니라.

선현이여. 만약 6신통의 자성이 진실로 있다면, 곧 이 대승은 존귀하지 않고 미묘하지 않으므로 수승한 일체 세간의 천인·인간·아소락 등을 초월하지 못하느니라. 6신통의 자성이 진실로 없는 까닭으로써, 이 대승은 존귀하고 미묘하여 수승한 일체 세간의 천인·인간·아소락 등을 초월하느니라.

선현이여. 만약 여래의 10력의 자성이 진실로 있다면, 곧 이 대승은 존귀하지 않고 미묘하지 않으므로 수승한 일체 세간의 천인·인간·아소락 등을 초월하지 못하느니라. 여래의 10력의 자성이 진실로 없는 까닭으로써, 이 대승은 존귀하고 미묘하여 수승한 일체 세간의 천인·인간·아소락 등을 초월하느니라.

선현이여. 만약 4무소외·4무애해·대자·대비·대희·대사·18불불공법·일체지·도상지·일체상지의 자성이 진실로 있다면, 곧 이 대승은 존귀하지 않고 미묘하지 않으므로 수승한 일체 세간의 천인·인간·아소락 등을 초월하지 못하느니라. 4무소외·4무애해·대자·대비·대희·대사·18불불공법·일체지·도상지·일체상지의 자성이 진실로 없는 까닭으로써, 이 대승은 존귀하고 미묘하여 수승한 일체 세간의 천인·인간·아소락 등을 초월하느니라.

선현이여. 만약 보살의 10지(十地)의 자성이 있다면, 곧 이 대승은 존귀하지 않고 미묘하지 않으므로 수승한 일체 세간의 천인·인간·아소락 등을 초월하지 못하느니라. 보살의 10지의 자성이 없는 까닭으로써, 이 대승은 존귀하고 미묘하여 수승한 일체 세간의 천인·인간·아소락 등을 초월하느니라.

선현이여. 만약 정관지, 종성지·제팔지법·예류법(預流法)·일래법(一來法)·불환법(不還法)·아라한법(阿羅漢法)·독각법(獨覺法)·보살마하살법(菩薩摩訶薩法)·삼먁삼불타법(三藐三佛陀法)의 자성이 진실로 있다면, 곧 이 대승은 존귀하지 않고 미묘하지 않으므로 수승한 일체 세간의 천인·인간·아소락 등을 초월하지 못하느니라. 정관지·종성지·제팔지법, 나아가 삼먁삼불타법의 자성이 진실로 없는 까닭으로써, 이 대승은 존귀하고 미묘하여 수승한 일체 세간의 천인·인간·아소락 등을 초월하느니라.

선현이여. 만약 정관지의 보특가라(補特伽羅) 자성이 진실로 있다면, 곧 이 대승은 존귀하지 않고 미묘하지 않으므로 수승한 일체 세간의 천인·인간·아소락 등을 초월하지 못하느니라. 정관지의 보특가라의 자성이 진실로 없는 까닭으로써, 이 대승은 존귀하고 미묘하여 수승한 일체 세간의 천인·인간·아소락 등을 초월하느니라.

선현이여. 만약 종성지의 보특가라·예류·일래·불환·아라한·독각·보살마하살·삼먁삼불타의 자성이 진실로 있다면, 곧 이 대승은 존귀하지

않고 미묘하지 않으므로 수승한 일체 세간의 천인·인간·아소락 등을
초월하지 못하느니라. 종성지의 보특가라, 나아가 삼먁삼불타의 자성이
진실로 없는 까닭으로써, 이 대승은 존귀하고 미묘하여 수승한 일체
세간의 천인·인간·아소락 등을 초월하느니라.

선현이여. 만약 일체 세간의 천인·인간·아소락 등의 자성이 진실로
있다면, 곧 이 대승은 존귀하지 않고 미묘하지 않으므로 수승한 일체
세간의 천인·인간·아소락 등을 초월하지 못하느니라. 일체 세간의 천인·
인간·아소락 등의 자성이 진실로 없는 까닭으로써, 이 대승은 존귀하고
미묘하여 수승한 일체 세간의 천인·인간·아소락 등을 초월하느니라.

선현이여. 만약 보살마하살이 초발심(初發心)부터 묘한 보리좌(菩提座)
의 중간에 앉기까지 중간에 일으켰던 마음의 자성이 진실로 있다면,
곧 이 대승은 존귀하지 않고 미묘하지 않으므로 수승한 일체 세간의
천인·인간·아소락 등을 초월하지 못하느니라. 보살마하살이 초발심부터
묘한 보리좌의 중간에 앉기까지 중간에 일으켰던 마음의 자성이 진실로
없는 까닭으로써, 이 대승은 존귀하고 미묘하여 수승한 일체 세간의
천인·인간·아소락 등을 초월하느니라.

선현이여. 만약 보살마하살이 금강유지(金剛喩智)의 자성이 진실로
있다면, 곧 이 대승은 존귀하지 않고 미묘하지 않으므로 수승한 일체
세간의 천인·인간·아소락 등을 초월하지 못하느니라. 보살마하살이 금강
유지의 자성이 진실로 없는 까닭으로써, 이 대승은 존귀하고 미묘하여
수승한 일체 세간의 천인·인간·아소락 등을 초월하느니라.

선현이여. 만약 보살마하살이 금강유지가 능히 번뇌와 습기를 끊는
상속(相續)의 자성이 진실로 있다면, 곧 이 대승은 존귀하지 않고 미묘하지
않으므로 수승한 일체 세간의 천인·인간·아소락 등을 초월하지 못하느니
라. 보살마하살이 금강유지가 능히 번뇌와 습기를 끊는 상속의 자성이
진실로 없는 까닭으로써, 이 대승은 존귀하고 미묘하여 수승한 일체
세간의 천인·인간·아소락 등을 초월하느니라.

선현이여. 만약 여러 여래·응·정등각의 32대사상(三十二大士相)·80수

호(八十隨好)로 장엄한 몸의 자성이 진실로 있다면, 곧 이 대승은 존귀하지 않고 미묘하지 않으므로 수승한 일체 세간의 천인·인간·아소락 등을 초월하지 못하느니라. 여러 여래·응·정등각의 32대사상과 80수호로 장엄한 몸의 자성이 진실로 없는 까닭으로, 이 대승은 존귀하고 미묘하여 수승한 일체 세간의 천인·인간·아소락 등을 초월하느니라.

선현이여. 만약 여러 여래·응·정등각께서 펼치는 광명(光明)의 자성이 진실로 있다면, 곧 여러 여래·응·정등각께서 펼치는 광명은 능히 시방으로 각각 긍가 등의 모래보다 많은 제불 세계를 두루 비출 수 없느니라. 여러 여래·응공·정등각께서 펼치는 광명의 자성이 진실로 없는 까닭으로써, 여러 여래·응공·정등각께서 펼치는 광명은 능히 시방으로 각각 긍가 등의 모래보다 많은 제불세계를 두루 비출 수 있느니라.

선현이여. 만약 여러 여래·응·정등각의 처소에서 굴리시는 법륜(法輪)의 자성이 진실로 있다면, 곧 여러 여래·응공·정등각의 처소에서 굴리시는 것의 법륜은 능히 매우 청정한 것이 아니므로, 역시 일체 세간의 사문·바라문·천인·마천·범천 등의 처소에서 능히 굴릴 수 있는 것이 아니니라. 여러 여래·응·정등각께서 굴리시는 법륜의 자성이 진실로 없는 까닭으로써, 여러 여래·응공·정등각의 처소에서 굴리시는 법륜은 최고로 매우 청정하므로, 일체 세간의 사문·바라문·천인·마천·범천 등의 처소에서 능히 굴릴 수 있는 것이 아니니라.

선현이여. 만약 여러 여래·응·정등각께서 굴리시는 묘한 법륜에서 가피받은 유정의 자성이 진실로 있다면, 곧 여러 여래·응공·정등각께서 굴리시는 묘한 법륜은 능히 그 여러 유정의 부류들을 무여의열반계(無餘依涅槃界)에서 이미 반열반(般涅槃)하게 하였고, 지금 반열반하게 하며 마땅히 반열반하게 할 수 없느니라. 여러 여래·응·정등각께서 굴리시는 묘한 법륜에서 가피받은 유정의 자성이 진실로 없는 까닭으로써, 여러 여래·응공·정등각의 처소에서 굴리시는 법륜은 모두 능히 그 여러 유정의 부류들을 무여의열반계에서 이미 반열반하게 하였고, 지금 반열반하게 하며 마땅히 반열반하게 할 수 있느니라.

선현이여. 이와 같은 등의 무량한 인연을 까닭으로 대승은 일체 세간의 천인·인간·아수라 등을 초월하고 수승하므로 최고로 높고 최고로 묘하다고 설하느니라."

"다시 다음으로 선현이여. 그대가 '이와 같은 대승은 허공 등과 같다.'라고 말하였는데, 그와 같고, 그와 같으니라. 그대가 말한 것과 같으니라. 그 까닭은 무엇인가? 선현이여. 비유한다면 허공은 동(東)·남(南)·서(西)·북(北)·사유(四維)[1]·상하(上下)의 방위(方)로 나누어서 얻을 수 있지 않은 까닭이고, 대승도 역시 그와 같아서 동·남·서·북·사유·상하의 방위로 나누어서 얻을 수 없는 까닭으로, 대승은 허공 등과 같다고 설하느니라. 선현이여. 또한 허공은 길고 짧으며 뾰족하고 둥글며 높고 낮으며 삿되고 바르게 형태를 얻을 수 없는 것과 같이, 대승도 역시 그와 같아서 길고 짧으며 뾰족하고 둥글며 높고 낮으며 삿되고 바르게 형태를 얻을 수 없는 까닭으로, 대승은 허공 등과 같다고 설하느니라.

선현이여. 또한 허공은 청(靑)·황(黃)·백(赤)·적(白)·흑(黑)·자표(紫縹)[2] 등의 색깔로 빛나는 것을 얻을 수 없는 것과 같이 대승도 역시 그와 같아서 청·황·백·적·흑·자표 등의 색깔로 빛나는 것을 얻을 수 없는 까닭으로, 대승은 허공 등과 같다고 설하느니라. 선현이여. 또한 허공은 과거도 아니고 미래도 아니며 현재도 아닌 것과 같이, 대승도 역시 그와 같아서 과거도 아니고 미래도 아니며 현재도 아닌 까닭으로, 대승은 허공 등과 같다고 설하느니라.

선현이여. 또한 허공은 늘어나지 않고 줄어들지 않으며, 나아가지 못하고 물러나지 못하는 것과 같이, 대승도 역시 그와 같아서 늘어나지 않고 줄어들지 않으며, 나아가지 못하고 물러나지 못하는 까닭으로, 대승은 허공 등과 같다고 설하느니라. 선현이여. 또한 허공은 물들지 않고 청정하지 않은 것과 같이, 대승도 역시 그와 같아서 물들지 않고 청정하지

---

1) 간방(間方)인 동남·동북·서남·서북 등의 방위를 말한다.
2) 진한 자줏빛의 색깔을 가리킨다.

않은 까닭으로, 대승은 허공과도 같다고 말하느니라.

선현이여. 또한 허공은 생겨나지 않고 소멸하지 않으며 머무르지 않고 달라지지 않는 것과 같이, 대승도 역시 그와 같아서 생겨나지 않고 소멸하지 않으며 머무르지 않고 달라지지 않는 까닭으로, 대승은 허공 등과 같다고 설하느니라. 선현이여. 또한 허공은 선(善)이 아니고 불선(不善)도 아니며 유기(有記)³⁾도 아니고 무기(無記)도 아닌 것과 같이, 대승도 역시 그와 같아서 선(善)이 아니고 불선(不善)도 아니며 유기도 아니고 무기도 아닌 까닭으로, 대승은 허공 등과 같다고 설하느니라.

선현이여. 또한 허공은 보지 못하고 듣지 못하며 깨닫지 못하고 알지 못하는 것과 같이, 대승도 역시 그와 같아서 보지 못하고 듣지 못하며 깨닫지 못하고 알지 못하는 까닭으로, 대승은 허공 등과 같다고 설하느니라. 선현이여. 또한 허공은 알지 못하고 통달하지 못하는 것과 같이, 대승도 역시 그와 같아서 알지 못하고 통달하지 못하는 까닭으로, 대승은 허공 등과 같다고 설하느니라.

선현이여. 또한 허공은 두루 알지 못하고 영원히 끊어지지 않으며 증득하지 못하고 수습하지 못하는 것과 같이, 대승도 역시 그와 같아서 두루 알지 못하고 영원히 끊어지지 않으며 증득하지 못하고 수습하지 못하는 까닭으로, 대승은 허공 등과 같다고 설하느니라. 선현이여. 또한 허공은 이숙도 아니고 이숙법(異熟法)이 있는 것도 아닌 것과 같이, 대승도 역시 그와 같아서 이숙도 아니고 이숙법이 있는 것도 아닌 까닭으로, 대승은 허공 등과 같다고 설하느니라.

선현이여. 또한 허공은 탐욕법(貪法)이 있지 않고 탐욕을 벗어난 법이 있지 않은 것과 같이, 대승도 역시 그와 같아서 탐욕법이 있지 않고 탐욕을 벗어난 법이 있지 않은 까닭으로, 대승은 허공 등과 같다고 설하느니라. 선현이여. 또한 허공은 진에법(瞋法)도 있지 않고 진에를 벗어난 법이 있지 않은 것과 같이 대승도 역시 그와 같아서 진에법도 있지 않고

---

3) 일반적으로 선과 악, 흑백 등의 상태가 분명한 것을 말한다.

진에를 벗어난 법이 있지 않은 까닭으로, 대승은 허공 등과 같다고 설하느니라.

선현이여. 또한 허공은 우치법(愚癡法)이 있지 않고 우치법을 벗어난 법이 있지 않은 것과 같이 대승도 역시 그와 같아서 우치법이 있지 않고 우치법을 벗어난 법이 있지 않은 까닭으로, 대승은 허공 등과 같다고 설하느니라. 선현이여. 또한 허공은 욕계(欲界)에 떨어지지 않고 색계(色界)에 떨어지지 않으며 무색계(無色界)에 떨어지지 않는 것과 같이, 대승도 역시 그와 같아서 욕계에 떨어지지 않고 색계에 떨어지지 않으며 무색계에 떨어지지 않는 까닭으로, 대승은 허공 등과 같다고 설하느니라.

선현이여. 또한 허공은 초지(初地)에서 발심(發心)을 얻을 수 없고, 나아가 제10지(十地)에서 발심을 얻을 수 없는 것과 같이, 대승도 역시 그와 같아서 초지)에서 발심을 얻을 수 없고, 나아가 제10지에서 발심을 얻을 수 없는 까닭으로, 대승은 허공 등과 같다고 설하느니라. 선현이여. 또한 허공은 정관지·종성지·제팔지·구견지·박지·이욕지·이판지·독각지·보살지·여래지를 얻을 수 없는 것과 같이, 대승도 역시 그와 같아서 정관지, 나아가 여래지가 얻을 수 없는 까닭으로, 대승은 허공 등과 같다고 설하느니라.

선현이여. 또한 허공은 예류향·예류과·일래향·일래과·불환향·불환과·아라한향·아라한과·독각향·독각과·보살·여래를 얻을 수 없는 것과 같이, 대승도 역시 그와 같아서 예류향·예류과, 나아가 여래가 얻을 수 없는 까닭으로, 대승은 허공 등과 같다고 설하느니라.

선현이여. 또한 허공은 성문지·독각지·정등각지를 얻을 수 없는 것과 같이, 대승도 역시 그와 같아서 성문지·독각지·정등각지를 얻을 수 없는 까닭으로, 대승은 허공 등과 같다고 설하느니라.

선현이여. 또한 허공은 색깔이 있는 것도 아니고 색깔이 없는 것도 아니며, 바라볼 수 있는 것도 아니고 바라볼 수 없는 것도 아니며, 마주할 수 있는 것도 아니고 마주할 수 없는 것도 아니며, 상응(相應)하는 것도 아니고 상응하지 않는 것도 아닌 것과 같이, 대승도 역시 그와 같아서 색깔이 있는 것도 아니고 색깔이 없는 것도 아니며, 바라볼 수 있는 것도 아니고 바라볼 수 없는 것도 아니며, 마주할 수 있는 것도 아니고 마주할 수 없는 것도 아니며, 상응하는 것도 아니고 상응하지 않는 것도 아닌 까닭으로, 대승은 허공 등과 같다고 설하느니라.

선현이여. 또한 허공은 항상한 것도 아니고 무상(無常)한 것도 아니며, 즐거운 것도 아니고 괴로운 것도 아니며, 내(我)가 아니고 무아(無我)인 것도 아니며, 청정한 것도 아니고 부정(不淨)한 것도 아닌 것과 같이, 대승도 역시 그와 같아서 항상한 것도 아니고 무상한 것도 아니며 즐거운 것도 아니고 괴로운 것도 아니며 내가 아니고 무아인 것도 아니며, 청정한 것도 아니고 부정한 것도 아닌 까닭으로, 대승은 허공 등과 같다고 설하느니라.

선현이여. 또한 허공은 공(空)한 것도 아니고 공하지 않은 것도 아니며, 유상(有相)이 아니고 무상(無相)도 아니며, 유원(有願)이 아니고 무원(無願)도 아닌 것과 같이, 대승도 역시 그와 같아서 공은 공한 것도 아니고 공하지 않은 것도 아니며, 유상이 아니고 무상도 아니며, 유원이 아니고 무원도 아닌 까닭으로, 대승은 허공 등과 같다고 설하느니라.

선현이여. 또한 허공은 적정한 것도 아니고 적정하지 않은 것도 아니며, 멀리 벗어난 것도 아니고 멀리 벗어나지 않은 것도 아닌 것과 같이, 대승도 역시 그와 같아서 적정한 것도 아니고 적정하지 않은 것도 아니며, 멀리 벗어난 것도 아니고 멀리 벗어나지 않은 것도 아닌 까닭으로, 대승은 허공 등과 같다고 설하느니라. 선현이여. 또한 허공은 밝은 것도 아니고 어두운 것도 아닌 것과 같이, 대승도 역시 그와 같아서 밝은 것도 아니고 어두운 것도 아닌 까닭으로, 대승은 허공 등과 같다고 설하느니라.

선현이여. 또한 허공은 온(蘊)·처(處)·계(界)가 아니고 온·처·계를 벗어난 것도 아닌 것과 같이, 대승도 역시 그와 같아서 온·처·계가 아니고 온·처·계를 벗어난 것도 아닌 까닭으로, 대승은 허공 등과 같다고 설하느니라. 선현이여. 또한 허공은 얻을 수 있는 것도 아니고 얻을 수 없는 것도 아닌 것과 같이, 대승도 역시 그와 같아서 얻을 수 있는 것도 아니고 얻을 수 없는 것도 아닌 까닭으로, 대승은 허공 등과 같다고 설하느니라.

선현이여. 또한 허공은 설(說)할 수 있는 것도 아니고 설할 수 없는 것도 아닌 것과 같이, 대승도 역시 그와 같아서 설할 수 있는 것도 아니고 설할 수 없는 것도 아닌 까닭으로, 대승은 허공 등과 같다고 설하느니라. 선현이여. 이와 같은 무량한 인연을 까닭으로, 대승은 허공 등과 같다고 설하느니라."

"다시 다음으로 선현이여. 그대는 비유한다면 '허공은 능히 무수(無數)이고 무량(無量)하며 무변(無邊)한 유정들을 감싸서 받아들이는 것과 같이, 무수이고 무량하며 무변한 유정들을 감싸서 받아들인다.'라고 말하였는데, 그와 같고 그와 같으니라. 그대가 말한 것과 같으니라. 그 까닭은 무엇인가? 선현이여. 유정들이 무소유인 까닭으로 마땅히 허공도 역시 있지 않다고 알 수 있으며, 허공이 무소유인 까닭으로 마땅히 대승도 무소유라고 알아야 하느니라. 오히려 이와 같은 이치를 까닭으로, 대승은 널리 무수이고 무량하며 무변한 유정들을 능히 감싸서 받아들이느니라. 왜 그러한가? 선현이여. 만약 유정이거나, 만약 허공이거나, 만약 대승이거나, 이와 같은 일체는 모두 있지 않아서 얻을 수 없는 까닭이니라.

다시 다음으로 선현이여. 유정들이 무수이고 무량하며 무변한 까닭으로, 마땅히 허공도 역시 무수이고 무량하며 무변하다고 알 수 있으며, 허공이 무수이고 무량하며 무변한 까닭으로 마땅히 대승도 무수이고 무량하며 무변하다고 알아야 하느니라. 오히려 이와 같은 이치를 까닭으로, 대승은 널리 무수이고 무량하며 무변한 유정들을 능히 감싸서 받아들이느니라. 왜 그러한가? 선현이여. 만약 유정이 무수이고 무량하며 무변하거나, 만약 허공이 무수이고 무량하며 무변하거나, 만약 대승이 무수이고 무량하며 무변하거나, 이와 같은 일체는 모두 무소유이고 얻을 수 없는 까닭이니라.

다시 다음으로 선현이여. 유정들이 무소유인 까닭으로 마땅히 허공도 역시 무소유라고 알 수 있으며, 허공이 무소유인 까닭으로 마땅히 대승도 무소유라고 알아야 하고, 대승이 무소유인 까닭으로 마땅히 무수도 무소유라고 알아야 하고, 무수가 무소유인 까닭으로 마땅히 무량도 무소유라고 알아야 하고, 무량이 무소유인 까닭으로 마땅히 무변도 무소유라고 알아야 하고, 무변도 무소유인 까닭으로 마땅히 일체법도 무소유라고 알아야 하느니라. 오히려 이와 같은 이치를 까닭으로, 대승은 널리 무수이고 무량하며 무변한 유정들을 능히 감싸서 받아들이느니라. 왜 그러한가? 선현이여. 만약 유정이거나, 만약 허공이거나, 만약 대승이거나, 만약 무수이거나, 만약 무량이거나, 만약 무변이거나, 만약 일체법이거나, 이와 같은 일체는 모두 무소유이고 얻을 수 없는 까닭이니라.

다시 다음으로 선현이여. 내(我)가 무소유인 까닭으로 마땅히 유정도 역시 무소유라고 알아야 하며, 유정이 무소유인 까닭으로 마땅히 명자(命者)도 역시 무소유라고 알아야 하며, 명자가 무소유인 까닭으로 마땅히 생자(生者)도 역시 무소유라고 알아야 하며, 생자가 무소유인 까닭으로 마땅히 양자(養者)도 역시 무소유라고 알아야 하며, 양자가 무소유인 까닭으로 마땅히 장부(士夫)도 역시 무소유라고 알아야 하며, 장부가 무소유인 까닭으로 마땅히 보특가라(補特伽羅)도 역시 무소유라고 알아야 하며, 보특가라가 무소유인 까닭으로 마땅히 의생(意生)도 역시 무소유라고 알아야 하며, 의생이 무소유인 까닭으로 마땅히 유동(儒童)도 역시 무소유라고 알아야 하며, 유동이 무소유인 까닭으로 마땅히 작자(作者)도 역시 무소유라고 알아야 하며, 작자가 무소유인 까닭으로 마땅히 사작자(使作者)도 역시 무소유라고 알아야 하며, 사작자가 무소유인 까닭으로 마땅히 기자(起者)도 역시 무소유라고 알아야 하며, 기자가 무소유인 까닭으로 마땅히 사기자(使起者)도 역시 무소유라고 알아야 하며, 사기자가 무소유인 까닭으로 마땅히 수자(受者)도 역시 무소유라고 알아야 하며, 수자가 무소유인 까닭으로 마땅히 사수자(使受者)도 역시 무소유라고 알아야 하며, 사수자가 무소유인 까닭으로 마땅히 지자(知者)도 역시 무소유라고 알아야 하며, 지자가 무소유인 까닭으로 마땅히 견자(見者)도 역시 무소유라고 알아야 하며, 견자가 무소유인 까닭으로 마땅히 허공도

역시 무소유라고 알아야 하며, 허공이 무소유인 까닭으로 마땅히 대승도
역시 무소유라고 알아야 하며, 대승이 무소유인 까닭으로 마땅히 무수도
역시 무소유라고 알아야 하며, 무수가 무소유인 까닭으로 마땅히 무량도
역시 무소유라고 알아야 하며, 무량이 무소유인 까닭으로 마땅히 무변도
역시 무소유라고 알아야 하며, 무변이 무소유인 까닭으로 마땅히 일체법
도 역시 무소유라고 알아야 하느니라.

　오히려 이와 같은 이치를 까닭으로, 대승은 널리 무수이고 무량하며
무변한 유정들을 능히 감싸서 받아들이느니라. 왜 그러한가? 선현이여.
만약 나이거나, 나아가 만약 견자이거나, 만약 허공이거나, 만약 대승이거
나, 만약 무수이거나, 만약 무량이거나, 만약 무변이거나, 만약 일체법이거
나, 이와 같은 일체는 모두 무소유이고 얻을 수 없는 까닭이니라.

　다시 다음으로 선현이여. 내가 무소유인 까닭으로 마땅히 진여(眞如)도
역시 무소유라고 알아야 하며, 진여가 무소유인 까닭으로 마땅히 법계(法
界)도 역시 무소유라고 알아야 하며, 법계가 무소유인 까닭으로 마땅히
법성(法性)도 역시 무소유라고 알아야 하며, 법성이 무소유인 까닭으로
마땅히 불허망성(不虛妄性)도 역시 무소유라고 알아야 하며, 불허망성이
무소유인 까닭으로로 마땅히 불변이성(不變異性)도 역시 무소유라고 알아
야 하며, 불변이성이 무소유인 까닭으로 마땅히 평등성(平等性)도 역시
무소유라고 알아야 하며, 평등성이 무소유인 까닭으로 마땅히 이생성(離
生性)도 역시 무소유라고 알아야 하며, 이생성이 무소유인 까닭으로 마땅
히 법정(法定)도 역시 무소유라고 알아야 하며, 법정이 무소유인 까닭으로
마땅히 법주(法住)도 역시 무소유라고 알아야 하며, 법주가 무소유인
까닭으로 마땅히 실제(實際)도 역시 무소유라고 알아야 하며, 실제가
무소유인 까닭으로 마땅히 허공도 역시 무소유라고 알아야 하며, 허공이
무소유인 까닭으로 마땅히 대승도 역시 무소유라고 알아야 하며, 대승이
무소유인 까닭으로 마땅히 무수도 역시 무소유라고 알아야 하며, 무수가
무소유인 까닭으로 마땅히 무량도 역시 무소유라고 알아야 하며, 무량이
무소유인 까닭으로 마땅히 무변도 역시 무소유라고 알아야 하며, 무변이

무소유인 까닭으로 마땅히 일체법도 역시 무소유라고 알아야 하느니라.

오히려 이와 같은 이치를 까닭으로, 대승은 널리 무수이고 무량하며 무변한 유정들을 능히 감싸서 받아들이느니라. 왜 그러한가? 선현이여. 만약 나이거나, 나아가 만약 견자이거나, 만약 진여이거나, 나아가 만약 실제이거나, 만약 허공이거나, 만약 대승이거나, 만약 무수이거나, 만약 무량이거나, 만약 무변이거나, 만약 일체법이거나, 이와 같은 일체는 모두 무소유이고 얻을 수 없는 까닭이니라.

다시 다음으로 선현이여. 내가 무소유인 까닭으로 마땅히 색(色)도 역시 무소유라고 알아야 하며, 색이 무소유인 까닭으로 마땅히 수(受)도 역시 무소유라고 알아야 하며, 수가 무소유인 까닭으로 마땅히 상(想)도 역시 무소유라고 알아야 하며, 상이 무소유인 까닭으로 마땅히 행(行)도 역시 무소유라고 알아야 하며, 행이 무소유인 까닭으로 마땅히 식(識)도 역시 무소유라고 알아야 하며, 식이 무소유인 까닭으로 마땅히 허공도 역시 무소유라고 알아야 하며, 허공이 무소유인 까닭으로 마땅히 대승도 역시 무소유라고 알아야 하며, 대승이 무소유인 까닭으로 마땅히 무수도 역시 무소유라고 알아야 하며, 무수가 무소유인 까닭으로 마땅히 무량도 역시 무소유라고 알아야 하며, 무량이 무소유인 까닭으로 마땅히 무변도 역시 무소유라고 알아야 하며, 무변이 무소유인 까닭으로 마땅히 일체법도 역시 무소유라고 알아야 하느니라.

오히려 이와 같은 이치를 까닭으로, 대승은 널리 무수이고 무량하며 무변한 유정들을 능히 감싸서 받아들이느니라. 왜 그러한가? 선현이여. 만약 나이거나, 나아가 만약 견자이거나, 만약 색·수·상·행·식·이거나, 만약 허공이거나, 만약 대승이거나, 만약 무수이거나, 만약 무량이거나, 만약 무변이거나, 만약 일체법이거나, 이와 같은 일체는 모두 무소유이고 얻을 수 없는 까닭이니라.

다시 다음으로 선현이여. 내가 무소유인 까닭으로 마땅히 안처(眼處)도 역시 무소유라고 알아야 하며, 안처가 무소유인 까닭으로 마땅히 이처(耳處)도 역시 무소유라고 알아야 하며, 이처가 무소유인 까닭으로 마땅히

비처(鼻處)도 역시 무소유라고 알아야 하며, 이처가 무소유인 까닭으로
마땅히 설처(舌處)도 역시 무소유라고 알아야 하며, 설처가 무소유인
까닭으로 마땅히 신처(身處)도 역시 무소유라고 알아야 하며, 신처가
무소유인 까닭으로 마땅히 의처(意處)도 역시 무소유라고 알아야 하며,
의처가 무소유인 까닭으로 마땅히 허공도 역시 무소유라고 알아야 하며,
허공이 무소유인 까닭으로 마땅히 대승도 역시 무소유라고 알아야 하며,
대승이 무소유인 까닭으로 마땅히 무수도 역시 무소유라고 알아야 하며,
무수가 무소유인 까닭으로 마땅히 무량도 역시 무소유라고 알아야 하며,
무량이 무소유인 까닭으로 마땅히 무변도 역시 무소유라고 알아야 하며,
무변이 무소유인 까닭으로 마땅히 일체법도 역시 무소유라고 알아야
하느니라.

오히려 이와 같은 이치를 까닭으로, 대승은 널리 무수이고 무량하며
무변한 유정들을 능히 감싸서 받아들이느니라. 왜 그러한가? 선현이여.
만약 나이거나, 나아가 만약 견자이거나, 만약 안·이·비·설·신·의처이거
나, 만약 허공이거나, 만약 대승이거나, 만약 무수이거나, 만약 무량이거
나, 만약 무변이거나, 만약 일체법이거나, 이와 같은 일체는 모두 무소유이
고 얻을 수 없는 까닭이니라.

다시 다음으로 선현이여. 내가 무소유인 까닭으로 마땅히 색처(色處)도
역시 무소유라고 알아야 하며, 색처가 무소유인 까닭으로 마땅히 성처(聲
處)도 역시 무소유라고 알아야 하며, 성처가 무소유인 까닭으로 마땅히
향처(香處)도 역시 무소유라고 알아야 하며, 향처가 무소유인 까닭으로
마땅히 미처(味處)도 역시 무소유라고 알아야 하며, 미처가 무소유인
까닭으로 마땅히 촉처(意處)도 역시 무소유라고 알아야 하며, 촉처가
무소유인 까닭으로 마땅히 법처(法處)도 역시 무소유라고 알아야 하며,
법처가 무소유인 까닭으로 마땅히 허공도 역시 무소유라고 알아야 하며,
허공이 무소유인 까닭으로 마땅히 대승도 역시 무소유라고 알아야 하며,
대승이 무소유인 까닭으로 마땅히 무수도 역시 무소유라고 알아야 하며,
무수가 무소유인 까닭으로 마땅히 무량도 역시 무소유라고 알아야 하며,

무량이 무소유인 까닭으로 마땅히 무변도 역시 무소유라고 알아야 하며, 무변이 무소유인 까닭으로 마땅히 일체법도 역시 무소유라고 알아야 하느니라.

　오히려 이와 같은 이치를 까닭으로, 대승은 널리 무수이고 무량하며 무변한 유정들을 능히 감싸서 받아들이느니라. 왜 그러한가? 선현이여. 만약 나이거나, 나아가 만약 견자이거나, 만약 성·향·미·촉·법처이거나, 만약 허공이거나, 만약 대승이거나, 만약 무수이거나, 만약 무량이거나, 만약 무변이거나, 만약 일체법이거나, 이와 같은 일체는 모두 무소유이고 얻을 수 없는 까닭이니라.

　다시 다음으로 선현이여. 내(我)가 무소유인 까닭으로 마땅히 안계(眼界)도 역시 무소유라고 알아야 하며, 안계가 무소유인 까닭으로마땅히 색계(色界)도 역시 무소유라고 알아야 하며, 색계가 무소유인 까닭으로 마땅히 안식계(眼識界)도 역시 무소유라고 알아야 하며, 안식계가 무소유인 까닭으로 마땅히 안촉(眼觸)도 역시 무소유라고 알아야 하며, 안촉이 무소유인 까닭으로 마땅히 안촉을 인연으로 생겨나는 여러 수도 역시 무소유라고 알아야 하며, 안촉을 인연으로 생겨나는 여러 수가 무소유인 까닭으로 마땅히 허공도 역시 무소유라고 알아야 하며, 허공이 무소유인 까닭으로 마땅히 대승도 역시 무소유라고 알아야 하며, 대승이 무소유인 까닭으로 마땅히 무수가 역시 무소유라고 알아야 하며, 무수가 무소유인 까닭으로 마땅히 무량도 무소유라고 알아야 하며, 무량이 무소유인 까닭으로 마땅히 무변도 역시 무소유라고 알아야 하며, 무변이 무소유인 까닭으로 마땅히 일체법도 역시 무소유라고 알아야 하느니라.

　오히려 이와 같은 이치를 까닭으로, 대승은 널리 무수이고 무량하며 무변한 유정들을 능히 감싸서 받아들이느니라. 왜 그러한가? 선현이여. 만약 나이거나, 나아가 만약 견자이거나, 만약 안계, 나아가 …… 안촉을 인연으로 생겨나는 여러 수이거나, 만약 허공이거나, 만약 대승이거나, 만약 무수이거나, 만약 무량이거나, 만약 무변이거나, 만약 일체법이거나, 이와 같은 일체는 모두 무소유이고 얻을 수 없는 까닭이니라.

다시 다음으로 선현이여. 내가 무소유인 까닭으로 마땅히 이계(耳界)도 역시 무소유라고 알아야 하며, 이계가 무소유인 까닭으로 마땅히 성계(聲界)도 역시 무소유라고 알아야 하며, 성계가 무소유인 까닭으로 마땅히 이식계(耳識界)도 역시 무소유라고 알아야 하며, 이식계가 무소유인 까닭으로 마땅히 이촉(耳觸)도 역시 무소유라고 알아야 하며, 이촉이 무소유인 까닭으로 마땅히 이촉을 인연으로 생겨나는 여러 수도 역시 무소유라고 알아야 하며, 이촉을 인연으로 생겨나는 여러 수가 무소유인 까닭으로 마땅히 허공도 역시 무소유라고 알아야 하며, 허공이 무소유인 까닭으로 마땅히 대승도 역시 무소유라고 알아야 하며, 대승이 무소유인 까닭으로 마땅히 무수도 역시 무소유라고 알아야 하며, 무수가 무소유인 까닭으로 마땅히 무량도 역시 무소유라고 알아야 하며, 무량이 무소유인 까닭으로 마땅히 무변도 역시 무소유라고 알아야 하며, 무변이 무소유인 까닭으로 마땅히 일체법도 역시 무소유라고 알아야 하느니라.

오히려 이와 같은 이치를 까닭으로, 대승은 널리 무수이고 무량하며 무변한 유정들을 능히 감싸서 받아들이느니라. 왜 그러한가? 선현이여. 만약 나이거나, 나아가 만약 견자이거나, 만약 이계, 나아가 …… 이촉을 인연으로 생겨나는 여러 수이거나, 만약 허공이거나, 만약 대승이거나, 만약 무수이거나, 만약 무량이거나, 만약 무변이거나, 만약 일체법이거나, 이와 같은 일체는 모두 무소유이고 얻을 수 없는 까닭이니라.

다시 다음으로 선현이여. 내가 무소유인 까닭으로 마땅히 비계(鼻界)도 역시 무소유라고 알아야 하며, 비계가 무소유인 까닭으로 마땅히 향계(香界)도 역시 무소유라고 알아야 하며, 향계가 무소유인 까닭으로 마땅히 비식계(鼻識界)도 역시 무소유라고 알아야 하며, 비식계가 무소유인 까닭으로 마땅히 비촉(鼻觸)도 역시 무소유라고 알아야 하며, 비촉이 무소유인 까닭으로 마땅히 비촉을 인연으로 생겨나는 여러 수도 역시 무소유라고 알아야 하며, 비촉을 인연으로 생겨나는 여러 수가 무소유인 까닭으로 마땅히 허공도 역시 무소유라고 알아야 하며, 허공이 무소유인 까닭으로 마땅히 대승도 역시 무소유라고 알아야 하며, 대승이 무소유인 까닭으로

마땅히 무수도 역시 무소유라고 알아야 하며, 무수가 무소유인 까닭으로
마땅히 무량도 역시 무소유라고 알아야 하며, 무량이 무소유인 까닭으로
마땅히 무변도 역시 무소유라고 알아야 하며, 무변이 무소유인 까닭으로
마땅히 일체법도 역시 무소유라고 알아야 하느니라.

오히려 이와 같은 이치를 까닭으로, 대승은 널리 무수이고 무량하며
무변한 유정들을 능히 감싸서 받아들이느니라. 왜 그러한가? 선현이여.
만약 나이거나, 나아가 만약 견자이거나, 만약 비계, 나아가 …… 비촉을
인연으로 생겨나는 여러 수이거나, 만약 허공이거나, 만약 대승이거나,
만약 무수이거나, 만약 무량이거나, 만약 무변이거나, 만약 일체법이거나,
이와 같은 일체는 모두 무소유이고 얻을 수 없는 까닭이니라.

다시 다음으로 선현이여. 내가 무소유인 까닭으로 마땅히 설계(舌界)도
역시 무소유라고 알아야 하며, 설계가 무소유인 까닭으로 마땅히 미계(味
界)도 역시 무소유라고 알아야 하며, 미계가 무소유인 까닭으로 마땅히
설식계(舌識界)도 역시 무소유라고 알아야 하며, 비식계가 무소유인 까닭
으로 마땅히 설촉(舌觸)도 역시 무소유라고 알아야 하며, 설촉이 무소유인
까닭으로 마땅히 설촉을 인연으로 생겨나는 여러 수도 역시 무소유라고
알아야 하며, 설촉을 인연으로 생겨나는 여러 수가 무소유인 까닭으로
마땅히 허공도 역시 무소유라고 알아야 하며, 허공이 무소유인 까닭으로
마땅히 대승도 역시 무소유라고 알아야 하며, 대승이 무소유인 까닭으로
마땅히 무수도 역시 무소유라고 알아야 하며, 무수가 무소유인 까닭으로
마땅히 무량도 역시 무소유라고 알아야 하며, 무량이 무소유인 까닭으로
마땅히 무변도 역시 무소유라고 알아야 하며, 무변이 무소유인 까닭으로
마땅히 일체법도 역시 무소유라고 알아야 하느니라.

오히려 이와 같은 이치를 까닭으로, 대승은 널리 무수이고 무량하며
무변한 유정들을 능히 감싸서 받아들이느니라. 왜 그러한가? 선현이여.
만약 나이거나, 나아가 만약 견자이거나, 만약 설계, 나아가 …… 설촉을
인연으로 생겨나는 여러 수이거나, 만약 허공이거나, 만약 대승이거나,
만약 무수이거나, 만약 무량이거나, 만약 무변이거나, 만약 일체법이거나,

이와 같은 일체는 모두 무소유이고 얻을 수 없는 까닭이니라.

다시 다음으로 선현이여. 내가 무소유인 까닭으로 마땅히 신계(身界)도 역시 무소유라고 알아야 하며, 신계가 무소유인 까닭으로 마땅히 촉계(觸界)도 역시 무소유라고 알아야 하며, 촉계가 무소유인 까닭으로 마땅히 신식계(身識界)도 역시 무소유라고 알아야 하며, 신식계가 무소유인 까닭으로 마땅히 신촉(身觸)도 역시 무소유라고 알아야 하며, 신촉이 무소유인 까닭으로 마땅히 신촉을 인연으로 생겨나는 여러 수도 역시 무소유라고 알아야 하며, 신촉을 인연으로 생겨나는 여러 수가 무소유인 까닭으로 마땅히 허공도 역시 무소유라고 알아야 하며, 허공이 무소유인 까닭으로 마땅히 대승도 역시 무소유라고 알아야 하며, 대승이 무소유인 까닭으로 마땅히 무수도 역시 무소유라고 알아야 하며, 무수가 무소유인 까닭으로 마땅히 무량도 역시 무소유라고 알아야 하며, 무량이 무소유인 까닭으로 마땅히 무변도 역시 무소유라고 알아야 하며, 무변이 무소유인 까닭으로 마땅히 일체법도 역시 무소유라고 알아야 하느니라.

오히려 이와 같은 이치를 까닭으로, 대승은 널리 무수이고 무량하며 무변한 유정들을 능히 감싸서 받아들이느니라. 왜 그러한가? 선현이여. 만약 나이거나, 나아가 만약 견자이거나, 만약 신계, 나아가 …… 신촉을 인연으로 생겨나는 여러 수이거나, 만약 허공이거나, 만약 대승이거나, 만약 무수이거나, 만약 무량이거나, 만약 무변이거나, 만약 일체법이거나, 이와 같은 일체는 모두 무소유이고 얻을 수 없는 까닭이니라.

다시 다음으로 선현이여. 내가 무소유인 까닭으로 마땅히 의계(意界)도 역시 무소유라고 알아야 하며, 의계가 무소유인 까닭으로 마땅히 법계(法界)도 역시 무소유라고 알아야 하며, 법계가 무소유인 까닭으로 마땅히 의식계(意識界)도 역시 무소유라고 알아야 하며, 의식계가 무소유인 까닭으로 마땅히 의촉(意觸)도 역시 무소유라고 알아야 하며, 의촉이 무소유인 까닭으로 마땅히 의촉을 인연으로 생겨나는 여러 수도 역시 무소유라고 알아야 하며, 의촉을 인연으로 생겨나는 여러 수가 무소유인 까닭으로 마땅히 허공도 역시 무소유라고 알아야 하며, 허공이 무소유인 까닭으로

마땅히 대승도 역시 무소유라고 알아야 하며, 대승이 무소유인 까닭으로
마땅히 무수가 역시 무소유라고 알아야 하며, 무수가 무소유인 까닭으로
마땅히 무량이 무소유라고 알아야 하며, 무량이 무소유인 까닭으로 마땅
히 무변도 역시 무소유라고 알아야 하며, 무변이 무소유인 까닭으로
마땅히 일체법도 역시 무소유라고 알아야 하느니라.

오히려 이와 같은 이치를 까닭으로, 대승은 널리 무수이고 무량하며
무변한 유정들을 능히 감싸서 받아들이느니라. 왜 그러한가? 선현이여.
만약 나이거나, 나아가 만약 견자이거나, 만약 의계, 나아가 …… 의촉을
인연으로 생겨나는 여러 수이거나, 만약 허공이거나, 만약 대승이거나,
만약 무수이거나, 만약 무량이거나, 만약 무변이거나, 만약 일체법이거나,
이와 같은 일체는 모두 무소유이고 얻을 수 없는 까닭이니라.

다시 다음으로 선현이여. 내가 무소유인 까닭으로 마땅히 지계(地界)도
역시 무소유라고 알아야 하며, 지계가 무소유인 까닭으로 마땅히 수계(水
界)도 역시 무소유라고 알아야 하며, 수계가 무소유인 까닭으로 마땅히
화계(火界)도 역시 무소유라고 알아야 하며, 화계가 무소유인 까닭으로
마땅히 풍계(風界)도 역시 무소유라고 알아야 하며, 풍계가 무소유인
까닭으로 마땅히 공계(空界)도 역시 무소유라고 알아야 하며, 공계가
무소유인 까닭으로 마땅히 식계(識界)도 역시 무소유라고 알아야 하며,
식계가 무소유인 까닭으로 마땅히 허공도 역시 무소유라고 알아야 하며,
허공이 무소유인 까닭으로 마땅히 대승도 역시 무소유라고 알아야 하며,
대승이 무소유인 까닭으로 마땅히 무수도 역시 무소유라고 알아야 하며,
무수가 무소유인 까닭으로 마땅히 무량도 역시 무소유라고 알아야 하며,
무량이 무소유인 까닭으로 마땅히 무변도 역시 무소유라고 알아야 하며,
무변이 무소유인 까닭으로 마땅히 일체법도 역시 무소유라고 알아야
하느니라.

오히려 이와 같은 이치를 까닭으로, 대승은 널리 무수이고 무량하며
무변한 유정들을 능히 감싸서 받아들이느니라. 왜 그러한가? 선현이여.
만약 나이거나, 나아가 만약 견자이거나, 만약 지·수·화·풍·공·식계이거

나, 만약 허공이거나, 만약 대승이거나, 만약 무수이거나, 만약 무량이거나, 만약 무변이거나, 만약 일체법이거나, 이와 같은 일체는 모두 무소유이고 얻을 수 없는 까닭이니라.

다시 다음으로 선현이여. 내가 무소유인 까닭으로 마땅히 고성제(苦聖諦)도 역시 무소유라고 알아야 하며, 고성제가 무소유인 까닭으로 마땅히 집성제(集聖諦)도 역시 무소유라고 알아야 하며, 집성제가 무소유인 까닭으로 마땅히 멸성제(滅聖諦)도 역시 무소유라고 알아야 하며, 멸성제가 무소유인 까닭으로 마땅히 도성제(道聖諦)도 역시 무소유라고 알아야 하며, 도성제가 무소유인 까닭으로 마땅히 허공도 역시 무소유라고 알아야 하며, 허공이 무소유인 까닭으로 마땅히 대승도 역시 무소유라고 알아야 하며, 대승이 무소유인 까닭으로 마땅히 무수도 역시 무소유라고 알아야 하며, 무수가 무소유인 까닭으로 마땅히 무량도 역시 무소유라고 알아야 하며, 무량이 무소유인 까닭으로 마땅히 무변도 역시 무소유라고 알아야 하며, 무변이 무소유인 까닭으로 마땅히 일체법도 역시 무소유라고 알아야 하느니라.

오히려 이와 같은 이치를 까닭으로, 대승은 널리 무수이고 무량하며 무변한 유정들을 능히 감싸서 받아들이느니라. 왜 그러한가? 선현이여. 만약 나이거나, 나아가 만약 견자이거나, 만약 고·집·멸·도성제이거나, 만약 허공이거나, 만약 대승이거나, 만약 무수이거나, 만약 무량이거나, 만약 무변이거나, 만약 일체법이거나, 이와 같은 일체는 모두 무소유이고 얻을 수 없는 까닭이니라.

다시 다음으로 선현이여. 내가 무소유인 까닭으로 마땅히 무명(無明)도 역시 무소유라고 알아야 하며, 무명이 무소유인 까닭으로 마땅히 행(行)도 역시 무소유라고 알아야 하며, 행이 무소유인 까닭으로 마땅히 명색(名色)도 역시 무소유라고 알아야 하며, 명색이 무소유인 까닭으로 마땅히 육처(六處)도 역시 무소유라고 알아야 하며, 육처가 무소유인 까닭으로 마땅히 촉(觸)도 역시 무소유라고 알아야 하며, 촉이 무소유인 까닭으로 마땅히 수(受)도 역시 무소유라고 알아야 하며, 수가 무소유인 까닭으로

마땅히 애(愛)도 역시 무소유라고 알아야 하며, 애가 무소유인 까닭으로
마땅히 취(取)도 역시 무소유라고 알아야 하며, 취가 무소유인 까닭으로
마땅히 유(有)도 역시 무소유라고 알아야 하며, 유가 무소유인 까닭으로
마땅히 생(生)도 역시 무소유라고 알아야 하며, 생이 무소유인 까닭으로
마땅히 노사(老死)도 역시 무소유라고 알아야 하며, 노사가 무소유인
까닭으로 마땅히 수탄고우뇌도 역시 무소유라고 알아야 하며, 수탄고우뇌
가 무소유인 까닭으로 마땅히 허공도 역시 무소유라고 알아야 하며,
허공이 무소유인 까닭으로 마땅히 대승도 역시 무소유라고 알아야 하며,
대승이 무소유인 까닭으로 마땅히 무수도 역시 무소유라고 알아야 하며,
무수가 무소유인 까닭으로 마땅히 무량도 역시 무소유라고 알아야 하며,
무량이 무소유인 까닭으로 마땅히 무변도 역시 무소유라고 알아야 하며,
무변이 무소유인 까닭으로 마땅히 일체법도 역시 무소유라고 알아야
하느니라.

　오히려 이와 같은 이치를 까닭으로, 대승은 널리 무수이고 무량하며
무변한 유정들을 능히 감싸서 받아들이느니라. 왜 그러한가? 선현이여.
만약 나이거나, 나아가 만약 견자이거나, 만약 무명, 나아가 노사의 수탄고
우뇌이거나, 만약 허공이거나, 만약 대승이거나, 만약 무수이거나, 만약
무량이거나, 만약 무변이거나, 만약 일체법이거나, 이와 같은 일체는
모두 무소유이고 얻을 수 없는 까닭이니라."

마하반야바라밀다경 제58권

16. 찬대승품(讚大乘品)(3)

"다시 다음으로 선현이여. 다시 다음으로 선현이여. 나(我), 나아가 견자(見者)가 무소유인 까닭으로 마땅히 내공(內空)도 역시 무소유라고 알아야 하며, 내공이 무소유인 까닭으로 무소유인 까닭으로 마땅히 외공(外空)도 역시 무소유라고 알아야 하며, 외공이 무소유인 까닭으로 마땅히 내외공(內外空)도 역시 무소유라고 알아야 하며, 내외공 무소유인 까닭으로 마땅히 공공(空空)도 역시 무소유라고 알아야 하며, 공공이 무소유인 까닭으로 마땅히 대공(大空)도 역시 무소유라고 알아야 하며, 대공이 무소유인 까닭으로 마땅히 승의공(勝義空)도 역시 무소유라고 알아야 하며, 승의공이 무소유인 까닭으로 마땅히 유위공(有爲空)도 역시 무소유라고 알아야 하며, 유위공이 무소유인 까닭으로 마땅히 무위공(無爲空)도 역시 무소유라고 알아야 하며, 무위공이 무소유인 까닭으로 마땅히 필경공(畢竟空)도 역시 무소유라고 알아야 하며, 필경공이 무소유인 까닭으로 마땅히 무제공(無際空)도 역시 무소유라고 알아야 하며, 무제공이 무소유인 까닭으로 마땅히 산공(散空)도 역시 무소유라고 알아야 하며, 산공이 무소유인 까닭으로 마땅히 무변이공(無變異空)도 역시 무소유라고 알아야 하며, 무변이공이 무소유인 까닭으로 마땅히 본성공(本性空)도 역시 무소유라고 알아야 하며, 본성공이 무소유인 까닭으로 마땅히 자상공(自相空)도 역시 무소유라고 알아야 하며, 자상공이 무소유인 까닭으로 마땅히 공상공(共相空)도 역시 무소유라고 알아야 하며, 공상공이 무소유인 까닭

으로 마땅히 일체법공(一切法空)도 역시 무소유라고 알아야 하며, 일체법
공이 무소유인 까닭으로 마땅히 불가득공(不可得空)도 역시 무소유라고
알아야 하며, 불가득공이 무소유인 까닭으로 마땅히 무성공(無性空)도
역시 무소유라고 알아야 하며, 무성공이 무소유인 까닭으로 마땅히 무성
자성공(無性自性空)도 역시 무소유라고 알아야 하며, 자성공이 무소유인
까닭으로 마땅히 허공(虛空)도 역시 무소유라고 알아야 하며, 허공이
무소유인 까닭으로 마땅히 대승(大乘)도 역시 무소유라고 알아야 하며,
대승이 무소유인 까닭으로 마땅히 무수(無數)도 역시 무소유라고 알아야
하며, 무수가 무소유인 까닭으로 마땅히 무량(無量)도 역시 무소유라고
알아야 하며, 무량이 무소유인 까닭으로 마땅히 무변(無邊)도 역시 무소유
라고 알아야 하며, 무변이 무소유인 까닭으로 마땅히 일체법도 역시
무소유라고 알아야 하느니라.

　오히려 이와 같은 이치를 까닭으로, 대승은 널리 무수이고 무량하며
무변한 유정들을 능히 감싸서 받아들이느니라. 왜 그러한가? 선현이여.
만약 나이거나, 나아가 만약 견자이거나, 만약 내공, 나아가 무성자성공이
거나, 만약 허공이거나, 만약 대승이거나, 만약 무수이거나, 만약 무량이거
나, 만약 무변이거나, 만약 일체법이거나, 이와 같은 일체는 모두 무소유이
고 얻을 수 없는 까닭이니라.

　다시 다음으로 선현이여. 나, 나아가 견자가 무소유인 까닭으로 마땅히
보시바라밀다(布施波羅蜜多)도 역시 무소유라고 알아야 하며, 보시바라밀
다가 무소유인 까닭으로 마땅히 정계바라밀다(淨戒波羅蜜多)도 역시 무소
유라고 알아야 하며, 정계바라밀다가 무소유인 까닭으로 마땅히 안인바라
밀다(安忍波羅蜜多)도 역시 무소유라고 알아야 하며, 안인바라밀다가 무소
유인 까닭으로 마땅히 정진바라밀다(精進波羅蜜多)도 역시 무소유라고
알아야 하며, 정진바라밀다가 무소유인 까닭으로 마땅히 정려바라밀다
(靜慮波羅蜜多)도 역시 무소유라고 알아야 하며, 정려바라밀다가 무소유인
까닭으로 마땅히 반야바라밀다(般若波羅蜜多)도 역시 무소유라고 알아야
하며, 반야바라밀다가 무소유인 까닭으로 마땅히 허공도 역시 무소유라고

알아야 하며, 허공이 무소유인 까닭으로 마땅히 대승도 역시 무소유라고 알아야 하며, 대승이 무소유인 까닭으로 마땅히 무수도 역시 무소유라고 알아야 하며, 무수가 무소유인 까닭으로 마땅히 무량도 역시 무소유라고 알아야 하며, 무량이 무소유인 까닭으로 마땅히 무변도 역시 무소유라고 알아야 하며, 무변이 무소유인 까닭으로 마땅히 일체법도 역시 무소유라고 알아야 하느니라.

오히려 이와 같은 이치를 까닭으로, 대승은 널리 무수이고 무량하며 무변한 유정들을 능히 감싸서 받아들이느니라. 왜 그러한가? 선현이여. 만약 나이거나, 나아가 만약 견자이거나, 만약 보시·정계·안인·정진·정려·반야바라밀다이거나, 만약 허공이거나, 만약 대승이거나, 만약 무수이거나, 만약 무량이거나, 만약 무변이거나, 만약 일체법이거나, 이와 같은 일체는 모두 무소유이고 얻을 수 없는 까닭이니라."

다시 다음으로 선현이여. 나, 나아가 견자가 무소유인 까닭으로 마땅히 4정려(四靜慮)도 역시 무소유라고 알아야 하며, 4정려가 무소유인 까닭으로 마땅히 4무량(四無量)도 역시 무소유라고 알아야 하며, 4무량이 무소유인 까닭으로 마땅히 4무색정(四無色定)도 역시 무소유라고 알아야 하며, 4무색정이 무소유인 까닭으로 마땅히 허공도 역시 무소유라고 알아야 하며, 허공이 무소유인 까닭으로 마땅히 대승도 역시 무소유라고 알아야 하며, 대승이 무소유인 까닭으로 마땅히 무수도 역시 무소유라고 알아야 하며, 무수가 무소유인 까닭으로 마땅히 무량도 역시 무소유라고 알아야 하며, 무량이 무소유인 까닭으로 마땅히 무변도 역시 무소유라고 알아야 하며, 무변이 무소유인 까닭으로 마땅히 일체법도 역시 무소유라고 알아야 하느니라.

오히려 이와 같은 이치를 까닭으로, 대승은 널리 무수이고 무량하며 무변한 유정들을 능히 감싸서 받아들이느니라. 왜 그러한가? 선현이여. 만약 나이거나, 나아가 만약 견자이거나, 만약 4정려·4무량·4무색정이거나, 만약 허공이거나, 만약 대승이거나, 만약 무수이거나, 만약 무량이거나, 만약 무변이거나, 만약 일체법이거나, 이와 같은 일체는 모두 무소유이고 얻을 수 없는 까닭이니라.

다시 다음으로 선현이여. 나, 나아가 견자가 무소유인 까닭으로 마땅히 4념주(四念住)도 역시 무소유라고 알아야 하며, 4념주가 무소유인 까닭으로 마땅히 4정단(四正斷)도 역시 무소유라고 알아야 하며, 4정단이 무소유인 까닭으로 마땅히 4신족(四神足)도 역시 무소유라고 알아야 하며, 4신족이 무소유인 까닭으로 마땅히 5근(五根)도 역시 무소유라고 알아야 하며, 5근이 무소유인 까닭으로 마땅히 5력(五力)도 역시 무소유라고 알아야 하며, 5력이 무소유인 까닭으로 마땅히 7등각지(七等覺支)도 역시 무소유라고 알아야 하며, 7등각지가 무소유인 까닭으로 마땅히 8성도지(八聖道支)도 역시 무소유라고 알아야 하며, 8성도지가 무소유인 까닭으로 마땅히 허공도 역시 무소유라고 알아야 하며, 허공이 무소유인 까닭으로 마땅히 대승도 역시 무소유라고 알아야 하며, 대승이 무소유인 까닭으로 마땅히 무수도 역시 무소유라고 알아야 하며, 무수가 무소유인 까닭으로 마땅히 무량도 역시 무소유라고 알아야 하며, 무량이 무소유인 까닭으로 마땅히 무변도 역시 무소유라고 알아야 하며, 무변이 무소유인 까닭으로 마땅히 일체법도 역시 무소유라고 알아야 하느니라.

오히려 이와 같은 이치를 까닭으로, 대승은 널리 무수이고 무량하며 무변한 유정들을 능히 감싸서 받아들이느니라. 왜 그러한가? 선현이여. 만약 나이거나, 나아가 만약 견자이거나, 만약 4념주, 나아가 8성도지이거나, 만약 허공이거나, 만약 대승이거나, 만약 무수이거나, 만약 무량이거나, 만약 무변이거나, 만약 일체법이거나, 이와 같은 일체는 모두 무소유이고 얻을 수 없는 까닭이니라.

다시 다음으로 선현이여. 나, 나아가 견자가 무소유인 까닭으로 마땅히 공해탈문(空解脫門)도 역시 무소유라고 알아야 하며, 공해탈문이 무소유인 까닭으로 마땅히 무상해탈문(無相解脫門)도 역시 무소유라고 알아야 하며, 무상해탈문이 무소유인 까닭으로 마땅히 무원해탈문(無願解脫門)도 역시 무소유라고 알아야 하며, 무원해탈문이 무소유인 까닭으로 마땅히 허공도 역시 무소유라고 알아야 하며, 허공이 무소유인 까닭으로 마땅히

대승도 역시 무소유라고 알아야 하며, 대승이 무소유인 까닭으로 마땅히
무수도 역시 무소유라고 알아야 하며, 무수가 무소유인 까닭으로 마땅히
무량도 역시 무소유라고 알아야 하며, 무량이 무소유인 까닭으로 마땅히
무변도 역시 무소유라고 알아야 하며, 무변이 무소유인 까닭으로 마땅히
일체법도 역시 무소유라고 알아야 하느니라.

　오히려 이와 같은 이치를 까닭으로, 대승은 널리 무수이고 무량하며
무변한 유정들을 능히 감싸서 받아들이느니라. 왜 그러한가? 선현이여.
만약 나이거나, 나아가 만약 견자이거나, 만약 공·무상·무원해탈문이거
나, 만약 허공이거나, 만약 대승이거나, 만약 무수이거나, 만약 무량이거
나, 만약 무변이거나, 만약 일체법이거나, 이와 같은 일체는 모두 무소유이
고 얻을 수 없는 까닭이니라.

　다시 다음으로 선현이여. 나, 나아가 견자가 무소유인 까닭으로 마땅히
5안(五眼)도 역시 무소유라고 알아야 하며, 5안이 무소유인 까닭으로
마땅히 6신통(六神通)도 역시 무소유라고 알아야 하며, 6신통이 무소유인
까닭으로 마땅히 허공도 역시 무소유라고 알아야 하며, 허공이 무소유인
까닭으로 마땅히 대승도 역시 무소유라고 알아야 하며, 대승이 무소유인
까닭으로 마땅히 무수도 역시 무소유라고 알아야 하며, 무수가 무소유인
까닭으로 마땅히 무량도 역시 무소유라고 알아야 하며, 무량이 무소유인
까닭으로 마땅히 무변도 역시 무소유라고 알아야 하며, 무변이 무소유인
까닭으로 마땅히 일체법도 역시 무소유라고 알아야 하느니라.

　오히려 이와 같은 이치를 까닭으로, 대승은 널리 무수이고 무량하며
무변한 유정들을 능히 감싸서 받아들이느니라. 왜 그러한가? 선현이여.
만약 나이거나, 나아가 만약 견자이거나, 만약 5안·6신통이거나, 만약
허공이거나, 만약 대승이거나, 만약 무수이거나, 만약 무량이거나, 만약
무변이거나, 만약 일체법이거나, 이와 같은 일체는 모두 무소유이고 얻을
수 없는 까닭이니라.

　다시 다음으로 선현이여. 나, 나아가 견자가 무소유인 까닭으로 마땅히
여래(如來)의 10력(十力)도 역시 무소유라고 알아야 하며, 여래의 10력이

무소유인 까닭으로 마땅히 4무소외(四無所畏)도 역시 무소유라고 알아야 하며, 4무소외가 무소유인 까닭으로 마땅히 4무애해(四無礙解)도 역시 무소유라고 알아야 하며, 4무애해가 무소유인 까닭으로 마땅히 대자(大慈)도 역시 무소유라고 알아야 하며, 대자(大慈)가 무소유인 까닭으로 마땅히 대비(大悲)도 역시 무소유라고 알아야 하며, 대비가 무소유인 까닭으로 마땅히 대사(大喜)도 역시 무소유라고 알아야 하며, 대사가 무소유인 까닭으로 마땅히 대희(大捨)도 역시 무소유라고 알아야 하며, 대희가 무소유인 까닭으로 마땅히 18불불공법(十八佛不共法)도 역시 무소유라고 알아야 하며, 18불불공법이 무소유인 까닭으로 마땅히 도상지(道相智)도 역시 무소유라고 알아야 하며, 도상지가 무소유인 까닭으로 마땅히 일체상지(一切相智)도 역시 무소유라고 알아야 하며, 일체상지가 무소유인 까닭으로 마땅히 허공도 역시 무소유라고 알아야 하며, 허공이 무소유인 까닭으로 마땅히 대승도 역시 무소유라고 알아야 하며, 대승이 무소유인 까닭으로 마땅히 무수도 역시 무소유라고 알아야 하며, 무수가 무소유인 까닭으로 마땅히 무량도 역시 무소유라고 알아야 하며, 무량이 무소유인 까닭으로 마땅히 무변도 역시 무소유라고 알아야 하며, 무변이 무소유인 까닭으로 마땅히 일체법도 역시 무소유라고 알아야 하느니라.

오히려 이와 같은 이치를 까닭으로, 대승은 널리 무수이고 무량하며 무변한 유정들을 능히 감싸서 받아들이느니라. 왜 그러한가? 선현이여. 만약 나이거나, 나아가 만약 견자이거나, 만약 여래의 10력, 나아가 일체상지이거나, 만약 허공이거나, 만약 대승이거나, 만약 무수이거나, 만약 무량이거나, 만약 무변이거나, 만약 일체법이거나, 이와 같은 일체는 모두 무소유이고 얻을 수 없는 까닭이니라.

다시 다음으로 선현이여. 나, 나아가 견자가 무소유인 까닭으로 마땅히 극희지(極喜地)도 역시 무소유라고 알아야 하며, 극희지가 무소유인 까닭으로 마땅히 이구지(離垢地)도 역시 무소유라고 알아야 하며, 이구지가 무소유인 까닭으로 마땅히 발광지(發光地)도 역시 무소유라고 알아야 하며, 발광지가 무소유인 까닭으로 마땅히 염혜지(焰慧地)도 역시 무소유

라고 알아야 하며, 염혜지가 무소유인 까닭으로 마땅히 극난승지(極難勝
地)도 역시 무소유라고 알아야 하며, 극난승지가 무소유인 까닭으로 마땅
히 현전지(現前地)도 역시 무소유라고 알아야 하며, 현전지가 무소유인
까닭으로 마땅히 원행지(遠行地)도 역시 무소유라고 알아야 하며, 원행지
가 무소유인 까닭으로 마땅히 부동지(不動地)도 역시 무소유라고 알아야
하며, 부동지가 무소유인 까닭으로 마땅히 선혜지(善慧地)도 역시 무소유
라고 알아야 하며, 선혜지가 무소유인 까닭으로 마땅히 법운지(法雲地)도
역시 무소유라고 알아야 하며, 법운지가 무소유인 까닭으로 마땅히 허공
도 역시 무소유라고 알아야 하며, 허공이 무소유인 까닭으로 마땅히
대승도 역시 무소유라고 알아야 하며, 대승이 무소유인 까닭으로 마땅히
무수도 역시 무소유라고 알아야 하며, 무수가 무소유인 까닭으로 마땅히
무량도 역시 무소유라고 알아야 하며, 무량이 무소유인 까닭으로 마땅히
무변도 역시 무소유라고 알아야 하며, 무변이 무소유인 까닭으로 마땅히
일체법도 역시 무소유라고 알아야 하느니라.

　오히려 이와 같은 이치를 까닭으로, 대승은 널리 무수이고 무량하며
무변한 유정들을 능히 감싸서 받아들이느니라. 왜 그러한가? 선현이여.
만약 나이거나, 나아가 만약 견자이거나, 만약 극희지, 나아가 법운지이거
나, 만약 허공이거나, 만약 대승이거나, 만약 무수이거나, 만약 무량이거
나, 만약 무변이거나, 만약 일체법이거나, 이와 같은 일체는 모두 무소유이
고 얻을 수 없는 까닭이니라.

　다시 다음으로 선현이여. 나, 나아가 견자가 무소유인 까닭으로 마땅히
정관지(淨觀地)도 역시 무소유라고 알아야 하며, 정관지가 무소유인 까닭
으로 마땅히 종성지(種性地)도 역시 무소유라고 알아야 하며, 종성지가
무소유인 까닭으로 마땅히 제팔지(第八地)도 역시 무소유라고 알아야
하며, 제팔지가 무소유인 까닭으로 마땅히 구견지(具見地)도 역시 무소유
라고 알아야 하며, 구견지가 무소유인 까닭으로 마땅히 박지(薄地)도
역시 무소유라고 알아야 하며, 박지가 무소유인 까닭으로 마땅히 이욕지
(離欲地)도 역시 무소유라고 알아야 하며, 이욕지가 무소유인 까닭으로

마땅히 이판지(已辦地)도 역시 무소유라고 알아야 하며, 이판지가 무무소
유인 까닭으로 마땅히 독각지(獨覺地)도 역시 무소유라고 알아야 하며,
독각지가 무소유인 까닭으로 마땅히 보살지(菩薩地)도 역시 무소유라고
알아야 하며, 보살지가 무소유인 까닭으로 마땅히 여래지(如來地)도 역시
무소유라고 알아야 하며, 여래지가 무소유인 까닭으로 마땅히 허공도
역시 무소유라고 알아야 하며, 허공이 무소유인 까닭으로 마땅히 대승도
역시 무소유라고 알아야 하며, 대승이 무소유인 까닭으로 마땅히 무수도
역시 무소유라고 알아야 하며, 무수가 무소유인 까닭으로 마땅히 무량도
역시 무소유라고 알아야 하며, 무량이 무소유인 까닭으로 마땅히 무변도
역시 무소유라고 알아야 하며, 무변이 무소유인 까닭으로 마땅히 일체법
도 역시 무소유라고 알아야 하느니라.

　오히려 이와 같은 이치를 까닭으로, 대승은 널리 무수이고 무량하며
무변한 유정들을 능히 감싸서 받아들이느니라. 왜 그러한가? 선현이여.
만약 나이거나, 나아가 만약 견자이거나, 만약 정관지, 나아가 여래지이거
나, 만약 허공이거나, 만약 대승이거나, 만약 무수이거나, 만약 무량이거
나, 만약 무변이거나, 만약 일체법이거나, 이와 같은 일체는 모두 무소유이
고 얻을 수 없는 까닭이니라.

　다시 다음으로 선현이여. 나, 나아가 견자가 무소유인 까닭으로 마땅히
예류향(預流向)도 역시 무소유라고 알아야 하며, 예류향이 무소유인 까닭
으로 마땅히 예류과(預流果)도 역시 무소유라고 알아야 하며, 예류과가
무소유인 까닭으로 마땅히 일래향(一來向)도 역시 무소유라고 알아야
하며, 일래향이 무소유인 까닭으로 마땅히 일래과(一來果)도 역시 무소유
라고 알아야 하며, 일래과가 무소유인 까닭으로 마땅히 불환향(不還向)도
역시 무소유라고 알아야 하며, 불환향이 무소유인 까닭으로 마땅히 불환
과(不還果)도 역시 무소유라고 알아야 하며, 불환과가 무소유인 까닭으로
마땅히 아라한향(阿羅漢向)도 역시 무소유라고 알아야 하며, 아라한향이
무소유인 까닭으로 마땅히 아라한과(阿羅漢果)도 역시 무소유라고 알아야
하며, 아라한과가 무소유인 까닭으로 마땅히 독각향(獨覺向)도 역시 있지

않다고 알아야 하며, 독각향이 무소유인 까닭으로 마땅히 독각과(獨覺果)
도 역시 무소유라고 알아야 하며, 독각과가 무소유인 까닭으로 마땅히
보살도 역시 무소유라고 알아야 하며, 보살이 무소유인 까닭으로 마땅히
삼먁삼불타법(三藐三佛陀法)도 역시 무소유라고 알아야 하며, 삼먁삼불타
법이 무소유인 까닭으로 마땅히 허공도 역시 무소유라고 알아야 하며,
허공이 무소유인 까닭으로 마땅히 대승도 역시 무소유라고 알아야 하며,
대승이 무소유인 까닭으로 마땅히 무수도 역시 무소유라고 알아야 하며,
무수가 무소유인 까닭으로 마땅히 무량도 역시 무소유라고 알아야 하며,
무량이 무소유인 까닭으로 마땅히 무변도 역시 무소유라고 알아야 하며,
무변이 무소유인 까닭으로 마땅히 일체법도 역시 무소유라고 알아야
하느니라.

오히려 이와 같은 이치를 까닭으로, 대승은 널리 무수이고 무량하며
무변한 유정들을 능히 감싸서 받아들이느니라. 왜 그러한가? 선현이여.
만약 나이거나, 나아가 만약 견자이거나, 만약 예류향, 나아가 삼먁삼불타
법이거나, 만약 허공이거나, 만약 대승이거나, 만약 무수이거나, 만약
무량이거나, 만약 무변이거나, 만약 일체법이거나, 이와 같은 일체는
모두 무소유이고 얻을 수 없는 까닭이니라.

다시 다음으로 선현이여. 나, 나아가 견자가 무소유인 까닭으로 마땅히
예류향의 보특가라(補特伽羅)[1]도 역시 무소유라고 알아야 하며, 예류향의
보특가라가 무소유인 까닭으로 마땅히 예류과의 보특가라도 역시 무소유
라고 알아야 하며, 예류과의 보특가라가 무소유인 까닭으로 마땅히 일래
향의 보특가라도 역시 무소유라고 알아야 하며, 일래향의 보특가라가
무소유인 까닭으로 마땅히 일래과의 보특가라도 역시 무소유라고 알아야
하며, 일래과의 보특가라가 무소유인 까닭으로 마땅히 불환향의 보특가라
도 역시 무소유라고 알아야 하며, 불환향의 보특가라가 무소유인 까닭으
로 마땅히 불환과의 보특가라도 역시 무소유라고 알아야 하며, 불환과의

---

1) 산스크리트어 pudgala의 번역이고, '지각 있는 존재', 또는 '윤회의 여섯 가지의
본체' 등을 뜻한다.

보특가라가 무소유인 까닭으로 마땅히 아라한향의 보특가라도 역시 무소유라고 알아야 하며, 아라한향의 보특가라가 무소유인 까닭으로 마땅히 아라한과의 보특가라도 역시 무소유라고 알아야 하며, 아라한과의 보특가라가 무소유인 까닭으로 마땅히 독각향의 보특가라도 역시 무소유라고 알아야 하며, 독각향의 보특가라가 무소유인 까닭으로 마땅히 독각과의 보특가라도 역시 무소유라고 알아야 하며, 독각과의 보특가라가 무소유인 까닭으로 마땅히 보살마하살도 역시 무소유라고 알아야 하며, 보살마하살이 무소유인 까닭으로 마땅히 삼먁삼불타도 역시 무소유라고 알아야 하며, 삼먁삼불타가 무소유인 까닭으로 마땅히 허공도 역시 무소유라고 알아야 하며, 허공이 무소유인 까닭으로 마땅히 대승도 역시 무소유라고 알아야 하며, 대승이 무소유인 까닭으로 마땅히 무수도 역시 무소유라고 알아야 하며, 무수가 무소유인 까닭으로 마땅히 무량도 역시 무소유라고 알아야 하며, 무량이 무소유인 까닭으로 마땅히 무변도 역시 무소유라고 알아야 하며, 무변이 무소유인 까닭으로 마땅히 일체법도 역시 무소유라고 알아야 하느니라.

오히려 이와 같은 이치를 까닭으로, 대승은 널리 무수이고 무량하며 무변한 유정들을 능히 감싸서 받아들이느니라. 왜 그러한가? 선현이여. 만약 나이거나, 나아가 만약 견자이거나, 만약 예류향의 보특가라, 나아가 삼먁삼불타이거나, 만약 허공이거나, 만약 대승이거나, 만약 무수이거나, 만약 무량이거나, 만약 무변이거나, 만약 일체법이거나, 이와 같은 일체는 모두 무소유이고 얻을 수 없는 까닭이니라.

다시 다음으로 선현이여. 나, 나아가 견자가 무소유인 까닭으로 마땅히 성문승의 보특가라도 역시 무소유라고 알아야 하며, 성문승의 보특가라가 무소유인 까닭으로 마땅히 독각승의 보특가라도 역시 무소유라고 알아야 하며, 독각승의 보특가라가 무소유인 까닭으로 마땅히 정등각승의 보특가라도 역시 무소유라고 알아야 하며, 정등각승의 보특가라가 무소유인 까닭으로 마땅히 허공도 역시 무소유라고 알아야 하며, 허공이 무소유인 까닭으로 마땅히 대승도 역시 무소유라고 알아야 하며, 대승이 무소유인 까닭으로 마땅히 무수도 역시 무소유라고 알아야 하며, 무수가 무소유인 까닭으로 마땅히 무량도 역시 무소유라고 알아야 하며, 무량이 무소유인 까닭으로 마땅히 무변도 역시 무소유라고 알아야 하며, 무변이 무소유인 까닭으로 마땅히 일체법도 역시 무소유라고 알아야 하느니라.

오히려 이와 같은 이치를 까닭으로, 대승은 널리 무수이고 무량하며 무변한 유정들을 능히 감싸서 받아들이느니라. 왜 그러한가? 선현이여. 만약 나이거나, 나아가 만약 견자이거나, 만약 성문승·독각승·정등각승의 보특가라이거나, 만약 허공이거나, 만약 대승이거나, 만약 무수이거나, 만약 무량이거나, 만약 무변이거나, 만약 일체법이거나, 이와 같은 일체는 모두 무소유이고 얻을 수 없는 까닭이니라.

선현이여. 열반의 경계가 무수이고 무량하며 무변한 유정들을 두루 능히 감싸서 받아들이는 것과 같이, 대승도 역시 그와 같아서 무수이고무량하며 무변한 유정들을 두루 능히 감싸서 받아들인다고 마땅히 알아야 하느니라. 선현이여. 오히려 이러한 인연을 까닭으로 비유한다면, 무수이고 무량하며 무변한 유정들을 두루 능히 감싸서 받아들이는 것과 같이, 대승도 역시 그와 같아서 무수이고 무량하며 무변한 유정들을 두루 능히 감싸서 받아들인다고 이렇게 말을 짓느니라."

"다시 다음으로 선현이여. 그대는 '또한 허공은 오지 않고 가지 않으며 머무르지 않고 볼 수 없는 것과 같이, 대승 대승도 역시 그와 같아서 오는 것도 없고 가는 것도 없으며 머무르지 않고 볼 수 없다.'라고 말하였는데, 그와 같고, 그와 같으니라. 그대가 말한 것과 같으니라. 그 까닭이 무엇인가? 선현이여. 일체법은 오지 않고 가지 않으며 역시 머무르지 않는 까닭이니라. 왜 그러한가? 일체법은 만약 움직이거나, 만약 머무르는 것으로써 얻을 수 없는 까닭이니라.

다시 다음으로 선현이여. 색은 오지 않고 가지 않으며 역시 다시 머무르지 않고, 수·상·행·식은 오지 않고 가지 않으며 역시 다시 머무르지 않고, 색의 본성(本性)은 오지 않고 가지 않으며 역시 다시 머무르지 않고, 수·상·행·식의 본성은 오지 않고 가지 않으며 역시 다시 머무르지 않고, 색의 진여(眞如)는 오지 않고 가지 않으며, 역시 다시 머무르지 않고, 수·상·행·식의 진여는 오지 않고 가지 않으며 역시 다시 머무르지 않고, 색의 자성(自性)은 오지 않고 가지 않으며 역시 다시 머무르지 않고, 수·상·행·식의 자성은 오지 않고 가지 않으며 역시 다시 머무르지 않고, 색의 자상(自相)은 오지 않고 가지 않으며 역시 다시 머무르지 않고, 수·상·행·식의 자상은 오지 않고 가지 않으며, 역시 다시 머무르지 않느니라. 왜 그러한가? 선현이여. 색·성·향·미·촉·법처로써, 또한 그 본성·진여·자성·자상으로써, 만약 움직이거나, 만약 머무르는 것으로써 얻을 수 없는 까닭이니라.

다시 다음으로 선현이여. 안처는 오지 않고 가지 않으며 역시 다시 머무르지 않고, 이·비·설·신·의처는 오지 않고 가지 않으며 역시 다시 머무르지 않고, 안처의 본성은 오지 않고 가지 않으며 역시 다시 머무르지 않고, 이·비·설·신·의처의 본성은 오지 않고 가지 않으며 역시 다시 머무르지 않고, 안처의 진여는 오지 않고 가지 않으며 역시 다시 머무르지 않고, 이·비·설·신·의처의 진여는 오지 않고 가지 않으며 역시 다시 머무르지 않고, 안처의 자성은 오지 않고 가지 않으며 역시 다시 머무르지 않고, 이·비·설·신·의처의 자성은 오지 않고 가지 않으며 역시 다시 머무르지 않고, 안처의 자상은 오지 않고 가지 않으며 역시 다시 머무르지 않고, 이·비·설·신·의처의 자상은 오지 않고 가지 않으며, 역시 다시 머무르지 않느니라. 왜 그러한가? 선현이여. 안·이·비·설·신·의처로써, 또한 그 본성·진여·자성·자상으로써, 만약 움직이거나, 만약 머무르는 것으로써 얻을 수 없는 까닭이니라.

다시 다음으로 선현이여. 색처는 오지 않고 가지 않으며 역시 다시 머무르지 않고, 성·향·미·촉·법처는 오지 않고 가지 않으며 역시 다시 머무르지 않고, 색처의 본성은 오지 않고 가지 않으며 역시 다시 머무르지 않고, 성·향·미·촉·법처의 본성은 오지 않고 가지 않으며 역시 다시 머무르지 않고, 색처의 진여는 오지 않고 가지 않으며 역시 다시 머무르지 않고, 성·향·미·촉·법처의 진여는 오지 않고 가지 않으며 역시 다시 머무르지 않고, 색처의 자성은 오지 않고 가지 않으며 역시 다시 머무르지 않고, 성·향·미·촉·법처의 자성은 오지 않고 가지 않으며 역시 다시 머무르지 않고, 색처의 자상은 오지 않고 가지 않으며 역시 다시 머무르지 않고, 성·향·미·촉·법처의 자상은 오지 않고 가지 않으며, 역시 다시 머무르지 않느니라. 왜 그러한가? 선현이여. 색·성·향·미·촉·법처로써, 또한 그 본성·진여·자성·자상으로써, 만약 움직이거나, 만약 머무르는 것으로써 얻을 수 없는 까닭이니라.

다시 다음으로 선현이여. 안계는 오지 않고 가지 않으며 역시 다시 머무르지 않고, 색계·안식계, …… 나아가 …… 안촉·안촉을 인연으로 생겨난 여러 수는 오지 않고 가지 않으며 역시 다시 머무르지 않고, 안계의 본성은 오지 않고 가지 않으며 역시 다시 머무르지 않고, 색계·안식계, 나아가 안촉·안촉을 인연으로 생겨난 여러 수의 본성은 오지 않고 가지 않으며 역시 다시 머무르지 않고, 안계의 진여는 오지 않고 가지 않으며 역시 다시 머무르지 않고, 색계, 나아가 안촉을 인연으로 생겨난 여러 수의 진여는 오지 않고 가지 않으며 역시 다시 머무르지 않고, 안계의 자성은 오지 않고 가지 않으며 역시 다시 머무르지 않고, 색계, 나아가 안촉을 인연으로 생겨난 여러 수의 자성은 오지 않고 가지 않으며 역시 다시 머무르지 않고, 안계의 자상은 오지 않고 가지 않으며 역시 다시 머무르지 않고, 색계, 나아가 안촉을 인연으로 생겨난 여러 수의 자상은 오지 않고 가지 않으며, 역시 다시 머무르지 않느니라. 왜 그러한가? 선현이여. 안색계, 나아가 안촉을 인연으로 생겨난 여러 수로써, 또한 그 본성·진여·자성·자상으로써, 만약 움직이거나, 만약 머무르는 것으로써 얻을 수 없는 까닭이니라.

다시 다음으로 선현이여. 이계는 오지 않고 가지 않으며 역시 다시 머무르지 않고, 성계·이식계, …… 나아가 …… 이촉·이촉을 인연으로 생겨난 여러 수는 오지 않고 가지 않으며 역시 다시 머무르지 않고, 이계의 본성은 오지 않고 가지 않으며 역시 다시 머무르지 않고, 성계·이식계, 나아가 이촉·이촉을 인연으로 생겨난 여러 수의 본성은 오지 않고 가지 않으며 역시 다시 머무르지 않고, 이계의 진여는 오지 않고 가지 않으며 역시 다시 머무르지 않고, 성계, 나아가 이촉을 인연으로 생겨난 여러 수의 진여는 오지 않고 가지 않으며 역시 다시 머무르지 않고, 이계의 자성은 오지 않고 가지 않으며 역시 다시 머무르지 않고, 색계, 나아가 안촉을 인연으로 생겨난 여러 수의 자성은 오지 않고 가지 않으며 역시 다시 머무르지 않고, 이계의 자상은 오지 않고 가지 않으며 역시 다시 머무르지 않고, 색계, 나아가 안촉을 인연으로 생겨난 여러 수의 자상은 오지 않고 가지 않으며, 역시 다시 머무르지 않느니라. 왜 그러한 가? 선현이여. 색계, 나아가 안촉을 인연으로 생겨난 여러 수로써, 또한 그 본성·진여·자성·자상으로써, 만약 움직이거나, 만약 머무르는 것으로써 얻을 수 없는 까닭이니라.

다시 다음으로 선현이여. 비계는 오지 않고 가지 않으며 역시 다시 머무르지 않고, 향계·비식계, …… 나아가 …… 비촉·비촉을 인연으로 생겨난 여러 수는 오지 않고 가지 않으며 역시 다시 머무르지 않고, 비계의 본성은 오지 않고 가지 않으며 역시 다시 머무르지 않고, 향계·비식계, 나아가 비촉·비촉을 인연으로 생겨난 여러 수의 본성은 오지 않고 가지 않으며 역시 다시 머무르지 않고, 비계의 진여는 오지 않고 가지 않으며 역시 다시 머무르지 않고, 향계, 나아가 비촉을 인연으로 생겨난 여러 수의 진여는 오지 않고 가지 않으며 역시 다시 머무르지 않고, 비계의 자성은 오지 않고 가지 않으며 역시 다시 머무르지 않고, 향계, 나아가 비촉을 인연으로 생겨난 여러 수의 자성은 오지 않고 가지 않으며 역시 다시 머무르지 않고, 비계의 자상은 오지 않고 가지 않으며 역시 다시 머무르지 않고, 향계, 나아가 비촉을 인연으로 생겨난 여러 수의 자상은 오지 않고 가지 않으며, 역시 다시 머무르지 않느니라. 왜 그러한 가? 선현이여. 향계, 나아가 비촉을 인연으로 생겨난 여러 수로써, 또한 그 본성·진여·자성·자상으로써, 만약 움직이거나, 만약 머무르는 것으로써 얻을 수 없는 까닭이니라.

다시 다음으로 선현이여. 설계는 오지 않고 가지 않으며 역시 다시
머무르지 않고, 미계·설식계, …… 나아가 …… 설촉·설촉을 인연으로
생겨난 여러 수는 오지 않고 가지 않으며 역시 다시 머무르지 않고,
설계의 본성은 오지 않고 가지 않으며 역시 다시 머무르지 않고, 미계·설식
계, 나아가 설촉·설촉을 인연으로 생겨난 여러 수의 본성은 오지 않고
가지 않으며 역시 다시 머무르지 않고, 설계의 진여는 오지 않고 가지
않으며 역시 다시 머무르지 않고, 미계, 나아가 설촉을 인연으로 생겨난
여러 수의 진여는 오지 않고 가지 않으며 역시 다시 머무르지 않고,
설계의 자성은 오지 않고 가지 않으며 역시 다시 머무르지 않고, 미계,
나아가 설촉을 인연으로 생겨난 여러 수의 자성은 오지 않고 가지 않으며
역시 다시 머무르지 않고, 설계의 자상은 오지 않고 가지 않으며 역시
다시 머무르지 않고, 미계, 나아가 설촉을 인연으로 생겨난 여러 수의
자상은 오지 않고 가지 않으며, 역시 다시 머무르지 않느니라. 왜 그러한
가? 선현이여. 미계, 나아가 설촉을 인연으로 생겨난 여러 수로써, 또한
그 본성·진여·자성·자상으로써, 만약 움직이거나, 만약 머무르는 것으로
써 얻을 수 없는 까닭이니라.

다시 다음으로 선현이여. 신계는 오지 않고 가지 않으며 역시 다시
머무르지 않고, 촉계·신식계, …… 나아가 …… 신촉·신촉을 인연으로
생겨난 여러 수는 오지 않고 가지 않으며 역시 다시 머무르지 않고,
신계의 본성은 오지 않고 가지 않으며 역시 다시 머무르지 않고, 촉계·신식
계, 나아가 신촉·신촉을 인연으로 생겨난 여러 수의 본성은 오지 않고
가지 않으며 역시 다시 머무르지 않고, 신계의 진여는 오지 않고 가지
않으며 역시 다시 머무르지 않고, 촉계, 나아가 신촉을 인연으로 생겨난
여러 수의 진여는 오지 않고 가지 않으며 역시 다시 머무르지 않고,
신계의 자성은 오지 않고 가지 않으며 역시 다시 머무르지 않고, 촉계,
나아가 신촉을 인연으로 생겨난 여러 수의 자성은 오지 않고 가지 않으며
역시 다시 머무르지 않고, 신계의 자상은 오지 않고 가지 않으며 역시
다시 머무르지 않고, 촉계, 나아가 신촉을 인연으로 생겨난 여러 수의

자상은 오지 않고 가지 않으며, 역시 다시 머무르지 않느니라. 왜 그러한가? 선현이여. 촉계, 나아가 신촉을 인연으로 생겨난 여러 수로써, 또한 그 본성·진여·자성·자상으로써, 만약 움직이거나, 만약 머무르는 것으로써 얻을 수 없는 까닭이니라.

다시 다음으로 선현이여. 의계는 오지 않고 가지 않으며 역시 다시 머무르지 않고, 법계·의식계, …… 나아가 …… 의촉·의촉을 인연으로 생겨난 여러 수는 오지 않고 가지 않으며 역시 다시 머무르지 않고, 의계의 본성은 오지 않고 가지 않으며 역시 다시 머무르지 않고, 법계·의식계, 나아가 의촉·의촉을 인연으로 생겨난 여러 수의 본성은 오지 않고 가지 않으며 역시 다시 머무르지 않고, 의계의 진여는 오지 않고 가지 않으며 역시 다시 머무르지 않고, 법계, 나아가 의촉을 인연으로 생겨난 여러 수의 진여는 오지 않고 가지 않으며 역시 다시 머무르지 않고, 의계의 자성은 오지 않고 가지 않으며 역시 다시 머무르지 않고, 법계, 나아가 의촉을 인연으로 생겨난 여러 수의 자성은 오지 않고 가지 않으며 역시 다시 머무르지 않고, 의계의 자상은 오지 않고 가지 않으며 역시 다시 머무르지 않고, 법계, 나아가 의촉을 인연으로 생겨난 여러 수의 자상은 오지 않고 가지 않으며, 역시 다시 머무르지 않느니라. 왜 그러한가? 선현이여. 법계, 나아가 의촉을 인연으로 생겨난 여러 수로써, 또한 그 본성·진여·자성·자상으로써, 만약 움직이거나, 만약 머무르는 것으로써 얻을 수 없는 까닭이니라.

다시 다음으로 선현이여. 지계는 오지 않고 가지 않으며 역시 다시 머무르지 않고, 수·화·풍·공·식계는 오지 않고 가지 않으며 역시 다시 머무르지 않고, 지계의 본성은 오지 않고 가지 않으며 역시 다시 머무르지 않고, 수·화·풍·공·식계의 본성은 오지 않고 가지 않으며 역시 다시 머무르지 않고, 지계의 진여는 오지 않고 가지 않으며 역시 다시 머무르지 않고, 수·화·풍·공·식계의 진여는 오지 않고 가지 않으며 역시 다시 머무르지 않고, 지계의 자성은 오지 않고 가지 않으며 역시 다시 머무르지 않고, 수·화·풍·공·식계의 자성은 오지 않고 가지 않으며 역시 다시 머무르지 않고, 지계의 자상은 오지 않고 가지 않으며 역시 다시 머무르지 않고, 수·화·풍·공·식계의 자상은 오지 않고 가지 않으며, 역시 다시 머무르지 않느니라. 왜 그러한가? 선현이여. 지·수·화·풍·공·식계로써, 또한 그 본성·진여·자성·자상으로써, 만약 움직이거나, 만약 머무르는 것으로써 얻을 수 없는 까닭이니라.

다시 다음으로 선현이여. 고성제는 오지 않고 가지 않으며 역시 다시 머무르지 않고, 집·멸·도성제는 오지 않고 가지 않으며 역시 다시 머무르지 않고, 고성제의 본성은 오지 않고 가지 않으며 역시 다시 머무르지 않고, 집·멸·도성제의 본성은 오지 않고 가지 않으며 역시 다시 머무르지 않고, 고성제의 진여는 오지 않고 가지 않으며 역시 다시 머무르지 않고, 집·멸·도성제의 진여는 오지 않고 가지 않으며 역시 다시 머무르지 않고, 고성제의 자성은 오지 않고 가지 않으며 역시 다시 머무르지 않고, 집·멸·도성제의 자성은 오지 않고 가지 않으며 역시 다시 머무르지 않고, 고성제의 자상은 오지 않고 가지 않으며 역시 다시 머무르지 않고, 집·멸·도성제의 자상은 오지 않고 가지 않으며, 역시 다시 머무르지 않느니라. 왜 그러한가? 선현이여. 고·집·멸·도성제로써, 또한 그 본성·진여·자성·자상으로써, 만약 움직이거나, 만약 머무르는 것으로써 얻을 수 없는 까닭이니라.

다시 다음으로 선현이여. 무명은 오지 않고 가지 않으며 역시 다시 머무르지 않고, 행·식·명색·육처·촉·수·애·취·유·생·노사의 수탄고우뇌는 오지 않고 가지 않으며 역시 다시 머무르지 않고, 무명의 본성은 오지 않고 가지 않으며 역시 다시 머무르지 않고, 행, 나아가 노사의 수탄고우뇌의 본성은 오지 않고 가지 않으며 역시 다시 머무르지 않고, 무명의 진여는 오지 않고 가지 않으며 역시 다시 머무르지 않고, 행, 나아가 노사의 수탄고우뇌의 진여는 오지 않고 가지 않으며 역시 다시 머무르지 않고, 무명의 자성은 오지 않고 가지 않으며 역시 다시 머무르지 않고, 행, 나아가 노사의 수탄고우뇌의 자성은 오지 않고 가지 않으며 역시 다시 머무르지 않고, 무명의 자상은 오지 않고 가지 않으며 역시 다시 머무르지 않고, 행, 나아가 노사의 수탄고우뇌의 자상은 오지 않고 가지 않으며, 역시 다시 머무르지 않느니라. 왜 그러한가? 선현이여. 무명·행·식·명색·육처·촉·수·애·취·유·생·노사의 수탄고우뇌로써, 또한 그 본성·진여·자성·자상으로써, 만약 움직이거나, 만약 머무르는 것으로써 얻을 수 없는 까닭이니라.

다시 다음으로 선현이여. 진여는 오지 않고 가지 않으며 역시 다시 머무르지 않고, 법계·법성·불허망성·불변이성·평등성·이생성·법정·법주·실제는 오지 않고 가지 않으며 역시 다시 머무르지 않고, 진여의 본성은 오지 않고 가지 않으며 역시 다시 머무르지 않고, 법계, 나아가 실제의 본성은 오지 않고 가지 않으며 역시 다시 머무르지 않고, 진여의 진여는 오지 않고 가지 않으며 역시 다시 머무르지 않고, 법계, 나아가 실제의 진여는 오지 않고 가지 않으며 역시 다시 머무르지 않고, 진여의 자성은 오지 않고 가지 않으며 역시 다시 머무르지 않고, 법계, 나아가 실제의 자성은 오지 않고 가지 않으며 역시 다시 머무르지 않고, 진여의 자상은 오지 않고 가지 않으며 역시 다시 머무르지 않고, 법계, 나아가 실제의 자상은 오지 않고 가지 않으며, 역시 다시 머무르지 않느니라. 왜 그러한가? 선현이여. 진여·법계·법성·불허망성·불변이성·평등성·이생성·법정·법주·실제로써, 또한 그 본성·진여·자성·자상으로써, 만약 움직이거나, 만약 머무르는 것으로써 얻을 수 없는 까닭이니라.

다시 다음으로 선현이여. 내공은 오지 않고 가지 않으며 역시 다시 머무르지 않고, 외공·내외공·공공·대공·승의공·유위공·무위공·필경공·무제공·산공·무변이공·본성공·자상공·공상공·일체법공·불가득공·무성공·자성공·무성자성공은 오지 않고 가지 않으며 역시 다시 머무르지 않고, 내공의 본성은 오지 않고 가지 않으며 역시 다시 머무르지 않고, 외공, 나아가 무성자성공의 본성은 오지 않고 가지 않으며 역시 다시 머무르지 않고, 내공의 진여는 오지 않고 가지 않으며 역시 다시 머무르지 않고, 외공, 나아가 무성자성공의 진여는 오지 않고 가지 않으며 역시 다시 머무르지 않고, 내공의 자성은 오지 않고 가지 않으며 역시 다시 머무르지 않고, 외공, 나아가 무성자성공의 자성은 오지 않고 가지 않으며 역시 다시 머무르지 않고, 내공의 자상은 오지 않고 가지 않으며 역시 다시 머무르지 않고, 외공, 나아가 무성자성공의 자상은 오지 않고 가지 않으며, 역시 다시 머무르지 않느니라. 왜 그러한가? 선현이여. 내공·외공·내외공·공공·대공·승의공·유위공·무위공·필경공·무제공·산공·무변이공·본성공·자상공·공상공·일체법공·불가득공·무성공·자성공·무성자성공으로써, 또한 그 본성·진여·자성·자상으로써, 만약 움직이거나, 만약 머무르는 것으로써 얻을 수 없는 까닭이니라.

다시 다음으로 선현이여. 보시바라밀다는 오지 않고 가지 않으며 역시 다시 머무르지 않고, 정계·안인·정진·정려·반야바라밀다는 오지 않고 가지 않으며 역시 다시 머무르지 않고, 보시바라밀다의 본성은 오지 않고 가지 않으며 역시 다시 머무르지 않고, 정계·안인·정진·정려·반야바라밀다의 본성은 오지 않고 가지 않으며 역시 다시 머무르지 않고, 보시바라밀다의 진여는 오지 않고 가지 않으며 역시 다시 머무르지 않고, 정계·안인·정진·정려·반야바라밀다의 진여는 오지 않고 가지 않으며 역시 다시 머무르지 않고, 보시바라밀다의 자성은 오지 않고 가지 않으며 역시 다시 머무르지 않고, 정계·안인·정진·정려·반야바라밀다의 자성은 오지 않고 가지 않으며 역시 다시 머무르지 않고, 보시바라밀다의 자상은 오지 않고 가지 않으며 역시 다시 머무르지 않고, 정계·안인·정진·정려·반야바라밀다의 자상은 오지 않고 가지 않으며, 역시 다시 머무르지 않느니라. 왜 그러한가? 선현이여. 보시바라밀다·정계·안인·정진·정려·반야바라밀다로써, 또한 그 본성·진여·자성·자상으로써, 만약 움직이거나, 만약 머무르는 것으로써 얻을 수 없는 까닭이니라.

다시 다음으로 선현이여. 4정려는 오지 않고 가지 않으며 역시 다시 머무르지 않고, 4무량·4무색정은 오지 않고 가지 않으며 역시 다시 머무르지 않고, 4정려의 본성은 오지 않고 가지 않으며 역시 다시 머무르지 않고, 4무량·4무색정의 본성은 오지 않고 가지 않으며 역시 다시 머무르지 않고, 4정려의 진여는 오지 않고 가지 않으며 역시 다시 머무르지 않고,

4무량·4무색정의 진여는 오지 않고 가지 않으며 역시 다시 머무르지
않고, 4정려의 자성은 오지 않고 가지 않으며 역시 다시 머무르지 않고,
4무량·4무색정의 자성은 오지 않고 가지 않으며 역시 다시 머무르지
않고, 4정려의 자상은 오지 않고 가지 않으며 역시 다시 머무르지 않고,
4무량·4무색정의 자상은 오지 않고 가지 않으며, 역시 다시 머무르지
않느니라. 왜 그러한가? 선현이여. 4정려·4무량·4무색정으로써, 또한
그 본성·진여·자성·자상으로써, 만약 움직이거나, 만약 머무르는 것으로
써 얻을 수 없는 까닭이니라.

다시 다음으로 선현이여. 4념주는 오지 않고 가지 않으며 역시 다시
머무르지 않고, 4정단·4신족·5근·5력·7등각지·8성도지는 오지 않고 가
지 않으며 역시 다시 머무르지 않고, 4념주의 본성은 오지 않고 가지
않으며 역시 다시 머무르지 않고, 4정단, 나아가 8성도지의 본성은 오지
않고 가지 않으며 역시 다시 머무르지 않고, 4념주의 진여는 오지 않고
가지 않으며 역시 다시 머무르지 않고, 4정단, 나아가 8성도지의 진여는
오지 않고 가지 않으며 역시 다시 머무르지 않고, 4념주의 자성은 오지
않고 가지 않으며 역시 다시 머무르지 않고, 4정단, 나아가 8성도지의
자성은 오지 않고 가지 않으며 역시 다시 머무르지 않고, 4념주의 자상은
오지 않고 가지 않으며 역시 다시 머무르지 않고, 4정단, 나아가 8성도지의
자상은 오지 않고 가지 않으며, 역시 다시 머무르지 않느니라. 왜 그러한
가? 선현이여. 4정려·4정단·4신족·5근·5력·7등각지·8성도지로써, 또한
그 본성·진여·자성·자상으로써, 만약 움직이거나, 만약 머무르는 것으로
써 얻을 수 없는 까닭이니라.

다시 다음으로 선현이여. 4념주는 오지 않고 가지 않으며 역시 다시
머무르지 않고, 4정단·4신족·5근·5력·7등각지·8성도지는 오지 않고 가
지 않으며 역시 다시 머무르지 않고, 4념주의 본성은 오지 않고 가지
않으며 역시 다시 머무르지 않고, 4정단, 나아가 8성도지의 본성은 오지
않고 가지 않으며 역시 다시 머무르지 않고, 4념주의 진여는 오지 않고
가지 않으며 역시 다시 머무르지 않고, 4정단, 나아가 8성도지의 진여는

오지 않고 가지 않으며 역시 다시 머무르지 않고, 4념주의 자성은 오지 않고 가지 않으며 역시 다시 머무르지 않고, 4정단, 나아가 8성도지의 자성은 오지 않고 가지 않으며 역시 다시 머무르지 않고, 4념주의 자상은 오지 않고 가지 않으며 역시 다시 머무르지 않고, 4정단, 나아가 8성도지의 자상은 오지 않고 가지 않으며, 역시 다시 머무르지 않느니라. 왜 그러한 가? 선현이여. 4정려·4정단·4신족·5근·5력·7등각지·8성도지로써, 또한 그 본성·진여·자성·자상으로써, 만약 움직이거나, 만약 머무르는 것으로써 얻을 수 없는 까닭이니라."

마하반야바라밀다경 제59권

16. 찬대승품(讚大乘品)(4)

"다시 다음으로 선현이여. 공해탈문은 오지 않고 가지 않으며 역시 다시 머무르지 않고, 무상·무원해탈문은 오지 않고 가지 않으며 역시 다시 머무르지 않고, 공해탈문의 본성은 오지 않고 가지 않으며 역시 다시 머무르지 않고, 무상·무원해탈문의 본성은 오지 않고 가지 않으며 역시 다시 머무르지 않고, 공해탈문의 진여는 오지 않고 가지 않으며 역시 다시 머무르지 않고, 무상·무원해탈문의 진여는 오지 않고 가지 않으며 역시 다시 머무르지 않고, 공해탈문의 자성은 오지 않고 가지 않으며 역시 다시 머무르지 않고, 무상·무원해탈문의 자성은 오지 않고 가지 않으며 역시 다시 머무르지 않고, 공해탈문의 자상은 오지 않고 가지 않으며 역시 다시 머무르지 않고, 무상·무원해탈문의 자상은 오지 않고 가지 않으며, 역시 다시 머무르지 않느니라. 왜 그러한가? 선현이여. 공해탈문·무상·무원해탈문으로써, 또한 그 본성·진여·자성·자상으로써, 만약 움직이거나, 만약 머무르는 것으로써 얻을 수 없는 까닭이니라.

다시 다음으로 선현이여. 5안은 오지 않고 가지 않으며 역시 다시 머무르지 않고, 6신통은 오지 않고 가지 않으며 역시 다시 머무르지 않고, 5안의 본성은 오지 않고 가지 않으며 역시 다시 머무르지 않고, 6신통의 본성은 오지 않고 가지 않으며 역시 다시 머무르지 않고, 5안의 진여는 오지 않고 가지 않으며 역시 다시 머무르지 않고, 6신통의 진여는 오지 않고 가지 않으며 역시 다시 머무르지 않고, 5안의 자성은 오지 않고 가지 않으며 역시 다시 머무르지 않고, 6신통의 자성은 오지 않고 가지 않으며 역시 다시 머무르지 않고, 5안의 자상은 오지 않고 가지 않으며 역시 다시 머무르지 않고, 6신통의 자상은 오지 않고 가지 않으며, 역시 다시 머무르지 않느니라. 왜 그러한가? 선현이여. 5안·6신통으로써, 또한 그 본성·진여·자성·자상으로써, 만약 움직이거나, 만약 머무르는 것으로써 얻을 수 없는 까닭이니라.

다시 다음으로 선현이여. 여래의 10력은 오지 않고 가지 않으며 역시 다시 머무르지 않고, 4무소외·4무애해·대자·대비·대희·대사·18불불공법·일체지·도상지·일체상지는 오지 않고 가지 않으며 역시 다시 머무르지 않고, 여래의 10력의 본성은 오지 않고 가지 않으며 역시 다시 머무르지 않고, 4무소외, 나아가 일체상지의 본성은 오지 않고 가지 않으며 역시 다시 머무르지 않고, 여래의 10력의 진여는 오지 않고 가지 않으며 역시 다시 머무르지 않고, 4무소외, 나아가 일체상지의 진여는 오지 않고 가지 않으며 역시 다시 머무르지 않고, 여래의 10력의 자성은 오지 않고 가지 않으며 역시 다시 머무르지 않고, 4무소외, 나아가 일체상지의 자성은 오지 않고 가지 않으며 역시 다시 머무르지 않고, 여래의 10력의 자상은 오지 않고 가지 않으며 역시 다시 머무르지 않고, 4무소외, 나아가 일체상지의 자상은 오지 않고 가지 않으며, 역시 다시 머무르지 않느니라. 왜 그러한가? 선현이여. 여래의 10력·4무소외·4무애해·대자·대비·대희·대사·18불불공법·일체지·도상지·일체상지로써, 또한 그 본성·진여·자성·자상으로써, 만약 움직이거나, 만약 머무르는 것으로써 얻을 수 없는 까닭이니라.

다시 다음으로 선현이여. 보살은 오지 않고 가지 않으며 역시 다시 머무르지 않고, 보리(菩提)인 불타는 오지 않고 가지 않으며 역시 다시 머무르지 않고, 보살의 본성은 오지 않고 가지 않으며 역시 다시 머무르지 않고, 보리인 불타의 본성은 오지 않고 가지 않으며 역시 다시 머무르지 않고, 보살의 진여는 오지 않고 가지 않으며 역시 다시 머무르지 않고, 보리인 불타의 진여는 오지 않고 가지 않으며 역시 다시 머무르지 않고,

보살의 자성은 오지 않고 가지 않으며 역시 다시 머무르지 않고, 보리인 불타의 자성은 오지 않고 가지 않으며 역시 다시 머무르지 않고, 보살의 자상은 오지 않고 가지 않으며 역시 다시 머무르지 않고, 보리인 불타의 자상은 오지 않고 가지 않으며, 역시 다시 머무르지 않느니라. 왜 그러한 가? 선현이여. 보살·보리인 불타로써, 또한 그 본성·진여·자성·자상으로써, 만약 움직이거나, 만약 머무르는 것으로써 얻을 수 없는 까닭이니라.

다시 다음으로 선현이여. 유위(有爲)는 오지 않고 가지 않으며 역시 다시 머무르지 않고, 무위(無爲)는 오지 않고 가지 않으며 역시 다시 머무르지 않고, 유위의 본성은 오지 않고 가지 않으며 역시 다시 머무르지 않고, 무위의 본성은 오지 않고 가지 않으며 역시 다시 머무르지 않고, 유위의 진여는 오지 않고 가지 않으며 역시 다시 머무르지 않고, 무위의 진여는 오지 않고 가지 않으며 역시 다시 머무르지 않고, 유위의 자성은 오지 않고 가지 않으며 역시 다시 머무르지 않고, 무위의 자성은 오지 않고 가지 않으며 역시 다시 머무르지 않고, 유위의 자상은 오지 않고 가지 않으며 역시 다시 머무르지 않고, 무위의 자상은 오지 않고 가지 않으며, 역시 다시 머무르지 않느니라. 왜 그러한가? 선현이여. 유위·무위로써, 또한 그 본성·진여·자성·자상으로써, 만약 움직이거나, 만약 머무르는 것으로써 얻을 수 없는 까닭이니라.

선현이여. 그러므로 '대승은 오지 않고 가지 않으며 머무르지 않고 볼 수 없으며, 비유하면 허공과 같다.'라고 설하느니라."

"다시 다음으로 선현이여. 그대는 '또한 허공은 앞·뒤·중간의 끝자락을 모두 얻을 수 없는 것과 같이, 대승도 역시 그와 같아서 앞·뒤·중간의 끝자락을 모두 얻을 수 없고 삼세가 평등한 까닭으로 대승이라고 이름한다.'라고 말하였는데, 그와 같으니라. 그와 같으니라. 그대가 말한 것과 같으니라. 그 까닭은 무엇인가? 선현이여. 과거의 세상(過去世)은 과거의 세상이 공하고, 미래의 세상(未來世)은 미래의 세상이 공하며, 현재의 세상(現在世)은 현재의 세상이 공하고, 삼세의 평등한 자성은 삼세의 평등한 자성이 공하며, 대승의 자성은 대승의 자성이 공하고, 보살마하살은 보살마하살의 자성이 공하니라. 왜 그러한가? 선현이여. 공에는 1·2·3·4·5·6·7·8·9·10이라는 별도로 다른 상(相)이 없느니라. 이러한 까닭으로 대승은 삼세에 평등하니라.

선현이여. 이와 같은 대승의 가운데에는 평등과 불평등의 상(相)을 함께 얻을 수 없고, 탐욕과 탐욕이 아닌 상도 함께 얻을 수 없으며, 성냄과 성냄이 아닌 상도 모두 얻을 수 없고, 어리석음과 어리석지 않은 상도 함께 얻을 수 없으며, 교만함과 교만하지 않은 상도 함께 얻을 수 없고, 이와 같이 나아가 선(善)과 불선(不善)의 상도 함께 얻을 수 없으며, 유기(有記)와 무기(無記)의 상도 함께 얻을 수 없고, 유루(有漏)와 무루(無漏)의 상도 함께 얻을 수 없으며, 유죄와 무죄(無罪)의 상도 함께 얻을 수 없고, 유염(有染)과 이염(離染)의 상도 함께 얻을 수 없으며, 세간(世間)과 출세간(出世間)의 상도 함께 얻을 수 없고, 잡염(雜染)과 청정(淸淨)의 상도 함께 얻을 수 없고, 생사와 열반의 상도 함께 얻을 수 없으며, 항상(常)과 무상(無常)한 상도 함께 얻을 수 없고, 즐거움과 괴로운 상도 함께 얻을 수 없으며, 나(我)와 무아(無我)의 상도 함께 얻을 수 없고, 청정(淨)과 부정(不淨)의 상도 함께 얻을 수 없으며, 적정(寂靜)과 적정하지 않은 상도 함께 얻을 수 없고, 멀리 벗어나는 것과 멀리 벗어나지 않는 것의 상도 함께 얻을 수 없으며, 욕계(欲界)와 욕계를 벗어난 상도 함께 얻을 수 없고, 색계(色界)와 색계를 벗어난 상도 함께 얻을 수 없고, 무색계(無色界)와 무색계를 벗어난 상도 함께 얻을 수 없느니라. 왜 그러한가? 선현이여. 대승의 가운데서는 제법의 자성(自性)을 얻을 수 없느니라.

선현이여. 과거의 색은 과거의 색이 공(空)하고, 미래의 색은 미래의 색이 공하며, 현재의 색은 현재의 색이 공하고, 과거의 수·상·행·식은 과거의 수·상·행·식이 공하며, 미래의 수·상·행·식은 미래의 수·상·행·식이 공하고, 현재의 수·상·행·식은 현재의 수·상·행·식이 공하니라.

그 까닭이 무엇인가? 선현이여. 공의 가운데에서 과거의 색은 얻을 수 없느니라. 왜 그러한가? 과거의 색은 곧 공이고, 공성(空性)도 역시 공하며, 공의 가운데에서 공도 오히려 얻을 수 없는데, 어찌하여 더욱이 공의 가운데에서 과거의 색을 얻을 수 있겠는가? 선현이여. 공의 가운데에서 미래의 색은 얻을 수 없느니라. 왜 그러한가? 미래의 색은 곧 공이고, 공성도 역시 공하니라. 공의 가운데에서 공도 오히려 얻을 수 없는데, 어찌하여 더욱이 공의 가운데에서 미래의 색을 얻을 수 있겠는가?

　선현이여. 공의 가운데에서 현재의 색은 얻을 수 없느니라. 왜 그러한가? 현재의 색은 곧 공이고, 공성도 역시 공하니라. 공의 가운데에서 공도 오히려 얻을 수 없는데, 어찌하여 더욱이 공의 가운데에서 현재의 색을 얻을 수 있겠는가? 선현이여. 공의 가운데에서 과거·미래·현재의 색은 얻을 수 없느니라. 왜 그러한가? 과거·미래·현재의 색은 곧 공이고, 공성도 역시 공하니라. 공의 가운데에서 공도 오히려 얻을 수 없는데, 어찌하여 더욱이 공의 가운데에서 과거·미래·현재의 색을 얻을 수 있겠는가?

　선현이여. 공의 가운데에서 과거의 수·상·행·식은 얻을 수 없느니라. 왜 그러한가? 과거의 수·상·행·식은 곧 공이고, 공성도 역시 공하니라. 공의 가운데에서 공도 오히려 얻을 수 없는데, 어찌하여 더욱이 공의 가운데에서 과거의 수·상·행·식을 얻을 수 있겠는가? 선현이여. 공의 가운데에서 미래의 수·상·행·식은 얻을 수 없느니라. 왜 그러한가? 미래의 수·상·행·식은 곧 공이고, 공성도 역시 공하니라. 공의 가운데에서 공도 오히려 얻을 수 없는데, 어찌하여 더욱이 공의 가운데에서 미래의 수·상·행·식을 얻을 수 있겠는가?

　선현이여. 공의 가운데에서 현재의 수·상·행·식은 얻을 수 없느니라. 왜 그러한가? 현재의 수·상·행·식은 곧 공이고, 공성도 역시 공하니라. 공의 가운데에서 공도 오히려 얻을 수 없는데, 어찌하여 더욱이 공의 가운데에서 현재의 수·상·행·식을 얻을 수 있겠는가? 선현이여. 공의 가운데에서 과거·미래·현재의 수·상·행·식은 얻을 수 없느니라. 왜 그러한가? 과거·미래·현재의 수·상·행·식은 곧 공이고, 공성도 역시 공하니라. 공의 가운데에서 공도 오히려 얻을 수 없는데, 어찌하여 더욱이 공의 가운데에서 과거·미래·현재의 수·상·행·식을 얻을 수 있겠는가?

선현이여. 과거의 안처는 과거의 안처가 공하고, 미래의 안처는 미래의 안처가 공하며, 현재의 안처는 현재의 안처가 공하고, 과거의 이·비·설·신·의처는 과거의 이·비·설·신·의처가 공하며, 미래의 이·비·설·신·의처는 미래의 이·비·설·신·의처가 공하며, 현재의 이·비·설·신·의처는 현재의 이·비·설·신·의처가 공하니라.

그 까닭은 무엇인가? 선현이여. 공의 가운데에서 과거의 안처는 얻을 수 없느니라. 왜 그러한가? 과거의 안처는 곧 공이고, 공성도 역시 공하며, 공의 가운데에서 공도 오히려 얻을 수 없는데, 어찌하여 더욱이 공의 가운데에서 과거의 안처를 얻을 수 있겠는가? 선현이여. 공의 가운데에서 미래의 안처는 얻을 수 없느니라. 왜 그러한가? 미래의 안처는 곧 공이고, 공성도 역시 공하며, 공의 가운데에서 공도 오히려 얻을 수 없는데, 어찌하여 더욱이 공의 가운데에서 미래의 안처를 얻을 수 있겠는가?

선현이여. 공의 가운데에서 현재의 안처는 얻을 수 없느니라. 왜 그러한가? 현재의 안처는 곧 공이고, 공성도 역시 공하며, 공의 가운데에서 공도 오히려 얻을 수 없는데, 어찌하여 더욱이 공의 가운데에서 현재의 안처를 얻을 수 있겠는가? 선현이여. 공의 가운데에서 과거·미래·현재의 안처는 얻을 수 없느니라. 왜 그러한가? 과거·미래·현재의 안처는 곧 공이고, 공성도 역시 공하며, 공의 가운데에서 공도 오히려 얻을 수 없는데, 어찌하여 더욱이 공의 가운데에서 과거·미래·현재의 안처를 얻을 수 있겠는가?

선현이여. 공의 가운데에서 과거의 이·비·설·신·의처는 얻을 수 없느니라. 왜 그러한가? 과거의 이·비·설·신·의처는 곧 공이고, 공성도 역시 공하며, 공의 가운데에서 공도 오히려 얻을 수 없는데, 어찌하여 더욱이 공의 가운데에서 과거의 이·비·설·신·의처를 얻을 수 있겠는가? 선현이여. 공의 가운데에서 미래의 이·비·설·신·의처는 얻을 수 없느니라. 왜 그러한가? 미래의 이·비·설·신·의처는 곧 공이고, 공성도 역시 공하며, 공의 가운데에서 공도 오히려 얻을 수 없는데, 어찌하여 더욱이 공의 가운데에서 미래의 이·비·설·신·의처를 얻을 수 있겠는가?

선현이여. 공의 가운데에서 현재의 안처는 얻을 수 없느니라. 왜 그러한 가? 현재의 이·비·설·신·의처는 곧 공이고, 공성도 역시 공하며, 공의 가운데에서 공도 오히려 얻을 수 없는데, 어찌하여 더욱이 공의 가운데에서 현재의 이·비·설·신·의처를 얻을 수 있겠는가? 선현이여. 공의 가운데에서 과거·미래·현재의 이·비·설·신·의처는 얻을 수 없느니라. 왜 그러한가? 과거·미래·현재의 이·비·설·신·의처는 곧 공이고, 공성도 역시 공하며, 공의 가운데에서 공도 오히려 얻을 수 없는데, 어찌하여 더욱이 공의 가운데에서 과거·미래·현재의 이·비·설·신·의처를 얻을 수 있겠는가?

선현이여. 과거의 색처는 과거의 색처가 공하고, 미래의 색처는 미래의 색처가 공하며, 현재의 색처는 현재의 색처가 공하고, 과거의 성·향·미·촉·법처는 과거의 성·향·미·촉·법처가 공하며, 미래의 성·향·미·촉·법처는 미래의 성·향·미·촉·법처가 공하며, 현재의 성·향·미·촉·법처는 현재의 이·비·설·신·의처가 공하니라.

그 까닭은 무엇인가? 선현이여. 공의 가운데에서 과거의 색처는 얻을 수 없느니라. 왜 그러한가? 과거의 색처는 곧 공이고, 공성도 역시 공하며, 공의 가운데에서 공도 오히려 얻을 수 없는데, 어찌하여 더욱이 공의 가운데에서 과거의 색처를 얻을 수 있겠는가? 선현이여. 공의 가운데에서 미래의 색처는 얻을 수 없느니라. 왜 그러한가? 미래의 색처는 곧 공이고, 공성도 역시 공하며, 공의 가운데에서 공도 오히려 얻을 수 없는데, 어찌하여 더욱이 공의 가운데에서 미래의 색처를 얻을 수 있겠는가?

선현이여. 공의 가운데에서 현재의 색처는 얻을 수 없느니라. 왜 그러한가? 현재의 색처는 곧 공이고, 공성도 역시 공하며, 공의 가운데에서 공도 오히려 얻을 수 없는데, 어찌하여 더욱이 공의 가운데에서 현재의 색처를 얻을 수 있겠는가? 선현이여. 공의 가운데에서 과거·미래·현재의 색처는 얻을 수 없느니라. 왜 그러한가? 과거·미래·현재의 색처는 곧 공이고, 공성도 역시 공하며, 공의 가운데에서 공도 오히려 얻을 수 없는데, 어찌하여 더욱이 공의 가운데에서 과거·미래·현재의 색처를 얻을 수 있겠는가?

선현이여. 공의 가운데에서 과거의 성·향·미·촉·법처는 얻을 수 없느니라. 왜 그러한가? 과거의 성·향·미·촉·법처는 곧 공이고, 공성도 역시 공하며, 공의 가운데에서 공도 오히려 얻을 수 없는데, 어찌하여 더욱이 공의 가운데에서 과거의 성·향·미·촉·법처를 얻을 수 있겠는가? 선현이여. 공의 가운데에서 미래의 성·향·미·촉·법처는 얻을 수 없느니라. 왜 그러한가? 미래의 성·향·미·촉·법처는 곧 공이고, 공성도 역시 공하며, 공의 가운데에서 공도 오히려 얻을 수 없는데, 어찌하여 더욱이 공의 가운데에서 미래의 성·향·미·촉·법처를 얻을 수 있겠는가?

선현이여. 공의 가운데에서 현재의 안처는 얻을 수 없느니라. 왜 그러한가? 현재의 성·향·미·촉·법처는 곧 공이고, 공성도 역시 공하며, 공의 가운데에서 공도 오히려 얻을 수 없는데, 어찌하여 더욱이 공의 가운데에서 현재의 성·향·미·촉·법처를 얻을 수 있겠는가? 선현이여. 공의 가운데에서 과거·미래·현재의 성·향·미·촉·법처는 얻을 수 없느니라. 왜 그러한가? 과거·미래·현재의 성·향·미·촉·법처는 곧 공이고, 공성도 역시 공하며, 공의 가운데에서 공도 오히려 얻을 수 없는데, 어찌하여 더욱이 공의 가운데에서 과거·미래·현재의 성·향·미·촉·법처를 얻을 수 있겠는가?

선현이여. 과거의 안계는 과거의 안계가 공하고, 미래의 안계는 미래의 안계가 공하며, 현재의 안계는 현재의 안계가 공하고, 과거의 색계·안식계, …… 나아가 …… 안촉·안촉을 인연으로 생겨난 여러 수는 과거의 색계, 나아가 안촉·안촉을 인연으로 생겨난 여러 수가 공하며, 미래의 색계·안식계, 나아가 안촉·안촉을 인연으로 생겨난 여러 수는 미래의 색계, 나아가 안촉·안촉을 인연으로 생겨난 여러 수가 공하며, 현재의 색계·안식계, 나아가 안촉·안촉을 인연으로 생겨난 여러 수는 현재의 색계, 나아가 안촉·안촉을 인연으로 생겨난 여러 수가 공하니라.

그 까닭은 무엇인가? 선현이여. 공의 가운데에서 과거의 안계는 얻을 수 없느니라. 왜 그러한가? 과거의 안계는 곧 공이고, 공성도 역시 공하며, 공의 가운데에서 공도 오히려 얻을 수 없는데, 어찌하여 더욱이 공의 가운데에서 과거의 안계를 얻을 수 있겠는가? 선현이여. 공의 가운데에서 미래의 안계는 얻을 수 없느니라. 왜 그러한가? 미래의 안계는 곧 공이고, 공성도 역시 공하며, 공의 가운데에서 공도 오히려 얻을 수 없는데, 어찌하여 더욱이 공의 가운데에서 미래의 안계를 얻을 수 있겠는가?

선현이여. 공의 가운데에서 현재의 안계는 얻을 수 없느니라. 왜 그러한가? 현재의 안계는 곧 공이고, 공성도 역시 공하며, 공의 가운데에서 공도 오히려 얻을 수 없는데, 어찌하여 더욱이 공의 가운데에서 현재의 안계를 얻을 수 있겠는가? 선현이여. 공의 가운데에서 과거·미래·현재의 안계는 얻을 수 없느니라. 왜 그러한가? 과거·미래·현재의 안계는 곧 공이고, 공성도 역시 공하며, 공의 가운데에서 공도 오히려 얻을 수 없는데, 어찌하여 더욱이 공의 가운데에서 과거·미래·현재의 안계를 얻을 수 있겠는가?

선현이여. 공의 가운데에서 과거의 색계·안식계, 나아가 안촉·안촉을 인연으로 생겨난 여러 수는 얻을 수 없느니라. 왜 그러한가? 과거의 색계, 나아가 안촉을 인연으로 생겨난 여러 수는 곧 공이고, 공성도 역시 공하며, 공의 가운데에서 공도 오히려 얻을 수 없는데, 어찌하여 더욱이 공의 가운데에서 과거의 색계, 나아가 안촉을 인연으로 생겨난 여러 수를 얻을 수 있겠는가? 선현이여. 공의 가운데에서 미래의 색계·안식계, 나아가 안촉·안촉을 인연으로 생겨난 여러 수는 얻을 수 없느니라. 왜 그러한가? 미래의 색계, 나아가 안촉을 인연으로 생겨난 여러 수는 곧 공이고, 공성도 역시 공하며, 공의 가운데에서 공도 오히려 얻을 수 없는데, 어찌하여 더욱이 공의 가운데에서 미래의 색계, 나아가 안촉을 인연으로 생겨난 여러 수를 얻을 수 있겠는가?

선현이여. 공의 가운데에서 현재의 색계·안식계, 나아가 안촉·안촉을 인연으로 생겨난 여러 수는 얻을 수 없느니라. 왜 그러한가? 현재의 색계, 나아가 안촉·안촉을 인연으로 생겨난 여러 수는 곧 공이고, 공성도 역시 공하며, 공의 가운데에서 공도 오히려 얻을 수 없는데, 어찌하여 더욱이 공의 가운데에서 현재의 색계, 나아가 안촉·안촉을 인연으로 생겨난 여러 수를 얻을 수 있겠는가? 선현이여. 공의 가운데에서 과거·미

래·현재의 색계, 나아가 안촉·안촉을 인연으로 생겨난 여러 수는 얻을
수 없느니라. 왜 그러한가? 과거·미래·현재의 색계·안식계, 나아가 안촉·
안촉을 인연으로 생겨난 여러 수는 곧 공이고, 공성도 역시 공하며,
공의 가운데에서 공도 오히려 얻을 수 없는데, 어찌하여 더욱이 공의
가운데에서 과거·미래·현재의 색계, 나아가 안촉·안촉을 인연으로 생겨
난 여러 수를 얻을 수 있겠는가?

선현이여. 과거의 이계는 과거의 이계가 공하고, 미래의 이계는 미래의
이계가 공하며, 현재의 이계는 현재의 이계가 공하고, 과거의 성계·이식
계, …… 나아가 …… 이촉·이촉을 인연으로 생겨난 여러 수는 과거의
성계, 나아가 이촉·이촉을 인연으로 생겨난 여러 수가 공하며, 미래의
성계·이식계, 나아가 이촉·이촉을 인연으로 생겨난 여러 수는 미래의
색계, 나아가 이촉·이촉을 인연으로 생겨난 여러 수가 공하며, 현재의
성계·이식계, 나아가 이촉·이촉을 인연으로 생겨난 여러 수는 현재의
성계, 나아가 이촉·이촉을 인연으로 생겨난 여러 수가 공하니라.

그 까닭은 무엇인가? 선현이여. 공의 가운데에서 과거의 이계는 얻을
수 없느니라. 왜 그러한가? 과거의 이계는 곧 공이고, 공성도 역시 공하며,
공의 가운데에서 공도 오히려 얻을 수 없는데, 어찌하여 더욱이 공의
가운데에서 과거의 이계를 얻을 수 있겠는가? 선현이여. 공의 가운데에서
미래의 이계는 얻을 수 없느니라. 왜 그러한가? 미래의 이계는 곧 공이고,
공성도 역시 공하며, 공의 가운데에서 공도 오히려 얻을 수 없는데,
어찌하여 더욱이 공의 가운데에서 미래의 이계를 얻을 수 있겠는가?

선현이여. 공의 가운데에서 현재의 이계는 얻을 수 없느니라. 왜 그러한
가? 현재의 이계는 곧 공이고, 공성도 역시 공하며, 공의 가운데에서
공도 오히려 얻을 수 없는데, 어찌하여 더욱이 공의 가운데에서 현재의
이계를 얻을 수 있겠는가? 선현이여. 공의 가운데에서 과거·미래·현재의
이계는 얻을 수 없느니라. 왜 그러한가? 과거·미래·현재의 이계는 곧
공이고, 공성도 역시 공하며, 공의 가운데에서 공도 오히려 얻을 수
없는데, 어찌하여 더욱이 공의 가운데에서 과거·미래·현재의 이계를

얻을 수 있겠는가?

선현이여. 공의 가운데에서 과거의 성계·이식계, 나아가 이촉·이촉을 인연으로 생겨난 여러 수는 얻을 수 없느니라. 왜 그러한가? 과거의 색계, 나아가 이촉·이촉을 인연으로 생겨난 여러 수는 곧 공이고, 공성도 역시 공하며, 공의 가운데에서 공도 오히려 얻을 수 없는데, 어찌하여 더욱이 공의 가운데에서 과거의 색계, 나아가 이촉·이촉을 인연으로 생겨난 여러 수를 얻을 수 있겠는가? 선현이여. 공의 가운데에서 미래의 성계·이식계, 나아가 이촉·이촉을 인연으로 생겨난 여러 수는 얻을 수 없느니라. 왜 그러한가? 미래의 성계, 나아가 이촉·이촉을 인연으로 생겨난 여러 수는 곧 공이고, 공성도 역시 공하며, 공의 가운데에서 공도 오히려 얻을 수 없는데, 어찌하여 더욱이 공의 가운데에서 미래의 성계, 나아가 이촉·이촉을 인연으로 생겨난 여러 수를 얻을 수 있겠는가?

선현이여. 공의 가운데에서 현재의 성계·이식계, 나아가 이촉·이촉을 인연으로 생겨난 여러 수는 얻을 수 없느니라. 왜 그러한가? 현재의 성계, 나아가 이촉·이촉을 인연으로 생겨난 여러 수는 곧 공이고, 공성도 역시 공하며, 공의 가운데에서 공도 오히려 얻을 수 없는데, 어찌하여 더욱이 공의 가운데에서 현재의 성계, 나아가 이촉·이촉을 인연으로 생겨난 여러 수를 얻을 수 있겠는가? 선현이여. 공의 가운데에서 과거·미래·현재의 성계, 나아가 이촉·이촉을 인연으로 생겨난 여러 수는 얻을 수 없느니라. 왜 그러한가? 과거·미래·현재의 성계·이식계, 나아가 이촉·이촉을 인연으로 생겨난 여러 수는 곧 공이고, 공성도 역시 공하며, 공의 가운데에서 공도 오히려 얻을 수 없는데, 어찌하여 더욱이 공의 가운데에서 과거·미래·현재의 성계, 나아가 이촉·이촉을 인연으로 생겨난 여러 수를 얻을 수 있겠는가?

선현이여. 과거의 비계는 과거의 비계가 공하고, 미래의 비계는 미래의 비계가 공하며, 현재의 비계는 현재의 비계가 공하고, 과거의 향계·비식계, …… 나아가 …… 비촉·비촉을 인연으로 생겨난 여러 수는 과거의 향계, 나아가 비촉·비촉을 인연으로 생겨난 여러 수가 공하며, 미래의

향계·비식계, 나아가 비촉·비촉을 인연으로 생겨난 여러 수는 미래의
향계, 나아가 비촉·비촉을 인연으로 생겨난 여러 수가 공하며, 현재의
향계·비식계, 나아가 비촉·비촉을 인연으로 생겨난 여러 수는 현재의
향계, 나아가 비촉·비촉을 인연으로 생겨난 여러 수가 공하니라.

그 까닭은 무엇인가? 선현이여. 공의 가운데에서 과거의 비계는 얻을
수 없느니라. 왜 그러한가? 과거의 비계는 곧 공이고, 공성도 역시 공하며,
공의 가운데에서 공도 오히려 얻을 수 없는데, 어찌하여 더욱이 공의
가운데에서 과거의 비계를 얻을 수 있겠는가? 선현이여. 공의 가운데에서
미래의 비계는 얻을 수 없느니라. 왜 그러한가? 미래의 비계는 곧 공이고,
공성도 역시 공하며, 공의 가운데에서 공도 오히려 얻을 수 없는데,
어찌하여 더욱이 공의 가운데에서 미래의 비계를 얻을 수 있겠는가?

선현이여. 공의 가운데에서 현재의 비계는 얻을 수 없느니라. 왜 그러한
가? 현재의 비계는 곧 공이고, 공성도 역시 공하며, 공의 가운데에서
공도 오히려 얻을 수 없는데, 어찌하여 더욱이 공의 가운데에서 현재의
비계를 얻을 수 있겠는가? 선현이여. 공의 가운데에서 과거·미래·현재의
비계는 얻을 수 없느니라. 왜 그러한가? 과거·미래·현재의 비계는 곧
공이고, 공성도 역시 공하며, 공의 가운데에서 공도 오히려 얻을 수
없는데, 어찌하여 더욱이 공의 가운데에서 과거·미래·현재의 비계를
얻을 수 있겠는가?

선현이여. 공의 가운데에서 과거의 향계·비식계, 나아가 비촉·비촉을
인연으로 생겨난 여러 수는 얻을 수 없느니라. 왜 그러한가? 과거의
향계, 나아가 비촉·비촉을 인연으로 생겨난 여러 수는 곧 공이고, 공성도
역시 공하며, 공의 가운데에서 공도 오히려 얻을 수 없는데, 어찌하여
더욱이 공의 가운데에서 과거의 향계, 나아가 비촉·비촉을 인연으로
생겨난 여러 수를 얻을 수 있겠는가? 선현이여. 공의 가운데에서 미래의
향계·비식계, 나아가 비촉·비촉을 인연으로 생겨난 여러 수는 얻을 수
없느니라. 왜 그러한가? 미래의 향계, 나아가 비촉·비촉을 인연으로
생겨난 여러 수는 곧 공이고, 공성도 역시 공하며, 공의 가운데에서

공도 오히려 얻을 수 없는데, 어찌하여 더욱이 공의 가운데에서 미래의 향계, 나아가 비촉·비촉을 인연으로 생겨난 여러 수를 얻을 수 있겠는가?

선현이여. 공의 가운데에서 현재의 향계·비식계, 나아가 비촉·비촉을 인연으로 생겨난 여러 수는 얻을 수 없느니라. 왜 그러한가? 현재의 향계, 나아가 비촉·비촉을 인연으로 생겨난 여러 수는 곧 공이고, 공성도 역시 공하며, 공의 가운데에서 공도 오히려 얻을 수 없는데, 어찌하여 더욱이 공의 가운데에서 현재의 향계, 나아가 비촉·비촉을 인연으로 생겨난 여러 수를 얻을 수 있겠는가? 선현이여. 공의 가운데에서 과거·미래·현재의 향계, 나아가 비촉·비촉을 인연으로 생겨난 여러 수는 얻을 수 없느니라. 왜 그러한가? 과거·미래·현재의 향계·비식계, 나아가 비촉·비촉을 인연으로 생겨난 여러 수는 곧 공이고, 공성도 역시 공하며, 공의 가운데에서 공도 오히려 얻을 수 없는데, 어찌하여 더욱이 공의 가운데에서 과거·미래·현재의 향계, 나아가 비촉·비촉을 인연으로 생겨난 여러 수를 얻을 수 있겠는가?

선현이여. 과거의 설계는 과거의 설계가 공하고, 미래의 설계는 미래의 설계가 공하며, 현재의 설계는 현재의 설계가 공하고, 과거의 미계·설식계, …… 나아가 …… 설촉·설촉을 인연으로 생겨난 여러 수는 과거의 미계, 나아가 설촉·설촉을 인연으로 생겨난 여러 수가 공하며, 미래의 미계·설식계, 나아가 설촉·설촉을 인연으로 생겨난 여러 수는 미래의 미계, 나아가 설촉·설촉을 인연으로 생겨난 여러 수가 공하며, 현재의 미계·설식계, 나아가 설촉·설촉을 인연으로 생겨난 여러 수는 현재의 미계, 나아가 설촉·설촉을 인연으로 생겨난 여러 수가 공하니라.

그 까닭은 무엇인가? 선현이여. 공의 가운데에서 과거의 설계는 얻을 수 없느니라. 왜 그러한가? 과거의 설계는 곧 공이고, 공성도 역시 공하며, 공의 가운데에서 공도 오히려 얻을 수 없는데, 어찌하여 더욱이 공의 가운데에서 과거의 설계를 얻을 수 있겠는가? 선현이여. 공의 가운데에서 미래의 설계는 얻을 수 없느니라. 왜 그러한가? 미래의 설계는 곧 공이고, 공성도 역시 공하며, 공의 가운데에서 공도 오히려 얻을 수 없는데,

어찌하여 더욱이 공의 가운데에서 미래의 설계를 얻을 수 있겠는가?

선현이여. 공의 가운데에서 현재의 설계는 얻을 수 없느니라. 왜 그러한가? 현재의 설계는 곧 공이고, 공성도 역시 공하며, 공의 가운데에서 공도 오히려 얻을 수 없는데, 어찌하여 더욱이 공의 가운데에서 현재의 설계를 얻을 수 있겠는가? 선현이여. 공의 가운데에서 과거·미래·현재의 설계는 얻을 수 없느니라. 왜 그러한가? 과거·미래·현재의 설계는 곧 공이고, 공성도 역시 공하며, 공의 가운데에서 공도 오히려 얻을 수 없는데, 어찌하여 더욱이 공의 가운데에서 과거·미래·현재의 설계를 얻을 수 있겠는가?

선현이여. 공의 가운데에서 과거의 미계·설식계, 나아가 설촉·설촉을 인연으로 생겨난 여러 수는 얻을 수 없느니라. 왜 그러한가? 과거의 미계, 나아가 설촉·설촉을 인연으로 생겨난 여러 수는 곧 공이고, 공성도 역시 공하며, 공의 가운데에서 공도 오히려 얻을 수 없는데, 어찌하여 더욱이 공의 가운데에서 과거의 미계, 나아가 설촉·설촉을 인연으로 생겨난 여러 수를 얻을 수 있겠는가? 선현이여. 공의 가운데에서 미래의 미계·설식계, 나아가 설촉·설촉을 인연으로 생겨난 여러 수는 얻을 수 없느니라. 왜 그러한가? 미래의 미계, 나아가 설촉·설촉을 인연으로 생겨난 여러 수는 곧 공이고, 공성도 역시 공하며, 공의 가운데에서 공도 오히려 얻을 수 없는데, 어찌하여 더욱이 공의 가운데에서 미래의 미계, 나아가 설촉·설촉을 인연으로 생겨난 여러 수를 얻을 수 있겠는가?

선현이여. 공의 가운데에서 현재의 미계·설식계, 나아가 설촉·설촉을 인연으로 생겨난 여러 수는 얻을 수 없느니라. 왜 그러한가? 현재의 미계, 나아가 설촉·설촉을 인연으로 생겨난 여러 수는 곧 공이고, 공성도 역시 공하며, 공의 가운데에서 공도 오히려 얻을 수 없는데, 어찌하여 더욱이 공의 가운데에서 현재의 미계, 나아가 설촉·설촉을 인연으로 생겨난 여러 수를 얻을 수 있겠는가? 선현이여. 공의 가운데에서 과거·미래·현재의 미계, 나아가 설촉·설촉을 인연으로 생겨난 여러 수는 얻을 수 없느니라. 왜 그러한가? 과거·미래·현재의 미계·설식계, 나아가 설촉·

설촉을 인연으로 생겨난 여러 수는 곧 공이고, 공성도 역시 공하며, 공의 가운데에서 공도 오히려 얻을 수 없는데, 어찌하여 더욱이 공의 가운데에서 과거·미래·현재의 미계, 나아가 설촉·설촉을 인연으로 생겨난 여러 수를 얻을 수 있겠는가?

　선현이여. 과거의 신계는 과거의 신계가 공하고, 미래의 신계는 미래의 신계가 공하며, 현재의 신계는 현재의 신계가 공하고, 과거의 촉계·신식계, …… 나아가 …… 신촉·신촉을 인연으로 생겨난 여러 수는 과거의 촉계, 나아가 신촉·신촉을 인연으로 생겨난 여러 수가 공하며, 미래의 촉계·신식계, 나아가 신촉·신촉을 인연으로 생겨난 여러 수는 미래의 촉계, 나아가 신촉·신촉을 인연으로 생겨난 여러 수가 공하며, 현재의 촉계·신식계, 나아가 신촉·신촉을 인연으로 생겨난 여러 수는 현재의 촉계, 나아가 신촉·신촉을 인연으로 생겨난 여러 수가 공하니라.

　그 까닭은 무엇인가? 선현이여. 공의 가운데에서 과거의 신계는 얻을 수 없느니라. 왜 그러한가? 과거의 신계는 곧 공이고, 공성도 역시 공하며, 공의 가운데에서 공도 오히려 얻을 수 없는데, 어찌하여 더욱이 공의 가운데에서 과거의 신계를 얻을 수 있겠는가? 선현이여. 공의 가운데에서 미래의 신계는 얻을 수 없느니라. 왜 그러한가? 미래의 신계는 곧 공이고, 공성도 역시 공하며, 공의 가운데에서 공도 오히려 얻을 수 없는데, 어찌하여 더욱이 공의 가운데에서 미래의 신계를 얻을 수 있겠는가?

　선현이여. 공의 가운데에서 현재의 신계는 얻을 수 없느니라. 왜 그러한가? 현재의 신계는 곧 공이고, 공성도 역시 공하며, 공의 가운데에서 공도 오히려 얻을 수 없는데, 어찌하여 더욱이 공의 가운데에서 현재의 신계를 얻을 수 있겠는가? 선현이여. 공의 가운데에서 과거·미래·현재의 신계는 얻을 수 없느니라. 왜 그러한가? 과거·미래·현재의 신계는 곧 공이고, 공성도 역시 공하며, 공의 가운데에서 공도 오히려 얻을 수 없는데, 어찌하여 더욱이 공의 가운데에서 과거·미래·현재의 신계를 얻을 수 있겠는가?

　선현이여. 공의 가운데에서 과거의 촉계·신식계, 나아가 신촉·신촉을 인연으로 생겨난 여러 수는 얻을 수 없느니라. 왜 그러한가? 과거의 촉계, 나아가 신촉·신촉을 인연으로 생겨난 여러 수는 곧 공이고, 공성도 역시 공하며, 공의 가운데에서 공도 오히려 얻을 수 없는데, 어찌하여 더욱이 공의 가운데에서 과거의 촉계, 나아가 신촉·신촉을 인연으로 생겨난 여러 수를 얻을 수 있겠는가? 선현이여. 공의 가운데에서 미래의 촉계·신식계, 나아가 신촉·신촉을 인연으로 생겨난 여러 수는 얻을 수 없느니라. 왜 그러한가? 미래의 촉계, 나아가 신촉·신촉을 인연으로 생겨난 여러 수는 곧 공이고, 공성도 역시 공하며, 공의 가운데에서 공도 오히려 얻을 수 없는데, 어찌하여 더욱이 공의 가운데에서 미래의 촉계, 나아가 신촉·신촉을 인연으로 생겨난 여러 수를 얻을 수 있겠는가?

선현이여. 공의 가운데에서 현재의 촉계·신식계, 나아가 신촉·신촉을 인연으로 생겨난 여러 수는 얻을 수 없느니라. 왜 그러한가? 현재의 촉계, 나아가 신촉·신촉을 인연으로 생겨난 여러 수는 곧 공이고, 공성도 역시 공하며, 공의 가운데에서 공도 오히려 얻을 수 없는데, 어찌하여 더욱이 공의 가운데에서 현재의 촉계, 나아가 신촉·신촉을 인연으로 생겨난 여러 수를 얻을 수 있겠는가? 선현이여. 공의 가운데에서 과거·미래·현재의 촉계, 나아가 신촉·신촉을 인연으로 생겨난 여러 수는 얻을 수 없느니라. 왜 그러한가? 과거·미래·현재의 촉계·신식계, 나아가 신촉·신촉을 인연으로 생겨난 여러 수는 곧 공이고, 공성도 역시 공하며, 공의 가운데에서 공도 오히려 얻을 수 없는데, 어찌하여 더욱이 공의 가운데에서 과거·미래·현재의 촉계, 나아가 신촉·신촉을 인연으로 생겨난 여러 수를 얻을 수 있겠는가?

선현이여. 과거의 의계는 과거의 의계가 공하고, 미래의 의계는 미래의 의계가 공하며, 현재의 의계는 현재의 의계가 공하고, 과거의 법계·의식계, …… 나아가 …… 의촉·의촉을 인연으로 생겨난 여러 수는 과거의 법계, 나아가 의촉·의촉을 인연으로 생겨난 여러 수가 공하며, 미래의 법계·의식계, 나아가 의촉·의촉을 인연으로 생겨난 여러 수는 미래의 법계, 나아가 의촉·의촉을 인연으로 생겨난 여러 수가 공하며, 현재의 법계·의식계, 나아가 의촉·의촉을 인연으로 생겨난 여러 수는 현재의 법계, 나아가 의촉·의촉을 인연으로 생겨난 여러 수가 공하니라.

그 까닭은 무엇인가? 선현이여. 공의 가운데에서 과거의 의계는 얻을 수 없느니라. 왜 그러한가? 과거의 의계는 곧 공이고, 공성도 역시 공하며, 공의 가운데에서 공도 오히려 얻을 수 없는데, 어찌하여 더욱이 공의 가운데에서 과거의 의계를 얻을 수 있겠는가? 선현이여. 공의 가운데에서 미래의 의계는 얻을 수 없느니라. 왜 그러한가? 미래의 의계는 곧 공이고, 공성도 역시 공하며, 공의 가운데에서 공도 오히려 얻을 수 없는데, 어찌하여 더욱이 공의 가운데에서 미래의 의계를 얻을 수 있겠는가?

선현이여. 공의 가운데에서 현재의 의계는 얻을 수 없느니라. 왜 그러한가? 현재의 의계는 곧 공이고, 공성도 역시 공하며, 공의 가운데에서 공도 오히려 얻을 수 없는데, 어찌하여 더욱이 공의 가운데에서 현재의 의계를 얻을 수 있겠는가? 선현이여. 공의 가운데에서 과거·미래·현재의 의계는 얻을 수 없느니라. 왜 그러한가? 과거·미래·현재의 의계는 곧 공이고, 공성도 역시 공하며, 공의 가운데에서 공도 오히려 얻을 수 없는데, 어찌하여 더욱이 공의 가운데에서 과거·미래·현재의 의계를 얻을 수 있겠는가?

선현이여. 공의 가운데에서 과거의 법계·의식계, 나아가 의촉·의촉을 인연으로 생겨난 여러 수는 얻을 수 없느니라. 왜 그러한가? 과거의 법계, 나아가 의촉·의촉을 인연으로 생겨난 여러 수는 곧 공이고, 공성도 역시 공하며, 공의 가운데에서 공도 오히려 얻을 수 없는데, 어찌하여 더욱이 공의 가운데에서 과거의 법계, 나아가 의촉·의촉을 인연으로 생겨난 여러 수를 얻을 수 있겠는가? 선현이여. 공의 가운데에서 미래의 법계·의식계, 나아가 의촉·의촉을 인연으로 생겨난 여러 수는 얻을 수 없느니라. 왜 그러한가? 미래의 법계, 나아가 의촉·의촉을 인연으로 생겨난 여러 수는 곧 공이고, 공성도 역시 공하며, 공의 가운데에서 공도 오히려 얻을 수 없는데, 어찌하여 더욱이 공의 가운데에서 미래의 법계, 나아가 의촉·의촉을 인연으로 생겨난 여러 수를 얻을 수 있겠는가?

선현이여. 공의 가운데에서 현재의 법계·의식계, 나아가 의촉·의촉을 인연으로 생겨난 여러 수는 얻을 수 없느니라. 왜 그러한가? 현재의 법계, 나아가 의촉·의촉을 인연으로 생겨난 여러 수는 곧 공이고, 공성도 역시 공하며, 공의 가운데에서 공도 오히려 얻을 수 없는데, 어찌하여 더욱이 공의 가운데에서 현재의 법계, 나아가 의촉·의촉을 인연으로 생겨난 여러 수를 얻을 수 있겠는가? 선현이여. 공의 가운데에서 과거·미래·현재의 법계, 나아가 의촉·의촉을 인연으로 생겨난 여러 수는 얻을 수 없느니라. 왜 그러한가? 과거·미래·현재의 법계·의식계, 나아가 의촉·의촉을 인연으로 생겨난 여러 수는 곧 공이고, 공성도 역시 공하며, 공의 가운데에서 공도 오히려 얻을 수 없는데, 어찌하여 더욱이 공의 가운데에서 과거·미래·현재의 법계, 나아가 의촉·의촉을 인연으로 생겨난 여러 수를 얻을 수 있겠는가?

선현이여. 과거의 지계는 과거의 지계가 공하고, 미래의 지계는 미래의 지계가 공하며, 현재의 지계는 현재의 지계가 공하고, 과거의 수·화·풍·공·식계는 과거의 수·화·풍·공·식계가 공하며, 미래의 수·화·풍·공·식계는 미래의 수·화·풍·공·식계가 공하며, 현재의 수·화·풍·공·식계는 현재의 수·화·풍·공·식계가 공하니라.

그 까닭은 무엇인가? 선현이여. 공의 가운데에서 과거의 지계는 얻을 수 없느니라. 왜 그러한가? 과거의 지계는 곧 공이고, 공성도 역시 공하며, 공의 가운데에서 공도 오히려 얻을 수 없는데, 어찌하여 더욱이 공의 가운데에서 과거의 지계를 얻을 수 있겠는가? 선현이여. 공의 가운데에서 미래의 지계는 얻을 수 없느니라. 왜 그러한가? 미래의 지계는 곧 공이고, 공성도 역시 공하며, 공의 가운데에서 공도 오히려 얻을 수 없는데, 어찌하여 더욱이 공의 가운데에서 미래의 지계를 얻을 수 있겠는가?

선현이여. 공의 가운데에서 현재의 지계는 얻을 수 없느니라. 왜 그러한가? 현재의 지계는 곧 공이고, 공성도 역시 공하며, 공의 가운데에서 공도 오히려 얻을 수 없는데, 어찌하여 더욱이 공의 가운데에서 현재의 지계를 얻을 수 있겠는가? 선현이여. 공의 가운데에서 과거·미래·현재의 지계는 얻을 수 없느니라. 왜 그러한가? 과거·미래·현재의 지계는 곧 공이고, 공성도 역시 공하며, 공의 가운데에서 공도 오히려 얻을 수 없는데, 어찌하여 더욱이 공의 가운데에서 과거·미래·현재의 지계를 얻을 수 있겠는가?

선현이여. 공의 가운데에서 과거의 수·화·풍·공·식계는 얻을 수 없느니라. 왜 그러한가? 과거의 수·화·풍·공·식계는 곧 공이고, 공성도 역시 공하며, 공의 가운데에서 공도 오히려 얻을 수 없는데, 어찌하여 더욱이 공의 가운데에서 수·화·풍·공·식계를 얻을 수 있겠는가? 선현이여. 공의 가운데에서 미래의 수·화·풍·공·식계는 얻을 수 없느니라. 왜 그러한가? 미래의 수·화·풍·공·식계는 곧 공이고, 공성도 역시 공하며, 공의 가운데에서 공도 오히려 얻을 수 없는데, 어찌하여 더욱이 공의 가운데에서 미래의 수·화·풍·공·식계를 얻을 수 있겠는가?

선현이여. 공의 가운데에서 현재의 수·화·풍·공·식계는 얻을 수 없느니라. 왜 그러한가? 현재의 수·화·풍·공·식계는 곧 공이고, 공성도 역시 공하며, 공의 가운데에서 공도 오히려 얻을 수 없는데, 어찌하여 더욱이 공의 가운데에서 현재의 수·화·풍·공·식계를 얻을 수 있겠는가? 선현이여. 공의 가운데에서 과거·미래·현재의 수·화·풍·공·식계는 얻을 수 없느니라. 왜 그러한가? 과거·미래·현재의 수·화·풍·공·식계는 곧 공이고, 공성도 역시 공하며, 공의 가운데에서 공도 오히려 얻을 수 없는데, 어찌하여 더욱이 공의 가운데에서 과거·미래·현재의 수·화·풍·공·식계를 얻을 수 있겠는가?

선현이여. 과거의 무명은 과거의 무명이 공하고, 미래의 무명은 미래의 무명이 공하며, 현재의 무명은 현재의 무명이 공하고, 과거의 행, 나아가 노사의 수탄고우뇌는 과거의 행·식·명색·육처·촉·수·애·취·유·생·노사의 수탄고우뇌가 공하며, 미래의 행·식·명색·육처·촉·수·애·취·유·생·노사의 수탄고우뇌는 미래의 행, 나아가 노사의 수탄고우뇌가 공하며, 현재의 행·식·명색·육처·촉·수·애·취·유·생·노사의 수탄고우뇌는 현재의 행, 나아가 노사의 수탄고우뇌가 공하니라.

그 까닭은 무엇인가? 선현이여. 공의 가운데에서 과거의 무명은 얻을 수 없느니라. 왜 그러한가? 과거의 무명은 곧 공이고, 공성도 역시 공하며, 공의 가운데에서 공도 오히려 얻을 수 없는데, 어찌하여 더욱이 공의 가운데에서 과거의 무명을 얻을 수 있겠는가? 선현이여. 공의 가운데에서 미래의 무명은 얻을 수 없느니라. 왜 그러한가? 미래의 무명은 곧 공이고, 공성도 역시 공하며, 공의 가운데에서 공도 오히려 얻을 수 없는데, 어찌하여 더욱이 공의 가운데에서 미래의 무명을 얻을 수 있겠는가?

선현이여. 공의 가운데에서 현재의 무명은 얻을 수 없느니라. 왜 그러한가? 현재의 무명은 곧 공이고, 공성도 역시 공하며, 공의 가운데에서 공도 오히려 얻을 수 없는데, 어찌하여 더욱이 공의 가운데에서 현재의 무명을 얻을 수 있겠는가? 선현이여. 공의 가운데에서 과거·미래·현재의 무명은 얻을 수 없느니라. 왜 그러한가? 과거·미래·현재의 무명은 곧 공이고, 공성도 역시 공하며, 공의 가운데에서 공도 오히려 얻을 수 없는데, 어찌하여 더욱이 공의 가운데에서 과거·미래·현재의 무명을 얻을 수 있겠는가?

선현이여. 공의 가운데에서 과거의 행·식·명색·육처·촉·수·애·취·유·생·노사의 수탄고우뇌는 얻을 수 없느니라. 왜 그러한가? 과거의 행, 나아가 노사의 수탄고우뇌는 곧 공이고, 공성도 역시 공하며, 공의 가운데에서 공도 오히려 얻을 수 없는데, 어찌하여 더욱이 공의 가운데에서 행, 나아가 노사의 수탄고우뇌를 얻을 수 있겠는가? 선현이여. 공의 가운데에서 미래의 행·식·명색·육처·촉·수·애·취·유·생·노사의 수탄고우뇌는 얻을 수 없느니라. 왜 그러한가? 미래의 행, 나아가 노사의 수탄고우뇌는 곧 공이고, 공성도 역시 공하며, 공의 가운데에서 공도 오히려 얻을 수 없는데, 어찌하여 더욱이 공의 가운데에서 미래의 행, 나아가 노사의 수탄고우뇌를 얻을 수 있겠는가?

선현이여. 공의 가운데에서 현재의 행·식·명색·육처·촉·수·애·취·유·생·노사의 수탄고우뇌는 얻을 수 없느니라. 왜 그러한가? 현재의 행, 나아가 노사의 수탄고우뇌는 곧 공이고, 공성도 역시 공하며, 공의 가운데에서 공도 오히려 얻을 수 없는데, 어찌하여 더욱이 공의 가운데에서 현재의 행, 나아가 노사의 수탄고우뇌를 얻을 수 있겠는가? 선현이여. 공의 가운데에서 과거·미래·현재의 행·식·명색·육처·촉·수·애·취·유·생·노사의 수탄고우뇌는 얻을 수 없느니라. 왜 그러한가? 과거·미래·현재의 행, 나아가 노사의 수탄고우뇌는 곧 공이고, 공성도 역시 공하며, 공의 가운데에서 공도 오히려 얻을 수 없는데, 어찌하여 더욱이 공의 가운데에서 과거·미래·현재의 행, 나아가 노사의 수탄고우뇌를 얻을 수 있겠는가?”

마하반야바라밀다경 제60권

16. 찬대승품(讚大乘品)(5)

"선현이여. 과거의 보시바라밀다는 과거의 보시바라밀다가 공하고, 미래의 보시바라밀다는 미래의 보시바라밀다가 공하며, 현재의 보시바라밀다는 현재의 보시바라밀다가 공하고, 과거의 정계·안인·정진·정려·반야바라밀다는 과거의 정계·안인·정진·정려·반야바라밀다가 공하며, 미래의 정계·안인·정진·정려·반야바라밀다는 미래의 정계·안인·정진·정려·반야바라밀다가 공하며, 현재의 정계·안인·정진·정려·반야바라밀다는 현재의 정계·안인·정진·정려·반야바라밀다가 공하니라.

그 까닭은 무엇인가? 선현이여. 공의 가운데에서 과거의 보시바라밀다는 얻을 수 없느니라. 왜 그러한가? 과거의 보시바라밀다는 곧 공이고, 공성도 역시 공하며, 공의 가운데에서 공도 오히려 얻을 수 없는데, 어찌하여 더욱이 공의 가운데에서 과거의 보시바라밀다를 얻을 수 있겠는가? 선현이여. 공의 가운데에서 미래의 보시바라밀다는 얻을 수 없느니라. 왜 그러한가? 미래의 보시바라밀다는 곧 공이고, 공성도 역시 공하며, 공의 가운데에서 공도 오히려 얻을 수 없는데, 어찌하여 더욱이 공의 가운데에서 미래의 보시바라밀다를 얻을 수 있겠는가?

선현이여. 공의 가운데에서 현재의 보시바라밀다는 얻을 수 없느니라. 왜 그러한가? 현재의 보시바라밀다는 곧 공이고, 공성도 역시 공하며, 공의 가운데에서 공도 오히려 얻을 수 없는데, 어찌하여 더욱이 공의 가운데에서 현재의 보시바라밀다를 얻을 수 있겠는가? 선현이여. 공의 가운데에서 과거·미래·현재의 보시바라밀다는 얻을 수 없느니라. 왜 그러한가? 과거·미래·현재의 보시바라밀다는 곧 공이고, 공성도 역시 공하며, 공의 가운데에서 공도 오히려 얻을 수 없는데, 어찌하여 더욱이 공의 가운데에서 과거·미래·현재의 보시바라밀다를 얻을 수 있겠는가?

선현이여. 공의 가운데에서 과거의 정계·안인·정진·정려·반야바라밀다는 얻을 수 없느니라. 왜 그러한가? 과거의 정계·안인·정진·정려·반야바라밀다는 곧 공이고, 공성도 역시 공하며, 공의 가운데에서 공도 오히려 얻을 수 없는데, 어찌하여 더욱이 공의 가운데에서 정계·안인·정진·정려·반야바라밀다를 얻을 수 있겠는가? 선현이여. 공의 가운데에서 미래의 정계·안인·정진·정려·반야바라밀다는 얻을 수 없느니라. 왜 그러한가? 미래의 정계·안인·정진·정려·반야바라밀다는 곧 공이고, 공성도 역시 공하며, 공의 가운데에서 공도 오히려 얻을 수 없는데, 어찌하여 더욱이 공의 가운데에서 미래의 정계·안인·정진·정려·반야바라밀다를 얻을 수 있겠는가?

선현이여. 공의 가운데에서 현재의 정계·안인·정진·정려·반야바라밀다는 얻을 수 없느니라. 왜 그러한가? 현재의 정계·안인·정진·정려·반야바라밀다는 곧 공이고, 공성도 역시 공하며, 공의 가운데에서 공도 오히려 얻을 수 없는데, 어찌하여 더욱이 공의 가운데에서 현재의 정계·안인·정진·정려·반야바라밀다를 얻을 수 있겠는가? 선현이여. 공의 가운데에서 과거·미래·현재의 정계·안인·정진·정려·반야바라밀다는 얻을 수 없느니라. 왜 그러한가? 과거·미래·현재의 정계·안인·정진·정려·반야바라밀다는 곧 공이고, 공성도 역시 공하며, 공의 가운데에서 공도 오히려 얻을 수 없는데, 어찌하여 더욱이 공의 가운데에서 정계·안인·정진·정려·반야바라밀다를 얻을 수 있겠는가?

선현이여. 과거의 4정려는 과거의 4정려가 공하고, 미래의 4정려는 미래의 4정려가 공하며, 현재의 4정려는 현재의 4정려가 공하고, 과거의 4무량·4무색정은 과거의 4무량·4무색정이 공하며, 미래의 4무량·4무색정은 미래의 4무량·4무색정이 공하며, 현재의 4무량·4무색정은 현재의

4무량·4무색정이 공하니라.

그 까닭은 무엇인가? 선현이여. 공의 가운데에서 과거의 4정려는 얻을 수 없느니라. 왜 그러한가? 과거의 4정려는 곧 공이고, 공성도 역시 공하며, 공의 가운데에서 공도 오히려 얻을 수 없는데, 어찌하여 더욱이 공의 가운데에서 과거의 4정려를 얻을 수 있겠는가? 선현이여. 공의 가운데에서 미래의 4정려는 얻을 수 없느니라. 왜 그러한가? 미래의 4정려는 곧 공이고, 공성도 역시 공하며, 공의 가운데에서 공도 오히려 얻을 수 없는데, 어찌하여 더욱이 공의 가운데에서 미래의 4정려를 얻을 수 있겠는가?

선현이여. 공의 가운데에서 현재의 4정려는 얻을 수 없느니라. 왜 그러한가? 현재의 4정려는 곧 공이고, 공성도 역시 공하며, 공의 가운데에서 공도 오히려 얻을 수 없는데, 어찌하여 더욱이 공의 가운데에서 현재의 4정려를 얻을 수 있겠는가? 선현이여. 공의 가운데에서 과거·미래·현재의 4정려는 얻을 수 없느니라. 왜 그러한가? 과거·미래·현재의 4정려는 곧 공이고, 공성도 역시 공하며, 공의 가운데에서 공도 오히려 얻을 수 없는데, 어찌하여 더욱이 공의 가운데에서 과거·미래·현재의 4정려를 얻을 수 있겠는가?

선현이여. 공의 가운데에서 과거의 4무량·4무색정은 얻을 수 없느니라. 왜 그러한가? 과거의 4무량·4무색정은 곧 공이고, 공성도 역시 공하며, 공의 가운데에서 공도 오히려 얻을 수 없는데, 어찌하여 더욱이 공의 가운데에서 4무량·4무색정을 얻을 수 있겠는가? 선현이여. 공의 가운데에서 미래의 4무량·4무색정은 얻을 수 없느니라. 왜 그러한가? 미래의 4무량·4무색정은 곧 공이고, 공성도 역시 공하며, 공의 가운데에서 공도 오히려 얻을 수 없는데, 어찌하여 더욱이 공의 가운데에서 미래의 4무량·4무색정을 얻을 수 있겠는가?

선현이여. 공의 가운데에서 현재의 4무량·4무색정은 얻을 수 없느니라. 왜 그러한가? 현재의 4무량·4무색정은 곧 공이고, 공성도 역시 공하며, 공의 가운데에서 공도 오히려 얻을 수 없는데, 어찌하여 더욱이 공의

가운데에서 현재의 4무량·4무색정을 얻을 수 있겠는가? 선현이여. 공의
가운데에서 과거·미래·현재의 4무량·4무색정은 얻을 수 없느니라. 왜
그러한가? 과거·미래·현재의 4무량·4무색정은 곧 공이고, 공성도 역시
공하며, 공의 가운데에서 공도 오히려 얻을 수 없는데, 어찌하여 더욱이
공의 가운데에서 4무량·4무색정을 얻을 수 있겠는가?

선현이여. 과거의 4념주는 과거의 4념주가 공하고, 미래의 4념주는
미래의 4념주가 공하며, 현재의 4념주는 현재의 4념주가 공하고, 과거의
4정단·4신족·5근·5력·7등각지·8성도지는 과거의 4정단, 나아가 8성도
지가 공하며, 미래의 4정단·4신족·5근·5력·7등각지·8성도지는 미래의
4정단, 나아가 8성도지가 공하며, 현재의 4정단·4신족·5근·5력·7등각지·
8성도지는 현재의 4정단, 나아가 8성도지가 공하니라.

그 까닭은 무엇인가? 선현이여. 공의 가운데에서 과거의 4념주는 얻을
수 없느니라. 왜 그러한가? 과거의 4념주는 곧 공이고, 공성도 역시
공하며, 공의 가운데에서 공도 오히려 얻을 수 없는데, 어찌하여 더욱이
공의 가운데에서 과거의 4념주를 얻을 수 있겠는가? 선현이여. 공의
가운데에서 미래의 4정려는 얻을 수 없느니라. 왜 그러한가? 미래의
4념주는 곧 공이고, 공성도 역시 공하며, 공의 가운데에서 공도 오히려
얻을 수 없는데, 어찌하여 더욱이 공의 가운데에서 미래의 4념주를 얻을
수 있겠는가?

선현이여. 공의 가운데에서 현재의 4념주는 얻을 수 없느니라. 왜
그러한가? 현재의 4념주는 곧 공이고, 공성도 역시 공하며, 공의 가운데에
서 공도 오히려 얻을 수 없는데, 어찌하여 더욱이 공의 가운데에서 현재의
4념주를 얻을 수 있겠는가? 선현이여. 공의 가운데에서 과거·미래·현재
의 4념주는 얻을 수 없느니라. 왜 그러한가? 과거·미래·현재의 4념주는
곧 공이고, 공성도 역시 공하며, 공의 가운데에서 공도 오히려 얻을
수 없는데, 어찌하여 더욱이 공의 가운데에서 과거·미래·현재의 4념주를
얻을 수 있겠는가?

선현이여. 공의 가운데에서 과거의 4정단·4신족·5근·5력·7등각지·8

성도지는 얻을 수 없느니라. 왜 그러한가? 과거의 4정단, 나아가 8성도지는 곧 공이고, 공성도 역시 공하며, 공의 가운데에서 공도 오히려 얻을 수 없는데, 어찌하여 더욱이 공의 가운데에서 4정단, 나아가 8성도지를 얻을 수 있겠는가? 선현이여. 공의 가운데에서 미래의 4정단·4신족·5근·5력·7등각지·8성도지는 얻을 수 없느니라. 왜 그러한가? 미래의 4정단, 나아가 8성도지는 곧 공이고, 공성도 역시 공하며, 공의 가운데에서 공도 오히려 얻을 수 없는데, 어찌하여 더욱이 공의 가운데에서 미래의 4정단, 나아가 8성도지를 얻을 수 있겠는가?

선현이여. 공의 가운데에서 현재의 4정단·4신족·5근·5력·7등각지·8성도지는 얻을 수 없느니라. 왜 그러한가? 현재의 4정단, 나아가 8성도지는 곧 공이고, 공성도 역시 공하며, 공의 가운데에서 공도 오히려 얻을 수 없는데, 어찌하여 더욱이 공의 가운데에서 현재의 4정단, 나아가 8성도지를 얻을 수 있겠는가? 선현이여. 공의 가운데에서 과거·미래·현재의 4정단·4신족·5근·5력·7등각지·8성도지는 얻을 수 없느니라. 왜 그러한가? 과거·미래·현재의 4정단, 나아가 8성도지는 곧 공이고, 공성도 역시 공하며, 공의 가운데에서 공도 오히려 얻을 수 없는데, 어찌하여 더욱이 공의 가운데에서 4정단, 나아가 8성도지를 얻을 수 있겠는가?"

선현이여. 과거의 공해탈문은 과거의 공해탈문이 공하고, 미래의 공해탈문은 미래의 공해탈문이 공하며, 현재의 공해탈문은 현재의 공해탈문이 공하고, 과거의 무상·무원해탈문은 과거의 무상·무원해탈문이 공하며, 미래의 무상·무원해탈문은 미래의 무상·무원해탈문이 공하며, 현재의 무상·무원해탈문은 현재의 무상·무원해탈문이 공하니라.

그 까닭은 무엇인가? 선현이여. 공의 가운데에서 과거의 공해탈문은 얻을 수 없느니라. 왜 그러한가? 과거의 공해탈문은 곧 공이고, 공성도 역시 공하며, 공의 가운데에서 공도 오히려 얻을 수 없는데, 어찌하여 더욱이 공의 가운데에서 과거의 공해탈문을 얻을 수 있겠는가? 선현이여. 공의 가운데에서 미래의 공해탈문은 얻을 수 없느니라. 왜 그러한가? 미래의 공해탈문은 곧 공이고, 공성도 역시 공하며, 공의 가운데에서 공도 오히려 얻을 수 없는데, 어찌하여 더욱이 공의 가운데에서 미래의 공해탈문을 얻을 수 있겠는가?

선현이여. 공의 가운데에서 현재의 공해탈문은 얻을 수 없느니라. 왜 그러한가? 현재의 공해탈문은 곧 공이고, 공성도 역시 공하며, 공의 가운데에서 공도 오히려 얻을 수 없는데, 어찌하여 더욱이 공의 가운데에서 현재의 공해탈문을 얻을 수 있겠는가? 선현이여. 공의 가운데에서 과거·미래·현재의 공해탈문은 얻을 수 없느니라. 왜 그러한가? 과거·미래·현재의 공해탈문은 곧 공이고, 공성도 역시 공하며, 공의 가운데에서 공도 오히려 얻을 수 없는데, 어찌하여 더욱이 공의 가운데에서 과거·미래·현재의 공해탈문을 얻을 수 있겠는가?

선현이여. 공의 가운데에서 과거의 무상·무원해탈문은 얻을 수 없느니라. 왜 그러한가? 과거의 무상·무원해탈문은 곧 공이고, 공성도 역시 공하며, 공의 가운데에서 공도 오히려 얻을 수 없는데, 어찌하여 더욱이 공의 가운데에서 무상·무원해탈문을 얻을 수 있겠는가? 선현이여. 공의 가운데에서 미래의 무상·무원해탈문은 얻을 수 없느니라. 왜 그러한가? 미래의 무상·무원해탈문은 곧 공이고, 공성도 역시 공하며, 공의 가운데에서 공도 오히려 얻을 수 없는데, 어찌하여 더욱이 공의 가운데에서 미래의 무상·무원해탈문을 얻을 수 있겠는가?

선현이여. 공의 가운데에서 현재의 무상·무원해탈문은 얻을 수 없느니라. 왜 그러한가? 현재의 무상·무원해탈문은 곧 공이고, 공성도 역시 공하며, 공의 가운데에서 공도 오히려 얻을 수 없는데, 어찌하여 더욱이 공의 가운데에서 현재의 무상·무원해탈문을 얻을 수 있겠는가? 선현이여. 공의 가운데에서 과거·미래·현재의 무상·무원해탈문은 얻을 수 없느니라. 왜 그러한가? 과거·미래·현재의 무상·무원해탈문은 곧 공이고, 공성도 역시 공하며, 공의 가운데에서 공도 오히려 얻을 수 없는데, 어찌하여 더욱이 공의 가운데에서 무상·무원해탈문을 얻을 수 있겠는가?

선현이여. 과거의 5안은 과거의 5안이 공하고, 미래의 5안은 미래의 5안이 공하며, 현재의 5안은 현재의 5안이 공하고, 과거의 6신통은 과거의

6신통이 공하며, 미래의 6신통은 미래의 6신통이 공하며, 현재의 6신통은 현재의 6신통이 공하느니라.

그 까닭은 무엇인가? 선현이여. 공의 가운데에서 과거의 5안은 얻을 수 없느니라. 왜 그러한가? 과거의 5안은 곧 공이고, 공성도 역시 공하며, 공의 가운데에서 공도 오히려 얻을 수 없는데, 어찌하여 더욱이 공의 가운데에서 과거의 5안을 얻을 수 있겠는가? 선현이여. 공의 가운데에서 미래의 5안은 얻을 수 없느니라. 왜 그러한가? 미래의 5안은 곧 공이고, 공성도 역시 공하며, 공의 가운데에서 공도 오히려 얻을 수 없는데, 어찌하여 더욱이 공의 가운데에서 미래의 5안을 얻을 수 있겠는가?

선현이여. 공의 가운데에서 현재의 5안은 얻을 수 없느니라. 왜 그러한가? 현재의 5안은 곧 공이고, 공성도 역시 공하며, 공의 가운데에서 공도 오히려 얻을 수 없는데, 어찌하여 더욱이 공의 가운데에서 현재의 5안을 얻을 수 있겠는가? 선현이여. 공의 가운데에서 과거·미래·현재의 5안은 얻을 수 없느니라. 왜 그러한가? 과거·미래·현재의 5안은 곧 공이고, 공성도 역시 공하며, 공의 가운데에서 공도 오히려 얻을 수 없는데, 어찌하여 더욱이 공의 가운데에서 과거·미래·현재의 5안을 얻을 수 있겠는가?

선현이여. 공의 가운데에서 과거의 6신통은 얻을 수 없느니라. 왜 그러한가? 과거의 6신통은 곧 공이고, 공성도 역시 공하며, 공의 가운데에서 공도 오히려 얻을 수 없는데, 어찌하여 더욱이 공의 가운데에서 6신통을 얻을 수 있겠는가? 선현이여. 공의 가운데에서 미래의 6신통은 얻을 수 없느니라. 왜 그러한가? 미래의 6신통은 곧 공이고, 공성도 역시 공하며, 공의 가운데에서 공도 오히려 얻을 수 없는데, 어찌하여 더욱이 공의 가운데에서 미래의 6신통을 얻을 수 있겠는가?

선현이여. 공의 가운데에서 현재의 6신통은 얻을 수 없느니라. 왜 그러한가? 현재의 6신통은 곧 공이고, 공성도 역시 공하며, 공의 가운데에서 공도 오히려 얻을 수 없는데, 어찌하여 더욱이 공의 가운데에서 현재의 6신통을 얻을 수 있겠는가? 선현이여. 공의 가운데에서 과거·미래·현재의 6신통은 얻을 수 없느니라. 왜 그러한가? 과거·미래·현재의 6신통은 곧 공이고, 공성도 역시 공하며, 공의 가운데에서 공도 오히려 얻을 수 없는데, 어찌하여 더욱이 공의 가운데에서 과거·미래·현재의 6신통을 얻을 수 있겠는가?

선현이여. 과거의 여래의 10력은 과거의 여래의 10력이 공하고, 미래의 여래의 10력은 미래의 여래의 10력이 공하며, 현재의 여래의 10력은 현재의 여래의 10력이 공하고, 과거의 4무소외·4무애해·대자·대비·대희·대사·18불불공법·일체지·도상지·일체상지는 과거의 4무소외, 나아가 일체상지가 공하며, 미래의 4무소외·4무애해·대자·대비·대희·대사·18불불공법·일체지·도상지·일체상지는 미래의 4무소외, 나아가 일체상지가 공하며, 현재의 4무소외·4무애해·대자·대비·대희·대사·18불불공법·일체지·도상지·일체상지는 현재의 4무소외, 나아가 일체상지가 공하니라.

그 까닭은 무엇인가? 선현이여. 공의 가운데에서 과거의 여래의 10력은 얻을 수 없느니라. 왜 그러한가? 과거의 여래의 10력은 곧 공이고, 공성도 역시 공하며, 공의 가운데에서 공도 오히려 얻을 수 없는데, 어찌하여 더욱이 공의 가운데에서 과거의 여래의 10력을 얻을 수 있겠는가? 선현이여. 공의 가운데에서 미래의 여래의 10력은 얻을 수 없느니라. 왜 그러한가? 미래의 여래의 10력은 곧 공이고, 공성도 역시 공하며, 공의 가운데에서 공도 오히려 얻을 수 없는데, 어찌하여 더욱이 공의 가운데에서 미래의 여래의 10력을 얻을 수 있겠는가?

선현이여. 공의 가운데에서 현재의 여래의 10력은 얻을 수 없느니라. 왜 그러한가? 현재의 여래의 10력은 곧 공이고, 공성도 역시 공하며, 공의 가운데에서 공도 오히려 얻을 수 없는데, 어찌하여 더욱이 공의 가운데에서 현재의 여래의 10력을 얻을 수 있겠는가? 선현이여. 공의 가운데에서 과거·미래·현재의 여래의 10력은 얻을 수 없느니라. 왜 그러한가? 과거·미래·현재의 여래의 10력은 곧 공이고, 공성도 역시 공하며, 공의 가운데에서 공도 오히려 얻을 수 없는데, 어찌하여 더욱이 공의 가운데에서 과거·미래·현재의 여래의 10력을 얻을 수 있겠는가?

선현이여. 공의 가운데에서 과거의 4무소외·4무애해·대자·대비·대희·대사·18불불공법·일체지·도상지·일체상지는 얻을 수 없느니라. 왜 그러한가? 과거의 4무소외, 나아가 일체상지는 곧 공이고, 공성도 역시 공하며, 공의 가운데에서 공도 오히려 얻을 수 없는데, 어찌하여 더욱이 공의 가운데에서 4무소외, 나아가 일체상지를 얻을 수 있겠는가? 선현이여. 공의 가운데에서 미래의 4무소외·4무애해·대자·대비·대희·대사·18불불공법·일체지·도상지·일체상지는 얻을 수 없느니라. 왜 그러한가? 미래의 4무소외, 나아가 일체상지는 곧 공이고, 공성도 역시 공하며, 공의 가운데에서 공도 오히려 얻을 수 없는데, 어찌하여 더욱이 공의 가운데에서 미래의 4무소외, 나아가 일체상지를 얻을 수 있겠는가?

선현이여. 공의 가운데에서 현재의 4무소외·4무애해·대자·대비·대희·대사·18불불공법·일체지·도상지·일체상지는 얻을 수 없느니라. 왜 그러한가? 현재의 4무소외, 나아가 일체상지는 곧 공이고, 공성도 역시 공하며, 공의 가운데에서 공도 오히려 얻을 수 없는데, 어찌하여 더욱이 공의 가운데에서 현재의 4무소외, 나아가 일체상지를 얻을 수 있겠는가? 선현이여. 공의 가운데에서 과거·미래·현재의 4무소외·4무애해·대자·대비·대희·대사·18불불공법·일체지·도상지·일체상지는 얻을 수 없느니라. 왜 그러한가? 과거·미래·현재의 4무소외, 나아가 일체상지는 곧 공이고, 공성도 역시 공하며, 공의 가운데에서 공도 오히려 얻을 수 없는데, 어찌하여 더욱이 공의 가운데에서 과거·미래·현재의 4무소외, 나아가 일체상지를 얻을 수 있겠는가?

선현이여. 과거의 이생(異生)은 과거의 이생이 공하고, 미래의 이생은 미래의 이생이 공하며, 현재의 이생은 현재의 이생이 공하고, 과거의 성문·독각·보살·여래는 과거의 성문·독각·보살·여래가 공하며, 미래의 성문·독각·보살·여래는 미래의 성문·독각·보살·여래가 공하며, 현재의 성문·독각·보살·여래는 현재의 성문·독각·보살·여래가 공하니라.

그 까닭은 무엇인가? 선현이여. 공의 가운데에서 과거의 이생은 얻을 수 없느니라. 왜 그러한가? 과거의 이생은 곧 공이고, 공성도 역시 공하며,

공의 가운데에서 공도 오히려 얻을 수 없는데, 어찌하여 더욱이 공의 가운데에서 과거의 이생을 얻을 수 있겠는가? 선현이여. 공의 가운데에서 미래의 이생은 얻을 수 없느니라. 왜 그러한가? 미래의 이생은 곧 공이고, 공성도 역시 공하며, 공의 가운데에서 공도 오히려 얻을 수 없는데, 어찌하여 더욱이 공의 가운데에서 미래의 이생을 얻을 수 있겠는가?

선현이여. 공의 가운데에서 현재의 이생은 얻을 수 없느니라. 왜 그러한가? 현재의 이생은 곧 공이고, 공성도 역시 공하며, 공의 가운데에서 공도 오히려 얻을 수 없는데, 어찌하여 더욱이 공의 가운데에서 현재의 이생을 얻을 수 있겠는가? 선현이여. 공의 가운데에서 과거·미래·현재의 이생은 얻을 수 없느니라. 왜 그러한가? 과거·미래·현재의 이생은 곧 공이고, 공성도 역시 공하며, 공의 가운데에서 공도 오히려 얻을 수 없는데, 어찌하여 더욱이 공의 가운데에서 과거·미래·현재의 이생을 얻을 수 있겠는가?

선현이여. 공의 가운데에서 과거의 성문·독각·보살·여래는 얻을 수 없느니라. 왜 그러한가? 과거의 성문·독각·보살·여래는 곧 공이고, 공성도 역시 공하며, 공의 가운데에서 공도 오히려 얻을 수 없는데, 어찌하여 더욱이 공의 가운데에서 성문·독각·보살·여래를 얻을 수 있겠는가? 선현이여. 공의 가운데에서 미래의 성문·독각·보살·여래는 얻을 수 없느니라. 왜 그러한가? 미래의 성문·독각·보살·여래는 곧 공이고, 공성도 역시 공하며, 공의 가운데에서 공도 오히려 얻을 수 없는데, 어찌하여 더욱이 공의 가운데에서 미래의 성문·독각·보살·여래를 얻을 수 있겠는가?

선현이여. 공의 가운데에서 현재의 성문·독각·보살·여래는 얻을 수 없느니라. 왜 그러한가? 현재의 4성문·독각·보살·여래는 곧 공이고, 공성도 역시 공하며, 공의 가운데에서 공도 오히려 얻을 수 없는데, 어찌하여 더욱이 공의 가운데에서 현재의 성문·독각·보살·여래를 얻을 수 있겠는가? 선현이여. 공의 가운데에서 성문·독각·보살·여래는 얻을 수 없느니라. 왜 그러한가? 과거·미래·현재의 성문·독각·보살·여래는 곧 공이고, 공성도 역시 공하며, 공의 가운데에서 공도 오히려 얻을

수 없는데, 어찌하여 더욱이 공의 가운데에서 과거·미래·현재의 성문·독
각·보살·여래를 얻을 수 있겠는가?"

　"다시 다음으로 선현이여. 전제(前際)에서 색을 얻을 수 없고 후제(後際)
에서도 색은 얻을 수 없으며 중제(中際)에서 색을 얻을 수 없으며, 삼세의
평등한 가운데에서도 색을 역시 얻을 수 없느니라. 그 까닭은 무엇인가?
선현이여. 평등한 가운데에서 과거·미래·현재의 색을 모두 얻을 수 없느
니라. 왜 그러한가? 평등한 가운데에서 평등성(平等性)도 오히려 얻을
수 없는데, 어찌 더욱이 평등한 가운데에서 과거·미래·현재의 색을 얻을
수 있겠는가?
　선현이여. 전제에서 수·상·행·식을 얻을 수 없고 후제에서도 수·상·행·
식을 얻을 수 없으며 중제에서 수·상·행·식을 얻을 수 없으며, 삼세의
평등한 가운데에서도 수·상·행·식을 역시 얻을 수 없느니라. 그 까닭은
무엇인가? 선현이여. 평등한 가운데에서 과거·미래·현재의 수·상·행·식
을 모두 얻을 수 없느니라. 왜 그러한가? 평등한 가운데에서는 평등성도
오히려 얻을 수 없는데, 어찌 더욱이 평등한 가운데에서 과거·미래·현재의
수·상·행·식을 얻을 수 있겠는가?
　선현이여. 전제에서 안처를 얻을 수 없고 후제에서도 안처를 얻을
수 없으며 중제에서 안처를 얻을 수 없으며, 삼세의 평등한 가운데에서도
안처를 역시 얻을 수 없느니라. 그 까닭은 무엇인가? 선현이여. 평등한
가운데에서 과거·미래·현재의 안처를 모두 얻을 수 없느니라. 왜 그러한
가? 평등한 가운데에서 평등성도 오히려 얻을 수 없는데, 어찌 더욱이
평등한 가운데에서 과거·미래·현재의 안처를 얻을 수 있겠는가?
　선현이여. 전제에서 이·비·설·신·의처를 얻을 수 없고 후제에서도
이·비·설·신·의처를 얻을 수 없으며 중제에서 이·비·설·신·의처를 얻을
수 없으며, 삼세의 평등한 가운데에서도 이·비·설·신·의처를 역시 얻을
수 없느니라. 그 까닭은 무엇인가? 선현이여. 평등한 가운데에서 과거·미
래·현재의 이·비·설·신·의처를 모두 얻을 수 없느니라. 왜 그러한가?

평등한 가운데에서는 평등성도 오히려 얻을 수 없는데, 어찌 더욱이 평등한 가운데에서 과거·미래·현재의 이·비·설·신·의처를 얻을 수 있겠는가?

선현이여. 전제에서 색처를 얻을 수 없고 후제에서도 색처를 얻을 수 없으며 중제에서도 색처를 얻을 수 없으며, 삼세의 평등한 가운데에서도 색처를 역시 얻을 수 없느니라. 그 까닭은 무엇인가? 선현이여. 평등한 가운데에서 과거·미래·현재의 색처를 모두 얻을 수 없느니라. 왜 그러한가? 평등한 가운데에서 평등성도 오히려 얻을 수 없는데, 어찌 더욱이 평등한 가운데에서 과거·미래·현재의 색처를 얻을 수 있겠는가?

선현이여. 전제에서 성·향·미·촉·법처를 얻을 수 없고 후제에서도 성·향·미·촉·법처를 얻을 수 없으며, 중제에서도 성·향·미·촉·법처를 얻을 수 없으며, 삼세의 평등한 가운데에서도 성·향·미·촉·법처를 역시 얻을 수 없느니라. 그 까닭은 무엇인가? 선현이여. 평등한 가운데에서 과거·미래·현재의 성·향·미·촉·법처를 모두 얻을 수 없느니라. 왜 그러한가? 평등한 가운데에서 평등성도 오히려 얻을 수 없는데, 어찌 더욱이 평등한 가운데에서 과거·미래·현재의 성·향·미·촉·법처를 얻을 수 있겠는가?

선현이여. 전제에서 안계를 얻을 수 없고 후제에서도 안계를 얻을 수 없으며 중제에서도 안계를 얻을 수 없으며, 삼세의 평등한 가운데에서도 안계를 역시 얻을 수 없느니라. 그 까닭은 무엇인가? 선현이여. 평등한 가운데에서 과거·미래·현재의 안계를 모두 얻을 수 없느니라. 왜 그러한가? 평등한 가운데에서 평등성도 오히려 얻을 수 없는데, 어찌 더욱이 평등한 가운데에서 과거·미래·현재의 안계를 얻을 수 있겠는가?

선현이여. 전제에서 색계·안식계, …… 나아가 …… 안촉·안촉을 인연으로 생겨난 여러 수를 얻을 수 없고 후제에서도 색계·안식계, 나아가 안촉·안촉을 인연으로 생겨난 여러 수를 얻을 수 없으며, 중제에서도 색계·안식계, 나아가 안촉·안촉을 인연으로 생겨난 여러 수를 얻을 수 없으며, 삼세의 평등한 가운데에서도 색계·안식계, 나아가 안촉·안촉을 인연으로 생겨난 여러 수를 역시 얻을 수 없느니라. 그 까닭은 무엇인가?
선현이여. 평등한 가운데에서 과거·미래·현재의 색계·안식계, 나아가
안촉·안촉을 인연으로 생겨난 여러 수를 모두 얻을 수 없느니라. 왜
그러한가? 평등한 가운데에서 평등성도 오히려 얻을 수 없는데, 어찌
더욱이 평등한 가운데에서 과거·미래·현재의 색계·안식계, 나아가 안촉·
안촉을 인연으로 생겨난 여러 수를 얻을 수 있겠는가?

　선현이여. 전제에서 이계를 얻을 수 없고 후제에서도 이계를 얻을
수 없으며 중제에서도 이계를 얻을 수 없으며, 삼세의 평등한 가운데에서
도 이계를 역시 얻을 수 없느니라. 그 까닭은 무엇인가? 선현이여. 평등한
가운데에서 과거·미래·현재의 이계를 모두 얻을 수 없느니라. 왜 그러한
가? 평등한 가운데에서는 평등성도 오히려 얻을 수 없는데, 어찌 더욱이
평등한 가운데에서 과거·미래·현재의 이계를 얻을 수 있겠는가?

　선현이여. 전제에서 성계·이식계, …… 나아가 …… 이촉·이촉을 인연
으로 생겨난 여러 수를 얻을 수 없고 후제에서도 성계·이식계, 나아가
이촉·이촉을 인연으로 생겨난 여러 수를 얻을 수 없으며 중제에서도
성계·이식계, 나아가 이촉·이촉을 인연으로 생겨난 여러 수를 얻을 수
없으며, 삼세의 평등한 가운데에서도 성계·이식계, 나아가 이촉·이촉을
인연으로 생겨난 여러 수를 역시 얻을 수 없느니라. 그 까닭은 무엇인가?
선현이여. 평등한 가운데에서 과거·미래·현재의 성계·이식계, 나아가
이촉·이촉을 인연으로 생겨난 여러 수를 모두 얻을 수 없느니라. 왜
그러한가? 평등한 가운데에서 평등성도 오히려 얻을 수 없는데, 어찌
더욱이 평등한 가운데에서 과거·미래·현재의 성계·이식계, 나아가 이촉·
이촉을 인연으로 생겨난 여러 수를 얻을 수 있겠는가?

　선현이여. 전제에서 비계를 얻을 수 없고 후제에서도 비계를 얻을
수 없으며 중제에서도 비계를 얻을 수 없으며, 삼세의 평등한 가운데에서
도 비계를 역시 얻을 수 없느니라. 그 까닭은 무엇인가? 선현이여. 평등한
가운데에서 과거·미래·현재의 비계를 모두 얻을 수 없느니라. 왜 그러한
가? 평등한 가운데에서는 평등성도 오히려 얻을 수 없는데, 어찌 더욱이

평등한 가운데에서 과거·미래·현재의 비계를 얻을 수 있겠는가?

선현이여. 전제에서 향계·비식계, …… 나아가 …… 비촉·비촉을 인연으로 생겨난 여러 수를 얻을 수 없고 후제에서도 향계·비식계, 나아가 비촉·비촉을 인연으로 생겨난 여러 수를 얻을 수 없으며 중제에서도 향계·비식계, 나아가 비촉·비촉을 인연으로 생겨난 여러 수를 얻을 수 없으며, 삼세의 평등한 가운데에서도 향계·비식계, 나아가 비촉·비촉을 인연으로 생겨난 여러 수를 역시 얻을 수 없느니라. 그 까닭은 무엇인가? 선현이여. 평등한 가운데에서 과거·미래·현재의 향계·비식계, 나아가 비촉·비촉을 인연으로 생겨난 여러 수를 모두 얻을 수 없느니라. 왜 그러한가? 평등한 가운데에서 평등성도 오히려 얻을 수 없는데, 어찌 더욱이 평등한 가운데에서 과거·미래·현재의 향계·비식계, 나아가 비촉·비촉을 인연으로 생겨난 여러 수를 얻을 수 있겠는가?

선현이여. 전제에서 설계를 얻을 수 없고 후제에서도 설계를 얻을 수 없으며 중제에서 설계를 얻을 수 없으며, 삼세의 평등한 가운데에서도 설계를 역시 얻을 수 없느니라. 그 까닭은 무엇인가? 선현이여. 평등한 가운데에서 과거·미래·현재의 설계를 모두 얻을 수 없느니라. 왜 그러한가? 평등한 가운데에서 평등성도 오히려 얻을 수 없는데, 어찌 더욱이 평등한 가운데에서 과거·미래·현재의 설계를 얻을 수 있겠는가?

선현이여. 전제에서 미계·설식계, …… 나아가 …… 설촉·설촉을 인연으로 생겨난 여러 수를 얻을 수 없고 후제에서도 미계·설식계, 나아가 설촉·설촉을 인연으로 생겨난 여러 수를 얻을 수 없으며 중제에서 미계·설식계, 나아가 설촉·설촉을 인연으로 생겨난 여러 수를 얻을 수 없으며, 삼세의 평등한 가운데에서도 미계·설식계, 나아가 설촉·설촉을 인연으로 생겨난 여러 수 역시 얻을 수 없느니라. 그 까닭은 무엇인가? 선현이여. 평등한 가운데에서 과거·미래·현재의 미계·설식계, 나아가 설촉·설촉을 인연으로 생겨난 여러 수를 모두 얻을 수 없느니라. 왜 그러한가? 평등한 가운데에서 평등성도 오히려 얻을 수 없는데, 어찌 더욱이 평등한 가운데에서 과거·미래·현재의 미계·설식계, 나아가 설촉·설촉을 인연으로 생겨난 여러 수를 얻을 수 있겠는가?

선현이여. 전제에서 신계를 얻을 수 없고 후제에서도 신계를 얻을 수 없으며 중제에서도 신계를 얻을 수 없으며, 삼세의 평등한 가운데에서도 신계를 역시 얻을 수 없느니라. 그 까닭은 무엇인가? 선현이여. 평등한 가운데에서 과거·미래·현재의 신계를 모두 얻을 수 없느니라. 왜 그러한가? 평등한 가운데에서 평등성도 오히려 얻을 수 없는데, 어찌 더욱이 평등한 가운데에서 과거·미래·현재의 신계를 얻을 수 있겠는가?

선현이여. 전제에서 촉계·신식계, …… 나아가 …… 신촉·신촉을 인연으로 생겨난 여러 수를 얻을 수 없고 후제에서도 촉계·신식계, 나아가 신촉·신촉을 인연으로 생겨난 여러 수를 얻을 수 없으며, 중제에서도 촉계·신식계, 나아가 신촉·신촉을 인연으로 생겨난 여러 수를 얻을 수 없으며, 삼세의 평등한 가운데에서도 촉계·신식계, 나아가 신촉·신촉을 인연으로 생겨난 여러 수를 역시 얻을 수 없느니라. 그 까닭은 무엇인가? 선현이여. 평등한 가운데에서 과거·미래·현재의 촉계·신식계, 나아가 신촉·신촉을 인연으로 생겨난 여러 수를 모두 얻을 수 없느니라. 왜 그러한가? 평등한 가운데에서 평등성도 오히려 얻을 수 없는데, 어찌 더욱이 평등한 가운데에서 과거·미래·현재의 촉계·신식계, 나아가 신촉·신촉을 인연으로 생겨난 여러 수를 얻을 수 있겠는가?

선현이여. 전제에서 의계를 얻을 수 없고 후제에서도 의계를 얻을 수 없으며 중제에서 의계를 얻을 수 없으며, 삼세의 평등한 가운데에서도 의계를 역시 얻을 수 없느니라. 그 까닭은 무엇인가? 선현이여. 평등한 가운데에서 과거·미래·현재의 의계를 모두 얻을 수 없느니라. 왜 그러한가? 평등한 가운데에서 평등성도 오히려 얻을 수 없는데, 어찌 더욱이 평등한 가운데에서 과거·미래·현재의 의계를 얻을 수 있겠는가?

선현이여. 전제에서 법계·의식계, …… 나아가 …… 의촉·의촉을 인연으로 생겨난 여러 수를 얻을 수 없고 후제에서도 법계·의식계, 나아가 의촉·의촉을 인연으로 생겨난 여러 수를 얻을 수 없으며, 중제에서도 법계·의식계, 나아가 의촉·의촉을 인연으로 생겨난 여러 수를 얻을 수 없으며, 삼세의 평등한 가운데에서도 법계·의식계, 나아가 의촉·의촉을 인연으로 생겨난 여러 수를 역시 얻을 수 없느니라. 그 까닭은 무엇인가? 선현이여. 평등한 가운데에서 과거·미래·현재의 법계·의식계, 나아가 의촉·의촉을 인연으로 생겨난 여러 수를 모두 얻을 수 없느니라. 왜 그러한가? 평등한 가운데에서 평등성도 오히려 얻을 수 없는데, 어찌 더욱이 평등한 가운데에서 과거·미래·현재의 법계·의식계, 나아가 의촉·의촉을 인연으로 생겨난 여러 수를 얻을 수 있겠는가?

선현이여. 전제에서 지계를 얻을 수 없고 후제에서도 지계를 얻을 수 없으며 중제에서도 지계를 얻을 수 없으며, 삼세의 평등한 가운데에서도 지계를 역시 얻을 수 없느니라. 그 까닭은 무엇인가? 선현이여. 평등한 가운데에서 과거·미래·현재의 지계를 모두 얻을 수 없느니라. 왜 그러한가? 평등한 가운데에서 평등성도 오히려 얻을 수 없는데, 어찌 더욱이 평등한 가운데에서 과거·미래·현재의 지계를 얻을 수 있겠는가?

선현이여. 전제에서 수·화·풍·공·식계를 얻을 수 없고 후제에서도 수·화·풍·공·식계를 얻을 수 없으며, 중제에서도 수·화·풍·공·식계를 얻을 수 없으며, 삼세의 평등한 가운데에서도 수·화·풍·공·식계를 역시 얻을 수 없느니라. 그 까닭은 무엇인가? 선현이여. 평등한 가운데에서 과거·미래·현재의 수·화·풍·공·식계를 모두 얻을 수 없느니라. 왜 그러한가? 평등한 가운데에서는 평등성도 오히려 얻을 수 없는데, 어찌 더욱이 평등한 가운데에서 과거·미래·현재의 수·화·풍·공·식계를 얻을 수 있겠는가?

선현이여. 전제에서 무명을 얻을 수 없고 후제에서도 무명을 얻을 수 없으며 중제에서도 무명을 얻을 수 없으며, 삼세의 평등한 가운데에서도 무명을 역시 얻을 수 없느니라. 그 까닭은 무엇인가? 선현이여. 평등한 가운데에서 과거·미래·현재의 무명을 모두 얻을 수 없느니라. 왜 그러한가? 평등한 가운데에서 평등성도 오히려 얻을 수 없는데, 어찌 더욱이 평등한 가운데에서 과거·미래·현재의 무명을 얻을 수 있겠는가?

선현이여. 전제에서 행·식·명색·육처·촉·수·애·취·유·생·노사의 수탄고우뇌를 얻을 수 없고 후제에서도 행, 나아가 노사의 수탄고우뇌를 얻을 수 없으며 중제에서도 행, 나아가 노사의 수탄고우뇌를 얻을 수 없으며, 삼세의 평등한 가운데에서도 행, 나아가 노사의 수탄고우뇌를 역시 얻을 수 없느니라. 그 까닭은 무엇인가? 선현이여. 평등한 가운데에서 과거·미래·현재의 행, 나아가 노사의 수탄고우뇌를 모두 얻을 수 없느니라. 왜 그러한가? 평등한 가운데에서 평등성도 오히려 얻을 수 없는데, 어찌 더욱이 평등한 가운데에서 과거·미래·현재의 행, 나아가 노사의 수탄고우뇌를 얻을 수 있겠는가?

선현이여. 전제에서 보시바라밀다를 얻을 수 없고 후제에서도 보시바라밀다를 얻을 수 없으며 중제에서도 보시바라밀다를 얻을 수 없으며, 삼세의 평등한 가운데에서도 보시바라밀다를 역시 얻을 수 없느니라. 그 까닭은 무엇인가? 선현이여. 평등한 가운데에서 과거·미래·현재의 보시바라밀다를 모두 얻을 수 없느니라. 왜 그러한가? 평등한 가운데에서 평등성도 오히려 얻을 수 없는데, 어찌 더욱이 평등한 가운데에서 과거·미래·현재의 보시바라밀다를 얻을 수 있겠는가?

선현이여. 전제에서 정계·안인·정진·정려·반야바라밀다를 얻을 수 없고 후제에서도 정계·안인·정진·정려·반야바라밀다를 얻을 수 없으며 중제에서도 정계·안인·정진·정려·반야바라밀다를 얻을 수 없으며, 삼세의 평등한 가운데에서도 정계·안인·정진·정려·반야바라밀다를 역시 얻을 수 없느니라. 그 까닭은 무엇인가? 선현이여. 평등한 가운데에서 과거·미래·현재의 정계·안인·정진·정려·반야바라밀다를 모두 얻을 수 없느니라. 왜 그러한가? 평등한 가운데에서 평등성도 오히려 얻을 수 없는데, 어찌 더욱이 평등한 가운데에서 과거·미래·현재의 정계·안인·정진·정려·반야바라밀다를 얻을 수 있겠는가?

선현이여. 전제에서 4정려를 얻을 수 없고 후제에서도 4정려를 얻을 수 없으며 중제에서도 4정려를 얻을 수 없으며, 삼세의 평등한 가운데에서도 4정려를 역시 얻을 수 없느니라. 그 까닭은 무엇인가? 선현이여. 평등한 가운데에서 과거·미래·현재의 4정려를 모두 얻을 수 없느니라.

왜 그러한가? 평등한 가운데에서 평등성도 오히려 얻을 수 없는데, 어찌 더욱이 평등한 가운데에서 과거·미래·현재의 4정려를 얻을 수 있겠는가?

선현이여. 전제에서 4무량·4무색정을 얻을 수 없고 후제에서도 4무량·4무색정을 얻을 수 없으며 중제에서도 4무량·4무색정을 얻을 수 없으며, 삼세의 평등한 가운데에서도 4무량·4무색정을 역시 얻을 수 없느니라. 그 까닭은 무엇인가? 선현이여. 평등한 가운데에서 과거·미래·현재의 4무량·4무색정을 모두 얻을 수 없느니라. 왜 그러한가? 평등한 가운데에서 평등성도 오히려 얻을 수 없는데, 어찌 더욱이 평등한 가운데에서 과거·미래·현재의 4무량·4무색정을 얻을 수 있겠는가?

선현이여. 전제에서 4념주를 얻을 수 없고 후제에서도 4념주를 얻을 수 없으며 중제에서도 4념주를 얻을 수 없으며, 삼세의 평등한 가운데에서도 4념주를 역시 얻을 수 없느니라. 그 까닭은 무엇인가? 선현이여. 평등한 가운데에서 과거·미래·현재의 4념주를 모두 얻을 수 없느니라. 왜 그러한가? 평등한 가운데에서 평등성도 오히려 얻을 수 없는데, 어찌 더욱이 평등한 가운데에서 과거·미래·현재의 4념주를 얻을 수 있겠는가?

선현이여. 전제에서 4정단·4신족·5근·5력·7등각지·8성도지를 얻을 수 없고 후제에서도 4정단, 나아가 8성도지를 얻을 수 없으며 중제에서도 4정단, 나아가 8성도지를 얻을 수 없으며, 삼세의 평등한 가운데에서도 4정단, 나아가 8성도지를 역시 얻을 수 없느니라. 그 까닭은 무엇인가? 선현이여. 평등한 가운데에서 과거·미래·현재의 4정단, 나아가 8성도지를 모두 얻을 수 없느니라. 왜 그러한가? 평등한 가운데에서 평등성도 오히려 얻을 수 없는데, 어찌 더욱이 평등한 가운데에서 과거·미래·현재의 4정단, 나아가 8성도지를 얻을 수 있겠는가?

선현이여. 전제에서 공해탈문을 얻을 수 없고 후제에서도 공해탈문을 얻을 수 없으며 중제에서도 공해탈문을 얻을 수 없으며, 삼세의 평등한 가운데에서도 공해탈문을 역시 얻을 수 없느니라. 그 까닭은 무엇인가? 선현이여. 평등한 가운데에서 과거·미래·현재의 공해탈문을 모두 얻을 수 없느니라. 왜 그러한가? 평등한 가운데에서 평등성도 오히려 얻을 수 없는데, 어찌 더욱이 평등한 가운데에서 과거·미래·현재의 공해탈문을 얻을 수 있겠는가?

선현이여. 전제에서 무상·무원해탈문을 얻을 수 없고 후제에서도 무상·무원해탈문을 얻을 수 없으며 중제에서도 무상·무원해탈문을 얻을 수 없으며, 삼세의 평등한 가운데에서도 무상·무원해탈문을 역시 얻을 수 없느니라. 그 까닭은 무엇인가? 선현이여. 평등한 가운데에서 과거·미래·현재의 무상·무원해탈문을 모두 얻을 수 없느니라. 왜 그러한가? 평등한 가운데에서 평등성도 오히려 얻을 수 없는데, 어찌 더욱이 평등한 가운데에서 과거·미래·현재의 무상·무원해탈문을 얻을 수 있겠는가?

선현이여. 전제에서 5안을 얻을 수 없고 후제에서도 5안을 얻을 수 없으며 중제에서도 5안을 얻을 수 없으며, 삼세의 평등한 가운데에서도 5안을 역시 얻을 수 없느니라. 그 까닭은 무엇인가? 선현이여. 평등한 가운데에서 과거·미래·현재의 5안을 모두 얻을 수 없느니라. 왜 그러한가? 평등한 가운데에서 평등성도 오히려 얻을 수 없는데, 어찌 더욱이 평등한 가운데에서 과거·미래·현재의 5안을 얻을 수 있겠는가?

선현이여. 전제에서 6신통을 얻을 수 없고 후제에서도 6신통을 얻을 수 없으며 중제에서도 6신통을 얻을 수 없으며, 삼세의 평등한 가운데에서도 6신통을 역시 얻을 수 없느니라. 그 까닭은 무엇인가? 선현이여. 평등한 가운데에서 과거·미래·현재의 6신통을 모두 얻을 수 없느니라. 왜 그러한가? 평등한 가운데에서 평등성도 오히려 얻을 수 없는데, 어찌 더욱이 평등한 가운데에서 과거·미래·현재의 6신통을 얻을 수 있겠는가?

선현이여. 전제에서 여래의 10력을 얻을 수 없고 후제에서도 여래의 10력을 얻을 수 없으며 중제에서도 여래의 10력을 얻을 수 없으며, 삼세의 평등한 가운데에서도 여래의 10력을 역시 얻을 수 없느니라. 그 까닭은 무엇인가? 선현이여. 평등한 가운데에서 과거·미래·현재의 여래의 10력을 모두 얻을 수 없느니라. 왜 그러한가? 평등한 가운데에서 평등성도 오히려 얻을 수 없는데, 어찌 더욱이 평등한 가운데에서 과거·미래·현재의 여래의 10력을 얻을 수 있겠는가?

선현이여. 전제에서 4무소외·4무애해·대자·대비·대희·대사·18불불
공법·일체지·도상지·일체상지를 얻을 수 없고 후제에서도 4무소외, 나아
가 일체상지를 얻을 수 없으며 중제에서도 4무소외, 나아가 일체상지를
얻을 수 없으며, 삼세의 평등한 가운데에서도 4무소외, 나아가 일체상지를
역시 얻을 수 없느니라. 그 까닭은 무엇인가? 선현이여. 평등한 가운데에
서 과거·미래·현재의 4무소외, 나아가 일체상지를 모두 얻을 수 없느니라.
왜 그러한가? 평등한 가운데에서 평등성도 오히려 얻을 수 없는데, 어찌
더욱이 평등한 가운데에서 과거·미래·현재의 4무소외, 나아가 일체상지
를 얻을 수 있겠는가?"

漢譯 | 현장(玄奘)

중국 당나라 사문으로 하남성(河南省) 낙양(洛陽) 구씨현(緱氏縣)에서 출생하였고, 속성은 진씨(陳氏), 이름은 위(褘)이다. 10세에 낙양 정토사(淨土寺)에 귀의하였고, 경(經)·율(律)·논(論) 삼장(三藏)에 밝아서 삼장법사라고 불린다. 627년 인도로 구법을 떠나서 나란다사(那爛陀寺)에 들어가 계현(戒賢)에게 수학하였다. 641년 520질 657부(部)에 달하는 불경들을 가지고 귀국길에 올라 645년 정월 장안으로 돌아왔으며, 인도 여행기인 『대당서역기(大唐西域記)』 12권을 저술하였다. 번역한 삼장으로는 경장인 『대반야바라밀다경(大般若波羅蜜多經)』 600권, 율장인 『보살계본(菩薩戒本)』 2권, 논장인 『유가사지론(瑜伽師地論)』 100권, 『아비달마대비바사론(阿毘達磨大毘婆沙論)』 200권 등이 있다. 번역한 경전은 76부 1,347권에 이르고 매우 중요한 대승불교 경전들이 상당수 포함되어 있으며, 문장과 단어에 충실하여 문장의 우아함은 부족하더라도 어휘의 정확도는 매우 진전되었다. 구마라집 등의 구역(舊譯)과 차별을 보여주고 있어 신역(新譯)이라 불리고 있다.

國譯 | 釋 普雲(宋法燁)

대한불교조계종 제2교구본사 용주사에서 출가하였고, 문학박사이다. 현재 대한불교조계종 교육아사리(계율)이고, 죽림불교문화연구원에서 연구와 번역을 병행하고 있다.

논저 | 논문으로 「통합종단 이후 불교의례의 변천과 향후 과제」 등 다수. 저술로 『신편 승가의범』, 『승가의궤』가 있으며, 번역서로 『마하반야바라밀다경 1』, 『팔리율』(Ⅰ·Ⅱ·Ⅲ·Ⅳ·Ⅴ), 『마하승기율』(상·중·하), 『십송율』(상·중·하), 『보살계본소』, 『근본설일체유부비나야』(상·하), 『근본설일체유부비나야약사』, 『근본설일체유부비나야파승사』, 『근본설일체유부비나야잡사』(상·하), 『근본설일체유부필추니비나야』, 『근본설일체유부백일갈마 외』, 『안락집』 등이 있다.

마하반야바라밀다경 2 摩訶般若波羅蜜多經 2

三藏法師 玄奘 漢譯 | 釋 普雲 國譯

2024년 4월 30일 초판 1쇄 발행

펴낸이 · 오일주
펴낸곳 · 도서출판 혜안

등록번호 · 제22-471호
등록일자 · 1993년 7월 30일

주   소 · ⑩ 04052 서울시 마포구 와우산로 35길3(서교동) 102호
전   화 · 3141-3711~2 / 팩시밀리 · 3141-3710
E-Mail · hyeanpub@daum.net

ISBN 978-89-8494-722-1 03220

값 48,000 원